박문각 공인중개사

성공을 위한 가장 확실한 선택

박문각은 1972년부터의 노하우와 교육에 대한 끊임없는 열정으로 공인중개사 합격의 기준을 제시하며
경매 및 중개실무 연계교육과 합격자 네트워크를 통해 공인중개사 합격자들의 성공을 보장합니다.

KB191204

01

공인중개사의 시작 박문각

공인중개사 시험이 도입된 제1회부터
제35회 시험까지 수험생들의 합격을
이끌어 온 대한민국 유일의 교육기업입니다.

02

오랜시간 축적된 데이터

1회부터 지금까지 축적된 방대한 데이터로
박문각 공인중개사는 빠른 합격 & 최다
합격률을 자랑합니다.

03

업계 최고&최다 교수진 보유

공인중개사 업계 최다 교수진이
최고의 강의로 수험생 여러분의
합격을 위해 끊임없이 연구하고 있습니다.

04

전국 학원 수 규모 1위

전국 20여 개 학원을 보유하고 있는
박문각 공인중개사는 업계 최대 규모로서
전국 학원 수 규모 1위 입니다.

박문각 공인중개사

2025 합격 로드맵

합격을 향한 가장 확실한 선택
박문각 공인중개사 수험서 시리즈는 공인중개사 합격을 위한 가장 확실한 선택입니다.

---

01 기초입문

합격을 향해
기초부터 차근차근!

—
기초입문서 총 2권

합격 자신감 UP! 합격지원 플러스 교재

합격설명서 | 민법판례 | 핵심용어집 | 기출문제해설

---

02 기본이론

기본 개념을
체계적으로 탄탄하게!

—
기본서 총 6권

---

03 필수이론

합격을 향해
저자직강 필수 이론 과정!

—
저자필수서

04 기출문제풀이

기출문제 풀이로
출제경향 체크!

—
핵심기출문제 총 2권
회차별 기출문제집 총 2권
저자기출문제

| 핵심기출문제 |

| 회차별 기출문제집 |

| 저자기출문제 |

05 예상문제풀이

시험에 나오는
모든 문제유형 체크!

—
합격예상문제 총 6권

06 핵심마무리

단기간 합격을 위한
핵심만을 정리!

—
핵심요약집 총 2권
파이널 패스 100선

| 핵심요약집 |

| 파이널 패스 100선 |

07 실전모의고사

합격을 위한
마지막 실전 완벽 대비!

—
실전모의고사 총 2권
THE LAST 모의고사

| 실전모의고사 |

| THE LAST 모의고사 |

Since 1972

1위 박문각

박문각의 유일한 목표는 여러분의 합격입니다.
1위 기업으로서의 자부심과 노력으로 수험생 여러분의 합격을 이끌어 가겠습니다.

2024
고객선호브랜드지수 1위
교육서비스 부문

2023
고객선호브랜드지수 1위
교육서비스 부문

2022
한국 브랜드 만족지수 1위
교육(교육서비스)부문 1위

2021
조선일보 국가브랜드 대상
에듀테크 부문 수상

2021
대한민국 소비자 선호도 1위
교육부문 1위

2020
한국 산업의 1등
브랜드 대상 수상

2019
한국 우수브랜드
평가대상 수상

2018
대한민국 교육산업 대상
교육서비스 부문 수상

2017
대한민국 고객만족
브랜드 대상 수상

랭키닷컴 부동산/주택
교육부문 1위 선정

브랜드스탁 BSTI
브랜드 가치평가 1위

전면개정판 제36회 공인중개사 시험대비
방송대학TV 무료강의 | 첫방송 2025.1.13(월) 오전 7시

박문각 공인중개사

기본서 2차

부동산공법

최성진 외 박문각 부동산교육연구소 편

브랜드만족
1위
박문각

근거자료
후면표기

2025

동영상강의
www.pmg.co.kr

합격까지 박문각
세대교체 혁신 기본서!

이 책의 머리말

부동산공법 학습에 왕도는 없습니다.
그러나 효율적인 공부방법은 있습니다!

구멍이 뚫린 시루에 물을 부으면 구멍이 뚫린 밑으로 물이 다 빠져 나가는 것 같지만 시간이 지나고 살펴보면 어느새 싱싱하게 자라있는 콩나물을 발견하게 되는 것처럼 공부도 그와 같다는 것!

처음 한 번 읽고, 두 번 읽고, 세 번 반복해 읽으면 처음엔 별로 다르게 느껴지지 않지만 반복되면서 콩나물이 자라듯 어느새 머릿속 지식은 쑥쑥 자라있는 걸 발견하게 됩니다.
반복하여 학습하는 것이 공인중개사 자격증을 취득하기 위한 최선의 방법임을 잘 알기에...
여러분의 합격에 훌륭한 지침서가 되길 바라며

본서는 다음과 같이 구성하였습니다.

01 본서는 부동산공법의 방대한 내용에 고민하는 수험생들을 위하여 단원별 기출되는 내용만을 엄선해 기존 기본서에 비해 양을 줄였습니다.

02 중요한 논점마다 관련 기출문제를 정리하여 출제경향을 정확히 파악하여 학습할 수 있도록 구성하였습니다.

03 시험적응력을 높이기 위하여 제35회 기출문제를 수록하였습니다.

04 최신개정법령을 완벽하게 반영하여 공부하시는 데 불편이 없도록 구성하였습니다.

부동산공법은 어려운 것이 아니라 양이 많을 뿐입니다. 가장 좋은 공부방법은 자주 반복해서 단 시간 내에 여러번 보는 것이 합격의 지름길입니다.

이 책을 여러분의 새로운 꿈이 더 이상 꿈이 아닌 현실이 되기를 소망하며 최선을 다하여 집필하였습니다. 수험생 여러분들이 본서를 잘 활용하시어 모두 합격의 영광을 누리시길 진심으로 기원합니다.

끝으로 이 책의 출판을 허락해주신 박용 회장님과 편집부 직원 여러분, 좋은 책이 나올 수 있도록 많은 조언을 주신 박문각 부동산공법 교수님들께 깊은 감사를 드립니다.

"지금도 여러분의 콩나물은 쑥쑥 자라고 있습니다"

편저자 일동

제35회 공인중개사 시험총평

2024년 제35회 공인중개사 시험
"전년도에 비해 난이도가 상승하였다."

제35회 공인중개사 시험에서 1차 과목인 부동산학개론은 지엽적이고 어려운 문제가 앞부분에 집중 배치되었고 계산문제와 2차 과목의 문제도 다수 출제되어 전년도에 비해 어려웠고, 민법은 예년보다 다소 쉽게 출제되었지만, 최근 판례들을 응용한 문제들이 출제되어 체감 난이도는 전년도와 비슷하였다.

2차 과목은 전반적으로 어려웠으나 부동산세법은 기본개념, 논점 위주로 출제되어 기본서를 바탕으로 꾸준히 학습을 했다면 충분히 합격할 수 있을 난이도였다. 반면 공인중개사법·중개실무, 부동산공법, 부동산공시법령은 고난도 문제와 생소한 유형의 문제가 대거 출제되어 수험생들의 체감 난이도는 예년에 비해 훨씬 높아졌다고 할 수 있다.

제35회 시험의 과목별 출제 경향은 다음과 같다.

1차

부동산학개론은 계산문제, 2차 과목 문제 등 지엽적이고 어려운 문제가 다수 출제되어 작년보다 어려운 시험이었다.

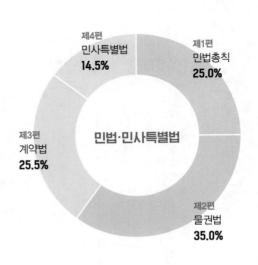

민법·민사특별법은 최근 판례들을 응용한 문제들이 다수 출제되어 체감 난이도가 다소 높았던 시험이었다.

2차

제3편
중개실무
21.0%

공인중개사법·
중개실무

제1편
공인중개사법령
61.0%

제2편
부동산 거래신고
등에 관한 법령
18.0%

공인중개사법·중개실무는 전반적으로 전년도와 비슷한 난이도로 출제되었으나, 시험범위를 벗어난 문제가 다소 출제되어 체감 난이도가 높아졌다.

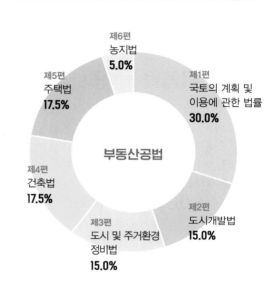

제6편
농지법
5.0%

제5편
주택법
17.5%

제1편
국토의 계획 및
이용에 관한 법률
30.0%

부동산공법

제4편
건축법
17.5%

제3편
도시 및 주거환경
정비법
15.0%

제2편
도시개발법
15.0%

부동산공법은 일부 법률에서 최근 출제된 적 없는 계산문제와 매우 지엽적인 문제가 출제되어 전체적인 난이도가 많이 상승했다.

제1편
공간정보의 구축 및
관리에 관한 법률
50.0%

부동산공시법령

제2편
부동산등기법
50.0%

'공간정보관리법'은 몇 문제 외에는 비교적 평이한 난이도를 유지했고, '부동산등기법'은 지금까지 출제된 적 없던 유형의 문제들이 절반 가까이 출제되어 어려웠다.

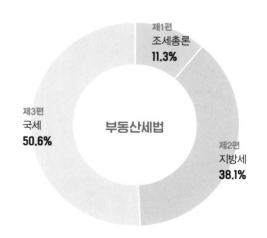

제1편
조세총론
11.3%

제3편
국세
50.6%

부동산세법

제2편
지방세
38.1%

부동산세법은 기본개념을 이해하였는지를 중점적으로 물어보았고 단순 법조문을 묻는 문제, 사례형 문제, 계산문제를 혼합하여 출제하였다.

공인중개사 개요 및 전망

"자격증만 따면 소자본만으로 개업할 수 있고
'나'의 사업을 능력껏 추진할 수 있다."

공인중개사는 자격증만 따면 개업하고, 적당히 돌아다니기만 해도 적지 않은 수입을 올릴 수 있는 자유직업. 이는 뜬구름 잡듯 공인중개사가 되려는 사람들의 생각인데 천만의 말씀이다. 예전에도 그랬고 지금은 더하지만 공인중개사는 '부동산 전문중개인다워야' 제대로 사업을 유지할 수 있고 괜찮은 소득도 올릴 수 있는 최고의 자유직업이 될 수 있다.

고소득 전문직업으로 정착

노후대책 마련으로
최고의 자격증

공인중개사

여성의 장점을 십분
발휘할 수 있는 평생직업

부동산 시장 변화에 따른
역할 확대

공인중개사의 업무범위 확장
(법원 경매 및 공매 대행)

"자격증 취득하면 무슨 일 할까?"

공인중개사 자격증에 대해 사람들이 가장 많이 궁금해하는 점이 바로 '취득 후 무슨 일을 하나'이다. 하지만 공인중개사 자격증 취득 후 선택할 수 있는 직업군은 생각보다 다양하다.

개업공인중개사로서의 공인중개사 업무는 알선·중개 외에도 중개부동산의 이용이나 개발에 관한 지도 및 상담(부동산컨설팅)업무도 포함된다. 부동산중개 체인점, 주택 및 상가의 분양대행, 부동산의 관리대행, 경매 및 공매대상 부동산 취득의 알선 등 부동산의 전문적 컨설턴트로서 부동산의 구입에서 이용, 개발, 관리까지 폭넓은 업무를 다룰 수 있다.

1
취 업
- 온라인 부동산 포털회사 취업
- 개인사무소, 합동사무소 취업
- 정부재투자기관 취업
- 부동산 관련기업 취업
- 은행 등 부동산 금융파트 취업 등

2
컨설팅
- 부동산투자분석 컨설팅
- 부동산 관련법규 및 세제 자문 등
- 부동산 자산관리 및 매매대행

3
창 업
- 개인사무소 창업
- 합동사무소 창업

공인중개사 시험정보

1. 시험일정 및 장소

구 분	인터넷 / 모바일(App) 원서 접수기간	시험시행일	합격자발표
일 정	매년 8월 2번째 월요일부터 금요일까지(2025. 8. 4 ~ 8. 8 예정)	매년 10월 마지막 주 토요일 시행(2025. 10. 25 예정)	11월 중
장 소	원서 접수시 수험자가 시험지역 및 시험장소를 직접 선택		

TIP 1. 제1·2차 시험이 동시접수·시행됩니다.
2. 정기 원서접수 기간(5일간) 종료 후 환불자 범위 내에서만 선착순으로 추가 원서접수 실시(2일간)하므로, 조기마감될 수 있습니다.

2. 시험시간

구 분	교 시	시험과목 (과목당 40문제)	시험시간	
			입실시간	시험시간
제1차 시험	1교시	2과목	09:00까지	09:30 ~ 11:10(100분)
제2차 시험	1교시	2과목	12:30까지	13:00 ~ 14:40(100분)
	2교시	1과목	15:10까지	15:30 ~ 16:20(50분)

* 수험자는 반드시 입실시간까지 입실하여야 함(시험 시작 이후 입실 불가)
* 개인별 좌석배치도는 입실시간 20분 전에 해당 교실 칠판에 별도 부착
* 위 시험시간은 일반응시자 기준이며, 장애인 등 장애유형에 따라 편의제공 및 시험시간 연장가능(장애 유형별 편의제공 및 시험시간 연장 등 세부내용은 큐넷 공인중개사 홈페이지 공지사항 참조)
* 2차만 응시하는 시간연장 수험자는 1·2차 동시응시 시간연장자의 2차 시작시간과 동일 시작

TIP 시험일시, 시험장소, 시험방법, 합격자 결정방법 및 응시수수료의 환불에 관한 사항 등은 '제36회 공인중개사 자격시험 시행공고시 고지

1. 응시자격: 제한 없음
다만, 다음의 각 호에 해당하는 경우에는 공인중개사 시험에 응시할 수 없음
① 공인중개사시험 부정행위자로 처분 받은 날로부터 시험시행일 전일까지 5년이 지나지 않은 자(공인중개사법 제4조의3)
② 공인중개사 자격이 취소된 후 시험시행일 전일까지 3년이 지나지 않은 자(공인중개사법 제6조)
③ 이미 공인중개사 자격을 취득한 자

2. 합격자 결정방법
제1·2차 시험 공통. 매 과목 100점 만점으로 하여 매 과목 40점 이상, 전 과목 평균 60점 이상 득점한 자
TIP 제1·2차 시험 응시자 중 제1차 시험에 불합격한 자의 제2차 시험에 대하여는 「공인중개사법 시행령」 제5조 제3항에 따라 이를 무효로 합니다.
* 제1차 시험 면제대상자: 2024년 제35회 제1차 시험에 합격한 자

시험과목 및 출제비율

구 분	시험과목	시험범위	출제비율
제1차 시험 (2과목)	부동산학개론 (부동산 감정평가론 포함)	부동산학개론 •부동산학 총론[부동산의 개념과 분류, 부동산의 특성(속성)] •부동산학 각론(부동산 경제론, 부동산 시장론, 부동산 정책론, 부동산 투자론, 부동산 금융론, 부동산 개발 및 관리론)	85% 내외
		부동산 감정평가론(감정평가의 기초이론, 감정평가방식, 부동산가격 공시제도)	15% 내외
	민법 및 민사특별법 중 부동산중개에 관련되는 규정	민 법 •총칙 중 법률행위 •질권을 제외한 물권법 •계약법 중 총칙·매매·교환·임대차	85% 내외
		민사특별법 •주택임대차보호법 •집합건물의 소유 및 관리에 관한 법률 •가등기담보 등에 관한 법률 •부동산 실권리자명의 등기에 관한 법률 •상가건물 임대차보호법	15% 내외
제2차 시험 1교시 (2과목)	공인중개사의 업무 및 부동산 거래신고 등에 관한 법령 및 중개실무	공인중개사법	70% 내외
		부동산 거래신고 등에 관한 법률	
		중개실무	30% 내외
	부동산공법 중 부동산중개에 관련되는 규정	국토의 계획 및 이용에 관한 법률	30% 내외
		도시개발법	30% 내외
		도시 및 주거환경정비법	
		주택법	40% 내외
		건축법	
		농지법	
제2차 시험 2교시 (1과목)	부동산공시에 관한 법령 및 부동산 관련 세법	부동산등기법	30% 내외
		공간정보의 구축 및 관리 등에 관한 법률 제2장 제4절 및 제3장	30% 내외
		부동산 관련 세법(상속세, 증여세, 법인세, 부가가치세 제외)	40% 내외

TIP 답안은 시험시행일에 시행되고 있는 법령을 기준으로 작성

출제경향 분석 및 수험대책

📠 어떻게 출제되었나?

1. 부동산공법의 출제비율

구 분	제31회	제32회	제33회	제34회	제35회	총 계	비율(%)
국토의 계획 및 이용에 관한 법률	12	12	12	12	12	60	30.0
도시개발법	6	6	6	6	6	30	15.0
도시 및 주거환경정비법	6	6	6	6	6	30	15.0
건축법	7	7	7	7	7	35	17.5
주택법	7	7	7	7	7	35	17.5
농지법	2	2	2	2	2	10	5.0
총 계	40	40	40	40	40	200	100.0

2. 총평 – "이제는 버릴 줄 아는 것이 실력이다."

그런데 버릴 때 주의할 사항은 법률 전체를 버려서는 아니 되고 해당 법률 중에서 어려운 논점만 버려야 한다는 것이다. 각 법률마다 아주 쉬운 논점의 문제가 50%는 꼭 있었다.

"체계와 원리 중심의 학습"과 "아는 것은 꼭 맞는다."는 "선택과 집중"이 필요하다.

이번 제35회 부동산공법은 일부 법률에서 매우 지엽적인 문제가 출제되어 수험생들이 까다롭게 느꼈을 것이다.

서술형 문제가 20문제, 단답형 문제가 12문제, 박스형 문제가 8문제(괄호 넣기 문제가 3문제)로 출제되었다. 전혀 풀 수 없는 극상 문제가 14문제, 상 4문제, 중 10문제, 하 12문제, 긍정형 21문제와 부정형 19문제의 비율로 출제되었다. 전체적인 난이도는 많이 상승했으며, 어려운 14문제를 패스하고 수업시간에 강조한 중요 논점인 26문제 중 중·하급 문제인 22문제에 집중했다면 22~26개 정도의 합격점수가 가능하도록 출제된 문제였다.

3. 출제경향 – 선택과 집중이 부동산공법의 핵심이다.

최근 출제경향을 분석해 보면, 시험의 방향이 종합적인 사고와 원리를 요구하는 방향으로 전환되고 있으며, 매우 지엽적인 문제가 제35회 시험에서 18문제 정도가 출제되어 부동산공법을 고득점 하는 것은 어려웠지만 합격하는 점수에는 영향을 주는 정도는 아니었다. 그러므로 꼭 암기가 필요하다고 강조되는 부분을 제외하고는 전체적인 체계와 기본적인 원리를 학습하는 것이 중요하다. 앞으로의 시험은 선택과 집중이 합격의 당락을 좌우할 것으로 예상된다.

🏛 이렇게 준비하자!

▶ 제1장 국토의 계획 및 이용에 관한 법률

이 법은 12문제가 출제되며, 부동산공법 중 가장 중요한 법률로서 다른 법률을 이해하기 위해서는 선행적으로 학습이 이루어져야 하는 법률이기도 하다. 전체적인 법률의 체계를 잡은 후 개별적인 내용을 정리하면서 학습하는 것이 효율적인 법률이다. 이 법에서 특히 비중을 두고 공부하여야 할 부분은 광역도시계획, 도시·군기본계획, 도시·군관리계획의 수립, 용도지역의 지정 특례, 용도지역에서의 행위제한, 용도지구의 의의, 용도구역의 지정권자, 도시·군계획시설사업의 시행, 장기미집행 도시·군계획시설부지의 매수청구제도, 지구단위계획구역 지정과 지구단위계획, 개발행위허가, 성장관리계획, 개발밀도관리구역, 기반시설부담구역, 청문에 관한 부분이다.

▶ 제2장 도시개발법

이 법은 6문제가 출제되며, 도시개발사업의 시행절차에 관한 절차법이기 때문에 전체적인 체계를 정리하고 세부적인 사항으로 정리하는 학습방법이 필요한 법률이다.
단순암기식보다는 이해와 응용을 필요로 하기 때문에 다소 어렵게 느낄 수도 있을 것이다. 이 법에서 특히 비중을 두고 공부하여야 할 부분은 개발계획 수립, 도시개발구역의 지정과 도시개발사업의 시행, 도시개발조합, 실시계획, 수용·사용방식, 환지계획, 환지예정지, 환지처분, 체비지, 청산금, 도시개발채권 등에 관한 부분이다.

▶ 제3장 도시 및 주거환경정비법

이 법은 6문제가 출제된다. 최근에 다소 난이도가 높게 출제되는 경향으로 심화학습이 필요하다. 전체를 하는 것보다는 자주 출제되는 중요 논점만 정리하는 것이 객관식시험 대비요령이다. 정비사업의 개념과 전체적인 정비사업의 체계를 먼저 정리한 후 용어정의, 정비기본계획, 정비구역해제, 정비사업조합, 정비사업 시행방법, 사업시행계획, 사업시행을 위한 조치, 관리처분계획, 준공인가등에 관한 부분을 중심으로 정리하는 것이 효율적인 학습방법이다.

▶ 제4장 건축법

이 법은 7문제가 출제되며, 다른 법률을 이해하기 위한 기초적인 내용이 많이 포함되어 있어 기본적인 개념을 중심으로 학습하고, 암기도 요구되기 때문에 전체적인 체계를 잡아서 숫자중심으로 반복적인 학습이 이루어진다면 고득점이 가능한 법률이라고 할 수 있다. 이 법에서 특히 비중을 두고 공부해야 할 부분은 용어정의, 건축물, 건축물의 건축, 대수선의 개념, 건축물의 용도분류, 건축허가, 건축물의 대지 및 도로, 면적과 높이제한, 건축협정, 특별건축구역, 이행강제금에 관한 부분이다.

▶ 제5장 주택법

이 법은 7문제가 출제되며, 특히 비중을 두고 공부해야 할 부분은 용어정의, 등록사업자, 주택조합, 사업계획승인, 사용검사, 주택상환사채, 분양가 상한제 적용주택, 공급질서 교란금지, 투기과열지구, 전매제한의 예외에 관한 부분이다. 또한 주택법은 다른 법률에 비하여 자주 개정되기 때문에 개정되는 부분에 대해서도 관심을 갖는 학습방향이 필요한 부분이라 할 수 있다.

▶ 제6장 농지법

이 법은 다른 법률에 비하여 출제빈도가 낮은 법률로서 2문제가 출제되며, 심화학습보다는 간단히 개념정리한다는 생각으로 정리하면 충분히 해결할 수 있다. 이 법에서 특히 비중을 두고 공부해야 되는 부분은 농지의 개념, 농지의 소유제한과 소유상한제도, 농지취득자격증명, 위탁경영 사유, 농지의 임대차, 농업진흥지역, 농지의 전용, 농지대장을 중심으로 정리하는 것이 효율적인 학습방법이다.

이 책의 구성 및 특징

핵심개념 학습

① 단원열기: 각 단원의 학습 방향을 제시하고,
중점 학습 내용을 강조하여 수험생들의 자율
적 학습 강약 조절을 도움
② 본문: 출제가능성이 높은 핵심개념을 모아
이해하기 쉽도록 체계적으로 정리·구성하여
학습효율 UP!

다양한 학습 tip

① 미리보기: 부동산공법의 절차를 도표로 한
눈에 파악
② 넓혀보기: 본문과 관련하여 더 알아두어야
할 내용들을 정리하여 제시함으로써 보다 폭
넓은 학습 가능
③ 예제: 이론학습이 끝난 뒤에 문제풀이를 통
해서 완벽 마스터
④ 일러스트: 이해하기 어려운 이론을 그림으로
알기 쉽고 재미있게 학습

부록_기출문제

제35회 공인중개사 기출문제와 명쾌한 해설을 수록하여 기출 유형을 파악하고 실전에 대비할 수 있도록 하였다.

INDEX_찾아보기

찾아보기(색인)를 통해 공인중개사 시험을 공부하면서 접하는 생소한 용어들을 기본서 내에서 쉽고 빠르게 찾을 수 있다.

CONTENTS

이 책의 차례

Chapter
03

도시 및
주거환경정비법

CONTENTS

이 책의 차례

Chapter
06

농지법

부 록

국토의 계획 및
이용에 관한 법률

국토의 계획 및 이용에 관한 법률

단원
열기

국토의 계획 및 이용에 관한 법률은 부동산공법을 이해하기 위한 체계를 형성하는 가장 중요한 법으로 매년 12문제가 출제된다. 광역도시계획, 도시·군기본계획과 도시·군관리계획, 용도지역, 용도지구, 용도구역, 도시·군계획시설사업, 장기미집행 도시·군계획시설부지의 매수청구, 지구단위계획과 개발행위허가, 개발밀도관리구역과 기반시설부담구역 등은 매년 1문제씩 출제되는 주요 논점이므로 반드시 정리하여야 한다.

제1절 총 칙

01 국토의 계획 및 이용에 관한 법률의 목적

이 법은 국토의 이용·개발과 보전을 위한 계획의 수립 및 집행 등에 필요한 사항을 정하여 공공복리를 증진시키고 국민의 삶의 질을 향상시키는 것을 목적으로 한다(법 제1조).

02 용어의 정의(법 제2조) 제35회

(1) 국가계획

중앙행정기관이 법률에 따라 수립하거나 국가의 정책적인 목적을 이루기 위하여 수립하는 계획 중 도시·군기본계획의 내용(제19조 제1항 제1호부터 제9호)이나 도시·군관리계획으로 결정하여야 할 사항이 포함된 계획을 말한다.

(2) 광역도시계획

광역계획권의 장기발전방향을 제시하는 계획을 말한다.

(3) 도시·군계획

특별시·광역시·특별자치시·특별자치도·시 또는 군(광역시의 군은 제외한다. 이하 같다)의 관할구역에 대하여 수립하는 공간구조와 발전방향에 대한 계획으로서 도시·군기본계획과 도시·군관리계획으로 구분한다.

(4) 도시·군기본계획

특별시·광역시·특별자치시·특별자치도·시 또는 군의 관할구역 및 생활권에 대하여 기본적인 공간구조와 장기발전방향을 제시하는 종합계획으로서 도시·군관리계획수립의 지침이 되는 계획을 말한다.

(5) 도시 · 군관리계획

특별시 · 광역시 · 특별자치시 · 특별자치도 · 시 또는 군의 개발 · 정비 및 보전을 위하여 수립하는 토지이용 · 교통 · 환경 · 경관 · 안전 · 산업 · 정보통신 · 보건 · 복지 · 안보 · 문화 등에 관한 다음의 계획을 말한다.

1. 용도지역 · 용도지구의 지정 또는 변경에 관한 계획
2. 개발제한구역 · 시가화조정구역 · 수산자원보호구역 · 도시자연공원구역의 지정 또는 변경에 관한 계획
3. 기반시설의 설치 · 정비 또는 개량에 관한 계획
4. 지구단위계획구역의 지정 또는 변경에 관한 계획과 지구단위계획
5. 도시개발사업 또는 정비사업에 관한 계획
6. 도시혁신구역의 지정 또는 변경에 관한 계획과 도시혁신계획
7. 복합용도구역의 지정 또는 변경에 관한 계획과 복합용도계획
8. 도시 · 군계획시설입체복합구역의 지정 또는 변경에 관한 계획

(6) 공간재구조화계획

토지의 이용 및 건축물이나 그 밖의 시설의 용도 · 건폐율 · 용적률 · 높이 등을 완화하는 용도구역의 효율적이고 계획적인 관리를 위하여 수립하는 계획을 말한다.

(7) 용도지역

토지의 이용 및 건축물의 용도 · 건폐율 · 용적률 · 높이 등을 제한함으로써 토지를 경제적 · 효율적으로 이용하고 공공복리의 증진을 도모하기 위하여 서로 중복되지 아니하게 도시 · 군관리계획으로 결정하는 지역을 말한다.

(8) 용도지구

토지의 이용 및 건축물의 용도 · 건폐율 · 용적률 · 높이 등에 대한 용도지역의 제한을 강화하거나 완화하여 적용함으로써 용도지역의 기능을 증진시키고 경관 · 안전 등을 도모하기 위하여 도시 · 군관리계획으로 결정하는 지역을 말한다.

(9) 용도구역

토지의 이용 및 건축물의 용도 · 건폐율 · 용적률 · 높이 등에 대한 용도지역 및 용도지구의 제한을 강화하거나 완화하여 따로 정함으로써 시가지의 무질서한 확산방지, 계획적이고 단계적인 토지이용의 도모, 혁신적이고 복합적인 토지활용의 촉진, 토지이용의 종합적 조정 · 관리 등을 위하여 도시 · 군관리계획으로 결정하는 지역을 말한다.

(10) 도시혁신계획

창의적이고 혁신적인 도시공간의 개발을 목적으로 도시혁신구역에서의 토지의 이용 및 건축물의 용도·건폐율·용적률·높이 등의 제한에 관한 사항을 따로 정하기 위하여 공간재구조화계획으로 결정하는 도시·군관리계획을 말한다.

(11) 복합용도계획

주거·상업·산업·교육·문화·의료 등 다양한 도시기능이 융복합된 공간의 조성을 목적으로 복합용도구역에서의 건축물의 용도별 구성비율 및 건폐율·용적률·높이 등의 제한에 관한 사항을 따로 정하기 위하여 공간재구조화계획으로 결정하는 도시·군관리계획을 말한다.

(12) 기반시설

다음의 시설로서 대통령령으로 정하는 시설을 말한다.

1. 도로·철도·항만·공항·주차장 등 교통시설
2. 광장·공원·녹지 등 공간시설
3. 유통업무설비, 수도·전기·가스공급설비, 방송·통신시설, 공동구 등 유통·공급시설
4. 학교·공공청사·문화시설 및 공공필요성이 인정되는 체육시설 등 공공·문화체육시설
5. 하천·유수지(遊水池)·방화설비 등 방재시설
6. 장사시설 등 보건위생시설
7. 하수도, 폐기물처리 및 재활용시설, 빗물저장 및 이용시설 등 환경기초시설
💡 기반시설 중 도로·자동차정류장 및 광장은 다음과 같이 세분할 수 있다.
   1. **도로**: 일반도로, 자동차전용도로, 보행자전용도로, 보행자우선도로, 자전거전용도로, 고가도로, 지하도로
   2. **자동차정류장**: 여객자동차터미널, 물류터미널, 공영차고지, 공동차고지, 화물자동차 휴게소, 복합환승센터, 환승센터
   3. **광장**: 교통광장, 일반광장, 경관광장, 지하광장, 건축물부설광장

(13) 공동구

전기·가스·수도 등의 공급설비, 통신시설, 하수도시설 등 지하매설물을 공동 수용함으로써 미관의 개선, 도로구조의 보전 및 교통의 원활한 소통을 위하여 지하에 설치하는 시설물을 말한다.

(14) 광역시설

기반시설 중 광역적인 정비체계가 필요한 다음의 시설을 말한다.

> 1. 둘 이상의 특별시·광역시·특별자치시·특별자치도·시 또는 군의 관할구역에 걸치는 시설: 도로·철도·광장·수도·전기·가스·공동구 등
> 2. 둘 이상의 특별시·광역시·특별자치시·특별자치도·시 또는 군이 공동으로 이용하는 시설: 항만·공항·자동차정류장·공원·유원지 등

(15) 도시·군계획시설

기반시설 중 도시·군관리계획으로 결정된 시설을 말한다.

(16) 도시·군계획시설사업

도시·군계획시설을 설치·정비 또는 개량하는 사업을 말한다.

(17) 도시·군계획사업

도시·군관리계획을 시행하기 위한 사업으로서 도시·군계획시설사업, 도시개발법에 따른 도시개발사업 및 도시 및 주거환경정비법에 따른 정비사업을 말한다.

(18) 공공시설

도로·공원·철도·수도, 그 밖에 대통령령으로 정하는 공공용 시설을 말한다.

> 1. 항만·공항·광장·녹지·공공공지·공동구·하천·유수지·방화설비·방풍설비·방수설비·사방설비·방조설비·하수도·구거(도랑)
> 2. 행정청이 설치하는 시설로서 주차장·저수지 및 그 밖에 국토교통부령으로 정하는 시설
> 3. 스마트도시의 조성 및 산업진흥 등에 관한 법률에 따른 유비쿼터스도시 통합운영센터와 그 밖에 이와 비슷한 시설

(19) 지구단위계획

도시·군계획 수립 대상지역의 일부에 대하여 토지 이용을 합리화하고 그 기능을 증진시키며 미관을 개선하고 양호한 환경을 확보하며, 그 지역을 체계적·계획적으로 관리하기 위하여 수립하는 도시·군관리계획을 말한다.

(20) 성장관리계획

성장관리계획구역에서의 난개발을 방지하고 계획적인 개발을 유도하기 위하여 수립하는 계획을 말한다.

(21) 개발밀도관리구역

개발로 인하여 기반시설이 부족할 것이 예상되나 기반시설을 설치하기가 곤란한 지역을 대상으로 건폐율이나 용적률을 강화하여 적용하기 위하여 지정하는 구역을 말한다.

(22) 기반시설부담구역

개발밀도관리구역 외의 지역으로서 개발로 인하여 도로, 공원, 녹지 등 대통령령으로 정하는 기반시설의 설치가 필요한 지역을 대상으로 기반시설을 설치하거나 그에 필요한 용지를 확보하게 하기 위하여 지정·고시하는 구역을 말한다.

(23) 기반시설설치비용

단독주택 및 숙박시설 등 대통령령으로 정하는 시설의 신·증축 행위로 인하여 유발되는 기반시설을 설치하거나 그에 필요한 용지를 확보하기 위하여 부과·징수하는 금액을 말한다.

03 국토 이용 및 관리의 기본원칙 등

1 국토 이용 및 관리의 기본원칙

국토는 자연환경의 보전과 자원의 효율적 활용을 통하여 환경적으로 건전하고 지속가능한 발전을 이루기 위하여 다음의 목적을 이룰 수 있도록 이용되고 관리되어야 한다(법 제3조).

---

1. 국민생활과 경제활동에 필요한 토지 및 각종 시설물의 효율적 이용과 원활한 공급
2. 자연환경 및 경관의 보전과 훼손된 자연환경 및 경관의 개선 및 복원
3. 교통·수자원·에너지 등 국민생활에 필요한 각종 기초 서비스 제공
4. 주거 등 생활환경 개선을 통한 국민의 삶의 질 향상
5. 지역의 정체성과 문화유산의 보전
6. 지역 간 협력 및 균형발전을 통한 공동번영의 추구
7. 지역경제의 발전과 지역 및 지역 내 적절한 기능 배분을 통한 사회적 비용의 최소화
8. 기후변화에 대한 대응 및 풍수해 저감을 통한 국민의 생명과 재산의 보호
9. 저출산·인구의 고령화에 따른 대응과 새로운 기술변화를 적용한 최적의 생활환경 제공

---

② 도시의 지속가능성 및 생활인프라 수준 평가

(1) 평가자

국토교통부장관은 도시의 지속가능하고 균형 있는 발전과 주민의 편리하고 쾌적한 삶을 위하여 도시의 지속가능성 및 생활인프라(교육시설, 문화·체육시설, 교통시설 등의 시설로서 국토교통부장관이 정하는 것을 말한다) 수준을 평가할 수 있다(법 제3조의2 제1항).

(2) 평가절차 및 기준

평가를 위한 절차 및 기준 등에 관하여 필요한 사항은 대통령령으로 정한다(법 제3조의2 제2항).

(3) 평가결과 반영의무

국가와 지방자치단체는 평가결과를 도시·군계획의 수립 및 집행에 반영하여야 한다(법 제3조의2 제3항).

③ 도시·군계획의 법적지위

1. 국가계획, 광역도시계획 및 도시·군계획의 관계

(1) 도시·군계획의 지위

도시·군계획은 특별시·광역시·특별자치시·특별자치도·시 또는 군의 관할구역에서 수립되는 다른 법률에 따른 토지의 이용·개발 및 보전에 관한 계획의 기본이 된다(법 제4조 제1항).

(2) 광역도시계획 및 도시·군계획과 국가계획의 관계

광역도시계획 및 도시·군계획은 국가계획에 부합되어야 하며, 광역도시계획이나 도시·군계획의 내용이 국가계획의 내용과 다를 때에는 국가계획의 내용이 우선한다. 이 경우 국가계획을 수립하려는 중앙행정기관의 장은 미리 지방자치단체의 장의 의견을 듣고 충분히 협의하여야 한다(법 제4조 제2항).

(3) 광역도시계획 및 도시·군기본계획의 관계

광역도시계획이 수립되어 있는 지역에 수립하는 도시·군기본계획은 그 광역도시계획에 부합하여야 하며, 도시·군기본계획의 내용이 광역도시계획의 내용과 다를 때에는 광역도시계획의 내용이 우선한다(법 제4조 제3항).

(4) 도시·군기본계획의 지위

특별시장·광역시장·특별자치시장·특별자치도지사·시장 또는 군수가 관할구역에 대하여 다른 법률에 따른 환경·교통·수도·하수도·주택 등에 관한 부문별 계획을 수립하는 때에는 도시·군기본계획의 내용에 부합되게 하여야 한다(법 제4조 제4항).

2. 국토의 용도 구분

국토는 토지의 이용실태 및 특성, 장래의 토지 이용 방향, 지역 간 균형발전 등을 고려하여 다음과 같은 용도지역으로 구분한다(법 제6조).

(1) 도시지역

인구와 산업이 밀집되어 있거나 밀집이 예상되어 그 지역에 대하여 체계적인 개발·정비·관리·보전 등이 필요한 지역

(2) 관리지역

도시지역의 인구와 산업을 수용하기 위하여 도시지역에 준하여 체계적으로 관리하거나 농림업의 진흥, 자연환경 또는 산림의 보전을 위하여 농림지역 또는 자연환경보전지역에 준하여 관리가 필요한 지역

(3) 농림지역

도시지역에 속하지 아니하는 농지법에 따른 농업진흥지역 또는 산지관리법에 따른 보전산지 등으로서 농림업의 진흥과 산림의 보전을 위하여 필요한 지역

(4) 자연환경보전지역

자연환경·수자원·해안·생태계·상수원 및 국가유산기본법에 따른 국가유산의 보전과 수산자원의 보호·육성 등을 위하여 필요한 지역

예제

국토의 계획 및 이용에 관한 법령상 용어 설명으로 틀린 것은?

① 도시·군계획은 도시·군기본계획과 도시·군관리계획으로 구분한다.
② 복합용도구역의 지정에 관한 계획은 도시·군관리계획으로 결정한다.
③ 개발밀도관리구역은 개발로 인하여 기반시설이 부족할 것이 예상되나 기반시설을 설치하기가 곤란한 지역을 대상으로 건폐율이나 용적률을 강화하여 적용하기 위하여 지정하는 구역을 말한다.
④ 도시·군관리계획을 시행하기 위한 도시개발법에 따른 도시개발사업은 도시·군계획사업에 포함된다.
⑤ 기반시설은 도시·군계획시설 중 도시·군관리계획으로 결정된 시설이다.

해설 ⑤ 도시·군계획시설은 기반시설 중 도시·군관리계획으로 결정된 시설이다. ◆ **정답** ⑤

01 광역계획권

1 지정권자 및 지정목적

국토교통부장관 또는 도지사는 둘 이상의 특별시·광역시·특별자치시·특별자치도·시 또는 군의 공간구조 및 기능을 상호 연계시키고 환경을 보전하며 광역시설을 체계적으로 정비하기 위하여 필요한 경우에는 다음의 구분에 따라 인접한 둘 이상의 특별시·광역시·특별자치시·특별자치도·시 또는 군의 관할구역 전부 또는 일부를 대통령령으로 정하는 바에 따라 광역계획권으로 지정할 수 있다(법 제10조 제1항).

> 1. 국토교통부장관: 광역계획권이 둘 이상의 시·도의 관할구역에 걸쳐 있는 경우에는 국토교통부장관이 지정할 수 있다.
> 2. 도지사: 광역계획권이 도의 관할구역에 걸쳐 있는 경우에는 도지사가 지정할 수 있다.

2 지정대상지역

(1) 원 칙

광역계획권은 인접한 2 이상의 특별시·광역시·특별자치시·특별자치도·시 또는 군의 관할구역 단위로 지정한다(영 제7조 제1항).

(2) 예 외

국토교통부장관 또는 도지사는 인접한 둘 이상의 특별시·광역시·특별자치시·특별자치도·시 또는 군의 관할구역의 일부를 광역계획권에 포함시키고자 하는 때에는 구·군(광역시의 관할구역 안에 있는 군을 말한다)·읍 또는 면의 관할구역 단위로 하여야 한다(영 제7조 제2항).

3 지정요청

중앙행정기관의 장, 시·도지사, 시장 또는 군수는 국토교통부장관이나 도지사에게 광역계획권의 지정 또는 변경을 요청할 수 있다(법 제10조 제2항).

4 지정절차

(1) 의견청취 및 심의

① **국토교통부장관의 지정시**: 국토교통부장관은 광역계획권을 지정하거나 변경하려면 관계 시·도지사, 시장 또는 군수의 의견을 들은 후 중앙도시계획위원회의 심의를 거쳐야 한다(법 제10조 제3항).

② **도지사의 지정시**: 도지사가 광역계획권을 지정하거나 변경하려면 관계 중앙행정기관의 장, 관계 시·도지사, 시장 또는 군수의 의견을 들은 후 지방도시계획위원회의 심의를 거쳐야 한다(법 제10조 제4항).

(2) 통 보

국토교통부장관 또는 도지사는 광역계획권을 지정하거나 변경하면 지체 없이 관계 시·도지사, 시장 또는 군수에게 그 사실을 통보하여야 한다(법 제10조 제5항).

02 광역도시계획의 의의 및 법적성격

1 광역도시계획의 의의

광역도시계획은 광역계획권의 장기발전방향을 제시하는 계획을 말한다(법 제2조 제1호).

2 광역도시계획의 법적성격

(1) 비구속적 계획

광역도시계획은 장기발전방향을 제시하는 계획이므로 지침적, 추상적, 포괄적, 일반적, 개괄적 계획이다. 관계 행정기관만을 구속할 뿐 일반국민에게는 법적 구속력이 없는 행정계획이다.

(2) 대내적 구속력

광역도시계획은 일반국민에 대하여 구속력을 갖지 않는 행정계획으로 단순한 행정의 지침에 불과한 것으로서 행정쟁송(행정소송이나 행정심판)의 제기가 인정되지 아니한다.

(3) 광역도시계획과 도시·군기본계획의 관계

도시·군기본계획은 광역도시계획에 부합하여야 하며, 도시·군기본계획의 내용이 광역도시계획의 내용과 다를 때에는 광역도시계획의 내용이 우선한다.

③ 광역도시계획의 수립

1. 광역도시계획의 수립권자

(1) **원칙**: 수립의무

국토교통부장관, 시·도지사, 시장 또는 군수는 다음의 구분에 따라 광역도시계획을 수립하여야 한다(법 제11조 제1항).

1. 관할 시장·군수의 공동수립
   광역계획권이 같은 도의 관할구역에 속하여 있는 경우에는 관할 시장 또는 군수가 공동으로 수립하여야 한다.
2. 관할 시·도지사의 공동수립
   광역계획권이 둘 이상의 시·도의 관할구역에 걸쳐 있는 경우에는 관할 시·도지사가 공동으로 수립하여야 한다.
3. 관할 도지사의 수립
   광역계획권을 지정한 날부터 3년이 지날 때까지 관할 시장 또는 군수로부터 광역도시계획의 승인 신청이 없는 경우에는 도지사가 수립하여야 한다.
4. 국토교통부장관의 수립
   ① 국가계획과 관련된 광역도시계획의 수립이 필요한 경우에는 국토교통부장관이 수립하여야 한다.
   ② 광역계획권을 지정한 날부터 3년이 지날 때까지 관할 시·도지사로부터 광역도시계획의 승인 신청이 없는 경우에는 국토교통부장관이 수립하여야 한다.

(2) **예외**: 요청시 수립재량

1. 국토교통부장관은 시·도지사가 요청하는 경우와 그 밖에 필요하다고 인정되는 경우에는 관할 시·도지사와 공동으로 광역도시계획을 수립할 수 있다(법 제11조 제2항).
2. 도지사는 시장 또는 군수가 요청하는 경우와 그 밖에 필요하다고 인정하는 경우에는 관할 시장 또는 군수와 공동으로 광역도시계획을 수립할 수 있다(법 제11조 제3항 전단).
3. 시장·군수가 협의해서 요청하는 경우에는 도지사가 단독으로 수립할 수 있다(법 제11조 제3항 후단).

2. 광역도시계획의 수립내용

광역도시계획에는 다음의 사항 중 그 광역계획권의 지정목적을 이루는 데 필요한 사항에 대한 정책 방향이 포함되어야 한다(법 제12조).

1. 광역계획권의 공간구조와 기능분담
2. 광역계획권의 녹지관리체계와 환경보전
3. 광역시설의 배치 · 규모 · 설치 등
4. 경관계획
5. 그 밖에 광역계획권에 속하는 특별시 · 광역시 · 특별자치시 · 특별자치도 · 시 또는 군 상호 간의 기능 연계에 관한 사항으로서 대통령령으로 정하는 사항
   ① 광역계획권의 교통 및 물류유통체계에 관한 사항
   ② 광역계획권의 문화 · 여가공간 및 방재에 관한 사항

3. 광역도시계획의 수립기준

광역도시계획의 수립기준 등은 대통령령으로 정하는 바에 따라 다음의 사항을 종합적으로 고려하여 국토교통부장관이 정한다(영 제10조).

1. 광역계획권의 미래상과 이를 실현할 수 있는 체계화된 전략을 제시하고 국토종합계획 등과 서로 연계되도록 할 것
2. 특별시 · 광역시 · 특별자치시 · 특별자치도 · 시 또는 군간의 기능분담, 도시의 무질서한 확산방지, 환경보전, 광역시설의 합리적 배치 그 밖에 광역계획권안에서 현안사항이 되고 있는 특정부문 위주로 수립할 수 있도록 할 것
3. 여건변화에 탄력적으로 대응할 수 있도록 포괄적이고 개략적으로 수립하도록 하되, 특정부문 위주로 수립하는 경우에는 도시 · 군기본계획이나 도시 · 군관리계획에 명확한 지침을 제시할 수 있도록 구체적으로 수립하도록 할 것
4. 녹지축 · 생태계 · 산림 · 경관 등 양호한 자연환경과 우량농지, 보전목적의 용도지역, 국가유산 및 역사문화환경 등을 충분히 고려하여 수립하도록 할 것
5. 부문별 계획은 서로 연계되도록 할 것
6. 재난 및 안전관리 기본법에 따른 시 · 도안전관리계획 및 시 · 군 · 구안전관리계획과 자연재해대책법에 따른 시 · 군자연재해저감 종합계획을 충분히 고려하여 수립하도록 할 것

4. 광역도시계획의 수립 및 승인절차

미리보기 **광역도시계획의 수립·승인절차도**

(1) 광역도시계획의 기초조사

① 국토교통부장관, 시·도지사, 시장 또는 군수는 광역도시계획을 수립하거나 변경하려면 미리 인구, 경제, 사회, 문화, 토지 이용, 환경, 교통, 주택, 그 밖에 대통령령으로 정하는 사항 중 그 광역도시계획의 수립 또는 변경에 필요한 사항을 대통령령으로 정하는 바에 따라 조사하거나 측량(이하 "기초조사"라 한다)하여야 한다(법 제13조 제1항).

② 국토교통부장관, 시·도지사, 시장 또는 군수는 관계 행정기관의 장에게 기초조사에 필요한 자료를 제출하도록 요청할 수 있다. 이 경우 요청을 받은 관계 행정기관의 장은 특별한 사유가 없으면 그 요청에 따라야 한다(법 제13조 제2항).

③ 국토교통부장관, 시·도지사, 시장 또는 군수는 효율적인 기초조사를 위하여 필요하면 기초조사를 전문기관에 의뢰할 수 있다(법 제13조 제3항).

④ 국토교통부장관, 시·도지사, 시장 또는 군수가 기초조사를 실시한 경우에는 해당 정보를 체계적으로 관리하고 효율적으로 활용하기 위하여 기초조사정보체계를 구축·운영하여야 한다(법 제13조 제4항).

⑤ 국토교통부장관, 시·도지사, 시장 또는 군수가 기초조사정보체계를 구축한 경우에는 등록된 정보의 현황을 5년마다 확인하고 변동사항을 반영하여야 한다(법 제13조 제5항).

(2) 광역도시계획의 공청회의 개최

① 국토교통부장관, 시·도지사, 시장 또는 군수는 광역도시계획을 수립하거나 변경하려면 미리 공청회를 열어 주민과 관계 전문가 등으로부터 의견을 들어야 하며, 공청회에서 제시된 의견이 타당하다고 인정하면 광역도시계획에 반영하여야 한다(법 제14조 제1항).

② 국토교통부장관, 시·도지사, 시장 또는 군수는 공청회를 개최하려면 다음 사항을 일간신문, 관보, 공보, 인터넷 홈페이지 또는 방송 등의 방법으로 공청회 개최예정일 14일 전까지 1회 이상 공고해야 한다(영 제12조 제1항).

> 1. 공청회의 개최목적
> 2. 공청회의 개최예정일시 및 장소
> 3. 수립 또는 변경하고자 하는 광역도시계획의 개요
> 4. 그 밖에 필요한 사항

③ 공청회는 광역계획권 단위로 개최하되, 필요한 경우에는 광역계획권을 여러 개의 지역으로 구분하여 개최할 수 있다(영 제12조 제2항).

④ 공청회는 국토교통부장관, 시·도지사, 시장 또는 군수가 지명하는 사람이 주재한다(영 제12조 제3항).

(3) 지방자치단체의 의견 청취

① **시·도지사, 시장 또는 군수 수립시**: 시·도지사, 시장 또는 군수는 광역도시계획을 수립하거나 변경하려면 미리 관계 시·도, 시 또는 군의 의회와 관계 시장 또는 군수의 의견을 들어야 한다(법 제15조 제1항).

② **국토교통부장관 수립시**: 국토교통부장관은 광역도시계획을 수립하거나 변경하려면 관계 시·도지사에게 광역도시계획안을 송부하여야 하며, 관계 시·도지사는 그 광역도시계획안에 대하여 그 시·도의 의회와 관계 시장 또는 군수의 의견을 들은 후 그 결과를 국토교통부장관에게 제출하여야 한다(법 제15조 제2항).

③ **의견제시기한**: 시·도, 시 또는 군의 의회와 관계 시장 또는 군수는 특별한 사유가 없으면 30일 이내에 시·도지사, 시장 또는 군수에게 의견을 제시하여야 한다(법 제15조 제3항).

(4) 수립권자

국토교통부장관, 시·도지사, 시장 또는 군수(법 제11조)

(5) 광역도시계획 승인

① 국토교통부장관의 승인

- ㉠ 승인 : 시·도지사는 광역도시계획을 수립하거나 변경하려면 국토교통부장관의 승인을 받아야 한다. 다만, 시장 또는 군수가 요청하는 경우에 도지사가 관할 시장 또는 군수와 공동으로 광역도시계획을 수립하는 경우와 시장 또는 군수가 협의를 거쳐 요청하는 경우에 단독으로 도지사가 수립하는 경우에는 국토교통부장관의 승인을 받지 아니한다(법 제16조 제1항).
- ㉡ 협의 및 심의 : 국토교통부장관은 광역도시계획을 승인하거나 직접 광역도시계획을 수립 또는 변경(시·도지사와 공동으로 수립하거나 변경하는 경우를 포함한다)하려면 관계 중앙행정기관의 장과 협의한 후 중앙도시계획위원회의 심의를 거쳐야 한다(법 제16조 제2항).
- ㉢ 보완 요청 : 국토교통부장관은 광역도시계획의 승인을 얻고자 제출된 광역도시계획안이 광역도시계획의 수립기준 등에 적합하지 아니한 때에는 시·도지사에게 광역도시계획안의 보완을 요청할 수 있다(영 제13조 제2항).
- ㉣ 의견제시기한 : 협의 요청을 받은 관계 중앙행정기관의 장은 특별한 사유가 없으면 그 요청을 받은 날부터 30일 이내에 국토교통부장관에게 의견을 제시하여야 한다(법 제16조 제3항).

② 도지사의 승인

- ㉠ 승인 : 시장 또는 군수는 광역도시계획을 수립하거나 변경하려면 도지사의 승인을 받아야 한다(법 제16조 제5항).
- ㉡ 협의 및 심의 : 도지사가 광역도시계획을 승인하거나 직접 광역도시계획을 수립 또는 변경(시장·군수와 공동으로 수립하거나 변경하는 경우를 포함한다)하려면 관계 행정기관의 장(국토교통부장관을 포함한다)과 협의한 후 지방도시계획위원회의 심의를 거쳐야 한다(법 제16조 제6항).
- ㉢ 의견제시기한 : 협의 요청을 받은 관계 행정기관의 장은 특별한 사유가 없으면 그 요청을 받은 날부터 30일 이내에 도지사에게 의견을 제시하여야 한다(법 제16조 제6항).

(6) 광역도시계획 송부

① 국토교통부장관은 직접 광역도시계획을 수립 또는 변경하거나 승인하였을 때에는 관계 중앙행정기관의 장과 시·도지사에게 관계 서류를 송부하여야 한다(법 제16조 제4항).

② 도지사는 직접 광역도시계획을 수립 또는 변경(시장·군수와 공동으로 수립하거나 변경하는 경우를 포함한다)하거나 승인하였을 때에는 관계 행정기관의 장과 시장·군수에게 관계 서류를 송부하여야 한다(법 제16조 제6항).

(7) 광역도시계획 공고 및 열람

관계 서류를 받은 시·도지사는 그 내용을 해당 시·도의 공보와 인터넷 홈페이지에 게 재하는 방법에 의하여 공고하고, 관계 서류를 받은 시장·군수는 그 내용을 해당 시·군 의 공보와 인터넷 홈페이지에 게재하는 방법에 의하여 공고하고 일반인이 관계 서류를 30 일 이상 열람할 수 있도록 하여야 한다(법 제16조 제4항).

5. 광역도시계획의 조정

(1) 조정신청

① 광역도시계획을 공동으로 수립하는 시장·군수는 그 내용에 관하여 서로 협의가 이루 어지지 아니하는 때에는 공동 또는 단독으로 도지사에게 조정을 신청할 수 있다(법 제17조 제5항).

② 광역도시계획을 공동으로 수립하는 시·도지사는 그 내용에 관하여 서로 협의가 이루 어지지 아니하는 때에는 공동 또는 단독으로 국토교통부장관에게 조정을 신청할 수 있다(법 제17조 제1항).

(2) 협의권고

도지사 또는 국토교통부장관은 단독으로 조정신청을 받은 경우에는 기한을 정하여 당사 자 간에 다시 협의를 하도록 권고할 수 있으며, 기한까지 협의가 이루어지지 아니하는 경우에는 직접 조정할 수 있다(법 제17조 제2항·제6항).

(3) 심 의

도지사 또는 국토교통부장관은 조정의 신청을 받거나 직접 조정하려면 도의 지방도시계 획위원회나 중앙도시계획위원회의 심의를 거쳐 광역도시계획의 내용을 조정하여야 한다 (법 제17조 제3항·제6항).

(4) 반영의무

광역도시계획을 수립하는 자는 조정결과를 광역도시계획에 반영하여야 한다(법 제17조 제4항).

예제

국토의 계획 및 이용에 관한 법령상 광역도시계획에 관한 설명으로 옳은 것은?

① 광역계획권이 둘 이상의 시·도의 관할 구역에 걸쳐 있는 경우에는 관할 시·도지사가 공동으로 광역도시계획을 수립한다.

② 광역계획권을 지정한 날부터 2년이 지날 때까지 관할 시·도지사로부터 광역도시계획의 승인 신청이 없는 경우에는 국토교통부장관이 광역도시계획을 수립한다.

③ 중앙행정기관의 장, 시·도지사, 시장 또는 군수는 국토교통부장관이나 도지사에게 광역계획권의 지정 또는 변경을 요청할 수 없다.

④ 도지사가 시장 또는 군수의 요청에 의하여 관할 시장 또는 군수와 공동으로 광역도시계획을 수립하는 경우에는 국토교통부장관의 승인을 받아야 한다.

⑤ 국토교통부장관, 시·도지사, 시장 또는 군수가 기초조사정보체계를 구축한 경우에는 등록된 정보의 현황을 3년마다 확인하고 변동사항을 반영하여야 한다.

해설 ② 광역계획권을 지정한 날부터 3년이 지날 때까지 관할 시·도지사로부터 광역도시계획의 승인 신청이 없는 경우에는 국토교통부장관이 광역도시계획을 수립한다.
③ 중앙행정기관의 장, 시·도지사, 시장 또는 군수는 국토교통부장관이나 도지사에게 광역계획권의 지정 또는 변경을 요청할 수 있다.
④ 도지사가 시장 또는 군수의 요청에 의하여 관할 시장 또는 군수와 공동으로 광역도시계획을 수립하는 경우에는 국토교통부장관의 승인을 받지 아니한다.
⑤ 국토교통부장관, 시·도지사, 시장 또는 군수가 기초조사정보체계를 구축한 경우에는 등록된 정보의 현황을 5년마다 확인하고 변동사항을 반영하여야 한다.　　　　　　　　◆ 정답 ①

제 **3** 절 **도시·군기본계획** 제31회, 제32회, 제33회, 제35회

01 도시·군기본계획의 의의 및 성격

1 의 의

도시·군기본계획이란 특별시·광역시·특별자치시·특별자치도·시 또는 군의 관할 구역 및 생활권에 대하여 기본적인 공간구조와 장기발전방향을 제시하는 종합계획으로서 도시·군관리계획 수립의 지침이 되는 계획을 말한다(법 제2조 제3호).

2 법적성격

(1) 비구속적 계획

도시·군기본계획은 장기발전방향을 제시하는 계획이므로 지침적, 추상적, 포괄적, 일반적, 개괄적 계획이다. 관계 행정기관만을 구속할 뿐 일반국민에게는 법적 구속력이 없는 행정계획이다.

(2) 대내적 구속력

광역도시계획은 일반국민에 대하여 구속력을 갖지 않는 행정계획으로 단순한 행정의 지침에 불과한 것으로서 행정쟁송(행정소송이나 행정심판)의 제기가 인정되지 아니한다.

(3) 수립단위

도시 · 군기본계획은 수립단위 규정이 없다.

(4) 광역도시계획과의 관계

도시 · 군기본계획은 그 광역도시계획에 부합하여야 하며, 도시 · 군기본계획의 내용이 광역도시계획의 내용과 다를 때에는 광역도시계획의 내용이 우선한다.

(5) 도시 · 군관리계획의 관계

도시 · 군기본계획은 도시 · 군관리계획 수립의 지침이 되며, 도시 · 군관리계획은 도시 · 군기본계획에 부합하여야 한다.

02 　도시 · 군기본계획의 수립

1 도시 · 군기본계획의 수립권자

특별시장 · 광역시장 · 특별자치시장 · 특별자치도지사 · 시장 또는 군수는 관할구역에 대하여 도시 · 군기본계획을 수립하여야 한다(법 제18조 제1항).

2 도시 · 군기본계획의 수립대상지역

(1) 원 칙

도시 · 군기본계획은 특별시 · 광역시 · 특별자치시 · 특별자치도 · 시 또는 군의 관할구역에 대하여 수립하여야 한다(법 제18조 제1항).

(2) 예 외

① **시 · 군의 수립 예외**: 시 또는 군의 위치, 인구의 규모, 인구감소율 등을 고려하여 대통령령으로 정하는 다음의 시 또는 군은 도시 · 군기본계획을 수립하지 아니할 수 있다(법 제18조 제1항, 영 제14조).

> 1. 수도권정비계획법의 규정에 의한 수도권(이하 "수도권"이라 한다)에 속하지 아니하고 광역시와 경계를 같이하지 아니한 시 또는 군으로서 인구 10만명 이하인 시 또는 군
> 2. 관할구역 전부에 대하여 광역도시계획이 수립되어 있는 시 또는 군으로서 당해 광역도시계획에 도시 · 군기본계획의 내용이 모두 포함되어 있는 시 또는 군

② 인접한 관할구역 전부 또는 일부를 포함하여 연계수립

　　㉠ 특별시장·광역시장·특별자치시장·특별자치도지사·시장 또는 군수는 지역여
　　　건상 필요하다고 인정되면 인접한 특별시·광역시·특별자치시·특별자치도·시
　　　또는 군의 관할구역 전부 또는 일부를 포함하여 도시·군기본계획을 수립할 수 있
　　　다(법 제18조 제2항).

　　㉡ 특별시장·광역시장·특별자치시장·특별자치도지사·시장 또는 군수는 인접한
　　　특별시·광역시·특별자치시·특별자치도·시 또는 군의 관할구역을 포함하여
　　　도시·군기본계획을 수립하려면 미리 그 특별시장·광역시장·특별자치시장·특
　　　별자치도지사·시장 또는 군수와 협의하여야 한다(법 제18조 제3항).

③ 도시·군기본계획의 수립내용

도시·군기본계획에는 다음의 사항에 대한 정책방향이 포함되어야 한다(법 제19조 제1항).

---

1. 지역적 특성 및 계획의 방향·목표에 관한 사항
2. 공간구조 및 인구의 배분에 관한 사항
2의2. 생활권의 설정과 생활권역별 개발·정비 및 보전 등에 관한 사항
3. 토지의 이용 및 개발에 관한 사항
4. 토지의 용도별 수요 및 공급에 관한 사항
5. 환경의 보전 및 관리에 관한 사항
6. 기반시설에 관한 사항
7. 공원·녹지에 관한 사항
8. 경관에 관한 사항
8의2. 기후변화 대응 및 에너지절약에 관한 사항
8의3. 방재·방범 등 안전에 관한 사항
9. 제2호부터 제8호까지, 제8호의2 및 제8호의3에 규정된 사항의 단계별 추진에 관한 사항
10. 그 밖에 대통령령으로 정하는 사항
　① 도심 및 주거환경의 정비·보전에 관한 사항
　② 다른 법률에 따라 도시·군기본계획에 반영되어야 하는 사항
　③ 도시·군기본계획의 시행을 위하여 필요한 재원조달에 관한 사항
　④ 그 밖에 도시·군기본계획 승인권자가 필요하다고 인정하는 사항

---

④ 도시 · 군기본계획의 수립기준

도시 · 군기본계획의 수립기준 등은 대통령령이 정하는 바에 따라 다음의 사항을 종합적으로 고려하여 국토교통부장관이 이를 정한다(법 제19조 제3항, 영 제16조).

1. 특별시 · 광역시 · 특별자치시 · 특별자치도 · 시 또는 군의 기본적인 공간구조와 장기발전방향을 제시하는 토지이용 · 교통 · 환경 등에 관한 종합계획이 되도록 할 것
2. 여건변화에 탄력적으로 대응할 수 있도록 포괄적이고 개략적으로 수립하도록 할 것
3. 도시 · 군기본계획을 정비할 때에는 종전의 도시 · 군기본계획의 내용 중 수정이 필요한 부분만을 발췌하여 보완함으로써 계획의 연속성이 유지되도록 할 것
4. 도시와 농어촌 및 산촌지역의 인구밀도, 토지이용의 특성 및 주변환경 등을 종합적으로 고려하여 지역별로 계획의 상세정도를 다르게 하되, 기반시설의 배치계획, 토지용도 등은 도시와 농어촌 및 산촌지역이 서로 연계되도록 할 것
5. 부문별 계획은 도시 · 군기본계획의 방향에 부합하고 도시 · 군기본계획의 목표를 달성할 수 있는 방안을 제시함으로써 도시 · 군기본계획의 통일성과 일관성을 유지하도록 할 것
6. 도시지역 등에 위치한 개발가능토지는 단계별로 시차를 두어 개발되도록 할 것
7. 녹지축 · 생태계 · 산림 · 경관 등 양호한 자연환경과 우량농지, 보전목적의 용도지역, 국가유산 및 역사문화환경 등을 충분히 고려하여 수립하도록 할 것
8. 경관에 관한 사항에 대하여는 필요한 경우에는 도시 · 군기본계획도서의 별책으로 작성할 수 있도록 할 것
9. 재난 및 안전관리 기본법에 따른 시 · 도안전관리계획 및 같은 법에 따른 시 · 군 · 구안전관리계획과 자연재해대책법에 따른 시 · 군자연재해저감 종합계획을 충분히 고려하여 수립하도록 할 것

⑤ 생활권계획 수립의 특례

① 특별시장 · 광역시장 · 특별자치시장 · 특별자치도지사 · 시장 또는 군수는 생활권역별 개발 · 정비 및 보전 등에 필요한 경우 대통령령으로 정하는 바에 따라 생활권계획을 따로 수립할 수 있다(제19조의2 제1항).

② 생활권계획을 수립할 때에는 도시 · 군기본계획의 수립절차를 준용한다(제19조의2 제2항).

③ 생활권계획이 수립 또는 승인된 때에는 해당 계획이 수립된 생활권에 대해서는 도시 · 군기본계획이 수립 또는 변경된 것으로 본다. 이 경우 생활권의 설정 및 인구의 배분에 관한 사항 등은 대통령령으로 정하는 범위에서 수립 · 변경하는 경우로 한정한다(제19조의2 제3항).

④ **생활권계획의 수립기준 등**: 특별시장·광역시장·특별자치시장·특별자치도지사·시장 또는 군수는 생활권계획을 따로 수립하는 경우에는 다음의 기준을 따라야 한다 (영 제16조의2 제1항).

> 1. 도시·군기본계획의 공간구조 설정 및 토지이용계획 등을 생활권역별로 구체화할 것
> 2. 해당 지방자치단체에서 생활권이 차지하는 공간적 위치 및 특성, 주변지역의 특성 등을 고려하여 생활권을 설정하고, 생활권별 특성에 맞추어 기반시설의 설치·관리계획을 수립할 것
> 3. 그 밖에 지역경제의 활성화 및 주민 생활여건 개선 등을 위해 생활권별로 개발·정비 및 보전할 필요가 있는 사항을 포함할 것

03 도시·군기본계획의 수립·확정절차

미리보기 **도시·군기본계획의 수립·확정절차도**

① 도시 · 군기본계획의 기초조사

(1) 의 무

도시 · 군기본계획을 수립하거나 변경하는 경우에는 광역도시계획의 수립을 위한 기초조사 규정을 준용한다(법 제20조 제1항).

① 특별시장 · 광역시장 · 특별자치시장 · 특별자치도지사 · 시장 또는 군수는 도시 · 군기본계획을 수립하거나 변경하려면 미리 인구, 경제, 사회, 문화, 토지 이용, 환경, 교통, 주택, 그 밖에 대통령령으로 정하는 사항 중 그 도시 · 군기본계획의 수립 또는 변경에 필요한 사항을 대통령령으로 정하는 바에 따라 조사하거나 측량(이하 "기초조사"라 한다)하여야 한다.

② 특별시장 · 광역시장 · 특별자치시장 · 특별자치도지사 · 시장 또는 군수는 관계 행정기관의 장에게 기초조사에 필요한 자료를 제출하도록 요청할 수 있다. 이 경우 요청을 받은 관계 행정기관의 장은 특별한 사유가 없으면 그 요청에 따라야 한다.

③ 특별시장 · 광역시장 · 특별자치시장 · 특별자치도지사 · 시장 또는 군수는 효율적인 기초조사를 위하여 필요하면 기초조사를 전문기관에 의뢰할 수 있다.

④ 특별시장 · 광역시장 · 특별자치시장 · 특별자치도지사 · 시장 또는 군수가 기초조사를 실시한 경우에는 해당 정보를 체계적으로 관리하고 효율적으로 활용하기 위하여 기초조사정보체계를 구축 · 운영하여야 한다.

⑤ 특별시장 · 광역시장 · 특별자치시장 · 특별자치도지사 · 시장 또는 군수가 기초조사정보체계를 구축한 경우에는 등록된 정보의 현황을 5년마다 확인하고 변동사항을 반영하여야 한다.

⑥ 기초조사정보체계의 구축 · 운영에 필요한 사항은 대통령령으로 정한다.

(2) 토지적성평가와 재해취약성분석

시 · 도지사, 시장 또는 군수는 기초조사의 내용에 국토교통부장관이 정하는 바에 따라 실시하는 토지의 토양, 입지, 활용가능성 등 토지의 적성에 대한 평가(이하 "토지적성평가"라 한다)와 재해 취약성에 관한 분석(이하 "재해취약성분석"이라 한다)을 포함하여야 한다(법 제20조 제2항).

(3) 토지적성평가와 재해취약성분석 생략

도시 · 군기본계획의 입안일부터 5년 이내에 토지적성평가를 실시한 경우 등 대통령령으로 정하는 경우에는 토지적성평가 또는 재해취약성분석을 하지 아니할 수 있다(법 제20조 제3항, 영 제16조의3).

> **넓혀 보기**
>
> **1. 토지적성평가를 생략할 수 있는 사유**
> ① 도시·군기본계획 입안일부터 5년 이내에 토지적성평가를 실시한 경우
> ② 다른 법률에 따른 지역·지구 등의 지정이나 개발계획 수립 등으로 인하여 도시·군기본계획의 변경이 필요한 경우
>
> **2. 재해취약성분석을 생략할 수 있는 사유**
> ① 도시·군기본계획 입안일부터 5년 이내에 재해취약성분석을 실시한 경우
> ② 다른 법률에 따른 지역·지구 등의 지정이나 개발계획 수립 등으로 인하여 도시·군기본계획의 변경이 필요한 경우

② 도시·군기본계획의 공청회의 개최

(1) 도시·군기본계획을 수립하거나 변경하는 경우에는 광역도시계획의 수립을 위한 공청회를 준용한다(법 제20조 제1항). 즉, 특별시장·광역시장·특별자치시장·특별자치도지사·시장 또는 군수는 도시·군기본계획을 수립하거나 변경하려면 미리 공청회를 열어 주민과 관계 전문가 등으로부터 의견을 들어야 하며, 공청회에서 제시된 의견이 타당하다고 인정하면 도시·군기본계획에 반영하여야 한다(법 제20조 제1항).

(2) 특별시장·광역시장·특별자치시장·특별자치도지사·시장 또는 군수는 공청회를 개최하려면 일정사항을 해당 관할구역에 속하는 특별시·광역시·특별자치시·특별자치도·시 또는 군의 지역을 주된 보급지역으로 하는 일간신문, 관보, 공보, 인터넷 홈페이지 또는 방송 등의 방법으로 공청회 개최예정일 14일 전까지 1회 이상 공고하여야 한다.

(3) 공청회는 특별시장·광역시장·특별자치시장·특별자치도지사·시장 또는 군수가 지명하는 사람이 주재한다.

③ 지방의회의 의견청취

(1) 특별시장·광역시장·특별자치시장·특별자치도지사·시장 또는 군수는 도시·군기본계획을 수립하거나 변경하려면 미리 그 특별시·광역시·특별자치시·특별자치도·시 또는 군 의회의 의견을 들어야 한다(법 제21조 제1항).

(2) **의견제시기한**

특별시·광역시·특별자치시·특별자치도·시 또는 군의 의회는 특별한 사유가 없으면 30일 이내에 특별시장·광역시장·특별자치시장·특별자치도지사·시장 또는 군수에게 의견을 제시하여야 한다(법 제21조 제2항).

④ **수립권자**

특별시장·광역시장·특별자치시장·특별자치도지사·시장 또는 군수는 관할구역에 대하여 도시·군기본계획을 수립하여야 한다(법 제18조 제1항).

⑤ **확정·승인절차**

(1) **특별시·광역시·특별자치시·특별자치도의 도시·군기본계획의 확정**

① **협의 및 심의**: 특별시장·광역시장·특별자치시장 또는 특별자치도지사는 도시·군기본계획을 수립하거나 변경하려면 관계 행정기관의 장(국토교통부장관을 포함한다)과 협의한 후 지방도시계획위원회의 심의를 거쳐야 한다(법 제22조 제1항).

② **의견제시기한**: 협의 요청을 받은 관계 행정기관의 장은 특별한 사유가 없으면 그 요청을 받은 날부터 30일 이내에 특별시장·광역시장·특별자치시장 또는 특별자치도지사에게 의견을 제시하여야 한다(법 제22조 제2항).

(2) **시·군의 도시·군기본계획의 승인**

① **승인**: 시장 또는 군수는 도시·군기본계획을 수립하거나 변경하려면 대통령령으로 정하는 바에 따라 도지사의 승인을 받아야 한다(법 제22조의2 제1항).

② **협의 및 심의**: 도지사는 도시·군기본계획을 승인하려면 관계 행정기관의 장과 협의한 후 지방도시계획위원회의 심의를 거쳐야 한다(법 제22조의2 제2항).

③ **의견제시기한**: 협의 요청을 받은 관계 행정기관의 장은 특별한 사유가 없으면 그 요청을 받은 날부터 30일 이내에 도지사에게 의견을 제시하여야 한다(법 제22조의2 제3항).

④ **보완 요청**: 도지사는 제출된 도시·군기본계획안이 도시·군기본계획의 수립기준 등에 적합하지 아니한 때에는 시장 또는 군수에게 도시·군기본계획안의 보완을 요청할 수 있다(영 제17조 제2항).

⑥ **송부·공고 및 열람**

(1) **특별시장·광역시장·특별자치시장 또는 특별자치도지사의 송부**

특별시장·광역시장·특별자치시장 또는 특별자치도지사는 도시·군기본계획을 수립하거나 변경한 경우에는 관계 행정기관의 장에게 관계 서류를 송부하여야 하며, 그 내용을 해당 특별시·광역시·특별자치시 또는 특별자치도의 공보와 인터넷 홈페이지에 게재하는 방법에 의하여 공고하고 일반인이 관계 서류를 30일 이상 열람할 수 있도록 하여야 한다(법 제22조 제3항).

(2) 도지사의 송부

도지사는 도시·군기본계획을 승인하면 관계 행정기관의 장과 시장 또는 군수에게 관계 서류를 송부하여야 하며, 관계 서류를 받은 시장 또는 군수는 그 내용을 해당 시·군의 공보와 인터넷 홈페이지에 게재하는 방법에 의하여 공고하고 일반인이 관계 서류를 30일 이상 열람할 수 있도록 하여야 한다(법 제22조의2 제4항).

04 도시·군기본계획의 정비

(1) 특별시장·광역시장·특별자치시장·특별자치도지사·시장 또는 군수는 5년마다 관할구역의 도시·군기본계획에 대하여 타당성을 전반적으로 재검토하여 정비하여야 한다(법 제23조 제1항).

(2) 특별시장·광역시장·특별자치시장·특별자치도지사·시장 또는 군수는 도시·군기본계획의 내용에 우선하는 광역도시계획의 내용 및 도시·군기본계획에 우선하는 국가계획의 내용을 도시·군기본계획에 반영하여야 한다(법 제23조 제2항).

예제

국토의 계획 및 이용에 관한 법령상 도시·군기본계획에 관한 설명으로 틀린 것은?

① 수도권정비계획법에 의한 수도권에 속하고 광역시와 경계를 같이하지 아니한 시로서 인구 20만명 이하인 시는 도시·군기본계획을 수립하지 아니할 수 있다.
② 도시·군기본계획에는 기후변화 대응 및 에너지 절약에 관한 사항에 대한 정책 방향이 포함되어야 한다.
③ 광역도시계획이 수립되어 있는 지역에 대하여 수립하는 도시·군기본계획은 그 광역도시계획에 부합되어야 한다.
④ 시장 또는 군수는 5년마다 관할구역의 도시·군기본계획에 대하여 타당성을 전반적으로 재검토하여 정비하여야 한다.
⑤ 특별시장·광역시장·특별자치시장 또는 특별자치도지사는 도시·군기본계획을 변경하려면 관계 행정기관의 장(국토교통부장관을 포함)과 협의한 후 지방도시계획위원회의 심의를 거쳐야 한다.

해설 ① 수도권정비계획법에 의한 수도권에 속하지 아니하고 광역시와 경계를 같이하지 아니한 시로서 인구 10만명 이하인 시는 도시·군기본계획을 수립하지 아니할 수 있다. ◆ **정답** ①

제 **4** 절 **도시·군관리계획** 제31회, 제32회, 제35회

01 도시·군관리계획의 의의 및 법적성격 제31회, 제34회

1 도시·군관리계획의 의의

도시·군관리계획은 특별시·광역시·특별자치시·특별자치도·시 또는 군의 개발·정비 및 보전을 위하여 수립하는 토지 이용·교통·환경·경관·안전·산업·정보통신·보건·복지·안보·문화 등에 관한 다음의 계획을 말한다(법 제2조 제4호).

1. 용도지역·용도지구의 지정 또는 변경에 관한 계획
2. 개발제한구역·시가화조정구역·수산자원보호구역·도시자연공원구역의 지정 또는 변경에 관한 계획
3. 기반시설의 설치·정비 또는 개량에 관한 계획
4. 지구단위계획구역의 지정 또는 변경에 관한 계획과 지구단위계획
5. 도시개발사업 또는 정비사업에 관한 계획
6. 도시혁신구역의 지정 또는 변경에 관한 계획과 도시혁신계획
7. 복합용도구역의 지정 또는 변경에 관한 계획과 복합용도계획
8. 도시·군계획시설입체복합구역의 지정 또는 변경에 관한 계획

② 도시 · 군관리계획의 법적성격

(1) 구속적 계획

구체적 계획, 집행계획, 실시계획이며, 도시 · 군관리계획은 행정기관의 내부적 구속력은 물론 일반국민에 대하여도 법적 구속력이 있다.

(2) 대외적 구속력

도시 · 군관리계획의 위법을 이유로 행정쟁송(행정심판, 행정소송)을 제기할 수 있다.

(3) 수립단위

도시 · 군관리계획은 수립단위 규정이 없다.

(4) 광역도시계획 및 도시 · 군기본계획과 도시 · 군관리계획의 관계

도시 · 군관리계획은 광역도시계획 및 도시 · 군기본계획(제19조의2에 따른 생활권계획을 포함한다)에 부합하여야 한다.

③ 도시 · 군관리계획의 수립

1. 도시 · 군관리계획의 입안권자

(1) 원 칙

① 특별시장 · 광역시장 · 특별자치시장 · 특별자치도지사 · 시장 또는 군수는 관할구역에 대하여 도시 · 군관리계획을 입안하여야 한다(법 제24조 제1항).

② 특별시장 · 광역시장 · 특별자치시장 · 특별자치도지사 · 시장 또는 군수는 다음에 해당하는 경우에는 인접한 특별시 · 광역시 · 특별자치시 · 특별자치도 · 시 또는 군의 관할구역의 전부 또는 일부를 포함하여 도시 · 군관리계획을 입안할 수 있다(법 제24조 제2항).

> 1. 지역여건상 필요하다고 인정하여 미리 인접한 특별시장 · 광역시장 · 특별자치시장 · 특별자치도지사 · 시장 또는 군수와 협의한 경우
> 2. 인접한 특별시 · 광역시 · 특별자치시 · 특별자치도 · 시 또는 군의 관할구역을 포함하여 도시 · 군기본계획을 수립한 경우

③ **공동입안**: 인접한 특별시·광역시·특별자치시·특별자치도·시 또는 군의 관할구역에 대한 도시·군관리계획은 관계 특별시장·광역시장·특별자치시장·특별자치도지사·시장 또는 군수가 협의하여 공동으로 입안하거나 입안할 자를 정한다(법 제24조 제3항).

④ **협의가 성립되지 않는 경우**: 협의가 성립되지 아니하는 경우 도시·군관리계획을 입안하려는 구역이 같은 도의 관할구역에 속할 때에는 관할 도지사가, 둘 이상의 시·도의 관할구역에 걸쳐 있을 때에는 국토교통부장관(수산자원보호구역의 경우 해양수산부장관을 말한다)이 입안할 자를 지정하고 그 사실을 고시하여야 한다(법 제24조 제4항).

(2) 예 외

① **국토교통부장관**: 국토교통부장관(수산자원보호구역의 경우 해양수산부장관을 말한다)은 다음의 경우에는 직접 또는 관계 중앙행정기관의 장의 요청에 의하여 도시·군관리계획을 입안할 수 있다. 이 경우 국토교통부장관은 관할 시·도지사 및 시장·군수의 의견을 들어야 한다(법 제24조 제5항).

> 1. 국가계획과 관련된 경우
> 2. 둘 이상의 시·도에 걸쳐 지정되는 용도지역·용도지구 또는 용도구역과 둘 이상의 시·도에 걸쳐 이루어지는 사업의 계획 중 도시·군관리계획으로 결정하여야 할 사항이 있는 경우
> 3. 특별시장·광역시장·특별자치시장·특별자치도지사·시장 또는 군수가 제138조에 따른 기한까지 국토교통부장관의 도시·군관리계획 조정 요구에 따라 도시·군관리계획을 정비하지 아니하는 경우

② **도지사**: 도지사는 다음의 경우에는 직접 또는 시장이나 군수의 요청에 의하여 도시·군관리계획을 입안할 수 있다. 이 경우 도지사는 관계 시장 또는 군수의 의견을 들어야 한다(법 제24조 제6항).

> 1. 둘 이상의 시·군에 걸쳐 지정되는 용도지역·용도지구 또는 용도구역과 둘 이상의 시·군에 걸쳐 이루어지는 사업의 계획 중 도시·군관리계획으로 결정하여야 할 사항이 포함되어 있는 경우
> 2. 도지사가 직접 수립하는 사업의 계획으로서 도시·군관리계획으로 결정하여야 할 사항이 포함되어 있는 경우

2. 도시·군관리계획도서와 계획설명서를 작성

① 도시·군관리계획은 광역도시계획 및 도시·군기본계획(제19조의2에 따른 생활권계획을 포함)에 부합되어야 한다(법 제25조 제1항).

② 국토교통부장관(수산자원보호구역은 해양수산부장관), 시·도지사, 시장 또는 군수는 도시·군관리계획을 입안할 때에는 대통령령으로 정하는 바에 따라 도시·군관리계획도서(계획도와 계획조서를 말한다. 이하 같다)와 이를 보조하는 계획설명서(기초조사결과·재원조달방안 및 경관계획 등을 포함한다. 이하 같다)를 작성하여야 한다(법 제25조 제2항).

3. 도시·군관리계획의 차등 입안

도시·군관리계획은 계획의 상세 정도, 도시·군관리계획으로 결정하여야 하는 기반시설의 종류 등에 대하여 도시 및 농·산·어촌지역의 인구밀도, 토지 이용의 특성 등을 종합적으로 고려하여 차등을 두어 입안하여야 한다(법 제25조 제3항).

4. 도시·군관리계획도서 및 계획설명서의 작성기준 등

① 도시·군관리계획도서 중 계획도는 축척 1천분의 1 또는 축척 5천분의 1(축척 1천분의 1 또는 축척 5천분의 1의 지형도가 간행되어 있지 아니한 경우에는 축척 2만5천분의 1)의 지형도(수치지형도를 포함한다. 이하 같다)에 도시·군관리계획사항을 명시한 도면으로 작성하여야 한다. 다만, 지형도가 간행되어 있지 아니한 경우에는 해도·해저지형도 등의 도면으로 지형도에 갈음할 수 있다(영 제18조 제1항).

② 계획도가 2매 이상인 경우에는 계획설명서에 도시·군관리계획총괄도(축척 5만분의 1 이상의 지형도에 주요 도시·군관리계획사항을 명시한 도면을 말한다)를 포함시킬 수 있다(영 제18조 제2항).

5. 도시·군관리계획의 수립기준

도시·군관리계획의 수립기준, 도시·군관리계획도서 및 계획설명서의 작성기준·작성방법 등은 국토교통부장관(수산자원보호구역의 경우 해양수산부장관)이 다음의 사항을 종합적으로 고려하여 정한다(법 제25조 제4항, 영 제19조).

1. 광역도시계획 및 도시·군기본계획(법 제19조의2에 따른 생활권계획을 포함한다) 등에서 제시한 내용을 수용하고 개별 사업계획과의 관계 및 도시의 성장추세를 고려하여 수립하도록 할 것

2. 도시·군기본계획을 수립하지 아니하는 시·군의 경우 당해 시·군의 장기발전구상 및 법 제19조 제1항의 규정에 의한 도시·군기본계획에 포함될 사항 중 도시·군관리계획의 원활한 수립을 위하여 필요한 사항이 포함되도록 할 것

3. 도시·군관리계획의 효율적인 운영 등을 위하여 필요한 경우에는 특정지역 또는 특정부문에 한정하여 정비할 수 있도록 할 것

4. 공간구조는 생활권단위로 적정하게 구분하고 생활권별로 생활·편익시설이 고루 갖추어지도록 할 것

5. 도시와 농어촌 및 산촌지역의 인구밀도, 토지이용의 특성 및 주변환경 등을 종합적으로 고려하여 지역별로 계획의 상세정도를 다르게 하되, 기반시설의 배치계획, 토지용도 등은 도시와 농어촌 및 산촌지역이 서로 연계되도록 할 것

6. 토지이용계획을 수립할 때에는 주간 및 야간활동인구 등의 인구규모, 도시의 성장추이를 고려하여 그에 적합한 개발밀도가 되도록 할 것

7. 녹지축·생태계·산림·경관 등 양호한 자연환경과 우량농지, 국가유산 및 역사문화환경 등을 고려하여 토지이용계획을 수립하도록 할 것

8. 수도권 안의 인구집중유발시설이 수도권 외의 지역으로 이전하는 경우 종전의 대지에 대하여는 그 시설의 지방이전이 촉진될 수 있도록 토지이용계획을 수립하도록 할 것

9. 도시·군계획시설은 집행능력을 고려하여 적정한 수준으로 결정하고, 기존 도시·군계획시설은 시설의 설치현황과 관리·운영상태를 점검하여 규모 등이 불합리하게 결정되었거나 실현가능성이 없는 시설 또는 존치 필요성이 없는 시설은 재검토하여 해제하거나 조정함으로써 토지이용의 활성화를 도모할 것

10. 도시의 개발 또는 기반시설의 설치 등이 환경에 미치는 영향을 미리 검토하는 등 계획과 환경의 유기적 연관성을 높여 건전하고 지속가능한 도시발전을 도모하도록 할 것

11. 재난 및 안전관리 기본법에 따른 시·도안전관리계획 및 같은 법에 따른 시·군·구안전관리계획과 자연재해대책법에 따른 시·군자연재해저감 종합계획을 고려하여 재해로 인한 피해가 최소화되도록 할 것

6. 도시·군관리계획 입안의 제안(법 제26조, 영 제19조의2)

(1) 입안제안

주민(이해관계자를 포함)은 다음에 대하여 도시·군관리계획을 입안할 수 있는 자에게 도시·군관리계획의 입안을 제안할 수 있다. 이 경우 제안서에는 도시·군관리계획도서와 계획설명서를 첨부하여야 한다(법 제26조 제1항).

① 기반시설의 설치·정비 또는 개량에 관한 사항

② 지구단위계획구역의 지정 및 변경과 지구단위계획의 수립 및 변경에 관한 사항

③ 개발진흥지구 중 공업기능 또는 유통물류기능 등을 집중적으로 개발·정비하기 위한 산업·유통개발진흥지구의 지정 및 변경에 관한 사항

④ 용도지구 중 해당 용도지구에 따른 건축물이나 그 밖의 시설의 용도·종류 및 규모 등의 제한을 지구단위계획으로 대체하기 위한 용도지구의 지정 및 변경에 관한 사항

⑤ 도시·군계획시설입체복합구역의 지정 및 변경과 도시·군계획시설입체복합구역의 건축제한·건폐율·용적률·높이 등에 관한 사항

(2) 입안제안시 토지소유자의 동의

도시·군관리계획의 입안을 제안하려는 자는 다음의 구분에 따라 토지소유자의 동의를 받아야 한다. 이 경우 동의 대상 토지 면적에서 국·공유지는 제외한다(영 제19조의2 제2항).

1. 기반시설의 설치·정비 또는 개량에 관한 사항: 대상 토지 면적의 5분의 4 이상

2. 지구단위계획구역의 지정 및 변경과 지구단위계획의 수립 및 변경에 관한 사항: 대상 토지 면적의 3분의 2 이상

3. 개발진흥지구 중 공업기능 또는 유통물류기능 등을 집중적으로 개발·정비하기 위한 산업·유통개발진흥지구의 지정 및 변경에 관한 사항: 대상 토지 면적의 3분의 2 이상

4. 용도지구 중 해당 용도지구에 따른 건축물이나 그 밖의 시설의 용도·종류 및 규모 등의 제한을 지구단위계획으로 대체하기 위한 용도지구의 지정 및 변경에 관한 사항: 대상 토지 면적의 3분의 2 이상

5. 도시·군계획시설입체복합구역의 지정 및 변경과 도시·군계획시설입체복합구역의 건축제한·건폐율·용적률·높이 등에 관한 사항: 토지면적의 5분의 4 이상 동의

예제

국토의 계획 및 이용에 관한 법령상 주민이 도시·군관리계획의 입안을 제안하려는 경우 요구되는 제안 사항별 토지소유자의 동의 요건으로 틀린 것은? (단, 동의 대상 토지 면적에서 국·공유지는 제외함)

① 도시·군계획시설입체복합구역의 지정에 관한 사항: 대상 토지 면적의 4/5 이상
② 기반시설의 정비에 관한 사항: 대상 토지 면적의 2/3 이상
③ 지구단위계획의 수립에 관한 사항: 대상 토지 면적의 2/3 이상
④ 산업·유통개발진흥지구의 지정에 관한 사항: 대상 토지 면적의 2/3 이상
⑤ 용도지구 중 해당 용도지구에 따른 건축물이나 그 밖의 시설의 용도·종류 및 규모 등의 제한을 지구단위계획으로 대체하기 위한 용도지구의 지정에 관한 사항: 대상 토지 면적의 2/3 이상

해설 ② 기반시설의 설치·정비 또는 개량에 관한 사항: 대상 토지 면적의 5분의 4 이상 토지소유자의 동의
❖ **정답 ②**

---

(3) 산업·유통개발진흥지구의 제안 요건

산업·유통개발진흥지구의 지정을 제안할 수 있는 대상지역은 다음의 요건을 모두 갖춘 지역으로 한다(영 제19조의2 제3항).

① 지정 대상 지역의 면적은 1만m² 이상 3만m² 미만일 것

② 지정 대상 지역이 자연녹지지역·계획관리지역 또는 생산관리지역일 것. 다만, 계획관리지역에 있는 기존 공장의 증축이 필요한 경우로서 해당 공장이 도로·철도·하천·건축물·바다 등으로 둘러싸여 있어 증축을 위해서는 불가피하게 보전관리지역 또는 농림지역을 포함해야 하는 경우에는 전체 면적의 20퍼센트 이하의 범위에서 보전관리지역 또는 농림지역을 포함하되, 다음에 해당하는 경우에는 20퍼센트 이상으로 할 수 있다.

> 1. 보전관리지역 또는 농림지역의 해당 토지가 개발행위허가를 받는 등 이미 개발된 토지인 경우
> 2. 보전관리지역 또는 농림지역의 해당 토지를 개발하여도 주변지역의 환경오염·환경훼손 우려가 없는 경우로서 해당 도시계획위원회의 심의를 거친 경우

③ 지정 대상 지역의 전체 면적에서 계획관리지역의 면적이 차지하는 비율이 100분의 50 이상일 것. 이 경우 자연녹지지역 또는 생산관리지역 중 도시·군기본계획에 반영된 지역은 계획관리지역으로 보아 산정한다.

④ 지정 대상 지역의 토지특성이 과도한 개발행위의 방지를 위하여 국토교통부장관이 정하여 고시하는 기준에 적합할 것

(4) 지구단위계획으로 대체하기 위한 용도지구의 제안 요건

① 용도지구 중 해당 용도지구에 따른 건축물이나 그 밖의 시설의 용도·종류 및 규모 등의 제한을 지구단위계획으로 대체하기 위한 용도지구의 지정 및 변경에 관한 사항의 도시·군관리계획의 입안을 제안하려는 경우에는 다음의 요건을 모두 갖추어야 한다(영 제19조의2 제4항).

> 1. 둘 이상의 용도지구가 중첩하여 지정되어 해당 행위제한의 내용을 정비하거나 통합적으로 관리할 필요가 있는 지역을 대상지역으로 제안할 것
> 2. 해당 용도지구에 따른 건축물이나 그 밖의 시설의 용도·종류 및 규모 등의 제한을 대체하는 지구단위계획구역의 지정 및 변경과 지구단위계획의 수립 및 변경에 관한 사항을 동시에 제안할 것

② 도시·군관리계획 입안 제안의 세부적인 절차는 국토교통부장관이 정하여 고시한다(영 제19조의2 제5항).

(5) 반영 여부 통보

① **결과통보기간**

도시·군관리계획입안의 제안을 받은 국토교통부장관, 시·도지사, 시장 또는 군수는 제안일부터 45일 이내에 도시·군관리계획입안에의 반영 여부를 제안자에게 통보하여야 한다. 다만, 부득이한 사정이 있는 경우에는 1회에 한하여 30일을 연장할 수 있다(영 제20조 제1항).

② **자 문**

국토교통부장관, 시·도지사, 시장 또는 군수는 제안을 도시·군관리계획입안에 반영할 것인지 여부를 결정함에 있어서 필요한 경우에는 중앙도시계획위원회 또는 당해 지방자치단체에 설치된 지방도시계획위원회의 자문을 거칠 수 있다(영 제20조 제2항).

③ **입안에의 활용**

국토교통부장관, 시·도지사, 시장 또는 군수는 제안을 도시·군관리계획입안에 반영하는 경우에는 제안서에 첨부된 도시·군관리계획도서와 계획설명서를 도시·군관리계획의 입안에 활용할 수 있다(영 제20조 제3항).

(6) 비용부담

도시·군관리계획의 입안을 제안받은 자는 제안자와 협의하여 제안된 도시·군관리계획의 입안 및 결정에 필요한 비용의 전부 또는 일부를 제안자에게 부담시킬 수 있다(법 제26조 제3항).

4 도시 · 군관리계획의 입안절차

미리
보기　도시 · 군관리계획의 입안절차도

1. 도시 · 군관리계획의 기초조사

(1) 기초조사의 의무

도시 · 군관리계획을 입안하는 경우에는 광역도시계획의 수립을 위한 기초조사를 준용한다. 다만, 대통령령으로 정하는 경미한 사항을 입안하는 경우에는 그러하지 아니하다(법 제27조 제1항).

　✿ 도시지역의 축소에 따른 용도지역 · 용도지구 · 용도구역 또는 지구단위계획구역의 변경인 경우에는 기초조사를 생략할 수 있다. (○) 제28회

(2) 환경성 검토

국토교통부장관(수산자원보호구역의 경우 해양수산부장관을 말한다), 시 · 도지사, 시장 또는 군수는 기초조사의 내용에 도시 · 군관리계획이 환경에 미치는 영향 등에 대한 환경성 검토를 포함하여야 한다(법 제27조 제2항).

(3) 토지적성평가와 재해취약성분석

국토교통부장관, 시 · 도지사, 시장 또는 군수는 기초조사의 내용에 토지적성평가와 재해취약성분석을 포함하여야 한다(법 제27조 제3항).

⑷ 기초조사 등의 생략

도시·군관리계획으로 입안하려는 지역이 도심지에 위치하거나 개발이 끝나 나대지가 없는 등 대통령령으로 정하는 요건에 해당하면 기초조사, 환경성 검토와 토지적성평가 또는 재해취약성분석을 하지 아니할 수 있다(법 제27조 제4항).

1. 기초조사(환경성 검토, 토지적성평가, 재해취약성분석)를 실시하지 아니할 수 있는 요건
   ① 해당 지구단위계획구역이 도심지(상업지역과 상업지역에 연접한 지역)에 위치하는 경우
   ② 해당 지구단위계획구역 안의 나대지면적이 구역면적의 2%에 미달하는 경우
   ③ 해당 지구단위계획구역 또는 도시·군계획시설부지가 다른 법률에 따라 지역·지구·구역 등으로 지정되거나 개발계획이 수립된 경우
   ④ 해당 지구단위계획구역의 지정목적이 해당 구역을 정비 또는 관리하고자 하는 경우로서 지구단위계획의 내용에 너비 12m 이상 도로의 설치계획이 없는 경우
   ⑤ 기존의 용도지구를 폐지하고 지구단위계획을 수립 또는 변경하여 그 용도지구에 따른 건축물이나 그 밖의 시설의 용도·종류 및 규모 등의 제한을 그대로 대체하려는 경우
   ⑥ 해당 도시·군계획시설의 결정을 해제하려는 경우
   ⑦ 그 밖에 국토교통부령으로 정하는 요건에 해당하는 경우
2. 환경성 검토를 실시하지 아니할 수 있는 요건
   ① 위 1.의 ①부터 ⑦까지의 어느 하나에 해당하는 경우
   ② 환경영향평가법에 따른 전략환경영향평가 대상인 도시·군관리계획을 입안하는 경우
3. 토지적성평가를 실시하지 아니할 수 있는 요건
   ① 위 1.의 ①부터 ⑦까지의 어느 하나에 해당하는 경우
   ② 도시·군관리계획 입안일부터 5년 이내에 토지적성평가를 실시한 경우
   ③ 주거지역·상업지역 또는 공업지역에 도시·군관리계획을 입안하는 경우
   ④ 법 또는 다른 법령에 따라 조성된 지역에 도시·군관리계획을 입안하는 경우
   ⑤ 개발제한구역의 지정 및 관리에 관한 특별조치법 시행령상 개발제한구역에서 조정 또는 해제된 지역에 대하여 도시·군관리계획을 입안하는 경우
   ⑥ 도시개발법에 따른 도시개발사업의 경우
   ⑦ 지구단위계획구역 또는 도시·군계획시설부지에서 도시·군관리계획을 입안하는 경우

⑧ 다음의 어느 하나에 해당하는 용도지역·용도지구·용도구역의 지정 또는 변경의 경우
  ㉠ 주거지역·상업지역·공업지역 또는 계획관리지역의 그 밖의 용도지역으로의 변경(계획관리지역을 자연녹지지역으로 변경하는 경우는 제외한다)
  ㉡ 주거지역·상업지역·공업지역 또는 계획관리지역 외의 용도지역 상호간의 변경(자연녹지지역으로 변경하는 경우는 제외한다)
  ㉢ 용도지구·용도구역의 지정 또는 변경(개발진흥지구의 지정 또는 확대지정은 제외한다)
⑨ 다음의 어느 하나에 해당하는 기반시설을 설치하는 경우
  ㉠ 용도지역별 개발행위규모에 해당하는 기반시설
  ㉡ 도로·철도·궤도·수도·가스 등 선형(線型)으로 된 교통시설 및 공급시설
  ㉢ 공간시설(체육공원·묘지공원 및 유원지는 제외한다)
  ㉣ 방재시설 및 환경기초시설(폐차장은 제외한다)
  ㉤ 개발제한구역 안에 설치하는 기반시설
4. 재해취약성분석을 실시하지 않을 수 있는 요건
① 위 1.의 ①부터 ⑦까지의 어느 하나에 해당하는 경우
② 도시·군관리계획 입안일부터 5년 이내에 재해취약성분석을 실시한 경우
③ 위 3.의 ⑧에 해당하는 경우(방재지구의 지정·변경은 제외한다)
④ 다음의 어느 하나에 해당하는 기반시설을 설치하는 경우
  ㉠ 위 ⑨의 ㉠에 해당하는 기반시설
  ㉡ 공간시설 중 녹지·공공공지

2. 주민의 의견청취

(1) 의견청취의 의무

국토교통부장관(수산자원보호구역의 경우 해양수산부장관을 말한다), 시·도지사, 시장 또는 군수는 도시·군관리계획을 입안할 때에는 주민의 의견을 들어야 하며, 그 의견이 타당하다고 인정되면 도시·군관리계획안에 반영하여야 한다. 다만, 국방상 또는 국가안전보장상 기밀을 지켜야 할 필요가 있는 사항(관계 중앙행정기관의 장이 요청하는 것만 해당한다)이거나 대통령령으로 정하는 경미한 사항인 경우에는 그러하지 아니하다(법 제28조 제1항).

(2) 의견청취의 절차

① 특별시장·광역시장·특별자치시장·특별자치도지사·시장 또는 군수는 다음의 절차에 따라 의견을 들어야 한다(영 제22조).

공고· 열람	조례로 주민의 의견 청취에 필요한 사항을 정할 때 적용되는 기준은 다음과 같다(영 제22조 제2항). 1. 도시·군관리계획안의 주요 내용을 다음의 매체에 각각 공고할 것 　㉠ 해당 지방자치단체의 공보나 둘 이상의 일반일간신문(신문 등의 진흥에 관한 법률에 따라 전국 또는 해당 지방자치단체를 주된 보급지역으로 등록한 일반일간신문을 말한다) 　㉡ 해당 지방자치단체의 인터넷 홈페이지 등의 매체 　㉢ 법 제128조 제1항에 따라 국토교통부장관이 구축·운영하는 국토이용정보체계 2. 도시·군관리계획안을 14일 이상의 기간 동안 일반인이 열람할 수 있도록 할 것
의견서제출	공고된 도시·군관리계획안의 내용에 대하여 의견이 있는 자는 열람기간 내에 특별시장·광역시장·특별자치시장·특별자치도지사·시장 또는 군수에게 의견서를 제출할 수 있다(영 제22조 제4항).
반영 결과 통보	국토교통부장관, 시·도지사, 시장 또는 군수는 제출된 의견을 도시·군관리계획안에 반영할 것인지 여부를 검토하여 그 결과를 열람기간이 종료된 날부터 60일 이내에 당해 의견을 제출한 자에게 통보하여야 한다(영 제22조 제5항).

② **국토교통부장관과 도지사의 의견청취** : 국토교통부장관이나 도지사는 도시·군관리계획을 입안하려면 주민의 의견청취 기한을 밝혀 도시·군관리계획안을 관계 특별시장·광역시장·특별자치시장·특별자치도지사·시장 또는 군수에게 송부하여야 하며, 도시·군관리계획안을 받은 특별시장·광역시장·특별자치시장·특별자치도지사·시장 또는 군수는 명시된 기한까지 그 도시·군관리계획안에 대한 주민의 의견을 들어 그 결과를 국토교통부장관이나 도지사에게 제출하여야 한다(법 제28조 제2항·제3항).

③ **재공고·열람** : 국토교통부장관, 시·도지사, 시장 또는 군수는 다음의 어느 하나에 해당하는 경우로서 그 내용이 해당 지방자치단체의 조례로 정하는 중요한 사항인 경우에는 그 내용을 다시 공고·열람하게 하여 주민의 의견을 들어야 한다(법 제28조 제4항).

1. 청취한 주민 의견을 도시·군관리계획안에 반영하고자 하는 경우
2. 관계 행정기관의 장과의 협의 및 중앙도시계획위원회의 심의, 시·도도시계획위원회의 심의 또는 시·도에 두는 건축위원회와 도시계획위원회의 공동 심의에서 제시된 의견을 반영하여 도시·군관리계획을 결정하고자 하는 경우

④ **의견청취를 위한 세부사항** : 주민의 의견청취에 필요한 사항은 대통령령으로 정하는 기준에 따라 해당 지방자치단체의 조례로 정한다(법 제28조 제5항).

3. 지방의회의 의견청취

① 국토교통부장관, 시·도지사, 시장 또는 군수는 도시·군관리계획을 입안하려면 대통령령으로 정하는 사항에 대하여 해당 지방의회의 의견을 들어야 한다(법 제28조 제6항).

> 1. 용도지역·용도지구 또는 용도구역의 지정 또는 변경지정. 다만, 용도지구에 따른 건축물이나 그 밖의 시설의 용도·종류 및 규모 등의 제한을 그대로 지구단위계획으로 대체하기 위한 경우로서 해당 용도지구를 폐지하기 위하여 도시·군관리계획을 결정하는 경우에는 제외한다.
> 2. 광역도시계획에 포함된 광역시설의 설치·정비 또는 개량에 관한 도시·군관리계획의 결정 또는 변경결정
> 3. 도로 중 주간선도로, 철도 중 도시철도, 자동차정류장 중 여객자동차터미널(시외버스운송사업용에 한한다), 공원(도시공원 및 녹지 등에 관한 법률에 따른 소공원 및 어린이공원은 제외), 학교 중 대학 등의 기반시설의 설치·정비 또는 개량에 관한 도시·군관리계획의 결정 또는 변경결정. 다만, 법 제48조 제4항에 따른 지방의회의 권고대로 도시·군계획시설결정을 해제하기 위한 도시·군관리계획을 결정하는 경우는 제외한다.

② 특별시장·광역시장·특별자치시장·특별자치도지사·시장 또는 군수가 지방의회의 의견을 들으려면 의견 제시 기한을 밝혀 도시·군관리계획안을 송부하여야 한다. 이 경우 해당 지방의회는 명시된 기한까지 특별시장·광역시장·특별자치시장·특별자치도지사·시장 또는 군수에게 의견을 제시하여야 한다(법 제28조 제8항).

5 도시·군관리계획의 결정절차

1. 도시·군관리계획의 결정권자

(1) **원칙**: 시·도지사, 시장 또는 군수

① 도시·군관리계획은 시·도지사가 직접 또는 시장·군수의 신청에 따라 결정한다. 다만, 지방자치법에 따른 서울특별시와 광역시 및 특별자치시를 제외한 인구 50만 이상의 대도시(이하 "대도시"라 한다)의 경우에는 해당 시장(이하 "대도시 시장"이라 한다)이 직접 결정한다(법 제29조 제1항).

② 다음의 도시·군관리계획은 시장 또는 군수가 직접 결정한다(법 제29조 제1항).

> 1. 시장 또는 군수가 입안한 지구단위계획구역의 지정·변경과 지구단위계획의 수립·변경에 관한 도시·군관리계획
> 2. 지구단위계획으로 대체하는 용도지구 폐지에 관한 도시·군관리계획[해당 시장(대도시 시장은 제외한다) 또는 군수가 도지사와 미리 협의한 경우에 한정한다]

(2) **예외** : 국토교통부장관(다만, 4.의 경우에는 해양수산부장관)이 결정한다(법 제29조 제2항).

> 1. 국토교통부장관이 입안한 도시·군관리계획
> 2. 개발제한구역의 지정 및 변경에 관한 도시·군관리계획
> 3. 시가화조정구역 중 국가계획과 연계하여 지정 또는 변경이 필요한 경우에 시가화조정구역의 지정 및 변경에 관한 도시·군관리계획
> 4. 수산자원보호구역 지정 및 변경에 관한 도시·군관리계획(해양수산부장관)

2. 협 의

(1) 관계 행정기관의 장과 협의

시·도지사는 도시·군관리계획을 결정하려면 관계 행정기관의 장과 미리 협의하여야 하며, 국토교통부장관(수산자원보호구역의 경우 해양수산부장관을 말한다)이 도시·군관리계획을 결정하려면 관계 중앙행정기관의 장과 미리 협의하여야 한다. 이 경우 협의 요청을 받은 기관의 장은 특별한 사유가 없으면 그 요청을 받은 날부터 30일 이내에 의견을 제시하여야 한다(법 제30조 제1항).

(2) 국토교통부장관과의 협의

시·도지사는 국토교통부장관이 입안하여 결정한 도시·군관리계획을 변경하거나 그 밖에 대통령령으로 정하는 다음의 중요한 사항에 관한 도시·군관리계획을 결정하려면 미리 국토교통부장관과 협의하여야 한다. 다만, 협의와 심의를 생략할 수 있는 사항과 관계 법령에 따라 국토교통부장관(수산자원보호구역의 경우 해양수산부장관을 말한다)과 미리 협의한 사항을 제외한다(법 제30조 제2항).

> 1. 광역도시계획과 관련하여 시·도지사가 입안한 도시·군관리계획
> 2. 개발제한구역이 해제되는 지역에서 해제 이후 최초로 결정되는 도시·군관리계획
> 3. 2 이상의 시·도에 걸치는 기반시설의 설치·정비 또는 개량에 관한 도시·군관리계획 중 국토교통부령이 정하는 도시·군관리계획

3. 심 의

(1) 도시계획위원회의 심의

국토교통부장관은 도시·군관리계획을 결정하려면 중앙도시계획위원회의 심의를 거쳐야 하며, 시·도지사가 도시·군관리계획을 결정하려면 시·도도시계획위원회의 심의를 거쳐야 한다(법 제30조 제3항 전단).

(2) 건축위원회와 도시계획위원회의 공동심의

시·도지사가 지구단위계획(지구단위계획과 지구단위계획구역을 동시에 결정할 때에는 지구단위계획구역의 지정 또는 변경에 관한 사항을 포함할 수 있다)이나 지구단위계획으로 대체하는 용도지구 폐지에 관한 사항을 결정하려면 대통령령으로 정하는 바에 따라 건축법에 따라 시·도에 두는 건축위원회와 도시계획위원회가 공동으로 하는 심의를 거쳐야 한다(법 제30조 제3항 후단).

(3) 협의와 심의절차의 생략

국토교통부장관이나 시·도지사는 국방상 또는 국가안전보장상 기밀을 지켜야 할 필요가 있다고 인정되면(관계 중앙행정기관의 장이 요청할 때만 해당된다) 그 도시·군관리계획의 전부 또는 일부에 대하여 협의와 심의절차를 생략할 수 있다(법 제30조 제4항).

4. 고시 및 열람

(1) 고 시

도시·군관리계획결정의 고시는 국토교통부장관이 하는 경우에는 관보와 국토교통부의 인터넷 홈페이지에 시·도지사 또는 시장·군수가 하는 경우에는 해당 시·도 또는 시·군의 공보와 인터넷 홈페이지에 위치, 면적 또는 규모의 사항을 게재하는 방법으로 한다(영 제25조 제6항).

(2) 송부·열람

국토교통부장관이나 도지사는 관계 서류를 관계 특별시장·광역시장·특별자치시장·특별자치도지사·시장 또는 군수에게 송부하여 일반이 열람할 수 있도록 하여야 하며, 특별시장·광역시장·특별자치시장·특별자치도지사는 관계 서류를 일반이 열람할 수 있도록 하여야 한다(법 제30조 제6항).

5. 도시·군관리계획 결정의 효력

(1) 효력의 발생

도시·군관리계획 결정의 효력은 지형도면을 고시한 날부터 발생한다(법 제31조 제1항).

(2) 기득권 보호

① **원칙**: 도시·군관리계획 결정 당시 이미 사업이나 공사에 착수한 자(이 법 또는 다른 법률에 따라 허가·인가·승인 등을 받아 사업이나 공사에 착수한 자)는 그 도시·군관리계획 결정과 관계 없이 그 사업이나 공사를 계속할 수 있다(법 제31조 제2항 전단).

② 예외 : 시행 중인 공사에 대한 특례(신고)

수산자원보호구역 또는 시가화조정구역의 지정에 관한 도시·군관리계획의 결정 당시 이미 사업 또는 공사에 착수한 자는 해당 사업 또는 공사를 계속하려면 도시·군관리계획결정의 고시일부터 3월 이내에 사업 또는 공사의 내용을 관할 특별시장·광역시장·특별자치도지사·특별자치시장·시장·군수에게 신고하여야 한다(법 제31조 제2항 후단, 영 제26조 제1항).

(3) 지형도면의 작성과 고시

① 지형도면의 작성

㉠ 특별시장·광역시장·특별자치시장·특별자치도지사·시장 또는 군수는 도시·군관리계획 결정이 고시되면 지적이 표시된 지형도에 도시·군관리계획에 관한 사항을 자세히 밝힌 도면을 작성하여야 한다(법 제32조 제1항).

㉡ 국토교통부장관(수산자원보호구역의 경우 해양수산부장관을 말한다)이나 도지사는 도시·군관리계획을 직접 입안한 경우에는 관계 특별시장·광역시장·특별자치시장·특별자치도지사·시장 또는 군수의 의견을 들어 직접 지형도면을 작성할 수 있다(법 제32조 제3항).

② 지형도면의 승인 : 시장(대도시 시장은 제외한다)이나 군수는 지형도에 도시·군관리계획(지구단위계획구역의 지정·변경과 지구단위계획의 수립·변경에 관한 도시·군관리계획은 제외한다)에 관한 지형도면을 작성하면 도지사의 승인을 받아야 한다. 이 경우 지형도면의 승인 신청을 받은 도지사는 그 지형도면과 결정·고시된 도시·군관리계획을 대조하여 착오가 없다고 인정되면 30일 이내에 그 지형도면을 승인하여야 한다(법 제32조 제2항, 영 제27조).

③ 지형도면의 고시 : 국토교통부장관, 시·도지사, 시장 또는 군수는 직접 지형도면을 작성하거나 지형도면을 승인한 경우에는 이를 고시하여야 한다(법 제32조 제4항).

6. 도시·군관리계획의 정비

(1) 도시·군관리계획에 대한 재검토

특별시장·광역시장·특별자치시장·특별자치도지사·시장 또는 군수는 5년마다 관할 구역의 도시·군관리계획에 대하여 대통령령으로 정하는 바에 따라 그 타당성을 전반적으로 재검토하여 정비하여야 한다(법 제34조 제1항).

(2) 장기발전구상 포함

도시·군기본계획을 수립하지 아니하는 시·군의 시장·군수는 도시·군관리계획을 정비하는 때에는 도시관리계획도서를 보조하는 계획설명서에 당해 시·군의 장기발전구상을 포함시켜야 하며, 공청회를 개최하여 이에 관한 주민의 의견을 들어야 한다(영 제29조 제3항).

7. 입안의 특례

국토교통부장관, 시·도지사, 시장·군수는 도시·군관리계획을 조속히 입안하여야 할 필요가 있다고 인정되는 때에는 광역도시계획 또는 도시·군기본계획을 수립하는 때에 도시·군관리계획을 함께 입안할 수 있다(법 제35조 제1항).

> **예제**
>
> **국토의 계획 및 이용에 관한 법령상 도시·군관리계획 등에 관한 설명으로 옳은 것은?**
> ① 시가화조정구역의 지정에 관한 도시·군관리계획 결정 당시 승인받은 사업이나 공사에 이미 착수한 자는 신고 없이 그 사업이나 공사를 계속할 수 있다.
> ② 국가계획과 연계하여 시가화조정구역의 지정이 필요한 경우 국토교통부장관이 직접 그 지정을 도시·군관리계획으로 결정할 수 있다.
> ③ 도시·군관리계획의 입안을 제안받은 자는 도시·군관리계획의 입안 및 결정에 필요한 비용을 제안자에게 부담시킬 수 없다.
> ④ 수산자원보호구역의 지정에 관한 도시·군관리계획은 국토교통부장관이 결정한다.
> ⑤ 도시·군관리계획 결정은 지형도면을 고시한 날의 다음 날부터 효력이 발생한다.
>
> **해설** ① 시가화조정구역의 지정에 관한 도시·군관리계획 결정 당시 승인받은 사업이나 공사에 이미 착수한 자는 3개월 이내에 신고하고 그 사업이나 공사를 계속할 수 있다.
> ③ 입안 및 결정에 필요한 비용의 전부 또는 일부를 제안자에게 부담시킬 수 있다.
> ④ 수산자원보호구역은 해양수산부장관이 결정한다.
> ⑤ 도시·군관리계획 결정은 지형도면을 고시한 날부터 효력이 발생한다.　　◆ **정답 ②**

02 공간재구조화계획

(1) 공간재구조화계획의 입안

① 특별시장·광역시장·특별자치시장·특별자치도지사·시장 또는 군수는 다음의 용도구역을 지정하고 해당 용도구역에 대한 계획을 수립하기 위하여 공간재구조화계획을 입안하여야 한다(법 제35조의2 제1항).

> 1. 도시혁신구역 및 도시혁신계획
> 2. 복합용도구역 및 복합용도계획
> 3. 도시·군계획시설입체복합구역(1. 또는 2.와 함께 구역을 지정하거나 계획을 입안하는 경우로 한정한다)

② 공간재구조화계획의 입안과 관련하여 제24조 제2항부터 제6항까지(도시·군관리계획의 입안권자)를 준용한다. 이 경우 "도시·군관리계획"은 "공간재구조화계획"으로 본다(법 제35조의2 제2항).

③ 국토교통부장관은 도시의 경쟁력 향상, 특화발전 및 지역 균형발전 등을 위하여 필요한 때에는 관할 특별시장·광역시장·특별자치시장·특별자치도지사·시장 또는 군수의 요청에 따라 공간재구조화계획을 입안할 수 있다(법 제35조의2 제3항).

④ 공간재구조화계획을 입안하려는 국토교통부장관(수산자원보호구역의 경우 해양수산부장관을 말한다), 시·도지사, 시장 또는 군수(이하 "공간재구조화계획 입안권자"라 한다)는 공간재구조화계획도서(계획도와 계획조서를 말한다. 이하 같다) 및 이를 보조하는 계획설명서(기초조사결과·재원조달방안 및 경관계획을 포함한다. 이하 같다)를 작성하여야 한다(법 제35조의2 제4항).

⑤ 공간재구조화계획의 입안범위와 기준, 공간재구조화계획도서 및 계획설명서의 작성기준·작성방법 등은 국토교통부장관이 정한다(법 제35조의2 제5항).

(2) 공간재구조화계획 입안의 제안

① 주민(이해관계자를 포함한다. 이하 이 조에서 같다)은 다음의 용도구역 지정을 위하여 공간재구조화계획 입안권자에게 공간재구조화계획의 입안을 제안할 수 있다. 이 경우 제안서에는 공간재구조화계획도서와 계획설명서를 첨부하여야 한다. 공간재구조화계획의 입안을 제안하려는 자는 다음의 구분에 따라 토지소유자의 동의를 받아야 한다. 이 경우 동의 대상 토지 면적에서 국유지 및 공유지는 제외한다(법 제35조의3 제1항, 영 제29조의2 제1항).

> 1. 도시혁신구역 또는 복합용도구역의 지정을 제안하는 경우: 대상 토지면적의 3분의 2 이상
> 2. 입체복합구역의 지정을 제안하는 경우(법 제35조의2 제1항 제3호에 따라 도시혁신구역 또는 복합용도구역과 함께 입체복합구역을 지정하거나 도시혁신계획 또는 복합용도계획과 함께 입체복합구역 지정에 관한 공간재구조화계획을 입안하는 경우로 한정한다): 대상 토지면적의 5분의 4 이상

② 제안을 받은 국토교통부장관(법 제40조에 따른 수산자원보호구역의 경우 해양수산부장관을 말한다), 시·도지사, 시장 또는 군수(이하 이 조에서 "공간재구조화계획 입안권자"라 한다)는 제안일부터 45일 이내에 공간재구조화계획 입안에의 반영 여부를 제안자에게 통보해야 한다. 다만, 부득이한 사정이 있는 경우에는 1회에 한정하여 30일을 연장할 수 있다(영 제29조의2 제2항).

③ 공간재구조화계획 입안권자는 제안을 공간재구조화계획 입안에 반영할지 여부를 결정함에 있어서 필요한 경우에는 중앙도시계획위원회 또는 지방도시계획위원회의 자문을 거칠 수 있다(영 제29조의2 제3항).

④ 공간재구조화계획의 입안을 제안받은 공간재구조화계획 입안권자는 「국유재산법」·「
공유재산 및 물품 관리법」에 따른 국유재산·공유재산이 공간재구조화계획으로 지정
된 용도구역 내에 포함된 경우 등 공간재구조화계획으로 지정된 용도구역 내 「국유재
산법」에 따른 국유재산의 면적 및 「공유재산 및 물품 관리법」에 따른 공유재산의 면
적의 합이 공간재구조화계획으로 지정된 용도구역 면적의 100분의 50을 초과하는 경
우에는 제안자 외의 제3자에 의한 제안이 가능하도록 제안 내용의 개요를 90일 이상
의 기간을 정하여 공고하여야 한다. 다만, 제안받은 공간재구조화계획을 입안하지 아
니하기로 결정한 때에는 그러하지 아니하다(법 제35조의3 제2항, 영 제29조의2 제4항).

⑤ 공간재구조화계획 입안권자는 ①에 따른 최초 제안자의 제안서 및 ②에 따른 제3자
제안서에 대하여 토지이용계획의 적절성 등 대통령령으로 정하는 바에 따라 검토·평
가한 후 제출한 제안서 내용의 전부 또는 일부를 공간재구조화계획의 입안에 반영할
수 있다(법 제35조의3 제3항).

⑥ 공간재구조화계획 입안권자는 제안서를 검토·평가할 때에는 토지이용계획의 적절
성, 용도구역 지정 목적의 타당성, 기반시설 확보의 적정성, 도시·군기본계획 등 상위
계획과의 부합성, 주변 지역에 미치는 영향 등을 고려해야 한다(영 제29조의2 제7항).

⑦ 공간재구조화계획 입안권자가 제안서 내용의 채택 여부 등을 결정한 경우에는 그 결
과를 제안자와 제3자에게 알려야 한다(법 제35조의3 제4항).

⑧ 공간재구조화계획 입안권자는 제안자 또는 제3자와 협의하여 제안된 공간재구조화계
획의 입안 및 결정에 필요한 비용의 전부 또는 일부를 제안자 또는 제3자에게 부담시
킬 수 있다(법 제35조의3 제5항).

⑨ 공간재구조화계획 제안의 기준, 절차 등에 필요한 사항은 대통령령으로 정한다(법 제
35조의3 제6항).

(3) 공간재구조화계획의 내용 등

공간재구조화계획에는 다음의 사항을 포함하여야 한다(법 제35조의4, 영 제29조의3).

1. 제35조의2 제1항 각 호(위(1) ①)의 용도구역 지정 위치 및 용도구역에 대한 계획 등에
   관한 사항
2. 그 밖에 제35조의2 제1항 각 호(위(1) ①)의 용도구역을 지정함에 따라 인근 지역의 주
   거·교통·기반시설 등에 미치는 영향 등 대통령령으로 정하는 사항
   ① 공간재구조화계획의 범위 설정에 관한 사항
   ② 공간재구조화계획 기본구상 및 토지이용계획
   ③ 도시혁신구역 및 복합용도구역 내의 도시·군기본계획 변경 및 도시·군관리계획
     결정·변경에 관한 사항

④ 도시혁신구역 및 복합용도구역 외의 지역에 대한 주거·교통·기반시설 등에 미치는 영향 및 이에 대한 관리방안(도시·군관리계획 결정·변경에 관한 사항을 포함한다)
⑤ 환경관리계획 또는 경관계획
⑥ 그 밖에 국토교통부장관이 정하는 사항

(4) 공간재구조화계획 수립을 위한 기초조사, 의견청취 등

① 공간재구조화계획의 입안을 위한 기초조사, 주민과 지방의회의 의견 청취 등에 관하여는 제27조 및 제28조(제28조 제4항 제2호의 경우 관계 행정기관의 장과의 협의, 중앙도시계획위원회의 심의만 해당한다)를 준용한다. 이 경우 "도시·군관리계획"은 "공간재구조화계획"으로, "국토교통부장관, 시·도지사, 시장 또는 군수"는 "공간재구조화계획 입안권자"로 본다(법 제35조의5 제1항).

② 기초조사, 환경성 검토, 토지적성평가 또는 재해취약성분석은 공간재구조화계획 입안일부터 5년 이내 기초조사를 실시한 경우 등 대통령령으로 정하는 바에 따라 생략할 수 있다(법 제35조의5 제2항, 영 제29조의4).

> ▶ 공간재구조화계획의 입안을 위한 기초조사 등 면제사유 : 공간재구조화계획 입안권자는 공간재구조화계획의 입안을 위한 기초조사, 환경성 검토, 토지적성평가 또는 재해취약성분석을 다음의 구분에 따라 생략할 수 있다.
>
> 1. 기초조사를 생략할 수 있는 경우 : 다음의 어느 하나에 해당하는 경우
>   ① 공간재구조화계획의 입안일부터 5년 이내에 기초조사를 실시한 경우
>   ② 해당 도시혁신구역, 복합용도구역 또는 입체복합구역이 도심지(상업지역과 상업지역에 연접한 지역을 말한다)에 위치하는 경우
>   ③ 해당 도시혁신구역, 복합용도구역 또는 입체복합구역 안의 나대지면적이 구역면적의 2퍼센트에 미달하는 경우
>   ④ 해당 도시혁신구역, 복합용도구역 또는 입체복합구역이 다른 법률에 따라 지역·지구 등으로 지정되거나 개발계획이 수립된 경우
>   ⑤ 해당 도시혁신구역, 복합용도구역 또는 입체복합구역의 지정목적이 해당 구역을 정비 또는 관리하려는 경우로서 공간재구조화계획의 내용에 너비 12미터 이상 도로의 설치계획이 없는 경우
> 2. 환경성 검토를 생략할 수 있는 경우 : 다음의 어느 하나에 해당하는 경우
>   ① 공간재구조화계획의 입안일부터 5년 이내에 환경성 검토를 실시한 경우
>   ② 1. ②부터 ⑤까지의 경우
>   ③ 「환경영향평가법」 제9조에 따른 전략환경영향평가 대상인 공간재구조화계획을 입안하는 경우

3. 토지적성평가를 생략할 수 있는 경우: 다음의 어느 하나에 해당하는 경우
   ① 공간재구조화계획의 입안일부터 5년 이내에 토지적성평가를 실시한 경우
   ② 1. ②부터 ⑤까지의 경우
   ③ 주거지역·상업지역 또는 공업지역에 공간재구조화계획을 입안하는 경우
   ④ 법 또는 다른 법률에 따라 조성된 지역에 공간재구조화계획을 입안하는 경우
   ⑤ 「도시개발법」에 따른 도시개발사업의 경우
   ⑥ 지구단위계획구역 또는 도시·군계획시설부지에서 공간재구조화계획을 입안하는 경우
   ⑦ 다음의 어느 하나에 해당하는 용도지역·용도지구의 지정 또는 변경을 포함하는 경우
      ㉠ 주거지역·상업지역·공업지역 또는 계획관리지역의 그 밖의 용도지역으로의 변경(계획관리지역을 자연녹지지역으로 변경하는 경우는 제외한다)
      ㉡ 주거지역·상업지역·공업지역 또는 계획관리지역 외의 용도지역 상호간의 변경(자연녹지지역으로 변경하는 경우는 제외한다)
      ㉢ 용도지구의 지정 또는 변경(개발진흥지구의 지정·변경은 제외한다)
   ⑧ 다음의 어느 하나에 해당하는 기반시설의 설치를 포함하는 경우
      ㉠ 제55조 제1항 각 호에 따른 용도지역별 개발행위규모에 해당하는 기반시설
      ㉡ 도로·철도·궤도·수도·가스 등 선형(線型)으로 된 교통시설 및 공급시설
      ㉢ 공간시설(체육공원·묘지공원 및 유원지는 제외한다)
      ㉣ 방재시설 및 환경기초시설(폐차장은 제외한다)
4. 재해취약성분석을 생략할 수 있는 경우: 다음의 어느 하나에 해당하는 경우
   ① 공간재구조화계획의 입안일부터 5년 이내에 재해취약성분석을 실시한 경우
   ② 1. ②부터 ⑤까지의 경우
   ③ 3. ⑦에 해당하는 경우(방재지구의 지정·변경은 제외한다)
   ④ 다음의 어느 하나에 해당하는 기반시설의 설치를 포함하는 경우
      ㉠ 3. ⑧ ㉠의 기반시설
      ㉡ 공간시설 중 녹지·공공공지

(5) 공간재구조화계획의 결정

① 공간재구조화계획은 시·도지사가 직접 또는 시장·군수의 신청에 따라 결정한다. 다만, 국토교통부장관이 입안한 공간재구조화계획은 국토교통부장관이 결정한다(법 제35조의6 제1항).

② 국토교통부장관 또는 시·도지사가 공간재구조화계획을 결정하려면 미리 관계 행정기관의 장(국토교통부장관을 포함한다)과 협의하고 다음에 따라 중앙도시계획위원회 또는 지방도시계획위원회의 심의를 거쳐야 한다. 이 경우 협의 요청을 받은 기관의 장은 특별한 사유가 없으면 그 요청을 받은 날부터 30일(도시혁신구역 지정을 위한 공간재구조화계획 결정의 경우에는 근무일 기준으로 10일) 이내에 의견을 제시하여야 한다(법 제35조의6 제2항).

> 1. 다음의 어느 하나에 해당하는 사항은 중앙도시계획위원회의 심의를 거친다.
>   ① 국토교통부장관이 결정하는 공간재구조화계획
>   ② 시·도지사가 결정하는 공간재구조화계획 중 제35조의2 제1항 각 호의 용도구역 지정 및 입지 타당성 등에 관한 사항
> 2. 제1호 각 목의 사항을 제외한 공간재구조화계획에 대하여는 지방도시계획위원회의 심의를 거친다.

③ 국토교통부장관 또는 시·도지사는 공간재구조화계획을 결정하면 대통령령으로 정하는 바에 따라 그 결정을 고시하고, 국토교통부장관이나 도지사는 관계 서류를 관계 특별시장·광역시장·특별자치시장·특별자치도지사·시장 또는 군수에게 송부하여 일반이 열람할 수 있도록 하여야 하며, 특별시장·광역시장·특별자치시장·특별자치도지사는 관계 서류를 일반이 열람할 수 있도록 하여야 한다(법 제35조의6 제3항).

(6) 공간재구조화계획 결정의 효력 등

① 공간재구조화계획 결정의 효력은 지형도면을 고시한 날부터 발생한다. 다만, 지형도면이 필요 없는 경우에는 제35조의6 제3항에 따라 (공간재구조화계획의 결정을) 고시한 날부터 효력이 발생한다(법 제35조의7 제1항).

② ①에 따라 고시를 한 경우에 해당 구역 지정 및 계획 수립에 필요한 내용에 대해서는 고시한 내용에 따라 도시·군기본계획의 수립·변경[제19조 제1항 각 호 중에서 인구의 배분 등은 대통령령으로 정하는 범위(인구의 배분에 관한 계획을 전체 인구 규모의 5퍼센트 미만의 범위)에서 변경하는 경우로 한정한다]과 도시·군관리계획의 결정(변경결정을 포함한다) 고시를 한 것으로 본다(법 제35조의7 제2항).

③ ①에 따른 지형도면 고시 등에 관하여는 제32조(도시·군관리계획에 관한 지형도면의 고시 등)를 준용한다. 이 경우 "도시·군관리계획"은 "공간재구조화계획"으로 본다(법 제35조의7 제3항).

④ ①에 따라 고시를 할 당시에 이미 사업이나 공사에 착수한 자(이 법 또는 다른 법률에 따라 허가·인가·승인 등을 받아야 하는 경우에는 그 허가·인가·승인 등을 받아 사업이나 공사에 착수한 자를 말한다)는 그 공간재구조화계획 결정과 관계없이 그 사업이나 공사를 계속할 수 있다(법 제35조의7 제4항).

⑤ ①에 따라 고시된 공간재구조화계획의 내용은 도시·군계획으로 관리하여야 한다(법 제35조의7 제5항).

03 **용도지역** 제32회, 제33회, 제35회

① 용도지역의 지정절차

용도지역은 국토교통부장관 또는 시·도지사, 대도시 시장이 토지의 이용 및 건축물의 용도·건폐율·용적률·높이 등을 제한함으로써 토지를 경제적·효율적으로 이용하고 공공복리의 증진을 도모하기 위하여 서로 중복되지 아니하게 도시·군관리계획으로 결정하는 지역을 말한다(법 제2조 제15호).

② 용도지역의 세분

국토는 토지의 이용실태 및 특성, 장래의 토지 이용 방향, 지역 간 균형발전 등을 고려하여 다음과 같은 용도지역으로 구분한다(법 제6조).

1. 도시지역

인구와 산업이 밀집되어 있거나 밀집이 예상되어 그 지역에 대하여 체계적인 개발·정비·관리·보전 등이 필요한 지역(법 제36조, 영 제30조)

① 국토교통부장관, 시·도지사 또는 대도시 시장은 도시·군관리계획결정으로 주거지역·상업지역·공업지역 및 녹지지역을 다음과 같이 세분하여 지정할 수 있다.

② 시·도지사 또는 대도시 시장은 해당 시·도 또는 대도시의 도시·군계획조례로 정하는 바에 따라 도시·군관리계획결정으로 세분된 주거지역·상업지역·공업지역·녹지지역을 추가적으로 세분하여 지정할 수 있다.

(1) 주거지역

거주의 안녕과 건전한 생활환경의 보호를 위하여 필요한 지역

① 전용주거지역 : 양호한 주거환경을 보호하기 위하여 필요한 지역

제1종 전용주거지역	단독주택 중심의 양호한 주거환경을 보호하기 위하여 필요한 지역
제2종 전용주거지역	공동주택 중심의 양호한 주거환경을 보호하기 위하여 필요한 지역

② 일반주거지역 : 편리한 주거환경을 조성하기 위하여 필요한 지역

제1종 일반주거지역	저층주택(4층 이하)을 중심으로 편리한 주거환경을 조성하기 위하여 필요한 지역
제2종 일반주거지역	중층주택을 중심으로 편리한 주거환경을 조성하기 위하여 필요한 지역
제3종 일반주거지역	중·고층주택을 중심으로 편리한 주거환경을 조성하기 위하여 필요한 지역

③ 준주거지역 : 주거기능을 위주로 이를 지원하는 일부 상업기능 및 업무기능을 보완하기 위하여 필요한 지역

(2) 상업지역

상업 그 밖의 업무의 편익증진을 위하여 필요한 지역

중심상업지역	도심·부도심의 상업기능 및 업무기능의 확충을 위하여 필요한 지역
일반상업지역	일반적인 상업기능 및 업무기능을 담당하게 하기 위하여 필요한 지역
유통상업지역	도시 내 및 지역 간 유통기능의 증진을 위하여 필요한 지역
근린상업지역	근린지역에서의 일용품 및 서비스의 공급을 위하여 필요한 지역

(3) 공업지역

공업의 편익증진을 위하여 필요한 지역

전용공업지역	주로 중화학공업, 공해성공업 등을 수용하기 위하여 필요한 지역
일반공업지역	환경을 저해하지 아니하는 공업의 배치를 위하여 필요한 지역
준공업지역	경공업 그 밖의 공업을 수용하되, 주거기능·상업기능 및 업무기능의 보완이 필요한 지역

⑷ 녹지지역

자연환경·농지 및 산림의 보호, 보건위생, 보안과 도시의 무질서한 확산을 방지하기 위하여 녹지의 보전이 필요한 지역

보전녹지지역	도시의 자연환경·경관·산림 및 녹지공간을 보전할 필요가 있는 지역
생산녹지지역	주로 농업적 생산을 위하여 개발을 유보할 필요가 있는 지역
자연녹지지역	도시의 녹지공간의 확보, 도시확산의 방지, 장래 도시용지의 공급 등을 위하여 보전할 필요가 있는 지역으로서 불가피한 경우에 한하여 제한적인 개발이 허용되는 지역

2. 관리지역

도시지역의 인구와 산업을 수용하기 위하여 도시지역에 준하여 체계적으로 관리하거나 농림업의 진흥, 자연환경 또는 산림의 보전을 위하여 농림지역 또는 자연환경보전지역에 준하여 관리가 필요한 지역으로서 다음으로 구분하여 지정한다(법 제36조).

계획관리지역	도시지역으로의 편입이 예상되는 지역이나 자연환경을 고려하여 제한적인 이용·개발을 하려는 지역으로서 계획적·체계적인 관리가 필요한 지역
생산관리지역	농업·임업·어업생산 등을 위하여 관리가 필요하나, 주변의 용도지역과의 관계 등을 고려할 때 농림지역으로 지정하여 관리하기가 곤란한 지역
보전관리지역	자연환경보호, 산림보호, 수질오염방지, 녹지공간 확보 및 생태계 보전 등을 위하여 보전이 필요하나, 주변의 용도지역과의 관계 등을 고려할 때 자연환경보전지역으로 지정하여 관리하기가 곤란한 지역

3. 농림지역

도시지역에 속하지 아니하는 농지법에 따른 농업진흥지역 또는 산지관리법에 따른 보전산지 등으로서 농림업의 진흥과 산림의 보전을 위하여 필요한 지역(법 제6조)

4. 자연환경보전지역

자연환경·수자원·해안·생태계·상수원 및 국가유산기본법에 따른 국가유산의 보전과 수산자원의 보호·육성 등을 위하여 필요한 지역(법 제6조)

예제

국토의 계획 및 이용에 관한 법령상 용도지역에 관한 설명이다. 틀린 것은?

① 국토관리상 필요한 경우 관리지역과 자연환경보전지역은 서로 중복되게 지정할 수 있다.

② 준공업지역은 경공업 기타 공업을 수용하되, 주거기능·상업기능 및 업무기능의 보완이 필요한 지역이다.

③ 제2종 전용주거지역은 공동주택 중심의 양호한 주거환경의 보호를 위하여 필요한 지역이다.

④ 일반공업지역은 환경을 저해하지 아니하는 공업의 배치를 위하여 필요한 지역이다.

⑤ 자연환경보전지역은 자연환경·수자원·해안·생태계·상수원 및 국가유산기본법에 따른 국가유산의 보전과 수산자원의 보호·육성 등을 위하여 필요한 지역이다.

해설 ① 국토관리상 필요한 경우 관리지역과 자연환경보전지역은 서로 중복되게 지정할 수 없다.

◆ 정답 ①

③ 용도지역 지정특례

(1) 용도지역의 지정

① **원칙**: 국토교통부장관, 시·도지사 또는 대도시 시장은 용도지역의 지정 또는 변경을 도시·군관리계획으로 결정한다(법 제36조 제1항).

② **예외**: 공유수면매립지에 관한 용도지역의 지정특례

　㉠ 도시·군관리계획으로 지정 의제: 공유수면(바다만 해당한다)의 매립목적이 해당 매립구역과 이웃하고 있는 용도지역의 내용과 같으면 도시·군관리계획의 입안 및 결정절차 없이 해당 매립준공구역은 그 매립의 준공인가일부터 이와 이웃하고 있는 용도지역으로 지정된 것으로 본다. 이 경우 관계 특별시장·광역시장·특별자치시장·특별자치도지사·시장 또는 군수는 지체 없이 고시하여야 한다(법 제41조 제1항).

     ⓛ 도시·군관리계획결정으로 지정: 공유수면의 매립목적이 그 매립구역과 이웃하고 있는 용도지역의 내용과 다른 경우 및 그 매립구역이 둘 이상의 용도지역에 걸쳐 있거나 이웃하고 있는 경우 그 매립구역이 속할 용도지역은 도시·군관리계획 결정으로 지정하여야 한다(법 제41조 제2항).

     ⓒ 통보: 관계 행정기관의 장은 공유수면 관리 및 매립에 관한 법률에 따른 공유수면 매립의 준공검사를 하면 국토교통부령으로 정하는 바에 따라 지체 없이 관계 특별시장·광역시장·특별자치시장·특별자치도지사·시장 또는 군수에게 통보하여야 한다(법 제41조 제3항).

(2) 용도지역으로 결정·고시의제

    ① **도시지역으로 결정·고시의제**: 다음의 구역으로 지정·고시된 지역은 이 법에 따른 도시지역으로 결정·고시된 것으로 본다(법 제42조 제1항).

> 1. 어촌·어항법에 따른 어항구역으로서 도시지역에 연접한 공유수면
> 2. 항만법에 따른 항만구역으로서 도시지역에 연접한 공유수면
> 3. 택지개발촉진법에 따른 택지개발지구
> 4. 산업입지 및 개발에 관한 법률에 따른 국가산업단지·일반산업단지·도시첨단산업단지(농공단지는 제외한다)
> 5. 전원개발촉진법에 따른 전원개발사업구역 및 예정구역(수력발전소 또는 송·변전설비만을 설치하기 위한 전원개발사업구역 및 예정구역을 제외한다)

    ② **농림지역 의제**: 관리지역에서 농지법에 따른 농업진흥지역으로 지정·고시된 지역은 이 법에 따른 농림지역으로 결정·고시된 것으로 본다(법 제42조 제2항).

    ③ **농림지역 또는 자연환경보전지역 의제**: 관리지역의 산림 중 산지관리법에 따라 보전산지로 지정·고시된 지역은 해당 고시에서 구분하는 바에 따라 농림지역 또는 자연환경보전지역으로 결정·고시된 것으로 본다(법 제42조 제2항).

④ **용도지역의 환원**: 도시지역으로 간주하는 구역 등이 해제되는 경우(개발사업의 완료로 해제되는 경우는 제외한다) 이 법 또는 다른 법률에서 그 구역 등이 어떤 용도지역에 해당되는지를 따로 정하고 있지 아니한 경우에는 이를 지정하기 이전의 용도지역으로 환원된 것으로 본다. 이 경우 지정권자는 용도지역이 환원된 사실을 대통령령으로 정하는 바에 따라 고시하고, 그 지역을 관할하는 특별시장·광역시장·특별자치시장·특별자치도지사·시장 또는 군수에게 통보하여야 한다(법 제42조 제4항).

예제

국토의 계획 및 이용에 관한 법령상 도시지역으로 결정·고시된 것으로 볼 수 있는 경우는?

① 산업입지 및 개발에 관한 법률에 따라 농공단지로 지정·고시된 지역
② 어촌·어항법에 따른 어항구역으로서 농림지역에 연접한 공유수면으로 지정·고시된 지역
③ 취락지구로서 도시개발법의 도시개발구역으로 지정·고시된 지역
④ 항만법에 따른 항만구역으로서 계획관리지역에 연접한 공유수면으로 지정·고시된 지역
⑤ 택지개발촉진법에 따라 택지개발지구로 지정·고시된 지역

해설 ① 농공단지는 도시지역으로 결정·고시된 것으로 보지 아니한다.
② 도시지역에 연접한 공유수면으로 지정·고시된 지역은 도시지역으로 결정·고시된 것으로 본다.
③ 취락지구로서 도시개발법의 도시개발구역으로 지정·고시된 지역은 도시지역으로 결정·고시된 것으로 보지 아니한다.
④ 도시지역에 연접한 공유수면으로 지정·고시된 지역은 도시지역으로 결정·고시된 것으로 본다.

❶ 정답 ⑤

---

4 용도지역에서의 건축물의 건축제한

(1) 용도지역에서의 건축물이나 그 밖의 시설의 용도·종류 및 규모 등의 제한에 관한 사항은 대통령령으로 정한다(법 제76조 제1항).

(2) 건축물이나 그 밖의 시설의 용도·종류 및 규모 등의 제한은 해당 용도지역 및 용도지구의 지정목적에 적합하여야 한다(법 제76조 제3항).

(3) 건축물이나 그 밖의 시설의 용도·종류 및 규모 등을 변경하는 경우 변경 후의 건축물 그 밖의 시설의 용도·종류 및 규모 등은 용도지역 및 용도지구의 제한에 맞아야 한다(법 제76조 제4항).

(4) 건축제한을 적용함에 있어서 부속건축물에 대하여는 주된 건축물에 대한 건축제한에 따른다(영 제71조 제2항).

(5) **용도지역별 건축제한**(법 제76조 제1항, 영 제71조 제1항)

① 제1종 전용주거지역 안에서 건축할 수 있는 건축물

건축할 수 있는 건축물	도시·군계획조례가 정하는 바에 따라 건축할 수 있는 건축물
가. 건축법 시행령 별표 1 제1호의 단독주택(다가구주택을 제외한다) 나. 건축법 시행령 별표 1 제3호 가목부터 바목까지 및 사목(공중화장실·대피소, 그 밖에 이와 비슷한 것 및 지역아동센터는 제외한다)의 제1종 근린생활시설로서 해당 용도에 쓰이는 바닥면적의 합계가 1천㎡ 미만인 것	가. 건축법 시행령 별표 1 제1호의 단독주택 중 다가구주택 나. 건축법 시행령 별표 1 제2호의 공동주택 중 연립주택 및 다세대주택 다. 건축법 시행령 별표 1 제3호 사목(공중화장실·대피소, 그 밖에 이와 비슷한 것 및 지역아동센터만 해당한다) 및 아목에 따른 제1종 근린생활시설로서 해당 용도에 쓰이는 바닥면적의 합계가 1천㎡ 미만인 것 라. 건축법 시행령 별표 1 제4호의 제2종 근린생활시설 중 종교집회장 마. 건축법 시행령 별표 1 제5호의 문화 및 집회시설 중 같은 호 라목[박물관, 미술관, 체험관(건축법 시행령 제2조 제16호에 따른 한옥으로 건축하는 것만 해당한다) 및 기념관에 한정한다]에 해당하는 것으로서 그 용도에 쓰이는 바닥면적의 합계가 1천㎡ 미만인 것 바. 건축법 시행령 별표 1 제6호의 종교시설에 해당하는 것으로서 그 용도에 쓰이는 바닥면적의 합계가 1천㎡ 미만인 것 사. 건축법 시행령 별표 1 제10호의 교육연구시설 중 유치원·초등학교·중학교 및 고등학교 아. 건축법 시행령 별표 1 제11호의 노유자시설 자. 건축법 시행령 별표 1 제20호의 자동차관련시설 중 주차장

② 제2종 전용주거지역 안에서 건축할 수 있는 건축물

건축할 수 있는 건축물	도시·군계획조례가 정하는 바에 따라 건축할 수 있는 건축물
가. 건축법 시행령 별표 1 제1호의 단독주택 나. 건축법 시행령 별표 1 제2호의 공동주택 다. 건축법 시행령 별표 1 제3호의 제1종 근린생활시설로서 당해 용도에 쓰이는 바닥면적의 합계가 1천㎡ 미만인 것	가. 건축법 시행령 별표 1 제4호의 제2종 근린생활시설 중 종교집회장 나. 건축법 시행령 별표 1 제5호의 문화 및 집회시설 중 같은 호 라목[박물관, 미술관, 체험관(건축법 시행령 제2조 제16호에 따른 한옥으로 건축하는 것만 해당한다) 및 기념관에 한정한다]에 해당하는 것으로서 그 용도에 쓰이는 바닥면적의 합계가 1천㎡ 미만인 것 다. 건축법 시행령 별표 1 제6호의 종교시설에 해당하는 것으로서 그 용도에 쓰이는 바닥면적의 합계가 1천㎡ 미만인 것 라. 건축법 시행령 별표 1 제10호의 교육연구시설 중 유치원·초등학교·중학교 및 고등학교 마. 건축법 시행령 별표 1 제11호의 노유자시설 바. 건축법 시행령 별표 1 제20호의 자동차관련시설 중 주차장

③ 제1종 일반주거지역 안에서 건축할 수 있는 건축물

건축할 수 있는 건축물	도시·군계획조례가 정하는 바에 따라 건축할 수 있는 건축물
[4층 이하(주택법 시행령 제10조 제1항 제2호에 따른 단지형 연립주택 및 같은 항 제1호의2에 따른 단지형 다세대주택인 경우에는 5층 이하를 말하며, 단지형 연립주택의 1층 전부를 필로티 구조로 하여 주차장으로 사용하는 경우에는 필로티 부분을 층수에서 제외하고, 단지형 다세대주택의 1층 바닥면적의 2분의 1 이상을 필로티 구조로 하여 주차장으로 사용하고 나머지 부분을 주택 외의 용도로 쓰는 경우에는 해당 층을 층수에서 제외한다. 이하 이 호에서 같다)의 건축물만 해당한다. 다만, 4층 이하의 범위에서 도시·군계획조례로 따로 층수를 정하는 경우에는 그 층수 이하의 건축물만 해당한다] 가. 건축법 시행령 별표 1 제1호의 단독주택 나. 건축법 시행령 별표 1 제2호의 공동주택(아파트를 제외한다) 다. 건축법 시행령 별표 1 제3호의 제1종 근린생활시설 라. 건축법 시행령 별표 1 제10호의 교육연구시설 중 유치원·초등학교·중학교 및 고등학교 마. 건축법 시행령 별표 1 제11호의 노유자시설	4층 이하의 건축물에 한한다(다만, 4층 이하의 범위 안에서 도시·군계획조례로 따로 층수를 정하는 경우에는 그 층수 이하의 건축물에 한한다). 가. 건축법 시행령 별표 1 제4호의 제2종 근린생활시설(단란주점 및 안마시술소를 제외한다) 나. 건축법 시행령 별표 1 제5호의 문화 및 집회시설(공연장 및 관람장을 제외한다) 다. 건축법 시행령 별표 1 제6호의 종교시설 라. 건축법 시행령 별표 1 제7호의 판매시설 중 동호 나목 및 다목(일반게임제공업의 시설은 제외한다)에 해당하는 것으로서 해당용도에 쓰이는 바닥면적의 합계가 2천제곱미터 미만인 것(너비 15미터 이상의 도로로서 도시·군계획조례가 정하는 너비 이상의 도로에 접한 대지에 건축하는 것에 한한다)과 기존의 도매시장 또는 소매시장을 재건축하는 경우로서 인근의 주거환경에 미치는 영향, 시장의 기능회복 등을 고려하여 도시·군계획조례가 정하는 경우에는 해당용도에 쓰이는 바닥면적의 합계의 4배 이하 또는 대지면적의 2배 이하인 것 마. 건축법 시행령 별표 1 제9호의 의료시설(격리병원을 제외한다) 바. 건축법 시행령 별표 1 제10호의 교육연구시설 중 제1호 라목에 해당하지 아니하는 것 사. 건축법 시행령 별표 1 제12호의 수련시설(유스호스텔의 경우 특별시 및 광역시 지역에서는 너비 15미터 이상의 도로에 20미터 이상 접한 대지에 건축하는 것에 한하며, 그 밖의 지역에서는 너비 12미터 이상의 도로에 접한 대지에 건축하는 것에 한한다) 아. 건축법 시행령 별표 1 제13호의 운동시설(옥외 철탑이 설치된 골프연습장을 제외한다) 자. 건축법 시행령 별표 1 제14호의 업무시설 중 오피스텔로서 그 용도에 쓰이는 바닥면적의 합계가 3천제곱미터 미만인 것 차. 건축법 시행령 별표 1 제17호의 공장 중 인쇄업, 기록매체복제업, 봉제업(의류편조업을 포함한다), 컴퓨터 및 주변기기제조업, 컴퓨터 관련 전자제품조립업, 두부제조업, 세탁업의 공장 및 지식산업센터로서 다음의 어느 하나에 해당하지 아니하는 것 (1) 대기환경보전법 제2조 제9호에 따른 특정대기유해물질이 같은 법 시행령 제11조 제1항 제1호에 따른 기준 이상으로 배출되는 것 (2) 대기환경보전법 제2조 제11호에 따른 대기오염물질배출시설에 해당하는 시설로서 같은 법 시행령 별표 1에 따른 1종사업장 내지 4종사업장에 해당하는 것

　　　　⑶ 물환경보전법 제2조 제8호에 따른 특정수질유해물질이
　　　　　　같은 법 시행령 제31조 제1항 제1호에 따른 기준 이상으
　　　　　　로 배출되는 것. 다만, 동법 제34조에 따라 폐수무방류배
　　　　　　출시설의 설치허가를 받아 운영하는 경우를 제외한다.
　　　　⑷ 물환경보전법 제2조 제10호에 따른 폐수배출시설에 해
　　　　　　당하는 시설로서 같은 법 시행령 별표 13에 따른 제1종
　　　　　　사업장부터 제4종 사업장까지에 해당하는 것
　　　　⑸ 폐기물관리법 제2조 제4호에 따른 지정폐기물을 배출하는 것
　　　　⑹ 소음 · 진동관리법 제7조에 따른 배출허용기준의 2배 이
　　　　　　상인 것
　카. 건축법 시행령 별표 1 제17호의 공장 중 떡 제조업 및 빵 제
　　　조업(이에 딸린 과자 제조업을 포함한다. 이하 같다)의 공장
　　　으로서 다음 요건을 모두 갖춘 것
　　　⑴ 해당 용도에 쓰이는 바닥면적의 합계가 1천제곱미터 미
　　　　　만일 것
　　　⑵ 악취방지법에 따른 악취배출시설인 경우에는 악취방지
　　　　　시설 등 악취방지에 필요한 조치를 하였을 것
　　　⑶ 차목 ⑴부터 ⑹까지의 어느 하나에 해당하지 아니할 것.
　　　　　다만, 도시 · 군계획조례로 대기환경보전법, 물환경보전
　　　　　법 및 소음 · 진동관리법에 따른 설치 허가 · 신고 대상
　　　　　시설의 건축을 제한한 경우에는 그 건축제한시설에도 해
　　　　　당하지 아니하여야 한다.
　　　⑷ 해당 특별시장 · 광역시장 · 특별자치시장 · 특별자치도
　　　　　지사 · 시장 또는 군수가 해당 지방도시계획위원회의 심
　　　　　의를 거쳐 인근의 주거환경 등에 미치는 영향 등이 적다
　　　　　고 인정하였을 것
　타. 건축법 시행령 별표 1 제18호의 창고시설
　파. 건축법 시행령 별표 1 제19호의 위험물저장 및 처리시설 중
　　　주유소, 석유판매소, 액화가스 취급소 · 판매소, 도료류 판매
　　　소, 대기환경보전법에 따른 저공해자동차의 연료공급시설,
　　　시내버스차고지에 설치하는 액화석유가스충전소 및 고압가
　　　스충전 · 저장소
　하. 건축법 시행령 별표 1 제20호의 자동차관련시설 중 주차장
　　　및 세차장
　거. 건축법 시행령 별표 1 제21호의 동물 및 식물관련시설 중 화
　　　초 및 분재 등의 온실
　너. 건축법 시행령 별표 1 제23호의 교정시설
　더. 건축법 시행령 별표 1 제23호의2의 국방 · 군사시설
　러. 건축법 시행령 별표 1 제24호의 방송통신시설
　머. 건축법 시행령 별표 1 제25호의 발전시설
　버. 건축법 시행령 별표 1 제29호의 야영장 시설

④ 제2종 일반주거지역 안에서 건축할 수 있는 건축물

건축할 수 있는 건축물	도시 · 군계획조례가 정하는 바에 따라 건축할 수 있는 건축물
경관관리 등을 위하여 도시 · 군계획조례로 건축물의 층수를 제한하는 경우에는 그 층수 이하의 건축물로 한정한다. 가. 건축법 시행령 별표 1 제1호의 단독주택 나. 건축법 시행령 별표 1 제2호의 공동주택 다. 건축법 시행령 별표 1 제3호의 제1종 근린생활시설 라. 건축법 시행령 별표 1 제6호의 종교시설 마. 건축법 시행령 별표 1 제10호의 교육연구시설 중 유치원 · 초등학교 · 중학교 및 고등학교 바. 건축법 시행령 별표 1 제11호의 노유자시설	경관관리 등을 위하여 도시 · 군계획조례로 건축물의 층수를 제한하는 경우에는 그 층수 이하의 건축물로 한정한다. 가. 건축법 시행령 별표 1 제4호의 제2종 근린생활시설(단란주점 및 안마시술소를 제외한다) 나. 건축법 시행령 별표 1 제5호의 문화 및 집회시설(관람장을 제외한다) 다. 건축법 시행령 별표 제7호의 판매시설 중 동호 나목 및 다목(일반게임제공업의 시설은 제외한다)에 해당하는 것으로서 당해 용도에 쓰이는 바닥면적의 합계가 2천제곱미터 미만인 것(너비 15미터 이상의 도로로서 도시 · 군계획조례가 정하는 너비 이상의 도로에 접한 대지에 건축하는 것에 한한다)과 기존의 도매시장 또는 소매시장을 재건축하는 경우로서 인근의 주거환경에 미치는 영향, 시장의 기능회복 등을 고려하여 도시 · 군계획조례가 정하는 경우에는 당해 용도에 쓰이는 바닥면적의 합계의 4배 이하 또는 대지면적의 2배 이하인 것 라. 건축법 시행령 별표 1 제9호의 의료시설(격리병원을 제외한다) 마. 건축법 시행령 별표 1 제10호의 교육연구시설 중 제1호 마목에 해당하지 아니하는 것 바. 건축법 시행령 별표 1 제12호의 수련시설(유스호스텔의 경우 특별시 및 광역시 지역에서는 너비 15미터 이상의 도로에 20미터 이상 접한 대지에 건축하는 것에 한하며, 그 밖의 지역에서는 너비 12미터 이상의 도로에 접한 대지에 건축하는 것에 한한다) 사. 건축법 시행령 별표 1 제13호의 운동시설 아. 건축법 시행령 별표 1 제14호의 업무시설 중 오피스텔 · 금융업소 · 사무소 및 동호 가목에 해당하는 것으로서 해당 용도에 쓰이는 바닥면적의 합계가 3천제곱미터 미만인 것 자. 별표 4 제2호 차목 및 카목의 공장 차. 건축법 시행령 별표 1 제18호의 창고시설 카. 건축법 시행령 별표 1 제19호의 위험물저장 및 처리시설 중 주유소, 석유판매소, 액화가스 취급소 · 판매소, 도료류 판매소, 대기환경보전법에 따른 저공해자동차의 연료공급시설, 시내버스차고지에 설치하는 액화석유가스충전소 및 고압가스충전 · 저장소 타. 건축법 시행령 별표 1 제20호의 자동차관련시설 중 동호 아목에 해당하는 것과 주차장 및 세차장 파. 건축법 시행령 별표 1 제21호 마목부터 사목까지의 규정에 따른 시설 및 같은 호 아목에 따른 시설 중 식물과 관련된 마목부터 사목까지의 규정에 따른 시설과 비슷한 것 하. 건축법 시행령 별표 1 제23호의 교정시설 거. 건축법 시행령 별표 1 제23호의2의 국방 · 군사시설 너. 건축법 시행령 별표 1 제24호의 방송통신시설 더. 건축법 시행령 별표 1 제25호의 발전시설 러. 건축법 시행령 별표 1 제29호의 야영장 시설

⑤ 제3종 일반주거지역 안에서 건축할 수 있는 건축물

건축할 수 있는 건축물	도시·군계획조례가 정하는 바에 따라 건축할 수 있는 건축물
가. 건축법 시행령 별표 1 제1호의 단독주택 나. 건축법 시행령 별표 1 제2호의 공동주택 다. 건축법 시행령 별표 1 제3호의 제1종 근린생활시설 라. 건축법 시행령 별표 1 제6호의 종교시설 마. 건축법 시행령 별표 1 제10호의 교육연구시설 중 유치원·초등학교·중학교 및 고등학교 바. 건축법 시행령 별표 1 제11호의 노유자시설	가. 건축법 시행령 별표 1 제4호의 제2종 근린생활시설(단란주점 및 안마시술소를 제외한다) 나. 건축법 시행령 별표 1 제5호의 문화 및 집회시설(관람장을 제외한다) 다. 건축법 시행령 별표 1 제7호의 판매시설 중 동호 나목 및 다목(일반게임제공업의 시설은 제외한다)에 해당하는 것으로서 당해 용도에 쓰이는 바닥면적의 합계가 2천제곱미터 미만인 것(너비 15미터 이상의 도로로서 도시·군계획조례가 정하는 너비 이상의 도로에 접한 대지에 건축하는 것에 한한다)과 기존의 도매시장 또는 소매시장을 재건축하는 경우로서 인근의 주거환경에 미치는 영향, 시장의 기능회복 등을 고려하여 도시·군계획조례가 정하는 경우에는 당해 용도에 쓰이는 바닥면적의 합계의 4배 이하 또는 대지면적의 2배 이하인 것 라. 건축법 시행령 별표 1 제9호의 의료시설(격리병원을 제외한다) 마. 건축법 시행령 별표 1 제10호의 교육연구시설 중 제1호 마목에 해당하지 아니하는 것 바. 건축법 시행령 별표 1 제12호의 수련시설(유스호스텔의 경우 특별시 및 광역시 지역에서는 너비 15미터 이상의 도로에 20미터 이상 접한 대지에 건축하는 것에 한하며, 그 밖의 지역에서는 너비 12미터 이상의 도로에 접한 대지에 건축하는 것에 한한다) 사. 건축법 시행령 별표 1 제13호의 운동시설 아. 건축법 시행령 별표 1 제14호의 업무시설로서 그 용도에 쓰이는 바닥면적의 합계가 3천제곱미터 이하인 것 자. 별표 4 제2호 차목 및 카목의 공장 차. 건축법 시행령 별표 1 제18호의 창고시설 카. 건축법 시행령 별표 1 제19호의 위험물저장 및 처리시설 중 주유소, 석유판매소, 액화가스 취급소·판매소, 도료류 판매소, 대기환경보전법에 따른 저공해자동차의 연료공급시설, 시내버스차고지에 설치하는 액화석유가스충전소 및 고압가스충전·저장소 타. 건축법 시행령 별표 1 제20호의 자동차관련시설 중 동호 아목에 해당하는 것과 주차장 및 세차장 파. 건축법 시행령 별표 1 제21호 마목부터 사목까지의 규정에 따른 시설 및 같은 호 아목에 따른 시설 중 식물과 관련된 마목부터 사목까지의 규정에 따른 시설과 비슷한 것 하. 건축법 시행령 별표 1 제23호의 교정시설 거. 건축법 시행령 별표 1 제23호의2의 국방·군사시설 너. 건축법 시행령 별표 1 제24호의 방송통신시설 더. 건축법 시행령 별표 1 제25호의 발전시설 러. 건축법 시행령 별표 1 제29호의 야영장 시설

⑥ 자연환경보전지역 안에서 건축할 수 있는 건축물

건축할 수 있는 건축물	도시·군계획조례가 정하는 바에 따라 건축할 수 있는 건축물
가. 건축법 시행령 별표 1 제1호의 단독주택으로서 현저한 자연훼손을 가져오지 아니하는 범위 안에서 건축하는 농어가주택 나. 건축법 시행령 별표 1 제10호의 교육연구시설 중 초등학교	수질오염 및 경관 훼손의 우려가 없다고 인정하여 도시·군계획조례가 정하는 지역 내에서 건축하는 것에 한한다. 가. 건축법 시행령 별표 1 제3호의 제1종 근린생활시설 중 같은 호 가목, 바목, 사목(지역아동센터는 제외한다) 및 아목에 해당하는 것 나. 건축법 시행령 별표 1 제4호의 제2종 근린생활시설 중 종교집회장으로서 지목이 종교용지인 토지에 건축하는 것 다. 건축법 시행령 별표 1 제6호의 종교시설로서 지목이 종교용지인 토지에 건축하는 것 라. 건축법 시행령 별표 1 제19호 바목의 고압가스 충전소·판매소·저장소 중 환경친화적 자동차의 개발 및 보급 촉진에 관한 법률 제2조 제9호의 수소연료공급시설 마. 건축법 시행령 별표 1 제21호 가목에 따른 시설 중 양어시설(양식장을 포함한다. 이하 이 목에서 같다), 같은 호 마목부터 사목까지의 규정에 따른 시설, 같은 호 아목에 따른 시설 중 양어시설과 비슷한 것 및 같은 목 중 식물과 관련된 마목부터 사목까지의 규정에 따른 시설과 비슷한 것 바. 건축법 시행령 별표 1 제22호 가목의 하수 등 처리시설(하수도법 제2조 제9호에 따른 공공하수처리시설만 해당한다) 사. 건축법 시행령 별표 1 제23호의2의 국방·군사시설 중 관할 시장·군수 또는 구청장이 입지의 불가피성을 인정한 범위에서 건축하는 시설 아. 건축법 시행령 별표 1 제25호의 발전시설 자. 건축법 시행령 별표 1 제26호의 묘지관련시설

용도지역에서의 용도별 건축제한

1. 단독주택은 유통상업지역 및 전용공업지역에서 건축할 수 없다.
2. 아파트는 유통상업지역 · 전용공업지역 · 일반공업지역 · 녹지지역 · 관리지역 · 농림지역 · 자연환경보전지역 · 제1종 전용주거지역, 제1종 일반주거지역에서 건축할 수 없다.
3. 제1종 근린생활시설은 모든 용도지역에서 건축이 허용되고 있다.
4. 종교집회장(500m² 미만)은 모든 용도지역에서 건축이 허용되고 있다.
5. 위락시설은 상업지역에서만 건축할 수 있다.
6. 유치원 · 초 · 중 · 고등학교는 전용공업지역에서만 건축할 수 없다.

(6) 건축제한의 특례

다음의 건축물이나 그 밖의 시설의 용도 · 종류 및 규모 등의 제한에 관하여는 용도지역 · 용도지구에서의 건축물이나 그 밖의 시설의 용도 · 종류 및 규모 등의 제한에도 불구하고 다음에서 정하는 바에 따른다(법 제76조 제5항).

취락지구	취락지구의 지정목적 범위에서 대통령령으로 따로 정한다.
개발진흥지구	개발진흥지구의 지정목적 범위에서 대통령령으로 따로 정한다.
복합용도지구	복합용도지구의 지정목적 범위에서 대통령령으로 따로 정한다.
농공단지	산업입지 및 개발에 관한 법률에 따른 농공단지에서는 산업입지 및 개발에 관한 법률에서 정하는 바에 따른다.
농림지역 중	농업진흥지역인 경우에는 농지법에서 정하는 바에 따른다.
	보전산지인 경우에는 산지관리법에서 정하는 바에 따른다.
	초지인 경우에는 초지법에서 정하는 바에 따른다.
자연환경 보전지역 중	자연공원법에 따른 공원구역인 경우에는 자연공원법에서 정하는 바에 따른다.
	수도법에 따른 상수원보호구역인 경우에는 수도법에서 정하는 바에 따른다.
	문화유산의 보존 및 활용에 관한 법률에 따라 지정된 지정문화유산과 그 보호구역인 경우에는 문화유산의 보존 및 활용에 관한 법률에서 정하는 바에 따른다.
	자연유산의 보존 및 활용에 관한 법률에 따라 지정된 천연기념물등과 그 보호구역인 경우에는 자연유산의 보존 및 활용에 관한 법률에서 정하는 바에 따른다.
	해양생태계의 보전 및 관리에 관한 법률에 따른 해양보호구역인 경우에는 해양생태계의 보전 및 관리에 관한 법률에서 정하는 바에 따른다.
	수산자원보호구역인 경우에는 수산자원관리법에서 정하는 바에 따른다.

(7) 용도지역에서의 건폐율 제한

① 건폐율

건폐율이란 대지면적에 대한 건축면적(대지에 건축물이 2 이상이 있는 경우에는 이들 건축면적의 합계로 한다)의 비율을 말한다.

$$건폐율 = \frac{건축면적}{대지면적} \times 100$$

② 용도지역별 건폐율 : 용도지역에서 건폐율의 최대한도는 관할구역의 면적 및 인구규모, 용도지역의 특성 등을 고려하여 국토의 계획 및 이용에 관한 법률에서 정하는 범위에서 대통령령이 정하는 기준에 따라 특별시·광역시·특별자치시·특별자치도·시 또는 군의 조례로 정하는 비율 이하로 한다(법 제77조, 영 제84조).

용도지역 (국토의 계획 및 이용에 관한 법률)		세분된 용도지역 (대통령령으로 세분)	건폐율
도시지역	주거지역 (70% 이하)	제1종 전용주거지역	50% 이하
		제2종 전용주거지역	50% 이하
		제1종 일반주거지역	60% 이하
		제2종 일반주거지역	60% 이하
		제3종 일반주거지역	50% 이하
		준주거지역	70% 이하
	상업지역 (90% 이하)	중심상업지역	90% 이하
		일반상업지역	80% 이하
		유통상업지역	80% 이하
		근린상업지역	70% 이하
	공업지역 (70% 이하)	전용공업지역	70% 이하
		일반공업지역	70% 이하
		준공업지역	70% 이하
	녹지지역 (20% 이하)	보전녹지지역	20% 이하
		생산녹지지역	20% 이하
		자연녹지지역	20% 이하
관리지역	보전관리지역	—	20% 이하
	생산관리지역	—	20% 이하
	계획관리지역	—	40% 이하
농림지역	—	—	20% 이하
자연환경보전지역	—	—	20% 이하

③ **도시·군계획조례에 따른 건폐율의 특례**: 다음에 해당하는 지역에서의 건폐율에 관한 기준은 80% 이하의 범위에서 다음에서 정하는 기준을 초과하지 아니하는 범위에서 특별시·광역시·특별자치시·특별자치도·시 또는 군의 조례로 따로 정하는 비율 이하로 한다(법 제77조 제3항, 영 제84조 제4항).

구 분	건폐율(80% 이하)
도시지역 외의 지역에 지정된 개발진흥지구	40% 이하. 다만, 계획관리지역에 산업·유통개발진흥지구가 지정된 경우에는 60%로 한다.
자연녹지지역에 지정된 개발진흥지구	30% 이하
수산자원보호구역	40% 이하
자연공원법에 따른 자연공원	60% 이하
취락지구 (집단취락지구에 대하여는 개발제한구역의 지정 및 관리에 관한 특별조치법령이 정하는 바에 의한다)	60% 이하
농공단지	70% 이하
공업지역에 있는 산업입지 및 개발에 관한 법률에 따른 국가산업단지, 도시첨단산업단지, 일반산업단지 및 준산업단지	80% 이하

⑻ 용도지역에서의 용적률 제한

① **용적률**

용적률이란 대지면적에 대한 연면적(대지에 건축물이 2 이상이 있는 경우에는 이들 연면적의 합계로 한다)의 비율을 말한다.

$$용적률 = \frac{지상층의\ 연면적}{대지면적} \times 100\%$$

② **용도지역별 용적률**: 용도지역에서 용적률의 최대한도는 관할구역의 면적 및 인구규모, 용도지역의 특성 등을 고려하여 국토의 계획 및 이용에 관한 법률에서 정하는 범위에서 대통령령으로 정하는 기준에 따라 특별시·광역시·특별자치시·특별자치도·시 또는 군의 조례로 정하는 비율 이하로 한다(법 제78조).

용도지역 (국토의 계획 및 이용에 관한 법률)		세분된 용도지역 (대통령령으로 세분)	용적률
도시지역	주거지역 (500% 이하)	제1종 전용주거지역	50~100%
		제2종 전용주거지역	50~150%
		제1종 일반주거지역	100~200%
		제2종 일반주거지역	100~250%
		제3종 일반주거지역	100~300%
		준주거지역	200~500%
	상업지역 (1,500% 이하)	중심상업지역	200~1,500%
		일반상업지역	200~1,300%
		유통상업지역	200~1,100%
		근린상업지역	200~900%
	공업지역 (400% 이하)	전용공업지역	150~300%
		일반공업지역	150~350%
		준공업지역	150~400%
	녹지지역 (100% 이하)	보전녹지지역	50~80%
		생산녹지지역	50~100%
		자연녹지지역	50~100%
관리지역	보전관리지역	–	50~80%
	생산관리지역	–	50~80%
	계획관리지역	–	50~100%
농림지역	–	–	50~80%
자연환경보전지역	–	–	50~80%

③ **도시·군계획조례에 따른 용적률의 특례**: 다음에 해당하는 지역 안에서의 용적률에 대한 기준은 200% 이하의 범위 안에서 다음에서 정하는 기준을 초과하지 아니하는 범위에서 특별시·광역시·특별자치시·특별자치도·시 또는 군의 조례로 따로 정하는 비율 이하로 한다(법 제78조 제3항, 영 제85조 제6항).

구 분	용적률(200% 이하)
도시지역 외의 지역에 지정된 개발진흥지구	100% 이하
수산자원보호구역	80% 이하
자연공원법에 따른 자연공원	100% 이하
농공단지	150% 이하(도시지역 외)

④ **기타 용적률 적용의 특례**

　㉠ 재해예방시설의 설치에 따른 특례 : 방재지구의 재해저감대책에 부합하게 재해예방시설을 설치하는 건축물의 경우 주거지역, 상업지역, 공업지역에서는 해당 용적률의 140퍼센트 이하의 범위에서 도시 · 군계획조례로 정하는 비율로 할 수 있다(영 제85조 제5항).

　㉡ 공공시설부지의 제공에 대한 용적률 특례 : 다음의 지역 · 지구 또는 구역 안에서 건축물을 건축하고자 하는 자가 그 대지의 일부를 공공시설부지로 제공하는 경우에는 당해 건축물에 대한 용적률은 해당 용적률의 200% 이하의 범위 안에서 대지면적의 제공비율에 따라 특별시 · 광역시 · 특별자치시 · 특별자치도 · 시 또는 군의 도시 · 군계획조례가 정하는 비율로 할 수 있다(영 제85조 제8항).

> 1. 상업지역
> 2. 도시 및 주거환경정비법에 따른 재개발사업, 재건축사업을 시행하기 위한 정비구역

　㉢ 사회복지시설 기부채납에 따른 용적률 특례 : 건축물을 건축하려는 자가 그 대지의 일부에 사회복지사업법에 따른 사회복지시설 중 대통령령으로 정하는 다음의 시설을 설치하여 국가 또는 지방자치단체에 기부채납하는 경우에는 특별시 · 광역시 · 특별자치시 · 특별자치도 · 시 또는 군의 조례로 해당 용도지역에 적용되는 용적률을 완화할 수 있다(법 제78조 제6항, 영 제85조 제10항).

> 1. 영유아보육법에 따른 어린이집
> 2. 노인복지법에 따른 노인복지관
> 3. 그 밖에 특별시장 · 광역시장 · 특별자치시장 · 특별자치도지사 · 시장 또는 군수가 해당 지역의 사회복지시설 수요를 고려하여 도시 · 군계획조례로 정하는 사회복지시설

(9) 용도지역 미지정 · 미세분지역 행위제한 등

① **용도지역이 미지정 지역에서의 행위제한** : 도시지역 · 관리지역 · 농림지역 또는 자연환경보전지역으로 용도가 지정되지 아니한 지역에 대하여는 용도지역별 건축제한, 건폐율, 용적률의 규정을 적용함에 있어서 자연환경보전지역에 관한 규정을 적용한다(법 제79조 제1항).

② **용도지역이 미세분 지역에서의 행위제한**

　㉠ 도시지역 미세분 : 도시지역이 세부용도지역으로 지정되지 아니한 경우에는 용도지역의 건축물의 건축 제한 등, 건폐율, 용적률의 규정을 적용함에 있어서 녹지지역 중 보전녹지지역에 관한 규정을 적용한다(법 제79조 제2항).

ⓒ **관리지역 미세분**: 관리지역이 세부용도지역으로 지정되지 아니한 경우에는 용도
지역의 건축물의 건축 제한 등, 건폐율, 용적률의 규정을 적용함에 있어서 보전관
리지역에 관한 규정을 적용한다(법 제79조 제2항).

③ **도시지역에서의 적용특례**: 도시지역에 대하여는 다음의 법률 규정을 적용하지 아니
한다(법 제83조).

> 1. 도로법 제40조에 따른 접도구역
> 2. 농지법 제8조에 따른 농지취득자격증명. 다만, 녹지지역의 농지로서 도시·군계획
>   시설사업에 필요하지 아니한 농지에 대하여는 그러하지 아니하다.

예제

1. 국토의 계획 및 이용에 관한 법령상 용도지역에 관한 설명으로 틀린 것은?

① 도시지역·관리지역·농림지역 또는 자연환경보전지역으로 용도가 지정되지 아니한 지
역에 대하여는 건폐율 규정을 적용할 때 자연환경보전지역에 관한 규정을 적용한다.
② 관리지역이 세부용도지역으로 지정되지 아니한 경우 용적률에 대하여는 계획관리지역에
관한 규정을 적용한다.
③ 관리지역에서 농지법에 따른 농업진흥지역으로 지정·고시된 지역은 국토의 계획 및 이
용에 관한 법률에 따른 농림지역으로 결정·고시된 것으로 본다.
④ 자연환경보전지역 중 지정문화유산과 그 보호구역은 문화유산의 보존 및 활용에 관한 법률이
정하는 바에 따른다.
⑤ 아파트는 유통상업지역·전용공업지역·일반공업지역·녹지지역·관리지역·농림지역·자연환
경보전지역·제1종 전용주거지역, 제1종 일반주거지역에서 건축할 수 없다.

해설 ② 관리지역이 세부용도지역으로 지정되지 아니한 경우 용적률에 대하여는 보전관리지역에 관한 규
정을 적용한다.
◆ 정답 ②

**2. 국토의 계획 및 이용에 관한 법령상 용적률의 최대한도가 낮은 지역부터 높은 지역까지 순서
대로 나열한 것은?** (단, 조례 등 기타 강화·완화조건은 고려하지 않음)

㉠ 준주거지역	㉡ 준공업지역
㉢ 일반공업지역	㉣ 제3종 일반주거지역

① ㉠ - ㉡ - ㉢ - ㉣　　　　　　　② ㉠ - ㉣ - ㉢ - ㉡
③ ㉡ - ㉢ - ㉣ - ㉠　　　　　　　④ ㉢ - ㉣ - ㉠ - ㉡
⑤ ㉣ - ㉢ - ㉡ - ㉠

해설 ⑤ ㉣ (제3종 일반주거지역 : 300%) - ㉢ (일반공업지역 : 350%) - ㉡ (준공업지역 : 400%) - ㉠
(준주거지역 : 500%)
◆ 정답 ⑤

04 용도지구 제31회, 제33회, 제34회, 제35회

① 용도지구

(1) 용도지구의 의의

토지의 이용 및 건축물의 용도·건폐율·용적률·높이 등에 대한 용도지역의 제한을 강화하거나 완화하여 적용함으로써 용도지역의 기능을 증진시키고 경관·안전 등을 도모하기 위하여 도시·군관리계획으로 결정하는 지역을 말한다(법 제2조 제16호).

(2) 용도지구의 종류

국토교통부장관, 시·도지사 또는 대도시 시장은 다음에 해당하는 용도지구의 지정 또는 변경을 도시·군관리계획으로 결정한다(법 제37조 제1항).

경관지구	경관의 보전·관리 및 형성을 위하여 필요한 지구
고도지구	쾌적한 환경 조성 및 토지의 효율적 이용을 위하여 건축물 높이의 최고한도를 규제할 필요가 있는 지구
방화지구	화재의 위험을 예방하기 위하여 필요한 지구
방재지구	풍수해, 산사태, 지반의 붕괴, 그 밖의 재해를 예방하기 위하여 필요한 지구

보호지구	국가유산기본법에 따른 국가유산, 중요 시설물[항만, 공항, 공용시설(공공업무시설, 공공필요성이 인정되는 문화시설·집회시설·운동시설 및 그밖에 이와 유사한 시설로서 도시·군계획조례로 정하는 시설을 말한다), 교정시설·군사시설을 말한다] 및 문화적·생태적으로 보존가치가 큰 지역의 보호와 보존을 위하여 필요한 지구
취락지구	녹지지역·관리지역·농림지역·자연환경보전지역·개발제한구역 또는 도시자연공원구역의 취락을 정비하기 위한 지구
개발진흥지구	주거기능·상업기능·공업기능·유통물류기능·관광기능·휴양기능 등을 집중적으로 개발·정비할 필요가 있는 지구
특정용도제한지구	주거 및 교육 환경 보호나 청소년 보호 등의 목적으로 오염물질 배출시설, 청소년 유해시설 등 특정시설의 입지를 제한할 필요가 있는 지구
복합용도지구	지역의 토지이용 상황, 개발 수요 및 주변 여건 등을 고려하여 효율적이고 복합적인 토지이용을 도모하기 위하여 특정시설의 입지를 완화할 필요가 있는 지구
그 밖에 대통령령으로 정하는 지구	

(3) 용도지구의 세분

국토교통부장관, 시·도지사 또는 대도시 시장은 필요하다고 인정되면 경관지구·방재지구·보호지구·취락지구 및 개발진흥지구를 도시·군관리계획결정으로 다음과 같이 다시 세분하여 지정하거나 변경할 수 있다(법 제37조 제2항, 영 제31조 제2항).

① 경관지구

자연경관지구	산지·구릉지 등 자연경관을 보호하거나 유지하기 위하여 필요한 지구
시가지경관지구	지역 내 주거지, 중심지 등 시가지의 경관을 보호 또는 유지하거나 형성하기 위하여 필요한 지구
특화경관지구	지역 내 주요 수계의 수변, 문화적 보존가치가 큰 건축물 주변의 경관 등 특별한 경관을 보호 또는 유지하거나 형성하기 위하여 필요한 지구

② 방재지구

시가지방재지구	건축물·인구가 밀집되어 있는 지역으로서 시설 개선 등을 통하여 재해 예방이 필요한 지구
자연방재지구	토지의 이용도가 낮은 해안변, 하천변, 급경사지 주변 등의 지역으로서 건축 제한 등을 통하여 재해 예방이 필요한 지구

③ 보호지구

역사문화환경보호지구	국가유산기본법에 따른 국가유산·전통사찰 등 역사·문화적으로 보존가치가 큰 시설 및 지역의 보호와 보존을 위하여 필요한 지구
중요시설물보호지구	중요시설물의 보호와 기능 유지 및 증진 등을 위하여 필요한 지구
생태계보호지구	야생동식물서식처 등 생태적으로 보존가치가 큰 지역의 보호와 보존을 위하여 필요한 지구

④ **취락지구**

자연취락지구	녹지지역·관리지역·농림지역 또는 자연환경보전지역 안의 취락을 정비하기 위하여 필요한 지구
집단취락지구	개발제한구역 안의 취락을 정비하기 위하여 필요한 지구

⑤ **개발진흥지구**

주거개발진흥지구	주거기능을 중심으로 개발·정비할 필요가 있는 지구
산업·유통 개발진흥지구	공업기능 및 유통·물류기능을 중심으로 개발·정비할 필요가 있는 지구
관광·휴양 개발진흥지구	관광·휴양기능을 중심으로 개발·정비할 필요가 있는 지구
복합개발진흥지구	주거기능, 공업기능, 유통·물류기능 및 관광·휴양기능 중 2 이상의 기능을 중심으로 개발·정비할 필요가 있는 지구
특정개발진흥지구	주거기능, 공업기능, 유통·물류기능 및 관광·휴양기능 외의 기능을 중심으로 특정한 목적을 위하여 개발·정비할 필요가 있는 지구

⑷ **조례에 의한 세분**

시·도지사 또는 대도시 시장은 지역여건상 필요한 때에는 해당 시·도 또는 대도시의 도시·군계획조례로 정하는 바에 따라 경관지구를 추가적으로 세분(특화경관지구의 세분을 포함한다)하거나 중요시설물보호지구 및 특정용도제한지구를 세분하여 지정할 수 있다(영 제31조 제3항).

⑸ **조례로 정하는 용도지구**

시·도지사 또는 대도시 시장은 지역여건상 필요하면 대통령령으로 정하는 기준에 따라 그 시·도 또는 대도시의 조례로 용도지구의 명칭 및 지정목적, 건축이나 그 밖의 행위의 금지 및 제한에 관한 사항 등을 정하여 용도지구 외의 용도지구의 지정 또는 변경을 도시·군관리계획으로 결정할 수 있다(법 제37조 제3항).

1. 신설목적: 용도지구의 신설은 법에서 정하고 있는 용도지역·용도지구·용도구역·지구단위계획구역 또는 다른 법률에 따른 지역·지구만으로는 효율적인 토지이용을 달성할 수 없는 부득이한 사유가 있는 경우에 한할 것
2. 행위제한: 용도지구 안에서의 행위제한은 그 용도지구의 지정목적 달성에 필요한 최소한도에 그치도록 할 것
3. 신설제한: 당해 용도지역 또는 용도구역의 행위제한을 완화하는 용도지구를 신설하지 아니할 것

⑹ 방재지구의 의무적 지정

시·도지사 또는 대도시 시장은 연안침식이 진행 중이거나 우려되는 지역 등 대통령령으로 정하는 지역에 대해서는 방재지구의 지정 또는 변경을 도시·군관리계획으로 결정하여야 한다. 이 경우 도시·군관리계획의 내용에는 해당 방재지구의 재해저감대책을 포함하여야 한다(법 제37조 제4항, 영 제31조 제5항).

> ▶ "연안침식이 진행 중이거나 우려되는 지역 등 대통령령으로 정하는 지역"이란 다음에 해당하는 지역을 말한다.
> 1. 연안침식으로 인하여 심각한 피해가 발생하거나 발생할 우려가 있어 이를 특별히 관리할 필요가 있는 지역으로서 연안관리법에 따른 연안침식관리구역으로 지정된 지역(같은 법 제2조 제3호의 연안육역에 한정한다)
> 2. 풍수해, 산사태 등의 동일한 재해가 최근 10년 이내 2회 이상 발생하여 인명 피해를 입은 지역으로서 향후 동일한 재해 발생시 상당한 피해가 우려되는 지역

⑺ 복합용도지구 지정

시·도지사 또는 대도시 시장은 대통령령으로 정하는 주거지역·공업지역·관리지역에 복합용도지구를 지정할 수 있으며, 그 지정기준 및 방법 등에 필요한 사항은 대통령령으로 정한다(법 제37조 제5항).

> ▶ 시·도지사 또는 대도시 시장은 복합용도지구를 지정하는 경우에는 다음의 기준을 따라야 한다(영 제31조 제7항).
> 1. 용도지역의 변경시 기반시설이 부족해지는 등의 문제가 우려되어 해당 용도지역의 건축제한만을 완화하는 것이 적합한 경우에 지정할 것
> 2. 간선도로의 교차지(交叉地), 대중교통의 결절지(結節地) 등 토지이용 및 교통 여건의 변화가 큰 지역 또는 용도지역 간의 경계지역, 가로변 등 토지를 효율적으로 활용할 필요가 있는 지역에 지정할 것
> 3. 용도지역의 지정목적이 크게 저해되지 아니하도록 해당 용도지역 전체 면적의 3분의 1 이하의 범위에서 지정할 것
> 4. 그 밖에 해당 지역의 체계적·계획적인 개발 및 관리를 위하여 지정 대상지가 국토교통부장관이 정하여 고시하는 기준에 적합할 것

2 용도지구에서의 건축제한

(1) 건축제한의 원칙: 도시 · 군계획조례

용도지구에서의 건축물이나 그 밖의 시설의 용도 · 종류 및 규모 등의 제한에 관한 사항은 이 법 또는 다른 법률에 특별한 규정이 있는 경우 외에는 대통령령으로 정하는 기준에 따라 특별시 · 광역시 · 특별자치시 · 특별자치도 · 시 또는 군의 조례로 정할 수 있으며, 건축물 그 밖의 시설의 용도 · 종류 및 규모 등의 제한은 해당 용도지역 및 용도지구의 지정목적에 적합하여야 한다(법 제76조 제2항 · 제3항).

① **경관지구 안에서의 건축제한**: 경관지구 안에서는 그 지구의 경관의 보전 · 관리 · 형성에 장애가 된다고 인정하여 도시 · 군계획조례로 정하는 건축물을 건축할 수 없다(영 제72조 제1항).

② **방재지구에서의 건축제한**: 방재지구 안에서는 풍수해 · 산사태 · 지반붕괴 · 지진 그 밖에 재해예방에 장애가 된다고 인정하여 도시 · 군계획조례로 정하는 건축물을 건축할 수 없다(영 제75조).

　☆ 방재지구 안에서는 용도지역 안에서의 건축제한 중 층수 제한에 있어서는 1층 전부를 필로티 구조로 하는 경우 필로티 부분을 층수에서 제외한다.

　☆ 방재지구의 재해저감대책에 부합하게 재해예방시설을 설치하는 건축물의 경우 주거지역, 상업지역, 공업지역에서는 해당 용적률의 140퍼센트 이하의 범위에서 도시 · 군계획조례로 정하는 비율로 할 수 있다.

③ **보호지구 안에서의 건축제한**: 보호지구 안에서는 다음의 구분에 따른 건축물에 한하여 건축할 수 있다(영 제76조).

　㉠ 역사문화환경보호지구: 국가유산기본법의 적용을 받는 국가유산을 직접 관리 · 보호하기 위한 건축물과 문화적으로 보존가치가 큰 지역의 보호 및 보존을 저해하지 아니하는 건축물로서 도시 · 군계획조례가 정하는 것

　㉡ 중요시설물보호지구: 중요시설물의 보호와 기능 수행에 장애가 되지 아니하는 건축물로서 도시 · 군계획조례가 정하는 것. 이 경우 공항시설에 관한 보호지구를 세분하여 지정하려는 경우에는 공항시설을 보호하고 항공기의 이 · 착륙에 장애가 되지 아니하는 범위에서 건축물의 용도 및 형태 등에 관한 건축제한을 포함하여 정할 수 있다.

　㉢ 생태계보호지구: 생태적으로 보존가치가 큰 지역의 보호 및 보존을 저해하지 아니하는 건축물로서 도시 · 군계획조례로 정하는 것

④ **특정용도제한지구에서의 건축제한**: 특정용도제한지구 안에서는 주거기능 및 교육환경을 훼손하거나 청소년 정서에 유해하다고 인정하여 도시 · 군계획조례가 정하는 건축물을 건축할 수 없다(영 제80조).

⑤ **그 밖의 용도지구 안에서의 건축제한**: 위 ①부터 ④에 규정된 용도지구 외의 용도지구 안에서의 건축제한에 관하여는 그 용도지구지정의 목적달성에 필요한 범위 안에서 특별시·광역시·특별자치시·특별자치도·시 또는 군의 도시·군계획조례로 정한다 (영 제82조).

(2) 건축제한의 예외

도시·군계획조례에 의하지 않는 경우(법 제76조)

고도지구	고도지구에서는 도시·군관리계획으로 정하는 높이를 초과하는 건축물을 건축할 수 없다(영 제74조).
개발진흥지구	1. 개발진흥지구에서는 개발진흥지구의 지정목적 범위에서 대통령령으로 따로 정한다(법 제76조 제5항). 2. 지구단위계획 또는 관계 법률에 따른 개발계획을 수립하는 개발진흥지구에서는 지구단위계획 또는 관계 법률에 따른 개발계획에 위반하여 건축물을 건축할 수 없으며, 지구단위계획 또는 개발계획이 수립되기 전에는 개발진흥지구의 계획적 개발에 위배되지 아니하는 범위에서 도시·군계획조례로 정하는 건축물을 건축할 수 있다(영 제79조 제1항). 3. 지구단위계획 또는 관계 법률에 따른 개발계획을 수립하지 아니하는 개발진흥지구에서는 해당 용도지역에서 허용되는 건축물을 건축할 수 있다(영 제79조 제2항).
복합용도지구	1. 복합용도지구에서는 복합용도지구의 지정목적 범위에서 대통령령으로 따로 정한다(법 제76조 제5항). 2. 복합용도지구에서는 해당 용도지역에서 허용되는 건축물 외에 다음에 따른 건축물 중 도시·군계획조례가 정하는 건축물을 건축할 수 있다(영 제81조 제1항). 1. 일반주거지역: 준주거지역에 허용되는 건축물. 다만, 제2종 근린생활시설 중 안마시술소, 문화 및 집회시설 중 관람장, 공장, 위험물저장 및 처리시설, 동물 및 식물관련시설, 장례시설은 제외한다. 2. 일반공업지역: 준공업지역에 허용되는 건축물. 다만, 공동주택 중 아파트, 제2종 근린생활시설 중 단란주점 및 안마시술소, 노유자시설을 제외한다. 3. 계획관리지역: 제2종 근린생활시설 중 일반음식점·휴게음식점·제과점(별표 20 제1호 라목에 따라 건축할 수 없는 일반음식점·휴게음식점·제과점은 제외한다), 판매시설, 숙박시설(별표 20 제1호 사목에 따라 건축할 수 없는 숙박시설은 제외한다), 위락시설 중 관광진흥법에 따른 유원시설업의 시설, 그 밖에 이와 비슷한 시설(제2종 근린생활시설과 운동시설에 해당하는 것은 제외한다)에 해당하는 건축물

취락지구	취락지구에서는 취락지구의 지정목적 범위에서 대통령령으로 따로 정한다(법 제76조 제5항). 1. 자연취락지구 : 자연취락지구 안에서의 건축제한에 관하여는 국토의 계획 및 이용에 관한 법령이 정하는 바에 의한다(영 제78조 제1항 별표 23). 2. 집단취락지구 : 집단취락지구 안에서의 건축제한에 관하여는 개발제한구역의 지정 및 관리에 관한 특별조치법령이 정하는 바에 의한다(영 제78조 제2항).

심화 학습 **자연취락지구 안에서 건축할 수 있는 건축물**(영 제78조 관련)[영 별표 23]

1. 건축할 수 있는 건축물(4층 이하의 건축물에 한한다. 다만, 4층 이하의 범위 안에서 시·군계획조례로 따로 층수를 정하는 경우에는 그 층수 이하의 건축물에 한한다)
   가. 건축법 시행령 별표 1 제1호의 단독주택
   나. 건축법 시행령 별표 1 제3호의 제1종 근린생활시설
   다. 건축법 시행령 별표 1 제4호의 제2종 근린생활시설[같은 호 아목, 자목, 너목, 더목 및 러목(안마시술소만 해당한다)은 제외한다]
   라. 건축법 시행령 별표 1 제13호의 운동시설
   마. 건축법 시행령 별표 1 제18호의 창고(농업·임업·축산업·수산업용만 해당한다)
   바. 건축법 시행령 별표 1 제21호의 동물 및 식물관련시설
   사. 건축법 시행령 별표 1 제23호의 교정시설
   아. 건축법 시행령 별표 1 제23호의2의 국방·군사시설
   자. 건축법 시행령 별표 1 제24호의 방송통신시설
   차. 건축법 시행령 별표 1 제25호의 발전시설

2. 도시·군계획조례가 정하는 바에 의하여 건축할 수 있는 건축물(4층 이하의 건축물에 한한다. 다만, 4층 이하의 범위 안에서 도시·군계획조례로 따로 층수를 정하는 경우에는 그 층수 이하의 건축물에 한한다)
   가. 건축법 시행령 별표 1 제2호의 공동주택(아파트를 제외한다)
   나. 건축법 시행령 별표 1 제4호 아목, 자목, 너목, 더목 및 러목(안마시술소만 해당한다)에 따른 제2종 근린생활시설

   > ☼ **건축법 시행령 별표 1 제4호 아목, 자목, 너목, 더목 및 러목**
   > 아. 휴게음식점, 제과점 등 음료·차(茶)·음식·빵·떡·과자 등을 조리하거나 제조하여 판매하는 시설로서 같은 건축물에 해당 용도로 쓰는 바닥면적의 합계가 300제곱미터 이상인 것
   > 자. 일반음식점
   > 너. 제조업소, 수리점 등 물품의 제조·가공·수리 등을 위한 시설로서 같은 건축물에 해당 용도로 쓰는 바닥면적의 합계가 500제곱미터 미만인 것
   > 더. 단란주점으로서 같은 건축물에 해당 용도로 쓰는 바닥면적의 합계가 150제곱미터 미만인 것
   > 러. 안마시술소, 노래연습장

   다. 건축법 시행령 별표 1 제5호의 문화 및 집회시설
   라. 건축법 시행령 별표 1 제6호의 종교시설

마. 건축법 시행령 별표 1 제7호의 판매시설 중 다음의 어느 하나에 해당하는 것
  (1) 농수산물유통 및 가격안정에 관한 법률 제2조에 따른 농수산물공판장
  (2) 농수산물유통 및 가격안정에 관한 법률에 따른 농수산물직판장으로서 해당용도에 쓰이는 바닥면적의 합계가 1만제곱미터 미만인 것(농어업·농어촌 및 식품산업 기본법 제3조 제2호에 따른 농업인·어업인, 같은 법 제25조에 따른 후계농어업경영인, 같은 법 제26조에 따른 전업농어업인 또는 지방자치단체가 설치·운영하는 것에 한한다)
바. 건축법 시행령 별표 1 제9호의 의료시설 중 종합병원·병원·치과병원·한방병원 및 요양병원
사. 건축법 시행령 별표 1 제10호의 교육연구시설
아. 건축법 시행령 별표 1 제11호의 노유자시설
자. 건축법 시행령 별표 1 제12호의 수련시설
차. 건축법 시행령 별표 1 제15호의 숙박시설로서 관광진흥법에 따라 지정된 관광지 및 관광단지에 건축하는 것
카. 건축법 시행령 별표 1 제17호의 공장 중 도정공장 및 식품공장과 읍·면지역에 건축하는 제재업의 공장 및 첨단업종의 공장으로서 별표 19 제2호 자목(1) 내지 (4)의 어느 하나에 해당하지 아니하는 것
타. 건축법 시행령 별표 1 제19호의 위험물저장 및 처리시설
파. 건축법 시행령 별표 1 제20호의 자동차 관련 시설 중 주차장 및 세차장
하. 건축법 시행령 별표 1 제22호의 자원순환 관련 시설
거. 건축법 시행령 별표 1 제29호의 야영장 시설

(3) 용도지역·용도지구 안에서의 건축제한의 예외 등

① 용도지역·용도지구에서의 도시·군계획시설에 대하여는 용도지역·용도지구에서의 건축제한 규정을 적용하지 아니한다(영 제83조 제1항).

② 경관지구 또는 고도지구 안에서의 건축법 시행령에 따른 리모델링이 필요한 건축물에 대하여는 경관지구·고도지구의 건축제한에도 불구하고 건축물의 높이·규모 등의 제한을 완화하여 제한할 수 있다(영 제83조 제2항).

③ 용도지역·용도지구 또는 용도구역 안에서 허용되는 건축물 또는 시설을 설치하기 위하여 공사현장에 설치하는 자재야적장, 레미콘·아스콘생산시설 등 공사용 부대시설은 당해 공사에 필요한 최소한의 면적의 범위 안에서 기간을 정하여 사용후에 그 시설 등을 설치한 자의 부담으로 원상복구할 것을 조건으로 설치를 허가할 수 있다(영 제83조 제5항).

④ 방재지구 안에서는 용도지역 안에서의 건축제한 중 층수 제한에 대하여는 1층 전부를 필로티 구조로 하는 경우 필로티 부분을 층수에서 제외한다(영 제83조 제6항).

예제

국토의 계획 및 이용에 관한 법령상 용도지구의 그 세분(細分)이 바르게 연결된 것만을 모두 고른 것은? (단, 조례는 고려하지 않음) 제30회

> ㉠ 보호지구 - 역사문화환경보호지구, 중요시설물보호지구, 생태계보호지구
> ㉡ 방재지구 - 자연방재지구, 시가지방재지구, 특정개발방재지구
> ㉢ 경관지구 - 자연경관지구, 주거경관지구, 시가지경관지구
> ㉣ 취락지구 - 자연취락지구, 농어촌취락지구, 집단취락지구

① ㉠   ② ㉣   ③ ㉠, ㉢

④ ㉡, ㉣   ⑤ ㉢, ㉣

해설 ③ ㉠ 보호지구 - 역사문화환경보호지구, 중요시설물보호지구, 생태계보호지구
㉡ 방재지구 - 시가지방재지구, 자연방재지구
㉢ 경관지구 - 특화경관지구, 자연경관지구, 시가지경관지구
㉣ 취락지구 - 자연취락지구, 집단취락지구   ❶ 정답 ①

05 용도구역 제31회, 제32회, 제33회, 제34회, 제35회

1 용도구역의 의의

토지의 이용 및 건축물의 용도·건폐율·용적률·높이 등에 대한 용도지역 및 용도지구의 제한을 강화 또는 완화하여 따로 정함으로써 시가지의 무질서한 확산방지, 계획적이고 단계적인 토지이용의 도모, 혁신적이고 복합적인 토지활용의 촉진, 토지이용의 종합적 조정·관리 등을 위하여 도시·군관리계획으로 결정하는 지역이다(법 제2조 제17호).

2 개발제한구역

(1) 의 의

① 국토교통부장관은 도시의 무질서한 확산을 방지하고 도시주변의 자연환경을 보전하여 도시민의 건전한 생활환경을 확보하기 위하여 도시의 개발을 제한할 필요가 있거나 국방부장관의 요청이 있어 보안상 도시의 개발을 제한할 필요가 있다고 인정되는 경우에는 개발제한구역의 지정을 도시·군관리계획으로 결정할 수 있다(법 제38조 제1항).

② 개발제한구역의 지정 또는 변경에 필요한 사항은 따로 법률로 정한다(법 제38조 제2항).

(2) 행위제한 등

개발제한구역에서의 행위제한이나 그 밖에 개발제한구역의 관리에 필요한 사항은 따로 법률(개발제한구역의 지정 및 관리에 관한 특별조치법)로 정한다(법 제80조).

3 도시자연공원구역

(1) 의 의

① 시·도지사, 대도시 시장은 도시의 자연환경 및 경관을 보호하고 도시민의 건전한 여가·휴식공간을 제공하기 위하여 도시지역에서 식생이 양호한 산지의 개발을 제한할 필요가 있다고 인정하면 도시자연공원구역의 지정을 도시·군관리계획으로 결정할 수 있다(법 제38조의2 제1항).

② 도시자연공원구역의 지정 또는 변경에 필요한 사항은 따로 법률로 정한다(법 제38조의2 제1항).

(2) 행위제한 등

도시자연공원구역에서의 행위제한 등 도시자연공원구역의 관리에 필요한 사항은 따로 법률(도시공원 및 녹지 등에 관한 법률)로 정한다(법 제80조의2).

④ 시가화조정구역

(1) 시·도지사의 지정

시·도지사는 직접 또는 관계 행정기관의 장의 요청을 받아 도시지역과 그 주변지역의 무질서한 시가화를 방지하고 계획적·단계적인 개발을 도모하기 위하여 5년 이상 20년 이내의 기간 동안 시가화를 유보할 필요가 있다고 인정되면 시가화조정구역의 지정 또는 변경을 도시·군관리계획으로 결정할 수 있다(법 제39조 제1항 본문, 영 제32조 제1항).

(2) 국토교통부장관의 지정

국가계획과 연계하여 시가화조정구역의 지정 또는 변경이 필요한 경우에는 국토교통부장관이 직접 시가화조정구역의 지정 또는 변경을 도시·군관리계획으로 결정할 수 있다(법 제39조 제1항 단서).

(3) 시가화유보기간

국토교통부장관 또는 시·도지사는 시가화조정구역을 지정 또는 변경하고자 하는 때에는 해당 도시지역과 그 주변지역의 인구의 동태, 토지의 이용 상황, 산업발전상황 등을 고려하여 도시·군관리계획으로 시가화유보기간을 정하여야 한다(영 제32조 제2항).

(4) 시가화조정구역의 실효

시가화조정구역의 지정에 관한 도시·군관리계획의 결정은 시가화유보기간이 끝난 날의 다음 날부터 그 효력을 잃는다. 이 경우 국토교통부장관 또는 시·도지사는 실효일자 및 실효사유와 실효된 도시·군관리계획의 내용을 국토교통부장관이 하는 경우에는 관보와 국토교통부의 인터넷 홈페이지에 시·도지사가 하는 경우에는 해당 시·도의 공보와 인터넷 홈페이지에 게재하는 방법으로 그 사실을 고시하여야 한다(법 제39조 제2항).

(5) 시가화조정구역의 행위제한

① **원칙** : 개발행위 금지

② **예 외**

㉠ 도시·군계획사업 : 지정된 시가화조정구역에서의 도시·군계획사업은 국방상 또는 공익상 시가화조정구역 안에서의 사업시행이 불가피한 것으로서 관계 중앙행정기관의 장의 요청에 의하여 국토교통부장관이 시가화조정구역의 지정목적달성에 지장이 없다고 인정하는 도시·군계획사업만 시행할 수 있다(법 제81조 제1항, 영 제87조).

Ⓛ **도시 · 군계획사업 외의 개발행위** : 시가화조정구역에서는 도시 · 군계획사업의 경
우 외에는 다음의 어느 하나에 해당하는 행위에 한정하여 특별시장 · 광역시장 ·
특별자치시장 · 특별자치도지사 · 시장 또는 군수의 허가를 받아 그 행위를 할 수
있다(법 제81조 제2항, 영 제88조, 별표 24).

ⓐ 농업 · 임업 또는 어업용의 건축물 중 다음의 건축물이나 그 밖의 시설을 건축
하는 행위

> 1. 축사
> 2. 퇴비사
> 3. 잠실
> 4. 양어장
> 5. 창고(저장 및 보관시설을 포함한다)
> 6. 생산시설(단순가공시설을 포함한다)
> 7. 관리용건축물로서 기존 관리용건축물의 면적을 포함하여 33m² 이하인 것

ⓑ 주민의 생활을 영위하는 데에 필요한 행위

> 1. 주택 및 그 부속건축물의 건축으로서 다음에 해당하는 행위
>   ① 주택의 증축(기존주택의 면적을 포함하여 100m² 이하에 해당하는 면적의 증
>   축을 말한다)
>   ② 부속건축물의 건축(주택 또는 이에 준하는 건축물에 부속되는 것에 한하되,
>   기존건축물의 면적을 포함하여 33m² 이하에 해당하는 면적의 신축 · 증축 ·
>   재축 또는 대수선을 말한다)
> 2. 마을공동시설의 설치로서 다음에 해당하는 행위
>   ① 농로 · 제방 및 사방시설의 설치
>   ② 새마을회관의 설치
>   ③ 기존정미소(개인소유의 것을 포함한다)의 증축 및 이축(시가화조정구역의
>   인접지에서 시행하는 공공사업으로 인하여 시가화조정구역 안으로 이전하
>   는 경우를 포함한다)
>   ④ 정자 등 간이휴게소의 설치
>   ⑤ 농기계수리소 및 농기계용 유류판매소(개인소유의 것을 포함한다)의 설치
>   ⑥ 선착장 및 물양장(소형선 부두)의 설치
> 3. 공익시설 · 공용시설 및 공공시설 등의 설치로서 다음에 해당하는 행위
>   ① 공익사업을 위한 토지 등의 취득 및 보상에 관한 법률 제4조에 해당하는 공
>   익사업을 위한 시설의 설치
>   ② 국가유산의 복원과 국가유산관리용 건축물의 설치
>   ③ 보건소 · 경찰파출소 · 119안전센터 · 우체국 및 읍 · 면 · 동사무소의 설치

④ 공공도서관 · 전신전화국 · 직업훈련소 · 연구소 · 양수장 · 초소 · 대피소 및 공중화장실과 예비군운영에 필요한 시설의 설치

⑤ 농업협동조합법에 의한 조합, 산림조합 및 수산업협동조합(어촌계를 포함한다)의 공동구판장 · 하치장 및 창고의 설치

⑥ 사회복지시설의 설치

⑦ 환경오염방지시설의 설치

⑧ 교정시설의 설치

⑨ 야외음악당 및 야외극장의 설치

4. 광공업 등을 위한 건축물 및 공작물의 설치

5. 기존 건축물의 동일한 용도 및 규모 안에서의 개축 · 재축 및 대수선

6. 시가화조정구역 안에서 허용되는 건축물의 건축 또는 공작물의 설치를 위한 공사용 가설건축물과 그 공사에 소요되는 블록 · 시멘트벽돌 · 쇄석 · 레미콘 및 아스콘 등을 생산하는 가설공작물의 설치

7. 종교시설의 증축(새로운 대지조성은 허용되지 아니하며, 증축면적은 시가화조정구역 지정당시의 종교시설 연면적의 200%를 초과할 수 없다)

ⓒ 그 밖에 대통령령으로 정하는 경미한 행위

1. 입목의 벌채, 조림, 육림, 토석의 채취

2. 공익사업을 위한 토지 등의 취득 및 보상에 관한 법률 제4조에 해당하는 공익사업을 수행하기 위한 토지의 형질변경

3. 농업 · 임업 및 어업을 위한 개간과 축산을 위한 초지조성을 목적으로 하는 토지의 형질변경

4. 시가화조정구역 지정 당시 이미 광업법에 의하여 설정된 광업권의 대상이 되는 광물의 개발을 위한 토지의 형질변경

5. 토지의 합병 및 분할

ⓒ 시가화조정구역에서 허가를 거부할 수 없는 행위(영 제89조 제3항, 별표 25)

1. 경미한 사항의 변경 또는 개발행위허가를 받지 아니하는 경미한 행위

2. 다음에 해당하는 행위

① 축사의 설치 : 1가구(시가화조정구역 안에서 주택을 소유하면서 거주하는 경우로서 농업 또는 어업에 종사하는 1세대를 말한다)당 기존축사의 면적을 포함하여 300㎡ 이하(나환자촌의 경우에는 500㎡ 이하). 다만, 과수원 · 초지 등의 관리사 인근에는 100㎡ 이하의 축사를 별도로 설치할 수 있다.

② 퇴비사의 설치 : 1가구당 기존퇴비사의 면적을 포함하여 100㎡ 이하

③ 잠실의 설치: 뽕나무밭 조성면적 2천m²당 또는 뽕나무 1천800주당 50m² 이하
④ 창고의 설치: 시가화조정구역 안의 토지 또는 그 토지와 일체가 되는 토지에서 생산되는 생산물의 저장에 필요한 것으로서 기존창고면적을 포함하여 그 토지면적의 0.5% 이하. 다만, 감귤을 저장하기 위한 경우에는 1% 이하로 한다.
⑤ 관리용건축물의 설치: 과수원·초지·유실수단지 또는 원예단지 안에 설치하되, 생산에 직접 공여되는 토지면적의 0.5% 이하로서 기존관리용 건축물의 면적을 포함하여 33m² 이하
3. 건축법의 건축신고로서 건축허가를 갈음하는 행위

⑤ 수산자원보호구역

(1) 의 의

해양수산부장관은 직접 또는 관계 행정기관의 장의 요청을 받아 수산자원의 보호·육성을 위하여 필요한 공유수면이나 그에 인접된 토지에 대한 수산자원보호구역의 지정 또는 변경을 도시·군관리계획으로 결정할 수 있다(법 제40조).

(2) 행위제한

수산자원보호구역 안에서의 건축제한에 관하여는 수산자원관리법이 정하는 바에 따른다 (영 제83조 제3항).

┌─ 예 제 ─

국토의 계획 및 이용에 관한 법령상 용도구역의 지정에 관한 설명으로 틀린 것은?
① 국토교통부장관은 개발제한구역의 지정을 도시·군관리계획으로 결정할 수 있다.
② 국토교통부장관은 도시자연공원구역의 지정을 도시·군관리계획으로 결정할 수 있다.
③ 도시자연공원구역의 지정에 관하여 필요한 사항은 따로 법률로 정한다.
④ 시·도지사는 직접 또는 관계 행정기관의 장의 요청을 받아 시가화조정구역의 지정을 도시·군관리계획으로 결정할 수 있다.
⑤ 해양수산부장관은 직접 또는 관계 행정기관의 장의 요청을 받아 수산자원보호구역의 지정을 도시·군관리계획으로 결정할 수 있다.

해설 ② 시·도지사 또는 대도시 시장은 도시의 자연환경 및 경관을 보호하고 도시민에게 건전한 여가·휴식공간을 제공하기 위하여 도시지역 안의 식생이 양호한 산지(山地)의 개발을 제한할 필요가 있다고 인정하는 경우에는 도시자연공원구역의 지정 또는 변경을 도시·군관리계획으로 결정할 수 있다.   ◆ 정답 ②

⑥ 도시혁신구역

(1) 도시혁신구역의 지정 등

① **도시혁신구역의 지정대상**: 공간재구조화계획 결정권자(이하 이 조 및 제40조의4에서 "공간재구조화계획 결정권자"라 한다)는 다음의 어느 하나에 해당하는 지역을 도시혁신구역으로 지정할 수 있다(법 제40조의3 제1항).

> 1. 도시·군기본계획에 따른 도심·부도심 또는 생활권의 중심지역
> 2. 주요 기반시설과 연계하여 지역의 거점 역할을 수행할 수 있는 지역
> 3. 그 밖에 도시공간의 창의적이고 혁신적인 개발이 필요하다고 인정되는 경우로서 대통령령으로 정하는 지역
>   ① 유휴토지 또는 대규모 시설의 이전부지
>   ② 그 밖에 도시공간의 창의적이고 혁신적인 개발이 필요하다고 인정되는 지역으로서 해당 시·도의 도시·군계획조례로 정하는 지역

② **도시혁신계획의 내용**: 도시혁신계획에는 도시혁신구역의 지정 목적을 이루기 위하여 다음에 관한 사항이 포함되어야 한다(법 제40조의3 제2항).

> 1. 용도지역·용도지구, 도시·군계획시설 및 지구단위계획의 결정에 관한 사항
> 2. 주요 기반시설의 확보에 관한 사항
> 3. 건축물의 건폐율·용적률·높이에 관한 사항
> 4. 건축물의 용도·종류 및 규모 등에 관한 사항
> 5. 제83조의3에 따른 다른 법률 규정 적용의 완화 또는 배제에 관한 사항
> 6. 도시혁신구역 내 개발사업 및 개발사업의 시행자 등에 관한 사항
> 7. 그 밖에 도시혁신구역의 체계적 개발과 관리에 필요한 사항

③ **고려사항**: 도시혁신구역의 지정 및 변경과 도시혁신계획은 다음의 사항을 종합적으로 고려하여 공간재구조화계획으로 결정한다(법 제40조의3 제3항).

> 1. 도시혁신구역의 지정 목적
> 2. 해당 지역의 용도지역·기반시설 등 토지이용 현황
> 3. 도시·군기본계획 등 상위계획과의 부합성
> 4. 주변 지역의 기반시설, 경관, 환경 등에 미치는 영향 및 도시환경 개선·정비 효과
> 5. 도시의 개발 수요 및 지역에 미치는 사회적·경제적 파급효과

④ **지정제한**: 다른 법률에서 공간재구조화계획의 결정을 의제하고 있는 경우에도 이 법에 따르지 아니하고 도시혁신구역의 지정과 도시혁신계획을 결정할 수 없다(법 제40조의3 제4항).

⑤ 공간재구조화계획 결정권자가 공간재구조화계획을 결정하기 위하여 관계 행정기관의 장과 협의하는 경우 협의 요청을 받은 기관의 장은 그 요청을 받은 날부터 10일(근무일 기준) 이내에 의견을 회신하여야 한다(법 제40조의3 제5항).

⑥ 도시혁신구역 및 도시혁신계획에 관한 도시·군관리계획 결정의 실효, 도시혁신구역에서의 건축 등에 관하여 다른 특별한 규정이 없으면 제53조(지구단위계획구역의 지정 및 지구단위계획에 관한 도시·군관리계획결정의 실효 등) 및 제54조(지구단위계획구역에서의 건축 등)를 준용한다. 이 경우 "지구단위계획구역"은 "도시혁신구역"으로, "지구단위계획"은 "도시혁신계획"으로 본다(법 제40조의3 제6항).

⑦ 도시혁신구역의 지정 및 변경과 도시혁신계획의 수립 및 변경에 관한 세부적인 사항은 국토교통부장관이 정하여 고시한다(법 제40조의3 제7항).

(2) 도시혁신구역에서의 행위 제한

용도지역 및 용도지구에 따른 제한에도 불구하고 도시혁신구역에서의 토지의 이용, 건축물이나 그 밖의 시설의 용도·건폐율·용적률·높이 등에 관한 제한 및 그 밖에 대통령령으로 정하는 사항(건축물이나 그 밖의 시설의 종류 및 규모의 제한)에 관하여는 도시혁신계획으로 따로 정한다(법 제80조의4).

(3) 도시혁신구역에서의 다른 법률의 적용 특례

① 도시혁신구역에 대하여는 다음의 법률 규정에도 불구하고 도시혁신계획으로 따로 정할 수 있다(법 제83조의3 제1항).

> 1. 「주택법」제35조에 따른 주택의 배치, 부대시설·복리시설의 설치기준 및 대지조성기준
> 2. 「주차장법」제19조에 따른 부설주차장의 설치
> 3. 「문화예술진흥법」제9조에 따른 건축물에 대한 미술작품의 설치
> 4. 「건축법」제43조에 따른 공개 공지 등의 확보
> 5. 「도시공원 및 녹지 등에 관한 법률」제14조에 따른 도시공원 또는 녹지 확보기준
> 6. 「학교용지 확보 등에 관한 특례법」제3조에 따른 학교용지의 조성·개발 기준

② 도시혁신구역으로 지정된 지역은 「건축법」제69조에 따른 특별건축구역으로 지정된 것으로 본다(법 제83조의3 제2항).

③ 시·도지사 또는 시장·군수·구청장은 「건축법」제70조에도 불구하고 도시혁신구역에서 건축하는 건축물을 같은 법 제73조에 따라 건축기준 등의 특례사항을 적용하여 건축할 수 있는 건축물에 포함시킬 수 있다(법 제83조의3 제3항).

④ 도시혁신구역의 지정·변경 및 도시혁신계획 결정의 고시는 도시개발법에 따른 개발계획의 내용에 부합하는 경우 도시개발구역의 지정 및 개발계획 수립의 고시로 본다. 이 경우 도시혁신계획에서 정한 시행자는 사업시행자 지정요건 및 도시개발구역 지정 제안 요건 등을 갖춘 경우에 한정하여 같은 법에 따른 도시개발사업의 시행자로 지정된 것으로 본다(법 제83조의3 제4항).

7 복합용도구역

(1) 복합용도구역의 지정 등

① **복합용도구역의 지정대상**: 공간재구조화계획 결정권자는 다음의 어느 하나에 해당하는 지역을 복합용도구역으로 지정할 수 있다(법 제40조의4 제1항).

> 1. 산업구조 또는 경제활동의 변화로 복합적 토지이용이 필요한 지역
> 2. 노후 건축물 등이 밀집하여 단계적 정비가 필요한 지역
> 3. 그 밖에 복합된 공간이용을 촉진하고 다양한 도시공간을 조성하기 위하여 계획적 관리가 필요하다고 인정되는 경우로서 대통령령으로 정하는 지역
>   ① 복합용도구역으로 지정하려는 지역이 둘 이상의 용도지역에 걸치는 경우로서 토지를 효율적으로 이용하기 위해 건축물의 용도, 종류 및 규모 등을 통합적으로 관리할 필요가 있는 지역
>   ② 그 밖에 복합된 공간이용을 촉진하고 다양한 도시공간을 조성하기 위해 계획적 관리가 필요하다고 인정되는 지역으로서 해당 시·도의 도시·군계획조례로 정하는 지역

② **복합용도계획의 내용**: 복합용도계획에는 복합용도구역의 지정 목적을 이루기 위하여 다음 각 호에 관한 사항이 포함되어야 한다(법 제40조의4 제2항).

> 1. 용도지역·용도지구, 도시·군계획시설 및 지구단위계획의 결정에 관한 사항
> 2. 주요 기반시설의 확보에 관한 사항
> 3. 건축물의 용도별 복합적인 배치비율 및 규모 등에 관한 사항
> 4. 건축물의 건폐율·용적률·높이에 관한 사항
> 5. 제83조의4에 따른 특별건축구역계획에 관한 사항
> 6. 그 밖에 복합용도구역의 체계적 개발과 관리에 필요한 사항

③ 복합용도구역의 지정 및 변경과 복합용도계획은 다음 의 사항을 종합적으로 고려하여 공간재구조화계획으로 결정한다(법 제40조의4 제3항).

> 1. 복합용도구역의 지정 목적
> 2. 해당 지역의 용도지역·기반시설 등 토지이용 현황
> 3. 도시·군기본계획 등 상위계획과의 부합성
> 4. 주변 지역의 기반시설, 경관, 환경 등에 미치는 영향 및 도시환경 개선·정비 효과

④ 복합용도구역 및 복합용도계획에 관한 도시·군관리계획 결정의 실효, 복합용도구역에서의 건축 등에 관하여 다른 특별한 규정이 없으면 제53조(지구단위계획구역의 지정 및 지구단위계획에 관한 도시·군관리계획결정의 실효 등) 및 제54조(지구단위계획구역에서의 건축 등)를 준용한다. 이 경우 "지구단위계획구역"은 "복합용도구역"으로, "지구단위계획"은 "복합용도계획"으로 본다(법 제40조의4 제4항).

⑤ 복합용도구역의 지정 및 변경과 복합용도계획의 수립 및 변경에 관한 세부적인 사항은 국토교통부장관이 정하여 고시한다(법 제40조의4 제5항).

(2) 복합용도구역에서의 행위 제한

① 용도지역 및 용도지구에 따른 제한에도 불구하고 복합용도구역에서의 건축물이나 그 밖의 시설의 용도·종류 및 규모 등의 제한에 관한 사항은 대통령령으로 정하는 범위(법 제36조 제1항 제1호의 도시지역에서 허용되는 범위)에서 복합용도계획으로 따로 정한다(법 제80조의5 제1항).

② 복합용도구역에서의 건폐율과 용적률은 용도지역별 건폐율과 용적률의 최대한도의 범위에서 복합용도계획으로 정한다(법 제80조의5 제2항).

③ 복합용도구역으로 지정된 지역은 「건축법」에 따른 특별건축구역으로 지정된 것으로 본다(법 제83조의4).

8 도시·군계획시설입체복합구역

(1) 도시·군계획시설입체복합구역의 지정대상

도시·군관리계획의 결정권자는 도시·군계획시설의 입체복합적 활용을 위하여 다음의 어느 하나에 해당하는 경우에 도시·군계획시설이 결정된 토지의 전부 또는 일부를 도시·군계획시설입체복합구역(이하 "입체복합구역"이라 한다)으로 지정할 수 있다(법 제40조의5 제1항).

1. 도시·군계획시설 준공 후 10년이 경과한 경우로서 해당 시설의 개량 또는 정비가 필요한 경우
2. 주변지역 정비 또는 지역경제 활성화를 위하여 기반시설의 복합적 이용이 필요한 경우
3. 첨단기술을 적용한 새로운 형태의 기반시설 구축 등이 필요한 경우
4. 그 밖에 효율적이고 복합적인 도시·군계획시설의 조성을 위하여 필요한 경우로서 대통령령(해당 시·도지사 또는 시장·군수가 필요하다고 인정하여 조례)으로 정하는 경우

(2) 입체복합구역의 건축제한 등

이 법 또는 다른 법률의 규정에도 불구하고 입체복합구역에서의 도시·군계획시설과 도시·군계획시설이 아닌 시설에 대한 건축물이나 그 밖의 시설의 용도·종류 및 규모 등의 제한(이하 이 조에서 "건축제한"이라 한다), 건폐율, 용적률, 높이 등은 대통령령으로 정하는 범위에서 따로 정할 수 있다. 다만, 다른 법률에 따라 정하여진 건축제한, 건폐율, 용적률, 높이 등을 완화하는 경우에는 미리 관계 기관의 장과 협의하여야 한다(법 제40조의5 제2항).

> ▶ "대통령령으로 정하는 범위"라 함은 다음에서 정하는 범위를 말한다.
>
> 1. 입체복합구역에서의 도시·군계획시설과 도시·군계획시설이 아닌 시설에 대한 건축물이나 그 밖의 시설의 용도·종류 및 규모 등의 제한: 다음의 구분에 따른 범위
>   ① 도시지역의 경우: 법 제36조 제1항 제1호의 도시지역에서 허용되는 범위
>   ② 관리지역, 농림지역 및 자연환경보전지역의 경우: 법 제36조 제1항 제2호 다목의 계획관리지역에서 허용되는 범위
> 2. 입체복합구역 안에서의 건폐율: 제84조 제1항 각 호에 따른 해당 용도지역별 건폐율의 최대한도의 150퍼센트 이하의 범위. 이 경우 건폐율은 도시·군계획시설과 도시·군계획시설이 아닌 시설의 건축면적의 합을 기준으로 한다.
> 3. 입체복합구역 안에서의 용적률: 제85조 제1항 각 호에 따른 해당 용도지역별 용적률의 최대한도의 200퍼센트 이하의 범위. 이 경우 용적률은 도시·군계획시설과 도시·군계획시설이 아닌 시설의 바닥면적의 합을 기준으로 한다.
> 4. 입체복합구역 안에서의 건축물의 높이: 다음의 구분에 따른 범위
>   ① 「건축법」 제60조(가로구역 단위의 높이제한)에 따라 제한된 높이의 150퍼센트 이하의 범위
>   ② 「건축법」 제61조 제2항(공동주택의 높이제한)에 따른 채광 등의 확보를 위한 건축물의 높이 제한의 200퍼센트 이하의 범위

(3) 건축제한에 따라 정하는 건폐율과 용적률은 제77조 및 제78조에 따라 대통령령으로 정하고 있는 해당 용도지역별 최대한도의 200퍼센트 이하로 한다(법 제40조의5 제3항).

(4) 그 밖에 입체복합구역의 지정·변경 등에 필요한 사항은 국토교통부장관이 정한다(법 제40조의5 제4항).

06 　2 이상의 용도지역 등에 걸치는 대지에 대한 적용기준

① 토지의 경우

하나의 대지가 둘 이상의 용도지역·용도지구 또는 용도구역(이하 "용도지역 등"이라 한다)에 걸치는 경우로서 각 용도지역 등에 걸치는 부분 중 가장 작은 부분의 규모가 $330m^2$ 이하(도로변에 띠 모양으로 지정된 상업지역에 걸쳐 있는 토지의 경우에는 $660m^2$를 말한다)인 경우

(1) 건축제한

건축제한 등에 관한 사항은 그 대지 중 가장 넓은 면적이 속하는 용도지역 등에 관한 규정을 적용한다(법 제84조 제1항).

🏠 2 이상의 용도지역 등에 걸치는 대지에 대한 적용기준

(2) 건폐율과 용적률

전체 대지의 건폐율 및 용적률은 각 부분이 전체 대지 면적에서 차지하는 비율을 고려하여 다음의 구분에 따라 각 용도지역 등별 건폐율 및 용적률을 가중 평균한 값을 적용한다(법 제84조 제1항).

1. 가중평균한 건폐율 = $(f_1 \times 1 + f_2 \times 2 + \cdots + f_n \times n)$/전체 대지 면적. 이 경우 f_1부터 f_n까지는 각 용도지역 등에 속하는 토지 부분의 면적을 말하고, ×1부터 ×n까지는 해당 토지 부분이 속하는 각 용도지역 등의 건폐율을 말하며, n은 용도지역 등에 걸치는 각 토지 부분의 총 개수를 말한다.

$$건폐율 = \frac{(한 쪽 용도지역의 면적 \times 건폐율) + (다른 쪽 용도지역의 면적 \times 건폐율)}{전체 면적}$$

2. 가중평균한 용적률 = $(f_1 \times 1 + f_2 \times 2 + \cdots + f_n \times n)$/전체 대지 면적. 이 경우 f_1부터 f_n까지는 각 용도지역 등에 속하는 토지 부분의 면적을 말하고, ×1부터 ×n까지는 해당 토지 부분이 속하는 각 용도지역 등의 용적률을 말하며, n은 용도지역 등에 걸치는 각 토지 부분의 총 개수를 말한다.

$$용적률 = \frac{(한 쪽 용도지역의 면적 \times 용적률) + (다른 쪽 용도지역의 면적 \times 용적률)}{전체 면적}$$

② 건축물의 경우

(1) 고도지구에 건축물이 걸치는 경우

건축물이 고도지구에 걸쳐 있는 경우에는 그 건축물 및 대지의 전부에 대하여 고도지구의 건축물 및 대지에 관한 규정을 적용한다(법 제84조 제1항).

(2) 방화지구에 건축물이 걸치는 경우

하나의 건축물이 방화지구와 그 밖의 용도지역·용도지구 또는 용도구역에 걸쳐 있는 경우에는 그 전부에 대하여 방화지구의 건축물에 관한 규정을 적용한다. 다만, 그 건축물이 있는 방화지구와 그 밖의 용도지역·용도지구 또는 용도구역의 경계가 방화벽으로 구획되는 경우 그 밖의 용도지역·용도지구 또는 용도구역에 있는 부분에 대하여는 그러하지 아니하다(법 제84조 제2항).

(3) 대지가 녹지지역에 걸치는 경우

하나의 대지가 녹지지역과 그 밖의 용도지역·용도지구 또는 용도구역에 걸쳐 있는 경우 [규모가 가장 작은 부분이 녹지지역으로서 해당 녹지지역이 ①에 따라 대통령령으로 정하는 규모(330m²) 이하인 경우는 제외한다]에는 각각의 용도지역·용도지구 또는 용도구역의 건축물 및 토지에 관한 규정을 적용한다. 다만, 녹지지역의 건축물이 고도지구 또는 방화지구에 걸쳐 있는 경우에는 (1)이나 (2)에 따른다(법 제84조 제3항).

예제

대지로 조성된 1,000m²의 토지가 그중 700m²는 제2종 일반주거지역, 나머지는 제1종 일반주거지역에 걸쳐 있을 때, 이 토지에 건축할 수 있는 건축물의 최대 연면적은? (다만, 해당 토지가 속해 있는 지역의 제2종 일반주거지역 및 제1종 일반주거지역의 용적률의 최대한도는 각각 150% 및 100%로 하고, 다른 건축제한이나 인센티브는 고려하지 않음)

① 850m²
② 1,000m²
③ 1,150m²
④ 1,350m²
⑤ 1,500m²

해설 1. 위 설문의 경우 가장 작은 부분의 규모가 330m² 이하인 경우에는 최대건축 연면적 계산시 용적률은 각 부분이 전체 대지면적에서 차지하는 비율을 고려하여 각 용도지역 등별 용적률을 가중평균한 값을 적용하므로 용적률 = 135%이다.

$$\frac{\text{제2종 일반주거지역}(700m^2) \times \text{용적률}(150\%) + \text{제1종 일반주거지역}(300m^2) \times \text{용적률}(100\%)}{\text{전체대지면적}(1,000m^2)} = 135\%\text{이다.}$$

2. 이 경우 용적률 135%란?: 최대건축 연면적이 대지면적의 1.35배가 되는 것을 말한다.
3. 그러므로 최대 건축연면적은 1,350m²이다.

♦ 정답 ④

07 **기반시설 및 도시·군계획시설** 제31회, 제32회, 제33회, 제35회

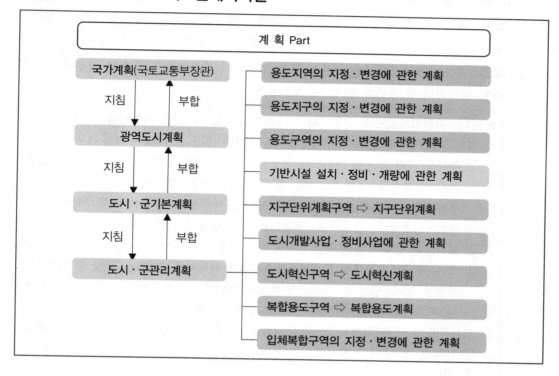

1 기반시설의 설치·관리

(1) 기반시설의 종류

기반시설이란 다음의 시설을 말한다(법 제2조 제6호).

교통시설	도로·철도·항만·공항·주차장·자동차정류장·궤도, 차량 검사 및 면허시설
공간시설	광장·공원·녹지·유원지·공공공지
유통·공급시설	유통업무설비, 수도·전기·가스·열공급설비, 방송·통신시설, 공동구·시장, 유류저장 및 송유설비
공공·문화체육시설	학교·공공청사·문화시설·공공필요성이 인정되는 체육시설·연구시설·사회복지시설·공공직업훈련시설·청소년수련시설
방재시설	하천·유수지·저수지·방화설비·방풍설비·방수설비·사방설비·방조설비
보건위생시설	장사시설·도축장·종합의료시설
환경기초시설	하수도·폐기물처리 및 재활용 시설·빗물저장 및 이용시설·수질오염방지시설·폐차장

(2) 도시·군계획시설의 의의

기반시설 중 도시·군관리계획으로 결정된 시설을 말한다(법 제2조 제7호).

(3) 기반시설의 설치

① **원칙**: 지상·수상·공중·수중 또는 지하에 기반시설을 설치하려면 그 시설의 종류·명칭·위치·규모 등을 미리 도시·군관리계획으로 결정하여야 한다(법 제43조 제1항).

② **예외**: 용도지역·기반시설의 특성 등을 고려하여 대통령령으로 정한 경우에는 그러하지 아니하다(법 제43조 제1항, 영 제35조 제1항).

> ▶ 도시·군관리계획으로 결정하지 아니하고 설치할 수 있는 기반시설
> 1. 도시지역 또는 지구단위계획구역에서 다음의 기반시설을 설치하고자 하는 경우
>   ① 주차장, 차량 검사 및 면허시설, 공공공지, 열공급설비, 방송·통신시설, 시장·공공청사·문화시설·공공필요성이 인정되는 체육시설·연구시설·사회복지시설·공공직업훈련시설·청소년수련시설·저수지·방화설비·방풍설비·방수설비·사방설비·방조설비·장사시설·종합의료시설·빗물저장 및 이용시설·폐차장
>   ② 도시공원 및 녹지 등에 관한 법률에 따라 점용허가대상이 되는 공원 안의 기반시설
>   ③ 그 밖에 국토교통부령[전세버스운송사업용 여객자동차터미널, 광장 중 건축물부설광장, 전기공급설비(발전소·변전소는 제외한다), 대지면적이 500㎡ 미만인 도축장, 폐기물처리 및 재활용시설]으로 정하는 시설
> 2. 도시지역 및 지구단위계획구역 외의 지역에서 다음의 기반시설을 설치하고자 하는 경우
>   ① 1.의 ① 및 ②의 기반시설
>   ② 궤도 및 전기공급설비
>   ③ 그 밖에 국토교통부령으로 정하는 시설

③ 효율적인 토지이용을 위하여 둘 이상의 도시·군계획시설을 같은 토지에 함께 결정하거나 도시·군계획시설이 위치하는 공간의 일부를 구획하여 도시·군계획시설을 결정할 수 있다(법 제43조 제2항).

④ **도시·군계획시설의 결정·구조·설치기준**: 도시·군계획시설의 결정·구조 및 설치의 기준 등에 필요한 사항은 국토교통부령으로 정하고, 그 세부사항은 국토교통부령으로 정하는 범위에서 시·도의 조례로 정할 수 있다. 다만, 다른 법률에 특별한 규정이 있는 경우에는 그 법률에 따른다(법 제43조 제3항).

⑤ **관리**: 도시·군관리계획결정으로 설치한 도시·군계획시설의 관리에 관하여 이 법 또는 다른 법률에 특별한 규정이 있는 경우 외에는 국가가 관리하는 경우에는 대통령령으로(국가가 관리하는 경우에는 국유재산법에 따른 중앙관서의 장이 관리한다), 지방자치단체가 관리하는 경우에는 그 지방자치단체의 조례로 도시·군계획시설의 관리에 관한 사항을 정한다(법 제43조 제4항, 영 제35조 제2항).

⑥ **도시·군계획시설에 따른 보상 등**: 도시·군계획시설을 공중·수중·수상 또는 지하에 설치하는 경우 그 높이나 깊이의 기준과 그 설치로 인하여 토지나 건물의 소유권 행사에 제한을 받는 자에 대한 보상 등에 관하여는 따로 법률로 정한다(법 제46조).

예제

국토의 계획 및 이용에 관한 법령상 기반시설의 종류와 그 해당 시설의 연결이 틀린 것은?

① 교통시설 - 차량 검사 및 면허 시설

② 공간시설 - 녹지

③ 유통·공급시설 - 방송·통신시설

④ 공공·문화체육시설 - 학교

⑤ 보건위생시설 - 폐기물처리 및 재활용시설

해설 ⑤ 폐기물처리 및 재활용시설은 환경기초시설이다.

• 보건위생시설: 장사시설·종합의료시설·도축장

• 환경기초시설: 하수도·폐기물처리 및 재활용 시설·빗물저장 및 이용시설·수질오염방지시설·폐차장

❶ 정답 ⑤

---

2 공동구 제31회, 제35회

1. 공동구의 의의

공동구란 전기·가스·수도 등의 공급설비, 통신시설, 하수도시설 등 지하매설물을 공동수용함으로써 미관의 개선, 도로구조의 보전 및 교통의 원활한 소통을 위하여 지하에 설치하는 시설물을 말한다(법 제2조 제9호).

2. 공동구의 설치

(1) 공동구의 의무적 설치

공동구를 설치하고자 하는 경우에 도시·군관리계획으로 그 설치를 결정하여야 하나, 다음에 해당하는 지역·지구·구역 등이 대통령령으로 정하는 규모(200만m²)를 초과하는 경우에는 해당 지역 등에서 개발사업을 시행하는 자는 공동구를 설치하여야 하며, 개발사업의 계획을 수립할 경우에는 공동구 설치에 관한 계획을 포함하여야 한다(법 제44조 제1항·제4항, 영 제35조의2).

> 1. 도시개발법에 따른 도시개발구역
> 2. 택지개발촉진법에 따른 택지개발지구
> 3. 경제자유구역의 지정 및 운영에 관한 특별법에 따른 경제자유구역
> 4. 도시 및 주거환경정비법에 따른 정비구역
> 5. 공공주택 특별법에 따른 공공주택지구
> 6. 도청이전을 위한 도시건설 및 지원에 관한 특별법에 따른 도청이전신도시

(2) 공동구의 설치 절차

① **타당성 검토**: 도로법에 따른 도로 관리청은 지하매설물의 빈번한 설치 및 유지관리 등의 행위로 인하여 도로구조의 보전과 안전하고 원활한 도로교통의 확보에 지장을 초래하는 경우에는 공동구 설치의 타당성을 검토하여야 한다. 이 경우 재정여건 및 설치 우선순위 등을 고려하여 단계적으로 공동구가 설치될 수 있도록 하여야 한다(법 제44조 제2항).

② **협의**: 사업시행자는 공동구를 설치하기 전에 다음의 사항을 정하여 공동구에 수용되어야 할 시설을 설치하기 위하여 공동구를 점용하려는 자(공동구 점용예정자)에게 미리 통지하여 미리 협의하고 의견을 들어야 한다(법 제44조 제4항, 영 제36조 제1항).

> 1. 공동구의 위치
> 2. 공동구의 구조
> 3. 공동구 점용예정자의 명세
> 4. 공동구 점용예정자별 점용예정부문의 개요
> 5. 공동구의 설치에 필요한 비용과 그 비용의 분담에 관한 사항
> 6. 공사 착수 예정일 및 공사 준공 예정일

③ **의견서 제출**: 공동구의 설치에 관한 통지를 받은 공동구 점용예정자는 사업시행자가 정한 기한까지 해당 시설을 개별적으로 매설할 때 필요한 비용 등을 포함한 의견서를 제출하여야 한다(영 제36조 제2항).

④ **심의**: 사업시행자가 의견서를 받은 때에는 공동구의 설치계획 등에 대하여 공동구협 의회의 심의를 거쳐 그 결과를 개발사업의 실시계획인가(실시계획승인, 사업시행인가 및 지구계획승인을 포함한다)신청서에 반영하여야 한다(영 제36조 제3항).

(3) 공동구의 설치비용

① **비용부담**: 공동구의 설치(개량하는 경우를 포함)에 필요한 비용은 이 법 또는 다른 법 률에 특별한 규정이 있는 경우를 제외하고는 공동구 점용예정자와 사업시행자가 부담 한다. 이 경우 공동구 점용예정자가 부담하여야 하는 공동구 설치비용은 해당 시설을 개별적으로 매설할 때 필요한 비용으로 하되, 공동구관리자가 공동구협의회의 심의를 거쳐 해당 공동구의 위치, 규모 및 주변 여건 등을 고려하여 정한다(법 제44조 제5항, 영 제38조 제2항).

② **보조 또는 융자**: 공동구 점용예정자와 사업시행자가 공동구 설치비용을 부담하는 경 우 국가, 특별시장·광역시장·특별자치시장·특별자치도지사·시장 또는 군수는 공 동구의 원활한 설치를 위하여 그 비용의 일부를 보조 또는 융자할 수 있다(법 제44조 제6항).

③ **설치비용의 납부 등**: 사업시행자는 공동구의 설치가 포함되는 개발사업의 실시계획 인가 등이 있은 후 지체 없이 공동구 점용예정자에게 부담금의 납부를 통지하여야 하 며, 부담금의 납부통지를 받은 공동구 점용예정자는 공동구설치공사가 착수되기 전에 부담액의 3분의 1 이상을 납부하여야 하며, 그 나머지 금액은 점용공사기간 만료일(만 료일 전에 공사가 완료된 경우에는 그 공사의 완료일을 말한다) 전까지 납부하여야 한다(영 제38조 제3항·제4항).

3. 공동구에의 수용

(1) 수용의무

공동구가 설치된 경우에는 대통령령으로 정하는 바에 따라 공동구에 수용하여야 할 시설 이 모두 수용되도록 하여야 한다(법 제44조 제3항, 영 제35조의3).

1. 의무적 수용: 전선로, 통신선로, 수도관, 열수송관, 중수도관, 쓰레기수송관
2. 임의적 수용: 안전 및 기술적인 고려가 필요한 가스관, 하수도관, 그 밖의 시설은 공동 구협의회 심의를 거쳐 수용할 수 있다.

(2) 공동구의 수용절차

① 사업시행자는 공동구의 설치공사를 완료한 때에는 지체 없이 다음의 사항을 공동구 점용예정자에게 개별적으로 통지하여야 한다(영 제37조 제1항).

> 1. 공동구에 수용될 시설의 점용공사 기간
> 2. 공동구 설치위치 및 설계도면
> 3. 공동구에 수용할 수 있는 시설의 종류
> 4. 공동구 점용공사시 고려할 사항

② 공동구 점용예정자는 점용공사 기간 내에 공동구에 수용될 시설을 공동구에 수용하여야 한다. 다만, 그 기간 내에 점용공사를 완료하지 못하는 특별한 사정이 있어서 미리 사업시행자와 협의한 경우에는 그러하지 아니하다(영 제37조 제2항).

③ 공동구 점용예정자는 공동구에 수용될 시설을 공동구에 수용함으로써 용도가 폐지된 종래의 시설은 사업시행자가 지정하는 기간 내에 철거하여야 하고, 도로는 원상으로 회복하여야 한다(영 제37조 제3항).

4. 공동구의 관리 등

(1) 공동구관리자

공동구는 특별시장·광역시장·특별자치시장·특별자치도지사·시장 또는 군수(이하 "공동구관리자"라 한다)가 관리한다. 다만, 공동구의 효율적인 관리·운영을 위하여 필요하다고 인정하는 경우에는 대통령령으로 정하는 기관에 그 관리·운영을 위탁할 수 있다(법 제44조의2 제1항, 영 제39조 제1항).

> 1. 지방공기업법에 따른 지방공사 또는 지방공단
> 2. 국토안전관리원법에 따른 국토안전관리원
> 3. 공동구의 관리·운영에 전문성을 갖춘 기관으로서 특별시·광역시·특별자치시·특별자치도·시 또는 군의 도시·군계획조례로 정하는 기관

(2) 공동구 안전 및 유지관리계획

① **수립**: 공동구관리자는 5년마다 해당 공동구의 안전 및 유지관리계획을 대통령령으로 정하는 바에 따라 수립·시행하여야 한다(법 제44조의2 제2항).

② **절차**: 공동구관리자가 공동구의 안전 및 유지관리계획을 수립하거나 변경하려면 미리 관계 행정기관의 장과 협의한 후 공동구협의회의 심의를 거쳐야 하고, 수립하거나 변경한 경우에는 관계 행정기관의 장에게 관계 서류를 송부하여야 한다(영 제39조 제3항·제4항).

(3) 공동구의 안전점검

공동구관리자는 대통령령으로 정하는 바에 따라 1년에 1회 이상 공동구의 안전점검을 실시하여야 하며, 안전점검결과 이상이 있다고 인정되는 때에는 지체 없이 정밀안전진단·보수·보강 등 필요한 조치를 하여야 한다(법 제44조의2 제3항, 영 제39조 제5항).

(4) 공동구협의회

공동구관리자는 공동구의 설치·관리에 관한 주요 사항의 심의 또는 자문을 하게 하기 위하여 공동구협의회를 둘 수 있다(법 제44조의2 제4항).

5. 공동구의 관리비용 등

(1) 관리비용 부담

공동구의 관리에 소요되는 비용은 그 공동구를 점용하는 자가 함께 부담하되, 부담비율은 점용면적을 고려하여 공동구관리자가 정하며, 관리비용은 연 2회로 분할하여 납부하게 하여야 한다(법 제44조의3 제1항, 영 제39조의3).

(2) 설치비용 미부담자의 점용사용허가

공동구 설치비용을 부담하지 아니한 자(부담액을 완납하지 아니한 자를 포함한다)가 공동구를 점용하거나 사용하려면 그 공동구를 관리하는 공동구관리자의 허가를 받아야 한다(법 제44조의3 제2항).

(3) 점용료 또는 사용료 납부

공동구를 점용하거나 사용하는 자는 그 공동구를 관리하는 특별시·광역시·특별자치도·시 또는 군의 조례로 정하는 바에 따라 점용료 또는 사용료를 납부하여야 한다(법 제44조의3 제3항).

예제

국토의 계획 및 이용에 관한 법령상 공동구가 설치된 경우 공동구에 수용하기 위하여 공동구협의회의 심의를 거쳐야 하는 시설은?
제26회

① 전선로   ② 수도관
③ 열수송관   ④ 가스관
⑤ 통신선로

해설 ④ 가스관, 하수도관은 공동구협의회의 심의를 거쳐야 한다.   ◆ 정답 ④

③ 광역시설

(1) 광역시설의 의의

기반시설 중 광역적인 정비체계가 필요한 다음의 시설로서 대통령령으로 정하는 시설을 말한다(법 제2조 제8호, 영 제3조).

> 1. 2 이상의 특별시·광역시·특별자치시·특별자치도·시 또는 군의 관할구역에 걸치는 시설: 도로·철도·광장·녹지, 수도·전기·가스·열공급설비, 방송·통신시설, 공동구, 유류저장 및 송유설비, 하천·하수도(하수종말처리시설을 제외한다)
> 2. 2 이상의 특별시·광역시·특별자치시·특별자치도·시 또는 군이 공동으로 이용하는 시설: 항만·공항·자동차정류장·공원·유원지·유통업무설비·문화시설·공공필요성이 인정되는 체육시설·사회복지시설·공공직업훈련시설·청소년수련시설·유수지·장사시설·도축장·하수도(하수종말처리시설에 한한다)·폐기물처리 및 재활용시설·수질오염방지시설·폐차장

(2) 광역시설의 설치·관리

① **원칙**: 광역시설의 설치 및 관리는 도시·군계획시설의 설치·관리에 따른다(법 제45조 제1항).

② **예 외**

　㉠ 협약체결 또는 협의회 등 구성: 관계 특별시장·광역시장·특별자치시장·특별자치도지사·시장 또는 군수는 협약을 체결하거나 협의회 등을 구성하여 광역시설을 설치·관리할 수 있다(법 제45조 제2항).

　㉡ 도지사의 설치·관리: 협약의 체결이나 협의회 등의 구성이 이루어지지 아니하는 경우 그 시 또는 군이 같은 도에 속할 때에는 관할 도지사가 광역시설을 설치·관리할 수 있다(법 제45조 제2항).

　㉢ 법인의 설치·관리: 국가계획으로 설치하는 광역시설은 그 광역시설의 설치·관리를 사업목적 또는 사업종목으로 하여 다른 법률에 따라 설립된 법인이 설치·관리할 수 있다(법 제45조 제3항).

(3) 환경오염방지사업 등

지방자치단체는 환경오염이 심하게 발생하거나 해당 지역의 개발이 현저하게 위축될 우려가 있는 광역시설을 다른 지방자치단체의 관할구역에 설치할 때에는 대통령령으로 정하는 바에 따라 다음과 같이 환경오염 방지를 위한 사업이나 해당 지역 주민의 편익을 증진시키기 위한 사업을 해당 지방자치단체와 함께 시행하거나 이에 필요한 자금을 해당 지방자치단체에 지원하여야 한다. 다만, 다른 법률에 특별한 규정이 있는 경우에는 그 법률에 따른다(법 제45조 제4항, 영 제40조).

1. 환경오염의 방지를 위한 사업: 녹지·하수도 또는 폐기물처리 및 재활용시설의 설치사업과 대기오염·수질오염·악취·소음 및 진동방지사업 등
2. 지역주민의 편익을 위한 사업: 도로·공원·수도공급설비·문화시설·사회복지시설·노인정·하수도·종합의료시설 등의 설치사업 등

4 도시·군계획시설사업 제34회

1. 도시·군계획시설사업의 의의

도시·군계획시설을 설치·정비 또는 개량하는 사업을 말하며 도시·군계획사업의 하나이다(법 제2조 제7호).

▶도시·군계획사업: 도시·군관리계획을 시행하기 위한 사업으로서
1. 국토의 계획 및 이용에 관한 법률에 따른 도시·군계획시설사업
2. 도시개발법에 따른 도시개발사업
3. 도시 및 주거환경정비법에 따른 정비사업을 말한다.

2. 단계별 집행계획

(1) 수립권자

① **원칙**: 특별시장·광역시장·특별자치시장·특별자치도지사·시장 또는 군수는 도시·군계획시설에 대하여 도시·군계획시설결정의 고시일부터 3개월 이내에 대통령령으로 정하는 바에 따라 재원조달계획, 보상계획 등을 포함하는 단계별 집행계획을 수립하여야 한다. 다만, 대통령령으로 정하는 법률에 따라 도시·군관리계획의 결정이 의제되는 경우에는 해당 도시·군계획시설결정의 고시일부터 2년 이내에 단계별 집행계획을 수립할 수 있다(법 제85조 제1항, 영 제95조 제2항).

▶"대통령령이 정하는 법률"
1. 도시 및 주거환경정비법
2. 도시재정비 촉진을 위한 특별법
3. 도시재생 활성화 및 지원에 관한 특별법

② **예 외**

국토교통부장관이나 도지사가 직접 입안한 도시·군관리계획인 경우 국토교통부장관이나 도지사는 단계별 집행계획을 수립하여 해당 특별시장·광역시장·특별자치시장·특별자치도지사·시장 또는 군수에게 송부할 수 있다(법 제85조 제2항).

(2) 단계별 집행계획의 구분

① 단계별 집행계획 구분

단계별 집행계획은 제1단계 집행계획과 제2단계 집행계획으로 구분하여 수립하되, 3년 이내에 시행하는 도시 · 군계획시설사업은 제1단계 집행계획에, 3년 후에 시행하는 도시 · 군계획시설사업은 제2단계 집행계획에 포함되도록 하여야 한다(법 제85조 제3항).

② 유동적

특별시장 · 광역시장 · 특별자치시장 · 특별자치도지사 · 시장 또는 군수는 매년 제2단계 집행계획을 검토하여 3년 이내에 도시 · 군계획시설사업을 시행할 도시 · 군계획시설은 이를 제1단계 집행계획에 포함시킬 수 있다(영 제95조 제3항).

(3) 단계별 집행계획의 수립절차

① 협 의

특별시장 · 광역시장 · 특별자치시장 · 특별자치도지사 · 시장 또는 군수는 단계별 집행계획을 수립하고자 하는 때에는 미리 관계 행정기관의 장과 협의하여야 하며, 해당 지방의회의 의견을 들어야 한다(영 제95조 제1항).

② 공 고

특별시장 · 광역시장 · 특별자치시장 · 특별자치도지사 · 시장 또는 군수는 단계별 집행계획을 수립하거나 받은 때에는 지체 없이 지방자치단체의 공보와 인터넷 홈페이지에 게재하는 방법으로 공고하여야 하며, 필요한 경우 전국 또는 해당 지방자치단체를 주된 보급지역으로 하는 일간신문에 게재하는 방법이나 방송 등의 방법을 병행할 수 있다(법 제85조 제4항, 영 제95조 제4항).

3. 도시·군계획시설사업의 시행자

미리보기 **도시·군계획시설사업 시행절차**

시행자 지정 ⇨ 실시계획의 작성·인가 고시 ⇨ 도시·군계획시설 사업시행 ⇨ 공사 완료 보고 ⇨ 준공 검사 ⇨ 공사 완료 공고

| 시행자 지정 | 국토교통부장관 시·도지사 대도시 시장 | 시행자 | 시행자가 ⇨ 시·도지사, 대도시 시장에게 ⇨ 준공검사 신청 의미 | 시·도지사 대도시 시장 (국토교통부 장관 ×) | 국토교통부 장관 시·도지사 대도시 시장 |

⇨ 14일 이상 일반열람
⇨ 열람기간 내 주민의견 제출
⇨ 타당하면 반영하여야 한다.

사업 시행자 보호조치
1. 타인토지의 출입 등
2. 사업의 분할 시행
3. 토지 등의 수용·사용
4. 공시송달
5. 관계 서류 무상열람·교부청구
6. 국공유지 처분제한 : 위반 ⇨ 무효

(1) **원칙** : 행정청인 시행자

① **특별시장·광역시장·특별자치시장·특별자치도지사·시장·군수** : 특별시장·광역시장·특별자치시장·특별자치도지사·시장 또는 군수는 이 법 또는 다른 법률에 특별한 규정이 있는 경우 외에는 관할구역의 도시·군계획시설사업을 시행한다(법 제86조 제1항).

> ▶둘 이상의 특별시·광역시·특별자치시·특별자치도·시 또는 군의 관할구역에 걸쳐 시행되게 되는 경우의 시행자
> 1. 원칙 : 관계 특별시장·광역시장·특별자치시장·특별자치도지사·시장 또는 군수가 서로 협의하여 시행자를 정한다(법 제86조 제2항).
> 2. 예외 : 협의가 성립되지 아니하는 경우 도시·군계획시설사업을 시행하려는 구역이 같은 도의 관할구역에 속하는 경우에는 관할 도지사가 시행자를 지정하고, 둘 이상의 시·도의 관할구역에 걸치는 경우에는 국토교통부장관이 시행자를 지정한다(법 제86조 제3항).

② **국토교통부장관** : 국토교통부장관은 국가계획과 관련되거나 그 밖에 특히 필요하다고 인정되는 경우에는 관계 특별시장·광역시장·특별자치시장·특별자치도지사·시장 또는 군수의 의견을 들어 직접 도시·군계획시설사업을 시행할 수 있다(법 제86조 제4항).

③ **도지사** : 도지사는 광역도시계획과 관련되거나 특히 필요하다고 인정되는 경우에는 관계 시장 또는 군수의 의견을 들어 직접 도시·군계획시설사업을 시행할 수 있다(법 제86조 제4항).

(2) **예외** : 비행정청인 시행자

① **시행자 지정** : 국토교통부장관, 시 · 도지사, 시장 또는 군수 외의 자는 국토교통부장관, 시 · 도지사, 시장 또는 군수로부터 시행자로 지정을 받아 도시 · 군계획시설사업을 시행할 수 있다(법 제86조 제5항).

② **시행자 지정고시** : 국토교통부장관, 시 · 도지사, 시장 또는 군수는 도시 · 군계획시설사업의 시행자를 지정한 경우에는 국토교통부장관은 관보와 국토교통부의 인터넷 홈페이지에 시 · 도지사 또는 시장 · 군수가 하는 경우에는 당해 지방자치단체의 공보와 인터넷 홈페이지에 그 지정 내용을 고시하여야 한다(법 제86조 제6항).

③ **민간시행자지정 동의요건** : 다음에 해당하지 아니하는 자가 도시 · 군계획시설사업의 시행자로 지정을 받으려면 도시 · 군계획시설사업의 대상인 토지(국공유지는 제외한다) 면적의 3분의 2 이상에 해당하는 토지를 소유하고, 토지소유자 총수의 2분의 1 이상에 해당하는 자의 동의를 얻어야 한다(법 제86조 제7항, 영 제96조 제2항).

> 1. 국가 또는 지방자치단체
> 2. 대통령령으로 정하는 공공기관(한국농수산식품유통공사, 대한석탄공사, 한국토지주택공사, 한국관광공사, 한국농어촌공사, 한국도로공사, 한국석유공사, 한국수자원공사, 한국전력공사, 한국철도공사)
> 3. 지방공사 및 지방공단
> 4. 다른 법률에 의하여 도시 · 군계획시설사업이 포함된 사업의 시행자로 지정된 자
> 5. 공공시설을 관리할 관리청에 무상으로 귀속되는 공공시설을 설치하고자 하는 자
> 6. 국유재산법이나 지방재정법에 따라 기부를 조건으로 시설물을 설치하려는 자

④ **행정심판** : 도시 · 군계획시설사업 시행자의 처분에 대하여 행정심판법에 따라 행정심판을 제기할 수 있다. 이 경우 행정청이 아닌 시행자의 처분에 대하여는 그 시행자를 지정한 자에게 행정심판을 제기하여야 한다(법 제134조).

4. 실시계획의 작성 및 인가 · 고시

(1) **실시계획의 작성**

① 도시 · 군계획시설사업의 시행자는 다음의 사항을 포함한 그 도시 · 군계획시설사업에 관한 실시계획을 작성하여야 한다(법 제88조 제1항, 영 제97조 제1항).

> 1. 사업의 종류 및 명칭
> 2. 사업의 면적 또는 규모
> 3. 사업시행자의 성명 및 주소(법인인 경우에는 법인의 명칭 및 소재지와 대표자의 성명 및 주소)
> 4. 사업의 착수예정일 및 준공예정일

② 실시계획에는 사업시행에 필요한 설계도서, 자금계획, 시행기간, 그 밖에 대통령령으로 정하는 사항(실시계획을 변경하는 경우에는 변경되는 사항에 한정한다)을 자세히 밝히거나 첨부하여야 한다(법 제88조 제5항).

③ 도시·군계획시설사업의 시행자로 지정을 받은 비행정청인 시행자는 실시계획을 작성하고자 하는 때에는 미리 당해 특별시장·광역시장·특별자치시장·특별자치도지사·시장 또는 군수의 의견을 들어야 한다(영 제97조 제4항).

(2) 실시계획의 인가

① **인가권자**: 국토교통부장관, 시·도지사 또는 대도시 시장

도시·군계획시설사업의 시행자(국토교통부장관, 시·도지사와 대도시 시장은 제외한다)는 실시계획을 작성하면 국토교통부장관이 지정한 시행자는 국토교통부장관의 인가를 받아야 하며, 그 밖의 시행자는 시·도지사 또는 대도시 시장의 인가를 받아야 한다(법 제88조 제2항, 영 제97조 제2항).

② **변경과 폐지의 경우**: 인가받은 실시계획을 변경하거나 폐지하는 경우에도 인가를 받아야 한다. 다만, 국토교통부령으로 정하는 다음의 경미한 사항을 변경하는 경우에는 그러하지 아니하다(법 제88조 제4항, 규칙 제16조).

---

1. 사업명칭을 변경하는 경우
2. 구역경계의 변경이 없는 범위 안에서 행하는 건축물 또는 공작물의 연면적(구역경계 안에 「건축법 시행령」 별표 1에 따른 용도를 기준으로 그 용도가 동일한 건축물이 2개 이상 있는 경우에는 각 건축물의 연면적을 모두 합산한 면적을 말한다) 10% 미만의 변경과 학교시설사업 촉진법에 의한 학교시설의 변경인 경우
2의2. 다음의 공작물을 설치하는 경우
   ① 도시지역 또는 지구단위계획구역에 설치되는 공작물로서 무게는 50톤, 부피는 50세제곱미터, 수평투영면적은 50제곱미터를 각각 넘지 않는 공작물
   ② 도시지역·자연환경보전지역 및 지구단위계획구역 외의 지역에 설치되는 공작물로서 무게는 150톤, 부피는 150세제곱미터, 수평투영면적은 150제곱미터를 각각 넘지 않는 공작물
3. 기존 시설의 일부 또는 전부에 대한 용도변경을 수반하지 않는 대수선·재축 및 개축인 경우
4. 도로의 포장 등 기존 도로의 면적·위치 및 규모의 변경을 수반하지 아니하는 도로의 개량인 경우
5. 구역경계의 변경이 없는 범위에서 측량결과에 따라 면적을 변경하는 경우

---

③ **실시계획의 실효**: 도시 · 군계획시설결정의 고시일부터 10년 이후에 실시계획을 작성하거나 인가(다른 법률에 따라 의제된 경우는 제외한다) 받은 도시 · 군계획시설사업의 시행자(이하 "장기미집행 도시 · 군계획시설사업의 시행자"라 한다)가 실시계획 고시일부터 5년 이내에 공익사업을 위한 토지 등의 취득 및 보상에 관한 법률에 따른 재결신청을 하지 아니한 경우에는 실시계획 고시일부터 5년이 지난 다음 날에 그 실시계획은 효력을 잃는다. 다만, 장기미집행 도시 · 군계획시설사업의 시행자가 재결신청을 하지 아니하고 실시계획 고시일부터 5년이 지나기 전에 해당 도시 · 군계획시설사업에 필요한 토지 면적의 3분의 2 이상을 소유하거나 사용할 수 있는 권원을 확보하고 실시계획 고시일부터 7년 이내에 재결신청을 하지 아니한 경우 실시계획 고시일부터 7년이 지난 다음 날에 그 실시계획은 효력을 잃는다(법 제88조 제7항).

④ **실시계획의 효력 유지**: 장기미집행 도시 · 군계획시설사업의 시행자가 재결신청 없이 도시 · 군계획시설사업에 필요한 모든 토지 · 건축물 또는 그 토지에 정착된 물건을 소유하거나 사용할 수 있는 권원을 확보한 경우 그 실시계획은 효력을 유지한다(법 제88조 제8항).

⑤ **실시계획이 폐지되거나 효력을 잃은 경우의 실효**: 실시계획이 폐지되거나 효력을 잃은 경우 해당 도시 · 군계획시설결정은 다음에서 정한 날 효력을 잃는다. 이 경우 시 · 도지사 또는 대도시 시장은 해당 시 · 도 또는 대도시의 공보와 인터넷 홈페이지에 실효일자 및 실효사유와 실효된 도시 · 군계획의 내용을 게재하는 방법으로 도시 · 군계획시설결정의 실효고시를 해야 한다(법 제88조 제9항).

> 1. 도시 · 군계획시설결정의 고시일부터 20년이 되기 전에 실시계획이 폐지되거나 효력을 잃고 다른 도시 · 군계획시설사업이 시행되지 아니하는 경우: 도시 · 군계획시설결정의 고시일부터 20년이 되는 날의 다음 날
> 2. 도시 · 군계획시설결정의 고시일부터 20년이 되는 날의 다음 날 이후 실시계획이 폐지되거나 효력을 잃은 경우: 실시계획이 폐지되거나 효력을 잃은 날

(3) 인가의 절차

① **실시계획인가신청서의 제출**: 도시 · 군계획시설사업의 시행자로 지정된 자는 특별한 사유가 없으면 시행자지정시에 정한 실계획인가의 신청기일까지 국토교통부장관, 시 · 도지사 또는 대도시 시장에게 실시계획인가신청서를 제출하여야 한다(영 제97조 제3항).

② **의견청취**

㉠ 공고 및 열람: 국토교통부장관, 시 · 도지사 또는 대도시 시장은 실시계획을 인가하려면 미리 대통령령으로 정하는 바에 따라 그 사실을 공고하고, 관계 서류의 사본을 14일 이상 일반이 열람할 수 있도록 하여야 한다(법 제90조 제1항).

ⓒ 의견서의 제출 및 반영 : 도시·군계획시설사업의 시행지구의 토지·건축물 등의 소유자 및 이해관계인은 열람기간 이내에 국토교통부장관, 시·도지사, 대도시 시장 또는 도시·군계획시설사업의 시행자에게 의견서를 제출할 수 있으며, 국토교통부장관, 시·도지사, 대도시 시장 또는 도시·군계획시설사업의 시행자는 제출된 의견이 타당하다고 인정되면 그 의견을 실시계획에 반영하여야 한다(법 제90조 제2항).

(4) 조건부 인가

① **인가기준** : 국토교통부장관, 시·도지사 또는 대도시 시장은 도시·군계획시설사업의 시행자가 작성한 실시계획이 도시·군계획시설의 결정·구조 및 설치의 기준 등에 맞다고 인정하는 경우에는 실시계획을 인가하여야 한다(법 제88조 제3항 전단).

② **조건부 인가** : 국토교통부장관, 시·도지사 또는 대도시 시장은 기반시설의 설치나 그에 필요한 용지의 확보, 위해 방지, 환경오염 방지, 경관 조성, 조경 등의 조치를 할 것을 조건으로 실시계획을 인가할 수 있다(법 제88조 제3항 후단).

③ **이행보증금** : 특별시장·광역시장·특별자치시장·특별자치도지사·시장 또는 군수는 기반시설의 설치나 그에 필요한 용지의 확보, 위해 방지, 환경오염 방지, 경관 조성, 조경 등을 위하여 필요하다고 인정되는 경우로서 다음의 경우에는 그 이행을 담보하기 위하여 도시·군계획시설사업의 시행자에게 이행보증금을 예치하게 할 수 있다. 다만, 국가 또는 지방자치단체, 공기업, 위탁집행형 준정부기관, 지방공사, 지방공단에 대하여는 이행보증금을 예치하게 할 수 없다(법 제89조 제1항, 영 제98조 제1항·제2항).

1. 도시·군계획시설사업으로 인하여 도로·수도공급설비·하수도 등 기반시설의 설치가 필요한 경우
2. 도시·군계획시설사업으로 인하여 토지의 굴착으로 인하여 인근의 토지가 붕괴될 우려가 있거나 인근의 건축물 또는 공작물이 손괴될 우려가 있는 경우
3. 도시·군계획시설사업으로 인하여 토석의 발파로 인한 낙석·먼지 등에 의하여 인근지역에 피해가 발생할 우려가 있는 경우
4. 도시·군계획시설사업으로 인하여 토석을 운반하는 차량의 통행으로 인하여 통행로 주변의 환경이 오염될 우려가 있는 경우
5. 도시·군계획시설사업으로 인하여 토지의 형질변경이나 토석의 채취가 완료된 후 비탈면에 조경을 할 필요가 있는 경우

④ **원상회복명령** : 특별시장·광역시장·특별자치시장·특별자치도지사·시장 또는 군수는 실시계획의 인가 또는 변경인가를 받지 아니하고 도시·군계획시설사업을 하거나 그 인가 내용과 다르게 도시·군계획시설사업을 하는 자에게 그 토지의 원상회복을 명할 수 있다(법 제89조 제3항).

⑤ **행정대집행**: 특별시장·광역시장·특별자치시장·특별자치도지사·시장 또는 군수
는 원상회복의 명령을 받은 자가 원상회복을 하지 아니하는 경우에는 행정대집행법에
따른 행정대집행에 따라 원상회복을 할 수 있다. 이 경우 행정대집행에 필요한 비용은
도시·군계획시설사업의 시행자가 예치한 이행보증금으로 충당할 수 있다(법 제89조
제4항).

5. 사업시행자 보호조치(특권)

(1) 분할시행

도시·군계획시설사업의 시행자는 도시·군계획시설사업을 효율적으로 추진하기 위하
여 필요하다고 인정되면 사업시행대상지역 또는 대상시설을 둘 이상으로 분할하여 도
시·군계획시설사업을 시행할 수 있으며, 분할시행하는 때에는 분할된 지역별로 실시계
획을 작성할 수 있다(법 제87조, 영 제97조 제5항).

(2) 관계서류의 무료열람

도시·군계획시설사업의 시행자는 도시·군계획시설사업을 시행하기 위하여 필요하면
등기소나 그 밖의 관계 행정기관의 장에게 필요한 서류의 열람 또는 복사나 그 등본 또는
초본의 발급을 무료로 청구할 수 있다(법 제93조).

(3) 공시송달의 특례

① 도시·군계획시설사업의 시행자는 이해관계인에게 서류를 송달할 필요가 있으나 이
해관계인의 주소 또는 거소가 불분명하거나 그 밖의 사유로 서류를 송달할 수 없는
경우에는 그 서류의 송달을 갈음하여 그 내용을 공시할 수 있다(법 제94조).

② 행정청이 아닌 도시·군계획시설사업의 시행자는 국토교통부장관, 관할 시·도지사
또는 대도시 시장의 승인을 받아야 한다(영 제101조).

③ 서류의 공시송달에 관하여는 민사소송법의 공시송달의 예에 따른다(법 제94조).

(4) 국·공유지의 처분제한

도시·군관리계획결정을 고시한 경우에는 국공유지로서 도시·군계획시설사업에 필요
한 토지는 그 도시·군관리계획으로 정하여진 목적 외의 목적으로 매각하거나 양도할 수
없고, 이를 위반한 행위는 무효로 한다(법 제97조 제1항·제2항).

⑸ **토지 등의 수용 또는 사용**

① **수용·사용**: 도시·군계획시설사업의 시행자는 도시·군계획시설사업에 필요한 다음의 물건 또는 권리를 수용하거나 사용할 수 있다(법 제95조 제1항).

> 1. 토지·건축물 또는 그 토지에 정착된 물건
> 2. 토지·건축물 또는 그 토지에 정착된 물건에 관한 소유권 외의 권리

② **인접지 일시 사용**: 도시·군계획시설사업의 시행자는 사업시행을 위하여 특히 필요하다고 인정되면 도시·군계획시설에 인접한 다음의 물건 또는 권리를 일시 사용할 수 있다(법 제95조 제2항).

> 1. 토지·건축물 또는 그 토지에 정착된 물건
> 2. 토지·건축물 또는 그 토지에 정착된 물건에 관한 소유권 외의 권리

③ **공익사업을 위한 토지 등의 취득 및 보상에 관한 법률의 준용**: 수용 및 사용에 관하여는 이 법에 특별한 규정이 있는 경우 외에는 공익사업을 위한 토지 등의 취득 및 보상에 관한 법률을 준용한다(법 제96조 제1항).

④ **사업인정·고시의 의제**: 공익사업을 위한 토지 등의 취득 및 보상에 관한 법률을 준용할 때에 실시계획을 고시한 경우에는 사업인정 및 그 고시가 있었던 것으로 본다(법 제96조 제2항 전단).

⑤ **재결신청**: 재결신청은 공익사업을 위한 토지 등의 취득 및 보상에 관한 법률에도 불구하고 실시계획에서 정한 도시·군계획시설사업의 시행기간에 하여야 한다(법 제96조 제2항 후단).

⑹ **타인 토지에의 출입 등**

① **권한자**: 국토교통부장관, 시·도지사, 시장 또는 군수나 도시·군계획시설사업의 시행자는 다음의 행위를 하기 위하여 필요하면 타인의 토지에 출입하거나 타인의 토지를 재료 적치장 또는 임시통로로 일시 사용할 수 있으며, 특히 필요한 경우에는 나무, 흙, 돌, 그 밖의 장애물을 변경하거나 제거할 수 있다(법 제130조 제1항).

> 1. 도시·군계획·광역도시계획에 관한 기초조사
> 2. 개발밀도관리구역, 기반시설부담구역 및 기반시설설치계획에 관한 기초조사
> 3. 지가의 동향 및 토지거래의 상황에 관한 조사
> 4. 도시·군계획시설사업에 관한 조사·측량 또는 시행

② **출입 등의 절차**

㉠ 출입시 통지와 허가 : 타인의 토지에 출입하려는 자는 특별시장·광역시장·특별 자치시장·특별자치도지사·시장 또는 군수의 허가를 받아야 하며, 출입하려는 날의 7일 전까지 그 토지의 소유자·점유자 또는 관리인에게 그 일시와 장소를 알려야 한다. 다만, 행정청인 도시·군계획시설사업의 시행자는 허가를 받지 아니하고 타인의 토지에 출입할 수 있다(법 제130조 제2항).

㉡ 장애물의 변경 또는 제거시 동의와 통지

> 1. 소유자 등의 동의 : 타인의 토지를 재료 적치장 또는 임시통로로 일시 사용하거나 나무, 흙, 돌, 그 밖의 장애물을 변경 또는 제거하려는 자는 토지의 소유자·점유자 또는 관리인의 동의를 받아야 한다(법 제130조 제3항).
> 2. 동의 받을 수 없는 경우의 절차 : 토지나 장애물의 소유자·점유자 또는 관리인이 현장에 없거나 주소 또는 거소가 불분명하여 그 동의를 받을 수 없는 경우에는 행정청인 도시·군계획시설사업의 시행자는 관할 특별시장·광역시장·특별자치시장·특별자치도지사·시장 또는 군수에게 그 사실을 통지하여야 하며, 행정청이 아닌 도시·군계획시설사업의 시행자는 미리 관할 특별시장·광역시장·특별자치시장·특별자치도지사·시장 또는 군수의 허가를 받아야 한다(법 제130조 제4항).
> 3. 일시 사용 등의 사전통지 : 토지를 일시 사용하거나 장애물을 변경 또는 제거하려는 자는 토지를 사용하려는 날이나 장애물을 변경 또는 제거하려는 날의 3일 전까지 그 토지나 장애물의 소유자·점유자 또는 관리인에게 알려야 한다(법 제130조 제5항).

㉢ 시간적 제약(일출 전 일몰 후의 출입제한) : 일출 전이나 일몰 후에는 그 토지 점유자의 승낙 없이 택지나 담장 또는 울타리로 둘러싸인 타인의 토지에 출입할 수 없다(법 제130조 제6항).

㉣ 토지점유자의 수인의무 : 토지의 점유자는 정당한 사유 없이 출입 등의 행위를 방해하거나 거부하지 못한다(법 제130조 제7항).

㉤ 증표 및 허가증 제시 : 타인 토지에 출입 등의 행위를 하려는 자는 그 권한을 표시하는 증표와 허가증을 지니고 이를 관계인에게 내보여야 한다(법 제130조 제8항).

㉥ 1,000만원 이하의 과태료 : 정당한 사유 없이 타인 토지 출입 등의 행위를 방해 또는 거부한 자, 허가 또는 동의를 받지 아니하고 타인 토지 출입 등의 행위를 한 자는 1,000만원 이하의 과태료에 처한다(법 제144조 제1항).

③ **토지에의 출입 등에 따른 손실보상의무자**

㉠ 손실보상 : 타인 토지에 출입 등의 행위로 인하여 손실보상을 받을 자가 있는 때에는 그 행위자(입힌자)가 속한 행정청 또는 도시·군계획시설사업의 시행자가 그 손실을 보상하여야 한다(법 제131조 제1항).

㉡ 손실보상협의 : 손실보상에 관하여는 그 손실을 보상할 자(행위자가 속한 행정청이나 사업시행자)와 손실을 입은 자가 협의하여야 한다(법 제131조 제2항).

ⓒ 재결신청: 손실을 보상할 자나 손실을 입은 자는 협의가 성립되지 아니하거나 협의를 할 수 없는 경우에는 관할 토지수용위원회에 재결을 신청할 수 있으며, 재결에 관하여는 공익사업을 위한 토지 등의 취득 및 보상에 관한 법률 제83조부터 제87조까지의 규정을 준용한다(법 제131조 제3항·제4항).

6. 공사완료의 공고 등

(1) 공사완료보고

도시·군계획시설사업의 시행자(국토교통부장관, 시·도지사와 대도시 시장은 제외한다)는 도시·군계획시설사업의 공사를 완료한 때에는 공사를 완료한 날부터 7일 이내에 도시·군계획시설사업공사완료보고서를 작성하고 다음의 서류를 첨부하여 시·도지사 또는 대도시 시장에게 제출하여 준공검사를 받아야 한다(법 제98조 제1항, 규칙 제17조).

> 1. 준공조서
> 2. 설계도서
> 3. 관계 행정기관의 장과의 협의에 필요한 서류

(2) 준공검사

시·도지사나 대도시 시장은 공사완료보고서를 받으면 지체 없이 준공검사를 하여야 한다(법 제98조 제2항).

(3) 공사완료 공고

① 시·도지사나 대도시 시장은 준공검사를 한 결과 실시계획대로 완료되었다고 인정되는 경우에는 도시·군계획시설사업의 시행자에게 준공검사증명서를 발급하고 공사완료 공고를 하여야 한다(법 제98조 제3항).

② 국토교통부장관, 시·도지사 또는 대도시 시장인 도시·군계획시설사업의 시행자는 도시·군계획시설사업의 공사를 마친 때에는 국토교통부장관이 하는 경우에는 관보와 국토교통부의 인터넷 홈페이지에 시·도지사 또는 대도시 시장이 하는 경우에는 공보와 인터넷 홈페이지에 게재하는 방법으로 공사완료 공고를 하여야 한다(법 제98조 제4항, 영 제102조 제2항).

(4) 준공검사 등 의제

준공검사를 하거나 공사완료 공고를 할 때에 국토교통부장관, 시·도지사 또는 대도시 시장이 의제되는 인·허가 등에 따른 준공검사·준공인가 등에 관하여 제7항에 따라 관계 행정기관의 장과 협의한 사항에 대하여는 그 준공검사·준공인가 등을 받은 것으로 본다(법 제98조 제5항).

(5) 다른 법률과의 관계

도시·군계획시설사업으로 조성된 대지와 건축물 중 국가나 지방자치단체의 소유에 속하는 재산을 처분하려면 국유재산법과 공유재산 및 물품 관리법에도 불구하고 대통령령으로 정하는 바에 따라 다음의 순위에 따라 처분할 수 있다(법 제100조).

> 1. 해당 도시·군계획시설사업의 시행으로 수용된 토지 또는 건축물 소유자에의 양도
> 2. 다른 도시·군계획시설사업에 필요한 토지와의 교환

예제

1. 국토의 계획 및 이용에 관한 법령상 도시·군계획시설사업에 관한 설명으로 틀린 것은?

① 도시·군계획시설은 기반시설 중 도시·군관리계획으로 결정된 시설이다.

② 도시·군계획시설사업이 같은 도의 관할 구역에 속하는 둘 이상의 시 또는 군에 걸쳐 시행되는 경우에는 국토교통부장관이 시행자를 정한다.

③ 한국토지주택공사는 도시·군계획시설사업 대상 토지소유자 동의 요건을 갖추지 않아도 도시·군계획시설사업의 시행자로 지정을 받을 수 있다.

④ 도시·군계획시설사업 실시계획에는 사업의 착수예정일 및 준공예정일도 포함되어야 한다.

⑤ 도시·군계획시설사업 실시계획 인가 내용과 다르게 도시·군계획시설사업을 하여 토지의 원상회복 명령을 받은 자가 원상회복을 하지 아니하면 행정대집행법에 따른 행정대집행에 따라 원상회복을 할 수 있다.

해설 ② 도시·군계획시설사업이 같은 도의 관할 구역에 속하는 둘 이상의 시 또는 군에 걸쳐 시행되는 경우에는 관계 시장 또는 군수가 협의하여 시행자를 지정하며, 협의가 성립되지 않는 경우에는 관할 도지사가 시행자를 지정한다. **◆정답 ②**

2. 국토의 계획 및 이용에 관한 법령상 도시·군계획시설사업 시행을 위한 타인의 토지에의 출입 등에 관한 설명으로 옳은 것은?

① 타인의 토지에 출입하려는 행정청인 사업시행자는 출입하려는 날의 7일 전까지 그 토지의 소유자·점유자 또는 관리인에게 그 일시와 장소를 알려야 한다.

② 토지의 소유자·점유자 또는 관리인의 동의 없이 타인의 토지를 재료 적치장 또는 임시통로로 일시 사용한 사업시행자는 사용한 날부터 14일 이내에 시장 또는 군수의 허가를 받아야 한다.

③ 토지 점유자가 승낙하지 않는 경우에도 사업시행자는 시장 또는 군수의 허가를 받아 일몰 후에 울타리로 둘러싸인 타인의 토지에 출입할 수 있다.

④ 토지에의 출입에 따라 손실을 입은 자가 보상에 관하여 국토교통부장관에게 조정을 신청하지 아니하는 경우에는 관할 토지수용위원회에 재결을 신청할 수 없다.

⑤ 사업시행자가 행정청인 경우라도 허가를 받지 아니하면 타인의 토지에 출입할 수 없다.

해설 ② 토지나 장애물의 소유자·점유자 또는 관리인이 현장에 없거나 주소 또는 거소가 불분명하여 그 동의를 받을 수 없는 경우에는 행정청인 도시·군계획시설사업의 시행자는 관할 특별시장·광역시장·특별자치시장·특별자치도지사·시장 또는 군수에게 그 사실을 통지하여야 하며, 행정청이 아닌 도시·군계획시설사업의 시행자는 미리 관할 특별시장·광역시장·특별자치시장·특별자치도지사·시장 또는 군수의 허가를 받아야 한다.
③ 일출 전이나 일몰 후에는 그 토지 점유자의 승낙 없이 택지나 담장 또는 울타리로 둘러싸인 타인의 토지에 출입할 수 없다.
④ 손실 보상에 관하여는 그 손실을 보상할 자와 손실을 입은 자가 협의하여야 하며, 손실을 보상할 자나 손실을 입은 자는 협의가 성립되지 아니하거나 협의를 할 수 없는 경우에는 관할 토지수용위원회에 재결을 신청할 수 있다.
⑤ 행정청인 도시·군계획시설사업의 시행자는 허가를 받지 아니하고 타인의 토지에 출입할 수 있다.

◆ 정답 ①

7. 도시·군계획시설부지 매수청구

(1) 매수청구권자

도시·군계획시설에 대한 도시·군관리계획의 결정의 고시일부터 10년 이내에 그 도시·군계획시설의 설치에 관한 도시·군계획시설사업이 시행되지 아니하는 경우(실시계획의 인가나 그에 상당하는 절차가 진행된 경우는 제외한다. 이하 같다) 그 도시·군계획시설의 부지로 되어 있는 토지 중 지목이 대(垈)인 토지(그 토지에 있는 건축물 및 정착물을 포함한다)의 소유자는 대통령령으로 정하는 바에 따라 그 토지의 매수를 청구할 수 있다(법 제47조 제1항).

(2) 매수의무자

① **원칙**: 대통령령으로 정하는 바에 따라 특별시장·광역시장·특별자치시장·특별자치도지사·시장 또는 군수에게 그 토지의 매수를 청구할 수 있다.

② **예외**: 다만, 다음의 경우에는 그에 해당하는 자에게 당해 토지의 매수를 청구할 수 있다.

> 1. 시행자: 이 법에 따라 해당 도시·군계획시설사업의 시행자가 정하여진 경우에는 그 시행자
> 2. 설치·관리의무자: 이 법 또는 다른 법률에 따라 도시·군계획시설을 설치하거나 관리하여야 할 의무가 있는 자가 있으면 그 의무가 있는 자. 이 경우 도시·군계획시설을 설치하거나 관리하여야 할 의무가 있는 자가 서로 다른 경우에는 설치하여야 할 의무가 있는 자에게 매수청구하여야 한다.

(3) 매수대상

매수청구대상은 지목이 대(垈)인 토지와 당해 토지에 있는 건축물 및 정착물에 한한다(법 제47조 제1항).

(4) 매수신청

토지의 매수를 청구하고자 하는 자는 국토교통부령이 정하는 도시·군계획시설부지매수 청구서(전자문서로 된 청구서를 포함한다)에 대상토지 및 건물에 대한 등기사항증명서를 첨 부하여 매수의무자에게 제출하여야 한다. 다만 매수의무자는 전자정부법에 따른 행정정 보의 공동이용을 통하여 대상토지 및 건물에 대한 등기부 등본을 확인할 수 있는 경우에 는 그 확인으로 첨부서류에 갈음하여야 한다(영 제41조 제1항).

(5) 매수절차

① **매수 여부의 결정 통보**: 매수의무자는 매수 청구를 받은 날부터 6개월 이내에 매수 여부를 결정하여 토지 소유자와 특별시장·광역시장·특별자치시장·특별자치도지 사·시장 또는 군수(매수의무자가 특별시장·광역시장·특별자치시장·특별자치도지사· 시장 또는 군수인 경우는 제외한다)에게 알려야 한다(법 제47조 제6항).

② **매수기간**: 매수하기로 결정한 토지는 매수 결정을 알린 날부터 2년 이내에 매수하여 야 한다(법 제47조 제6항).

③ **매수가격·매수절차 등**: 매수청구된 토지의 매수가격·매수절차 등에 관하여 이 법 에 특별한 규정이 있는 경우 외에는 공익사업을 위한 토지 등의 취득 및 보상에 관한 법률을 준용한다(법 제47조 제4항).

(6) 매수방법

① **원칙**: 매수의무자는 매수청구를 받은 토지를 매수할 때에는 현금으로 그 대금을 지급 한다(법 제47조 제2항).

② **예외**: 도시·군계획시설채권
다음에 해당하는 경우로서 매수의무자가 지방자치단체인 경우에는 도시·군계획시설 채권을 발행하여 지급할 수 있다(법 제47조 제2항 단서).

> 1. 토지소유자가 원하는 경우
> 2. 대통령령이 정하는 부재부동산 소유자의 토지 또는 비업무용토지로서 매수대금이 3,000만원을 초과하여 그 초과하는 금액을 지급하는 경우

③ **상환기간 및 이율**: 도시·군계획시설채권의 상환기간은 10년 이내로 하며, 그 이율은 채권 발행 당시 은행법에 따른 인가를 받은 은행 중 전국을 영업으로 하는 은행이 적용하는 1년 만기 정기예금금리의 평균 이상이어야 하며, 구체적인 상환기간과 이율은 특별시·광역시·특별자치시·특별자치도·시 또는 군의 조례로 정한다(법 제47조 제3항).

④ **발행절차**: 도시·군계획시설채권의 발행절차나 그 밖에 필요한 사항에 관하여 이 법에 특별한 규정이 있는 경우 외에는 지방재정법에서 정하는 바에 따른다(법 제47조 제5항).

(7) 매수거부 또는 매수지연시 조치

매수청구를 한 토지의 소유자는 매수하지 아니하기로 결정한 경우 또는 매수 결정을 알린 날부터 2년이 지날 때까지 해당 토지를 매수하지 아니하는 경우 개발행위허가를 받아 다음의 건축물 또는 공작물을 설치할 수 있다. 이 경우 제54조(지구단위계획구역에서의 건축 등), 제58조(개발행위허가의 기준) 및 제64조(도시·군계획시설부지에서의 개발행위)의 규정은 이를 적용하지 아니한다(법 제47조 제7항, 영 제41조 제5항).

> 1. 건축법 시행령 별표 1 제1호 가목의 단독주택으로서 3층 이하인 것
> 2. 건축법 시행령 별표 1 제3호의 제1종 근린생활시설로서 3층 이하인 것
> 3. 건축법 시행령 별표 1 제4호의 제2종 근린생활시설(단란주점, 안마시술소, 노래연습장 및 다중생활시설은 제외한다)로서 3층 이하인 것
> 4. 공작물

(8) 도시·군계획시설결정의 실효

① 도시·군계획시설결정이 고시된 도시·군계획시설에 대하여 그 고시일부터 20년이 지날 때까지 그 시설의 설치에 관한 도시·군계획시설사업이 시행되지 아니하는 경우 그 도시·군계획시설결정은 그 고시일부터 20년이 되는 날의 다음 날에 그 효력을 잃는다(법 제48조 제1항).

② 국토교통부장관, 시·도지사, 대도시 시장은 도시·군계획시설결정이 효력을 잃으면 국토교통부장관이 하는 경우에는 관보와 국토교통부의 인터넷 홈페이지에 시·도지사 또는 대도시 시장이 하는 경우에는 해당 시·도 또는 대도시의 공보와 인터넷 홈페이지에 실효일자 및 실효사유와 실효된 도시·군계획의 내용을 게재하는 방법에 따라 지체 없이 그 사실을 고시하여야 한다(법 제48조 제2항, 영 제42조 제1항).

8. 지방의회의 해제권고

(1) 지방의회 보고

① 특별시장·광역시장·특별자치시장·특별자치도지사·시장 또는 군수(이하 이 조에서 "지방자치단체의 장"이라 한다)는 도시·군계획시설결정이 고시된 도시·군계획시설 중 설치할 필요성이 없어진 도시·군계획시설 또는 그 고시일부터 10년이 지날 때까지 해당 시설의 설치에 관한 도시·군계획시설사업이 시행되지 아니한 경우에는 대통령령으로 정하는 바에 따라 그 현황과 단계별 집행계획을 해당 지방의회의 정례회 또는 임시회의 기간 중에 보고하여야 한다. 이 경우 지방자치단체의 장이 필요하다고 인정하는 경우에는 해당 지방자치단체에 소속된 지방도시계획위원회의 자문을 거치거나 관계 행정기관의 장과 미리 협의를 거칠 수 있다(법 제48조 제3항, 영 제42조 제2항).

② 지방자치단체의 장은 지방의회에 보고한 장기미집행 도시·군계획시설 등 중 도시·군계획시설결정이 해제되지 아니한 장기미집행 도시·군계획시설등에 대하여 최초로 지방의회에 보고한 때부터 2년마다 지방의회에 보고하여야 한다(영 제42조 제3항).

(2) 지방의회의 해제권고

보고를 받은 지방의회는 보고가 지방의회에 접수된 날부터 90일 이내에 해제를 권고하는 서면(도시·군계획시설의 명칭, 위치, 규모 및 해제사유 등이 포함되어야 한다)을 특별시장·광역시장·특별자치시장·특별자치도지사·시장 또는 군수에게 보내어 도시·군계획시설결정의 해제를 권고할 수 있다(법 제48조 제4항, 영 제42조 제4항).

(3) 해제를 위한 도시·군관리계획결정

① 도시·군계획시설결정의 해제를 권고받은 특별시장·광역시장·특별자치시장·특별자치도지사는 상위계획과의 연관성, 단계별 집행계획, 교통, 환경 및 주민 의사 등을 고려하여 해제할 수 없다고 인정하는 특별한 사유가 있는 경우를 제외하고는 해제 권고를 받은 날부터 1년 이내에 해제를 위한 도시·군관리계획을 결정하여야 한다(법 제48조 제5항, 영 제42조 제5항).

② 도시·군계획시설결정의 해제를 권고받은 시장 또는 군수는 도지사가 결정한 도시·군관리계획의 해제가 필요한 경우에 도지사에게 도시·군계획시설결정의 해제를 신청하여야 한다. 이 경우 신청을 받은 도지사는 신청을 받은 날부터 1년 이내에 해당 도시·군계획시설의 해제를 위한 도시·군관리계획결정을 하여야 한다(법 제48조 제5항, 영 제42조 제5항~제7항).

③ 지방자치단체의 장은 지방의회에 해제할 수 없다고 인정하는 특별한 사유를 해제 권고를 받은 날부터 6개월 이내에 소명하여야 한다(영 제42조 제5항).

⑷ 도시·군계획시설결정의 해제신청 등

① 도시·군계획시설결정의 고시일부터 10년 이내에 그 도시·군계획시설의 설치에 관한 도시·군계획시설사업이 시행되지 아니한 경우로서 단계별 집행계획상 해당 도시·군계획시설의 실효시까지 집행계획이 없는 경우에는 그 도시·군계획시설 부지로 되어 있는 토지의 소유자는 대통령령으로 정하는 바에 따라 해당 도시·군계획시설에 대한 도시·군관리계획 입안권자에게 그 토지의 도시·군계획시설결정 해제를 위한 도시·군관리계획 입안을 신청할 수 있다(법 제48조의2 제1항).

② 도시·군관리계획 입안권자는 신청을 받은 날부터 3개월 이내에 입안 여부를 결정하여 토지 소유자에게 알려야 하며, 해당 도시·군계획시설결정의 실효시까지 설치하기로 집행계획을 수립하는 등 대통령령으로 정하는 특별한 사유가 없으면 그 도시·군계획시설결정의 해제를 위한 도시·군관리계획을 입안하여야 한다(법 제48조의2 제2항).

③ 신청을 한 토지 소유자는 해당 도시·군계획시설결정의 해제를 위한 도시·군관리계획이 입안되지 아니하는 등 대통령령으로 정하는 사항에 해당하는 경우에는 해당 도시·군계획시설에 대한 도시·군관리계획 결정권자에게 그 도시·군계획시설결정의 해제를 신청할 수 있다(법 제48조의2 제3항).

④ 도시·군관리계획 결정권자는 위 ③에 따른 신청을 받은 날부터 2개월 이내에 결정 여부를 정하여 토지 소유자에게 알려야 하며, 특별한 사유가 없으면 그 도시·군계획시설결정을 해제하여야 한다(법 제48조의2 제4항).

⑤ 해제 신청을 한 토지 소유자는 해당 도시·군계획시설결정이 해제되지 아니하는 등 대통령령으로 정하는 사항에 해당하는 경우에는 국토교통부장관에게 그 도시·군계획시설결정의 해제 심사를 신청할 수 있다(법 제48조의2 제5항).

⑥ 해제 심사의 신청을 받은 국토교통부장관은 대통령령으로 정하는 바에 따라 해당 도시·군계획시설에 대한 도시·군관리계획 결정권자에게 도시·군계획시설결정의 해제를 권고할 수 있다(법 제48조의2 제6항).

⑦ 해제를 권고받은 도시·군관리계획 결정권자는 특별한 사유가 없으면 그 도시·군계획시설결정을 해제하여야 한다(법 제48조의2 제7항).

⑧ 도시·군계획시설결정 해제를 위한 도시·군관리계획의 입안 절차와 도시·군계획시설결정의 해제 절차는 대통령령으로 정한다(법 제48조의2 제8항).

예제

국토의 계획 및 이용에 관한 법령상 도시·군계획시설에 관한 설명으로 틀린 것은? (단, 조례는 고려하지 않음)

① 도시·군계획시설 부지의 매수의무자인 지방공사는 도시·군계획시설채권을 발행하여 그 대금을 지급할 수 있다.

② 도시·군계획시설 부지의 매수의무자는 매수하기로 결정한 토지를 매수 결정을 알린 날부터 2년 이내에 매수하여야 한다.

③ 200만제곱미터를 초과하는 도시개발법에 따른 도시개발구역에서 개발사업을 시행하는 자는 공동구를 설치하여야 한다.

④ 국가계획으로 설치하는 광역시설은 그 광역시설의 설치·관리를 사업종목으로 하여 다른 법에 따라 설립된 법인이 설치·관리할 수 있다.

⑤ 도시·군계획시설채권의 상환기간은 10년 이내로 한다.

해설 ① 도시·군계획시설 부지의 매수의무자인 지방자치단체는 도시·군계획시설채권을 발행하여 그 대금을 지급할 수 있다. 지방공사는 도시·군계획시설채권을 발행할 수 없다.　**◆ 정답 ①**

9. 비용부담

(1) 원칙: 시행자의 비용부담

광역도시계획 및 도시·군계획의 수립과 도시·군계획시설사업에 관한 비용은 이 법 또는 다른 법률에 특별한 규정이 있는 경우 외에는 국가가 하는 경우에는 국가예산에서, 지방자치단체가 하는 경우에는 해당 지방자치단체가, 행정청이 아닌 자가 하는 경우에는 그 자가 부담함을 원칙으로 한다(법 제101조).

(2) 예외: 수익자의 비용부담

① 국토교통부장관이나 시·도지사는 그가 시행한 도시·군계획시설사업으로 현저히 이익을 받는 시·도, 시 또는 군이 있으면 대통령령으로 정하는 바(부담하는 비용의 총액은 당해 도시·군계획시설사업에 소요된 비용의 50퍼센트를 넘지 못한다. 이 경우 도시·군계획시설사업에 소요된 비용에는 당해 도시·군계획시설사업의 조사·측량비, 설계비 및 관리비를 포함하지 아니한다)에 따라 그 도시·군계획시설사업에 든 비용의 일부를 그 이익을 받는 시·도, 시 또는 군에 부담시킬 수 있다. 이 경우 국토교통부장관은 시·도, 시 또는 군에 비용을 부담시키기 전에 행정안전부장관과 협의하여야 한다(법 제102조 제1항).

② 시·도지사는 그 시·도에 속하지 아니하는 특별시·광역시·특별자치시·특별자치도·시 또는 군에 비용을 부담시키려면 해당 지방자치단체의 장과 협의하되, 협의가 성립되지 아니하는 경우에는 행정안전부장관이 결정하는 바에 따른다(법 제102조 제2항).

③ 시장이나 군수는 그가 시행한 도시·군계획시설사업으로 현저히 이익을 받는 다른 지방자치단체가 있으면 대통령령으로 정하는 바(부담하는 비용의 총액은 당해 도시·군계획시설사업에 소요된 비용의 50퍼센트를 넘지 못한다. 이 경우 도시·군계획시설사업에 소요된 비용에는 당해 도시·군계획시설사업의 조사·측량비, 설계비 및 관리비를 포함하지 아니한다)에 따라 그 도시·군계획시설사업에 든 비용의 일부를 그 이익을 받는 다른 지방자치단체와 협의하여 그 지방자치단체에 부담시킬 수 있다(법 제102조 제3항).

④ 협의가 성립되지 아니하는 경우 다른 지방자치단체가 같은 도에 속할 때에는 관할 도지사가 결정하는 바에 따르며, 다른 시·도에 속할 때에는 행정안전부장관이 결정하는 바에 따른다(법 제102조 제4항).

(3) 보조·융자

① 기초조사나 지형도면 비용

시·도지사, 시장 또는 군수가 수립하는 광역도시·군계획 또는 도시·군계획에 관한 기초조사나 지형도면의 작성에 드는 비용은 80% 이하 범위에서 그 비용의 전부 또는 일부를 국가예산에서 보조할 수 있다(법 제104조 제1항).

② 행정청인 시행자

행정청이 시행하는 도시·군계획시설사업에 드는 비용(조사·측량비, 설계비 및 관리비를 제외한 공사비와 감정비를 포함한 보상비를 말한다)은 50% 이하의 범위에서 그 비용의 전부 또는 일부를 국가예산에서 보조하거나 융자할 수 있다(법 제104조 제2항).

③ 비행정청인 시행자

행정청이 아닌 자가 시행하는 도시·군계획시설사업에 드는 비용(조사·측량비, 설계비 및 관리비를 제외한 공사비와 감정비를 포함한 보상비를 말한다)의 3분의 1 이하의 범위에서 국가 또는 지방자치단체가 보조하거나 융자할 수 있다(법 제104조 제2항).

④ 우선 지원

국가 또는 지방자치단체는 다음에 해당하는 지역을 우선 지원할 수 있다(법 제104조 제2항).

---

1. 도로, 상하수도 등 기반시설이 인근지역에 비하여 부족한 지역
2. 광역도시계획에 반영된 광역시설이 설치되는 지역
3. 개발제한구역(집단취락만 해당한다)에서 해제된 지역
4. 도시·군계획시설결정의 고시일부터 10년이 지날 때까지 그 도시·군계획시설의 설치에 관한 도시·군계획시설사업이 시행되지 아니한 경우로서 해당 도시·군계획시설의 설치 필요성이 높은 지역

---

(4) 취락지구에 대한 지원

국가나 지방자치단체는 대통령령으로 정하는 바에 따라 취락지구 주민의 생활 편익과 복지 증진 등을 위한 사업을 시행하거나 그 사업을 지원할 수 있다(법 제105조).

▶ 취락지구에 대한 지원

국가 또는 지방자치단체가 취락지구 안의 주민의 생활편익과 복지증진 등을 위하여 시행하거나 지원할 수 있는 사업은 다음과 같다(영 제107조).

1. **집단취락지구**: 개발제한구역의 지정 및 관리에 관한 특별조치법령에서 정하는 바에 의한다.
2. **자연취락지구**
   ① 자연취락지구 안에 있거나 자연취락지구에 연결되는 도로 · 수도공급설비 · 하수도 등의 정비
   ② 어린이놀이터 · 공원 · 녹지 · 주차장 · 학교 · 마을회관 등의 설치 · 정비
   ③ 쓰레기처리장 · 하수처리시설 등의 설치 · 개량
   ④ 하천정비 등 재해방지를 위한 시설의 설치 · 개량
   ⑤ 주택의 신축 · 개량

---

(5) 방재지구에 대한 지원

국가나 지방자치단체는 이 법률 또는 다른 법률에 따라 방재사업을 시행하거나 그 사업을 지원하는 경우 방재지구에 우선적으로 지원할 수 있다(법 제105조의2).

08 지구단위계획 제32회, 제34회

평면적계획 : 토지이용계획

입체적계획 : 건축물계획

우리지역이 앞으로 이렇게 개발되는 군요.

난개발을 방지하고 지역 특성에 맞게 개발되는 군요.

지구단위계획구역

① 지구단위계획 의의

지구단위계획은 도시·군계획 수립대상지역의 일부에 대하여 토지이용을 합리화하고 그 기능을 증진시키며 미관을 개선하고 양호한 환경을 확보하며, 그 지역을 체계적·계획적 으로 관리하기 위하여 수립하는 도시·군관리계획을 말한다(법 제2조 제5호).

② 지구단위계획 수립

(1) 고려사항

지구단위계획은 다음의 사항을 고려하여 수립한다(법 제49조 제1항).

1. 도시의 정비·관리·보전·개발 등 지구단위계획구역의 지정 목적
2. 주거·산업·유통·관광휴양·복합 등 지구단위계획구역의 중심기능
3. 해당 용도지역의 특성
4. 지역 공동체의 활성화
5. 안전하고 지속가능한 생활권의 조성
6. 해당 지역 및 인근 지역의 토지 이용을 고려한 토지이용계획과 건축계획의 조화

(2) 수립기준 등

지구단위계획의 수립기준 등은 대통령령으로 정하는 바에 따라 국토교통부장관이 정한 다(법 제49조 제2항).

3 지구단위계획구역 및 지구단위계획의 결정

지구단위계획구역 및 지구단위계획은 국토교통부장관, 시·도지사, 시장·군수가 도시·군관리계획으로 결정한다(법 제50조).

4 지구단위계획구역의 지정 등

(1) 도시지역

① **재량적 지정대상지역**: 국토교통부장관 또는 시·도지사, 시장·군수가 다음의 지역의 전부 또는 일부에 대하여 지구단위계획구역을 지정할 수 있다(법 제51조 제1항).

> 1. 용도지구
> 2. 도시개발법에 따라 지정된 도시개발구역
> 3. 도시 및 주거환경정비법에 따라 지정된 정비구역
> 4. 택지개발촉진법에 따라 지정된 택지개발지구
> 5. 주택법에 따른 대지조성사업지구
> 6. 산업입지 및 개발에 관한 법률의 산업단지와 준산업단지
> 7. 관광진흥법에 따라 지정된 관광단지와 관광특구
> 8. 개발제한구역·도시자연공원구역·시가화조정구역 또는 공원에서 해제되는 구역, 녹지지역에서 주거·상업·공업지역으로 변경되는 구역과 새로 도시지역으로 편입되는 구역 중 계획적인 개발 또는 관리가 필요한 지역
> 9. 도시지역 내 주거·상업·업무 등의 기능을 결합하는 등 복합적인 토지 이용을 증진시킬 필요가 있는 지역으로서 일반주거지역, 준주거지역, 준공업지역 및 상업지역에서 낙후된 도심 기능을 회복하거나 도시균형발전을 위한 중심지 육성이 필요한 경우로서 다음에 해당하는 지역을 말한다.
>   ① 주요 역세권, 고속버스 및 시외버스 터미널, 간선도로의 교차지 등 양호한 기반시설을 갖추고 있어 대중교통 이용이 용이한 지역
>   ② 역세권의 체계적·계획적 개발이 필요한 지역
>   ③ 세 개 이상의 노선이 교차하는 대중교통 결절지(結節地)로부터 1킬로미터 이내에 위치한 지역
>   ④ 역세권의 개발 및 이용에 관한 법률에 따른 역세권개발구역, 도시재정비 촉진을 위한 특별법에 따른 고밀복합형 재정비촉진지구로 지정된 지역

10. 도시지역 내 유휴토지를 효율적으로 개발하거나 교정시설, 군사시설, 그 밖에 다음의 시설을 이전 또는 재배치하여 토지 이용을 합리화하고, 그 기능을 증진시키기 위하여 집중적으로 정비가 필요한 지역으로서 다음의 요건에 해당하는 지역
   ① 다음의 시설이란 다음의 시설을 말한다.
      ㉠ 철도, 항만, 공항, 공장, 병원, 학교, 공공청사, 공공기관, 시장, 운동장 및 터미널
      ㉡ 그 밖에 ㉠과 유사한 시설로서 특별시·광역시·특별자치시·특별자치도·시 또는 군의 도시·군계획조례로 정하는 시설
   ② 다음의 요건에 해당하는 지역이란 5천제곱미터 이상으로서 도시·군계획조례로 정하는 면적 이상의 유휴토지 또는 대규모 시설의 이전부지로서 다음에 해당하는 지역을 말한다.
      ㉠ 대규모 시설의 이전에 따라 도시기능의 재배치 및 정비가 필요한 지역
      ㉡ 토지의 활용 잠재력이 높고 지역거점 육성이 필요한 지역
      ㉢ 지역경제 활성화와 고용창출의 효과가 클 것으로 예상되는 지역
11. 도시지역의 체계적·계획적인 관리 또는 개발이 필요한 지역
12. 그 밖에 양호한 환경의 확보나 기능 및 미관의 증진 등을 위하여 필요한 다음의 지역
   ① 시범도시
   ② 개발행위허가제한지역
   ③ 지하 및 공중공간을 효율적으로 개발하고자 하는 지역
   ④ 용도지역의 지정·변경에 관한 도시·군관리계획을 입안하기 위하여 열람공고된 지역
   ⑤ 재건축사업에 의하여 공동주택을 건축하는 지역
   ⑥ 지구단위계획구역으로 지정하고자 하는 토지와 접하여 공공시설을 설치하고자 하는 자연녹지지역
   ⑦ 그 밖에 양호한 환경의 확보 또는 기능 및 미관의 증진 등을 위하여 필요한 지역으로서 특별시·광역시·특별자치시·특별자치도·시 또는 군의 도시·군계획조례가 정하는 지역

② **의무적 지정대상지역**: 국토교통부장관, 시·도지사, 시장 또는 군수는 다음에 해당하는 지역을 지구단위계획구역으로 지정하여야 한다. 다만, 관계 법률에 따라 그 지역에 토지 이용과 건축에 관한 계획이 수립되어 있는 경우에는 그러하지 아니하다(법 제51조 제2항, 영 제43조 제5항).

> 1. 정비구역과 택지개발지구에서 시행되는 사업이 끝난 후 10년이 지난 지역
> 2. 다음에 해당하는 지역으로서 체계적·계획적인 개발 또는 관리가 필요한 지역으로서 그 면적이 30만m² 이상인 지역
>   ① 시가화조정구역 또는 공원에서 해제되는 지역. 다만, 녹지지역으로 지정 또는 존치되거나 법 또는 다른 법령에 의하여 도시·군계획사업 등 개발계획이 수립되지 아니하는 경우를 제외한다.
>   ② 녹지지역에서 주거지역·상업지역 또는 공업지역으로 변경되는 지역
>   ③ 그 밖에 특별시·광역시·특별자치시·특별자치도·시 또는 군의 도시·군계획 조례로 정하는 지역

(2) 비도시지역

도시지역 외의 지역을 지구단위계획구역으로 지정하려는 경우에는 다음에 해당하여야 한다(법 제51조 제3항).

① **계획관리지역**: 50% 이상이 계획관리지역으로서 다음에 해당하는 지역

> 1. 계획관리지역 외 지구단위계획구역으로 포함할 수 있는 나머지 용도지역은 생산관리지역 또는 보전관리지역일 것. 다만, 지구단위계획구역에 보전관리지역을 포함하는 경우 해당 보전관리지역의 면적은 다음의 구분에 따른 요건을 충족할 것. 이 경우 개발행위허가를 받는 등 이미 개발된 토지, 산지관리법에 따른 토석채취허가를 받고 토석의 채취가 완료된 토지로서 같은 법 준보전산지에 해당하는 토지 및 해당 토지를 개발하여도 주변지역의 환경오염·환경훼손 우려가 없는 경우로서 해당 도시계획위원회 또는 공동위원회의 심의를 거쳐 지구단위계획구역에 포함되는 토지의 면적은 다음에 따른 보전관리지역의 면적 산정에서 제외한다.
>   ① 전체 지구단위계획구역 면적이 10만제곱미터 이하인 경우: 전체 지구단위계획구역 면적의 20퍼센트 이내
>   ② 전체 지구단위계획구역 면적이 10만제곱미터 초과 20만제곱미터 이하인 경우: 2만제곱미터
>   ③ 전체 지구단위계획구역 면적이 20만제곱미터를 초과하는 경우: 전체 지구단위계획구역 면적의 10퍼센트 이내

2. 지구단위계획구역으로 지정하려는 면적이 다음의 면적 요건에 해당할 것

① 원칙(주거형) : 아파트 · 연립주택의 건설계획이 포함되는 경우

㉠ 원칙 : 지정하려는 지역에 공동주택 중 아파트 또는 연립주택의 건설계획이 포함되는 경우에는 30만㎡ 이상일 것. 이 경우 일단의 토지를 통합(각각의 토지의 면적이 10만㎡ 이상, 총면적이 30만㎡ 이상)하여 하나의 지구단위계획구역으로 지정할 수 있다.

㉡ 예외 : 공동주택 중 아파트 또는 연립주택의 건설계획이 포함되는 경우로서 다음에 해당하는 경우에는 10만㎡ 이상일 것

ⓐ 지구단위계획구역이 자연보전권역인 경우

ⓑ 지구단위계획구역 안에 초등학교 용지를 확보하여 관할 교육청의 동의를 얻거나 지구단위계획구역 안 또는 지구단위계획구역으로부터 통학이 가능한 거리에 초등학교가 위치하고 학생수용이 가능한 경우로서 관할 교육청의 동의를 얻은 경우

② 예외(산업형) : ㉠ 및 ㉡의 경우 외에는 3만㎡ 이상일 것

3. 지구단위계획구역으로 지정하고자 하는 당해 지역에 도로 · 수도공급설비 · 하수도 등 기반시설을 공급할 수 있을 것

4. 자연환경 · 경관 · 미관 등을 해치지 아니하고 국가유산의 훼손우려가 없을 것

② **개발진흥지구** : 개발진흥지구로서 다음의 요건에 해당하는 지역(영 제44조 제2항).

㉠ 계획관리지역의 2, 3, 4까지의 요건에 해당할 것

㉡ 해당 개발진흥지구가 다음의 지역에 위치할 것

ⓐ 주거개발진흥지구, 복합개발진흥지구(주거기능이 포함된 경우에 한한다) 및 특정개발진흥지구 : 계획관리지역

ⓑ 산업 · 유통개발진흥지구 및 복합개발진흥지구(주거기능이 포함되지 아니한 경우에 한한다) : 계획관리지역 · 생산관리지역 또는 농림지역

ⓒ 관광 · 휴양개발진흥지구 : 도시지역 외의 지역

③ 용도지구를 폐지하고 그 용도지구에서의 행위 제한 등을 지구단위계획으로 대체하려는 지역

5 지구단위계획의 내용

① **지구단위계획의 의무적 포함사항**: 지구단위계획에는 2.와 4.의 사항을 포함한 둘 이상의 사항이 포함되어야 한다. 다만, 1의2를 내용으로 하는 지구단위계획의 경우에는 그러하지 아니하다(법 제52조 제1항, 영 제45조).

> 1. 용도지역·용도지구를 대통령령으로 정하는 범위에서 세분하거나 변경하는 사항
>   ① 용도지역의 세분 또는 변경은 주거지역, 상업지역, 공업지역 및 녹지지역을 그 각 범위 안에서 세분 또는 변경하는 것으로 한다.
>   ② 도시지역 내 주거·상업·업무 등의 기능을 결합하는 등 복합적인 토지 이용을 증진시킬 필요가 있는 지역으로서 대통령령으로 정하는 요건에 해당하는 지역에 지정된 지구단위계획구역에서는 주거지역, 상업지역, 공업지역, 녹지지역 간의 변경을 포함한다.
>   ③ 용도지구의 세분 또는 변경은 경관지구, 보호지구, 방재지구, 취락지구 및 개발진흥지구를 각 범위 안에서 세분 또는 변경하는 것으로 한다.
> 1의2. 기존의 용도지구를 폐지하고 그 용도지구에서의 건축물이나 그 밖의 시설의 용도·종류 및 규모 등의 제한을 대체하는 사항
> 2. 대통령령으로 정하는 기반시설의 배치와 규모
> 3. 도로로 둘러싸인 일단의 지역 또는 계획적인 개발·정비를 위하여 구획된 일단의 토지의 규모와 조성계획
> 4. 건축물의 용도제한, 건축물의 건폐율 또는 용적률, 건축물 높이의 최고한도 또는 최저한도
> 5. 건축물의 배치·형태·색채 또는 건축선에 관한 계획
> 6. 환경관리계획 또는 경관계획
> 7. 보행안전 등을 고려한 교통처리계획
> 8. 그 밖에 토지 이용의 합리화, 도시나 농·산·어촌의 기능 증진 등에 필요한 사항으로서 대통령령으로 정하는 사항

② **도시·군계획시설의 처리·공급 및 수용능력과의 조화**: 지구단위계획은 도로, 상하수도 등 대통령령으로 정하는 도시·군계획시설[도로·주차장·공원·녹지·공공공지, 수도·전기·가스·열공급설비, 학교(초등학교 및 중학교에 한한다)·하수도·폐기물처리 및 재활용시설]의 처리·공급 및 수용능력이 지구단위계획구역에 있는 건축물의 연면적, 수용인구 등 개발밀도와 적절한 조화를 이룰 수 있도록 하여야 한다(법 제52조 제2항, 영 제45조 제5항).

6 건폐율 등의 완화적용

1. 도시지역의 지구단위계획구역에서의 건폐율 등의 완화적용

(1) 법률규정의 완화

지구단위계획구역에서는 다음의 법률의 규정을 대통령령이 정하는 범위 안에서 지구단위계획이 정하는 바에 따라 완화하여 적용할 수 있다(법 제52조 제3항, 영 제46조ㆍ제47조).

국토의 계획 및 이용에 관한 법률	① 용도지역, 용도지구 안에서의 건축제한(제76조) ② 용도지역 안에서의 건폐율(제77조) ③ 용도지역 안에서의 용적률(제78조)
건축법	① 대지 안의 조경(제42조) ② 공개 공지 등의 확보(제43조) ③ 대지와 도로와의 관계(제44조) ④ 건축물의 높이제한(제60조) ⑤ 일조 등의 확보를 위한 건축물의 높이제한(제61조)
주차장법	① 부설주차장(제19조) ② 부설주차장의 설치의무 등(제19조의2)

(2) 도시지역 내의 지구단위계획구역에서의 규정의 완화

① **공공시설부지를 제공하는 경우**: 지구단위계획구역(도시지역 내에 지정하는 경우로 한정한다. 이하 이 조에서 같다)에서 건축물을 건축하려는 자가 그 대지의 일부를 법 제52조의2 제1항 각 호의 시설(이하 이 조 및 제46조의2에서 "공공시설 등"이라 한다)의 공공시설 등의 부지로 제공하거나 공공시설 등을 설치하여 제공하는 경우[지구단위계획구역 밖의 하수도법에 따른 배수구역에 공공하수처리시설을 설치하여 제공하는 경우(지구단위계획구역에 다른 공공시설 및 기반시설이 충분히 설치되어 있는 경우로 한정한다)를 포함한다]에는 그 건축물에 대하여 지구단위계획으로 다음의 구분에 따라 건폐율ㆍ용적률 및 높이제한을 완화하여 적용할 수 있다. 이 경우 제공받은 공공시설 등은 국유재산 또는 공유재산으로 관리한다(영 제46조 제1항).

> 1. 공공시설 등의 부지를 제공하는 경우에는 다음의 비율까지 건폐율ㆍ용적률 및 높이제한을 완화하여 적용할 수 있다. 다만, 지구단위계획구역 안의 일부 토지를 공공시설 등의 부지로 제공하는 자가 해당 지구단위계획구역 안의 다른 대지에서 건축물을 건축하는 경우에는 ②의 비율까지 그 용적률만 완화하여 적용할 수 있다.
> ① 완화할 수 있는 건폐율 = 해당 용도지역에 적용되는 건폐율 × [1 + 공공시설 등의 부지로 제공하는 면적(공공시설 등의 부지를 제공하는 자가 법 제65조 제2항에 따라 용도가 폐지되는 공공시설을 무상으로 양수받은 경우에는 그 양수받은 부지면적을 빼고 산정한다. 이하 이 조에서 같다) ÷ 원래의 대지면적] 이내

② 완화할 수 있는 용적률 = 해당 용도지역에 적용되는 용적률 + [1.5 × (공공시설 등의 부지로 제공하는 면적 × 공공시설 등 제공 부지의 용적률) ÷ 공공시설 등의 부지 제공 후의 대지면적] 이내

③ 완화할 수 있는 높이 = 건축법 제60조에 따라 제한된 높이 × (1 + 공공시설 등의 부지로 제공하는 면적 ÷ 원래의 대지면적) 이내

② **주차장 설치기준의 완화**: 지구단위계획구역의 지정목적이 다음에 해당하는 경우에는 지구단위계획으로 주차장법에 의한 주차장 설치기준을 100%까지 완화하여 적용할 수 있다(영 제46조 제6항).

1. 한옥마을을 보존하고자 하는 경우
2. 차 없는 거리를 조성하고자 하는 경우(지구단위계획으로 보행자전용도로를 지정하거나 차량의 출입을 금지한 경우를 포함한다)
3. 그 밖에 국토교통부령(차량진입금지구간)이 정하는 경우

③ **용적률의 완화**: 도시지역에 개발진흥지구를 지정하고 당해 지구를 지구단위계획구역으로 지정한 경우에는 지구단위계획으로 당해 용도지역에 적용되는 용적률의 120% 이내에서 용적률을 완화하여 적용할 수 있다(영 제46조 제7항).

④ **높이제한의 완화**: 도시지역에 개발진흥지구를 지정하고 당해 지구를 지구단위계획구역으로 지정한 경우에는 지구단위계획으로 건축법 제60조(가로구역에서의 높이제한)에 따라 제한된 건축물높이의 120% 이내에서 높이제한을 완화하여 적용할 수 있다(영 제46조 제8항).

⑤ **도시지역 지구단위계획구역에서 최대완화**: 용도지역 또는 용도지구에 적용되는 건폐율의 150% 및 용적률의 200%를 각각 초과할 수 없다.

⑥ 법 제51조 제1항 제8호의2에 따라 지정된 지구단위계획구역 내 준주거지역에서는 법 제52조 제3항에 따라 지구단위계획으로 「건축법」 제61조 제2항에 따른 채광(採光) 등의 확보를 위한 건축물의 높이 제한을 200퍼센트 이내의 범위에서 완화하여 적용할 수 있다(영 제46조 제13항).

2. 도시지역 외의 지구단위계획구역의 건폐율 등의 완화적용

(I) 건폐율과 용적률의 완화범위

도시지역 외의 지구단위계획구역에서는 지구단위계획으로 당해 용도지역 또는 개발진흥지구에 적용되는 건폐율의 150% 및 용적률의 200% 이내에서 건폐율 및 용적률을 완화하여 적용할 수 있다(영 제47조 제1항).

(2) 건축제한의 완화범위

지구단위계획구역에서는 지구단위계획으로 건축물의 용도·종류 및 규모 등을 완화하여 적용할 수 있다. 다만, 개발진흥지구(계획관리지역에 지정된 개발진흥지구를 제외한다)에 지정된 지구단위계획구역에 대하여는 공동주택 중 아파트 및 연립주택은 허용되지 아니한다(영 제47조 제2항).

7 지구단위계획구역의 지정 및 지구단위계획에 관한 도시·군관리계획결정의 실효 등

(1) 지구단위계획의 미수립에 따른 지구단위계획구역의 지정의 실효

지구단위계획구역의 지정에 관한 도시·군관리계획결정의 고시일부터 3년 이내에 그 지구단위계획구역에 관한 지구단위계획이 결정·고시되지 아니하면 그 3년이 되는 날의 다음 날에 그 지구단위계획구역의 지정에 관한 도시·군관리계획결정은 효력을 잃는다. 다만, 다른 법률에서 지구단위계획의 결정(결정된 것으로 보는 경우를 포함한다)에 관하여 따로 정한 경우에는 그 법률에 따라 지구단위계획을 결정할 때까지 지구단위계획구역의 지정은 그 효력을 유지한다(법 제53조 제1항).

(2) 지구단위계획에 따른 사업 미착수에 따른 지구단위계획결정의 실효

지구단위계획(주민이 입안을 제안한 것에 한정한다)에 관한 도시·군관리계획결정의 고시일부터 5년 이내에 이 법 또는 다른 법률에 따라 허가·인가·승인 등을 받아 사업이나 공사에 착수하지 아니하면 그 5년이 된 날의 다음 날에 그 지구단위계획에 관한 도시·군관리계획결정은 효력을 잃는다. 이 경우 지구단위계획과 관련한 도시·군관리계획결정에 관한 사항은 해당 지구단위계획구역 지정 당시의 도시·군관리계획으로 환원된 것으로 본다(법 제53조 제2항).

(3) 실효고시

국토교통부장관, 시·도지사, 시장 또는 군수는 지구단위계획구역 지정 및 지구단위계획 결정이 효력을 잃으면 대통령령으로 정하는 바에 따라 지체 없이 그 사실을 고시하여야 한다(법 제53조 제3항).

8 지구단위계획구역에서 건축물의 건축

① **지구단위계획구역에서의 건축 등**: 지구단위계획구역에서 건축물(일정 기간 내 철거가 예상되는 경우 등 대통령령으로 정하는 가설건축물은 제외한다)을 건축 또는 용도변경하거나 공작물을 설치하려면 그 지구단위계획에 맞게 하여야 한다. 다만, 지구단위계획이 수립되어 있지 아니한 경우에는 그러하지 아니하다(법 제54조).

② **지구단위계획이 적용되지 않는 가설건축물**: 대통령령으로 정하는 가설건축물이란 다음의 어느 하나에 해당하는 가설건축물을 말한다(영 제50조의2).

> 1. 존치기간(연장된 존치기간을 포함한 총 존치기간을 말한다)이 3년의 범위에서 해당 특별시·광역시·특별자치시·특별자치도·시 또는 군의 도시·군계획조례로 정한 존치기간 이내인 가설건축물.
> 2. 재해복구기간 중 이용하는 재해복구용 가설건축물
> 3. 공사기간 중 이용하는 공사용 가설건축물

예제

국토의 계획 및 이용에 관한 법령상 지구단위계획에 관한 설명으로 틀린 것은?

① 도시지역 내 지구단위계획구역의 지정목적이 한옥마을을 보존하고자 하는 경우에는 지구단위계획으로 「주차장법」 제19조 제3항의 규정에 의한 주차장 설치기준을 100퍼센트까지 완화하여 적용할 수 있다.

② 주민이 입안을 제안한 경우, 지구단위계획에 관한 도시·군관리계획결정의 고시일부터 3년 이내에 허가를 받아 사업이나 공사에 착수하지 아니하면 그 3년이 된 날에 지구단위계획구역의 지정에 관한 도시·군관리계획결정은 효력을 잃는다.

③ 도시지역 외에서 지정되는 지구단위계획구역에서는 지구단위계획으로 당해 용도지역 또는 개발진흥지구에 적용되는 건폐율의 150퍼센트 및 용적률의 200퍼센트 이내에서 건폐율 및 용적률을 완화하여 적용할 수 있다.

④ 도시지역에 개발진흥지구를 지정하고 당해 지구를 지구단위계획구역으로 지정한 경우에는 지구단위계획으로 당해 용도지역에 적용되는 용적률의 120퍼센트 이내에서 용적률을 완화하여 적용할 수 있다.

⑤ 국토교통부장관은 「도시개발법」에 따라 지정된 도시개발구역의 전부 또는 일부에 대하여 지구단위계획구역을 지정할 수 있다.

해설 ② 주민이 입안을 제안한 경우, 지구단위계획에 관한 도시·군관리계획결정의 고시일부터 5년 이내에 허가를 받아 사업이나 공사에 착수하지 아니하면 그 5년이 된 날의 다음 날에 지구단위계획구역의 지정에 관한 도시·군관리계획결정은 효력을 잃는다. ◆ 정답 ②

개발행위허가 제31회, 제32회, 제33회, 제34회, 제35회

01 개발행위허가 등 제31회, 제34회

1 허가대상

(1) 다음에 해당하는 행위(이하 "개발행위"라 한다)를 하려는 자는 특별시장·광역시장·특별자치시장·특별자치도지사·시장 또는 군수의 허가(이하 "개발행위허가"라 한다)를 받아야 한다. 다만, 도시·군계획사업(다른 법률에 따라 도시·군계획사업을 의제한 사업을 포함한다)에 의한 행위는 그러하지 아니하다(법 제56조 제1항, 영 제51조 제1항).

건축물의 건축	건축법에 따른 건축물의 건축
공작물의 설치	인공을 가하여 제작한 시설물(건축법에 따른 건축물을 제외한다)의 설치
토지의 형질변경	① 절토(땅깎기) · 성토(흙쌓기) · 정지(땅고르기) · 포장 등의 방법으로 토지의 형상을 변경하는 행위와 공유수면의 매립 ② 경작을 위한 토지의 형질변경은 허가를 받지 아니한다. 다만, 조성이 끝난 농지에서 농작물 재배, 농지의 지력 증진 및 생산성 향상을 위한 객토(새 흙 넣기) · 환토(흙 바꾸기) · 정지(땅고르기) 또는 양수 · 배수시설의 설치 · 정비를 위한 토지의 형질변경으로서 다음에 해당하는 형질변경은 허가를 받아야 한다. 　㉠ 인접토지의 관개 · 배수 및 농작업에 영향을 미치는 경우 　㉡ 재활용 골재, 사업장 폐토양, 무기성 오니(오염된 침전물) 등 수질오염 또는 토질오염의 우려가 있는 토사 등을 사용하여 성토하는 경우. 다만, 농지법 시행령 제3조의2 제2호(해당 농지의 토양개량이나 관개 · 배수 · 농업기계이용의 개선을 위하여 농지에서 농림축산식품부령으로 정하는 기준)에 따른 성토는 제외한다. 　㉢ 지목의 변경을 수반하는 경우(전 · 답 사이의 변경은 제외한다) 　㉣ 옹벽 설치(제53조에 따라 허가를 받지 않아도 되는 옹벽 설치는 제외한다) 또는 2미터 이상의 절토 · 성토가 수반되는 경우. 다만, 절토 · 성토에 대해서는 2미터 이내의 범위에서 특별시 · 광역시 · 특별자치시 · 특별자치도 · 시 또는 군의 도시 · 군계획조례로 따로 정할 수 있다.
토석채취	흙 · 모래 · 자갈 · 바위 등의 토석을 채취하는 행위. 다만, 토지의 형질변경을 목적으로 하는 것을 제외한다.
토지분할	다음에 해당하는 토지의 분할(건축물이 있는 대지의 분할은 제외한다) ① 녹지지역 · 관리지역 · 농림지역 및 자연환경보전지역 안에서 관계법령에 따른 허가 · 인가 등을 받지 아니하고 행하는 토지의 분할 ② 건축법에 따른 분할제한면적 미만으로의 토지의 분할 ③ 관계 법령에 의한 허가 · 인가 등을 받지 아니하고 행하는 너비 5m 이하로의 토지의 분할
물건을 쌓아놓는 행위	녹지지역 · 관리지역 또는 자연환경보전지역 안에서 건축법에 따라 사용승인을 받은 건축물의 울타리안(적법한 절차에 의하여 조성된 대지에 한한다)에 위치하지 아니한 토지에 물건을 1개월 이상 쌓아놓는 행위

(2) 허가받은 사항의 변경

개발행위허가를 받은 사항을 변경하는 경우에는 변경허가를 받아야 한다. 다만, 대통령령으로 정하는 다음의 경미한 사항을 변경하는 경우에는 지체 없이 그 사실을 특별시장·광역시장·특별자치시장·특별자치도지사·시장 또는 군수에게 통지하여야 한다(법 제56조 제2항, 영 제52조 제1항·제2항).

> 1. 사업기간을 단축하는 경우
> 2. 다음에 해당하는 경우
>   ① 부지면적 또는 건축물 연면적을 5퍼센트 범위에서 축소[공작물의 무게, 부피, 수평투영면적(하늘에서 내려다보이는 수평 면적을 말한다) 또는 토석채취량을 5퍼센트 범위에서 축소하는 경우를 포함한다]하는 경우
>   ② 관계 법령의 개정 또는 도시·군관리계획의 변경에 따라 허가받은 사항을 불가피하게 변경하는 경우
>   ③ 공간정보의 구축 및 관리 등에 관한 법률 제26조 제2항 및 건축법 제26조에 따라 허용되는 오차를 반영하기 위한 변경인 경우
>   ④ 공작물의 위치를 1미터 범위에서 변경하는 경우

2 개발행위허가 대상의 예외

다음에 해당하는 행위는 개발행위허가를 받지 아니하고 할 수 있다(법 제56조 제4항, 영 제53조).

(1) 재해복구나 재난수습을 위한 응급조치(응급조치를 한 경우에는 1개월 이내에 특별시장·광역시장·특별자치시장·특별자치도지사·시장 또는 군수에게 신고하여야 한다)

(2) 건축법에 따라 신고하고 설치할 수 있는 건축물의 개축·증축 또는 재축과 이에 필요한 범위에서의 토지의 형질 변경(도시·군계획시설사업이 시행되지 아니하고 있는 도시·군계획시설의 부지인 경우만 가능하다)

(3) 그 밖에 대통령령으로 정하는 다음의 경미한 행위

1. 건축물의 건축: 건축허가 또는 건축신고 및 가설건축물 건축의 허가 또는 가설건축물의 축조신고 대상에 해당하지 아니하는 건축물의 건축

2. 공작물의 설치
   ① 도시지역 또는 지구단위계획구역에서 무게가 50t 이하, 부피가 50m³ 이하, 수평투영면적이 50m² 이하인 공작물의 설치. 다만, 건축법 시행령 제118조 제1항 각 호의 어느 하나에 해당하는 공작물의 설치는 제외한다.
   ② 도시지역·자연환경보전지역 및 지구단위계획구역 외의 지역에서 무게가 150t 이하, 부피가 150m³ 이하, 수평투영면적이 150m² 이하인 공작물의 설치. 다만, 건축법 시행령 제118조 제1항 각 호의 어느 하나에 해당하는 공작물의 설치는 제외한다.
   ③ 녹지지역·관리지역 또는 농림지역 안에서의 농림어업용 비닐하우스(양식산업발전법에 따른 양식업을 하기 위하여 비닐하우스 안에 설치하는 양식장은 제외한다)의 설치

3. 토지의 형질변경
   ① 높이 50cm 이내 또는 깊이 50cm 이내의 절토·성토·정지 등(포장을 제외하며, 주거지역·상업지역 및 공업지역 외의 지역에서는 지목변경을 수반하지 아니하는 경우에 한한다)
   ② 도시지역·자연환경보전지역 및 지구단위계획구역 외의 지역에서 면적이 660m² 이하인 토지에 대한 지목변경을 수반하지 아니하는 절토·성토·정지·포장 등(토지의 형질변경 면적은 형질변경이 이루어지는 당해 필지의 총면적을 말한다)
   ③ 조성이 완료된 기존 대지에 건축물이나 그 밖의 공작물을 설치하기 위한 토지의 형질변경(절토 및 성토는 제외한다)
   ④ 국가 또는 지방자치단체가 공익상의 필요에 의하여 직접 시행하는 사업을 위한 토지의 형질변경

4. 토석채취
   ① 도시지역 또는 지구단위계획구역에서 채취면적이 25m² 이하인 토지에서의 부피 50m³ 이하의 토석채취
   ② 도시지역·자연환경보전지역 및 지구단위계획구역외의 지역에서 채취면적이 250m² 이하인 토지에서의 부피 500m³ 이하의 토석채취

5. 토지분할
   ① 사도법에 의한 사도개설허가를 받은 토지의 분할
   ② 토지의 일부를 국유지 또는 공유지로 하거나 공공시설로 사용하기 위한 토지의 분할
   ③ 행정재산 중 용도폐지되는 부분의 분할 또는 일반재산을 매각·교환 또는 양여하기 위한 분할
   ④ 토지의 일부가 도시·군계획시설로 지형도면고시가 된 당해 토지의 분할
   ⑤ 너비 5m 이하로 이미 분할된 토지의 건축법 제57조 제1항에 따른 분할제한면적 이상으로의 분할

6. 물건을 쌓아놓는 행위

① 녹지지역 또는 지구단위계획구역에서 물건을 쌓아놓는 면적이 25m² 이하인 토지에 전체무게 50t 이하, 전체부피 50m³ 이하로 물건을 쌓아놓는 행위

② 관리지역(지구단위계획구역으로 지정된 지역을 제외한다)에서 물건을 쌓아놓는 면적이 250m² 이하인 토지에 전체무게 500t 이하, 전체부피 500m³ 이하로 물건을 쌓아놓는 행위

③ 개발행위허가의 절차

(1) 개발행위허가 신청서의 제출

① **원칙**: 개발행위를 하려는 자는 그 개발행위에 따른 기반시설의 설치나 그에 필요한 용지의 확보, 위해방지, 환경오염 방지, 경관, 조경 등에 관한 계획서를 첨부한 신청서를 개발행위허가권자에게 제출하여야 한다(법 제57조 제1항).

② **예외**: 이 경우 개발밀도관리구역 안에서는 기반시설의 설치나 그에 필요한 용지의 확보에 관한 계획서를 제출하지 아니한다. 다만, 건축법의 적용을 받는 건축물의 건축 또는 공작물의 설치를 하려는 자는 건축법에서 정하는 절차에 따라 신청서류를 제출하여야 한다(법 제57조 제1항).

(2) 개발행위허가의 기준(대통령령)

특별시장 · 광역시장 · 특별자치시장 · 특별자치도지사 · 시장 또는 군수는 개발행위허가의 신청 내용이 다음의 기준에 맞는 경우에만 개발행위허가 또는 변경허가를 하여야 한다(법 제58조 제1항).

① **일반적 기준**

㉠ 개발행위허가의 기준면적: 용도지역별 특성을 고려하여 대통령령으로 정하는 개발행위의 규모(토지의 형질변경면적)에 적합할 것. 다만, 개발행위가 농어촌정비법에 따른 농어촌정비사업으로 이루어지는 경우 등 대통령령으로 정하는 경우에는 개발행위 규모의 제한을 받지 아니한다.

구 분	개발행위(형질변경) 허가 면적기준
도시 지역	주거지역 및 상업지역, 자연녹지지역, 생산녹지지역 : 1만m² 미만
	공업지역 : 3만m² 미만
	보전녹지지역 : 5천m² 미만
도시 지역 밖	관리지역 : 3만m² 미만
	농림지역 : 3만m² 미만
	자연환경보전지역 : 5천m² 미만

ⓛ 도시·군관리계획 및 성장관리계획의 내용에 어긋나지 아니할 것

ⓒ 도시·군계획사업의 시행에 지장이 없을 것

ⓔ 주변지역의 토지이용실태 또는 토지이용계획, 건축물의 높이, 토지의 경사도, 수목의 상태, 물의 배수, 하천·호소·습지의 배수 등 주변환경이나 경관과 조화를 이룰 것

ⓜ 해당 개발행위에 따른 기반시설의 설치나 그에 필요한 용지의 확보계획이 적절할 것

② **2 이상의 용도지역에 걸치는 경우**: 개발행위허가의 대상인 토지가 2 이상의 용도지역에 걸치는 경우에는 각각의 용도지역에 위치하는 토지부분에 대하여 각각의 용도지역의 개발행위의 규모에 관한 규정을 적용한다. 다만, 개발행위허가의 대상인 토지의 총면적이 당해 토지가 걸쳐 있는 용도지역 중 개발행위의 규모가 가장 큰 용도지역의 개발행위의 규모를 초과하여서는 아니 된다(영 제55조 제2항).

③ **허가기준의 용도지역별 구분**: 개발행위허가 기준에 따라 허가할 수 있는 경우 그 허가의 기준은 지역의 특성, 지역의 개발상황, 기반시설의 현황 등을 고려하여 다음의 구분에 따라 대통령령으로 정한다(법 제58조 제3항).

> 1. 시가화 용도: 토지의 이용 및 건축물의 용도·건폐율·용적률·높이 등에 대한 용도지역의 제한에 따라 개발행위허가의 기준을 적용하는 주거지역·상업지역 및 공업지역
> 2. 유보 용도: 도시계획위원회의 심의를 통하여 개발행위허가의 기준을 강화 또는 완화하여 적용할 수 있는 계획관리지역·생산관리지역 및 자연녹지지역
> 3. 보전 용도: 도시계획위원회의 심의를 통하여 개발행위허가의 기준을 강화하여 적용할 수 있는 보전관리지역·농림지역·자연환경보전지역 및 보전녹지지역과 생산녹지지역

(3) 의견청취

① **도시·군계획사업 시행자의 의견청취**: 특별시장·광역시장·특별자치시장·특별자치도지사·시장 또는 군수는 개발행위허가 또는 변경허가를 하려면 그 개발행위가 도시·군계획사업의 시행에 지장을 주는지에 관하여 해당 지역에서 시행되는 도시·군계획사업의 시행자의 의견을 들어야 한다(법 제58조 제2항).

② **공공시설 관리청의 의견청취**: 특별시장·광역시장·특별자치시장·특별자치도지사·시장 또는 군수는 공공시설의 귀속에 관한 사항이 포함된 개발행위허가를 하려면 미리 해당 공공시설이 속한 관리청의 의견을 들어야 한다(법 제65조 제3항).

(4) 협의·심의

① **원칙**: 관계 행정기관의 장은 건축물의 건축 또는 공작물의 설치, 토지의 형질 변경(경작을 위한 경우로서 대통령령으로 정하는 토지의 형질 변경은 제외한다), 토석의 채취 행위 중 어느 하나에 해당하는 행위로서 대통령령으로 정하는 다음의 행위를 이 법에 따라 허가 또는 변경허가를 하거나 다른 법률에 따라 인가·허가·승인 또는 협의를 하려면 대통령령으로 정하는 바에 따라 중앙도시계획위원회나 지방도시계획위원회의 심의를 거쳐야 한다. 다만, 도시·군계획사업(택지개발촉진법 등 다른 법률에서 도시·군계획사업을 의제하는 사업을 제외한다)에 따른 경우는 제외한다(법 제59조 제1항, 영 제57조 제1항).

> 1. 건축물의 건축 또는 공작물의 설치를 목적으로 하는 토지의 형질변경으로서 그 면적이 개발행위허가의 규모(도시·군계획조례로 규모를 따로 정하는 경우에는 그 규모를 말한다) 이상인 경우. 다만, 제55조 제3항 제3호의2에 따라 시·도도시계획위원회 또는 시·군·구도시계획위원회 중 대도시에 두는 도시계획위원회의 심의를 거치는 토지의 형질변경의 경우는 제외한다.
> 2. 녹지지역, 관리지역, 농림지역 또는 자연환경보전지역에서 건축물의 건축 또는 공작물의 설치를 목적으로 하는 토지의 형질변경으로서 그 면적이 개발행위허가에 해당하는 규모 미만인 경우
> 3. 부피 3만세제곱미터 이상의 토석채취

② **예외**: 다음에 해당하는 개발행위는 중앙도시계획위원회와 지방도시계획위원회의 심의를 거치지 아니한다(법 제59조 제2항).

> 1. 제8조(다른 법률에 따른 토지이용에 관한 구역 등의 지정제한), 제9조(다른 법률에 따른 용도지역 등의 변경제한) 또는 다른 법률에 따라 도시계획위원회의 심의를 받는 구역에서 하는 개발행위
> 2. 지구단위계획 또는 성장관리계획을 수립한 지역에서 하는 개발행위
> 3. 주거지역·상업지역·공업지역에서 시행하는 개발행위 중 특별시·광역시·특별자치시·특별자치도·시 또는 군의 조례로 정하는 규모·위치 등에 해당하지 아니하는 개발행위
> 4. 환경영향평가법에 따라 환경영향평가를 받은 개발행위
> 5. 도시교통정비 촉진법에 따라 교통영향평가에 대한 검토를 받은 개발행위
> 6. 농어촌정비법에 따른 농어촌정비사업 중 대통령령으로 정하는 사업을 위한 개발행위
> 7. 산림자원의 조성 및 관리에 관한 법률에 따른 산림사업 및 사방사업법에 따른 사방사업을 위한 개발행위

(5) 허가 또는 불허가처분

특별시장·광역시장·특별자치시장·특별자치도지사·시장 또는 군수는 개발행위허가의 신청에 대하여 특별한 사유가 없으면 15일(도시계획위원회의 심의를 거쳐야 하거나 관계 행정기관의 장과 협의를 하여야 하는 경우에는 심의 또는 협의기간을 제외한다) 이내에 허가 또는 불허가의 처분을 하여야 하고, 그 처분을 할 때에는 지체 없이 그 신청인에게 허가내용이나 불허가처분의 사유를 서면 또는 제128조에 따른 국토이용정보체계를 통하여 알려야 한다(법 제57조 제2항·제3항).

(6) 조건부허가

① 특별시장·광역시장·특별자치시장·특별자치도지사·시장 또는 군수는 개발행위허가를 하는 경우에는 대통령령으로 정하는 바에 따라 그 개발행위에 따른 기반시설의 설치 또는 그에 필요한 용지의 확보, 위해 방지, 환경오염 방지, 경관, 조경 등에 관한 조치를 할 것을 조건으로 개발행위허가를 할 수 있다(법 제57조 제4항).

② 특별시장·광역시장·특별자치시장·특별자치도지사·시장 또는 군수는 개발행위허가에 조건을 붙이려는 때에는 미리 개발행위허가를 신청한 자의 의견을 들어야 한다(영 제54조 제2항).

(7) 이행보증금

① **원칙**: 특별시장·광역시장·특별자치도지사·특별자치시장·시장 또는 군수는 기반시설의 설치 또는 그에 필요한 용지의 확보·위해 방지·환경오염방지·경관·조경 등을 위하여 필요하다고 인정되는 경우로서 다음의 경우에는 이행을 담보하기 위하여 개발행위허가를 받는 자로 하여금 이행보증금을 예치하게 할 수 있다(법 제60조 제1항, 영 제59조 제1항).

> ▶ 이행보증금 예치사유
> 1. 토지의 굴착으로 인하여 인근의 토지가 붕괴될 우려가 있거나 인근의 건축물 또는 공작물이 손괴될 우려가 있는 경우
> 2. 토지의 형질변경이나 토석의 채취가 완료된 후 비탈면에 조경을 할 필요가 있는 경우
> 3. 토석의 발파로 인한 낙석·먼지 등에 의하여 인근지역에 피해가 발생할 우려가 있는 경우
> 4. 토석을 운반하는 차량의 통행으로 인하여 통행로 주변의 환경이 오염될 우려가 있는 경우
> 5. 건축물의 건축, 공작물의 축조, 토지의 형질변경, 토석의 채취로서 당해 개발행위로 인하여 도로·수도공급설비·하수도 등 기반시설의 설치가 필요한 경우

② **예외**: 다음에 해당하는 경우에는 그러하지 아니하다(법 제60조 제1항).

> 1. 국가나 지방자치단체가 시행하는 개발행위
> 2. 공공기관의 운영에 관한 법률에 따른 공공기관(이하 "공공기관"이라 한다) 중 대통령령으로 정하는 기관이 시행하는 개발행위
> 3. 그 밖에 해당 지방자치단체의 조례로 정하는 공공단체가 시행하는 개발행위

③ **이행보증금의 예치금액**: 이행보증금의 예치금액은 기반시설의 설치나 그에 필요한 용지의 확보, 위해의 방지, 환경오염의 방지, 경관 및 조경에 필요한 비용의 범위 안에서 산정하되 총공사비의 20% 이내(산지에서의 개발행위의 경우 복구비를 합하여 총공사비의 20% 이내)가 되도록 하고, 그 산정에 관한 구체적인 사항 및 예치방법은 특별시·광역시·특별자치시·특별자치도·시 또는 군의 도시·군계획조례로 정한다. 이 경우 산지에서의 개발행위에 대한 이행보증금의 예치금액은 산지관리법에 따른 복구비를 포함하여 정하되, 복구비가 이행보증금에 중복하여 계상되지 아니하도록 하여야 한다(영 제59조 제2항).

④ **이행보증금의 예치방법**: 이행보증금은 현금으로 납입하되, 국가를 당사자로 하는 계약에 관한 법률 시행령 및 지방자치단체를 당사자로 하는 계약에 관한 법률 시행령의 보증서 등 또는 광산피해의 방지 및 복구에 관한 법률에 따라 한국광해관리공단이 발행하는 이행보증서 등으로 이를 갈음할 수 있다(영 제59조 제3항).

⑤ **이행보증금의 반환**: 이행보증금은 개발행위허가를 받은 자가 준공검사를 받은 때에는 즉시 이를 반환하여야 하며, 대집행에 의하여 원상회복을 한 경우에 그 잔액이 있는 때에는 즉시 이를 이행보증금의 예치자에게 반환하여야 한다(영 제59조 제4항·제6항).

(8) 허가사항 위반시 조치

① **원상회복명령**: 특별시장·광역시장·특별자치시장·특별자치도지사·시장 또는 군수는 개발행위허가를 받지 아니하고 개발행위를 하거나 허가내용과 다르게 개발행위를 하는 자에게는 그 토지의 원상회복을 명할 수 있다(법 제60조 제3항).

② **서면통지**: 특별시장·광역시장·특별자치시장·특별자치도지사·시장 또는 군수는 원상회복을 명하는 경우에는 국토교통부령으로 정하는 바에 따라 구체적인 조치내용·기간 등을 정하여 서면으로 통지해야 한다(영 제59조 제7항).

③ **행정대집행 및 이행보증금 사용**: 특별시장·광역시장·특별자치시장·특별자치도지사·시장 또는 군수는 원상회복의 명령을 받은 자가 원상회복을 하지 아니하면 행정대집행법에 따른 행정대집행에 따라 원상회복을 할 수 있다. 이 경우 행정대집행에 필요한 비용으로 예치한 이행보증금을 사용할 수 있다(법 제60조 제4항).

(9) 관련 인·허가의 의제

① **의제사항**: 개발행위허가 또는 변경허가를 할 때에 특별시장·광역시장·특별자치시장·특별자치도지사·시장 또는 군수가 그 개발행위에 대한 광업법에 따른 채굴계획의 인가, 농어촌정비법에 따른 농업생산기반시설의 사용 허가, 농지법에 따른 농지전용의 허가 또는 협의, 같은 법에 따른 농지전용의 신고 및 같은 법에 따른 농지의 타용도 일시사용의 허가 또는 협의 등의 인가·허가·승인·면허·협의·해제·신고 또는 심사 등(이하 "인·허가 등"이라 한다)에 관하여 미리 관계 행정기관의 장과 협의한 사항에 대하여는 그 인·허가 등을 받은 것으로 본다(법 제61조 제1항).

② **관련서류의 제출**: 인·허가 등의 의제를 받으려는 자는 개발행위허가 또는 변경허가를 신청할 때에 해당 법률에서 정하는 관련 서류를 함께 제출하여야 한다(법 제61조 제2항).

③ **협의시 의견제시 기한**: 특별시장·광역시장·특별자치시장·특별자치도지사·시장 또는 군수는 개발행위허가 또는 변경허가를 할 때에 그 내용에 의제사항이 있으면 미리 관계 행정기관의 장과 협의하여야 하며, 협의 요청을 받은 관계 행정기관의 장은 요청을 받은 날부터 20일 이내에 의견을 제출하여야 하며, 그 기간 내에 의견을 제출하지 아니하면 협의가 이루어진 것으로 본다(법 제61조 제3항·제4항).

④ **통합고시**: 국토교통부장관은 의제되는 인·허가 등의 처리기준을 관계 중앙행정기관으로부터 제출받아 통합하여 고시하여야 한다(법 제61조 제5항).

(10) 개발행위복합민원 일괄협의회

① 특별시장·광역시장·특별자치시장·특별자치도지사·시장 또는 군수는 인가·허가·승인·면허·협의·해제·신고 또는 심사 등(이하 이 조에서 "인·허가 등"이라 한다)의 의제사항에 대한 관계 행정기관의 장과 협의하기 위하여 개발행위복합민원 일괄협의회를 개발행위허가 신청일부터 10일 이내에 개최하여야 한다(법 제61조의2 제1항).

② 인·허가 등의 의제사항에 대한 협의 요청을 받은 관계 행정기관의 장은 소속 공무원을 개발행위복합민원 일괄협의회에 참석하게 하여야 한다(법 제61조의2 제2항).

(11) 준공검사

다음의 개발행위허가를 받은 자는 그 개발행위를 마치면 국토교통부령으로 정하는 바에 따라 특별시장·광역시장·특별자치시장·특별자치도지사·시장 또는 군수의 준공검사를 받아야 한다(법 제62조 제1항).

---

1. 건축물의 건축(건축법에 따른 건축물의 사용승인을 받은 경우에는 제외)
2. 공작물의 설치
3. 토지의 형질변경
4. 토석의 채취

예제

국토의 계획 및 이용에 관한 법령상 개발행위허가에 관한 설명으로 옳은 것은? (단, 조례는 고려하지 않음)

① 농림지역에 물건을 1개월 이상 쌓아놓는 행위는 개발행위허가의 대상이다.

② 토지의 일부가 도시·군계획시설로 지형도면고시가 된 당해 토지의 분할은 개발행위허가를 받아야 한다.

③ 건축물의 건축에 대해 개발행위허가를 받은 후 건축물 연면적을 5퍼센트 확대하려면 변경허가를 받아야 한다.

④ 국토교통부장관은 개발행위로 인하여 주변의 환경이 크게 오염될 우려가 있는 지역에서 개발행위허가를 제한하고자 하는 경우 지방도시계획위원회의 심의를 거쳐야 한다.

⑤ 토지분할을 위한 개발행위허가를 받은 자는 그 개발행위를 마치면 시·도지사의 준공검사를 받아야 한다.

해설 ① 농림지역에 물건을 1개월 이상 쌓아놓는 행위는 개발행위허가의 대상이 아니다.
② 토지의 일부가 도시·군계획시설로 지형도면고시가 된 당해 토지의 분할은 개발행위허가를 받지 아니한다.
④ 국토교통부장관은 개발행위로 인하여 주변의 환경이 크게 오염될 우려가 있는 지역에서 개발행위허가를 제한하고자 하는 경우 중앙도시계획위원회의 심의를 거쳐야 한다.
⑤ 토지분할을 위한 개발행위허가를 받은 자는 그 개발행위를 마치면 특별시장·광역시장·특별자치시장·특별자치도지사·시장 또는 군수의 준공검사를 받지 아니한다.

➊ 정답 ③

4 개발행위허가의 제한

(1) 대상지역 및 제한기간

국토교통부장관, 시·도지사, 시장 또는 군수는 다음에 해당되는 지역으로서 도시·군관리계획상 특히 필요하다고 인정되는 지역에 대해서는 대통령령으로 정하는 바에 따라 중앙도시계획위원회나 지방도시계획위원회의 심의를 거쳐 한 차례만 3년 이내의 기간 동안 개발행위허가를 제한할 수 있다. 다만, 3.부터 5.까지에 해당하는 지역에 대해서는 중앙도시계획위원회나 지방도시계획위원회의 심의를 거치지 아니하고 한 차례만 2년 이내의 기간 동안 개발행위허가의 제한을 연장할 수 있다(법 제63조 제1항).

1. 녹지지역이나 계획관리지역으로서 수목이 집단적으로 자라고 있거나 조수류 등이 집단적으로 서식하고 있는 지역 또는 우량 농지 등으로 보전할 필요가 있는 지역
2. 개발행위로 인하여 주변의 환경·경관·미관·국가유산기본법에 따른 국가유산 등이 크게 오염되거나 손상될 우려가 있는 지역
3. 도시·군기본계획이나 도시·군관리계획을 수립하고 있는 지역으로서 그 도시·군기본계획이나 도시·군관리계획이 결정될 경우 용도지역·용도지구 또는 용도구역의 변경이 예상되고 그에 따라 개발행위허가의 기준이 크게 달라질 것으로 예상되는 지역
4. 지구단위계획구역으로 지정된 지역
5. 기반시설부담구역으로 지정된 지역

(2) 개발행위허가 제한절차

① **의견청취** : 개발행위허가를 제한하고자 하는 자가 국토교통부장관 또는 시·도지사인 경우에는 중앙도시계획위원회 또는 시·도도시계획위원회의 심의 전에 미리 제한하고자 하는 지역을 관할하는 시장 또는 군수의 의견을 들어야 한다(영 제60조 제2항).

② **심의** : 개발행위허가를 제한하고자 하는 자가 국토교통부장관인 경우에는 중앙도시계획위원회의 심의를 거쳐야 하며, 시·도지사 또는 시장·군수인 경우에는 당해 지방자치단체에 설치된 지방도시계획위원회의 심의를 거쳐야 한다(영 제60조 제1항).

③ **고시** : 국토교통부장관, 시·도지사, 시장 또는 군수는 개발행위허가를 제한하려면 대통령령으로 정하는 바에 따라 제한지역·제한사유·제한대상행위 및 제한기간을 미리 고시하여야 한다(법 제63조 제2항).

④ **해제고시** : 개발행위허가 제한지역 등을 고시한 국토교통부장관, 시·도지사, 시장 또는 군수는 해당 지역에서 개발행위를 제한할 사유가 없어진 경우에는 그 제한기간이 끝나기 전이라도 지체 없이 개발행위허가의 제한을 해제하여야 한다. 이 경우 국토교통부장관, 시·도지사, 시장 또는 군수는 대통령령으로 정하는 바에 따라 해제지역 및 해제시기를 고시하여야 한다(법 제63조 제3항).

⑤ 국토교통부장관, 시·도지사, 시장 또는 군수가 개발행위허가를 제한하거나 개발행위허가 제한을 연장 또는 해제하는 경우 그 지역의 지형도면 고시, 지정의 효력, 주민 의견 청취 등에 관하여는 토지이용규제 기본법 제8조에 따른다(법 제63조 제4항).

예제

국토의 계획 및 이용에 관한 법령에 따를 때 도시·군관리계획상 특히 필요한 경우 최장 5년간 개발행위허가를 제한할 수 있는 지역을 모두 고른 것은? 제21회

> ㉠ 녹지지역이나 계획관리지역으로서 수목이 집단적으로 자라고 있거나 조수류 등이 집단적으로 서식하고 있는 지역 또는 우량 농지 등으로 보전할 필요가 있는 지역
> ㉡ 개발행위로 인하여 주변의 환경·경관·미관·국가유산기본법에 따른 국가유산 등이 크게 오염되거나 손상될 우려가 있는 지역
> ㉢ 도시·군관리계획을 수립하고 있는 지역으로서 그 도시·군관리계획이 결정될 경우 용도지역·용도지구 또는 용도구역의 변경이 예상되고 그에 따라 개발행위허가의 기준이 크게 달라질 것으로 예상되는 지역
> ㉣ 지구단위계획구역으로 지정된 지역
> ㉤ 기반시설부담구역으로 지정된 지역

① ㉠, ㉡, ㉢　　② ㉠, ㉡, ㉤　　③ ㉡, ㉢, ㉣
④ ㉡, ㉢, ㉤　　⑤ ㉢, ㉣, ㉤

해설 ㉠㉡ 1회에 한하여 3년 이내의 기간 동안 즉, 최장 3년 제한할 수 있다.
㉢㉣㉤ 1회에 한하여 3년 이내의 기간 동안 개발행위허가를 제한할 수 있고, 1회에 한하여 2년 이내의 기간 동안 개발행위허가의 제한을 연장할 수 있다. 즉, 최장 5년 제한할 수 있다. ◆ **정답** ⑤

⑤ 성장관리계획 제31회, 제33회, 제35회

(1) 성장관리계획구역의 지정 등

① **성장관리계획구역 지정**: 특별시장·광역시장·특별자치시장·특별자치도지사·시장 또는 군수는 녹지지역, 관리지역, 농림지역 및 자연환경보전지역 중 다음의 어느 하나에 해당하는 지역의 전부 또는 일부에 대하여 성장관리계획구역을 지정할 수 있다(법 제75조의2 제1항).

> 1. 개발수요가 많아 무질서한 개발이 진행되고 있거나 진행될 것으로 예상되는 지역
> 2. 주변의 토지이용이나 교통여건 변화 등으로 향후 시가화가 예상되는 지역
> 3. 주변지역과 연계하여 체계적인 관리가 필요한 지역
> 4. 토지이용규제 기본법 제2조 제1호에 따른 지역·지구 등의 변경으로 토지이용에 대한 행위제한이 완화되는 지역
> 5. 그 밖에 난개발의 방지와 체계적인 관리가 필요한 지역으로서 대통령령으로 정하는 지역
>   ① 인구 감소 또는 경제성장 정체 등으로 압축적이고 효율적인 도시성장관리가 필요한 지역
>   ② 공장 등과 입지 분리 등을 통해 쾌적한 주거환경 조성이 필요한 지역

② **지정절차**: 특별시장·광역시장·특별자치시장·특별자치도지사·시장 또는 군수는 성장관리계획구역을 지정하거나 이를 변경하려면 대통령령으로 정하는 바에 따라 미리 주민과 해당 지방의회의 의견을 들어야 하며, 관계 행정기관과의 협의 및 지방도시계획위원회의 심의를 거쳐야 한다. 다만, 대통령령으로 정하는 경미한 사항을 변경[성장관리계획구역의 면적을 10퍼센트 이내에서 변경하는 경우(성장관리계획구역을 변경하는 부분에 둘 이상의 읍·면 또는 동의 일부 또는 전부가 포함된 경우에는 해당 읍·면 또는 동 단위로 구분된 지역의 면적을 각각 10퍼센트 이내에서 변경하는 경우로 한정한다)를 말한다]하는 경우에는 그러하지 아니하다(법 제75조의2 제2항).

> 1. 특별시장·광역시장·특별자치시장·특별자치도지사·시장 또는 군수는 공고를 한 때에는 성장관리계획구역안을 14일 이상 일반이 열람할 수 있도록 해야 한다(영 제70조의13 제2항).
> 2. 특별시장·광역시장·특별자치시장·특별자치도지사·시장 또는 군수는 제출된 의견을 성장관리계획구역안에 반영할 것인지 여부를 검토하여 그 결과를 열람기간이 종료된 날부터 30일 이내에 해당 의견을 제출한 사람에게 통보해야 한다(영 제70조의13 제4항).

③ **의견제시**: 특별시·광역시·특별자치시·특별자치도·시 또는 군의 의회는 특별한 사유가 없으면 60일 이내에 특별시장·광역시장·특별자치시장·특별자치도지사·시장 또는 군수에게 의견을 제시하여야 하며, 그 기한까지 의견을 제시하지 아니하면 의견이 없는 것으로 본다(법 제75조의2 제3항).

④ **협의시 의견제시**: 협의 요청을 받은 관계 행정기관의 장은 특별한 사유가 없으면 요청을 받은 날부터 30일 이내에 특별시장·광역시장·특별자치시장·특별자치도지사·시장 또는 군수에게 의견을 제시하여야 한다(법 제75조의2 제4항).

⑤ **송부·고시·열람**: 특별시장·광역시장·특별자치시장·특별자치도지사·시장 또는 군수가 성장관리계획구역을 지정하거나 이를 변경한 경우에는 관계 행정기관의 장에게 관계 서류를 송부하여야 하며, 대통령령으로 정하는 바에 따라 이를 고시하고 일반인이 열람할 수 있도록 하여야 한다. 이 경우 지형도면의 고시 등에 관하여는 토지이용규제 기본법 제8조에 따른다(법 제75조의2 제5항).

⑥ 그 밖에 성장관리계획구역의 지정 기준 및 절차 등에 관하여 필요한 사항은 대통령령으로 정한다(법 제75조의2 제6항).

(2) 성장관리계획의 수립 등

① **성장관리계획의 내용**: 특별시장·광역시장·특별자치시장·특별자치도지사·시장 또는 군수는 성장관리계획구역을 지정할 때에는 다음의 사항 중 그 성장관리계획구역의 지정목적을 이루는 데 필요한 사항을 포함하여 성장관리계획을 수립하여야 한다(법 제75조의3 제1항).

> 1. 도로, 공원 등 기반시설의 배치와 규모에 관한 사항
> 2. 건축물의 용도제한, 건축물의 건폐율 또는 용적률
> 3. 건축물의 배치, 형태, 색채 및 높이
> 4. 환경관리 및 경관계획
> 5. 그 밖에 난개발의 방지와 체계적인 관리에 필요한 사항으로서 대통령령으로 정하는 사항
>   ① 성장관리계획구역 내 토지개발·이용, 기반시설, 생활환경 등의 현황 및 문제점
>   ② 그 밖에 난개발의 방지와 체계적인 관리에 필요한 사항으로서 특별시·광역시·특별자치시·특별자치도·시 또는 군의 도시·군계획조례로 정하는 사항

② **성장관리계획의 건폐율 완화**: 성장관리계획구역에서는 다음의 구분에 따른 범위에서 성장관리계획으로 정하는 바에 따라 특별시·광역시·특별자치시·특별자치도·시 또는 군의 조례로 정하는 비율까지 건폐율을 완화하여 적용할 수 있다(법 제75조의3 제2항).

> 1. 계획관리지역: 50퍼센트 이하
> 2. 생산관리지역·농림지역 및 자연녹지지역과 생산녹지지역: 30퍼센트 이하

③ **성장관리계획구역의 용적률 완화**: 성장관리계획구역 내 계획관리지역에서는 125퍼센트 이하의 범위에서 성장관리계획으로 정하는 바에 따라 특별시·광역시·특별자치시·특별자치도·시 또는 군의 조례로 정하는 비율까지 용적률을 완화하여 적용할 수 있다(법 제75조의3 제3항).

④ **지정절차**: 성장관리계획의 수립 및 변경에 관한 절차는 위 (1)의 ②부터 ⑤까지의 '성장관리계획구역의 지정' 규정을 준용한다. 이 경우 "성장관리계획구역"은 "성장관리계획"으로 본다(법 제75조의3 제4항).

⑤ **재검토**: 특별시장·광역시장·특별자치시장·특별자치도지사·시장 또는 군수는 5년마다 관할구역 내 수립된 성장관리계획에 대하여 대통령령으로 정하는 바에 따라 그 타당성 여부를 전반적으로 재검토하여 정비하여야 한다(법 제75조의3 제5항).

⑥ 그 밖에 성장관리계획의 수립기준 및 절차 등에 관하여 필요한 사항은 대통령령으로 정한다(법 제75조의3 제6항).

(3) 성장관리계획구역에서의 개발행위 등

성장관리계획구역에서 개발행위 또는 건축물의 용도변경을 하려면 그 성장관리계획에 맞게 하여야 한다(법 제75조의4).

(4) 성장관리계획구역 지정 등의 세부기준

성장관리계획구역 지정·변경의 기준 및 절차, 성장관리계획 수립·변경의 기준 및 절차 등에 관한 세부적인 사항은 국토교통부장관이 정하여 고시한다(영 제70조의15).

예제

국토의 계획 및 이용에 관한 법령상 성장관리계획에 관한 설명으로 옳은 것은? (단, 조례, 기타 강화·완화조건은 고려하지 않음) 제33회

① 시장 또는 군수는 공업지역 중 향후 시가화가 예상되는 지역의 전부 또는 일부에 대하여 성장관리계획구역을 지정할 수 있다.
② 성장관리계획구역 내 생산녹지지역에서는 30퍼센트 이하의 범위에서 성장관리계획으로 정하는 바에 따라 건폐율을 완화하여 적용할 수 있다.
③ 성장관리계획구역 내 보전관리지역에서는 125퍼센트 이하의 범위에서 성장관리계획으로 정하는 바에 따라 용적률을 완화하여 적용할 수 있다.
④ 시장 또는 군수는 성장관리계획구역을 지정할 때에는 도시·군관리계획의 결정으로 하여야 한다.
⑤ 시장 또는 군수는 성장관리계획구역을 지정하려면 성장관리계획구역안을 7일간 일반이 열람할 수 있도록 해야 한다.

해설 ① 특별시장·광역시장·특별자치시장·특별자치도지사·시장 또는 군수는 녹지지역, 관리지역, 농림지역 및 자연환경보전지역 중 향후 시가화가 예상되는 지역의 전부 또는 일부에 대하여 성장관리계획구역을 지정할 수 있다. 공업지역은 성장관리계획구역을 지정할 수 없다.
③ 성장관리계획구역 내 계획관리지역에서는 125퍼센트 이하의 범위에서 성장관리계획으로 정하는 바에 따라 용적률을 완화하여 적용할 수 있다.
④ 시장 또는 군수는 성장관리계획구역을 지정할 수 있다. 성장관리계획구역을 도시·군관리계획으로 지정하는 것은 아니다.
⑤ 시장 또는 군수는 성장관리계획구역을 지정하려면 성장관리계획구역안을 성장관리계획구역안을 14일 이상 일반이 열람할 수 있도록 해야 한다. ◆정답 ②

---

6 공공시설의 귀속

(1) 귀속주체

① **개발행위허가를 받은 자가 행정청인 경우**: 개발행위허가(다른 법률에 따라 개발행위허가가 의제되는 협의를 거친 인가·허가·승인 등을 포함한다. 이하 이 조에서 같다)를 받은 자가 행정청인 경우 개발행위허가를 받은 자가 새로 공공시설을 설치하거나 기존의 공공시설에 대체되는 공공시설을 설치한 경우에는 국유재산법과 공유재산 및 물품 관리법에도 불구하고 새로 설치된 공공시설은 그 시설을 관리할 관리청에 무상으로 귀속되고, 종래의 공공시설은 개발행위허가를 받은 자에게 무상으로 귀속된다(법 제65조 제1항).

② **개발행위허가를 받은 자가 행정청이 아닌 경우**: 개발행위허가를 받은 자가 행정청이 아닌 경우 개발행위허가를 받은 자가 새로 설치한 공공시설은 그 시설을 관리할 관리청에 무상으로 귀속되고, 개발행위로 용도가 폐지되는 공공시설은 국유재산법과 공유재산 및 물품 관리법에도 불구하고 새로 설치한 공공시설의 설치비용에 상당하는 범위에서 개발행위허가를 받은 자에게 무상으로 양도할 수 있다(법 제65조 제2항).

⑵ **귀속절차**

① 특별시장·광역시장·특별자치시장·특별자치도지사·시장 또는 군수는 공공시설의 귀속에 관한 사항이 포함된 개발행위허가를 하려면 미리 해당 공공시설이 속한 관리청의 의견을 들어야 한다. 다만, 관리청이 지정되지 아니한 경우에는 관리청이 지정된 후 준공되기 전에 관리청의 의견을 들어야 하며, 관리청이 불분명한 경우에는 도로 등에 대하여는 국토교통부장관을, 하천에 대하여는 환경부장관을 관리청으로 보고, 그 외의 재산에 대하여는 기획재정부장관을 관리청으로 본다(법 제65조 제3항).

② 특별시장·광역시장·특별자치시장·특별자치도지사·시장 또는 군수가 관리청의 의견을 듣고 개발행위허가를 한 경우 개발행위허가를 받은 자는 그 허가에 포함된 공공시설의 점용 및 사용에 관하여 관계 법률에 따른 승인·허가 등을 받은 것으로 보아 개발행위를 할 수 있다. 이 경우 해당 공공시설의 점용 또는 사용에 따른 점용료 또는 사용료는 면제된 것으로 본다(법 제65조 제4항).

⑶ **귀속시기**

① **개발행위허가를 받은 자가 행정청인 경우** : 개발행위허가를 받은 자가 행정청인 경우 개발행위허가를 받은 자는 개발행위가 끝나 준공검사를 마친 때에는 해당 시설의 관리청에 공공시설의 종류와 토지의 세목을 통지하여야 한다. 이 경우 공공시설은 그 통지한 날에 해당 시설을 관리할 관리청과 개발행위허가를 받은 자에게 각각 귀속된 것으로 본다(법 제65조 제5항).

② **개발행위허가를 받은 자가 행정청이 아닌 경우** : 개발행위허가를 받은 자가 행정청이 아닌 경우 개발행위허가를 받은 자는 관리청에 귀속되거나 그에게 양도될 공공시설에 관하여 개발행위가 끝나기 전에 그 시설의 관리청에 그 종류와 토지의 세목을 통지하여야 하고, 준공검사를 한 특별시장·광역시장·특별자치시장·특별자치도지사·시장 또는 군수는 그 내용을 해당 시설의 관리청에 통보하여야 한다. 이 경우 공공시설은 준공검사를 받음으로써 그 시설을 관리할 관리청과 개발행위허가를 받은 자에게 각각 귀속되거나 양도된 것으로 본다(법 제65조 제6항).

③ 공공시설을 등기할 때에 부동산등기법에 따른 등기원인을 증명하는 서면은 준공검사를 받았음을 증명하는 서면으로 갈음한다(법 제65조 제7항).

⑷ **수익금의 사용제한 등**

개발행위허가를 받은 자가 행정청인 경우 개발행위허가를 받은 자는 그에게 귀속된 공공시설의 처분으로 인한 수익금을 도시·군계획사업 외의 목적에 사용하여서는 안되며, 공공시설의 귀속에 관하여 다른 법률에 특별한 규정이 있는 경우에는 이 법률의 규정에도 불구하고 그 법률에 따른다(법 제65조 제8항·제9항).

국토의 계획 및 이용에 관한 법령상 개발행위에 따른 공공시설 등의 귀속에 관한 설명으로 틀린 것은?

① 개발행위허가를 받은 행정청이 기존의 공공시설에 대체되는 공공시설을 설치한 경우에는 새로 설치된 공공시설은 그 시설을 관리할 관리청에 무상으로 귀속된다.

② 개발행위허가를 받은 행정청은 개발행위가 끝나 준공 검사를 마친 때에는 해당 시설의 관리청에 공공시설의 종류와 토지의 세목을 통지하여야 한다.

③ 개발행위허가를 받은 자가 행정청이 아닌 경우 개발행위허가를 받은 자가 새로 설치한 공공시설은 그 시설을 관리할 관리청에 무상으로 귀속된다.

④ 개발행위허가를 받은 행정청이 기존의 공공시설에 대체되는 공공시설을 설치한 경우에는 종래의 공공시설은 그 행정청에게 무상으로 귀속된다.

⑤ 개발행위허가를 받은 자가 행정청이 아닌 경우 개발행위로 용도가 폐지되는 공공시설은 개발행위허가를 받은 자에게 무상으로 귀속된다.

해설 ⑤ 개발행위허가를 받은 자가 행정청이 아닌 경우 개발행위로 용도가 폐지되는 공공시설은 대체되는 공공시설의 설치비용에 상당하는 범위 안에서 개발행위허가를 받은 자에게 무상으로 양도될 수 있다.

◆ 정답 ⑤

02 개발밀도관리구역과 기반시설부담구역

1 개발밀도관리구역 제32회, 제33회, 제34회, 제35회

(1) 개발밀도관리구역의 지정권자

특별시장·광역시장·특별자치시장·특별자치도지사·시장 또는 군수는 주거·상업 또는 공업지역에서의 개발행위로 기반시설(도시·군계획시설을 포함한다)의 처리·공급 또는 수용능력이 부족할 것으로 예상되는 지역 중 기반시설의 설치가 곤란한 지역을 개발밀도관리구역으로 지정할 수 있다(법 제66조 제1항).

(2) 개발밀도관리구역의 지정기준

개발밀도관리구역의 지정기준, 개발밀도관리구역의 관리 등에 관하여 필요한 사항은 대통령령으로 정하는 바에 따라 국토교통부장관이 정하며, 국토교통부장관은 개발밀도관리구역의 지정기준 및 관리방법을 정할 때에는 다음의 사항을 종합적으로 고려해야 한다(법 제66조 제5항, 영 제63조).

① 개발밀도관리구역은 도로·수도공급설비·하수도·학교 등 기반시설의 용량이 부족할 것으로 예상되는 지역 중 기반시설의 설치가 곤란한 지역으로서 다음에 해당하는 지역에 대하여 지정할 수 있도록 할 것

> 1. 당해 지역의 도로서비스 수준이 매우 낮아 차량통행이 현저하게 지체되는 지역. 이 경우 도로서비스 수준의 측정에 관하여는 도시교통정비 촉진법에 따른 교통영향평가의 예에 따른다.
> 2. 당해 지역의 도로율이 국토교통부령이 정하는 용도지역별 도로율에 20% 이상 미달하는 지역
> 3. 향후 2년 이내에 당해 지역의 수도에 대한 수요량이 수도시설의 시설용량을 초과할 것으로 예상되는 지역
> 4. 향후 2년 이내에 당해 지역의 하수발생량이 하수시설의 시설용량을 초과할 것으로 예상되는 지역
> 5. 향후 2년 이내에 당해 지역의 학생수가 학교수용능력을 20% 이상 초과할 것으로 예상되는 지역

② 개발밀도관리구역의 경계는 도로·하천 그 밖에 특색 있는 지형지물을 이용하거나 용도지역의 경계선을 따라 설정하는 등 경계선이 분명하게 구분되도록 할 것

③ 용적률의 강화범위는 해당 용도지역에 적용되는 용적률의 최대한도의 50%의 범위에서 기반시설의 부족정도를 고려하여 결정할 것

④ 개발밀도관리구역 안의 기반시설의 변화를 주기적으로 검토하여 용적률을 강화 또는 완화하거나 개발밀도관리구역을 해제하는 등 필요한 조치를 취하도록 할 것

(3) 개발밀도관리구역의 지정절차

① **심의**: 특별시장·광역시장·특별자치시장·특별자치도지사·시장 또는 군수는 개발밀도관리구역을 지정하거나 변경하려면 다음의 사항을 포함하여 해당 지방자치단체에 설치된 지방도시계획위원회의 심의를 거쳐야 한다(법 제66조 제3항).

> 1. 개발밀도관리구역의 명칭
> 2. 개발밀도관리구역의 범위
> 3. 건폐율 또는 용적률의 강화 범위

② **고시**: 특별시장·광역시장·특별자치시장·특별자치도지사·시장 또는 군수는 개발밀도관리구역을 지정하거나 변경한 경우에는 그 사실을 공보에 게재하는 방법으로 고시하고, 고시한 내용을 해당 기관의 인터넷 홈페이지에 게재하여야 한다(법 제66조 제4항, 영 제62조 제2항).

(4) 개발밀도관리구역의 지정효과

① **건폐율 또는 용적률 강화**: 특별시장·광역시장·특별자치시장·특별자치도지사·시장 또는 군수는 개발밀도관리구역에서는 대통령령으로 정하는 범위에서 건폐율 또는 용적률을 강화하여 적용한다(법 제66조 제2항).

② **용적률 최대한도의 50% 강화**: 해당 용도지역에 적용되는 용적률의 최대한도의 50% 범위에서 강화하여 적용한다(영 제62조 제1항).

> **예제**
>
> **국토의 계획 및 이용에 관한 법령상 개발밀도관리구역에 관한 설명으로 옳지 않은 것은?**
>
> ① 주거·상업 또는 공업지역에서의 개발행위로 기반시설의 처리능력이 부족할 것이 예상되는 지역 중 기반시설의 설치가 곤란한 지역을 개발밀도관리구역으로 지정할 수 있다.
> ② 개발밀도관리구역을 지정할 때 개발밀도관리구역에서는 당해 용도지역에 적용되는 건폐율 또는 용적률을 강화하여 적용한다.
> ③ 개발밀도관리구역을 지정하기 위해서는 지방도시계획위원회의 심의를 거쳐야 한다.
> ④ 개발밀도관리구역의 경계는 특색 있는 지형지물을 이용하는 등 경계선이 분명하게 구분되도록 하여야 한다.
> ⑤ 개발밀도관리구역의 지정기준을 정할 때 고려되는 기반시설에 학교는 포함되지 않는다.
>
> **해설** ⑤ 개발밀도관리구역의 지정기준을 정할 때 고려되는 기반시설에 학교는 포함한다.
>
> ◆ 정답 ⑤

---

② 기반시설부담구역 제31회, 제32회, 제35회

(1) 기반시설부담구역의 의의 및 지정대상지역

① 개발밀도관리구역 외의 지역으로서 개발로 인하여 도로, 공원, 녹지 등 대통령령으로 정하는 기반시설의 설치가 필요한 지역을 대상으로 기반시설을 설치하거나 그에 필요한 용지를 확보하게 하기 위하여 지정·고시하는 구역을 말한다(법 제2조 제19호).

② 특별시장·광역시장·특별자치시장·특별자치도지사·시장 또는 군수는 다음의 어느 하나에 해당하는 지역에 대하여는 기반시설부담구역으로 지정하여야 한다. 다만, 개발행위가 집중되어 특별시장·광역시장·특별자치시장·특별자치도지사·시장 또는 군수가 해당 지역의 계획적 관리를 위하여 필요하다고 인정하면 다음에 해당하지 아니하는 경우라도 기반시설부담구역으로 지정할 수 있다(법 제67조 제1항, 영 제64조 제1항).

1. 이 법 또는 다른 법령의 제정·개정으로 인하여 행위 제한이 완화되거나 해제되는 지역
2. 이 법 또는 다른 법령에 따라 지정된 용도지역 등이 변경되거나 해제되어 행위 제한이 완화되는 지역
3. 개발행위허가 현황 및 인구증가율 등을 고려하여 대통령령으로 정하는 다음의 지역
   ① 해당 지역의 전년도 개발행위허가 건수가 전전년도 개발행위허가 건수보다 20% 이상 증가한 지역
   ② 해당 지역의 전년도 인구증가율이 그 지역이 속하는 특별시·광역시·특별자치시·특별자치도·시 또는 군(광역시의 관할구역에 있는 군은 제외한다)의 전년도 인구증가율보다 20% 이상 높은 지역

(2) 기반시설부담구역의 지정절차

특별시장·광역시장·특별자치시장·특별자치도지사·시장 또는 군수는 기반시설부담구역을 지정 또는 변경하려면 주민의 의견을 들어야 하며, 해당 지방자치단체에 설치된 지방도시계획위원회의 심의를 거쳐 기반시설부담구역의 명칭·위치·면적 및 지정일자와 관계 도서의 열람방법을 해당 지방자치단체의 공보와 인터넷 홈페이지에 고시하여야 한다(법 제67조 제2항, 영 제64조 제2항).

(3) 기반시설부담구역의 지정기준

기반시설부담구역의 지정기준 등에 관하여 필요한 사항은 다음의 사항을 종합적으로 고려하여 국토교통부장관이 정한다(법 제67조 제5항, 영 제66조).

1. 기반시설부담구역은 기반시설이 적절하게 배치될 수 있는 규모로서 최소 10만m^2 이상의 규모가 되도록 지정할 것
2. 소규모 개발행위가 연접하여 시행될 것으로 예상되는 지역의 경우에는 하나의 단위구역으로 묶어서 기반시설부담구역을 지정할 것
3. 기반시설부담구역의 경계는 도로, 하천, 그 밖의 특색 있는 지형지물을 이용하는 등 경계선이 분명하게 구분되도록 할 것

3 기반시설설치계획

(1) 수립 및 내용

특별시장·광역시장·특별자치시장·특별자치도지사·시장 또는 군수는 기반시설부담구역이 지정되면 다음의 내용을 포함한 기반시설설치계획을 수립하여야 하며, 이를 도시·군관리계획에 반영하여야 한다(법 제67조 제4항, 영 제65조 제1항).

```
1. 설치가 필요한 기반시설의 종류, 위치 및 규모
2. 기반시설의 설치 우선순위 및 단계별 설치계획
3. 그 밖에 기반시설의 설치에 필요한 사항
```

(2) 수립시 고려사항

특별시장·광역시장·특별자치시장·특별자치도지사·시장 또는 군수는 기반시설설치
계획을 수립할 때에는 다음의 사항을 종합적으로 고려해야 한다(영 제65조 제2항).

```
1. 기반시설의 배치는 해당 기반시설부담구역의 토지이용계획 또는 앞으로 예상되는 개발
   수요를 고려하여 적절하게 정할 것
2. 기반시설의 설치시기는 재원조달계획, 시설별 우선순위, 사용자의 편의와 예상되는 개
   발행위의 완료시기 등을 고려하여 합리적으로 정할 것
```

(3) 기반시설부담구역에 설치가 필요한 기반시설

기반시설부담구역에 설치가 필요한 기반시설은 다음의 기반시설(해당 시설의 이용을 위하
여 필요한 부대시설 및 편의시설을 포함한다)을 말한다(영 제4조의2).

```
1. 도로(인근의 간선도로로부터 기반시설부담구역까지의 진입도로를 포함한다)
2. 공원
3. 녹지
4. 학교(고등교육법에 따른 학교는 제외한다)
5. 수도(인근의 수도로부터 기반시설부담구역까지 연결하는 수도를 포함한다)
6. 하수도(인근의 하수도로부터 기반시설부담구역까지 연결하는 하수도를 포함한다)
7. 폐기물처리 및 재활용시설
8. 그 밖에 특별시장·광역시장·특별자치시장·특별자치도지사·시장 또는 군수가 법
   제68조 제2항 단서에 따른 기반시설부담계획에서 정하는 시설
```

(4) 기반시설부담구역의 의제 및 해제

지구단위계획을 수립한 경우에는 기반시설설치계획을 수립한 것으로 보며, 기반시설부담
구역의 지정고시일부터 1년이 되는 날까지 기반시설설치계획을 수립하지 아니하면 그
1년이 되는 날의 다음 날에 기반시설부담구역의 지정은 해제된 것으로 본다(영 제65조
제3항·제4항).

4 기반시설설치비용

(1) 기반시설설치비용의 부과대상

기반시설부담구역에서 기반시설설치비용의 부과대상인 건축행위는 단독주택 및 숙박시설 등 대통령령으로 정하는 시설로서 200m²(기존 건축물의 연면적을 포함한다)를 초과하는 건축물의 신축·증축 행위로 한다. 다만, 기존 건축물을 철거하고 신축하는 경우에는 기존 건축물의 건축연면적을 초과하는 건축행위만 부과대상으로 한다(법 제68조 제1항).

(2) 기반시설설치비용의 산정

① **기준**: 기반시설설치비용은 기반시설을 설치하는 데 필요한 기반시설 표준시설비용과 용지비용을 합산한 금액에 부과대상 건축연면적과 기반시설 설치를 위하여 사용되는 총비용 중 국가·지방자치단체의 부담분을 제외하고 민간 개발사업자가 부담하는 부담률을 곱한 금액으로 한다. 다만, 특별시장·광역시장·특별자치시장·특별자치도지사·시장 또는 군수가 해당 지역의 기반시설 소요량 등을 고려하여 대통령령으로 정하는 바에 따라 기반시설부담계획을 수립한 경우에는 그 부담계획에 따른다(법 제68조 제2항).

② **기반시설 표준시설비용**: 기반시설 표준시설비용은 기반시설 조성을 위하여 사용되는 단위당 시설비로서 해당 연도의 생산자물가상승률 등을 고려하여 대통령령으로 정하는 바에 따라 국토교통부장관이 고시한다(법 제68조 제3항).

③ **용지비용**: 용지비용은 부과대상이 되는 건축행위가 이루어지는 토지를 대상으로 다음의 기준을 곱하여 산정한 가액(價額)으로 한다(법 제68조 제4항).

> 1. 지역별 기반시설의 설치 정도를 고려하여 0.4 범위에서 지방자치단체의 조례로 정하는 용지환산계수
> 2. 기반시설부담구역의 개별공시지가 평균 및 대통령령으로 정하는 건축물별 기반시설유발계수

④ **민간 개발사업자의 부담률**: 민간 개발사업자가 부담하는 부담률은 100분의 20으로 하며, 특별시장·광역시장·특별자치시장·특별자치도지사·시장 또는 군수가 건물의 규모, 지역 특성 등을 고려하여 100분의 25의 범위에서 부담률을 가감할 수 있다(법 제68조 제5항).

⑤ **설치비용의 감면**: 납부의무자가 다음에 해당하는 경우에는 이 법에 따른 기반시설설치비용에서 감면한다(법 제68조 제6항, 영 제70조 제1항·제2항).

> 1. 기반시설을 설치하거나 그에 필요한 용지를 확보한 경우: 기반시설설치비용에서 직접 기반시설을 설치하거나 용지를 확보하는 데 든 비용을 공제한다.
> 2. 도로법에 따른 원인자 부담금 등 대통령령으로 정하는 비용을 납부한 경우

(3) 기반시설설치비용의 납부의무자

기반시설부담구역에서 기반시설설치비용의 부과대상인 건축행위를 하는 자는 기반시설설치비용을 내야 한다(법 제69조 제1항, 영 제70조의2).

> 1. 건축행위를 위탁 또는 도급한 경우에는 그 위탁이나 도급을 한 자
> 2. 타인 소유의 토지를 임차하여 건축행위를 하는 경우에는 그 행위자
> 3. 건축행위를 완료하기 전에 건축주의 지위나 1. 또는 2.에 해당하는 자의 지위를 승계하는 경우에는 그 지위를 승계한 자

(4) 기반시설설치비용의 부과 및 납부 등

① **부과시기**: 특별시장 · 광역시장 · 특별자치시장 · 특별자치도지사 · 시장 또는 군수는 납부의무자가 국가 또는 지방자치단체로부터 건축허가(다른 법률에 따른 사업승인 등 건축허가가 의제되는 경우에는 그 사업승인)를 받은 날부터 2개월 이내에 기반시설설치비용을 부과하여야 하고, 부과하려면 부과기준시점부터 30일 이내에 납부의무자에게 적용되는 부과 기준 및 부과될 기반시설설치비용을 미리 알려야 한다(법 제69조 제2항, 영 제70조의3 제1항).

② **납부시기**: 납부의무자는 사용승인(다른 법률에 따라 준공검사 등 사용승인이 의제되는 경우에는 그 준공검사)신청시까지 이를 내야 한다(법 제69조 제2항).

③ **납부방법**: 기반시설설치비용은 현금, 신용카드 또는 직불카드로 납부하도록 하되, 부과대상 토지 및 이와 비슷한 토지로 하는 납부(이하 "물납"이라 한다)를 인정할 수 있다(영 제70조의7 제1항).

(5) 기반시설설치비용의 강제징수 및 환급

① **강제징수**: 특별시장 · 광역시장 · 특별자치시장 · 특별자치도지사 · 시장 또는 군수는 납부의무자가 기반시설설치비용을 내지 아니하는 경우에는 지방행정제재 · 부과금의 징수 등에 관한 법률에 따라 징수할 수 있다(법 제69조 제3항).

② **환급**: 기반시설설치비용을 납부한 자가 사용승인 신청 후 해당 건축행위와 관련된 기반시설의 추가 설치 등 기반시설설치비용을 환급하여야 하는 사유가 발생하는 경우에는 그 사유에 상당하는 기반시설설치비용을 환급하여야 한다(법 제69조 제4항).

(6) 기반시설설치비용의 납부의 연기 및 분할납부

특별시장 · 광역시장 · 특별자치시장 · 특별자치도지사 · 시장 또는 군수는 납부의무자가 다음에 해당하여 기반시설설치비용을 납부하기가 곤란하다고 인정되면 해당 개발사업 목적에 따른 이용 상황 등을 고려하여 1년의 범위에서 납부 기일을 연기하거나 2년의 범위에서 분할납부를 인정할 수 있다(영 제70조의8 제1항).

1. 재해나 도난으로 재산에 심한 손실을 입은 경우
2. 사업에 뚜렷한 손실을 입은 때
3. 사업이 중대한 위기에 처한 경우
4. 납부의무자나 그 동거 가족의 질병이나 중상해로 장기치료가 필요한 경우

(7) 기반시설설치비용의 관리 및 사용

① **특별회계의 설치**: 특별시장·광역시장·특별자치시장·특별자치도지사·시장 또는 군수는 기반시설설치비용의 관리 및 운용을 위하여 기반시설부담구역별로 특별회계를 설치하여야 하며, 그에 필요한 사항은 지방자치단체의 조례로 정한다(법 제70조 제1항).

② **기반시설설치비용의 사용**: 납부한 기반시설설치비용은 기반시설의 설치 또는 그에 필요한 용지의 확보 등 용도로 사용하여야 한다. 다만, 해당 기반시설부담구역에 필요한 기반시설을 모두 설치하거나 그에 필요한 용지를 모두 확보한 후에도 잔액이 생기는 경우에는 해당 기반시설부담구역의 기반시설과 연계된 기반시설의 설치 또는 그에 필요한 용지의 확보 등에 사용할 수 있다(법 제70조 제2항).

(8) 기반시설유발계수

1. 단독주택: 0.7
2. 공동주택: 0.7
3. 제1종 근린생활시설: 1.3
4. 제2종 근린생활시설: 1.6
5. 문화 및 집회시설: 1.4
6. 종교시설: 1.4
7. 판매시설: 1.3
8. 운수시설: 1.4
9. 의료시설: 0.9
10. 교육연구시설: 0.7
11. 노유자시설: 0.7
12. 수련시설: 0.7
13. 운동시설: 0.7
14. 업무시설: 0.7
15. 숙박시설: 1.0
16. 위락시설: 2.1
17. 공장: 0.3 ～ 2.5
　　① 목재 및 나무제품 제조공장(가구제조공장은 제외한다): 2.1
　　② 펄프, 종이 및 종이제품 제조공장: 2.5

③ 비금속 광물제품 제조공장: 1.3

④ 코크스, 석유정제품 및 핵연료 제조공장: 2.1

⑤ 가죽, 가방 및 신발제조공장: 1.0

⑥ 전자부품, 영상, 음향 및 통신장비 제조공장: 0.7

⑦ 음·식료품 제조공장: 0.5

⑧ 화합물 및 화학제품 제조공장: 0.5

⑨ 섬유제품 제조공장(봉제의복 제조공장은 제외한다): 0.4

⑩ 봉제의복 및 모피제품 제조공장: 0.7

⑪ 가구 및 그 밖의제품 제조공장: 0.3

⑫ 그 밖의 전기기계 및 전기 변환장치 제조공장: 0.3

⑬ 조립금속제품 제조공장(기계 및 가구공장을 제외한다): 0.3

⑭ 출판, 인쇄 및 기록매체 복제공장: 0.4

⑮ 의료, 정밀, 광학기기 및 시계 제조공장: 0.4

⑯ 제1차 금속 제조공장: 0.3

⑰ 컴퓨터 및 사무용기기 제조공장: 0.4

⑱ 재생용 가공원료 생산공장: 0.3

⑲ 고무 및 플라스틱 제품 제조공장: 0.4

⑳ 그 밖의 운송장비 제조공장: 0.4

㉑ 그 밖의 기계 및 장비 제조공장: 0.4

㉒ 자동차 및 트레일러 제조공장: 0.3

㉓ 담배제조공장: 0.3

18. 창고시설: 0.5

19. 위험물저장 및 처리시설: 0.7

20. 자동차관련시설: 0.7

21. 동물 및 식물관련시설: 0.7

22. 자원순환 관련 시설: 1.4

23. 교정시설: 0.7

23의2. 국방·군사시설: 0.7

24. 방송통신시설: 0.8

25. 발전시설: 0.7

26. 묘지 관련 시설: 0.7

27. 관광휴게시설: 1.9

28. 장례시설: 0.7

29. 야영장시설: 0.7

⌐ 예 제 ⌐

1. 국토의 계획 및 이용에 관한 법령상 기반시설부담구역에서의 기반시설설치비용에 관한 설명으로 틀린 것은?

① 기반시설설치비용 산정시 기반시설을 설치하는 데 필요한 용지비용도 산입된다.
② 기반시설설치비용 납부시 물납이 인정될 수 있다.
③ 기반시설설치비용의 관리 및 운용을 위하여 기반시설부담구역별로 특별회계가 설치되어야 한다.
④ 의료시설과 교육연구시설의 기반시설유발계수는 같다.
⑤ 기반시설설치비용을 부과받은 납부의무자는 납부기일의 연기 또는 분할납부가 인정되지 않는 한 사용승인(준공검사 등 사용승인이 의제되는 경우에는 그 준공검사)신청시까지 기반시설설치비용을 내야 한다.

해설 ④ 의료시설(0.9)과 교육연구시설(0.7)의 기반시설유발계수는 다르다.　　　　　　❶ 정답 ④

2. 국토의 계획 및 이용에 관한 법령상 개발행위에 따른 기반시설의 설치에 관한 설명으로 틀린 것은? (단, 조례는 고려하지 않음)

① 개발밀도관리구역에서는 해당 용도지역에 적용되는 용적률의 최대한도의 50퍼센트 범위에서 강화하여 적용한다.
② 기반시설의 설치가 필요하다고 인정하는 지역으로서, 해당 지역의 전년도 개발행위허가 건수가 전전년도 개발행위허가 건수보다 20퍼센트 이상 증가한 지역에 대하여는 기반시설부담구역으로 지정하여야 한다.
③ 기반시설부담구역이 지정되면 기반시설설치계획을 수립하여야 하며, 이를 도시·군관리계획에 반영하여 한다.
④ 기반시설설치계획은 기반시설부담구역의 지정고시일부터 3년이 되는 날까지 수립하여야 한다.
⑤ 기반시설설치비용의 관리 및 운용을 위하여 기반시설부담구역별로 특별회계를 설치하여야 한다.

해설 ④ 기반시설설치계획은 기반시설부담구역의 지정고시일부터 1년이 되는 날까지 수립하여야 한다. 기반시설부담구역의 지정고시일부터 1년이 되는 날까지 기반시설설치계획을 수립하지 아니하면 그 1년이 되는 날의 다음 날에 기반시설부담구역의 지정은 해제된 것으로 본다.　　　　　　❶ 정답 ④

제 **6** 절 　**도시계획위원회** 제33회, 제34회

1 중앙도시계획위원회

(1) 설치 및 권한

다음의 업무를 수행하기 위하여 국토교통부에 중앙도시계획위원회를 둔다(법 제106조).

> 1. 광역도시계획·도시·군계획 등 국토교통부장관의 권한에 속하는 사항의 심의
> 2. 이 법 또는 다른 법률에서 중앙도시계획위원회의 심의를 거치도록 한 사항의 심의
> 3. 도시·군계획에 관한 조사·연구

(2) 조직 및 임기

① 중앙도시계획위원회는 위원장·부위원장 각 1명을 포함한 25명 이상 30명 이하의 위원으로 구성한다(법 제107조 제1항).

② 중앙도시계획위원회의 위원장과 부위원장은 위원 중에서 국토교통부장관이 임명하거나 위촉한다(법 제107조 제2항).

③ 위원은 관계 중앙행정기관의 공무원과 토지 이용, 건축, 주택, 교통, 공간정보, 환경, 법률, 복지, 방재, 문화, 농림 등 도시·군계획과 관련된 분야에 관한 학식과 경험이 풍부한 자 중에서 국토교통부장관이 임명하거나 위촉한다(법 제107조 제3항).

④ 공무원이 아닌 위원의 수는 10명 이상으로 하고, 그 임기는 2년으로 한다(법 제107조 제4항).

⑤ 보궐위원의 임기는 전임자 임기의 남은 기간으로 한다(법 제107조 제5항).

(3) 위원장 등의 직무

① 위원장은 중앙도시계획위원회의 업무를 총괄하며, 중앙도시계획위원회의 의장이 된다(법 제108조 제1항).

② 부위원장은 위원장을 보좌하며, 위원장이 부득이한 사유로 그 직무를 수행하지 못할 때에는 그 직무를 대행한다(법 제108조 제2항).

③ 위원장과 부위원장이 모두 부득이한 사유로 그 직무를 수행하지 못할 때에는 위원장이 미리 지명한 위원이 그 직무를 대행한다(법 제108조 제3항).

(4) 회의의 소집 및 의결

① 중앙도시계획위원회의 회의는 국토교통부장관이나 위원장이 필요하다고 인정하는 경우에 국토교통부장관이나 위원장이 소집한다(법 제109조 제1항).

② 중앙도시계획위원회의 회의는 재적위원 과반수의 출석으로 개의(開議)하고, 출석위원 과반수의 찬성으로 의결한다(법 제109조 제2항).

(5) 분과위원회

다음의 사항을 효율적으로 심의하기 위하여 중앙도시계획위원회에 분과위원회를 둘 수 있으며, 분과위원회의 심의는 중앙도시계획위원회의 심의로 본다. 다만, 3.의 경우에는 중앙도시계획위원회가 분과위원회의 심의를 중앙도시계획위원회의 심의로 보도록 하는 경우만 해당한다(법 제110조).

> 1. 토지 이용에 관한 구역 등의 지정·변경 및 용도지역 등의 변경계획에 관한 사항
> 2. 제59조에 따른 심의에 관한 사항
> 3. 중앙도시계획위원회에서 위임하는 사항

(6) 전문위원회

① 도시·군계획 등에 관한 중요 사항을 조사·연구하기 위하여 중앙도시계획위원회에 전문위원을 둘 수 있으며, 전문위원은 위원장 및 중앙도시계획위원회나 분과위원회의 요구가 있을 때에는 회의에 출석하여 발언할 수 있다(법 제111조 제1항·제2항).

② 전문위원은 토지 이용, 건축, 주택, 교통, 공간정보, 환경, 법률, 복지, 방재, 문화, 농림 등 도시·군계획과 관련된 분야에 관한 학식과 경험이 풍부한 자 중에서 국토교통부장관이 임명한다(법 제111조 제3항).

(7) 간사 및 서기

① 중앙도시계획위원회에 간사와 서기를 둔다(법 제112조 제1항).

② 간사와 서기는 국토교통부 소속 공무원 중에서 국토교통부장관이 임명한다(법 제112조 제2항).

③ 간사는 위원장의 명을 받아 중앙도시계획위원회의 서무를 담당하고, 서기는 간사를 보좌한다(법 제112조 제3항).

② **지방도시계획위원회**

(1) 시·도 도시계획위원회

다음의 심의를 하게 하거나 자문에 응하게 하기 위하여 시·도에 시·도도시계획위원회를 둔다(법 제113조 제1항).

> 1. 시·도지사가 결정하는 도시·군관리계획의 심의 등 시·도지사의 권한에 속하는 사항과 다른 법률에서 시·도도시계획위원회의 심의를 거치도록 한 사항의 심의
> 2. 국토교통부장관의 권한에 속하는 사항 중 중앙도시계획위원회의 심의 대상에 해당하는 사항이 시·도지사에게 위임된 경우 그 위임된 사항의 심의
> 3. 도시·군관리계획과 관련하여 시·도지사가 자문하는 사항에 대한 조언
> 4. 그 밖에 대통령령으로 정하는 사항에 관한 심의 또는 조언

제**7**절 **보칙 및 벌칙**

① **시범도시의 지정 및 지원**

(1) 시범도시의 지정권자 및 지정분야

국토교통부장관은 도시의 경제·사회·문화적인 특성을 살려 개성 있고 지속가능한 발전을 촉진하기 위하여 필요하면 직접 또는 관계 중앙행정기관의 장이나 시·도지사의 요청에 의하여 경관, 생태, 정보통신, 과학, 문화, 관광, 그 밖에 대통령령으로 정하는 분야(교육·안전·교통 및 도시정비)별로 시범도시(시범지구나 시범단지를 포함)를 지정할 수 있다(법 제127조).

(2) 시범도시의 공모

국토교통부장관은 직접 시범도시를 지정함에 있어서 필요한 경우에는 국토교통부령이 정하는 바에 따라 그 대상이 되는 도시를 공모할 수 있다. 이 경우 공모에 응모할 수 있는 자는 특별시장·광역시장·특별자치시장·특별자치도지사·시장·군수 또는 구청장으로 한다(영 제127조).

(3) 시범도시사업계획의 수립

시범도시를 관할하는 특별시장·광역시장·특별자치시장·특별자치도지사·시장·군수 또는 구청장은 시범도시사업의 시행에 관한 계획인 시범도시사업계획을 수립·시행하여야 한다(영 제128조).

(4) 시범도시의 지원기준

국토교통부장관, 관계 중앙행정기관의 장 또는 시·도지사는 시범도시에 대하여 다음의 범위에서 보조 또는 융자를 할 수 있다. 관계 중앙행정기관의 장 또는 시·도지사는 시범도시에 대하여 예산·인력 등을 지원한 때에는 그 지원내역을 국토교통부장관에게 통보하여야 한다(영 제129조).

> 1. 시범도시사업계획의 수립에 소요되는 비용의 80% 이하
> 2. 시범도시사업의 시행에 소요되는 비용(보상비는 제외)의 50% 이하

② 청 문

국토교통부장관, 시·도지사, 시장·군수 또는 구청장은 다음에 해당하는 처분을 하려면 청문을 하여야 한다(법 제136조).

> 1. 개발행위허가의 취소
> 2. 행정청이 아닌 도시·군계획시설사업의 시행자 지정의 취소
> 3. 실시계획인가의 취소

> **예 제**
>
> **국토의 계획 및 이용에 관한 법령상 처분에 앞서 청문을 해야 하는 경우만을 모두 고른 것은?**
>
> ㉠ 개발행위허가의 취소
> ㉡ 도시·군기본계획 승인의 취소
> ㉢ 도시·군계획시설사업의 시행자 지정의 취소
> ㉣ 개발밀도관리구역 지정의 취소
> ㉤ 도시·군계획시설사업 실시계획인가의 취소
>
> ① ㉠, ㉡, ㉢   ② ㉠, ㉢, ㉤
> ③ ㉠, ㉣, ㉤   ④ ㉡, ㉢, ㉣
> ⑤ ㉡, ㉣, ㉤
>
> **해설** ㉡ 도시·군기본계획 승인의 취소는 일반국민에 영향을 주지 않으므로 청문 절차가 없다.
> ㉣ 개발밀도관리구역 지정의 취소는 청문 절차가 없다.   ◆ 정답 ②

③ 벌 칙

(1) 행정형벌: 2년 이하의 징역 또는 2,000만원 이하의 벌금(법 제141조)

1. 도시·군계획시설의 설치·관리규정에 위반하여 도시·군관리계획의 결정이 없이 기반시설을 설치한 자
2. 공동구수용 의무규정에 위반하여 공동구에 수용하여야 하는 시설을 공동구에 수용하지 아니한 자
3. 지구단위계획구역 안에서 지구단위계획에 맞게 건축해야 할 의무를 위반하여 지구단위계획에 맞지 아니하게 건축물을 건축하거나 용도를 변경한 자
4. 용도지역 또는 용도지구에서의 건축물이나 그 밖의 시설의 용도·종류 및 규모 등의 제한을 위반하여 건축물을 건축하거나 건축물의 용도를 변경한 자

(2) 행정질서벌: 1,000만원 이하의 과태료(법 제144조 제1항)

1. 공동구 설치비용을 부담하지 아니한 자의 공동구 점용·사용시 허가규정에 따른 허가를 받지 아니하고 공동구를 점용하거나 사용한 자
2. 정당한 사유 없이 타인의 토지 등의 출입이나 일시 사용 및 장애물의 변경·제거행위를 방해하거나 거부한 자
3. 타인의 토지 등의 출입 등을 위한 허가나 동의규정에 따른 허가 또는 동의를 받지 아니하고 행위를 한 자
4. 소속공무원으로 하여금 개발행위나 도시·군계획시설사업에 관한 업무의 상황을 검사할 수 있는 규정에 따른 검사를 거부·방해하거나 기피한 자

MEMO

도시개발법

Chapter 02 도시개발법

단원
열기

도시개발법은 현재 6문제 정도 출제되고 있다. 도시개발사업에 따른 전체적인 흐름을 잡고 부분적인 숫자만 외워두면 고득점은 문제가 없을 것으로 보인다. 특히 개발계획과 개발조합, 환지방식은 매년 출제하고 있으니 반드시 정리하여 두어야 하며, 수용사용방식, 토지상환채권, 공급방법과 동의요건도 단독문제로 많이 출제되므로 기출문제를 중심으로 살펴보아야 한다. 그리고 원형지의 공급과 개발, 입체환지는 꼭 확인해야 한다.

제1절 총칙

01 제정목적

도시개발법 ⇨ 도시개발사업을 시행하기 위한 법률

도시개발구역 → 새로운 단지나 신시가지를 조성하는 사업

도시
개발
사업

수용방식
환지방식
혼용방식

도시개발구역 지정

〈복합기능의 단지조성〉

이 법은 도시개발에 필요한 사항을 규정하여 계획적이고 체계적인 도시개발을 도모하고 쾌적한 도시환경의 조성과 공공복리의 증진에 이바지함을 목적으로 한다(법 제1조).

02 용어정의

(1) 도시개발구역

도시개발사업을 시행하기 위하여 지정·고시된 구역을 말한다(법 제2조 제1항 제1호).

(2) 도시개발사업

도시개발구역에서 주거, 상업, 산업, 유통, 정보통신, 생태, 문화, 보건 및 복지 등의 기능이 있는 단지 또는 시가지를 조성하기 위하여 시행하는 사업을 말한다(법 제2조 제1항 제2호).

(3) 국토의 계획 및 이용에 관한 법률의 적용

국토의 계획 및 이용에 관한 법률에서 사용하는 용어는 이 법으로 특별히 정하는 경우 외에는 이 법에서 이를 적용한다(법 제2조 제2항).

제 2 절 개발계획 제33회, 제34회, 제35회

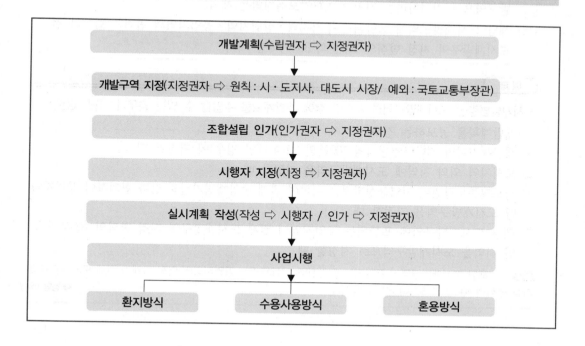

1 개발계획의 수립권자

도시개발구역의 지정권자가 도시개발사업의 계획(이하 "개발계획"이라 함)을 수립한다.

2 개발계획의 수립시기

(1) 원 칙

도시개발구역의 지정권자는 도시개발구역을 지정하려면 해당 도시개발구역에 대한 도시개발사업의 계획을 수립하여야 한다(법 제4조 제1항).

(2) 예 외

개발계획을 공모하거나 대통령령으로 정하는 다음의 지역에 도시개발구역을 지정할 때에는 도시개발구역을 지정한 후에 개발계획을 수립할 수 있다(법 제4조 제1항, 영 제6조 제1항).

---

1. 자연녹지지역
2. 생산녹지지역(생산녹지지역이 도시개발구역 지정면적의 100분의 30 이하인 경우만 해당)
3. 도시지역 외의 지역
4. 국토교통부장관이 지역균형발전을 위하여 관계 중앙행정기관의 장과 협의하여 도시개발구역으로 지정하려는 지역(자연환경보전지역은 제외)
5. 해당 도시개발구역에 포함되는 주거지역·상업지역·공업지역의 면적의 합계가 전체 도시개발구역 지정 면적의 100분의 30 이하인 지역

예제

도시개발법령상 도시개발구역을 지정한 후에 개발계획을 수립할 수 있는 경우가 아닌 것은?

① 개발계획을 공모하는 경우
② 생산녹지지역(개발구역면적의 100분의 30 이하인 경우)에 지정할 때
③ 도시지역 외의 지역에 도시개발구역을 지정할 때
④ 국토교통부장관이 지역균형발전을 위하여 관계 중앙행정기관의 장과 협의하여 상업지역에 도시개발구역을 지정할 때
⑤ 해당 도시개발구역에 포함되는 공업지역이 전체 도시개발구역 지정 면적의 100분의 50인 지역을 도시개발구역으로 지정할 때

해설 ⑤ 해당 도시개발구역에 포함되는 주거지역·상업지역·공업지역의 면적 합계가 전체 도시개발구역 지정 면적의 100분의 30 이하인 지역이다. ◆ 정답 ⑤

③ 개발계획의 수립기준

(1) 광역도시계획 등에의 부합

광역도시계획이나 도시·군기본계획이 수립되어 있는 지역에 대하여 개발계획을 수립하려면 개발계획의 내용이 해당 광역도시계획이나 도시·군기본계획에 들어맞도록 하여야 한다(법 제5조 제2항).

(2) 기능의 상호조화

330만m² 이상인 도시개발구역에 관한 개발계획을 수립할 때에는 해당 구역에서 주거, 생산, 교육, 유통, 위락 등의 기능이 서로 조화를 이루도록 노력하여야 한다(법 제5조 제4항, 영 제9조 제3항).

(3) 개발계획안 공모

지정권자는 창의적이고 효율적인 도시개발사업을 추진하기 위하여 필요한 경우에는 대통령령으로 정하는 바에 따라 개발계획안을 공모하여 선정된 안을 개발계획에 반영할 수 있다. 이 경우 선정된 개발계획안의 응모자가 도시개발사업시행자의 자격 요건을 갖춘 자인 경우에는 해당 응모자를 우선하여 시행자로 지정할 수 있다(법 제4조 제2항).

(4) 수립기준

개발계획의 작성 기준 및 방법은 국토교통부장관이 정한다(법 제5조 제5항).

④ 개발계획의 내용

개발계획에는 다음의 사항이 포함되어야 한다. 다만, 13.부터 16.에 해당하는 사항은 도시개발구역을 지정한 후에 개발계획에 포함시킬 수 있다(법 제5조 제1항).

1. 도시개발구역의 명칭·위치 및 면적
2. 도시개발구역의 지정 목적과 도시개발사업의 시행기간
3. 도시개발구역을 둘 이상의 사업시행지구로 분할하거나 서로 떨어진 둘 이상의 지역을 하나의 구역으로 결합하여 도시개발사업을 시행하는 경우에는 그 분할이나 결합에 관한 사항
4. 도시개발사업의 시행자에 관한 사항
5. 도시개발사업의 시행방식
6. 인구수용계획[분양주택(분양을 목적으로 공급하는 주택을 말한다) 및 임대주택(「민간임대주택에 관한 특별법」에 따른 민간임대주택 및 「공공주택 특별법」에 따른 공공임대주택을 말한다. 이하 같다)으로 구분한 주택별 수용계획을 포함한다]

7. 토지이용계획

7의2. 원형지로 공급될 대상 토지 및 개발 방향

8. 교통처리계획

9. 환경보전계획

10. 보건의료시설 및 복지시설의 설치계획

11. 도로, 상하수도 등 주요 기반시설의 설치계획

12. 재원조달계획

13. 도시개발구역 밖의 지역에 기반시설을 설치하여야 하는 경우에는 그 시설의 설치에 필요한 비용의 부담 계획

14. 수용(收用) 또는 사용의 대상이 되는 토지·건축물 또는 토지에 정착한 물건과 이에 관한 소유권 외의 권리, 광업권, 어업권, 양식업권, 물의 사용에 관한 권리(이하 "토지 등"이라 한다)가 있는 경우에는 그 세부목록

15. 임대주택(민간임대주택에 관한 특별법에 따른 민간임대주택 및 공공주택 특별법에 따른 공공임대주택을 말한다)건설계획 등 세입자 등의 주거 및 생활 안정 대책

16. 순환개발 등 단계적 사업추진이 필요한 경우 사업추진 계획 등에 관한 사항

17. 그 밖에 대통령령으로 정하는 사항

예제

도시개발법령상 도시개발구역을 지정한 후에 개발계획에 포함시킬 수 있는 사항으로 틀린 것은?

① 임대주택건설계획 등 세입자 등의 주거 및 생활 안정 대책

② 순환개발 등 단계적 사업추진이 필요한 경우 사업추진 계획 등

③ 도시개발구역 밖의 지역에 기반시설을 설치하여야 하는 경우 그 시설의 설치에 필요한 비용의 부담계획

④ 환경보전계획, 재원조달계획, 보건의료시설 및 복지시설의 설치계획

⑤ 수용 또는 사용의 대상이 되는 토지·건축물의 세부목록

해설 ④ 환경보전계획, 재원조달계획, 보건의료시설 및 복지시설의 설치계획은 개발계획내용이다. 개발구역을 지정한 후에 개발계획에 포함시킬 수 있는 사항이 아니다. ❶ 정답 ④

⑤ 개발계획 수립시 동의

(1) 원칙

지정권자는 환지방식의 도시개발사업에 대한 개발계획을 수립하려면 환지방식이 적용되는 지역의 토지면적의 3분의 2 이상에 해당하는 토지 소유자와 그 지역의 토지 소유자 총수의 2분의 1 이상의 동의를 받아야 한다. 환지방식으로 시행하기 위하여 개발계획을 변경하려는 경우에도 또한 같다(법 제4조 제4항).

▶ 개발계획의 변경시 동의를 받아야 하는 경우

1. 환지방식을 적용하는 지역의 면적 변경이 다음에 해당하는 경우
   ① 편입되는 토지의 면적이 종전 환지방식이 적용되는 면적의 100분의 5 이상인 경우 (경미한 사항이 여러 차례 변경된 경우에는 누적하여 산정한다. 이하 이 조에서 같다)
   ② 제외되는 토지의 면적이 종전 환지방식이 적용되는 면적의 100분의 10 이상인 경우
   ③ 편입 또는 제외되는 면적이 각각 3만 제곱미터 이상인 경우
   ④ 토지의 편입이나 제외로 인하여 환지방식이 적용되는 면적이 종전보다 100분의 10 이상 증감하는 경우

2. 너비가 12미터 이상인 도로를 신설 또는 폐지하는 경우

3. 사업시행지구를 분할하거나 분할된 사업시행지구를 통합하는 경우

4. 도로를 제외한 기반시설의 면적이 종전보다 100분의 10(공원 또는 녹지의 경우에는 100분의 5) 이상으로 증감하거나 신설되는 기반시설의 총면적이 종전 기반시설 면적의 100분의 5 이상인 경우

5. 수용예정인구가 종전보다 100분의 10 이상 증감하는 경우(변경 이후 수용예정인구가 3천명 미만인 경우는 제외한다)

5의2. 임대주택(「민간임대주택에 관한 특별법」에 따른 민간임대주택 및 「공공주택 특별법」에 따른 공공임대주택을 말한다. 이하 같다) 건설용지의 면적 또는 임대주택 호수가 종전보다 100분의 10 이상 감소하는 경우

6. 기반시설을 제외한 도시개발구역의 용적률이 종전보다 100분의 5 이상 증가하는 경우

7. 토지이용계획의 변경으로서 다음의 어느 하나에 해당하는 경우. 다만, 용도별 변경 면적이 1천 제곱미터 이상인 경우로 한정한다.
   ① 용도별 면적이 종전보다 100분의 10 이상 증감하는 경우
   ② 신설되는 용도의 토지 총면적이 종전 도시개발구역 면적(기반시설 면적은 제외한다)의 100분의 5 이상인 경우

8. 기반시설의 설치에 필요한 비용이 종전보다 100분의 5 이상 증가하는 경우

9. 사업시행방식을 변경하는 경우

10. 용도지역·용도지구·용도구역에 대한 도시·군관리계획이 변경되는 경우

---

(2) 예 외

① 지정권자는 도시개발사업을 환지방식으로 시행하려고 개발계획을 수립하거나 변경할 때에 도시개발사업의 시행자가 국가나 지방자치단체이면 토지 소유자의 동의를 받을 필요가 없다(법 제4조 제5항).

② **조합의 경우**: 지정권자가 도시개발사업의 전부를 환지방식으로 시행하려고 개발계획을 수립하거나 변경할 때에 도시개발사업의 시행자가 조합에 해당하는 경우로서 조합이 성립된 후 총회에서 도시개발구역의 토지면적의 3분의 2 이상에 해당하는 조합원과 그 지역의 조합원 총수의 2분의 1 이상의 찬성으로 수립 또는 변경을 의결한 개발계획을 지정권자에게 제출한 경우에는 토지 소유자의 동의를 받은 것으로 본다(법 제4조 제6항).

6 개발계획의 변경

지정권자는 직접 또는 관계 중앙행정기관의 장 또는 시장(대도시 시장은 제외한다)·군수·구청장 또는 도시개발사업의 시행자의 요청을 받아 개발계획을 변경할 수 있다(법 제4조 제3항).

7 동의자 수의 산정방법 등

환지방식 적용지역의 동의자의 수를 산정하는 방법은 다음과 같다(법 제4조 제7항, 영 제6조 제4항).

1. 도시개발구역의 토지면적을 산정하는 경우: 국공유지를 포함하여 산정할 것
2. 1필지의 토지 소유권을 여럿이 공유하는 경우: 다른 공유자의 동의를 받은 대표 공유자 1인을 해당 토지 소유자로 볼 것. 다만, 집합건물의 소유 및 관리에 관한 법률에 따른 구분소유자는 각각을 토지 소유자 1인으로 본다.
3. 1인이 둘 이상 필지의 토지를 단독으로 소유한 경우: 필지의 수에 관계없이 토지 소유자를 1인으로 볼 것
4. 둘 이상 필지의 토지를 소유한 공유자가 동일한 경우: 공유자 여럿을 대표하는 1인을 토지 소유자로 볼 것
5. 도시개발구역의 지정이 제안되기 전에 또는 도시개발구역에 대한 개발계획의 변경을 요청받기 전에 동의를 철회하는 사람이 있는 경우: 그 사람은 동의자 수에서 제외할 것
6. 구역 지정을 위해 주민의 의견을 청취하기 위한 공람·공고일 후에 집합건물의 소유 및 관리에 관한 법률에 따른 구분소유권을 분할하게 되어 토지 소유자의 수가 증가하게 된 경우: 공람·공고일 전의 토지 소유자의 수를 기준으로 산정하고, 증가된 토지 소유자의 수는 토지 소유자 총수에 추가 산입하지 말 것

7. 도시개발구역의 지정이 제안된 후부터 개발계획이 수립되기 전까지의 사이에 토지 소유자가 변경된 경우 또는 개발계획의 변경을 요청 받은 후부터 개발계획이 변경되기 전까지의 사이에 토지 소유자가 변경된 경우: 기존 토지 소유자의 동의서를 기준으로 할 것

8. 동의순서: 국공유지를 제외한 전체 사유 토지면적 및 토지 소유자에 대하여 환지방식 적용지역의 법정 동의 요건 이상으로 동의를 받은 후에 그 토지면적 및 토지 소유자의 수가 법적 동의 요건에 미달하게 된 경우에는 국공유지 관리청의 동의를 받아야 한다.

9. 동의 또는 철회방법: 토지 소유자가 동의하거나 동의를 철회할 경우에는 국토교통부령으로 정하는 동의서 또는 동의철회서를 제출하여야 하며, 공유토지의 대표 소유자는 대표자지정 동의서와 대표 소유자 및 공유자의 신분을 증명할 수 있는 서류를 각각 첨부하여 함께 제출하여야 한다.

제 3 절   도시개발구역의 지정

01 도시개발구역의 지정 등 제32회, 제33회

1 지정권자

(1) **원칙**: 시·도지사 또는 대도시 시장

① 다음에 해당하는 자는 계획적인 도시개발이 필요하다고 인정되는 때에는 도시개발구역을 지정할 수 있다(법 제3조 제1항).

1. 특별시장·광역시장·도지사·특별자치도지사(이하 "시·도지사"라 함)
2. 지방자치법에 따라 서울특별시와 광역시를 제외한 인구 50만 이상의 대도시의 시장(이하 "대도시 시장"이라 함)

② 도시개발사업이 필요하다고 인정되는 지역이 둘 이상의 시·도 또는 대도시의 행정구역에 걸치는 경우에는 관계 시·도지사 또는 대도시 시장이 협의하여 도시개발구역을 지정할 자를 정한다(법 제3조 제2항).

(2) **예외**: 국토교통부장관이 지정할 수 있다(법 제3조 제3항).

> 1. 국가가 도시개발사업을 실시할 필요가 있는 경우
> 2. 관계 중앙행정기관의 장이 요청하는 경우
> 3. 공공기관의 장 또는 정부출연기관의 장이 30만㎡ 이상으로서 국가계획과 밀접한 관련이 있는 도시개발구역의 지정을 제안하는 경우
> 4. 둘 이상의 시·도 또는 대도시의 행정구역에 걸치는 경우로서 관계 시·도지사 또는 대도시 시장이 도시개발구역의 지정을 위한 협의가 성립되지 아니하는 경우
> 5. 천재지변, 그 밖의 사유로 인하여 도시개발사업을 긴급하게 할 필요가 있는 경우

예제

도시개발법령상 국토교통부장관이 도시개발구역을 지정할 수 있는 경우에 해당하지 않는 것은?

제33회

① 국가가 도시개발사업을 실시할 필요가 있는 경우
② 관계 중앙행정기관의 장이 요청하는 경우
③ 한국토지주택공사 사장이 20만 제곱미터의 규모로 국가계획과 밀접한 관련이 있는 도시개발구역의 지정을 제안하는 경우
④ 천재지변, 그 밖의 사유로 인하여 도시개발사업을 긴급하게 할 필요가 있는 경우
⑤ 도시개발사업이 필요하다고 인정되는 지역이 둘 이상의 도의 행정구역에 걸치는 경우에 도시개발구역을 지정할 자에 관하여 관계 도지사 간에 협의가 성립되지 아니하는 경우

해설 ③ 한국토지주택공사 사장이 30만 제곱미터 이상으로 국가계획과 밀접한 관련이 있는 도시개발구역의 지정을 제안하는 경우에는 국토교통부장관이 도시개발구역을 지정할 수 있다. **◑ 정답** ③

② 도시개발구역의 지정제안

(1) **지정제안**

① **원칙**: 국가·지방자치단체·조합을 제외한 도시개발사업 시행자로 지정될 수 있는 자는 특별자치도지사·시장·군수 또는 구청장에게 도시개발구역의 지정을 제안할 수 있다(법 제11조 제5항).

② **예외**: 공공기관의 장이 또는 정부출연기관의 장이 30만㎡ 이상으로 국가계획과 밀접한 관련이 있는 개발구역의 지정을 제안하는 경우 국토교통부장관에게 직접 제안할 수 있다(법 제3조 제3항).

(2) 둘 이상의 행정구역에 걸치는 경우

도시개발구역의 지정을 제안하려는 지역이 둘 이상의 시·군 또는 구의 행정구역에 걸쳐 있는 경우에는 그 지역에 포함된 면적이 가장 큰 행정구역의 시장·군수 또는 구청장에게 도시개발구역지정제안서를 제출하여야 한다(영 제23조 제2항).

(3) 지정제안의 동의

민간사업시행자(도시개발조합은 제외)가 도시개발구역의 지정을 제안하려는 경우에는 대상 구역 토지면적의 3분의 2 이상에 해당하는 토지 소유자(지상권자 포함)의 동의를 받아야 한다(법 제11조 제6항).

(4) 반영 여부 통보

도시개발구역지정의 제안을 받은 국토교통부장관·특별자치도지사·시장·군수 또는 구청장은 제안 내용의 수용 여부를 1개월 이내에 제안자에게 통보하여야 한다. 다만, 관계 기관과의 협의가 지연되는 등 불가피한 사유가 있는 경우에는 1개월 이내의 범위에서 통보기간을 연장할 수 있다(영 제23조 제3항).

(5) 비용부담

특별자치도지사·시장·군수 또는 구청장은 제안자와 협의하여 도시개발구역의 지정을 위하여 필요한 비용의 전부 또는 일부를 제안자에게 부담시킬 수 있다(법 제11조 제7항).

③ 도시개발구역의 지정요청

(1) 시장·군수 또는 구청장의 요청

시장(대도시 시장은 제외한다)·군수 또는 구청장(자치구의 구청장을 말함)은 시·군·구도시계획위원회에 자문을 한 후 시·도지사에게 도시개발구역의 지정을 요청할 수 있다. 다만, 지구단위계획구역에서 이미 결정된 지구단위계획에 따라 도시개발사업을 시행하기 위하여 도시개발구역의 지정을 요청하는 경우에는 시·군·구도시계획위원회에 자문을 하지 아니할 수 있다(법 제3조 제4항, 영 제5조).

(2) 중앙행정기관의 장이 요청

관계 중앙행정기관의 장은 국토교통부장관에게 지정을 요청할 수 있다(법 제3조 제3항).

4 도시개발구역의 지정대상지역

(1) 도시개발구역의 지정규모(영 제2조 제1항)

도시지역	1. 주거지역 및 상업지역 : 10,000m² 이상 2. 공업지역 : 30,000m² 이상 3. 자연녹지지역 : 10,000m² 이상 4. 생산녹지지역 : 10,000m² 이상 (생산녹지지역이 도시개발구역 지정면적의 100분의 30 이하인 경우만 해당)
도시지역 외 지역	1. 원칙 : 30만m² 이상 2. 예외 : 10만m² 이상 ⇨ 공동주택 중 아파트 또는 연립주택의 건설계획이 포함되는 경우로서 다음 요건을 모두 갖춘 경우 ① 도시개발구역에 초등학교용지를 확보(도시개발구역 내 또는 도시개발구역으로부터 통학이 가능한 거리에 학생을 수용할 수 있는 초등학교가 있는 경우를 포함한다)하여 관할 교육청과 협의한 경우 ② 도시개발구역에서 도로법에 해당하는 도로 또는 국토교통부령으로 정하는 도로와 연결되거나 4차로 이상의 도로를 설치하는 경우

(2) 자연녹지지역 · 생산녹지지역 및 도시지역 외의 지역

자연녹지지역, 생산녹지지역 및 도시지역 외의 지역에 도시개발구역을 지정하는 경우에는 광역도시계획 또는 도시·군기본계획에 의하여 개발이 가능한 지역에서만 국토교통부장관이 정하는 기준에 따라 지정하여야 한다. 다만, 광역도시계획 및 도시·군기본계획이 수립되지 아니한 지역인 경우에는 자연녹지지역 및 계획관리지역에서만 도시개발구역을 지정할 수 있다(영 제2조 제2항).

(3) 지정요건의 적용배제

다음에 해당하는 지역으로서 도시개발구역의 지정권자가 계획적인 도시개발이 필요하다고 인정하는 지역에 대하여는 (1) (규모규정)과 (2) (계획 수립 여부)에 따른 제한을 적용하지 아니한다(영 제2조 제3항).

1. 국토의 계획 및 이용에 관한 법률에 따른 취락지구 또는 개발진흥지구로 지정된 지역
2. 국토의 계획 및 이용에 관한 법률에 따른 지구단위계획구역으로 지정된 지역
3. 국토교통부장관이 국가균형발전을 위하여 관계 중앙행정기관의 장과 협의하여 도시개발구역으로 지정하려는 지역(자연환경보전지역은 제외)

5 도시개발구역의 분할 및 결합

도시개발구역의 지정권자는 도시개발사업의 효율적인 추진과 도시의 경관 보호 등을 위하여 필요하다고 인정하는 경우에는 도시개발구역을 둘 이상의 사업시행지구로 분할(각각 1만㎡ 이상인 경우)하거나 서로 떨어진 둘 이상의 지역을 결합하여 하나의 도시개발구역으로 지정할 수 있다(법 제3조의2 제1항).

예제

도시개발법령상 도시개발구역으로 지정할 수 있는 대상 지역 및 규모에 관하여 (   )에 들어갈 숫자를 바르게 나열한 것은?

- 주거지역 및 상업지역: (㉠)만 제곱미터 이상
- 공업지역: (㉡)만 제곱미터 이상
- 자연녹지지역: (㉢)만 제곱미터 이상
- 도시개발구역 지정면적의 100분의 30 이하인 생산녹지지역: (㉣)만 제곱미터 이상

① ㉠: 1, ㉡: 1, ㉢: 1, ㉣: 3
② ㉠: 1, ㉡: 3, ㉢: 1, ㉣: 1
③ ㉠: 1, ㉡: 3, ㉢: 3, ㉣: 1
④ ㉠: 3, ㉡: 1, ㉢: 3, ㉣: 3
⑤ ㉠: 3, ㉡: 3, ㉢: 1, ㉣: 1

해설 ② ㉠ 주거지역 및 상업지역: 10,000㎡ 이상
㉡ 공업지역: 30,000㎡ 이상   ㉢ 자연녹지지역: 10,000㎡ 이상
㉣ 도시개발구역 지정면적의 100분의 30 이하인 생산녹지지역: 10,000㎡ 이상   ◆정답 ②

02 도시개발구역의 지정절차

1 기초조사

도시개발사업의 시행자나 시행자가 되려는 자는 도시개발구역을 지정하거나 도시개발구역의 지정을 요청 또는 제안하려고 할 때에는 도시개발구역으로 지정될 구역의 토지, 건축물, 공작물, 그 밖에 필요한 사항에 관하여 대통령령으로 정하는 바에 따라 조사하거나 측량할 수 있다(법 제6조 제1항).

② 도시개발구역의 주민 등의 의견청취

(1) 주민의 의견청취

국토교통부장관, 시·도지사 또는 대도시 시장이 도시개발구역을 지정(대도시 시장이 아닌 시장·군수 또는 구청장의 요청에 의하여 지정하는 경우는 제외한다)하고자 하거나 대도시 시장이 아닌 시장·군수 또는 구청장이 도시개발구역의 지정을 요청하려고 하는 경우에는 공람이나 공청회를 통하여 주민이나 관계 전문가 등으로부터 의견을 들어야 하며, 공람이나 공청회에서 제시된 의견이 타당하다고 인정되면 이를 반영하여야 한다(법 제7조 제1항, 영 제12조).

(2) 송부 및 공람

① 국토교통부장관 또는 시·도지사는 도시개발구역의 지정에 관한 주민의 의견을 청취하려면 관계 서류 사본을 시장·군수 또는 구청장에게 송부하여야 한다(영 제11조 제1항).

② 시장·군수 또는 구청장은 관계 서류 사본을 송부받거나 주민의 의견을 청취하려는 경우에는 일정한 사항을 전국 또는 해당 지방을 주된 보급지역으로 하는 둘 이상의 일간신문과 해당 시·군 또는 구의 인터넷 홈페이지에 공고하고 14일 이상 일반인에게 공람시켜야 한다. 다만, 도시개발구역의 면적이 10만m² 미만인 경우에는 일간신문에 공고하지 아니하고 공보와 해당 시·군 또는 구의 인터넷 홈페이지에 공고할 수 있다(영 제11조 제2항).

(3) 의견 제출

공고된 내용에 관하여 의견이 있는 자는 공람기간에 도시개발구역의 지정에 관한 공고를 한 자에게 의견서를 제출할 수 있다(영 제11조 제3항).

(4) 검토결과의 통보

국토교통부장관, 시·도지사, 시장·군수 또는 구청장은 제출된 의견을 공고한 내용에 반영할 것인지를 검토하여 그 결과를 공람기간이 끝난 날부터 30일 이내에 그 의견을 제출한 자에게 통보하여야 한다(영 제11조 제5항).

③ 도시개발구역의 공청회 개최

(1) 개최의무

국토교통부장관, 시·도지사, 시장·군수 또는 구청장은 도시개발사업을 시행하려는 구역의 면적이 100만m² 이상인 경우(개발계획의 변경 후의 면적이 100만m² 이상인 경우를 포함)에는 공람기간이 끝난 후에 공청회를 개최하여야 한다(영 제13조 제1항).

(2) 개최공고

국토교통부장관, 시·도지사, 시장·군수 또는 구청장은 공청회를 개최하려면 일정한 사항을 전국 또는 해당 지방을 주된 보급지역으로 하는 일간신문과 인터넷 홈페이지에 공청회 개최 예정일 14일 전까지 1회 이상 공고하여야 한다(영 제13조 제2항).

(3) 공청회 생략

공청회가 국토교통부장관, 시·도지사, 시장·군수 또는 구청장이 책임질 수 없는 사유로 2회에 걸쳐 개최되지 못하거나 개최는 되었으나 정상적으로 진행되지 못한 경우에는 공청회를 생략할 수 있다(영 제13조 제3항).

4 협의 및 심의

지정권자는 도시개발구역을 지정하거나 개발계획을 수립하려면 관계 행정기관의 장과 협의한 후 중앙도시계획위원회 또는 시·도도시계획위원회나 대도시에 두는 대도시도시계획위원회의 심의를 거쳐야 한다. 다만, 지구단위계획에 따라 도시개발사업을 시행하기 위하여 도시개발구역을 지정하는 경우에는 도시·군계획위원회의 심의를 거치지 아니한다. 지정권자는 관계 행정기관의 장과 협의하는 경우 지정하려는 도시개발구역 면적이 50만제곱미터 이상인 경우 또는 개발계획이 국가계획을 포함하고 있거나 그 국가계획과 관련되는 경우에 해당하면 국토교통부장관과 협의하여야 한다(법 제8조).

5 고시 및 공람

지정권자는 도시개발구역을 지정하거나 개발계획을 수립한 경우에는 대통령령으로 정하는 바에 따라 이를 관보나 공보에 고시하고, 대도시 시장인 지정권자는 관계 서류를 일반에게 공람시켜야 하며, 대도시 시장이 아닌 지정권자는 해당 도시개발구역을 관할하는 시장(대도시 시장은 제외한다)·군수 또는 구청장에게 관계 서류의 사본을 보내야 하며, 지정권자인 특별자치도지사와 관계 서류를 송부 받은 시장(대도시 시장은 제외한다)·군수 또는 구청장은 해당 관계 서류를 일반인에게 공람시켜야 한다. 변경하는 경우에도 또한 같다(법 제9조 제1항).

03 도시개발구역 지정·고시의 효과

1 도시지역 등의 결정·고시 의제

도시개발구역이 지정·고시된 경우 해당 도시개발구역은 국토의 계획 및 이용에 관한 법률에 따른 도시지역과 지구단위계획구역으로 결정되어 고시된 것으로 본다. 다만, 국토의 계획 및 이용에 관한 법률에 따른 도시지역 외의 지역에 지정된 지구단위계획구역 및 취락지구로 지정된 지역인 경우에는 그러하지 아니하다(법 제9조 제2항).

2 지형도면의 고시

도시지역과 지구단위계획구역으로 결정·고시된 것으로 보는 사항에 대하여 도시·군관리계획에 관한 지형도면의 고시는 국토의 계획 및 이용에 관한 법률의 규정에도 불구하고 도시개발사업의 시행 기간에 할 수 있다(법 제9조 제4항).

예제

도시개발법령상 도시개발구역의 지정에 관한 설명으로 틀린 것은? (단, 특례는 고려하지 않음)
① 대도시 시장은 직접 도시개발구역을 지정할 수 있다.
② 도시개발사업이 필요하다고 인정되는 지역이 둘 이상의 도의 행정구역에 걸치는 경우에는 해당 면적이 더 넓은 행정구역의 도지사가 도시개발구역을 지정하여야 한다.
③ 천재지변으로 인하여 도시개발사업을 긴급하게 할 필요가 있는 경우 국토교통부장관이 도시개발구역을 지정할 수 있다.
④ 도시개발구역을 둘 이상의 사업시행지구로 분할 후 각각 1만m² 이상인 경우 둘 이상의 사업시행지구로 분할하여 지정할 수 있다.
⑤ 자연녹지지역에서 도시개발구역을 지정한 이후 도시개발사업의 계획을 수립할 수 있다.

해설 ② 도시개발사업이 필요하다고 인정되는 지역이 둘 이상의 도의 행정구역에 걸치는 경우에는 도지사가 협의하여 도시개발구역을 지정할 자를 정한다.　　　　　◆정답 ②

③ 도시개발구역에서의 행위제한

(1) 개발행위 허가대상

도시개발구역 지정에 관한 주민 등의 의견청취를 위한 공고가 있는 지역 및 도시개발구역에서 건축물의 건축, 공작물의 설치, 토지의 형질 변경, 토석의 채취, 토지분할, 물건을 쌓아놓는 행위, 죽목의 벌채 및 식재 등 대통령령으로 정하는 다음의 행위를 하려는 자는 특별시장·광역시장·특별자치도지사·시장 또는 군수의 허가를 받아야 한다. 허가 받은 사항을 변경하려는 경우에도 또한 같다(법 제9조 제5항, 영 제16조 제1항).

> 1. 건축물의 건축 등: 건축법에 따른 건축물(가설건축물 포함)의 건축, 대수선(大修繕) 또는 용도 변경
> 2. 공작물의 설치: 인공을 가하여 제작한 시설물(건축법에 따른 건축물 제외)의 설치
> 3. 토지의 형질변경: 절토(땅깎기)·성토(흙쌓기)·정지·포장 등의 방법으로 토지의 형상을 변경하는 행위, 토지의 굴착 또는 공유수면의 매립
> 4. 토석의 채취: 흙·모래·자갈·바위 등의 토석을 채취하는 행위. 다만, 토지의 형질변경을 목적으로 하는 것은 위 3.에 따른다.
> 5. 토지분할
> 6. 물건을 쌓아놓는 행위: 옮기기 쉽지 아니한 물건을 1개월 이상 쌓아놓는 행위
> 7. 죽목(竹木)의 벌채 및 식재(植栽)

(2) 시행자의 의견청취

허가권자가 개발행위허가를 하려는 경우에 시행자가 있으면 미리 그 시행자의 의견을 들어야 한다(영 제16조 제2항).

(3) 도시개발구역에서의 허용사항

다음의 행위는 허가를 받지 아니하고 이를 할 수 있다(법 제9조 제6항, 영 제16조 제3항).

> 1. 재해복구 또는 재난수습에 필요한 응급조치를 위하여 하는 행위
> 2. 대통령령으로 정하는 다음의 경미한 행위로서 국토의 계획 및 이용에 관한 법률에 따른 개발행위허가의 대상이 아닌 것
>   ① 농림수산물의 생산에 직접 이용되는 것으로서 국토교통부령으로 정하는 간이공작물의 설치
>   ② 경작을 위한 토지의 형질변경
>   ③ 도시개발구역의 개발에 지장을 주지 아니하고 자연경관을 손상하지 아니하는 범위에서의 토석채취
>   ④ 도시개발구역에 남겨두기로 결정된 대지에서 물건을 쌓아놓는 행위
>   ⑤ 관상용 죽목의 임시 식재(경작지에서의 임시 식재는 제외)

(4) 기득권 보호

허가를 받아야 하는 행위로서 도시개발구역의 지정 및 고시 당시 이미 관계 법령에 따라 행위 허가를 받았거나 허가를 받을 필요가 없는 행위에 관하여 그 공사나 사업에 착수한 자는 도시개발구역이 지정·고시된 날부터 30일 이내에 신고서에 그 공사 또는 사업의 진행 사항과 시행계획을 첨부하여 특별시장·광역시장·특별자치도지사·시장 또는 군수에게 신고한 후 이를 계속 시행할 수 있다(법 제9조 제7항).

(5) 원상회복명령 및 대집행

특별시장·광역시장·특별자치도지사·시장 또는 군수는 허가를 위반한 자에게 원상회복을 명할 수 있다. 이 경우 명령을 받은 자가 그 의무를 이행하지 아니하는 경우에는 특별시장·광역시장·특별자치도지사·시장 또는 군수는 행정대집행법에 따라 이를 대집행할 수 있다(법 제9조 제8항).

(6) 국토의 계획 및 이용에 관한 법률의 준용

개발행위 허가에 관하여 이 법으로 규정한 것 외에는 국토의 계획 및 이용에 관한 법률의 개발행위 허가에 관한 사항을 준용한다(법 제9조 제9항).

(7) 개발행위허가의제

개발행위 허가를 받으면 국토의 계획 및 이용에 관한 법률에 따라 개발행위 허가를 받은 것으로 본다(법 제9조 제10항).

예제

도시개발법령상 도시개발구역에서 허가를 받아야 할 행위로 명시되지 않은 것은?
① 토지의 합병
② 토석의 채취
③ 죽목의 식재
④ 공유수면의 매립
⑤ 건축법에 따른 건축물의 용도 변경

해설 ① 토지의 합병은 도시개발구역에서 허가를 받아야 할 행위가 아니다.　　　　◆ 정답 ①

04 도시개발구역 지정의 해제의제 제31회

(1) 도시개발구역의 해제의제 사유

① **원칙**: 도시개발구역의 지정은 다음에 규정된 날의 다음 날에 해제된 것으로 본다(법 제10조 제1항).

> 1. 도시개발구역이 지정·고시된 날부터 3년이 되는 날까지 도시개발사업에 관한 실시계획의 인가를 신청하지 아니하는 경우에는 그 3년이 되는 날
> 2. 도시개발사업의 공사 완료(환지방식에 따른 사업인 경우에는 그 환지처분)의 공고일

② **예외**: 도시개발구역을 지정한 후 개발계획을 수립하는 경우에는 다음에 규정된 날의 다음 날에 도시개발구역의 지정이 해제된 것으로 본다(법 제10조 제2항).

> 1. 도시개발구역이 지정·고시된 날부터 2년이 되는 날까지 개발계획을 수립·고시하지 아니하는 경우에는 그 2년이 되는 날. 다만, 도시개발구역의 면적이 330만m² 이상인 경우에는 5년으로 한다.
> 2. 개발계획을 수립·고시한 날부터 3년이 되는 날까지 실시계획의 인가를 신청하지 아니하는 경우에는 그 3년이 되는 날. 다만, 도시개발구역의 면적이 330만m² 이상인 경우에는 5년으로 한다.

(2) 용도지역 등의 환원

도시개발구역의 지정이 해제의제된 경우에는 그 도시개발구역에 대한 국토의 계획 및 이용에 관한 법률에 따른 용도지역 및 지구단위계획구역은 해당 도시개발구역 지정 전의 용도지역 및 지구단위계획구역으로 각각 환원되거나 폐지된 것으로 본다. 다만, 공사완료(환지방식에 의한 사업인 경우에는 그 환지처분)에 따라 도시개발구역의 지정이 해제의제된 경우에는 환원되거나 폐지된 것으로 보지 아니한다(법 제10조 제3항).

(3) 해제의제의 고시 및 공람

도시개발구역의 지정이 해제의제되는 경우 지정권자는 이를 관보나 공보에 고시하고, 대도시 시장인 지정권자는 관계 행정기관의 장에게 통보하여야 하며 관계 서류를 일반에게 공람시켜야 하고, 대도시 시장이 아닌 지정권자는 관계 행정기관의 장과 도시개발구역을 관할하는 시장(대도시 시장은 제외한다)·군수 또는 구청장에게 통보하여야 한다. 이 경우 지정권자인 특별자치도지사와 본문에 따라 통보를 받은 시장(대도시 시장은 제외한다)·군수 또는 구청장은 관계 서류를 일반인에게 공람시켜야 한다(법 제10조 제4항).

예제

도시개발법령상 도시개발구역 지정의 해제에 관한 규정 내용이다. (   )에 들어갈 숫자를 바르게 나열한 것은?

> 도시개발구역을 지정한 후 개발계획을 수립하는 경우에는 아래에 규정된 날의 다음 날에 도시개발구역의 지정이 해제된 것으로 본다.
> • 도시개발구역이 지정·고시된 날부터 (㉠)년이 되는 날까지 개발계획을 수립·고시하지 아니하는 경우에는 그 (㉠)년이 되는 날. 다만, 도시개발구역의 면적이 330만제곱미터 이상인 경우에는 5년으로 한다.
> • 개발계획을 수립·고시한 날부터 (㉡)년이 되는 날까지 실시계획 인가를 신청하지 아니하는 경우에는 그 (㉡)년이 되는 날. 다만, 도시개발구역의 면적이 330만제곱미터 이상인 경우에는 (㉢)년으로 한다.

① ㉠: 2, ㉡: 3, ㉢: 3   ② ㉠: 2, ㉡: 3, ㉢: 5
③ ㉠: 3, ㉡: 2, ㉢: 3   ④ ㉠: 3, ㉡: 2, ㉢: 5
⑤ ㉠: 3, ㉡: 3, ㉢: 5

해설 ② ㉠: 2, ㉡: 3, ㉢: 5   ❶ 정답 ②

제 **4** 절   **도시개발사업의 시행자**

01   **시행자의 지정 등** 제33회, 제35회

1 **지정권자의 지정**

도시개발사업의 시행자는 다음의 자 중에서 지정권자가 지정한다(법 제11조 제1항).

1. 국가나 지방자치단체
2. 대통령령으로 정하는 공공기관
   ① 한국토지주택공사법에 따른 한국토지주택공사
   ② 한국수자원공사법에 따른 한국수자원공사
   ③ 한국농어촌공사 및 농지관리기금법에 따른 한국농어촌공사
   ④ 한국관광공사법에 따른 한국관광공사
   ⑤ 한국철도공사법에 따른 한국철도공사

3. 대통령령으로 정하는 정부출연기관
   ① 국가철도공단법에 따른 국가철도공단(역세권의 개발 및 이용에 관한 법률에 따른 역세권개발사업을 시행하는 경우에만 해당한다)
   ② 제주특별자치도 설치 및 국제자유도시 조성을 위한 특별법에 따른 제주국제자유도시개발센터
4. 지방공기업법에 따라 설립된 지방공사
5. 도시개발구역의 토지 소유자(공유수면 관리 및 매립에 관한 법률에 따라 면허를 받은 자를 해당 공유수면을 소유한 자로 보고 그 공유수면을 토지로 보며, 수용 또는 사용 방식의 경우에는 도시개발구역의 국공유지를 제외한 토지면적의 3분의 2 이상을 소유한 자를 말함)
6. 도시개발구역의 토지 소유자(공유수면 관리 및 매립에 관한 법률에 따라 면허를 받은 자를 해당 공유수면을 소유한 자로 보고 그 공유수면을 토지로 본다)가 도시개발을 위하여 설립한 조합(도시개발사업의 전부를 환지방식으로 시행하는 경우에만 해당하며, 이하 "조합"이라 함)
7. 수도권정비계획법에 따른 과밀억제권역에서 수도권 외의 지역으로 이전하는 법인 중 과밀억제권역의 사업 기간 등 대통령령으로 정하는 요건에 해당하는 법인
8. 주택법에 따라 등록한 자 중 도시개발사업을 시행할 능력이 있다고 인정되는 자로서 대통령령으로 정하는 요건에 해당하는 자(주택법에 따른 주택단지와 그에 수반되는 기반시설을 조성하는 경우에만 해당한다)
9. 건설산업기본법에 따른 토목공사업 또는 토목건축공사업의 면허를 받는 등 개발계획에 맞게 도시개발사업을 시행할 능력이 있다고 인정되는 자로서 대통령령으로 정하는 요건에 해당하는 자
10. 부동산개발업의 관리 및 육성에 관한 법률에 따라 등록한 부동산개발업자로서 대통령령으로 정하는 요건에 해당하는 자
10의2. 부동산투자회사법에 따라 설립된 자기관리부동산투자회사 또는 위탁관리부동산투자회사로서 대통령령으로 정하는 요건에 해당하는 자
11. 1.부터 9.까지, 10. 및 10의2.에 해당하는 자(6.에 따른 조합은 제외한다)가 도시개발사업을 시행할 목적으로 출자에 참여하여 설립한 법인으로서 대통령령으로 정하는 요건에 해당하는 법인

② 전부 환지방식의 시행자

(1) 원 칙

도시개발구역의 전부를 환지방식으로 시행하는 경우에는 토지 소유자나 조합을 시행자로 지정한다(법 제11조 제1항).

(2) 예 외

지정권자는 도시개발구역의 전부를 환지방식으로 시행하는 경우에는 토지 소유자나 조합을 시행자로 지정하여야 하나 다음에 해당하는 사유가 있으면 지방자치단체 등(지방자치단체, 한국토지주택공사, 지방공사, 신탁업자)을 시행자로 지정할 수 있다. 이 경우 도시개발사업을 시행하는 자가 시·도지사 또는 대도시 시장인 경우 국토교통부장관이 지정한다(법 제11조 제2항, 영 제20조).

1. 토지 소유자나 조합이 개발계획의 수립·고시일부터 1년(다만, 지정권자가 시행자 지정 신청기간의 연장이 불가피하다고 인정하여 6개월의 범위에서 연장한 경우에는 그 연장된 기간) 이내에 시행자 지정을 신청하지 아니한 경우 또는 지정권자가 신청된 내용이 위법하거나 부당하다고 인정한 경우
2. 지방자치단체의 장이 집행하는 공공시설에 관한 사업과 병행하여 시행할 필요가 있다고 인정한 경우
3. 도시개발구역의 국공유지를 제외한 토지면적의 2분의 1 이상에 해당하는 토지 소유자 및 토지 소유자 총수의 2분의 1 이상이 지방자치단체 등의 시행에 동의한 경우

③ 시행자 변경사유

지정권자는 다음에 해당하는 경우에는 시행자를 변경할 수 있다(법 제11조 제8항).

1. 도시개발사업에 관한 실시계획의 인가를 받은 후 2년 이내에 사업을 착수하지 아니하는 경우
2. 행정처분으로 시행자의 지정이나 실시계획의 인가가 취소된 경우
3. 시행자의 부도·파산, 그 밖에 이와 유사한 사유로 도시개발사업의 목적을 달성하기 어렵다고 인정되는 경우
4. 도시개발구역 전부를 환지방식으로 시행하는 경우, 시행자로 지정된 자(토지 소유자 또는 조합)가 도시개발구역 지정의 고시일부터 1년(다만, 지정권자가 실시계획의 인가신청기간의 연장이 불가피하다고 인정하여 6개월의 범위에서 연장한 경우에는 그 연장된 기간) 이내에 도시개발사업에 관한 실시계획의 인가를 신청하지 아니하는 경우

예제

도시개발법령상 도시개발구역 지정권자가 시행자를 변경할 수 있는 경우가 아닌 것은?

① 도시개발사업에 관한 실시계획의 인가를 받은 후 2년 이내에 사업을 착수하지 아니하는 경우
② 행정처분으로 사업시행자의 지정이 취소된 경우
③ 사업시행자가 도시개발구역 지정의 고시일부터 6개월 이내에 실시계획의 인가를 신청하지 아니하는 경우
④ 사업시행자의 부도로 도시개발사업의 목적을 달성하기 어렵다고 인정되는 경우
⑤ 행정처분으로 실시계획의 인가가 취소된 경우

해설 ③ 도시개발구역의 전부를 환지방식으로 시행하는 시행자가 도시개발구역의 지정의 고시일로부터 1년 이내에 실시계획 인가를 신청하지 아니한 경우에는 시행자를 변경할 수 있다. ❶ **정답** ③

4 규약 · 시행규정의 작성

(1) 규약의 작성

지정권자는 토지 소유자 2인 이상이 도시개발사업을 시행하려고 할 때 또는 토지 소유자가 이전법인, 등록사업자, 건설사업자나 신탁업자, 부동산투자회사와 공동으로 도시개발사업을 시행하려고 할 때에는 도시개발사업에 관한 규약을 정하게 할 수 있다(법 제11조 제3항).

(2) 시행규정의 작성

지방자치단체 등이 도시개발사업의 전부를 환지방식으로 시행하려고 할 때와 공공사업시행자가 도시개발사업의 일부를 환지방식으로 시행하려고 할 때에는 시행규정을 작성하여야 한다. 시행자가 시 · 도지사, 시장 · 군수 또는 구청장인 경우에는 시행규정을 조례로 정하여야 한다(법 제11조 제4항, 영 제22조).

5 도시개발사업의 대행 제34회

(1) 공공사업시행자에 해당하는 자는 도시개발사업을 효율적으로 시행하기 위하여 필요한 경우에는 대통령령으로 정하는 바에 따라 설계 · 분양 등 도시개발사업의 일부를 주택법에 따른 주택건설사업자 등으로 하여금 대행하게 할 수 있다(법 제11조 제11항).

(2) 이와 같이 시행자 중 공공사업시행자에 해당하는 자가 주택건설사업자 등에게 대행하게 할 수 있는 도시개발사업의 범위는 실시설계, 부지조성공사, 기반시설공사, 조성된 토지의 분양이 있다(영 제25조의2 제1항).

(3) 시행자는 도시개발사업을 대행하게 하려는 경우에는 다음의 사항(개발사업의 목적, 개발사업의 종류 및 개요, 개발사업의 시행기간, 대행개발사업자의 자격요건 및 제출서류, 대행개발사업자의 선정기준 및 방식)을 공고하고 대행할 사업자(이하 "대행개발사업자"라 한다)를 경쟁입찰 방식으로 선정하여야 한다(영 제25조의2 제2항).

02 도시개발조합 제31회, 제33회, 제34회, 제35회

(1) 인 가

① **인가 및 변경인가**: 조합을 설립하려면 도시개발구역의 토지 소유자 7명 이상이 대통령령으로 정하는 사항을 포함한 정관을 작성하여 지정권자에게 조합 설립의 인가를 받아야 한다. 인가를 받은 사항을 변경하려면 지정권자로부터 변경인가를 받아야 한다. 다만, 주된 사무소의 소재지의 변경, 공고방법의 변경하려는 경우에는 신고하여야 한다(법 제13조 제1항, 영 제30조).

② **토지 소유자의 동의**: 조합 설립의 인가를 신청하려면 해당 도시개발구역의 토지면적의 3분의 2 이상에 해당하는 토지 소유자와 그 구역의 토지 소유자 총수의 2분의 1 이상의 동의를 받아야 한다(법 제13조 제3항, 영 제31조).

> ▶ 동의자 수 산정방법
> 1. 도시개발구역의 토지면적을 산정하는 경우: 국공유지를 포함하여 산정할 것. 단, 국공유지를 제외한 전체 사유 토지면적 및 토지 소유자에 대하여 동의 요건 이상으로 동의를 받은 후에 그 토지면적 및 토지 소유자의 수가 법적 동의 요건에 미달하게 된 경우에는 국공유지 관리청의 동의를 받아야 한다.
> 2. 1필지의 토지 소유권을 여럿이 공유하는 경우: 다른 공유자의 동의를 받은 대표 공유자 1인을 해당 토지 소유자로 볼 것. 다만, 집합건물의 소유 및 관리에 관한 법률에 따른 구분소유자는 각각을 토지 소유자 1인으로 본다.
> 3. 1인이 둘 이상 필지의 토지를 단독으로 소유한 경우: 필지의 수에 관계없이 토지 소유자를 1인으로 볼 것
> 4. 둘 이상 필지의 토지를 소유한 공유자가 동일한 경우: 공유자 여럿을 대표하는 1인을 토지 소유자로 볼 것
> 5. 구역지정을 위한 공람·공고일 후에 집합건물의 소유 및 관리에 관한 법률에 따른 구분소유권을 분할하게 되어 토지 소유자의 수가 증가하게 된 경우: 공람·공고일 전의 토지 소유자의 수를 기준으로 산정하고, 증가된 토지 소유자의 수는 토지 소유자 총수에 추가 산입하지 말 것

6. 토지 소유자는 조합 설립인가의 신청 전에 동의를 철회할 수 있다. 이 경우 그 토지 소유자는 동의자 수에서 제외한다. 토지 소유자가 동의하거나 동의를 철회할 경우에는 국토교통부령으로 정하는 동의서 또는 동의철회서를 제출하여야 하며, 공유토지의 대표 소유자는 대표자지정 동의서와 대표 소유자 및 공유자의 신분을 증명할 수 있는 서류를 각각 첨부하여 함께 제출하여야 한다.

7. 조합 설립인가에 동의한 자로부터 토지를 취득한 자는 조합의 설립에 동의한 것으로 본다. 다만, 토지를 취득한 자가 조합 설립인가 신청 전에 동의를 철회한 경우에는 그러하지 아니하다.

(2) 조합의 법적성격

① **법인격**: 조합은 법인으로 한다(법 제15조 제1항).

② **조합의 설립등기**: 조합의 설립인가를 받은 조합의 대표자는 설립인가를 받은 날부터 30일 이내에 주된 사무소의 소재지에서 설립등기를 하여야 하고, 등기를 하면 성립한다(법 제15조 제2항).

③ **민법의 준용**: 조합에 관하여 도시개발법에 규정한 것을 제외하고는 민법 중 사단법인에 관한 규정을 준용한다(법 제15조 제4항).

(3) 조합원 등

① **조합원**: 조합의 조합원은 도시개발구역의 토지 소유자로 한다(법 제14조 제1항).

② **조합원의 권리와 의무**: 조합원의 권리와 의무는 다음과 같다(영 제32조).

1. 보유토지의 면적과 관계없는 평등한 의결권. 다만, 공유 토지는 공유자의 동의를 받은 대표공유자 1명만 의결권이 있으며, 집합건물의 소유 및 관리에 관한 법률에 따른 구분소유자는 구분소유자별로 의결권이 있다.

2. 조합은 환지계획을 작성하거나 그 밖에 사업을 시행하는 과정에서 조합원이 총회에서 의결하는 사항 등에 동의하지 아니하거나 소규모 토지 소유자라는 이유로 차별해서는 아니 된다.

③ **조합원의 경비 부담 등**

㉠ 조합은 그 사업에 필요한 비용을 조성하기 위하여 정관으로 정하는 바에 따라 조합원에게 경비를 부과·징수할 수 있다(법 제16조 제1항).

㉡ 부과금의 금액은 도시개발구역의 토지의 위치, 지목, 면적, 이용 상황, 환경, 그 밖의 사항을 종합적으로 고려하여 정하여야 한다(법 제16조 제2항).

㉢ 조합은 그 조합원이 제 부과금의 납부를 게을리 한 경우에는 정관으로 정하는 바에 따라 연체료를 부담시킬 수 있다(법 제16조 제3항).

  ② 조합은 부과금이나 연체료를 체납하는 자가 있으면 특별자치도지사·시장·군수 또는 구청장에게 그 징수를 위탁할 수 있다(법 제16조 제4항).

  ⑩ 특별자치도지사·시장·군수 또는 구청장이 부과금이나 연체료의 징수를 위탁받으면 지방세 체납처분의 예에 따라 징수할 수 있다. 이 경우 조합은 특별자치도지사·시장·군수 또는 구청장이 징수한 금액의 100분의 4에 해당하는 금액을 해당 특별자치도·시·군 또는 구(자치구의 구를 말함)에 지급하여야 한다(법 제16조 제5항).

(4) 조합의 임원

① **임원의 구성 및 선임**

 ⊙ 구성: 조합에는 다음의 임원을 둔다(영 제33조 제1항).

> 1. 조합장 1인
> 2. 이사
> 3. 감사

 ⓒ 선임: 조합의 임원은 의결권을 가진 조합원이어야 하고, 정관으로 정한 바에 따라 총회에서 선임한다(영 제33조 제2항).

② **임원의 직무**(영 제34조)

> 1. 조합장: 조합장은 조합을 대표하고 그 사무를 총괄하며, 총회·대의원회 또는 이사회의 의장이 된다.
> 2. 이사: 정관에서 정하는 바에 따라 조합장을 보좌하며, 조합의 사무를 분장한다.
> 3. 감사: 조합의 사무 및 재산상태와 회계에 관한 사항을 감사한다.
> 4. 조합장 또는 이사의 자기를 위한 조합과의 계약이나 소송에 관하여는 감사가 조합을 대표한다.

③ **임원의 겸직금지**

 ⊙ 조합의 임원은 그 조합의 다른 임원이나 직원을 겸할 수 없다(법 제14조 제2항).

 ⓒ 같은 목적의 사업을 하는 다른 조합의 임원 또는 직원을 겸할 수 없다(영 제34조 제5항).

④ **임원의 결격사유**: 다음에 해당하는 자는 조합의 임원이 될 수 없다(법 제14조 제3항).

> 1. 피성년후견인, 피한정후견인 또는 미성년자
> 2. 파산선고를 받은 자로서 복권되지 아니한 자
> 3. 금고 이상의 형을 선고받고 그 집행이 끝나거나 집행을 받지 아니하기로 확정된 후 2년이 지나지 아니한 자
> 4. 금고 이상의 형의 집행유예를 받고 그 집행유예 기간 중에 있는 자

⑤ **임원의 자격상실**: 조합의 임원으로 선임된 자가 결격사유에 해당하게 된 경우에는 그 다음 날부터 임원의 자격을 상실한다(법 제14조 제4항).

(5) **총회**(최고의결기관, 필수기관)

정관의 변경, 개발계획 및 실시계획의 수립 및 변경, 조합의 수지예산, 환지계획의 작성, 환지예정지의 지정, 조합임원의 선임 조합의 합병 또는 해산(청산금의 징수·교부를 완료한 후에 조합을 해산하는 경우는 제외한다)에 관한 사항은 총회의 의결을 거쳐야 한다(영 제35조).

(6) **대의원회**(의결기관, 임의기관)

① 의결권을 가진 조합원의 수가 50인 이상인 조합은 총회의 권한을 대행하게 하기 위하여 대의원회를 둘 수 있다(영 제36조 제1항).

② 대의원회에 두는 대의원의 수는 조합원 총수의 100분의 10 이상으로 하며, 조합원 중에서 정관에서 정하는 바에 따라 선출한다(영 제36조 제2항).

③ 대의원회는 총회의 권한을 대행할 수 있다. 다만, 총회의 의결사항 중 다음의 사항은 총회만 행사할 수 있고 대의원회는 대행할 수 없다(영 제36조 제3항).

▶ 대의원회가 총회권한 대행 불가능 사유(총회만 행사)
1. 정관의 변경
2. 개발계획의 수립 및 변경(개발계획의 경미한 변경 및 실시계획의 수립·변경은 제외)
3. 조합임원(조합장, 이사, 감사)의 선임
4. 조합의 합병 또는 해산에 관한 사항(다만, 청산금의 징수·교부를 완료한 후에 조합을 해산하는 경우는 제외한다)
5. 환지계획의 작성(환지계획의 경미한 변경은 제외)

예제

도시개발법령상 도시개발사업 조합에 관한 설명으로 틀린 것은?
① 조합은 그 주된 사무소의 소재지에서 등기를 하면 성립한다.
② 주된 사무소의 소재지를 변경하려면 지정권자로부터 변경인가를 받아야 한다.
③ 조합 설립의 인가를 신청하려면 해당 도시개발구역의 토지 면적의 3분의 2 이상에 해당하는 토지 소유자와 그 구역의 토지 소유자 총수의 2분의 1 이상의 동의를 받아야 한다.
④ 조합의 조합원은 도시개발구역의 토지 소유자로 한다.
⑤ 조합의 설립인가를 받은 조합의 대표자는 설립인가를 받은 날부터 30일 이내에 주된 사무소의 소재지에서 설립등기를 하여야 한다.

해설 ② 주된 사무소의 소재지를 변경하려면 지정권자에게 변경신고를 하여야 한다. ◆ 정답 ②

제 **5** 절 | **실시계획** 제31회

1 실시계획의 작성

(1) 실시계획의 작성

① 시행자는 도시개발사업에 관한 실시계획을 작성하여야 한다. 이 경우 실시계획에는 지구단위계획이 포함되어야 한다(법 제17조 제1항).

② 실시계획은 개발계획에 맞게 작성하여야 한다(영 제38조 제1항).

③ 실시계획의 작성에 필요한 세부적인 사항은 국토교통부장관이 정한다(영 제38조 제3항).

(2) 실시계획의 내용

실시계획에는 사업 시행에 필요한 설계 도서, 자금 계획, 시행 기간, 그 밖에 대통령령으로 정하는 사항과 서류를 명시하거나 첨부하여야 한다(법 제17조 제5항).

2 실시계획의 인가

(1) 지정권자의 인가

시행자(지정권자가 시행자인 경우는 제외)는 작성된 실시계획에 관하여 지정권자의 인가를 받아야 한다. 인가를 받은 실시계획을 변경하거나 폐지하는 경우에도 준용한다. 다만, 국토교통부령으로 정하는 경미한 사항을 변경하는 경우에는 그러하지 아니하다(법 제17조 제2항·제4항).

(2) 인가절차

시행자가 실시계획의 인가를 받으려는 경우에는 실시계획 인가신청서에 국토교통부령으로 정하는 서류를 첨부하여 시장(대도시 시장은 제외)·군수 또는 구청장을 거쳐 지정권자에게 제출하여야 한다. 다만, 국토교통부장관·특별자치도지사 또는 대도시 시장이 지정권자인 경우에는 국토교통부장관·특별자치도지사 또는 대도시 시장에게 직접 제출할 수 있다(영 제39조).

(3) 지방자치단체장의 의견청취

지정권자가 실시계획을 작성하거나 인가하는 경우 국토교통부장관이 지정권자이면 시·도지사 또는 대도시 시장의 의견을, 시·도지사가 지정권자이면 시장(대도시 시장은 제외)·군수 또는 구청장의 의견을 미리 들어야 한다(법 제17조 제3항).

③ 실시계획 고시

(1) 실시계획의 고시 및 공람

① 지정권자가 실시계획을 작성하거나 인가한 경우에는 이를 관보나 공보에 고시하고 시행자에게 관계 서류의 사본을 송부하며, 대도시 시장인 지정권자는 일반에게 관계 서류를 공람시켜야 하고, 대도시 시장이 아닌 지정권자는 해당 도시개발구역을 관할하는 시장(대도시 시장은 제외)·군수 또는 구청장에게 관계 서류의 사본을 보내야 한다. 이 경우 지정권자인 특별자치도지사와 본문에 따라 관계 서류를 받은 시장(대도시 시장은 제외)·군수 또는 구청장은 이를 일반인에게 공람시켜야 한다(법 제18조 제1항).

② 지정권자가 실시계획을 작성하거나 인가한 경우에는 다음의 사항을 고시하여야 한다 (영 제40조 제1항).

> 1. 사업의 명칭
> 2. 사업의 목적
> 3. 도시개발구역의 위치 및 면적
> 4. 시행자
> 5. 시행기간
> 6. 시행방식
> 7. 도시·군관리계획(지구단위계획을 포함한다)의 결정내용
> 8. 인가된 실시계획에 관한 도서의 공람기간 및 공람장소
> 9. 법 제19조에 따라 실시계획의 고시로 의제되는 인·허가 등의 고시 또는 공고사항

③ 지정권자는 도시개발사업을 환지방식으로 시행하는 구역에 대하여는 ②의 고시내용 중 1.부터 6.까지의 사항과 토지조서를 관할 등기소에 통보·제출하여야 한다(영 제40조 제2항).

(2) 도시·군관리계획 결정·고시의제

실시계획을 고시한 경우 그 고시된 내용 중 국토의 계획 및 이용에 관한 법률에 따라 도시·군관리계획(지구단위계획을 포함)으로 결정하여야 하는 사항은 같은 법에 따른 도시·군관리계획이 결정되어 고시된 것으로 본다. 이 경우 종전에 도시·군관리계획으로 결정된 사항 중 고시 내용에 저촉되는 사항은 고시된 내용으로 변경된 것으로 본다(법 제18조 제2항).

(3) 지형도면의 고시

도시·군관리계획으로 결정·고시된 사항에 대한 국토의 계획 및 이용에 관한 법률의 도시·군관리계획에 관한 지형도면의 고시에 관하여는 도시개발사업의 시행 기간에 할 수 있다(법 제18조 제3항).

(4) 관련 인·허가 등의 의제

① **의제사항**: 실시계획을 작성하거나 인가할 때 지정권자가 해당 실시계획에 대한 하수도법에 따른 공공하수도 공사시행의 허가, 도로법에 따른 도로공사 시행의 허가, 같은 법에 따른 도로점용의 허가, 하수도법에 따른 개인하수처리시설의 설치신고, 주택법에 따른 사업계획의 승인 등의 허가·승인·심사·인가·신고·면허·등록·협의·지정·해제 또는 처분 등(이하 "인·허가 등"이라 한다)에 관하여 관계 행정기관의 장과 협의한 사항에 대하여는 해당 인·허가 등을 받은 것으로 보며, 실시계획을 고시한 경우에는 관계 법률에 따른 인·허가 등의 고시나 공고를 한 것으로 본다(법 제19조 제1항).

② **의견제출**: 지정권자는 실시계획을 작성하거나 인가할 때 그 내용에 관련 인·허가 등의 의제에 해당하는 사항이 있으면 미리 관계 행정기관의 장과 협의하여야 한다. 이 경우 관계 행정기관의 장은 협의 요청을 받은 날부터 20일 이내에 의견을 제출하여야 하며, 그 기간 내에 의견을 제출하지 아니하면 협의한 것으로 본다(법 제19조 제3항).

예제

도시개발법령상 도시개발사업의 실시계획에 관한 설명으로 틀린 것은?

① 시행자가 작성하는 실시계획에는 지구단위계획이 포함되어야 한다.
② 지정권자인 국토교통부장관이 실시계획을 작성하는 경우 시·도지사 또는 대도시 시장의 의견을 미리 들어야 한다.
③ 지정권자가 시행자가 아닌 경우 시행자는 작성된 실시계획에 관하여 지정권자의 인가를 받아야 한다.
④ 고시된 실시계획의 내용 중 국토의 계획 및 이용에 관한 법률에 따라 도시·군관리계획으로 결정하여야 하는 사항이 종전에 도시·군관리계획으로 결정된 사항에 저촉되면 종전에 도시·군관리계획으로 결정된 사항이 우선하여 적용된다.
⑤ 실시계획의 인가에 의해 주택법에 따른 사업계획의 승인은 의제될 수 있다.

해설 ④ 고시된 실시계획의 내용 중 국토의 계획 및 이용에 관한 법률에 따라 도시·군관리계획으로 결정하여야 하는 사항이 종전에 도시·군관리계획으로 결정된 사항 중 고시내용에 저촉되는 사항은 고시된 내용으로 변경된 것으로 본다.
◆ 정답 ④

제 6 절 도시개발사업의 시행

01 도시개발사업 시행방식 제35회

1 도시개발사업의 시행방식

도시개발사업은 시행자가 도시개발구역의 토지 등을 수용 또는 사용하는 방식이나 환지
방식 또는 이를 혼용하는 방식으로 시행할 수 있다(법 제21조 제1항).

2 도시개발사업시행방식의 종류

시행자는 도시개발구역으로 지정하려는 지역에 대하여 다음에서 정하는 바에 따라 도시
개발사업의 시행방식을 정함을 원칙으로 하되, 사업의 용이성·규모 등을 고려하여 필요
하면 국토교통부장관이 정하는 기준에 따라 도시개발사업의 시행방식을 정할 수 있다(영
제43조 제1항).

(1) 수용 또는 사용방식

계획적이고 체계적인 도시개발, 택지의 집단적인 조성과 공급이 필요한 경우

(2) 환지방식

① 대지로서의 효용증진과 공공시설의 정비를 위하여 토지의 교환·분할·합병, 그 밖의
구획변경, 지목 또는 형질의 변경이나 공공시설의 설치·변경이 필요한 경우

② 도시개발사업을 시행하는 지역의 지가가 인근의 다른 지역에 비하여 현저히 높아 수
용 또는 사용방식으로 시행하는 것이 어려운 경우

(3) 혼용방식

① 시행자가 도시개발사업을 혼용방식으로 시행하려는 경우에는 다음의 방식으로 도시
개발사업을 시행할 수 있다(영 제43조 제2항).

> 1. 분할 혼용방식: 수용 또는 사용방식이 적용되는 지역과 환지방식이 적용되는 지역
>   을 사업시행지구별로 분할하여 시행하는 방식
> 2. 미분할 혼용방식: 사업시행지구를 분할하지 아니하고 수용 또는 사용방식과 환지
>   방식을 혼용하여 시행하는 방식. 이 경우 환지에 대해서는 환지방식에 따른 사업 시
>   행에 관한 규정을 적용하고, 그 밖의 사항에 대해서는 수용 또는 사용방식에 관한
>   규정을 적용한다.

② 분할 혼용방식에 따라 사업시행지구를 분할하여 시행하는 경우에는 각 사업지구에서 부담하여야 하는 국토의 계획 및 이용에 관한 법률에 따른 기반시설의 설치비용 등을 명확히 구분하여 실시계획에 반영하여야 한다(영 제43조 제3항).

③ 도시개발사업시행방식의 변경

지정권자는 도시개발구역 지정 이후 지가상승 등 지역개발 여건의 변화로 도시개발사업 시행방식 지정 당시의 요건을 충족하지 못하나 다른 사업시행방식의 요건을 충족하는 경우에는 다음에 따라 해당 요건을 충족하는 도시개발사업의 시행방식으로 변경할 수 있다 (법 제21조 제2항, 영 제43조 제5항).

① 사업시행방식을 변경하려면 개발계획을 변경하여야 한다.

② 공공사업시행자인 국가나 지방자치단체, 공공기관, 정부출연기관, 지방공사가 수용 또는 사용방식에서 전부 환지방식으로 변경하는 경우

③ 공공사업시행자인 국가나 지방자치단체, 공공기관, 정부출연기관, 지방공사가 혼용방식에서 전부 환지방식으로 변경하는 경우

④ 도시개발조합을 제외한 시행자가 수용 또는 사용방식에서 혼용방식으로 변경하는 경우

예 제

도시개발법령상 도시개발사업의 시행방식에 관한 설명으로 옳은 것은?

① 분할 혼용방식은 수용 또는 사용방식이 적용되는 지역과 환지방식이 적용되는 지역을 사업시행지구별로 분할하여 시행하는 방식이다.

② 계획적이고 체계적인 도시개발 등 집단적인 조성과 공급이 필요한 경우에는 환지방식으로 정하여야 하며, 다른 시행방식에 의할 수 없다.

③ 도시개발구역지정 이후에는 도시개발사업의 시행방식을 변경할 수 없다.

④ 시행자는 도시개발사업의 시행방식을 토지 등을 수용 또는 사용하는 방식, 환지방식, 또는 이를 혼용하는 방식 중에서 정하여 국토교통부장관의 허가를 받아야 한다.

⑤ 지방자치단체가 도시개발사업의 전부를 환지방식으로 시행하려고 할 때에는 도시개발사업에 관한 규약을 정하여야 한다.

해설 ② 환지방식이 아니라 수용 또는 사용방식으로 시행할 수 있다.
③ 지정권자는 도시개발구역 지정 이후 지가상승 등 지역개발 여건의 변화로 도시개발사업 시행방식 지정 당시의 요건을 충족하지 못하나 다른 사업시행방식의 요건을 충족하는 경우에는 도시개발사업의 시행방식을 변경할 수 있다.
④ 국토교통부장관의 허가를 받지 아니하고 시행할 수 있다.
⑤ 지방자치단체는 도시개발사업에 관한 시행규정을 정하여야 한다.
◆ 정답 ①

02 **수용 · 사용방식** 제32회, 제33회, 제34회, 제35회

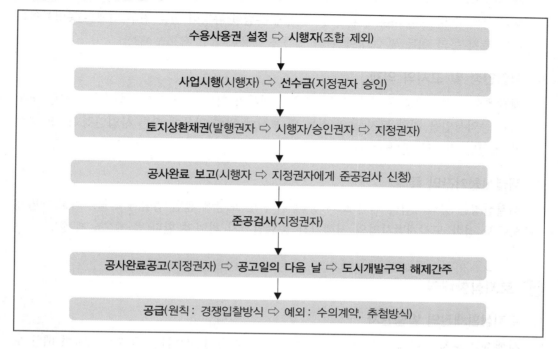

① 토지 등의 수용 또는 사용

(1) 수용 또는 사용권자

시행자는 도시개발사업에 필요한 토지 등을 수용하거나 사용할 수 있다(법 제22조 제1항).

(2) 민간사업시행자의 수용 동의요건

① **수용의 동의요건**: 조합을 제외한 민간사업시행자[다만, 제11조 제1항 제5호 및 제7호부터 제11호까지의 규정(같은 항 제1호부터 제4호까지의 규정에 해당하는 자가 100분의 50 비율을 초과하여 출자한 경우는 제외한다)]는 사업대상 토지면적의 3분의 2 이상에 해당하는 토지를 소유하고 토지 소유자 총수의 2분의 1 이상에 해당하는 자의 동의를 받아야 한다(법 제22조 제1항).

② **산정기준일**: 토지 소유자의 동의요건 산정기준일은 도시개발구역지정 고시일을 기준으로 하며, 그 기준일 이후 시행자가 취득한 토지에 대하여는 동의 요건에 필요한 토지 소유자의 총수에 포함하고 이를 동의한 자의 수로 산정한다(법 제22조 제1항).

(3) 공익사업을 위한 토지 등의 취득 및 보상에 관한 법률 준용

토지 등의 수용 또는 사용에 관하여 이 법에 특별한 규정이 있는 경우 외에는 공익사업을 위한 토지 등의 취득 및 보상에 관한 법률을 준용한다(법 제22조 제2항).

(4) 사업인정 및 고시의 의제

개발계획의 수립내용 중 수용 또는 사용의 대상이 되는 토지의 세부목록을 고시한 경우에는 공익사업을 위한 토지 등의 취득 및 보상에 관한 법률에 따른 사업인정 및 그 고시가 있었던 것으로 본다(법 제22조 제3항).

(5) 재결신청기간의 특례

재결신청은 공익사업을 위한 토지 등의 취득 및 보상에 관한 법률에도 불구하고 개발계획에서 정한 도시개발사업의 시행기간 종료일까지 하여야 한다(법 제22조 제3항).

② 토지상환채권

(1) 토지상환채권의 발행권자

시행자는 토지 소유자가 원하면 토지 등의 매수 대금의 일부를 지급하기 위하여 해당 도시개발사업으로 조성되는 분양토지 또는 분양건축물 면적의 2분의 1을 초과하지 아니하는 범위에서 사업 시행으로 조성된 토지·건축물로 상환하는 토지상환채권을 발행할 수 있다(법 제23조, 영 제45조).

(2) 토지상환채권의 지급보증

민간사업시행자(제11조 제1항 제5호부터 제11호까지의 규정에 해당하는 자)는 은행법에 따른 은행, 보험업법에 따른 보험회사 및 건설산업기본법에 따른 공제조합으로부터 지급보증을 받은 경우에만 이를 발행할 수 있다(영 제46조).

(3) 지정권자의 승인

시행자(지정권자가 시행자인 경우는 제외)는 토지상환채권을 발행하려면 토지상환채권의 발행계획을 작성하여 미리 지정권자의 승인을 받아야 한다(법 제23조 제2항).

(4) 토지상환채권의 발행이율

토지상환채권의 이율은 발행당시의 금융기관의 예금금리 및 부동산 수급상황을 고려하여 발행자가 정한다(영 제49조 제1항).

(5) 토지상환채권의 발행방법

토지상환채권은 기명식 증권으로 발행한다(영 제49조 제2항).

(6) 토지상환채권의 이전과 대항력

① **토지상환채권의 이전**: 토지상환채권의 발행자는 주된 사무소에 일정한 사항을 기재한 토지상환채권원부를 비치하여야 한다. 토지상환채권을 이전하는 경우 취득자는 그 성명과 주소를 토지상환채권원부에 기재하여 줄 것을 요청하여야 한다(영 제52조, 제53조 제1항).

② **토지상환채권의 대항력**: 취득자의 성명과 주소가 토지상환채권에 기재되지 아니하면 취득자는 발행자 및 그 밖의 제3자에게 대항하지 못한다(영 제53조 제1항).

③ **질권설정과 대항력**: 토지상환채권을 질권의 목적으로 하는 경우에는 질권자의 성명과 주소가 토지상환채권원부에 기재되지 아니하면 질권자는 발행자 및 그 밖의 제3자에게 대항하지 못한다. 발행자는 질권이 설정된 때에는 토지상환채권에 그 사실을 표시하여야 한다(영 제53조 제2조·제3항).

(7) 토지상환채권발행계획

토지상환채권의 발행계획에는 다음 각 호의 사항이 포함되어야 한다.

1. 시행자의 명칭
2. 토지상환채권의 발행총액
3. 토지상환채권의 이율
4. 토지상환채권의 발행가액 및 발행시기
5. 상환대상지역 또는 상환대상토지의 용도
6. 토지가격의 추산방법
7. 보증기관 및 보증의 내용(민간부문 시행자가 발행하는 경우에만 해당한다)

예제

도시개발법령상 수용 또는 사용의 방식에 따른 사업시행에 관한 설명으로 옳은 것은?

① 지방공기업법에 따라 설립된 지방공사가 시행자인 경우 토지 소유자 전원의 동의 없이는 도시개발사업에 필요한 토지 등을 수용하거나 사용할 수 없다.
② 지방자치단체가 시행자인 경우 지급보증 없이 토지상환채권을 발행할 수 있다.
③ 지정권자가 아닌 시행자는 조성토지 등을 공급받거나 이용하려는 자로부터 지정권자의 승인 없이 해당 대금의 전부 또는 일부를 미리 받을 수 있다.
④ 원형지의 면적은 도시개발구역 전체 토지 면적의 3분의 1을 초과하여 공급될 수 있다.
⑤ 공공용지가 아닌 조성토지 등의 공급은 수의계약의 방법에 의하여야 한다.

해설 ① 지방공기업법에 따라 설립된 지방공사가 시행자인 경우 토지 소유자의 동의 없이도 도시개발사업에 필요한 토지 등을 수용하거나 사용할 수 있다.
③ 지정권자가 아닌 시행자는 조성토지 등을 공급받거나 이용하려는 자로부터 지정권자의 승인을 받아 해당 대금의 전부 또는 일부를 미리 받을 수 있다.
④ 원형지의 면적은 도시개발구역 전체 토지 면적의 3분의 1을 초과하여 공급할 수 없다.
⑤ 공공용지의 공급은 수의계약의 방법에 의하여야 한다. 학교용지·공공청사용지 등 일반에게 분양할 수 없는 공공용지를 국가·지방자치단체 그 밖에 법령에 따라 해당 시설을 설치할 수 있는 자에게 공급하는 경우에는 수의계약의 방법으로 조성토지 등을 공급할 수 있다. ◆정답 ②

③ 선수금

(1) 의 의

시행자는 조성토지 등과 도시개발사업으로 조성되지 아니한 상태의 토지(이하 "원형지"라 한다)를 공급받거나 이용하려는 자로부터 대통령령으로 정하는 바에 따라 해당 대금의 전부 또는 일부를 미리 받을 수 있다(법 제25조 제1항).

(2) 지정권자의 승인

시행자(지정권자가 시행자인 경우는 제외)는 해당 대금의 전부 또는 일부를 미리 받으려면 지정권자의 승인을 받아야 한다(법 제25조 제2항).

(3) 선수금의 징수요건

선수금을 받으려는 시행자는 다음의 구분에 따른 요건을 갖추어 지정권자의 승인을 받아야 한다(영 제55조 제1항).

구 분	선수금 징수요건
공공사업시행자 (공동출자법인 포함)	개발계획을 수립·고시한 후에 사업시행 토지면적의 100분의 10 이상의 토지에 대한 소유권을 확보할 것(사용동의를 포함)
민간사업시행자 (부동산투자회사·공동출자법인 제외)	해당 도시개발구역에 대하여 실시계획인가를 받은 후 다음의 요건을 모두 갖출 것 1. 공급하려는 토지에 대한 소유권을 확보하고 해당 토지에 설정된 저당권을 말소하였을 것 2. 공급하려는 토지에 대한 도시개발사업의 공사진척률이 100분의 10 이상일 것 3. 공급계약의 불이행시 선수금의 환불을 담보하기 위하여 다음의 내용이 포함된 보증서 등(지급보증서·증권·보증보험증권·정기예금증서·수익증권 등)을 지정권자에게 제출할 것 ① 보증 또는 보험의 금액은 선수금에 그 금액에 대한 보증 또는 보험 기간에 해당하는 약정 이자 상당액을 가산한 금액 이상으로 할 것 ② 보증 또는 보험 기간의 개시일은 선수금을 받는 날 이전이어야 하며, 그 종료일은 준공예정일부터 1개월 이상으로 할 것

④ 이주대책의 수립

시행자는 공익사업을 위한 토지 등의 취득 및 보상에 관한 법률로 정하는 바에 따라 도시개발사업의 시행에 필요한 토지 등의 제공으로 생활의 근거를 상실하게 되는 자에 관한 이주대책 등을 수립·시행하여야 한다(법 제24조).

⑤ 원형지의 공급과 개발

(1) 원형지의 의의

도시개발구역에서 도시개발사업으로 조성되지 아니한 상태의 토지를 말한다.

(2) 원형지의 공급대상자

시행자는 도시를 자연친화적으로 개발하거나 복합적·입체적으로 개발하기 위하여 필요한 경우에는 미리 지정권자의 승인을 받아 다음에 해당하는 자에게 원형지를 공급하여 개발하게 할 수 있다(법 제25조의2 제1항).

> 1. 국가 또는 지방자치단체
> 2. 공공기관의 운영에 관한 법률에 따른 공공기관
> 3. 지방공기업법에 따라 설립된 지방공사
> 4. 국가·지방자치단체 및 대통령령으로 정하는 공공기관인 시행자가 복합개발 등을 위하여 실시한 공모에서 선정된 자
> 5. 원형지를 학교나 공장 등의 부지로 직접 사용하는 자

(3) 원형지의 공급대상면적

공급될 수 있는 원형지의 면적은 도시개발구역 전체 토지 면적의 3분의 1 이내로 한정한다(법 제25조의2 제1항).

(4) 원형지의 공급절차

① 시행자는 원형지를 공급하기 위하여 지정권자에게 승인 신청을 할 때에는 원형지의 공급 계획을 작성하여 함께 제출하여야 한다. 작성된 공급 계획을 변경하는 경우에도 같다(법 제25조의2 제2항).

② 원형지 공급 계획에는 원형지를 공급받아 개발하는 자(이하 "원형지개발자"라 한다)에 관한 사항과 원형지의 공급내용 등이 포함되어야 한다(법 제25조의2 제3항).

(5) 실시계획에의 반영

시행자는 개발 방향과 승인내용 및 공급 계획에 따라 원형지개발자와 공급계약을 체결한 후 원형지개발자로부터 세부계획을 제출받아 이를 실시계획의 내용에 반영하여야 한다(법 제25조의2 제4항).

(6) 원형지의 조건부 승인

승인신청서를 제출받은 지정권자는 개발계획을 수립한 후 원형지 공급을 승인할 수 있으며, 승인을 할 때에는 용적률 등 개발밀도, 토지용도별 면적 및 배치, 교통처리계획 및 기반시설의 설치 등에 관한 이행조건을 붙일 수 있다(법 제25조의2 제5항, 영 제55조의2 제2항).

(7) 원형지의 매각제한

원형지개발자(국가 및 지방자치단체는 제외한다)는 10년의 범위에서 다음의 기간 중 먼저 끝나는 기간 안에는 원형지를 매각할 수 없다. 다만, 이주용 주택이나 공공·문화 시설, 기반시설 용지, 임대주택 용지, 그 밖에 원형지개발자가 직접 조성하거나 운영하기 어려운 시설의 설치를 위한 용지인 경우로서 미리 지정권자의 승인을 받은 경우에는 예외로 한다(법 제25조의2 제6항, 영 제55조의2 제3항).

> 1. 원형지에 대한 공사완료 공고일부터 5년
> 2. 원형지 공급 계약일부터 10년

(8) 원형지 공급승인의 취소

지정권자는 다음에 해당하는 경우에는 원형지 공급승인을 취소하거나 시행자로 하여금 그 이행의 촉구, 원상회복 또는 손해배상의 청구, 원형지 공급계약의 해제 등 필요한 조치를 취할 것을 요구할 수 있다(법 제25조의2 제7항).

> 1. 시행자가 원형지의 공급 계획대로 토지를 이용하지 아니하는 경우
> 2. 원형지개발자가 세부계획의 내용대로 사업을 시행하지 아니하는 경우
> 3. 시행자 또는 원형지개발자가 이행조건을 이행하지 아니하는 경우

(9) 원형지 공급계약의 해제

시행자는 다음에 해당하는 경우 원형지 공급계약을 해제할 수 있다. 다만, 그 사유가 발생한 경우에 원형지개발자에게 2회 이상 시정을 요구하여야 하고, 원형지개발자가 시정하지 아니한 경우에는 원형지 공급계약을 해제할 수 있다. 이 경우 원형지개발자는 시행자의 시정 요구에 대하여 의견을 제시할 수 있다(법 제25조의2 제8항, 영 제55조의2 제5항).

> 1. 미착수: 원형지개발자가 세부계획에서 정한 착수 기한 안에 공사에 착수하지 아니하는 경우
> 2. 지연: 원형지개발자가 공사 착수 후 세부계획에서 정한 사업 기간을 넘겨 사업 시행을 지연하는 경우
> 3. 매각: 공급받은 토지의 전부나 일부를 시행자의 동의 없이 제3자에게 매각하는 경우
> 4. 계약내용 위반: 그 밖에 공급받은 토지를 세부계획에서 정한 목적대로 사용하지 아니하는 등 공급계약의 내용을 위반한 경우

(10) 원형지개발자의 선정방법

원형지개발자의 선정은 수의계약의 방법으로 한다. 다만, 학교나 공장 등의 부지로 직접 사용하는 자에 해당하는 원형지개발자의 선정은 경쟁입찰의 방식으로 하며, 경쟁입찰이 2회 이상 유찰된 경우에는 수의계약의 방법으로 할 수 있다(영 제55조의2 제6항).

(11) 원형지의 공급가격

원형지 공급가격은 개발계획이 반영된 원형지의 감정가격에 시행자가 원형지에 설치한 기반시설 등의 공사비를 더한 금액을 기준으로 시행자와 원형지개발자가 협의하여 결정한다(영 제55조의2 제7항).

예제

도시개발법령상 원형지의 공급과 개발에 관한 설명으로 옳은 것은?

① 원형지를 공장 부지로 직접 사용하는 원형지개발자의 선정은 경쟁입찰의 방식으로 하며, 경쟁입찰이 2회 이상 유찰된 경우에는 수의계약의 방법으로 할 수 있다.

② 지정권자는 원형지의 공급을 승인할 때 용적률 등 개발밀도에 관한 이행조건을 붙일 수 없다.

③ 원형지 공급가격은 원형지의 감정가격과 원형지에 설치한 기반시설 공사비의 합산 금액을 기준으로 시·도의 조례로 정한다.

④ 원형지개발자인 지방자치단체는 10년의 범위에서 대통령령으로 정하는 기간 안에는 원형지를 매각할 수 없다.

⑤ 원형지개발자가 공급받은 토지의 전부를 시행자의 동의없이 제3자에게 매각하는 경우 시행자는 원형지개발자에 대한 시정요구 없이 원형지 공급계약을 해제할 수 있다.

해설 ② 지정권자는 원형지의 공급을 승인할 때 용적률 등 개발밀도에 관한 이행조건을 붙일 수 있다.
③ 원형지 공급가격은 개발계획이 반영된 원형지의 감정가격에 시행자가 원형지에 설치한 기반시설 등의 공사비를 더한 금액을 기준으로 시행자와 원형지개발자가 협의하여 결정한다.
④ 원형지개발자인 지방자치단체는 10년의 범위에서 대통령령으로 정하는 기간 안에도 원형지를 매각할 수 있다.
⑤ 원형지개발자가 공급받은 토지의 전부나 일부를 시행자의 동의 없이 제3자에게 매각하는 경우에는 원형지 공급계약을 해제할 수 있다. 다만, 그 사유가 발생한 경우에 원형지개발자에게 2회 이상 시정을 요구하여야 하고, 원형지개발자가 시정하지 아니한 경우에는 원형지 공급계약을 해제할 수 있다.　　　　◆ 정답 ①

6 조성토지 등의 공급

(1) 공급 계획의 작성 · 제출

① 시행자는 조성토지 등을 공급하려고 할 때에는 조성토지 등의 공급 계획을 작성하여야 하며, 지정권자가 아닌 시행자는 작성한 조성토지 등의 공급 계획에 대하여 지정권자의 승인을 받아야 한다. 조성토지 등의 공급 계획을 변경하려는 경우에도 또한 같다(법 제26조 제1항).

② 지정권자가 조성토지 등의 공급 계획을 작성하거나 승인하는 경우 국토교통부장관이 지정권자이면 시·도지사 또는 대도시 시장의 의견을, 시·도지사가 지정권자이면 시장(대도시 시장은 제외한다)·군수 또는 구청장의 의견을 미리 들어야 한다(법 제26조 제2항).

(2) 조성토지 등의 공급

시행자는 조성토지 등의 공급 계획에 따라 조성토지 등을 공급해야 한다. 이 경우 시행자는 「국토의 계획 및 이용에 관한 법률」에 따른 기반시설의 원활한 설치를 위하여 필요하면 공급대상자의 자격을 제한하거나 공급조건을 부여할 수 있다(영 제57조 제1항).

(3) 조성토지 등의 공급방법

① **원칙**: 경쟁입찰의 방법

조성토지 등의 공급은 경쟁입찰의 방법에 따른다. 경쟁입찰의 경우 최고가격으로 입찰한 자를 낙찰자로 한다(영 제57조 제2항·제7항).

② **추첨의 방법**: 다음은 추첨의 방법으로 분양할 수 있다(영 제57조 제3항).

> 1. 330㎡ 이하의 단독주택용지
> 2. 주택법에 따른 국민주택규모 이하의 주택건설용지. 다만, 국가, 지방자치단체, 공공기관, 정부출연기관, 지방공사인 시행자가 국민주택규모 이하의 주택건설용지의 토지 중 임대주택 건설용지를 공급하는 경우에는 추첨의 방법으로 분양하여야 한다.
> 3. 주택법에 따른 공공택지
> 4. 공장용지
> 5. 수의계약의 방법으로 조성토지를 공급하기로 하였으나 공급 신청량이 지정권자에게 제출한 조성토지 등의 공급 계획에서 계획된 면적을 초과하는 경우

③ **수의계약의 방법**: 시행자는 다음에 해당하는 경우에는 수의계약의 방법으로 조성토지 등을 공급할 수 있다(영 제57조 제5항).

> 1. 학교용지, 공공청사용지 등 일반에게 분양할 수 없는 공공용지를 국가, 지방자치단체, 그 밖의 법령에 따라 해당 시설을 설치할 수 있는 자에게 공급하는 경우
> 1의2. 임대주택 건설용지를 다음에 해당하는 자가 단독 또는 공동으로 총지분의 100분의 50을 초과하여 출자한 부동산투자회사법 제2조 제1호에 따른 부동산투자회사에 공급하는 경우
> ① 국가나 지방자치단체
> ② 한국토지주택공사
> ③ 주택사업을 목적으로 설립된 지방공사
> 2. 법 제18조 제1항 전단에 따라 고시한 실시계획에 따라 존치하는 시설물의 유지관리에 필요한 최소한의 토지를 공급하는 경우
> 3. 공익사업을 위한 토지 등의 취득 및 보상에 관한 법률에 따른 협의를 하여 그가 소유하는 도시개발구역 안의 조성토지 등의 전부를 시행자에게 양도한 자에게 국토교통부령으로 정하는 기준에 따라 토지를 공급하는 경우

4. 토지상환채권에 의하여 토지를 상환하는 경우
5. 토지의 규모 및 형상, 입지조건 등에 비추어 토지이용가치가 현저히 낮은 토지로서, 인접 토지 소유자 등에게 공급하는 것이 불가피하다고 시행자가 인정하는 경우
6. 법 제11조 제1항 제1호부터 제4호까지의 규정에 해당하는 시행자가 도시개발구역에서 도시발전을 위하여 복합적이고 입체적인 개발이 필요하여 국토교통부령으로 정하는 절차와 방법에 따라 선정된 자에게 토지를 공급하는 경우
7. ① 및 ②에 따른 경쟁입찰 또는 추첨의 결과 2회 이상 유찰된 경우
8. 그 밖에 관계 법령의 규정에 따라 수의계약으로 공급할 수 있는 경우

(4) 조성토지 등의 가격평가

① **원칙**: 조성토지 등의 가격 평가는 감정가격으로 한다(영 제57조 제6항).

② **예외**: 시행자는 학교, 폐기물처리시설, 임대주택, 그 밖에 대통령령으로 정하는 시설을 설치하기 위한 조성토지 등과 이주단지의 조성을 위한 토지를 공급하는 경우에는 해당 토지의 가격을 「감정평가 및 감정평가사에 관한 법률」에 따른 감정평가법인 등이 감정평가한 가격 이하로 정할 수 있다. 다만, 공공시행자에게 임대주택 건설용지를 공급하는 경우에는 해당 토지의 가격을 감정평가한 가격 이하로 정하여야 한다(법 제27조, 영 제58조 제1항).

1. 공공청사(2013년 12월 31일까지는 정부가 납입자본금 전액을 출자한 법인의 주된 사무소를 포함한다)
2. 사회복지시설(행정기관 및 사회복지사업법에 따른 사회복지법인이 설치하는 사회복지시설을 말한다). 다만, 사회복지사업법에 따른 사회복지시설의 경우에는 유료시설을 제외한 시설로서 관할 지방자치단체의 장의 추천을 받은 경우로 한정한다.
3. 국토의 계획 및 이용에 관한 법률 시행령 별표 17 제2호 차목에 해당하는 공장. 다만, 해당 도시개발사업으로 이전되는 공장의 소유자가 설치하는 경우로 한정한다.
4. 임대주택
5. 주택법에 따른 국민주택 규모 이하의 공동주택. 다만, 공공사업시행자가 국민주택 규모 이하의 공동주택을 건설하려는 자에게 공급하는 경우로 한정한다.
6. 관광진흥법에 따른 호텔업 시설. 다만, 공공시행자가 200실 이상의 객실을 갖춘 호텔의 부지로 토지를 공급하는 경우로 한정한다.
7. 그 밖에 국토의 계획 및 이용에 관한 법률에 따른 기반시설로서 국토교통부령으로 정하는 시설

도시개발법령상 토지 등의 수용 또는 사용의 방식에 따른 사업 시행에 관한 설명으로 옳은 것은?

① 도시개발사업을 시행하는 지방자치단체는 도시개발구역지정 이후 그 시행 방식을 혼용방식에서 수용 또는 사용방식으로 변경할 수 있다.

② 도시개발사업을 시행하는 정부출연기관이 그 사업에 필요한 토지를 수용하려면 사업대상 토지면적의 3분의 2 이상에 해당하는 토지를 소유하고 토지 소유자 총수의 2분의 1 이상에 해당하는 자의 동의를 받아야 한다.

③ 도시개발사업을 시행하는 공공기관은 토지상환채권을 발행할 수 없다.

④ 원형지를 공급받아 개발하는 지방공사는 원형지에 대한 공사완료 공고일부터 5년이 지난 시점이라면 해당 원형지를 매각할 수 있다.

⑤ 원형지가 공공택지 용도인 경우 원형지개발자의 선정은 추첨의 방법으로 할 수 있다.

해설 ① 도시개발사업을 시행하는 지방자치단체는 도시개발구역지정 이후 그 시행 방식을 혼용방식에서 전부환지방식으로 변경할 수 있다. 수용 또는 사용방식으로 변경할 수 없다.
② 도시개발사업을 시행하는 정부출연기관이 그 사업에 필요한 토지를 수용하려면 동의를 받지 아니한다.
③ 도시개발사업을 시행하는 공공기관은 토지상환채권을 발행할 수 있다.
⑤ 원형지가 공공택지 용도인 경우 원형지개발자의 선정은 수의계약의 방법으로 할 수 있다.

◆ 정답 ④

---

03 환지방식에 의한 사업시행 제31회, 제32회, 제34회, 제35회

1 환지계획

(1) 환지계획의 내용

시행자는 도시개발사업의 전부 또는 일부를 환지방식으로 시행하려면 다음의 사항이 포함된 환지계획을 작성하여야 한다(법 제28조 제1항).

1. 환지설계
2. 필지별로 된 환지명세
3. 필지별과 권리별로 된 청산대상토지 명세
4. 체비지(替費地) 또는 보류지(保留地)의 명세
5. 입체환지를 계획하는 경우에는 입체 환지용 건축물의 명세와 입체환지에 따른 공급 방법·규모에 관한 사항
6. 그 밖에 국토교통부령으로 정하는 사항

(2) 환지계획의 작성기준

① **작성기준**: 환지계획은 종전의 토지와 환지의 위치·지목·면적·토질·수리(水利)·이용 상황·환경, 그 밖의 사항을 종합적으로 고려하여 합리적으로 정하여야 한다. 환지계획의 작성에 따른 환지계획의 기준, 보류지의 책정 기준 등에 관하여 필요한 사항은 국토교통부령으로 정할 수 있다(법 제28조 제2항·제5항, 규칙 제27조).

▶ **환지계획의 기준(규칙 제27조)**
1. 환지의 방식은 다음와 같이 구분한다.
   ① 평면환지: 환지 전 토지에 대한 권리를 도시개발사업으로 조성되는 토지에 이전하는 방식
   ② 입체환지: 환지 전 토지나 건축물(무허가 건축물은 제외한다)에 대한 권리를 도시개발사업으로 건설되는 구분건축물에 이전하는 방식
2. 환지설계는 평가식(도시개발사업 시행 전후의 토지의 평가가액에 비례하여 환지를 결정하는 방법)을 원칙으로 하되, 환지지정으로 인하여 토지의 이동이 경미하거나 기반시설의 단순한 정비 등의 경우에는 면적식(도시개발사업 시행 전의 토지 및 위치를 기준으로 환지를 결정하는 방식)을 적용할 수 있다. 이 경우 하나의 환지계획구역에서는 같은 방식을 적용하여야 하며, 입체환지를 시행하는 경우에는 반드시 평가식을 적용하여야 한다.
3. 환지설계를 평가식으로 하는 경우 비례율은 다음의 계산식에 따른다.

$$비례율 = \frac{[도시개발사업으로\ 조성되는\ 토지\cdot건축물의\ 평가액\ 합계(공공시설\ 또는\ 무상으로\ 공급되는\ 토지\cdot건축물의\ 평가액\ 합계를\ 제외한다) - 총\ 사업비]}{환지\ 전\ 토지\cdot건축물의\ 평가액\ 합계} \times 100$$

권리가액 = 비례율 × 환지 전 토지·건축물의 평가액

4. 환지계획구역의 모든 토지는 환지를 지정하거나 환지대상에서 제외되면 금전으로 청산한다.

5. 시행자는 과소 토지 등에 대하여 2 이상의 토지 또는 건축물 소유자의 신청을 받아 환지 후 하나의 토지나 구분건축물에 공유로 환지를 지정할 수 있다. 이 경우 환지를 지정받은 자는 다른 환지를 지정받을 수 없다.

6. 토지 또는 건축물은 필지별, 건축물별로 환지한다. 이 경우 하나의 대지에 속하는 동일인 소유의 토지와 건축물은 분리하여 입체환지를 지정할 수 없다.

7. 시행자는 동일인이 소유한 2 이상의 환지 전 토지 또는 건축물에 대하여 환지 후 하나의 토지 또는 구분건축물에 환지를 지정할 수 있다.

8. 시행자는 하나의 환지 전 토지에 대하여 2 이상의 환지 후 토지 또는 구분건축물에 환지를 지정(이하 "분할환지"라 한다)할 수 있다. 다만, 집합건물의 소유 및 관리에 관한 법률에 따른 대지사용권에 해당하는 토지지분은 분할 환지할 수 없다.

② **토지부담률**

㉠ 토지부담률의 산정기준 : 시행자는 환지계획구역 안의 토지 소유자가 도시개발사업을 위하여 부담하는 토지의 비율(이하 "토지부담률"이라 함)을 산정하여야 한다(규칙 제29조).

㉡ 토지부담률의 한도 : 환지계획구역의 평균 토지부담률은 50%를 초과할 수 없다. 다만, 해당 환지계획구역의 특성을 고려하여 지정권자가 인정하는 경우에는 60%까지로 할 수 있으며, 환지계획구역의 토지 소유자 총수의 3분의 2 이상이 동의(시행자가 조합인 경우에는 총회에서 의결권 총수의 3분의 2 이상이 동의한 경우를 말한다)하는 경우에는 60%를 초과하여 정할 수 있다.

㉢ 평균 토지부담률의 산정방법 : 환지계획구역의 평균 토지부담률은 다음의 계산식에 따라 산정한다.

$$\frac{\text{보류지면적} - (\text{시행자에게 무상귀속되는 공공시설의 면적} + \text{시행자가 소유하는 토지})}{\text{환지계획구역면적} - (\text{시행자에게 무상귀속되는 공공시설의 면적} + \text{시행자가 소유하는 토지})} \times 100$$

㉣ 토지부담률의 변경금지 : 시행자는 사업시행 중 부득이한 경우를 제외하고는 토지 소유자에게 부담을 주는 토지부담률의 변경을 하여서는 아니 된다.

㉤ 간선도로의 부담 : 환지계획구역의 외부와 연결되는 환지계획구역 안의 도로로서 너비 25m 이상의 간선도로는 토지 소유자가 도로의 부지를 부담하고, 관할 지방자치단체가 공사비를 보조하여 건설할 수 있다.

(3) 환지계획 작성의 특례

① 환지부지정

신청·동의에 의한 환지부지정	토지 소유자가 신청하거나 동의하면 해당 토지의 전부 또는 일부에 대하여 환지를 정하지 아니할 수 있다. 다만, 해당 토지에 관하여 임차권자 등이 있는 경우에는 그 동의를 받아야 한다(법 제30조 제1항).
환지부지정의 제외대상	시행자는 다음의 어느 하나에 해당하는 토지는 규약·정관 또는 시행규정으로 정하는 방법과 절차에 따라 환지를 정하지 아니할 토지에서 제외할 수 있다(법 제30조 제2항). 1. 환지예정지를 지정하기 전에 사용하는 토지 2. 환지계획 인가에 따라 환지를 지정받기로 결정된 토지 3. 종전과 같은 위치에 종전과 같은 용도로 환지를 계획하는 토지 4. 토지 소유자가 환지 제외를 신청한 토지의 면적 또는 평가액이 모두 합하여 구역 전체의 토지(국유지·공유지는 제외한다) 면적 또는 평가액의 100분의 15 이상이 되는 경우로서 환지를 정하지 아니할 경우 사업시행이 곤란하다고 판단되는 토지 5. 구역지정을 위한 공람한 날 또는 공고한 날 이후에 토지의 양수계약을 체결한 토지. 다만, 양수일부터 3년이 지난 경우는 제외한다.
과소토지에 대한 환지부지정	시행자는 토지 면적의 규모를 조정할 특별한 필요가 있으면 면적이 작은 토지는 환지대상에서 제외할 수 있다(법 제31조 제1항).

② 토지면적을 고려한 환지

증환지·감환지	시행자는 토지 면적의 규모를 조정할 특별한 필요가 있으면 면적이 작은 토지는 과소(過小) 토지가 되지 아니하도록 면적을 늘려 환지를 정할 수 있고, 면적이 넓은 토지는 그 면적을 줄여서 환지를 정할 수 있다(법 제31조 제1항). 이 경우 과소 토지의 기준이 되는 면적은 대통령령으로 정하는 범위에서 시행자가 규약·정관 또는 시행규정으로 정한다(법 제31조 제2항).

③ 공공시설의 용지 등에 관한 조치

㉠ 공공시설 용지: 공익사업을 위한 토지 등의 취득 및 보상에 관한 법률에 해당하는 공공시설의 용지에 대하여는 환지계획을 정할 때 그 위치·면적 등에 관하여 환지계획의 원칙적인 작성기준을 적용하지 아니할 수 있다(법 제33조 제1항).

㉡ 불용으로 될 토지 환지부지정: 시행자가 도시개발사업의 시행으로 국가 또는 지방자치단체가 소유한 공공시설과 대체되는 공공시설을 설치하는 경우 종전의 공공시설의 전부 또는 일부의 용도가 폐지되거나 변경되어 사용하지 못하게 될 토지는 환지를 정하지 아니하며, 이를 다른 토지에 대한 환지의 대상으로 하여야 한다(법 제33조 제2항).

④ **보류지 · 체비지**

　㉠ 보류지 등 : 시행자는 도시개발사업에 필요한 경비에 충당하거나 규약 · 정관 · 시
행규정 또는 실시계획으로 정하는 목적을 위하여 일정한 토지를 환지로 정하지 아
니하고 보류지로 정할 수 있으며, 그중 일부를 체비지로 정하여 도시개발사업에
필요한 경비에 충당할 수 있다(법 제34조 제1항).

　㉡ 체비지의 집단지정 : 특별자치도지사 · 시장 · 군수 또는 구청장은 주택법에 따른
공동주택의 건설을 촉진하기 위하여 필요하다고 인정하면 체비지 중 일부를 같은
지역에 집단으로 정하게 할 수 있다(법 제34조 제2항).

⑤ **입체환지**

　㉠ 입체환지의 신청 : 시행자는 도시개발사업을 원활히 시행하기 위하여 특히 필요한
경우에는 토지 또는 건축물 소유자의 신청을 받아 건축물의 일부와 그 건축물이
있는 토지의 공유지분을 부여할 수 있다(법 제32조 제1항).

　㉡ 입체환지대상에서의 제외 : 입체환지를 신청하는 자의 종전 소유 토지 및 건축물
의 권리가액이 도시개발사업으로 조성되는 토지에 건축되는 구분건축물의 최소
공급 가격의 100분의 70 이하인 경우에는 시행자가 규약 · 정관 또는 시행규정으로
신청대상에서 제외할 수 있다(법 제32조 제1항).

　㉢ 환지 전 유주택자 : 환지 전 토지에 주택을 소유하고 있던 토지 소유자는 권리가액
과 관계없이 입체환지를 신청할 수 있다(영 제62조의2 제2항).

　㉣ 입체환지의 통지와 공고 : 입체환지의 경우 시행자는 환지계획 작성 전에 실시계
획의 내용, 환지계획 기준, 환지대상 필지 및 건축물의 명세, 환지신청 기간 등 대
통령령으로 정하는 사항을 토지 소유자(건축물 소유자를 포함한다)에게 통지하고 해
당 지역에서 발행되는 일간신문에 공고하여야 한다(법 제32조 제3항).

　㉤ 입체환지의 신청 기간 : 입체환지의 신청 기간은 통지한 날부터 30일 이상 60일 이
하로 하여야 한다. 다만, 시행자는 환지계획의 작성에 지장이 없다고 판단하는 경
우에는 20일의 범위에서 그 신청기간을 연장할 수 있다(법 제32조 제4항 · 제5항, 영
제62조의2 제4항).

⑥ **입체환지에 따른 주택공급**

　㉠ 기준 : 시행자는 입체환지로 건설된 주택 등 건축물을 인가된 환지계획에 따라 환
지신청자에게 공급하여야 한다. 이 경우 주택을 공급하는 경우에는 주택법에 따른
주택의 공급에 관한 기준을 적용하지 아니한다(법 제32조의3 제1항).

　㉡ 1주택 공급의 원칙 : 입체환지로 주택을 공급하는 경우 환지계획의 내용은 다음의
기준에 따른다. 이 경우 주택의 수를 산정하기 위한 구체적인 기준은 대통령령으
로 정한다(법 제32조의3 제2항).

CHAPTER 02

1. 1세대 또는 1명이 하나 이상의 주택 또는 토지를 소유한 경우 1주택을 공급할 것
2. 같은 세대에 속하지 아니하는 2명 이상이 1주택 또는 1토지를 공유한 경우에는 1주택만 공급할 것

ⓒ 주택수만큼 공급이 가능한 경우: 시행자는 다음에 해당하는 토지 소유자에 대하여는 소유한 주택의 수만큼 공급할 수 있다(법 제32조의3 제3항).

1. 과밀억제권역에 위치하지 아니하는 도시개발구역의 토지소유자
2. 근로자 숙소나 기숙사의 용도로 주택을 소유하고 있는 토지 소유자
3. 공공시행자

② 주택을 소유하지 아니한 자에 대한 공급: 입체환지로 주택을 공급하는 경우 주택을 소유하지 아니한 토지 소유자에 대하여는 환지지정의 제한 기준일 현재 다음의 어느 하나에 해당하는 경우에만 주택을 공급할 수 있다(법 제32조의3 제4항).

1. 토지 면적이 국토교통부장관이 정하는 규모 이상인 경우
2. 종전 토지의 총 권리가액(주택 외의 건축물이 있는 경우 그 건축물의 총 권리가액을 포함한다)이 입체환지로 공급하는 공동주택 중 가장 작은 규모의 공동주택 공급예정가격 이상인 경우

⑩ 잔여분에 대한 공급: 시행자는 입체환지의 대상이 되는 용지에 건설된 건축물 중 공급대상자에게 공급하고 남은 건축물의 공급에 대하여는 규약·정관 또는 시행규정으로 정하는 목적을 위하여 체비지(건축물을 포함한다)로 정하거나 토지 소유자 외의 자에게 분양할 수 있다(법 제32조의3 제5항).

(4) 환지지정의 제한

시행자는 개발구역의 지정을 위한 주민 등의 의견청취를 위하여 공람 또는 공청회의 개최에 관한 사항을 공고한 날 또는 투기억제를 위하여 시행예정자의 요청에 따라 지정권자가 따로 정하는 날(이하 이 조에서 "기준일"이라 한다)의 다음 날부터 다음에 해당하는 경우에는 국토교통부령으로 정하는 바에 따라 해당 토지 또는 건축물에 대하여 금전으로 청산하거나 환지지정을 제한할 수 있다(법 제32조의2 제1항).

1. 1필지의 토지가 여러 개의 필지로 분할되는 경우
2. 단독주택 또는 다가구주택이 다세대주택으로 전환되는 경우
3. 하나의 대지범위 안에 속하는 동일인 소유의 토지와 주택 등 건축물을 토지와 주택 등 건축물로 각각 분리하여 소유하는 경우
4. 나대지에 건축물을 새로 건축하거나 기존 건축물을 철거하고 다세대주택이나 그 밖의 집합건물의 소유 및 관리에 관한 법률에 따른 구분소유권의 대상이 되는 건물을 건축하여 토지 또는 건축물의 소유자가 증가되는 경우

(5) 조성토지 등의 가격평가

시행자는 환지방식이 적용되는 도시개발구역에 있는 조성토지 등의 가격을 평가할 때에는 토지평가협의회의 심의를 거쳐 결정하되, 그에 앞서 대통령령으로 정하는 공인평가기관(감정평가법인 등)이 평가하게 하여야 한다. 토지평가협의회의 구성 및 운영 등에 필요한 사항은 해당 규약·정관 또는 시행규정으로 정한다(법 제28조 제3항, 영 제59조).

(6) 환지계획의 인가

① **인가권자**: 행정청이 아닌 시행자가 환지계획을 작성한 경우에는 특별자치도지사·시장·군수 또는 구청장의 인가를 받아야 한다. 인가받은 내용을 변경하려는 경우에 준용한다. 다만, 다음의 경미한 사항을 변경하는 경우에는 그러하지 아니하다(법 제29조 제1항, 영 제60조).

> 1. 종전 토지의 합필 또는 분필로 환지명세가 변경되는 경우
> 2. 토지 또는 건축물 소유자(체비지인 경우에는 시행자 또는 체비지 매수자를 말한다)의 동의에 따라 환지계획을 변경하는 경우. 다만, 다른 토지 또는 건축물 소유자에 대한 환지계획의 변경이 없는 경우로 한정한다.
> 3. 공간정보의 구축 및 관리 등에 관한 법률에 따른 지적측량의 결과를 반영하기 위하여 환지계획을 변경하는 경우
> 4. 환지로 지정된 토지나 건축물을 금전으로 청산하는 경우
> 5. 그 밖에 국토교통부령으로 정하는 경우

② **인가절차**

㉠ **통지 및 공람**: 행정청이 아닌 시행자가 환지계획의 인가를 신청하려고 하거나 행정청인 시행자가 환지계획을 정하려고 하는 경우에는 토지 소유자와 임차권자 등(당해 토지에 대하여 임차권·지상권 그 밖에 사용하거나 수익할 권리를 가진 자)에게 이를 알리고 관계 서류의 사본을 일반인에게 공람시켜야 한다(법 제29조 제3항).

㉡ **의견서 제출**: 토지 소유자나 임차권자 등은 공람 기간에 시행자에게 의견서를 제출할 수 있으며, 시행자는 그 의견이 타당하다고 인정하면 환지계획에 이를 반영하여야 한다(법 제29조 제4항).

㉢ **반영 여부의 통보**: 시행자는 제출된 의견에 대하여 공람 기일이 종료된 날부터 60일 이내에 그 의견을 제출한 자에게 환지계획에의 반영 여부에 관한 검토 결과를 통보하여야 한다(법 제29조 제6항).

예제

도시개발법령상 환지계획에 관한 설명으로 틀린 것은?

① 필지별로 된 환지명세는 환지계획에 포함되어야 한다.

② 환지계획 작성에 따른 환지계획의 기준 등에 관하여 필요한 사항은 시행자가 정한다.

③ 토지평가협의회의 구성 및 운영 등에 필요한 사항은 해당 규약·정관 또는 시행규정으로 정한다.

④ 행정청이 아닌 시행자가 환지계획을 작성한 경우에는 특별자치도지사·시장·군수 또는 자치구청장의 인가를 받아야 한다.

⑤ 시행자는 환지방식이 적용되는 도시개발구역에 있는 조성토지 등의 가격을 평가할 때에는 감정평가법인 등의 평가를 거친 후 토지평가협의회의 심의를 거쳐 결정한다.

해설 ② 환지계획 작성에 따른 환지계획의 기준 등에 관하여 필요한 사항은 국토교통부령으로 정한다.

🔔 **공법상 수립기준**

국토교통부장관이 정한다. 단, 도시·군계획시설에 결정구조 설치기준, 환지계획 작성기준은 국토교통부령으로 정한다.

♦ 정답 ②

---

② 환지예정지

(1) 환지예정지 지정

시행자는 도시개발사업의 시행을 위하여 필요하면 도시개발구역의 토지에 대하여 환지예정지를 지정할 수 있다. 이 경우 종전의 토지에 대한 임차권자 등이 있으면 해당 환지예정지에 대하여 해당 권리의 목적인 토지 또는 그 부분을 아울러 지정하여야 한다(법 제35조 제1항).

(2) 환지예정지의 지정절차

① **통지 및 공람** : 민간사업시행자가 환지예정지를 지정하려고 하는 경우에는 토지 소유자와 임차권자 등에게 알리고 관계 서류의 사본을 일반인에게 공람시켜야 한다(법 제35조 제2항).

② **의견서 제출** : 토지 소유자나 임차권자 등은 공람 기간에 시행자에게 의견서를 제출할 수 있으며, 시행자는 그 의견이 타당하다고 인정하면 환지예정지 지정에 이를 반영하여야 한다(법 제35조 제2항).

③ **환지예정지 위치 등의 통지** : 시행자가 환지예정지를 지정하려면 관계 토지 소유자와 임차권자 등에게 환지예정지의 위치·면적과 환지예정지 지정의 효력발생 시기를 알려야 한다(법 제35조 제3항).

(3) 환지예정지 지정의 효과

구 분	사 용	수 익	처 분	비 고
종전토지	×	×	○	수인의무
예정지	○	○	×	종전과 동일내용의 권리행사
체비지	○	○	○	체비지 매수인 ⇨ 이전 등기시 소유권 취득

① **사용·수익권의 이전**: 환지예정지가 지정되면 종전의 토지의 소유자와 임차권자 등은 환지예정지 지정의 효력발생일부터 환지처분이 공고되는 날까지 환지예정지나 해당 부분에 대하여 종전과 같은 내용의 권리를 행사할 수 있으며 종전의 토지는 사용하거나 수익할 수 없다(법 제36조 제1항).

② **사용·수익개시일의 지정**: 시행자는 환지예정지를 지정한 경우에 해당 토지를 사용하거나 수익하는 데에 장애가 될 물건이 그 토지에 있거나 그 밖에 특별한 사유가 있으면 그 토지의 사용 또는 수익을 시작할 날을 따로 정할 수 있다(법 제36조 제2항).

③ **수인의무**: 환지예정지 지정의 효력이 발생하거나 환지예정지의 사용 또는 수익을 시작하는 경우에 해당 환지예정지의 종전의 소유자 또는 임차권자 등은 환지예정지 지정의 효력발생일(사용 또는 수익을 시작할 날을 따로 정한 경우에는 그 때)부터 환지처분이 공고되는 날까지 이를 사용하거나 수익할 수 없으며 환지예정지를 지정받은 자의 권리의 행사를 방해할 수 없다(법 제36조 제3항).

④ **체비지의 사용·수익·처분**: 시행자는 체비지의 용도로 환지예정지가 지정된 경우에는 도시개발사업에 드는 비용을 충당하기 위하여 이를 사용 또는 수익하게 하거나 처분할 수 있다(법 제36조 제4항).

⑤ **용익권자 보호조치**: 임차권 등의 목적인 토지에 관하여 환지예정지가 지정된 경우 임대료·지료(地料), 그 밖의 사용료 등의 증감(增減)이나 권리의 포기 등에 관하여는 환지에서의 규정을 준용한다. 이 경우 증감청구 등의 행사는 환지예정지 지정의 효력발생일부터 60일이 경과하면 행사할 수 없다(법 제36조 제5항).

⑥ **사용·수익의 정지**
  ㉠ 시행자는 환지를 정하지 아니하기로 결정된 토지 소유자나 임차권자 등에게 날짜를 정하여 그 날부터 해당 토지 또는 해당 부분의 사용 또는 수익을 정지시킬 수 있다(법 제37조 제1항).
  ㉡ 시행자가 사용 또는 수익을 정지하게 하려면 30일 이상의 기간을 두고 미리 해당 토지 소유자 또는 임차권자 등에게 알려야 한다(법 제37조 제2항).

⑦ **장애물 등의 이전과 제거**

    ㉠ 이전·제거사유 : 시행자는 환지예정지를 지정하거나 종전의 토지에 관한 사용 또는 수익을 정지시키는 경우나 대통령령으로 정하는 시설의 변경·폐지에 관한 공사를 시행하는 경우 필요하면 도시개발구역에 있는 건축물과 그 밖의 공작물이나 물건 및 죽목(竹木), 토석, 울타리 등의 장애물을 이전하거나 제거할 수 있다. 이 경우 행정청이 아닌 시행자는 미리 관할 특별자치도지사·시장·군수 또는 구청장의 허가를 받아야 한다(법 제38조 제1항).

    ㉡ 이전·제거절차

        ⓐ 특별자치도지사·시장·군수 또는 구청장은 행정청이 아닌 시행자의 ㉠에 따른 허가를 하는 경우에는 동절기 등 대통령령으로 정하는 시기에 점유자가 퇴거하지 아니한 주거용 건축물을 철거할 수 없도록 그 시기를 제한하거나 임시거주시설을 마련하는 등 점유자의 보호에 필요한 조치를 할 것을 조건으로 허가를 할 수 있다(법 제38조 제2항).

        ⓑ 시행자가 건축물 등과 장애물 등을 이전하거나 제거하려고 하는 경우에는 그 소유자나 점유자에게 미리 알려야 한다(법 제38조 제3항).

        ⓒ 주거용으로 사용하고 있는 건축물을 이전하거나 철거하려고 하는 경우에는 이전하거나 철거하려는 날부터 늦어도 2개월 전에 통지를 하여야 한다. 다만, 건축물의 일부에 대하여 대통령령으로 정하는 경미한 이전 또는 철거를 하는 경우나 국토의 계획 및 이용에 관한 법률의 개발행위 허가규정을 위반한 건축물의 경우에는 그러하지 아니하다(법 제38조 제4항).

⑧ **토지의 관리 등**

    ㉠ 시행자의 관리 : 환지예정지의 지정이나 사용 또는 수익의 정지처분으로 이를 사용하거나 수익할 수 있는 자가 없게 된 토지 또는 해당 부분은 환지예정지의 지정일이나 사용 또는 수익의 정지처분이 있은 날부터 환지처분을 공고한 날까지 시행자가 관리한다(법 제39조 제1항).

    ㉡ 표지의 설치 : 시행자는 환지예정지 또는 환지의 위치를 나타내려고 하는 경우에는 국토교통부령으로 정하는 표지를 설치할 수 있다. 누구든지 환지처분이 공고된 날까지는 시행자의 승낙 없이 설치된 표지를 이전하거나 훼손하여서는 아니 된다(법 제39조 제2항·제3항).

예제

도시개발법령상 환지 방식에 의한 사업 시행에 관한 설명으로 틀린 것은?

① 도시개발사업을 입체 환지 방식으로 시행하는 경우에는 환지 계획에 건축 계획이 포함되어야 한다.

② 시행자는 토지면적의 규모를 조정할 특별한 필요가 있으면 면적이 넓은 토지는 그 면적을 줄여서 환지를 정하거나 환지 대상에서 제외할 수 있다.

③ 도시개발구역 지정권자가 정한 기준일의 다음 날부터 단독주택이 다세대주택으로 전환되는 경우 시행자는 해당 건축물에 대하여 금전으로 청산하거나 환지 지정을 제한할 수 있다.

④ 시행자는 환지 예정지를 지정한 경우에 해당 토지를 사용하거나 수익하는 데에 장애가 될 물건이 그 토지에 있으면 그 토지의 사용 또는 수익을 시작할 날을 따로 정할 수 있다.

⑤ 시행자는 환지를 정하지 아니하기로 결정된 토지 소유자나 임차권자등에게 날짜를 정하여 그날부터 해당 토지 또는 해당 부분의 사용 또는 수익을 정지시킬 수 있다.

해설 ② 시행자는 토지면적의 규모를 조정할 특별한 필요가 있으면 면적이 넓은 토지는 그 면적을 줄여서 환지를 정할 수 있다.

◆ **정답** ②

---

③ 환지처분 제31회, 제33회, 제35회

(1) 환지처분의 의의

환지처분이란 시행자가 환지계획에 따라 공사를 완료한 후 종전의 토지에 관한 권리에 갈음하여 새로운 토지와 그 토지에 관한 권리를 교부하고 그 과정에서 발생하는 과부족분에 대하여 금전으로 청산하는 행정처분을 말한다.

(2) 환지처분 절차

> 공사완료공고 및 공람 ⇨ 의견서 제출 ⇨ 준공검사 ⇨ 환지처분공고

① **공사완료의 공고 및 공람**: 시행자는 환지방식으로 도시개발사업에 관한 공사를 끝낸 경우에는 지체 없이 이를 공고하고 공사 관계 서류를 14일 이상 일반에게 공람시켜야 한다(법 제40조 제1항).

② **의견서의 제출 및 조치**: 도시개발구역의 토지 소유자나 이해관계인은 공람 기간에 시행자에게 의견서를 제출할 수 있으며, 의견서를 받은 시행자는 공사 결과와 실시계획 내용에 맞는지를 확인하여 필요한 조치를 하여야 한다(법 제40조 제2항).

③ **준공검사 또는 공사완료**: 시행자는 공람 기간에 의견서의 제출이 없거나 제출된 의견서에 따라 필요한 조치를 한 경우에는 지정권자에 의한 준공검사를 신청하거나 도시개발사업의 공사를 끝내야 한다(법 제40조 제3항).

④ **환지처분의 공고**: 시행자는 지정권자에 의한 준공검사를 받은 경우(지정권자가 시행자인 경우에는 공사완료 공고가 있는 때)에는 60일 이내에 환지처분을 하여야 한다. 시행자는 환지처분을 하려는 경우에는 환지계획에서 정한 사항을 토지 소유자에게 알리고 이를 관보 또는 공보에 공고하여야 한다(법 제40조 제4항·제5항).

(3) 환지처분의 효과

① **환지의 효력**: 환지계획에서 정하여진 환지는 그 환지처분이 공고된 날의 다음 날부터 종전의 토지로 보며, 환지계획에서 환지를 정하지 아니한 종전의 토지에 있던 권리는 그 환지처분이 공고된 날이 끝나는 때에 소멸한다(법 제42조 제1항).

② **종전의 토지에 존속**

㉠ 행정상·재판상 처분: 행정상 처분이나 재판상의 처분으로서 종전의 토지에 전속 (專屬)하는 것에 관하여는 영향을 미치지 아니한다(법 제42조 제2항).

㉡ 지역권: 도시개발구역의 토지에 대한 지역권(地役權)은 환지처분에도 불구하고 종전의 토지에 존속한다. 다만, 도시개발사업의 시행으로 행사할 이익이 없어진 지역권은 환지처분이 공고된 날이 끝나는 때에 소멸한다(법 제42조 제3항).

③ **입체환지처분 효과**: 환지계획에 따라 환지처분을 받은 자는 환지처분이 공고된 날의 다음 날에 환지계획으로 정하는 바에 따라 건축물의 일부와 해당 건축물이 있는 토지의 공유지분을 취득한다. 이 경우 종전의 토지에 대한 저당권은 환지처분이 공고된 날의 다음 날부터 해당 건축물의 일부와 해당 건축물이 있는 토지의 공유지분에 존재하는 것으로 본다(법 제42조 제4항).

(4) 체비지·보류지의 취득

① **소유권 취득시점**: 체비지는 시행자가, 보류지는 환지계획에서 정한 자가 각각 환지처분이 공고된 날의 다음 날에 해당 소유권을 취득한다. 다만, 이미 처분된 체비지는 그 체비지를 매입한 자가 소유권 이전 등기를 마친 때에 소유권을 취득한다(법 제42조 제5항).

② **체비지·보류지의 처분**

㉠ 시행자는 체비지나 보류지를 규약·정관·시행규정 또는 실시계획으로 정하는 목적 및 방법에 따라 합리적으로 처분하거나 관리하여야 한다(법 제44조 제1항).

㉡ 행정청인 시행자가 체비지 또는 보류지를 관리하거나 처분하는 경우에는 국가나 지방자치단체의 재산처분에 관한 법률을 적용하지 아니한다. 다만, 신탁계약에 따라 체비지를 처분하려는 경우에는 공유재산 및 물품 관리법을 준용한다(법 제44조 제2항).

㉢ 학교, 폐기물처리 및 재활용시설, 그 밖에 대통령령으로 정하는 시설을 설치하기 위하여 조성토지 등을 공급하는 경우 그 조성토지 등의 공급 가격에 관하여는 감정평가 및 감정평가사에 관한 법률에 따른 감정평가법인 등이 감정평가한 가격 이하로 정할 수 있다(법 제44조 제3항).

⑸ **용익권자의 권리조정**

① **임대료 등의 증감청구**

 ㉠ 도시개발사업으로 임차권 등의 목적인 토지 또는 지역권에 관한 승역지(承役地)의 이용이 증진되거나 방해를 받아 종전의 임대료·지료, 그 밖의 사용료 등이 불합리하게 되면 당사자는 계약 조건에도 불구하고 장래에 관하여 그 증감을 청구할 수 있다. 도시개발사업으로 건축물이 이전된 경우 그 임대료에 관하여도 또한 같다(법 제48조 제1항).

 ㉡ 당사자는 해당 권리를 포기하거나 계약을 해지하여 그 의무를 지지 아니할 수 있다(법 제48조 제2항).

 ㉢ 환지처분이 공고된 날부터 60일이 지나면 임대료·지료, 그 밖의 사용료 등의 증감을 청구할 수 없다(법 제48조 제3항).

② **권리의 포기 등**

 ㉠ 도시개발사업의 시행으로 지역권 또는 임차권 등을 설정한 목적을 달성할 수 없게 되면 당사자는 해당 권리를 포기하거나 계약을 해지할 수 있다. 도시개발사업으로 건축물이 이전되어 그 임대의 목적을 달성할 수 없게 된 경우에도 또한 같다(법 제49조 제1항).

 ㉡ 권리를 포기하거나 계약을 해지한 자는 그로 인한 손실을 보상하여 줄 것을 시행자에게 청구할 수 있다(법 제49조 제2항).

 ㉢ 손실을 보상한 시행자는 해당 토지 또는 건축물의 소유자 또는 그로 인하여 이익을 얻는 자에게 이를 구상할 수 있다(법 제49조 제3항).

 ㉣ 환지처분이 공고된 날부터 60일이 지나면 권리를 포기하거나 계약을 해지할 수 없다(법 제49조 제4항).

 ㉤ 손실을 보상한 시행자는 구상이 이루어지지 아니하는 경우 지방세 체납처분의 예에 따라 이를 징수할 수 있고, 행정청이 아닌 시행자는 특별자치도지사·시장·군수 또는 구청장에게 그 징수를 위탁할 수 있다(법 제49조 제6항).

예제

1. 도시개발법령상 환지처분에 관한 설명으로 틀린 것은?

① 도시개발구역의 토지 소유자나 이해관계인은 환지 방식에 의한 도시개발사업 공사 관계 서류의 공람 기간에 시행자에게 의견서를 제출할 수 있다.

② 환지를 정하거나 그 대상에서 제외한 경우 그 과부족분(過不足分)은 금전으로 청산하여야 한다.

③ 시행자는 지정권자에 의한 준공검사를 받은 경우에는 90일 이내에 환지처분을 하여야 한다.

④ 시행자가 환지처분을 하려는 경우에는 환지 계획에서 정한 사항을 토지 소유자에게 알리고 관보 또는 공보에 의해 이를 공고하여야 한다.

⑤ 환지 계획에서 정하여진 환지는 그 환지처분이 공고된 날의 다음 날부터 종전의 토지로 본다.

해설 ③ 시행자는 지정권자에 의한 준공검사를 받은 경우에는 60일 이내에 환지처분을 하여야 한다.

◑ 정답 ③

2. 도시개발법령상 환지방식에 의한 사업 시행에 관한 설명으로 틀린 것은?

① 지정권자는 도시개발사업을 환지방식으로 시행하려고 개발계획을 수립할 때에 시행자가 지방자치단체이면 토지 소유자의 동의를 받을 필요가 없다.

② 시행자는 체비지의 용도로 환지예정지가 지정된 경우에는 도시개발사업에 드는 비용을 충당하기 위하여 이를 처분할 수 있다.

③ 도시개발구역의 토지에 대한 지역권은 도시개발사업의 시행으로 행사할 이익이 없어지면 환지처분이 공고된 날이 끝나는 때에 소멸한다.

④ 지방자치단체가 도시개발사업의 전부를 환지방식으로 시행하려고 할 때에는 도시개발사업의 시행규정을 작성하여야 한다.

⑤ 행정청이 아닌 시행자가 인가받은 환지계획의 내용 중 종전 토지의 합필 또는 분필로 환지명세가 변경되는 경우에는 변경인가를 받아야 한다.

해설 ⑤ 행정청이 아닌 시행자가 인가받은 환지계획의 내용 중 종전 토지의 합필 또는 분필로 환지명세가 변경되는 경우에는 변경인가를 받지 아니한다.

◑ 정답 ⑤

4 환지등기 등

① **시행자의 촉탁 또는 신청**: 시행자는 환지처분이 공고되면 공고 후 14일 이내에 관할 등기소에 이를 알리고 토지와 건축물에 관한 등기를 촉탁하거나 신청하여야 한다(법 제43조 제1항).

② **다른 등기의 제한**(법 제43조 제3항)
   ㉠ 원칙: 환지처분이 공고된 날부터 등기가 있는 때까지는 다른 등기를 할 수 없다.
   ㉡ 예외: 등기신청인이 확정일자가 있는 서류로 환지처분의 공고일 전에 등기원인이 생긴 것임을 증명하면 다른 등기를 할 수 있다.

5 청산금 제34회

(1) 개 념

청산금이란 환지처분에 의한 적법한 원인으로 인하여 발생한 재산가치의 과부족분을 금전으로 정산한 금액을 말한다.

(2) 청산금의 법적성격

① **청산금의 징수**: 본래 받아야 할 재산가치보다 더 많은 재산가치를 받은 것에 대한 부당이득반환금의 성격을 가진다.

② **청산금의 교부**: 본래 받아야 할 재산가치보다 더 적은 재산가치를 받은 것에 대한 손실보상금으로서의 성격을 가진다.

(3) 청산기준

환지를 정하거나 그 대상에서 제외한 경우 그 과부족분(過不足分)은 종전의 토지 및 환지의 위치·지목·면적·토질·수리·이용 상황·환경, 그 밖의 사항을 종합적으로 고려하여 금전으로 청산하여야 한다(법 제41조 제1항).

(4) 청산금의 결정

청산금은 환지처분을 하는 때에 결정하여야 한다. 다만, 본인의 신청 또는 동의에 의한 환지부지정이나 과소토지에 대한 환지부지정에 따라 환지대상에서 제외한 토지 등에 대하여는 청산금을 교부하는 때에 청산금을 결정할 수 있다(법 제41조 제2항).

(5) 청산금의 확정

청산금은 환지처분이 공고된 날의 다음 날에 확정된다(법 제42조 제6항).

(6) 청산금의 징수 및 교부시기

시행자는 환지처분이 공고된 후에 확정된 청산금을 징수하거나 교부하여야 한다. 다만, 본인의 신청 또는 동의에 의한 환지부지정이나 과소토지에 대한 환지부지정에 따라 환지를 정하지 아니하는 토지에 대하여는 환지처분 전이라도 청산금을 교부할 수 있다(법 제46조 제1항).

(7) 청산금의 분할징수 · 분할교부

청산금은 일괄징수 또는 일괄교부가 원칙이지만, 청산금액에 규약 · 정관 또는 시행규정에서 정하는 이자율을 곱하여 산출된 금액의 이자를 붙여 분할징수하거나 분할교부할 수 있다(법 제46조 제2항).

(8) 청산금의 강제징수

① **행정청인 시행자**: 청산금을 내야 할 자가 이를 내지 아니하면 국세 또는 지방세 체납처분의 예에 따라 징수할 수 있다(법 제46조 제3항).

② **행정청이 아닌 시행자**: 행정청이 아닌 시행자는 특별자치도지사 · 시장 · 군수 또는 구청장에게 청산금의 징수를 위탁할 수 있다. 이 경우 징수한 금액의 100분의 4에 해당하는 금액을 특별자치도 · 시 · 군 또는 자치구에 지급하여야 한다(법 제46조 제3항).

(9) 청산금의 공탁

청산금을 받을 자가 주소 불분명 등의 이유로 청산금을 받을 수 없거나 받기를 거부하면 그 청산금을 공탁할 수 있다(법 제46조 제4항).

(10) 청산금의 소멸시효

청산금을 받을 권리나 징수할 권리를 5년간 행사하지 아니하면 시효로 소멸한다(법 제47조).

6 감가보상금

(1) 의 의

행정청인 시행자는 도시개발사업의 시행으로 사업 시행 후의 토지 가액(價額)의 총액이 사업 시행 전의 토지 가액의 총액보다 줄어든 경우에는 그 차액에 해당하는 감가보상금을 대통령령으로 정하는 기준에 따라 종전의 토지 소유자나 임차권자 등에게 지급하여야 한다(법 제45조).

(2) 감가보상금의 지급요건(법 제45조)

1. 시행자가 행정청일 것
2. 사업시행 후의 토지에 대한 총가액이 사업시행 전보다 감소할 것

(3) 감가보상금의 산출방법

감가보상금으로 지급하여야 할 금액은 도시개발사업 시행 후의 토지가액의 총액과 시행 전의 토지가액의 총액과의 차액을 시행 전의 토지가액의 총액으로 나누어 얻은 수치에 종전의 토지 또는 그 토지에 대하여 수익할 수 있는 권리의 시행 전의 가액을 곱한 금액으로 한다(영 제67조).

산출방법

$$종전\ 토지가액 \times \frac{(시행\ 전\ 토지가액총액 - 시행\ 후\ 토지가액총액)}{시행\ 전\ 토지가액총액} = 감가보상금$$

예 A토지 감가보상금 산출방법

A토지 시행 전 가액: 1억 원, 시행 전 토지가액총액: 1,000억원,

시행 후 토지가액총액: 900억원

$$1억원 \times \frac{(1,000억원 - 900억원)}{1,000억원} = 1,000만원$$

┌ 예 제 ┐

도시개발법령상 청산금에 대한 설명으로 틀린 것은?

① 청산금은 환지처분이 공고된 날의 다음 날에 결정하여야 한다.
② 청산금은 일괄징수 또는 일괄교부가 원칙이지만, 이자를 붙여 분할징수하거나 분할교부할 수 있다.
③ 청산금을 받을 자가 주소 불분명 등의 이유로 청산금을 받을 수 없거나 받기를 거부하면 그 청산금을 공탁할 수 있다.
④ 행정청이 아닌 시행자는 특별자치도지사·시장·군수 또는 구청장에게 청산금의 징수를 위탁할 수 있으며, 징수한 금액의 100분의 4에 해당하는 금액을 특별자치도·시·군 또는 자치구에 지급하여야 한다.
⑤ 청산금을 받을 권리나 징수할 권리는 환지처분이 공고된 날의 다음 날부터 5년간 행사하지 아니하면 시효로 소멸한다.

해설 ① 청산금은 환지처분을 하는 때에 결정하여야 한다.　　　　　　　　　　　◆ 정답 ①

제 7 절 | 준공검사 등

1 준공검사

(1) 준공검사

시행자(지정권자가 시행자인 경우는 제외)가 도시개발사업의 공사를 끝낸 때에는 국토교통부령으로 정하는 바에 따라 공사완료 보고서를 작성하여 지정권자의 준공검사를 받아야 한다(법 제50조 제1항).

(2) 준공검사 등 의뢰

지정권자는 공사완료 보고서를 받으면 지체 없이 준공검사를 하여야 한다. 이 경우 지정권자는 효율적인 준공검사를 위하여 필요하면 관계 행정기관·공공기관·연구기관, 그 밖의 전문기관 등에 의뢰하여 준공검사를 할 수 있다(법 제50조 제2항).

(3) 공공관리자의 참여

지정권자는 공사완료 보고서의 내용에 포함된 공공시설을 인수하거나 관리하게 될 국가기관·지방자치단체 또는 공공기관의 장 등에게 준공검사에 참여할 것을 요청할 수 있으며, 이를 요청받은 자는 특별한 사유가 없으면 요청에 따라야 한다(법 제50조 제3항).

(4) 완료된 부분의 준공검사

시행자는 도시개발사업을 효율적으로 시행하기 위하여 필요하면 해당 도시개발사업에 관한 공사가 전부 끝나기 전이라도 공사가 끝난 부분에 관하여 준공검사(지정권자가 시행자인 경우에는 시행자에 의한 공사완료 공고를 말함)를 받을 수 있다(법 제50조 제4항).

2 공사완료 공고

(1) 준공검사 및 조치

지정권자는 준공검사를 한 결과 도시개발사업이 실시계획대로 끝났다고 인정되면 시행자에게 준공검사 증명서를 내어주고 공사완료 공고를 하여야 하며, 실시계획대로 끝나지 아니하였으면 지체 없이 보완 시공 등 필요한 조치를 하도록 명하여야 한다(법 제51조 제1항).

(2) 조성토지 등의 준공 전 사용

준공검사 전 또는 공사완료 공고 전에는 조성토지 등(체비지는 제외)을 사용할 수 없다. 다만, 사업 시행의 지장 여부를 확인받는 등 대통령령으로 정하는 바에 따라 지정권자로부터 사용허가를 받은 경우에는 그러하지 아니하다(법 제53조).

제 8 절 비용부담 등

01 비용부담 제31회

1 비용부담의 원칙

도시개발사업에 필요한 비용은 이 법이나 다른 법률에 특별한 규정이 있는 경우 외에는 시행자가 부담한다(법 제54조).

> ▶ 도시개발구역의 시설 설치 및 비용부담 등(법 제55조)
> 1. 시설 설치: 도시개발구역의 시설의 설치는 다음의 구분에 따른다.
>   ① 도로와 상하수도시설의 설치는 지방자치단체
>   ② 전기시설·가스공급시설 또는 지역 난방시설의 설치는 해당 지역에 전기·가스 또는 난방을 공급하는 자
>   ③ 통신시설의 설치는 해당 지역에 통신서비스를 제공하는 자
> 2. 비용 부담자: 위 각 시설의 설치비용은 그 설치의무자가 이를 부담한다. 다만, 도시개발구역 안의 전기시설을 사업시행자가 지중선로로 설치할 것을 요청하는 경우에는 전기를 공급하는 자와 지중에 설치할 것을 요청하는 자가 각각 2분의 1의 비율로 그 설치비용을 부담(전부 환지방식으로 도시개발사업을 시행하는 경우에는 전기시설을 공급하는 자가 3분의 2, 지중에 설치할 것을 요청하는 자가 3분의 1의 비율로 부담)한다.
> 3. 설치 기한: 시설의 설치는 특별한 사유가 없으면 준공검사 신청일(지정권자가 시행자인 경우에는 도시개발사업의 공사를 끝내는 날)까지 끝내야 한다.

2 비용부담의 특례

(1) 지방자치단체의 부담

① **지정권자가 시행자인 경우**: 지정권자가 시행자인 경우 그 시행자는 그가 시행한 도시개발사업으로 이익을 얻는 시·도 또는 시·군·구가 있으면 대통령령으로 정하는 바에 따라 그 도시개발사업에 든 비용의 일부를 그 이익을 얻는 시·도 또는 시·군·구에 부담시킬 수 있다. 이 경우 국토교통부장관은 행정안전부장관과 협의하여야 하고, 시·도지사 또는 대도시 시장은 관할 외의 시·군·구에 비용을 부담시키려면 그 시·군·구를 관할하는 시·도지사와 협의하여야 하며, 시·도지사간 또는 대도시 시장과 시·도지사 간의 협의가 성립되지 아니하는 경우에는 행정안전부장관의 결정에 따른다. 부담금의 총액은 해당 도시개발사업에 소요된 비용의 2분의 1을 넘지 못한다. 이 경우 도시개발사업에 소요된 비용에는 해당 도시개발사업의 조사비, 측량비, 설계비 및 관리비는 포함하지 아니한다(법 제56조 제1항, 영 제72조 제1항).

② **시장·군수·구청장이 시행자인 경우**: 시장(대도시 시장은 제외한다)·군수 또는 구청 장은 그가 시행한 도시개발사업으로 이익을 얻는 다른 지방자치단체가 있으면 대통령 령으로 정하는 바에 따라 그 도시개발사업에 든 비용의 일부를 그 이익을 얻는 다른 지방자치단체와 협의하여 그 지방자치단체에 부담시킬 수 있다. 이 경우 협의가 성립 되지 아니하면 관할 시·도지사의 결정에 따르며, 그 시·군·구를 관할하는 시·도 지사가 서로 다른 경우에는 시·도지사와 협의하여야 하며, 시·도지사간 또는 대도 시 시장과 시도지사 간의 협의가 성립되지 아니하는 경우에는 행정안전부장관의 결정 에 따른다(법 제56조 제2항).

예제

도시개발법령상 도시개발사업의 비용 부담 등에 관한 설명으로 옳은 것을 모두 고른 것은?

ⓐ 지정권자가 시행자가 아닌 경우 도시개발구역의 통신시설의 설치는 특별한 사유가 없으면 준공검사 신청일까지 끝내야 한다.
ⓒ 전부 환지방식으로 사업을 시행하는 경우 전기시설의 지중선로설치를 요청한 사업시행자 와 전기공급자는 각각 2분의 1의 비율로 그 설치비용을 부담한다.
ⓒ 지정권자인 시행자는 그가 시행한 사업으로 이익을 얻는 시·도에 비용의 전부 또는 일부 를 부담시킬 수 있다.

① ㉠ ② ㉡ ③ ㉠, ㉢
④ ㉡, ㉢ ⑤ ㉠, ㉡, ㉢

해설 ㉡ 도시개발구역 안의 전기시설을 사업시행자가 지중선로로 설치할 것을 요청하는 경우에는 전기를 공급하는 자와 지중에 설치할 것을 요청하는 자가 각각 2분의 1의 비율로 그 설치비용을 부담(전부 환지방식 으로 도시개발사업을 시행하는 경우에는 전기시설을 공급하는 자가 3분의 2, 지중에 설치할 것을 요청하는 자가 3분의 1의 비율로 부담한다)한다.
㉢ 지정권자인 시행자는 그가 시행한 사업으로 이익을 얻는 시·도에 비용의 일부(전부 ×)를 부담시킬 수 있다.
❶ 정답 ①

(2) 공공시설 관리자의 비용부담

시행자는 공동구를 설치하는 경우에는 다른 법률에 따라 그 공동구에 수용될 시설을 설 치할 의무가 있는 자에게 공동구의 설치에 드는 비용을 부담시킬 수 있다(법 제57조).

02 비용의 조달

① 도시개발특별회계의 설치

(1) 설 치

시·도지사 또는 시장·군수(광역시에 있는 군의 군수는 제외)는 도시개발사업을 촉진하고 도시·군계획시설사업의 설치지원 등을 위하여 지방자치단체에 도시개발특별회계(이하 "특별회계"라 함)를 설치할 수 있다(법 제60조 제1항).

(2) 사업별 특별회계

국가나 지방자치단체 등이 도시개발사업을 환지방식으로 시행하는 경우에는 회계의 구분을 위하여 사업별로 특별회계를 설치하여야 한다(법 제60조 제3항).

② 도시개발채권의 발행 제32회

(1) 도시개발채권의 발행자

지방자치단체의 장은 도시개발사업 또는 도시·군계획시설사업에 필요한 자금을 조달하기 위하여 도시개발채권을 발행할 수 있다. 구체적으로 도시개발채권은 시·도의 조례로 정하는 바에 따라 시·도지사가 이를 발행한다(법 제62조 제1항, 영 제82조 제1항).

(2) 도시개발채권의 의무적 매입대상자

다음의 어느 하나에 해당하는 자는 도시개발채권을 매입하여야 한다(법 제63조).

1. 수용 또는 사용방식으로 시행하는 도시개발사업의 경우 공공사업시행자인 국가·지방자치단체, 공공기관, 정부출연기관, 지방공사와 공사의 도급계약을 체결하는 자
2. 위 1. 시행자 외에 도시개발사업을 시행하는 자
3. 국토의 계획 및 이용에 관한 법률에 따른 개발행위허가를 받은 자 중 토지의 형질변경 허가를 받은 자

(3) 도시개발채권의 중도상환

도시개발채권은 다음에 해당하는 경우를 제외하고는 중도에 상환할 수 없다(규칙 제38조 제1항).

1. 도시개발채권의 매입사유가 된 허가 또는 인가가 매입자의 귀책사유 없이 취소된 경우
2. 법 제63조 제1항 제1호에 해당하는 자의 귀책사유 없이 해당 도급계약이 취소된 경우
3. 도시개발채권의 매입의무자가 아닌 자가 착오로 도시개발채권을 매입한 경우
4. 도시개발채권의 매입의무자가 매입하여야 할 금액을 초과하여 도시개발채권을 매입한 경우

⑷ 도시개발채권의 발행절차

시·도지사는 도시개발채권의 발행하려는 경우에는 다음의 사항에 대하여 행정안전부장관의 승인을 받아야 한다(영 제82조 제2항).

1. 채권의 발행총액
2. 채권의 발행방법
3. 채권의 발행조건
4. 상환방법 및 절차
5. 그 밖에 채권의 발행에 필요한 사항

⑸ 도시개발채권의 발행방법 등

① **발행방법**: 도시개발채권은 주식·사채 등의 전자등록에 관한 법률에 따라 전자등록하여 발행하거나 무기명으로 발행할 수 있으며, 발행방법에 필요한 세부적인 사항은 시·도의 조례로 정한다(영 제83조 제1항).

② **발행이율**: 도시개발채권의 이율은 채권의 발행 당시의 국채·공채 등의 금리와 특별회계의 상황 등을 고려하여 해당 시·도의 조례로 정한다(영 제83조 제2항).

③ **상환기간**: 도시개발채권의 상환은 5년부터 10년까지의 범위에서 지방자치단체의 조례로 정한다(영 제83조 제3항).

④ 매입필증을 제출받는 자는 매입자로부터 제출받은 매입필증을 5년간 따로 보관하여야 하며, 지방자치단체의 장이나 도시개발채권 사무취급기관 그 밖에 관계기관의 요구가 있는 때에는 이를 제시하여야 한다(규칙 제41조 제3항).

⑹ 도시개발채권의 소멸시효

도시개발채권의 소멸시효는 상환일부터 기산(起算)하여 원금은 5년, 이자는 2년으로 한다(법 제62조 제3항).

예제

도시개발법령상 도시개발채권에 관한 설명으로 옳은 것은?

① 국토의 계획 및 이용에 관한 법률에 따른 공작물의 설치허가를 받은 자는 도시개발채권을 매입하여야 한다.

② 도시개발채권의 이율은 기획재정부장관이 국채·공채 등의 금리와 특별회계의 상황 등을 고려하여 정한다.

③ 도시개발채권을 발행하려는 시·도지사는 기획재정부장관의 승인을 받은 후 채권의 발행 총액 등을 공고하여야 한다.

④ 도시개발채권의 상환기간은 5년보다 짧게 정할 수는 없다.

⑤ 도시개발사업을 공공기관이 시행하는 경우 해당 공공기관의 장은 시·도지사의 승인을 받아 도시개발채권을 발행할 수 있다.

해설 ④ 도시개발채권의 상환기간은 5년부터 10년의 범위에서 지방자치단체의 조례로 정한다. 그러므로 도시개발채권의 상환기간은 5년보다 짧게 정할 수는 없다.

① 국토의 계획 및 이용에 관한 법률에 따른 토지의 형질변경허가를 받은 자는 도시개발채권을 매입하여야 한다.

② 도시개발채권의 이율은 채권의 발행 당시의 국채·공채 등의 금리와 특별회계의 상황 등을 고려하여 해당 시·도조례로 정한다.

③ 도시개발채권을 발행하려는 시·도지사는 행정안전부장관의 승인을 받은 후 채권의 발행총액 등을 공고하여야 한다.

⑤ 도시개발채권은 시·도지사가 발행할 수 있다. ◆ **정답 ④**

제 9 절   보칙 및 벌칙

01   행정심판

이 법에 따라 시행자가 행한 처분에 불복하는 자는 행정심판법에 따라 행정심판을 제기할 수 있다. 다만, 행정청이 아닌 시행자가 한 처분에 관하여는 다른 법률에 특별한 규정이 있는 경우 외에는 지정권자에게 행정심판을 제기하여야 한다(법 제77조).

02   행정형벌

① 제10조의2(보안관리 및 부동산투기 방지대책) 제2항 또는 제3항을 위반하여 미공개정보를 목적 외로 사용하거나 타인에게 제공 또는 누설한 자는 5년 이하의 징역 또는 그 위반행위로 얻은 재산상 이익 또는 회피한 손실액의 3배 이상 5배 이하에 상당하는 벌금에 처한다. 다만, 얻은 이익 또는 회피한 손실액이 없거나 산정하기 곤란한 경우 또는 그 위반행위로 얻은 재산상 이익의 5배에 해당하는 금액이 10억원 이하인 경우에는 벌금의 상한액을 10억원으로 한다(법 제79조의2 제1항).

② ①의 위반행위로 얻은 이익 또는 회피한 손실액이 5억원 이상인 경우에는 ①의 징역을 다음의 구분에 따라 가중한다(법 제79조의2 제2항).

> 1. 이익 또는 회피한 손실액이 50억원 이상인 경우에는 무기 또는 5년 이상의 징역
> 2. 이익 또는 회피한 손실액이 5억원 이상 50억원 미만인 경우에는 3년 이상의 유기징역

③ ① 또는 ②에 따라 징역에 처하는 경우에는 ①에 따른 벌금을 병과할 수 있다(법 제79조의2 제3항).

④ ①의 죄를 범한 자 또는 그 정을 아는 제3자가 제1항의 죄로 인하여 취득한 재물 또는 재산상의 이익은 몰수한다. 다만, 이를 몰수할 수 없을 때에는 그 가액을 추징한다(법 제79조의2 제4항).

도시 및
주거환경정비법

Chapter 03 도시 및 주거환경정비법

단원 열기

도시 및 주거환경정비법은 기존의 도시재개발법과 도시저소득층주민의 주거환경개선을 위한 임시조치법 그리고 주택건설촉진법 중 주택재건축에 관한 내용이 통합되어 새로이 제정된 법이다. 이 법은 주거환경개선사업, 재개발사업, 재건축사업이라는 3가지 분야를 하나의 법에서 다루고 있다. 정비사업의 개념과 전체적인 정비사업의 체계를 먼저 정리한 후 정비사업의 용어정의, 정비사업의 시행방법, 시행자, 조합, 정비사업 시행을 위한 조치, 관리처분계획, 공사완료에 따른 조치를 중심으로 정리하는 것이 효율적인 학습방법이다. 도시 및 주거환경정비법에서는 6문제가 출제된다.

제1절 총 칙

01 제정목적

이 법은 도시기능의 회복이 필요하거나 주거환경이 불량한 지역을 계획적으로 정비하고 노후·불량건축물을 효율적으로 개량하기 위하여 필요한 사항을 규정함으로써 도시환경을 개선하고 주거생활의 질을 높이는 데 이바지함을 목적으로 한다(법 제1조).

02 용어의 정의 제32회, 제34회, 제35회

이 법에서 사용하는 용어의 뜻은 다음과 같다(법 제2조).

(1) '정비구역'이란 정비사업을 계획적으로 시행하기 위하여 지정·고시된 구역을 말한다.

(2) '정비사업'이란 이 법에서 정한 절차에 따라 도시기능을 회복하기 위하여 정비구역에서 정비기반시설을 정비하거나 주택 등 건축물을 개량 또는 건설하는 다음의 사업을 말한다.

주거환경 개선사업	도시저소득 주민이 집단거주하는 지역으로서 정비기반시설이 극히 열악하고 노후·불량건축물이 과도하게 밀집한 지역의 주거환경을 개선하거나 단독주택 및 다세대주택이 밀집한 지역에서 정비기반시설과 공동이용시설 확충을 통하여 주거환경을 보전·정비·개량하기 위한 사업

재개발 사업	정비기반시설이 열악하고 노후·불량건축물이 밀집한 지역에서 주거환경을 개선하거나 상업지역·공업지역 등에서 도시기능의 회복 및 상권활성화 등을 위하여 도시환경을 개선하기 위한 사업. 이 경우 다음 요건을 모두 갖추어 시행하는 재개발사업을 "공공재개발사업"이라 한다. ① 특별자치시장, 특별자치도지사, 시장, 군수, 자치구의 구청장(이하 "시장·군수 등"이라 한다) 또는 토지주택공사 등(조합과 공동으로 시행하는 경우를 포함한다)이 주거환경개선사업의 시행자, 재개발사업의 시행자나 재개발사업의 대행자(이하 "공공재개발사업 시행자"라 한다)일 것 ② 건설·공급되는 주택의 전체 세대수 또는 전체 연면적 중 토지등소유자 대상 분양분(제80조에 따른 지분형주택은 제외한다)을 제외한 나머지 주택의 세대수 또는 연면적의 100분의 20 이상 100분의 50 이하의 범위에서 대통령령으로 정하는 기준에 따라 특별시·광역시·특별자치시·도·특별자치도 또는 「지방자치법」 제198조에 따른 서울특별시·광역시 및 특별자치시를 제외한 인구 50만 이상 대도시(이하 "대도시"라 한다)의 조례(이하 "시·도조례"라 한다)로 정하는 비율 이상을 제80조에 따른 지분형주택, 「공공주택 특별법」에 따른 공공임대주택(이하 "공공임대주택"이라 한다) 또는 「민간임대주택에 관한 특별법」 제2조 제4호에 따른 공공지원민간임대주택(이하 "공공지원민간임대주택"이라 한다)으로 건설·공급할 것. 이 경우 주택 수 산정방법 및 주택 유형별 건설비율은 대통령령으로 정한다.
재건축 사업	정비기반시설은 양호하나 노후·불량건축물에 해당하는 공동주택이 밀집한 지역에서 주거환경을 개선하기 위한 사업. 이 경우 다음 요건을 모두 갖추어 시행하는 재건축사업을 "공공재건축사업"이라 한다. ① 시장·군수 등 또는 토지주택공사 등(조합과 공동으로 시행하는 경우를 포함한다)이 재건축사업의 시행자나 재건축사업의 대행자(이하 "공공재건축사업 시행자"라 한다)일 것 ② 종전의 용적률, 토지면적, 기반시설 현황 등을 고려하여 대통령령으로 정하는 세대수 이상(공공재건축사업을 추진하는 단지의 종전 세대수의 100분의 160에 해당하는 세대를 말한다)을 건설·공급할 것. 다만, 정비구역의 지정권자가 국토의 계획 및 이용에 관한 법률에 따른 도시·군기본계획, 토지이용 현황 등 대통령령으로 정하는 불가피한 사유로 해당하는 세대수를 충족할 수 없다고 인정하는 경우에는 그러하지 아니하다.

(3) 노후·불량건축물

'노후·불량건축물'이란 다음에 해당하는 건축물을 말한다.

① 건축물이 훼손되거나 일부가 멸실되어 붕괴, 그 밖의 안전사고의 우려가 있는 건축물 (법 제2조 제3호 가목)

② 내진성능이 확보되지 아니한 건축물 중 중대한 기능적 결함 또는 부실 설계·시공으로 구조적 결함 등이 있는 건축물로서 대통령령으로 정하는 건축물(법 제2조 제3호 나목)

> ▶ "대통령령으로 정하는 건축물"이란 건축물을 건축하거나 대수선할 당시 건축법령에 따른 지진에 대한 안전 여부 확인 대상이 아닌 건축물로서 다음에 해당하는 건축물을 말한다.
> 1. 급수·배수·오수 설비 등의 설비 또는 지붕·외벽 등 마감의 노후화나 손상으로 그 기능을 유지하기 곤란할 것으로 우려되는 건축물
> 2. 안전진단기관이 실시한 안전진단 결과 건축물의 내구성·내하력(耐荷力) 등이 국토교통부장관이 정하는 기준에 미치지 못할 것으로 예상되어 구조 안전의 확보가 곤란할 것으로 우려되는 건축물

③ 다음의 요건을 모두 충족하는 건축물로서 대통령령으로 정하는 바에 따라 시·도조례로 정하는 건축물(법 제2조 제3호 다목)

㉠ 주변 토지의 이용 상황 등에 비추어 주거환경이 불량한 곳에 위치할 것

㉡ 건축물을 철거하고 새로운 건축물을 건설하는 경우 건설에 드는 비용과 비교하여 효용의 현저한 증가가 예상될 것

> ▶ "시·도조례로 정할 수 있는 건축물"이란 다음에 해당하는 건축물을 말한다.
> 1. 건축법에 따라 해당 지방자치단체의 조례로 정하는 면적에 미치지 못하거나 국토의 계획 및 이용에 관한 법률에 따른 도시·군계획시설 등의 설치로 인하여 효용을 다할 수 없게 된 대지에 있는 건축물
> 2. 공장의 매연·소음 등으로 인하여 위해를 초래할 우려가 있는 지역에 있는 건축물
> 3. 해당 건축물을 준공일 기준으로 40년까지 사용하기 위하여 보수·보강하는데 드는 비용이 철거 후 새로운 건축물을 건설하는 데 드는 비용보다 클 것으로 예상되는 건축물

④ 도시미관을 저해하거나 노후화된 건축물로서 대통령령으로 정하는 바에 따라 시·도조례로 정하는 건축물(법 제2조 제3호 라목).

> 1. 준공된 후 20년 이상 30년 이하의 범위에서 조례로 정하는 기간이 지난 건축물
> 2. 국토의 계획 및 이용에 관한 법률의 규정에 따른 도시·군기본계획의 경관에 관한 사항에 어긋나는 건축물

(4) '정비기반시설'이란 도로·상하수도·구거(溝渠: 도랑)·공원·공용주차장·공동구(국토
의 계획 및 이용에 관한 법률의 규정에 따른 공동구를 말한다) 그 밖에 주민의 생활에 필요한
열·가스 등의 공급시설로서 대통령령으로 정하는 시설을 말한다(법 제2조 제4호).

> ▶ "대통령령으로 정하는 시설"이란 정비기반시설
> 1. 녹지　　　　　　 2. 하천　　　　　 3. 공공공지　　　 4. 광장
> 5. 소방용수시설　　 6. 비상대피시설　 7. 가스공급시설　 8. 지역난방시설
> 9. 주거환경개선사업을 위하여 지정·고시된 정비구역에 설치하는 공동이용시설로서 사
>   업시행계획서에 해당 특별자치시장·특별자치도지사·시장·군수 또는 자치구의 구청
>   장(이하 "시장·군수 등"이라 한다)이 관리하는 것으로 포함된 것

(5) '공동이용시설'이란 주민이 공동으로 사용하는 놀이터·마을회관·공동작업장, 그 밖에
대통령령으로 정하는 시설을 말한다(법 제2조 제5호).

> ▶ "대통령령으로 정하는 시설"이란 공동이용시설
> 1. 공동으로 사용하는 구판장·세탁장·화장실 및 수도
> 2. 탁아소·어린이집·경로당 등 노유자시설
> 3. 그 밖에 1. 및 2.의 시설과 유사한 용도의 시설로서 시·도조례로 정하는 시설

(6) '대지'란 정비사업으로 조성된 토지를 말한다(법 제2조 제6호).

(7) '주택단지'란 주택 및 부대시설·복리시설을 건설하거나 대지로 조성되는 일단의 토지로서
다음의 어느 하나에 해당하는 일단의 토지를 말한다(법 제2조 제7호).

> 1. 주택법에 따른 사업계획승인을 받아 주택 및 부대시설·복리시설을 건설한 일단의 토지
> 2. 위 1.에 따른 일단의 토지 중 국토의 계획 및 이용에 관한 법률에 따른 도시·군계획시
>   설인 도로나 그 밖에 이와 유사한 시설로 분리되어 따로 관리되고 있는 각각의 토지
> 3. 위 1.에 따른 일단의 토지 둘 이상이 공동으로 관리되고 있는 경우 그 전체 토지
> 4. 제67조에 따라 분할된 토지 또는 분할되어 나가는 토지
> 5. 건축법에 따라 건축허가를 받아 아파트 또는 연립주택을 건설한 일단의 토지

(8) '사업시행자'란 정비사업을 시행하는 자를 말한다(법 제2조 제8호).

(9) '토지등소유자'란 다음의 어느 하나에 해당하는 자를 말한다. 다만, 자본시장과 금융투자
업에 관한 법률에 따른 신탁업자(이하 "신탁업자"라 한다)가 사업시행자로 지정된 경우 토
지등소유자가 정비사업을 목적으로 신탁업자에게 신탁한 토지 또는 건축물에 대하여는
위탁자를 토지등소유자로 본다(법 제2조 제9호).
　① 주거환경개선사업·재개발사업의 경우에는 정비구역에 위치한 토지 또는 건축물의
　　소유자 또는 그 지상권자
　② 재건축사업의 경우에는 정비구역에 위치한 건축물 및 그 부속토지의 소유자

⑽ '토지주택공사 등'이란 한국토지주택공사법에 따라 설립된 한국토지주택공사 또는 지방
공기업법에 따라 주택사업을 수행하기 위하여 설립된 지방공사를 말한다(법 제2조 제10호).

⑾ '정관등'이란 다음을 말한다(법 제2조 제11호).

> 1. 제40조에 따른 조합의 정관
> 2. 사업시행자인 토지등소유자가 자치적으로 정한 규약
> 3. 시장·군수 등, 토지주택공사 등 또는 신탁업자가 작성한 시행규정

예제

도시 및 주거환경정비법령상 다음 설명에 해당하는 정비사업은?

> 도시저소득 주민이 집단거주하는 지역으로서 정비기반시설이 극히 열악하고 노후·불량건축물
> 이 과도하게 밀집한 지역의 주거환경을 개선하거나 단독주택 및 다세대주택이 밀집한 지역에서
> 정비기반시설과 공동이용시설 확충을 통하여 주거환경을 보전·정비·개량하기 위한 사업

① 재개발사업   ② 재건축사업
③ 주거환경개선사업   ④ 도시환경정비사업
⑤ 주거환경관리사업

해설 ③ 도시저소득 주민이 집단거주하는 지역으로서 정비기반시설이 극히 열악하고 노후·불량건축물이
과도하게 밀집한 지역의 주거환경을 개선하거나 단독주택 및 다세대주택이 밀집한 지역에서 정비기반시설
과 공동이용시설 확충을 통하여 주거환경을 보전·정비·개량하기 위한 사업은 주거환경개선사업이다.

◆ 정답 ③

제2절 기본계획의 수립 및 정비구역의 지정

01 도시 및 주거환경정비 기본방침

국토교통부장관은 도시 및 주거환경을 개선하기 위하여 10년마다 다음의 사항을 포함한 기
본방침을 정하고, 5년마다 타당성을 검토하여 그 결과를 기본방침에 반영하여야 한다(법 제3조).

> 1. 도시 및 주거환경 정비를 위한 국가 정책 방향
> 2. 도시·주거환경정비기본계획의 수립 방향
> 3. 노후·불량 주거지 조사 및 개선계획의 수립
> 4. 도시 및 주거환경 개선에 필요한 재정지원계획
> 5. 그 밖에 도시 및 주거환경 개선을 위하여 필요한 사항으로서 대통령령으로 정하는 사항

02 도시·주거환경정비기본계획(이하 "기본계획")

(1) 기본계획의 수립

① 수립권자

특별시장·광역시장·특별자치시장·특별자치도지사 또는 시장은 관할구역에 대하여 도시·주거환경정비기본계획(이하 "기본계획"이라 한다)을 10년 단위로 수립하여야 한다. 다만, 도지사가 대도시가 아닌 시로서 기본계획을 수립할 필요가 없다고 인정하는 시에 대하여는 기본계획을 수립하지 아니할 수 있다(법 제4조 제1항).

② 타당성 검토

특별시장·광역시장·특별자치시장·특별자치도지사 또는 시장(이하 "기본계획의 수립권자"라 한다)은 기본계획에 대하여 5년마다 타당성을 검토하여 그 결과를 기본계획에 반영하여야 한다(법 제4조 제2항).

(2) 기본계획의 내용 등

① 기본계획의 내용: 기본계획에는 다음의 사항이 포함되어야 한다(법 제5조 제1항).

1. 정비사업의 기본방향
2. 정비사업의 계획기간
3. 인구·건축물·토지이용·정비기반시설·지형 및 환경 등의 현황
4. 주거지 관리계획
5. 토지이용계획·정비기반시설계획·공동이용시설설치계획 및 교통계획
6. 녹지·조경·에너지공급·폐기물처리 등에 관한 환경계획
7. 사회복지시설 및 주민문화시설 등의 설치계획
8. 도시의 광역적 재정비를 위한 기본방향
9. 정비구역으로 지정할 예정인 구역(이하 "정비예정구역"이라 한다)의 개략적 범위
10. 단계별 정비사업 추진계획(정비예정구역별 정비계획의 수립시기가 포함되어야 한다)
11. 건폐율·용적률 등에 관한 건축물의 밀도계획
12. 세입자에 대한 주거안정대책
13. 그 밖에 주거환경 등을 개선하기 위하여 필요한 사항으로서 대통령령으로 정하는 사항

② 기본계획의 생략사유: 수립권자는 기본계획에 다음의 사항을 포함하는 경우에는 정비예정구역의 개략적 범위 및 단계별 정비사업 추진계획의 사항을 생략할 수 있다(법 제5조 제2항).

1. 생활권의 설정, 생활권별 기반시설 설치계획 및 주택수급계획
2. 생활권별 주거지의 정비·보전·관리의 방향

③ **기본계획의 작성기준 등**: 기준 및 작성방법은 국토교통부장관이 정하여 고시한다(법 제5조 제3항).

(3) 수립절차

① **기본계획 수립을 위한 주민의견청취 등**

　㉠ 주민의견청취: 기본계획의 수립권자는 기본계획을 수립하거나 변경하려는 경우에는 14일 이상 주민에게 공람하여 의견을 들어야 하며, 제시된 의견이 타당하다고 인정되면 이를 기본계획에 반영하여야 한다(법 제6조 제1항).

　㉡ 지방의회의 의견청취: 기본계획의 수립권자는 공람과 함께 지방의회의 의견을 들어야 한다. 이 경우 지방의회는 기본계획의 수립권자가 기본계획을 통지한 날부터 60일 이내에 의견을 제시하여야 하며, 의견제시 없이 60일이 지난 경우 이의가 없는 것으로 본다(법 제6조 제2항).

　㉢ 주민공람과 지방의회의 의견청취 절차 생략사유: 대통령령으로 정하는 경미한 사항을 변경하는 경우에는 주민공람과 지방의회의 의견청취 절차를 거치지 아니할 수 있다(법 제6조 제3항).

> ▶ 주민공람과 지방의회의 의견청취, 협의 및 심의, 도지사의 승인생략사유
> 1. 정비기반시설의 규모를 확대하거나 그 면적의 10% 미만을 축소하는 경우
> 2. 정비사업의 계획기간을 단축하는 경우
> 3. 공동이용시설에 대한 설치계획의 변경인 경우
> 4. 사회복지시설 및 주민문화시설 등의 설치계획의 변경인 경우
> 5. 정비구역으로 지정할 예정인 구역의 면적을 구체적으로 명시한 경우 해당 구역 면적의 20% 미만의 변경인 경우
> 6. 단계별 정비사업 추진계획의 변경인 경우
> 7. 건폐율(건축법에 따른 건폐율을 말한다) 및 용적률(건축법에 따른 용적률을 말한다)의 각 20% 미만의 변경인 경우
> 8. 정비사업의 시행을 위하여 필요한 재원조달에 관한 사항의 변경인 경우
> 9. 국토의 계획 및 이용에 관한 법률에 따른 도시·군기본계획의 변경에 따른 변경인 경우

② **협의 및 심의**: 기본계획의 수립권자(대도시의 시장이 아닌 시장은 제외한다)는 기본계획을 수립하거나 변경하려면 관계 행정기관의 장과 협의한 후 지방도시계획위원회의 심의를 거쳐야 한다. 다만, 대통령령으로 정하는 경미한 사항(주민공람과 지방의회의 의견청취 절차 생략사유와 동일)을 변경하는 경우에는 관계 행정기관의 장과의 협의 및 지방도시계획위원회의 심의를 거치지 아니한다(법 제7조 제1항).

③ **도지사의 승인**: 대도시의 시장이 아닌 시장은 기본계획을 수립하거나 변경하려면 도지사의 승인을 받아야 하며, 도지사가 이를 승인하려면 관계 행정기관의 장과 협의한 후 지방도시계획위원회의 심의를 거쳐야 한다. 다만, 대통령령으로 정하는 경미한 사항(주민공람과 지방의회의 의견청취 절차 생략사유와 동일)을 변경하는 경우에는 도지사의 승인을 받지 아니할 수 있다(법 제7조 제2항).

④ **기본계획의 확정 · 고시 등**

⊙ 고시: 기본계획의 수립권자는 기본계획을 수립하거나 변경한 때에는 지체 없이 이를 해당 지방자치단체의 공보에 고시하고 일반인이 열람할 수 있도록 하여야 한다(법 제7조 제3항).

ⓒ 보고: 기본계획의 수립권자는 기본계획을 고시한 때에는 국토교통부령으로 정하는 방법 및 절차에 따라 국토교통부장관에게 보고하여야 한다(법 제7조 제4항).

예제

도시 및 주거환경정비법령상 도시 · 주거환경정비기본계획(이하 '기본계획'이라 함)**의 수립에 관한 설명으로 틀린 것은?**

① 도지사가 대도시가 아닌 시로서 기본계획을 수립할 필요가 없다고 인정하는 시에 대하여는 기본계획을 수립하지 아니할 수 있다.

② 국토교통부장관은 기본계획에 대하여 5년마다 타당성을 검토하여 그 결과를 기본계획에 반영하여야 한다.

③ 기본계획의 수립권자는 기본계획을 수립하려는 경우 14일 이상 주민에게 공람하여 의견을 들어야 한다.

④ 기본계획에는 사회복지시설 및 주민문화시설 등의 설치계획이 포함되어야 한다.

⑤ 대도시의 시장이 아닌 시장은 기본계획의 내용 중 정비사업의 계획기간을 단축하는 경우 도지사의 변경승인을 받지 아니할 수 있다.

해설 ② 국토교통부장관이 아니라 특별시장 · 광역시장 · 특별자치시장 · 특별자치도지사 또는 시장(이하 "기본계획의 수립권자"라 한다)은 기본계획에 대하여 5년마다 타당성을 검토하여 그 결과를 기본계획에 반영하여야 한다.

◆ 정답 ②

03 정비계획의 수립 및 정비구역의 지정

1 안전진단

(1) 재건축사업 정비계획 입안을 위한 안전진단

① 안전진단의 실시

㉠ 정비계획의 수립시기 도래시: 정비계획의 입안권자는 재건축사업 정비계획의 입안을 위하여 정비예정구역별 정비계획의 수립시기가 도래한 때에 안전진단을 실시하여야 한다(법 제12조 제1항).

㉡ 요청시: 정비계획의 입안권자는 다음에 해당하는 경우에는 안전진단을 실시하여야 한다. 이 경우 정비계획의 입안권자는 안전진단에 드는 비용을 해당 안전진단의 실시를 요청하는 자에게 부담하게 할 수 있다(법 제12조 제2항).

> 1. 정비계획의 입안을 제안하려는 자가 입안을 제안하기 전에 해당 정비예정구역에 위치한 건축물 및 그 부속토지의 소유자 10분의 1 이상의 동의를 받아 안전진단의 실시를 요청하는 경우
> 2. 정비예정구역을 지정하지 아니한 지역에서 재건축사업을 하려는 자가 사업예정구역에 있는 건축물 및 그 부속토지의 소유자 10분의 1 이상의 동의를 받아 안전진단의 실시를 요청하는 경우
> 3. 내진성능이 확보되지 아니한 건축물 중 중대한 기능적 결함 또는 부실 설계·시공으로 구조적 결함 등이 있는 건축물로서 대통령령으로 정하는 건축물의 소유자로서 재건축사업을 시행하려는 자가 해당 사업예정구역에 위치한 건축물 및 그 부속토지의 소유자 10분의 1 이상의 동의를 받아 안전진단의 실시를 요청하는 경우

(2) 안전진단의 대상

① 안전진단 대상: 재건축사업의 안전진단은 주택단지의 건축물을 대상으로 한다. 다만, 다음에 해당하는 주택단지의 건축물인 경우에는 안전진단 대상에서 제외할 수 있다(법 제12조 제3항).

> 1. 천재지변 등으로 주택이 붕괴되어 신속히 재건축을 추진할 필요가 있다고 정비계획의 입안권자가 인정하는 것
> 2. 주택의 구조안전상 사용금지가 필요하다고 정비계획의 입안권자가 인정하는 것
> 3. 노후·불량건축물 수에 관한 기준을 충족한 경우 잔여 건축물
> 4. 진입도로 등 기반시설 설치를 위하여 불가피하게 정비구역에 포함된 것으로 정비계획의 입안권자가 인정하는 건축물
> 5. 시설물의 안전 및 유지관리에 관한 특별법의 시설물로서 같은 법 제16조에 따라 지정받은 안전등급이 D (미흡) 또는 E (불량)인 건축물
> ✿ 안전진단기관: 한국건설기술연구원, 안전진단전문기관, 국토안전관리원

② **안전진단 실시 여부 통보**: 정비계획을 입안하는 특별자치시장, 특별자치도지사, 시장, 군수 또는 구청장 등(이하 "정비계획의 입안권자"라 한다)은 안전진단의 요청이 있는 때에는 요청일부터 30일 이내에 국토교통부장관이 정하는 바에 따라 안전진단의 실시 여부를 결정하여 요청인에게 통보하여야 한다. 이 경우 정비계획의 입안권자는 안전진단 실시 여부를 결정하기 전에 단계별 정비사업 추진계획 등의 사유로 재건축사업의 시기를 조정할 필요가 있다고 인정하는 경우에는 안전진단의 실시 시기를 조정할 수 있다(영 제10조 제1항).

(3) 현지조사를 의뢰

정비계획의 입안권자는 현지조사의 전문성 확보를 위하여 국토안전관리원 또는 한국건설기술연구원에 현지조사를 의뢰할 수 있다. 이 경우 현지조사를 의뢰받은 기관은 의뢰를 받은 날부터 20일 이내에 조사결과를 정비계획의 입안권자에게 제출하여야 한다(영 제10조 제5항).

(4) 안전진단기관의 안전진단 결과보고서 제출

안전진단을 의뢰받은 안전진단기관은 국토교통부장관이 정하여 고시하는 기준(건축물의 내진성능 확보를 위한 비용을 포함한다)에 따라 안전진단을 실시하여야 하며, 국토교통부령으로 정하는 방법 및 절차에 따라 안전진단 결과보고서를 작성하여 정비계획의 입안권자 및 안전진단의 실시를 요청한 자에게 제출하여야 한다(법 제12조 제5항, 영 제10조 제6항).

> ▶ 재건축사업의 안전진단은 다음의 구분에 따른다.
> 1. 구조안전성 평가: 노후·불량건축물을 대상으로 구조적 또는 기능적 결함 등을 평가하는 안전진단
> 2. 구조안전성 평가 및 주거환경 중심 평가: 1. 외의 노후·불량건축물을 대상으로 구조적·기능적 결함 등 구조안전성과 주거생활의 편리성 및 거주의 쾌적성 등 주거환경을 종합적으로 평가하는 안전진단

(5) 정비계획의 입안 여부 결정

정비계획의 입안권자는 안전진단의 결과와 도시계획 및 지역여건 등을 종합적으로 검토하여 정비계획의 입안 여부를 결정하여야 한다(법 제12조 제6항).

(6) 안전진단 결과의 적정성 검토

① **정비계획의 입안권자의 안전진단 결과보고서 제출**: 정비계획의 입안권자(특별자치시장 및 특별자치도지사는 제외한다)는 정비계획의 입안 여부를 결정한 경우에는 지체 없이 특별시장·광역시장·도지사에게 결정내용과 해당 안전진단 결과보고서를 제출하여야 한다(법 제13조 제1항).

② **적정성에 대한 검토**

　㉠ 특별시장·광역시장·특별자치시장·도지사·특별자치도지사(이하 "시·도지사"라 한다)는 필요한 경우 국토안전관리원법에 따른 국토안전관리원 또는 과학기술분야 정부출연연구기관 등의 설립·운영 및 육성에 관한 법률에 따른 한국건설기술연구원에 안전진단 결과의 적정성에 대한 검토를 의뢰할 수 있다(법 제13조 제2항).

　㉡ 국토교통부장관은 시·도지사에게 안전진단 결과보고서의 제출을 요청할 수 있으며, 필요한 경우 시·도지사에게 안전진단 결과의 적정성에 대한 검토를 요청할 수 있다(법 제13조 제3항).

　㉢ 안전진단 결과의 적정성에 따른 검토 비용은 적정성에 대한 검토를 의뢰 또는 요청한 국토교통부장관 또는 시·도지사가 부담한다(영 제11조 제2항).

　㉣ 안전진단 결과의 적정성에 따른 검토를 의뢰받은 기관은 적정성에 따른 검토를 의뢰받은 날부터 60일 이내에 그 결과를 시·도지사에게 제출하여야 한다. 다만, 부득이한 경우에는 30일의 범위에서 한 차례만 연장할 수 있다(영 제11조 제3항).

(7) 시행결정의 취소요청

시·도지사는 검토결과에 따라 정비계획의 입안권자에게 정비계획 입안결정의 취소 등 필요한 조치를 요청할 수 있으며, 정비계획의 입안권자는 특별한 사유가 없으면 그 요청에 따라야 한다. 다만, 특별자치시장 및 특별자치도지사는 직접 정비계획의 입안결정의 취소 등 필요한 조치를 할 수 있다(법 제13조 제4항).

(8) 재건축사업의 안전진단 재실시

시장·군수 등은 정비구역이 지정·고시된 날부터 10년이 되는 날까지 사업시행계획인가를 받지 아니하고 다음에 해당하는 경우에는 안전진단을 다시 실시하여야 한다(법 제131조).

> 1. 재난 및 안전관리 기본법에 따라 재난이 발생할 위험이 높거나 재난예방을 위하여 계속적으로 관리할 필요가 있다고 인정하여 특정관리대상지역으로 지정하는 경우
> 2. 시설물의 안전 및 유지관리에 관한 특별법에 따라 재해 및 재난 예방과 시설물의 안전성 확보 등을 위하여 정밀안전진단을 실시하는 경우
> 3. 공동주택관리법에 따라 공동주택의 구조안전에 중대한 하자가 있다고 인정하여 안전진단을 실시하는 경우

예제

도시 및 주거환경정비법령상 재건축사업의 안전진단에 관한 설명으로 틀린 것은?

① 정비계획의 입안권자는 재건축사업 정비계획의 입안을 위하여 정비예정구역별 정비계획의 수립시기가 도래한 때에 안전진단을 실시하여야 한다.

② 진입도로 등 기반시설 설치를 위하여 불가피하게 정비구역에 포함된 것으로 정비계획의 입안권자가 인정하는 주택단지 내의 건축물을 안전진단 대상에서 제외할 수 있다.

③ 정비계획의 입안권자는 현지조사 등을 통하여 해당 건축물의 구조안전성, 건축마감, 설비노후도 및 주거환경 적합성 등을 심사하여 안전진단의 실시 여부를 결정하여야 한다.

④ 시·도지사는 필요한 경우 국토안전관리원법에 따른 국토안전관리원에 안전진단 결과의 적정성에 대한 검토를 의뢰할 수 있다.

⑤ 시장·군수 등은 재건축사업의 시행을 결정한 경우에는 지체 없이 국토교통부장관에게 안전진단 결과보고서를 제출하여야 한다.

해설 ⑤ 정비계획의 입안권자(특별자치시장 및 특별자치도지사는 제외한다. 이하 이 조에서 같다)는 정비계획의 입안 여부를 결정한 경우에는 지체 없이 특별시장·광역시장·도지사에게 결정내용과 해당 안전진단 결과보고서를 제출하여야 한다.

❶ **정답** ⑤

---

② 정비구역의 지정을 위한 정비계획의 입안 요청 등

(1) 입안을 요청

토지등소유자는 다음에 해당하는 경우에는 정비계획의 입안권자에게 정비구역의 지정을 위한 정비계획의 입안을 요청할 수 있다(법 제13조의2 제1항).

> 1. 단계별 정비사업 추진계획상 정비예정구역별 정비계획의 입안시기가 지났음에도 불구하고 정비계획이 입안되지 아니한 경우
> 2. 기본계획의 수립권자는 기본계획에 생활권의 설정, 생활권별 기반시설 설치계획 및 주택수급계획, 생활권별 주거지의 정비·보전·관리의 방향을 포함하는 경우에는 기본계획에 정비예정구역의 개략적 범위 및 단계별 정비사업 추진계획에 따른 사항을 생략한 경우
> 3. 천재지변 등 대통령령으로 정하는 불가피한 사유로 긴급하게 정비사업을 시행할 필요가 있다고 판단되는 경우

(2) 입안 여부의 통보

정비계획의 입안권자는 요청이 있는 경우에는 요청일부터 4개월 이내에 정비계획의 입안 여부를 결정하여 토지등소유자 및 정비구역의 지정권자에게 알려야 한다. 다만, 정비계획의 입안권자는 정비계획의 입안 여부의 결정 기한을 2개월의 범위에서 한 차례만 연장할 수 있다(법 제13조의2 제2항).

(3) 정비계획의 기본방향을 작성·제시

정비구역의 지정권자는 다음에 해당하는 경우에는 토지이용, 주택건설 및 기반시설의 설치 등에 관한 기본방향(이하 "정비계획의 기본방향"이라 한다)을 작성하여 정비계획의 입안권자에게 제시하여야 한다(법 제13조의2 제3항).

> 1. 정비계획의 입안권자가 토지등소유자에게 정비계획을 입안하기로 통지한 경우
> 2. 단계별 정비사업 추진계획에 따라 정비계획의 입안권자가 요청하는 경우
> 3. 정비계획의 입안권자가 정비계획을 입안하기로 결정한 경우로서 대통령령으로 정하는 경우
> 4. 정비계획을 변경하는 경우로서 대통령령으로 정하는 경우

③ 정비계획의 입안제안

(1) 입안의 제안

토지등소유자(5.의 경우에는 제26조 제1항 제1호 및 제27조 제1항 제1호에 따라 사업시행자가 되려는 자를 말한다)는 다음에 해당하는 경우에는 정비계획의 입안권자에게 정비계획의 입안을 제안할 수 있다(법 제14조 제1항).

> 1. 단계별 정비사업 추진계획상 정비예정구역별 정비계획의 입안시기가 지났음에도 불구하고 정비계획이 입안되지 아니하거나 정비예정구역별 정비계획의 수립시기를 정하고 있지 아니한 경우
> 2. 토지등소유자가 토지주택공사 등을 사업시행자로 지정 요청하려는 경우
> 3. 대도시가 아닌 시 또는 군으로서 시·도조례로 정하는 경우
> 4. 정비사업을 통하여 공공지원민간임대주택을 공급하거나 임대할 목적으로 주택을 주택임대관리업자에게 위탁하려는 경우로서 제9조 제1항 제10호 각 목을 포함하는 정비계획의 입안을 요청하려는 경우
> 5. 제26조 제1항 제1호 및 제27조 제1항 제1호에 따라 정비사업을 시행하려는 경우
> 6. 토지등소유자(조합이 설립된 경우에는 조합원을 말한다)가 3분의 2 이상의 동의로 정비계획의 변경을 요청하는 경우. 다만, 제15조 제3항에 따른 경미한 사항을 변경하는 경우에는 토지등소유자의 동의절차를 거치지 아니한다.
> 7. 토지등소유자가 공공재개발사업 또는 공공재건축사업을 추진하려는 경우

(2) 제안의 동의

정비계획 입안의 제안을 위한 토지등소유자의 동의, 제안서의 처리 등에 필요한 사항은 대통령령으로 정한다(법 제14조 제2항).

(3) 반영 여부의 통보

정비계획의 입안권자는 제안이 있는 경우에는 제안일부터 60일 이내에 정비계획에의 반영 여부를 제안자에게 통보하여야 한다. 다만, 부득이한 사정이 있는 경우에는 한 차례만 30일을 연장할 수 있다(영 제12조 제2항).

(4) 입안에의 활용

정비계획의 입안권자는 제안을 정비계획에 반영하는 경우에는 제안서에 첨부된 정비계획도서와 계획설명서를 정비계획의 입안에 활용할 수 있다(영 제12조 제3항).

4 정비계획의 입안 제35회

(1) 정비계획의 내용 등

① 정비계획에는 다음의 사항이 포함되어야 한다(법 제9조 제1항).

> 1. 정비사업의 명칭
> 2. 정비구역 및 그 면적
> 2의2. 토지등소유자별 분담금 추산액 및 산출근거
> 3. 도시·군계획시설의 설치에 관한 계획
> 4. 공동이용시설 설치계획
> 5. 건축물의 주용도·건폐율·용적률·높이에 관한 계획
> 6. 환경보전 및 재난방지에 관한 계획
> 7. 정비구역 주변의 교육환경 보호에 관한 계획
> 8. 세입자 주거대책
> 9. 정비사업시행 예정시기
> 10. 국토의 계획 및 이용에 관한 법률 제52조 제1항(지구단위계획의 내용) 각 호의 사항에 관한 계획(필요한 경우로 한정한다)

② 국토의 계획 및 이용에 관한 법률에 따른 주거지역을 세분 또는 변경하는 계획과 용적률에 관한 사항을 포함하는 정비계획은 기본계획에서 정하는 건폐율·용적률 등에 관한 건축물의 밀도계획에도 불구하고 달리 입안할 수 있다(법 제9조 제2항).

③ 정비계획을 입안하는 특별자치시장, 특별자치도지사, 시장, 군수 또는 구청장 등(이하 "정비계획의 입안권자"라 한다)이 생활권의 설정, 생활권별 기반시설 설치계획 및 주택수급계획, 생활권별 주거지의 정비·보전·관리의 방향의 사항을 포함하여 기본계획을 수립한 지역에서 정비계획을 입안하는 경우에는 그 정비구역을 포함한 해당 생활권에 대하여 생활권의 설정, 생활권별 기반시설 설치계획 및 주택수급계획, 생활권별 주거지의 정비·보전·관리의 방향의 사항에 대한 세부 계획을 입안할 수 있다(법 제9조 제3항).

④ 정비계획의 작성기준 및 작성방법은 국토교통부장관이 정하여 고시한다(법 제9조 제4항).

(2) 임대주택 및 주택규모별 건설비율

① 정비계획의 입안권자는 주택수급의 안정과 저소득 주민의 입주기회 확대를 위하여 정비사업으로 건설하는 주택에 대하여 다음의 구분에 따른 범위에서 국토교통부장관이 정하여 고시하는 임대주택 및 주택규모별 건설비율 등을 정비계획에 반영하여야 한다(법 제10조 제1항).

> 1. 주택법에 따른 국민주택규모의 주택(이하 "국민주택규모 주택"이라 한다)이 전체 세대수의 100분의 90 이하에서 대통령령으로 정하는 범위
> 2. 임대주택(공공임대주택 및 「민간임대주택에 관한 특별법」에 따른 민간임대주택을 말한다. 이하 같다)이 전체 세대수 또는 전체 연면적의 100분의 30 이하에서 대통령령으로 정하는 범위

② 사업시행자는 고시된 내용에 따라 주택을 건설하여야 한다(법 제10조 제2항).

(3) 정비계획 입안을 위한 주민의견청취 등

① **주민설명회 등**: 정비계획의 입안권자는 정비계획을 입안하거나 변경하려면 주민에게 서면으로 통보한 후 주민설명회 및 30일 이상 주민에게 공람하여 의견을 들어야 하며, 제시된 의견이 타당하다고 인정되면 이를 정비계획에 반영하여야 한다(법 제15조 제1항).

② **지방의회 의견청취**: 정비계획의 입안권자는 ①에 따른 주민공람과 함께 지방의회의 의견을 들어야 한다. 이 경우 지방의회는 정비계획의 입안권자가 정비계획을 통지한 날부터 60일 이내에 의견을 제시하여야 하며, 의견제시 없이 60일이 지난 경우 이의가 없는 것으로 본다(법 제15조 제2항).

③ **의견청취 등 생략**: 다음의 대통령령으로 정하는 경미한 사항을 변경하는 경우에는 주민에 대한 서면통보, 주민설명회, 주민공람 및 지방의회의 의견청취 절차를 거치지 아니할 수 있다(법 제15조 제3항).

> 1. 정비구역면적의 10퍼센트 미만의 변경인 경우(법 제18조에 따라 정비구역을 분할, 통합 또는 결합하는 경우를 제외한다)
> 1의2. 토지등소유자별 분담금 추산액 및 산출근거를 변경하는 경우
> 2. 정비기반시설의 위치를 변경하는 경우와 정비기반시설 규모의 10퍼센트 미만의 변경인 경우
> 3. 공동이용시설 설치계획의 변경인 경우
> 4. 재난방지에 관한 계획의 변경인 경우
> 5. 정비사업 시행예정시기를 3년의 범위에서 조정하는 경우
> 6. 건축법 시행령 별표 1 각 호의 용도범위에서의 건축물의 주용도(해당 건축물의 가장 넓은 바닥면적을 차지하는 용도를 말한다)의 변경인 경우

7. 건축물의 건폐율 또는 용적률을 축소하거나 10퍼센트 미만의 범위에서 확대하는 경우
8. 건축물의 최고 높이를 변경하는 경우
9. 법 제66조 제1항에 따라 용적률을 완화하여 변경하는 경우
10. 국토의 계획 및 이용에 관한 법률에 따른 도시·군기본계획, 같은 법 같은 조 제4호에 따른 도시·군관리계획 또는 기본계획의 변경에 따른 변경인 경우
11. 도시교통정비 촉진법에 따른 교통영향평가 등 관계법령에 의한 심의결과에 따른 계획의 변경인 경우

④ **정비기반시설 및 국유·공유재산의 관리청의 의견청취**: 정비계획의 입안권자는 정비기반시설 및 국유·공유재산의 귀속 및 처분에 관한 사항이 포함된 정비계획을 입안하려면 미리 해당 정비기반시설 및 국유·공유재산의 관리청의 의견을 들어야 한다(법 제15조 제4항).

⑤ 정비구역의 지정 등

(1) 정비구역의 지정

① **정비구역의 지정권자**: 특별시장·광역시장·특별자치시장·특별자치도지사·시장 또는 군수(광역시의 군수는 제외하며, 이하 "정비구역의 지정권자"라 한다)는 기본계획에 적합한 범위에서 노후·불량건축물이 밀집하는 등 대통령령으로 정하는 요건에 해당하는 구역에 대하여 정비계획을 결정하여 정비구역을 지정(변경지정을 포함한다)할 수 있다(법 제8조 제1항).

② **천재지변 등 정비구역 지정**: 천재지변, 재난 및 안전관리 기본법 또는 시설물의 안전 및 유지관리에 관한 특별법에 따른 사용제한·사용금지, 그 밖의 불가피한 사유로 긴급하게 정비사업을 시행할 필요가 있다고 인정하는 경우(제26조 제1항 제1호 및 제27조 제1항 제1호)에는 기본계획을 수립하거나 변경하지 아니하고 정비구역을 지정할 수 있다(법 제8조 제2항).

③ **진입로 지역 등 정비구역 지정**: 정비구역의 지정권자는 정비구역의 진입로 설치를 위하여 필요한 경우에는 진입로 지역과 그 인접지역을 포함하여 정비구역을 지정할 수 있다(법 제8조 제3항).

④ **정비계획 입안**: 정비구역의 지정권자는 정비구역 지정을 위하여 직접 정비계획을 입안할 수 있다(법 제8조 제4항).

⑤ **구청장 등의 정비구역 지정 신청**: 자치구의 구청장 또는 광역시의 군수("구청장 등"이라 한다)는 정비계획을 입안하여 특별시장·광역시장에게 정비구역 지정을 신청하여야 한다. 이 경우 지방의회의 의견을 첨부하여야 한다(법 제8조 제5항).

(2) 지정절차

① **지방도시계획위원회의 심의** : 정비구역의 지정권자는 정비구역을 지정하거나 변경지정하려면 지방도시계획위원회의 심의를 거쳐야 한다. 다만, 경미한 사항을 변경하는 경우에는 지방도시계획위원회의 심의를 거치지 아니할 수 있다(법 제16조 제1항).

② **고시 및 보고** : 정비구역의 지정권자는 정비구역을 지정(변경지정을 포함한다)하거나 정비계획을 결정(변경결정을 포함한다)한 때에는 정비계획을 포함한 정비구역 지정의 내용을 해당 지방자치단체의 공보에 고시하여야 한다. 이 경우 지형도면 고시 등에 대하여는 토지이용규제 기본법 제8조에 따른다(법 제16조 제2항).

③ **보고 및 열람** : 정비구역의 지정권자는 정비계획을 포함한 정비구역을 지정·고시한 때에는 국토교통부령으로 정하는 방법 및 절차에 따라 국토교통부장관에게 그 지정의 내용을 보고하여야 하며, 관계 서류를 일반인이 열람할 수 있도록 하여야 한다(법 제16조 제3항).

(3) 정비구역 지정·고시의 효력 등

① **지구단위계획 및 지구단위계획구역의 결정·고시 의제** : 정비구역의 지정·고시가 있는 경우 해당 정비구역 및 정비계획 중 국토의 계획 및 이용에 관한 법률 지구단위계획의 내용에 해당하는 사항은 지구단위계획구역 및 지구단위계획으로 결정·고시된 것으로 본다(법 제17조 제1항).

② **정비구역의 지정·고시 의제** : 국토의 계획 및 이용에 관한 법률에 따른 지구단위계획구역에 대하여 정비계획내용을 모두 포함한 지구단위계획을 결정·고시(변경 결정·고시하는 경우를 포함한다)하는 경우 해당 지구단위계획구역은 정비구역으로 지정·고시된 것으로 본다(법 제17조 제2항).

(4) 정비구역의 분할, 통합 및 결합

정비구역의 지정권자는 정비사업의 효율적인 추진 또는 도시의 경관보호를 위하여 필요하다고 인정하는 경우에는 다음의 방법에 따라 정비구역을 지정할 수 있다(법 제18조 제1항).

1. 하나의 정비구역을 둘 이상의 정비구역으로 분할
2. 서로 연접한 정비구역을 하나의 정비구역으로 통합
3. 서로 연접하지 아니한 둘 이상의 구역 또는 정비구역을 하나의 정비구역으로 결합

04 정비구역에서의 행위제한

1 허가대상 개발행위

(1) 정비구역의 허가대상

정비구역에서 다음에 해당하는 행위를 하려는 자는 시장·군수 등의 허가를 받아야 한다. 허가받은 사항을 변경하려는 때에도 또한 같다(법 제19조 제1항, 영 제15조 제1항).

1. 건축물의 건축 등: 건축법에 따른 건축물(가설건축물을 포함한다)의 건축, 용도변경
2. 공작물의 설치: 인공을 가하여 제작한 시설물(건축법에 따른 건축물을 제외한다)의 설치
3. 토지의 형질변경: 절토(땅깎기)·성토(흙쌓기)·정지(땅고르기)·포장 등의 방법으로 토지의 형상을 변경하는 행위, 토지의 굴착 또는 공유수면의 매립
4. 토석의 채취: 흙·모래·자갈·바위 등의 토석을 채취하는 행위. 다만, 토지의 형질변경을 목적으로 하는 것은 3.에 따른다.
5. 토지분할
6. 물건을 쌓아놓는 행위: 이동이 용이하지 아니한 물건을 1개월 이상 쌓아놓는 행위
7. 죽목의 벌채 및 식재

(2) 정비구역의 시행자의 의견청취

시장·군수 등은 개발행위에 대한 허가를 하고자 하는 경우로서 시행자가 있는 경우에는 미리 그 시행자의 의견을 들어야 한다(영 제15조 제2항).

(3) 정비구역의 허용사항

다음에 해당하는 행위는 허가를 받지 아니하고 할 수 있다(법 제19조 제2항).

1. 재해복구 또는 재난수습에 필요한 응급조치를 위한 행위
2. 기존 건축물의 붕괴 등 안전사고의 우려가 있는 경우 해당 건축물에 대한 안전조치를 위한 행위
3. 그 밖에 대통령령으로 정하는 행위로서 국토의 계획 및 이용에 관한 법률에 따른 개발행위허가의 대상이 아닌 것을 말한다(영 제15조 제3항).
   ① 농림수산물의 생산에 직접 이용되는 것으로서 국토교통부령으로 정하는 간이공작물의 설치(비닐하우스, 버섯재배사, 종묘배양장, 탈곡장, 양잠장, 퇴비장 등)
   ② 경작을 위한 토지의 형질변경
   ③ 정비구역의 개발에 지장을 주지 아니하고 자연경관을 손상하지 아니하는 범위 안에서의 토석의 채취
   ④ 정비구역에 존치하기로 결정된 대지에 물건을 쌓아놓는 행위
   ⑤ 관상용 죽목의 임시식재(경작지에서의 임시식재를 제외한다)

② 기득권 보호 및 조치

(1) 기득권 보호

허가를 받아야 하는 행위로서 정비구역의 지정 및 고시 당시 이미 관계 법령에 따라 행위허가를 받았거나 허가를 받을 필요가 없는 행위에 관하여 그 공사 또는 사업에 착수한 자는 정비구역이 지정·고시된 날부터 30일 이내에 그 공사 또는 사업의 진행상황과 시행계획을 첨부하여 관할 시장·군수 등에게 신고한 후 이를 계속 시행할 수 있다(법 제19조 제3항, 영 제15조 제4항).

(2) 위반자에 대한 조치

시장·군수 등은 위반한 자에게 원상회복을 명할 수 있다. 이 경우 명령을 받은 자가 그 의무를 이행하지 아니하는 때에는 시장·군수 등은 행정대집행법에 따라 대집행할 수 있다(법 제19조 제4항).

③ 국토의 계획 및 이용에 관한 법률과의 관계

(1) 허가의 의제

정비구역 안에서 허가를 받은 경우에는 국토의 계획 및 이용에 관한 법률 제56조에 따라 개발행위허가를 받은 것으로 본다(법 제19조 제6항).

(2) 금지행위

정비예정구역 또는 정비구역(이하 "정비구역 등"이라 한다)에서는 주택법에 따른 지역주택조합의 조합원을 모집해서는 아니 된다(법 제19조 제8항).

④ 개발행위의 제한

(1) 제한권자

국토교통부장관, 시·도지사, 시장, 군수 또는 구청장(자치구의 구청장을 말한다)

(2) 제한사유 및 대상

비경제적인 건축행위 및 투기 수요의 유입을 막기 위하여 기본계획을 공람 중인 정비예정구역 또는 정비계획을 수립 중인 지역에 대하여 3년 이내의 기간(1년의 범위에서 한 차례만 연장할 수 있다)을 정하여 대통령령으로 정하는 방법과 절차에 따라 다음의 행위를 제한할 수 있다(법 제19조 제7항).

1. 건축물의 건축
2. 토지분할
3. 「건축법」제38조에 따른 건축물대장 중 일반건축물대장을 집합건축물대장으로 전환
4. 「건축법」제38조에 따른 건축물대장 중 집합건축물대장의 전유부분 분할

예제

정비구역 안에서의 행위 중 시장·군수 등의 허가를 받아야 하는 것을 모두 고른 것은? (단, 재해복구 또는 재난수습과 관련 없는 행위임)

㉠ 가설건축물의 건축
㉡ 죽목의 벌채
㉢ 공유수면의 매립
㉣ 이동이 용이하지 아니한 물건을 1개월 이상 쌓아놓는 행위

① ㉠, ㉡   ② ㉢, ㉣   ③ ㉠, ㉡, ㉢
④ ㉡, ㉢, ㉣   ⑤ ㉠, ㉡, ㉢, ㉣

해설 ⑤ ㉠㉡㉢㉣ 정비구역에서 건축물(가설건축물)의 건축, 공작물의 설치, 토지의 형질변경(공유수면의 매립), 토석의 채취, 토지분할, 이동이 용이하지 아니한 물건을 1개월 이상 쌓아놓는 행위, 죽목의 벌채 및 식재하는 행위는 시장·군수 등에게 허가를 받아야 한다.   ❶ 정답 ⑤

05 정비구역 등의 해제

1 정비구역 등의 해제

(1) 정비구역 등 해제의무

① 정비구역의 지정권자는 다음에 해당하는 경우에는 정비구역 등을 해제하여야 한다(법 제20조 제1항).

1. 정비예정구역에 대하여 기본계획에서 정한 정비구역 지정 예정일부터 3년이 되는 날까지 특별자치시장, 특별자치도지사, 시장 또는 군수가 정비구역을 지정하지 아니하거나 구청장 등이 정비구역의 지정을 신청하지 아니하는 경우
2. 재개발사업·재건축사업(조합이 시행하는 경우로 한정한다)이 다음의 어느 하나에 해당하는 경우
   ① 토지등소유자가 정비구역으로 지정·고시된 날부터 2년이 되는 날까지 조합설립추진위원회의 승인을 신청하지 아니하는 경우

② 토지등소유자가 정비구역으로 지정·고시된 날부터 3년이 되는 날까지 조합설립인가를 신청하지 아니하는 경우(추진위원회를 구성하지 아니하는 경우로 한정한다)

③ 추진위원회가 추진위원회 승인일부터 2년이 되는 날까지 조합설립인가를 신청하지 아니하는 경우

④ 조합이 조합설립인가를 받은 날부터 3년이 되는 날까지 사업시행계획인가를 신청하지 아니하는 경우

3. 토지등소유자가 시행하는 재개발사업으로서 토지등소유자가 정비구역으로 지정·고시된 날부터 5년이 되는 날까지 사업시행계획인가를 신청하지 아니하는 경우

② 구청장 등은 정비구역 등 해제 의무사유에 해당하는 경우에는 특별시장·광역시장에게 정비구역 등의 해제를 요청하여야 한다(법 제20조 제2항).

(2) 해제요청 절차

① **주민공람**: 특별자치시장, 특별자치도지사, 시장, 군수 또는 구청장 등이 정비구역 등을 해제하는 경우나 정비구역 등의 해제를 요청하는 경우에는 30일 이상 주민에게 공람하여 의견을 들어야 한다(법 제20조 제3항).

② **지방의회 의견청취**: 특별자치시장, 특별자치도지사, 시장, 군수 또는 구청장등은 주민공람을 하는 경우에는 지방의회의 의견을 들어야 한다. 이 경우 지방의회는 특별자치시장, 특별자치도지사, 시장, 군수 또는 구청장 등이 정비구역 등의 해제에 관한 계획을 통지한 날부터 60일 이내에 의견을 제시하여야 하며, 의견제시 없이 60일이 지난 경우 이의가 없는 것으로 본다(법 제20조 제4항).

③ **심의**: 정비구역의 지정권자는 정비구역 등의 해제를 요청받거나 정비구역 등을 해제하려면 지방도시계획위원회의 심의를 거쳐야 한다. 다만, 도시재정비 촉진을 위한 특별법에 따른 재정비촉진지구에서는 같은 법에 따른 도시재정비위원회의 심의를 거쳐 정비구역 등을 해제하여야 한다(법 제20조 제5항).

④ **해제의무기간 연장**: 정비구역의 지정권자는 다음에 해당하는 경우에는 정비구역 등 해제의무(법 제20조 제1항 제1호부터 제3호까지의 규정) 해당 기간을 2년의 범위에서 연장하여 정비구역 등을 해제하지 아니할 수 있다(법 제20조 제6항).

1. 정비구역 등의 토지등소유자(조합을 설립한 경우에는 조합원을 말한다)가 100분의 30 이상의 동의로 해제의무의(법 제20조 제1항 제1호부터 제3호까지의 규정)해당 기간이 도래하기 전까지 연장을 요청하는 경우
2. 정비사업의 추진 상황으로 보아 주거환경의 계획적 정비 등을 위하여 정비구역 등의 존치가 필요하다고 인정하는 경우

⑤ **고시 · 통보 및 열람** : 정비구역의 지정권자는 정비구역 등을 해제하는 경우에는 그 사실을 해당 지방자치단체의 공보에 고시하고 국토교통부장관에게 통보하여야 하며, 관계 서류를 일반인이 열람할 수 있도록 하여야 한다(법 제20조 제7항).

2 정비구역 등의 직권해제

(1) 정비구역 등 해제재량

정비구역의 지정권자는 다음에 해당하는 경우 지방도시계획위원회의 심의를 거쳐 정비구역 등을 해제할 수 있다. 이 경우 1. 및 2.에 따른 구체적인 기준 등에 필요한 사항은 시 · 도조례로 정한다(법 제21조 제1항).

> 1. 정비사업의 시행으로 토지등소유자에게 과도한 부담이 발생할 것으로 예상되는 경우
> 2. 정비구역 등의 추진 상황으로 보아 지정 목적을 달성할 수 없다고 인정되는 경우
> 3. 토지등소유자의 100분의 30 이상이 정비구역 등(추진위원회가 구성되지 아니한 구역으로 한정한다)의 해제를 요청하는 경우
> 4. 제23조 제1항 제1호에 따른 방법(스스로 주택을 보전 · 정비하거나 개량하는 방법)으로 시행 중인 주거환경개선사업의 정비구역이 지정 · 고시된 날부터 10년 이상 지나고, 추진 상황으로 보아 지정 목적을 달성할 수 없다고 인정되는 경우로서 토지등소유자의 과반수가 정비구역의 해제에 동의하는 경우
> 5. 추진위원회 구성 또는 조합 설립에 동의한 토지등소유자의 2분의 1 이상 3분의 2 이하의 범위에서 시 · 도조례로 정하는 비율 이상의 동의로 정비구역의 해제를 요청하는 경우(사업시행계획인가를 신청하지 아니한 경우로 한정한다)
> 6. 추진위원회가 구성되거나 조합이 설립된 정비구역에서 토지등소유자 과반수의 동의로 정비구역의 해제를 요청하는 경우(사업시행계획인가를 신청하지 아니한 경우로 한정한다)

(2) 정비구역 등의 해제의 절차에 관하여는 제20조 제3항부터 제5항까지 및 제7항(해제의무의 해제의 절차)을 준용한다(법 제21조 제2항).

(3) 정비구역 등을 해제하여 추진위원회 구성승인 또는 조합설립인가가 취소되는 경우 정비구역의 지정권자는 해당 추진위원회 또는 조합이 사용한 비용의 일부를 대통령령으로 정하는 범위에서 시 · 도조례로 정하는 바에 따라 보조할 수 있다(법 제21조 제3항).

3 도시재생선도지역 지정 요청

정비구역 등이 해제된 경우 정비구역의 지정권자는 해제된 정비구역 등을 도시재생 활성화 및 지원에 관한 특별법에 따른 도시재생선도지역으로 지정하도록 국토교통부장관에게 요청할 수 있다(법 제21조의2).

4 해제의 효과

(1) 용도지역 등의 환원

정비구역 등이 해제된 경우에는 정비계획으로 변경된 용도지역, 정비기반시설 등은 정비구역 지정 이전의 상태로 환원된 것으로 본다. 다만, 제21조 제1항 제4호의 경우 정비구역의 지정권자는 정비기반시설의 설치 등 해당 정비사업의 추진 상황에 따라 환원되는 범위를 제한할 수 있다(법 제22조 제1항).

(2) 주거환경개선구역의 지정

정비구역 등(재개발사업 및 재건축사업을 시행하려는 경우로 한정한다)이 해제된 경우 정비구역의 지정권자는 해제된 정비구역 등을 제23조 제1항 제1호의 방법(스스로 주택을 보전·정비·개량하는 방법)으로 시행하는 주거환경개선구역(주거환경개선사업을 시행하는 정비구역을 말한다)으로 지정할 수 있다. 이 경우 주거환경개선구역으로 지정된 구역은 기본계획에 반영된 것으로 본다(법 제22조 제2항).

(3) 해제·고시효과

정비구역 등이 해제·고시된 경우 추진위원회 구성승인 또는 조합설립인가는 취소된 것으로 보고, 시장·군수 등은 해당 지방자치단체의 공보에 그 내용을 고시하여야 한다(법 제22조 제3항).

예제

도시 및 주거환경정비법령상 구청장 등이 특별시장·광역시장에게 정비구역 등의 해제를 요청하여야 하는 경우가 아닌 것은?

① 정비예정구역에 대하여 기본계획에서 정한 정비구역 지정 예정일부터 3년이 되는 날까지 구청장 등이 정비구역의 지정을 신청하지 아니하는 경우
② 조합에 의한 재건축사업에서 추진위원회가 추진위원회 승인일부터 2년이 되는 날까지 조합설립인가를 신청하지 아니하는 경우
③ 조합에 의한 재개발사업에서 토지등소유자가 정비구역으로 지정·고시된 날부터 2년이 되는 날까지 조합설립추진위원회의 승인을 신청하지 아니하는 경우
④ 조합에 의한 재건축사업에서 조합이 조합설립인가를 받은 날부터 3년이 되는 날까지 사업시행계획인가를 신청하지 아니하는 경우
⑤ 토지등소유자가 시행하는 재개발사업으로서 토지등소유자가 정비구역으로 지정·고시된 날부터 4년이 되는 날까지 사업시행계획인가를 신청하지 아니하는 경우

해설 ⑤ 구청장 등은 토지등소유자가 시행하는 재개발사업으로서 토지등소유자가 정비구역으로 지정·고시된 날부터 5년이 되는 날까지 사업시행계획인가를 신청하지 아니하는 경우 특별시장·광역시장에게 정비구역 등의 해제를 요청하여야 한다. ◆정답 ⑤

제 3 절 정비사업의 시행

01 정비사업의 시행방법 제35회

(1) 주거환경개선사업

주거환경개선사업은 다음에 해당하는 방법 또는 이를 혼용하는 방법으로 한다(법 제23조 제1항).

1. 사업시행자가 정비구역에서 정비기반시설 및 공동이용시설을 새로 설치하거나 확대하고 토지등소유자가 스스로 주택을 보전·정비하거나 개량하는 방법
2. 사업시행자가 정비구역의 전부 또는 일부를 수용하여 주택을 건설한 후 토지등소유자에게 우선 공급하거나 대지를 토지등소유자 또는 토지등소유자 외의 자에게 공급하는 방법
3. 사업시행자가 환지로 공급하는 방법
4. 사업시행자가 정비구역에서 인가받은 관리처분계획에 따라 주택 및 부대시설·복리시설을 건설하여 공급하는 방법

(2) 재개발사업

재개발사업은 정비구역에서 인가받은 관리처분계획에 따라 건축물을 건설하여 공급하거나 환지로 공급하는 방법으로 한다(법 제23조 제2항).

(3) 재건축사업

재건축사업은 정비구역에서 인가받은 관리처분계획에 따라 주택, 부대시설·복리시설 및 오피스텔(건축법에 따른 오피스텔을 말한다)을 건설하여 공급하는 방법으로 한다. 다만, 주택단지에 있지 아니하는 건축물의 경우에는 지형여건·주변의 환경으로 보아 사업 시행상 불가피한 경우로서 정비구역으로 보는 사업에 한정한다(법 제23조 제3항).

(4) 재건축사업의 오피스텔을 건설

재건축사업에 따라 오피스텔을 건설하여 공급하는 경우에는 국토의 계획 및 이용에 관한 법률에 따른 준주거지역 및 상업지역에서만 건설할 수 있다. 이 경우 오피스텔의 연면적은 전체 건축물 연면적의 100분의 30 이하이어야 한다(법 제23조 제4항).

예제

도시 및 주거환경정비법령상 정비사업의 시행방법으로 옳은 것만을 모두 고른 것은?

> ㉠ 주거환경개선사업: 사업시행자가 환지로 공급하는 방법
> ㉡ 주거환경개선사업: 사업시행자가 정비구역에서 인가받은 관리처분계획에 따라 주택, 부대시설·복리시설 및 오피스텔을 건설하여 공급하는 방법
> ㉢ 재개발사업: 정비구역에서 인가받은 관리처분계획에 따라 건축물을 건설하여 공급하는 방법

① ㉠   ② ㉡   ③ ㉠, ㉢

④ ㉡, ㉢   ⑤ ㉠, ㉡, ㉢

해설 ③ ㉠㉢은 옳은 문장이다.
㉡ 주거환경개선사업: 사업시행자가 정비구역에서 인가받은 관리처분계획에 따라 주택 및 부대시설·복리시설을 건설하여 공급하는 방법(오피스텔 ✕)   ◆ 정답 ③

---

02 정비사업의 시행자 제32회

(1) 주거환경개선사업의 시행자: 시장·군수 등, 토지주택공사 등, 공익법인

① **스스로 주택을 보전·정비하거나 개량하는 방법**: 제23조 제1항 제1호(스스로 주택을 보전·정비하거나 개량)에 따른 방법으로 시행하는 주거환경개선사업은 시장·군수 등이 직접 시행하되, 토지주택공사 등을 사업시행자로 지정하여 시행하게 하려는 경우에는 정비계획에 따른 공람공고일 현재 토지등소유자의 과반수의 동의를 받아야 한다(법 제24조 제1항).

② **수용방법, 환지방법, 관리처분계획에 따라 공급하는 방법**: 제23조 제1항 제2호부터 제4호(수용방법, 환지방법, 관리처분계획에 따라 공급하는 방법)까지의 규정에 따른 방법으로 시행하는 주거환경개선사업은 시장·군수 등이 직접 시행하거나 다음에서 정한 자에게 시행하게 할 수 있다(법 제24조 제2항).

> 1. 시장·군수 등이 다음에 해당하는 자를 사업시행자로 지정하는 경우
>   ① 토지주택공사 등
>   ② 주거환경개선사업을 시행하기 위하여 국가, 지방자치단체, 토지주택공사 등 또는 공공기관의 운영에 관한 법률에 따른 공공기관이 총지분의 100분의 50을 초과하는 출자로 설립한 법인

2. 시장·군수 등이 1.에 해당하는 자와 다음의 어느 하나에 해당하는 자를 공동시행자로 지정하는 경우
   ① 건설산업기본법에 따른 건설업자(이하 "건설업자"라 한다)
   ② 주택법에 따라 건설업자로 보는 등록사업자(이하 "등록사업자"라 한다)

③ **동의요건** : 위 ②에 따라 시행하려는 경우에는 정비계획에 따른 공람공고일 현재 해당 정비예정구역의 토지 또는 건축물의 소유자 또는 지상권자의 3분의 2 이상의 동의와 세입자(정비계획에 따른 공람공고일 3개월 전부터 해당 정비예정구역에 3개월 이상 거주하고 있는 자를 말한다) 세대수의 과반수의 동의를 각각 받아야 한다. 다만, 세입자의 세대수가 토지등소유자의 2분의 1 이하인 경우 등 대통령령으로 정하는 사유가 있는 경우에는 세입자의 동의절차를 거치지 아니할 수 있다(법 제24조 제3항).

> ▶ 세입자 동의를 거치지 아니하는 경우(영 제18조)
> 1. 세입자의 세대수가 토지등소유자의 2분의 1 이하인 경우
> 2. 정비구역지정 고시일 현재 해당 지역이 속한 시·군·구에 공공임대주택 등 세입자가 입주가능한 임대주택이 충분하여 임대주택을 건설할 필요가 없다고 시·도지사가 인정하는 경우
> 3. 법 제23조 제1항 제1호(스스로 주택을 보전·정비하거나 개량), 제3호(환지방법) 또는 제4호(관리처분계획에 따라 공급하는 방법)에 따른 방법으로 사업을 시행하는 경우

④ **동의 생략** : 시장·군수 등은 천재지변, 그 밖의 불가피한 사유로 건축물이 붕괴할 우려가 있어 긴급히 정비사업을 시행할 필요가 있다고 인정하는 경우에는 ①, ②, ③에도 불구하고 토지등소유자 및 세입자의 동의 없이 자신이 직접 시행하거나 토지주택공사 등을 사업시행자로 지정하여 시행하게 할 수 있다. 이 경우 시장·군수 등은 지체 없이 토지등소유자에게 긴급한 정비사업의 시행 사유·방법 및 시기 등을 통보하여야 한다(법 제24조 제4항).

(2) 재개발사업 · 재건축사업의 시행자

① **재개발사업** : 다음의 어느 하나에 해당하는 방법으로 시행할 수 있다(법 제25조 제1항).

> 1. 조합이 시행하거나 조합이 조합원의 과반수의 동의를 받아 시장·군수 등, 토지주택공사 등, 건설사업자, 등록사업자 또는 대통령령으로 정하는 요건을 갖춘 자(신탁업자와 한국부동산원)와 공동으로 시행하는 방법
> 2. 토지등소유자가 20인 미만인 경우에는 토지등소유자가 시행하거나 토지등소유자가 토지등소유자의 과반수의 동의를 받아 시장·군수 등, 토지주택공사 등, 건설사업자, 등록사업자 또는 대통령령으로 정하는 요건을 갖춘 자(신탁업자와 한국부동산원)와 공동으로 시행하는 방법

② **재건축사업**: 조합이 시행하거나 조합이 조합원의 과반수의 동의를 받아 시장·군수 등, 토지주택공사 등, 건설사업자 또는 등록사업자와 공동으로 시행할 수 있다(법 제25조 제2항).

(3) 재개발사업·재건축사업의 공공시행자

① 시장·군수 등은 재개발사업 및 재건축사업이 다음에 해당하는 때에는 직접 정비사업을 시행하거나 토지주택공사 등(토지주택공사 등이 건설사업자 또는 등록사업자와 공동으로 시행하는 경우를 포함한다)을 사업시행자로 지정하여 정비사업을 시행하게 할 수 있다(법 제26조 제1항).

1. 천재지변, 재난 및 안전관리 기본법 또는 시설물의 안전 및 유지관리에 관한 특별법 제23조에 따른 사용제한·사용금지, 그 밖의 불가피한 사유로 긴급하게 정비사업을 시행할 필요가 있다고 인정하는 때
2. 고시된 정비계획에서 정한 정비사업시행 예정일부터 2년 이내에 사업시행계획인가를 신청하지 아니하거나 사업시행계획인가를 신청한 내용이 위법 또는 부당하다고 인정하는 때(재건축사업의 경우는 제외한다)
3. 추진위원회가 시장·군수 등의 구성승인을 받은 날부터 3년 이내에 조합설립인가를 신청하지 아니하거나 조합이 조합설립인가를 받은 날부터 3년 이내에 사업시행계획인가를 신청하지 아니한 때
4. 지방자치단체의 장이 시행하는 국토의 계획 및 이용에 관한 법률에 따른 도시·군계획사업과 병행하여 정비사업을 시행할 필요가 있다고 인정하는 때
5. 순환정비방식으로 정비사업을 시행할 필요가 있다고 인정하는 때
6. 사업시행계획인가가 취소된 때
7. 해당 정비구역의 국·공유지 면적 또는 국·공유지와 토지주택공사 등이 소유한 토지를 합한 면적이 전체 토지면적의 2분의 1 이상으로서 토지등소유자의 과반수가 시장·군수 등 또는 토지주택공사 등을 사업시행자로 지정하는 것에 동의하는 때
8. 해당 정비구역의 토지면적 2분의 1 이상의 토지소유자와 토지등소유자의 3분의 2 이상에 해당하는 자가 시장·군수 등 또는 토지주택공사 등을 사업시행자로 지정할 것을 요청하는 때. 이 경우 제14조 제1항 제2호에 따라 토지등소유자가 정비계획의 입안을 제안한 경우 입안제안에 동의한 토지등소유자는 토지주택공사 등의 사업시행자 지정에 동의한 것으로 본다. 다만, 사업시행자의 지정 요청 전에 시장·군수 등 및 제47조에 따른 주민대표회의에 사업시행자의 지정에 대한 반대의 의사표시를 한 토지등소유자의 경우에는 그러하지 아니하다.

② 시장·군수 등은 직접 정비사업을 시행하거나 토지주택공사 등을 사업시행자로 지정하는 때에는 정비사업 시행구역 등 토지등소유자에게 알릴 필요가 있는 사항으로서 대통령령으로 정하는 사항을 해당 지방자치단체의 공보에 고시하여야 한다. 다만, ① 1.(천재지변 등)의 경우에는 토지등소유자에게 지체 없이 정비사업의 시행 사유·시기 및 방법 등을 통보하여야 한다(법 제26조 제2항).

③ 시장·군수 등이 직접 정비사업을 시행하거나 토지주택공사 등을 사업시행자로 지정·고시한 때에는 그 고시일 다음 날에 추진위원회의 구성승인 또는 조합설립인가가 취소된 것으로 본다. 이 경우 시장·군수 등은 해당 지방자치단체의 공보에 해당 내용을 고시하여야 한다(법 제26조 제3항).

(4) 재개발사업·재건축사업의 지정개발자

① **지정개발자**: 시장·군수 등은 재개발사업 및 재건축사업이 다음의 어느 하나에 해당하는 때에는 토지등소유자, 사회기반시설에 대한 민간투자법에 따른 민관합동법인 또는 신탁업자로서 대통령령으로 정하는 요건을 갖춘 자(이하 "지정개발자"라 한다)를 사업시행자로 지정하여 정비사업을 시행하게 할 수 있다(법 제27조 제1항).

> 1. 천재지변, 재난 및 안전관리 기본법 또는 시설물의 안전 및 유지관리에 관한 특별법에 따른 사용제한·사용금지, 그 밖의 불가피한 사유로 긴급하게 정비사업을 시행할 필요가 있다고 인정하는 때
> 2. 고시된 정비계획에서 정한 정비사업시행 예정일부터 2년 이내에 사업시행계획인가를 신청하지 아니하거나 사업시행계획인가를 신청한 내용이 위법 또는 부당하다고 인정하는 때(재건축사업의 경우는 제외한다)
> 3. 재개발사업 및 재건축사업의 조합설립을 위한 동의요건 이상에 해당하는 자가 신탁업자를 사업시행자로 지정하는 것에 동의하는 때

② 시장·군수 등이 지정개발자를 사업시행자로 지정·고시한 때에는 그 고시일 다음 날에 추진위원회의 구성승인 또는 조합설립인가가 취소된 것으로 본다. 이 경우 시장·군수 등은 해당 지방자치단체의 공보에 해당 내용을 고시하여야 한다(법 제27조 제5항).

③ 국토교통부장관은 신탁업자와 토지등소유자 상호 간의 공정한 계약의 체결을 위하여 대통령령으로 정하는 바에 따라 표준 계약서 및 표준 시행규정을 마련하여 그 사용을 권장할 수 있다(법 제27조 제6항).

(5) 재개발사업 · 재건축사업의 사업대행자

① **대행사유**

㉠ 시장 · 군수 등은 다음에 해당하는 경우에는 해당 조합 또는 토지등소유자를 대신하여 직접 정비사업을 시행하거나 토지주택공사 등 또는 지정개발자에게 해당 조합 또는 토지등소유자를 대신하여 정비사업을 시행하게 할 수 있다(법 제28조 제1항).

> 1. 장기간 정비사업이 지연되거나 권리관계에 관한 분쟁 등으로 해당 조합 또는 토지등소유자가 시행하는 정비사업을 계속 추진하기 어렵다고 인정하는 경우
> 2. 토지등소유자(조합을 설립한 경우에는 조합원을 말한다)의 과반수 동의로 요청하는 경우

② **사업대행개시결정**

㉠ 시장 · 군수 등은 정비사업을 직접 시행하거나 지정개발자 또는 토지주택공사 등에게 정비사업을 대행하도록 결정(이하 "사업대행개시결정"이라 한다)한 경우에는 정비사업의 종류 및 명칭, 사업대행개시결정을 한 날, 사업대행자, 대행사항 등을 해당 지방자치단체의 공보 등에 고시하여야 한다(영 제22조 제1항).

㉡ 시장 · 군수 등은 토지등소유자 및 사업시행자에게 고시내용을 통지하여야 한다(영 제22조 제2항).

③ **사업대행의 방법**

㉠ 대행기간 및 방법: 사업대행자는 정비사업을 대행하는 경우 대행결정 고시를 한 날의 다음 날부터 사업대행완료를 고시하는 날까지 자기의 이름 및 사업시행자의 계산으로 사업시행자의 업무를 집행하고 재산을 관리한다. 이 경우 법 또는 법에 따른 명령이나 정관 등으로 정하는 바에 따라 사업시행자가 행하거나 사업시행자에 대하여 행하여진 처분 · 절차 그 밖의 행위는 사업대행자가 행하거나 사업대행자에 대하여 행하여진 것으로 본다(영 제22조 제3항).

㉡ 시장 · 군수 등의 승인: 시장 · 군수 등이 아닌 사업대행자는 재산의 처분, 자금의 차입 그 밖에 사업시행자에게 재산상 부담을 주는 행위를 하려는 때에는 미리 시장 · 군수 등의 승인을 받아야 한다(영 제22조 제4항).

㉢ 대행자의 선관주의 의무 등: 사업대행자는 대행 업무를 하는 경우 선량한 관리자로서의 주의의무를 다하여야 하며, 필요한 때에는 사업시행자에게 협조를 요청할 수 있고, 사업시행자는 특별한 사유가 없으면 이에 응하여야 한다(영 제22조 제5항).

(6) 사업대행의 완료

① **사업대행완료보고**: 사업대행자는 사업대행의 원인이 된 사유가 없어지거나 등기를 완료한 때에는 사업대행을 완료하여야 한다. 이 경우 시장 · 군수 등이 아닌 사업대행자는 미리 시장 · 군수 등에게 사업대행을 완료할 뜻을 보고하여야 한다(영 제23조 제1항).

② **사업대행완료 고시**: 시장·군수 등은 사업대행이 완료된 때에는 정비사업의 종류 및 명칭 등의 사항과 사업대행완료일을 해당 지방자치단체의 공보 등에 고시하고, 토지 등소유자 및 사업시행자에게 각각 통지하여야 한다(영 제23조 제2항).

③ **업무의 인계·인수**: 사업대행자는 사업대행완료의 고시가 있은 때에는 지체 없이 사업시행자에게 업무를 인계하여야 하며, 사업시행자는 정당한 사유가 없으면 이를 인수하여야 한다(영 제23조 제3항).

④ **권리와 의무 승계**: 업무의 인계·인수가 완료된 때에는 사업대행자가 정비사업을 대행할 때 취득하거나 부담한 권리와 의무는 사업시행자에게 승계된다(영 제23조 제4항).

⑤ **이자의 청구**: 사업대행자는 사업대행의 완료 후 사업시행자에게 보수 또는 비용의 상환을 청구할 때에 그 보수 또는 비용을 지출한 날 이후의 이자를 청구할 수 있다(영 제23조 제5항).

⑥ **대행자의 권리**: 정비사업을 대행하는 시장·군수 등, 토지주택공사 등 또는 지정개발자(이하 "사업대행자"라 한다)는 사업시행자에게 청구할 수 있는 보수 또는 비용의 상환에 대한 권리로써 사업시행자에게 귀속될 대지 또는 건축물을 압류할 수 있다(법 제28조 제2항).

03 계약의 방법 및 시공자 선정 등

1 시공자 선정 등

(1) 계약의 방법

① 추진위원장 또는 사업시행자(청산인을 포함한다)는 이 법 또는 다른 법령에 특별한 규정이 있는 경우를 제외하고는 계약(공사, 용역, 물품구매 및 제조 등을 포함한다. 이하 같다)을 체결하려면 일반경쟁에 부쳐야 한다. 다만, 계약규모, 재난의 발생 등 대통령령으로 정하는 경우에는 입찰 참가자를 지명(指名)하여 경쟁에 부치거나 수의계약(隨意契約)으로 할 수 있다(법 제29조 제1항).

② 일반경쟁의 방법으로 계약을 체결하는 경우로서 대통령령으로 정하는 규모를 초과하는 계약은 전자조달의 이용 및 촉진에 관한 법률의 국가종합전자조달시스템(이하 "전자조달시스템"이라 한다)을 이용하여야 한다(법 제29조 제2항).

③ 계약을 체결하는 경우 계약의 방법 및 절차 등에 필요한 사항은 국토교통부장관이 정하여 고시한다(법 제29조 제3항).

(2) 시공자 선정 등

① 조합은 조합설립인가를 받은 후 조합총회에서 (1) ①에 따라 경쟁입찰 또는 수의계약(2회 이상 경쟁입찰이 유찰된 경우로 한정한다)의 방법으로 건설사업자 또는 등록사업자를 시공자로 선정하여야 한다. 다만, 조합원이 100명 이하인 정비사업은 조합총회에서 정관으로 정하는 바에 따라 선정할 수 있다(법 제29조 제4항).

② 토지등소유자가 재개발사업을 시행하는 경우에는 사업시행계획인가를 받은 후 규약에 따라 건설업자 또는 등록사업자를 시공자로 선정하여야 한다(법 제29조 제5항).

③ 시장·군수 등이 직접 정비사업을 시행하거나 토지주택공사 등 또는 지정개발자를 사업시행자로 지정한 경우 사업시행자는 사업시행자 지정·고시 후 경쟁입찰 또는 수의계약의 방법으로 건설사업자 또는 등록사업자를 시공자로 선정하여야 한다(법 제29조 제6항).

④ 시공자를 선정하거나 인가받은 관리처분계획에 따라 주택 및 부대시설·복리시설을 건설하여 공급하는 방법으로 시행하는 주거환경개선사업의 사업시행자가 시공자를 선정하는 경우 주민대표회의 또는 토지등소유자 전체회의는 대통령령으로 정하는 경쟁입찰 또는 수의계약(2회 이상 경쟁입찰이 유찰된 경우로 한정한다)의 방법으로 시공자를 추천할 수 있다(법 제29조 제7항).

⑤ 조합은 시공자 선정을 위한 입찰에 참가하는 건설업자 또는 등록사업자가 토지등소유자에게 시공에 관한 정보를 제공할 수 있도록 합동설명회를 2회 이상 개최하여야 한다(법 제29조 제8항).

⑥ 주민대표회의 또는 토지등소유자 전체회의가 시공자를 추천한 경우 사업시행자는 추천받은 자를 시공자로 선정하여야 한다. 이 경우 시공자와의 계약에 관해서는 지방자치단체를 당사자로 하는 계약에 관한 법률 제9조 또는 공공기관의 운영에 관한 법률 제39조를 적용하지 아니한다(법 제29조 제10항).

⑦ 사업시행자(사업대행자를 포함한다)는 선정된 시공자와 공사에 관한 계약을 체결할 때에는 기존 건축물의 철거 공사(석면안전관리법에 따른 석면 조사·해체·제거를 포함한다)에 관한 사항을 포함시켜야 한다(법 제29조 제11항).

② 공사비 검증 요청 등

① 재개발사업·재건축사업의 사업시행자(시장·군수 등 또는 토지주택공사 등이 단독 또는 공동으로 정비사업을 시행하는 경우는 제외한다)는 시공자와 계약 체결 후 다음의 어느 하나에 해당하는 때에는 제114조에 따른 정비사업 지원기구에 공사비 검증을 요청하여야 한다(법 제29조의2 제1항).

> 1. 토지등소유자 또는 조합원 5분의 1 이상이 사업시행자에게 검증 의뢰를 요청하는 경우
> 2. 공사비의 증액 비율(당초 계약금액 대비 누적 증액 규모의 비율로서 생산자물가상 승률은 제외한다)이 다음의 어느 하나에 해당하는 경우
>   ① 사업시행계획인가 이전에 시공자를 선정한 경우: 100분의 10 이상
>   ② 사업시행계획인가 이후에 시공자를 선정한 경우: 100분의 5 이상
> 3. 1. 또는 2.에 따른 공사비 검증이 완료된 이후 공사비의 증액 비율(검증 당시 계약금 액 대비 누적 증액 규모의 비율로서 생산자물가상승률은 제외한다)이 100분의 3 이 상인 경우

② 공사비 검증의 방법 및 절차, 검증 수수료, 그 밖에 필요한 사항은 국토교통부장관이 정하여 고시한다(제29조의2 제2항).

04 조합설립추진위원회 및 조합의 설립 제31회, 제32회, 제33회, 제34회, 제35회

1 조합설립추진위원회

(1) 조합설립추진위원회의 구성

조합을 설립하려는 경우에는 정비구역 지정·고시 후 다음의 사항에 대하여 토지등소유 자 과반수의 동의를 받아 조합설립을 위한 추진위원회를 구성하여 국토교통부령으로 정 하는 방법과 절차에 따라 시장·군수 등의 승인을 받아야 한다(법 제31조 제1항).

> 1. 추진위원회 위원장(이하 "추진위원장"이라 한다)을 포함한 5명 이상의 추진위원회 위 원(이하 "추진위원"이라 한다)
> 2. 추진위원회의 운영규정

(2) 조합설립 동의 의제

추진위원회의 구성에 동의한 토지등소유자(이하 이 조에서 "추진위원회 동의자"라 한다)는 조합의 설립에 동의한 것으로 본다. 다만, 조합설립인가를 신청하기 전에 시장·군수 등 및 추진위원회에 조합설립에 대한 반대의 의사표시를 한 추진위원회 동의자의 경우에는 그러하지 아니하다(법 제31조 제2항).

(3) 공공지원시의 특례

정비사업에 대하여 공공지원을 하려는 경우에는 추진위원회를 구성하지 아니할 수 있다. 이 경우 조합설립 방법 및 절차 등에 필요한 사항은 대통령령으로 정한다(법 제31조 제4항).

② 추진위원회의 기능

(1) 추진위원회의 업무

추진위원회는 다음의 업무를 수행할 수 있다(법 제32조 제1항).

> 1. 정비사업전문관리업자의 선정 및 변경
> 2. 설계자의 선정 및 변경
> 3. 개략적인 정비사업 시행계획서의 작성
> 4. 조합설립인가를 받기 위한 준비업무
> 5. 그 밖에 조합설립을 추진하기 위하여 대통령령으로 정하는 업무

(2) 정비사업전문관리업자의 선정

추진위원회가 정비사업전문관리업자를 선정하려는 경우에는 시장·군수 등의 추진위원회 승인을 받은 후 경쟁입찰 또는 수의계약(2회 이상 경쟁입찰이 유찰된 경우로 한정한다)의 방법으로 선정하여야 한다(법 제32조 제2항).

(3) 창립총회 개최의무

① **창립총회의 개최**: 추진위원회는 조합설립인가를 신청하기 전에 대통령령으로 정하는 방법 및 절차에 따라 조합설립을 위한 창립총회를 개최하여야 한다(법 제32조 제3항).

② **창립총회의 통지**: 추진위원회(공공지원으로 추진위원회를 구성하지 아니하는 경우에는 조합설립을 추진하는 토지등소유자의 대표자를 말한다)는 창립총회 14일 전까지 회의목적·안건·일시·장소·참석자격 및 구비사항 등을 인터넷 홈페이지를 통해 공개하고, 토지등소유자에게 등기우편으로 발송·통지하여야 한다(영 제27조 제2항).

③ **창립총회의 소집**: 창립총회는 추진위원장(공공지원으로 추진위원회를 구성하지 아니하는 경우에는 토지등소유자의 대표자를 말한다)의 직권 또는 토지등소유자 5분의 1 이상의 요구로 추진위원장이 소집한다. 다만, 토지등소유자 5분의 1 이상의 소집요구에도 불구하고 추진위원장이 2주 이상 소집요구에 응하지 아니하는 경우 소집요구한 자의 대표가 소집할 수 있다(영 제27조 제3항).

④ **창립총회의 업무**: 창립총회에서는 다음의 업무를 처리한다(영 제27조 제4항).

> 1. 조합정관의 확정
> 2. 조합임원의 선임
> 3. 대의원의 선임
> 4. 그 밖에 필요한 사항으로서 ②에 따라 사전에 통지한 사항

⑤ **창립총회의 의사결정**: 창립총회의 의사결정은 토지등소유자(재건축사업의 경우 조합설립에 동의한 토지등소유자로 한정한다)의 과반수 출석과 출석한 토지등소유자 과반수 찬

성으로 결의한다. 다만, 조합임원 및 대의원의 선임은 확정된 정관에서 정하는 바에 따라 선출한다(영 제27조 제5항).

(4) 토지등소유자의 동의

추진위원회가 수행하는 업무의 내용이 토지등소유자의 비용부담을 수반하거나 권리·의무에 변동을 발생시키는 경우로서 대통령령으로 정하는 사항에 대하여는 그 업무를 수행하기 전에 대통령령으로 정하는 비율 이상의 토지등소유자의 동의를 받아야 한다(법 제32조 제4항).

③ 추진위원회의 조직 및 운영

(1) 추진위원회의 조직

① 추진위원회는 추진위원회를 대표하는 추진위원장 1명과 감사를 두어야 한다(법 제33조 제1항).

② 추진위원회는 총회 의결을 거쳐 추진위원회 위원의 선출에 관한 선거관리를 선거관리위원회에 위탁할 수 있다(법 제33조 제2항).

③ 토지등소유자는 추진위원회의 운영규정에 따라 추진위원회에 추진위원의 교체 및 해임을 요구할 수 있으며, 추진위원장이 사임, 해임, 임기만료, 그 밖에 불가피한 사유 등으로 직무를 수행할 수 없는 때부터 6개월 이상 선임되지 아니한 경우에는 시장·군수 등은 시·도조례로 정하는 바에 따라 변호사·회계사·기술사 등으로서 대통령령으로 정하는 요건을 갖춘 자를 전문조합관리인으로 선정하여 추진위원장의 업무를 대행하게 할 수 있다(법 제33조 제3항).

④ 추진위원의 교체·해임 절차 등에 필요한 사항은 운영규정에 따른다(법 제33조 제4항).

(2) 운영규정

국토교통부장관은 추진위원회의 공정한 운영을 위하여 다음의 사항을 포함한 추진위원회의 운영규정을 정하여 고시하여야 한다(법 제34조 제1항).

1. 추진위원의 선임방법 및 변경
2. 추진위원의 권리·의무
3. 추진위원회의 업무범위
4. 추진위원회의 운영방법
5. 토지등소유자의 운영경비 납부
6. 추진위원회 운영자금의 차입
7. 그 밖에 추진위원회의 운영에 필요한 사항으로서 대통령령으로 정하는 사항

(3) 경비의 납부

추진위원회는 운영규정에 따라 운영하여야 하며, 토지등소유자는 운영에 필요한 경비를 운영규정에 따라 납부하여야 한다(법 제34조 제2항).

(4) 포괄승계

추진위원회는 수행한 업무를 제44조에 따른 총회(이하 "총회"라 한다)에 보고하여야 하며, 그 업무와 관련된 권리·의무는 조합이 포괄승계한다(법 제34조 제3항).

(5) 관련서류의 인계

추진위원회는 사용경비를 기재한 회계장부 및 관계 서류를 조합설립인가일부터 30일 이내에 조합에 인계하여야 한다(법 제34조 제4항).

(6) 추진위원회의 운영

추진위원회의 운영에 필요한 사항은 대통령령으로 정한다(법 제34조 제5항).

4 추진위원의 결격사유

(1) 추진위원의 결격사유

다음에 해당하는 자는 추진위원회의 위원이 될 수 없다(법 제33조 제5항).

1. 미성년자·피성년후견인 또는 피한정후견인
2. 파산선고를 받고 복권되지 아니한 자
3. 금고 이상의 실형의 선고를 받고 그 집행이 종료(종료된 것으로 보는 경우를 포함한다) 되거나 집행이 면제된 날부터 2년이 지나지 아니한 자
4. 금고 이상의 형의 집행유예를 받고 그 유예기간 중에 있는 자
5. 이 법을 위반하여 벌금 100만원 이상의 형을 선고받고 10년이 지나지 아니한 자
6. 추진위원회 승인권자에 해당하는 지방자치단체의 장, 지방의회의원 또는 그 배우자·직계존속·직계비속

(2) 위원의 퇴임

추진위원이 결격사유에 해당하게 되거나 선임 당시 그에 해당하였던 자로 밝혀진 때에는 당연 퇴임한다(법 제33조 제5항).

(3) 퇴임 전 행위의 효력

퇴임된 위원이 퇴임 전에 관여한 행위는 그 효력을 잃지 아니한다(법 제33조 제5항).

5 조합의 설립인가 ^{제31회}

(1) 조합설립의 의무

시장·군수 등, 토지주택공사 등 또는 지정개발자가 아닌 자가 정비사업을 시행하려는 경우에는 토지등소유자로 구성된 조합을 설립하여야 한다. 다만, 토지등소유자가 20인 미만인 경우에 토지등소유자가 재개발사업을 시행하려는 경우에는 그러하지 아니하다(법 제35조 제1항).

(2) 재개발사업의 조합설립인가

재개발사업의 추진위원회(추진위원회를 구성하지 아니하는 경우에는 토지등소유자를 말한다) 가 조합을 설립하려면 토지등소유자의 4분의 3 이상 및 토지면적의 2분의 1 이상의 토지소유자의 동의를 받아 다음의 사항을 첨부하여 시장·군수 등의 인가를 받아야 한다. 이 경우 설립된 조합이 인가받은 사항을 변경하고자 하는 때에는 총회에서 조합원의 3분의 2 이상의 찬성으로 의결하고, 정관 등의 사항을 첨부하여 시장·군수 등의 인가를 받아야 한다(법 제35조 제2항·제5항).

> 1. 정관
> 2. 정비사업비와 관련된 자료 등 국토교통부령으로 정하는 서류
> 3. 그 밖에 시·도조례로 정하는 서류

(3) 재건축사업의 조합설립인가

① 재건축사업의 추진위원회(추진위원회를 구성하지 아니하는 경우에는 토지등소유자를 말한다)가 조합을 설립하려는 때에는 주택단지의 공동주택의 각 동(복리시설의 경우에는 주택단지의 복리시설 전체를 하나의 동으로 본다)별 구분소유자의 과반수 동의(공동주택의 각 동별 구분소유자가 5 이하인 경우는 제외한다)와 주택단지의 전체 구분소유자의 4분의 3 이상 및 토지면적의 4분의 3 이상의 토지소유자의 동의를 받아 정관 등의 사항을 첨부하여 시장·군수 등의 인가를 받아야 한다. 이 경우 설립된 조합이 인가받은 사항을 변경하고자 하는 때에는 총회에서 조합원의 3분의 2 이상의 찬성으로 의결하고, 정관 등의 사항을 첨부하여 시장·군수 등의 인가를 받아야 한다(법 제35조 제3항·제5항).

② 주택단지가 아닌 지역이 정비구역에 포함된 때에는 주택단지가 아닌 지역의 토지 또는 건축물 소유자의 4분의 3 이상 및 토지면적의 3분의 2 이상의 토지소유자의 동의를 받아야 한다(법 제35조 제4항·제5항).

(4) 변경인가 등

① 설립된 조합이 인가받은 사항을 변경하고자 하는 때에는 총회에서 조합원의 3분의 2 이상의 찬성으로 의결하고, 정관 등의 사항을 첨부하여 시장·군수 등의 인가를 받아야 한다. 다만, 대통령령으로 정하는 경미한 사항을 변경하려는 때에는 총회의 의결 없이 시장·군수 등에게 신고하고 변경할 수 있다(법 제35조 제5항).

② 시장·군수 등은 신고를 받은 날부터 20일 이내에 신고수리 여부를 신고인에게 통지하여야 한다(법 제35조 제6항).

③ 시장·군수 등이 20일 이내에 신고수리 여부 또는 민원 처리 관련 법령에 따른 처리기간의 연장을 신고인에게 통지하지 아니하면 그 기간(민원 처리 관련 법령에 따라 처리기간이 연장 또는 재연장된 경우에는 해당 처리기간을 말한다)이 끝난 날의 다음 날에 신고를 수리한 것으로 본다(법 제35조 제7항).

④ 조합이 정비사업을 시행하는 경우 주택법 제54조를 적용할 때에는 조합을 사업주체로 보며, 조합설립인가일부터 주택법 제4조에 따른 주택건설사업 등의 등록을 한 것으로 본다(법 제35조 제8항).

⑤ 추진위원회는 조합설립에 필요한 동의를 받기 전에 추정분담금 등 대통령령으로 정하는 정보를 토지등소유자에게 제공하여야 한다(법 제35조 제10항).

> 1. 토지등소유자별 분담금 추산액 및 산출근거
> 2. 그 밖에 추정 분담금의 산출 등과 관련하여 시·도조례로 정하는 정보

예제

도시 및 주거환경정비법령상 조합설립인가를 받기 위한 동의에 관하여 (   )에 들어갈 내용을 바르게 나열한 것은?

> • 재개발사업의 추진위원회가 조합을 설립하려면 토지등소유자의 (㉠) 이상 및 토지면적의 (㉡) 이상의 토지소유자의 동의를 받아야 한다.
> • 재건축사업의 추진위원회가 조합을 설립하려는 경우 주택단지가 아닌 지역이 정비구역에 포함된 때에는 주택단지가 아닌 지역의 토지 또는 건축물 소유자의 (㉢) 이상 및 토지면적의 (㉣) 이상의 토지소유자의 동의를 받아야 한다.

① ㉠: 4분의 3, ㉡: 2분의 1, ㉢: 4분의 3, ㉣: 3분의 2
② ㉠: 4분의 3, ㉡: 3분의 1, ㉢: 4분의 3, ㉣: 2분의 1
③ ㉠: 4분의 3, ㉡: 2분의 1, ㉢: 3분의 2, ㉣: 2분의 1
④ ㉠: 2분의 1, ㉡: 3분의 1, ㉢: 2분의 1, ㉣: 3분의 2
⑤ ㉠: 2분의 1, ㉡: 3분의 1, ㉢: 4분의 3, ㉣: 2분의 1

해설 ① ㉠ : 4분의 3, ㉡ : 2분의 1, ㉢ : 4분의 3, ㉣ : 3분의 2
- 재개발사업의 추진위원회가 조합을 설립하려면 토지등소유자의 (4분의 3) 이상 및 토지면적의 (2분의 1) 이상의 토지소유자의 동의를 받아야 한다.
- 재건축사업의 추진위원회가 조합을 설립하려는 경우 주택단지가 아닌 지역이 정비구역에 포함된 때에는 주택단지가 아닌 지역의 토지 또는 건축물 소유자의 (4분의 3) 이상 및 토지면적의 (3분의 2) 이상의 토지 소유자의 동의를 받아야 한다. ◆ 정답 ①

6 토지등소유자의 동의방법

(1) 동의방법

① 다음에 대한 동의(동의한 사항의 철회 또는 반대의 의사표시를 포함한다)는 서면동의서에 토지등소유자가 성명을 적고 지장(指章)을 날인하는 방법으로 하며, 주민등록증, 여권 등 신원을 확인할 수 있는 신분증명서의 사본을 첨부하여야 한다(법 제36조 제1항).

> 1. 정비구역 등 해제의 연장을 요청하는 경우
> 2. 정비구역의 해제에 동의하는 경우
> 3. 주거환경개선사업의 시행자를 토지주택공사 등으로 지정하는 경우
> 4. 토지등소유자가 재개발사업을 시행하려는 경우
> 5. 재개발사업·재건축사업의 공공시행자 또는 지정개발자를 지정하는 경우
> 6. 조합설립을 위한 추진위원회를 구성하는 경우
> 7. 추진위원회의 업무가 토지등소유자의 비용부담을 수반하거나 권리·의무에 변동을 가져오는 경우
> 8. 조합을 설립하는 경우
> 9. 주민대표회의를 구성하는 경우
> 10. 사업시행계획인가를 신청하는 경우
> 11. 사업시행자가 사업시행계획서를 작성하려는 경우

② 토지등소유자가 해외에 장기체류하거나 법인인 경우 등 불가피한 사유가 있다고 시장·군수 등이 인정하는 경우에는 토지등소유자의 인감도장을 찍은 서면동의서에 해당 인감증명서를 첨부하는 방법으로 할 수 있다(법 제36조 제2항).

③ 서면동의서를 작성하는 경우 조합설립추진위원회의 승인 및 조합설립인가에 해당하는 때에는 시장·군수 등이 대통령령으로 정하는 방법에 따라 검인(檢印)한 서면동의서를 사용하여야 하며, 검인을 받지 아니한 서면동의서는 그 효력이 발생하지 아니한다(법 제36조 제3항).

④ 동의서에 검인(檢印)을 받으려는 자는 동의서에 기재할 사항을 기재한 후 관련 서류를 첨부하여 시장·군수 등에게 검인을 신청하여야 한다(영 제34조 제1항).

⑤ 검인신청을 받은 시장·군수 등은 동의서 기재사항의 기재 여부 등 형식적인 사항을 확인하고 해당 동의서에 연번(連番)을 부여한 후 검인을 하여야 한다(영 제34조 제2항).

⑥ 시장·군수 등은 신청일부터 20일 이내에 신청인에게 검인한 동의서를 내주어야 한다(영 제34조 제3항).

(2) 동의자 수 산정방법

토지등소유자(토지면적에 관한 동의자 수를 산정하는 경우에는 토지소유자를 말한다)의 동의는 다음의 기준에 따라 산정한다(영 제33조 제1항).

1. 주거환경개선사업, 재개발사업의 경우에는 다음의 기준에 의할 것
   ① 1필지의 토지 또는 하나의 건축물을 여럿이서 공유하는 경우에는 해당 토지 또는 건축물의 토지등소유자의 4분의 3 이상의 동의를 받아 이를 대표하는 1인을 토지등소유자로 산정할 것
   ② 토지에 지상권이 설정되어 있는 경우 토지의 소유자와 해당 토지의 지상권자를 대표하는 1인을 토지등소유자로 산정할 것
   ③ 1인이 다수 필지의 토지 또는 다수의 건축물을 소유하고 있는 경우에는 필지나 건축물의 수에 관계없이 토지등소유자를 1인으로 산정할 것. 다만, 재개발사업으로서 토지등소유자가 재개발사업을 시행하는 경우 토지등소유자가 정비구역 지정 후에 정비사업을 목적으로 취득한 토지 또는 건축물에 대해서는 정비구역 지정 당시의 토지 또는 건축물의 소유자를 토지등소유자의 수에 포함하여 산정하되, 이 경우 동의 여부는 이를 취득한 토지등소유자에 따른다.
   ④ 둘 이상의 토지 또는 건축물을 소유한 공유자가 동일한 경우에는 그 공유자 여럿을 대표하는 1인을 토지등소유자로 산정할 것
2. 재건축사업의 경우에는 다음의 기준에 따를 것
   ① 소유권 또는 구분소유권을 여럿이서 공유하는 경우에는 그 여럿을 대표하는 1인을 토지등소유자로 산정할 것
   ② 1인이 둘 이상의 소유권 또는 구분소유권을 소유하고 있는 경우에는 소유권 또는 구분소유권의 수에 관계없이 토지등소유자를 1인으로 산정할 것
   ③ 둘 이상의 소유권 또는 구분소유권을 소유한 공유자가 동일한 경우에는 그 공유자 여럿을 대표하는 1인을 토지등소유자로 할 것
3. 추진위원회의 구성 또는 조합의 설립에 동의한 자로부터 토지 또는 건축물을 취득한 자는 추진위원회의 구성 또는 조합의 설립에 동의한 것으로 볼 것
4. 토지건물등기사항증명서·건물등기사항증명서·토지대장 및 건축물관리대장에 소유자로 등재될 당시 주민등록번호의 기록이 없고 기록된 주소가 현재 주소와 다른 경우로서 소재가 확인되지 아니한 자는 토지등소유자의 수 또는 공유자 수에서 제외할 것
5. 국·공유지에 대해서는 그 재산관리청을 각각을 토지등소유자로 산정할 것

(3) 동의의 철회 또는 반대의사 표시의 시기

동의의 철회 또는 반대의사 표시의 시기는 다음의 기준에 따른다(영 제33조 제2항).

① 동의의 철회 또는 반대의사의 표시는 해당 동의에 따른 인·허가 등을 신청하기 전까지 할 수 있다.

② ①에도 불구하고 다음의 동의는 최초로 동의한 날부터 30일까지만 철회할 수 있다. 다만, ⓒ의 동의는 최초로 동의한 날부터 30일이 지나지 아니한 경우에도 조합설립을 위한 창립총회 후에는 철회할 수 없다.

　ⓘ 법 제21조 제1항 제4호에 따른 정비구역의 해제에 대한 동의

　ⓒ 법 제35조에 따른 조합설립에 대한 동의[(동의 후 동의서의 포함사항)이 변경되지 아니한 경우로 한정한다]

(4) 동의를 철회하거나 반대의 의사표시를 하려는 토지등소유자는 철회서에 토지등소유자가 성명을 적고 지장(指章)을 날인한 후 주민등록증 및 여권 등 신원을 확인할 수 있는 신분증명서 사본을 첨부하여 동의의 상대방 및 시장·군수 등에게 내용증명의 방법으로 발송하여야 한다. 이 경우 시장·군수 등이 철회서를 받은 때에는 지체 없이 동의의 상대방에게 철회서가 접수된 사실을 통지하여야 한다(영 제33조 제3항).

(5) 동의의 철회나 반대의 의사표시는 철회서가 동의의 상대방에게 도달한 때 또는 시장·군수 등이 동의의 상대방에게 철회서가 접수된 사실을 통지한 때 중 빠른 때에 효력이 발생한다(영 제33조 제4항).

예제

도시 및 주거환경정비법령상 재개발사업 조합의 설립을 위한 동의자 수 산정시, 다음에서 산정되는 토지등소유자의 수는? (단, 권리관계는 제시된 것만 고려하며, 토지는 정비구역 안에 소재함)

- A, B, C 3인이 공유한 1필지 토지에 하나의 주택을 단독 소유한 D
- 3필지의 나대지를 단독 소유한 E
- 1필지의 나대지를 단독 소유한 F와 그 나대지에 대한 지상권자 G

① 3명　　　② 4명　　　③ 5명　　　④ 7명　　　⑤ 9명

해설 · A, B, C 3인이 공유한 1필지 토지에 하나의 주택을 단독 소유한 D = 2명
- 3필지의 나대지를 단독 소유한 E = 1명
- 1필지의 나대지를 단독 소유한 F와 그 나대지에 대한 지상권자 G = 1명　　　　◆ 정답 ②

---

⑦ 조합의 법인격 및 자격

(1) 조합의 법인격 등

① 법적 성격

조합은 법인으로 한다(법 제38조 제1항).

② 성립시기

조합은 조합설립인가를 받은 날부터 30일 이내에 주된 사무소의 소재지에서 대통령령으로 정하는 사항을 등기하는 때에 성립한다(법 제38조 제2항, 영 제36조).

> 1. 설립목적
> 2. 조합의 명칭
> 3. 주된 사무소의 소재지
> 4. 설립인가일
> 5. 임원의 성명 및 주소
> 6. 임원의 대표권을 제한하는 경우에는 그 내용
> 7. 전문조합관리인을 선정한 경우에는 그 성명 및 주소

③ 조합의 명칭

조합은 명칭에 "정비사업조합"이라는 문자를 사용하여야 한다(법 제38조 제3항).

④ 민법의 준용

조합에 관하여는 이 법에 규정된 사항을 제외하고는 민법 중 사단법인에 관한 규정을 준용한다(법 제49조).

(2) 조합원의 자격 등

① 조합원의 자격

정비사업의 조합원(사업시행자가 신탁업자인 경우에는 위탁자를 말한다)은 토지등소유자(재건축사업의 경우에는 재건축사업에 동의한 자만 해당한다)로 하되, 다음에 해당하는 때에는 그 여러 명을 대표하는 1명을 조합원으로 본다. 다만, 「지방자치분권 및 지역균형발전에 관한 특별법」제25조에 따른 공공기관지방이전 및 혁신도시 활성화를 위한 시책 등에 따라 이전하는 공공기관이 소유한 토지 또는 건축물을 양수한 경우 양수한 자(공유의 경우 대표자 1명을 말한다)를 조합원으로 본다(법 제39조 제1항).

> 1. 토지 또는 건축물의 소유권과 지상권이 여러 명의 공유에 속하는 때
> 2. 여러 명의 토지등소유자가 1세대에 속하는 때. 이 경우 동일한 세대별 주민등록표상에 등재되어 있지 아니한 배우자 및 미혼인 19세 미만의 직계비속은 1세대로 보며, 1세대로 구성된 여러 명의 토지등소유자가 조합설립인가 후 세대를 분리하여 동일한 세대에 속하지 아니하는 때에도 이혼 및 19세 이상 자녀의 분가(세대별 주민등록을 달리하고, 실거주지를 분가한 경우로 한정한다)를 제외하고는 1세대로 본다.

3. 조합설립인가(조합설립인가 전에 제27조 제1항 제3호에 따라 신탁업자를 사업시행 자로 지정한 경우에는 사업시행자의 지정을 말한다. 이하 이 조에서 같다) 후 1명의 토지등소유자로부터 토지 또는 건축물의 소유권이나 지상권을 양수하여 여러 명이 소유하게 된 때

② 조합원의 지위 양도

㉠ **원칙**: 조합설립인가 후 양도·증여·판결 등으로 인하여 조합원의 권리가 이전된 때에는 조합원의 권리를 취득한 자를 조합원으로 본다.

㉡ **예외**: 주택법에 따른 투기과열지구로 지정된 지역에서 재건축사업을 시행하는 경 우에는 조합설립인가 후, 재개발사업을 시행하는 경우에는 관리처분계획의 인가 후 해당 정비사업의 건축물 또는 토지를 양수(매매·증여, 그 밖의 권리의 변동을 수반 하는 모든 행위를 포함하되, 상속·이혼으로 인한 양도·양수의 경우는 제외한다)한 자는 조합원이 될 수 없다. 다만, 양도인이 다음의 어느 하나에 해당하는 경우 그 양도인 으로부터 그 건축물 또는 토지를 양수한 자는 그러하지 아니하다(법 제39조 제2항).

1. 세대원(세대주가 포함된 세대의 구성원을 말한다. 이하 이 조에서 같다)의 근무상 또는 생업상의 사정이나 질병치료(의료법에 따른 의료기관의 장이 1년 이상의 치료나 요양 이 필요하다고 인정하는 경우로 한정한다)·취학·결혼으로 세대원이 모두 해당 사업 구역에 위치하지 아니한 특별시·광역시·특별자치시·특별자치도·시 또는 군으로 이전하는 경우
2. 상속으로 취득한 주택으로 세대원 모두 이전하는 경우
3. 세대원 모두 해외로 이주하거나 세대원 모두 2년 이상 해외에 체류하려는 경우
4. 1세대(제1항 제2호에 따라 1세대에 속하는 때를 말한다) 1주택자로서 양도하는 주택 에 대한 소유기간(10년) 및 거주기간(5년)이 대통령령으로 정하는 기간 이상인 경우
5. 지분형주택을 공급받기 위하여 건축물 또는 토지를 토지주택공사 등과 공유하려는 경우
6. 공공임대주택, 공공주택 특별법에 따른 공공분양주택의 공급 및 대통령령으로 정하 는 사업을 목적으로 건축물 또는 토지를 양수하려는 공공재개발사업 시행자에게 양 도하려는 경우
7. 그 밖에 불가피한 사정으로 양도하는 경우로서 대통령령으로 정하는 경우

㉢ **손실보상**: 사업시행자는 당해 정비사업의 건축물 또는 토지를 양수한 자로서 조 합원의 자격을 취득할 수 없는 경우 정비사업의 토지, 건축물 또는 그 밖의 권리를 취득한 자에게 손실보상을 하여야 한다(법 제39조 제3항).

8 정관의 기재사항 등 ^{제34회}

(1) 정관의 작성의무

조합은 다음의 사항이 포함된 정관을 작성하여야 한다(법 제40조 제1항).

1. 조합의 명칭 및 사무소의 소재지
2. 조합원의 자격
3. 조합원의 제명·탈퇴 및 교체
4. 정비구역의 위치 및 면적
5. 제41조에 따른 조합의 임원(이하 "조합임원"이라 한다)의 수 및 업무의 범위
6. 조합임원의 권리·의무·보수·선임방법·변경 및 해임
7. 대의원의 수, 선임방법, 선임절차 및 대의원회의 의결방법
8. 조합의 비용부담 및 조합의 회계
9. 정비사업의 시행연도 및 시행방법
10. 총회의 소집 절차·시기 및 의결방법
11. 총회의 개최 및 조합원의 총회소집 요구
12. 제73조 제3항에 따른 이자 지급
13. 정비사업비의 부담 시기 및 절차
14. 정비사업이 종결된 때의 청산절차(제86조의2에 따른 조합의 해산 이후 청산인의 보수 등 청산 업무에 필요한 사항을 포함한다)
15. 청산금의 징수·지급의 방법 및 절차
16. 시공자·설계자의 선정 및 계약서에 포함될 내용
17. 정관의 변경절차
18. 그 밖에 정비사업의 추진 및 조합의 운영을 위하여 필요한 사항으로서 대통령령으로 정하는 사항

(2) 표준정관

시·도지사는 정관의 기재사항이 포함된 표준정관을 작성하여 보급할 수 있다(법 제40조 제2항).

(3) 정관의 변경

① 조합이 정관을 변경하려는 경우에는 총회를 개최하여 조합원 과반수의 찬성으로 시장·군수 등의 인가를 받아야 한다. 다만, 다음의 경우에는 조합원 3분의 2 이상의 찬성으로 한다(법 제40조 제3항).

1. 조합원의 자격
2. 조합원의 제명·탈퇴 및 교체
3. 정비구역의 위치 및 면적
4. 조합의 비용부담 및 조합의 회계
5. 정비사업비의 부담 시기 및 절차
6. 시공자·설계자의 선정 및 계약서에 포함될 내용

② 대통령령으로 정하는 경미한 사항을 변경하려는 때에는 이 법 또는 정관으로 정하는 방법에 따라 변경하고 시장·군수 등에게 신고하여야 한다(법 제40조 제4항).

③ 시장·군수 등은 ②에 따른 신고를 받은 날부터 20일 이내에 신고수리 여부를 신고인에게 통지하여야 한다(법 제40조 제5항).

④ 시장·군수 등이 20일 이내에 신고수리 여부 또는 민원 처리 관련 법령에 따른 처리기간의 연장을 신고인에게 통지하지 아니하면 그 기간(민원 처리 관련 법령에 따라 처리기간이 연장 또는 재연장된 경우에는 해당 처리기간을 말한다)이 끝난 날의 다음 날에 신고를 수리한 것으로 본다(법 제40조 제6항).

> **예제**
>
> 도시 및 주거환경정비법령상 조합의 정관을 변경하기 위하여 조합원 3분의 2 이상의 동의가 필요한 사항이 아닌 것은?
> ① 대의원의 수 및 선임절차
> ② 조합원의 자격에 관한 사항
> ③ 정비구역의 위치 및 면적
> ④ 조합의 비용부담 및 조합의 회계
> ⑤ 시공자·설계자의 선정 및 계약서에 포함될 내용
>
> **해설** ① 조합이 대의원회 수 및 선임절차를 변경하려면 조합원 과반수의 동의를 받아야 한다.
>
> ❶ 정답 ①

⑨ 조합의 임원 등

(1) 조합의 임원

① **조합의 임원**: 조합은 조합원으로서 정비구역에 위치한 건축물 또는 토지(재건축사업의 경우에는 건축물과 그 부속토지를 말한다)를 소유한 자[하나의 건축물 또는 토지의 소유권을 다른 사람과 공유한 경우에는 가장 많은 지분을 소유(2인 이상의 공유자가 가장 많은 지분을 소유한 경우를 포함한다)한 경우로 한정한다] 중 다음의 어느 하나의 요건을 갖춘 조합장 1명과 이사, 감사를 임원으로 둔다. 이 경우 조합장은 선임일부터 관리처분계획인가를 받을 때까지는 해당 정비구역에서 거주(영업을 하는 자의 경우 영업을 말한다)하여야 한다(법 제41조 제1항).

> 1. 정비구역에 위치한 건축물 또는 토지를 5년 이상 소유할 것
> 2. 정비구역에서 거주하고 있는 자로서 선임일 직전 3년 동안 정비구역에서 1년 이상 거주할 것

② **조합임원의 수**

    ㉠ 조합의 이사와 감사의 수는 대통령령으로 정하는 범위에서 정관으로 정한다(법 제41조 제2항).

    ㉡ 조합에 두는 이사의 수는 3명 이상으로 하고, 감사의 수는 1명 이상 3명 이하로 한다. 다만, 토지등소유자의 수가 100인을 초과하는 경우에는 이사의 수를 5명 이상으로 한다(영 제40조).

③ **선거관리위원회에 위탁**: 조합은 총회 의결을 거쳐 조합임원의 선출에 관한 선거관리를 선거관리위원회법에 따라 선거관리위원회에 위탁할 수 있다(법 제41조 제3항).

④ **조합임원의 임기**: 조합임원의 임기는 3년 이하의 범위에서 정관으로 정하되, 연임할 수 있다(법 제41조 제4항).

⑤ **전문조합관리인 선정**: 조합임원의 선출방법 등은 정관으로 정한다. 다만, 시장·군수 등은 다음에 해당하는 경우 시·도조례로 정하는 바에 따라 변호사·회계사·기술사 등으로서 대통령령으로 정하는 요건을 갖춘 자를 전문조합관리인으로 선정하여 조합임원의 업무를 대행하게 할 수 있다(법 제41조 제5항).

> 1. 조합임원이 사임, 해임, 임기만료, 그 밖에 불가피한 사유 등으로 직무를 수행할 수 없는 때부터 6개월 이상 선임되지 아니한 경우
> 2. 총회에서 조합원 과반수의 출석과 출석 조합원 과반수의 동의로 전문조합관리인의 선정을 요청하는 경우

⑥ 전문조합관리인의 선정절차, 업무집행 등에 필요한 사항은 대통령령으로 정한다(법 제41조 제6항).

(2) 조합임원의 직무 등

① 조합장은 조합을 대표하고, 그 사무를 총괄하며, 총회 또는 대의원회의 의장이 된다(법 제42조 제1항).

② 조합장이 대의원회의 의장이 되는 경우에는 대의원으로 본다(법 제42조 제2항).

③ 조합장 또는 이사가 자기를 위하여 조합과 계약이나 소송을 할 때에는 감사가 조합을 대표한다(법 제42조 제3항).

④ 조합임원은 같은 목적의 정비사업을 하는 다른 조합의 임원 또는 직원을 겸할 수 없다(법 제42조 제4항).

(3) 조합임원의 결격사유 및 해임

① **조합임원의 결격사유**: 다음에 해당하는 자는 조합의 임원 또는 전문조합관리인이 될수 없다(법 제43조 제1항).

> 1. 미성년자 · 피성년후견인 또는 피한정후견인
> 2. 파산선고를 받고 복권되지 아니한 자
> 3. 금고 이상의 실형을 선고받고 그 집행이 종료(종료된 것으로 보는 경우를 포함한다)되거나 집행이 면제된 날부터 2년이 지나지 아니한 자
> 4. 금고 이상의 형의 집행유예를 받고 그 유예기간 중에 있는 자
> 5. 이 법을 위반하여 벌금 100만원 이상의 형을 선고받고 10년이 지나지 아니한 자
> 6. 조합설립 인가권자에 해당하는 지방자치단체의 장, 지방의회의원 또는 그 배우자 · 직계존속 · 직계비속

② **임원의 퇴임**: 조합임원이 다음에 해당하는 경우에는 당연 퇴임한다(법 제43조 제2항).

> 1. 조합임원이 결격사유에 해당하게 되거나 선임 당시 그에 해당하였던 자로 밝혀진경우
> 2. 조합임원이 자격요건을 갖추지 못한 경우

③ **퇴임 전 행위의 효력**: 퇴임된 임원이 퇴임 전에 관여한 행위는 그 효력을 잃지 아니한다(법 제43조 제3항).

④ **조합임원의 해임**: 조합임원은 조합원 10분의 1 이상의 요구로 소집된 총회에서 조합원 과반수의 출석과 출석 조합원 과반수의 동의를 받아 해임할 수 있다. 이 경우 요구자 대표로 선출된 자가 해임 총회의 소집 및 진행을 할 때에는 조합장의 권한을 대행한다(법 제43조 제4항).

⑤ **전문조합관리인을 선정효과**: 시장 · 군수 등이 전문조합관리인을 선정한 경우 전문조합관리인이 업무를 대행할 임원은 당연 퇴임한다(법 제43조 제5항).

⑥ **벌금형의 분리 선고**: 형법 제38조에도 불구하고 이 법 제135조부터 제138조까지에 규정된 죄와 다른 죄의 경합범(競合犯)에 대하여 벌금형을 선고하는 경우에는 이를 분리하여 선고하여야 한다(법 제43조의2).

10 총회개최 및 의결사항

(1) 총 회

조합에는 조합원으로 구성되는 총회를 둔다(법 제44조 제1항).

(2) 총회의 소집

① 총회는 조합장이 직권으로 소집하거나 조합원 5분의 1 이상(정관의 기재사항 중 조합임원의 권리·의무·보수·선임방법·변경 및 해임에 관한 사항을 변경하기 위한 총회의 경우는 10분의 1 이상으로 한다) 또는 대의원 3분의 2 이상의 요구로 조합장이 소집하며, 조합원 또는 대의원의 요구로 총회를 소집하는 경우 조합은 소집을 요구하는 자가 본인인지 여부를 대통령령으로 정하는 기준에 따라 정관으로 정하는 방법으로 확인하여야 한다(법 제44조 제2항).

② 조합임원의 사임, 해임 또는 임기만료 후 6개월 이상 조합임원이 선임되지 아니한 경우에는 시장·군수 등이 조합임원 선출을 위한 총회를 소집할 수 있다(법 제44조 제3항).

③ 총회를 소집하려는 자는 총회가 개최되기 7일 전까지 회의 목적·안건·일시 및 장소와 서면의결권의 행사기간 및 장소 등 서면의결권 행사에 필요한 사항을 정하여 조합원에게 통지하여야 한다(법 제44조 제4항).

④ 총회의 소집 절차·시기 등에 필요한 사항은 정관으로 정한다(법 제44조 제5항).

(3) 총회의 의결사항

다음의 사항은 총회의 의결을 거쳐야 한다(법 제45조 제1항).

1. 정관의 변경(제40조 제4항에 따른 경미한 사항의 변경은 이 법 또는 정관에서 총회의 의결사항으로 정한 경우로 한정한다)
2. 자금의 차입과 그 방법·이자율 및 상환방법
3. 정비사업비의 세부 항목별 사용계획이 포함된 예산안 및 예산의 사용내역
4. 예산으로 정한 사항 외에 조합원에게 부담이 되는 계약
5. 시공자·설계자 및 감정평가법인 등(제74조 제2항에 따라 시장·군수 등이 선정·계약하는 감정평가법인 등은 제외한다)의 선정 및 변경. 다만, 감정평가법인 등 선정 및 변경은 총회의 의결을 거쳐 시장·군수 등에게 위탁할 수 있다.
6. 정비사업전문관리업자의 선정 및 변경
7. 조합임원의 선임 및 해임
8. 정비사업비의 조합원별 분담내역
9. 제52조에 따른 사업시행계획서의 작성 및 변경(제50조 제1항 본문에 따른 정비사업의 중지 또는 폐지에 관한 사항을 포함하며, 같은 항 단서에 따른 경미한 변경은 제외한다)

> 10. 제74조에 따른 관리처분계획의 수립 및 변경(제74조 제1항 각 호 외의 부분 단서에 따른 경미한 변경은 제외한다)
> 10의2. 제86조의2에 따른 조합의 해산과 조합 해산 시의 회계보고
> 11. 제89조에 따른 청산금의 징수·지급(분할징수·분할지급을 포함한다)
> 12. 제93조에 따른 비용의 금액 및 징수방법
> 13. 그 밖에 조합원에게 경제적 부담을 주는 사항 등 주요한 사항을 결정하기 위하여 대통령령 또는 정관으로 정하는 사항

(4) 총회에 상정

총회의 의결사항 중 이 법 또는 정관에 따라 조합원의 동의가 필요한 사항은 총회에 상정하여야 한다(법 제45조 제2항).

(5) 총회의 의결

총회의 의결은 이 법 또는 정관에 다른 규정이 없으면 조합원 과반수의 출석과 출석 조합원의 과반수 찬성으로 한다(법 제45조 제3항).

(6) 총회의 의결정족수

사업시행계획서의 작성 및 변경 및 관리처분계획의 수립 및 변경의 경우에는 조합원 과반수의 찬성으로 의결한다. 다만, 정비사업비가 100분의 10(생산자물가상승률분, 제73조에 따른 손실보상 금액은 제외한다) 이상 늘어나는 경우에는 조합원 3분의 2 이상의 찬성으로 의결하여야 한다(법 제45조 제4항).

(7) 의결권 행사방법

① 조합원은 서면으로 의결권을 행사하거나 다음에 해당하는 경우에는 대리인을 통하여 의결권을 행사할 수 있다. 서면으로 의결권을 행사하는 경우에는 정족수를 산정할 때에 출석한 것으로 본다(법 제45조 제5항).

> 1. 조합원이 권한을 행사할 수 없어 배우자, 직계존비속 또는 형제자매 중에서 성년자를 대리인으로 정하여 위임장을 제출하는 경우
> 2. 해외에 거주하는 조합원이 대리인을 지정하는 경우
> 3. 법인인 토지등소유자가 대리인을 지정하는 경우. 이 경우 법인의 대리인은 조합임원 또는 대의원으로 선임될 수 있다.

② 조합은 서면의결권을 행사하는 자가 본인인지를 확인하여야 한다(법 제45조 제6항).

(8) 총회의 소집절차

① 총회의 의결은 조합원의 100분의 10 이상이 직접 출석(대리인을 통하여 의결권을 행사하는 경우 직접 출석한 것으로 본다)하여야 한다. 다만, 시공자의 선정을 의결하는 총회의 경우에는 조합원의 과반수가 직접 출석하여야 하고, 창립총회, 시공자 선정 취소를 위한 총회, 사업시행계획서의 작성 및 변경, 관리처분계획의 수립 및 변경, 정비사업비의 사용 및 변경을 위하여 개최하는 총회의 경우에는 조합원의 100분의 20 이상이 직접 출석하여야 한다(법 제45조 제7항).

② 재난 및 안전관리 기본법에 따른 재난의 발생 등 대통령령으로 정하는 사유가 발생하여 시장·군수 등이 조합원의 직접 출석이 어렵다고 인정하는 경우에는 전자적 방법(전자문서 및 전자거래 기본법에 따른 정보처리시스템을 사용하거나 그 밖의 정보통신기술을 이용하는 방법을 말한다)으로 의결권을 행사할 수 있다. 이 경우 정족수를 산정할 때에는 직접 출석한 것으로 본다(법 제45조 제8항).

③ 총회의 의결방법, 서면의결권 행사 및 본인확인방법 등에 필요한 사항은 정관으로 정한다(법 제45조 제9항).

11 대의원회

(1) 대의원회 설치(필수 기관)

조합원의 수가 100명 이상인 조합은 대의원회를 두어야 한다(법 제46조 제1항).

(2) 대의원의 수

대의원회는 조합원의 10분의 1 이상으로 구성한다. 다만, 조합원의 10분의 1이 100명을 넘는 경우에는 조합원의 10분의 1의 범위에서 100명 이상으로 구성할 수 있다(법 제46조 제2항).

(3) 대의원의 권한

대의원회는 총회의 의결사항 중 대통령령으로 정하는 사항 외에는 총회의 권한을 대행할 수 있다(법 제46조 제4항).

▶ 대의원회가 총회의 권한을 대행할 수 없는 사항(영 제43조) - 총회만 행사
1. 정관의 변경에 관한 사항(경미한 사항의 변경은 법 또는 정관에서 총회의결사항으로 정한 경우로 한정한다)
2. 자금의 차입과 그 방법·이자율 및 상환방법에 관한 사항
3. 예산으로 정한 사항 외에 조합원에게 부담이 되는 계약에 관한 사항
4. 시공자·설계자 및 감정평가법인등(시장·군수 등이 선정·계약하는 감정평가법인등은 제외한다)의 선정 및 변경에 관한 사항

5. 정비사업전문관리업자의 선정 및 변경에 관한 사항
6. 조합임원의 선임 및 해임과 대의원의 선임 및 해임에 관한 사항. 다만, 정관으로 정하는 바에 따라 임기 중 궐위된 자(조합장은 제외한다)를 보궐선임하는 경우를 제외한다.
7. 사업시행계획서의 작성 및 변경에 관한 사항(정비사업의 중지 또는 폐지에 관한 사항을 포함하며, 같은 항 단서에 따른 경미한 변경은 제외한다)
8. 관리처분계획의 수립 및 변경에 관한 사항(경미한 변경은 제외한다)
9. 총회에 상정하여야 하는 사항
10. 조합의 합병 또는 해산에 관한 사항. 다만, 사업완료로 인한 해산의 경우는 제외한다.
11. 건축물의 설계 개요의 변경에 관한 사항
12. 정비사업비의 변경에 관한 사항

(4) 대의원의 자격

① 조합장이 아닌 조합임원은 대의원이 될 수 없다(법 제46조 제3항).
② 대의원은 조합원 중에서 선출한다(영 제44조 제1항).
③ 대의원의 수, 선임방법, 선임절차 및 대의원회의 의결방법 등은 대통령령으로 정하는 범위에서 정관으로 정한다(법 제46조 제5항).

예제

1. 도시 및 주거환경정비법령상 조합에 관한 설명으로 옳은 것은?

① 토지등소유자가 재개발사업을 시행하고자 하는 경우에는 토지등소유자로 구성된 조합을 설립하여야만 한다.
② 토지등소유자가 100명 이하인 조합에는 2명 이하의 이사를 둔다.
③ 재건축사업의 추진위원회가 주택단지가 아닌 지역이 포함된 정비구역에서 조합을 설립하고자 하는 때에는 주택단지가 아닌 지역 안의 토지면적의 4분의 3 이상의 토지소유자의 동의를 얻어야 한다.
④ 분양신청을 하지 아니한 자에 대한 손실보상 금액을 포함한 정비사업비가 100분의 10 이상 늘어나는 경우에는 조합원 3분의 2 이상의 동의를 받아야 한다.
⑤ 대의원회는 임기 중 궐위된 조합장을 보궐선임할 수 없다.

해설 ① 토지등소유자가 재개발사업을 시행하는 경우에는 조합을 설립하지 아니할 수 있다.
② 토지등소유자가 100명 이하인 조합에는 3명 이상의 이사를 둔다.
③ 재건축사업의 추진위원회가 주택단지가 아닌 지역이 정비구역에 포함된 때에는 주택단지가 아닌 지역 안의 토지 또는 건축물 소유자의 4분의 3 이상 및 토지면적의 3분의 2 이상의 토지소유자의 동의를 얻어야 한다.
④ 분양신청을 하지 아니한 자에 대한 손실보상 금액을 제외한 정비사업비가 100분의 10 이상 늘어나는 경우에는 조합원의 3분의 2 이상 동의를 받아야 한다.
◆ 정답 ⑤

2. 도시 및 주거환경정비법령상 조합의 임원에 관한 설명으로 틀린 것은?

① 토지등소유자의 수가 100인을 초과하는 경우 조합에 두는 이사의 수는 5명 이상으로 한다.

② 조합임원의 임기는 3년 이하의 범위에서 정관으로 정하되, 연임할 수 있다.

③ 조합장이 아닌 조합임원은 대의원이 될 수 있다.

④ 조합임원은 같은 목적의 정비사업을 하는 다른 조합의 임원 또는 직원을 겸할 수 없다.

⑤ 시장·군수 등이 전문조합관리인을 선정한 경우 전문조합관리인이 업무를 대행할 임원은 당연 퇴임한다.

해설 ③ 조합장이 아닌 조합임원은 대의원이 될 수 없다.

◆ 정답 ③

---

12 주민대표회의 제31회, 제32회

(1) 구성의무

토지등소유자가 시장·군수 등 또는 토지주택공사 등의 사업시행을 원하는 경우에는 정비구역 지정·고시 후 주민대표기구(이하 "주민대표회의"라 한다)를 구성하여야 한다(법 제47조 제1항).

(2) 구성원 및 동의

① 주민대표회의는 위원장을 포함하여 5명 이상 25명 이하로 구성한다(법 제47조 제2항).

② 주민대표회의는 토지등소유자의 과반수의 동의를 받아 구성하며, 국토교통부령으로 정하는 방법 및 절차에 따라 시장·군수 등의 승인을 받아야 한다(법 제47조 제3항).

③ 주민대표회의의 구성에 동의한 자는 토지주택공사 등을 사업시행자로 지정 요청하려는 경우에 토지주택공사 등의 사업시행자 지정에 동의한 것으로 본다. 다만, 사업시행자의 지정 요청 전에 시장·군수 등 및 주민대표회의에 사업시행자의 지정에 대한 반대의 의사표시를 한 토지등소유자의 경우에는 그러하지 아니하다(법 제47조 제4항).

(3) 의견제시

주민대표회의 또는 세입자(상가세입자를 포함한다)는 사업시행자가 다음의 사항에 관하여 시행규정을 정하는 때에 의견을 제시할 수 있다. 이 경우 사업시행자는 주민대표회의 또는 세입자의 의견을 반영하기 위하여 노력하여야 한다(법 제47조 제5항).

1. 건축물의 철거
2. 주민의 이주(세입자의 퇴거에 관한 사항을 포함한다)
3. 토지 및 건축물의 보상(세입자에 대한 주거이전비 등 보상에 관한 사항을 포함한다)
4. 정비사업비의 부담
5. 세입자에 대한 임대주택의 공급 및 입주자격
6. 그 밖에 정비사업의 시행을 위하여 필요한 사항으로서 대통령령으로 정하는 사항

(4) 운영방법

주민대표회의의 운영, 비용부담, 위원의 선임 방법 및 절차 등에 필요한 사항은 대통령령으로 정한다(법 제47조 제6항).

┌─ 예제 ─

도시 및 주거환경정비법령상 주민대표회의 등에 관한 설명으로 틀린 것은?

① 토지등소유자가 시장·군수 등 또는 토지주택공사 등의 사업시행을 원하는 경우에는 정비구역 지정·고시 후 주민대표회의를 구성하여야 한다.
② 주민대표회의는 위원장을 포함하여 5명 이상 25명 이하로 구성한다.
③ 주민대표회의는 토지등소유자의 과반수의 동의를 받아 구성한다.
④ 주민대표회의에는 위원장과 부위원장 각 1명과 1명 이상 3명 이하의 감사를 둔다.
⑤ 상가세입자는 사업시행자가 건축물의 철거의 사항에 관하여 시행규정을 정하는 때에 의견을 제시할 수 없다.

해설 ⑤ 주민대표회의 또는 세입자(상가세입자를 포함한다)는 사업시행자가 건축물의 철거의 사항에 관하여 시행규정을 정하는 때에 의견을 제시할 수 있다.
◆ 정답 ⑤

05 사업시행계획 등

1 사업시행계획 제31회, 제35회

(1) 사업시행계획의 인가

① **인가신청**: 사업시행자(공동시행의 경우를 포함하되, 사업시행자가 시장·군수 등인 경우는 제외한다)는 정비사업을 시행하려는 경우에는 사업시행계획서에 정관 등과 그 밖에 국토교통부령으로 정하는 서류를 첨부하여 시장·군수 등에게 제출하고 사업시행계획인가를 받아야 하고, 인가받은 사항을 변경하거나 정비사업을 중지 또는 폐지하려는 경우에도 또한 같다. 다만, 대통령령으로 정하는 경미한 사항을 변경하려는 때에는 시장·군수 등에게 신고하여야 한다(법 제50조 제1항).

② **신고수리여부 통지**: 시장·군수 등은 ①의 단서에 따른 신고를 받은 날부터 20일 이내에 신고수리 여부를 신고인에게 통지하여야 한다(법 제50조 제2항).

③ **미통지시 수리의제**: 시장·군수 등이 20일 이내에 신고수리 여부 또는 민원 처리 관련 법령에 따른 처리기간의 연장을 신고인에게 통지하지 아니하면 그 기간(민원 처리 관련 법령에 따라 처리기간이 연장 또는 재연장된 경우에는 해당 처리기간을 말한다)이 끝난 날의 다음 날에 신고를 수리한 것으로 본다(법 제50조 제3항).

④ **인가 여부 결정·통보**: 시장·군수 등은 특별한 사유가 없으면 사업시행계획서의 제출이 있은 날부터 60일 이내에 인가 여부를 결정하여 사업시행자에게 통보하여야 한다(법 제50조 제4항).

(2) 사업시행의 동의

① 조합인 시행자

사업시행자(시장·군수 등 또는 토지주택공사 등은 제외한다)는 사업시행계획인가를 신청하기 전에 미리 총회의 의결을 거쳐야 하며, 인가받은 사항을 변경하거나 정비사업을 중지 또는 폐지하려는 경우에도 또한 같다. 다만, 경미한 사항의 변경은 총회의 의결을 필요로 하지 아니한다(법 제50조 제5항).

② 토지등소유자인 시행자

토지등소유자가 재개발사업을 시행하려는 경우에는 사업시행계획인가를 신청하기 전에 사업시행계획서에 대하여 토지등소유자의 4분의 3 이상 및 토지면적의 2분의 1 이상의 토지소유자의 동의를 받아야 한다. 다만, 인가받은 사항을 변경하려는 경우에는 규약으로 정하는 바에 따라 토지등소유자의 과반수의 동의를 받아야 하며, 경미한 사항의 변경인 경우에는 토지등소유자의 동의를 필요로 하지 아니한다(법 제50조 제6항).

③ 지정개발자인 시행자

지정개발자가 정비사업을 시행하려는 경우에는 사업시행계획인가를 신청하기 전에 토지등소유자의 과반수의 동의 및 토지면적의 2분의 1 이상의 토지소유자의 동의를 받아야 한다. 다만, 경미한 사항의 변경인 경우에는 토지등소유자의 동의를 필요로 하지 아니한다(법 제50조 제7항).

(3) 사업시행계획인가 또는 작성고시

시장·군수 등은 사업시행계획인가(시장·군수 등이 사업시행계획서를 작성한 경우를 포함한다)를 하거나 정비사업을 변경·중지 또는 폐지하는 경우에는 국토교통부령으로 정하는 방법 및 절차에 따라 그 내용을 해당 지방자치단체의 공보에 고시하여야 한다. 다만, 경미한 사항을 변경하려는 경우에는 그러하지 아니하다(법 제50조 제9항).

(4) 사업시행계획의 통합심의

① 정비구역의 지정권자는 사업시행계획인가와 관련된 다음 중 둘 이상의 심의가 필요한 경우에는 이를 통합하여 검토 및 심의(이하 "통합심의"라 한다)하여야 한다(법 제50조의2 제1항).

1. 「건축법」에 따른 건축물의 건축 및 특별건축구역의 지정 등에 관한 사항
2. 「경관법」에 따른 경관 심의에 관한 사항
3. 「교육환경 보호에 관한 법률」에 따른 교육환경평가
4. 「국토의 계획 및 이용에 관한 법률」에 따른 도시·군관리계획에 관한 사항
5. 「도시교통정비 촉진법」에 따른 교통영향평가에 관한 사항
6. 「환경영향평가법」에 따른 환경영향평가 등에 관한 사항

7. 그 밖에 국토교통부장관, 시·도지사 또는 시장·군수 등이 필요하다고 인정하여 통합심의에 부치는 사항

② 시장·군수 등은 특별한 사유가 없으면 통합심의결과를 반영하여 사업시행계획을 인가하여야 한다(법 제50조의2 제4항).

③ 시장·군수 등은 사업시행계획을 인가하는 경우 사업시행자가 제출하는 사업시행계획에 해당 정비사업과 직접적으로 관련이 없거나 과도한 정비기반시설의 기부채납을 요구하여서는 아니 된다(법 제51조 제1항).

(5) 사업시행계획서의 작성

사업시행자는 정비계획에 따라 다음의 사항을 포함하는 사업시행계획서를 작성하여야 한다(법 제52조 제1항).

1. 토지이용계획(건축물배치계획을 포함한다)
2. 정비기반시설 및 공동이용시설의 설치계획
3. 임시거주시설을 포함한 주민이주대책
4. 세입자의 주거 및 이주 대책
5. 사업시행기간 동안 정비구역 내 가로등 설치, 폐쇄회로 텔레비전 설치 등 범죄예방대책
6. 제10조(임대주택 및 주택규모별 건설비율)에 따른 임대주택의 건설계획(재건축사업의 경우는 제외한다)
7. 국민주택규모 주택의 건설계획(주거환경개선사업의 경우는 제외한다)
8. 공공지원민간임대주택 또는 임대관리 위탁주택의 건설계획(필요한 경우 한함)
9. 건축물의 높이 및 용적률 등에 관한 건축계획
10. 정비사업의 시행과정에서 발생하는 폐기물의 처리계획
11. 교육시설의 교육환경 보호에 관한 계획(정비구역부터 200미터 이내에 교육시설이 설치되어 있는 경우로 한정한다)
12. 정비사업비
13. 그 밖에 사업시행을 위한 사항으로서 대통령령으로 정하는 바에 따라 시·도조례로 정하는 사항

(6) 정비구역의 범죄 등의 예방

① 시장·군수 등은 사업시행계획인가를 한 경우 그 사실을 관할 경찰서장 및 관할 소방서장에게 통보하여야 한다(법 제130조 제1항).

② 시장·군수 등은 사업시행계획인가를 한 경우 정비구역 내 주민 안전 등을 위하여 다음 각 호의 사항을 관할 시·도경찰청장 또는 경찰서장에게 요청할 수 있다(법 제130조 제2항).

1. 순찰 강화
2. 순찰초소의 설치 등 범죄 예방을 위하여 필요한 시설의 설치 및 관리
3. 그 밖에 주민의 안전을 위하여 필요하다고 인정하는 사항

③ 시장·군수 등은 사업시행계획인가를 한 경우 정비구역 내 주민 안전 등을 위하여 관할 시·도 소방본부장 또는 소방서장에게 화재예방 순찰을 강화하도록 요청할 수 있다(법 제130조 제3항).

(7) 시행규정의 작성

시장·군수 등, 토지주택공사 등 또는 신탁업자가 단독으로 정비사업을 시행하는 경우 다음의 사항을 포함하는 시행규정을 작성하여야 한다(법 제53조).

> 1. 정비사업의 종류 및 명칭
> 2. 정비사업의 시행연도 및 시행방법
> 3. 비용부담 및 회계
> 4. 토지등소유자의 권리·의무
> 5. 정비기반시설 및 공동이용시설의 부담
> 6. 공고·공람 및 통지의 방법
> 7. 토지 및 건축물에 관한 권리의 평가방법
> 8. 관리처분계획 및 청산(분할징수 또는 납입에 관한 사항을 포함한다). 다만, 수용의 방법으로 시행하는 경우는 제외한다.
> 9. 시행규정의 변경
> 10. 사업시행계획서의 변경
> 11. 토지등소유자 전체회의(신탁업자가 사업시행자인 경우로 한정한다)
> 12. 그 밖에 시·도조례로 정하는 사항

(8) 용적률 완화 및 국민주택규모 주택 건설비율

① **재건축사업 등의 용적률 완화**: 사업시행자는 다음의 어느 하나에 해당하는 정비사업(도시재정비 촉진을 위한 특별법에 따른 재정비촉진지구에서 시행되는 재개발사업 및 재건축사업은 제외한다)을 시행하는 경우 정비계획(이 법에 따라 정비계획으로 의제되는 계획을 포함한다. 이하 이 조에서 같다)으로 정하여진 용적률에도 불구하고 지방도시계획위원회의 심의를 거쳐 국토의 계획 및 이용에 관한 법률 및 관계 법률에 따른 용적률의 상한(이하 이 조에서 "법적상한용적률"이라 한다)까지 건축할 수 있다(법 제54조 제1항).

> 1. 수도권정비계획법에 따른 과밀억제권역에서 시행하는 재개발사업 및 재건축사업(국토의 계획 및 이용에 관한 법률에 따른 주거지역 및 대통령령으로 정하는 공업지역으로 한정한다)
> 2. 1외의 경우 시·도조례로 정하는 지역에서 시행하는 재개발사업 및 재건축사업

② **허용세대수의 제한특례**: 사업시행자가 정비계획으로 정하여진 용적률을 초과하여 건축하려는 경우에는 국토의 계획 및 이용에 관한 법률에 따라 특별시·광역시·특별자치시·특별자치도·시 또는 군의 조례로 정한 용적률 제한 및 정비계획으로 정한 허용세대수의 제한을 받지 아니한다(법 제54조 제2항).

③ **국민주택규모 주택 건설의무**: 사업시행자는 법적상한용적률에서 정비계획으로 정하여진 용적률을 뺀 용적률(이하 "초과용적률"이라 한다)의 다음에 따른 비율에 해당하는 면적에 국민주택규모 주택을 건설하여야 한다. 다만, 제24조 제4항, 제26조 제1항 제1호, 제27조 제1항 제1호(천재지변 등)에 따른 정비사업을 시행하는 경우에는 그러하지 아니하다(법 제54조 제4항).

> 1. 과밀억제권역에서 시행하는 재건축사업은 초과용적률의 100분의 30 이상 100분의 50 이하로서 시·도조례로 정하는 비율
> 2. 과밀억제권역에서 시행하는 재개발사업은 초과용적률의 100분의 50 이상 100분의 75 이하로서 시·도조례로 정하는 비율
> 3. 과밀억제권역 외의 지역에서 시행하는 재건축사업은 초과용적률의 100분의 50 이하로서 시·도조례로 정하는 비율
> 4. 과밀억제권역 외의 지역에서 시행하는 재개발사업은 초과용적률의 100분의 75 이하로서 시·도조례로 정하는 비율

④ **국민주택규모 주택의 인수자**: 사업시행자는 건설한 국민주택규모 주택을 국토교통부장관, 시·도지사, 시장, 군수, 구청장 또는 토지주택공사 등(이하 "인수자"라 한다)에 공급하여야 한다(법 제55조 제1항).

⑤ **공급가격**: 국민주택규모 주택의 공급가격은 공공주택 특별법에 따라 국토교통부장관이 고시하는 공공건설임대주택의 표준건축비로 하며, 부속 토지는 인수자에게 기부채납한 것으로 본다(법 제55조 제2항).

⑥ **인수자와 협의**: 사업시행자는 정비계획상 용적률을 초과하여 건축하려는 경우에는 사업시행계획인가를 신청하기 전에 미리 국민주택규모 주택에 관한 사항을 인수자와 협의하여 사업시행계획서에 반영하여야 한다(법 제55조 제3항).

⑦ **국민주택규모 주택의 활용**: 국민주택규모 주택의 인수를 위한 절차와 방법 등에 필요한 사항은 대통령령으로 정할 수 있으며, 인수된 국민주택규모 주택은 대통령령으로 정하는 장기공공임대주택으로 활용하여야 한다. 다만, 토지등소유자의 부담 완화 등 대통령령으로 정하는 요건에 해당하는 경우에는 인수된 국민주택규모 주택을 장기공공임대주택이 아닌 임대주택으로 활용할 수 있다(법 제55조 제4항).

⑧ **부속 토지 인수**: 임대주택의 인수자는 임대의무기간에 따라 감정평가액의 100분의 50 이하의 범위에서 대통령령으로 정하는 가격으로 부속 토지를 인수하여야 한다(법 제55조 제5항).

⑨ 사업시행자가 국민주택규모 주택을 공급하는 경우에는 시·도지사, 시장·군수·구청장 순으로 우선하여 인수할 수 있다. 다만, 시·도지사 및 시장·군수·구청장이 국민주택규모 주택을 인수할 수 없는 경우에는 시·도지사는 국토교통부장관에게 인수자 지정을 요청해야 한다(영 제48조 제2항).

(9) 관계 서류의 공람과 의견청취

① **공람**: 시장·군수 등은 사업시행계획인가를 하거나 사업시행계획서를 작성하려는 경우에는 대통령령으로 정하는 방법 및 절차에 따라 관계 서류의 사본을 14일 이상 일반인이 공람할 수 있게 하여야 한다. 다만, 경미한 사항을 변경하려는 경우에는 그러하지 아니하다(법 제56조 제1항).

② **의견제출**: 토지등소유자 또는 조합원, 그 밖에 정비사업과 관련하여 이해관계를 가지는 자는 공람기간 이내에 시장·군수 등에게 서면으로 의견을 제출할 수 있다(법 제56조 제2항).

③ **의견채택**: 시장·군수 등은 제출된 의견을 심사하여 채택할 필요가 있다고 인정하는 때에는 이를 채택하고, 그러하지 아니한 경우에는 의견을 제출한 자에게 그 사유를 알려주어야 한다(법 제56조 제3항).

④ **교육감·교육장과 협의**: 시장·군수 등은 사업시행계획인가(시장·군수 등이 사업시행계획서를 작성한 경우를 포함한다)를 하려는 경우 정비구역부터 200미터 이내에 교육시설이 설치되어 있는 때에는 해당 지방자치단체의 교육감 또는 교육장과 협의하여야 하며, 인가받은 사항을 변경하는 경우에도 또한 같다(법 제57조 제5항).

(10) 사업시행계획인가의 특례

① **존치 또는 리모델링**: 사업시행자는 일부 건축물의 존치 또는 리모델링에 관한 내용이 포함된 사업시행계획서를 작성하여 사업시행계획인가를 신청할 수 있다(법 제58조 제1항).

② **존치 또는 리모델링의 특례**: 시장·군수 등은 존치 또는 리모델링하는 건축물 및 건축물이 있는 토지가 주택법 및 건축법에 따른 다음의 건축 관련 기준에 적합하지 아니하더라도 대통령령으로 정하는 기준에 따라 사업시행계획인가를 할 수 있다(법 제58조 제2항).

> 1. 주택법에 따른 주택단지의 범위
> 2. 주택법에 따른 부대시설 및 복리시설의 설치기준
> 3. 건축법에 따른 대지와 도로의 관계
> 4. 건축법에 따른 건축선의 지정
> 5. 건축법에 따른 일조 등의 확보를 위한 건축물의 높이 제한

③ **동의요건**: 사업시행자가 사업시행계획서를 작성하려는 경우에는 존치 또는 리모델링하는 건축물 소유자의 동의(집합건물의 소유 및 관리에 관한 법률에 따른 구분소유자가 있는 경우에는 구분소유자의 3분의 2 이상의 동의와 해당 건축물 연면적의 3분의 2 이상의 구분소유자의 동의로 한다)를 받아야 한다. 다만, 정비계획에서 존치 또는 리모델링하는 것으로 계획된 경우에는 그러하지 아니한다(법 제58조 제3항).

② 순환정비방식의 정비사업

(1) 순환정비사업

사업시행자는 정비구역의 안과 밖에 새로 건설한 주택 또는 이미 건설되어 있는 주택의 경우 그 정비사업의 시행으로 철거되는 주택의 소유자 또는 세입자(정비구역에서 실제 거주하는 자로 한정한다)를 임시로 거주하게 하는 등 그 정비구역을 순차적으로 정비하여 주택의 소유자 또는 세입자의 이주대책을 수립하여야 한다(법 제59조 제1항).

(2) 순환용 주택의 공급

사업시행자는 순환정비방식으로 정비사업을 시행하는 경우에는 임시로 거주하는 주택(이하 "순환용 주택"이라 한다)을 주택법 제54조에도 불구하고 제61조에 따른 임시거주시설로 사용하거나 임대할 수 있으며, 대통령령으로 정하는 방법과 절차에 따라 토지주택공사 등이 보유한 공공임대주택을 순환용 주택으로 우선 공급할 것을 요청할 수 있다(법 제59조 제2항).

(3) 순환용 주택의 처분

사업시행자는 순환용 주택에 거주하는 자가 정비사업이 완료된 후에도 순환용 주택에 계속 거주하기를 희망하는 때에는 대통령령으로 정하는 바에 따라 분양하거나 계속 임대할 수 있다. 이 경우 사업시행자가 소유하는 순환용 주택은 인가받은 관리처분계획에 따라 토지등소유자에게 처분된 것으로 본다(법 제59조 제3항).

③ 지정개발자의 정비사업비의 예치 등

① **지정개발자의 예치**: 시장·군수 등은 재개발사업의 사업시행계획인가를 하는 경우 해당 정비사업의 사업시행자가 지정개발자(지정개발자가 토지등소유자인 경우로 한정한다)인 때에는 정비사업비의 100분의 20의 범위에서 시·도조례로 정하는 금액을 예치하게 할 수 있다(법 제60조 제1항).

② **예치금 반환**: 예치금은 청산금의 지급이 완료된 때에 반환한다(법 제60조 제2항).

06 정비사업시행을 위한 조치

1 임시거주시설·임시상가의 설치 등

(1) 임시거주시설

① 사업시행자는 주거환경개선사업 및 재개발사업의 시행으로 철거되는 주택의 소유자 또는 세입자에게 해당 정비구역 안과 밖에 위치한 임대주택 등의 시설에 임시로 거주하게 하거나 주택자금의 융자를 알선하는 등 임시거주에 상응하는 조치를 하여야 한다(법 제61조 제1항).

② 사업시행자는 임시거주시설의 설치 등을 위하여 필요한 때에는 국가·지방자치단체, 그 밖의 공공단체 또는 개인의 시설이나 토지를 일시 사용할 수 있다(법 제61조 제2항).

(2) 국·공유지의 무상사용

국가 또는 지방자치단체는 사업시행자로부터 임시거주시설에 필요한 건축물이나 토지의 사용신청을 받은 때에는 다음에 해당하는 사유가 없으면 이를 거절하지 못한다. 이 경우 사용료 또는 대부료는 면제한다(법 제61조 제3항).

> 1. 임시거주시설의 설치를 위하여 필요한 건축물이나 토지에 대하여 제3자와 이미 매매계약을 체결한 경우
> 2. 사용신청 이전에 임시거주시설의 설치를 위하여 필요한 건축물이나 토지에 대한 사용계획이 확정된 경우
> 3. 제3자에게 이미 임시거주시설의 설치를 위하여 필요한 건축물이나 토지에 대한 사용허가를 한 경우

(3) 원상회복

사업시행자는 정비사업의 공사를 완료한 때에는 완료한 날부터 30일 이내에 임시거주시설을 철거하고, 사용한 건축물이나 토지를 원상회복하여야 한다(법 제61조 제4항).

(4) 임시상가의 설치

재개발사업의 사업시행자는 사업시행으로 이주하는 상가세입자가 사용할 수 있도록 정비구역 또는 정비구역 인근에 임시상가를 설치할 수 있다(법 제61조 제5항).

(5) 임시거주시설·임시상가의 설치 등에 따른 손실보상

① 협의: 사업시행자는 공공단체(지방자치단체는 제외한다) 또는 개인의 시설이나 토지를 일시 사용함으로써 손실을 입은 자가 있는 경우에는 손실을 보상하여야 하며, 손실을 보상하는 경우에는 손실을 입은 자와 협의하여야 한다(법 제62조 제1항).

② **재결신청**: 사업시행자 또는 손실을 입은 자는 손실보상에 관한 협의가 성립되지 아니하거나 협의할 수 없는 경우에는 공익사업을 위한 토지 등의 취득 및 보상에 관한 법률에 따라 설치되는 관할 토지수용위원회에 재결을 신청할 수 있다(법 제62조 제2항).

③ **공익사업을 위한 토지 등의 취득 및 보상에 관한 법률 준용**: 손실보상에 관하여는 이 법에 규정된 것을 제외하고는 공익사업을 위한 토지 등의 취득 및 보상에 관한 법률을 준용한다(법 제62조 제3항).

② 토지 등의 수용 또는 사용

(1) 수용 또는 사용의 범위

사업시행자는 정비구역에서 정비사업[재건축사업의 경우에는 제26조 제1항 제1호 및 제27조 제1항 제1호(천재지변 등)에 해당하는 사업으로 한정한다]을 시행하기 위하여 공익사업을 위한 토지 등의 취득 및 보상에 관한 법률에 따른 토지·물건 또는 그 밖의 권리를 취득하거나 사용할 수 있다(법 제63조).

(2) 공익사업을 위한 토지 등의 취득 및 보상에 관한 법률의 준용

① **원칙**: 정비구역에서 정비사업의 시행을 위한 토지 또는 건축물의 소유권과 그 밖의 권리에 대한 수용 또는 사용은 이 법에 규정된 사항을 제외하고는 공익사업을 위한 토지 등의 취득 및 보상에 관한 법률을 준용한다. 다만, 정비사업의 시행에 따른 손실보상의 기준 및 절차는 대통령령으로 정할 수 있다(법 제65조 제1항).

② **특례**
   ㉠ **사업인정 및 고시의 의제**: 공익사업을 위한 토지 등의 취득 및 보상에 관한 법률을 준용하는 경우 사업시행계획인가 고시(시장·군수 등이 직접 정비사업을 시행하는 경우에는 사업시행계획서의 고시를 말한다)가 있은 때에는 사업인정 및 그 고시가 있은 것으로 본다(법 제65조 제2항).
   ㉡ **재결신청 기간**: 수용 또는 사용에 대한 재결의 신청은 공익사업을 위한 토지 등의 취득 및 보상에 관한 법률에도 불구하고 사업시행계획인가(사업시행계획변경인가를 포함한다)를 할 때 정한 사업시행기간 이내에 하여야 한다(법 제65조 제3항).
   ㉢ **현물보상**: 대지 또는 건축물을 현물보상하는 경우에는 준공인가 이후에도 할 수 있다(법 제65조 제4항).

③ 재건축사업에서의 매도청구

① 재건축사업의 사업시행자는 사업시행계획인가의 고시가 있은 날부터 30일 이내에 다음의 자에게 조합설립 또는 사업시행자의 지정에 관한 동의 여부를 회답할 것을 서면으로 촉구하여야 한다(법 제64조 제1항).

> 1. 조합설립에 동의를 하지 아니한 자
> 2. 시장·군수 등, 토지주택공사 등 또는 신탁업자의 사업시행자 지정에 동의하지 아니한 자

② 동의 여부를 회답할 것을 서면으로 촉구를 받은 토지등소유자는 촉구를 받은 날부터 2개월 이내에 회답하여야 한다(법 제64조 제2항).

③ 2개월 이내에 회답하지 아니한 경우 그 토지등소유자는 조합설립 또는 사업시행자의 지정에 동의하지 아니하겠다는 뜻을 회답한 것으로 본다(법 제64조 제3항).

④ 2개월 이내의 회답기간이 지나면 사업시행자는 그 기간이 만료된 때부터 2개월 이내에 조합설립 또는 사업시행자 지정에 동의하지 아니하겠다는 뜻을 회답한 토지등소유자와 건축물 또는 토지만 소유한 자에게 건축물 또는 토지의 소유권과 그 밖의 권리를 매도할 것을 청구할 수 있다(법 제64조 제4항).

④ 주거환경개선사업의 특례

(1) 국민주택채권 매입의 면제

주거환경개선사업에 따른 건축허가를 받은 때와 부동산등기(소유권 보존등기 또는 이전등기로 한정한다)를 하는 때에는 주택도시기금법의 국민주택채권의 매입에 관한 규정을 적용하지 아니한다(법 제68조 제1항).

(2) 도시·군계획시설의 설치기준

주거환경개선구역에서 국토의 계획 및 이용에 관한 법률에 따른 도시·군계획시설의 결정·구조 및 설치의 기준 등에 필요한 사항은 국토교통부령으로 정하는 바에 따른다(법 제68조 제2항).

⑤ 다른 법령의 적용 및 배제

주거환경개선구역은 해당 정비구역의 지정·고시가 있은 날부터 국토의 계획 및 이용에 관한 법률에 따라 주거지역을 세분하여 정하는 지역 중 대통령령으로 정하는 지역으로 결정·고시된 것으로 본다(법 제69조 제1항).

> 1. 주거환경개선사업이 자력개량방식 또는 환지방법으로 시행되는 경우 : 제2종 일반주거지역으로 결정·고시된 것으로 본다.
> 2. 주거환경개선사업이 수용방식 또는 관리처분계획 방법으로 시행되는 경우 : 제3종 일반주거지역으로 결정·고시된 것으로 본다. 다만, 공공지원민간임대주택 또는 공공주택 특별법에 따른 공공건설임대주택을 200세대 이상 공급하려는 경우로서 해당 임대주택의 건설지역을 포함하여 정비계획에서 따로 정하는 구역은 준주거지역으로 한다.

⑥ 지상권 등 계약의 해지

(1) 계약기간에 대한 특례

관리처분계획의 인가를 받은 경우 지상권·전세권설정계약 또는 임대차계약의 계약기간은 민법 제280조·제281조 및 제312조 제2항, 주택임대차보호법 제4조 제1항, 상가건물임대차보호법 제9조 제1항을 적용하지 아니한다(법 제70조 제5항).

(2) 용익권자를 위한 조치

① **계약해지** : 정비사업의 시행으로 지상권·전세권 또는 임차권의 설정 목적을 달성할 수 없는 때에는 그 권리자는 계약을 해지할 수 있다(법 제70조 제1항).

② **금전반환청구권** : 계약을 해지할 수 있는 자가 가지는 전세금·보증금, 그 밖의 계약상의 금전의 반환청구권은 사업시행자에게 행사할 수 있다(법 제70조 제2항).

③ **구상권의 행사** : 금전의 반환청구권의 행사로 해당 금전을 지급한 사업시행자는 해당 토지등소유자에게 구상할 수 있다(법 제70조 제3항).

④ **건축물 등의 압류** : 사업시행자는 구상이 되지 아니하는 때에는 해당 토지등소유자에게 귀속될 대지 또는 건축물을 압류할 수 있다. 이 경우 압류한 권리는 저당권과 동일한 효력을 가진다(법 제70조 제4항).

07 관리처분계획 등

1 분양공고 및 분양신청 제34회

(1) 분양통지 및 공고

① 사업시행자는 사업시행계획인가의 고시가 있은 날(사업시행계획인가 이후 시공자를 선정한 경우에는 시공자와 계약을 체결한 날)부터 120일 이내에 다음의 사항을 토지등소유자에게 통지하고, 분양의 대상이 되는 대지 또는 건축물의 내역 등 대통령령으로 정하는 사항을 해당 지역에서 발간되는 일간신문에 공고하여야 한다. 다만, 토지등소유자 1인이 시행하는 재개발사업의 경우에는 그러하지 아니하다(법 제72조 제1항).

> 1. 분양대상자별 종전의 토지 또는 건축물의 명세 및 사업시행계획인가의 고시가 있은 날을 기준으로 한 가격(사업시행계획인가 전에 철거된 건축물은 시장·군수 등에게 허가를 받은 날을 기준으로 한 가격)
> 2. 분양대상자별 분담금의 추산액
> 3. 분양신청기간
> 4. 사업시행인가의 내용
> 5. 정비사업의 종류·명칭 및 정비구역의 위치·면적
> 6. 분양신청기간 및 장소
> 7. 분양대상 대지 또는 건축물의 내역
> 8. 분양신청자격
> 9. 분양신청방법
> 10. 분양을 신청하지 아니한 자에 대한 조치
> 11. 분양신청서
>
> ⚘ **분양공고에 포함될 사항**
> 1. 사업시행인가의 내용
> 2. 정비사업의 종류·명칭 및 정비구역의 위치·면적
> 3. 분양신청기간 및 장소
> 4. 분양대상 대지 또는 건축물의 내역
> 5. 분양신청자격
> 6. 분양신청방법
> 7. 토지등소유자외의 권리자의 권리신고방법
> 8. 분양을 신청하지 아니한 자에 대한 조치
> 9. 그 밖에 시·도조례로 정하는 사항

② 분양신청기간은 통지한 날부터 30일 이상 60일 이내로 하여야 한다. 다만, 사업시행자는 관리처분계획의 수립에 지장이 없다고 판단하는 경우에는 분양신청기간을 20일의 범위에서 한 차례만 연장할 수 있다(법 제72조 제2항).

③ 사업시행자는 정관 등으로 정하고 있거나 총회의 의결을 거친 경우 분양신청을 하지 아니한 자, 분양신청기간 종료 이전에 분양신청을 철회한 토지등소유자에게 분양신청을 다시 하게 할 수 있다(법 제72조 제5항).

④ 투기과열지구의 정비사업에서 관리처분계획에 따라 분양대상자 및 그 세대에 속한 자는 분양대상자 선정일(조합원 분양분의 분양대상자는 최초 관리처분계획 인가일을 말한다)부터 5년 이내에는 투기과열지구에서 분양신청을 할 수 없다. 다만, 상속, 결혼, 이혼으로 조합원 자격을 취득한 경우에는 분양신청을 할 수 있다(법 제72조 제6항).

(2) 분양신청의 절차

분양신청을 하려는 자는 분양신청서에 소유권의 내역을 분명하게 적고, 그 소유의 토지 및 건축물에 관한 등기부등본 또는 환지예정지증명원을 첨부하여 사업시행자에게 제출하여야 한다. 이 경우 우편의 방법으로 분양신청을 하는 때에는 분양신청기간 내에 발송된 것임을 증명할 수 있는 우편으로 하여야 한다(영 제59조 제3항).

② 분양신청을 하지 아니한 자 등에 대한 조치 제33회, 제35회

(1) 손실보상에 관한 협의

사업시행자는 관리처분계획이 인가·고시된 다음 날부터 90일 이내에 다음에서 정하는 자와 토지, 건축물 또는 그 밖의 권리의 손실보상에 관한 협의를 하여야 한다. 다만, 사업시행자는 분양신청기간 종료일의 다음 날부터 협의를 시작할 수 있다(법 제73조 제1항).

1. 분양신청을 하지 아니한 자
2. 분양신청기간 종료 이전에 분양신청을 철회한 자
3. 분양대상자 선정일부터 5년 이내에는 투기과열지구에서 분양신청을 할 수 없는 자
4. 인가된 관리처분계획에 따라 분양대상에서 제외된 자

(2) 재결신청 또는 매도청구소송 제기

사업시행자는 협의가 성립되지 아니하면 그 기간의 만료일 다음 날부터 60일 이내에 수용재결을 신청하거나 매도청구소송을 제기하여야 한다(법 제73조 제2항).

(3) 지연일수에 따른 이자지급

사업시행자는 기간을 넘겨서 수용재결을 신청하거나 매도청구소송을 제기한 경우에는 해당 토지등소유자에게 지연일수(遲延日數)에 따른 이자를 지급하여야 한다. 이 경우 이자 는 100분의 15 이하의 범위에서 대통령령으로 정하는 이율을 적용하여 산정한다(법 제73조 제3항).

③ 관리처분계획의 수립 제31회, 제32회

(1) 관리처분계획의 내용

① 사업시행자는 분양신청기간이 종료된 때에는 분양신청의 현황을 기초로 다음 사항이 포함된 관리처분계획을 수립하여 시장·군수 등의 인가를 받아야 하며, 관리처분계획 을 변경·중지 또는 폐지하려는 경우에도 또한 같다. 다만, 대통령령으로 정하는 경미 한 사항을 변경하려는 경우에는 시장·군수 등에게 신고하여야 한다(법 제74조 제1항 본문).

1. 분양설계
2. 분양대상자의 주소 및 성명
3. 분양대상자별 분양예정인 대지 또는 건축물의 추산액(임대관리 위탁주택에 관한 내용을 포함한다)
4. 다음에 해당하는 보류지 등의 명세와 추산액 및 처분방법. 다만, 공공지원민간임대주택의 경우에는 선정된 임대사업자의 성명 및 주소(법인인 경우에는 법인의 명칭 및 소재지와 대표자의 성명 및 주소)를 포함한다.
   ① 일반 분양분
   ② 공공지원민간임대주택
   ③ 임대주택
   ④ 그 밖에 부대시설·복리시설 등
5. 분양대상자별 종전의 토지 또는 건축물 명세 및 사업시행계획인가 고시가 있은 날을 기준으로 한 가격(사업시행계획인가 전에 제81조 제3항에 따라 철거된 건축물은 시장·군수 등에게 허가를 받은 날을 기준으로 한 가격)
6. 정비사업비의 추산액(재건축사업의 경우에는 재건축초과이익 환수에 관한 법률에 따른 재건축부담금에 관한 사항을 포함한다) 및 그에 따른 조합원 분담규모 및 분담시기
7. 분양대상자의 종전 토지 또는 건축물에 관한 소유권 외의 권리명세
8. 세입자별 손실보상을 위한 권리명세 및 그 평가액
9. 그 밖에 정비사업과 관련한 권리 등에 관하여 대통령령으로 정하는 사항

② 다만, 대통령령으로 정하는 경미한 사항을 변경하려는 경우에는 시장·군수 등에게 신고하여야 한다. 시장·군수 등은 신고를 받은 날부터 20일 이내에 신고수리 여부를 신고인에게 통지하여야 한다(법 제74조 제1항, 제2항).

> ▶ 관리처분계획의 경미한 변경(신고사항)
> 1. 계산착오·오기·누락 등에 따른 조서의 단순정정인 경우(불이익을 받는 자가 없는 경우에만 해당한다)
> 2. 정관 및 사업시행계획인가의 변경에 따라 관리처분계획을 변경하는 경우
> 3. 매도청구에 대한 판결에 따라 관리처분계획을 변경하는 경우
> 4. 권리·의무의 변동이 있는 경우로서 분양설계의 변경을 수반하지 아니하는 경우
> 5. 주택분양에 관한 권리를 포기하는 토지등소유자에 대한 임대주택의 공급에 따라 관리처분계획을 변경하는 경우
> 6. 민간임대주택에 관한 특별법에 따른 임대사업자의 주소(법인인 경우에는 법인의 소재지와 대표자의 성명 및 주소)를 변경하는 경우

③ 시장·군수 등이 20일 이내에 신고수리 여부 또는 민원 처리 관련 법령에 따른 처리기간의 연장을 신고인에게 통지하지 아니하면 그 기간(민원 처리 관련 법령에 따라 처리기간이 연장 또는 재연장된 경우에는 해당 처리기간을 말한다)이 끝난 날의 다음 날에 신고를 수리한 것으로 본다(법 제74조 제3항).

④ 조합은 관리처분계획의 수립 및 변경의 사항을 의결하기 위한 총회의 개최일부터 1개월 전에 ① 3.부터 6.까지의 규정에 해당하는 사항을 각 조합원에게 문서로 통지하여야 한다(법 제74조 제5항).

(2) 관리처분작성시 재산평가방법

정비사업에서 분양대상자별 분양예정인 대지 또는 건축물의 추산액·분양대상자별 종전의 토지 또는 건축물 명세 및 사업시행계획인가 고시가 있은 날을 기준으로 한 가격 및 세입자별 손실보상을 위한 권리명세 및 그 평가액에 따라 재산 또는 권리를 평가할 때에는 다음의 방법에 따른다(법 제74조 제4항).

> 감정평가 및 감정평가사에 관한 법률에 따른 감정평가법인 등 중 다음의 구분에 따른 감정평가법인 등이 평가한 금액을 산술평균하여 산정한다. 다만, 관리처분계획을 변경·중지 또는 폐지하려는 경우 분양예정 대상인 대지 또는 건축물의 추산액과 종전의 토지 또는 건축물의 가격은 사업시행자 및 토지등소유자 전원이 합의하여 산정할 수 있다.
> ① 주거환경개선사업 또는 재개발사업: 시장·군수 등이 선정·계약한 2인 이상의 감정평가법인 등
> ② 재건축사업: 시장·군수 등이 선정·계약한 1인 이상의 감정평가법인 등과 조합총회의 의결로 선정·계약한 1인 이상의 감정평가법인 등

⑶ 관리처분계획의 수립기준

관리처분계획의 내용은 다음의 기준에 따른다(법 제76조 제1항).

1. 작성기준 : 종전의 토지 또는 건축물의 면적·이용 상황·환경, 그 밖의 사항을 종합적으로 고려하여 대지 또는 건축물이 균형 있게 분양신청자에게 배분되고 합리적으로 이용되도록 한다.
2. 증·감환권 : 지나치게 좁거나 넓은 토지 또는 건축물은 넓히거나 좁혀 대지 또는 건축물이 적정 규모가 되도록 한다.
3. 현금청산 : 너무 좁은 토지 또는 건축물을 취득한 자나 정비구역 지정 후 분할된 토지 또는 집합건물의 구분소유권을 취득한 자에게는 현금으로 청산할 수 있다.
4. 위해방지를 위한 조치 : 재해 또는 위생상의 위해를 방지하기 위하여 토지의 규모를 조정할 특별한 필요가 있는 때에는 너무 좁은 토지를 넓혀 토지를 갈음하여 보상을 하거나 건축물의 일부와 그 건축물이 있는 대지의 공유지분을 교부할 수 있다.
5. 분양설계 기준 : 분양설계에 관한 계획은 분양신청기간이 만료하는 날을 기준으로 하여 수립한다.
6. 1주택 공급원칙 : 1세대 또는 1명이 하나 이상의 주택 또는 토지를 소유한 경우 1주택을 공급하고, 같은 세대에 속하지 아니하는 2명 이상이 1주택 또는 1토지를 공유한 경우에는 1주택만 공급한다.
7. 다음의 경우에는 다음의 방법에 따라 주택을 공급할 수 있다.
   ① 조례로 정하는 바에 따른 주택의 공급 : 2명 이상이 1토지를 공유한 경우로서 시·도조례로 주택공급을 따로 정하고 있는 경우에는 시·도조례로 정하는 바에 따라 주택을 공급할 수 있다.
   ② 2주택 공급 : 분양대상자별 종전의 토지 또는 건축물 명세 및 사업시행계획인가 고시가 있은 날을 기준으로 한 가격의 범위 또는 종전 주택의 주거전용면적의 범위에서 2주택을 공급할 수 있고, 이 중 1주택은 주거전용면적을 60제곱미터 이하로 한다. 다만, 60제곱미터 이하로 공급받은 1주택은 이전고시일 다음 날부터 3년이 지나기 전에는 주택을 전매(매매·증여나 그 밖에 권리의 변동을 수반하는 모든 행위를 포함하되 상속의 경우는 제외한다)하거나 전매를 알선할 수 없다.
   ③ 3주택까지 공급 : 과밀억제권역에 위치한 재건축사업의 경우에는 토지등소유자가 소유한 주택수의 범위에서 3주택까지 공급할 수 있다. 다만, 투기과열지구 또는 주택법 제63조의2 제1항 제1호에 따라 지정된 조정대상지역에서 사업시행계획인가(최초 사업시행계획인가를 말한다)를 신청하는 재건축사업의 경우에는 그러하지 아니하다.

④ 소유한 주택 수만큼 공급 : 다음에 해당하는 토지등소유자에게는 소유한 주택 수만큼 공급할 수 있다.

　㉠ 과밀억제권역에 위치하지 아니한 재건축사업의 토지등소유자. 다만, 투기과열지구 또는 주택법 제63조의2 제1항 제1호에 따라 지정된 조정대상지역에서 사업시행계획인가(최초 사업시행계획인가를 말한다)를 신청하는 재건축사업의 토지등소유자는 제외한다. 단, 과밀억제권역 외의 조정대상지역 또는 투기과열지구에서 조정대상지역 또는 투기과열지구로 지정되기 전에 1명의 토지등소유자로부터 토지 또는 건축물의 소유권을 양수하여 여러 명이 소유하게 된 경우에는 양도인과 양수인에게 각각 1주택을 공급할 수 있다.

　㉡ 근로자(공무원인 근로자를 포함한다) 숙소, 기숙사 용도로 주택을 소유하고 있는 토지등소유자

　㉢ 국가, 지방자치단체 및 토지주택공사 등

　㉣ 「지방자치분권 및 지역균형발전에 관한 특별법」 제25조에 따른 공공기관지방이전 및 혁신도시 활성화를 위한 시책 등에 따라 이전하는 공공기관이 소유한 주택을 양수한 자

예제

도시 및 주거환경정비법령상 관리처분계획의 기준에 관한 설명으로 틀린 것은?

① 같은 세대에 속하지 아니하는 2명 이상이 1주택을 공유한 경우에는 소유자 수만큼 주택을 공급하여야 한다.

② 지나치게 넓은 토지 또는 건축물에 대하여 필요한 경우에는 이를 감소시켜 대지 또는 건축물이 적정규모가 되도록 한다.

③ 분양설계에 관한 계획은 분양신청기간이 만료되는 날을 기준으로 하여 수립한다.

④ 근로자숙소·기숙사 용도로 주택을 소유하고 있는 토지등소유자에게는 소유한 주택 수만큼 주택을 공급할 수 있다.

⑤ 너무 좁은 토지 또는 건축물을 취득한 자나 정비구역 지정 후 분할된 토지 또는 집합건물의 구분소유권을 취득한 자에 대하여는 현금으로 청산할 수 있다.

해설 ① 같은 세대에 속하지 아니하는 2명 이상이 1주택을 공유한 경우에는 1주택만 공급한다.　◆ 정답 ①

4 주택 등 건축물을 분양받을 권리의 산정 기준일

(1) 분양받을 권리의 기준일

정비사업을 통하여 분양받을 건축물이 다음에 해당하는 경우에는 정비구역 지정·고시가 있은 날 또는 시·도지사가 투기를 억제하기 위하여 기본계획 수립을 위한 주민공람의 공고일 후 정비구역 지정·고시 전에 따로 정하는 날(이하 이 조에서 "기준일"이라 한다)의 다음 날을 기준으로 건축물을 분양받을 권리를 산정한다(법 제77조 제1항).

1. 1필지의 토지가 여러 개의 필지로 분할되는 경우
2. 「집합건물의 소유 및 관리에 관한 법률」에 따른 집합건물이 아닌 건축물이 같은 법에 따른 집합건물로 전환되는 경우
3. 하나의 대지 범위에 속하는 동일인 소유의 토지와 주택 등 건축물을 토지와 주택 등 건축물로 각각 분리하여 소유하는 경우
4. 나대지에 건축물을 새로 건축하거나 기존 건축물을 철거하고 다세대주택, 그 밖의 공동주택을 건축하여 토지등소유자의 수가 증가하는 경우
5. 「집합건물의 소유 및 관리에 관한 법률」 제2조 제3호에 따른 전유부분의 분할로 토지등소유자의 수가 증가하는 경우

(2) 고시의무

시·도지사는 기준일을 따로 정하는 경우에는 기준일·지정사유·건축물을 분양받을 권리의 산정 기준 등을 해당 지방자치단체의 공보에 고시하여야 한다(법 제77조 제2항).

5 관리처분계획의 공람 및 인가절차 등

(1) 공람 및 의견청취

사업시행자는 관리처분계획인가를 신청하기 전에 관계 서류의 사본을 30일 이상 토지등소유자에게 공람하게 하고 의견을 들어야 한다. 다만, 대통령령으로 정하는 경미한 사항을 변경하려는 경우에는 토지등소유자의 공람 및 의견청취 절차를 거치지 아니할 수 있다(법 제78조 제1항).

(2) 인가 여부의 통보 및 고시

시장·군수 등은 사업시행자의 관리처분계획인가의 신청이 있은 날부터 30일 이내에 인가 여부를 결정하여 사업시행자에게 통보하여야 한다. 다만, 시장·군수 등은 관리처분계획의 타당성 검증을 요청하는 경우에는 관리처분계획인가의 신청을 받은 날부터 60일 이내에 인가 여부를 결정하여 사업시행자에게 통지하여야 한다(법 제78조 제2항).

6 관리처분계획에 따른 처분 등

(1) 조성된 대지 등의 처분

① 정비사업의 시행으로 조성된 대지 및 건축물은 관리처분계획에 따라 처분 또는 관리하여야 한다(법 제79조 제1항).

② 사업시행자는 정비사업의 시행으로 건설된 건축물을 제74조에 따라 인가받은 관리처분계획에 따라 토지등소유자에게 공급하여야 한다(법 제79조 제2항).

(2) 잔여분에 대한 처리

① 사업시행자는 분양신청을 받은 후 잔여분이 있는 경우에는 정관 등 또는 사업시행계획으로 정하는 목적을 위하여 그 잔여분을 보류지(건축물을 포함한다)로 정하거나 조합원 또는 토지등소유자 이외의 자에게 분양할 수 있다. 이 경우 분양공고와 분양신청절차 등에 필요한 사항은 대통령령으로 정한다(법 제79조 제4항).

② 국토교통부장관, 시·도지사, 시장, 군수, 구청장 또는 토지주택공사 등은 조합이 요청하는 경우 재개발사업의 시행으로 건설된 임대주택을 인수하여야 한다. 이 경우 재개발임대주택의 인수 절차 및 방법, 인수 가격 등에 필요한 사항은 대통령령으로 정한다(법 제79조 제5항).

③ 조합이 재개발사업의 시행으로 건설된 임대주택(이하 "재개발임대주택"이라 한다)의 인수를 요청하는 경우 시·도지사 또는 시장, 군수, 구청장이 우선하여 인수하여야 하며, 시·도지사 또는 시장, 군수, 구청장이 예산·관리인력의 부족 등 부득이한 사정으로 인수하기 어려운 경우에는 국토교통부장관에게 토지주택공사 등을 인수자로 지정할 것을 요청할 수 있다(영 제68조 제1항).

④ 사업시행자는 공급대상자에게 주택을 공급하고 남은 주택을 공급대상자 외의 자에게 공급할 수 있다(법 제79조 제7항).

7 지분형주택 등의 공급 제34회

(1) 사업시행자가 토지주택공사 등인 경우에는 분양대상자와 사업시행자가 공동 소유하는 방식으로 주택(이하 "지분형주택"이라 한다)을 공급할 수 있다(법 제80조 제1항).

(2) 지분형주택의 공급

지분형주택(이하 "지분형주택"이라 한다)의 규모, 공동 소유기간 및 분양대상자는 다음과 같다(영 제70조 제1항).

1. 지분형주택의 규모는 주거전용면적 60제곱미터 이하인 주택으로 한정한다.
2. 지분형주택의 공동 소유기간은 소유권을 취득한 날부터 10년의 범위에서 사업시행자가 정하는 기간으로 한다.
3. 지분형주택의 분양대상자는 다음의 요건을 모두 충족하는 자로 한다.
   ① 법 제74조 제1항 제5호에 따라 산정한 종전에 소유하였던 토지 또는 건축물의 가격이 제1호에 따른 주택의 분양가격 이하에 해당하는 사람
   ② 세대주로서 제13조 제1항에 따른 정비계획의 공람 공고일 당시 해당 정비구역에 2년 이상 실제 거주한 사람
   ③ 정비사업의 시행으로 철거되는 주택 외 다른 주택을 소유하지 아니한 사람

(3) 국토교통부장관, 시·도지사, 시장, 군수, 구청장 또는 토지주택공사등은 정비구역에 세입자와 다음의 어느 하나에 해당하는 자의 요청이 있는 경우에는 인수한 임대주택의 일부를 「주택법」에 따른 토지임대부 분양주택으로 전환하여 공급하여야 한다(법 제80조 제2항).

1. 면적이 90제곱미터 미만의 토지를 소유한 자로서 건축물을 소유하지 아니한 자
2. 바닥면적이 40제곱미터 미만의 사실상 주거를 위하여 사용하는 건축물을 소유한 자로서 토지를 소유하지 아니한 자

예제

도시 및 주거환경정비법령상 관리처분계획에 따른 처분 등에 관한 설명으로 틀린 것은?
① 정비사업의 시행으로 조성된 대지 및 건축물은 관리처분계획에 따라 처분 또는 관리하여야 한다.
② 사업시행자는 정비사업의 시행으로 건설된 건축물을 관리처분계획에 따라 토지등소유자에게 공급하여야 한다.
③ 환지를 공급하는 방법으로 시행하는 주거환경개선사업의 사업시행자가 정비구역에 주택을 건설하는 경우 주택의 공급 방법에 관하여 주택법에도 불구하고 시장·군수 등의 승인을 받아 따로 정할 수 있다.
④ 사업시행자는 분양신청을 받은 후 잔여분이 있는 경우에는 사업시행계획으로 정하는 목적을 위하여 그 잔여분을 조합원 또는 토지등소유자 이외의 자에게 분양할 수 있다.
⑤ 조합이 재개발임대주택의 인수를 요청하는 경우 국토교통부장관이 우선하여 인수하여야 한다.

해설 ⑤ 조합이 재개발임대주택의 인수를 요청하는 경우 시·도지사 또는 시장, 군수, 구청장이 우선하여 인수하여야 한다.
◑ 정답 ⑤

8 건축물 등의 사용·수익의 중지 및 철거 등

(1) 사용·수익의 중지

종전의 토지 또는 건축물의 소유자·지상권자·전세권자·임차권자 등 권리자는 관리처분계획인가의 고시가 있은 때에는 이전고시가 있는 날까지 종전의 토지 또는 건축물을 사용하거나 수익할 수 없다. 다만, 다음에 해당하는 경우에는 그러하지 아니하다(법 제81조 제1항).

> 1. 사업시행자의 동의를 받은 경우
> 2. 공익사업을 위한 토지 등의 취득 및 보상에 관한 법률에 따른 손실보상이 완료되지 아니한 경우

(2) 건축물의 철거

① 원 칙

사업시행자는 관리처분계획인가를 받은 후 기존의 건축물을 철거하여야 한다(법 제81조 제2항).

② 예 외

사업시행자는 다음의 어느 하나에 해당하는 경우에는 기존 건축물 소유자의 동의 및 시장·군수 등의 허가를 받아 해당 건축물을 철거할 수 있다. 이 경우 건축물의 철거는 토지등소유자로서의 권리·의무에 영향을 주지 아니한다(법 제81조 제3항).

> 1. 재난 및 안전관리 기본법·주택법·건축법 등 관계 법령에서 정하는 기존 건축물의 붕괴 등 안전사고의 우려가 있는 경우
> 2. 폐공가(廢空家)의 밀집으로 범죄발생의 우려가 있는 경우

③ 철거시기의 제한

시장·군수 등은 사업시행자가 ①에 따라 기존의 건축물을 철거하거나 철거를 위하여 점유자를 퇴거시키려는 경우 다음의 어느 하나에 해당하는 시기에는 건축물을 철거하거나 점유자를 퇴거시키는 것을 제한할 수 있다(법 제81조 제4항).

> 1. 일출 전과 일몰 후
> 2. 호우, 대설, 폭풍해일, 지진해일, 태풍, 강풍, 풍랑, 한파 등으로 해당 지역에 중대한 재해발생이 예상되어 기상청장이 기상법에 따라 특보를 발표한 때
> 3. 재난 및 안전관리 기본법에 따른 재난이 발생한 때
> 4. 1.부터 3.까지의 규정에 준하는 시기로 시장·군수 등이 인정하는 시기

9 관리처분의 방법 등

(1) 주거환경개선사업, 재개발사업(영 제63조 제1항)

1. 시·도조례로 분양주택의 규모를 제한하는 경우에는 그 규모 이하로 주택을 공급할 것
2. 1개의 건축물의 대지는 1필지의 토지가 되도록 정할 것. 다만, 주택단지의 경우에는 그러하지 아니하다.
3. 정비구역의 토지등소유자(지상권자를 제외한다)에게 분양할 것. 다만, 공동주택을 분양하는 경우 시·도조례로 정하는 금액·규모·취득 시기 또는 유형에 대한 기준에 부합하지 아니하는 토지등소유자는 시·도조례로 정하는 바에 의하여 분양대상에서 제외할 수 있다.
4. 1필지의 대지 및 그 대지에 건축된 건축물(법 제79조 제4항 전단에 따라 보류지로 정하거나 조합원 외의 자에게 분양하는 부분을 제외한다)을 2인 이상에게 분양하는 때에는 기존의 토지 및 건축물의 가격(제93조에 따라 사업시행방식이 전환된 경우에는 환지예정지의 권리가액을 말한다. 이하 제7호에서 같다)과 제59조 제4항 및 제62조 제3호에 따라 토지등소유자가 부담하는 비용(재개발사업의 경우에만 해당한다)의 비율에 따라 분양할 것
5. 분양대상자가 공동으로 취득하게 되는 건축물의 공용부분은 각 권리자의 공유로 하되, 해당 공용부분에 대한 각 권리자의 지분비율은 그가 취득하게 되는 부분의 위치 및 바닥면적 등의 사항을 고려하여 정할 것
6. 1필지의 대지 위에 2인 이상에게 분양될 건축물이 설치된 경우에는 건축물의 분양면적의 비율에 따라 그 대지소유권이 주어지도록 할 것(주택과 그 밖의 용도의 건축물이 함께 설치된 경우에는 건축물의 용도 및 규모 등을 고려하여 대지지분이 합리적으로 배분될 수 있도록 한다). 이 경우 토지의 소유관계는 공유로 한다.
7. 주택 및 부대시설·복리시설의 공급순위는 기존의 토지 또는 건축물의 가격을 고려하여 정할 것. 이 경우 그 구체적인 기준은 시·도조례로 정할 수 있다.

(2) 재건축사업의 경우 관리처분은 다음의 방법에 따른다. 다만, 조합이 조합원 전원의 동의를 받아 그 기준을 따로 정하는 경우에는 그에 따른다(영 제63조 제2항).

1. 분양대상자가 공동으로 취득하게 되는 건축물의 공용부분은 각 권리자의 공유로 하되, 해당 공용부분에 대한 각 권리자의 지분비율은 그가 취득하게 되는 부분의 위치 및 바닥면적 등의 사항을 고려하여 정할 것
2. 1필지의 대지 위에 2인 이상에게 분양될 건축물이 설치된 경우에는 건축물의 분양면적의 비율에 따라 그 대지소유권이 주어지도록 할 것(주택과 그 밖의 용도의 건축물이 함께 설치된 경우에는 건축물의 용도 및 규모 등을 고려하여 대지지분이 합리적으로 배분될 수 있도록 한다). 이 경우 토지의 소유관계는 공유로 한다.

3. 부대시설·복리시설(부속토지를 포함한다)의 소유자에게는 부대시설·복리시설을 공급할 것. 다만, 다음의 어느 하나에 해당하는 경우에는 1주택을 공급할 수 있다.

　① 새로운 부대시설·복리시설을 건설하지 아니하는 경우로서 기존 부대시설·복리시설의 가액이 분양주택 중 최소분양단위규모의 추산액에 정관등으로 정하는 비율(정관 등으로 정하지 아니하는 경우에는 1로 한다)을 곱한 가액보다 클 것

　② 기존 부대시설·복리시설의 가액에서 새로 공급받는 부대시설·복리시설의 추산액을 뺀 금액이 분양주택 중 최소분양단위규모의 추산액에 정관등으로 정하는 비율을 곱한 가액보다 클 것

　③ 새로 건설한 부대시설·복리시설 중 최소분양단위규모의 추산액이 분양주택 중 최소분양단위규모의 추산액보다 클 것

08 공사완료에 따른 조치 등 제31회

1 정비사업의 준공인가

(1) 시장·군수 등의 준공인가

시장·군수 등이 아닌 사업시행자가 정비사업 공사를 완료한 때에는 대통령령으로 정하는 방법 및 절차에 따라 시장·군수 등의 준공인가를 받아야 한다(법 제83조 제1항).

(2) 준공검사 실시 및 의뢰

준공인가신청을 받은 시장·군수 등은 지체 없이 준공검사를 실시하여야 한다. 이 경우 시장·군수 등은 효율적인 준공검사를 위하여 필요한 때에는 관계 행정기관·공공기관·연구기관, 그 밖의 전문기관 또는 단체에게 준공검사의 실시를 의뢰할 수 있다(법 제83조 제2항).

(3) 준공인가 및 공사완료고시

① 시장·군수 등은 준공검사를 실시한 결과 정비사업이 인가받은 사업시행계획대로 완료되었다고 인정되는 때에는 준공인가를 하고 공사의 완료를 해당 지방자치단체의 공보에 고시하여야 한다(법 제83조 제3항).

② 시장·군수 등은 직접 시행하는 정비사업에 관한 공사가 완료된 때에는 그 완료를 해당 지방자치단체의 공보에 고시하여야 한다(법 제83조 제4항).

(4) 준공인가 전 사용허가

시장·군수 등은 준공인가를 하기 전이라도 완공된 건축물이 사용에 지장이 없는 등 대통령령으로 정하는 기준에 적합한 경우에는 입주예정자가 완공된 건축물을 사용할 수 있도록 사업시행자에게 허가할 수 있다. 다만, 시장·군수 등이 사업시행자인 경우에는 허가를 받지 아니하고 입주예정자가 완공된 건축물을 사용하게 할 수 있다(법 제83조 제5항).

> ▶ 완공된 건축물이 사용에 지장이 없는 등 대통령령으로 정하는 기준이란 다음을 말한다.
> 1. 완공된 건축물에 전기·수도·난방 및 상·하수도 시설 등이 갖추어져 있어 해당 건축물을 사용하는 데 지장이 없을 것
> 2. 완공된 건축물이 관리처분계획에 적합할 것
> 3. 입주자가 공사에 따른 차량통행·소음·분진 등의 위해로부터 안전할 것

② 준공인가 등에 따른 정비구역의 해제

(1) 정비구역의 지정은 준공인가의 고시가 있는 날(관리처분계획을 수립하는 경우에는 이전고시가 있는 때를 말한다)의 다음 날에 해제된 것으로 본다. 이 경우 지방자치단체는 해당 지역을 국토의 계획 및 이용에 관한 법률에 따른 지구단위계획으로 관리하여야 한다(법 제84조 제1항).

(2) 정비구역의 해제는 조합의 존속에 영향을 주지 아니한다(법 제84조 제2항).

③ 소유권 이전고시 등

(1) 소유권 이전의 절차

사업시행자는 공사완료 고시가 있은 때에는 지체 없이 대지확정측량을 하고 토지의 분할절차를 거쳐 관리처분계획에서 정한 사항을 분양받을 자에게 통지하고 대지 또는 건축물의 소유권을 이전하여야 한다. 다만, 정비사업의 효율적인 추진을 위하여 필요한 경우에는 해당 정비사업에 관한 공사가 전부 완료되기 전이라도 완공된 부분은 준공인가를 받아 대지 또는 건축물별로 분양받을 자에게 소유권을 이전할 수 있다(법 제86조 제1항).

(2) 이전고시와 소유권 취득

사업시행자는 대지 및 건축물의 소유권을 이전하려는 때에는 그 내용을 해당 지방자치단체의 공보에 고시한 후 시장·군수 등에게 보고하여야 한다. 이 경우 대지 또는 건축물을 분양받을 자는 고시가 있은 날의 다음 날에 그 대지 또는 건축물의 소유권을 취득한다(법 제86조 제2항).

(3) 조합의 해산

① 조합장은 소유권 이전고시가 있은 날부터 1년 이내에 조합 해산을 위한 총회를 소집하여야 한다(법 제86조의2 제1항).

② 조합장이 고시가 있은 날부터 1년 이내에 총회를 소집하지 아니한 경우 제44조 제2항(총회의 소집)에도 불구하고 조합원 5분의 1 이상의 요구로 소집된 총회에서 조합원 과반수의 출석과 출석 조합원 과반수의 동의를 받아 해산을 의결할 수 있다. 이 경우 요구자 대표로 선출된 자가 조합 해산을 위한 총회의 소집 및 진행을 할 때에는 조합장의 권한을 대행한다(법 제86조의2 제2항).

③ 시장·군수 등은 조합이 정당한 사유 없이 해산을 의결하지 아니하는 경우에는 조합 설립인가를 취소할 수 있다(법 제86조의2 제3항).

④ 해산하는 조합에 청산인이 될 자가 없는 경우에는 「민법」 제83조(법원에 의한 청산인의 선임)에도 불구하고 시장·군수 등은 법원에 청산인의 선임을 청구할 수 있다(법 제86조의2 제4항).

⑤ 조합이 해산을 의결하거나 조합설립인가가 취소된 경우 청산인은 지체 없이 청산의 목적범위에서 성실하게 청산인의 직무를 수행하여야 한다(법 제86조의2 제5항).

> 예제

도시 및 주거환경정비법령상 공사완료에 따른 조치 등에 관한 설명으로 틀린 것은?

① 사업시행자인 지방공사가 정비사업 공사를 완료한 때에는 시장·군수 등의 준공인가를 받아야 한다.

② 시장·군수 등은 준공인가 전 사용허가를 하는 때에는 동별·세대별 또는 구획별로 사용허가를 할 수 있다.

③ 관리처분계획을 수립하는 경우 정비구역의 지정은 이전고시가 있은 날의 다음 날에 해제된 것으로 본다.

④ 준공인가에 따른 정비구역의 해제가 있으면 조합은 해산된 것으로 본다.

⑤ 관리처분계획에 따라 소유권을 이전하는 경우 건축물을 분양받을 자는 이전고시가 있은 날의 다음 날에 그 건축물의 소유권을 취득한다.

해설 ④ 준공인가에 따른 정비구역의 해제는 조합의 존속에 영향을 주지 아니한다. ◆ 정답 ④

4 대지 및 건축물에 대한 권리의 확정

대지 또는 건축물을 분양받을 자에게 소유권을 이전한 경우 종전의 토지 또는 건축물에 설정된 지상권·전세권·저당권·임차권·가등기담보권·가압류 등 등기된 권리 및 주택임대차보호법 제3조 제1항의 요건을 갖춘 임차권은 소유권을 이전받은 대지 또는 건축물에 설정된 것으로 본다(법 제87조 제1항).

5 이전등기 및 다른 등기의 제한

(1) 이전의 등기

① 사업시행자는 이전고시가 있은 때에는 지체 없이 대지 및 건축물에 관한 등기를 지방법원지원 또는 등기소에 촉탁 또는 신청하여야 한다(법 제88조 제1항).

② 등기에 필요한 사항은 대법원규칙으로 정한다(법 제88조 제2항).

(2) 다른 등기의 제한

정비사업에 관하여 이전의 고시가 있은 날부터 이전의 등기가 있을 때까지는 저당권 등의 다른 등기를 하지 못한다(법 제88조 제3항).

┌─ 예제 ─────────────────────────────

도시 및 주거환경정비법령상 공사완료에 따른 조치 등에 관한 설명으로 틀린 것을 모두 고른 것은?

┌───
│ ㉠ 정비사업의 효율적인 추진을 위하여 필요한 경우에는 해당 정비사업에 관한 공사가 전부
│   완료되기 전이라도 완공된 부분은 준공인가를 받아 대지 또는 건축별로 분양받을 자에게
│   소유권을 이전할 수 있다.
│ ㉡ 준공인가에 따라 정비구역의 지정이 해제되면 조합도 해산된 것으로 본다.
│ ㉢ 정비사업에 관하여 소유권의 이전고시가 있을 날부터는 대지 및 건축물에 관한 등기가 없
│   더라도 저당권 등의 다른 등기를 할 수 있다.
└───

① ㉠   ② ㉡
③ ㉠, ㉡   ④ ㉠, ㉢
⑤ ㉡, ㉢

해설 ⑤ ㉡, ㉢
㉡ 준공인가에 따라 정비구역의 해제는 조합의 존속에 영향을 주지 아니한다.
㉢ 정비사업에 관하여 소유권의 이전고시가 있을 날부터는 대지 및 건축물에 관한 등기가 있을 때까지는
저당권 등의 다른 등기를 하지 못한다.   ◆ 정답 ⑤

6 청산금 제32회

(1) 의 의

대지 또는 건축물을 분양받은 자가 종전에 소유하고 있던 토지 또는 건축물의 가격과 분양받은 대지 또는 건축물의 가격 사이에 차이가 있는 경우 사업시행자는 이전고시가 있은 후에 그 차액에 상당하는 금액(이하 "청산금"이라 한다)을 분양받은 자로부터 징수하거나 분양받은 자에게 지급하여야 한다(법 제89조 제1항).

(2) 청산금의 징수 및 지급방법

① **분할징수·분할지급**: 사업시행자는 정관 등에서 분할징수 및 분할지급을 정하고 있거나 총회의 의결을 거쳐 따로 정한 경우에는 관리처분계획인가 후부터 이전고시가 있은 날까지 일정 기간별로 분할징수하거나 분할지급할 수 있다(법 제89조 제2항).

② **산정기준**: 사업시행자는 종전에 소유하고 있던 토지 또는 건축물의 가격과 분양받은 대지 또는 건축물의 가격을 평가하는 경우 그 토지 또는 건축물의 규모·위치·용도·이용 상황·정비사업비 등을 참작하여 평가하여야 한다(법 제89조 제3항).

③ **강제징수 및 징수위탁**: 시장·군수 등인 사업시행자는 청산금을 납부할 자가 이를 납부하지 아니하는 경우 지방세 체납처분의 예에 따라 징수(분할징수를 포함한다)할 수 있으며, 시장·군수 등이 아닌 사업시행자는 시장·군수 등에게 청산금의 징수를 위탁할 수 있다(법 제90조 제1항).

④ **청산금의 공탁**: 청산금을 지급받을 자가 받을 수 없거나 받기를 거부한 때에는 사업시행자는 그 청산금을 공탁할 수 있다(법 제90조 제2항).

(3) 청산금의 소멸시효

청산금을 지급(분할지급을 포함한다)받을 권리 또는 이를 징수할 권리는 이전고시일의 다음 날부터 5년간 행사하지 아니하면 소멸한다(법 제90조 제3항).

(4) 저당권자의 물상대위

정비구역에 있는 토지 또는 건축물에 저당권을 설정한 권리자는 사업시행자가 저당권이 설정된 토지 또는 건축물의 소유자에게 청산금을 지급하기 전에 압류절차를 거쳐 저당권을 행사할 수 있다(법 제91조).

> **예제**

도시 및 주거환경정비법령상 청산금에 관한 설명으로 틀린 것은?

① 조합 총회의 의결을 거쳐 정한 경우에는 관리처분계획인가후부터 소유권 이전의 고시일까지 청산금을 분할징수할 수 있다.

② 종전에 소유하고 있던 토지의 가격과 분양받은 대지의 가격은 그 토지의 규모·위치·용도·이용상황·정비사업비 등을 참작하여 평가하여야 한다.

③ 청산금을 납부할 자가 이를 납부하지 아니하는 경우에 시장·군수 등이 아닌 사업시행자는 시장·군수 등에게 청산금의 징수를 위탁할 수 있다.

④ 청산금을 징수할 권리는 소유권 이전의 고시일로부터 5년간 이를 행사하지 아니하면 소멸한다.

⑤ 정비사업의 시행지역 안에 있는 건축물에 저당권을 설정한 권리자는 그 건축물의 소유자가 지급받을 청산금에 대하여 청산금을 지급하기 전에 압류절차를 거쳐 저당권을 행사할 수 있다.

해설 ④ 청산금을 징수할 권리는 소유권 이전고시일 다음 날부터 5년간 행사하지 아니하면 소멸한다.

◆ **정답** ④

제 **4** 절 비용의 부담 등

① 비용부담 제33회

(1) 원 칙

정비사업비는 이 법 또는 다른 법령에 특별한 규정이 있는 경우를 제외하고는 사업시행자가 부담한다(법 제92조 제1항).

(2) 예 외

시장·군수 등은 시장·군수 등이 아닌 사업시행자가 시행하는 정비사업의 정비계획에 따라 설치되는 다음의 시설에 대하여는 그 건설에 드는 비용의 전부 또는 일부를 부담할 수 있다(법 제92조 제2항).

1. 도시·군계획시설 중 대통령령으로 정하는 주요 정비기반시설 및 공동이용시설 　　① 도로　　　　② 상·하수도　　　③ 공원 　　④ 공용주차장　　⑤ 공동구　　　　⑥ 녹지 　　⑦ 하천　　　　⑧ 공공공지　　　⑨ 광장 2. 임시거주시설

② 국·공유재산의 처분

(1) 관리청과의 협의

① 시장·군수 등은 인가하려는 사업시행계획 또는 직접 작성하는 사업시행계획서에 국유·공유재산의 처분에 관한 내용이 포함되어 있는 때에는 미리 관리청과 협의하여야 한다. 이 경우 관리청이 불분명한 재산 중 도로·구거(도랑) 등은 국토교통부장관을, 하천은 환경부장관을, 그 외의 재산은 기획재정부장관을 관리청으로 본다(법 제98조 제1항).

② 협의를 받은 관리청은 20일 이내에 의견을 제시하여야 한다(법 제98조 제2항).

(2) 매각금지

정비구역의 국유·공유재산은 정비사업 외의 목적으로 매각되거나 양도될 수 없다(법 제98조 제3항).

③ 공공재개발사업 및 공공재건축사업

(1) 공공재개발사업 예정구역의 지정·고시

① 정비구역의 지정권자는 비경제적인 건축행위 및 투기 수요의 유입을 방지하고, 합리적인 사업계획을 수립하기 위하여 공공재개발사업을 추진하려는 구역을 공공재개발사업 예정구역으로 지정할 수 있다. 이 경우 공공재개발사업 예정구역의 지정·고시에 관한 절차는 제16조(정비구역 지정절차)를 준용한다(법 제101조의2 제1항).

② 정비계획의 입안권자 또는 토지주택공사 등은 정비구역의 지정권자에게 공공재개발사업 예정구역의 지정을 신청할 수 있다. 이 경우 토지주택공사 등은 정비계획의 입안권자를 통하여 신청하여야 한다(법 제101조의2 제2항).

③ 공공재개발사업 예정구역에서 제19조 제7항(개발행위 제한) 각 호의 어느 하나에 해당하는 행위 또는 같은 조 제8항(정비구역에서 지역주택조합원 모집금지)의 행위를 하려는 자는 시장·군수 등의 허가를 받아야 한다. 허가받은 사항을 변경하려는 때에도 또한 같다(법 제101조의2 제3항).

④ 공공재개발사업 예정구역 내에 분양받을 건축물이 제77조 제1항(분양받을 권리의 기준일) 각 호의 어느 하나에 해당하는 경우에는 제77조에도 불구하고 공공재개발사업 예정구역 지정·고시가 있은 날 또는 시·도지사가 투기를 억제하기 위하여 공공재개발사업 예정구역 지정·고시 전에 따로 정하는 날의 다음 날을 기준으로 건축물을 분양받을 권리를 산정한다. 이 경우 시·도지사가 건축물을 분양받을 권리일을 따로 정하는 경우에는 제77조 제2항을 준용한다(법 제101조의2 제4항).

⑤ 정비구역의 지정권자는 공공재개발사업 예정구역이 지정·고시된 날부터 2년이 되는 날까지 공공재개발사업 예정구역이 공공재개발사업을 위한 정비구역으로 지정되지 아니하거나, 공공재개발사업 시행자가 지정되지 아니하면 그 2년이 되는 날의 다음 날에 공공재개발사업 예정구역 지정을 해제하여야 한다. 다만, 정비구역의 지정권자는 1회에 한하여 1년의 범위에서 공공재개발사업 예정구역의 지정을 연장할 수 있다(법 제101조의2 제5항).

⑥ 공공재개발사업 예정구역의 지정과 지정 신청에 필요한 사항 및 그 절차는 대통령령으로 정한다(법 제101조의2 제6항).

(2) 공공재개발사업을 위한 정비구역 지정 등

① 정비구역의 지정권자는 기본계획을 수립하거나 변경하지 아니하고 공공재개발사업을 위한 정비계획을 결정하여 정비구역을 지정할 수 있다(법 제101조의3 제1항).

② 정비계획의 입안권자는 공공재개발사업의 추진을 전제로 정비계획을 작성하여 정비구역의 지정권자에게 공공재개발사업을 위한 정비구역의 지정을 신청할 수 있다. 이 경우 공공재개발사업을 시행하려는 공공재개발사업 시행자는 정비계획의 입안권자에게 공공재개발사업을 위한 정비계획의 수립을 제안할 수 있다(법 제101조의3 제2항).

③ 정비계획의 지정권자는 공공재개발사업을 위한 정비구역을 지정·고시한 날부터 1년이 되는 날까지 공공재개발사업 시행자가 지정되지 아니하면 그 1년이 되는 날의 다음 날에 공공재개발사업을 위한 정비구역의 지정을 해제하여야 한다. 다만, 정비구역의 지정권자는 1회에 한하여 1년의 범위에서 공공재개발사업을 위한 정비구역의 지정을 연장할 수 있다(법 제101조의3 제3항).

제 5 절 **정비사업전문관리업**

① 정비사업전문관리업의 등록

(I) 등록대상

다음의 사항을 추진위원회 또는 사업시행자로부터 위탁받거나 이와 관련한 자문을 하려는 자는 대통령령으로 정하는 자본·기술인력 등의 기준을 갖춰 시·도지사에게 등록 또는 변경(대통령령으로 정하는 경미한 사항의 변경은 제외한다)등록하여야 한다. 다만, 주택의 건설 등 정비사업 관련 업무를 하는 공공기관 등으로 대통령령으로 정하는 기관의 경우에는 그러하지 아니하다(법 제102조 제1항).

⑵ 등록의 보고

시 · 도지사는 정비사업전문관리업의 등록 또는 변경등록한 현황, 정비사업전문관리업의 등록취소 또는 업무정지를 명한 현황을 국토교통부령으로 정하는 방법 및 절차에 따라 국토교통부장관에게 보고하여야 한다(법 제102조 제3항).

② 정비사업전문관리업자의 업무제한 등

정비사업전문관리업자는 동일한 정비사업에 대하여 다음의 업무를 병행하여 수행할 수 없다(법 제103조).

---

1. 건축물의 철거
2. 정비사업의 설계
3. 정비사업의 시공
4. 정비사업의 회계감사
5. 그 밖에 정비사업의 공정한 질서유지에 필요하다고 인정하여 대통령령이 정하는 업무

---

③ 정비사업전문관리업자와 위탁자와의 관계

정비사업전문관리업자에게 업무를 위탁하거나 자문을 요청한 자와 정비사업전문관리업자의 관계에 관하여 이 법에 규정된 사항을 제외하고는 민법 중 위임에 관한 규정을 준용한다(법 제104조).

제6절 감독 등

① 자료의 제출 등

⑴ 정비사업의 추진실적 보고

시 · 도지사는 국토교통부령으로 정하는 방법 및 절차에 따라 정비사업의 추진실적을 분기별로 국토교통부장관에게, 시장, 군수 또는 구청장은 시 · 도조례로 정하는 바에 따라 정비사업의 추진실적을 특별시장 · 광역시장 또는 도지사에게 보고하여야 한다(법 제111조 제1항).

(2) 보고 · 자료제출의 명령

국토교통부장관, 시 · 도지사, 시장, 군수 또는 구청장은 정비사업(제86조의2에 따라 해산한 조합의 청산 업무를 포함)의 원활한 시행을 감독하기 위하여 필요한 경우로서 다음에 해당하는 때에는 추진위원회 · 사업시행자(청산인을 포함) · 정비사업전문관리업자 · 설계자 및 시공자 등 이 법에 따른 업무를 하는 자에게 그 업무에 관한 사항을 보고하게 하거나 자료의 제출, 그 밖의 필요한 명령을 할 수 있으며, 소속 공무원에게 영업소 등에 출입하여 장부 · 서류 등을 조사 또는 검사하게 할 수 있다(법 제111조 제2항).

---

1. 이 법의 위반 여부를 확인할 필요가 있는 경우
2. 토지등소유자, 조합원, 그 밖에 정비사업과 관련한 이해관계인 사이에 분쟁이 발생된 경우
3. 제86조의2에 따라 해산한 조합의 잔여재산의 인도 등 청산인의 직무를 성실히 수행하고 있는지를 확인할 필요가 있는 경우
4. 그 밖에 시 · 도조례로 정하는 경우

---

② 청 문

국토교통부장관, 시 · 도지사, 시장, 군수 또는 구청장은 다음의 어느 하나에 해당하는 처분을 하려는 경우에는 청문을 하여야 한다(법 제121조).

---

1. 조합설립인가의 취소
2. 정비사업전문관리업의 등록취소
3. 추진위원회 승인의 취소, 조합설립인가의 취소, 사업 시행인가의 취소 또는 관리처분계획인가의 취소
4. 시공자 선정 취소 또는 과징금 부과
5. 입찰참가 제한

제 7 절 보 칙

① 재개발사업 등의 시행방식의 전환

(1) 시행방식의 전환

시장 · 군수 등은 사업대행자를 지정하거나 토지등소유자의 5분의 4 이상의 요구가 있어 재개발사업의 시행방식의 전환이 필요하다고 인정하는 경우에는 정비사업이 완료되기 전이라도 대통령령으로 정하는 범위에서 정비구역의 전부 또는 일부에 대하여 시행방식의 전환을 승인할 수 있다(법 제123조 제1항).

(2) 시행방식 전환의 절차

① **전환의 동의** : 사업시행자는 시행방식을 전환하기 위하여 관리처분계획을 변경하려는 경우 토지면적의 3분의 2 이상의 토지소유자의 동의와 토지등소유자의 5분의 4 이상의 동의를 받아야 하며, 변경절차에 관하여는 관리처분계획 변경에 관한 규정을 준용한다(법 제123조 제2항).

② **공사완료고시** : 사업시행자는 정비구역의 일부에 대하여 시행방식을 전환하려는 경우에 재개발사업이 완료된 부분은 준공인가를 거쳐 해당 지방자치단체의 공보에 공사완료의 고시를 하여야 하며, 전환하려는 부분은 이 법에서 정하고 있는 절차에 따라 시행방식을 전환하여야 한다(법 제123조 제3항).

③ **고시의 효과** : 공사완료의 고시를 한 때에는 공간정보의 구축 및 관리 등에 관한 법률에도 불구하고 관리처분계획의 내용에 따라 제86조에 따른 이전이 된 것으로 본다(법 제123조 제4항).

(3) 주거환경개선사업의 전환

사업시행자는 정비계획이 수립된 주거환경개선사업을 제23조 제1항 제4호(사업시행자가 정비구역에서 인가받은 관리처분계획에 따라 주택 및 부대시설·복리시설을 건설하여 공급하는 방법)의 시행방법으로 변경하려는 경우에는 토지등소유자의 3분의 2 이상의 동의를 받아야 한다(법 제123조 제5항).

(4) 시행방식 전환의 승인

시장·군수 등은 환지로 공급하는 방법으로 실시하는 재개발사업을 위하여 정비구역의 전부 또는 일부를 인가받은 관리처분계획에 따라 건축물을 건설하여 공급하는 방법으로 전환하는 것을 승인할 수 있다(영 제93조).

2 노후·불량주거지 개선계획의 수립

국토교통부장관은 주택 또는 기반시설이 열악한 주거지의 주거환경개선을 위하여 5년마다 개선대상지역을 조사하고 연차별 재정지원계획 등을 포함한 노후·불량주거지 개선계획을 수립하여야 한다(법 제127조).

건축법

Chapter 04 건축법

단원 열기

건축법은 국토의 계획 및 이용에 관한 법률 다음으로 많이 나오는 부분이다. 어렵지 않게 출제되므로 전략적으로 학습하여야 한다. 용어정의, 대수선, 허가대상, 신고대상, 용도변경, 면적, 층수, 높이는 시험 전에 반드시 확인하여야 한다. 특히 용어정의는 1문제가 계속 출제되고 있으므로 건축물, 도로, 대지 등의 용어정의는 정리해 두어야 한다. 또한 특별건축구역, 용적률, 건축선 계산문제, 이행강제금 부분도 정리하여야 한다.

제1절 │ 총칙, 건축, 대수선

01 목 적(법 제1조)

이 법은 건축물의 대지·구조·설비기준 및 용도 등을 정하여 건축물의 안전·기능·환경 및 미관을 향상시킴으로써 공공복리의 증진에 이바지하는 것을 목적으로 한다(법 제1조).

02 건축법상의 용어정의(법 제2조) 제31회, 제32회

(1) 지하층

건축물의 바닥이 지표면 아래에 있는 층으로서 바닥에서 지표면까지 평균높이가 해당 층 높이의 2분의 1 이상인 것을 말한다.

(2) 거 실

건축물에서 거주, 집무, 작업, 집회, 오락, 그 밖에 이와 비슷한 목적을 위하여 사용되는 방을 말한다.

(3) 주요구조부

내력벽, 기둥, 바닥, 보, 지붕틀 및 주계단을 말한다. 다만, 사이 기둥, 최하층 바닥, 작은 보, 차양, 옥외 계단, 그 밖에 이와 비슷한 것으로 건축물의 구조상 중요하지 아니한 부분은 제외한다.

(4) 리모델링

건축물의 노후화를 억제하거나 기능 향상 등을 위하여 대수선하거나 건축물의 일부를 중축 또는 개축하는 행위를 말한다.

(5) 고층건축물

층수가 30층 이상이거나 높이가 120m 이상인 건축물을 말한다.

(6) 초고층건축물

층수가 50층 이상이거나 높이가 200m 이상인 건축물 말한다.

(7) 준초고층 건축물

고층건축물 중 초고층 건축물이 아닌 것을 말한다.

(8) 부속건축물

같은 대지에서 주된 건축물과 분리된 부속용도의 건축물로서 주된 건축물의 이용 또는 관리에 필요한 건축물을 말한다.

(9) 결합건축

용적률을 개별 대지마다 적용하지 아니하고, 2개 이상의 대지를 대상으로 통합적용하여 건축물을 건축하는 것을 말한다.

(10) 다중이용 건축물

다음에 해당하는 건축물을 말한다.

> 1. 다음에 해당하는 용도로 쓰는 바닥면적의 합계가 5천m² 이상인 건축물
>   ① 문화 및 집회시설(동물원·식물원은 제외한다)
>   ② 종교시설
>   ③ 판매시설
>   ④ 운수시설 중 여객용시설
>   ⑤ 의료시설 중 종합병원
>   ⑥ 숙박시설 중 관광숙박시설
> 2. 16층 이상인 건축물

(11) 준다중이용 건축물

다중이용 건축물 외의 건축물로서 다음에 해당하는 용도로 쓰는 바닥면적의 합계가 1천m²
이상인 건축물을 말한다.

> 1. 문화 및 집회시설(동물원 및 식물원은 제외한다)
> 2. 종교시설
> 3. 판매시설
> 4. 운수시설 중 여객용시설
> 5. 의료시설 중 종합병원
> 6. 교육연구시설
> 7. 노유자시설
> 8. 운동시설
> 9. 숙박시설 중 관광숙박시설
> 10. 위락시설
> 11. 관광휴게시설
> 12. 장례시설

예제

건축법령상 다중이용 건축물에 해당하는 용도가 아닌 것은? (단, 16층 이상의 건축물은 제외하고,
해당 용도로 쓰는 바닥면적의 합계는 5천제곱미터 이상임)

① 관광휴게시설   ② 판매시설
③ 운수시설 중 여객용시설   ④ 종교시설
⑤ 의료시설 중 종합병원

해설 ① 관광휴게시설은 준다중이용 건축물이다.   ◆ 정답 ①

(12) 건축관계자

① **건축주**: 건축물의 건축·대수선·용도변경, 건축설비의 설치 또는 공작물의 축조에
관한 공사를 발주하거나 현장 관리인을 두어 스스로 그 공사를 하는 자를 말한다.

② **설계자**: 자기의 책임(보조자의 도움을 받는 경우를 포함한다)으로 설계도서를 작성하고
그 설계도서에서 의도하는 바를 해설하며, 지도하고 자문에 응하는 자를 말한다.

③ **공사감리자**: 자기의 책임(보조자의 도움을 받는 경우를 포함한다)으로 이 법으로 정하는
바에 따라 건축물, 건축설비 또는 공작물이 설계도서의 내용대로 시공되는지를 확인
하고, 품질관리·공사관리·안전관리 등에 대하여 지도·감독하는 자를 말한다.

④ **공사시공자**: 건설산업기본법에 따른 건설공사를 하는 자를 말한다.

⑤ **관계전문기술자**: 건축물의 구조·설비 등 건축물과 관련된 전문기술자격을 보유하고 설계와 공사감리에 참여하여 설계자 및 공사감리자와 협력하는 자를 말한다.

⑥ **제조업자**: 건축물의 건축·대수선·용도변경, 건축설비의 설치 또는 공작물의 축조 등에 필요한 건축자재를 제조하는 사람을 말한다.

⑦ **유통업자**: 건축물의 건축·대수선·용도변경, 건축설비의 설치 또는 공작물의 축조에 필요한 건축자재를 판매하거나 공사현장에 납품하는 사람을 말한다.

⒀ 설계도서

건축물의 건축 등에 관한 공사용 도면, 구조 계산서, 시방서, 그 밖에 국토교통부령으로 정하는 공사에 필요한 서류를 말한다.

⒁ 내화·방화구조

① **내화구조**: 화재에 견딜 수 있는 성능을 가진 구조로서 국토교통부령으로 정하는 기준에 적합한 구조를 말한다.

② **방화구조**: 화염의 확산을 막을 수 있는 성능을 가진 구조로서 국토교통부령으로 정하는 기준에 적합한 구조를 말한다.

⒂ 난연재료·불연재료·준불연재료·내수재료

① **난연재료**: 불에 잘 타지 아니하는 성능을 가진 재료로서 국토교통부령으로 정하는 기준에 적합한 재료를 말한다.

② **불연재료**: 불에 타지 아니하는 성질을 가진 재료로서 국토교통부령으로 정하는 기준에 적합한 재료를 말한다.

③ **준불연재료**: 불연재료에 준하는 성질을 가진 재료로서 국토교통부령으로 정하는 기준에 적합한 재료를 말한다.

④ **내수재료**: 인조석·콘크리트 등 내수성을 가진 재료로서 국토교통부령으로 정하는 재료를 말한다.

⒃ 발코니

건축물의 내부와 외부를 연결하는 완충공간으로서 전망이나 휴식 등의 목적으로 건축물 외벽에 접하여 부가적(附加的)으로 설치되는 공간을 말한다. 이 경우 주택에 설치되는 발코니로서 국토교통부장관이 정하는 기준에 적합한 발코니는 필요에 따라 거실·침실·창고 등의 용도로 사용할 수 있다.

(17) **특별건축구역**

조화롭고 창의적인 건축물의 건축을 통하여 도시경관의 창출, 건설기술 수준향상 및 건축 관련 제도개선을 도모하기 위하여 이 법 또는 관계 법령에 따라 일부 규정을 적용하지 아니하거나 완화 또는 통합하여 적용할 수 있도록 특별히 지정하는 구역을 말한다.

(18) **건축물의 유지·관리**

건축물의 소유자나 관리자가 사용 승인된 건축물의 대지·구조·설비 및 용도 등을 지속적으로 유지하기 위하여 건축물이 멸실될 때까지 관리하는 행위를 말한다.

(19) **특수구조 건축물**

① 다음에 해당하는 건축물을 말한다.

> 1. 한쪽 끝은 고정되고 다른 끝은 지지(支持)되지 아니한 구조로 된 보·차양 등이 외벽(외벽이 없는 경우에는 외곽 기둥을 말한다)의 중심선으로부터 3미터 이상 돌출된 건축물
> 2. 기둥과 기둥 사이의 거리(기둥의 중심선 사이의 거리를 말하며, 기둥이 없는 경우에는 내력벽과 내력벽의 중심선 사이의 거리를 말한다)가 20m 이상인 건축물
> 3. 특수한 설계·시공·공법 등이 필요한 건축물로서 국토교통부장관이 정하여 고시하는 구조로 된 건축물

② **특수구조 건축물의 특례**

건축물의 구조, 재료, 형식, 공법 등이 특수한 대통령령으로 정하는 건축물(이하 "특수구조 건축물"이라 한다)은 제4조(건축위원회), 제5조(적용의 완화), 제6조(기존의 건축물 등에 관한 특례), 제6조의2(특수구조 건축물의 특례), 제6조의3(부유식 건축물의 특례), 제7조(통일성을 유지하기 위한 도의 조례), 제8조(리모델링에 대비한 특례 등), 제9조(다른 법령의 배제), 제11조(건축허가), 제14조(건축신고), 제19조(용도변경), 제21조(착공신고 등), 제22조(건축물의 사용승인), 제23조(건축물의 설계), 제24조(건축시공), 제25조(건축물의 공사감리), 제40조(대지의 안전 등), 제41조(토지 굴착 부분에 대한 조치 등), 제48조(구조내력 등), 제48조의2(건축물 내진등급의 설정), 제49조(건축물의 피난시설 및 용도제한 등), 제50조(건축물의 내화구조와 방화벽), 제50조의2(고층건축물의 피난 및 안전관리), 제51조(방화지구 안의 건축물), 제52조(건축물의 마감재료 등), 제52조의2(실내건축), 제52조의4(건축자재의 품질관리 등), 제53조(지하층), 제62조(건축설비기준 등), 제64조(승강기), 제65조의2(지능형건축물의 인증), 제67조(관계전문기술자), 제68조(기술적 기준), 제84조(면적·높이 및 층수의 산정)를 적용할 때 대통령령으로 정하는 바에 따라 강화 또는 변경하여 적용할 수 있다(법 제6조의2).

> **예제**

건축법령상 특수구조 건축물의 특례에 관한 설명으로 옳은 것은? (단, 건축법령상 다른 특례 및 조례는 고려하지 않음)

① 건축 공사현장 안전관리 예치금에 관한 규정을 강화하여 적용할 수 있다.

② 대지의 조경에 관한 규정을 변경하여 적용할 수 있다.

③ 한쪽 같은 고정되고 다른 끝은 지지되지 아니한 구조로 된 차양이 외벽(외벽이 없는 경우에는 외곽 기둥을 말함)의 중심선으로부터 3미터 이상 돌출된 건축물은 특수구조 건축물에 해당한다.

④ 기둥과 기둥 사이의 거리(기둥의 중심선 사이의 거리를 말함)가 15미터인 건축물은 특수구조 건물로서 건축물 내진등급의 설정에 관한 규정을 강화하여 적용할 수 있다.

⑤ 특수구조 건축물을 건축하려는 건축주는 건축허가 신청 전에 허가권자에게 해당 건축물의 구조 안전에 관하여 지방건축위원회의 심의를 신청하여야 한다.

해설 ① 건축 공사현장 안전관리 예치금에 관한 규정을 강화하여 적용할 수 없다.

② 대지의 조경에 관한 규정을 변경하여 적용할 수 없다.

④ 기둥과 기둥 사이의 거리(기둥의 중심선 사이의 거리를 말함)가 20미터 이상인 건축물은 특수구조 건물로서 건축물 내진등급의 설정에 관한 규정을 강화하여 적용할 수 있다.

⑤ 특수구조 건축물을 건축하려는 건축주는 착공신고를 하기 전에 허가권자에게 해당 건축물의 구조 안전에 관하여 지방건축위원회의 심의를 신청하여야 한다. ◑ **정답 ③**

03 ■ 건축법 적용대상

1 건축물 등

토지에 정착하는 공작물 중 지붕과 기둥 또는 벽이 있는 것과 이에 딸린 시설물(담장, 대문), 지하 또는 고가의 공작물에 설치하는 사무소·공연장·점포·차고·창고 그 밖에 대통령령으로 정하는 것을 말한다(법 제2조 제1항 제2호).

2 대 지

(1) 의 의

건축법상 대지는 공간정보의 구축 및 관리 등에 관한 법률에 따라 각 필지로 나눈 토지를 말한다. 즉, 하나의 대지는 하나의 필지로 구성되는 것이 원칙이나, 다음의 토지에 대하여는 2 이상의 필지를 하나의 대지로 하거나, 1 이상의 필지의 일부를 하나의 대지로 할 수 있다(법 제2조 제1항 제1호).

(2) 둘 이상의 필지를 하나의 대지로 할 수 있는 토지는 다음과 같다(영 제3조 제1항).

1. 하나의 건축물을 2필지 이상에 걸쳐 건축하는 경우: 그 건축물이 건축되는 각 필지의 토지를 합한 토지
2. 공간정보 구축 및 관리에 관한 법률 규정에 따라 합병이 불가능한 경우 중 다음의 어느 하나에 해당하는 경우로서 그 합병이 불가능한 필지의 토지를 합한 토지. 다만, 토지의 소유자가 서로 다르거나 소유권 외의 권리관계가 서로 다른 경우에는 제외한다.
   ① 각 필지의 지번부여지역이 서로 다른 경우
   ② 각 필지의 도면의 축척이 다른 경우
   ③ 서로 인접하고 있는 필지로서 각 필지의 지반이 연속되지 아니한 경우
3. 국토의 계획 및 이용에 관한 법률에 따른 도시·군계획시설에 해당하는 건축물을 건축하는 경우: 그 도시·군계획시설이 설치되는 일단의 토지
4. 주택법에 따른 사업계획승인을 받아 주택과 그 부대시설 및 복리시설을 건축하는 경우: 주택단지
5. 도로의 지표 아래에 건축하는 건축물의 경우: 특별시장·광역시장·특별자치시장·특별자치도지사·시장·군수 또는 구청장(자치구의 구청장)이 그 건축물이 건축되는 토지로 정하는 토지
6. 사용승인을 신청할 때 둘 이상의 필지를 하나의 필지로 합칠 것을 조건으로 하여 건축허가를 하는 경우: 그 필지가 합쳐지는 토지. 다만 토지의 소유자가 서로 다른 경우는 제외한다.

(3) 하나 이상의 필지의 일부를 하나의 대지로 할 수 있는 토지는 다음과 같다(영 제3조 제2항).

1. 하나 이상의 필지의 일부에 대하여 도시·군계획시설이 결정·고시된 경우: 그 결정·고시된 부분의 토지
2. 하나 이상의 필지의 일부에 대하여 농지법에 따른 농지전용허가를 받은 경우: 그 허가받은 부분의 토지
3. 하나 이상의 필지의 일부에 대하여 산지관리법에 따른 산지전용허가를 받은 경우: 그 허가받은 부분의 토지
4. 하나 이상의 필지의 일부에 대하여 국토의 계획 및 이용에 관한 법률에 따른 개발행위허가를 받은 경우: 그 허가받은 부분의 토지
5. 사용승인을 신청할 때 필지를 나눌 것을 조건으로 건축허가를 하는 경우: 그 필지가 나누어지는 토지

③ 건축설비

건축물에 설치하는 전기·전화설비·초고속 정보통신설비·지능형 홈네트워크설비·가스·급수·배수(配水)·배수(排水)·환기·난방·냉방·소화·배연 및 오물처리의 설비, 굴뚝·승강기·피뢰침·국기 게양대·공동시청 안테나·유선방송 수신시설·우편함·저수조·방범시설 그 밖에 국토교통부령으로 정하는 설비를 말한다(법 제2조 제1항 제4호).

④ 신고대상 공작물

대지를 조성하기 위한 옹벽, 굴뚝, 광고탑, 고가수조, 지하 대피호 등 공작물을 축조(건축물과 분리하여 축조하는 것을 말한다)하려는 자는 특별자치시장·특별자치도지사 또는 시장·군수·구청장에게 신고하여야 한다(법 제83조 제1항, 영 제118조 제1항).

신고 규모	신고대상 공작물
2m를 넘는 것	옹벽 또는 담장
4m를 넘는 것	장식탑, 기념탑, 첨탑, 광고탑, 광고판, 그 밖에 이와 비슷한 것
6m를 넘는 것	굴뚝, 골프연습장 등의 운동시설을 위한 철탑, 주거지역·상업지역에 설치하는 통신용 철탑, 그 밖에 이와 비슷한 것
8m를 넘는 것	고가수조나 그 밖에 이와 비슷한 것
8m 이하인 것(위험방지를 위한 난간높이는 제외)	기계식 주차장 및 철골 조립식 주차장(바닥면이 조립식이 아닌 것을 포함한다)으로서 외벽이 없는 것
바닥면적 30m² 넘는 것	지하대피호
5m를 넘는 것	태양에너지를 이용하는 발전설비와 그 밖에 이와 비슷한 것

건축조례로 정하는 제조시설, 저장시설(시멘트사일로를 포함한다), 유희시설, 그 밖에 이와 비슷한 것

건축물의 구조에 심대한 영향을 줄 수 있는 중량물로서 건축조례가 정하는 것

예제

건축법령상 특별자치시장·특별자치도지사 또는 시장·군수·구청장에게 신고하고 축조하여야 하는 공작물에 해당하는 것은? (단, 건축물과 분리하여 축조하는 경우이며, 공용건축물에 대한 특례는 고려하지 않음)

① 높이 3m의 기념탑
② 높이 7m의 고가수조(高架水槽)
③ 높이 3m의 광고탑
④ 높이 3m의 담장
⑤ 바닥면적 25m²의 지하대피호

해설 ① 높이 4m를 넘는 기념탑 , ② 높이 8m를 넘는 고가수조, ③ 높이 4m를 넘는 광고탑, ⑤ 바닥면적 30m²를 넘는 지하대피호는 신고하고 축조하여야 한다. ◆ 정답 ④

04 건축법 적용대상행위

1 건 축

건축이라 함은 건축물을 신축·증축·개축·재축하거나 이전하는 것을 말한다(법 제2조 제1항, 영 제2조).

신 축	건축물이 없는 대지(기존 건축물이 해체되거나 멸실된 대지를 포함한다)에 새로 건축물을 축조하는 것(부속건축물만 있는 대지에 새로 주된 건축물을 축조하는 것을 포함하되, 개축 또는 재축하는 것은 제외한다)을 말한다.
증 축	기존 건축물이 있는 대지에서 건축물의 건축면적, 연면적, 층수 또는 높이를 늘리는 것을 말한다.
개 축	기존 건축물의 전부 또는 일부[내력벽·기둥·보·지붕틀(한옥의 경우에는 지붕틀의 범위에서 서까래는 제외한다) 중 셋 이상이 포함되는 경우를 말한다]를 해체하고 그 대지에 종전과 같은 규모의 범위에서 건축물을 다시 축조하는 것을 말한다.
재 축	건축물이 천재지변이나 그 밖의 재해로 멸실된 경우 그 대지에 다음의 요건을 모두 갖추어 다시 축조하는 것을 말한다. 1. 연면적 합계는 종전 규모 이하로 할 것 2. 동(棟)수, 층수 및 높이는 다음의 어느 하나에 해당할 것 　① 동수, 층수 및 높이가 모두 종전 규모 이하일 것 　② 동수, 층수 또는 높이의 어느 하나가 종전 규모를 초과하는 경우에는 해당 동수, 층수 및 높이가 건축법, 이 영 또는 건축조례(법령 등)에 모두 적합할 것
이 전	건축물을 그 주요구조부를 해체하지 아니하고 같은 대지의 다른 위치로 옮기는 것을 말한다.

> **예제**
>
> **건축법령상 건축에 관한 용어 설명 중 틀린 것은?**
> ① 건축물을 그 주요구조부를 해체하여 같은 대지의 다른 위치로 옮기는 것은 '이전'에 해당한다.
> ② 기존건축물이 있는 대지에서 건축물의 높이를 증가시키는 것은 '증축'에 해당한다.
> ③ 기존건축물이 있는 대지에서 건축물의 층수를 증가시키는 것은 '증축'에 해당한다.
> ④ 부속건축물만 있는 대지에 새로이 주된 건축물을 축조하는 것은 '신축'에 해당한다.
> ⑤ 기존건축물의 전부를 해체하고 그 대지에 종전과 같은 규모의 범위에서 건축물을 다시 축조하는 것은 '개축'에 해당한다.
>
> **해설** ① 건축물을 그 주요구조부를 해체하지 아니하고 같은 대지의 다른 위치로 옮기는 것은 이전에 해당한다.　❶ 정답 ①

2 대수선 제35회

건축물의 기둥·보·내력벽·주계단 등의 구조 또는 외부형태를 수선·변경하거나 증설하는 다음에 해당하는 것으로서 증축·개축 또는 재축에 해당하지 아니하는 것을 말한다 (법 제2조 제1항 제9호, 영 제3조의2).

주요구조부	1. 내력벽을 증설 또는 해체하거나 그 벽면적을 30㎡ 이상 수선 또는 변경하는 것 2. 기둥을 증설 또는 해체하거나 세 개 이상 수선 또는 변경하는 것 3. 방화벽 또는 방화구획을 위한 바닥 또는 벽을 증설 또는 해체하거나 수선 또는 변경하는 것 4. 보를 증설 또는 해체하거나 세 개 이상 수선 또는 변경하는 것 5. 지붕틀(한옥의 경우에는 지붕틀의 범위에서 서까래는 제외한다)을 증설 또는 해체하거나 세 개 이상 수선 또는 변경하는 것 6. 주계단·피난계단 또는 특별피난계단을 증설 또는 해체하거나 수선 또는 변경하는 것
외부 형태 등	7. 다가구주택의 가구 간 경계벽 또는 다세대주택의 세대 간 경계벽을 증설 또는 해체하거나 수선 또는 변경하는 것 8. 건축물의 외벽에 사용하는 마감재료를 증설 또는 해체하거나 벽면적 30㎡ 이상 수선 또는 변경하는 것

> **예제**
>
> **건축법령상 증축·개축·재축에 해당하지 아니하는 것으로서 대수선행위로 볼 수 없는 것은?**
> ① 내력벽의 벽면적을 30㎡ 이상 수선하여 변경하는 행위
> ② 건축물의 전면부 창문틀을 해체하여 변경하는 행위
> ③ 기둥을 증설 또는 해체하는 행위
> ④ 건축물의 방화구획을 위한 바닥 또는 벽을 증설하거나 해체하는 행위
> ⑤ 다세대주택의 세대 간 주요구조부인 경계벽을 수선하는 행위
>
> **해설** ② 건축물의 전면부 창문틀을 해체하여 변경하는 행위는 대수선이 아니다.
> 창문틀은 주요구조부가 아니다.
>
> ❶ 정답 ②

3 용도변경 제31회, 제33회, 제34회

(1) 건축물의 용도

① **의의**: 건축물의 용도란 건축물의 종류를 유사한 구조·이용목적 및 형태별로 묶어 분류한 것을 말한다(법 제2조 제1항 제3호).

② **용도분류**: 건축물의 용도는 다음과 같이 구분하되, 각 용도에 속하는 건축물의 세부 용도는 대통령령으로 정한다(법 제2조 제2항, 영 별표1).

🏠 **[별표 1] 건축물의 용도구분과 각 용도에 속하는 건축물의 종류**(영 제3조의5 관련)

1. 단독주택[단독주택의 형태를 갖춘 가정어린이집 · 공동생활가정 · 지역아동센터 · 공동육아
   나눔터(「아이돌봄 지원법」 제19조에 따른 공동육아나눔터를 말한다. 이하 같다) · 작은도서
   관(「도서관법」 제2조 제4호 가목에 따른 작은도서관을 말하며, 해당 주택의 1층에 설치한
   경우만 해당한다. 이하 같다) 및 노인복지시설(노인복지주택은 제외한다)을 포함한다]

   가. 단독주택

   나. 다중주택: 다음의 요건을 모두 갖춘 주택을 말한다.

   　　1) 학생 또는 직장인 등 여러 사람이 장기간 거주할 수 있는 구조로 되어 있는 것

   　　2) 독립된 주거의 형태를 갖추지 않은 것(각 실별로 욕실은 설치할 수 있으나, 취사시
   　　　설은 설치하지 않은 것을 말한다)

   　　3) 1개 동의 주택으로 쓰이는 바닥면적(부설 주차장 면적은 제외한다. 이하 같다)의 합
   　　　계가 660제곱미터 이하이고 주택으로 쓰는 층수(지하층은 제외한다)가 3개 층 이하
   　　　일 것. 다만, 1층의 전부 또는 일부를 필로티 구조로 하여 주차장으로 사용하고 나머
   　　　지 부분을 주택 외의 용도로 쓰는 경우에는 해당 층을 주택의 층수에서 제외한다.

   　　4) 적정한 주거환경을 조성하기 위하여 건축조례로 정하는 실별 최소 면적, 창문의 설
   　　　치 및 크기 등의 기준에 적합할 것

   다. 다가구주택: 다음의 요건을 모두 갖춘 주택으로서 공동주택에 해당하지 아니하는 것
   을 말한다.

   　　1) 주택으로 쓰는 층수(지하층은 제외한다)가 3개 층 이하일 것. 다만, 1층의 전부 또는
   　　　일부를 필로티 구조로 하여 주차장으로 사용하고 나머지 부분을 주택 외의 용도로
   　　　쓰는 경우에는 해당 층을 주택의 층수에서 제외한다.

   　　2) 1개 동의 주택으로 쓰이는 바닥면적(부설 주차장 면적은 제외한다)의 합계가 660m²
   　　　이하일 것

   　　3) 19세대(대지 내 동별 세대수를 합한 세대를 말한다) 이하가 거주할 수 있을 것

   라. 공관(公館)

2. 공동주택[공동주택의 형태를 갖춘 가정어린이집 · 공동생활가정 · 지역아동센터 · 공동육아
   나눔터 · 작은도서관 · 노인복지시설(노인복지주택은 제외한다) 및 주택법 시행령에 따른
   소형 주택을 포함한다]. 다만, 가목이나 나목에서 층수를 산정할 때 1층 전부를 필로티 구조
   로 하여 주차장으로 사용하는 경우에는 필로티 부분을 층수에서 제외하고, 다목에서 층수
   를 산정할 때 1층의 전부 또는 일부를 필로티 구조로 하여 주차장으로 사용하고 나머지
   부분을 주택 외의 용도로 쓰는 경우에는 해당 층을 주택의 층수에서 제외하며, 가목부터
   라목까지의 규정에서 층수를 산정할 때 지하층을 주택의 층수에서 제외한다.

   가. 아파트: 주택으로 쓰는 층수가 5개 층 이상인 주택

   나. 연립주택: 주택으로 쓰는 1개 동의 바닥면적(2개 이상의 동을 지하주차장으로 연결하
   　　는 경우에는 각각의 동으로 본다) 합계가 660m²를 초과하고, 층수가 4개 층 이하인 주택

   다. 다세대주택: 주택으로 쓰는 1개 동의 바닥면적 합계가 660m² 이하이고, 층수가 4개 층
   　　이하인 주택(2개 이상의 동을 지하주차장으로 연결하는 경우에는 각각의 동으로 본다)

라. 기숙사: 다음에 해당하는 건축물로서 공간의 구성과 규모 등에 관하여 국토교통부장
관이 정하여 고시하는 기준에 적합한 것. 다만, 구분소유된 개별 실(室)은 제외한다.
   1) 일반기숙사: 학교 또는 공장 등의 학생 또는 종업원 등을 위하여 사용하는 것으로
      서 해당 기숙사의 공동취사시설 이용 세대 수가 전체 세대 수(건축물의 일부를 기
      숙사로 사용하는 경우에는 기숙사로 사용하는 세대 수로 한다. 이하 같다)의 50퍼센
      트 이상인 것(「교육기본법」 제27조 제2항에 따른 학생복지주택을 포함한다)
   2) 임대형기숙사: 「공공주택 특별법」 제4조에 따른 공공주택사업자 또는 「민간임대
      주택에 관한 특별법」 제2조 제7호에 따른 임대사업자가 임대사업에 사용하는 것으
      로서 임대 목적으로 제공하는 실이 20실 이상이고 해당 기숙사의 공동취사시설 이
      용 세대 수가 전체 세대 수의 50퍼센트 이상인 것

3. 제1종 근린생활시설
   가. 식품·잡화·의류·완구·서적·건축자재·의약품·의료기기 등 일용품을 판매하는
      소매점으로서 같은 건축물(하나의 대지에 두 동 이상의 건축물이 있는 경우에는 이를
      같은 건축물로 본다)에 해당 용도로 쓰는 바닥면적의 합계가 1천m² 미만인 것
   나. 휴게음식점, 제과점 등 음료·차(茶)·음식·빵·떡·과자 등을 조리하거나 제조하여
      판매하는 시설(제4호 너목 또는 제17호에 해당하는 것은 제외한다)로서 같은 건축물에
      해당 용도로 쓰는 바닥면적의 합계가 300m² 미만인 것
   다. 이용원, 미용원, 목욕장, 세탁소 등 사람의 위생관리나 의류 등을 세탁·수선하는 시설
      (세탁소의 경우 공장에 부설되는 것과 대기환경보전법, 물환경보전법 또는 소음·진동
      관리법에 따른 배출시설의 설치 허가 또는 신고의 대상인 것은 제외한다)
   라. 의원, 치과의원, 한의원, 침술원, 접골원(接骨院), 조산원, 안마원, 산후조리원 등 주민의
      진료·치료 등을 위한 시설
   마. 탁구장, 체육도장으로서 같은 건축물에 해당 용도로 쓰는 바닥면적의 합계가 500m² 미
      만인 것
   바. 지역자치센터, 파출소, 지구대, 소방서, 우체국, 방송국, 보건소, 공공도서관, 건강보험
      공단 사무소 등 공공업무시설로서 같은 건축물에 해당 용도로 쓰는 바닥면적의 합계가
      1천m² 미만인 것
   사. 마을회관, 마을공동작업소, 마을공동구판장, 공중화장실, 대피소, 지역아동센터(단독주
      택과 공동주택에 해당하는 것은 제외한다) 등 주민이 공동으로 이용하는 시설
   아. 변전소, 도시가스배관시설, 통신용 시설(해당 용도로 쓰는 바닥면적의 합계가 1천m²
      미만인 것에 한정한다), 정수장, 양수장 등 주민의 생활에 필요한 에너지공급·통신서
      비스제공이나 급수·배수와 관련된 시설
   자. 금융업소, 사무소, 부동산중개사무소, 결혼상담소 등 소개업소, 출판사 등 일반업무시
      설로서 같은 건축물에 해당 용도로 쓰는 바닥면적의 합계가 30m² 미만인 것
   차. 전기자동차충전소(해당 용도로 쓰는 바닥면적의 합계가 1천제곱미터 미만인 것으로 한정)
   카. 동물병원, 동물미용실 및 동물보호법 제73조 제1항 제2호에 따른 동물위탁관리업을 위한
      시설로서 같은 건축물에 해당 용도로 쓰는 바닥면적의 합계가 300제곱미터 미만인 것

4. 제2종 근린생활시설

   가. 공연장(극장, 영화관, 연예장, 음악당, 서커스장, 비디오물감상실, 비디오물소극장, 그 밖에 이와 비슷한 것을 말한다)으로서 같은 건축물에 해당 용도로 쓰는 바닥면적의 합계가 500㎡ 미만인 것

   나. 종교집회장[교회, 성당, 사찰, 기도원, 수도원, 수녀원, 제실(祭室), 사당, 그 밖에 이와 비슷한 것을 말한다. 이하 같다]으로서 같은 건축물에 해당 용도로 쓰는 바닥면적의 합계가 500㎡ 미만인 것

   다. 자동차영업소로서 같은 건축물에 해당 용도로 쓰는 바닥면적의 합계가 1천㎡ 미만인 것

   라. 서점(제1종 근린생활시설에 해당하지 않는 것)

   마. 총포판매소

   바. 사진관, 표구점

   사. 청소년게임제공업소, 복합유통게임제공업소, 인터넷컴퓨터게임시설제공업소, 가상현실체험 제공업소 그 밖에 이와 비슷한 게임체험 관련 시설로서 같은 건축물에 해당 용도로 쓰는 바닥면적의 합계가 500㎡ 미만인 것

   아. 휴게음식점, 제과점 등 음료·차(茶)·음식·빵·떡·과자 등을 조리하거나 제조하여 판매하는 시설(너목 또는 제17호에 해당하는 것은 제외한다)로서 같은 건축물에 해당 용도로 쓰는 바닥면적의 합계가 300㎡ 이상인 것

   자. 일반음식점

   차. 장의사, 동물병원, 동물미용실, 동물보호법에 따른 동물위탁관리업을 위한 시설, 그 밖에 이와 유사한 것(제1종 근린생활시설에 해당하는 것은 제외한다)

   카. 학원(자동차학원·무도학원 및 정보통신기술을 활용하여 원격으로 교습하는 것은 제외한다), 교습소(자동차교습·무도교습 및 정보통신기술을 활용하여 원격으로 교습하는 것은 제외한다), 직업훈련소(운전·정비 관련 직업훈련소는 제외한다)로서 같은 건축물에 해당 용도로 쓰는 바닥면적의 합계가 500㎡ 미만인 것

   타. 독서실, 기원

   파. 테니스장, 체력단련장, 에어로빅장, 볼링장, 당구장, 실내낚시터, 골프연습장, 놀이형시설(관광진흥법에 따른 기타유원시설업의 시설을 말한다. 이하 같다) 등 주민의 체육 활동을 위한 시설(제3호 마목의 시설은 제외한다)로서 같은 건축물에 해당 용도로 쓰는 바닥면적의 합계가 500㎡ 미만인 것

   하. 금융업소, 사무소, 부동산중개사무소, 결혼상담소 등 소개업소, 출판사 등 일반업무시설로서 같은 건축물에 해당 용도로 쓰는 바닥면적의 합계가 500㎡ 미만인 것(제1종 근린생활시설에 해당하는 것은 제외한다)

   거. 다중생활시설(다중이용업소의 안전관리에 관한 특별법에 따른 다중이용업 중 고시원업의 시설로서 국토교통부장관이 고시하는 기준에 적합한 것을 말한다. 이하 같다)로서 같은 건축물에 해당 용도로 쓰는 바닥면적의 합계가 500㎡ 미만인 것

너. 제조업소, 수리점 등 물품의 제조·가공·수리 등을 위한 시설로서 같은 건축물에 해당 용도로 쓰는 바닥면적의 합계가 500m² 미만이고, 다음 요건 중 어느 하나에 해당하는 것

    1) 대기환경보전법, 물환경보전법 또는 소음·진동관리법에 따른 배출시설의 설치 허가 또는 신고의 대상이 아닌 것

    2) 물환경보전법에 따라 폐수배출시설의 설치 허가를 받거나 신고해야 하는 시설로서 발생되는 폐수를 전량 위탁처리 하는 것

더. 단란주점으로서 같은 건축물에 해당 용도로 쓰는 바닥면적의 합계가 150m² 미만인 것

러. 안마시술소, 노래연습장

머. 「물류시설의 개발 및 운영에 관한 법률」 제2조 제5호의2에 따른 주문배송시설로서 같은 건축물에 해당 용도로 쓰는 바닥면적의 합계가 500제곱미터 미만인 것(같은 법 제21조의2 제1항에 따라 물류창고업 등록을 해야 하는 시설을 말한다)

5. 문화 및 집회시설

  가. 공연장으로서 제2종 근린생활시설에 해당하지 아니하는 것

  나. 집회장[예식장, 공회당, 회의장, 마권(馬券) 장외 발매소, 마권 전화투표소, 그 밖에 이와 비슷한 것을 말한다]으로서 제2종 근린생활시설에 해당하지 아니하는 것

  다. 관람장(경마장, 경륜장, 경정장, 자동차 경기장, 그 밖에 이와 비슷한 것과 체육관 및 운동장으로서 관람석의 바닥면적의 합계가 1천m² 이상인 것을 말한다)

  라. 전시장(박물관, 미술관, 과학관, 문화관, 체험관, 기념관, 산업전시장, 박람회장, 그 밖에 이와 비슷한 것을 말한다)

  마. 동·식물원(동물원, 식물원, 수족관, 그 밖에 이와 비슷한 것을 말한다)

6. 종교시설

  가. 종교집회장으로서 제2종 근린생활시설에 해당하지 아니하는 것

  나. 종교집회장(제2종 근린생활시설에 해당하지 아니하는 것을 말한다)에 설치하는 봉안당(奉安堂)

7. 판매시설

  가. 도매시장(농수산물유통 및 가격안정에 관한 법률에 따른 농수산물도매시장, 농수산물공판장, 그 밖에 이와 비슷한 것을 말하며, 그 안에 있는 근린생활시설을 포함한다)

  나. 소매시장(유통산업발전법에 따른 대규모 점포, 그 밖에 이와 비슷한 것을 말하며, 그 안에 있는 근린생활시설을 포함한다)

  다. 상점(그 안에 있는 근린생활시설을 포함한다)으로서 다음의 요건 중 어느 하나에 해당하는 것

    1) 제3호 가목에 해당하는 용도(서점은 제외한다)로서 제1종 근린생활시설에 해당하지 아니하는 것

    2) 게임산업진흥에 관한 법률 제2조 제6호의2 가목에 따른 청소년게임제공업의 시설, 같은 호 나목에 따른 일반게임제공업의 시설, 같은 조 제7호에 따른 인터넷컴퓨터게임시설제공업의 시설 및 같은 조 제8호에 따른 복합유통게임제공업의 시설로서 제2종 근린생활시설에 해당하지 아니하는 것

8. 운수시설

   가. 여객자동차터미널

   나. 철도시설

   다. 공항시설

   라. 항만시설

9. 의료시설

   가. 병원(종합병원, 병원, 치과병원, 한방병원, 정신병원 및 요양병원을 말한다)

   나. 격리병원(전염병원, 마약진료소, 그 밖에 이와 비슷한 것을 말한다)

10. 교육연구시설(제2종 근린생활시설에 해당하는 것은 제외한다)

   가. 학교(유치원, 초등학교, 중학교, 고등학교, 전문대학, 대학, 대학교, 그 밖에 이에 준하는 각종 학교를 말한다)

   나. 교육원(연수원, 그 밖에 이와 비슷한 것을 포함한다)

   다. 직업훈련소(운전 및 정비 관련 직업훈련소는 제외한다)

   라. 학원(자동차학원·무도학원 및 정보통신기술을 활용하여 원격으로 교습하는 것은 제외한다), 교습소(자동차교습·무도교습 및 정보통신기술을 활용하여 원격으로 교습하는 것은 제외한다)

   마. 연구소(연구소에 준하는 시험소와 계측계량소를 포함한다)

   바. 도서관

11. 노유자시설

   가. 아동 관련 시설(어린이집, 아동복지시설, 그 밖에 이와 비슷한 것으로서 단독주택, 공동주택 및 제1종 근린생활시설에 해당하지 아니하는 것을 말한다)

   나. 노인복지시설(단독주택과 공동주택에 해당하지 아니하는 것을 말한다)

   다. 그 밖에 다른 용도로 분류되지 아니한 사회복지시설 및 근로복지시설

12. 수련시설

   가. 생활권 수련시설(청소년활동진흥법에 따른 청소년수련관, 청소년문화의집, 청소년특화시설, 그 밖에 이와 비슷한 것을 말한다)

   나. 자연권 수련시설(청소년활동진흥법에 따른 청소년수련원, 청소년야영장, 그 밖에 이와 비슷한 것을 말한다)

   다. 청소년활동진흥법에 따른 유스호스텔

   라. 관광진흥법에 따른 야영장 시설로서 제29호에 해당하지 아니하는 시설

13. 운동시설

   가. 탁구장, 체육도장, 테니스장, 체력단련장, 에어로빅장, 볼링장, 당구장, 실내낚시터, 골프연습장, 놀이형시설, 그 밖에 이와 비슷한 것으로서 제1종 근린생활시설 및 제2종 근린생활시설에 해당하지 아니하는 것

   나. 체육관으로서 관람석이 없거나 관람석의 바닥면적이 1천m^2 미만인 것

   다. 운동장(육상장, 구기장, 볼링장, 수영장, 스케이트장, 롤러스케이트장, 승마장, 사격장, 궁도장, 골프장 등과 이에 딸린 건축물을 말한다)으로서 관람석이 없거나 관람석의 바닥면적이 1천m^2 미만인 것

14. 업무시설

　가. 공공업무시설: 국가 또는 지방자치단체의 청사와 외국공관의 건축물로서 제1종 근린생활시설에 해당하지 아니하는 것

　나. 일반업무시설: 다음 요건을 갖춘 업무시설을 말한다.

　　1) 금융업소, 사무소, 결혼상담소 등 소개업소, 출판사, 신문사, 그 밖에 이와 비슷한 것으로서 제1종 근린생활시설 및 제2종 근린생활시설에 해당하지 않는 것

　　2) 오피스텔(업무를 주로 하며, 분양하거나 임대하는 구획 중 일부 구획에서 숙식을 할 수 있도록 한 건축물로서 국토교통부장관이 고시하는 기준에 적합한 것을 말한다)

15. 숙박시설

　가. 일반숙박시설 및 생활숙박시설(공중위생관리법에 따라 숙박업 신고를 해야 하는 시설을 말한다)

　나. 관광숙박시설(관광호텔, 수상관광호텔, 한국전통호텔, 가족호텔, 호스텔, 소형호텔, 의료관광호텔 및 휴양 콘도미니엄)

　다. 다중생활시설(제2종 근린생활시설에 해당하지 아니하는 것을 말한다)

　라. 그 밖에 가목부터 다목까지의 시설과 비슷한 것

16. 위락시설

　가. 단란주점으로서 제2종 근린생활시설에 해당하지 아니하는 것

　나. 유흥주점이나 그 밖에 이와 비슷한 것

　다. 관광진흥법에 따른 유원시설업의 시설, 그 밖에 이와 비슷한 시설(제2종 근린생활시설과 운동시설에 해당하는 것은 제외한다)

　마. 무도장, 무도학원

　바. 카지노영업소

17. 공장: 물품의 제조·가공[염색·도장(塗裝)·표백·재봉·건조·인쇄 등을 포함한다] 또는 수리에 계속적으로 이용되는 건축물로서 제1종 근린생활시설, 제2종 근린생활시설, 위험물저장 및 처리시설, 자동차 관련 시설, 자원순환 관련 시설 등으로 따로 분류되지 아니한 것

18. 창고시설(제2종 근린생활시설에 해당하는 것과 위험물 저장 및 처리 시설 또는 그 부속용도에 해당하는 것은 제외한다)

　가. 창고(물품저장시설로서 물류정책기본법에 따른 일반창고와 냉장 및 냉동 창고를 포함한다)

　나. 하역장

　다. 물류시설의 개발 및 운영에 관한 법률에 따른 물류터미널

　라. 집배송 시설

19. 위험물 저장 및 처리 시설: 위험물안전관리법, 석유 및 석유대체연료 사업법, 도시가스사업법, 고압가스 안전관리법, 액화석유가스의 안전관리 및 사업법, 총포·도검·화약류 등 단속법, 화학물질 관리법 등에 따라 설치 또는 영업의 허가를 받아야 하는 건축물로서 다음 각 목의 어느 하나에 해당하는 것. 다만, 자가난방, 자가발전, 그 밖에 이와 비슷한 목적으로 쓰는 저장시설은 제외한다.

　　가. 주유소(기계식 세차설비를 포함한다) 및 석유 판매소

　　나. 액화석유가스 충전소·판매소·저장소(기계식 세차설비를 포함한다)

　　다. 위험물 제조소·저장소·취급소

　　라. 액화가스 취급소·판매소

　　마. 유독물 보관·저장·판매시설

　　바. 고압가스 충전소·판매소·저장소

　　사. 도료류 판매소

　　아. 도시가스 제조시설

　　자. 화약류 저장소

　　차. 그 밖에 가목부터 자목까지의 시설과 비슷한 것

20. 자동차 관련 시설(건설기계 관련 시설을 포함한다)

　　가. 주차장

　　나. 세차장

　　다. 폐차장

　　라. 검사장

　　마. 매매장

　　바. 정비공장

　　사. 운전학원 및 정비학원(운전 및 정비 관련 직업훈련시설을 포함한다)

　　아. 여객자동차 운수사업법, 화물자동차 운수사업법 및 건설기계관리법에 따른 차고 및 주기장(駐機場)

　　자. 전기자동차 충전소로서 제1종 근린생활시설에 해당하지 않는 것

21. 동물 및 식물 관련 시설

　　가. 축사(양잠·양봉·양어·양돈·양계·곤충사육 시설 및 부화장 등을 포함한다)

　　나. 가축시설[가축용 운동시설, 인공수정센터, 관리사(管理舍), 가축용 창고, 가축시장, 동물검역소, 실험동물 사육시설, 그 밖에 이와 비슷한 것을 말한다]

　　다. 도축장

　　라. 도계장

　　마. 작물 재배사

　　바. 종묘배양시설

　　사. 화초 및 분재 등의 온실

　　아. 식물과 관련된 마목부터 사목까지의 시설과 비슷한 것(동·식물원은 제외한다)

22. 자원순환 관련 시설

　　가. 하수 등 처리시설

　　나. 고물상

　　다. 폐기물재활용시설

　　라. 폐기물 처분시설

　　마. 폐기물감량화시설

23. 교정시설(제1종 근린생활시설에 해당하는 것은 제외한다)

　　가. 교정시설(보호감호소, 구치소 및 교도소를 말한다)

　　나. 갱생보호시설, 그 밖에 범죄자의 갱생·보육·교육·보건 등의 용도로 쓰는 시설

　　다. 소년원 및 소년분류심사원

23의2. 국방·군사시설(제1종 근린생활시설에 해당하는 것은 제외한다)

　　국방·군사시설 사업에 관한 법률에 따른 국방·군사시설

24. 방송통신시설(제1종 근린생활시설에 해당하는 것은 제외한다)

　　가. 방송국(방송프로그램 제작시설 및 송신·수신·중계시설을 포함한다)

　　나. 전신전화국

　　다. 촬영소

　　라. 통신용 시설

　　마. 데이터센터

　　바. 그 밖에 가목부터 마목까지의 시설과 비슷한 것

25. 발전시설 : 발전소(집단에너지 공급시설을 포함한다)로 사용되는 건축물로서 제1종 근린생활시설에 해당하지 아니하는 것

26. 묘지 관련 시설

　　가. 화장시설

　　나. 봉안당(종교시설에 해당하는 것은 제외한다)

　　다. 묘지와 자연장지에 부수되는 건축물

　　라. 동물화장시설, 동물건조장(乾燥葬)시설 및 동물 전용의 납골시설

27. 관광 휴게시설

　　가. 야외음악당

　　나. 야외극장

　　다. 어린이회관

　　라. 관망탑

　　마. 휴게소

　　바. 공원·유원지 또는 관광지에 부수되는 시설

28. 장례시설

　　가. 장례식장[의료시설의 부수시설(의료법에 따른 의료기관의 종류에 따른 시설을 말한다)에 해당하는 것은 제외한다]

　　나. 동물 전용의 장례식장

29. 야영장 시설 : 관광진흥법에 따른 야영장 시설로서 관리동, 화장실, 샤워실, 대피소, 취사시설 등의 용도로 쓰는 바닥면적의 합계가 300m² 미만인 것

예제

건축법령상 제1종 근린생활시설에 해당하는 것은? (단, 동일한 건축물 안에서 당해 용도에 쓰이는 바닥 면적의 합계는 1,000m²임)

① 극장   ② 서점   ③ 탁구장
④ 파출소   ⑤ 산후조리원

해설 ① 극장은 1,000제곱미터이므로 문화 및 집회시설이다.
② 서점은 1,000제곱미터이므로 제2종 근린생활시설이다.
③ 탁구장은 1,000제곱미터이므로 운동시설이다.
④ 파출소는 1,000제곱미터이므로 업무시설이다.
⑤ 산후조리원은 규모에 관계 없이 제1종 근린생활시설이다.

◆ 정답 ⑤

(2) 용도변경

시설군(9개)	용도군(29개)	
1. 자동차관련시설군	자동차관련시설	
2. 산업등시설군	① 공장 ③ 자원순환관련시설 ⑤ 창고시설 ⑦ 장례시설	② 위험물저장 및 처리시설 ④ 운수시설 ⑥ 묘지관련시설
3. 전기통신시설군	① 방송통신시설	② 발전시설
4. 문화 및 집회시설군	① 문화 및 집회시설 ③ 위락시설	② 종교시설 ④ 관광휴게시설
5. 영업시설군	① 운동시설 ③ 제2종 근린생활시설 중 다중생활시설 ④ 숙박시설	② 판매시설
6. 교육 및 복지시설군	① 노유자시설 ③ 교육연구시설 ⑤ 야영장시설	② 의료시설 ④ 수련시설
7. 근린생활시설군	① 제1종 근린생활시설 ② 제2종 근린생활시설(다중생활시설 제외)	
8. 주거업무시설군	① 단독주택 ③ 업무시설 ⑤ 국방·군사시설	② 공동주택 ④ 교정시설
9. 그 밖에 시설군	동물 및 식물관련시설	

① **용도변경**

㉠ 용도변경이란 건물의 축조와는 다른 개념으로서 건축물의 사용용도를 변경하는 것을 말하며 건축물의 용도변경은 변경하고자 하는 용도의 건축기준에 맞게 하여야 한다(법 제19조 제1항).

㉡ 사용승인을 받은 건축물의 용도를 변경하려는 자는 다음의 구분에 따라 국토교통부령으로 정하는 바에 따라 특별자치시장·특별자치도지사 또는 시장·군수·구청장의 허가를 받거나 신고를 하여야 한다(법 제19조 제2항).

---

1. 허가대상: 각 시설군에 속하는 건축물의 용도를 상위군에 해당하는 용도로 변경하는 경우
2. 신고대상: 각 시설군에 해당하는 시설군에 속하는 건축물의 용도를 하위군에 해당하는 용도로 변경하는 경우

---

② **건축물대장 기재사항의 변경신청**

㉠ 같은 시설군 안에서 용도를 변경하려는 자는 국토교통부령으로 정하는 바에 따라 특별자치시장·특별자치도지사 또는 시장·군수·구청장에게 건축물대장 기재사항의 변경을 신청하여야 한다(법 제19조 제3항).

㉡ 다음에 해당하는 건축물 상호간의 용도변경인 경우에는 그러하지 아니하다. 다만, 별표 1 제3호(제1종 근린생활시설) 다목(목욕장만 해당한다)·라목[의원, 치과의원, 한의원, 침술원, 접골원(接骨院), 조산원, 안마원, 산후조리원 등 주민의 진료·치료 등을 위한 시설], 같은 표 제4호(제2종 근린생활시설) 가목[공연장(극장, 영화관, 연예장, 음악당, 서커스장, 비디오물감상실, 비디오물소극장, 그 밖에 이와 비슷한 것을 말한다. 이하 같다)으로서 같은 건축물에 해당 용도로 쓰는 바닥면적의 합계가 500제곱미터 미만인 것]·사목(청소년게임제공업소, 복합유통게임제공업소, 인터넷컴퓨터게임시설제공업소, 가상현실체험 제공업소 그 밖에 이와 비슷한 게임체험 관련 시설로서 같은 건축물에 해당 용도로 쓰는 바닥면적의 합계가 500제곱미터 미만인 것)·카목[학원(자동차학원·무도학원 및 정보통신기술을 활용하여 원격으로 교습하는 것은 제외한다), 교습소(자동차교습·무도교습 및 정보통신기술을 활용하여 원격으로 교습하는 것은 제외한다), 직업훈련소(운전·정비 관련 직업훈련소는 제외한다)로서 같은 건축물에 해당 용도로 쓰는 바닥면적의 합계가 500제곱미터 미만인 것]·파목(골프연습장, 놀이형시설만 해당한다)·더목(단란주점으로서 같은 건축물에 해당 용도로 쓰는 바닥면적의 합계가 150제곱미터 미만인 것)·러목(안마시술소, 노래연습장), 머목[「물류시설의 개발 및 운영에 관한 법률」 제2조 제5호의2에 따른 주문배송시설로서 같은 건축물에 해당 용도로 쓰는 바닥면적의 합계가 500제곱미터 미만인 것(같은 법 제21조의2 제1항에 따라 물류창고업 등록을 해야 하는 시설을 말한다), 같은 표 제7호(판매시설) 다목2)(게임산업진흥에 관한 법률 제2조 제6호의2 가목에 따른 청소년게임제공업의 시설, 같은 호 나목에 따른 일반게임제공업의 시설, 같은 조 제7호에 따른 인터넷컴퓨터게임시설제공업의 시설 및 같은 조 제8호에 따른 복합유통게임제공업의 시설로서 제2종 근린생활시설에 해당하지 아니하는 것), 같은 표 제15호

가목(생활숙박시설만 해당한다) 및 같은 표 제16호(위락시설) 가목(단란주점으로서 제2종 근린생활시설에 해당하지 아니하는 것)·나목(유흥주점이나 그 밖에 이와 비슷한 것)에 해당하는 용도로 변경하는 경우는 제외한다(영 제14조 제4항).

> 1. 같은 용도에 속하는 건축물 상호 간의 용도변경
> 2. 국토의 계획 및 이용에 관한 법률이나 그 밖의 관계 법령에서 정하는 용도제한에 적합한 범위에서 제1종 근린생활시설과 제2종 근린생활시설 상호 간의 용도변경

③ **건축법의 준용**: 다음의 경우에는 건축물의 용도변경에 관하여 이를 준용한다.
  ㉠ 건축물의 사용승인규정의 준용: 허가 및 신고대상인 경우로서 용도변경하려는 부분의 바닥면적의 합계가 100m² 이상인 경우의 사용승인에 관하여는 제22조 건축물의 사용승인 규정을 준용한다. 다만, 용도변경하려는 부분의 바닥면적의 합계가 500m² 미만으로서 대수선에 해당되는 공사를 수반하지 아니하는 경우에는 그러하지 아니하다(법 제19조 제5항).
  ㉡ 건축물의 설계규정의 준용: 허가대상인 경우로서 용도변경하려는 부분의 바닥면적의 합계가 500m² 이상인 용도변경(1층인 축사를 공장으로 용도변경하는 경우로서 증축·개축 또는 대수선이 수반되지 아니하고 구조안전·피난 등에 지장이 없는 경우는 제외한다)의 설계에 관하여는 제23조 건축물의 설계규정을 준용한다(법 제19조 제6항).

④ **복수 용도의 인정**
  ㉠ 건축주는 건축물의 용도를 복수로 하여 건축허가, 건축신고 및 용도변경 허가·신고 또는 건축물대장 기재내용의 변경 신청을 할 수 있다(법 제19조의2 제1항).
  ㉡ 허가권자는 신청한 복수의 용도가 이 법 및 관계 법령에서 정한 건축기준과 입지기준 등에 모두 적합한 경우에 한정하여 국토교통부령으로 정하는 바에 따라 복수용도를 허용할 수 있다(법 제19조의2 제2항).

╭─ 예제 ─

甲은 A도 B군에서 숙박시설로 사용승인을 받은 바닥면적의 합계가 3천제곱미터인 건축물의 용도를 변경하려고 한다. 건축법령상 이에 관한 설명으로 틀린 것은?
① 의료시설로 용도를 변경하려는 경우에는 용도변경 신고를 하여야 한다.
② 종교시설로 용도를 변경하려는 경우에는 용도변경 허가를 받아야 한다.
③ 甲이 바닥면적의 합계 1천제곱미터의 부분에 대해서만 업무시설로 용도를 변경하는 경우에는 사용승인을 받지 않아도 된다.
④ A도지사는 도시·군계획에 특히 필요하다고 인정하면 B군수의 용도변경허가를 제한할 수 있다.
⑤ B군수는 甲이 판매시설과 위락시설의 복수 용도로 용도변경 신청을 한 경우 지방건축위원회의 심의를 거쳐 이를 허용할 수 있다.

해설 ③ 甲이 바닥면적의 합계 1천제곱미터의 부분에 대해서 업무시설로 용도를 변경하는 경우에는 신고대상이며, 사용승인을 받아야 한다.　　　　　　　　　　　　　　　　　　　　❶ 정답 ③

4 건축법의 적용대상지역

(1) 전면적 적용지역(법 제3조 제2항)

① 국토의 계획 및 이용에 관한 법률에 따른 도시지역 및 도시지역 외의 지역에 따른 지구단위계획구역

② 동 또는 읍의 지역(동·읍이 속하는 섬은 인구 500인 이상인 경우에 한함)

(2) 제한적 적용지역(일부규정만 적용)

다음의 사항은 전면적 적용지역 외의 지역은 다음을 적용하지 아니한다(법 제3조 제2항).

> 1. 대지와 도로의 관계(제44조)
> 2. 도로의 지정·폐지 또는 변경(제45조)
> 3. 건축선의 지정(제46조)
> 4. 건축선에 따른 건축제한(제47조)
> 5. 방화지구의 건축물(제51조)
> 6. 대지의 분할제한(제57조)

(3) 건축법 적용 제외대상(법 제3조 제1항)

> 1. 문화유산의 보존 및 활용에 관한 법률에 따른 지정문화유산이나 임시지정문화유산 또는 자연유산의 보존 및 활용에 관한 법률에 따라 지정된 천연기념물 등이나 임시지정천연기념물, 임시지정명승, 임시지정시·도자연유산, 임시자연유산자료
> 2. 철도 또는 궤도의 선로부지에 있는 다음 시설
>   ① 운전보안시설
>   ② 철도 선로의 위나 아래를 가로지르는 보행시설
>   ③ 플랫폼
>   ④ 해당 철도 또는 궤도사업용 급수·급탄 및 급유시설
> 3. 고속도로 통행료 징수시설
> 4. 컨테이너를 이용한 간이창고(산업집적활성화 및 공장설립에 관한 법률에 따른 공장의 용도로만 사용되는 건축물의 대지에 설치하는 것으로서 이동이 쉬운 것만 해당된다)
> 5. 하천법에 따른 하천구역 내의 수문조작실

예제

건축법령상 건축법의 적용에 관한 설명으로 틀린 것은?

① 철도의 선로부지에 있는 플랫폼을 건축하는 경우에는 건축법상 건폐율 규정이 적용되지 않는다.

② 고속도로 통행료 징수시설을 건축하는 경우에는 건축법상 대지의 분할제한 규정이 적용되지 않는다.

③ 국토의 계획 및 이용에 관한 법률 제51조 제3항에 따른 지구단위계획구역이 아닌 계획관리지역으로서 동이나 읍이 아닌 지역에서는 건축법상 대지의 분할제한규정이 적용되지 않는다.

④ 국토의 계획 및 이용에 관한 법률 제51조 제3항에 따른 지구단위계획구역이 아닌 계획관리지역으로서 동이나 읍이 아닌 지역에서는 건축법상 건축선에 따른 건축제한 규정이 적용되지 않는다.

⑤ 국토의 계획 및 이용에 관한 법률 제51조 제3항(도시지역 외의 지역)에 따른 지구단위계획구역이 아닌 계획관리지역으로서 동이나 읍이 아닌 지역에서는 건축법상 용적률 규정이 적용되지 않는다.

해설 ⑤ 국토의 계획 및 이용에 관한 법률 제51조 제3항(도시지역 외의 지역)에 따른 지구단위계획구역이 아닌 계획관리지역으로서 동이나 읍이 아닌 지역에서는 건축법상 용적률 규정이 적용된다.　　　　　◆ 정답 ⑤

제 2 절　건축물의 건축 등

01　건축허가 제31회

1　건축허가의 의의

건축허가란 일정한 요건에 해당하는 건축물의 건축·대수선 또는 용도변경에 관한 일반적·상대적 금지를 특정한 경우에 해제하여 적법하게 건축물을 건축 할 수 있도록 하는 행정기관의 처분을 말한다.

② 건축에 관한 입지 및 규모의 사전결정 제33회

(1) 사전결정 신청

건축허가대상 건축물을 건축하려는 자는 건축허가를 신청하기 전에 허가권자에게 그 건축물의 건축에 관한 다음의 사항에 대한 사전결정을 신청할 수 있다(법 제10조 제1항).

1. 해당 대지에 건축하는 것이 이 법이나 관계 법령에서 허용되는지 여부
2. 이 법 또는 관계 법령에 따른 건축기준 및 건축제한, 그 완화에 관한 사항 등을 고려하여 해당 대지에 건축 가능한 건축물의 규모
3. 건축허가를 받기 위하여 신청자가 고려하여야 할 사항

(2) 심의와 교통영향평가서의 검토를 동시신청

사전결정을 신청하는 자(이하 "사전결정신청자"라 한다)는 건축위원회 심의와 도시교통정비 촉진법에 따른 교통영향평가서의 검토를 동시에 신청할 수 있다(법 제10조 제2항).

(3) 환경영향평가 협의

허가권자는 사전결정이 신청된 건축물의 대지면적이 환경영향평가법 제43조에 따른 소규모 환경영향평가 대상사업인 경우 환경부장관이나 지방환경관서의 장과 소규모 환경영향평가에 관한 협의를 하여야 한다(법 제10조 제3항).

(4) 사전결정 통지

허가권자는 신청을 받으면 입지, 건축물의 규모, 용도 등을 사전결정한 후 사전결정일부터 7일 이내에 사전결정신청자에게 알려야 한다(법 제10조 제4항, 규칙 제5조 제1항).

(5) 간주규정

사전결정통지를 받은 경우에는 다음의 허가를 받거나 신고 또는 협의를 한 것으로 본다(법 제10조 제6항).

1. 국토의 계획 및 이용에 관한 법률에 따른 개발행위허가
2. 산지관리법에 따른 산지전용허가 및 산지전용신고, 산지일시사용 허가·신고, 보전산지인 경우에는 도시지역만 해당된다.
3. 농지법에 따른 농지전용허가·신고 및 협의
4. 하천법에 따른 하천점용허가

(6) 의견제출

허가권자는 (5)의 어느 하나에 해당되는 내용이 포함된 사전결정을 하려면 미리 관계 행정기관의 장과 협의하여야 하며, 협의를 요청받은 관계 행정기관의 장은 요청받은 날부터 15일 이내에 의견을 제출하여야 한다(법 제10조 제7항).

(7) 사전결정의 효력 상실

사전결정신청자는 사전결정을 통지받은 날부터 2년 이내에 건축허가를 신청하여야 하며, 이 기간에 건축허가를 신청하지 아니하면 사전결정의 효력이 상실된다(법 제10조 제9항).

예제

건축법령상 건축허가의 사전결정에 관한 설명으로 틀린 것은?

① 사전결정을 할 수 있는 자는 건축허가권자이다.

② 사전결정 신청사항에는 건축허가를 받기 위하여 신청자가 고려하여야 할 사항이 포함될 수 있다.

③ 사전결정의 통지로써 국토의 계획 및 이용에 관한 법률에 따른 개발행위허가가 의제되는 경우 허가권자는 사전결정을 하기에 앞서 관계 행정기관의 장과 협의하여야 한다.

④ 사전결정신청자는 건축위원회 심의와 도시교통정비 촉진법에 따른 교통영향평가서의 검토를 동시에 신청할 수 있다.

⑤ 사전결정신청자는 사전결정을 통지받은 날부터 2년 이내에 착공신고를 하여야 하며, 이 기간에 착공신고를 하지 아니하면 사전결정의 효력이 상실된다.

해설 ⑤ 사전결정을 통지받은 날부터 2년 이내에 건축허가를 신청하여야 하며, 이 기간 내에 건축허가를 신청하지 아니하면 사전결정의 효력이 상실된다. ◆ **정답 ⑤**

③ 건축허가권자

(1) 원칙: 특별자치시장·특별자치도지사 또는 시장·군수·구청장

건축물을 건축하거나 대수선하려는 자는 특별자치시장·특별자치도지사 또는 시장·군수·구청장의 허가를 받아야 한다(법 제11조 제1항 본문).

(2) 예외: 특별시장·광역시장

다만, 다음의 건축물을 특별시나 광역시에 건축하려면 특별시장이나 광역시장의 허가를 받아야 한다(법 제11조 제1항 단서, 영 제8조 제1항).

1. 층수가 21층 이상이거나 연면적의 합계가 10만m² 이상인 건축물의 건축
2. 연면적의 10분의 3 이상을 증축하여 층수가 21층 이상으로 되거나 연면적의 합계가 10만m² 이상으로 되는 경우
3. 단, 공장, 창고, 지방건축위원회의 심의를 거친 건축물(특별시 또는 광역시의 건축조례로 정하는 바에 따라 해당 지방건축위원회의 심의사항으로 할 수 있는 건축물에 한정하며, 초고층 건축물은 제외한다)은 제외한다.

4 도지사의 사전승인

시장·군수는 다음에 해당하는 건축물의 건축을 허가하려면 미리 건축계획서와 국토교통부령으로 정하는 건축물의 용도, 규모 및 형태가 표시된 기본설계도서를 첨부하여 도지사의 승인을 받아야 한다(법 제11조 제2항, 영 제8조 제3항).

> 1. 층수가 21층 이상이거나 연면적의 합계가 10만m² 이상인 건축물의 건축이거나, 연면적의 10분의 3 이상을 증축하여 층수가 21층 이상으로 되거나 연면적의 합계가 10만m² 이상으로 되는 경우[공장, 창고 및 지방건축위원회의 심의를 거친 건축물(초고층 건축물은 제외)은 제외한다]. 다만, 도시환경, 광역교통 등을 고려하여 해당 도의 조례로 정하는 건축물은 제외한다.
> 2. 자연환경이나 수질을 보호하기 위하여 도지사가 지정·공고한 구역에 건축하는 3층 이상 또는 연면적의 합계가 1천m² 이상인 공동주택, 제2종 근린생활시설 중 일반음식점, 업무시설 중 일반업무시설, 숙박시설, 위락시설
> 3. 주거환경이나 교육환경 등 주변 환경을 보호하기 위하여 필요하다고 인정하여 도지사가 지정·공고한 구역에 건축하는 위락시설 및 숙박시설

5 대지의 소유권 확보 및 매도청구

(1) 소유권 확보

① **원칙**: 건축허가를 받으려는 자는 해당 대지의 소유권을 확보하여야 한다(법 제11조 제11항 전단).

② **예외**: 다만, 다음에 해당하는 경우에는 그러하지 아니하다(법 제11조 제11항 후단).

> 1. 건축주가 대지의 소유권을 확보하지 못하였으나 그 대지를 사용할 수 있는 권원을 확보한 경우. 다만, 분양을 목적으로 하는 공동주택은 제외한다.
> 2. 건축주가 건축물의 노후화 또는 구조안전 문제 등 대통령령으로 정하는 사유로 건축물을 신축·개축·재축 및 리모델링을 하기 위하여 건축물 및 해당 대지의 공유자 수의 100분의 80 이상의 동의를 얻고 동의한 공유자의 지분 합계가 전체 지분의 100분의 80 이상인 경우
> 3. 건축주가 제1항에 따른 건축허가를 받아 주택과 주택 외의 시설을 동일 건축물로 건축하기 위하여 주택법 제21조를 준용한 대지 소유 등의 권리 관계를 증명한 경우. 다만, 주택법 제15조 제1항 각 호 외의 부분 본문에 따른 대통령령으로 정하는 호수 이상으로 건설·공급하는 경우에 한정한다.
> 4. 건축하려는 대지에 포함된 국유지 또는 공유지에 대하여 허가권자가 해당 토지의 관리청이 해당 토지를 건축주에게 매각하거나 양여할 것을 확인한 경우

> 5. 건축주가 집합건물의 공용부분을 변경하기 위하여 집합건물의 소유 및 관리에 관한 법률 제15조 제1항에 따른 결의가 있었음을 증명한 경우
> 6. 건축주가 집합건물을 재건축하기 위하여 집합건물의 소유 및 관리에 관한 법률에 따른 결의가 있었음을 증명한 경우

(2) 매도청구 등

① 건축허가를 받은 건축주는 해당 건축물 또는 대지의 공유자 중 동의하지 아니한 공유자에게 그 공유지분을 시가(市價)로 매도할 것을 청구할 수 있다. 이 경우 매도청구를 하기 전에 매도청구 대상이 되는 공유자와 3개월 이상 협의를 하여야 한다(법 제17조의2 제1항).

② 매도청구에 관하여는 집합건물의 소유 및 관리에 관한 법률 제48조를 준용한다. 이 경우 구분소유권 및 대지사용권은 매도청구의 대상이 되는 대지 또는 건축물의 공유지분으로 본다(법 제17조의2 제2항).

(3) 소유자를 확인하기 곤란한 공유지분 등에 대한 처분

① 건축허가를 받은 건축주는 해당 건축물 또는 대지의 공유자가 거주하는 곳을 확인하기가 현저히 곤란한 경우에는 전국적으로 배포되는 둘 이상의 일간신문에 두 차례 이상 공고하고, 공고한 날부터 30일 이상이 지났을 때에는 매도청구 대상이 되는 건축물 또는 대지로 본다(법 제17조의3 제1항).

② 건축주는 매도청구 대상 공유지분의 감정평가액에 해당하는 금액을 법원에 공탁(供託)하고 착공할 수 있다(법 제17조의3 제2항).

③ 공유지분의 감정평가액은 허가권자가 추천하는 감정평가 및 감정평가사에 관한 법률에 따른 감정평가법인 등 2인 이상이 평가한 금액을 산술평균하여 산정한다(법 제17조의3 제3항).

6 건축허가의 거부

건축허가를 하고자 하는 때에 건축기본법에 따른 한국건축규정의 준수 여부를 확인하여야한다. 다만, 다음에 해당하는 경우에는 이 법이나 다른 법률에도 불구하고 건축위원회 심의를 거쳐 건축허가를 하지 아니할 수 있다(법 제11조 제4항).

> 1. 위락시설이나 숙박시설에 해당하는 건축물의 건축을 허가하는 경우 해당 대지에 건축하려는 건축물의 용도·규모 또는 형태가 주거환경이나 교육환경 등 주변 환경을 고려할 때 부적합하다고 인정되는 경우
> 2. 국토의 계획 및 이용에 관한 법률에 따른 방재지구 및 자연재해대책법에 따른 자연재해위험개선지구(상습가뭄재해지구는 제외한다) 등 상습적으로 침수되거나 침수가 우려되는 대통령령으로 정하는 지역에 건축하려는 건축물에 대하여 일부 공간에 거실을 설치하는 것이 부적합하다고 인정되는 경우

7 건축허가의 취소

(1) 건축허가의 필수적 취소

허가권자는 허가를 받은 자가 다음에 해당하면 그 허가를 취소하여야 한다. 다만, 1.에 해당하는 경우로서 허가권자는 정당한 사유가 있다고 인정하는 경우에는 1년의 범위에서 공사의 착수기간을 연장할 수 있다(법 제11조 제7항).

> 1. 허가를 받은 날로부터 2년(산업집적활성화 및 공장 설립에 관한 법률에 따라 공장의 신설·증설·업종변경의 승인을 받은 공장은 3년) 이내에 공사에 착수하지 아니한 경우
> 2. 허가를 받은 날로부터 착공기간 이내에 공사에 착수하였으나 공사완료가 불가능하다고 인정되는 경우
> 3. 착공신고 전에 경매 또는 공매 등으로 건축주가 대지의 소유권을 상실한 때부터 6개월이 지난 이후 공사의 착수가 불가능하다고 판단되는 경우

(2) 건축허가의 임의적 취소

허가권자는 대지 또는 건축물이 이 법 또는 이 법의 규정에 따른 명령이나 처분에 위반한경우에는 이 법의 규정에 따른 허가 또는 승인을 취소할 수 있다(법 제79조).

8 건축허가나 착공제한 제32회, 제35회

건축허가 또는 착공제한지역 지정

(1) 국토교통부장관의 제한

국토교통부장관은 국토관리를 위하여 특히 필요하다고 인정하거나 주무부장관이 국방, 국가유산기본법에 따른 국가유산의 보존, 환경보전 또는 국민경제를 위하여 특히 필요하다고 인정하여 요청하면 허가권자의 건축허가나 허가를 받은 건축물의 착공을 제한할 수 있다(법 제18조 제1항).

(2) 특별시장·광역시장·도지사의 제한

특별시장·광역시장·도지사는 지역계획이나 도시·군계획에 특히 필요하다고 인정하면 시장·군수·구청장의 건축허가나 허가를 받은 건축물의 착공을 제한할 수 있으며 제한한 경우 즉시 국토교통부장관에게 보고하여야 하며, 보고를 받은 국토교통부장관은 제한 내용이 지나치다고 인정하면 해제를 명할 수 있다(법 제18조 제2항·제6항).

(3) 제한 내용의 통보 등

국토교통부장관이나 시·도지사는 건축허가나 건축허가를 받은 건축물의 착공을 제한하는 경우에는 토지이용규제 기본법에 따라 주민의견을 청취한 후 건축위원회의 심의를 거쳐야 하고, 제한 목적·기간, 대상 건축물의 용도와 대상 구역의 위치·면적·경계 등을 상세하게 정하여 허가권자에게 통보하여야 하며, 통보를 받은 허가권자는 지체 없이 이를 공고하여야 한다(법 제18조 제3항·제5항).

(4) 제한기간

건축허가나 건축물의 착공을 제한하는 경우 제한기간은 2년 이내로 한다. 다만, 1회에 한하여 1년 이내의 범위에서 제한기간을 연장할 수 있다(법 제18조 제4항).

예제

건축법령상 건축허가 제한에 관한 설명으로 옳은 것은?

① 국방, 국가유산기본법에 따른 국가유산의 보존 또는 국민경제를 위하여 특히 필요한 경우 주무부장관은 허가권자의 건축허가를 제한할 수 있다.

② 지역계획을 위하여 특히 필요한 경우 도지사는 특별자치시장의 건축허가를 제한할 수 있다.

③ 건축허가를 제한하는 경우 건축허가 제한기간은 2년 이내로 하며, 1회에 한하여 1년 이내 의 범위에서 제한기간을 연장할 수 있다.

④ 시·도지사가 건축허가를 제한하는 경우에는 토지이용규제 기본법에 따라 주민의견을 청 취하거나 건축위원회의 심의를 거쳐야 한다.

⑤ 국토교통부장관은 건축허가를 제한하는 경우 제한 목적·기간, 대상 건축물의 용도와 대 상 구역의 위치·면적·경계를 지체 없이 공고하여야 한다.

해설 ① 국토교통부장관은 국방, 국가유산기본법에 따른 국가유산의 보존 또는 국민경제를 위하여 특히 필 요한 경우 주무부장관이 요청하면 허가권자의 건축허가를 제한할 수 있다.
② 지역계획을 위하여 특히 필요한 경우 도지사는 시장 또는 군수의 건축허가를 제한할 수 있다.
④ 시·도지사가 건축허가를 제한하는 경우에는 토지이용규제 기본법에 따라 주민의견을 청취한 후 건축위 원회의 심의를 거쳐야 한다.
⑤ 국토교통부장관은 건축허가를 제한하는 경우 제한 목적·기간, 대상 건축물의 용도와 대상 구역의 위 치·면적·경계 등을 상세하게 정하여 허가권자에게 통보하여야 하며, 통보를 받은 허가권자는 지체 없이 이를 공고하여야 한다.
❶ 정답 ③

---

⑨ 건축공사현장 안전관리예치금 등

(1) 공사현장의 미관개선 및 안전관리 등

건축허가를 받은 자는 건축물의 건축공사를 중단하고 장기간 공사현장을 방치할 경우 공 사현장의 미관 개선과 안전관리 등 필요한 조치를 하여야 한다(법 제13조 제1항).

(2) 미관개선 및 안전관리예치금의 예치

① 허가권자는 연면적이 1천제곱미터 이상인 건축물(주택도시기금법에 따른 주택도시보증 공사가 분양보증을 한 건축물, 건축물의 분양에 관한 법률에 따른 분양보증이나 신탁계약을 체결한 건축물은 제외한다)로서 해당 지방자치단체의 조례로 정하는 건축물에 대하여는 착공신고를 하는 건축주(한국토지주택공사법에 따른 한국토지주택공사 또는 지방공기업법 에 따라 건축사업을 수행하기 위하여 설립된 지방공사는 제외한다)에게 장기간 건축물의 공 사현장이 방치되는 것에 대비하여 미리 미관 개선과 안전관리에 필요한 비용(대통령령 으로 정하는 보증서를 포함하며, 이하 "예치금"이라 한다)을 건축공사비의 1퍼센트의 범위 에서 예치하게 할 수 있다(법 제13조 제2항).

② 허가권자가 예치금을 반환할 때에는 대통령령으로 정하는 이율로 산정한 이자를 포함하여 반환하여야 한다. 다만, 보증서를 예치한 경우에는 그러하지 아니하다(법 제13조 제3항).

③ 예치금의 산정 · 예치 방법, 반환 등에 관하여 필요한 사항은 해당 지방자치단체의 조례로 정한다(법 제13조 제4항).

(3) 미관 및 안전관리를 위한 개선명령

허가권자는 공사현장이 방치되어 도시미관을 저해하고 안전을 위해한다고 판단되면 건축허가를 받은 자에게 건축물 공사현장의 미관과 안전관리를 위한 다음의 개선을 명할 수 있다(법 제13조 제5항).

> 1. 안전울타리 설치 등 안전조치
> 2. 공사재개 또는 해체 등 정비

(4) 행정대집행

허가권자는 개선명령을 받은 자가 개선을 하지 아니하면 행정대집행법으로 정하는 바에 따라 대집행을 할 수 있다. 이 경우 건축주가 예치한 예치금을 행정대집행에 필요한 비용에 사용할 수 있으며, 행정대집행에 필요한 비용이 이미 납부한 예치금보다 많을 때에는 행정대집행법에 따라 그 차액을 추가로 징수할 수 있다(법 제13조 제6항).

(5) 고지 후 조치

허가권자는 방치되는 공사현장의 안전관리를 위하여 긴급한 필요가 있다고 인정하는 경우에는 착공신고 이후 건축 중에 공사가 중단된 건축물로서 공사 중단 기간이 2년이 지난 경우에는 건축주에게 서면으로 알린 후 예치금을 사용하여 공사현장의 미관과 안전관리 개선을 위한 다음의 조치를 할 수 있다(법 제13조 제7항).

> 1. 공사현장 안전울타리의 설치
> 2. 대지 및 건축물의 붕괴 방지 조치
> 3. 공사현장의 미관 개선을 위한 조경 또는 시설물 등의 설치
> 4. 그 밖에 공사현장의 미관 개선 또는 대지 및 건축물에 대한 안전관리 개선 조치가 필요하여 건축조례로 정하는 사항

10 건축물 안전영향평가 제33회, 제35회

(1) 안전영향평가 대상

허가권자는 초고층 건축물 등 대통령령으로 정하는 다음의 주요 건축물에 대하여 건축허가를 하기 전에 건축물의 구조, 지반 및 풍환경(風環境) 등이 건축물의 구조안전과 인접 대지의 안전에 미치는 영향 등을 평가하는 건축물 안전영향평가를 안전영향평가기관에 의뢰하여 실시하여야 한다(법 제13조의2 제1항).

> 1. 초고층 건축물
> 2. 다음의 요건을 모두 충족하는 건축물
>   ① 연면적(하나의 대지에 둘 이상의 건축물을 건축하는 경우에는 각각의 건축물의 연면적을 말한다)이 10만 제곱미터 이상일 것
>   ② 16층 이상일 것

(2) 안전영향평가

① **평가기관** : 안전영향평가기관은 국토교통부장관이 공공기관의 운영에 관한 법률 제4조에 따른 공공기관으로서 건축 관련 업무를 수행하는 기관 중에서 지정하여 고시한다(법 제13조의2 제2항).

② **평가절차** : 안전영향평가 결과는 건축위원회의 심의를 거쳐 확정한다. 이 경우 건축위원회의 심의를 받아야 하는 건축물은 건축위원회 심의에 안전영향평가 결과를 포함하여 심의할 수 있다(법 제13조의2 제3항).

③ **재심의** : 안전영향평가 대상 건축물의 건축주는 건축허가 신청시 제출하여야 하는 도서에 안전영향평가 결과를 반영하여야 하며, 건축물의 계획상 반영이 곤란하다고 판단되는 경우에는 그 근거 자료를 첨부하여 허가권자에게 건축위원회의 재심의를 요청할 수 있다(법 제13조의2 제4항).

④ **평가항목 등** : 안전영향평가의 검토 항목과 건축주의 안전영향평가 의뢰, 평가 비용 납부 및 처리 절차 등 그 밖에 필요한 사항은 대통령령으로 정한다(법 제13조의2 제5항).

⑤ **평가공개** : 허가권자는 심의 결과 및 안전영향평가 내용을 국토교통부령으로 정하는 방법에 따라 즉시 공개하여야 한다(법 제13조의2 제6항).

⑥ **평가대체** : 안전영향평가를 실시하여야 하는 건축물이 다른 법률에 따라 구조안전과 인접 대지의 안전에 미치는 영향 등을 평가 받은 경우에는 안전영향평가의 해당 항목을 평가 받은 것으로 본다(법 제13조의2 제7항).

건축법령상 건축허가 등에 관한 설명으로 틀린 것은?

① 인천광역시 A구에서 25층인 공장을 건축하고자 하는 경우에는 A구청장이 허가권자이다.
② 건축물의 건축허가를 받으면 국토의 계획 및 이용에 관한 법률에 따른 개발행위허가를 받은 것으로 본다.
③ 건축허가나 건축물의 착공을 제한하는 경우 제한기간은 2년 이내로 하며, 2회에 한하여 1년 이내의 범위에서 제한기간을 연장할 수 있다.
④ 국토교통부장관은 문화체육관광부장관이 국가유산의 보존을 위하여 요청한 경우 건축허가를 받은 건축물의 착공을 제한할 수 있다.
⑤ 허가권자는 허가를 받은 자가 허가를 받은 날부터 2년 이내에 공사에 착수하지 아니한 경우에는 허가를 취소하여야 한다.

해설 ③ 건축허가나 건축물의 착공을 제한하는 경우 제한기간은 2년 이내로 하며, 1회에 한하여 1년 이내의 범위에서 제한기간을 연장할 수 있다. **정답** ③

02 건축신고 제32회

1 건축신고

(1) 건축신고

① 허가대상 건축물(법 제11조)이라 하더라도 다음에 해당하는 경우에는 미리 특별자치시장·특별자치도지사 또는 시장·군수·구청장에게 국토교통부령으로 정하는 바에 따라 신고를 하면 건축허가를 받은 것으로 본다(법 제14조 제1항).

> 1. 바닥면적의 합계가 85m² 이내의 증축·개축 또는 재축. 다만, 3층 이상 건축물인 경우에는 증축·개축 또는 재축하려는 부분의 바닥면적의 합계가 건축물 연면적의 10분의 1 이내인 경우로 한정한다.
> 2. 국토의 계획 및 이용에 관한 법률에 따른 관리지역, 농림지역 또는 자연환경보전지역에서 연면적이 200m² 미만이고 3층 미만인 건축물의 건축. 다만, 다음에 해당하는 구역에서의 건축은 제외한다.
>   ① 지구단위계획구역
>   ② 대통령령으로 정하는 다음의 구역
>   ⊙ 국토의 계획 및 이용에 관한 법률에 따라 지정된 방재지구
>   ⓛ 급경사지 재해예방에 관한 법률에 따라 지정된 붕괴위험지역
> 3. 연면적이 200m² 미만이고 3층 미만인 건축물의 대수선

4. 주요구조부의 해체가 없는 등 다음에 해당하는 대수선

  ① 내력벽의 면적을 30m² 이상 수선하는 것

  ② 기둥을 세 개 이상 수선하는 것

  ③ 보를 세 개 이상 수선하는 것

  ④ 지붕틀을 세 개 이상 수선하는 것

  ⑤ 방화벽 또는 방화구획을 위한 바닥 또는 벽을 수선하는 것

  ⑥ 주계단·피난계단 또는 특별피난계단을 수선하는 것

5. 그 밖에 소규모 건축물로서 다음에 해당하는 건축물의 건축

  ① 연면적의 합계가 100m² 이하인 건축물

  ② 건축물의 높이를 3m 이하의 범위에서 증축하는 건축물

  ③ 표준설계도서에 따라 건축하는 건축물로서 그 용도 및 규모가 주위환경이나 미관에 지장이 없다고 인정하여 건축조례로 정하는 건축물

  ④ 국토의 계획 및 이용에 관한 법률에 따른 공업지역, 같은 법에 따른 지구단위계획구역(산업·유통형만 해당한다) 및 산업입지 및 개발에 관한 법률에 따른 산업단지에서 건축하는 2층 이하인 건축물로서 연면적 합계 500m² 이하인 공장(제2종 근린생활시설 중 제조업소 등 물품의 제조·가공을 위한 시설을 포함한다)

  ⑤ 농업이나 수산업을 경영하기 위하여 읍·면지역(특별자치시장·특별자치도지사·시장·군수가 지역계획 또는 도시계획에 지장이 있다고 지정·공고한 구역은 제외한다)에서 건축하는 연면적 200m² 이하의 창고 및 연면적 400m² 이하의 축사, 작물재배사(作物栽培舍), 종묘배양시설, 화초 및 분재 등의 온실

② 건축신고를 한 자가 신고일부터 1년 이내에 공사에 착수하지 아니하면 그 신고의 효력은 없어진다. 다만, 건축주의 요청에 따라 허가권자가 정당한 사유가 있다고 인정하면 1년의 범위에서 착수기한을 연장할 수 있다(법 제14조 제5항).

예제

1. 건축법령상 건축신고를 하면 건축허가를 받은 것으로 볼 수 있는 경우에 해당하지 않는 것은?

① 연면적 150제곱미터인 3층 건축물의 피난계단 증설

② 연면적 180제곱미터인 2층 건축물의 대수선

③ 연면적 270제곱미터인 3층 건축물의 방화벽 수선

④ 1층의 바닥면적 50제곱미터, 2층의 바닥면적 30제곱미터인 2층 건축물의 신축

⑤ 바닥면적 100제곱미터인 단층 건축물의 신축

해설 ① 연면적이 200제곱미터 미만이고 3층 미만인 대수선은 신고사항이다. 연면적이 150제곱미터인 3층 건축물의 피난계단 증설인 대수선은 허가사항이다.

◆ 정답 ①

2. 건축법령상 주요구조부의 해체가 없는 등 대수선의 경우로 신고를 하면 건축허가가 의제되는
것은?

① 내력벽의 면적을 20제곱미터 이상 수선하는 것

② 특별피난계단을 수선하는 것

③ 보를 두 개 이상 수선하는 것

④ 지붕틀을 두 개 이상 수선하는 것

⑤ 기둥을 두 개 이상 수선하는 것

해설 ② 특별피난계단을 수선하는 것은 신고를 하면 건축허가를 받은 것으로 본다.
① 내력벽의 면적을 30제곱미터 이상 수선하는 것은 신고를 하면 건축허가를 받은 것으로 본다.
③ 보를 3개 이상 수선하는 것은 신고를 하면 건축허가를 받은 것으로 본다.
④ 지붕틀을 3개 이상 수선하는 것은 신고를 하면 건축허가를 받은 것으로 본다.
⑤ 기둥을 3개 이상 수선하는 것은 신고를 하면 건축허가를 받은 것으로 본다. ◆ 정답 ②

(2) 공용건축물의 건축

① 사전 협의

국가나 지방자치단체는 건축물을 건축·대수선·용도변경하거나 가설건축물을 건축
하거나 공작물을 축조하려는 경우에는 대통령령으로 정하는 바에 따라 미리 건축물의
소재지를 관할하는 허가권자와 협의하여야 하며, 협의한 경우에는 건축허가 또는 건
축신고를 한 것으로 본다(법 제29조 제1항·제2항).

② 사후 통보

협의한 건축물에는 사용승인의 규정을 적용하지 아니한다. 다만, 건축물의 공사가 끝
난 경우에는 지체 없이 허가권자에게 통보하여야 한다(법 제29조 제3항).

③ 구분지상권의 설정

국가나 지방자치단체가 소유한 대지의 지상 또는 지하 여유공간에 구분지상권을 설정
하여 주민편의시설 등 대통령령으로 정하는 시설을 설치하고자 하는 경우 허가권자는
구분지상권자를 건축주로 보고 구분지상권이 설정된 부분을 대지로 보아 건축허가를
할 수 있다. 이 경우 구분지상권 설정의 대상 및 범위, 기간 등은 국유재산법 및 공유
재산 및 물품 관리법에 적합하여야 한다(법 제29조 제4항).

② 변경의 허가 · 신고사항

건축주가 허가를 받았거나 신고한 사항을 변경하려면 변경하기 전에 다음의 구분에 따라 허가권자의 허가를 받거나 특별자치시장 · 특별자치도지사 또는 시장 · 군수 · 구청장에게 신고하여야 한다. 다만, 신축 · 증축 · 개축 · 재축 · 이전 · 대수선 또는 용도변경에 해당하지 아니하는 변경은 그러하지 아니하다(법 제16조 제1항, 영 제12조 제1항 · 제2항).

> 1. 바닥면적의 합계가 85m²를 초과하는 부분에 대한 신축 · 증축 · 개축에 해당하는 변경인 경우에는 허가를 받고, 그 밖의 경우에는 신고할 것
> 2. 신고로써 허가를 갈음하는 건축물에 대하여는 변경 후 건축물의 연면적을 각각 신고로써 허가를 갈음할 수 있는 규모에서 변경하는 경우에는 1.에도 불구하고 신고할 것
> 3. 건축주, 공사시공자 또는 공사감리자를 변경하는 경우에는 신고할 것

③ 허가(신고)에 따른 인 · 허가 등의 의제사항

(1) 의제사항

건축허가를 받으면 다음의 허가 등을 받거나 신고를 한 것으로 보며, 공장건축물의 경우에는 산업집적활성화 및 공장설립에 관한 법률 제13조의2와 제14조에 따라 관련 법률의 인 · 허가 등이나 허가 등을 받은 것으로 본다(법 제11조 제5항).

> 1. 제20조 제3항에 따른 공사용 가설건축물의 축조신고
> 2. 제83조에 따른 공작물의 축조신고
> 3. 국토의 계획 및 이용에 관한 법률에 따른 개발행위허가
> 4. 국토의 계획 및 이용에 관한 법률에 따른 시행자의 지정과 같은 법 제88조 제2항에 따른 실시계획의 인가
> 5. 산지관리법에 따른 산지전용허가와 산지전용신고, 같은 법 제15조의2에 따른 산지일시사용허가 · 신고. 다만, 보전산지인 경우에는 도시지역만 해당된다.
> 6. 사도법에 따른 사도(私道)개설허가
> 7. 농지법에 따른 농지전용허가 · 신고 및 협의
> 8. 도로법에 따른 도로관리청이 아닌 자에 대한 도로공사 시행의 허가, 같은 법 제52조 제1항에 따른 도로와 다른 시설의 연결 허가
> 9. 도로법에 따른 도로의 점용 허가
> 10. 하천법에 따른 하천점용 등의 허가
> 11. 하수도법에 따른 배수설비(配水設備)의 설치신고
> 12. 하수도법에 따른 개인하수처리시설의 설치신고
> 13. 수도법에 따라 수도사업자가 지방자치단체인 경우 그 지방자치단체가 정한 조례에 따른 상수도 공급신청
> 14. 전기안전관리법에 따른 자가용전기설비 공사계획의 인가 또는 신고

CHAPTER

04

15. 물환경보전법에 따른 수질오염물질 배출시설 설치의 허가나 신고
16. 대기환경보전법에 따른 대기오염물질 배출시설 설치의 허가나 신고
17. 소음·진동관리법에 따른 소음·진동 배출시설 설치의 허가나 신고
18. 가축분뇨의 관리 및 이용에 관한 법률에 따른 배출시설 설치허가나 신고
19. 자연공원법에 따른 행위허가
20. 도시공원 및 녹지 등에 관한 법률에 따른 도시공원의 점용허가
21. 토양환경보전법에 따른 특정토양오염관리대상시설의 신고
22. 수산자원관리법에 따른 행위의 허가
23. 초지법에 따른 초지전용의 허가 및 신고

(2) 의견제시 기한

허가권자는 인·허가 등의 의제사항에 해당하는 사항이 다른 행정기관의 권한에 속하면 그 행정기관의 장과 미리 협의하여야 하며, 협의 요청을 받은 관계 행정기관의 장은 요청을 받은 날부터 15일 이내에 의견을 제출하여야 한다. 이 경우 관계 행정기관의 장은 처리기준이 아닌 사유를 이유로 협의를 거부할 수 없고, 협의 요청을 받은 날부터 15일 이내에 의견을 제출하지 아니하면 협의가 이루어진 것으로 본다(법 제11조 제6항).

03 가설건축물 제31회

1 허가대상 가설건축물

도시·군계획시설 및 도시·군계획시설예정지에서 가설건축물을 건축하려는 자는 특별자치시장·특별자치도지사 또는 시장·군수·구청장의 허가를 받아야 하며, 특별자치시장·특별자치도지사 또는 시장·군수·구청장은 해당 가설건축물의 건축이 다음에 해당하는 경우가 아니면 허가를 하여야 한다(법 제20조 제1항·제2항).

1. 국토의 계획 및 이용에 관한 법률 제64조(개발행위허가)에 위배되는 경우
2. 4층 이상인 경우
3. 구조, 존치기간, 설치목적 및 다른 시설 설치 필요성 등에 관하여 다음의 기준의 범위에서 조례로 정하는 바에 따르지 아니한 경우
   ① 철근콘크리트조 또는 철골철근콘크리트조가 아닐 것
   ② 존치기간은 3년 이내일 것. 다만, 도시·군계획사업이 시행될 때까지 그 기간을 연장할 수 있다.
   ③ 전기·수도·가스 등 새로운 간선 공급설비의 설치를 필요로 하지 아니할 것
   ④ 공동주택·판매시설·운수시설 등으로서 분양을 목적으로 건축하는 건축물이 아닐 것
4. 그 밖에 이 법 또는 다른 법령에 따른 제한규정을 위반하는 경우

② 신고대상 가설건축물

(1) 허가대상 가설건축물 외에 재해복구, 흥행, 전람회, 공사용 가설건축물 등 다음의 어느 하나에 해당하는 것을 축조하려는 자는 대통령령으로 정하는 설치기준 및 절차에 따라 특별자치시장·특별자치도지사 또는 시장·군수·구청장에게 신고한 후 착공하여야 한다(법 제20조 제3항, 영 제15조 제5항).

---

1. 재해가 발생한 구역 또는 그 인접구역으로서 특별자치시장·특별자치도지사 또는 시장·군수·구청장이 지정하는 구역에서 일시사용을 위하여 건축하는 것

2. 특별자치시장·특별자치도지사 또는 시장·군수·구청장이 도시미관이나 교통소통에 지장이 없다고 인정하는 가설흥행장, 가설전람회장, 농·수·축산물 직거래용 가설점포, 그 밖에 이와 비슷한 것

3. 공사에 필요한 규모의 공사용 가설건축물 및 공작물

4. 전시를 위한 견본주택이나 그 밖에 이와 비슷한 것

5. 특별자치시장·특별자치도지사 또는 시장·군수·구청장이 도로변 등의 미관정비를 위하여 지정·공고하는 구역에서 축조하는 가설점포(물건 등의 판매를 목적으로 하는 것을 말한다)로서 안전·방화 및 위생에 지장이 없는 것

6. 조립식 구조로 된 경비용으로 쓰는 가설건축물로서 연면적이 10m² 이하인 것

7. 조립식 경량구조로 된 외벽이 없는 임시 자동차 차고

8. 컨테이너 또는 이와 비슷한 것으로 된 가설건축물로서 임시사무실·임시창고 또는 임시숙소로 사용되는 것(건축물의 옥상에 축조하는 것은 제외한다. 다만, 2009년 7월 1일부터 2015년 6월 30일까지 공장의 옥상에 축조하는 것은 포함한다)

9. 도시지역 중 주거지역·상업지역 또는 공업지역에 설치하는 농업·어업용 비닐하우스로서 연면적이 100m² 이상인 것

10. 연면적이 100m² 이상인 간이축사용, 가축분뇨처리용, 가축운동용, 가축의 비가림용 비닐하우스 또는 천막(벽 또는 지붕이 합성수지 재질로 된 것을 포함한다)구조 건축물

11. 농업·어업용 고정식 온실, 가축양육실

12. 물품저장용, 간이포장용, 간이수선작업용 등으로 쓰기 위하여 공장 또는 창고시설에 설치하는 천막(벽 또는 지붕이 합성수지 재질로 된 것을 포함한다), 그 밖에 이와 비슷한 것

13. 유원지, 종합휴양업 사업지역 등에서 한시적인 관광·문화행사 등을 목적으로 천막 또는 경량구조로 설치하는 것

14. 야외전시시설 및 촬영시설

15. 야외흡연실 용도로 쓰는 가설건축물로서 연면적이 50m² 이하인 것

16. 그 밖에 1.부터 15.까지의 규정에 해당하는 것과 비슷한 것으로서 건축조례로 정하는 건축물

---

(2) 신고해야 하는 가설건축물의 존치기간은 3년 이내로 하며, 존치기간의 연장이 필요한 경우에는 횟수별 3년의 범위에서 제5항 각 호의 가설건축물별로 건축조례로 정하는 횟수만큼 존치기간을 연장할 수 있다. 다만, 공사용 가설건축물 및 공작물의 경우에는 해당 공사의 완료일까지의 기간으로 한다(영 제15조 제7항).

③ 가설건축물의 존치기간 연장

(1) 연장통지

특별자치시장·특별자치도지사 또는 시장·군수·구청장은 가설건축물의 존치기간 만료일 30일 전까지 해당 가설건축물의 건축주에게 다음의 사항을 알려야 한다(영 제15조의 2 제1항).

1. 존치기간 만료일
2. 존치기간 연장 가능 여부
3. 제15조의3에 따라 존치기간이 연장될 수 있다는 사실(공장에 설치한 가설건축물에 한정한다)

(2) 연장신청·신고

존치기간을 연장하려는 가설건축물의 건축주는 다음의 구분에 따라 특별자치시장·특별자치도지사 또는 시장·군수·구청장에게 허가를 신청하거나 신고하여야 한다(영 제15조의2 제2항).

1. 허가대상 가설건축물: 존치기간 만료일 14일 전까지 허가신청
2. 신고대상 가설건축물: 존치기간 만료일 7일 전까지 신고

예제

건축법령상 도시·군계획시설예정지에 건축하는 4층 이상이 아닌 가설건축물에 관한 설명으로 틀린 것은? (다만, 조례는 고려하지 않음)
① 가설건축물은 철근콘크리트조 또는 철골철근콘크리트조가 아니어야 한다.
② 가설건축물은 공동주택·판매시설·운수시설 등으로서 분양을 목적으로 하는 건축물이 아니어야 한다.
③ 가설건축물은 전기·수도·가스 등 새로운 간선 공급설비의 설치를 필요로 하는 것이 아니어야 한다.
④ 가설건축물의 존치기간은 2년 이내이어야 한다.
⑤ 가설건축물은 도시·군계획예정도로에도 건축할 수 있다.

해설 ④ 허가대상 가설건축물의 존치기간은 3년 이내이어야 한다. ❶ 정답 ④

04 건축물의 건축절차

① 건축설계

건축허가를 받아야 하거나 건축신고를 하여야 하는 건축물 또는 주택법에 따른 리모델링을 하는 건축물의 건축 등을 위한 설계는 건축사가 아니면 할 수 없다. 다만, 다음의 어느 하나에 해당하는 경우에는 그러하지 아니하다(법 제23조 제1항, 영 제18조).

1. 바닥면적의 합계가 85m² 미만인 증축·개축 또는 재축
2. 연면적이 200m² 미만이고 층수가 3층 미만인 건축물의 대수선
3. 읍·면지역(시장 또는 군수가 지역계획 또는 도시·군계획에 지장이 있다고 인정하여 지정·공고한 구역은 제외한다)에서 건축하는 건축물 중 연면적이 200제곱미터 이하인 창고 및 농막(농지법에 따른 농막을 말한다)과 연면적 400제곱미터 이하인 축사, 작물 재배사, 종묘배양시설, 화초 및 분재 등의 온실
4. 신고대상 가설건축물로서 건축조례로 정하는 가설건축물

② 착공신고 등

① 건축허가를 받거나 건축신고를 한 건축물, 가설건축물의 건축허가를 받은 건축물의 공사를 착수하려는 건축주는 국토교통부령으로 정하는 바에 따라 허가권자에게 공사계획을 신고하여야 한다(법 제21조 제1항).

② 공사계획을 신고하거나 변경신고를 하는 경우 해당 공사감리자(공사감리자를 지정한 경우만 해당된다)와 공사시공자가 신고서에 함께 서명하여야 한다(법 제21조 제2항).

③ 허가권자는 신고를 받은 날부터 3일 이내에 신고수리 여부 또는 민원 처리 관련 법령에 따른 처리기간의 연장 여부를 신고인에게 통지하여야 한다(법 제21조 제3항).

④ 허가권자가 신고를 받은 날부터 3일 이내에 신고수리 여부 또는 민원 처리 관련 법령에 따른 처리기간의 연장 여부를 신고인에게 통지하지 아니하면 그 기간이 끝난 날의 다음 날에 신고를 수리한 것으로 본다(법 제21조 제4항).

③ 건축시공

(1) 시공자의 제한

건축주는 건설산업기본법을 위반하여 건축물의 공사를 하거나 하게 할 수 없다(법 제21조 제5항).

(2) 시공자의 업무

① 공사시공자는 계약대로 성실하게 공사를 수행하여야 하며, 이 법과 이 법에 따른 명령이나 처분, 그 밖의 관계 법령에 맞게 건축물을 건축하여 건축주에게 인도하여야 한다(법 제24조 제1항).

② 공사시공자는 건축물(건축허가나 용도변경허가 대상인 것만 해당된다)의 공사현장에 설계도서를 갖추어 두어야 한다(법 제24조 제2항).

③ 공사시공자는 설계도서가 이 법과 이 법에 따른 명령이나 처분, 그 밖의 관계 법령에 맞지 아니하거나 공사의 여건상 불합리하다고 인정되면 건축주와 공사감리자의 동의를 받아 서면으로 설계자에게 설계를 변경하도록 요청할 수 있다. 이 경우 설계자는 정당한 사유가 없으면 요청에 따라야 한다(법 제24조 제3항).

④ 공사시공자는 공사를 하는 데에 필요하다고 인정하거나 공사감리자로부터 상세시공도면을 작성하도록 요청을 받으면 상세시공도면을 작성하여 공사감리자의 확인을 받아야 하며, 이에 따라 공사를 하여야 한다(법 제24조 제4항).

④ 건축물의 공사감리

(1) 감리자의 지정

건축주는 다음의 용도·규모 및 구조의 건축물을 건축하는 경우 아래와 같이 구분하여 공사감리자(공사시공자 본인 및 독점규제 및 공정거래에 관한 법률에 따른 계열회사는 제외한다)로 지정하여 공사감리를 하게 하여야 한다(법 제25조 제1항, 영 제19조 제1항).

건축사	1. 건축허가를 받아야 하는 건축물을 건축하는 경우(건축신고대상은 제외한다) 2. 건축물을 리모델링 하는 경우
건설엔지니어링사업자(공사시공자 본인이거나 계열회사인 건설엔지니어링사업자는 제외한다) 또는 건축사(건설사업관리기술자를 배치하는 경우만 해당한다)	다중이용 건축물을 건축하는 경우

(2) 허용오차

설계와 시공은 일치하는 것이 원칙이나 대지의 측량(공간정보의 구축 및 관리 등에 관한 법률에 따른 지적측량은 제외한다)이나 건축물의 건축 과정에서 부득이하게 발생하는 오차는 이 법을 적용할 때 국토교통부령으로 정하는 범위에서 허용한다(법 제26조, 규칙 제20조).

① 대지관련 건축기준의 허용오차

항 목	허용되는 오차의 범위
건축선의 후퇴거리	3% 이내
인접대지경계선과의 거리	3% 이내
인접건축물과의 거리	3% 이내
건폐율	0.5% 이내(건축면적 5m²를 초과할 수 없다)
용적률	1% 이내(연면적 30m²를 초과할 수 없다)

② 건축관련 건축기준의 허용오차

항 목	허용되는 오차의 범위
건축물 높이	2% 이내(1m를 초과할 수 없다)
평면길이	2% 이내(건축물 전체길이는 1m를 초과할 수 없고, 벽으로 구획된 각 실의 경우에는 10cm를 초과할 수 없다)
출구너비	2% 이내
반자높이	2% 이내
벽체두께	3% 이내
바닥판두께	3% 이내

5 사용승인

(1) 사용승인의 대상

건축주가 건축허가·건축신고대상 건축물 또는 허가대상 가설건축물의 건축공사를 완료(하나의 대지에 둘 이상의 건축물을 건축하는 경우 동(棟)별 공사를 완료한 경우를 포함한다)한 후 그 건축물을 사용하려면 공사감리자가 작성한 감리완료보고서(공사감리자를 지정한 경우만 해당된다)와 공사완료도서를 첨부하여 허가권자에게 사용승인을 신청하여야 한다(법 제22조 제1항).

(2) 사용승인서의 교부

허가권자는 사용승인신청을 받은 경우 그 신청서를 받은 날부터 7일 이내에 다음에 대한 검사를 실시하고, 검사에 합격된 건축물에 대하여는 사용승인서를 내주어야 한다. 다만, 해당 지방자치단체의 조례로 정하는 건축물은 사용승인을 위한 검사를 실시하지 아니하고 사용승인서를 내줄 수 있다(법 제22조 제2항).

> 1. 사용승인을 신청한 건축물이 이 법에 따라 허가 또는 신고한 설계도서대로 시공되었는지의 여부
> 2. 감리완료보고서, 공사완료도서 등의 서류 및 도서가 적합하게 작성되었는지의 여부

(3) 사용승인의 효과

건축주는 사용승인을 받은 후가 아니면 건축물을 사용하거나 사용하게 할 수 없다. 다만, 다음에 해당하는 경우에는 그러하지 아니하다(법 제22조 제3항).

> 1. 허가권자가 법령이 정한 기간 내에 사용승인서를 교부하지 아니한 경우
> 2. 사용승인서를 교부받기 전에 공사가 완료된 부분이 건폐율, 용적률, 설비, 피난 · 방화 등 국토교통부령으로 정하는 기준에 적합한 경우로서 기간을 정하여 임시로 사용의 승인을 한 경우

(4) 임시사용승인

① **임시사용승인권자 등**: 임시사용승인대상은 사용승인서를 교부받기 전에 공사가 완료된 부분이며, 임시사용승인권자는 허가권자이다(법 제22조 제3항 단서).

② **조건부 임시사용승인**: 허가권자는 임시사용승인신청서를 접수한 경우에는 공사가 완료된 부분이 기준에 적합한 경우에만 임시사용을 승인할 수 있으며, 식수 등 조경에 필요한 조치를 하기에 부적합한 시기에 건축공사가 완료된 건축물은 허가권자가 지정하는 시기까지 식수(植樹) 등 조경에 필요한 조치를 할 것을 조건으로 임시사용을 승인할 수 있다(영 제17조 제3항).

③ **임시사용승인기간**

　㉠ 건축주는 사용승인서를 받기 전에 공사가 완료된 부분에 대한 임시사용의 승인을 받으려는 경우에는 국토교통부령으로 정하는 바에 따라 임시사용승인신청서를 허가권자에게 제출(전자문서에 의한 제출을 포함한다)하여야 한다(영 제17조 제2항).

　㉡ 허가권자는 임시사용승인신청을 받은 경우에는 해당 신청서를 받은 날부터 7일 이내에 임시사용승인서를 신청인에게 교부하여야 한다(규칙 제17조 제3항).

　㉢ 임시사용승인의 기간은 2년 이내로 한다. 다만, 허가권자는 대형건축물 또는 암반공사 등으로 인하여 공사기간이 긴 건축물에 대하여는 그 기간을 연장할 수 있다(영 제17조 제4항).

6 건축종합민원실 등

(1) 건축종합민원실

특별자치시장·특별자치도지사 또는 시장·군수·구청장은 건축허가·건축신고·사용 승인 등 건축과 관련된 민원을 종합적으로 접수하여 처리할 수 있도록 민원실을 설치· 운영하여야 한다(법 제34조).

(2) 건축지도원의 지정

특별자치시장·특별자치도지사 또는 시장·군수·구청장은 이 법 또는 이 법에 따른 명 령이나 처분에 위반하는 건축물의 발생을 예방하고 건축물의 적법한 유지·관리를 지도 하기 위하여 특별자치시·특별자치도 또는 시·군·구에 근무하는 건축직렬의 공무원과 건축에 관한 학식이 풍부한 자로서 건축조례가 정하는 자격을 갖춘 자 중에서 건축지도 원을 지정할 수 있다(법 제37조 제1항).

(3) 등기촉탁

특별자치시장·특별자치도지사 또는 시장·군수·구청장은 다음에 해당하는 사유로 인 하여 건축물대장의 기재내용이 변경되는 경우(2.의 경우에는 신규등록 제외)에는 관할등기 소에 그 등기를 촉탁하여야 한다. 이 경우 1.과 4.의 등기촉탁은 지방자치단체가 자기를 위하여 하는 등기로 본다(법 제39조 제1항).

1. 지번이나 행정구역의 명칭이 변경된 경우
2. 제22조에 따른 사용승인을 받은 건축물로서 사용승인 내용 중 건축물의 면적·구조· 용도 및 층수가 변경된 경우
3. 건축물관리법 제30조에 따라 건축물을 해체한 경우
4. 건축물관리법 제34조에 따른 건축물의 멸실 후 멸실신고를 한 경우

제 3 절 대지와 도로

01 건축물의 대지

1 대지의 안전

(I) 대지와 도로

대지는 인접한 도로면보다 낮아서는 아니 된다. 다만, 대지의 배수에 지장이 없거나 건축물의 용도상 방습(防濕)의 필요가 없는 경우에는 인접한 도로면보다 낮아도 된다(법 제40조 제1항).

(2) 습지·매립지

습한 토지, 물이 나올 우려가 많은 토지, 쓰레기, 그 밖에 이와 유사한 것으로 매립된 토지에 건축물을 건축하는 경우에는 성토(盛土), 지반 개량 등 필요한 조치를 하여야 한다(법 제40조 제2항).

(3) 옹벽의 설치

손궤의 우려가 있는 토지에 대지를 조성하려면 국토교통부령으로 정하는 바에 따라 옹벽을 설치하거나 그 밖에 필요한 조치를 하여야 한다(법 제40조 제4항).

> 1. 성토 또는 절토하는 부분의 경사도가 1 : 1.5 이상으로서 높이가 1m 이상인 부분에는 옹벽을 설치할 것
> 2. 옹벽의 높이가 2m 이상인 경우에는 이를 콘크리트구조로 할 것. 다만, 옹벽에 관한 기술적 기준에 적합한 경우에는 그러하지 아니하다.
> 3. 옹벽 외벽면에는 이의 지지·배수를 위한 시설 외의 구조물이 밖으로 튀어 나오지 아니하게 할 것

2 대지의 조경 제31회, 제35회

(I) 원 칙

면적이 200m² 이상인 대지에 건축을 하는 건축주는 용도지역 및 건축물의 규모에 따라 해당 지방자치단체의 조례로 정하는 기준에 따라 대지에 조경이나 그 밖에 필요한 조치를 하여야 한다(법 제42조 제1항 본문).

(2) 예 외

다음에 해당하는 건축물에 대하여는 조경 등의 조치를 하지 아니할 수 있다(법 제42조 제1항 단서, 영 제27조 제1항, 규칙 제26조의2).

1. 녹지지역에 건축하는 건축물
2. 면적 5천m² 미만인 대지에 건축하는 공장
3. 연면적의 합계가 1천500m² 미만인 공장
4. 산업집적활성화 및 공장설립에 관한 법률에 따른 산업단지의 공장
5. 대지에 염분이 함유되어 있는 경우 또는 건축물 용도의 특성상 조경 등의 조치를 하기가 곤란하거나 조경 등의 조치를 하는 것이 불합리한 경우로서 건축조례로 정하는 건축물
6. 축사
7. 허가대상 가설건축물(법 제20조 제1항)
8. 연면적의 합계가 1천500m² 미만인 물류시설(주거지역 또는 상업지역에 건축하는 것은 제외한다)로서 물류정책기본법에 따른 물류시설을 말한다.
9. 국토의 계획 및 이용에 관한 법률에 따라 지정된 자연환경보전지역·농림지역 또는 관리지역(지구단위계획구역으로 지정된 지역은 제외한다)의 건축물
10. 다음의 어느 하나에 해당하는 건축물 중 건축조례로 정하는 건축물
    ① 관광진흥법에 따른 관광지 또는 관광단지에 설치하는 관광시설
    ② 관광진흥법 시행령에 따른 전문휴양업의 시설 또는 종합휴양업의 시설
    ③ 국토의 계획 및 이용에 관한 법률 시행령에 따른 관광·휴양형 지구단위계획구역에 설치하는 관광시설
    ④ 체육시설의 설치·이용에 관한 법률 시행령([별표 1])에 따른 골프장

(3) 옥상조경의 특례

건축물의 옥상에 국토교통부장관이 고시하는 기준에 따라 조경이나 그 밖에 필요한 조치를 하는 경우에는 옥상부분 조경면적의 3분의 2에 해당하는 면적을 대지의 조경면적으로 산정할 수 있다. 이 경우 조경면적으로 산정하는 면적은 대지의 조경면적의 100분의 50을 초과할 수 없다(영 제27조 제3항).

예제

건축법령상 대지면적이 2천제곱미터인 대지에 건축하는 경우 조경 등의 조치를 하여야 하는 건축물은? (단, 건축법령상 특례규정 및 조례는 고려하지 않음)

① 상업지역에 건축하는 물류시설
② 2층의 공장
③ 도시·군계획시설에서 허가를 받아 건축하는 가설건축물
④ 녹지지역에서 건축하는 기숙사
⑤ 연면적의 합계가 1천제곱미터인 축사

해설 ① 상업지역에 건축하는 물류시설은 조경 등의 조치를 하여야 하는 건축물이다.　　　　◆ 정답 ①

02 공개공지 등의 확보 제34회, 제35회

(1) 공개공지 등의 설치대상

다음에 해당하는 지역의 환경을 쾌적하게 조성하기 위하여 대통령령으로 정하는 용도와 규모의 건축물은 일반이 사용할 수 있도록 대통령령으로 정하는 기준에 따라 소규모 휴식시설 등의 공개공지(空地: 공터) 또는 공개공간(이하 "공개공지 등"이라 한다)을 설치하여야 한다(법 제43조 제1항).

1. 일반주거지역
2. 준주거지역
3. 상업지역
4. 준공업지역
5. 특별자치시장·특별자치도지사 또는 시장·군수·구청장이 도시화의 가능성이 크거나 노후 산업단지의 정비가 필요하다고 인정하여 지정·공고하는 지역

(2) 공개공지 등의 설치대상규모와 건축물

다음에 해당하는 건축물의 대지에는 공개공지 등을 설치해야 한다. 이 경우 공개공지는 필로티의 구조로 설치할 수 있다(영 제27조의2 제1항).

1. 문화 및 집회시설, 종교시설, 판매시설(농수산물 유통 및 가격안정에 관한 법률에 따른 농수산물유통시설은 제외한다), 운수시설(여객용 시설만 해당한다), 업무시설 및 숙박시설로서 해당 용도로 쓰는 바닥면적의 합계가 5천㎡ 이상인 건축물
2. 그 밖에 다중이 이용하는 시설로서 건축조례로 정하는 건축물

(3) 공개공지 등의 설치면적 · 기준

① **설치면적**: 공개공지 등의 면적은 대지면적의 100분의 10 이하의 범위에서 건축조례로 정한다. 이 경우 조경면적과 매장유산 보호 및 조사에 관한 법률 제14조에 따른 매장유산의 현지보존 조치 면적을 공개공지 등의 면적으로 할 수 있다(영 제27조의2 제2항).

② **설치기준**: 공개공지 등을 설치할 때에는 모든 사람들이 환경친화적으로 편리하게 이용할 수 있도록 긴의자 또는 조경시설 등 건축조례로 정하는 시설을 설치해야 한다(영 제27조의2 제3항).

(4) 공개공지 등의 건축기준 완화 적용

① 공개공지 등의 확보 대상건축물(확보 대상건축물과 이에 해당되지 아니하는 건축물이 하나의 건축물로 복합된 경우를 포함한다)에 공개공지 등을 설치하는 경우에는 건축물의 건폐율, 건축물의 용적률과 건축물의 높이제한을 다음에 따라 완화하여 적용할 수 있다. 다만, 다음의 범위에서 건축조례로 정한 기준이 완화 비율보다 큰 경우에는 해당 건축조례로 정하는 바에 따른다(법 제43조 제2항, 영 제27조의2 제4항).

> 1. 건축물의 용적률은 해당 지역에 적용하는 용적률의 1.2배 이하
> 2. 건축물의 높이제한은 해당 건축물에 적용하는 높이기준의 1.2배 이하

② 공개공지 등의 설치대상이 아닌 건축물(주택법에 따른 사업계획승인 대상인 공동주택 중 주택 외의 시설과 주택을 동일 건축물로 건축하는 것 외의 공동주택은 제외한다)의 대지에 법 제43조 제4항, 이 조 제2항 및 제3항에 적합한 공개 공지를 설치하는 경우에는 건축기준 완화규정을 준용한다(영 제27조의2 제5항).

(5) 공개공지 등의 문화행사 · 판촉활동

① 공개공지 등에는 연간 60일 이내의 기간 동안 건축조례로 정하는 바에 따라 주민들을 위한 문화행사를 열거나 판촉활동을 할 수 있다. 다만, 울타리를 설치하는 등 공중이 해당 공개공지 등을 이용하는데 지장을 주는 행위를 해서는 아니 된다(영 제27조의2 제6항).

② 시 · 도지사 또는 시장 · 군수 · 구청장은 관할 구역 내 공개공지 등에 대한 점검 등 유지 · 관리에 관한 사항을 해당 지방자치단체의 조례로 정할 수 있다(법 제43조 제3항).

③ **제한행위**: 누구든지 공개공지 등에 물건을 쌓아놓거나 출입을 차단하는 시설을 설치하는 등 공개공지 등의 활용을 저해하는 행위를 하여서는 아니 된다. 제한되는 행위는 다음과 같다(법 제43조 제4항, 영 제27조의2 제7항).

> 1. 공개공지 등의 일정 공간을 점유하여 영업을 하는 행위
> 2. 공개공지 등의 이용에 방해가 되는 행위로서 다음의 행위
>   ① 공개공지 등에 제3항에 따른 시설(긴 의자 또는 조경시설 등) 외의 시설물을 설치하는 행위
>   ② 공개공지 등에 물건을 쌓아 놓는 행위
> 3. 울타리나 담장 등의 시설을 설치하거나 출입구를 폐쇄하는 등 공개공지 등의 출입을 차단하는 행위
> 4. 공개공지 등과 그에 설치된 편의시설을 훼손하는 행위
> 5. 그 밖에 1.부터 4.까지의 행위와 유사한 행위로서 건축조례로 정하는 행위

예제

건축법령상 건축물에 공개공지 또는 공개공간을 설치하여야 하는 대상지역에 해당하는 것은?
(단, 지방자치단체장이 별도로 지정·공고하는 지역은 고려하지 않음)

① 전용주거지역   ② 일반주거지역
③ 전용공업지역   ④ 일반공업지역
⑤ 보전녹지지역

해설 ② 공개공지 또는 공개공간의 설치대상지역은 일반주거지역, 준주거지역, 상업지역, 준공업지역이다.

◆ 정답 ②

---

03 도 로

1 도로의 개념

(1) 원 칙

도로란 보행과 자동차통행이 가능한 너비 4m 이상의 도로(지형적으로 자동차통행이 불가능한 경우와 막다른 도로의 경우에는 대통령령으로 정하는 구조와 너비의 도로)로서 다음에 해당하는 도로나 그 예정도로를 말한다(법 제2조 제1항 제11호).

> 1. 국토의 계획 및 이용에 관한 법률, 도로법, 사도법, 그 밖의 관계 법령에 따라 신설 또는 변경에 관한 고시가 된 도로
> 2. 건축허가 또는 신고시에 특별시장·광역시장·특별자치시장·도지사·특별자치도지사(이하 "시·도지사"라 한다) 또는 시장·군수·구청장(자치구의 구청장을 말한다)이 위치를 지정하여 공고한 도로

(2) 예 외

① **지형조건으로 차량통행이 불가능한 경우**: 특별자치시장·특별자치도지사 또는 시장·군수·구청장이 지형적 조건으로 인하여 차량통행을 위한 도로의 설치가 곤란하다고 인정하여 그 위치를 지정·공고하는 구간의 너비 3m 이상(길이가 10m 미만인 막다른 도로인 경우에는 너비 2m 이상)인 도로(영 제3조의3 제1호)

② **막다른 도로**(영 제3조의3 제2호)

막다른 도로 길이	도로의 너비
10m 미만	2m 이상
10m 이상 35m 미만	3m 이상
35m 이상	6m 이상(도시지역이 아닌 읍·면지역에서는 4m 이상)

2 도로의 지정·폐지·변경

① **도로의 지정**: 허가권자는 도로의 위치를 지정·공고하려면 그 도로에 대한 이해관계인의 동의를 받아야 한다. 다만, 다음에 해당하면 이해관계인의 동의를 받지 아니하고 건축위원회의 심의를 거쳐 도로를 지정할 수 있다(법 제45조 제1항).

> 1. 허가권자가 이해관계인이 해외 거주하는 등의 사유로 이해관계인의 동의를 받기가 곤란하다고 인정하는 경우
> 2. 주민이 오랫동안 통행로로 이용하고 있는 사실상의 통로로서 해당 지방자치단체의 조례로 정하는 것인 경우

② **도로의 폐지·변경**: 허가권자는 지정한 도로를 폐지하거나 변경하려면 그 도로에 대한 이해관계인의 동의를 받아야 한다. 그 도로에 편입된 토지의 소유자, 건축주 등이 허가권자에게 지정된 도로의 폐지 또는 변경을 신청하는 경우에도 또한 같다(법 제45조 제2항).

③ **도로관리대장**: 허가권자는 도로를 지정하거나 변경하면 국토교통부령으로 정하는 바에 따라 도로관리대장에 이를 적어서 관리하여야 한다(법 제45조 제3항).

③ 대지와 도로와 관계(접도의무)

(1) 원 칙

건축물의 대지는 2m 이상이 도로(자동차만의 통행에 사용되는 도로는 제외한다)에 접하여야 한다(법 제44조 제1항).

(2) 예 외

다만, 다음에 해당하면 그러하지 아니하다(법 제44조 제1항 단서).

> 1. 해당 건축물의 출입에 지장이 없다고 인정되는 경우
> 2. 건축물의 주변에 광장, 공원, 유원지, 그 밖에 관계 법령에 따라 건축이 금지되고 공중의 통행에 지장이 없는 공지로서 허가권자가 인정한 공지가 있는 경우
> 3. 농지법에 따른 농막을 건축하는 경우

(3) 강 화

연면적의 합계가 2천m²(공장인 경우에는 3천m²) 이상인 건축물(축사, 작물재배사, 그 밖에 이와 비슷한 건축물로서 건축조례로 정하는 규모의 건축물은 제외한다)의 대지는 너비 6m 이상의 도로에 4m 이상 접하여야 한다(법 제44조 제2항, 영 제28조 제2항).

---

04 건축선 제34회

① 건축선의 개념

대지와 도로의 접한 부분에 있어서 건축물이나 공작물을 설치할 수 있는 한계선을 말하며, 건축물에 의한 도로의 침식을 방지하고 교통의 원활을 도모하는 기능을 한다.

② 건축선의 지정

(1) 원 칙

도로와 접한 부분에 건축물을 건축할 수 있는 선[이하 "건축선(建築線)"이라 한다]은 대지와 도로의 경계선으로 한다(법 제46조 제1항 본문).

(2) 소요너비에 미달되는 너비의 도로

① **도로 양쪽에 대지가 있는 경우**: 그 소요너비에 못 미치는 너비의 도로인 경우에는 그 중심선으로부터 그 소요너비의 2분의 1의 수평거리만큼 물러난 선을 건축선으로 한다 (법 제46조 제1항 단서).

② **도로의 반대쪽에 경사지 등이 있는 경우**: 그 도로의 반대쪽에 경사지, 하천, 철도, 선로부지, 그 밖에 이와 유사한 것이 있는 경우에는 그 경사지 등이 있는 쪽의 도로경계선에서 소요너비에 해당하는 수평거리의 선을 건축선으로 한다(법 제46조 제1항 단서).

(3) 지정건축선

① 특별자치시장·특별자치도지사 또는 시장·군수·구청장은 시가지 안에서 건축물의 위치나 환경을 정비하기 위하여 필요하다고 인정하면 도시지역에는 4m 이하의 범위에서 건축선을 따로 지정할 수 있다(법 제46조 제2항).

② 특별자치시장·특별자치도지사 또는 시장·군수·구청장은 건축선을 지정하려면 미리 그 내용을 해당 지방자치단체의 공보(公報), 일간신문 또는 인터넷 홈페이지 등에 30일 이상 공고하여야 하며, 공고한 내용에 대하여 의견이 있는 자는 공고기간에 특별자치시장·특별자치도지사 또는 시장·군수·구청장에게 의견을 제출(전자문서에 의한 제출을 포함한다)할 수 있다(영 제31조 제3항).

③ 특별자치시장·특별자치도지사 또는 시장·군수·구청장은 건축선을 지정하면 지체
없이 이를 고시하여야 한다(법 제46조 제3항).

(4) 도로모퉁이의 건축선(가각전제)

너비 8m 미만인 도로의 모퉁이에 위치한 대지의 도로모퉁이 부분의 건축선은 그 대지에
접한 도로경계선의 교차점으로부터 도로경계선에 따라 다음의 표에 따른 거리를 각각 후
퇴한 두 점을 연결한 선으로 한다(법 제46조 제1항 단서, 영 제31조 제1항).

---

1. 필요성 : 차량의 회전반경을 마련하기 위해서
2. 요건 : 교차하는 2개의 도로가 4m 이상 8m 미만이고, 교차각이 120° 미만이어야 한다.
3. 효과 : 도로경계선으로부터 건축선까지의 대지부분은 대지면적에서 제외

도로교차각	해당 도로의 너비		교차되는 도로너비
	6m 이상 8m 미만	4m 이상 6m 미만	
90° 미만	4m	3m	6m 이상 8m 미만
	3m	2m	4m 이상 6m 미만
90° 이상 120° 미만	3m	2m	6m 이상 8m 미만
	2m	2m	4m 이상 6m 미만

③ 건축선에 따른 건축제한

① 건축물 및 담장

건축물과 담장은 건축선의 수직면(垂直面)을 넘어서는 아니 된다. 다만, 지표(地表) 아
래 부분은 그러하지 아니하다(법 제47조 제1항).

② 출입구·창문 등 구조물

도로면으로부터 높이 4.5m 이하에 있는 출입구, 창문, 그 밖에 이와 유사한 구조물은
열고 닫을 때 건축선의 수직면을 넘지 아니하는 구조로 하여야 한다(법 제47조 제2항).

예제

건축법령상 대지와 도로와의 관계에 관한 설명으로 옳은 것은?

① 건축물의 대지는 4m 이상을 도로(자동차만의 통행에 사용되는 도로를 제외)에 접하여야 한다.

② 대지면으로부터 높이 4.5m 이하에 있는 창문은 열고 닫을 때 건축선을 넘지 아니하는 구조로 하여야 한다.

③ 건축물의 지표 아래 부분은 건축선의 수직면을 넘을 수 있다.

④ 허가권자는 도로의 위치를 지정·공고하고자 할 때에는 반드시 도로에 대한 이해관계인의 동의를 받아야 한다.

⑤ 공개공지 등에는 연간 30일 이내의 기간 동안 건축조례가 정하는 바에 따라 주민들을 위한 문화행사를 열거나 판촉활동을 할 수 있다.

해설 ① 2m 이상을 도로에 접하여야 한다.
② 도로면으로부터 높이 4.5m 이하에 있는 창문을 열고 닫을 때 건축선을 넘지 아니하는 구조로 하여야 한다.
④ 허가권자는 도로의 위치를 지정·공고하고자 할 때에는 원칙적으로 도로에 대한 이해관계인의 동의를 받아야 한다. 다만, 이해관계인이 해외에 거주하는 경우 등 동의를 받기 곤란하다고 인정하는 경우, 주민이 오랫동안 통행로로 이용하고 있는 사실상의 통로로서 조례로 정하는 것인 경우에는 이해관계인의 동의를 받지 않고 건축위원회심의를 거쳐 도로를 지정할 수 있다.
⑤ 연간 60일 이내의 기간 동안 문화행사를 열거나 판촉활동을 할 수 있다. ◆ **정답** ③

제4절 건축물의 구조 및 재료

1 구조내력 등 제35회

① 건축물은 고정하중, 적재하중(積載荷重), 적설하중(積雪荷重), 풍압(風壓), 지진, 그 밖의 진동 및 충격 등에 대하여 안전한 구조를 가져야 한다(법 제48조 제1항).

② 지방자치단체의 장은 구조 안전 확인 대상 건축물에 대하여 허가 등을 하는 경우 내진성능 확보 여부를 확인하여야 한다(법 제48조 제3항).

③ **건축물 내진등급의 설정**: 국토교통부장관은 지진으로부터 건축물의 구조안전을 확보하기 위하여 건축물의 용도, 규모 및 설계구조의 중요도에 따라 내진등급을 설정하여야 하며, 내진등급을 설정하기 위한 내진등급기준 등 필요한 사항은 국토교통부령으로 정한다(법 제48조의2).

④ **건축물의 내진능력 공개**: 다음에 해당하는 건축물을 건축하고자 하는 자는 사용승인을 받는 즉시 건축물이 지진 발생시에 견딜 수 있는 능력(이하 "내진능력"이라 한다)을 공개하여야 한다. 다만, 구조안전 확인 대상 건축물이 아니거나 내진능력 산정이 곤란한 건축물로서 대통령령으로 정하는 건축물은 공개하지 아니한다(법 제48조의3).

1. 층수가 2층[주요구조부인 기둥과 보를 설치하는 건축물로서 그 기둥과 보가 목재인 목구조 건축물(이하 "목구조 건축물"이라 한다)의 경우에는 3층] 이상인 건축물
2. 연면적이 200제곱미터(목구조 건축물의 경우에는 500제곱미터) 이상인 건축물
3. 높이가 13m 이상인 건축물
4. 처마높이가 9m 이상인 건축물
5. 기둥과 기둥 사이의 거리가 10m 이상인 건축물
6. 건축물의 용도 및 규모를 고려한 중요도가 높은 건축물로서 국토교통부령으로 정하는 건축물
7. 국가적 문화유산으로 보존할 가치가 있는 건축물로서 국토교통부령으로 정하는 것
8. 한쪽 끝은 고정되고 다른 끝은 지지되지 아니한 구조로 된 보·차양 등이 외벽의 중심선으로부터 3m 이상 돌출된 건축물 및 특수한 설계·시공·공법 등이 필요한 건축물로서 국토교통부장관이 정하여 고시하는 구조로 된 건축물
9. 단독주택 및 공동주택

② 건축물의 구조안전 확인 제34회

① **구조기준 등에 따른 안전 확인**: 허가대상 건축물을 건축하거나 대수선하는 경우에는 해당 건축물의 설계자는 국토교통부령으로 정하는 구조기준 등에 따라 그 구조의 안전을 확인하여야 한다(영 제32조 제1항).

② **구조안전확인서류의 제출**: ①에 따라 구조 안전을 확인한 건축물 중 다음에 해당하는 건축물의 건축주는 해당 건축물의 설계자로부터 구조 안전의 확인 서류를 받아 법 제21조에 따른 착공신고를 하는 때에 그 확인 서류를 허가권자에게 제출하여야 한다. 다만, 표준설계도서에 따라 건축하는 건축물은 제외한다(영 제32조 제2항).

1. 층수가 2층(주요구조부인 기둥과 보를 설치하는 건축물로서 그 기둥과 보가 목재인 목구조 건축물의 경우에는 3층) 이상인 건축물
2. 연면적이 200m²(목구조 건축물의 경우에는 500m²) 이상인 건축물. 다만, 창고, 축사, 작물 재배사는 제외한다.
3. 높이가 13m 이상인 건축물
4. 처마높이가 9m 이상인 건축물
5. 기둥과 기둥 사이의 거리가 10m 이상인 건축물

6. 건축물의 용도 및 규모를 고려한 중요도가 높은 건축물로서 국토교통부령으로 정하는 건축물
7. 국가적 문화유산으로 보존할 가치가 있는 건축물로서 국토교통부령으로 정하는 것
8. 한쪽 끝은 고정되고 다른 끝은 지지되지 아니한 구조로 된 보·차양 등이 외벽의 중심선으로부터 3m 이상 돌출된 건축물 및 특수한 설계·시공·공법 등이 필요한 건축물로서 국토교통부장관이 정하여 고시하는 구조로 된 건축물
9. 단독주택 및 공동주택

예제

건축법령상 건축허가를 받은 건축물의 착공신고 시 허가권자에 대하여 구조 안전 확인 서류의 제출이 필요한 대상 건축물의 기준으로 옳은 것을 모두 고른 것은? (단, 표준설계도서에 따라 건축하는 건축물이 아니며, 건축법령상 특례는 고려하지 않음)

㉠ 건축물의 높이: 13미터 이상
㉡ 건축물의 처마높이: 7미터 이상
㉢ 건축물의 기둥과 기둥 사이의 거리: 10미터 이상

① ㉠　　　② ㉡　　　③ ㉠, ㉢
④ ㉡, ㉢　　　⑤ ㉠, ㉡, ㉢

해설 ㉡ 건축물의 처마높이: 9미터 이상이 건축물의 착공신고 시 허가권자에 대하여 구조 안전 확인 서류의 제출이 필요한 대상 건축물의 기준이다. ❶ **정답** ③

③ **건축구조기술사의 협력대상 건축물**: 다음에 해당하는 건축물의 설계자는 해당 건축물에 대한 구조의 안전을 확인하는 경우에는 건축구조기술사의 협력을 받아야 한다 (영 제91조의3 제1항).

1. 6층 이상인 건축물
2. 특수구조건축물
3. 다중이용 건축물
4. 준다중이용 건축물
5. 3층 이상의 필로티형식 건축물
6. 영 제32조 제1항 제6호(지진구역의 건축물)에 해당하는 건축물 중 국토교통부령으로 정하는 건축물

④ 건축물의 11층 이하의 층에는 소방관이 진입할 수 있는 창을 설치하고, 외부에서 주야간에 식별할 수 있는 표시를 해야 한다. 다만, 다음의 어느 하나에 해당하는 아파트는 제외한다(법 제49조 제3항, 영 제51조 제4항).

1. 제46조 제4항 및 제5항에 따라 대피공간 등을 설치한 아파트
2. 주택건설기준 등에 관한 규정 제15조 제2항에 따라 비상용승강기를 설치한 아파트

③ 소음 방지용 경계벽 및 바닥 설치

① **소음 방지용 경계벽의 설치**: 소음 방지를 위하여 다음에 해당하는 건축물의 경계벽은 국토교통부령으로 정하는 기준에 따라 설치해야 한다(영 제53조 제1항).

> 1. 단독주택 중 다가구주택의 각 가구 간 또는 공동주택(기숙사는 제외한다)의 각 세대 간 경계벽(제2조 제14호 후단에 따라 거실·침실 등의 용도로 쓰지 아니하는 발코니 부분은 제외한다)
> 2. 공동주택 중 기숙사의 침실, 의료시설의 병실, 교육연구시설 중 학교의 교실 또는 숙박시설의 객실 간 경계벽
> 3. 제1종 근린생활시설 중 산후조리원의 다음의 어느 하나에 해당하는 경계벽
>   ① 임산부실 간 경계벽
>   ② 신생아실 간 경계벽
>   ③ 임산부실과 신생아실 간 경계벽
> 4. 제2종 근린생활시설 중 다중생활시설의 호실 간 경계벽
> 5. 노유자시설 중 노인복지법 제32조 제1항 제3호에 따른 노인복지주택(이하 "노인복지주택"이라 한다)의 각 세대 간 경계벽
> 6. 노유자시설 중 노인요양시설의 호실 간 경계벽

② **소음 방지용 바닥의 설치**: 소음 방지를 위하여 다음에 해당하는 건축물의 층간바닥 (화장실의 바닥은 제외한다)은 국토교통부령으로 정하는 기준에 따라 설치해야 한다(영 제53조 제2항).

> 1. 단독주택 중 다가구주택
> 2. 공동주택(주택법 제15조에 따른 주택건설사업계획승인 대상은 제외한다)
> 3. 업무시설 중 오피스텔
> 4. 제2종 근린생활시설 중 다중생활시설
> 5. 숙박시설 중 다중생활시설

④ 건축물의 범죄예방

① 국토교통부장관은 범죄를 예방하고 안전한 생활환경을 조성하기 위하여 건축물, 건축설비 및 대지에 관한 범죄예방 기준을 정하여 고시할 수 있다(법 제53조의2 제1항).

② 다음에 해당하는 대통령령으로 정하는 건축물은 범죄예방 기준에 따라 건축해야 한다 (제53조의2 제2항, 영 제63조의7).

1. 다가구주택, 아파트, 연립주택, 다세대주택
2. 제1종 근린생활시설 중 일용품을 판매하는 소매점
3. 제2종 근린생활시설 중 다중생활시설
4. 문화 및 집회시설(동·식물원은 제외한다)
5. 교육연구시설(연구소 및 도서관은 제외한다)
6. 노유자시설
7. 수련시설
8. 업무시설 중 오피스텔
9. 숙박시설 중 다중생활시설

5 방화지구의 건축물

① **주요구조부와 지붕을 내화구조**: 문화 및 집회시설, 의료시설, 공동주택 등 대통령령으로 정하는 건축물은 국토교통부령으로 정하는 기준에 따라 주요구조부와 지붕을 내화(耐火)구조로 하여야 한다. 다만, 막구조의 건축물은 주요구조부에만 내화구조로 할 수 있다(법 제50조 제1항).

② **대규모 건축물의 방화벽**: 연면적 1천m² 이상인 건축물은 방화벽으로 구획하되, 각 구획된 바닥면적의 합계는 1천m² 미만이어야 한다. 다만, 주요구조부가 내화구조이거나 불연재료인 건축물과 내부설비의 구조상 방화벽으로 구획할 수 없는 창고시설의 경우에는 그러하지 아니하다(법 제50조 제2항, 영 제57조 제1항).

③ **목조 건축물의 방화기준**: 연면적 1천m² 이상인 목조 건축물의 구조는 국토교통부령으로 정하는 바에 따라 방화구조로 하거나 불연재료로 하여야 한다(영 제57조 제3항).

④ **주요구조부와 외벽의 내화구조**: 국토의 계획 및 이용에 관한 법률에 따른 방화지구 안에서는 건축물의 주요구조부와 지붕·외벽을 내화구조로 하여야 한다. 다만, 다음의 경우에는 그러하지 아니하다(법 제51조 제1항, 영 제58조).

1. 연면적 30m² 미만인 단층 부속건축물로서 외벽 및 처마면이 내화구조 또는 불연재료로 된 것
2. 도매시장의 용도로 쓰는 건축물로서 그 주요구조부가 불연재료로 된 것

⑤ **방화지구 안의 공작물과 외벽의 설치기준**: 방화지구 안에서는 건축물의 주요구조부와 지붕·외벽을 내화구조로 하여야 한다. 방화지구 안의 공작물로서 간판, 광고탑, 그 밖에 대통령령으로 정하는 공작물 중 건축물의 지붕 위에 설치하는 공작물이나 높이 3m 이상의 공작물은 주요부를 불연재료로 하여야 하며, 방화지구 안의 지붕·방화문 및 인접 대지 경계선에 접하는 외벽은 국토교통부령으로 정하는 구조 및 재료로 하여야 한다(법 제51조 제1항·제2항·제3항).

⑥ **방화문의 구분** : 방화문은 다음 각 호와 같이 구분한다(영 제64조 제1항).

> 1. 60분+방화문 : 연기 및 불꽃을 차단할 수 있는 시간이 60분 이상이고, 열을 차단할 수 있는 시간이 30분 이상인 방화문
> 2. 60분 방화문 : 연기 및 불꽃을 차단할 수 있는 시간이 60분 이상인 방화문
> 3. 30분 방화문 : 연기 및 불꽃을 차단할 수 있는 시간이 30분 이상 60분 미만인 방화문

6 옥상광장 등 제35회

(1) 옥상광장 등의 설치건축물의 마감재료 등

① 대통령령으로 정하는 용도 및 규모의 건축물의 벽, 반자, 지붕(반자가 없는 경우에 한정한다) 등 내부의 마감재료[복합자재의 경우 심재(心材)를 포함한다]는 방화에 지장이 없는 재료로 하되, 실내공기질 관리법에 따른 실내공기질 유지기준 및 권고기준을 고려하고 관계 중앙행정기관의 장과 협의하여 국토교통부령으로 정하는 기준에 따른 것이어야 한다(법 제52조 제1항).

② 대통령령으로 정하는 건축물의 외벽에 사용하는 마감재료(두 가지 이상의 재료로 제작된 자재의 경우 각 재료를 포함한다)는 방화에 지장이 없는 재료로 하여야 한다. 이 경우 마감재료의 기준은 국토교통부령으로 정한다(법 제52조 제2항).

③ 욕실, 화장실, 목욕장 등의 바닥 마감재료는 미끄럼을 방지할 수 있도록 국토교통부령으로 정하는 기준에 적합하여야 한다(법 제52조 제3항).

④ 대통령령으로 정하는 용도 및 규모에 해당하는 건축물 외벽에 설치되는 창호(窓戶)는 방화에 지장이 없도록 인접 대지와의 이격거리를 고려하여 방화성능 등이 국토교통부령으로 정하는 기준에 적합하여야 한다(법 제52조 제4항).

(2) 옥상광장 등의 설치

① **난간의 설치**

옥상광장 또는 2층 이상인 층에 있는 노대 등[노대(露臺)나 그 밖에 이와 비슷한 것을 말한다. 이하 같다]의 주위에는 높이 1.2미터 이상의 난간을 설치하여야 한다. 다만, 그 노대 등에 출입할 수 없는 구조인 경우에는 그러하지 아니하다(영 제40조 제1항).

② **옥상광장의 설치**

5층 이상인 층이 제2종 근린생활시설 중 공연장·종교집회장·인터넷컴퓨터게임시설제공업소(해당 용도로 쓰는 바닥면적의 합계가 각각 300제곱미터 이상인 경우만 해당한다), 문화 및 집회시설(전시장 및 동·식물원은 제외한다), 종교시설, 판매시설, 위락시설 중 주점영업 또는 장례시설의 용도로 쓰는 경우에는 피난 용도로 쓸 수 있는 광장을 옥상에 설치하여야 한다(영 제40조 제2항).

③ 층수가 11층 이상인 건축물로서 11층 이상인 층의 바닥면적의 합계가 1만m² 이상인 건축물의 옥상에는 다음의 구분에 따른 공간을 확보하여야 한다(영 제40조 제4항).

> 1. 건축물의 지붕을 평지붕: 헬리포트를 설치하거나 헬리콥터를 통하여 인명 등을 구조할 수 있는 공간
> 2. 건축물의 지붕을 경사지붕: 경사지붕 아래에 설치하는 대피공간

④ **개방된 외부 공간 설치**

바닥면적의 합계가 3천m² 이상인 공연장·집회장·관람장 또는 전시장을 지하층에 설치하는 경우에는 각 실에 있는 자가 지하층 각 층에서 건축물 밖으로 피난하여 옥외계단 또는 경사로 등을 이용하여 피난층으로 대피할 수 있도록 천장이 개방된 외부공간을 설치하여야 한다(영 제37조).

7 피난안전구역

(1) **원칙**: 고층건축물에는 대통령령으로 정하는 바에 따라 피난안전구역을 설치하거나 대피공간을 확보한 계단을 설치하여야 하며, 설치된 피난안전구역·피난시설 또는 대피공간에는 국토교통부령으로 정하는 바에 따라 화재 등의 경우에 피난 용도로 사용되는 것임을 표시하여야 한다(법 제50조의2 제1항·제2항).

(2) **초고층 건축물의 피난안전구역**: 초고층 건축물에는 피난층 또는 지상으로 통하는 직통계단과 직접 연결되는 피난안전구역(건축물의 피난·안전을 위하여 건축물 중간층에 설치하는 대피공간을 말한다. 이하 같다)을 지상층으로부터 최대 30개 층마다 1개소 이상 설치하여야 한다(영 제34조 제3항).

(3) **준초고층 건축물의 피난안전구역**: 준초고층 건축물에는 피난층 또는 지상으로 통하는 직통계단과 직접 연결되는 피난안전구역을 해당 건축물 전체 층수의 2분의 1에 해당하는 층으로부터 상하 5개층 이내에 1개소 이상 설치하여야 한다. 다만, 국토교통부령으로 정하는 기준에 따라 피난층 또는 지상으로 통하는 직통계단을 설치하는 경우에는 그러하지 아니하다(영 제34조 제4항).

8 피난시설의 설치기준

(1) 직통계단의 설치

① **원칙**: 건축물의 피난층(직접 지상으로 통하는 출입구가 있는 층 및 제3항과 제4항에 따른 피난안전구역을 말한다. 이하 같다) 외의 층에서는 피난층 또는 지상으로 통하는 직통계단(경사로를 포함한다. 이하 같다)을 거실의 각 부분으로부터 계단(거실로부터 가장 가까운 거리에 있는 1개소의 계단을 말한다)에 이르는 보행거리가 30미터 이하가 되도록 설치해야 한다(영 제34조 제1항 본문).

② **완화**: 건축물(지하층에 설치하는 것으로서 바닥면적의 합계가 300제곱미터 이상인 공연장·집회장·관람장 및 전시장은 제외한다)의 주요구조부가 내화구조 또는 불연재료로 된 건축물은 그 보행거리가 50미터(층수가 16층 이상인 공동주택의 경우 16층 이상인 층에 대해서는 40미터) 이하가 되도록 설치할 수 있으며, 자동화 생산시설에 스프링클러 등 자동식 소화설비를 설치한 공장으로서 국토교통부령으로 정하는 공장인 경우에는 그 보행거리가 75미터(무인화 공장인 경우에는 100미터) 이하가 되도록 설치할 수 있다(영 제34조 제1항 단서).

③ **판매시설의 직통계단**: 판매시설의 용도로 쓰는 층으로부터의 직통계단은 그중 1개소 이상을 특별피난계단으로 설치하여야 한다(영 제35조 제3항).

(2) 옥외피난계단

건축물의 3층 이상의 층(피난층을 제외)으로서 다음에 해당하는 용도에 쓰이는 층의 경우에는 직통계단 외에 그 층으로부터 지상으로 통하는 옥외피난계단을 따로 설치하여야 한다(영 제36조).

> 1. 제2종 근린생활시설 중 공연장(해당 용도로 쓰는 바닥면적의 합계가 $300m^2$ 이상인 경우만 해당한다), 문화 및 집회시설 중 공연장이나 위락시설 중 주점영업의 용도로 쓰는 층으로서 그 층 거실의 바닥면적의 합계가 $300m^2$ 이상인 것
> 2. 문화 및 집회시설 중 집회장의 용도로 쓰는 층으로서 그 층 거실의 바닥면적의 합계가 $1천m^2$ 이상인 것

(3) 승용승강기·비상용승강기

① **설치대상**: 건축주는 6층 이상으로서 연면적 $2천m^2$ 이상인 건축물을 건축하고자 하는 경우에는 승강기를 설치하여야 하며, 승강기의 규모 및 구조는 국토교통부령으로 정한다(법 제64조 제1항).

② **설치의무의 면제**: 층수가 6층인 건축물로서 각층 거실의 바닥면적 $300m^2$ 이내마다 1개소 이상의 직통계단을 설치한 건축물의 경우에는 설치의무에서 제외된다(영 제89조).

③ 높이 31m를 넘는 건축물에는 다음에 따른 대수 이상의 비상용승강기를 설치하여야 한다. 다만, 승용승강기를 비상용승강기의 구조로 하는 경우에는 그러하지 아니하다 (법 제64조 제2항, 영 제90조 제1항).

> 1. 높이 31m를 넘는 각 층의 바닥면적 중 최대 바닥면적이 1,500m² 이하인 건축물 : 1대 이상
> 2. 높이 31m를 넘는 각 층의 바닥면적 중 최대 바닥면적이 1,500m²를 넘는 건축물 : 1대 에 1,500m²를 넘는 3,000m² 이내마다 1대씩 더한 대수 이상

(4) 창문 등의 차면시설

인접 대지경계선으로부터 직선거리 2미터 이내에 이웃 주택의 내부가 보이는 창문 등을 설치하는 경우에는 차면시설(遮面施設)을 설치하여야 한다(영 제55조).

제5절 지역·지구 또는 구역의 건축물

01 대지가 지역·지구 또는 구역에 걸치는 경우

1 하나의 대지가 2 이상의 지역·지구·구역에 걸치는 경우

대지가 이 법이나 다른 법률에 따른 지역·지구(녹지지역과 방화지구는 제외한다) 또는 구역에 걸치는 경우에는 대통령령으로 정하는 바에 따라 그 건축물과 대지의 전부에 대하여 대지의 과반(過半)이 속하는 지역·지구 또는 구역 안의 건축물 및 대지 등에 관한 이 법의 규정을 적용한다(법 제54조 제1항).

A 필지 대지(1,000제곱미터)	
일반주거지역 (400제곱미터)	근린상업지역 (600제곱미터)

건축물 + 대지 전부 ⬇ 「건축법」 적용

근린상업지역(1,000제곱미터)

② 건축물이 방화지구에 걸치는 경우

① **원칙**: 하나의 건축물이 방화지구와 그 밖의 구역에 걸치는 경우에는 그 전부에 대하여 방화지구 안의 건축물에 관한 이 법의 규정을 적용한다(법 제54조 제2항).

② **예외**: 다만, 건축물의 방화지구에 속한 부분과 그 밖의 구역에 속한 부분의 경계가 방화벽으로 구획되는 경우 그 밖의 구역에 있는 부분에 대하여는 그러하지 아니하다(법 제54조 제2항).

③ 대지가 녹지지역 등에 걸치는 경우

대지가 녹지지역과 그 밖의 지역·지구 또는 구역에 걸치는 경우에는 각 지역·지구 또는 구역 안의 건축물과 대지에 관한 이 법의 규정을 적용한다. 다만, 녹지지역 안의 건축물이 방화지구에 걸치는 경우에는 방화지구의 규정에 따른다(법 제54조 제3항).

02 면 적 제31회, 제33회

① 대지면적

① **원칙**: 대지면적이란 대지의 수평투영면적으로 한다(영 제119조 제1항 제1호).

② **예외**: 다음에 해당하는 면적은 대지면적에서 제외한다.

> 1. 소요너비에 못 미치는 너비의 도로에 접하거나 도로의 모퉁이에 위치하여 대지에 건축선이 정하여진 경우: 그 건축선과 도로 사이의 대지면적
> 2. 대지에 도시·군계획시설인 도로·공원 등이 있는 경우: 그 도시·군계획시설에 포함되는 대지(국토의 계획 및 이용에 관한 법률 제47조 제7항에 따라 건축물 또는 공작물을 설치하는 도시·군계획시설의 부지는 제외한다)면적

② 건축면적

건축물의 외벽(외벽이 없는 경우에는 외곽 부분의 기둥으로 한다)의 중심선으로 둘러싸인 부분의 수평투영면적으로 한다(영 제119조 제1항 제2호).

1. 처마, 차양, 부연, 그 밖에 이와 비슷한 것으로서 외벽의 중심선으로부터 수평거리 1m 이상 돌출된 부분이 있는 건축물의 건축면적은 그 돌출된 끝부분으로부터 다음의 구분에 따른 수평거리를 후퇴한 선으로 둘러싸인 부분의 수평투영면적으로 한다.
   ① 전통사찰: 4m 이하의 범위에서 외벽의 중심선까지의 거리
   ② 사료 투여, 가축 이동 및 가축 분뇨 유출 방지 등을 위하여 처마, 차양, 부연, 그 밖에 이와 비슷한 것이 설치된 축사: 3미터 이하의 범위에서 외벽의 중심선까지의 거리 (두 동의 축사가 하나의 차양으로 연결된 경우에는 6미터 이하의 범위에서 축사 양 외벽의 중심선까지의 거리를 말한다)
   ③ 한옥: 2m 이하의 범위에서 외벽의 중심선까지의 거리
   ④ 환경친화적자동차의 개발 및 보급 촉진에 관한 법률 시행령 제18조의5에 따른 충전시설(그에 딸린 충전 전용 주차구획을 포함한다)의 설치를 목적으로 처마, 차양, 부연, 그 밖에 이와 비슷한 것이 설치된 공동주택(주택법에 따른 사업계획승인 대상으로 한정한다): 2미터 이하의 범위에서 외벽의 중심선까지의 거리
   ⑤ 신에너지 및 재생에너지 개발·이용·보급 촉진법 제2조 제3호에 따른 신·재생에너지 설비(신·재생에너지를 생산하거나 이용하기 위한 것만 해당한다)를 설치하기 위하여 처마, 차양, 부연, 그 밖에 이와 비슷한 것이 설치된 건축물로서 녹색건축물 조성 지원법 제17조에 따른 제로에너지건축물 인증을 받은 건축물: 2미터 이하의 범위에서 외벽의 중심선까지의 거리
   ⑥ 환경친화적 자동차의 개발 및 보급 촉진에 관한 법률 제2조 제9호의 수소연료공급시설을 설치하기 위하여 처마, 차양, 부연 그 밖에 이와 비슷한 것이 설치된 별표 1 제19호 가목의 주유소, 같은 호 나목의 액화석유가스 충전소 또는 같은 호 바목의 고압가스 충전소: 2미터 이하의 범위에서 외벽의 중심선까지의 거리
   ⑦ 그 밖의 건축물: 1미터
2. 다음의 건축물의 건축면적은 국토교통부령으로 정하는 바에 따라 산정한다.
   ① 태양열을 주된 에너지원으로 이용하는 주택
   ② 창고 또는 공장 중 물품을 입출고하는 부위의 상부에 한쪽 끝은 고정되고 다른 쪽 끝은 지지되지 않는 구조로 설치된 돌출차양
   ③ 단열재를 구조체의 외기측에 설치하는 단열공법으로 건축된 건축물
3. 다음의 경우에는 건축면적에 산입하지 않는다.
   ① 지표면으로부터 1m 이하에 있는 부분(창고 중 물품을 입출고하기 위하여 차량을 접안시키는 부분의 경우에는 지표면으로부터 1.5m 이하에 있는 부분)
   ② 건축물 지상층에 일반인이나 차량이 통행할 수 있도록 설치한 보행통로나 차량통로
   ③ 지하주차장의 경사로

④ 건축물 지하층의 출입구 상부(출입구 너비에 상당하는 규모의 부분을 말한다)
⑤ 생활폐기물 보관시설(음식물쓰레기, 의류 등의 수거시설을 말한다)
⑥ 다중이용업소의 안전관리에 관한 특별법 시행령에 따라 기존의 다중이용업소(2004년 5월 29일 이전의 것만 해당한다)의 비상구에 연결하여 설치하는 폭 2m 이하의 옥외 피난계단(기존 건축물에 옥외 피난계단을 설치함으로써 법 제55조에 따른 건폐율의 기준에 적합하지 아니하게 된 경우만 해당한다)
⑦ 영유아보육법에 따른 영유아어린이집(2005년 1월 29일 이전에 설치된 것만 해당한다)의 비상구에 연결하여 설치하는 폭 2m 이하의 영유아용 대피용 미끄럼대 또는 비상계단(기존 건축물에 영유아용 대피용 미끄럼대 또는 비상계단을 설치함으로써 법 제55조에 따른 건폐율 기준에 적합하지 아니하게 된 경우만 해당한다)
⑧ 장애인·노인·임산부 등의 편의증진 보장에 관한 법률 시행령에 따른 장애인용 승강기, 장애인용 에스컬레이터, 휠체어리프트 또는 경사로
⑨ 가축전염병 예방법에 따른 소독설비를 갖추기 위하여 같은 호에 따른 가축사육시설(2015년 4월 27일 전에 건축되거나 설치된 가축사육시설로 한정한다)에서 설치하는 시설
⑩ 매장유산 보호 및 조사에 관한 법률에 따른 현지보존 및 이전보존을 위하여 매장유산 보호 및 전시에 전용되는 부분
⑪ 가축분뇨의 관리 및 이용에 관한 법률에 따른 처리시설(법률 제12516호 가축분뇨의 관리 및 이용에 관한 법률 일부개정법률 부칙 제9조에 해당하는 배출시설의 처리시설로 한정한다)

③ 바닥면적 제33회

(1) 원칙

건축물의 각 층 또는 그 일부로서 벽, 기둥, 그 밖에 이와 비슷한 구획의 중심선으로 둘러싸인 부분의 수평투영면적으로 한다(영 제119조 제1항 제3호).

(2) 예외

① 바닥면적에 포함되는 경우

1. 벽·기둥의 구획이 없는 건축물은 그 지붕 끝부분으로부터 수평거리 1m를 후퇴한 선으로 둘러싸인 수평투영면적으로 한다.
2. 건축물의 노대 등의 바닥은 난간 등의 설치 여부에 관계없이 노대 등의 면적(외벽의 중심선으로부터 노대 등의 끝부분까지의 면적을 말한다)에서 노대 등이 접한 가장 긴 외벽에 접한 길이에 1.5미터를 곱한 값을 뺀 면적을 바닥면적에 산입한다.

② **바닥면적에서 제외되는 경우**

1. 필로티 등: 필로티나 그 밖에 이와 비슷한 구조(벽면적의 2분의 1 이상이 그 층의 바닥면에서 위층 바닥 아랫면까지 공간으로 된 것만 해당한다)의 부분은 그 부분이 공중의 통행이나 차량의 통행 또는 주차에 전용되는 경우와 공동주택의 경우에는 바닥면적에 산입하지 아니한다.

2. 승강기탑, 계단탑, 다락 등: 승강기탑(옥상 출입용 승강장을 포함한다), 계단탑, 장식탑, 다락[층고가 1.5m(경사진 형태의 지붕인 경우에는 1.8m) 이하인 것만 해당한다], 건축물의 내부에 설치하는 냉방설비 배기장치 전용 설치공간(각 세대나 실별로 외부 공기에 직접 닿는 곳에 설치하는 경우로서 1제곱미터 이하로 한정한다), 건축물의 외부 또는 내부에 설치하는 굴뚝, 더스트슈트, 설비덕트, 그 밖에 이와 비슷한 것과 옥상·옥외 또는 지하에 설치하는 물탱크, 기름탱크, 냉각탑, 정화조, 도시가스 정압기, 그 밖에 이와 비슷한 것을 설치하기 위한 구조물과 건축물 간에 화물의 이동에 이용되는 컨베이어벨트만을 설치하기 위한 구조물은 바닥면적에 산입하지 않는다.

3. 공동주택 지상층에 설치한 시설 등: 공동주택으로서 지상층에 설치한 기계실, 전기실, 어린이놀이터, 조경시설 및 생활폐기물 보관시설의 면적은 바닥면적에 산입하지 않는다.

4. 단열재를 구조체의 외기측에 설치하는 단열공법으로 건축된 건축물의 경우에는 단열재가 설치된 외벽 중 내측 내력벽의 중심선을 기준으로 산정한 면적을 바닥면적으로 한다.

5. 기존 다중이용업소의 옥외피난계단: 다중이용업소의 안전관리에 관한 특별법 시행령 제9조에 따라 기존의 다중이용업소(2004년 5월 29일 이전의 것만 해당한다)의 비상구에 연결하여 설치하는 폭 1.5m 이하의 옥외 피난계단(기존 건축물에 옥외 피난계단을 설치함으로써 법 제56조에 따른 용적률에 적합하지 아니하게 된 경우만 해당한다)은 바닥면적에 산입하지 아니한다.

6. 건축물을 리모델링하는 경우로서 미관 향상, 열의 손실 방지 등을 위하여 외벽에 부가하여 마감재 등을 설치하는 부분은 바닥면적에 산입하지 아니한다.

7. 영유아보육법에 따른 영유아어린이집(2005년 1월 29일 이전에 설치된 것만 해당한다)의 비상구에 연결하여 설치하는 폭 2m 이하의 영유아용 대피용 미끄럼대 또는 비상계단의 면적은 바닥면적(기존 건축물에 영유아용 대피용 미끄럼대 또는 비상계단을 설치함으로써 법 제56조에 따른 용적률 기준에 적합하지 아니하게 된 경우만 해당한다)에 산입하지 아니한다.

8. 장애인·노인·임산부 등의 편의증진 보장에 관한 법률 시행령에 따른 장애인용 승강기, 장애인용 에스컬레이터, 휠체어리프트 또는 경사로는 바닥면적에 산입하지 아니한다.

9. 가축전염병 예방법에 따른 소독설비를 갖추기 위하여 같은 호에 따른 가축사육시설(2015년 4월 27일 전에 건축되거나 설치된 가축사육시설로 한정한다)에서 설치하는 시설은 바닥면적에 산입하지 아니한다.

10. 매장유산 보호 및 조사에 관한 법률에 따른 현지보존 및 이전보존을 위하여 매장유산 보호 및 전시에 전용되는 부분은 바닥면적에 산입하지 아니한다.

11. 영유아보육법 제15조에 따른 설치기준에 따라 직통계단 1개소를 갈음하여 건축물의 외부에 설치하는 비상계단의 면적은 바닥면적(같은 조에 따른 어린이집이 2011년 4월 6일 이전에 설치된 경우로서 기존 건축물에 비상계단을 설치함으로써 법 제56조에 따른 용적률 기준에 적합하지 않게 된 경우만 해당한다)에 산입하지 않는다.

12. 지하주차장의 경사로(지상층에서 지하 1층으로 내려가는 부분으로 한정한다)는 바닥면적에 산입하지 않는다.

13. 제46조 제4항 제3호에 따른 대피공간의 바닥면적은 건축물의 각 층 또는 그 일부로서 벽의 내부선으로 둘러싸인 부분의 수평투영면적으로 한다.

14. 제46조 제5항 제3호 또는 제4호에 따른 구조 또는 시설(해당 세대 밖으로 대피할 수 있는 구조 또는 시설만 해당한다)을 같은 조 제4항에 따른 대피공간에 설치하는 경우 또는 같은 조 제5항 제4호에 따른 대체시설을 발코니(발코니의 외부에 접하는 경우를 포함한다. 이하 같다)에 설치하는 경우에는 해당 구조 또는 시설이 설치되는 대피공간 또는 발코니의 면적 중 다음의 구분에 따른 면적까지를 바닥면적에 산입하지 않는다.
① 인접세대와 공동으로 설치하는 경우: 4제곱미터
② 각 세대별로 설치하는 경우: 3제곱미터

4 연면적 제34회

(1) 원 칙

연면적이란 지하층을 포함하여 하나의 건축물의 각 층의 바닥면적의 합계를 말한다(영 제119조 제1항 제4호).

(2) 용적률의 산정에 대하여는 다음에 해당하는 면적을 제외한다.

1. 지하층의 면적
2. 지상층의 주차용(해당 건축물의 부속용도인 경우만 해당한다)으로 쓰는 면적
3. 초고층 건축물과 준초고층 건축물에 설치하는 피난안전구역의 면적
4. 11층 이상인 건축물로서 11층 이상인 층의 바닥면적의 합계가 1만㎡ 이상인 건축물 지붕을 경사지붕으로 하는 경우에는 경사지붕 아래에 설치하는 대피공간

예제

1. 건축법령상 건축물의 면적 등의 산정방법에 관한 설명으로 틀린 것은? (단, 건축법령상 특례는 고려하지 않음)

① 공동주택으로서 지상층에 설치한 조경시설의 면적은 바닥면적에 산입하지 않는다.

② 지하주차장의 경사로의 면적은 건축면적에 산입한다.

③ 태양열을 주된 에너지원으로 이용하는 주택의 건축면적은 건축물의 외벽중 내측 내력벽의 중심선을 기준으로 한다.

④ 용적률을 산정할 때에는 지하층의 면적은 연면적에 산입하지 않는다.

⑤ 층의 구분이 명확하지 아니한 건축물의 높이는 4미터마다 하나의 층으로 보고 그 층수를 산정한다.

해설 ② 지하주차장의 경사로의 면적은 건축면적에 산입하지 않는다. ◆ 정답 ②

2. 건축법령상 대지면적이 160제곱미터인 대지에 건축되어 있고, 각 층의 바닥면적이 동일한 지하 1층·지상 3층인 하나의 평지붕 건축물로서 용적률이 150퍼센트라고 할 때, 이 건축물의 바닥면적은 얼마인가? (단, 제시된 조건 이외의 다른 조건이나 제한은 고려하지 아니함)

① 60제곱미터   ② 70제곱미터   ③ 80제곱미터

④ 100제곱미터   ⑤ 120제곱미터

해설 ③ 용적률 = 지상층 연면적/대지면적 × 100이다.

현재 용적률은 150%이고, 대지면적이 160m²이다.

이 경우 150% = 지상층 연면적/160m² × 100이다.

지상층 연면적 = 150 × 160/100 이다. 따라서 이 건축물의 지상층 연면적은 240m²가 된다.

여기에서 지하층은 용적률 산정시 연면적(각 층의 바닥면적 합계)에서 제외되기 때문에 지상 3층만 계산하면 이 건축물의 바닥면적은 지상층 연면적은 240m²을 3층으로 나누면 80m²가 된다. ◆ 정답 ③

03 높이 · 층수 등

1 건폐율

대지면적에 대한 건축면적(대지에 건축물이 둘 이상 있는 경우에는 이들 건축면적의 합계로 한다)의 비율(이하 "건폐율"이라 한다)의 최대한도는 국토의 계획 및 이용에 관한 법률에 따른 건폐율의 기준에 따른다. 다만, 이 법에서 기준을 완화하거나 강화하여 적용하도록 규정한 경우에는 그에 따른다(법 제55조).

$$건폐율 = \frac{건축면적}{대지면적} \times 100\%$$

2 용적률

대지면적에 대한 연면적(대지에 건축물이 둘 이상 있는 경우에는 이들 연면적의 합계로 한다)의 비율(이하 "용적률"이라 한다)의 최대한도는 국토의 계획 및 이용에 관한 법률에 따른 용적률의 기준에 따른다. 다만, 이 법에서 기준을 완화하거나 강화하여 적용하도록 규정한 경우에는 그에 따른다(법 제56조).

$$용적률 = \frac{건축물의 \ 지상층 \ 연면적}{대지면적} \times 100\%$$

예제

건축법령상 지상 11층 지하 3층인 하나의 건축물이 다음 조건을 갖추고 있는 경우 건축물의 용적률은? (단, 제시된 조건 이외의 다른 조건이나 제한 및 건축법령상 특례는 고려하지 않음)

• 대지면적은 $1,500\text{m}^2$임
• 각 층의 바닥면적은 $1,000\text{m}^2$로 동일함
• 지상 1층 중 500m^2은 건축물의 부속용도인 주차장으로, 나머지 500m^2은 제2종 근린생활시설로 사용함
• 지상 2층에서 11층까지는 업무시설로 사용함
• 지하 1층은 제1종 근린생활시설로, 지하 2층과 지하 3층은 주차장으로 사용함

① 660% ② 700% ③ 800% ④ 900% ⑤ 1,100%

해설 ④ 지하층의 면적[지하 1층, 지하 2층과 지하 3층]을 용적률 산정시 연면적에서 제외하고, 지상 1층 중 500m^2인 건축물의 부속용도인 주차장은 용적률 산정시 연면적에서 제외한다. 대지면적은 $1,000\text{m}^2$이고, 지상 1층 중 500m^2는 제2종 근린생활시설로 사용하므로 용적률 산정시 연면적에 포함한다. 지상 2층에서 11층까지는 업무시설은 용적률 산정시 연면적($10,000\text{m}^2$)에 포함한다. 그러므로 총 연면적은 $10,500\text{m}^2$이다.

$$용적률 = \frac{지상층 \ 연면적}{대지면적} \times 100 \qquad 용적률 = \frac{10,500\text{m}^2}{1,500\text{m}^2} \times 100 = 700\%$$

◆ 정답 ②

3 건축물의 높이

① **원칙**: 건축물의 높이는 지표면으로부터 그 건축물의 상단까지의 높이로 한다(영 제119조 제1항 제5호).

② **필로티 부분**: 건축물의 1층 전체에 필로티(건축물을 사용하기 위한 경비실, 계단실, 승강기실, 그 밖에 이와 비슷한 것을 포함한다)가 설치되어 있는 경우에는 법 제60조(건축물의 높이제한) 및 법 제61조 제2항(일조 등 확보를 위한 건축물의 높이제한)을 적용할 때 필로티의 층고를 제외한 높이로 한다.

③ **옥상에 설치된 승강기탑, 옥탑 등의 높이 산정기준**: 건축물의 옥상에 설치되는 승강기탑(옥상 출입용 승강장을 포함한다)·계단탑·망루·장식탑·옥탑 등으로서 그 수평투영면적의 합계가 해당 건축물 건축면적의 8분의 1(주택법에 따른 사업계획승인 대상인 공동주택 중 세대별 전용면적이 85m² 이하인 경우에는 6분의 1) 이하인 경우로서 그 부분의 높이가 12m을 넘는 경우에는 그 넘는 부분만 해당 건축물의 높이에 산입한다.

④ **높이산정에서 제외되는 부분**: 지붕마루장식·굴뚝·방화벽의 옥상돌출부나 그 밖에 이와 비슷한 옥상돌출물과 난간벽(그 벽면적의 2분의 1 이상이 공간으로 되어 있는 것만 해당한다)은 그 건축물의 높이에 산입하지 아니한다.

4 층 수

① **층의 구분이 명확하지 아니한 건축물**: 높이 4m마다 하나의 층으로 본다.

② **건축물이 부분에 따라 그 층수가 다른 경우**: 그중 가장 많은 층수를 그 건축물의 층수로 본다.

③ **층수에서 제외**

> 1. 승강기탑(옥상 출입용 승강장 포함)·계단탑·망루·장식탑·옥탑 그 밖에 이와 비슷한 건축물의 옥상부분으로서 그 수평투영면적의 합계가 해당 건축물의 건축면적의 8분의 1(주택법의 규정에 따른 사업계획승인 대상인 공동주택 중 세대별 전용면적이 85m² 이하인 경우에는 6분의 1) 이하인 것은 건축물의 층수에 산입하지 아니한다.
> 2. 지하층은 건축물의 층수에 산입하지 아니한다.
> 3. 아파트나 연립주택은 층수를 산정함에 있어서 1층 전부를 피로티 구조로 하여 주차장으로 사용하는 경우에는 피로티 부분을 층수에서 제외한다.
> 4. 다가구주택이나 다세대주택은 층수를 산정함에 있어서 1층 바닥면적의 전부또는 일부를 피로티 구조로 하여 주차장으로 사용하고 나머지 부분을 주택 외의 용도로 사용하는 경우에는 해당 층을 주택의 층수에서 제외한다.

5 층고 등

① **층고**: 방의 바닥구조체 윗면으로부터 위층 바닥구조체의 윗면까지의 높이로 한다. 다만, 한 방에서 층의 높이가 다른 부분이 있는 경우에는 그 각 부분 높이에 따른 면적에 따라 가중평균한 높이로 한다(영 제119조 제1항 제8호).

② **처마높이**: 지표면으로부터 건축물의 지붕틀 또는 이와 비슷한 수평재를 지지하는 벽·깔도리 또는 기둥의 상단까지의 높이로 한다(영 제119조 제1항 제6호).

6 대지의 분할제한

① **대지분할 제한 면적**: 건축물이 있는 대지는 대통령령으로 정하는 범위에서 해당 지방자치단체의 조례로 정하는 면적에 못 미치게 분할할 수 없다(법 제57조 제1항, 영 제80조).

용도지역	기 준
주거지역	60m² 미만
상업지역	150m² 미만
공업지역	150m² 미만
녹지지역	200m² 미만
그 밖의 지역	60m² 미만

② **대지분할 제한 기준**: 건축물이 있는 대지는 다음의 기준에 기준에 못 미치게 분할할 수 없다(법 제57조 제2항).

1. 대지와 도로의 관계(법 제44조)
2. 건축물의 건폐율(제55조)
3. 건축물의 용적률(제56조)
4. 대지 안의 공지(제58조)
5. 건축물의 높이제한(제60조)
6. 일조 등의 확보를 위한 건축물의 높이제한(제61조)

③ 건축협정이 인가된 경우 그 건축협정의 대상이 되는 대지는 분할할 수 있다(법 제57조 제3항).

예제

건축법상 건축물이 있는 대지는 일정면적에 미달되게 분할할 수 없다. 조례의 기준이 되는 용도지역별 최소면적 기준으로서 옳은 것은?

① 제1종 전용주거지역: 180m²
② 계획관리지역: 250m²
③ 근린상업지역: 150m²
④ 일반공업지역: 660m²
⑤ 자연녹지지역: 100m²

해설 ① 제1종 전용주거지역: 60m²
② 그 밖에(관리지역, 농림지역, 자연환경보전지역): 60m²
④ 일반공업지역: 150m²
⑤ 자연녹지지역: 200m²

◆ 정답 ③

04 건축물의 높이제한

1 가로구역단위의 높이제한

① **지정권자**: 허가권자는 가로구역[도로로 둘러싸인 일단(一團)의 지역을 말한다]을 단위로 하여 다음의 사항을 고려하여 대통령령으로 정하는 기준과 절차에 따라 건축물의 높이를 지정·공고할 수 있다(법 제60조 제1항, 영 제82조 제1항).

> 1. 도시·군관리계획 등의 토지이용계획
> 2. 해당 가로구역이 접하는 도로의 너비
> 3. 해당 가로구역의 상·하수도 등 간선시설의 수용능력
> 4. 도시미관 및 경관계획
> 5. 해당 도시의 장래 발전계획

② **특별자치시장·특별자치도지사·시장·군수 또는 구청장**: 가로구역의 높이를 완화하여 적용할 필요가 있다고 판단되는 대지에 대하여는 대통령령으로 정하는 바에 따라 건축위원회의 심의를 거쳐 높이를 완화하여 적용할 수 있으며 그 구체적인 완화의 기준은 건축조례로 정한다(법 제60조 제1항 단서, 영 제82조 제4항).

③ **특별시장이나 광역시장의 지정**: 특별시장이나 광역시장은 도시의 관리를 위하여 필요하면 가로구역별 건축물의 높이를 특별시나 광역시의 조례로 정할 수 있다(법 제60조 제2항).

④ 허가권자는 ①부터 ③에도 불구하고 일조(日照)·통풍 등 주변 환경 및 도시미관에 미치는 영향이 크지 않다고 인정하는 경우에는 건축위원회의 심의를 거쳐 이 법 및 다른 법률에 따른 가로구역의 높이 완화에 관한 규정을 중첩하여 적용할 수 있다(법 제60조 제4항).

⑤ **용도 및 형태에 따라 차별적 적용**: 허가권자는 같은 가로구역에서도 건축물의 용도 및 형태에 따라 건축물의 높이를 다르게 정할 수 있다(영 제82조 제3항).

2 일조 등의 확보를 위한 높이 제한

(1) 전용주거지역·일반주거지역

① **정북방향으로의 높이 제한**

전용주거지역과 일반주거지역 안에서 건축하는 건축물의 높이는 일조 등의 확보를 위하여 정북 방향의 인접 대지경계선으로부터 다음의 범위에서 건축조례로 정하는 거리 이상을 띄어 건축하여야 한다(법 제61조 제1항, 영 제86조 제1항).

> 1. 높이 10미터 이하인 부분: 인접대지경계선으로부터 1.5미터 이상
> 2. 높이 10미터를 초과하는 부분: 인접대지경계선으로부터 해당 건축물 각 부분의 높이의 2분의 1 이상

② **정남방향으로의 높이 제한**: 다음의 어느 하나에 해당하면 건축물의 높이를 정남(正南)방향의 인접 대지경계선으로부터의 거리에 따라 대통령령으로 정하는 높이 이하로 할 수 있다(법 제61조 제3항).

> 1. 택지개발촉진법에 따른 택지개발지구인 경우
> 2. 주택법에 따른 대지조성사업지구인 경우
> 3. 지역 개발 및 지원에 관한 법률에 따른 지역개발사업구역인 경우
> 4. 산업입지 및 개발에 관한 법률에 따른 국가산업단지, 일반산업단지, 도시첨단산업단지 및 농공단지인 경우
> 5. 도시개발법에 따른 도시개발구역인 경우
> 6. 도시 및 주거환경정비법에 따른 정비구역인 경우
> 7. 정북방향으로 도로, 공원, 하천 등 건축이 금지된 공지에 접하는 대지인 경우
> 8. 정북방향으로 접하고 있는 대지의 소유자와 합의한 경우나 그 밖에 대통령령으로 정하는 경우

(2) 공동주택의 높이 제한

다음에 해당하는 공동주택(일반상업지역과 중심상업지역에 건축하는 것은 제외한다)은 채광 등의 확보를 위하여 대통령령으로 정하는 높이 이하로 하여야 한다(법 제61조 제2항).

> 1. 인접 대지경계선 등의 방향으로 채광을 위한 창문 등을 두는 경우
> 2. 하나의 대지에 두 동(棟) 이상을 건축하는 경우

① **인접대지경계선까지의 거리에 의한 높이 제한**

㉠ 원칙: 건축물(기숙사는 제외한다)의 각 부분의 높이는 그 부분으로부터 채광을 위한 창문 등이 있는 벽면에서 직각 방향으로 인접 대지경계선까지의 수평거리의 2배(근린상업지역 또는 준주거지역의 건축물은 4배) 이하로 하여야 한다(영 제86조 제3항 제1호).

㉡ 예외: 다만, 채광을 위한 창문 등이 있는 벽면에서 직각 방향으로 인접 대지경계선까지의 수평거리가 1m 이상으로서 건축조례로 정하는 거리 이상인 다세대주택은 위 ㉠의 규정을 적용하지 않는다(영 제86조 제3항 단서).

② **같은 대지 안에서의 높이 제한**

㉠ 원칙: 같은 대지에서 두 동 이상의 건축물이 서로 마주보고 있는 경우(한 동의 건축물 각 부분이 서로 마주보고 있는 경우를 포함한다)에 건축물 각 부분 사이의 거리는 다음의 거리 이상을 띄어 건축하여야 한다(영 제86조 제3항 제2호).

1. 채광을 위한 창문 등이 있는 벽면으로부터 직각방향으로 건축물 각 부분 높이의 0.5 배(도시형 생활주택의 경우에는 0.25배) 이상의 범위에서 건축조례로 정하는 거리 이상

2. 1.에도 불구하고 서로 마주보는 건축물 중 높은 건축물(높은 건축물을 중심으로 마주보는 두 동의 축이 시계방향으로 정동에서 정서 방향인 경우만 해당한다)의 주된 개구부(거실과 주된 침실이 있는 부분의 개구부를 말한다)의 방향이 낮은 건축물을 향하는 경우에는 10 미터 이상으로서 낮은 건축물 각 부분의 높이의 0.5배(도시형 생활주택의 경우에는 0.25배) 이상의 범위에서 건축조례로 정하는 거리 이상

3. 1.에도 불구하고 건축물과 부대시설 또는 복리시설이 서로 마주보고 있는 경우에는 부대시설 또는 복리시설 각 부분 높이의 1배 이상

4. 채광창(창 넓이가 0.5m² 이상인 창)이 없는 벽면과 측벽이 마주보는 경우에는 8m 이상

5. 측벽과 측벽이 마주보는 경우[마주보는 측벽 중 하나의 측벽에 채광을 위한 창문 등이 설치되어 있지 아니한 바닥면적 3m² 이하의 발코니(출입을 위한 개구부를 포함한다)를 설치하는 경우를 포함한다]에는 4m 이상

ⓛ 예외: 다만, 그 대지의 모든 세대가 동지를 기준으로 9시에서 15시 사이에 2시간 이상을 계속하여 일조를 확보할 수 있는 거리 이상으로 할 수 있다(영 제86조 제3항 제2호).

(3) 소형 건축물에 대한 예외

2층 이하로서 높이가 8m 이하인 건축물에는 해당 지방자치단체의 조례로 정하는 바에 따라 일조 등의 확보를 위한 건축물의 높이 제한을 적용하지 아니할 수 있다(법 제61조 제4항).

예제

건축법령상 지역 및 지구 안에서의 건축제한 등에 관한 설명으로 옳은 것은? (단, 조례로 규정한 사항은 제외)

① 특별시장이나 광역시장은 도시의 관리를 위하여 필요하면 가로구역별 건축물의 높이를 특별시나 광역시의 조례로 정할 수 있다.

② 시장은 건축물의 용도 및 형태에 관계없이 동일한 가로구역(도로로 둘러싸인 일단의 지역) 안에서는 건축물의 높이를 동일하게 정해야 한다.

③ 높이가 정하여지지 아니한 가로구역의 경우 건축물의 각 부분의 높이는 그 부분으로부터 전면도로의 반대쪽 경계선까지의 수평거리의 1.5배를 넘을 수 없다.

④ 3층 이하로서 높이가 12m 이하인 건축물에는 일조 등의 확보를 위한 건축물의 높이제한에 관한 규정을 적용하지 아니할 수 있다.

⑤ 정북방향으로 도로 등 건축이 금지된 공지에 접하는 대지인 경우 건축물의 높이를 정북방향의 인접 대지경계선으로부터의 거리에 따라 대통령령으로 정하는 높이 이하로 해야 한다.

해설 ② 허가권자는 같은 가로구역에서 건축물의 용도 및 형태에 따라 건축물의 높이를 다르게 정할 수 있다.
③ 삭제되어 없는 규정이다.
④ 2층 이하로서 높이가 8m 이하인 건축물이다.
⑤ 정북방향으로 도로 등 건축이 금지된 공지에 접하는 대지인 경우 건축물의 높이를 정남방향의 인접 대지경계선으로부터의 거리에 따라 대통령령으로 정하는 높이 이하로 할 수 있다. ◆ 정답 ①

제 6 절   특별건축구역 및 특별가로구역

특별건축구역 지정
↓
특례적용
↓
건축규제 완화적용

특별건축구역에서 특례적용가능 건축물은 자유롭고 창의적인 설계가 가능하도록 건축규제가 완화적용 됩니다.

와! 멋지다~

01   특별건축구역   제32회, 제33회

1 특별건축구역의 의의

조화롭고 창의적인 건축물의 건축을 통하여 도시경관의 창출, 건설기술 수준향상 및 건축 관련 제도개선을 도모하기 위하여 이 법 또는 관계 법령에 따라 일부 규정을 적용하지 아니하거나 완화 또는 통합하여 적용할 수 있도록 특별히 지정하는 구역을 말한다(법 제2조 제1항 제18호).

2 특별건축구역의 지정권자

국토교통부장관 또는 시·도지사는 다음에 따라 도시나 지역의 일부가 특별건축구역으로 특례 적용이 필요하다고 인정하는 경우에는 특별건축구역을 지정할 수 있다(법 제69조 제1항).

1. 국토교통부장관이 지정하는 경우
   ① 국가가 국제행사 등을 개최하는 도시 또는 지역의 사업구역
   ② 관계법령에 따른 국가정책사업으로서 대통령령으로 정하는 사업구역
      ㉠ 신행정수도 후속대책을 위한 연기·공주지역 행정중심복합도시 건설을 위한 특별법에 따른 행정중심복합도시의 사업구역
      ㉡ 혁신도시 조성 및 발전에 관한 특별법에 따른 혁신도시의 사업구역

    ⓒ 경제자유구역의 지정 및 운영에 관한 특별법에 따라 지정된 경제자유구역

    ⓔ 택지개발촉진법에 따른 택지개발사업구역

    ⓜ 공공주택 특별법에 따른 공공주택지구

    ⓗ 도시개발법에 따른 도시개발구역

    ⓢ 아시아문화중심도시 조성에 관한 특별법에 따른 국립아시아문화전당 건설사업구역

    ⓞ 국토의 계획 및 이용에 관한 법률에 따른 지구단위계획구역 중 현상설계(懸賞設計) 등에 따른 창의적 개발을 위한 특별계획구역

2. 시·도지사가 지정하는 경우

  ① 지방자치단체가 국제행사 등을 개최하는 도시 또는 지역의 사업구역

  ② 관계법령에 따른 도시개발·도시재정비 및 건축문화 진흥사업으로서 건축물 또는 공간환경을 조성하기 위하여 대통령령으로 정하는 사업구역

    ㉠ 경제자유구역의 지정 및 운영에 관한 특별법에 따라 지정된 경제자유구역

    ㉡ 택지개발촉진법에 따른 택지개발사업구역

    ㉢ 도시 및 주거환경정비법에 따른 정비구역

    ㉣ 도시개발법에 따른 도시개발구역

    ㉤ 도시재정비 촉진을 위한 특별법에 따른 재정비촉진구역

    ㉥ 제주특별자치도 설치 및 국제자유도시 조성을 위한 특별법에 따른 국제자유도시의 사업구역

    ㉦ 국토의 계획 및 이용에 관한 법률에 따른 지구단위계획구역 중 현상설계(懸賞設計) 등에 따른 창의적 개발을 위한 특별계획구역

    ㉧ 관광진흥법에 따른 관광지, 관광단지 또는 관광특구

    ㉨ 지역문화진흥법에 따른 문화지구

3 특별건축구역의 지정의 예외

① 다음의 지역·구역 등에 대하여는 특별건축구역으로 지정할 수 없다(법 제69조 제2항).

> 1. 개발제한구역의 지정 및 관리에 관한 특별조치법에 따른 개발제한구역
> 2. 자연공원법에 따른 자연공원
> 3. 도로법에 따른 접도구역
> 4. 산지관리법에 따른 보전산지

② 국토교통부장관 또는 시·도지사는 특별건축구역으로 지정하고자 하는 지역이 군사기지 및 군사시설 보호법에 따른 군사기지 및 군사시설 보호구역에 해당하는 경우에는 국방부장관과 사전에 협의하여야 한다(법 제69조 제3항).

4 특별건축구역에서 건축기준 등의 특례

특별건축구역에서 건축기준 등의 특례를 적용하여 건축할 수 있는 건축물은 다음의 어느 하나에 해당되어야 한다(법 제70조, 영 제106조).

> 1. 국가 또는 지방자치단체가 건축하는 건축물
> 2. 공공기관의 운영에 관한 법률에 따른 공공기관 중 다음의 공공기관이 건축하는 건축물
>   ① 한국토지주택공사법에 따른 한국토지주택공사
>   ② 한국수자원공사법에 따른 한국수자원공사
>   ③ 한국도로공사법에 따른 한국도로공사
>   ④ 한국철도공사법에 따른 한국철도공사
>   ⑤ 국가철도공단법에 따른 국가철도공단
>   ⑥ 한국관광공사법에 따른 한국관광공사
>   ⑦ 한국농어촌공사 및 농지관리기금법에 따른 한국농어촌공사
> 3. 그 밖에 대통령령으로 정하는 다음의 용도·규모의 건축물로서 도시경관의 창출, 건설기술 수준향상 및 건축 관련 제도개선을 위하여 특례적용이 필요하다고 허가권자가 인정하는 건축물

5 특별건축구역의 지정절차 등

① **지정신청**: 중앙행정기관의 장, 사업구역을 관할하는 시·도지사 또는 시장·군수·구청장은 특별건축구역의 지정이 필요한 경우에는 다음의 자료를 갖추어 중앙행정기관의 장 또는 시·도지사는 국토교통부장관에게, 시장·군수·구청장은 특별시장·광역시장·도지사에게 각각 특별건축구역의 지정을 신청할 수 있다(법 제71조 제1항).

> 1. 특별건축구역의 위치·범위 및 면적 등에 관한 사항
> 2. 특별건축구역의 지정 목적 및 필요성
> 3. 특별건축구역 내 건축물의 규모 및 용도 등에 관한 사항
> 4. 특별건축구역의 도시·군관리계획에 관한 사항
> 5. 건축물의 설계, 공사감리 및 건축시공 등의 발주방법 등에 관한 사항
> 6. 특별건축구역 전부 또는 일부를 대상으로 통합하여 적용하는 미술장식, 부설주차장, 공원 등의 시설에 대한 운영관리 계획서
> 7. 그 밖에 특별건축구역의 지정에 필요한 대통령령으로 정하는 사항

② **특별건축구역의 지정제안**: 지정신청기관[중앙행정기관의 장, 사업구역을 관할하는 시·도지사 또는 시장·군수·구청장] 외의 자는 ①의 자료를 갖추어 사업구역을 관할하는 시·도지사에게 특별건축구역의 지정을 제안할 수 있다(법 제71조 제2항).

> ▶ 특별건축구역의 지정 제안 절차 등
> 1. 특별건축구역 지정을 제안하려는 자는 시·도지사에게 제안하기 전에 다음에 해당하는 자의 서면 동의를 받아야 한다.
>   ① 대상 토지 면적(국유지·공유지의 면적은 제외)의 3분의 2 이상에 해당하는 토지소유자
>   ② 국유지 또는 공유지의 재산관리청(국유지 또는 공유지가 포함되어 있는 경우로 한정)
> 2. 시·도지사는 서류를 받은 날부터 45일 이내에 특별건축구역 지정의 필요성, 타당성, 공공성 등과 피난·방재 등의 사항을 검토하여 특별건축구역 지정 여부를 결정해야 한다.
> 3. 시·도지사는 지정 여부를 결정한 날부터 14일 이내에 특별건축구역 지정을 제안한 자에게 그 결과를 통보해야 한다.

③ **특별건축구역의 건축위원회 심의**: 국토교통부장관 또는 특별시장·광역시장·도지사는 지정신청이 접수된 경우에는 특별건축구역 지정의 필요성, 타당성 및 공공성 등과 피난·방재 등의 사항을 검토하고, 지정 여부를 결정하기 위하여 지정신청을 받은 날부터 30일 이내에 국토교통부장관이 지정신청을 받은 경우에는 국토교통부장관이 두는 건축위원회(이하 "중앙건축위원회"라 한다), 특별시장·광역시장·도지사가 지정신청을 받은 경우에는 각각 특별시장·광역시장·도지사가 두는 건축위원회의 심의를 거쳐야 한다(법 제71조 제4항).

④ **특별건축구역의 직권지정**: 국토교통부장관 또는 시·도지사는 필요한 경우 직권으로 특별건축구역을 지정할 수 있다(법 제71조 제6항).

⑤ **특별건축구역의 지정해제**: 국토교통부장관 또는 시·도지사는 다음에 해당하는 경우에는 특별건축구역의 전부 또는 일부에 대하여 지정을 해제할 수 있다. 이 경우 국토교통부장관 또는 특별시장·광역시장·도지사는 지정신청기관의 의견을 청취하여야 한다(법 제71조 제10항).

> 1. 지정신청기관의 요청이 있는 경우
> 2. 거짓이나 그 밖의 부정한 방법으로 지정을 받은 경우
> 3. 특별건축구역 지정일부터 5년 이내에 특별건축구역 지정목적에 부합하는 건축물의 착공이 이루어지지 아니하는 경우
> 4. 특별건축구역 지정요건 등을 위반하였으나 시정이 불가능한 경우

⑥ **도시·군관리계획의 결정 의제**: 특별건축구역을 지정하거나 변경한 경우에는 국토의 계획 및 이용에 관한 법률에 따른 도시·군관리계획의 결정(용도지역·지구·구역의 지정 및 변경은 제외한다)이 있는 것으로 본다(법 제71조 제11항).

⑥ 관계 법령의 적용 배제 등

(1) 적용 배제특별건축구역에 건축하는 건축물에 대하여는 다음을 적용하지 아니할 수 있다 (법 제73조 제1항, 영 제109조 제1항).

> 1. 대지의 조경(법 제42조)
> 2. 건축물의 건폐율(법 제55조)
> 3. 건축물의 용적률(법 제56조)
> 4. 대지 안의 공지(법 제58조)
> 5. 건축물의 높이제한(법 제60조)
> 6. 일조 등의 확보를 위한 건축물의 높이제한(법 제61조)
> 7. 주택법 제35조 중 주택건설기준 등에 관한 규정 제10조(배치기준), 제13조(기준척도), 제35조(비상 급수시설), 제37조(난방설비), 제50조(근린생활시설) 및 제52조(유치원)

(2) **적용완화**

① 특별건축구역에 건축하는 건축물이 건축물의 피난시설 및 용도제한 등, 건축물의 내화구조와 방화벽, 방화지구 안의 건축물, 건축물의 내부마감재료, 지하층(법 제49조부터 제53조까지), 건축설비기준 등(법 제62조), 승강기(법 제64조)와 녹색건축물 조성 지원법 제15조에 해당할 때에는 해당 규정에서 요구하는 기준 또는 성능 등을 다른 방법으로 대신할 수 있는 것으로 지방건축위원회가 인정하는 경우에만 해당 규정의 전부 또는 일부를 완화하여 적용할 수 있다(법 제73조 제2항).

② 소방시설 설치 및 관리에 관한 법률 제9조와 제11조에서 요구하는 기준 또는 성능 등을 대통령령으로 정하는 절차·심의방법 등에 따라 다른 방법으로 대신할 수 있는 경우 전부 또는 일부를 완화하여 적용할 수 있다(법 제73조 제3항).

(3) **통합적용사항**

특별건축구역에서는 다음의 관계 법령의 규정에 대하여는 개별 건축물마다 적용하지 아니하고 특별건축구역 전부 또는 일부를 대상으로 통합하여 적용할 수 있다(법 제74조 제1항).

> 1. 문화예술진흥법에 따른 건축물에 대한 미술작품의 설치
> 2. 주차장법에 따른 부설주차장의 설치
> 3. 도시공원 및 녹지 등에 관한 법률에 따른 공원의 설치

건축법령상 특별건축구역에 관한 설명으로 옳은 것은?

① 국토교통부장관은 지방자치단체가 국제행사 등을 개최하는 지역의 사업구역을 특별건축구역으로 지정할 수 있다.
② 도로법에 따른 접도구역은 특별건축구역으로 지정될 수 없다.
③ 특별건축구역에서의 건축기준의 특례사항은 지방자치단체가 건축하는 건축물에는 적용되지 않는다.
④ 특별건축구역에서 주차장법에 따른 부설주차장의 설치에 관한 규정은 개별 건축물마다 적용하여야 한다.
⑤ 특별건축구역을 지정한 경우에는 국토의 계획 및 이용에 관한 법률에 따른 용도지역·지구·구역의 지정이 있는 것으로 본다.

해설 ① 국토교통부장관은 국가가 국제행사 등을 개최하는 지역을 특별건축구역으로 지정할 수 있다.
③ 특별건축구역에서의 건축기준의 특례사항은 국가나 지방자치단체가 건축하는 건축물에 적용한다.
④ 특별건축구역에서는 공원의 설치, 부설주차장의 설치, 미술작품의 설치는 개별 건축물마다 적용하지 아니하고 특별건축구역 전부 또는 일부를 대상으로 통합하여 적용할 수 있다.
⑤ 특별건축구역을 지정한 경우에는 국토의 계획 및 이용에 관한 법률에 따른 도시·군관리계획의 결정(용도지역·지구·구역의 지정 및 변경은 제외한다)이 있는 것으로 본다. ◆정답 ②

02 특별가로구역

국토교통부장관 및 허가권자는 도로에 인접한 건축물의 건축을 통한 조화로운 도시경관의 창출을 위하여 이 법 및 관계 법령에 따라 일부 규정을 적용하지 아니하거나 완화하여 적용할 수 있도록 경관지구, 지구단위계획구역 중 미관유지를 위하여 필요하다고 인정하는 구역에서 다음의 도로에 접한 대지의 일정 구역을 특별가로구역으로 지정할 수 있다(법 제77조의2 제1항).

1. 건축선을 후퇴한 대지에 접한 도로로서 허가권자(허가권자가 구청장인 경우에는 특별시장이나 광역시장을 말한다)가 건축조례로 정하는 도로
2. 허가권자가 리모델링 활성화가 필요하다고 인정하여 지정·공고한 지역 안의 도로
3. 보행자전용도로로서 도시미관 개선을 위하여 허가권자가 건축조례로 정하는 도로
4. 지역문화진흥법에 따른 문화지구 안의 도로
5. 그 밖에 조화로운 도시경관 창출을 위하여 필요하다고 인정하여 국토교통부장관이 고시하거나 허가권자가 건축조례로 정하는 도로

제7절 건축협정 제31회, 제34회

1 건축협정의 체결

토지 또는 건축물의 소유자, 지상권자 등 대통령령으로 정하는 자(이하 "소유자등"이라 한다)는 전원의 합의로 다음에 해당하는 지역 또는 구역에서 건축물의 건축·대수선 또는 리모델링에 관한 협정(이하 "건축협정"이라 한다)을 체결할 수 있으며, 이 경우 둘 이상의 토지를 소유한 자가 1인인 경우에도 그 토지 소유자는 해당 토지의 구역을 건축협정 대상 지역으로 하는 건축협정을 정할 수 있다. 이 경우 그 토지 소유자 1인을 건축협정 체결자로 본다(법 제77조의4 제1항·제2항).

> 1. 국토의 계획 및 이용에 관한 법률에 따라 지정된 지구단위계획구역
> 2. 도시 및 주거환경정비법에 따른 주거환경개선사업을 시행하기 위하여 지정·고시된 정비구역
> 3. 도시재정비 촉진을 위한 특별법에 따른 존치지역
> 4. 도시재생 활성화 및 지원에 관한 특별법 제2조 제1항 제5호에 따른 도시재생활성화지역
> 5. 그 밖에 시·도지사 및 시장·군수·구청장(이하 "건축협정인가권자"라 한다)이 도시 및 주거환경개선이 필요하다고 인정하여 해당 지방자치단체의 조례로 정하는 구역

2 건축협정운영회의 설립

협정체결자는 건축협정서 작성 및 건축협정 관리 등을 위하여 필요한 경우 협정체결자 간의 자율적 기구로서 운영회(이하 "건축협정운영회"라 한다)를 설립할 수 있으며, 설립하려면 협정체결자 과반수의 동의를 받아 건축협정운영회의 대표자를 선임하고, 국토교통부령으로 정하는 바에 따라 건축협정인가권자에게 신고하여야 한다(법 제77조의5 제1항·제2항).

3 건축협정의 인가

① 협정체결자 또는 건축협정운영회의 대표자는 건축협정서를 작성하여 국토교통부령으로 정하는 바에 따라 해당 건축협정인가권자의 인가를 받아야 한다(법 제77조의6 제1항).
② 인가신청을 받은 건축협정인가권자는 인가를 하기 전에 건축협정인가권자가 두는 건축위원회의 심의를 거쳐야 한다(법 제77조의6 제1항).

③ 건축협정 체결 대상 토지가 둘 이상의 특별자치시 또는 시·군·구에 걸치는 경우 건축협정 체결 대상 토지면적의 과반(過半)이 속하는 건축협정인가권자에게 인가를 신청할 수 있다(법 제77조의6 제2항).

④ 이 경우 인가 신청을 받은 건축협정인가권자는 건축협정을 인가하기 전에 다른 특별자치시장 또는 시장·군수·구청장과 협의를 하여야 한다(법 제77조의6 제2항).

4 건축협정의 관리 등

건축협정인가권자는 건축협정을 인가하거나 변경 인가하였을 때에는 건축협정 관리대장을 작성하여 관리하여야 하며, 건축협정구역에서 건축물의 건축·대수선 또는 리모델링 등을 하려는 소유자 등은 건축협정에 따라야 한다. 그리고 건축협정구역에서 협정체결자인 소유자 등으로부터 건축물 등을 이전받거나 설정받은 자는 협정체결자로서의 지위를 승계한다. 다만, 건축협정에서 달리 정한 경우에는 그에 따른다(법 제77조의8·제77조의10).

5 건축협정의 폐지

협정체결자 또는 건축협정운영회의 대표자는 건축협정을 폐지하려는 경우에는 협정체결자 과반수의 동의를 받아 국토교통부령으로 정하는 바에 따라 건축협정인가권자의 인가를 받아야 한다. 다만, 특례를 적용하여 착공신고를 한 경우에는 착공신고를 한 날부터 20년이 지난 후에 건축협정의 폐지인가를 신청할 수 있다(법 제77조의9 제1항·제2항).

6 건축협정에 따른 특례

(1) 맞벽건축의 특례

건축협정을 체결하여 둘 이상의 건축물 벽을 맞벽으로 하여 건축하려는 경우 맞벽으로 건축하려는 자는 공동으로 건축허가를 신청할 수 있고(법 제77조의13 제1항), 제17조(건축허가의 수수료), 제21조(착공신고), 제22조(사용승인) 및 제25조(공사감리)에 관하여는 개별 건축물마다 적용하지 아니하고 허가를 신청한 건축물 전부 또는 일부를 대상으로 통합하여 적용할 수 있다(법 제77조의13 제1항·제2항).

(2) 통합적용의 특례

인가를 받은 건축협정구역에서는 다음의 규정을 개별 건축물마다 적용하지 아니하고 전부 또는 일부를 대상으로 통합하여 적용할 수 있다(법 제77조의13 제3항). 다만, 조경 및 부설주차장에 대한 기준을 이 법 및 주차장법에서 정한 기준 이상으로 산정하여 적용하여야 한다(법 제77조의13 제4항).

1. 제42조에 따른 대지의 조경
2. 제44조에 따른 대지와 도로와의 관계
3. 제53조에 따른 지하층의 설치
4. 제55조에 따른 건폐율
5. 주차장법 제19조에 따른 부설주차장의 설치
6. 하수도법 제34조에 따른 개인하수처리시설의 설치

(3) 적용완화

건축협정구역에 건축하는 건축물에 대하여는 다음의 구분에 따라 완화하여 적용할 수 있다. 다만, 용적률(제56조)를 완화하여 적용하는 경우에는 건축위원회의 심의와 국토의 계획 및 이용에 관한 법률에 따른 지방도시계획위원회의 심의를 통합하여 거쳐야 한다(법 제77조의13 제6항).

1. 법 제42조에 따른 대지의 조경 면적: 대지의 조경을 도로에 면하여 통합적으로 조성하는 건축협정구역에 한정하여 해당 지역에 적용하는 조경 면적기준의 100분의 20의 범위에서 완화
2. 법 제55조에 따른 건폐율: 해당 지역에 적용하는 건폐율의 100분의 20의 범위에서 완화. 이 경우 국토의 계획 및 이용에 관한 법률 시행령 제84조에 따른 건폐율의 최대한도를 초과할 수 없다.
3. 법 제56조에 따른 용적률: 해당 지역에 적용하는 용적률의 100분의 20의 범위에서 완화. 이 경우 국토의 계획 및 이용에 관한 법률 시행령 제85조에 따른 용적률의 최대한도를 초과할 수 없다.
4. 법 제60조에 따른 높이 제한: 너비 6m 이상의 도로에 접한 건축협정구역에 한정하여 해당 건축물에 적용하는 높이 기준의 100분의 20의 범위에서 완화
5. 법 제61조에 따른 일조 등의 확보를 위한 건축물의 높이 제한: 건축협정구역 안에서 대지 상호간에 건축하는 공동주택에 한정하여 제86조 제3항 제1호에 따른 기준의 100분의 20의 범위에서 완화

제 8 절 결합건축 제33회

1 결합건축

(1) 결합건축 대상지역

① 다음에 해당하는 지역에서 대지간의 최단거리가 100m 이내의 범위에서 2개의 대지 모두가 아래의 지역 중 동일한 지역에 속하고, 너비 12m 이상인 도로로 둘러싸인 하나의 구역 안에 있는 2개의 대지의 건축주가 서로 합의한 경우 2개의 대지를 대상으로 결합건축을 할 수 있다(법 제77조의15 제1항).

> 1. 국토의 계획 및 이용에 관한 법률 제36조에 따라 지정된 상업지역
> 2. 역세권의 개발 및 이용에 관한 법률 제4조에 따라 지정된 역세권개발구역
> 3. 도시 및 주거환경정비법 제2조에 따른 정비구역 중 주거환경개선사업의 시행을 위한 구역
> 4. 건축협정구역, 특별건축구역, 리모델링 활성화구역
> 5. 도시재생 활성화 및 지원에 관한 특별법 제2조 제1항 제5호에 따른 도시재생활성화지역
> 6. 한옥 등 건축자산의 진흥에 관한 법률 제17조 제1항에 따른 건축자산 진흥구역

② 다음에 해당하는 경우에는 ①에 해당하는 지역에서 대통령령으로 정하는 범위에 있는 3개 이상 대지의 건축주 등이 서로 합의한 경우 3개 이상의 대지를 대상으로 결합건축을 할 수 있다(법 제77조의15 제2항).

> 1. 국가·지방자치단체 또는 공공기관의 운영에 관한 법률 제4조 제1항에 따른 공공기관이 소유 또는 관리하는 건축물과 결합건축하는 경우
> 2. 빈집 및 소규모주택 정비에 관한 특례법 제2조 제1항 제1호에 따른 빈집 또는 건축물관리법 제42조에 따른 빈 건축물을 철거하여 그 대지에 공원, 광장 등 대통령령으로 정하는 시설을 설치하는 경우
> 3. 그 밖에 대통령령으로 정하는 건축물과 결합건축하는 경우

③ 도시경관의 형성, 기반시설 부족 등의 사유로 해당 지방자치단체의 조례로 정하는 지역 안에서는 결합건축을 할 수 없다(법 제77조의15 제3항).

④ 결합건축을 하려는 2개 이상의 대지를 소유한 자가 1명인 경우에도 그 토지 소유자는 해당 토지의 구역을 결합건축 대상 지역으로 하는 결합건축을 정할 수 있다. 이 경우 그 토지 소유자 1인을 결합건축 체결자로 본다(법 제77조의15 제4항).

(2) 결합건축의 절차

① 결합건축을 하고자 하는 건축주는 건축허가를 신청하는 때에는 다음의 사항을 명시한 결합건축협정서를 첨부하여야 하며 국토교통부령으로 정하는 도서를 제출하여야 한다(법 제77조의16 제1항).

> 1. 결합건축 대상 대지의 위치 및 용도지역
> 2. 결합건축협정서를 체결하는 자(이하 "결합건축협정체결자"라 한다)의 성명, 주소 및 생년월일(법인, 법인 아닌 사단이나 재단 및 외국인의 경우에는 부동산등기법에 따라 부여된 등록번호를 말한다)
> 3. 국토의 계획 및 이용에 관한 법률에 따라 조례로 정한 용적률과 결합건축으로 조정되어 적용되는 대지별 용적률
> 4. 결합건축 대상 대지별 건축계획서

② 허가권자는 국토의 계획 및 이용에 관한 법률에 따른 도시·군계획사업에 편입된 대지가 있는 경우에는 결합건축을 포함한 건축허가를 아니할 수 있다(법 제77조의16 제2항).

③ 허가권자는 결합건축을 하고자 건축허가 신청하는 경우 건축허가를 하기 전에 건축위원회의 심의를 거쳐야 한다. 다만, 결합건축으로 조정되어 적용되는 대지별 용적률이 국토의 계획 및 이용에 관한 법률에 따라 해당 대지에 적용되는 도시계획조례의 용적률의 100분의 20을 초과하는 경우에는 건축위원회와 도시계획위원회의 공동위원회를 구성하여 심의를 하여야 한다(법 제77조의16 제3항, 영 제111조의2).

(3) 결합건축의 관리

① 허가권자는 결합건축을 포함하여 건축허가를 한 경우 국토교통부령으로 정하는 바에 따라 그 내용을 공고하고, 결합건축 관리대장을 작성하여 관리하여야 한다(법 제77조의17 제1항).

② 허가권자는 결합건축을 허용한 경우 건축물대장에 국토교통부령으로 정하는 바에 따라 결합건축에 관한 내용을 명시하여야 하며, 결합건축협정서에 따른 협정체결 유지기간은 최소 30년으로 한다. 다만, 결합건축협정서의 용적률 기준을 종전대로 환원하여 신축·개축·재축하는 경우에는 그러하지 아니한다(법 제77조의17 제3항·제4항).

③ 결합건축협정서를 폐지하려는 경우에는 결합건축협정체결자 전원이 동의하여 허가권자에게 신고하여야 하며, 허가권자는 용적률을 이전받은 건축물이 멸실된 것을 확인한 후 결합건축의 폐지를 수리하여야 한다(법 제77조의17 제5항).

② 건축분쟁전문위원회 제32회

(1) 건축분쟁전문위원회

① **설치 및 권한**: 건축 등과 관련된 다음의 분쟁(건설산업기본법에 따른 조정의 대상이 되는 분쟁은 제외한다)의 조정(調停) 및 재정(裁定)을 하기 위하여 국토교통부에 건축분쟁전문위원회(이하 "분쟁위원회"라 한다)를 둔다(법 제88조 제1항).

> 1. 건축관계자와 해당 건축물의 건축 등으로 피해를 입은 인근주민 간의 분쟁
> 2. 관계전문기술자와 인근주민 간의 분쟁
> 3. 건축관계자와 관계전문기술자 간의 분쟁
> 4. 건축관계자 간의 분쟁
> 5. 인근주민 간의 분쟁
> 6. 관계전문기술자 간의 분쟁

예제

건축법령상 건축등과 관련된 분쟁으로서 건축분쟁전문위원회의 조정 및 재정의 대상이 되는 것은? (단, 건설산업기본법 제69조에 따른 조정의 대상이 되는 분쟁은 고려하지 않음)

① '건축주'와 '건축신고수리자' 간의 분쟁
② '공사시공자'와 '건축지도원' 간의 분쟁
③ '건축허가권자'와 '공사감리자' 간의 분쟁
④ '관계전문기술자'와 '해당 건축물의 건축등으로 피해를 입은 인근주민' 간의 분쟁
⑤ '건축허가권자'와 '해당 건축물의 건축등으로 피해를 입은 인근주민' 간의 분쟁

해설 ①②③⑤ 간의 분쟁은 조정 및 재정의 대상이 아니다. ● 정답 ④

---

② **구 성**

　㉠ 구성: 분쟁위원회는 위원장과 부위원장 각 1명을 포함한 15명 이내의 위원으로 구성하며, 위원장과 부위원장은 위원 중에서 국토교통부장관이 위촉한다(법 제89조 제1항·제4항).

　㉡ 임기: 공무원이 아닌 위원의 임기는 3년으로 하되, 연임할 수 있으며, 보궐위원의 임기는 전임자의 남은 임기로 한다(법 제89조 제5항).

③ **조정위원회 · 재정위원회**

　㉠ 구성: 조정은 3명의 위원으로 구성되는 조정위원회에서 하고, 재정은 5명의 위원으로 구성되는 재정위원회에서 하며 그들 위원은 사건마다 분쟁위원회의 위원 중에서 위원장이 지명한다. 이 경우 재정위원회에는 판사, 검사 또는 변호사의 직에 6년 이상 재직한 자에 해당하는 위원이 1명 이상 포함되어야 한다(법 제94조 제1항·제2항).

ⓛ 회의: 조정위원회와 재정위원회의 회의는 구성원 전원의 출석으로 열고 과반수의 찬성으로 의결한다(법 제94조 제3항).

④ **조정·재정의 절차**

㉠ 조정·재정의 신청: 건축물의 건축 등과 관련된 분쟁의 조정 또는 재정을 신청하려는 자는 분쟁위원회에 조정 등의 신청서를 제출하여야 하며 이때 조정신청은 해당 사건의 당사자 중 1명 이상이 하며, 재정신청은 해당 사건 당사자 간의 합의로 한다. 다만, 분쟁위원회는 조정신청을 받으면 해당 사건의 모든 당사자에게 조정신청이 접수된 사실을 알려야 한다(법 제92조 제1항·제2항).

㉡ 조정·재정의 기간: 분쟁위원회는 당사자의 조정신청을 받으면 60일 이내에, 재정신청을 받으면 120일 이내에 절차를 마쳐야 한다. 다만, 부득이한 사정이 있으면 분쟁위원회의 의결로 기간을 연장할 수 있다(법 제92조 제3항).

⑤ **조정과 재정의 방법과 효력**

㉠ 조정의 효력: 조정위원회는 조정안을 작성하면 지체 없이 각 당사자에게 조정안을 제시하여야 하며 조정안을 제시받은 당사자는 제시를 받은 날부터 15일 이내에 수락 여부를 조정위원회에 알려야 하고 당사자가 조정안을 수락하고 조정서에 기명날인하면 조정서의 내용은 재판상 화해와 동일한 효력을 갖는다. 다만, 당사자가 임의로 처분할 수 없는 사항에 관한 것은 그러하지 아니하다(법 제96조).

㉡ 재정의 효력: 재정위원회가 재정을 한 경우 재정 문서의 정본이 당사자에게 송달된 날부터 60일 이내에 당사자 양쪽이나 어느 한쪽으로부터 그 재정의 대상인 건축물의 건축 등의 분쟁을 원인으로 하는 소송이 제기되지 아니하거나 그 소송이 철회되면 그 재정 내용은 재판상 화해와 동일한 효력을 갖는다. 다만, 당사자가 임의로 처분할 수 없는 사항에 관한 것은 그러하지 아니하다(법 제99조).

㉢ 시효의 중단: 당사자가 재정에 불복하여 소송을 제기한 경우 시효의 중단과 제소기간을 산정할 때에는 재정신청을 재판상의 청구로 본다(법 제100조).

㉣ 직권조정: 분쟁위원회는 재정신청이 된 사건을 조정에 회부하는 것이 적합하다고 인정하면 직권으로 직접 조정할 수 있다(법 제101조).

㉤ 비용의 부담: 분쟁의 조정 등을 위한 감정·진단·시험 등에 드는 비용은 당사자 간의 합의로 정하는 비율에 따라 당사자가 부담하여야 한다(법 제102조).

㉥ 절차의 비공개: 분쟁위원회가 행하는 조정 등의 절차는 법 또는 이 영에 특별한 규정이 있는 경우를 제외하고는 공개하지 아니한다(영 제119조의6).

제 9 절 보칙 및 벌칙

01 보칙

1 위반건축물 등에 대한 조치

(1) 허가ㆍ승인의 취소 및 시정명령

허가권자는 이 법 또는 이 법에 따른 명령이나 처분에 위반되는 대지나 건축물에 대하여 이 법에 따른 허가 또는 승인을 취소하거나 그 건축물의 건축주ㆍ공사시공자ㆍ현장관리 인ㆍ소유자ㆍ관리자 또는 점유자(이하 "건축주 등"이라 한다)에게 공사의 중지를 명하거나 상당한 기간을 정하여 그 건축물의 해체ㆍ개축ㆍ증축ㆍ수선ㆍ용도변경ㆍ사용금지ㆍ사 용제한, 그 밖에 필요한 조치를 명할 수 있다(법 제79조 제1항).

(2) 영업 등 행위허가 금지 요청

허가권자는 허가나 승인이 취소된 건축물 또는 시정명령을 받고 이행하지 아니한 건축물에 대하여는 다른 법령에 따른 영업이나 그 밖의 행위를 허가ㆍ면허ㆍ인가ㆍ등록ㆍ지정 등을 하지 아니하도록 요청할 수 있다. 요청을 받은 자는 특별한 이유가 없으면 요청에 따라야 한다. 다만, 허가권자가 기간을 정하여 그 사용 또는 영업, 그 밖의 행위를 허용한 주택과 바닥면적의 합계가 400m² 미만인 축사와 바닥면적의 합계가 400m² 미만인 농업용ㆍ임업 용ㆍ축산업용 및 수산업용 창고인 경우에는 그러하지 아니하다(법 제79조 제2항ㆍ제3항, 영 제114조).

(3) 위반건축물표지 설치

허가권자는 (1)에 따른 시정명령을 하는 경우 위반건축물이라는 표시, 위반일자, 위반내용, 시정명령한 내용을 건축물대장에 적어야 한다(법 제79조 제4항).

2 이행강제금

(1) 의 의

이행강제금이란 건축법 위반자가 위반사항에 대한 시정명령을 받은 후 이를 이행하지 않을 경우에 시정이 이루어질 때까지 반복하여 부과ㆍ징수함으로써 1회만 부과ㆍ징수할 수 있는 벌금ㆍ과태료가 지닌 흠결을 보완하여 행정처분으로 실효성을 확보하기 위하여 마련된 제도이다.

① **원칙**: 허가권자는 시정명령을 받은 후 시정기간 내에 시정명령을 이행하지 아니한 건 축주 등에 대하여는 그 시정명령의 이행에 필요한 상당한 이행기한을 정하여 그 기한까 지 시정명령을 이행하지 아니하면 다음의 이행강제금을 부과한다(법 제80조 제1항 본문).

1. 건축물이 건폐율 또는 용적률을 초과하여 건축된 경우 또는 허가를 받지 아니하거나 신고를 하지 아니하고 건축된 경우: 지방세법에 따라 해당 건축물에 적용되는 1m²당 시가표준액의 100분의 50에 해당하는 금액에 위반면적을 곱한 금액 이하의 범위에서 위반 내용에 따라 다음의 구분에 따른 비율을 곱한 금액. 다만, 건축조례로 다음의 비율을 낮추어 정할 수 있되, 낮추는 경우에도 그 비율은 100분의 60 이상이어야 한다.
   ① 건폐율을 초과하여 건축한 경우: 100분의 80
   ② 용적률을 초과하여 건축한 경우: 100분의 90
   ③ 허가를 받지 아니하고 건축한 경우: 100분의 100
   ④ 신고를 하지 아니하고 건축한 경우: 100분의 70
2. 기타 위반건축물에 해당하는 경우: 지방세법에 따라 그 건축물에 적용되는 시가표준액에 상당하는 금액의 100분의 10의 범위 안에서 위반내용에 따라 대통령령으로 정하는 금액

② **이행강제금의 가중**: 허가권자는 다음의 영리목적으로 위반이나 상습적 위반인 경우에는 ①에 따른 금액을 100분의 100의 범위에서 해당 지방자치단체의 조례로 정하는 바에 따라 가중하여야 한다. 다만, 위반행위 후 소유권이 변경된 경우는 제외한다(법 제80조 제2항).

1. 임대 등 영리를 목적으로 법 제19조를 위반하여 용도변경을 한 경우(위반면적이 50제곱미터를 초과하는 경우로 한정한다)
2. 임대 등 영리를 목적으로 허가나 신고 없이 신축 또는 증축한 경우(위반면적이 50제곱미터를 초과하는 경우로 한정한다)
3. 임대 등 영리를 목적으로 허가나 신고 없이 다세대주택의 세대수 또는 다가구주택의 가구수를 증가시킨 경우(5세대 또는 5가구 이상 증가시킨 경우로 한정한다)
4. 동일인이 최근 3년 내에 2회 이상 법 또는 법에 따른 명령이나 처분을 위반한 경우
5. 1.부터 4.까지의 규정과 비슷한 경우로서 건축조례로 정하는 경우

③ **이행강제금의 감경**: 연면적(공동주택의 경우에는 세대 면적을 기준으로 한다)이 60제곱미터 이하인 주거용 건축물과 주거용 건축물로서 대통령령으로 정하는 경우에는 부과금액의 2분의 1의 범위에서 해당 지방자치단체의 조례로 정하는 금액을 부과한다(법 제80조 제1항 단서).

④ 허가권자는 이행강제금을 축사 등 농업용·어업용 시설로서 500제곱미터(수도권정비계획법 제2조 제1호에 따른 수도권 외의 지역에서는 1천제곱미터) 이하인 경우는 5분의 1을 감경할 수 있다(법 제80조의2 제1항).

(2) **이행강제금의 부과방법**

① **이행강제금의 사전계고**: 허가권자는 이행강제금을 부과하기 전에 이행강제금을 부과·징수한다는 뜻을 미리 문서로써 계고하여야 한다(법 제80조 제3항).

② **이행강제금의 요식행위**: 허가권자는 이행강제금을 부과하는 경우에는 이행강제금의 금액, 이행강제금의 부과사유, 이행강제금의 납부기한 및 수납기관, 이의제기방법 및 이의제기기관 등을 명시한 문서로 하여야 한다(법 제80조 제4항).

③ **이행강제금의 부과횟수**: 허가권자는 최초의 시정명령이 있은 날을 기준으로 하여 1년에 2회 이내의 범위 안에서 해당 시정명령이 이행될 때까지 반복하여 이행강제금을 부과·징수할 수 있다(법 제80조 제5항).

④ **이행강제금의 부과중지**: 시정명령을 받은 자가 시정명령을 이행하는 경우에는 새로운 이행강제금의 부과를 즉시 중지하되, 이미 부과된 이행강제금은 이를 징수하여야 한다(법 제80조 제6항).

⑤ **이행강제금의 강제징수**: 허가권자는 이행강제금 부과처분을 받은 자가 이행강제금을 기한 이내에 납부하지 아니하는 때에는 지방행정제재·부과금의 징수 등에 관한 법률에 따라 이를 징수한다(법 제80조 제7항).

건축법령상 이행강제금에 관한 설명으로 옳은 것을 모두 고른 것은?

> ㉠ 허가권자는 시정명령을 받은 자가 이를 이행하면 새로운 이행강제금의 부과를 즉시 중지하되, 이미 부과된 이행강제금은 징수하여야 한다.
> ㉡ 동일인이 「건축법」에 따른 명령을 최근 2년 내에 2회 위반한 경우 부과될 금액을 100분의 150의 범위에서 가중하여야 한다.
> ㉢ 허가권자는 최초의 시정명령이 있었던 날을 기준으로 하여 1년에 최대 3회 이내의 범위에서 그 시정명령이 이행될 때까지 반복하여 이행강제금을 부과·징수할 수 있다.

① ㉠   ② ㉡   ③ ㉠, ㉡   ④ ㉡, ㉢   ⑤ ㉠, ㉡, ㉢

해설 ㉡ 최근 3년 내에 2회 위반한 경우 부과될 금액을 100분의 100의 범위에서 가중하여야 한다.
㉢ 1년에 최대 2회 이내의 범위에서 이행강제금을 부과·징수할 수 있다.   ◆정답 ①

MEMO

박문각 공인중개사 ——————————————————————————

주택법

주택법

단원
열기

주택법은 개정이 자주 있으므로 논점 중심으로 정리하여야 한다. 주택의 분류, 국민주택 등의 용어정의, 부대시설, 복리시설, 도시형 생활주택 등이 주요 논점이다. 지역주택조합·직장주택조합·리모델링주택조합의 차이점 구별, 주택건설대지의 소유권을 확보, 매도청구, 저당권 등 설정 제한, 전매행위의 예외적 인정사유, 주택공급질서 교란금지, 주택상환사채 등을 정리하여야 한다.

제1절 총 칙

01 목 적

이 법은 쾌적하고 살기 좋은 주거환경 조성에 필요한 주택의 건설·공급 및 주택시장의 관리 등에 관한 사항을 정함으로써 국민의 주거안정과 주거수준의 향상에 이바지함을 목적으로 한다(법 제1조).

02 주택법 용어정의 제31회, 제32회, 제33회, 제34회, 제35회

1 주 택

주택이란 세대(世帶)의 구성원이 장기간 독립된 주거생활을 할 수 있는 구조로 된 건축물의 전부 또는 일부 및 그 부속토지를 말하며, 이를 단독주택과 공동주택으로 구분한다(법 제2조).

▶ 주거형태에 따른 분류
1. 단독주택 : 1세대가 하나의 건축물 안에서 독립된 주거생활을 할 수 있는 구조로 된 주택을 말하며, 그 종류와 범위는 대통령령으로 정한다.
   ① 단독주택   ② 다중주택   ③ 다가구주택
2. 공동주택 : 건축물의 벽·복도·계단이나 그 밖의 설비 등의 전부 또는 일부를 공동으로 사용하는 각 세대가 하나의 건축물 안에서 각각 독립된 주거생활을 할 수 있는 구조로 된 주택을 말하며, 그 종류와 범위는 다음과 같이 정한다.
   ① 아파트   ② 연립주택   ③ 다세대주택

☝ 건축법상 주택과 주택법상 주택
1. 건축법상 단독주택 : 단독주택, 다중주택, 다가구주택, 공관
2. 주택법상 단독주택 : 단독주택, 다중주택, 다가구주택[공관×]
3. 건축법상 공동주택 : 아파트, 연립주택, 다세대주택, 기숙사
4. 주택법상 공동주택 : 아파트, 연립주택, 다세대주택[기숙사×]

[2] **세대구분형 공동주택**

(1) 공동주택의 주택 내부 공간의 일부를 세대별로 구분하여 생활이 가능한 구조로 하되, 그 구분된 공간 일부에 대하여 구분소유를 할 수 없는 주택으로서 대통령령으로 정하는 건설기준, 설치기준, 면적기준 등에 적합한 주택을 말한다(법 제2조 제19호, 영 제9조).

> 1. 사업계획의 승인을 받아 건설하는 공동주택의 경우: 다음의 요건을 모두 충족할 것
>   ① 세대별로 구분된 각각의 공간마다 별도의 욕실, 부엌과 현관을 설치할 것
>   ② 하나의 세대가 통합하여 사용할 수 있도록 세대 간에 연결문 또는 경량구조의 경계벽 등을 설치할 것
>   ③ 세대구분형 공동주택의 세대수가 해당 주택단지 안의 공동주택 전체 세대수의 3분의 1을 넘지 않을 것
>   ④ 세대별로 구분된 각각의 공간의 주거전용면적(주거의 용도로만 쓰이는 면적으로서 법 제2조 제6호 후단에 따른 방법으로 산정된 것을 말한다. 이하 같다) 합계가 해당 주택단지 전체 주거전용면적 합계의 3분의 1을 넘지 않는 등 국토교통부장관이 정하여 고시하는 주거전용면적의 비율에 관한 기준을 충족할 것
> 2. 공동주택관리법 제35조에 따른 행위의 허가를 받거나 신고를 하고 설치하는 공동주택의 경우: 다음의 요건을 모두 충족할 것
>   ① 구분된 공간의 세대수는 기존 세대를 포함하여 2세대 이하일 것
>   ② 세대별로 구분된 각각의 공간마다 별도의 욕실, 부엌과 구분 출입문을 설치할 것
>   ③ 세대구분형 공동주택의 세대수가 해당 주택단지 안의 공동주택 전체 세대수의 10분의 1과 해당 동의 전체 세대수의 3분의 1을 각각 넘지 않을 것. 다만, 관할 특별자치시장, 특별자치도지사, 시장, 군수 또는 구청장(구청장은 자치구의 구청장을 말하며, 이하 "시장·군수·구청장"이라 한다)이 부대시설의 규모 등 해당 주택단지의 여건을 고려하여 인정하는 범위에서 세대수의 기준을 넘을 수 있다.
>   ④ 구조, 화재, 소방 및 피난안전 등 관계 법령에서 정하는 안전 기준을 충족할 것

(2) 세대구분형 공동주택의 규정에 따라 건설 또는 설치되는 주택과 관련하여 주택건설기준 등을 적용하는 경우 세대구분형 공동주택의 세대수는 그 구분된 공간의 세대에 관계 없이 하나의 세대로 산정한다(영 제9조 제2항).

③ 재원에 따른 주택의 분류 제32회

(1) 국민주택

다음에 해당하는 주택으로서 국민주택규모 이하인 주택을 말한다(법 제2조 제5호).

> 1. 국가·지방자치단체, 한국토지주택공사 또는 지방공사가 건설하는 주택
> 2. 국가·지방자치단체의 재정 또는 주택도시기금으로부터 자금을 지원받아 건설되거나 개량되는 주택

(2) 국민주택규모

주거의 용도로만 쓰이는 면적(이하 "주거전용면적"이라 한다)이 1호(戶) 또는 1세대당 85제곱미터 이하인 주택(수도권정비계획법 제2조 제1호에 따른 수도권을 제외한 도시지역이 아닌 읍 또는 면 지역은 1호 또는 1세대당 주거전용면적이 100제곱미터 이하인 주택을 말한다)을 말한다. 이 경우 주거전용면적의 산정방법은 국토교통부령으로 정한다(법 제2조 제6호).

넓혀 보기

주거전용면적의 산정방법

주택법에 따른 주거전용면적(주거의 용도로만 쓰이는 면적을 말한다. 이하 같다)의 산정방법은 다음의 기준에 따른다(주택법 시행규칙 제2조).

> 1. 단독주택의 경우: 그 바닥면적에서 지하실(거실로 사용되는 면적은 제외한다), 본 건축물과 분리된 창고·차고 및 화장실의 면적을 제외한 면적. 다만, 그 주택이 다가구주택에 해당하는 경우 그 바닥면적에서 본 건축물의 지상층에 있는 부분으로서 복도, 계단, 현관 등 2세대 이상이 공동으로 사용하는 부분의 면적도 제외한다.
> 2. 공동주택의 경우: 외벽의 내부선을 기준으로 산정한 면적. 다만, 2세대 이상이 공동으로 사용하는 부분으로서 다음에 해당하는 공용면적은 제외하며, 이 경우 바닥면적에서 주거전용면적을 제외하고 남는 외벽면적은 공용면적에 가산한다.
>   ① 복도, 계단, 현관 등 공동주택의 지상층에 있는 공용면적
>   ② ①의 공용면적을 제외한 지하층, 관리사무소 등 그 밖의 공용면적

---

(3) 민영주택

국민주택을 제외한 주택을 말한다(법 제2조 제7호).

✿ 국토교통부장관은 주택의 수요·공급의 적정을 도모하기 위해 필요시 사업주체가 건설하는 주택의 75%(주택조합이나 고용자가 건설하는 주택 100%) 이하의 범위에서 일정비율 이상을 국민주택규모로 건설하게 할 수 있다.

예제

주택법령상 국민주택 등에 관한 설명으로 옳은 것은?

① 민영주택이라도 국민주택규모 이하로 건축되는 경우 국민주택에 해당한다.

② 한국토지주택공사가 수도권에 건설한 주거전용면적이 1세대당 80제곱미터인 아파트는 국민주택에 해당한다.

③ 지방자치단체의 재정으로부터 자금을 지원받아 건설되는 주택이 국민주택에 해당하려면 자금의 50퍼센트 이상을 지방자치단체로부터 지원받아야 한다.

④ 다세대주택의 경우 주거전용면적은 건축물의 바닥면적에서 지하층 면적을 제외한 면적으로 한다.

⑤ 아파트의 경우 복도, 계단 등 아파트의 지상층에 있는 공용면적은 주거전용면적에 포함한다.

해설 ① 민영주택은 국민주택을 제외한 주택을 말한다.
③ 국가·지방자치단체의 재정으로부터 자금을 지원받아 건설되거나 개량되는 주택은 국민주택이다. 자금의 50퍼센트 이상을 지방자치단체로부터 지원받아야 한다는 규정은 없다.
④ 다세대주택의 경우 주거전용면적은 외벽의 내부선에서 복도, 계단, 현관 등 공동주택의 지상층에 있는 공용면적을 제외한 지하층, 관리사무소 등 그 밖의 공용면적을 제외한 면적으로 한다.
⑤ 아파트의 경우 복도, 계단, 현관 등 아파트의 지상층에 있는 공용면적은 주거전용면적에 제외한다.

❶ 정답 ②

4 준주택 제31회

주택 외의 건축물과 그 부속토지로서 주거시설로 이용가능한 시설 등을 말하며, 그 범위와 종류는 다음과 같다(법 제2조 제4호, 영 제4조).

1. 건축법 시행령(별표 1 제4호 거목 및 제15호 다목)에 따른 다중생활시설
2. 건축법 시행령(별표 1 제11호 나목)에 따른 노인복지시설 중 노인복지법(제32조 제1항 제3호)의 노인복지주택
3. 건축법 시행령(별표 1 제14호 나목)에 따른 오피스텔
4. 건축법 시행령(별표 1 제2호 라목)에 따른 기숙사

⑤ 도시형 생활주택 제32회, 제33회, 제35회

(1) 의 의

도시형 생활주택이란 300세대 미만의 국민주택규모에 해당하는 주택으로서 도시지역에 건설하는 다음의 주택을 말한다(법 제2조 제20호, 영 제10조).

소형 주택	아파트, 연립주택, 다세대주택 중 어느 하나에 해당하는 주택으로서 다음의 요건을 모두 갖춘 주택 1. 세대별 주거전용면적은 60m² 이하일 것 2. 세대별로 독립된 주거가 가능하도록 욕실 및 부엌을 설치할 것 3. 지하층에는 세대를 설치하지 아니할 것
단지형 연립주택	소형 주택이 아닌 연립주택. 다만, 건축위원회의 심의를 받은 경우에는 주택으로 쓰는 층수를 5개층까지 건축할 수 있다.
단지형 다세대주택	소형 주택이 아닌 다세대주택. 다만, 건축위원회의 심의를 받은 경우에는 주택으로 쓰는 층수를 5개층까지 건축할 수 있다.

(2) 복합건축제한

하나의 건축물에는 도시형 생활주택과 그 밖의 주택을 함께 건축할 수 없으며, 단지형 연립주택 또는 단지형 다세대주택과 소형 주택을 함께 건축할 수 없다. 다만, 다음의 경우는 예외로 한다(법 제36조 제2항, 영 제10조 제2항·제3항).

1. 소형 주택과 주거전용면적이 85제곱미터를 초과하는 주택 1세대를 함께 건축하는 경우
2. 준주거지역 또는 상업지역에서 소형 주택과 도시형 생활주택 외의 주택을 함께 건축하는 경우

예제

주택법령상 도시형 생활주택으로서 소형 주택의 요건에 해당하는 것을 모두 고른 것은?

㉠ 세대별 주거전용면적은 60제곱미터 이하일 것
㉡ 세대별로 독립된 주거가 가능하도록 욕실 및 부엌을 설치할 것
㉢ 준주거지역에서 도시형 생활주택인 소형 주택과 주거전용면적이 85m²를 초과하는 주택 1세대는 하나의 건축물에 함께 건축할 수 없다.
㉣ 지하층에는 세대를 설치하지 아니할 것

① ㉠ ② ㉡, ㉢ ③ ㉠, ㉡, ㉢
④ ㉠, ㉡, ㉣ ⑤ ㉠, ㉡, ㉢, ㉣

해설 ④ ㉠, ㉡, ㉣
㉢ 준주거지역에서 도시형 생활주택인 소형 주택과 주거전용면적이 85m²를 초과하는 주택 1세대는 하나의 건축물에 함께 건축할 수 있다.
❶ 정답 ④

6 부대시설 · 복리시설 · 간선시설 제32회, 제35회

(1) 부대시설

부대시설이란 주택에 딸린 다음의 시설 또는 설비를 말한다(법 제2조 제13호).

> 1. 주차장, 관리사무소, 담장 및 주택단지 안의 도로
> 2. 건축법 제2조 제1항 제4호에 따른 건축설비
> 3. 대통령령으로 정하는 시설 또는 설비: 보안등, 대문, 경비실 및 자전거보관소, 조경시설, 옹벽 및 축대, 안내표지판 및 공중화장실, 저수시설, 지하양수시설 및 대피시설, 쓰레기 수거 및 처리시설, 오수처리시설, 정화조, 소방시설, 냉난방공급시설(지역난방공급시설은 제외한다) 및 방범설비

(2) 복리시설

복리시설이란 주택단지의 입주자 등의 생활복리를 위한 다음의 공동시설을 말한다(법 제2조 제14호).

> 1. 어린이놀이터 · 근린생활시설 · 유치원 · 주민운동시설 및 경로당
> 2. 입주자 등의 생활복리를 위하여 대통령령으로 정하는 공동시설

(3) 간선시설

① 기간시설(基幹施設)이란 도로 · 상하수도 · 전기시설 · 가스시설 · 통신시설 · 지역난방시설 등을 말한다(법 제2조 제16호).

② 간선시설이란 도로 · 상하수도 · 전기시설 · 가스시설 · 통신시설 및 지역난방시설 등 주택단지(둘 이상의 주택단지를 동시에 개발하는 경우에는 각각의 주택단지를 말한다) 안의 기간시설을 그 주택단지 밖에 있는 같은 종류의 기간시설에 연결시키는 시설을 말한다. 다만, 가스시설 · 통신시설 및 지역난방시설의 경우에는 주택단지 안의 기간시설을 포함한다(법 제2조 제17호).

예제

주택법령상 용어에 관한 설명으로 옳은 것을 모두 고른 것은?

> ㉠ 주택에 딸린 건축법에 따른 건축설비는 복리시설에 해당한다.
> ㉡ 300세대인 국민주택규모의 단지형 다세대주택은 도시형 생활주택에 해당한다.
> ㉢ 민영주택은 국민주택을 제외한 주택을 말한다.

① ㉠   ② ㉢   ③ ㉠, ㉡   ④ ㉡, ㉢   ⑤ ㉠, ㉡, ㉢

해설 ㉠ 주택에 딸린 건축법에 따른 건축설비는 부대시설에 해당한다.
㉡ 300세대 미만의 국민주택규모의 단지형 다세대주택은 도시형 생활주택에 해당한다. ◆ 정답 ②

7 주택단지

주택건설사업계획 또는 대지조성사업계획의 승인(법 제16조)을 받아 주택과 그 부대시설 및 복리시설을 건설하거나 대지를 조성하는 데 사용되는 일단의 토지를 말한다. 다만, 다음의 시설로 분리된 토지는 각각 별개의 주택단지로 본다(법 제2조 제12호, 영 제5조).

1. 철도·고속도로·자동차전용도로
2. 폭 20m 이상인 일반도로
3. 폭 8m 이상인 도시계획예정도로
4. 보행자 및 자동차의 통행이 가능한 도로로서 다음에 해당하는 도로
   ① 국토의 계획 및 이용에 관한 법률에 따른 도시·군계획시설인 도로로서 국토교통부령으로 정하는 도로
   ② 도로법에 따른 일반국도·특별시도·광역시도 또는 지방도
   ③ 그 밖에 관계 법령에 따라 설치된 도로로서 ① 및 ②에 준하는 도로

예제

주택법령상 주택단지가 일정한 시설로 분리된 토지는 각각 별개의 주택단지로 본다. 그 시설에 해당하지 않는 것은?
① 철도
② 폭 20미터의 고속도로
③ 폭 10미터의 일반도로
④ 폭 20미터의 자동차전용도로
⑤ 폭 10미터의 도시계획예정도로

해설 ③ 폭 20m 이상인 일반도로로 분리된 토지는 각각 별개의 주택단지로 본다. ◆ 정답 ③

8 공공택지

공공택지란 다음에 해당하는 공공사업에 의하여 개발·조성되는 공동주택이 건설되는 용지를 말한다(법 제2조 제24호).

1. 국민주택건설사업 또는 대지조성사업
2. 택지개발촉진법에 따른 택지개발사업. 다만, 같은 법 제7조 제1항 제4호에 따른 주택건설 등 사업자가 같은 법 제12조 제5항에 따라 활용하는 택지는 제외한다.
3. 산업입지 및 개발에 관한 법률에 따른 산업단지개발사업
4. 공공주택 특별법에 따른 공공주택지구조성사업

5. 민간임대주택에 관한 특별법에 따른 공공지원민간임대주택 공급촉진지구 조성사업 (같은 법 제23조 제1항 제2호에 해당하는 시행자가 같은 법 제34조에 따른 수용 또는 사용의 방식으로 시행하는 사업만 해당한다)
6. 도시개발법에 따른 도시개발사업(같은 법 제11조 제1항 제1호부터 제4호까지의 시행자가 같은 법 제21조에 따른 수용 또는 사용의 방식으로 시행하는 사업과 혼용방식 중 수용 또는 사용의 방식이 적용되는 구역에서 시행하는 사업만 해당한다)
7. 경제자유구역의 지정 및 운영에 관한 특별법에 따른 경제자유구역개발사업(수용 또는 사용의 방식으로 시행하는 사업과 혼용방식 중 수용 또는 사용의 방식이 적용되는 구역에서 시행하는 사업만 해당한다)
8. 혁신도시 조성 및 발전에 관한 특별법에 따른 혁신도시개발사업
9. 신행정수도 후속대책을 위한 연기·공주지역 행정중심복합도시 건설을 위한 특별법에 따른 행정중심복합도시건설사업
10. 공익사업을 위한 토지 등의 취득 및 보상에 관한 법률(제4조)에 따른 공익사업으로서 대통령령으로 정하는 사업

⑨ 리모델링 제35회

건축물의 노후화 억제 또는 기능 향상 등을 위한 다음에 해당하는 행위를 말한다(법 제2조 제25호, 영 제13조).

1. 대수선(사용검사일부터 10년)
2. 사용검사일(주택단지 안의 공동주택 전부에 대하여 임시사용승인을 받은 경우에는 그 임시사용승인일을 말한다) 또는 사용승인일부터 15년[15년 이상 20년 미만의 연수 중 특별시·광역시·특별자치시·도 또는 특별자치도(이하 "시·도"라 한다)의 조례로 정하는 경우에는 그 연수로 한다]이 지난 공동주택을 각 세대의 주거전용면적(건축법 제38조에 따른 건축물대장 중 집합건축물대장의 전유부분의 면적을 말한다)의 30% 이내(세대의 주거전용면적이 85제곱미터 미만인 경우에는 40% 이내)에서 증축하는 행위. 이 경우 공동주택의 기능 향상 등을 위하여 공용부분에 대하여도 별도로 증축할 수 있다.
3. 2.에 따른 각 세대의 증축 가능 면적을 합산한 면적의 범위에서 기존 세대수의 15% 이내에서 세대수를 증가하는 증축 행위(이하 "세대수 증가형 리모델링"이라 한다). 다만, 수직으로 증축하는 행위(이하 "수직증축형 리모델링"이라 한다)는 다음 요건을 모두 충족하는 경우로 한정한다.
   ① 수직으로 증축하는 행위(이하 "수직증축형 리모델링"이라 한다)의 대상이 되는 기존 건축물의 층수가 15층 이상인 경우: 3개층
   ② 수직증축형 리모델링의 대상이 되는 기존 건축물의 층수가 14층 이하인 경우: 2개층
   ③ 수직증축형 리모델링의 대상이 되는 기존 건축물의 신축 당시 구조도를 보유하고 있을 것

10 임대주택 등

(1) 임대주택

임대주택이란 임대를 목적으로 하는 주택으로서, 공공주택 특별법에 따른 공공임대주택과 민간임대주택에 관한 특별법에 따른 민간임대주택으로 구분한다(법 제2조 제8호).

(2) 토지임대부 분양주택

토지임대부 분양주택이란 토지의 소유권은 제15조에 따른 사업계획의 승인을 받아 토지임대부 분양주택 건설사업을 시행하는 자가 가지고, 건축물 및 복리시설 등에 대한 소유권(건축물의 전유부분에 대한 구분소유권은 이를 분양받은 자가 가지고, 건축물의 공용부분·부속건물 및 복리시설은 분양받은 자들이 공유한다)은 주택을 분양받은 자가 가지는 주택을 말한다(법 제2조 제9호).

(3) 에너지절약형 친환경주택

에너지절약형 친환경주택이란 저에너지 건물 조성기술 등 대통령령으로 정하는 기술을 이용하여 에너지 사용량을 절감하거나 이산화탄소 배출량을 저감할 수 있도록 건설된 주택을 말하며 그 종류와 범위는 대통령령으로 정한다(법 제2조 제21호, 영 제11조).

(4) 건강친화형 주택

건강친화형 주택이란 건강하고 쾌적한 실내환경의 조성을 위하여 실내공기의 오염물질 등을 최소화할 수 있도록 대통령령으로 정하는 기준에 따라 건설된 주택을 말한다(법 제2조 제22호).

(5) 장수명 주택

장수명 주택이란 구조적으로 오랫동안 유지·관리될 수 있는 내구성을 갖추고, 입주자의 필요에 따라 내부 구조를 쉽게 변경할 수 있는 가변성과 수리 용이성 등이 우수한 주택을 말한다(법 제2조 제23호).

11 공 구 제32회, 제35회

공구란 하나의 주택단지에서 다음의 기준에 따라 둘 이상으로 구분되는 일단의 구역으로, 착공신고 및 사용검사를 별도로 수행할 수 있는 구역을 말한다(법 제2조 제18호, 영 제8조).

> ▶ 다음의 기준을 모두 충족하는 것을 말한다.
> 1. 다음의 어느 하나에 해당하는 시설을 설치하거나 공간을 조성하여 6m 이상의 폭으로 공구 간 경계를 설정할 것
>   ① 주택건설기준 등에 관한 규정에 따른 주택단지 안의 도로
>   ② 주택단지 안의 지상에 설치되는 부설주차장
>   ③ 주택단지 안의 옹벽 또는 축대
>   ④ 식재, 조경이 된 녹지
>   ⑤ 그 밖에 어린이놀이터 등 부대시설이나 복리시설로서 사업계획승인권자가 적합하다고 인정하는 시설
> 2. 공구별 세대수는 300세대 이상으로 할 것
> 3. 전체 세대수는 600세대 이상으로 할 것

제 2 절 **주택의 건설**

01 사업주체

사업주체란 주택건설사업계획 또는 대지조성사업계획의 승인을 받아 그 사업을 시행하는 다음의 자를 말한다(법 제2조 제10호).

1. 국가 · 지방자치단체
2. 한국토지주택공사 또는 지방공사
3. 등록한 주택건설사업자 · 대지조성사업자
4. 그 밖에 주택법에 따라 주택건설사업 또는 대지조성사업을 시행하는 자

02 등록사업자 제31회, 제34회

1 등록사업자

(1) 등록대상

연간 단독주택 20호, 공동주택 20세대. 다만, 도시형 생활주택(소형 주택과 주거전용면적이 85제곱미터를 초과하는 주택 1세대를 함께 건축하는 경우를 포함한다)은 30세대 이상의 주택건설사업을 시행하려는 자 또는 연간 1만m² 이상의 대지조성사업을 시행하려는 자는 국토교통부장관에게 등록하여야 한다(법 제4조 제1항 본문, 영 제14조 제1항·제2항). 다만, 다음의 사업주체의 경우에는 그러하지 아니하다(법 제4조 제1항 단서).

1. 국가·지방자치단체
2. 한국토지주택공사
3. 지방공사
4. 공익법인의 설립·운영에 관한 법률에 따라 주택건설사업을 목적으로 설립된 공익법인(이하 "공익법인"이라 한다)
5. 주택조합(등록사업자와 공동으로 주택건설사업을 하는 주택조합만 해당한다)
6. 근로자를 고용하는 자(등록사업자와 공동으로 주택건설사업을 시행하는 고용자만 해당하며, 이하 "고용자"라 한다)

(2) 등록기준

주택건설사업 또는 대지조성사업의 등록을 하려는 자는 다음의 요건을 모두 갖추어야 한다(영 제14조 제3항).

1. 자본금: 3억원(개인인 경우에는 자산평가액 6억원) 이상
2. 다음의 구분에 따른 기술인력
   ① 주택건설사업: 건설기술 진흥법 시행령에 따른 건축 분야 기술인 1명 이상
   ② 대지조성사업: 건설기술 진흥법 시행령에 따른 토목 분야 기술인 1명 이상
3. 사무실면적: 사업의 수행에 필요한 사무장비를 갖출 수 있는 면적

(3) 등록사업자 결격사유

다음에 해당하는 자는 주택건설사업 등의 등록을 할 수 없다(법 제6조).

1. 미성년자·피성년후견인 또는 피한정후견인
2. 파산선고를 받은 자로서 복권되지 아니한 자
3. 부정수표단속법 또는 이 법을 위반하여 금고 이상의 실형을 선고받고 그 집행이 끝나거나(집행이 끝난 것으로 보는 경우를 포함한다) 집행이 면제된 날부터 2년이 지나지 아니한 자

4. 부정수표단속법 또는 이 법을 위반하여 금고 이상의 형의 집행유예를 선고받고 그 유예
   기간 중에 있는 자
5. 등록이 말소(법 제13조)된 후 2년이 지나지 아니한 자
6. 임원 중에 1.부터 5.까지의 어느 하나에 해당하는 자가 있는 법인

(4) 등록사업자의 주택건설 규모

① 등록사업자가 건설할 수 있는 주택은 주택으로 쓰는 층수가 5개층 이하인 주택으로
한다. 다만, 각층 거실의 바닥면적 300제곱미터 이내마다 1개소 이상의 직통계단을 설
치한 경우에는 주택으로 쓰는 층수가 6개층인 주택을 건설할 수 있다(영 제17조 제2항).

② 다음에 해당하는 등록사업자는 주택으로 쓰는 층수가 6개층 이상인 주택을 건설할 수
있다(영 제17조 제3항).

> 1. 주택으로 쓰는 층수가 6개층 이상인 아파트를 건설한 실적이 있는 자
> 2. 최근 3년간 300세대 이상의 공동주택을 건설한 실적이 있는 자

(5) 등록말소 등

① **처분사유**: 국토교통부장관은 등록사업자가 다음에 해당하면 그 등록을 말소하거나 1
년 이내의 기간을 정하여 영업의 정지를 명할 수 있다. 다만, 1. 또는 5.에 해당하는
경우에는 그 등록을 말소하여야 한다(법 제8조 제1항).

> 1. 거짓이나 그 밖의 부정한 방법으로 등록한 경우
> 2. 등록기준에 미달하게 된 경우. 다만, 채무자 회생 및 파산에 관한 법률에 따라 법원
>   이 회생절차개시의 결정을 하고 그 절차가 진행 중이거나 일시적으로 등록기준에
>   미달하는 등 대통령령으로 정하는 경우는 예외로 한다.
> 3. 고의 또는 과실로 공사를 잘못 시공하여 공중(公衆)에게 위해(危害)를 끼치거나 입
>   주자에게 재산상 손해를 입힌 경우
> 4. 결격사유 중 어느 하나에 해당하게 된 경우. 다만, 법인의 임원 중 결격사유에 해당
>   하는 사람이 있는 경우 6개월 이내에 그 임원을 다른 사람으로 임명한 경우에는
>   그러하지 아니하다.
> 5. 법(제90조 제1항)을 위반하여 등록증의 대여 등을 한 경우
> 5의2. 제90조 제2항을 위반하여 등록증을 빌리거나 허락 없이 등록사업자의 성명 또
>   는 상호로 이 법에서 정한 사업이나 업무를 수행 또는 시공한 경우
> 5의3. 제90조 제4항을 위반하여 이 법에서 정한 사업이나 업무를 수행 또는 시공하기
>   위하여 같은 조 제2항의 행위를 교사하거나 방조한 경우
> 6. 다음의 어느 하나에 해당하는 경우
>   ① 건설기술 진흥법(제48조 제4항)에 따른 시공상세도면의 작성 의무를 위반하거
>   나 건설사업관리를 수행하는 건설기술인 또는 공사감독자의 검토·확인을 받
>   지 아니하고 시공한 경우

②　건설기술 진흥법(제54조 제1항 또는 제80조)에 따른 시정명령을 이행하지 아니한 경우

③　건설기술 진흥법(제55조)에 따른 품질시험 및 검사를 하지 아니한 경우

④　건설기술 진흥법(제62조)에 따른 안전점검을 하지 아니한 경우

7.　택지개발촉진법(제19조의2 제1항)을 위반하여 택지를 전매(轉賣)한 경우

8.　표시·광고의 공정화에 관한 법률 제17조 제1호에 따른 처벌을 받은 경우

9.　약관의 규제에 관한 법률 제34조 제2항에 따른 처분을 받은 경우

10.　그 밖에 이 법 또는 이 법에 따른 명령이나 처분을 위반한 경우

② **처분의 효과**: 등록말소 또는 영업정지 처분을 받은 등록사업자는 그 처분 전에 사업계획승인을 받은 사업은 계속 수행할 수 있다. 다만, 등록말소처분을 받은 등록사업자가 그 사업을 계속 수행할 수 없는 중대하고 명백한 사유가 있을 경우에는 그러하지 아니하다(법 제9조).

② 공동사업주체의 종류

(1) 토지소유자와 등록사업자

토지소유자가 주택을 건설하는 경우에는 주택건설사업 등의 등록을 하지 아니하여도 등록사업자와 공동으로 사업을 시행할 수 있다. 이 경우 토지소유자와 등록사업자를 공동사업주체로 본다(법 제5조 제1항).

(2) 주택조합과 등록사업자

주택조합(세대수를 증가하지 아니하는 리모델링주택조합은 제외한다)이 그 구성원의 주택을 건설하는 경우에는 등록사업자(지방자치단체, 한국토지주택공사 및 지방공사를 포함한다)와 공동으로 사업을 시행할 수 있다. 이 경우 주택조합과 등록사업자를 공동사업주체로 본다(법 제5조 제2항).

(3) 고용자와 등록사업자

고용자가 그 근로자의 주택을 건설하는 경우에는 대통령령으로 정하는 바에 따라 등록사업자와 공동으로 사업을 시행하여야 한다. 이 경우 고용자와 등록사업자를 공동사업주체로 본다(법 제5조 제3항).

(4) 공동사업주체 간의 구체적인 업무·비용 및 책임의 분담 등

공동사업주체 간의 구체적인 업무·비용 및 책임의 분담 등에 관하여는 대통령령으로 정하는 범위에서 당사자 간의 협약에 따른다(법 제5조 제4항).

예제

주택법령상 주택건설사업자 등에 관한 설명으로 옳은 것은?

① 「공익법인의 설립·운영에 관한 법률」에 따라 주택건설사업을 목적으로 설립된 공익법인이 연간 20호 이상의 단독주택 건설사업을 시행하려는 경우 국토교통부장관에게 등록하여야 한다.

② 세대수를 증가하는 리모델링주택조합이 그 구성원의 주택을 건설하는 경우에는 국가와 공동으로 사업을 시행할 수 있다.

③ 고용자가 그 근로자의 주택을 건설하는 경우에는 대통령령으로 정하는 바에 따라 등록사업자와 공동으로 사업을 시행하여야 한다.

④ 국토교통부장관은 등록사업자가 타인에게 등록증을 대여한 경우에는 1년 이내의 기간을 정하여 영업의 정지를 명할 수 있다.

⑤ 영업정지 처분을 받은 등록사업자는 그 처분 전에 사업계획승인을 받은 사업을 계속 수행할 수 없다.

해설 ① 「공익법인의 설립·운영에 관한 법률」에 따라 주택건설사업을 목적으로 설립된 공익법인이 연간 20호 이상의 단독주택 건설사업을 시행하려는 경우 국토교통부장관에게 등록하지 아니한다.
② 국가와 공동으로 사업을 시행할 수는 없다. 세대수를 증가하는 리모델링주택조합이 그 구성원의 주택을 건설하는 경우에는 등록사업자, 지방자치단체, 한국토지주택공사 및 지방공사와 공동으로 사업을 시행할 수 있다.
④ 국토교통부장관은 등록사업자가 타인에게 등록증을 대여한 경우에는 그 등록을 말소하여야 한다.
⑤ 영업정지 처분을 받은 등록사업자는 그 처분 전에 사업계획승인을 받은 사업을 계속 수행할 수 있다.

◆ 정답 ③

---

03   주택조합 제31회, 제33회

① 주택조합의 종류

"주택조합"이란 많은 수의 구성원이 사업계획 승인을 받아 주택을 마련하거나 리모델링하기 위하여 결성하는 다음의 조합을 말한다(법 제2조 제11호).

지역주택조합	다음 구분에 따른 지역에 거주하는 주민이 주택을 마련하기 위하여 설립한 조합 1. 서울특별시·인천광역시 및 경기도 2. 대전광역시·충청남도 및 세종특별자치시 3. 충청북도 4. 광주광역시 및 전라남도 5. 대구광역시 및 경상북도 6. 부산광역시·울산광역시 및 경상남도 7. 전북특별자치도 8. 강원특별자치도 9. 제주특별자치도
직장주택조합	같은 직장의 근로자가 주택을 마련하기 위하여 설립한 조합
리모델링주택조합	공동주택의 소유자가 그 주택을 리모델링하기 위하여 설립한 조합

② 주택조합의 설립 인가 등

(1) 주택조합의 설립

① **지역·직장조합설립의 인가**: 많은 수의 구성원이 주택을 마련하거나 리모델링하기 위하여 주택조합을 설립하려는 경우(신고대상 직장주택조합의 경우는 제외한다)에는 관할하는 시장·군수·구청장의 인가를 받아야 하며, 시장·군수·구청장은 주택조합의 설립인가를 한 경우 다음의 사항을 해당 지방자치단체의 인터넷 홈페이지에 공고해야 한다. 인가받은 내용을 변경하거나 주택조합을 해산하려는 경우에도 또한 같다(법 제11조 제1항, 영 제20조 제10항).

> 1. 조합의 명칭 및 사무소의 소재지
> 2. 조합설립 인가일
> 3. 주택건설대지의 위치
> 4. 조합원 수
> 5. 토지의 사용권원 또는 소유권을 확보한 면적과 비율

② **설립신고**: 국민주택을 공급받기 위하여 직장주택조합을 설립하려는 자는 관할 시장·군수·구청장에게 신고하여야 한다. 신고한 내용을 변경하거나 직장주택조합을 해산하려는 경우에도 또한 같다(법 제11조 제5항).

(2) 지역주택조합 · 직장주택조합의 설립인가요건

① **토지사용승낙** : 지역주택조합 또는 직장주택조합의 설립 · 변경 또는 해산의 인가를 받으려는 자는 신청서에 다음의 구분에 따른 서류를 첨부하여 주택건설대지(리모델링주택조합의 경우에는 해당 주택의 소재지를 말한다. 이하 같다)를 관할하는 시장 · 군수 · 구청장에게 제출해야 한다(영 제20조 제1항, 규칙 제7조 제3항).

> 1. 설립인가의 경우
>   ① 창립총회 회의록
>   ② 조합장선출동의서
>   ③ 조합원 전원이 자필로 연명한 조합규약
>   ④ 조합원 명부
>   ⑤ 사업계획서
>   ⑥ 해당 주택건설대지의 80% 이상에 해당하는 토지의 사용권원을 확보하였음을 증명하는 서류
>   ⑦ 해당 주택건설대지의 15% 이상에 해당하는 토지의 소유권을 확보하였음을 증명하는 서류
>   ⑧ 고용자가 확인한 근무확인서(직장주택조합의 경우만 해당한다)
>   ⑨ 조합원 자격이 있는 자임을 확인하는 서류
> 2. 변경인가의 경우 : 변경의 내용을 증명하는 서류
> 3. 해산인가의 경우 : 조합해산의 결의를 위한 총회의 의결정족수에 해당하는 조합원의 동의를 받은 정산서

② **총회에 직접 출석** : 총회의 의결을 하는 경우에는 조합원의 100분의 10 이상이 직접 출석하여야 한다. 다만, 창립총회 또는 조합임원의 선임 및 해임, 사업비의 조합원별 분담 명세, 자금의 차입과 그 방법 · 이자율 및 상환방법 등을 의결하는 총회의 경우에는 조합원의 100분의 20 이상이 직접 출석하여야 한다(영 제20조 제4항).

③ **전자적 방법** : 총회의 소집시기에 해당 주택건설대지가 위치한 특별자치시 · 특별자치도 · 시 · 군 · 구(자치구를 말하며, 이하 "시 · 군 · 구"라 한다)에 감염병의 예방 및 관리에 관한 법률에 따라 여러 사람의 집합을 제한하거나 금지하는 조치가 내려진 경우에는 전자적 방법으로 총회를 개최해야 한다. 이 경우 조합원의 의결권 행사는 전자서명법의 전자서명 및 인증서(서명자의 실제 이름을 확인할 수 있는 것으로 한정한다)를 통해 본인 확인을 거쳐 전자적 방법으로 해야 한다(영 제20조 제5항).

(3) 리모델링주택조합의 설립인가요건

① **리모델링 주택조합설립 동의** : 리모델링주택조합의 설립·변경 또는 해산의 인가를 받으려는 자는 인가신청서에 다음의 서류를 첨부하여 주택조합의 해당 주택의 소재지를 관할하는 시장·군수·구청장에게 제출해야 한다(영 제20조 제1항).

---

1. 설립인가의 경우
　① 다음의 서류
　　㉠ 창립총회 회의록
　　㉡ 조합장선출동의서
　　㉢ 조합원 전원이 자필로 연명한 조합규약
　　㉣ 조합원 명부
　　㉤ 사업계획서
　② 다음의 결의를 증명하는 서류
　　㉠ 주택단지 전체를 리모델링하고자 하는 경우에는 주택단지 전체의 구분소유자와 의결권의 각 3분의 2 이상의 결의 및 각 동의 구분소유자와 의결권의 각 과반수의 결의
　　㉡ 동을 리모델링하고자 하는 경우에는 그 동의 구분소유자 및 의결권의 각 3분의 2 이상의 결의
　　㉢ 해당 주택이 사용검사일(주택단지 안의 공동주택 전부에 대하여 임시 사용승인을 받은 경우에는 임시 사용승인일) 또는 건축법에 따른 사용승인일부터 다음의 구분에 따른 기간이 지났음을 증명하는 서류
　　　ⓐ 대수선인 리모델링 : 10년
　　　ⓑ 증축인 리모델링 : 15년
2. 변경인가의 경우 : 변경의 내용을 증명하는 서류
3. 해산인가의 경우 : 조합해산의 결의를 위한 총회의 의결정족수에 해당하는 조합원의 동의를 받은 정산서

---

② 리모델링주택조합의 설립에 동의한 자로부터 건축물을 취득한 자는 리모델링주택조합의 설립에 동의한 것으로 본다(영 제20조 제8항).

③ **경과년수** : 해당 주택이 사용검사를 받은 후 10년(리모델링이 증축에 해당하는 경우에는 15년)이상의 기간이 경과하였을 것

④ **주택 등의 구분소유자에 대한 매도청구** : 리모델링의 허가를 신청하기 위한 동의율을 확보한 경우 리모델링 결의를 한 리모델링주택조합은 그 리모델링 결의에 찬성하지 아니하는 자의 주택 및 토지에 대하여 매도청구를 할 수 있다(법 제22조 제2항).

(4) 등록사업자의 책임

주택조합과 등록사업자가 공동으로 사업을 시행하면서 시공할 경우 등록사업자는 시공자로서의 책임뿐만 아니라 자신의 귀책사유로 사업추진이 불가능하게 되거나 지연됨으로 인하여 조합원에게 입힌 손해를 배상할 책임이 있다(법 제11조 제4항).

(5) 주택의 우선 공급

주택조합(리모델링주택조합은 제외한다)은 그 구성원을 위하여 건설하는 주택을 그 조합원에게 우선 공급할 수 있으며, 신고하고 설립한 직장주택조합에 대하여는 사업주체가 국민주택을 그 직장주택조합원에게 우선 공급할 수 있다(법 제11조 제6항).

(6) 조합 탈퇴

조합원은 조합규약으로 정하는 바에 따라 조합에 탈퇴 의사를 알리고 탈퇴할 수 있다(법 제11조 제8항).

(7) 비용의 환급

탈퇴한 조합원(제명된 조합원을 포함한다)은 조합규약으로 정하는 바에 따라 부담한 비용의 환급을 청구할 수 있다(법 제11조 제9항).

3 주택조합업무의 대행 등

(1) 주택조합(리모델링주택조합은 제외한다. 이하 이 조에서 같다) 및 주택조합의 발기인은 조합원 모집 등에 따른 주택조합의 업무를 공동사업주체인 등록사업자 또는 다음에 해당하는 자로서 대통령령으로 정하는 자본금을 보유한 자 외의 자에게 대행하게 할 수 없다(법 제11조의2 제1항).

> 1. 등록사업자
> 2. 공인중개사법에 따른 중개업자
> 3. 도시 및 주거환경정비법에 따른 정비사업전문관리업자
> 4. 부동산개발업의 관리 및 육성에 관한 법률에 따른 등록사업자
> 5. 자본시장과 금융투자업에 관한 법률에 따른 신탁업자
> 6. 그 밖에 다른 법률에 따라 등록한 자로서 대통령령으로 정하는 자

(2) 주택조합 및 주택조합의 발기인은 계약금 등 자금의 보관 업무는 신탁업자에게 대행하도록 하여야 한다(법 제11조의2 제3항).

(3) 주택조합의 업무를 대행하는 자는 신의에 따라 성실하게 업무를 수행하여야 하고, 자신의 귀책사유로 주택조합(발기인을 포함한다) 또는 조합원(주택조합 가입 신청자를 포함한다)에게 손해를 입힌 경우에는 그 손해를 배상할 책임이 있다(법 제11조의2 제5항).

4 조합원 모집 신고 및 공개모집

(1) 조합원 모집방법

지역주택조합 또는 직장주택조합의 설립인가를 받기 위하여 조합원을 모집하려는 자는 해당 주택건설대지의 50퍼센트 이상에 해당하는 토지의 사용권원을 확보하여 관할 시장·군수·구청장에게 신고하고, 공개모집의 방법으로 조합원을 모집하여야 한다. 조합설립인가를 받기 전에 신고한 내용을 변경하는 경우에도 또한 같다(법 제11조의3 제1항).

(2) 충원·재모집

공개모집 이후 조합원의 사망·자격상실·탈퇴 등으로 인한 결원을 충원하거나 미달된 조합원을 재모집하는 경우에는 신고하지 아니하고 선착순의 방법으로 조합원을 모집할 수 있다(법 제11조의3 제2항).

(3) 모집 시기 등

모집 시기, 모집 방법 및 모집 절차 등 조합원 모집의 신고, 공개모집 및 조합 가입 신청자에 대한 정보 공개 등에 필요한 사항은 국토교통부령으로 정한다(법 제11조의3 제3항).

(4) 신고수리

신고를 받은 시장·군수·구청장은 신고내용이 이 법에 적합한 경우에는 신고를 수리하고 그 사실을 신고인에게 통보하여야 한다(법 제11조의3 제4항).

(5) 신고수리금지

시장·군수·구청장은 다음에 해당하는 경우에는 조합원 모집 신고를 수리할 수 없다(법 제11조의3 제5항).

> 1. 이미 신고된 사업대지와 전부 또는 일부가 중복되는 경우
> 2. 이미 수립되었거나 수립 예정인 도시·군계획, 이미 수립된 토지이용계획 또는 이 법이나 관계 법령에 따른 건축기준 및 건축제한 등에 따라 해당 주택건설대지에 조합주택을 건설할 수 없는 경우
> 3. 조합업무를 대행할 수 있는 자가 아닌 자와 업무대행계약을 체결한 경우 등 신고내용이 법령에 위반되는 경우
> 4. 신고한 내용이 사실과 다른 경우

(6) 발기인의 자격기준

조합원을 모집하려는 주택조합의 발기인은 대통령령으로 정하는 자격기준을 갖추어야 한다(법 제11조의3 제6항).

> ▶ 주택조합 발기인의 자격기준 등(영 제24조의3 제1항)
> 1. 지역주택조합 발기인인 경우 : 다음의 요건을 모두 갖출 것
>   ① 조합원 모집 신고를 하는 날부터 해당 조합설립인가일까지 주택을 소유(주택의 유형, 입주자 선정방법 등을 고려하여 국토교통부령으로 정하는 지위에 있는 경우를 포함한다)하는지에 대하여 제21조 제1항 제1호 가목1) 또는 2)에 해당(무주택 세대주이거나 85m² 이하인 주택 1채를 소유한 자일 것)할 것
>   ② 조합원 모집 신고를 하는 날의 1년 전부터 해당 조합설립인가일까지 계속하여 일정 지역에 거주할 것
> 2. 직장주택조합 발기인인 경우 : 다음의 요건을 모두 갖출 것
>   ① 위 1.의 ①에 해당할 것
>   ② 조합원 모집 신고를 하는 날 현재 제21조 제1항 제2호 나목에 해당(조합설립인가 신청일 현재 동일한 특별시·광역시·특별자치시·특별자치도·시 또는 군(광역시의 관할구역에 있는 군은 제외한다) 안에 소재하는 동일한 국가기관·지방자치단체·법인에 근무하는 사람일 것)할 것

(7) 발기인의 주택조합에 가입의제

주택조합의 발기인은 조합원 모집 신고를 하는 날 주택조합에 가입한 것으로 본다. 이 경우 주택조합의 발기인은 그 주택조합의 가입 신청자와 동일한 권리와 의무가 있다(법 제11조의3 제7항).

(8) 주택조합 가입계약서

조합원을 모집하는 자(조합원 모집 업무를 대행하는 자를 포함한다. 이하 "모집주체"라 한다)와 주택조합 가입 신청자는 다음의 사항이 포함된 주택조합 가입에 관한 계약서를 작성하여야 한다(법 제11조의3 제8항).

> 1. 주택조합의 사업개요
> 2. 조합원의 자격기준
> 3. 분담금 등 각종 비용의 납부예정금액, 납부시기 및 납부방법
> 4. 주택건설대지의 사용권원 및 소유권을 확보한 면적 및 비율
> 5. 조합원 탈퇴 및 환급의 방법, 시기 및 절차
> 6. 그 밖에 주택조합의 설립 및 운영에 관한 중요 사항으로서 대통령령으로 정하는 사항

[5] **설명의무**

(1) 설명의무

모집주체는 주택조합 가입계약서 내용을 주택조합 가입신청자가 이해할 수 있도록 설명하여야 한다(법 제11조의4 제1항).

(2) 설명내용 서면확인

모집주체는 설명한 내용을 주택조합 가입 신청자가 이해하였음을 국토교통부령으로 정하는 바에 따라 서면으로 확인을 받아 주택조합 가입 신청자에게 교부하여야 하며, 그 사본을 5년간 보관하여야 한다(법 제11조의4 제2항).

[6] **조합원 모집 광고 등에 관한 준수사항** 제34회

① 모집주체가 주택조합의 조합원을 모집하기 위하여 광고를 하는 경우에는 다음의 내용이 포함되어야 한다(법 제11조의5 제1항).

> 1. "지역주택조합 또는 직장주택조합의 조합원 모집을 위한 광고"라는 문구
> 2. 조합원의 자격기준에 관한 내용
> 3. 주택건설대지의 사용권원 및 소유권을 확보한 비율
> 4. 조합의 명칭 및 사무소의 소재지
> 5. 조합원 모집 신고 수리일

② 모집주체가 조합원 가입을 권유하거나 모집 광고를 하는 경우에는 다음의 행위를 하여서는 아니 된다(법 제11조의5 제2항).

> 1. 조합주택의 공급방식, 조합원의 자격기준 등을 충분히 설명하지 않거나 누락하여 제한 없이 조합에 가입하거나 주택을 공급받을 수 있는 것으로 오해하게 하는 행위
> 2. 제5조 제4항에 따른 협약(공동사업주체 간의 구체적인 업무·비용 및 책임의 분담 등에 관한 당사자 간의 협약)이나 사업계획승인을 통하여 확정될 수 있는 사항을 사전에 확정된 것처럼 오해하게 하는 행위
> 3. 사업추진 과정에서 조합원이 부담해야 할 비용이 추가로 발생할 수 있음에도 주택 공급가격이 확정된 것으로 오해하게 하는 행위
> 4. 주택건설대지의 사용권원 및 소유권을 확보한 비율을 사실과 다르거나 불명확하게 제공하는 행위
> 5. 조합사업의 내용을 사실과 다르게 설명하거나 그 내용의 중요한 사실을 은폐 또는 축소하는 행위
> 6. 시공자가 선정되지 않았음에도 선정된 것으로 오해하게 하는 행위

7 조합 가입 철회 및 가입비 등의 반환

① **예치기관**: 모집주체는 주택조합의 가입을 신청한 자가 주택조합 가입을 신청하는 때에 납부하여야 하는 일체의 금전(이하 "가입비등"이라 한다)을 대통령령으로 정하는 기관(이하 "예치기관"이라 한다)에 예치하도록 하여야 한다(법 제11조의6 제1항, 영 제24조의5 제1항).

> 1. 은행법 제2조 제1항 제2호에 따른 은행
> 2. 우체국예금·보험에 관한 법률에 따른 체신관서
> 3. 보험업법 제2조 제6호에 따른 보험회사
> 4. 자본시장과 금융투자업에 관한 법률 제8조 제7항에 따른 신탁업자

② **주택조합 가입에 관한 청약의 철회**: 주택조합의 가입을 신청한 자는 가입비등을 예치한 날부터 30일 이내에 주택조합 가입에 관한 청약을 철회할 수 있으며, 주택조합 가입 신청자는 주택조합 가입에 관한 청약을 철회하는 경우 국토교통부령으로 정하는 청약 철회 요청서를 모집주체에게 제출해야 하며, 모집주체는 요청서를 제출받은 경우 이를 즉시 접수하고 접수일자가 적힌 접수증을 해당 주택조합 가입 신청자에게 발급해야 한다(법 제11조의6 제2항, 영 제24조의6).

③ **철회의 효력발생**: 청약 철회를 서면으로 하는 경우에는 청약 철회의 의사를 표시한 서면을 발송한 날에 그 효력이 발생한다(법 제11조의6 제3항).

④ **가입비 등의 지급 및 반환**: 모집주체는 주택조합의 가입을 신청한 자가 청약 철회를 한 경우 청약 철회 의사가 도달한 날부터 7일 이내에 예치기관의 장에게 가입비 등의 반환을 요청하여야 한다(법 제11조의6 제4항).

⑤ 예치기관의 장은 가입비등의 반환 요청을 받은 경우 요청일부터 10일 이내에 그 가입비등을 예치한 자에게 반환하여야 한다(법 제11조의6 제5항).

⑥ 모집주체는 주택조합의 가입을 신청한 자에게 청약 철회를 이유로 위약금 또는 손해배상을 청구할 수 없다(법 제11조의6 제6항).

⑦ 청약을 철회할 수 있는 기간 이내에는 조합의 탈퇴 및 탈퇴한 조합원의 비용 환급청구를 적용하지 않는다(법 제11조의6 제7항).

⑧ 예치된 가입비등의 관리, 지급 및 반환과 청약 철회의 절차 및 방법 등에 관한 사항은 대통령령으로 정한다(법 제11조의6 제8항).

8 주택조합 구성원의 자격

(1) 조합원의 수

주택조합(리모델링주택조합은 제외한다)은 주택조합 설립인가를 받는 날부터 사용검사를 받는 날까지 계속하여 다음의 요건을 모두 충족해야 한다(영 제20조 제7항).

1. 주택건설 예정 세대수(설립인가 당시의 사업계획서상 주택건설 예정 세대수를 말하되, 임대주택으로 건설·공급하는 세대수는 제외한다)의 50퍼센트 이상의 조합원으로 구성할 것. 다만, 법 제15조에 따른 사업계획승인 등의 과정에서 세대수가 변경된 경우에는 변경된 세대수를 기준으로 한다.
2. 조합원은 20명 이상일 것

(2) 조합원의 자격

주택조합의 조합원이 될 수 있는 사람은 다음의 구분에 따른 사람으로 한다. 다만, 조합원의 사망으로 그 지위를 상속받는 자는 다음의 요건에도 불구하고 조합원이 될 수 있다(영 제21조 제1항).

① 지역주택조합 조합원

㉠ 무주택자이거나 85m² 이하인 주택 1채를 소유한 자일 것: 조합설립인가 신청일(해당 주택건설대지가 투기과열지구 안에 있는 경우에는 조합설립인가 신청일 1년 전의 날을 말한다)부터 해당 조합주택의 입주 가능일까지 주택을 소유(주택의 유형, 입주자 선정방법 등을 고려하여 국토교통부령으로 정하는 지위에 있는 경우를 포함한다)하지 아니한 세대의 세대주로서 다음에 해당할 것

1. 국토교통부령으로 정하는 기준에 따라 세대주를 포함한 세대원(세대주와 동일한 세대별 주민등록표에 등재되어 있지 아니한 세대주의 배우자 및 그 배우자와 동일한 세대를 이루고 있는 사람을 포함한다. 이하 2.에서와 같다) 전원이 주택을 소유하고 있지 아니한 세대의 세대주일 것
2. 국토교통부령으로 정하는 기준에 따라 세대주를 포함한 세대원 중 1명에 한정하여 주거전용면적 85제곱미터 이하의 주택 1채를 소유한 세대의 세대주일 것

㉡ 동일한 지역에 6개월 이상 거주한 자일 것: 지역주택조합의 조합원은 조합설립인가신청일 현재 지역주택조합의 지역에 6개월 이상 거주하여 온 자이어야 한다.
㉢ 지역주택조합이나 직장주택조합에 중복하여 가입금지: 본인 또는 본인과 같은 세대별 주민등록표에 등재되어 있지 않은 배우자가 같은 또는 다른 지역주택조합의 조합원이거나 직장주택조합의 조합원이 아닐 것

② **직장주택조합 조합원**

　㉠ 무주택자이거나 85m² 이하인 주택 1채를 소유한 자일 것 : 조합설립인가 신청일 (해당 주택건설대지가 투기과열지구 안에 있는 경우에는 조합설립인가 신청일 1년 전의 날을 말한다)부터 해당 조합주택의 입주 가능일까지 주택을 소유(주택의 유형, 입주자 선정방법 등을 고려하여 국토교통부령으로 정하는 지위에 있는 경우를 포함한다)하지 아니한 세대의 세대주로서 다음에 해당할 것. 다만, 국민주택을 공급받기 위하여 직장주택조합을 설립신고의 경우에는 무주택자에 한한다.

> 1. 국토교통부령으로 정하는 기준에 따라 세대주를 포함한 세대원(세대주와 동일한 세대별 주민등록표에 등재되어 있지 아니한 세대주의 배우자 및 그 배우자와 동일한 세대를 이루고 있는 사람을 포함한다. 이하 2.에서와 같다) 전원이 주택을 소유하고 있지 아니한 세대의 세대주일 것
> 2. 국토교통부령으로 정하는 기준에 따라 세대주를 포함한 세대원 중 1명에 한정하여 주거전용면적 85제곱미터 이하의 주택 1채를 소유한 세대의 세대주일 것

　㉡ 동일한 지역의 동일한 직장에 근무하는 자일 것 : 조합설립인가신청일 현재 동일한 특별시·광역시·특별자치시·특별자치도·시 또는 군(광역시의 관할구역에 있는 군을 제외한다)안에 소재하는 동일한 국가기관·지방자치단체·법인에 근무하는 자이어야 한다.

　㉢ 직장주택조합이나 지역주택조합에 중복하여 가입금지 : 본인 또는 본인과 같은 세대별 주민등록표에 등재되어 있지 않은 배우자가 같은 또는 다른 직장주택조합의 조합원이거나 지역주택조합의 조합원이 아닐 것

③ **리모델링주택조합 조합원** : 리모델링주택조합 조합원의 경우에는 다음에 해당하는 자이어야 한다. 이 경우 당해 공동주택 또는 복리시설의 소유권이 수인의 공유에 속하는 경우에는 그 수인을 대표하는 1명을 조합원으로 본다.

> 1. 사업계획승인을 받아 건설한 공동주택의 소유자
> 2. 복리시설을 함께 리모델링하는 경우에는 해당 복리시설의 소유자
> 3. 건축허가를 받아 분양을 목적으로 건설한 공동주택의 소유자(해당 건축물에 공동주택 외의 시설이 있는 경우에는 해당 시설의 소유자를 포함한다)

④ **조합원지위 인정의 특례** : 주택조합의 조합원이 근무·질병치료·유학·결혼 등 부득이한 사유로 인하여 세대주자격을 일시적으로 상실한 경우로서 시장·군수·구청장이 인정하는 경우에는 조합원자격이 있는 것으로 본다(영 제21조 제2항).

(3) 지역 · 직장주택조합 조합원의 신규가입 · 교체 등

① **신규가입 등의 금지**: 지역주택조합 또는 직장주택조합은 그 설립인가를 받은 후에는 해당 조합원을 교체하거나 신규로 가입하게 할 수 없다. 다만, 다음 아래의 어느 하나에 해당하는 경우에는 예외로 한다. 다만, 조합원 수가 주택건설예정세대수를 초과하지 아니하는 범위에서 시장 · 군수 · 구청장으로부터 조합원 추가모집의 승인을 받은 경우와 다음에 해당하는 사유로 결원이 발생한 범위에서 충원하는 경우에는 그러하지 아니하다(영 제22조 제1항).

> 1. 조합원의 사망
> 2. 사업계획승인 이후[지역주택조합 또는 직장주택조합이 해당 주택건설대지 전부의 소유권을 확보하지 아니하고 사업계획승인을 받은 경우에는 해당 주택건설대지 전부의 소유권(해당 주택건설대지가 저당권 등의 목적으로 되어 있는 경우에는 그 저당권 등의 말소를 포함한다)을 확보한 이후를 말한다]에 입주자로 선정된 지위(해당 주택에 입주할 수 있는 권리 · 자격 또는 지위 등을 말한다)가 양도 · 증여 또는 판결 등으로 변경된 경우 다만, 투기과열지구에서 건설 · 공급되는 주택의 입주자로 선정된 지위의 전매가 금지되는 경우는 제외한다.
> 3. 조합원의 탈퇴 등으로 조합원 수가 주택건설예정세대수의 50% 미만이 되는 경우
> 4. 조합원이 무자격자로 판명되어 자격을 상실하는 경우
> 5. 사업계획승인 과정 등에서 주택건설예정세대수가 변경되어 조합원 수가 변경된 세대수의 50% 미만이 되는 경우

② **자격요건 충족 여부의 판단기준**: 조합원으로 추가 모집되는 자와 충원되는 자에 대한 조합원 자격요건 충족 여부의 판단은 해당 주택조합의 설립인가신청일을 기준으로 한다(영 제22조 제2항).

③ **변경인가신청**: 조합원 추가모집의 승인과 조합원 추가모집에 따른 주택조합의 변경인가신청은 사업계획승인신청일까지 하여야 한다(영 제22조 제3항).

(4) 2년 이내에 사업계획승인 신청

주택조합은 설립인가를 받은 날부터 2년 이내에 사업계획승인(30세대 이상 세대수가 증가하지 아니하는 리모델링의 경우에는 2년 이내에 허가)를 신청하여야 한다(영 제23조 제1항).

9 주택조합의 임원의 결격사유 등

(1) 조합임원의 결격사유

① 다음에 해당하는 사람은 주택조합의 발기인 또는 임원이 될 수 없다(법 제13조 제1항).

> 1. 미성년자·피성년후견인 또는 피한정후견인
> 2. 파산선고를 받은 사람으로서 복권되지 아니한 사람
> 3. 금고 이상의 실형을 선고받고 그 집행이 종료(종료된 것으로 보는 경우를 포함한다)
>   되거나 집행이 면제된 날부터 2년이 지나지 아니한 사람
> 4. 금고 이상의 형의 집행유예를 선고받고 그 유예기간 중에 있는 사람
> 5. 금고 이상의 형의 선고유예를 받고 그 선고유예기간 중에 있는 사람
> 6. 법원의 판결 또는 다른 법률에 따라 자격이 상실 또는 정지된 사람
> 7. 해당 주택조합의 공동사업주체인 등록사업자 또는 업무대행사의 임직원

② 주택조합의 발기인이나 임원이 다음에 해당하는 경우 해당 발기인은 그 지위를 상실하고 해당 임원은 당연히 퇴직한다(법 제13조 제2항).

> 1. 주택조합의 발기인이 자격기준을 갖추지 아니하게 되거나 주택조합의 임원이 조합원 자격을 갖추지 아니하게 되는 경우
> 2. 주택조합의 발기인 또는 임원이 결격사유에 해당하게 되는 경우

③ 지위가 상실된 발기인 또는 퇴직된 임원이 지위 상실이나 퇴직 전에 관여한 행위는 그 효력을 상실하지 아니한다(법 제13조 제3항).

④ 주택조합의 임원은 다른 주택조합의 임원, 직원 또는 발기인을 겸할 수 없다(법 제13조 제4항).

(2) 조합설립인가의 취소

시장·군수·구청장은 주택조합 또는 주택조합의 구성원이 다음의 어느 하나에 해당하는 경우에는 주택조합의 설립인가를 취소할 수 있다(법 제14조 제2항).

> 1. 거짓이나 그 밖의 부정한 방법으로 설립인가를 받은 경우
> 2. 제94조에 따른 명령이나 처분을 위반한 경우

10 주택조합의 해산 등

(1) 주택조합의 해산 등

① 주택조합은 주택조합의 설립인가를 받은 날부터 3년이 되는 날까지 사업계획승인을 받지 못하는 경우 대통령령으로 정하는 바에 따라 총회의 의결을 거쳐 해산 여부를 결정하여야 한다(법 제14조의2 제1항).

② 주택조합의 발기인은 조합원 모집 신고가 수리된 날부터 2년이 되는 날까지 주택조합 설립인가를 받지 못하는 경우 대통령령으로 정하는 바에 따라 주택조합 가입 신청자 전원으로 구성되는 총회에서 주택조합 가입 신청자의 3분의 2 이상의 찬성으로 의결을 거쳐 주택조합 사업의 종결 여부를 결정하도록 하여야 한다. 이 경우 주택조합 가입 신청자의 100분의 20 이상이 직접 출석해야 한다(법 제14조의2 제2항, 영 제25조의2 제3항).

> ▶ 주택조합 또는 주택조합의 발기인은 주택조합의 해산 또는 주택조합 사업의 종결 여부를 결정하려는 경우에는 다음의 구분에 따른 날부터 3개월 이내에 총회를 개최해야 한다(영 제25조의2 제1항).
> 1. 주택조합 설립인가를 받은 날부터 3년이 되는 날까지 사업계획승인을 받지 못하는 경우: 해당 설립인가를 받은 날부터 3년이 되는 날
> 2. 조합원 모집 신고가 수리된 날부터 2년이 되는 날까지 주택조합 설립인가를 받지 못하는 경우: 해당 조합원 모집 신고가 수리된 날부터 2년이 되는 날

③ 총회를 소집하려는 주택조합의 임원 또는 발기인은 총회가 개최되기 7일 전까지 회의 목적, 안건, 일시 및 장소를 정하여 조합원 또는 주택조합 가입 신청자에게 통지하여야 한다(법 제14조의2 제3항).

④ 주택조합 해산을 결의하거나 사업의 종결을 결의하는 경우 주택조합의 임원 또는 발기인을 청산인으로 선임하여야 한다(법 제14조의2 제4항).

(2) 회계감사

주택조합은 다음에 해당하는 날부터 30일 이내에 주식회사 등의 외부감사에 관한 법률에 따른 감사인의 회계감사를 받아야 하며, 그 감사결과를 관할 시장·군수·구청장에게 보고하여야 한다(법 제14조의3 제1항, 영 제26조 제1항).

> 1. 주택조합 설립인가를 받은 날부터 3개월이 지난 날
> 2. 사업계획승인(사업계획승인 대상이 아닌 리모델링인 경우에는 허가를 말한다)을 받은 날부터 3개월이 지난 날
> 3. 사용검사 또는 임시 사용승인을 신청한 날

예제

1. 주택법령상 지역주택조합의 조합원에 관한 설명으로 틀린 것은?

① 조합원의 사망으로 그 지위를 상속받는 자는 조합원이 될 수 있다.

② 조합원이 근무로 인하여 세대주 자격을 일시적으로 상실한 경우로서 시장·군수·구청장이 인정하는 경우에는 조합원 자격이 있는 것으로 본다.

③ 조합설립 인가 후에 조합원의 탈퇴로 조합원 수가 주택건설 예정 세대수의 50% 미만이 되는 경우에는 결원이 발생한 범위에서 조합원을 신규로 가입하게 할 수 있다.

④ 조합설립 인가 후에 조합원으로 추가모집되는 자가 조합원 자격 요건을 갖추었는지를 판단할 때에는 추가모집공고일을 기준으로 한다.

⑤ 조합원 추가모집에 따른 주택조합의 변경인가 신청은 사업계획승인신청일까지 하여야 한다.

해설 ④ 조합설립 인가 후에 조합원으로 추가모집되는 자가 조합원 자격 요건을 갖추었는지를 판단할 때에는 조합의 설립인가 신청일을 기준으로 한다.　　　　　　　　　　◆ 정답 ④

2. 주택법령상 지역주택조합이 설립인가를 받은 후 조합원을 신규로 가입하게 할 수 있는 경우와 결원의 범위에서 충원할 수 있는 경우 중 어느 하나에도 해당하지 않는 것은?

① 조합원이 사망한 경우

② 조합원이 무자격자로 판명되어 자격을 상실하는 경우

③ 조합원을 수가 주택건설 예정 세대수를 초과하지 아니하는 범위에서 조합원 추가모집의 승인을 받은 경우

④ 조합원의 탈퇴 등으로 조합원 수가 주택건설 예정 세대 수의 60퍼센트가 된 경우

⑤ 사업계획승인의 과정에서 주택건설 예정 세대수가 변경되어 조합원 수가 변경된 세대수의 40퍼센트가 된 경우

해설 ④ 조합원의 탈퇴 등으로 조합원 수가 주택건설 예정 세대 수의 50퍼센트 미만이 되는 경우에는 설립인가를 받은 후 조합원을 결원의 범위에서 충원할 수 있다.　　　　　　　　◆ 정답 ④

04 **주택상환사채** 제31회, 제32회, 제33회

1 주택상환사채의 발행

(1) 주택상환사채의 발행권자, 발행요건

① **발행권자**: 한국토지주택공사와 등록사업자는 주택상환사채를 발행할 수 있다(법 제80조 제1항).

② **주택상환사채의 발행요건**

㉠ 등록사업자는 다음의 기준에 맞고 금융기관 또는 주택도시보증공사의 보증을 받은 경우에만 주택상환사채를 발행할 수 있다(법 제80조 제1항).

> 1. 등록사업자는 다음의 각 요건을 갖춘 경우 주택상환사채를 발행할 수 있다.
>   ① 법인으로서 자본금이 5억원 이상일 것
>   ② 건설산업기본법(제9조)에 따라 건설업 등록을 한 자일 것
>   ③ 최근 3년간 연평균 주택건설 실적이 300호 이상일 것
> 2. 등록사업자가 발행할 수 있는 주택상환사채의 규모는 최근 3년간의 연평균 주택건설호수 이내로 한다.

㉡ 주택상환사채를 발행하려는 자는 대통령령으로 정하는 바에 따라 주택상환사채발행계획을 수립하여 국토교통부장관의 승인을 받아야 한다(법 제80조 제2항).

(2) 주택상환사채의 발행방법 등

주택상환사채는 기명증권으로 하고(법 제81조 제2항), 액면 또는 할인의 방법으로 발행하며, 주택상환사채의 발행자는 주택상환사채대장을 갖추어 두고, 주택상환사채권의 발행 및 상환에 관한 사항을 적어야 한다(영 제83조 제1항·제3항).

(3) 주택상환사채의 상환기간

주택상환사채의 상환기간은 3년을 초과할 수 없다. 이 경우 상환기간은 주택상환사채발행일부터 주택의 공급계약체결일까지의 기간으로 한다(영 제86조 제1항·제2항).

(4) 주택상환사채의 납입금 사용

① 주택상환사채의 납입금은 다음의 용도로만 사용할 수 있다(영 제87조 제1항).

> 1. 택지의 구입 및 조성
> 2. 주택건설자재의 구입
> 3. 건설공사비에의 충당
> 4. 그 밖에 주택상환을 위하여 필요한 비용으로서 국토교통부장관의 승인을 받은 비용에의 충당

② 주택상환사채의 납입금은 해당 보증기관과 주택상환사채발행자가 협의하여 정하는 금융기관에서 관리한다(영 제87조 제2항).

③ 납입금을 관리하는 금융기관은 국토교통부장관이 요청하는 경우에는 납입금 관리상황을 보고하여야 한다(영 제87조 제3항).

(5) 등록사업자의 등록말소와 주택상환사채의 효력

등록사업자의 등록이 말소된 경우에도 등록사업자가 발행한 주택상환사채의 효력에는 영향을 미치지 아니한다(법 제82조).

2 주택상환사채의 양도 또는 중도해약

(1) 양도 또는 중도해약

① 주택상환사채는 이를 양도하거나 중도에 해약할 수 없다. 다만, 다음의 경우에는 그러하지 아니하다(영 제86조 제3항 단서, 규칙 제35조 제1항).

> 1. 세대원(세대주가 포함된 세대의 구성원을 말한다)의 근무 또는 생업상의 사정이나 질병치료·취학·결혼으로 인하여 세대원 전원이 다른 행정구역으로 이전하는 경우
> 2. 세대원 전원이 상속에 의하여 취득한 주택으로 이전하는 경우
> 3. 세대원 전원이 해외로 이주하거나 2년 이상 해외에 체류하고자 하는 경우

② 주택상환사채의 사채권자의 명의변경은 취득자의 성명과 주소를 사채원부에 기록하는 방법으로 하며, 취득자의 성명을 채권에 기록하지 아니하면 사채발행자 및 제3자에게 대항할 수 없다(법 제81조 제2항).

(2) 상 환

① 주택상환사채를 발행한 자는 발행조건에 따라 주택을 건설하여 사채권자에게 상환하여야 한다(법 제81조 제1항).

② 주택상환사채를 상환함에 있어 주택상환사채권자가 원하는 경우에는 주택상환사채의 원리금을 현금으로 상환할 수 있다(규칙 제35조 제3항).

(3) 주택상환사채의 적용법규

주택상환사채의 발행에 관하여 이 법에서 규정한 것 외에는 상법 중 사채발행에 관한 규정을 적용한다. 다만, 한국토지주택공사가 발행하는 경우와 금융기관 등이 상환을 보증하여 등록사업자가 발행하는 경우에는 상법을 적용하지 아니한다(법 제83조).

예제

주택법령상 주택상환사채에 관한 설명으로 옳은 것은?

① 법인으로서 자본금이 3억원인 등록사업자는 주택상환사채를 발행할 수 있다.

② 발행 조건은 주택상환사채권에 적어야 하는 사항에 포함된다.

③ 주택상환사채를 발행하려는 자는 주택상환사채발행계획을 수립하여 시·도지사의 승인을 받아야 한다.

④ 주택상환사채는 액면으로 발행하고, 할인의 방법으로는 발행할 수 없다.

⑤ 주택상환사채는 무기명증권(無記名證券)으로 발행한다.

해설 ① 법인으로서 자본금이 5억원 이상인 등록사업자는 주택상환사채를 발행할 수 있다.
③ 주택상환사채를 발행하려는 자는 주택상환사채발행계획을 수립하여 국토교통부장관의 승인을 받아야 한다.
④ 주택상환사채는 액면 또는 할인의 방법으로 발행할 수 있다.
⑤ 주택상환사채는 기명증권(記名證券)으로 발행한다.   ◆ 정답 ②

---

05 입주자저축 제35회

(1) 입주자저축

① 국토교통부장관은 주택을 공급받으려는 자에게 미리 입주금의 전부 또는 일부를 저축(이하 "입주자저축"이라 한다)하게 할 수 있다(법 제56조 제1항).

② "입주자저축"이란 국민주택과 민영주택을 공급받기 위하여 가입하는 주택청약종합저축을 말한다(법 제56조 제2항).

③ 입주자저축계좌를 취급하는 기관(이하 "입주자저축취급기관"이라 한다)은 은행법에 따른 은행 중 국토교통부장관이 지정한다(법 제56조 제3항).

④ 입주자저축은 한 사람이 한 계좌만 가입할 수 있다(법 제56조 제4항).

(2) 주택청약업무수행기관

국토교통부장관은 입주자자격, 공급 순위 등의 확인과 입주자저축의 관리 등 주택공급과 관련하여 국토교통부령으로 정하는 업무를 효율적으로 수행하기 위하여 주택청약업무수행기관을 지정·고시할 수 있다(법 제56조의2).

(3) 입주자자격 정보 제공 등

① 국토교통부장관은 주택을 공급받으려는 자가 요청하는 경우 주택공급 신청 전에 입주자자격, 주택의 소유 여부, 재당첨 제한 여부, 공급 순위 등에 관한 정보를 제공할 수 있다(법 제56조의3 제1항).

② 정보를 제공하기 위하여 필요한 경우 국토교통부장관은 정보 제공을 요청하는 자 및 배우자, 정보 제공을 요청하는 자 또는 배우자와 세대를 같이하는 세대원에게 개인정보의 수집·제공 동의를 받아야 한다(법 제56조의3 제2항).

③ 입주자저축정보를 제공한 입주자저축취급기관의 장은 「금융실명거래 및 비밀보장에 관한 법률」 제4조의2 제1항에도 불구하고 입주자저축정보의 제공사실을 명의인에게 통보하지 아니할 수 있다. 다만, 입주자저축정보를 제공하는 입주자저축취급기관의 장은 입주자저축정보의 명의인이 요구할 때에는 입주자저축정보의 제공사실을 통보하여야 한다(법 제56조 제7항).

06 국민주택사업특별회계

1 설 치

지방자치단체는 국민주택사업을 시행하기 위하여 국민주택사업특별회계를 설치·운용하여야 한다(법 제84조 제1항).

2 재 원

국민주택사업특별회계의 자금은 다음의 각 재원으로 조성한다(법 제84조 제2항).

1. 자체 부담금
2. 주택도시기금으로부터의 차입금
3. 정부로부터의 보조금
4. 농협은행로부터의 차입금
5. 외국으로부터의 차입금
6. 국민주택사업특별회계에 속하는 재산의 매각 대금
7. 국민주택사업특별회계자금의 회수금·이자수입금 및 그 밖의 수익
8. 재건축초과이익 환수에 관한 법률에 따른 재건축부담금 중 지방자치단체 귀속분

3 운 용

국민주택을 건설·공급하는 지방자치단체의 장은 국민주택사업특별회계의 분기별 운용상황을 그 분기가 끝나는 달의 다음 달 20일까지 국토교통부장관에게 보고하여야 한다. 이 경우 시장·군수 또는 구청장의 경우에는 시·도지사를 거쳐(특별자치시장 또는 특별자치도지사가 보고하는 경우는 제외한다)보고하여야 한다(법 제84조 제3항, 영 제88조 제2항).

07 사업계획승인 제31회, 제32회, 제35회

1 사업계획승인

(1) 사업계획승인

① **원칙**: 다음의 주택건설사업 또는 대지조성사업을 시행하려는 자는 사업계획승인신청서에 주택과 그 부대시설 및 복리시설의 배치도, 대지조성공사 설계도서 등 대통령령으로 정하는 서류를 첨부하여 사업계획승인권자에게 제출하고 사업계획승인을 받아야 한다(법 제15조 제1항, 영 제27조 제1항).

> 1. 단독주택: 30호. 다만, 다음에 해당하는 단독주택인 경우에는 50호로 한다.
>   ① 공공택지를 조성하는 공공사업에 따라 조성된 용지를 개별 필지로 구분하지 아니하고 일단의 토지로 공급받아 해당 토지에 건설하는 단독주택
>   ② 한옥
> 2. 공동주택: 30세대(리모델링의 경우에는 증가하는 세대수가 30세대인 경우). 다만, 다음의 어느 하나에 해당하는 공동주택을 건설(리모델링의 경우는 제외한다)하는 경우에는 50세대로 한다.
>   ① 다음의 요건을 모두 갖춘 단지형 연립주택·다세대주택
>   ㉠ 세대별 주거전용 면적이 30m² 이상일 것
>   ㉡ 해당 주택단지 진입도로의 폭이 6m 이상일 것. 다만, 해당 주택단지의 진입도로가 두 개 이상인 경우에는 다음의 요건을 모두 갖추면 진입도로의 폭을 4미터 이상 6미터 미만으로 할 수 있다.
>   ⓐ 두 개의 진입도로 폭의 합계가 10미터 이상일 것
>   ⓑ 폭 4미터 이상 6미터 미만인 진입도로는 제5조에 따른 도로와 통행거리가 200미터 이내일 것
>   ② 도시 및 주거환경정비법에 따른 정비구역에서 주거환경개선사업[같은 법 제23조 제1항 제1호에 해당하는 방법(스스로 주택을 보전·정비하거나 개량하는 방법)으로 시행하는 경우만 해당한다]에 해당하는 정비사업을 시행하기 위하여 건설하는 공동주택
> 3. 대지조성사업의 경우: 면적 1만m² 이상의 대지조성사업을 시행하려는 경우

② **예외**: 주택 외의 시설과 주택을 동일 건축물로 건축하는 경우 등 다음에 해당하는 경우에는 사업계획승인대상에서 제외한다(법 제15조 제1항 단서).

> 1. 다음의 요건을 모두 갖춘 사업의 경우
>   ① 준주거지역 또는 상업지역(유통상업지역은 제외한다)에서 300세대 미만의 주택과 주택 외의 시설을 동일 건축물로 건축하는 경우일 것
>   ② 해당 건축물의 연면적에서 주택의 연면적이 차지하는 비율이 90% 미만일 것
> 2. 농어촌정비법에 따른 생활환경정비사업 중 농업협동조합법에 따른 농업협동조합중앙회가 조달하는 자금으로 시행하는 사업인 경우

(2) 사업계획승인권자

① **원칙**: 시·도지사·대도시 시장·시장 또는 군수(법 제15조)

> 1. 주택건설사업 또는 대지조성사업으로서 해당 대지면적이 10만m² 이상인 경우: 특별시장·광역시장·특별자치시장·도지사 또는 특별자치도지사(이하 "시·도지사"라 한다) 또는 지방자치법에 따라 서울특별시·광역시 및 특별자치시를 제외한 인구 50만 이상의 대도시(이하 "대도시"라 한다)의 시장
> 2. 주택건설사업 또는 대지조성사업으로서 해당 대지면적이 10만m² 미만인 경우: 특별시장·광역시장·특별자치시장·특별자치도지사 또는 시장·군수

② **예외**: 국토교통부장관의 사업계획승인(법 제15조, 영 제27조 제3항)

> 1. 국가·한국토지주택공사가 시행하는 경우
> 2. 330만m² 이상의 규모로 택지개발촉진법에 따른 택지개발사업 또는 도시개발법에 따른 도시개발사업을 추진하는 지역 중 국토교통부장관이 지정·고시하는 지역에서 주택건설사업을 시행하는 경우
> 3. 수도권·광역시 지역의 긴급한 주택난 해소가 필요하거나 지역균형개발 또는 광역적 차원의 조정이 필요하여 국토교통부장관이 지정·고시하는 지역에서 주택건설사업을 시행하는 경우
> 4. 국가, 지방자치단체, 한국토지주택공사, 지방공사자가 단독 또는 공동으로 총지분의 50퍼센트를 초과하여 출자한 위탁관리 부동산투자회사(해당 부동산투자회사의 자산관리회사가 한국토지주택공사인 경우만 해당한다)가 공공주택 특별법에 따른 공공주택건설사업을 시행하는 경우

③ **공구별 분할시행**: 전체 세대수가 600세대 이상인 주택단지는 공구별로 분할하여 주택을 건설·공급할 수 있으며, 주택단지의 공구별 분할 건설·공급의 절차와 방법에 관한 세부기준은 국토교통부장관이 정하여 고시한다(영 제28조).

CHAPTER 05

④ 표본설계도서의 승인

　　㉠ 한국토지주택공사, 지방공사 또는 등록사업자는 동일한 규모의 주택을 대량으로 건설하려는 경우에는 국토교통부령으로 정하는 바에 따라 국토교통부장관에게 주택의 형별(型別)로 표본설계도서를 작성·제출하여 승인을 받을 수 있다(영 제29조 제1항).

　　㉡ 국토교통부장관은 제1항에 따른 승인을 하려는 경우에는 관계 행정기관의 장과 협의하여야 하며, 협의 요청을 받은 기관은 정당한 사유가 없으면 요청받은 날부터 15일 이내에 국토교통부장관에게 의견을 통보하여야 한다(영 제29조 제2항).

　　㉢ 국토교통부장관은 표본설계도서의 승인을 하였을 때에는 그 내용을 특별시장·광역시장·특별자치시장·도지사 또는 특별자치도지사(이하 "시·도지사"라 한다)에게 통보하여야 한다(영 제29조 제3항).

예제

주택법령상 (　　) 안에 들어갈 내용으로 옳게 연결된 것은? (단, 주택 외의 시설과 주택이 동일 건축물로 건축되지 않음을 전제로 함)

- 한국토지주택공사가 서울특별시 A구역에서 대지면적 10만m²에 50호의 한옥 건설사업을 시행하려는 경우 (　㉠　)으로부터 사업계획승인을 받아야 한다.
- B광역시 C구에서 지역균형개발이 필요하여 국토교통부장관이 지정·고시하는 지역 안에 50호의 한옥 건설사업을 시행하는 경우 (　㉡　)으로부터 사업계획승인을 받아야 한다.

① ㉠: 국토교통부장관,　　　　　㉡: 국토교통부장관
② ㉠: 서울특별시장,　　　　　　㉡: C구청장
③ ㉠: 서울특별시장,　　　　　　㉡: 국토교통부장관
④ ㉠: A구청장,　　　　　　　　㉡: C구청장
⑤ ㉠: 국토교통부장관,　　　　　㉡: B광역시장

❶ 정답 ①

② 사업계획승인시 주택건설대지의 소유권 확보

(1) 원 칙

주택건설사업계획의 승인을 받으려는 자는 해당 주택건설대지의 소유권을 확보하여야 한다(법 제21조 제1항 본문).

(2) 예 외

① 다음에 해당하는 경우에는 그러하지 아니하다(법 제21조 제1항 단서).

> 1. 국토의 계획 및 이용에 관한 법률에 따른 지구단위계획의 결정이 필요한 주택건설사업의 해당 대지면적의 80% 이상을 사용할 수 있는 권원[등록사업자와 공동으로 사업을 시행하는 주택조합(리모델링주택조합은 제외한다)의 경우에는 95% 이상의 소유권을 말한다]을 확보하고(국공유지가 포함된 경우에는 해당 토지의 관리청이 해당 토지를 사업주체에게 매각하거나 양여할 것을 확인한 서류를 사업계획승인권자에게 제출하는 경우에는 확보한 것으로 본다), 확보하지 못한 대지가 매도청구 대상이 되는 대지에 해당하는 경우
> 2. 사업주체가 주택건설대지의 소유권을 확보하지 못하였으나 그 대지를 사용할 수 있는 권원을 확보한 경우
> 3. 국가·지방자치단체·한국토지주택공사 또는 지방공사가 주택건설사업을 하는 경우
> 4. 리모델링 결의를 한 리모델링주택조합이 매도청구를 하는 경우

② 사업주체가 사업계획승인권자에게 신고한 후 공사를 시작하려는 경우 사업계획승인을 받은 해당 주택건설대지에 매도청구 대상이 되는 대지가 포함되어 있으면 해당 매도청구 대상 대지에 대하여는 그 대지의 소유자가 매도에 대하여 합의를 하거나 매도청구에 관한 법원의 승소판결(확정되지 아니한 판결을 포함한다)을 받은 경우에만 공사를 시작할 수 있다(법 제21조 제2항).

(3) 사업계획승인의 기준

① **사업계획**: 사업계획은 쾌적하고 문화적인 주거생활을 하는 데에 적합하도록 수립되어야 하며, 그 사업계획에는 부대시설 및 복리시설의 설치에 관한 계획 등이 포함되어야 한다(법 제15조 제5항).

② **기반시설의 기부채납 등**: 사업계획승인권자는 사업계획을 승인할 때 사업주체가 제출하는 사업계획에 해당 주택건설사업 또는 대지조성사업과 직접적으로 관련이 없거나 과도한 기반시설의 기부채납을 요구하여서는 아니 된다(법 제17조 제1항).

(4) 사업계획승인 결정

사업계획승인권자는 사업계획승인의 신청을 받은 때에는 정당한 사유가 없으면 그 신청을 받은 날부터 60일 이내에 사업주체에게 승인 여부를 통보하여야 한다(영 제30조 제1항).

(5) 변경승인

승인받은 사업계획을 변경하려면 사업계획승인권자로부터 변경승인을 받아야 한다. 다만, 사업주체가 국가, 지방자치단체, 한국토지주택공사 또는 지방공사인 경우에만 총사업비의 20퍼센트의 범위에서의 사업비 증감, 대지면적의 20퍼센트의 범위에서의 면적 증감은 경미한 변경으로 변경승인을 받지 아니한다(법 제15조 제4항).

예제

주택법령상 사업계획승인 등에 관한 설명으로 틀린 것은? (단, 다른 법률에 따른 사업은 제외함)

① 주택건설사업을 시행하려는 자는 전체 세대수가 600세대 이상의 주택단지를 공구별로 분할하여 주택을 건설·공급할 수 있다.

② 사업계획승인권자는 착공신고를 받은 날부터 20일 이내에 신고수리 여부를 신고인에게 통지하여야 한다.

③ 사업계획승인권자는 사업계획승인의 신청을 받았을 때에는 정당한 사유가 없으면 신청받은 날부터 60일 이내에 사업주체에게 승인 여부를 통보하여야 한다.

④ 사업주체는 사업계획승인을 받은 날부터 1년 이내에 공사를 착수하여야 한다.

⑤ 사업계획에는 부대시설 및 복리시설의 설치에 관한 계획 등이 포함되어야 한다.

해설 ④ 사업주체는 사업계획승인을 받은 날부터 5년 이내에 공사를 착수하여야 한다.   **❶ 정답** ④

③ 사업계획승인의 효과

(I) 공사의 착수

① **착수의 의무**: 사업계획승인을 받은 사업주체는 승인받은 사업계획대로 사업을 시행하여야 하고, 다음의 구분에 따라 공사를 시작하여야 한다(법 제16조 제1항 본문).

> 1. 사업계획승인을 받은 경우: 승인받은 날부터 5년 이내
> 2. 분할사업계획승인을 받은 경우
>   ① 최초로 공사를 진행하는 공구: 승인받은 날부터 5년 이내
>   ② 최초로 공사를 진행하는 공구 외의 공구: 해당 주택단지에 대한 최초 착공신고일부터 2년 이내

② **착수의 신고**

　㉠ 사업계획승인을 받은 사업주체가 공사를 시작하려는 경우에는 국토교통부령으로 정하는 바에 따라 사업계획승인권자에게 신고하여야 한다(법 제16조 제2항).

　㉡ 사업주체가 ㉠에 따라 신고한 후 공사를 시작하려는 경우 사업계획승인을 받은 해당 주택건설대지에 매도청구 대상이 되는 대지가 포함되어 있으면 해당 매도청구 대상 대지에 대하여는 그 대지의 소유자가 매도에 대하여 합의를 하거나 매도청구에 관한 법원의 승소판결(확정되지 아니한 판결을 포함한다)을 받은 경우에만 공사를 시작할 수 있다(법 제21조 제2항).

③ **착수기간의 연장**: 사업계획승인권자는 다음의 정당한 사유가 있다고 인정하는 경우에는 사업주체의 신청을 받아 그 사유가 없어진 날부터 1년의 범위에서 위 ①의 박스 1.과 2.의 ①에 따른 공사의 착수기간을 연장할 수 있다(법 제16조 제1항 단서, 영 제31조).

1. 매장유산 보호 및 조사에 관한 법률 규정에 따라 국가유산청장의 매장유산 발굴허가를 받은 경우
2. 해당 사업시행지에 대한 소유권 분쟁(소송절차가 진행 중인 경우만 해당한다)으로 인하여 공사착수가 지연되는 경우
3. 사업계획승인의 조건으로 부과된 사항을 이행함에 따라 공사착수가 지연되는 경우
4. 천재지변 또는 사업주체에게 책임이 없는 불가항력적인 사유로 인하여 공사착수가 지연되는 경우
5. 공공택지의 개발·조성을 위한 계획에 포함된 기반시설의 설치 지연으로 공사착수가 지연되는 경우
6. 해당 지역의 미분양주택 증가 등으로 사업성이 악화될 우려가 있거나 주택건설경기가 침체되는 등 공사에 착수하지 못할 부득이한 사유가 있다고 사업계획승인권자가 인정하는 경우

(2) 사업계획승인의 취소

① **취소사유**: 사업계획승인권자는 다음에 해당하는 경우 그 사업계획의 승인을 취소(2. 또는 3.에 해당하는 경우 주택분양보증이 된 사업은 제외한다)할 수 있다(법 제16조 제4항).

1. 사업주체가 사업계획승인을 받은 후 5년 이내에 공사를 시작하지 아니한 경우(단, 최초공구 외의 공구의 경우는 최초 착공신고일부터 2년 이내에 공사를 시작하지 아니한 경우 취소할 수 없다)
2. 사업주체가 경매·공매 등으로 인하여 대지소유권을 상실한 경우
3. 사업주체의 부도·파산 등으로 공사의 완료가 불가능한 경우

② **취소절차**: 사업계획승인권자는 ①의 2. 또는 3.의 사유로 사업계획 승인을 취소하고자 하는 경우에는 사업주체에게 사업계획 이행, 사업비 조달 계획 등 대통령령으로 정하는 내용이 포함된 사업 정상화 계획을 제출받아 계획의 타당성을 심사한 후 취소여부를 결정하여야 한다(법 제16조 제5항, 영 제32조).

③ **사업주체의 변경**: 사업계획승인권자는 취소사유에 해당하는 경우에도 해당 사업의 시공자 등이 해당 주택건설대지의 소유권 등을 확보하고 사업주체 변경을 위하여 사업계획의 변경승인을 요청하는 경우에 이를 승인할 수 있다(법 제16조 제6항).

사업주체 甲은 사업계획승인권자 乙로부터 주택건설사업을 분할하여 시행하는 것을 내용으로 사업계획승인을 받았다. 주택법령상 이에 관한 설명으로 틀린 것은?

① 乙은 사업계획승인에 관한 사항을 고시하여야 한다.

② 甲은 최초로 공사를 진행하는 공구 외의 공구에서 해당 주택단지에 대한 최초 착공신고일부터 2년 이내에 공사를 시작하여야 한다.

③ 甲이 소송 진행으로 인하여 공사착수가 지연되어 연장신청을 한 경우, 乙은 그 분쟁이 종료된 날부터 2년의 범위에서 공사 착수기간을 연장할 수 있다.

④ 주택분양보증을 받지 않은 甲이 파산하여 공사 완료가 불가능한 경우, 乙은 사업계획승인을 취소할 수 있다.

⑤ 甲이 최초로 공사를 진행하는 공구 외의 공구에서 해당 주택단지에 대한 최초 착공신고일부터 2년이 지났음에도 사업주체가 공사를 시작하지 아니한 경우 乙은 사업계획승인을 취소할 수 없다.

해설 ③ 분쟁이 종료된 날부터 1년의 범위에서 공사 착수기간을 연장할 수 있다.　　　　**◆정답** ③

(3) 주택건설사업 등에 의한 임대주택의 건설 등

① 사업주체(리모델링을 시행하는 자는 제외한다)가 다음의 사항을 포함한 사업계획승인신청서(「건축법」 제11조 제3항의 허가신청서를 포함한다)를 제출하는 경우 사업계획승인권자(건축허가권자를 포함한다)는 「국토의 계획 및 이용에 관한 법률」 제78조의 용도지역별 용적률 범위에서 특별시·광역시·특별자치시·특별자치도·시 또는 군의조례로 정하는 기준에 따라 용적률을 완화하여 적용할 수 있다(법 제20조 제1항).

> 1. 사업계획의 승인대상에 따른 호수(30호) 이상의 주택과 주택 외의 시설을 동일 건축물로 건축하는 계획
> 2. 임대주택의 건설·공급에 관한 사항

② 위 ①에 따라 용적률을 완화하여 적용하는 경우 사업주체는 완화된 용적률의 60퍼센트 이하의 범위에서 대통령령으로 정하는 비율[30퍼센트 이상 60퍼센트 이하의 범위에서 특별시·광역시·특별자치시·도 또는 특별자치도(이하 "시·도"라 한다)의 조례로 정하는 비율] 이상에 해당하는 면적을 임대주택으로 공급하여야 한다. 이 경우 사업주체는 임대주택을 국토교통부장관, 시·도지사, 한국토지주택공사 또는 지방공사(이하 "인수자"라 한다)에 공급하여야 하며 시·도지사가 우선 인수할 수 있다(법 제20조 제2항).

③ 공급되는 임대주택의 공급가격은 공공주택 특별법에 따른 공공건설임대주택의 분양전환가격 산정기준에서 정하는 건축비로 하고, 그 부속토지는 인수자에게 기부채납한 것으로 본다(법 제20조 제3항).

④ 사업주체는 사업계획승인을 신청하기 전에 미리 용적률의 완화로 건설되는 임대주택의 규모 등에 관하여 인수자와 협의하여 사업계획승인신청서에 반영하여야 한다(법 제20조 제4항).

⑤ 사업주체는 공급되는 주택의 전부(제11조의 주택조합이 설립된 경우에는 조합원에게 공급하고 남은 주택을 말한다)를 대상으로 공개추첨의 방법에 의하여 인수자에게 공급하는 임대주택을 선정하여야 하며, 그 선정 결과를 지체 없이 인수자에게 통보하여야 한다(법 제20조 제5항).

⑥ 사업주체는 임대주택의 준공인가(「건축법」 제22조의 사용승인을 포함한다)를 받은 후 지체 없이 인수자에게 등기를 촉탁 또는 신청하여야 한다. 이 경우 사업주체가 거부 또는 지체하는 경우에는 인수자가 등기를 촉탁 또는 신청할 수 있다(법 제20조 제6항).

4 매도청구

(1) 매도청구의 대상

① 지구단위계획의 결정이 필요한 주택건설사업의 해당 대지면적의 80퍼센트 이상을 사용할 수 있는 권원을 확보하여 사업계획승인을 받은 사업주체는 다음에 따라 해당 주택건설대지 중 사용할 수 있는 권원을 확보하지 못한 대지(건축물을 포함한다)의 소유자에게 그 대지를 시가로 매도할 것을 청구할 수 있다(법 제22조 제1항).

> 1. 주택건설대지면적 중 95% 이상에 대하여 사용권원을 확보한 경우: 사용권원을 확보하지 못한 대지의 모든 소유자에게 매도청구 가능
> 2. 80% 이상 95% 미만에 대하여 사용권원을 확보한 경우: 사용권원을 확보하지 못한 대지의 소유자 중 지구단위계획구역 결정고시일 10년 이전에 해당 대지의 소유권을 취득하여 계속 보유하고 있는 자(대지의 소유기간을 산정할 때 대지소유자가 직계존속·직계비속 및 배우자로부터 상속받아 소유권을 취득한 경우에는 피상속인의 소유기간을 합산한다)를 제외한 소유자에게 매도청구 가능

② 이 경우 매도청구대상이 되는 대지의 소유자와 매도청구를 하기 전에 3개월 이상 협의를 하여야 한다(법 제22조 제1항).

(2) 리모델링주택조합의 매도청구

리모델링의 허가를 신청하기 위한 동의율을 확보한 경우 리모델링 결의를 한 리모델링주택조합은 그 리모델링 결의에 찬성하지 아니하는 자의 주택 및 토지에 대하여 매도청구를 할 수 있다(법 제22조 제2항).

(3) 준용법률

매도청구에 관하여는 집합건물의 소유 및 관리에 관한 법률을 준용한다. 이 경우 구분소유권 및 대지사용권은 주택건설사업 또는 리모델링사업의 매도청구의 대상이 되는 건축물 또는 토지의 소유권과 그 밖의 권리로 본다(법 제22조 제3항).

(4) 소유자의 확인이 곤란한 대지의 경우

① **매도청구 의제**: 지구단위계획의 결정이 필요한 주택건설사업에서 사업계획승인을 받은 사업주체는 해당 주택건설대지 중 사용할 수 있는 권원을 확보하지 못한 대지의 소유자가 있는 곳을 확인하기가 현저히 곤란한 경우에는 전국적으로 배포되는 둘 이상의 일간신문에 두 차례 이상 공고하고, 공고한 날부터 30일 이상이 지났을 때에는 매도청구 대상의 대지로 본다(법 제23조 제1항).

② **공탁 및 가격평가**: 사업주체는 매도청구대상 대지의 감정평가액에 해당하는 금액을 법원에 공탁하고 주택건설사업을 시행할 수 있으며, 이에 따른 대지의 감정평가액은 사업계획승인권자가 추천하는 감정평가 및 감정평가사에 관한 법률에 따른 감정평가법인 등 2인 이상이 평가한 금액을 산술평균하여 산정한다(법 제23조 제2항·제3항).

예제

주택법령상 매도청구권에 관한 설명으로 옳은 것은?

① 주택건설대지에 사용권원을 확보하지 못한 건축물이 있는 경우 그 건축물은 매도청구의 대상이 되지 않는다.

② 사업주체는 매도청구일 전 60일부터 매도청구 대상이 되는 대지의 소유자와 협의를 진행하여야 한다.

③ 사업주체가 주택건설대지면적 중 90%에 대하여 사용권원을 확보한 경우, 사용권원을 확보하지 못한 대지의 모든 소유자에게 매도청구를 할 수 있다.

④ 사업주체가 주택건설대지면적 중 80%에 대하여 사용권원을 확보한 경우, 사용권원을 확보하지 못한 대지의 소유자 중 지구단위계획구역 결정고시일 10년 이전에 해당 대지의 소유권을 취득하여 계속 보유하고 있는 자에 대하여는 매도청구를 할 수 없다.

⑤ 사업주체가 리모델링주택조합인 경우 리모델링 결의에 찬성하지 아니하는 자의 주택에 대하여는 매도청구를 할 수 없다.

해설 ① 건축물도 매도청구대상에 포함된다.
② 3개월 이상 협의하여야 한다.
③ 사업주체가 주택건설대지면적 중 95% 이상에 대하여 사용권원을 확보한 경우, 사용권원을 확보하지 못한 대지의 모든 소유자에게 매도청구를 할 수 있다.
⑤ 사업주체가 리모델링주택조합인 경우 리모델링 결의에 찬성하지 아니한 주택에 대하여는 매도청구를 할 수 있다.

❶ 정답 ④

⑤ 주택건설에 필요한 토지 등의 수용·사용

국가·지방자치단체·한국토지주택공사 및 지방공사인 사업주체가 국민주택을 건설하거나 국민주택을 건설하기 위한 대지를 조성하는 경우에는 토지나 토지에 정착한 물건 및 그 토지나 물건에 관한 소유권 외의 권리(이하 "토지 등"이라 한다)를 수용하거나 사용할 수 있다(법 제24조 제2항).

⑥ 주택건설에 필요한 타인의 토지의 출입 등

(1) 주체 및 목적

국가·지방자치단체·한국토지주택공사 및 지방공사인 사업주체가 사업계획의 수립을 위한 조사 또는 측량을 하려는 경우와 국민주택사업을 시행하기 위하여 필요한 경우에는 다음의 행위를 할 수 있다(법 제24조 제1항).

> 1. 타인의 토지에 출입하는 행위
> 2. 특별한 용도로 이용되지 아니하고 있는 타인의 토지를 재료적치장 또는 임시도로로 일시 사용하는 행위
> 3. 특히 필요한 경우 죽목·토석이나 그 밖의 장애물을 변경하거나 제거하는 행위

(2) 출입 등으로 인한 손실보상

① 타인의 토지에 출입 등의 행위로 인하여 손실을 입은 자가 있는 경우에는 그 행위를 한 사업주체가 그 손실을 보상하여야 한다(법 제25조 제1항).

② 손실보상에 관하여는 그 손실을 보상할 자와 손실을 입은 자가 협의하여야 한다(법 제25조 제2항).

③ 협의가 성립되지 아니하거나 협의를 할 수 없는 경우에는 관할 토지수용위원회에 재결을 신청할 수 있다(법 제25조 제3항).

⑦ 토지의 매수·보상업무의 위탁

국가 또는 한국토지주택공사인 사업주체는 주택건설사업 또는 대지조성사업을 위한 토지매수업무와 손실보상업무를 대통령령으로 정하는 바에 따라 관할 지방자치단체의 장에게 위탁할 수 있다. 이 경우 그 토지매수금액과 손실보상금액의 2퍼센트의 범위에서 대통령령으로 정하는 요율의 위탁수수료를 해당 지방자치단체에 지급하여야 한다(법 제26조).

8 서류 등의 무료열람 등

국민주택을 건설·공급하는 사업주체는 주택건설사업 또는 대지조성사업을 시행할 때 필요한 경우에는 등기소나 그 밖의 관계 행정기관의 장에게 필요한 서류의 열람·등사나 그 등본 또는 초본의 발급을 무료로 청구할 수 있다(법 제32조).

9 국·공유지의 우선매각 등

(1) 우선매각등 대상사업

국가 또는 지방자치단체는 그가 소유하는 토지를 매각하거나 임대할 때 다음의 목적으로 그 토지의 매수 또는 임차를 원하는 자가 있으면 그에게 우선적으로 그 토지를 매각하거나 임대할 수 있다(법 제30조 제1항, 영 제41조).

> 1. 국민주택규모의 주택을 50% 이상으로 건설하는 주택의 건설
> 2. 주택조합이 건설하는 주택의 건설
> 3. 1. 또는 2.의 주택을 건설하기 위한 대지의 조성

(2) 환매 등

국가 또는 지방자치단체는 국가 또는 지방자치단체로부터 토지를 매수하거나 임차한 자가 그 매수일 또는 임차일부터 2년 이내에 국민주택규모의 주택 또는 조합주택을 건설하지 아니하거나 그 주택을 건설하기 위한 대지조성사업을 시행하지 아니한 경우에는 환매하거나 임대계약을 취소할 수 있다(법 제30조 제2항).

10 체비지의 우선 매수청구

(1) 체비지의 우선매각

사업주체가 국민주택용지로 사용하기 위하여 도시개발사업시행자(도시개발법에 따른 환지방식에 의하여 사업을 시행하는 도시개발사업의 시행자를 말한다)에게 체비지의 매각을 요구한 경우 그 도시개발사업시행자는 경쟁입찰방법에 따라 체비지의 총면적의 50%의 범위에서 이를 우선적으로 사업주체에게 매각할 수 있다(법 제31조 제1항, 영 제42조 본문). 다만, 매각을 요구하는 사업주체가 하나일 때에는 수의계약에 의할 수 있다(영 제42조 단서).

(2) 체비지의 양도가격

체비지의 양도가격은 국토교통부령으로 정하는 바에 따라 감정평가 및 감정평가사에 관한 법률에 따른 감정평가법인 등이 감정평가한 감정가격을 기준으로 한다. 다만, 85m² 이하의 임대주택을 건설하거나 60m² 이하의 국민주택을 건설하는 경우에는 조성원가를 기준으로 할 수 있다(법 제31조 제3항, 규칙 제16조 제2항).

주택법령상 사업주체의 주택건설용 토지의 취득에 관한 내용 중 틀린 것은?

① 국가 또는 지방자치단체는 그가 소유하는 토지를 매각하거나 임대함에 있어서 국민주택 규모의 주택을 50% 이상으로 건설하는 자에게 우선적으로 해당 토지를 매각하거나 임대할 수 있다.

② 사업주체가 국민주택용지로 사용하기 위하여 체비지의 매각을 요구한 때에는 도시개발사업시행자는 체비지 총면적의 50%의 범위에서 이를 우선적으로 사업주체에게 매각할 수 있다.

③ 위 ②의 체비지 양도가격은 원칙적으로 조성원가를 기준으로 하되, 예외적으로 감정평가법인 등의 감정가격으로 한다.

④ 지방공사인 사업주체가 국민주택을 건설하기 위한 대지를 조성하는 경우에는 토지 등을 수용 또는 사용할 수 있다.

⑤ 국가인 사업주체는 주택건설사업을 위한 토지매수업무와 손실보상업무를 관할 지방자치단체의 장에게 위탁할 수 있다.

해설 ③ 체비지의 양도가격은 국토교통부령으로 정하는 바에 따라 감정평가 및 감정평가사에 관한 법률에 따른 감정평가법인 등이 감정평가한 감정가격을 기준으로 한다. 다만, 임대주택을 건설하는 경우 등 국토교통부령으로 정하는 경우에는 국토교통부령으로 정하는 조성원가를 기준으로 할 수 있다. **◆ 정답** ③

⑪ 간선시설의 설치 의무대상 및 설치의무자

(1) 사업주체가 100호(리모델링의 경우에는 증가하는 세대수가 100세대) 이상의 주택건설사업을 시행하는 경우 또는 16,500m² 이상의 대지조성사업을 시행하는 경우 다음에 해당하는 자는 각각 해당 간선시설을 설치하여야 한다. 다만, 도로 및 상하수도시설로서 사업주체가 주택건설사업계획 또는 대지조성사업계획에 포함하여 설치하려는 경우에는 그러하지 아니하다(법 제28조 제1항, 영 제39조 제1항).

> 1. 도로 및 상하수도시설: 지방자치단체
> 2. 전기시설·통신시설·가스시설 또는 지역난방시설: 해당 시설을 공급하는 자
> 3. 우체통: 국가

(2) 설치시기

간선시설은 특별한 사유가 없으면 사용검사일까지 설치를 완료하여야 한다(법 제28조 제2항).

(3) 설치비용

① **설치비용의 부담**: 간선시설의 설치비용은 설치의무자가 부담한다. 이 경우 도로 및 상하수도간설시설의 설치비용은 그 비용의 50퍼센트의 범위에서 국가가 보조할 수 있다(법 제28조 제3항).

② **사업주체가 설치한 경우의 비용상환**

　㉠ **설치비용의 상환요구**: 간선시설 설치의무자가 사용검사일까지 간선시설의 설치를 완료하지 못할 특별한 사유가 있는 경우에는 사업주체가 그 간선시설을 자기부담으로 설치하고 간선시설 설치의무자에게 그 비용의 상환을 요구할 수 있다(법 제28조 제7항).

　㉡ **상환기간**: 간선시설의 설치비상환계약에서 정하는 설치비의 상환기간은 당해 공사의 사용검사일부터 3년 이내로 하여야 한다(영 제40조 제2항).

③ **전기지중선로의 설치비용**: 전기간선시설을 지중선로로 설치하는 경우에는 전기를 공급하는 자와 지중에 설치할 것을 요청하는 자가 각각 50%의 비율로 그 설치 비용을 부담한다. 다만, 사업지구 밖의 기간시설로부터 그 사업지구 안의 가장 가까운 주택단지의 경계선까지 전기간선시설을 설치하는 경우에는 전기를 공급하는 자가 부담한다(법 제28조 제4항 단서).

④ **도로·상하수도의 설치대행**: 지방자치단체는 사업주체가 자신의 부담으로 지방자치단체의 설치의무에 해당하지 아니하는 도로 또는 상하수도시설(해당 주택건설사업 또는 대지조성사업과 직접적으로 관련이 있는 경우로 한정한다)의 설치를 요청할 경우에는 이에 따를 수 있다(법 제28조 제5항).

12 사용검사 제34회

(1) 사용검사 신청

① **사용검사권자**: 사업주체는 사업계획승인을 받아 시행하는 주택건설사업 또는 대지조성사업을 완료한 경우에는 주택 또는 대지에 대하여 국토교통부령으로 정하는 바에 따라 시장·군수·구청장(국가 또는 한국토지주택공사가 사업주체인 경우와 국토교통부장관으로부터 사업계획의 승인을 받은 경우에는 국토교통부장관)의 사용검사를 받아야 한다(법 제49조 제1항 본문, 영 제54조 제1항).

② **공구별 및 동별 사용검사**: 공구별로 분할하여 사업계획을 승인받은 경우에는 완공된 주택에 대하여 공구별로 사용검사(분할 사용검사)를 받을 수 있고, 사업계획승인 조건의 미이행, 하나의 주택단지의 입주자를 분할 모집하여 전체 단지의 사용검사를 마치기 전에 입주가 필요한 경우에는 공사가 완료된 주택에 대하여 동별로 사용검사(동별 사용검사)를 받을 수 있다(법 제49조 제1항).

(2) 사용검사의 예외적 신청

① 사업주체가 파산 등으로 사용검사를 받을 수 없는 경우

㉠ 사업주체가 파산 등으로 주택건설사업을 계속할 수 없는 경우에는 해당 주택의 시공보증자가 잔여공사를 시공하고 사용검사를 받아야 한다. 다만, 시공보증자가 없거나 시공보증자가 파산 등으로 시공을 할 수 없는 경우에는 입주예정자의 과반수의 동의를 얻어 구성된 10명 이내의 입주예정자대표회의가 시공자를 정하여 잔여공사를 시공하고 사용검사를 받아야 한다(법 제49조 제3항, 영 제55조 제1항).

㉡ 사용검사를 받은 경우에는 사용검사를 받은 자의 구분에 따라 시공보증자 또는 세대별 입주자의 명의로 건축물관리대장 등재 및 소유권보존등기를 할 수 있다(영 제55조 제2항).

② 사업주체가 정당한 이유 없이 사용검사를 위한 절차를 이행하지 아니하는 경우

㉠ 사업주체가 정당한 이유 없이 사용검사를 위한 절차를 이행하지 아니하는 경우에는 해당 주택의 시공을 보증한 자, 해당 주택의 시공자 또는 입주예정자가 사용검사를 받을 수 있으며, 이 경우 사용검사권자는 사업주체가 사용검사를 받지 아니하는 정당한 이유를 밝히지 못하는 한 사용검사를 거부하거나 지연할 수 없다(법 제49조 제3항).

㉡ 이 경우 사용검사권자는 사업주체에게 사용검사를 받지 아니하는 정당한 이유를 제출할 것을 요청하여야 한다. 이 경우 사업주체는 요청을 받은 날부터 7일 이내에 의견을 통지하여야 한다(영 제55조 제4항).

(3) 사용검사기간

사용검사권자는 사용검사의 대상인 주택 또는 대지가 사업계획의 내용에 적합한지 여부를 확인하여야 하며(영 제54조 제3항), 이에 따른 사용검사는 그 신청일부터 15일 이내에 하여야 한다(영 제54조 제4항).

(4) 사용검사효력

① 사업주체 또는 입주예정자는 사용검사를 받은 후가 아니면 주택 또는 대지를 사용하게 하거나 이를 사용할 수 없다. 다만, 대통령령으로 정하는 경우로서 사용검사권자의 임시사용승인을 받은 경우에는 그러하지 아니하다(법 제49조 제4항).

② 사업주체가 사용검사를 받았을 때에는 사업계획승인에 따라 의제되는 인·허가 등에 따른 해당 사업의 사용승인·준공검사 또는 준공인가 등을 받은 것으로 본다(법 제49조 제2항).

(5) 임시사용승인

① 임시사용승인을 얻고자 하는 자는 국토교통부령이 정하는 바에 의하여 주택건설사업 의 경우에는 건축물의 동별로 공사가 완료된 때, 대지조성사업의 경우에는 구획별로 공사가 완료된 때에 사용검사권자에게 임시사용승인을 신청하여야 한다(법 제49조 제4항 단서, 영 제56조 제1항·제2항).

② 임시사용승인의 대상이 공동주택인 경우에는 세대별로 임시사용승인을 할 수 있다(영 제56조 제3항).

13 사용검사 후 매도청구 등

(1) 주택 소유자의 매도청구

주택(복리시설을 포함한다)의 소유자들은 주택단지 전체 대지에 속하는 일부의 토지에 대 한 소유권이전등기 말소소송 등에 따라 제49조의 사용검사(동별 사용검사를 포함한다)를 받은 이후에 해당 토지의 소유권을 회복한 자(실소유자)에게 해당 토지를 시가(市價)로 매 도할 것을 청구할 수 있다(법 제62조 제1항).

(2) 대표자 선정요건

주택의 소유자들은 대표자를 선정하여 매도청구에 관한 소송을 제기할 수 있다. 이 경우 대표자는 주택의 소유자 전체의 4분의 3 이상의 동의를 받아 선정한다(법 제62조 제2항).

(3) 판결의 효력

매도청구에 관한 소송에 대한 판결은 주택의 소유자 전체에 대하여 효력이 있다(법 제62조 제3항).

(4) 매도청구의 요건

매도청구를 하려는 경우에는 해당 토지의 면적이 주택단지 전체 대지 면적의 5퍼센트 미 만이어야 한다(법 제62조 제4항).

(5) 송달기간

매도청구의 의사표시는 실소유자가 해당 토지 소유권을 회복한 날부터 2년 이내에 해당 실소유자에게 송달되어야 한다(법 제62조 제5항).

(6) 구상권 행사

주택의 소유자들은 매도청구로 인하여 발생한 비용의 전부를 사업주체에게 구상할 수 있 다(법 제62조 제6항).

예제

주택건설사업이 완료되어 사용검사가 있은 후에 甲이 주택단지 일부의 토지에 대해 소유권이전등기 말소소송에 따라 해당 토지의 소유권을 회복하게 되었다. 주택법령상 이에 관한 설명으로 옳은 것은?

① 주택의 소유자들은 甲에게 해당 토지를 공시지가로 매도할 것을 청구할 수 있다.

② 대표자를 선정하여 매도청구에 관한 소송을 하는 경우 대표자는 복리시설을 포함하여 주택의 소유자 전체의 4분의 3 이상의 동의를 받아 선정한다.

③ 대표자를 선정하여 매도청구에 관한 소송을 하는 경우 그 판결은 대표자 선정에 동의하지 않은 주택의 소유자에게는 효력이 미치지 않는다.

④ 甲이 소유권을 회복한 토지의 면적이 주택단지 전체 대지 면적의 5퍼센트를 넘는 경우에는 주택 소유자 전원의 동의가 있어야 매도청구를 할 수 있다.

⑤ 甲이 해당 토지의 소유권을 회복한 날부터 1년이 지난 이후에는 甲에게 매도청구를 할 수 없다.

해설 ① 주택의 소유자들은 甲에게 해당 토지를 시가로 매도할 것을 청구할 수 있다.
③ 판결은 대표자 선정에 동의하지 않은 주택의 소유자에게도 효력이 있다.
④ 매도청구를 하려는 경우에는 해당 토지의 면적이 주택단지 전체 대지 면적의 5% 미만이어야 한다.
⑤ 소유권을 회복한 날부터 2년이 지난 이후에는 甲에게 매도청구를 할 수 없다. ❶ **정답** ②

제 3 절 │ 주택의 공급

01 주택의 공급

1 주택을 공급하는 자의 의무

사업주체[건축법에 따른 건축허가를 받아 주택 외의 시설과 주택을 동일 건축물로 하여 제15조 제1항에 따른 호수(사업계획승인대상) 이상으로 건설·공급하는 건축주와 사용검사를 받은 주택을 사업주체로부터 일괄하여 양수받은 자를 포함한다]는 다음에서 정하는 바에 따라 주택을 건설·공급하여야 한다. 이 경우 국가유공자, 보훈보상대상자, 장애인, 철거주택의 소유자, 그 밖에 국토교통부령으로 정하는 대상자에 대하여는 국토교통부령으로 정하는 바에 따라 입주자 모집조건 등을 달리 정하여 별도로 공급할 수 있다(법 제54조 제1항).

1. 사업주체(공공주택사업자는 제외한다)가 입주자를 모집하려는 경우: 국토교통부령으로 정하는 바에 따라 시장·군수·구청장의 승인(복리시설의 경우에는 신고를 말한다)을 받을 것
2. 사업주체가 건설하는 주택을 공급하려는 경우
   ① 국토교통부령으로 정하는 입주자모집의 시기(사업주체 또는 시공자가 영업정지를 받거나 건설기술 진흥법 제53조에 따른 벌점이 국토교통부령으로 정하는 기준에 해당하는 경우 등에 달리 정한 입주자모집의 시기를 포함한다)·조건·방법·절차, 입주금(입주예정자가 사업주체에게 납입하는 주택가격을 말한다)의 납부 방법·시기·절차, 주택공급계약의 방법·절차 등에 적합할 것
   ② 국토교통부령으로 정하는 바에 따라 벽지·바닥재·주방용구·조명기구 등을 제외한 부분의 가격을 따로 제시하고, 이를 입주자가 선택할 수 있도록 할 것

② 마감자재 목록표 등의 제출

(1) 목록표 등의 제출

사업주체가 시장·군수·구청장의 입주자모집승인을 받으려는 경우(사업주체가 국가·지방자치단체·한국토지주택공사 및 지방공사인 경우에는 견본주택을 건설하는 경우를 말한다)에는 건설하는 견본주택에 사용되는 마감자재의 규격·성능 및 재질을 적은 마감자재목록표와 견본주택의 각 실의 내부를 촬영한 영상물 등을 제작하여 승인권자에게 제출하여야한다(법 제54조 제3항).

(2) 정보의 제공

사업주체는 주택공급계약을 체결할 때 입주예정자에게 다음의 자료 또는 정보를 제공하여야 한다. 다만, 입주자 모집공고에 이를 표시(인터넷에 게재하는 경우를 포함한다)한 경우에는 그러하지 아니하다(법 제54조 제4항).

1. 견본주택에 사용된 마감자재 목록표
2. 공동주택 발코니의 세대 간 경계벽에 피난구를 설치하거나 경계벽을 경량구조로 건설한 경우 그에 관한 정보

(3) 목록표 등의 보관

시장·군수·구청장은 마감자재 목록표와 영상물 등을 사용검사가 있은 날부터 2년 이상 보관하여야 하며, 입주자가 열람을 요구하는 경우에는 이를 공개하여야 한다(법 제54조 제5항).

(4) 마감자재의 변경

① 사업주체가 마감자재 생산업체의 부도 등으로 인한 제품의 품귀 등 부득이한 사유로 인하여 사업계획승인 또는 마감자재 목록표의 마감자재와 다르게 마감자재를 시공·설치하려는 경우에는 당초의 마감자재와 같은 질 이상으로 설치하여야 한다(법 제54조 제6항).

② 사업주체가 마감자재 목록표의 자재와 다른 마감자재를 시공·설치하려는 경우에는 그 사실을 입주예정자에게 알려야 한다(법 제54조 제7항).

(5) 표시·광고의 사본 보관

사업주체는 공급하려는 주택에 대하여 대통령령으로 정하는 내용이 포함된 표시 및 광고(표시·광고의 공정화에 관한 법률에 따른 표시 또는 광고를 말한다. 이하 같다)를 한 경우 대통령령으로 정하는 바에 따라 해당 표시 또는 광고의 사본을 시장·군수·구청장에게 제출하여야 한다. 이 경우 시장·군수·구청장은 제출받은 표시 또는 광고의 사본을 사용검사가 있은 날부터 2년 이상 보관하여야 하며, 입주자가 열람을 요구하는 경우 이를 공개하여야 한다(법 제54조 제8항).

③ 저당권 등 설정제한

(1) 제한대상행위

사업주체는 주택건설사업에 의하여 건설된 주택 및 대지에 대하여는 입주자 모집공고 승인 신청일(주택조합의 경우에는 사업계획승인 신청일을 말한다) 이후부터 입주예정자가 그 주택 및 대지의 소유권이전등기를 신청할 수 있는 날 (사업주체가 입주예정자에게 통보한 입주가능일을 말한다) 이후 60일까지의 기간 동안 입주예정자의 동의 없이 다음에 해당하는 행위를 하여서는 아니 된다(법 제61조 제1항).

1. 해당 주택 및 대지에 저당권 또는 가등기담보권 등 담보물권을 설정하는 행위
2. 해당 주택 및 대지에 전세권·지상권 또는 등기되는 부동산임차권을 설정하는 행위
3. 해당 주택 및 대지를 매매 또는 증여 등의 방법으로 처분하는 행위

(2) 입주자의 동의 없이 저당권 설정 등을 할 수 있는 경우

주택의 건설을 촉진하기 위하여 다음에 해당하는 경우에는 입주자의 동의 없이 저당권 설정 등을 할 수 있다(법 제61조 제1항 단서, 영 제71조).

> 1. 해당 주택의 입주자에게 주택구입자금의 일부를 융자하여 줄 목적으로 주택도시기금이나 은행법에 따른 은행 등 금융기관으로부터 주택건설자금의 융자를 받는 경우
> 2. 해당 주택의 입주자에게 주택구입자금의 일부를 융자하여 줄 목적으로 은행법에 따른 은행 등 금융기관으로부터 주택구입자금의 융자를 받는 경우
> 3. 사업주체가 파산(채무자 회생 및 파산에 관한 법률 등에 따른 법원의 결정·인가를 포함한다)·합병·분할·등록말소·영업정지 등의 사유로 사업을 시행할 수 없게 되어 사업주체가 변경되는 경우

(3) 부기등기

① 부기등기의 명시내용

㉠ 대지의 경우: 저당권설정 등의 제한을 할 때 사업주체는 "이 토지는 주택법에 따라 입주자를 모집한 토지(주택조합의 경우에는 주택건설사업계획승인이 신청된 토지를 말한다)로서 입주예정자의 동의없이는 양도하거나 제한물권을 설정하거나 압류·가압류·가처분 등 소유권에 제한을 가하는 모든 행위를 할 수 없음"이라는 내용을 명시하여야 한다(법 제61조 제3항).

㉡ 주택의 경우: 저당권설정 등의 제한을 할 때 사업주체는 "이 주택은 부동산등기법에 따라 소유권보존등기를 마친 주택으로서 입주예정자의 동의없이는 양도하거나 제한물권을 설정하거나 압류·가압류·가처분 등 소유권에 제한을 가하는 모든 행위를 할 수 없음"이라는 내용을 명시하여야 한다(법 제61조 제3항, 영 제72조 제1항 후단).

② 부기등기의 예외: 다만, 사업주체가 국가·지방자치단체 및 한국토지주택공사 등 공공기관이거나 해당 대지가 사업주체의 소유가 아닌 경우 등 대통령령으로 정하는 경우에는 그러하지 아니하다(법 제61조 제3항 단서).

③ 부기등기의 시기: 부기등기는 주택건설대지에 대하여는 입주자모집공고승인 신청(주택건설대지 중 주택조합이 사업계획승인 신청일까지 소유권을 확보하지 못한 부분이 있는 경우에는 그 부분에 대한 소유권 이전등기를 말한다)과 동시에 하여야 하고, 건설된 주택에 대하여는 소유권보존등기와 동시에 하여야 한다(법 제61조 제4항).

(4) 부기등기위반의 효력

부기등기일 이후에 해당 대지 또는 주택을 양수하거나 제한물권을 설정 받은 경우 또는 압류·가압류·가처분 등의 목적물로 한 경우에는 그 효력을 무효로 한다. 다만, 사업주체의 경영부실로 입주예정자가 그 대지를 양수받는 경우 등 대통령령으로 정하는 경우에는 그러하지 아니하다(법 제61조 제5항).

(5) 저당권 등 설정금지규정 위반

저당권 등 설정금지규정에 위반한 자에 대하여는 2년 이하의 징역 또는 2천만원 이하의 벌금에 처한다(법 제102조 제7호).

(6) 주택건설대지의 신탁사유

사업주체의 재무 상황 및 금융거래 상황이 극히 불량한 경우 등 대통령령으로 정하는 사유에 해당되어 주택도시보증공사가 분양보증을 하면서 주택건설대지를 주택도시보증공사에 신탁하게 할 경우에는 사업주체는 그 주택건설대지를 신탁할 수 있다(법 제61조 제6항).

(7) 신탁계약조항

사업주체가 주택건설대지를 신탁하는 경우 신탁등기일 이후부터 입주예정자가 해당 주택건설대지의 소유권이전등기를 신청할 수 있는 날 이후 60일까지의 기간 동안 해당 신탁의 종료를 원인으로 하는 사업주체의 소유권이전등기청구권에 대한 압류·가압류·가처분 등은 효력이 없음을 신탁계약조항에 포함하여야 하며(법 제61조 제7항), 소유권이전등기청구권을 압류·가압류·가처분 등의 목적물로 한 경우에는 그 효력을 무효로 한다(법 제61조 제8항).

> **예제**

주택법령상 사업주체는 사업의 대상이 된 주택 및 대지에 대하여는 '일정 기간' 동안 입주예정자의 동의 없이 저당권 설정 등을 할 수 없는바, 이에 관한 설명으로 옳은 것은?

① '일정 기간'이란, 입주자모집공고승인 신청일 이후부터 입주예정자가 소유권이전등기를 신청할 수 있는 날 이후 90일까지의 기간을 말한다.
② 위 ①에서 '소유권이전등기를 신청할 수 있는 날'이란 사업주체가 입주예정자에게 통보한 잔금지급일을 말한다.
③ 사업주체가 저당권 설정제한의 부기등기를 하는 경우, 주택건설대지에 대하여는 입주자모집공고승인 신청과 동시에, 건설된 주택에 대하여는 소유권보존등기와 동시에 하여야 한다.
④ 부기등기일 이후에 해당 대지·주택을 양수하거나 제한물권을 설정·압류·가압류·가처분 등의 목적물로 한 경우에는 효력을 취소한다.
⑤ 주택도시보증공사가 분양보증을 하면서 주택건설대지를 자신에게 신탁하게 할 경우 사업주체는 이를 신탁해야 한다.

해설 ① 소유권이전등기를 신청할 수 있는 날 이후 60일을 말한다.
② 입주가능일을 말한다.
④ 효력을 무효로 한다.
⑤ 주택건설대지를 신탁할 수 있다.

◆ 정답 ③

02 분양가상한제 제32회, 제33회

① 분양가상한제 적용주택

(1) 적용주택

사업주체가 일반인에게 공급하는 공동주택 중 다음에 해당하는 지역에서 공급하는 주택의 경우에는 이 조에서 정하는 기준에 따라 산정되는 분양가격 이하로 공급(분양가상한제 적용주택)하여야 한다(법 제57조 제1항).

> 1. 공공택지
> 2. 공공택지 외의 택지에서 주택가격 상승 우려가 있어 제58조에 따라 국토교통부장관이 「주거기본법」 제8조에 따른 주거정책심의위원회(이하 "주거정책심의위원회"라 한다)의 심의를 거쳐 지정하는 지역

(2) 분양가상한제 적용제외

다음에 해당하는 경우에는 분양가상한제를 적용하지 아니한다(법 제57조 제2항).

> 1. 도시형 생활주택
> 2. 경제자유구역의 지정 및 운영에 관한 특별법에 따라 지정·고시된 경제자유구역에서 건설·공급하는 공동주택으로서 같은 법에 따른 경제자유구역위원회에서 외자유치 촉진과 관련이 있다고 인정하여 다음에 따른 분양가격 제한을 적용하지 아니하기로 심의·의결한 경우
> 3. 관광진흥법에 따라 지정된 관광특구에서 건설·공급하는 공동주택으로서 해당 건축물의 층수가 50층 이상이거나 높이가 150m 이상인 경우
> 4. 한국토지주택공사 또는 지방공사가 다음의 정비사업의 시행자(도시 및 주거환경정비법 제2조 제8호 및 빈집 및 소규모주택 정비에 관한 특례법 제2조 제5호에 따른 사업시행자를 말한다)로 참여하는 등 대통령령으로 정하는 공공성 요건을 충족하는 경우로서 해당 사업에서 건설·공급하는 주택
>   ① 도시 및 주거환경정비법 제2조 제2호에 따른 정비사업으로서 면적, 세대수 등이 대통령령으로 정하는 요건에 해당되는 사업
>   ⓐ 도시 및 주거환경정비법 제2조 제1호의 정비구역 면적이 2만제곱미터 미만인 사업
>   ⓑ 해당 정비사업에서 건설·공급하는 주택의 전체 세대수가 200세대 미만인 사업
>   ② 빈집 및 소규모주택 정비에 관한 특례법 제2조 제3호에 따른 소규모주택정비사업
> 5. 도시 및 주거환경정비법에 따른 주거환경개선사업 및 공공재개발사업에서 건설·공급하는 주택
> 6. 도시재생 활성화 및 지원에 관한 특별법에 따른 주거재생혁신지구에서 시행하는 혁신지구재생사업에서 건설·공급하는 주택
> 7. 공공주택 특별법에 따른 도심 공공주택 복합사업에서 건설·공급하는 주택

(3) 분양가격은 택지비와 건축비로 구성(토지임대부분양주택의 경우에는 건축비만 해당)되며, 구체적인 명세, 산정방식, 감정평가기관 선정방법 등은 국토교통부령으로 정한다(법 제57조 제3항 전단).

① 택지비는 다음에 따라 산정한 금액으로 한다(법 제57조 제3항 후단).

> 1. 공공택지에서 주택을 공급하는 경우에는 해당 택지의 공급가격에 국토교통부령으로 정하는 택지와 관련된 비용을 가산한 금액
> 2. 공공택지 외의 택지에서 주택을 공급하는 경우에는 감정평가 및 감정평가사에 관한 법률에 따라 감정평가한 가액에 국토교통부령으로 정하는 택지와 관련된 비용을 가산한 금액. 다만, 택지 매입가격이 다음에 해당하는 경우에는 해당 매입가격(대통령령으로 정하는 범위 내에 한한다)에 국토교통부령으로 정하는 택지와 관련된 비용을 가산한 금액을 택지비로 볼 수 있다. 이 경우 택지비는 주택단지 전체에 동일하게 적용하여야 한다.
>   ① 민사집행법, 국세징수법, 지방세기본법에 따른 경·공매 낙찰가격
>   ② 국가·지방자치단체 등 공공기관으로부터 매입한 가격
>   ③ 부동산등기부 또는 법인장부에 해당 택지의 거래가액이 기록되어 있는 경우

② 분양가격 구성항목 중 건축비는 국토교통부장관이 정하여 고시하는 건축비(이하 "기본형건축비"라 한다)에 국토교통부령으로 정하는 금액을 더한 금액으로 한다. 이 경우 기본형건축비는 시장·군수·구청장이 해당 지역의 특성을 고려하여 국토교통부령으로 정하는 범위에서 따로 정하여 고시할 수 있다(법 제57조 제4항).

② 분양가격의 공시

(1) 공공택지

사업주체는 분양가상한제 적용주택으로서 공공택지에서 공급하는 주택에 대하여 입주자모집승인을 받았을 때에는 입주자모집공고에 다음(국토교통부령으로 정하는 세분류를 포함한다)에 대하여 분양가격을 공시하여야 한다(법 제57조 제5항).

> 1. 택지비   2. 공사비   3. 간접비
> 4. 그 밖에 국토교통부령으로 정하는 비용

(2) 공공택지 외의 택지

시장·군수·구청장이 공공택지 외의 택지에서 공급되는 분양가상한제 적용주택 중 분양가 상승 우려가 큰 지역으로서 대통령령으로 정하는 기준에 해당되는 지역에서 공급되는 주택에 대하여 입주자모집 승인을 하는 경우에는 다음의 구분에 따라 분양가격을 공시하여야 한다. 이 경우 2.부터 6.까지의 금액은 기본형건축비(특별자치시·특별자치도·시·군·구별 기본형건축비가 따로 있는 경우에는 시·군·구별 기본형건축비)의 항목별 가액으로 한다(법 제57조 제6항).

1. 택지비	2. 직접공사비
3. 간접공사비	4. 설계비
5. 감리비	6. 부대비
7. 그 밖에 국토교통부령으로 정하는 비용	

(3) 공시내용에 포함할 사항

분양가를 공시를 할 때 국토교통부령으로 정하는 택지비 및 건축비에 가산되는 비용의 공시에는 분양가심사위원회의 심사를 받은 내용과 산출근거를 포함하여야 한다(법 제57조 제7항).

(4) 주의문구의 명시

사업주체는 입주자 모집을 하는 경우에는 입주자모집공고안에 "분양가격의 항목별 공시내용은 사업에 실제 소요된 비용과 다를 수 있다."는 문구를 명시하여야 한다(영 제60조).

③ 분양가상한제 적용주택의 입주자의 거주의무 등

(1) 다음에 해당하는 주택의 입주자(상속받은 자는 제외한다. 이하 "거주의무자"라 한다)는 해당 주택의 최초 입주가능일부터 3년 이내(토지임대부 분양주택의 경우에는 최초 입주가능일을 말한다)에 입주하여야 하고, 해당 주택의 분양가격과 국토교통부장관이 고시한 방법으로 결정된 인근지역 주택매매가격의 비율에 따라 5년 이내의 범위에서 대통령령으로 정하는 기간(이하 "거주의무기간"이라 한다) 동안 계속하여 해당 주택에 거주하여야 한다. 다만, 해외 체류 등 대통령령으로 정하는 부득이한 사유가 있는 경우 그 기간은 해당 주택에 거주한 것으로 본다(법 제57조의2 제1항 본문).

1. 사업주체가 수도권에서 건설·공급하는 분양가상한제 적용주택
2. 토지임대부 분양주택

(2) 거주의무자는 거주의무를 이행하지 아니한 경우 해당 주택을 양도(매매·증여나 그 밖에 권리 변동을 수반하는 모든 행위를 포함하되, 상속의 경우는 제외한다)할 수 없다. 다만, 거주의 무자가 격의 비율에 따라 거주의무기간 동안 계속하여 해당 주택에 거주하여야 한다. 다만, 해외 체류 등 대통령령으로 정하는 부득이한 사유 외의 사유로 거주의무기간 이내에 거주를 이전하려는 경우 거주의무자는 대통령령으로 정하는 바에 따라 한국토지주택공사(사업주체가 공공주택 특별법에 따른 공공주택사업자인 경우에는 공공주택사업자를 말한다)에 해당 주택의 매입을 신청하여야 한다(법 제57조의2 제2항).

(3) 한국토지주택공사는 매입신청을 받거나 거주의무자 및 재공급하는 주택을 공급받은 사람(이하 "거주의무자등"이라 한다)이 거주의무기간을 위반하였다는 사실을 알게 된 경우 위반사실에 대한 의견청취를 하는 등 대통령령으로 정하는 절차를 거쳐 대통령령으로 정하는 특별한 사유가 없으면 해당 주택을 매입하여야 한다(법 제57조의2 제3항).

(4) 한국토지주택공사가 주택을 매입하는 경우 거주의무자등에게 그가 납부한 입주금과 그 입주금에 「은행법」에 따른 은행의 1년 만기 정기예금의 평균이자율을 적용한 이자를 합산한 금액(이하 "매입비용"이라 한다)을 지급한 때에는 그 지급한 날에 한국토지주택공사가 해당 주택을 취득한 것으로 본다(법 제57조의2 제4항).

(5) 사업주체는 주택을 공급하는 경우에는 거주의무자가 거주의무기간을 거주하여야 해당 주택을 양도할 수 있음을 소유권에 관한 등기에 부기등기하여야 한다. 이 경우 부기등기는 주택의 소유권보존등기와 동시에 하여야 하며, 부기등기에 포함되어야 할 표기내용 등은 대통령령으로 정한다(법 제57조의2 제5항).

(6) 한국토지주택공사는 (3) 및 (4)에 따라 취득한 주택을 국토교통부령으로 정하는 바에 따라 재공급하여야 하며, 주택을 재공급받은 사람은 거주의무기간 중 잔여기간을 계속하여 거주하지 아니하고 그 주택을 양도할 수 없다. 다만, (1) 부분 단서의 사유에 해당하는 경우 그 기간은 해당 주택에 거주한 것으로 본다(법 제57조의2 제7항).

(7) 주택을 재공급받은 사람이 (7)의 단서 이외의 사유로 거주의무기간 이내에 거주를 이전하려는 경우에는 대통령령으로 정하는 바에 따라 한국토지주택공사에 해당 주택의 매입을 신청하여야 한다(법 제57조의2 제8항).

(8) 한국토지주택공사가 주택을 취득하거나 주택을 재공급하는 경우에는 제64조 제1항(주택의 전매행위 제한)을 적용하지 아니한다(법 제57조의2 제9항).

④ 분양가상한제 적용 지역의 지정 및 해제

(1) 분양가상한제 적용지역의 지정요건

국토교통부장관은 주택가격상승률이 물가상승률보다 현저히 높은 지역으로서 그 지역의 주택가격·주택거래 등과 지역 주택시장 여건 등을 고려하였을 때 주택가격이 급등하거나 급등할 우려가 있는 지역 중 대통령령으로 정하는 기준을 충족하는 지역은 주거정책심의위원회 심의를 거쳐 분양가상한제 적용 지역으로 지정할 수 있다(법 제58조 제1항).

> ▶ 투기과열지구 중 다음에 해당하는 지역을 말한다.
> 1. 분양가상한제 적용 지역으로 지정하는 날이 속하는 달의 바로 전달(이하 이 항에서 "분양가상한제적용직전월"이라 한다)부터 소급하여 12개월간의 아파트 분양가격상승률이 물가상승률(해당 지역이 포함된 시·도 소비자물가상승률을 말한다)의 2배를 초과한 지역. 이 경우 해당 지역의 아파트 분양가격상승률을 산정할 수 없는 경우에는 해당 지역이 포함된 특별시·광역시·특별자치시·특별자치도 또는 시·군의 아파트 분양가격상승률을 적용한다.
> 2. 분양가상한제적용직전월부터 소급하여 3개월간의 주택매매거래량이 전년 동기 대비 20 퍼센트 이상 증가한 지역
> 3. 분양가상한제적용직전월부터 소급하여 주택공급이 있었던 2개월 동안 해당 지역에서 공급되는 주택의 월평균 청약경쟁률이 모두 5대 1을 초과하였거나 해당 지역에서 공급되는 국민주택규모 주택의 월평균 청약경쟁률이 모두 10대 1을 초과한 지역

(2) 분양가상한제 적용지역의 지정 및 해제절차

① **의견청취**: 국토교통부장관이 분양가상한제 적용 지역을 지정하는 경우에는 미리 시·도지사의 의견을 들어야 한다(법 제58조 제2항).

② **공고 등**: 국토교통부장관은 분양가상한제 적용 지역을 지정(해제)하였을 때에는 지체 없이 이를 공고하고, 그 지정 지역을 관할하는 시장·군수·구청장에게 공고 내용을 통보하여야 한다. 이 경우 시장·군수·구청장은 사업주체로 하여금 입주자 모집공고 시 해당 지역에서 공급하는 주택이 분양가상한제 적용주택이라는 사실을 공고하게 하여야 한다(법 제58조 제3항).

③ **해제**: 국토교통부장관은 분양가상한제 적용 지역으로 계속 지정할 필요가 없다고 인정하는 경우에는 주거정책심의위원회 심의를 거쳐 분양가상한제 적용 지역의 지정을 해제하여야 한다(법 제58조 제4항).

④ **해제요청**: 분양가상한제 적용 지역으로 지정된 지역의 시·도지사, 시장, 군수 또는 구청장은 분양가상한제 적용 지역의 지정 후 해당 지역의 주택가격이 안정되는 등 분양가상한제 적용 지역으로 계속 지정할 필요가 없다고 인정하는 경우에는 국토교통부장관에게 그 지정의 해제를 요청할 수 있고, 해제를 요청받은 국토교통부장관은 요청받은 날부터 40일 이내에 주거정책심의위원회의 심의를 거쳐 분양가상한제 적용 지역 지정의 해제 여부를 결정하여야 한다. 이 경우 국토교통부장관은 관계 시·도지사, 시장, 군수 또는 구청장에게 그 결과를 통보하여야 한다(법 제58조 제6항, 영 제61조 제3항).

5 분양가심사 위원회의 설치·운영

(1) 설 치

시장·군수·구청장은 분양가상한제 및 분양가공시제에 관한 사항을 심의하기 위하여 사업계획승인 신청(도시 및 주거환경정비법에 따른 사업시행계획인가, 건축법에 따른 건축허가를 포함한다)이 있는 날부터 20일 이내에 분양가심사위원회를 설치·운영하여야 한다. 다만, 사업주체가 국가·지방자치단체·한국토지주택공사 또는 지방공사인 경우에는 해당 기관의 장이 위원회를 설치·운영하여야 한다(법 제59조 제1항, 영 제62조).

(2) 효 과

시장·군수·구청장은 입주자모집승인을 할 때에는 분양가심사위원회의 심사결과에 따라 승인 여부를 결정하여야 한다(법 제59조 제2항).

예제

주택법령상 주택의 분양가격 제한과 관련된 설명으로 틀린 것은?

① 사업주체가 일반인에 공급하는 공동주택이라도 도시형 생활주택에 대해서는 분양가상한제가 적용되지 않는다.
② 관광진흥법에 따라 지정된 관광특구에서 55층의 아파트를 건설·공급하는 경우 분양가상한제는 적용되지 않는다.
③ 사업주체가 공공택지에서 공급하는 주택에 대하여 입주자모집 승인을 받은 경우에는 분양가상한제 적용주택이라도 입주자 모집공고에 분양가격을 공시할 필요가 없다.
④ 분양가상한제의 적용에 있어 분양가격 산정의 기준이 되는 기본형 건축비는 시장·군수·구청장이 해당 지역의 특성을 고려하여 국토교통부령으로 정하는 범위에서 따로 정하여 고시할 수 있다.
⑤ 시장·군수·구청장은 분양가격의 제한 및 공시에 관한 사항을 심의하기 위하여 분양가심사위원회를 설치·운영하여야 한다.

해설 ③ 사업주체는 분양가상한제 적용주택으로서 공공택지에서 공급하는 주택에 대하여 입주자모집 승인을 받았을 때에는 입주자 모집공고에 분양가격을 공시하여야 한다. **◆ 정답 ③**

03 주택공급질서의 교란금지행위 제32회

1 대상행위

누구든지 이 법에 따라 건설·공급되는 주택을 공급받거나 공급받게 하기 위하여 다음에 해당하는 증서 또는 지위를 양도·양수(매매·증여나 그 밖에 권리 변동을 수반하는 모든 행위를 포함하되, 상속·저당의 경우는 제외한다)하거나 이를 알선하거나, 양도·양수 또는 이를 알선할 목적으로 하는 광고(각종 간행물·인쇄물·전화·인터넷, 그 밖의 매체를 통한 행위를 포함한다)를 하여서는 아니되며, 누구든지 거짓이나 그 밖의 부정한 방법으로 이 법에 따라 건설·공급되는 증서나 지위 또는 주택을 공급받거나 공급받게 하여서는 아니 된다 (법 제65조 제1항).

1. 주택을 공급받을 수 있는 조합원의 지위
2. 주택상환사채
3. 입주자저축증서
4. 시장·군수 또는 구청장이 발행한 무허가건물확인서·건물철거예정증명서 또는 건물 철거확인서
5. 공공사업의 시행으로 인한 이주대책에 의하여 주택을 공급받을 수 있는 지위 또는 이주 대책대상자확인서

2 위반효력

(1) 지위무효화 또는 계약취소

국토교통부장관 또는 사업주체는 다음에 해당하는 자에 대하여는 그 주택공급을 신청할 수 있는 지위를 무효로 하거나 이미 체결된 주택의 공급계약을 취소하여야 한다(법 제65조 제2항).

1. 주택공급질서 교란 행위를 위반하여 증서 또는 지위를 양도하거나 양수한 자
2. 주택공급질서 교란 행위를 위반하여 거짓이나 그 밖의 부정한 방법으로 증서나 지위 또는 주택을 공급받은 자

(2) 환 매

사업주체가 주택공급질서 교란 행위를 위반한 자에게 대통령령으로 정하는 바에 따라 산정한 금액을 지급한 경우에는 그 지급한 날에 그 주택을 취득한 것으로 본다(법 제65조 제3항).

(3) 퇴거명령

사업주체가 매수인에게 주택가격을 지급하거나, 매수인을 알 수 없어 주택가격의 수령 통지를 할 수 없는 경우 등 대통령령으로 정하는 사유에 해당하는 경우로서 주택가격을 그 주택이 있는 지역을 관할하는 법원에 공탁한 경우에는 그 주택에 입주한 자에 대하여 기간을 정하여 퇴거를 명할 수 있다(법 제65조 제4항).

(4) 입주자격의 제한

국토교통부장관은 주택공급질서의 교란 행위를 위반한 자에 대하여 10년 이내의 범위에 서 국토교통부령으로 정하는 바에 따라 주택의 입주자자격을 제한할 수 있다(법 제65조 제5항).

(5) 행정형벌

주택공급질서의 교란 행위를 위반한 자에 대하여는 3년 이하의 징역 또는 3천만원 이하 의 벌금에 처한다(법 제101조 제3호).

(6) 공급질서 교란 행위로 인한 주택 공급계약 취소제한 및 취소절차 등

국토교통부장관 또는 사업주체는 주택공급질서 교란금지행위을 위반한 공급질서 교란 행위가 있었다는 사실을 알지 못하고 주택 또는 주택의 입주자로 선정된 지위를 취득한 매수인이 해당 공급질서 교란 행위와 관련이 없음을 대통령령으로 정하는 바에 따라 소 명하는 경우에는 이미 체결된 주택의 공급계약을 취소하여서는 아니 된다(법 제65조 제6항).

> **예제**
>
> 주택법령상 주택공급과 관련하여 금지되는 공급질서교란행위에 해당하는 것을 모두 고른 것은?
>
> ㉠ 주택을 공급받을 수 있는 조합원 지위의 상속
> ㉡ 입주자저축 증서의 저당
> ㉢ 공공사업의 시행으로 인한 이주대책에 따라 주택을 공급받을 수 있는 지위의 매매
> ㉣ 주택을 공급받을 수 있는 증서로서 시장·군수·구청장이 발행한 무허가건물 확인서의 증여
>
> ① ㉠, ㉡ 　　　　　　　　　② ㉠, ㉣
> ③ ㉢, ㉣ 　　　　　　　　　④ ㉠, ㉡, ㉣
> ⑤ ㉡, ㉢, ㉣
>
> **해설** ③ ㉢, ㉣
> ㉠, ㉡의 상속·저당은 가능하다.
> 　　　　　　　　　　　　　　　　　　　　　　　　　　　　❶ 정답 ③

04 **투기과열지구 및 전매제한** 제32회

① 투기과열지구의 지정

(1) 투기과열지구의 지정권자 및 대상

① 국토교통부장관 또는 시·도지사는 주택가격의 안정을 위하여 필요한 경우에는 주거 정책심의위원회(시·도지사의 경우에는 주거기본법에 따른 시·도 주거정책심의위원회를 말한다)의 심의를 거쳐 일정한 지역을 투기과열지구로 지정하거나 이를 해제할 수 있다. 이 경우 투기과열지구는 그 지정 목적을 달성할 수 있는 최소한의 범위에서 시·군· 구 또는 읍·면·동의 지역 단위로 지정하되, 택지개발지구 등 해당 지역 여건을 고려 하여 지정 단위를 조정할 수 있다(법 제63조 제1항).

② 투기과열지구는 해당 지역의 주택가격상승률이 물가상승률보다 현저히 높은 지역으 로서 그 지역의 청약경쟁률·주택가격·주택보급률 및 주택공급계획 등과 지역주택 시장여건 등을 고려하였을 때 주택에 대한 투기가 성행하고 있거나 성행할 우려가 있 는 지역 중 대통령령으로 정하는 기준을 충족하는 곳이어야 한다(법 제63조 제2항).

1. 투기과열지구로 지정하는 날이 속하는 달의 바로 전달(이하 이 항에서 "투기과열지구지 정직전월"이라 한다)부터 소급하여 주택공급이 있었던 2개월 동안 해당 지역에서 공급되 는 주택의 월별 평균 청약경쟁률이 모두 5대 1을 초과하였거나 국민주택규모 주택의 월별 평균 청약경쟁률이 모두 10대 1을 초과한 곳

2. 다음의 어느 하나에 해당하여 주택공급이 위축될 우려가 있는 곳
   ① 투기과열지구지정직전월의 주택분양실적이 전달보다 30퍼센트 이상 감소한 곳
   ② 사업계획승인 건수나 건축법에 따른 건축허가 건수(투기과열지구지정직전월부 터 소급하여 6개월간의 건수를 말한다)가 직전 연도보다 급격하게 감소한 곳

3. 신도시 개발이나 주택의 전매행위 성행 등으로 투기 및 주거불안의 우려가 있는 곳 으로서 다음의 어느 하나에 해당하는 곳
   ① 해당 지역이 속하는 시·도별 주택보급률이 전국 평균 이하인 경우
   ② 해당 지역이 속하는 시·도별 자가주택비율이 전국 평균 이하인 경우
   ③ 해당 지역의 분양주택(투기과열지구로 지정하는 날이 속하는 연도의 직전 연도 에 분양된 주택을 말한다)의 수가 입주자저축에 가입한 사람으로서 국토교통부 령으로 정하는 사람의 수보다 현저히 적은 곳

(2) 투기과열지구의 지정절차

① **의견청취 또는 협의**: 국토교통부장관이 투기과열지구를 지정하거나 해제할 경우에는 미리 시·도지사의 의견을 듣고 그 의견에 대한 검토의견을 회신하여야 하며, 시·도지사가 투기과열지구를 지정하거나 해제할 경우에는 국토교통부장관과 협의하여야 한다(법 제63조 제5항).

② **심의**: 국토교통부장관 또는 시·도지사는 투기과열지구를 지정하거나 해제할 경우에는 주거정책심의위원회(시·도지사의 경우에는 시·도 주거정책심의위원회를 말한다)의 심의를 거쳐야 한다(법 제63조 제1항 전단).

③ **공고·통보**: 국토교통부장관 또는 시·도지사는 투기과열지구를 지정하였을 때에는 지체 없이 이를 공고하고, 그 투기과열지구를 관할하는 시장·군수·구청장에게 공고내용을 통보하여야 한다. 이 경우 시장·군수·구청장은 사업주체로 하여금 입주자모집공고시 해당 주택건설지역이 투기과열지구에 포함된 사실을 공고하게 하여야 한다. 투기과열지구 지정을 해제하는 경우에도 또한 같다(법 제63조 제3항).

(3) 투기과열지구 지정 해제

국토교통부장관 또는 시·도지사는 투기과열지구에서 지정 사유가 없어졌다고 인정하는 경우에는 지체 없이 투기과열지구 지정을 해제하여야 한다(법 제63조 제4항).

(4) 투기과열지구의 재검토

국토교통부장관은 반기마다 주거정책심의위원회의 회의를 소집하여 투기과열지구로 지정된 지역별로 해당 지역의 주택가격 안정여건의 변화 등을 고려하여 투기과열지구 지정의 유지 여부를 재검토하여야 하며, 재검토 결과 투기과열지구 지정의 해제가 필요하다고 인정되는 경우에는 지체 없이 투기과열지구 지정을 해제하고 이를 공고하여야 한다(법 제63조 제6항).

(5) 투기과열지구 지정 해제요청

① 투기과열지구로 지정된 지역의 시·도지사 또는 시장·군수·구청장은 투기과열지구 지정 후 해당 지역의 주택가격이 안정되는 등 지정사유가 없어졌다고 인정되는 경우에는 국토교통부장관 또는 시·도지사에게 투기과열지구 지정의 해제를 요청할 수 있다(법 제63조 제7항).

② 투기과열지구 지정의 해제를 요청받은 국토교통부장관 또는 시·도지사는 요청받은 날부터 40일 이내에 주거정책심의위원회의 심의를 거쳐 투기과열지구 지정의 해제 여부를 결정하여 그 투기과열지구를 관할하는 지방자치단체의 장에게 심의결과를 통보하여야 한다(법 제63조 제8항).

CHAPTER
05

(6) 투기과열지구 지정 해제공고

국토교통부장관 또는 시·도지사는 심의결과 투기과열지구에서 그 지정사유가 없어졌다고 인정될 때에는 지체 없이 투기과열지구 지정을 해제하고 이를 공고하여야 한다(법 제63조 제9항).

예제

주택법령상 투기과열지구의 지정 기준에 관한 설명이다. (　　)에 들어갈 숫자와 내용을 바르게 나열한 것은?

- 투기과열지구로 지정하는 날이 속하는 달의 바로 전달(이하 이 항에서 "투기과열지구지정직전월"이라 한다)부터 소급하여 주택공급이 있었던 (㉠)개월 동안 해당 지역에서 공급되는 주택의 월별 평균 청약경쟁률이 모두 5대 1을 초과하였거나 국민주택규모 주택의 월별 평균 청약경쟁률이 모두 (㉡)대 1을 초과한 곳
- 투기과열지구지정직전월의 (㉢)이 전달보다 30퍼센트 이상 감소하여 주택공급이 위축될 우려가 있는 곳

① ㉠: 2, ㉡: 10, ㉢: 주택분양실적　　② ㉠: 2, ㉡: 10, ㉢: 건축허가실적
③ ㉠: 2, ㉡: 20, ㉢: 건축허가실적　　④ ㉠: 3, ㉡: 10, ㉢: 주택분양실적
⑤ ㉠: 3, ㉡: 20, ㉢: 건축허가실적

정답 ①

해설 ① ㉠: 2, ㉡: 10, ㉢: 주택분양실적

② 조정대상지역 제34회

(1) 조정대상지역의 지정권자 및 지정대상지역

국토교통부장관은 다음에 해당하는 지역으로서 대통령령으로 정하는 기준을 충족하는 지역을 주거정책심의위원회의 심의를 거쳐 조정대상지역(이하 "조정대상지역"이라 한다)으로 지정할 수 있다. 이 경우 과열지역에 해당하는 조정대상지역은 그 지정 목적을 달성할 수 있는 최소한의 범위에서 시·군·구 또는 읍·면·동의 지역 단위로 지정하되, 택지개발지구 등 해당 지역 여건을 고려하여 지정 단위를 조정할 수 있다(법 제63조의2 제1항).

1. 과열지역: 주택가격, 청약경쟁률, 분양권 전매량 및 주택보급률 등을 고려하였을 때 주택 분양 등이 과열되어 있거나 과열될 우려가 있는 지역
조정대상지역으로 지정하는 날이 속하는 달의 바로 전달(이하 이 항에서 "조정대상지역지정직전월"이라 한다)부터 소급하여 3개월간의 해당 지역 주택가격상승률이 그 지역이 속하는 시·도 소비자물가상승률의 1.3배를 초과한 지역으로서 다음에 해당하는 지역을 말한다.

① 조정대상지역지정직전월부터 소급하여 주택공급이 있었던 2개월 동안 해당 지역에서 공급되는 주택의 월별 평균 청약경쟁률이 모두 5대 1을 초과하였거나 국민주택규모 주택의 월별 평균 청약경쟁률이 모두 10대 1을 초과한 지역

② 조정대상지역지정직전월부터 소급하여 3개월간의 분양권(주택의 입주자로 선정된 지위를 말한다. 이하 같다) 전매거래량이 직전 연도의 같은 기간보다 30퍼센트 이상 증가한 지역

③ 시·도별 주택보급률 또는 자가주택비율이 전국 평균 이하인 지역

2. 위축지역: 주택가격, 주택거래량, 미분양주택의 수 및 주택보급률 등을 고려하여 주택의 분양·매매 등 거래가 위축되어 있거나 위축될 우려가 있는 지역

조정대상지역지정직전월부터 소급하여 6개월간의 평균 주택가격상승률이 마이너스 1.0퍼센트 이하인 지역으로서 다음의 어느 하나에 해당하는 지역을 말한다.

① 조정대상지역지정직전월부터 소급하여 3개월 연속 주택매매거래량이 직전 연도의 같은 기간보다 20% 이상 감소한 지역

② 조정대상지역지정직전월부터 소급하여 3개월간의 평균 미분양주택(사업계획승인을 받아 입주자를 모집을 하였으나 입주자가 선정되지 아니한 주택을 말한다)의 수가 직전 연도의 같은 기간보다 2배 이상인 지역

③ 해당 지역이 속하는 시·도별 주택보급률 또는 자가주택비율이 전국 평균을 초과하는 지역

(2) 협 의

국토교통부장관은 조정대상지역을 지정하는 경우 다음의 사항을 미리 관계 기관과 협의할 수 있다(법 제63조의2 제2항).

1. 주택도시기금법에 따른 주택도시보증공사의 보증업무 및 주택도시기금의 지원 등에 관한 사항
2. 주택 분양 및 거래 등과 관련된 금융·세제 조치 등에 관한 사항
3. 그 밖에 주택시장의 안정 또는 실수요자의 주택거래 활성화를 위하여 대통령령으로 정하는 사항

(3) 의견청취

국토교통부장관은 조정대상지역을 지정하는 경우에는 미리 시·도지사의 의견을 들어야 한다(법 제63조의2 제3항).

(4) 공고 및 통보

국토교통부장관은 조정대상지역을 지정하였을 때에는 지체 없이 이를 공고하고, 그 조정대상지역을 관할하는 시장·군수·구청장에게 공고 내용을 통보하여야 한다. 이 경우 시장·군수·구청장은 사업주체로 하여금 입주자 모집공고시 해당 주택건설 지역이 조정대상지역에 포함된 사실을 공고하게 하여야 한다(법 제63조의2 제4항).

(5) 조정대상지역의 지정 해제

① 국토교통부장관은 조정대상지역으로 유지할 필요가 없다고 판단되는 경우에는 주거정책심의위원회의 심의를 거쳐 조정대상지역의 지정을 해제하여야 한다(법 제63조의2 제5항).

② 조정대상지역의 지정을 해제하는 경우에는 (3) 및 (4) 전단을 준용한다(법 제63조의2 제6항).

(6) 조정대상지역의 재검토

국토교통부장관은 반기마다 주거정책심의위원회의 회의를 소집하여 조정대상지역으로 지정된 지역별로 해당 지역의 주택가격 안정 여건의 변화 등을 고려하여 조정대상지역 지정의 유지 여부를 재검토하여야 한다. 이 경우 재검토 결과 조정대상지역 지정의 해제가 필요하다고 인정되는 경우에는 지체 없이 조정대상지역 지정을 해제하고 이를 공고하여야 한다(법 제63조의2 제7항).

(7) 조정대상지역의 지정 해제요청

① 조정대상지역으로 지정된 지역의 시·도지사 또는 시장·군수·구청장은 조정대상지역 지정 후 해당 지역의 주택가격이 안정되는 등 조정대상지역으로 유지할 필요가 없다고 판단되는 경우에는 국토교통부장관에게 그 지정의 해제를 요청할 수 있다(법 제63조의2 제8항).

② 조정대상지역의 지정의 해제를 요청하는 경우의 절차 등 필요한 사항은 국토교통부령으로 정한다(법 제63조의2 제9항).

③ 전매행위 등의 제한

(1) 전매제한 대상

사업주체가 건설·공급하는 주택[해당 주택의 입주자로 선정된 지위(입주자로 선정되어 그 주택에 입주할 수 있는 권리·자격·지위 등을 말한다)를 포함한다. 이하 이 조 및 제101조에서 같다]으로서 다음에 해당하는 경우에는 10년 이내의 범위에서 대통령령으로 정하는 기간(전매제한기간)이 지나기 전에는 그 주택을 전매(매매·증여나 그 밖에 권리의 변동을 수반하는 모든 행위를 포함하되, 상속의 경우는 제외한다. 이하 같다)하거나 이의 전매를 알선할 수 없다.

이 경우 전매제한기간은 주택의 수급 상황 및 투기 우려 등을 고려하여 대통령령으로 지역별로 달리 정할 수 있다(법 제64조 제1항).

1. 투기과열지구에서 건설·공급되는 주택
2. 조정대상지역에서 건설·공급되는 주택. 다만, 제63조의2 제1항 제2호에 해당하는 조정대상지역 중 주택의 수급 상황 등을 고려하여 대통령령으로 정하는 지역에서 건설·공급되는 주택은 제외한다.
3. 분양가상한제 적용주택. 다만, 수도권 외의 지역 중 주택의 수급 상황 및 투기 우려 등을 고려하여 대통령령으로 정하는 지역(광역시가 아닌 지역, 광역시 중 국토의 계획 및 이용에 관한 법률에 따른 도시지역이 아닌 지역)으로서 투기과열지구가 지정되지 아니하거나 지정 해제된 지역 중 공공택지 외의 택지에서 건설·공급되는 분양가상한제 적용주택은 제외한다.
4. 공공택지 외의 택지에서 건설·공급되는 주택. 다만, 제57조 제2항 각 호의 주택 및 수도권 외의 지역 중 주택의 수급 상황 및 투기 우려 등을 고려하여 대통령령으로 정하는 지역[광역시가 아닌 지역, 광역시 중 국토의 계획 및 이용에 관한 법률에 따른 도시지역이 아닌 지역]으로서 공공택지 외의 택지에서 건설·공급되는 주택은 제외한다.
5. 도시 및 주거환경정비법에 따른 공공재개발사업에서 건설·공급하는 주택
6. 토지임대부 분양주택

(2) 전매행위 제한기간(영 제73조 제1항 관련)

1. 공통 사항
   ① 전매행위 제한기간은 해당 주택의 입주자로 선정된 날부터 기산한다.
   ② 주택에 대한 2.부터 6.까지의 규정에 따른 전매행위 제한기간이 둘 이상에 해당하는 경우에는 그중 가장 긴 전매행위 제한기간을 적용한다. 다만, 법 제63조의2 제1항 제2호에 따른 지역에서 건설·공급되는 주택의 경우에는 가장 짧은 전매행위 제한기간을 적용한다.
   ③ 주택에 대한 2.부터 6.까지의 규정에 따른 전매행위 제한기간 이내에 해당 주택에 대한 소유권이전등기를 완료한 경우 소유권이전등기를 완료한 때에 전매행위 제한기간이 지난 것으로 본다. 이 경우 주택에 대한 소유권이전등기에는 대지를 제외한 건축물에 대해서만 소유권이전등기를 하는 경우를 포함한다.
2. 법 제64조 제1항 제1호의 지위(투기과열지구에서 건설·공급되는 주택): 다음의 구분에 따른 기간
   ① 수도권: 3년
   ② 수도권 외의 지역: 1년

3. 법 제64조 제1항 제2호의 주택(조정대상지역에서 건설·공급되는 주택): 다음의 구분에 따른 기간

① 과열지역(법 제63조의2 제1항 제1호에 해당하는 조정대상지역을 말한다): 다음의 구분에 따른 기간

ㄱ 수도권: 3년

ㄴ 수도권 외의 지역: 1년

② 위축지역(법 제63조의2 제1항 제2호에 해당하는 조정대상지역을 말한다)

공공택지에서 건설·공급되는 주택	공공택지 외의 택지에서 건설·공급되는 주택
6개월	–

4. 법 제64조 제1항 제3호의 주택(분양가상한제 적용주택): 다음의 구분에 따른 기간.

① 공공택지에서 건설·공급되는 주택: 다음의 구분에 따른 기간

ㄱ 수도권: 3년

ㄴ 수도권 외의 지역: 1년

② 공공택지 외의 택지에서 건설·공급되는 주택: 다음의 구분에 따른 기간

ㄱ 투기과열지구: 수도권: 3년, 수도권 외의 지역: 1년

ㄴ 투기과열지구가 아닌 지역: 5.의 구분에 따른 기간

5. 법 제64조 제1항 제4호의 주택(공공택지 외의 택지에서 건설·공급되는 주택): 다음의 구분에 따른 기간

구 분		전매행위 제한기간
가. 수도권	1)「수도권정비계획법」제6조 제1항 제1호에 따른 과밀억제권역	1년
	2)「수도권정비계획법」제6조 제1항 제2호 및 제3호에 따른 성장관리권역 및 자연보전권역	6개월
나. 수도권 외의 지역	1) 광역시 중「국토의 계획 및 이용에 관한 법률」제36조 제1항 제1호에 따른 도시지역	6개월
	2) 그 밖의 지역	–

6. 법 제64조 제1항 제5호의 주택(공공재개발사업에서 건설·공급하는 주택)

4.의 ②에 따른 기간

7. 법 제64조 제1항 제6호의 주택(토지임대부 분양주택): 10년

(3) 전매제한의 특례

① 투기과열지구에서 건설·공급되는 주택, 조정대상지역에서 건설·공급되는 주택, 분양가상한제 적용주택, 공공택지 외의 택지에서 건설·공급되는 주택, 도시 및 주거환경정비법에 따른 공공재개발사업(공공주택특별법에 따른 사업계획승인 받은 지역에 한정한다)에서 건설·공급하는 주택을 공급받은 자의 생업상의 사정 등으로 전매가 불가피하다고 인정되는 경우로서 다음에 해당하여 한국토지주택공사의 동의를 받은 경우에는 전매제한을 적용하지 아니한다(법 제64조 제2항 본문, 영 제73조 제4항).

1. 세대원(법 제64조 제1항 각 호의 주택을 공급받은 사람이 포함된 세대의 구성원을 말한다. 이하 이 조에서 같다)이 근무 또는 생업상의 사정이나 질병치료·취학·결혼으로 인하여 세대원 전원이 다른 광역시, 특별자치시, 특별자치도, 시 또는 군(광역시의 관할구역에 있는 군은 제외한다)으로 이전하는 경우. 다만, 수도권 안에서 이전하는 경우는 제외한다.
2. 상속에 따른 취득한 주택으로 세대원 전원이 이전하는 경우
3. 세대원 전원이 해외로 이주하거나 2년 이상의 기간 해외에 체류하는 경우
4. 이혼으로 인하여 입주자로 선정된 지위 또는 주택을 그 배우자에게 이전하는 경우
5. 공익사업을 위한 토지 등의 취득 및 보상에 관한 법률에 따라 공익사업의 시행으로 주거용 건축물을 제공한 자가 사업시행자로부터 이주대책용 주택을 공급받은 경우(사업시행자의 알선으로 공급받은 경우를 포함한다)로서 시장·군수 또는 구청장이 확인하는 경우
6. 분양가상한제 적용주택 및 공공택지 외의 택지에서 건설·공급하는 주택의 소유자가 국가·지방자치단체 및 금융기관에 대한 채무를 이행하지 못하여 경매 또는 공매가 시행되는 경우
7. 입주자로 선정된 지위 또는 주택의 일부를 그 배우자에게 증여하는 경우
8. 실직, 파산 또는 신용불량으로 경제적 어려움이 발생한 경우

② 제4항에 따른 동의를 받으려는 사람은 국토교통부령으로 정하는 전매 동의신청서를 한국토지주택공사에 제출해야 한다. 이 경우 한국토지주택공사는 해당 동의신청서를 접수한 날부터 14일 이내에 동의 여부를 신청인에게 통보해야 한다(영 제73조 제5항).

③ 한국토지주택공사는 법 제64조 제2항 단서에 따라 해당 주택을 우선 매입하려는 경우에는 제5항 후단에 따른 통보를 할 때 우선 매입 의사를 함께 통보해야 한다(영 제73조 제6항).

(4) 전매주택의 우선매입

분양가상한제 적용주택을 공급받은 자가 전매하는 경우에는 한국토지주택공사가 그 주택을 우선 매입할 수 있다(법 제64조 제2항 단서).

(5) 부기등기

① 사업주체가 분양가상한제 적용주택 또는 수도권의 지역으로서 공공택지 외의 택지에서 건설·공급되는 주택을 공급하는 경우, 토지임대부 분양주택을 공급하는 경우(한국주택토지공사가 제6항에 따라 주택을 재공급하는 경우도 포함)에는 그 주택의 소유권을 제3자에게 이전할 수 없음을 소유권에 관한 등기에 부기등기하여야 한다(법 제64조 제4항).

② 부기등기는 주택의 소유권보존등기와 동시에 하며, 부기등기에는 "이 주택은 최초로 소유권이전등기가 된 후에는 전매제한기간이 지나기 전에 한국토지주택공사(한국토지주택공사가 우선 매입한 주택을 공급받는 자를 포함한다) 외의 자에게 소유권을 이전하는 어떠한 행위도 할 수 없음"을 명시하여야 한다(법 제64조 제5항).

(6) **위반효력**

① **사업주체의 환매**: 전매제한을 위반(토지임대부 분양주택 제외)하여 주택의 입주자로 선정된 지위의 전매가 이루어진 경우, 사업주체가 매입비용을 그 매수인에게 지급한 경우에는 그 지급한 날에 사업주체가 해당 입주자로 선정된 지위를 취득한 것으로 보며, 한국토지주택공사가 분양가상한제 적용주택을 우선 매입하는 경우에도 매입비용을 준용하되, 해당 주택의 분양가격과 인근지역 주택매매가격의 비율 및 해당 주택의 보유기간 등을 고려하여 대통령령으로 정하는 바에 따라 매입금액을 달리 정할 수 있다 (법 제64조 제3항).

② **입주자격제한**: 국토교통부장관은 전매제한을 위반한 자에 대하여 10년의 범위에서 국토교통부령으로 정하는 바에 따라 주택의 입주자자격을 제한할 수 있다(법 제64조 제7항).

③ 한국토지주택공사가 매입한 주택을 재공급하는 경우에는 전매제한기간을 적용하지 아니한다(법 제64조 제8항).

④ **신고포상금의 지급**: 시·도지사는 법을 위반하여 분양권 등을 전매하거나 알선하는 자를 주무관청에 신고한 자에게 대통령령으로 정하는 바에 따라 포상금을 지급할 수 있다(법 제92조).

⑤ **행정형벌**: 전매제한규정을 위반하여 주택을 전매하거나 이의 전매를 알선한 자는 3년 이하의 징역 또는 3천만원 이하의 벌금에 처한다(법 제101조 제2호).

예 제

세대주인 甲이 취득한 주택은 주택법령에 따른 전매제한 기간 중에 있다. 다음 중 甲이 이 주택을 전매할 수 있는 경우는? (단, 다른 요건은 충족됨)

① 세대원인 甲의 아들의 결혼으로 甲의 세대원 전원이 서울특별시로 이전하는 경우
② 甲은 상속에 의하여 취득한 주택으로 이전하면서, 甲을 제외한 나머지 세대원은 다른 새로운 주택으로 이전하는 경우
③ 甲의 세대원 전원이 1년 6개월간 해외에 체류하려는 경우
④ 세대원인 甲의 가족은 국내에 체류하고, 甲은 해외로 이주하려는 경우
⑤ 甲이 이 주택의 일부를 배우자에게 증여하는 경우

해설 ① 甲의 세대원 전원이 서울특별시(수도권)로 이전하는 경우에는 전매할 수 없다.
② 상속에 의하여 취득한 주택으로 세대원 전원이 이전하는 경우에는 전매할 수 있다.
③ 甲의 세대원 전원이 2년 이상의 기간 해외에 체류하려는 경우에는 전매할 수 있다.
④ 세대원 전원이 해외로 이주하는 경우에는 전매할 수 있다. ◆ 정답 ⑤

제 **4** 절 ┃ 주택의 리모델링과 토지임대부 분양주택

01 주택의 리모델링 제31회

① 리모델링 기본계획 등

(1) 리모델링 기본계획의 수립

① 특별시장·광역시장 및 대도시의 시장은 관할구역에 대하여 다음의 사항을 포함한 리모델링 기본계획을 10년 단위로 수립하여야 하고, 수립한 리모델링 기본계획은 5년마다 타당성을 검토하여 그 결과를 리모델링 기본계획에 반영하여야 한다. 다만, 세대수 증가형 리모델링에 따른 도시과밀의 우려가 적은 경우 등 대통령령으로 정하는 경우에는 리모델링 기본계획을 수립하지 아니할 수 있다(법 제71조 제1항, 영 제80조 제2항).

> 1. 계획의 목표 및 기본방향
> 2. 도시·군기본계획 등 관련 계획 검토
> 3. 리모델링 대상 공동주택 현황 및 세대수 증가형 리모델링 수요 예측
> 4. 세대수 증가에 따른 기반시설의 영향 검토
> 5. 일시집중 방지 등을 위한 단계별 리모델링 시행방안
> 6. 도시과밀 방지 등을 위한 계획적 관리와 리모델링의 원활한 추진을 지원하기 위한 사항으로서 특별시·광역시 또는 대도시의 조례로 정하는 사항

② 대도시가 아닌 시의 시장은 세대수 증가형 리모델링에 따른 도시과밀이나 일시집중 등이 우려되어 도지사가 리모델링 기본계획의 수립이 필요하다고 인정한 경우 리모델링 기본계획을 수립하여야 한다(법 제71조 제2항).

③ 특별시장·광역시장 및 대도시의 시장은 리모델링 기본계획을 수립하거나 변경하려면 14일 이상 주민에게 공람하고, 지방의회의 의견을 들어야 한다. 이 경우 지방의회는 의견제시를 요청받은 날부터 30일 이내에 의견을 제시하여야 하며, 30일 이내에 의견을 제시하지 아니하는 경우에는 이의가 없는 것으로 본다(법 제72조 제1항).

④ 특별시장·광역시장 및 대도시의 시장은 리모델링 기본계획을 수립하거나 변경하려면 관계 행정기관의 장과 협의(30일 이내에 의견을 제시)한 후 「국토의 계획 및 이용에 관한 법률」 제113조 제1항에 따라 설치된 시·도도시계획위원회(이하 "시·도도시계획위원회"라 한다) 또는 시·군·구도시계획위원회의 심의를 거쳐야 한다(법 제72조 제2항).

⑤ 대도시의 시장은 리모델링 기본계획을 수립하거나 변경하려면 도지사의 승인을 받아야 하며, 도지사는 리모델링 기본계획을 승인하려면 시·도도시계획위원회의 심의를 거쳐야 한다(법 제72조 제4항).

(2) 증축형 리모델링의 안전진단의 실시

증축형 리모델링을 하려는 자는 시장·군수·구청장에게 안전진단을 요청하여야 하며, 안전진단을 요청받은 시장·군수·구청장은 해당 건축물의 증축 가능 여부의 확인 등을 위하여 다음의 기관에 의뢰하여 안전진단을 실시하여야 한다. 안전진단을 의뢰받은 기관은 리모델링을 하려는 자가 추천한 건축구조기술사(구조설계를 담당할 자를 말한다)와 함께 안전진단을 실시하여야 한다(법 제68조 제1항·제2항, 영 제78조 제1항).

> 1. 안전진단전문기관
> 2. 국토안전관리원
> 3. 한국건설기술연구원

2 리모델링 허가

(1) 리모델링의 허가요건

공동주택(부대시설과 복리시설을 포함한다)의 입주자·사용자 또는 관리주체가 공동주택을 리모델링하려고 하는 경우에는 다음의 기준을 갖추어 시장·군수·구청장의 허가를 받아야 한다(법 제66조 제1항, 영 제75조 제1항).

> 1. 입주자·사용자 또는 관리주체의 경우: 공사기간, 공사방법 등이 적혀 있는 동의서에 입주자 전체의 동의를 받아야 한다.
> 2. 리모델링주택조합의 경우: 주택단지 전체를 리모델링하는 경우에는 주택단지 전체 구분소유자 및 의결권의 각 75% 이상의 동의와 각 동별 구분소유자 및 의결권의 각 50% 이상의 동의를 받아야 하며(리모델링을 하지 않는 별동의 건축물로 입주자 공유가 아닌 복리시설 등의 소유자는 권리변동이 없는 경우에 한정하여 동의비율 산정에서 제외한다), 동을 리모델링하는 경우에는 그 동의 구분소유자 및 의결권의 각 75% 이상의 동의를 받아야 한다.
> 3. 입주자대표회의의 경우: 리모델링 설계의 개요, 공사비 등이 적혀 있는 결의서에 주택단지의 소유자 전원의 동의를 받아야 한다.

(2) 허가신청의 철회

리모델링에 동의한 소유자는 리모델링주택조합 또는 입주자대표회의가 시장·군수·구청장에게 허가신청서를 제출하기 전까지 서면으로 동의를 철회할 수 있다(영 제75조 제3항).

(3) 권리변동계획의 수립

세대수가 증가되는 리모델링을 하는 경우에는 기존 주택의 권리변동, 비용분담 등 다음의 사항에 대한 계획(권리변동계획)을 수립하여 사업계획승인 또는 행위허가를 받아야 한다(법 제67조, 영 제77조 제1항).

> 1. 리모델링 전후의 대지 및 건축물의 권리변동 명세
> 2. 조합원의 비용분담
> 3. 사업비
> 4. 조합원 외의 자에 대한 분양계획
> 5. 그 밖에 리모델링과 관련한 권리 등에 대하여 해당 시·도 또는 시·군의 조례로 정하는 사항

(4) 시공자의 선정

① 리모델링을 하는 경우 설립인가를 받은 리모델링주택조합의 총회 또는 소유자 전원의 동의를 받은 입주자대표회의에서 건설산업기본법에 따른 건설사업자 또는 건설사업자로 보는 등록사업자를 시공자로 선정하여야 한다(법 제66조 제3항).

② 시공자를 선정하는 경우에는 국토교통부장관이 정하는 경쟁입찰의 방법으로 하여야 한다. 다만, 시공자 선정을 위하여 2회 이상 경쟁입찰을 실시하였으나 입찰자가 하나이거나 입찰자가 없어 경쟁입찰의 방법으로 시공자를 선정할 수 없게 된 경우에는 그러하지 아니하다(법 제66조 제4항, 영 제76조 제1항).

(5) 사용검사

공동주택의 입주자·사용자·관리주체·입주자대표회의 또는 리모델링주택조합이 리모델링에 관하여 시장·군수·구청장의 허가를 받거나 신고를 한 후 그 공사를 완료하였을 때에는 시장·군수·구청장의 사용검사를 받아야 하며, 사용검사에 관하여는 법 제49조를 준용한다(법 제66조 제7항).

(6) 리모델링 기본계획의 타당성을 검토

특별시장·광역시장 및 대도시의 시장은 5년마다 리모델링 기본계획의 타당성을 검토하여 그 결과를 리모델링 기본계획에 반영하여야 한다(법 제73조 제2항).

02 토지임대부 분양주택 제33회

토지의 소유권은 사업계획의 승인을 받아 토지임대부 분양주택 건설사업을 시행하는 자가 가지고, 건축물 및 복리시설 등에 대한 소유권(건축물의 전유부분에 대한 구분소유권은 이를 분양받은 자가 가지고, 건축물의 공용부분·부속건물 및 복리시설은 분양받은 자들이 공유한다)은 주택을 분양받은 자가 가지는 주택을 말한다(법 제2조 제9호).

1 토지임대부 분양주택의 토지에 관한 임대차관계

(1) 임대차기간 등

토지임대부 분양주택의 토지에 대한 임대차기간은 40년 이내로 한다. 이 경우 토지임대부 분양주택 소유자의 75% 이상이 계약갱신을 청구하는 경우 40년의 범위에서 이를 갱신할 수 있으며, 토지임대부 분양주택을 공급받은 자가 토지소유자와 임대차계약을 체결한 경우 해당 주택의 구분소유권을 목적으로 그 토지 위에 임대차기간 동안 지상권이 설정된 것으로 본다(법 제78조 제1항·제2항).

(2) 임대차계약

토지임대부 분양주택의 토지에 대한 임대차계약을 체결하고자 하는 자는 국토교통부령으로 정하는 표준임대차계약서를 사용하여야 하며, 토지임대부 분양주택을 양수한 자 또는 상속받은 자는 임대차계약을 승계한다(법 제78조 제3항·제4항).

(3) 임대료의 전환

토지임대료는 월별 임대료를 원칙으로 하되, 토지소유자와 주택을 공급받은 자가 합의한 경우 대통령령으로 정하는 바에따라 임대료를 선납하거나보증금으로 전환하여 납부할 수 있으며, 토지임대료를 선납하거나 보증금으로 전환하려는 경우 그 선납 토지임대료 또는 보증금을 산정할 때 적용되는 이자율은 「은행법」에 따른 은행의 3년 만기 정기예금 평균이자율 이상이어야 한다(법 제78조 제6항, 영 제82조).

(4) 임대료의 증액

토지소유자는 토지임대주택을 분양받은 자와 토지임대료에 관한 약정(이하 "토지임대료약정"이라 한다)을 체결한 후 2년이 지나기 전에는 토지임대료의 증액을 청구할 수 없다(영 제81조 제3항).

(5) 법률 적용순서

토지임대부 분양주택 토지의 임대차 관계는 토지소유자와 주택을 공급받은 자 간의 임대차계약에 따르며, 이 법에서 정하지 아니한 사항은 집합건물의 소유 및 관리에 관한 법률, 민법 순으로 적용한다(법 제78조 제7항·제8항).

2 토지임대부 분양주택의 재건축

(1) 재건축결정

토지임대부 분양주택의 소유자가 임대차기간이 만료되기 전에 도시 및 주거환경정비법 등 도시개발 관련 법률에 따라 해당 주택을 철거하고 재건축을 하고자 하는 경우 집합건물의 소유 및 관리에 관한 법률 제47조부터 제49조까지에 따라 토지소유자의 동의를 받아 재건축할 수 있다. 이 경우 토지소유자는 정당한 사유 없이 이를 거부할 수 없다(법 제79조 제1항).

(2) 재건축 주택의 성격

위 (1)에 따라 재건축한 주택은 토지임대부 분양주택으로 한다. 이 경우 재건축한 주택의 준공인가일부터 임대차기간 동안 토지소유자와 재건축한 주택의 조합원 사이에 토지의 임대차기간에 관한 계약이 성립된 것으로 본다. 다만, 토지소유자와 주택소유자가 합의한 경우에는 토지임대부 분양주택이 아닌 주택으로 전환할 수 있다(법 제79조 제3항·제4항).

③ 토지임대부 분양주택의 공공매입

① 토지임대부 분양주택을 공급받은 자는 제64조 제1항(전매제한)에도 불구하고 전매제한 기간이 지나기 전에 대통령령으로 정하는 바에 따라 한국토지주택공사에 해당 주택의 매입을 신청할 수 있다(법 제78조의2 제1항).

② 한국토지주택공사는 ①에 따라 매입신청을 받거나 제64조 제1항(전매제한)을 위반하여 토지임대부 분양주택의 전매가 이루어진 경우 대통령령으로 정하는 특별한 사유가 없으면 대통령령으로 정하는 절차를 거쳐 해당 주택을 매입하여야 한다(법 제78조의2 제2항).

③ 한국토지주택공사가 주택을 매입하는 경우 다음의 구분에 따른 금액을 그 주택을 양도하는 자에게 지급한 때에는 그 지급한 날에 한국토지주택공사가 해당 주택을 취득한 것으로 본다(법 제78조의2 제3항).

> 1. ①에 따라 매입신청을 받은 경우 : 해당 주택의 매입비용과 보유기간 등을 고려하여 대통령령으로 정하는 금액
> 2. 제64조 제1항(전매제한)을 위반하여 전매가 이루어진 경우 : 해당 주택의 매입비용

④ 한국토지주택공사가 제2항에 따라 주택을 매입하는 경우에는 제64조 제1항(전매제한)을 적용하지 아니한다(법 제78조의2 제4항).

④ 청 문

국토교통부장관 또는 지방자치단체의 장은 다음에 해당하는 처분을 하려면 청문을 하여야 한다(법 제96조).

> 1. 제8조 제1항에 따른 주택건설사업 등의 등록말소
> 2. 제14조 제2항에 따른 주택조합의 설립인가취소
> 3. 제16조 제4항에 따른 사업계획승인의 취소
> 4. 제66조 제8항에 따른 행위허가의 취소

농지법

농지법

단원 열기

농지법은 2문제가 출제되고 크게 소유, 이용, 보전으로 나뉘는데, 특히 소유에 관한 사항은 매년 출제되고 있다. 소유상한과 농지취득자격증명제도는 정리해 두어야 하고 보전에 관한 사항은 주로 농업진흥지역과 농지전용허가와 농지전용신고는 정리해야 한다.

제1절 총 칙

01 제정 목적

농지법은 농지의 소유·이용 및 보전 등에 필요한 사항을 정함으로써 농지를 효율적으로 이용하고 관리하여 농업인의 경영 안정과 농업 생산성 향상을 바탕으로 농업 경쟁력 강화와 국민경제의 균형 있는 발전 및 국토 환경 보전에 이바지하는 것을 목적으로 한다(법 제1조).

02 용어의 정의 제35회

① 농 지

(1) 의 의

'농지'란 다음에 해당하는 토지를 말한다(법 제2조 제1호, 영 제2조 제1항·제3항).

> 1. 전·답, 과수원, 그 밖에 법적 지목(地目)을 불문하고 실제로 농작물 경작지 또는 대통령령으로 정하는 다년생식물 재배지로 이용되는 토지
>   ① 목초·종묘·인삼·약초·잔디 및 조림용 묘목
>   ② 과수·뽕나무·유실수 그 밖의 생육기간이 2년 이상인 식물
>   ③ 조경 또는 관상용 수목과 그 묘목(조경목적으로 식재한 것을 제외한다)
> 2. 농작물의 경작지 또는 다년생식물 재배지로 이용하고 있는 토지의 개량시설로서 다음에 해당하는 시설의 부지
>   ① 유지(溜池: 웅덩이), 양·배수시설, 수로, 농로, 제방
>   ② 그 밖에 농지의 보전이나 이용에 필요한 시설로서 농림축산식품부령으로 정하는 시설
> 3. 농작물의 경작지 또는 다년생식물 재배지에 설치한 농축산물 생산시설 부지로서 다음에 해당하는 시설의 부지
>   ① 고정식온실·버섯재배사 및 비닐하우스와 농림축산식품부령으로 정하는 그 부속시설
>   ② 축사·곤충사육사와 농림축산식품부령으로 정하는 그 부속시설
>   ③ 간이퇴비장
>   ④ 농막·간이저온저장고 및 간이액비저장조 중 농림축산식품부령으로 정하는 시설

(2) 농지에서 제외되는 토지

다음의 토지는 농지에서 제외된다(법 제2조 제1호 가목 단서, 영 제2조 제2항).

1. 공간정보의 구축 및 관리 등에 관한 법률에 따른 지목이 전·답, 과수원이 아닌 토지(지목이 임야인 토지는 제외한다)로서 농작물 경작지 또는 다년생식물 재배지로 계속하여 이용되는 기간이 3년 미만인 토지
2. 공간정보의 구축 및 관리 등에 관한 법률에 따른 지목이 임야인 토지로서 산지관리법에 따른 산지전용허가(다른 법률에 따라 산지전용허가가 의제되는 인가·허가·승인 등을 포함한다)를 거치지 아니하고 농작물의 경작 또는 다년생식물의 재배에 이용되는 토지
3. 초지법에 따라 조성된 초지

② 농업인

'농업인'이란 농업에 종사하는 개인으로서 다음에 해당하는 자를 말한다(법 제2조 제2호, 영 제3조).

1. 1천m² 이상의 농지에서 농작물 또는 다년생식물을 경작 또는 재배하거나 1년 중 90일 이상 농업에 종사하는 자
2. 농지에 330m² 이상의 고정식온실·버섯재배사·비닐하우스, 그 밖의 농림축산식품부령으로 정하는 농업생산에 필요한 시설을 설치하여 농작물 또는 다년생식물을 경작 또는 재배하는 자
3. 대가축 2두, 중가축 10두, 소가축 100두, 가금(家禽: 집에서 기르는 날짐승) 1천수 또는 꿀벌 10군 이상을 사육하거나 1년 중 120일 이상 축산업에 종사하는 자
4. 농업경영을 통한 농산물의 연간 판매액이 120만원 이상인 자

> **예제**
>
> **농지법령상 농업에 종사하는 개인으로서 농업인에 해당하지 않는 자는?**
>
> ① 1년 중 150일을 축산업에 종사하는 자
> ② 1,200m²의 농지에서 다년생식물을 재배하면서 1년 중 100일을 농업에 종사하는 자
> ③ 대가축 3두를 사육하는 자
> ④ 가금 1,200수를 사육하는 자
> ⑤ 농업경영을 통한 농산물의 연간 판매액이 80만원인 자
>
> **해설** ⑤ 농업경영을 통한 농산물의 연간 판매액이 120만원 이상인 자
> ② 1천m² 이상의 농지에서 농작물 또는 다년생식물을 경작 또는 재배하거나 1년 중 90일 이상 농업에 종사하는 자
> ①③④ 대가축 2두, 중가축 10두, 소가축 100두, 가금 1천수 또는 꿀벌 10군 이상을 사육하거나 1년 중 120일 이상 축산업에 종사하는 자
>
> ❶ 정답 ⑤

③ 농업법인

'농업법인'이란 농어업경영체 육성 및 지원에 관한 법률에 따라 설립된 영농조합법인과 같은 법 제19조에 따라 설립되고 업무집행권을 가진 자 중 3분의 1 이상이 농업인인 농업회사법인을 말한다(법 제2조 제3호).

④ 농업경영

'농업경영'이란 농업인이나 농업법인이 자기의 계산과 책임으로 농업을 영위하는 것을 말한다(법 제2조 제4호).

⑤ 자경(自耕)

'자경(自耕)'이란 농업인이 그 소유 농지에서 농작물 경작 또는 다년생식물 재배에 상시 종사하거나 농작업(農作業)의 2분의 1 이상을 자기의 노동력으로 경작 또는 재배하는 것과 농업법인이 그 소유 농지에서 농작물을 경작하거나 다년생식물을 재배하는 것을 말한다(법 제2조 제5호).

⑥ 농지의 위탁경영

'위탁경영'이란 농지 소유자가 타인에게 일정한 보수를 지급하기로 약정하고 농작업의 전부 또는 일부를 위탁하여 행하는 농업경영을 말한다(법 제2조 제6호).

⑦ 농지개량

'농지개량'이란 농지의 생산성을 높이기 위하여 농지의 형질을 변경하는 다음의 어느 하나에 해당하는 행위를 말한다(법 제2조 제6의2호).

1. 농지의 이용가치를 높이기 위하여 농지의 구획을 정리하거나 개량시설을 설치하는 행위
2. 농지의 토양개량이나 관개, 배수, 농업기계 이용의 개선을 위하여 해당 농지에서 객토·성토 또는 절토하거나 암석을 채굴하는 행위

8 농지의 전용(轉用)

'농지의 전용'이란 농지를 농작물의 경작이나 다년생 식물의 재배 등 농업생산 또는 대통령령으로 정하는 농지개량 외의 목적에 사용하는 것을 말한다. 다만, 농지에 해당하는 개량시설의 부지와 농축산물생산시설의 부지로 사용하는 경우에는 전용으로 보지 않는다(법 제2조 제7호).

9 주말·체험영농

'주말·체험영농'이란 농업인이 아닌 개인이 주말 등을 이용하여 취미생활이나 여가활동으로 농작물을 경작하거나 다년생식물을 재배하는 것을 말한다(법 제2조 제8호).

제2절 농지의 소유 제33회

01 농지의 소유제한

1 농지의 소유제한

(1) 농지경영자소유의 원칙(耕者有田의 原則)

농지는 자기의 농업경영에 이용하거나 이용할 자가 아니면 이를 소유하지 못한다(법 제6조 제1항).

(2) 농지경영자소유의 원칙에 대한 예외

다음에 해당하는 경우에는 농지를 소유할 수 있다(법 제6조 제2항). 다만, 소유 농지는 농업경영에 이용되도록 하여야 한다(② 및 ③는 제외한다).

① 국가나 지방자치단체가 농지를 소유하는 경우

② 초·중등교육법 및 고등교육법에 따른 학교, 농림축산식품부령으로 정하는 공공단체·농업연구기관·농업생산자단체 또는 종묘나 그 밖의 농업 기자재 생산자가 그 목적사업을 수행하기 위하여 필요한 시험지·연구지·실습지·종묘생산지 또는 과수 인공수분용 꽃가루 생산지로 쓰기 위하여 농림축산식품부령으로 정하는 바에 따라 농지를 취득하여 소유하는 경우

③ 주말·체험영농을 하려고 농업진흥지역 외의 농지를 소유하는 경우

④ 상속[상속인에게 한 유증(遺贈)을 포함한다]으로 농지를 취득하여 소유하는 경우

⑤ 8년 이상 농업경영을 하던 사람이 이농(離農)한 후에도 이농 당시 소유하고 있던 농지를 계속 소유하는 경우

⑥ 담보농지를 취득하여 소유하는 경우(자산유동화에 관한 법률 제3조에 따른 유동화전문회사 등이 제13조 제1항 제1호부터 제4호까지에 규정된 저당권자로부터 농지를 취득하는 경우를 포함한다)

⑦ 농지전용허가[다른 법률에 따라 농지전용허가가 의제(擬制)되는 인가·허가·승인 등을 포함한다]를 받거나 농지전용신고를 한 자가 그 농지를 소유하는 경우

⑧ 농지전용협의를 마친 농지를 소유하는 경우

⑨ 한국농어촌공사 및 농지관리기금법에 따른 농지의 개발사업지구에 있는 농지로서 대통령령으로 정하는 1천500m² 미만의 농지나 농어촌정비법에 따른 농지를 취득하여 소유하는 경우

⑩ 농업진흥지역 밖의 농지 중 최상단부부터 최하단부까지의 평균경사율이 15% 이상인 농지로서 대통령령으로 정하는 다음의 요건을 모두 갖춘 농지로서 시장·군수가 조사하여 고시한 농지(이하 "영농여건불리농지"라 한다)

⑪ **다음의 어느 하나에 해당하는 경우**

  ㉠ 한국농어촌공사 및 농지관리기금법에 따라 한국농어촌공사가 농지를 취득하여 소유하는 경우

  ㉡ 농어촌정비법 제16조·제25조·제43조·제82조 또는 제100조에 따라 농지를 취득하여 소유하는 경우

  ㉢ 공유수면 관리 및 매립에 관한 법률에 따라 매립농지를 취득하여 소유하는 경우

  ㉣ 토지수용으로 농지를 취득하여 소유하는 경우

  ㉤ 농림축산식품부장관과 협의를 마치고 공익사업을 위한 토지 등의 취득 및 보상에 관한 법률에 따라 농지를 취득하여 소유하는 경우

  ㉥ 공공토지의 비축에 관한 법률 제2조 제1호 가목에 해당하는 토지 중 같은 법 제7조 제1항에 따른 공공토지비축심의위원회가 비축이 필요하다고 인정하는 토지로서 국토의 계획 및 이용에 관한 법률 제36조에 따른 계획관리지역과 자연녹지지역 안의 농지를 한국토지공사가 취득하여 소유하는 경우. 이 경우 그 취득한 농지를 전용하기 전까지는 한국농어촌공사에 지체 없이 위탁하여 임대하거나 무상사용하게 하여야 한다.

(3) 농지를 임대·사용대하는 경우

농지를 임대하거나 무상사용하게 하는 경우에는 임대하거나 무상사용하게 하는 기간 동안 농지를 계속 소유할 수 있다(법 제6조 제3항).

(4) 농지소유의 특례의 제한

농지법에서 허용된 경우 외에는 농지의 소유에 관한 특례를 정할 수 없다(법 제6조 제4항).

┌─ 예 제 ─────────────────────────────────────

농지법령상 농지는 자기의 농업경영에 이용하거나 이용할 자가 아니면 소유하지 못함이 원칙이다. 그 예외에 해당하지 않는 것은?

① 8년 이상 농업경영을 하던 사람이 이농한 후에도 이농 당시 소유 농지 중 1만 제곱미터를 계속 소유하면서 농업경영에 이용되도록 하는 경우

② 농림축산식품부장관과 협의를 마치고 「공익사업을 위한 토지 등의 취득 및 보상에 관한 법률」에 따라 농지를 취득하여 소유하면서 농업경영에 이용되도록 하는 경우

③ 「공유수면 관리 및 매립에 관한 법률」에 따라 매립농지를 취득하여 소유하면서 농업경영에 이용되도록 하는 경우

④ 주말·체험영농을 하려고 농업진흥지역 내의 농지를 소유하는 경우

⑤ 「초·중등교육법」 및 「고등교육법」에 따른 학교가 그 목적사업을 수행하기 위하여 필요한 연구지·실습지로 쓰기 위하여 농림축산식품부령으로 정하는 바에 따라 농지를 취득하여 소유하는 경우

해설 ④ 주말·체험영농을 하려고 농업진흥지역 외의 농지를 소유하는 경우에는 자기의 농업경영에 이용하지 아니하여도 농지를 소유할 수 있다.　　　　　　　　　　　❶ 정답 ④

───

② 농지의 소유상한

(1) 원 칙

① 상속으로 농지를 취득한 사람으로서 농업경영을 하지 아니하는 사람은 그 상속 농지 중에서 총 1만m²까지만 소유할 수 있다(법 제7조 제1항).

② 8년 이상 농업경영을 한 후 이농한 사람은 이농 당시 소유 농지 중에서 총 1만m²까지만 소유할 수 있다(법 제7조 제2항).

③ 주말·체험영농을 하려는 사람은 총 1천m² 미만의 농지를 소유할 수 있다. 이 경우 면적 계산은 그 세대원 전부가 소유하는 총 면적으로 한다(법 제7조 제3항).

(2) 누구든지 다음에 해당하는 행위를 하여서는 아니 된다(법 제7조의2).

1. 농지 소유 제한이나 농지 소유 상한에 대한 위반 사실을 알고도 농지를 소유하도록 권유하거나 중개하는 행위
2. 농지의 위탁경영 제한에 대한 위반 사실을 알고도 농지를 위탁경영하도록 권유하거나 중개하는 행위
3. 농지의 임대차 또는 사용대차 제한에 대한 위반 사실을 알고도 농지 임대차나 사용대차하도록 권유하거나 중개하는 행위
4. 1.부터 3.까지의 행위와 그 행위가 행하여지는 업소에 대한 광고 행위

예제

농지법상 농지의 소유상한에 관한 설명 중 틀린 것은?
① 농업인은 농업경영목적으로 농업진흥지역 안의 농지를 제한 없이 소유할 수 있다.
② 지방자치단체가 농지를 임대할 목적으로 소유하는 경우에는 총 10,000m²까지 소유할 수 있다.
③ 8년 이상 농업경영을 한 후 이농한 사람은 이농 당시 소유농지 중에서 10,000m² 이내까지 소유할 수 있다.
④ 주말·체험영농을 하고자 하는 사람은 세대당 1,000m² 미만의 농지를 소유할 수 있다.
⑤ 상속에 의하여 농지를 취득한 후 농업경영을 하지 아니한 사람은 상속농지 중에서 10,000m² 이내까지 소유할 수 있다.

해설 ② 지방자치단체는 제한 없이 소유할 수 있다. ◆ 정답 ②

02 농지취득자격증명제도 제32회

1 농지취득자격증명의 발급

(1) **발급대상**

① 농지를 취득하려는 자는 농지 소재지를 관할하는 시장(구를 두지 아니한 시의 시장을 말하며, 도농 복합 형태의 시는 농지 소재지가 동지역인 경우만을 말한다), 구청장(도농 복합 형태의 시의 구에서는 농지 소재지가 동지역인 경우만을 말한다), 읍장 또는 면장(이하 '시·구·읍·면의 장'이라 한다)에게서 농지취득자격증명을 발급받아야 한다(법 제8조 제1항).

② 다만, 다음에 해당하면 농지취득자격증명을 발급받지 아니하고 농지를 취득할 수 있다(법 제8조 제1항 단서).

> 1. 국가 또는 지방자치단체가 농지를 소유하는 경우
> 2. 상속(상속인에게 한 유증을 포함)으로 농지를 취득하여 소유하는 경우
> 3. 담보농지를 취득하여 소유하는 경우
> 4. 농지전용협의를 마친 농지를 소유하는 경우
> 5. 다음의 규정에 따라 농지를 취득하여 소유하는 경우
>   ① 한국농어촌공사가 농지를 취득하여 소유하는 경우
>   ② 농어촌정비법 규정에 따라 농지를 취득하여 소유하는 경우
>   ③ 공유수면 관리 및 매립에 관한 법률에 따라 매립농지를 취득하여 소유하는 경우
>   ④ 토지수용으로 농지를 취득하여 소유하는 경우
>   ⑤ 농림축산식품부장관과 협의를 마치고 공익사업을 위한 토지 등의 취득 및 보상에 관한 법률에 따라 농지를 취득하여 소유하는 경우
> 6. 농업법인의 합병으로 농지를 취득하는 경우
> 7. 공유농지의 분할에 따라 농지를 취득하는 경우
> 8. 시효의 완성으로 농지를 취득하는 경우
> 9. 일정한 법률에 따라 환매권자 등이 환매권 등에 따라 농지 취득하는 경우
> 10. 농지이용증진사업 시행계획에 따라 농지를 취득하는 경우

(2) 발급절차

① 농지취득자격증명을 발급받으려는 자는 다음의 사항이 모두 포함된 농업경영계획서 또는 주말·체험영농계획서를 작성하고 농림축산식품부령으로 정하는 서류를 첨부하여 농지 소재지를 관할하는 시·구·읍·면의 장에게 발급신청을 하여야 한다(법 제8조 제2항).

> 1. 취득 대상 농지의 면적(공유로 취득하려는 경우 공유 지분의 비율 및 각자가 취득하려는 농지의 위치도 함께 표시한다)
> 2. 취득 대상 농지에서 농업경영을 하는 데에 필요한 노동력 및 농업 기계·장비·시설의 확보 방안
> 3. 소유 농지의 이용 실태(농지 소유자에게만 해당한다)
> 4. 농지취득자격증명을 발급받으려는 자의 직업·영농경력·영농거리

② 다음의 농지를 취득하는 자는 농업경영계획서 또는 주말·체험영농계획서를 작성하지 아니하고 농림축산식품부령으로 정하는 서류를 첨부하지 아니하여도 발급신청을 할 수 있다(법 제8조 제2항 단서).

CHAPTER

06

1. 초·중등교육법 및 고등교육법에 따른 학교, 농림축산식품부령으로 정하는 공공단체·농업연구기관·농업생산자단체 또는 종묘나 그 밖의 농업 기자재 생산자가 그 목적사업을 수행하기 위하여 필요한 시험지·연구지·실습지 또는 종묘생산지로 쓰기 위하여 농림축산식품부령으로 정하는 바에 따라 농지를 취득하여 소유하는 경우
2. 농지전용허가를 받거나 농지전용신고를 한 자가 그 농지를 소유하는 경우
3. 한국농어촌공사 및 농지관리기금법에 따른 농지의 개발사업지구에 있는 농지로서 대통령령으로 정하는 1천500제곱미터 미만의 농지나 농어촌정비법 제98조 제3항에 따른 농지를 취득하여 소유하는 경우
4. 농업진흥지역 밖의 농지 중 최상단부부터 최하단부까지의 평균경사율이 15퍼센트 이상인 농지로서 대통령령으로 정하는 농지를 소유하는 경우
5. 공공토지의 비축에 관한 법률에 해당하는 토지 중 공공토지비축심의위원회가 비축이 필요하다고 인정하는 토지로서 계획관리지역과 자연녹지지역 안의 농지를 한국토지공사가 취득하여 소유하는 경우. 이 경우 그 취득한 농지를 전용하기 전까지는 한국농어촌공사에 지체 없이 위탁하여 임대하거나 무상사용하게 하여야 한다.

③ 시·구·읍·면의 장은 농지 투기가 성행하거나 성행할 우려가 있는 지역의 농지를 취득하려는 자 등 농림축산식품부령으로 정하는 자가 농지취득자격증명 발급을 신청한 경우 농지위원회의 심의를 거쳐야 한다(법 제8조 제3항).

④ 시·구·읍·면의 장은 (1)에 따른 농지취득자격증명의 발급 신청을 받은 때에는 그 신청을 받은 날부터 7일(농업경영계획서 또는 주말·체험영농계획서를 작성하지 아니하고 농지취득자격증명의 발급신청을 할 수 있는 경우에는 4일, 농지위원회의 심의 대상의 경우에는 14일) 이내에 신청인에게 농지취득자격증명을 발급하여야 한다(법 제8조 제4항).

⑤ 농지취득자격증명을 발급받아 농지를 취득하는 자가 그 소유권에 관한 등기를 신청할 때에는 농지취득자격증명을 첨부하여야 한다(법 제8조 제6항).

(3) 농지취득자격증명의 발급제한

① 시·구·읍·면의 장은 농지취득자격증명을 발급받으려는 자가 농업경영계획서 또는 주말·체험영농계획서에 포함하여야 할 사항을 기재하지 아니하거나 첨부하여야 할 서류를 제출하지 아니한 경우 농지취득자격증명을 발급하여서는 아니 된다(법 제8조의3 제1항).

② 시·구·읍·면의 장은 1필지를 공유로 취득하려는 자가 시·군·구의 조례로 정한 수를 초과한 경우에는 농지취득자격증명을 발급하지 아니할 수 있다(법 제8조의3 제2항).

③ 시·구·읍·면의 장은 농어업경영체 육성 및 지원에 관한 법률에 따른 실태조사 등에 따라 영농조합법인 또는 농업회사법인이 해산명령 청구 요건에 해당하는 것으로 인정하는 경우에는 농지취득자격증명을 발급하지 아니할 수 있다(법 제8조의3 제3항).

예제

농지법령상 농지취득자격증명을 발급받지 아니하고 농지를 취득할 수 있는 경우가 아닌 것은?

① 시효의 완성으로 농지를 취득하는 경우
② 공유 농지의 분할로 농지를 취득하는 경우
③ 농업법인의 합병으로 농지를 취득하는 경우
④ 국가나 지방자치단체가 농지를 소유하는 경우
⑤ 주말·체험영농을 하려고 농업진흥지역 외의 농지를 소유하는 경우

해설 ⑤ 주말·체험영농을 하려고 농업진흥지역 외의 농지를 소유하는 경우에는 농지취득자격증명을 발급받아야 한다.
①, ②, ③, ④는 농지취득자격증명을 발급받지 아니하고 농지를 취득할 수 있다. ◆ **정답 ⑤**

② 농지의 위탁경영의 제한 제34회

농지 소유자는 다음에 해당하는 경우 외에는 소유 농지를 위탁경영할 수 없다(법 제9조).

1. 병역법에 따라 징집 또는 소집된 경우
2. 3개월 이상의 국외 여행 중인 경우
3. 농업법인이 청산 중인 경우
4. 질병, 취학, 선거에 따른 공직 취임, 그 밖에 대통령령으로 정하는 다음의 사유로 자경할 수 없는 경우(영 제8조 제1항)
   ① 부상으로 3월 이상의 치료가 필요한 경우
   ② 교도소·구치소 또는 보호감호시설에 수용 중인 경우
   ③ 임신 중이거나 분만 후 6개월 미만인 경우
5. 농지이용증진사업시행계획에 따라 위탁경영하는 경우
6. 농업인이 자기 노동력이 부족하여 농작업의 일부를 위탁하는 경우: 자기노동력이 부족한 경우는 다음에 해당하는 경우로서 통상적인 농업경영관행에 따라 농업경영을 함에 있어서 자기 또는 세대원의 노동력으로는 해당 농지의 농업경영에 관련된 농작업의 전부를 행할 수 없는 경우로 한다.
   ① 다음에 해당하는 재배작물의 종류별 주요 농작업의 3분의 1 이상을 자기 또는 세대원의 노동력에 의하는 경우
      ㉠ 벼: 이식 또는 파종, 재배관리 및 수확
      ㉡ 과수: 가지치기 또는 열매솎기, 재배관리 및 수확
      ㉢ ㉠ 및 ㉡ 외의 농작물 또는 다년생식물: 파종 또는 육묘, 이식, 재배관리 및 수확
   ② 자기의 농업경영에 관련된 위 ①의 ㉠, ㉡, ㉢에 해당하는 농작업에 1년 중 30일 이상 직접 종사하는 경우

농지법령상 농지 소유자가 소유 농지를 위탁경영할 수 없는 경우는?

① 병역법에 따라 현역으로 징집된 경우
② 6개월간 미국을 여행 중인 경우
③ 선거에 따른 지방의회의원 취임으로 자경할 수 없는 경우
④ 농업법인이 청산 중인 경우
⑤ 교통사고로 2개월간 치료가 필요한 경우

해설 ⑤ 교통사고로 3개월간 치료가 필요한 경우에는 소유 농지를 위탁경영할 수 있다.　　　　◆정답 ⑤

③ 농업경영의 위반에 대한 조치

(1) 농지의 처분의무

① 농지 소유자는 다음에 해당하게 되면 그 사유가 발생한 날부터 1년 이내에 해당 농지를 그 사유가 발생한 날 당시 세대를 같이 하는 세대원이 아닌 자, 그 밖에 농림축산식품부령으로 정하는 자에게 처분하여야 한다(법 제10조 제1항).

1. 소유 농지를 자연재해·농지개량·질병 등 대통령령으로 정하는 다음의 정당한 사유 없이 자기의 농업경영에 이용하지 아니하거나 이용하지 아니하게 되었다고 시장(구를 두지 아니한 시의 시장을 말한다)·군수 또는 구청장이 인정한 경우
2. 농지를 소유하고 있는 농업회사법인이 설립요건에 적합하지 아니하게 된 후 3개월이 지난 경우
3. 학교, 공공단체 등으로서 농지를 취득한 자가 그 농지를 해당 목적사업에 이용하지 아니하게 되었다고 시장·군수 또는 구청장이 인정한 경우
4. 주말·체험영농을 하고자 농지를 취득한 자가 자연재해·농지개량·질병 등 대통령령으로 정하는 정당한 사유 없이 그 농지를 주말·체험영농에 이용하지 아니하게 되었다고 시장·군수 또는 구청장이 인정한 경우
5. 상속(상속인에게 한 유증을 포함한다)으로 농지를 취득하여 소유한 자가 농지를 임대하거나 한국농어촌공사에 위탁하여 임대하는 등 대통령령으로 정하는 정당한 사유 없이 자기의 농업경영에 이용하지 아니하거나 이용하지 아니하게 되었다고 시장·군수 또는 구청장이 인정한 경우
6. 8년 이상 농업경영을 하던 사람이 이농(離農)한 후에도 이농 당시 소유하고 있던 농지를 계속 소유한 자가 농지를 임대하거나 한국농어촌공사에 위탁하여 임대하는 등 대통령령으로 정하는 정당한 사유 없이 자기의 농업경영에 이용하지 아니하거나, 이용하지 아니하게 되었다고 시장·군수 또는 구청장이 인정한 경우

7. 농지전용허가를 받거나 신고를 하여 농지를 취득한 자가 취득한 날부터 2년 이내에 그 목적사업에 착수하지 아니한 경우(이 경우는 농지전용허가의 취소사유이기도 하다)
8. 농림축산식품부장관과의 협의를 마치지 아니하고 농지를 소유한 경우
9. 공공토지의 비축에 관한 법률에 해당하는 토지 중 같은 법에 따른 공공토지비축심의위원회가 비축이 필요하다고 인정하는 토지로서 국토의 계획 및 이용에 관한 법률에 따른 계획관리지역과 자연녹지지역 안의 농지를 한국토지공사가 취득하여 소유하는 경우. 이 경우 그 취득한 농지를 전용하기 전까지 한국농어촌공사에 지체 없이 위탁하지 아니한 경우
10. 농지 소유 상한을 초과하여 농지를 소유한 것이 밝혀진 경우(농지 소유 상한을 초과하는 면적에 해당하는 농지를 말한다)
11. 자연재해·농지개량·질병 등 대통령령으로 정하는 정당한 사유 없이 농업경영계획서 또는 주말·체험영농계획서 내용을 이행하지 아니하였다고 시장·군수 또는 구청장이 인정한 경우

② 시장·군수 또는 구청장은 농지의 처분의무가 생긴 농지의 소유자에게 농림축산식품부령으로 정하는 바에 따라 처분 대상 농지, 처분의무 기간 등을 구체적으로 밝혀 그 농지를 처분하여야 함을 알려야 한다(법 제10조 제2항).

(2) 농지의 처분명령

시장(구를 두지 아니한 시의 시장을 말한다)·군수 또는 구청장은 다음에 해당하는 농지소유자에게 6개월 이내에 그 농지를 처분할 것을 명할 수 있다(법 제11조 제1항).

1. 거짓이나 그 밖의 부정한 방법으로 농지취득자격증명을 발급받아 농지를 소유한 것으로 시장·군수 또는 구청장이 인정한 경우
2. 처분의무 기간에 처분 대상 농지를 처분하지 아니한 경우
3. 농업법인이 농어업경영체 육성 및 지원에 관한 법률을 위반하여 부동산업을 영위한 것으로 시장·군수 또는 구청장이 인정한 경우

(3) 처분명령의 유예

① 시장·군수 또는 구청장은 처분의무 기간에 처분 대상 농지를 처분하지 아니한 농지소유자가 다음의 어느 하나에 해당하면 처분의무 기간이 지난날부터 3년간 처분명령을 직권으로 유예할 수 있다(법 제12조 제1항).

1. 해당 농지를 자기의 농업경영에 이용하는 경우
2. 한국농어촌공사나 그 밖에 대통령령으로 정하는 자와 해당 농지의 매도위탁계약을 체결한 경우

② 시장·군수 또는 구청장은 처분명령을 유예 받은 농지 소유자가 처분명령 유예 기간에 처분명령의 유예사유에 해당하지 아니하게 되면 지체 없이 그 유예한 처분명령을 하여야 한다(법 제12호 제2항).

③ 농지 소유자가 처분명령을 유예 받은 후 처분명령을 받지 아니하고 그 유예 기간이 지난 경우에는 처분의무에 대하여 처분명령이 유예된 농지의 그 처분의무만 없어진 것으로 본다(법 제12호 제3항).

(4) 농지의 매수청구

① 농지 소유자는 처분명령을 받으면 한국농어촌공사에 그 농지의 매수를 청구할 수 있다(법 제11조 제2항).

② 한국농어촌공사는 매수청구를 받으면 공시지가(해당 토지의 공시지가가 없으면 개별 토지 가격을 말한다)를 기준으로 해당 농지를 매수할 수 있다. 이 경우 인근 지역의 실제 거래 가격이 공시지가보다 낮으면 실제 거래 가격을 기준으로 매수할 수 있다(법 제11조 제3항).

③ 한국농어촌공사가 농지를 매수하는 데에 필요한 자금은 농지관리기금에서 융자한다(법 제11조 제4항).

[예제]

농지법령상 농업경영에 이용하지 아니하는 농지의 처분의무에 관한 설명으로 옳은 것은?

① 농지 소유자가 선거에 따른 공직취임으로 휴경하는 경우에는 소유농지를 자기의 농업경영에 이용하지 아니하더라도 농지처분의무가 면제된다.

② 농지 소유 상한을 초과하여 농지를 소유한 것이 밝혀진 경우에는 소유농지 전부를 처분하여야 한다.

③ 농지처분의무 기간은 처분사유가 발생한 날부터 6개월이다.

④ 농지전용신고를 하고 그 농지를 취득한 자가 질병으로 인하여 취득한 날부터 2년이 초과하도록 그 목적사업에 착수하지 아니한 경우에는 농지처분의무가 면제된다.

⑤ 농지 소유자가 시장·군수 또는 구청장으로부터 농지처분명령을 받은 경우 한국토지주택공사에 그 농지의 매수를 청구할 수 있다.

해설 ② 농지 소유 상한을 초과하여 농지를 소유한 것이 밝혀진 경우에는 소유상한을 초과하는 면적에 해당하는 농지를 처분하여야 한다.
③ 농지처분의무 기간은 처분사유가 발생한 날부터 1년이다.
④ 농지전용신고를 하고 그 농지를 취득한 자가 질병으로 인하여 취득한 날부터 2년이 초과하도록 그 목적사업에 착수하지 아니한 경우에는 해당 농지를 처분하여야 한다.
⑤ 농지 소유자가 시장·군수 또는 구청장으로부터 농지처분명령을 받은 경우 한국농어촌공사에 그 농지의 매수를 청구할 수 있다.
◆ 정답 ①

(5) 이행강제금

① 시장(구를 두지 아니한 시의 시장을 말한다. 이하 이 조에서 같다)·군수 또는 구청장은 다음에 해당하는 자에게 해당 농지의 감정평가 및 감정평가사에 관한 법률에 따른 감정평가법인 등이 감정평가한 감정가격 또는 부동산 가격공시에 관한 법률에 따른 개별공시지가(해당 토지의 개별공시지가가 없는 경우에는 표준지공시지가를 기준으로 산정한 금액을 말한다) 중 더 높은 가액의 100분의 25에 해당하는 이행강제금을 부과한다(법 제63조 제2항).

> 1. 처분명령을 받은 후 매수를 청구하여 협의 중인 경우 등 대통령령으로 정하는 정당한 사유 없이 지정기간까지 그 처분명령을 이행하지 아니한 자
> 2. 농지전용허가 또는 농지의 타용도 일시사용허가를 받지 아니하고 농지를 전용하거나 다른 용도로 사용한 경우 등에 해당하여 원상회복 명령을 받은 후 그 기간 내에 원상회복 명령을 이행하지 아니하여 시장·군수·구청장이 그 원상회복 명령의 이행에 필요한 상당한 기간을 정하였음에도 그 기한까지 원상회복을 아니한 자
> 3. 농업진흥구역 안에서의 행위제한 또는 농업보호구역 안에서의 행위제한을 위반한 자, 해당 토지의 소유자·점유자 또는 관리자가 시정명령을 받은 후 그 기간 내에 시정명령을 이행하지 아니하여 시장·군수·구청장이 그 시정명령의 이행에 필요한 상당한 기간을 정하였음에도 그 기한까지 시정을 아니한 자

② 시장·군수 또는 구청장은 이행강제금을 부과하기 전에 이행강제금을 부과·징수한다는 뜻을 미리 문서로 알려야 한다(법 제63조 제2항).

③ 시장(구를 두지 아니한 시의 시장을 말한다)·군수 또는 구청장은 이행강제금을 부과하는 때에는 10일 이상의 기간을 정하여 이행강제금 처분대상자에게 의견제출의 기회를 주어야 한다(영 제75조 제1항).

④ 시장·군수 또는 구청장은 이행강제금을 부과하는 경우 이행강제금의 금액, 부과사유, 납부기한, 수납기관, 이의제기 방법, 이의제기 기관 등을 명시한 문서로 하여야 한다(법 제63조 제3항).

⑤ 시장·군수 또는 구청장은 처분명령·원상회복 명령 또는 시정명령 이행기간이 만료한 다음 날을 기준으로 하여 그 처분명령·원상회복 명령 또는 시정명령이 이행될 때까지 이행강제금을 매년 1회 부과·징수할 수 있다(법 제63조 제4항).

⑥ 시장·군수 또는 구청장은 제11조 제1항(제12조 제2항에 따른 경우를 포함한다)에 따른 처분명령·제42조에 따른 원상회복 명령 또는 제42조의2에 따른 시정명령을 받은 자가 처분명령·원상회복 명령 또는 시정명령을 이행하면 새로운 이행강제금의 부과는 즉시 중지하되, 이미 부과된 이행강제금은 징수하여야 한다(법 제63조 제5항).

⑦ 이행강제금 부과처분에 불복하는 자는 그 처분을 고지받은 날부터 30일 이내에 시장·군수 또는 구청장에게 이의를 제기할 수 있다. 이행강제금 부과처분을 받은 자가 이의를 제기하면 시장·군수 또는 구청장은 지체 없이 관할 법원에 그 사실을 통보하여야 하며, 그 통보를 받은 관할 법원은 비송사건절차법에 따른 과태료 재판에 준하여 재판을 한다(법 제63조 제6항·제7항).

⑧ 위 ⑦의 기한까지에 이의를 제기하지 아니하고 이행강제금을 납부기한까지 내지 아니하면 지방행정제재·부과금의 징수 등에 관한 법률에 따라 징수한다(법 제63조 제8항).

제3절 농지의 이용

01 농지이용증진사업의 시행

(1) 사업시행자

시장·군수·자치구구청장, 한국농어촌공사, 그 밖에 대통령령으로 정하는 자(이하 "사업시행자"라 한다)는 농지 이용을 증진하기 위하여 ②에 해당하는 사업(이하 "농지이용증진사업"이라 한다)을 시행할 수 있다(법 제15조).

(2) 농지이용증진사업의 종류

1. 농지의 매매·교환·분합 등에 의한 농지 소유권 이전을 촉진하는 사업
2. 농지의 장기 임대차, 장기 사용대차에 따른 농지 임차권(사용대차에 따른 권리를 포함) 설정을 촉진하는 사업
3. 위탁경영을 촉진하는 사업
4. 농업인이나 농업법인이 농지를 공동으로 이용하거나 집단으로 이용하여 농업경영을 개선하는 농업경영체 육성사업

02 대리경작제도 제32회

1 대리경작자의 지정

(1) 지정권자

시장(구를 두지 아니한 시의 시장을 말한다)·군수 또는 구청장은 유휴농지에 대하여 대통령령으로 정하는 바에 따라 그 농지의 소유권자나 임차권자를 대신하여 농작물을 경작할자(이하 "대리경작자"라 한다)를 직권으로 지정하거나 농림축산식품부령으로 정하는 바에 따라 유휴농지를 경작하려는 자의 신청을 받아 대리경작자를 지정할 수 있다(법 제20조제1항).

(2) 지정대상농지

대리경작자를 지정하기 위한 유휴농지(遊休農地)라 함은 농작물의 경작 또는 다년성 식물의 재배에 이용하지 아니하는 농지로서 다음에 해당되지 아니하는 경우라야 한다(영 제18조).

1. 지력의 증진이나 토양의 개량·보전을 위하여 필요한 기간 동안 휴경하는 농지
2. 연작으로 인하여 피해가 예상되는 재배작물의 경작 또는 재배 전후에 지력의 증진 또는 회복을 위하여 필요한 기간 동안 휴경하는 농지
3. 농지전용허가를 받거나 같은 조 제2항에 따른 농지전용협의(다른 법률에 따라 농지전용허가가 의제되는 협의를 포함한다)를 거친 농지
4. 농지전용신고를 한 농지
5. 농지의 타용도 일시사용허가를 받거나 협의를 거친 농지
6. 농지의 타용도 일시사용신고를 하거나 협의를 거친 농지
7. 그 밖에 농림축산식품부장관이 정하는 1.부터 6.까지의 농지에 준하는 농지

2 대리경작자의 지정요건

(1) 원 칙

시장·군수 또는 구청장은 대리경작자를 직권으로 지정하려는 경우에는 다음의 어느 하나에 해당하지 않는 농업인 또는 농업법인으로서 대리경작을 하려는 자 중에서 지정해야한다(영 제19조 제1항).

1. 법 제10조 제2항에 따라 농지 처분의무를 통지받고 그 처분 대상 농지를 처분하지 아니한 자(법 제12조 제3항에 따라 처분의무가 없어진 자는 제외한다)
2. 법 제11조 제1항 또는 법 제12조 제2항에 따라 처분명령을 받고 그 처분명령 대상 농지를 처분하지 아니한 자

CHAPTER

06

3. 법 제57조부터 제60조까지의 규정에 따라 징역형의 실형을 선고받고 그 집행이 끝나거나 집행이 면제된 날부터 1년이 지나지 않은 자

4. 법 제57조부터 제60조까지의 규정에 따라 징역형의 집행유예를 선고받고 그 유예기간 중에 있는 자

5. 법 제57조부터 제60조까지의 규정에 따라 징역형의 선고유예를 받고 그 유예기간 중에 있는 자

6. 법 제57조부터 제61조까지의 규정에 따라 벌금형을 선고받고 1년이 지나지 않은 자

(2) 예 외

시장·군수 또는 구청장은 대리경작자를 지정하기가 곤란한 경우에는 농업·농촌 및 식품산업 기본법 제3조 제4호에 따른 생산자단체(이하 "농업생산자단체"라 한다)·초·중등교육법 및 고등교육법에 따른 학교나 그 밖의 해당 농지를 경작하려는 자를 대리경작자로 지정할 수 있다(영 제19조 제2항).

③ 대리경작자의 지정절차

(I) 지정예고

시장·군수 또는 구청장은 대리경작자를 지정하려면 농림축산식품부령으로 정하는 바에 따라 그 농지의 소유권자 또는 임차권자에게 예고하여야 하며, 대리경작자를 지정하면 그 농지의 대리경작자와 소유권자 또는 임차권자에게 지정통지서를 보내야 한다(법 제20조 제2항).

(2) 이의신청

① 대리경작자의 지정예고에 대하여 이의가 있는 농지의 소유권 또는 임차권을 가진 자는 지정예고를 받은 날부터 10일 이내에 시장·군수 또는 구청장에게 이의를 신청할 수 있다(영 제20조 제1항).

② 시장·군수 또는 구청장은 이의신청을 받은 날부터 7일 이내에 이를 심사하여 그 결과를 신청인에게 알려야 한다(영 제20조 제2항).

④ 대리경작자의 의무 및 기간

(1) 대리경작자의 의무

대리경작자는 대리경작농지에서 경작한 농작물의 수확량의 100분의 10을 수확일부터 2월 이내에 그 농지의 소유권자나 임차권자에게 토지사용료로 지급하여야 한다. 이 경우 수령을 거부하거나 지급이 곤란한 경우에는 토지사용료를 공탁할 수 있다(법 제20조 제4항, 규칙 제18조 제1항).

(2) 대리경작 기간

대리경작 기간은 따로 정하지 아니하면 3년으로 한다(법 제20조 제3항).

⑤ 지정중지 및 지정해지

(1) 기간만료에 의한 지정중지

대리경작 농지의 소유권자 또는 임차권자가 그 농지를 스스로 경작하려면 대리경작 기간이 끝나기 3개월 전까지, 그 대리경작 기간이 끝난 후에는 대리경작자 지정을 중지할 것을 농림축산식품부령으로 정하는 바에 따라 시장·군수 또는 구청장에게 신청하여야 하며, 신청을 받은 시장·군수 또는 구청장은 신청을 받은 날부터 1개월 이내에 대리경작자 지정 중지를 그 대리경작자와 그 농지의 소유권자 또는 임차권자에게 알려야 한다(법 제20조 제5항).

(2) 기간만료 전 지정해지

시장·군수 또는 구청장은 다음의 어느 하나에 해당하면 대리경작 기간이 끝나기 전이라도 대리경작자 지정을 해지할 수 있다(법 제20조 제6항).

1. 대리경작농지의 소유권자나 임차권자가 정당한 사유를 밝히고 지정 해지신청을 하는 경우
2. 대리경작자가 경작을 게을리하는 경우
3. 그 밖에 대통령령으로 정하는 다음의 사유가 있는 경우(영 제21조)
   ① 대리경작자로 지정된 자가 토지사용료를 지급 또는 공탁하지 아니하는 경우
   ② 대리경작자로 지정된 자가 대리경작자의 지정해지를 신청하는 경우

예제

농지법령상 유휴농지에 대한 대리경작자의 지정에 관한 설명으로 옳은 것은?

① 지력의 증진이나 토양의 개량·보전을 위하여 필요한 기간 동안 휴경하는 농지에 대하여도 대리경작자를 지정할 수 있다.

② 대리경작자 지정은 유휴농지를 경작하려는 농업인 또는 농업법인의 신청이 있을 때에만 할 수 있고, 직권으로는 할 수 없다.

③ 대리경작자가 경작을 게을리하는 경우에는 대리경작 기간이 끝나기 전이라도 대리경작자 지정을 해지할 수 있다.

④ 대리경작 기간은 3년이고, 이와 다른 기간을 따로 정할 수 있다.

⑤ 농지 소유권자를 대신할 대리경작자만 지정할 수 있고, 농지 임차권자를 대신할 대리경작자를 지정할 수는 없다.

해설 ① 지력의 증진이나 토양의 개량·보전을 위하여 필요한 기간 동안 휴경하는 농지에 대하여도 대리경작자를 지정할 수 없다.

② 대리경작자 지정은 유휴농지를 경작하려는 농업인 또는 농업법인의 신청이 있을 때 지정할 수 있고, 직권으로도 지정할 수 있다.

④ 대리경작 기간은 따로 정함이 없는 한 3년으로 한다.

⑤ 농지 소유권자나 임차권자를 대신할 대리경작자를 지정할 수 있다.   ◆ 정답 ③

---

03 **농지의 임대차 또는 사용대차** 제31회, 제34회

1 임대 또는 사용대의 허용 농지

다음에 해당하는 경우를 제외하고는 농지를 임대하거나 무상사용하게 할 수 없으며, 농지를 임차하거나 무상사용하게 한 임차인 또는 사용대차인이 그 농지를 정당한 사유 없이 농업경영에 사용하지 아니할 때에는 시장·군수·구청장이 농림축산식품부령으로 정하는 바에 따라 임대차 또는 사용대차의 종료를 명할 수 있다(법 제23조, 영 제24조).

1. 국가나 지방자치단체가 농지를 소유하는 경우
2. 상속(상속인에게 한 유증을 포함함)에 의하여 농지를 취득하여 소유하는 경우
3. 8년 이상 농업경영을 하던 사람이 이농하는 경우 이농 당시 소유하고 있던 농지를 계속 소유하는 경우
4. 담보농지를 취득하여 소유하는 경우(자산유동화에 관한 법률 제3조에 따른 유동화전문회사 등이 제13조 제1항 제1호부터 제4호까지에 규정된 저당권자로부터 농지를 취득하는 경우를 포함한다)
5. 농지전용협의를 마친 농지를 소유하는 경우
6. 농지전용허가(다른 법률에 의하여 농지전용허가가 의제되는 인가·허가·승인 등을 포함함)를 받거나 농지전용신고를 한 자가 당해 농지를 소유하는 경우

7. 한국농어촌공사 및 농지관리기금법 제24조 제2항에 따른 농지의 개발사업지구에 있는 농지로서 대통령령으로 정하는 1,500m² 미만의 농지나 농어촌정비법 제98조 제3항에 따른 농지를 취득하여 소유하는 경우

8. 농어촌정비법 제2조 제10호에 따른 한계농지 중 최상단부부터 최하단부까지의 평균경사율이 15% 이상인 농지로서 대통령령으로 정하는 농지를 소유하는 경우

9. 농지이용증진사업 시행계획에 따라 농지를 임대하거나 무상사용하게 하는 경우

10. 다음의 어느 하나에 해당하는 경우

① 한국농어촌공사 및 농지관리기금법에 따라 한국농어촌공사가 농지를 취득하여 소유하는 경우

② 농어촌정비법 제16 · 25 · 43 · 82조 또는 제100조에 따라 농지를 취득하여 소유하는 경우

③ 공유수면 관리 및 매립에 관한 법률에 따라 매립농지를 취득하여 소유하는 경우

④ 토지수용으로 농지를 취득하여 소유하는 경우

⑤ 농림축산식품부장관과 협의를 마치고 공익사업을 위한 토지 등의 취득 및 보상에 관한 법률에 따라 농지를 취득하여 소유하는 경우

⑥ 공공토지의 비축에 관한 법률 제2조 제1호 가목에 해당하는 토지 중 같은 법 제7조 제1항에 따른 공공토지비축심의위원회가 비축이 필요하다고 인정하는 토지로서 국토의 계획 및 이용에 관한 법률 제36조에 따른 계획관리지역과 자연녹지지역 안의 농지를 한국토지공사가 취득하여 소유하는 경우. 이 경우 그 취득한 농지를 전용하기 전까지는 한국농어촌공사에 지체없이 위탁하여 임대하거나 무상사용하게 하여야 한다.

11. 질병, 징집, 취학, 선거에 따른 공직취임, 그 밖에 대통령령으로 정하는 다음의 어느 하나에 해당하는 부득이한 사유로 인하여 일시적으로 농업경영에 종사하지 아니하게 된 자가 소유하고 있는 농지를 임대하거나 무상사용하게 하는 경우(영 제24조 제1항)

① 부상으로 3월 이상의 치료가 필요한 경우

② 교도소 · 구치소 또는 보호감호시설에 수용 중인 경우

③ 3월 이상 국외여행을 하는 경우

④ 농업법인이 청산 중인 경우

⑤ 임신 중이거나 분만 후 6개월 미만인 경우

12. 60세 이상인 사람으로서 농업경영에 더 이상 종사하지 않게 된 사람, 농업인에 해당하는 사람이 거주하는 시(특별시 및 광역시를 포함한다) · 군 또는 이에 연접한 시 · 군에 있는 소유 농지 중에서 자기의 농업경영에 이용한 기간이 5년이 넘은 농지를 임대하거나 무상사용하게 하는 경우

13. 개인이 소유하고 있는 농지 중 3년 이상 소유한 농지를 주말 · 체험영농을 하려는 사람에게 임대하거나 사용대하는 경우 또는 주말 · 체험영농을 하려는 사람에게 임대하는 것을 업(業)으로 하는 자에게 임대하거나 무상사용하게 하는 경우

14. 농업법인이 소유하고 있는 농지를 주말·체험영농을 하려는 자에게 임대하거나 무상 사용하게 하는 경우

15. 개인이 소유하고 있는 농지 중 3년 이상 소유한 농지를 한국농어촌공사나 그 밖에 대통령령으로 정하는 자에게 위탁하여 임대하거나 무상사용하게 하는 경우

16. 다음의 어느 하나에 해당하는 농지를 한국농어촌공사나 그 밖에 대통령령으로 정하는 자에게 위탁하여 임대하거나 무상사용하게 하는 경우
   ① 상속으로 농지를 취득한 사람으로서 농업경영을 하지 아니하는 사람이 소유 상한을 초과하여 소유하고 있는 농지
   ② 대통령령으로 정하는 기간 이상 농업경영을 한 후 이농한 사람이 소유 상한을 초과하여 소유하고 있는 농지

17. 자경 농지를 농림축산식품부장관이 정하는 이모작을 위하여 8개월 이내로 임대하거나 무상사용하게 하는 경우

18. 농산물의 생산·가공·유통 및 수출 시설 단지를 조성·지원하는 사업으로서 농림축산식품부장관이 정하여 고시하는 사업을 추진하기 위하여 필요한 자경 농지를 임대하거나 무상사용하게 하는 경우

예제

농지법령상 농지를 임대하거나 무상사용하게 할 수 있는 요건 중 일부이다. (   )에 들어갈 숫자로 옳은 것은?

- (㉠)세 이상인 농업인이 거주하는 시·군에 있는 소유 농지 중에서 자기의 농업경영에 이용한 기간이 (㉡)년이 넘은 농지
- (㉢)월 이상의 국외여행으로 인하여 일시적으로 농업경영에 종사하지 아니하게 된 자가 소유하고 있는 농지

① ㉠: 55, ㉡: 3, ㉢: 3   ② ㉠: 60, ㉡: 3, ㉢: 5
③ ㉠: 60, ㉡: 5, ㉢: 3   ④ ㉠: 65, ㉡: 4, ㉢: 5
⑤ ㉠: 65, ㉡: 5, ㉢: 1

◆ 정답 ③

---

② 임대차 또는 사용대차 계약의 방법

(1) 임대차(농업경영을 하려는 자에게 임대하는 경우만 해당한다)계약과 사용대차(농업경영을 하려는 자에게 무상사용하게 하는 경우만 해당한다)계약은 서면계약을 원칙으로 한다(법 제24조 제1항).

(2) 임대차계약은 그 등기가 없는 경우에도 임차인이 농지소재지를 관할하는 시·구·읍·면의 장의 확인을 받고, 해당 농지를 인도(引渡)받은 경우에는 그 다음 날부터 제3자에 대하여 효력이 생긴다(법 제24조 제2항).

(3) 시·구·읍·면의 장은 농지임대차계약 확인대장을 갖추어 두고, 임대차계약증서를 소지한 임대인 또는 임차인의 확인 신청이 있는 때에는 농림축산식품부령으로 정하는 바에 따라 임대차계약을 확인한 후 대장에 그 내용을 기록하여야 한다(법 제24조 제3항).

③ 임대차 기간 등

① 임대차 기간은 3년 이상(이모작을 위하여 8개월 이내로 임대하거나 무상사용하게 하는 경우는 제외한다)으로 하여야 한다. 다만, 다년생식물 재배지 등 대통령령으로 정하는 농지의 경우에는 5년 이상으로 하여야 한다(법 제24조의2 제1항).

> ▶ 다년생식물 재배지 등 대통령령으로 정하는 농지
> 1. 농지의 임차인이 다년생식물의 재배지로 이용하는 농지
> 2. 농지의 임차인이 농작물의 재배시설로서 고정식온실 또는 비닐하우스를 설치한 농지

② 임대차 기간을 정하지 아니하거나 3년(다년생식물 재배지 등의 경우에는 5년) 미만으로 정한 경우에는 3년(다년생식물 재배지 등의 경우에는 5년)으로 약정된 것으로 본다. 다만, 임차인은 3년(다년생식물 재배지 등의 경우에는 5년) 미만으로 정한 임대차 기간이 유효함을 주장할 수 있다(법 제24조의2 제2항).

③ 임대인은 질병, 징집 등 대통령령으로 정하는 불가피한 사유가 있는 경우에는 임대차 기간을 3년(다년생식물 재배지 등의 경우에는 5년) 미만으로 정할 수 있다(법 제24조의2 제3항).

> 1. 질병, 징집, 취학의 경우
> 2. 선거에 의한 공직(公職)에 취임하는 경우
> 3. 부상으로 3개월 이상의 치료가 필요한 경우
> 4. 교도소·구치소 또는 보호감호시설에 수용 중인 경우
> 5. 농업법인이 청산 중인 경우
> 6. 농지전용허가(다른 법률에 따라 농지전용허가가 의제되는 인가·허가·승인 등을 포함한다)를 받았거나 농지전용신고를 하였으나 농지전용목적사업에 착수하지 않은 경우

④ 임대차 기간은 임대차계약을 연장 또는 갱신하거나 재계약을 체결하는 경우에도 동일하게 적용한다(법 제24조의2 제4항).

4 임대차계약에 관한 조정 등

① 임대차계약의 당사자는 임대차 기간, 임차료 등 임대차계약에 관하여 서로 협의가 이루어지지 아니한 경우에는 농지소재지를 관할하는 시장·군수 또는 자치구구청장에게 조정을 신청할 수 있다(법 제24조의3 제1항).

② 시장·군수 또는 자치구구청장은 조정의 신청이 있으면 지체 없이 농지임대차조정위원회를 구성하여 조정절차를 개시하여야 한(법 제24조의3 제2항).

③ 농지임대차조정위원회에서 작성한 조정안을 임대차계약 당사자가 수락한 때에는 이를 해당 임대차의 당사자 간에 체결된 계약의 내용으로 본다(법 제24조의3 제3항).

④ 농지임대차조정위원회는 위원장 1명을 포함한 3명의 위원으로 구성하며, 위원장은 부시장·부군수 또는 자치구의 부구청장이 되고, 위원은 시·군·구 농업·농촌 및 식품산업정책심의회의 위원으로서 조정의 이해당사자와 관련이 없는 사람 중에서 시장·군수 또는 자치구구청장이 위촉한다(법 제24조의3 제4항).

5 갱 신

임대인이 임대차 기간이 끝나기 3개월 전까지 임차인에게 임대차계약을 갱신하지 아니한다는 뜻이나 임대차계약 조건을 변경한다는 뜻을 통지하지 아니하면 그 임대차 기간이 끝난 때에 이전의 임대차계약과 같은 조건으로 다시 임대차계약을 한 것으로 본다(법 제25조).

6 임대인의 지위승계 등

① 임대 농지의 양수인(讓受人)은 이 법에 따른 임대인의 지위를 승계한 것으로 본다(법 제26조).

② 이 법에 위반된 약정으로서 임차인에게 불리한 것은 그 효력이 없다(법 제26조의2).

7 국유농지와 공유농지의 임대차 특례

「국유재산법」과 「공유재산 및 물품 관리법」에 따른 국유재산과 공유재산인 농지에 대하여는 제24조(임대차·사용대차 계약 방법과 확인), 제24조의2(임대차 기간), 제24조의3(임대차계약에 관한 조정 등), 제25조(묵시의 갱신), 제26조(임대인의 지위 승계), 제26조의2(강행규정)를 적용하지 아니한다(법 제27조).

예제

농지법령상 농지의 임대차에 관한 설명으로 틀린 것은? (단, 농업경영을 하려는 자에게 임대하는 경우를 전제로 함)

① 60세 이상 농업인의 자신이 거주하는 시·군에 있는 소유 농지 중에서 자기의 농업경영에 이용한 기간이 5년이 넘은 농지를 임대할 수 있다.

② 농지를 임차한 임차인이 그 농지를 정당한 사유 없이 농업경영에 사용하지 아니할 때에는 시장·군수·구청장은 임대차의 종료를 명할 수 있다.

③ 임대차계약은 그 등기가 없는 경우에도 임차인이 농지소재지를 관할하는 시·구·읍·면의 장의 확인을 받고, 해당 농지를 인도받은 경우에는 그 다음 날부터 제3자에 대하여 효력이 생긴다.

④ 농지의 임차인이 농작물의 재배시설로서 비닐하우스를 설치한 농지의 임대차기간은 10년 이상으로 하여야 한다.

⑤ 농지임대차조정위원회에서 작성한 조정안을 임대차계약 당사자가 수락한 때에는 이를 당사자 간에 체결된 계약의 내용으로 본다.

해설 ④ 농지의 임차인이 다년생식물 재배지 등 대통령령으로 정하는 농지(고정식온실 또는 비닐하우스를 설치한 농지)의 경우에는 5년 이상으로 하여야 한다. ◆ **정답** ④

제4절 **농지의 보전**

01 **농업진흥지역의 지정**

① 농업진흥지역

(1) 농업진흥지역의 지정 등

① 특별시장·광역시장·특별자치시장·도지사 또는 특별자치도지사(이하 '시·도지사'라 한다)는 농지를 효율적으로 이용·보전하기 위하여 농업진흥지역을 지정한다(법 제28조 제1항).

② 농업진흥지역은 농업진흥구역과 농업보호구역으로 구분하여 지정할 수 있다(법 제28조 제2항).

ㄱ 농업진흥구역: 농업의 진흥을 도모하여야 하는 다음에 해당하는 지역으로서 농림축산식품부장관이 정하는 규모로 농지가 집단화되어 농업목적으로 이용하는 것이 필요한 지역을 그 대상으로 한다.

ⓐ 농지조성사업 또는 농업기반정비사업이 시행되었거나 시행 중인 지역으로서 농업용으로 이용하고 있거나 이용할 토지가 집단화되어 있는 토지

ⓑ 이외의 지역으로서 농업용으로 이용하고 있는 토지가 집단화되어 있는 지역

ⓛ 농업보호구역 : 농업진흥구역의 용수원 확보, 수질보전 등 농업환경을 보호하기 위하여 필요한 지역

(2) 농업진흥지역의 지정대상 지역

농업진흥지역의 지정은 국토의 계획 및 이용에 관한 법률에 따른 녹지지역·관리지역·농림지역 및 자연환경보전지역을 대상으로 한다. 다만, 특별시의 녹지지역을 제외한다(법 제29조).

(3) 농업진흥지역의 지정절차

① 시·도지사는 농업·농촌 및 식품산업 기본법 제15조에 따른 시·도 농업·농촌 및 식품산업정책심의회의 심의를 거쳐 농림축산식품부장관의 승인을 받아 농업진흥지역을 지정한다(법 제30조 제1항).

② 농림축산식품부장관은 국토의 계획 및 이용에 관한 법률상 녹지지역 또는 계획관리지역이 농업진흥지역에 포함될 경우에는 그 지정을 승인하기 전에 국토교통부장관과 협의하여야 한다(법 제30조 제3항).

(4) 농업진흥지역의 농지매수 청구

① 농업진흥지역의 농지를 소유하고 있는 농업인 또는 농업법인은 한국농어촌공사 및 농지관리기금법에 따른 한국농어촌공사(이하 "한국농어촌공사"라 한다)에 그 농지의 매수를 청구할 수 있다(법 제33조의2 제1항).

② 한국농어촌공사는 매수청구를 받으면 감정평가 및 감정평가사에 관한 법률에 따른 감정평가법인 등이 평가한 금액을 기준으로 해당 농지를 매수할 수 있다(법 제33조의2 제2항).

③ 한국농어촌공사가 농지를 매수하는 데에 필요한 자금은 농지관리기금에서 융자한다(법 제33조의2 제3항).

② 농업진흥지역 안에서의 행위제한

(1) 농업진흥구역 안에서의 행위제한(법 제32조 제1항)

① 농업진흥구역에서는 농업 생산 또는 농지 개량과 직접적으로 관련된 행위로서 대통령령으로 정하는 행위 외의 토지이용행위를 할 수 없다(법 제32조 제1항 본문).

> 1. 농작물의 경작
> 2. 다년생식물의 재배
> 3. 고정식온실·버섯재배사 및 비닐하우스와 농림축산식품부령으로 정하는 그 부속시설의 설치
> 4. 축사·곤충사육사와 농림축산식품부령으로 정하는 그 부속시설의 설치
> 5. 간이퇴비장의 설치
> 6. 농지개량사업 또는 농업용수개발사업의 시행
> 7. 농막·간이저온저장고 및 간이액비 저장조 중에서 농림축산식품부령으로 정하는 시설의 설치

② **예외적 허용행위**: 다음의 토지이용행위는 할 수 있다(법 제32조 제1항 단서).

  ㉠ 대통령령으로 정하는 농수산물(농산물·임산물·축산물·수산물을 말한다)의 가공·처리 시설의 설치 및 농수산업(농업·임업·축산업·수산업을 말한다) 관련 시험·연구시설의 설치

> "대통령령으로 정하는 농수산물(농산물·임산물·축산물·수산물을 말한다. 이하 같다)의 가공·처리 시설 및 농수산업(농업·임업·축산업·수산업을 말한다. 이하 같다) 관련 시험·연구 시설"이란 다음의 시설을 말한다.
> 1. 다음의 요건을 모두 갖춘 농수산물의 가공·처리 시설(「건축법 시행령」 별표 1 제4호 너목에 따른 제조업소 또는 같은 표 제17호에 따른 공장에 해당하는 시설을 말하며, 그 시설에서 생산된 제품을 판매하는 시설을 포함한다)
>   ① 국내에서 생산된 농수산물(「농업·농촌 및 식품산업 기본법 시행령」 제5조 제1항 및 제2항에 따른 농수산물을 말하며, 임산물 중 목재와 그 가공품 및 토석은 제외한다. 이하 이 조에서 같다) 및 농림축산식품부장관이 정하여 고시하는 농수산 가공품을 주된 원료로 하여 가공하거나 건조·절단 등 처리를 거쳐 식품을 생산하기 위한 시설일 것
>   ② 농업진흥구역 안의 부지 면적이 1만5천제곱미터[미곡의 건조·선별·보관 및 가공시설(이하 "미곡종합처리장"이라 한다)의 경우에는 3만제곱미터] 미만인 시설(판매시설이 포함된 시설의 경우에는 그 판매시설의 면적이 전체 시설 면적의 100분의 20 미만인 시설에 한정한다)일 것
> 2. 「양곡관리법」 제2조 제5호에 따른 양곡가공업자가 농림축산식품부장관 또는 지방자치단체의 장과 계약을 체결해 같은 법 제2조 제2호에 따른 정부관리양곡을 가공·처리하는 시설로서 그 부지 면적이 1만5천제곱미터 미만인 시설
> 3. 농수산업 관련 시험·연구 시설: 육종연구를 위한 농수산업에 관한 시험·연구 시설로서 그 부지의 총면적이 3천제곱미터 미만인 시설

    ⑭ 어린이놀이터, 마을회관, 그 밖에 대통령령으로 정하는 농업인의 공동생활에 필요
       한 편의 시설 및 이용 시설의 설치

    ⓒ 대통령령으로 정하는 농업인 주택, 어업인 주택, 농업용 시설, 축산업용 시설 또는
       어업용 시설의 설치

    ⓔ 국방·군사 시설의 설치

    ⓜ 하천, 제방, 그 밖에 이에 준하는 국토 보존 시설의 설치

    ⓗ 국가유산기본법에 따른 국가유산의 보수·복원·이전, 매장유산의 발굴, 비석이나
       기념탑, 그 밖에 이와 비슷한 공작물의 설치

    ⓢ 도로, 철도, 그 밖에 대통령령으로 정하는 공공시설의 설치

    ⓞ 지하자원 개발을 위한 탐사 또는 지하광물 채광(採鑛)과 광석의 선별 및 적치(積置)
       를 위한 장소로 사용하는 행위

    ⓩ 농어촌 소득원 개발 등 농어촌 발전에 필요한 시설로서 대통령령으로 정하는 시설
       의 설치

(2) 농업보호구역 안에서의 행위제한

농업보호구역에서는 다음 외의 토지이용행위를 할 수 없다(법 제32조 제2항).

> 1. 농업진흥구역에서 예외적으로 허용되는 토지이용행위
> 2. 농업인의 소득증대에 필요한 시설로서 대통령령으로 정하는 다음의 건축물·공작물 그
>   밖의 시설의 설치
>   ① 농어촌정비법 규정에 따른 관광농원사업으로 설치하는 시설로서 농업보호구역 안
>   의 부지 면적이 2만 제곱미터 미만인 것
>   ② 농어촌정비법 규정에 따른 주말농원사업으로 설치하는 시설로서 농업보호구역 안
>   의 부지 면적이 3천 제곱미터 미만인 것
>   ③ 태양에너지 발전설비로서 농업보호구역 안의 부지 면적이 1만제곱미터 미만인 것
>   ④ 그 밖에 농촌지역 경제활성화를 통하여 농업인 소득증대에 기여하는 농수산업 관련
>   시설로서 농림축산식품부령으로 정하는 시설
> 3. 농업인의 생활여건 개선을 위하여 필요한 시설로서 대통령령으로 정하는 다음의 건축
>   물·공작물 그 밖의 시설의 설치
>   ① 다음의 시설로서 농업보호구역 안의 부지 면적이 1천제곱미터 미만인 것
>   ㉠ 단독주택
>   ㉡ 제1종 근린생활시설 중
>   • 식품·잡화·의류·완구·서적·건축자재·의학품·의료기기 등 일용품을 판
>   매하는 소매점
>   • 의원·치과의원·한의원·침술원·접골원, 조산원, 안마원, 산후조리원
>   • 탁구장, 체육도장으로서 같은 건축물에 해당 용도로 쓰는 바닥면적의 합계가
>   500제곱미터 미만인 것

- 지역자치센터 · 파출소 · 지구대 · 소방서 · 우체국 · 방송국 · 보건소 · 공공도 서관 · 건강보험공단
- 마을회관 · 마을공동작업소 · 마을공동구판장, 지역아동센터 등 주민이 공동으로 이용하는 시설
- 금융업소, 사무소, 부동산중개사무소, 결혼상담소 등 소개업소, 출판사 등 일반 업무시설로서 같은 건축물에 해당 용도로 쓰는 바닥면적의 합계가 30제곱미터 미만인 것

© 제2종 근린생활시설 중

- 공연장(극장, 영화관, 연예장, 음악당, 서커스장, 비디오물감상실, 비디오물소극장, 그 밖에 이와 비슷한 것을 말한다. 이하 같다)으로서 같은 건축물에 해당 용도로 쓰는 바닥면적의 합계가 500제곱미터 미만인 것
- 종교집회장[교회, 성당, 사찰, 기도원, 수도원, 수녀원, 제실(祭室), 사당, 그 밖에 이와 비슷한 것을 말한다. 이하 같다]으로서 같은 건축물에 해당 용도로 쓰는 바닥면적의 합계가 500제곱미터 미만인 것
- 서점(제1종 근린생활시설에 해당하지 않는 것)
- 총포판매소
- 사진관, 표구점
- 청소년게임제공업소, 복합유통게임제공업소, 인터넷컴퓨터게임시설제공업소, 가상현실체험 제공업소, 그 밖에 이와 비슷한 게임 및 체험 관련 시설로서 같은 건축물에 해당 용도로 쓰는 바닥면적의 합계가 500제곱미터 미만인 것
- 장의사, 동물병원, 동물미용실, 그 밖에 이와 유사한 것(제1종 근린생활시설에 해당하는 것 제외)
- 학원(자동차학원 · 무도학원 및 정보통신기술을 활용하여 원격으로 교습하는 것은 제외한다), 교습소(자동차교습 · 무도교습 및 정보통신기술을 활용하여 원격으로 교습하는 것은 제외한다), 직업훈련소(운전 · 정비 관련 직업훈련소는 제외한다)로서 같은 건축물에 해당 용도로 쓰는 바닥면적의 합계가 500제곱미터 미만인 것
- 독서실, 기원
- 테니스장, 체력단련장, 에어로빅장, 볼링장, 당구장, 실내낚시터, 놀이형시설(관광진흥법에 따른 기타유원시설업의 시설을 말한다. 이하 같다) 등 주민의 체육 활동을 위한 시설(제3호 마목의 시설은 제외한다)로서 같은 건축물에 해당 용도로 쓰는 바닥면적의 합계가 500제곱미터 미만인 것
- 금융업소, 사무소, 부동산중개사무소, 결혼상담소 등 소개업소, 출판사 등 일반 업무시설로서 같은 건축물에 해당 용도로 쓰는 바닥면적의 합계가 500제곱미터 미만인 것

② 다음의 시설로서 농업보호구역 안의 부지 면적이 3천 제곱미터 미만인 것: 제1종 근린생활시설 중 양수장 · 정수장 · 대피소 · 공중화장실 그 밖에 이와 비슷한 것

(3) 농업진흥구역과 농업보호구역에 걸치는 1필지의 토지 등에 대한 행위제한의 특례

① 한 필지의 토지가 농업진흥구역과 농업보호구역에 걸쳐 있으면서 농업진흥구역에 속하는 토지 부분이 330m² 이하이면 그 토지 부분에 대하여는 행위 제한을 적용할 때 농업보호구역에 관한 규정을 적용한다(법 제53조 제1항, 영 제73조).

② 한 필지의 토지 일부가 농업진흥지역에 걸쳐 있으면서 농업진흥지역에 속하는 토지 부분의 면적이 330m² 이하이면 그 토지 부분에 대하여는 농업진흥구역 및 농업보호구역의 행위제한에 관한 규정을 적용하지 아니한다(그 밖의 지역의 행위제한 규정이 적용됨)(법 제53조 제2항, 영 제73조).

예제

1. 농지법령상 농업진흥지역에 관한 설명으로 옳은 것은?

① 농업보호구역의 용수원 확보, 수질보전 등 농업 환경을 보호하기 위하여 필요한 지역을 농업진흥구역으로 지정할 수 있다.

② 광역시의 녹지지역은 농업진흥지역의 지정대상이 아니다.

③ 농업보호구역에서는 매장유산의 발굴행위를 할 수 없다.

④ 육종연구를 위한 농수산업에 관한 시험·연구시설로서 그 부지의 총면적이 3,000m² 미만인 시설은 농업진흥구역 내에 설치할 수 있다.

⑤ 녹지지역을 포함하는 농업진흥지역을 지정하는 경우 국토교통부장관의 승인을 요한다.

해설 ① 농업진흥구역의 용수원 확보, 수질보전 등 농업 환경을 보호하기 위하여 필요한 지역을 농업보호구역으로 지정할 수 있다.
② 광역시의 녹지지역은 지정대상이다.
③ 매장유산 발굴행위를 할 수 있다.
⑤ 농림축산식품부장관의 승인을 요한다. ◆ 정답 ④

2. 농지법령상 농업진흥지역을 지정할 수 없는 지역은?

① 특별시의 녹지지역   ② 특별시의 관리지역
③ 광역시의 관리지역   ④ 광역시의 농림지역
⑤ 군의 자연환경보전지역

해설 ① 농업진흥지역의 지정은 국토의 계획 및 이용에 관한 법률에 따른 녹지지역·관리지역·농림지역 및 자연환경보전지역을 대상으로 한다. 다만, 특별시의 녹지지역을 제외한다. ◆ 정답 ①

02 농지의 전용(허가 · 협의 · 신고)

1 농지전용의 의의

'농지의 전용'이란 농지를 농작물의 경작이나 다년생식물의 재배 등 농업생산 또는 농지개량 외의 용도로 사용하는 것을 말한다(법 제2조 제7호).

2 농지의 전용허가

(1) 허가대상

① 농지를 전용하려는 자는 다음에 해당하는 경우 외에는 대통령령으로 정하는 바에 따라 농림축산식품부장관의 허가(다른 법률에 따라 농지전용허가가 의제되는 협의를 포함한다. 이하 같다)를 받아야 한다(법 제34조 제1항).

> 1. 국토의 계획 및 이용에 관한 법률에 따른 도시지역 또는 계획관리지역에 있는 농지로서 농지전용의 협의를 거친 농지나 협의 대상에서 제외되는 농지를 전용하는 경우
> 2. 농지전용신고를 하고 농지를 전용하는 경우
> 3. 산지관리법 제14조에 따른 산지전용허가를 받지 아니하거나 같은 법 제15조에 따른 산지전용신고를 하지 아니하고 불법으로 개간한 농지를 산림으로 복구하는 경우

② 허가받은 농지의 면적 또는 경계 등 다음의 중요 사항을 변경하려는 경우에도 또한 같다. 즉 허가를 받아야 한다(영 제32조 제5항).

> 1. 전용허가를 받은 농지의 면적 또는 경계
> 2. 전용허가를 받은 농지의 위치(동일 필지 안에서 위치를 변경하는 경우에 한한다)
> 3. 전용허가를 받은 자의 명의
> 4. 설치하려는 시설의 용도 또는 전용목적사업(제59조 제3항 제1호부터 제3호까지의 규정에 해당하는 경우에 한한다)

(2) 농지전용의 허가권자

농지전용의 허가권자는 원칙적으로 농림축산식품부장관이나 다음에 열거한 사항은 소속 기관의 장, 시 · 도지사 또는 시장 · 군수 · 자치구 구청장에게 위임할 수 있다(법 제51조). 다만, 대상농지가 둘 이상의 특별시 · 광역시 또는 도에 걸치는 경우는 제외한다.

① **시 · 도지사에게 위임할 수 있는 기준면적**: 농림축산식품부장관은 다음의 권한을 시 · 도지사에게 위임한다(영 제71조 제1항).

> 1. 농업진흥지역 안의 3천m² 이상 3만m² 미만의 농지의 전용
> 2. 농업진흥지역 밖의 3만m² 이상 30만m² 미만의 농지의 전용

② **시장·군수 또는 구청장에게 위임할 수 있는 기준면적**: 농림축산식품부장관은 다음의 권한을 시장·군수 또는 자치구구청장에게 위임한다. 다만, 대상농지가 동일 특별시·광역시 또는 도의 관할구역 안의 둘 이상의 시·군 또는 자치구에 걸치는 경우에는 이를 시·도지사에게 위임한다(영 제71조 제2항).

> 1. 농업진흥지역의 3천m² 미만의 농지의 전용
> 2. 농업진흥지역 밖의 3만m² 미만의 농지의 전용
> 3. 농림축산식품부장관(그 권한을 위임받은 자를 포함한다)과의 협의를 거쳐 지정되거나 결정된 별표 3에 따른 지역·지구·구역·단지·특구 등의 안에서 10만제곱미터 미만의 농지의 전용

③ 농지 전용협의

주무부장관이나 지방자치단체의 장은 다음에 해당하면 대통령령으로 정하는 바에 따라 농림축산식품부장관과 미리 농지전용에 관한 협의를 하여야 한다(법 제34조 제2항).

> 1. 국토의 계획 및 이용에 관한 법률에 따른 도시지역에 주거지역·상업지역·공업지역을 지정하거나 같은 법에 따른 도시지역에 도시·군계획시설을 결정할 때에 해당 지역 예정지 또는 시설 예정지에 농지가 포함되어 있는 경우. 다만, 이미 지정된 주거지역·상업지역·공업지역을 다른 지역으로 변경하거나 이미 지정된 주거지역·상업지역·공업지역에 도시·군계획시설을 결정하는 경우는 제외한다.
> 2. 국토의 계획 및 이용에 관한 법률에 따른 계획관리지역에 지구단위계획구역을 지정할 때에 해당 구역 예정지에 농지가 포함되어 있는 경우
> 3. 국토의 계획 및 이용에 관한 법률에 따른 도시지역의 녹지지역 및 개발제한구역의 농지에 대하여 같은 법 제56조에 따라 개발행위를 허가하거나 개발제한구역의 지정 및 관리에 관한 특별조치법 제12조 제1항 각 호 외의 부분 단서에 따라 토지의 형질변경허가를 하는 경우

농지법령상 농지의 전용 등에 관한 설명으로 틀린 것은?

① 산지관리법에 따른 산지전용허가를 받지 아니하고 불법으로 개간한 농지를 산림으로 복구하는 경우는 농지전용허가의 대상이 아니다.

② 전용허가를 받은 농지의 면적 또는 경계를 변경하는 경우에는 허가를 받아야 한다.

③ 농지를 토목공사용 토석을 채굴하기 위하여 일시 사용하려는 사인(私人)은 5년 이내의 기간 동안 사용한 후 농지로 복구한다는 조건으로 시장·군수 또는 자치구구청장의 허가를 받아야 한다.

④ 농지를 전용하려는 자는 농지보전부담금의 전부 또는 일부를 농지전용허가·농지전용신고 전까지 납부하여야 한다.

⑤ 농지전용허가를 받은 자가 관계 공사의 중지명령을 위반한 경우에는 허가를 취소하거나 조업의 정지를 명할 수 있다.

해설 ⑤ 농지전용허가를 받은 자가 관계 공사의 중지명령을 위반한 경우에는 농지전용허가를 취소하여야 한다.   ✦ 정답 ⑤

---

4 농지 전용신고

농지를 다음의 어느 하나에 해당하는 시설의 부지로 전용하려는 자는 대통령령으로 정하는 바에 따라 시장·군수 또는 자치구구청장에게 신고하여야 한다. 신고한 사항을 변경하려는 경우에도 또한 같다(법 제35조 제1항).

1. 농업인 주택, 어업인 주택, 농축산업용 시설(개량시설과 농축산물 생산시설은 제외한다), 농수산물 유통·가공 시설
2. 어린이놀이터·마을회관 등 농업인의 공동생활 편의 시설
3. 농수산 관련 연구 시설과 양어장·양식장 등 어업용 시설

농지법령상 농업진흥지역 밖에서 농지전용신고를 통하여 설치할 수 있는 시설이 아닌 것은?

① 어린이놀이터·마을회관

② 경로당·어린이집·유치원 등 노유자시설

③ 목욕탕·구판장·운동시설

④ 1가구 1주택인 세대주가 설치하는 세대당 660m² 이하의 농업인 주택

⑤ 농축산업용 시설, 농수산물유통·가공시설

해설 ④ '1가구 1주택인 세대주가' 아닌 '무주택인 세대의 세대주가' 설치하는 세대당 660m² 이하의 농업인 주택이 농지전용신고대상에 해당된다.   ✦ 정답 ④

5 타용도 일시사용허가 등 ^{제35회}

(1) 타용도 일시사용허가 및 협의

농지를 다음에 해당하는 용도로 일시사용하려는 자는 대통령령으로 정하는 바에 따라 일정 기간 사용한 후 농지로 복구한다는 조건으로 시장·군수 또는 자치구구청장의 허가를 받아야 한다. 허가받은 사항을 변경하려는 경우에도 또한 같다. 다만, 국가나 지방자치단체의 경우에는 시장·군수 또는 자치구구청장과 협의하여야 한다(법 제36조 제1항).

---

1. 건축법에 따른 건축허가 또는 건축신고 대상시설이 아닌 간이 농수축산업용 시설(개량시설과 농축산물 생산시설은 제외한다)과 농수산물의 간이 처리 시설을 설치하는 경우
2. 주목적사업(해당 농지에서 허용되는 사업만 해당한다)을 위하여 현장 사무소나 부대시설, 그 밖에 이에 준하는 시설을 설치하거나 물건을 적치하거나 매설하는 경우
3. 대통령령으로 정하는 다음의 토석과 광물을 채굴하는 경우(영 제38조 제3항)
   ① 골재채취법 제2조 제1호에 따른 골재
   ② 광업법 제3조 제1호에 따른 광물
   ③ 적조방제·농지개량 또는 토목공사용으로 사용하거나 공업용 원료로 사용하기 위한 토석
4. 전기사업법의 전기사업을 영위하기 위한 목적으로 설치하는 신에너지 및 재생에너지 개발·이용·보급 촉진법에 따른 태양에너지 발전설비(이하 "태양에너지 발전설비"라 한다)로서 다음의 요건을 모두 갖춘 경우
   ① 공유수면 관리 및 매립에 관한 법률 제2조에 따른 공유수면매립을 통하여 조성한 토지 중 토양 염도가 일정 수준 이상인 지역 등 농림축산식품부령으로 정하는 지역에 설치하는 시설일 것
   ② 설치 규모, 염도 측정방법 등 농림축산식품부장관이 별도로 정한 요건에 적합하게 설치하는 시설일 것
5. 건축법에 따른 건축허가 또는 건축신고 대상시설이 아닌 작물재배사(고정식온실·버섯재배사 및 비닐하우스는 제외한다) 중 농업생산성 제고를 위하여 정보통신기술을 결합한 시설로서 대통령령으로 정하는 요건을 모두 갖춘 시설을 설치하는 경우

---

(2) 농지의 타용도 일시사용신고 등

농지를 다음에 해당하는 용도로 일시사용하려는 자는 대통령령으로 정하는 바에 따라 지력을 훼손하지 아니하는 범위에서 일정 기간 사용한 후 농지로 원상복구한다는 조건으로 해당 농지의 소재지를 관할하는 시장·군수 또는 자치구구청장에게 신고하여야 한다. 신고한 사항을 변경하려는 경우에도 또한 같다. 다만, 국가나 지방자치단체의 경우에는 시장·군수 또는 자치구구청장과 협의하여야 한다(법 제36조의2 제1항).

> 1. 썰매장, 지역축제장 등으로 일시적으로 사용하는 경우
> 2. 건축법에 따른 건축허가 또는 건축신고 대상시설이 아닌 간이 농수축산업용 시설과 농수산물의 간이 처리 시설을 설치하는 경우나 주목적사업을 위하여 현장 사무소나 부대시설, 그 밖에 이에 준하는 시설을 설치하거나 물건을 적치하거나 매설하는 시설을 일시적으로 설치하는 경우

(3) 농지의 타용도 일시사용허가 · 신고의 기간 등(영 제38조)

① **원칙**: 타용도 일시사용허가 · 협의, 타용도 일시사용신고 · 협의의 경우 농지의 타용도 일시사용기간은 다음과 같다(영 제38조 제1항).

> 1. 타용도일시사용 허가 · 협의
>   ① 건축법에 따른 건축허가 또는 건축신고 대상시설이 아닌 간이 농수축산업용시설(개량시설과 농축산물 생산시설은 제외)과 농수산물의 간이 처리시설을 설치하는 경우, 건축법에 따른 건축허가 또는 건축신고 대상시설이 아닌 작물재배사(고정식온실 · 버섯재배사 및 비닐하우스는 제외한다) 중 농업생산성 제고를 위하여 정보통신기술을 결합한 시설로서 대통령령으로 정하는 요건을 모두 갖춘 시설을 설치하는 경우: 7년 이내
>   ② 주(主)목적사업을 위하여 현장 사무소나 부대시설, 그 밖에 이에 준하는 시설을 설치하거나 물건을 적치하거나 매설하는 경우: 그 주목적 사업의 시행에 필요한 기간 이내
>   ③ ① 및 ② 외의 경우: 5년 이내
> 2. 타용도일시사용 협의요청에 따른 협의
>   ① 주(主)목적사업을 위하여 현장 사무소나 부대시설, 그 밖에 이에 준하는 시설을 설치하거나 물건을 적치하거나 매설하는 경우: 그 주목적 사업의 시행에 필요한 기간 이내
>   ② 건축법에 따른 건축허가 또는 건축신고 대상시설이 아닌 작물재배사(고정식온실 · 버섯재배사 및 비닐하우스는 제외한다) 중 농업생산성 제고를 위하여 정보통신기술을 결합한 시설로서 대통령령으로 정하는 요건을 모두 갖춘 시설을 설치하는 경우: 7년 이내
>   ③ ① 및 ② 외의 경우: 5년 이내
> 3. 타용도일시사용 신고 · 협의 및 협의요청에 따른 협의: 6개월 이내

CHAPTER
06

② **연장**: 시장·군수 또는 자치구구청장은 농지의 타용도 일시사용기간이 만료되기 전에 다음의 기간을 초과하지 않는 범위에서 연장할 수 있다(영 제38조 제2항).

> 1. 타용도일시사용 허가·협의
>   ① 건축법에 따른 건축허가 또는 건축신고 대상시설이 아닌 간이 농수축산업용시설(개량시설과 농축산물 생산시설은 제외)과 농수산물의 간이 처리시설을 설치하는 경우: 5년
>   ② 태양에너지 발전설비의 용도로 일시사용하는 경우: 18년. 이 경우 1회 연장기간은 3년을 초과할 수 없다.
>   ③ 건축법에 따른 건축허가 또는 건축신고 대상시설이 아닌 작물재배사(고정식온실·버섯재배사 및 비닐하우스는 제외한다) 중 농업생산성 제고를 위하여 정보통신기술을 결합한 시설로서 대통령령으로 정하는 요건을 모두 갖춘 시설을 설치하는 경우: 9년. 이 경우 1회 연장기간은 3년을 초과할 수 없다.
>   ④ ①부터 ③까지 외의 경우: 3년
> 2. 타용도일시사용 협의요청에 따른 협의
>   ① 태양에너지 발전설비의 용도로 일시사용하는 경우: 18년. 이 경우 1회 연장기간은 3년을 초과할 수 없다.
>   ② ① 외의 경우: 3년
> 3. 국토의 계획 및 이용에 관한 법률에 따른 도시·군계획시설의 설치예정지 안의 농지에 대하여 타용도 일시사용허가를 한 경우: 그 도시·군계획시설의 설치시기 등을 고려하여 필요한 기간

6 농지관리위원회의 설치·운영

① 농림축산식품부장관의 다음의 사항에 대한 자문에 응하게 하기 위하여 농림축산식품부에 농지관리위원회(이하 "위원회"라 한다)를 둔다(법 제37조의3 제1항).

> 1. 농지의 이용, 보전 등의 정책 수립에 관한 사항
> 2. 농지전용허가 및 협의 또는 농지전용신고 사항 중 대통령령으로 정하는 규모 이상의 농지전용에 관한 사항
> 3. 그 밖에 농림축산식품부장관이 필요하다고 인정하여 위원회에 부치는 사항

② 위원회는 위원장 1명을 포함한 20명 이내의 위원으로 구성한다(법 제37조의3 제2항).

③ 위원회의 위원은 관계 행정기관의 공무원, 농업·농촌·토지이용·공간정보·환경 등과 관련된 분야에 관한 학식과 경험이 풍부한 사람 중에서 농림축산식품부장관이 위촉하며, 위원장은 위원 중에서 호선한다(법 제37조의3 제3항).

④ 위원장 및 위원의 임기는 2년으로 한다(법 제37조의3 제4항).

⑤ 위원회의 구성·운영에 관하여 필요한 사항은 대통령령으로 정한다(법 제37조의3 제5항).

⑦ 전용허가의 취소 등

농림축산식품부장관, 시장·군수 또는 자치구구청장은 제34조 제1항에 따른 농지전용허가 또는 제36조에 따른 농지의 타용도 일시사용허가를 받았거나 제35조 또는 제43조에 따른 농지전용신고, 제36조의2에 따른 농지의 타용도일시사용신고 또는 제41조의3에 따른 농지개량행위의 신고를 한 자가 다음에 해당하면 농림축산식품부령으로 정하는 바에 따라 허가를 취소하거나 관계 공사의 중지, 조업의 정지, 사업규모의 축소 또는 사업계획의 변경, 그 밖에 필요한 조치를 명할 수 있다. 다만, 7.에 해당하면 그 허가를 취소하여야 한다(법 제39조).

1. 거짓이나 그 밖의 부정한 방법으로 허가를 받거나 신고한 것이 밝혀진 경우
2. 허가 목적이나 허가 조건을 위반하는 경우
3. 허가를 받지 아니하거나 신고하지 아니하고 사업계획 또는 사업 규모를 변경하는 경우
4. 허가를 받거나 신고를 한 후 농지전용 목적사업과 관련된 사업계획의 변경 등 대통령령으로 정하는 정당한 사유 없이 최초로 허가를 받거나 신고를 한 날부터 2년 이상 대지의 조성, 시설물의 설치 등 농지전용 목적사업에 착수하지 아니하거나 농지전용 목적사업에 착수한 후 1년 이상 공사를 중단한 경우
5. 농지보전부담금을 내지 아니한 경우
6. 허가를 받은 자나 신고를 한 자가 허가취소를 신청하거나 신고를 철회하는 경우
7. 허가를 받은 자가 관계 공사의 중지 등에 따른 조치명령을 위반한 경우

⑧ 용도변경의 승인

농지전용허가·농지전용협의 또는 농지전용신고에 해당하는 절차를 거쳐 농지전용 목적사업에 사용되고 있거나 사용된 토지를 5년 이내에 다른 목적으로 사용하려는 경우에는 농림축산식품부령으로 정하는 바에 따라 시장·군수 또는 자치구구청장의 승인을 받아야 한다(법 제40조).

9 지목변경제한

① 다음의 어느 하나에 해당하는 경우 외에는 농지를 전·답·과수원 외의 지목으로 변경하지 못한다(법 제41조 제1항).

> 1. 농지전용허가를 받거나 협의에 의한 농지를 전용한 경우
> 2. 법 제34조 제1항 제4호의 규정에 해당하는 목적으로 농지를 전용한 경우
> 3. 농지의 전용신고(법 제35조) 또는 농지전용허가의 특례(법 제43조)의 규정에 의하여 농지전용신고를 하고 농지를 전용한 경우
> 4. 농어촌정비법 제2조 제5호 가목 또는 나목의 규정에 따른 농어촌용수개발사업이나 농업생산기반개량사업의 시행으로 제2조 제1호 나목의 규정에 따른 토지의 개량시설의 부지로 변경되는 경우
> 5. 시장·군수 또는 자치구구청장이 천재지변이나 그 밖의 불가항력(不可抗力)의 사유로 그 농지의 형질이 현저히 달라져 원상회복이 거의 불가능하다고 인정하는 경우

② 토지소유자는 제1항 각 호의 어느 하나에 해당하는 사유로 토지의 형질변경 등이 완료·준공되어 토지의 용도가 변경된 경우 그 사유가 발생한 날부터 60일 이내에 공간정보의 구축 및 관리 등에 관한 법률에 따른 지적소관청에 지목변경을 신청하여야 한다(법 제41조 제2항).

10 농지개량

(1) 농지개량 기준의 준수

① 농지를 개량하려는 자는 농지의 생산성 향상 등 농지개량의 목적을 달성하고 농지개량행위로 인하여 주변 농업환경(인근 농지의 관개·배수·통풍 및 농작업을 포함한다)에 부정적인 영향을 미치지 아니하도록 농지개량의 기준(이하 "농지개량 기준"이라 한다)을 준수하여야 한다(법 제41조의2 제1항).

② 농지개량 기준에 관한 구체적인 사항은 다음의 사항을 포함하여 농림축산식품부령으로 정한다(법 제41조의2 제2항).

> 1. 농지개량에 적합한 토양의 범위
> 2. 농지개량 시 인근 농지 또는 시설 등의 피해 발생 방지 조치
> 3. 그 밖에 농지의 객토, 성토, 절토와 관련된 세부 기준

(2) 농지개량행위의 신고

① 농지를 개량하려는 자 중 성토 또는 절토를 하려는 자는 농림축산식품부령으로 정하는 바에 따라 시장·군수 또는 자치구구청장에게 신고하여야 하며, 신고한 사항을 변경하려는 경우에도 또한 같다. 다만, 다음의 어느 하나에 해당하는 경우에는 그러하지 아니하다(법 제41조의3 제1항).

> 1. 국토의 계획 및 이용에 관한 법률 제56조에 따라 개발행위의 허가를 받은 경우
> 2. 국가 또는 지방자치단체가 공익상의 필요에 따라 직접 시행하는 사업을 위하여 성토 또는 절토하는 경우
> 3. 재해복구나 재난수습에 필요한 응급조치를 위한 경우
> 4. 대통령령으로 정하는 경미한 행위인 경우

② 시장·군수 또는 자치구구청장은 신고를 받은 경우 그 내용을 검토하여 이 법에 적합하면 신고를 수리하여야 한다(법 제41조의3 제2항).

11 원상회복명령 등

(1) 농림축산식품부장관, 시장·군수 또는 자치구구청장은 다음의 어느 하나에 해당하면 그 행위를 한 자에게 기간을 정하여 원상회복을 명할 수 있다(법 제42조 제1항).

> 1. 농지전용허가 또는 농지의 타용도 일시사용허가를 받지 아니하고 농지를 전용하거나 다른 용도로 사용한 경우
> 2. 농지전용신고 또는 농지의 타용도 일시사용신고를 하지 아니하고 농지를 전용하거나 다른 용도로 사용한 경우
> 3. 제39조에 따라 허가가 취소된 경우
> 4. 농지전용신고를 한 자가 제39조에 따른 조치명령을 위반한 경우
> 5. 제41조의2에 따른 농지개량 기준을 준수하지 아니하고 농지를 개량한 경우
> 6. 제41조의3 제1항에 따른 신고 또는 변경신고를 하지 아니하고 농지를 성토 또는 절토한 경우

(2) 농림축산식품부장관, 시장·군수 또는 자치구구청장은 위 (1)에 따른 원상회복명령을 위반하여 원상회복을 하지 아니하면 대집행(代執行)으로 원상회복을 할 수 있다. 대집행의 절차에 관하여는 행정대집행법을 적용한다(법 제42조 제2항·제3항).

03 농지보전부담금

1 농지보전부담금의 납입

(1) 농지보전부담금의 납입대상

다음의 어느 하나에 해당하는 자는 농지의 보전·관리 및 조성을 위한 부담금(이하 '농지보전부담금'이라 한다)을 농지관리기금을 운용·관리하는 자(농림축산식품부장관)에게 내야 한다(법 제38조 제1항).

> 1. 농지전용허가를 받는 자
> 2. 제34조 제2항 제1호(국토의 계획 및 이용에 관한 법률에 따른 도시지역에 주거지역·상업지역 또는 공업지역을 지정하거나 도시·군계획시설을 결정할 때에 해당 지역 예정지 또는 시설 예정지에 농지가 포함되어 있는 경우)에 따라 농지전용협의를 거친 지역 예정지 또는 시설 예정지에 있는 농지(같은 호 단서에 따라 협의 대상에서 제외되는 농지를 포함한다)를 전용하려는 자
> 3. 제34조 제2항 제1호의2(국토의 계획 및 이용에 관한 법률에 따른 계획관리지역에 지구단위계획구역을 지정할 때에 해당 구역 예정지에 농지가 포함되어 있는 경우)에 따라 농지전용에 관한 협의를 거친 구역 예정지에 있는 농지를 전용하려는 자
> 4. 농지전용협의를 거친 농지를 전용하려는 자
> 5. 농지전용신고를 하고 농지를 전용하려는 자

(2) 전용허가 등과 농지보전부담금의 납입

① 농림축산식품부장관이나 시장·군수 또는 자치구구청장은 농지전용의 허가 또는 농지전용의 신고수리를 하려는 때에는 농지보전부담금의 전부 또는 일부를 미리 납부하게 하여야 한다(영 제45조 제1항).

② 농지보전부담금의 납부대상이 되는 농지의 전용이 수반되는 인가·허가·승인·신고 수리 등(이하 '인가 등'이라 한다)을 하려는 관계 행정기관의 장은 농지보전부담금이 납부되었는지 확인한 후 인가 등을 하여야 한다(영 제45조 제2항).

2 농지보전부담금의 부과절차

(1) 농지전용허가 등의 통지

① 제45조 제2항에 따라 인가 등을 하려는 관계 행정기관의 장은 인가 등의 신청이 있은 때에는 지체 없이 그 사실을 농림축산식품부장관(농지보전부담금의 부과·징수 등에 관한 권한을 위임받은 자를 포함한다) 및 해당 농지의 관할 시장·군수 또는 자치구구청장에게 통보하여야 한다(영 제46조 제1항).

② 시장·군수 또는 자치구구청장은 농지보전부담금의 전부 또는 일부를 미리 납부하게 하려는 경우 또는 ①에 따른 통보를 받은 경우에는 농지의 면적, 농지보전부담금의 m² 당 금액 및 감면비율 등 농지보전부담금의 부과에 필요한 사항을 기재한 부과명세서에 농림축산식품부령으로 정하는 서류를 첨부하여 농림축산식품부장관 또는 시·도지사에게 통지하여야 한다(영 제46조 제2항).

(2) 농지보전부담금의 부과결정

농림축산식품부장관은 농지보전부담금의 전부 또는 일부를 미리 납부하게 하거나 위 (1)에 따른 통보 또는 통지를 받은 때에는 농지보전부담금의 부과에 관한 다음의 사항을 결정하여야 한다(영 제47조 제1항).

> 1. 농지보전부담금의 부과금액
> 2. 농지보전부담금이 감면되는 시설인 경우에는 그 감면비율
> 3. 그 밖에 농지보전부담금의 징수에 필요한 사항

(3) 수납업무의 대행 등

농림축산식품부장관은 농지보전부담금의 수납업무를 한국농어촌공사로 하여금 대행하게 한다(영 제48조 제1항).

③ 농지보전부담금의 부과금액 등

(1) 부과기준 및 부과금액

농지보전부담금의 제곱미터당 금액은 부과기준일 현재 가장 최근에 공시된 「부동산 가격 공시에 관한 법률」에 따른 해당 농지의 개별공시지가에 다음의 구분에 따른 비율을 곱한 금액으로 한다(법 제38조 제7항, 영 제53조 제1항).

> 1. 농업진흥지역의 농지: 100분의 30
> 2. 농업진흥지역 밖의 농지: 100분의 20

(2) 부담금의 납부

농지를 전용하려는 자는 농지보전부담금의 전부 또는 일부를 농지전용허가·농지전용신고(다른 법률에 따라 농지전용허가 또는 농지전용신고가 의제되는 인가·허가·승인 등을 포함한다)전까지 납부하여야 한다(법 제38조 제4항).

(3) 가산금 및 강제징수

① 농림축산식품부장관은 농지보전부담금을 내야 하는 자가 납부기한까지 내지 아니하면 납부기한이 지난 후 10일 이내에 납부기한으로부터 30일 이내의 기간을 정한 독촉장을 발급하여야 한다(법 제38조 제8항).

② 농림축산식품부장관은 농지보전부담금을 내야 하는 자가 납부기한까지 부담금을 내지 아니한 경우에는 납부기한이 지난 날부터 체납된 농지보전부담금의 100분의 3에 상당하는 금액을 가산금으로 부과한다(법 제38조 제9항).

4 농지부담금의 환급 및 감면

(1) 농지보전부담금의 환급

농지관리기금을 운용·관리하는 자는 다음의 어느 하나에 해당하는 경우 대통령령으로 정하는 바에 따라 그에 해당하는 농지보전부담금을 환급하여야 한다(법 제38조 제5항).

1. 농지보전부담금을 낸 자의 허가가 취소된 경우
2. 농지보전부담금을 낸 자의 사업계획이 변경된 경우
3. 농지보전부담금을 납부하고 허가를 받지 못한 경우
4. 그 밖에 이에 준하는 사유로 전용하려는 농지의 면적이 당초보다 줄어든 경우

(2) 농지보전부담금의 감면

농림축산식품부장관은 다음에 해당하는 경우에는 농지보전부담금을 감면할 수 있다(법 제38조 제6항).

1. 국가나 지방자치단체가 공용 목적이나 공공용 목적으로 농지를 전용하는 경우
2. 대통령령으로 정하는 중요 산업 시설을 설치하기 위하여 농지를 전용하는 경우
3. 농지전용신고대상 시설이나 그 밖에 대통령령으로 정하는 시설을 설치하기 위하여 농지를 전용하는 경우

예제

농지법령상 농지보전부담금을 납입하여야 하는 대상이 아닌 것은?

① 농지전용허가를 받은 자
② 농지를 타용도 일시사용 허가를 받은 자
③ 국토의 계획 및 이용에 관한 법률에 따른 계획관리지역에 지구단위계획구역을 지정할 때에 해당 구역 예정지에 농지가 포함되어 농지전용에 관한 협의를 거친 구역 예정지에 있는 농지를 전용하려는 자
④ 농지전용신고를 하고 농지를 전용하고자 하는 경우
⑤ 농지전용협의를 거친 농지를 전용하고자 하는 경우

해설 ② 타용도 일시사용은 농지보전부담금 부과대상이 아니다.　◆정답 ②

04 농지위원회

(1) 농지위원회의 설치

농지의 취득 및 이용의 효율적인 관리를 위해 시·구·읍·면에 각각 농지위원회를 둔다. 다만, 해당 지역 내의 농지가 농림축산식품부령으로 정하는 면적 이하이거나, 농지위원회의 효율적 운영을 위하여 필요한 경우 시·군의 조례로 정하는 바에 따라 그 행정구역 안에 권역별로 설치할 수 있다(법 제44조).

(2) 농지위원회의 구성

① 농지위원회는 위원장 1명을 포함한 10명 이상 20명 이하의 위원으로 구성하며 위원장은 위원 중에서 호선한다(법 제45조 제1항).

② 농지위원회의 위원은 다음에 해당하는 사람으로 구성한다(법 제45조 제2항).

> 1. 해당 지역에서 농업경영을 하고 있는 사람
> 2. 해당 지역에 소재하는 농업 관련 기관 또는 단체의 추천을 받은 사람
> 3. 비영리민간단체 지원법에 따른 비영리민간단체의 추천을 받은 사람
> 4. 농업 및 농지정책에 대하여 학식과 경험이 풍부한 사람

③ 농지위원회의 효율적 운영을 위하여 필요한 경우에는 각 10명 이내의 위원으로 구성되는 분과위원회를 둘 수 있다(법 제45조 제3항).

④ 분과위원회의 심의는 농지위원회의 심의로 본다(법 제45조 제4항).

⑤ 위원의 임기·선임·해임 등 농지위원회 및 분과위원회의 운영에 필요한 사항은 대통령령으로 정한다(법 제45조 제5항).

(3) 농지위원회의 기능

농지위원회는 다음의 기능을 수행한다(법 제46조).

> 1. 제8조 제3항에 따른 농지취득자격증명 심사에 관한 사항
> 2. 제34조 제1항에 따른 농지전용허가를 받은 농지의 목적사업 추진상황에 관한 확인
> 3. 제54조 제1항에 따른 농지의 소유 등에 관한 조사 참여
> 4. 그 밖에 농지 관리에 관하여 농림축산식품부령으로 정하는 사항

05 **농지대장** 제33회

1 농지대장의 작성 · 비치

① 시 · 구 · 읍 · 면의 장은 농지 소유 실태와 농지 이용 실태를 파악하여 이를 효율적으로 이용하고 관리하기 위하여 대통령령으로 정하는 바에 따라 농지대장(農地臺帳)을 작성하여 갖추어 두어야 한다(법 제49조 제1항).

② 농지대장에는 농지의 소재지 · 지번 · 지목 · 면적 · 소유자 · 임대차 정보 · 농업진흥지역 여부 등을 포함한다(법 제49조 제2항).

③ 시 · 구 · 읍 · 면의 장은 농지대장을 작성 · 정리하거나 농지 이용 실태를 파악하기 위하여 필요하면 해당 농지 소유자에게 필요한 사항을 보고하게 하거나 관계 공무원에게 그 상황을 조사하게 할 수 있다(법 제49조 제3항).

④ 시 · 구 · 읍 · 면의 장은 농지대장의 내용에 변동사항이 생기면 그 변동사항을 지체 없이 정리하여야 한다(법 제49조 제4항).

⑤ 농지대장에 적을 사항을 전산정보처리조직으로 처리하는 경우 그 농지대장 파일(자기디스크나 자기테이프, 그 밖에 이와 비슷한 방법으로 기록하여 보관하는 농지대장을 말한다)은 위 ①에 따른 농지대장으로 본다(법 제49조 제4항).

⑥ 농지대장(農地臺帳)은 모든 농지에 대해 필지별로 작성한다(영 제70조).

2 농지이용 정보 등 변경신청

농지소유자 또는 임차인은 다음의 사유가 발생하는 경우 그 변경사유가 발생한 날부터 60일 이내에 시 · 구 · 읍 · 면의 장에게 농지대장의 변경을 신청하여야 한다(법 제49조의2).

1. 농지의 임대차계약과 사용대차계약이 체결 · 변경 또는 해제되는 경우
2. 제2조 제1호 나목에 따른 토지의 개량시설과 농축산물 생산시설을 설치하는 경우
3. 그 밖에 농림축산식품부령으로 정하는 사유에 해당하는 경우

제5절 벌 칙

(1) 부정한 방법으로 농지취득자격증명을 발급받은 자에 대한 처벌

제6조에 따른 농지 소유 제한이나 제7조에 따른 농지 소유 상한을 위반하여 농지를 소유할 목적으로 거짓이나 그 밖의 부정한 방법으로 제8조 제1항에 따른 농지취득자격증명을 발급받은 자는 5년 이하의 징역 또는 해당 토지의 개별공시지가에 따른 토지가액(土地價額)[이하 "토지가액"이라 한다]에 해당하는 금액 이하의 벌금에 처한다.) 제6조에 따른 농지 소유 제한이나 제7조에 따른 농지 소유 상한을 위반하여 농지를 소유할 목적으로 거짓이나 그 밖의 부정한 방법으로 제8조 제1항에 따른 농지취득자격증명을 발급받은 자는 5년 이하의 징역 또는 해당 토지의 개별공시지가에 따른 토지가액(土地價額)[이하 "토지가액"이라 한다]에 해당하는 금액 이하의 벌금에 처한다(법 제57조).

(2) 농지전용허가 위반자에게 대한 처벌

① **농업진흥지역의 농지**: 농업진흥지역의 농지를 농지전용허가를 받지 아니하고 전용하거나 거짓이나 그 밖의 부정한 방법으로 농지전용허가를 받은 자는 5년 이하의 징역 또는 해당 토지의 개별공시지가에 따른 토지가액에 해당하는 금액 이하의 벌금에 처한다(법 제58조 제1항).

② **농업진흥지역 밖의 농지**: 농업진흥지역 밖의 농지를 농지전용허가를 받지 아니하고 전용하거나 거짓이나 그 밖의 부정한 방법으로 농지전용허가를 받은 자는 3년 이하의 징역 또는 해당 토지가액의 100분의 50에 해당하는 금액 이하의 벌금에 처한다(법 제58조 제2항).

③ **병과규정**: 위 ① 및 ②의 징역형과 벌금형은 병과할 수 있다(법 제58조 제3항).

박문각 공인중개사

부록

제35회 기출문제

01 국토의 계획 및 이용에 관한 법령상 용어에 관한 설명으로 옳은 것은?

① 행정청이 설치하는 공동묘지는 "공공시설"에 해당한다.

② 성장관리계획구역에서의 난개발을 방지하고 계획적인 개발을 유도하기 위하여 수립하는 계획은 "공간재구조화계획"이다.

③ 자전거전용도로는 "기반시설"에 해당하지 않는다.

④ 지구단위계획구역의 지정에 관한 계획은 "도시·군기본계획"에 해당한다.

⑤ "기반시설부담구역"은 기반시설을 설치하기 곤란한 지역을 대상으로 지정한다.

해설 ② 성장관리계획구역에서의 난개발을 방지하고 계획적인 개발을 유도하기 위하여 수립하는 계획은 성장관리계획이다.

공간재구조화계획은 토지의 이용 및 건축물이나 그 밖의 시설의 용도·건폐율·용적률·높이 등을 완화하는 용도구역의 효율적이고 계획적인 관리를 위하여 수립하는 계획을 말한다.

③ 자전거전용도로는 "기반시설"에 해당한다.

④ 지구단위계획구역의 지정에 관한 계획은 "도시·군관리계획"에 해당한다.

⑤ "개발밀도관리구역"은 기반시설을 설치하기 곤란한 지역을 대상으로 지정한다.

"기반시설부담구역"은 개발밀도관리구역 외의 지역으로서 개발로 인하여 도로, 공원, 녹지 등 대통령령으로 정하는 기반시설의 설치가 필요한 지역을 대상으로 기반시설을 설치하거나 그에 필요한 용지를 확보하게 하기 위하여 지정·고시하는 구역을 말한다.

02 국토의 계획 및 이용에 관한 법령상 지방자치단체의 장이 다른 법률에 따른 토지이용에 관한 구역을 지정하는 경우에 관한 설명으로 틀린 것은?

① 지정하려는 구역의 면적이 1제곱킬로미터 미만인 경우 승인을 받지 않아도 된다.

② 농림지역에서 「수도법」에 따른 상수원보호구역을 지정하는 경우 국토교통부장관의 승인을 받아야 한다.

③ 지정하려는 구역이 도시·군기본계획에 반영된 경우에는 승인 없이 구역을 지정할 수 있다.

④ 승인을 받아 지정한 구역의 면적의 10퍼센트의 범위안에서 면적을 증감시키는 경우에는 따로 승인을 받지 않아도 된다.

⑤ 지정된 구역을 변경하거나 해제하려면 도시·군관리계획의 입안권자의 의견을 들어야 한다.

해설 ② 다음의 어느 하나에 해당하는 경우에는 국토교통부장관과의 협의를 거치지 아니하거나 국토교통부장관 또는 시·도지사의 승인을 받지 아니한다.

> 1. 다른 법률에 따라 지정하거나 변경하려는 구역등이 도시·군기본계획에 반영된 경우
> 2. 보전관리지역·생산관리지역·농림지역 또는 자연환경보전지역에서 다음의 지역을 지정하려는 경우
>   가. 「농지법」에 따른 농업진흥지역
>   나. 「한강수계 상수원수질개선 및 주민지원 등에 관한 법률」등에 따른 수변구역
>   다. 「수도법」에 따른 상수원보호구역
>   라. 「자연환경보전법」에 따른 생태·경관보전지역
>   마. 「야생생물 보호 및 관리에 관한 법률」에 따른 야생생물 특별보호구역
>   바. 「해양생태계의 보전 및 관리에 관한 법률」에 따른 해양보호구역
> 3. 군사상 기밀을 지켜야 할 필요가 있는 구역등을 지정하려는 경우
> 4. 협의 또는 승인을 받은 구역등을 대통령령으로 정하는 범위에서 변경하려는 경우

부록

03 국토의 계획 및 이용에 관한 법령상 도시·군계획에 관한 설명으로 옳은 것은?

① 도시·군기본계획의 내용이 광역도시계획의 내용과 다를 때에는 도시·군기본계획의 내용이 우선한다.

② 도시·군기본계획의 수립권자가 생활권계획을 따로 수립한 때에는 해당 계획이 수립된 생활권에 대해서는 도시·군관리계획이 수립된 것으로 본다.

③ 시장·군수가 미리 지방의회의 의견을 들어 수립한 도시·군기본계획의 경우 도지사는 지방도시계획위원회의 심의를 거치지 않고 해당 계획을 승인할 수 있다.

④ 주민은 공공청사의 설치에 관한 사항에 대하여 도시·군관리계획의 입안권자에게 그 계획의 입안을 제안할 수 있다.

⑤ 광역도시계획이나 도시·군기본계획을 수립할 때 도시·군관리계획을 함께 입안할 수 없다.

해설 ④ 공공청사는 기반시설에 해당하며 기반시설의 설치·정비·개량에 관한 사항에 대하여 도시·군관리계획의 입안을 제안할 수 있다.
① 도시·군기본계획의 내용이 광역도시계획의 내용과 다를 때에는 광역도시계획의 내용이 우선한다.
② 생활권계획이 수립 또는 승인된 때에는 해당 계획이 수립된 생활권에 대해서는 도시·군기본계획이 수립 또는 변경된 것으로 본다.
③ 도지사는 도시·군기본계획을 승인하려면 관계 행정기관의 장과 협의한 후 지방도시계획위원회의 심의를 거쳐야 한다.
⑤ 광역도시계획이나 도시·군기본계획을 수립할 때에 도시·군관리계획을 함께 입안할 수 있다.

04 국토의 계획 및 이용에 관한 법령상 도시·군관리계획의 결정에 관한 설명으로 옳은 것은?

① 도시·군관리계획 결정의 효력은 지형도면을 고시한 날의 다음 날부터 발생한다.

② 시가화조정구역의 지정에 관한 도시·군관리계획 결정 당시 이미 사업에 착수한 자는 그 결정에도 불구하고 신고 없이 그 사업을 계속할 수 있다.

③ 국토교통부장관이 도시·군관리계획을 직접 입안한 경우에는 시·도지사가 지형도면을 작성하여야 한다.

④ 시장·군수가 입안한 지구단위계획의 수립에 관한 도시·군관리계획은 시장·군수의 신청에 따라 도지사가 결정한다.

⑤ 시·도지사는 국가계획과 관련되어 국토교통부장관이 입안하여 결정한 도시·군관리계획을 변경하려면 미리 국토교통부장관과 협의하여야 한다.

해설 ① 지형도면을 고시한 날부터 효력을 발생한다.
② 시가화조정구역·수산자원보호구역의 지정에 관한 도시·군관리계획 결정 당시 이미 사업에 착수한 자는 3개월 내에 신고하고 그 사업을 계속할 수 있다.
③ 국토교통부장관이 도시·군관리계획을 직접 입안한 경우에는 국토교통부장관이 직접 지형도면을 작성할 수 있다.
④ 시장 또는 군수가 입안한 지구단위계획구역의 지정·변경과 지구단위계획의 수립·변경에 관한 도시·군관리계획은 시장 또는 군수가 직접 결정한다.

05 국토의 계획 및 이용에 관한 법령상 해당 구역으로 지정되면 「건축법」 제69조에 따른 특별건축구역으로 지정된 것으로 보는 구역을 모두 고른 것은?

> ㉠ 도시혁신구역　　　　　　　㉡ 복합용도구역
> ㉢ 시가화조정구역　　　　　　　㉣ 도시자연공원구역

① ㉠　　　　　　　② ㉠, ㉡　　　　　　　③ ㉢, ㉣
④ ㉡, ㉢, ㉣　　　　　　　⑤ ㉠, ㉡, ㉢, ㉣

해설 ㉠ 도시혁신구역으로 지정된 지역은 「건축법」에 따른 특별건축구역으로 지정된 것으로 본다.
　　　㉡ 복합용도구역으로 지정된 지역은 「건축법」에 따른 특별건축구역으로 지정된 것으로 본다.

06 국토의 계획 및 이용에 관한 법령상 도시·군계획시설(이하 '시설'이라 함)에 관한 설명으로 옳은 것은?

① 시설결정의 고시일부터 10년 이내에 실시계획의 인가만 있고 시설사업이 진행되지 아니하는 경우 그 부지의 소유자는 그 토지의 매수를 청구할 수 있다.
② 공동구가 설치된 경우 쓰레기수송관은 공동구협의회의 심의를 거쳐야 공동구에 수용할 수 있다.
③ 「택지개발촉진법」에 따른 택지개발지구가 200만제곱미터를 초과하는 경우에는 공동구를 설치하여야 한다.
④ 시설결정의 고시일부터 20년이 지날 때까지 시설사업이 시행되지 아니하는 경우 그 시설결정은 20년이 되는 날에 효력을 잃는다.
⑤ 시설결정의 고시일부터 10년 이내에 시설사업이 시행되지 아니하는 경우 그 부지 내에 건물만을 소유한 자도 시설결정 해제를 위한 도시·군관리계획 입안을 신청할 수 있다.

해설 ① 시설결정의 고시일부터 10년 이내에 실시계획의 인가만 있고 시설사업이 진행되지 아니하는 경우 그 부지의 소유자는 그 토지의 매수를 청구할 수 없다.
② 공동구가 설치된 경우 하수도관, 가스관은 공동구협의회의 심의를 거쳐야 공동구에 수용할 수 있다.
④ 도시·군계획시설결정이 고시된 도시·군계획시설에 대하여 그 고시일부터 20년이 지날 때까지 그 시설의 설치에 관한 도시·군계획시설사업이 시행되지 아니하는 경우 그 도시·군계획시설결정은 그 고시일부터 20년이 되는 날의 다음 날에 그 효력을 잃는다.
⑤ 시설결정의 고시일부터 10년 이내에 그 시설의 설치에 관한 시설사업이 시행되지 아니한 경우로서 단계별 집행계획상 해당 시설의 실효 시까지 집행계획이 없는 경우에는 그 시설 부지로 되어 있는 토지의 소유자는 대통령령으로 정하는 바에 따라 해당 시설에 대한 도시·군관리계획 입안권자에게 그 토지의 시설결정 해제를 위한 도시·군관리계획 입안을 신청할 수 있다.

부록

07 국토의 계획 및 이용에 관한 법령상 개발행위허가(이하 '허가'라 함)에 관한 설명으로 옳은 것은?

① 도시·군계획사업에 의하여 10층 이상의 건축물을 건축하려는 경우에는 허가를 받아야 한다.

② 건축물의 건축에 대한 허가를 받은 자가 그 건축을 완료하고 「건축법」에 따른 건축물의 사용승인을 받은 경우 허가권자의 준공검사를 받지 않아도 된다.

③ 허가를 받은 건축물의 연면적을 5퍼센트 범위에서 축소하려는 경우에는 허가권자에게 미리 신고하여야 한다.

④ 허가의 신청이 있는 경우 특별한 사유가 없으면 도시계획위원회의 심의 또는 기타 협의 기간을 포함하여 15일 이내에 허가 또는 불허가의 처분을 하여야 한다.

⑤ 국토교통부장관이 지구단위계획구역으로 지정된 지역에 대하여 허가의 제한을 연장하려면 중앙도시계획위원회의 심의를 거쳐야 한다.

> **해설** ① 도시·군계획사업에 의하여 10층 이상의 건축물을 건축하려는 경우에는 허가를 받지 아니한다.
> ③ 허가를 받은 건축물의 연면적을 5퍼센트 범위에서 축소하려는 경우에는 허가권자에게 미리 통지하여야 한다.
> ④ 허가의 신청이 있는 경우 특별한 사유가 없으면 도시계획위원회의 심의 또는 기타 협의 기간을 제외한 15일 이내에 허가 또는 불허가의 처분을 하여야 한다.
> ⑤ 국토교통부장관이 지구단위계획구역으로 지정된 지역에 대하여 허가의 제한을 연장하려면 중앙도시계획위원회의 심의를 거치지 아니한다.

08 국토의 계획 및 이용에 관한 법령상 용도지역에 관한 설명으로 옳은 것은?

① 용도지역은 토지를 경제적·효율적으로 이용하기 위하여 필요한 경우 서로 중복되게 지정할 수 있다.

② 용도지역은 필요한 경우 도시·군기본계획으로 결정할 수 있다.

③ 주민은 상업지역에 산업·유통개발진흥지구를 지정하여 줄 것을 내용으로 하는 도시·군관리계획의 입안을 제안할 수 있다.

④ 바다인 공유수면의 매립구역이 둘 이상의 용도지역과 이웃하고 있는 경우 그 매립구역은 이웃하고 있는 가장 큰 용도지역으로 지정된 것으로 본다.

⑤ 관리지역에서 「농지법」에 따른 농업진흥지역으로 지정·고시된 지역은 「국토의 계획 및 이용에 관한 법률」에 따른 농림지역으로 결정·고시된 것으로 본다.

> **해설** ① 용도지역은 토지를 경제적·효율적으로 이용하기 위하여 필요한 경우에도 서로 중복되지 아니하게 지정하여야 한다.
> ② 용도지역은 필요한 경우 도시·군관리계획으로 결정할 수 있다.
> ③ 주민은 자연녹지지역, 생산관리지역, 계획관리지역에 산업·유통개발진흥지구를 지정하여 줄 것을 내용으로 하는 도시·군관리계획의 입안을 제안할 수 있다.
> ④ 바다인 공유수면의 매립구역이 둘 이상의 용도지역과 이웃하고 있는 경우에는 그 매립구역이 속할 용도지역은 도시·군관리계획의 결정으로 지정하여야 한다.

09 국토의 계획 및 이용에 관한 법령상 기반시설부담구역에 관한 설명으로 옳은 것은?

① 공원의 이용을 위하여 필요한 편의시설은 기반시설부담구역에 설치가 필요한 기반시설에 해당하지 않는다.
② 기반시설부담구역에서 기존 건축물을 철거하고 신축하는 경우에는 기존 건축물의 건축연면적을 포함하는 건축행위를 기반시설설치비용의 부과대상으로 한다.
③ 지구단위계획을 수립한 경우에는 기반시설설치계획을 수립한 것으로 본다.
④ 기반시설부담구역 내에서 신축된 「건축법 시행령」상의 종교집회장은 기반시설설치비용의 부과대상이다.
⑤ 기반시설부담구역으로 지정된 지역에 대해서는 개발행위허가의 제한을 연장할 수 없다.

해설 ① 공원의 이용을 위하여 필요한 편의시설은 기반시설부담구역에 설치가 필요한 기반시설에 해당한다.
② 기존 건축물을 철거하고 신축하는 경우에는 기존 건축물의 건축 연면적을 초과하는 건축행위만 부과대상으로 한다.
④ 기반시설부담구역 내에서 신축된 「건축법 시행령」상의 종교집회장은 기반시설설치비용의 부과대상에서 제외된다.
⑤ 기반시설부담구역으로 지정된 지역에 대해서는 개발행위허가의 제한을 연장할 수 있다.

10 국토의 계획 및 이용에 관한 법령상 개발진흥지구를 세분하여 지정할 수 있는 지구에 해당하지 않는 것은? (단, 조례는 고려하지 않음)

① 주거개발진흥지구
② 중요시설물개발진흥지구
③ 복합개발진흥지구
④ 특정개발진흥지구
⑤ 관광 · 휴양개발진흥지구

해설 ② 개발진흥지구는 주거개발진흥지구, 산업 · 유통개발진흥지구, 관광 · 휴양개발진흥지구, 복합개발진흥지구, 특정개발진흥지구로 세분하여 지정할 수 있다.

Answer 7. ② 8. ⑤ 9. ③ 10. ②

11 국토의 계획 및 이용에 관한 법령상 개발밀도관리구역에 관한 설명으로 틀린 것은?

① 개발밀도관리구역의 변경 고시는 당해 지방자치단체의 공보에 게재하는 방법에 의한다.

② 개발밀도관리구역으로 지정될 수 있는 지역에 농림지역은 포함되지 않는다.

③ 개발밀도관리구역의 지정은 해당 지방자치단체에 설치된 지방도시계획위원회의 심의대상이다.

④ 개발밀도관리구역에서는 해당 용도지역에 적용되는 건폐율의 최대한도의 50퍼센트 범위에서 건폐율을 강화하여 적용한다.

⑤ 개발밀도관리구역은 기반시설부담구역으로 지정될 수 없다.

해설 ④ 개발밀도관리구역에서는 해당 용도지역에 적용되는 용적률의 최대한도의 50퍼센트 범위에서 용적률을 강화하여 적용한다.

12 국토의 계획 및 이용에 관한 법령상 성장관리계획구역에서 30퍼센트 이하의 범위에서 성장관리계획으로 정하는 바에 따라 건폐율을 완화하여 적용할 수 있는 지역이 아닌 것은? (단, 조례는 고려하지 않음)

① 생산관리지역   ② 생산녹지지역

③ 보전녹지지역   ④ 자연녹지지역

⑤ 농림지역

해설 ③ 성장관리계획구역에서 생산관리지역·농림지역 및 자연녹지지역과 생산녹지지역은 30퍼센트 이하의 범위에서 성장관리계획으로 정하는 바에 따라 건폐율을 완화하여 적용할 수 있는 지역이다.

13 도시개발법령상 환지 방식의 도시개발사업에 대한 개발계획 수립에 필요한 동의자의 수를 산정하는 방법으로 옳은 것은?

① 도시개발구역의 토지면적을 산정하는 경우 : 국공유지를 제외하고 산정할 것

② 1인이 둘 이상 필지의 토지를 단독으로 소유한 경우 : 필지의 수에 관계없이 토지 소유자를 1인으로 볼 것

③ 둘 이상 필지의 토지를 소유한 공유자가 동일한 경우 : 공유자 각각을 토지 소유자 1인으로 볼 것

④ 1필지의 토지 소유권을 여럿이 공유하는 경우 : 「집합건물의 소유 및 관리에 관한 법률」에 따른 구분소유자인지 여부와 관계없이 다른 공유자의 동의를 받은 대표 공유자 1인을 해당 토지 소유자로 볼 것

⑤ 도시개발구역의 지정이 제안된 후부터 개발계획이 수립되기 전까지의 사이에 토지 소유자가 변경된 경우 : 변경된 토지 소유자의 동의서를 기준으로 할 것

> **해설** ① 도시개발구역의 토지면적을 산정하는 경우 : 국·공유지를 포함하여 산정할 것
> ③ 둘 이상 필지의 토지를 소유한 공유자가 동일한 경우 : 공유자 여럿을 대표하는 1인을 토지 소유자로 볼 것
> ④ 1필지의 토지 소유권을 여럿이 공유하는 경우 : 다른 공유자의 동의를 받은 대표 공유자 1명만을 해당 토지 소유자로 볼 것. 다만, 집합건물의 소유 및 관리에 관한 법률에 따른 구분소유자는 각각을 토지 소유자 1명으로 본다.
> ⑤ 도시개발구역의 지정이 제안된 후부터 개발계획이 수립되기 전까지의 사이에 토지 소유자가 변경된 경우 : 변경 전 토지 소유자의 동의서를 기준으로 할 것

부록

14 도시개발법령상 수용 또는 사용 방식으로 시행하는 도시개발사업의 시행자로 지정될 수 없는 자는?

① 「한국철도공사법」에 따른 한국철도공사

② 지방자치단체

③ 「지방공기업법」에 따라 설립된 지방공사

④ 도시개발구역의 국공유지를 제외한 토지면적의 3분의 2 이상을 소유한 자

⑤ 도시개발구역의 토지 소유자가 도시개발을 위하여 설립한 조합

> **해설** ⑤ 도시개발구역의 토지 소유자가 도시개발을 위하여 설립한 조합은 도시개발구역의 전부를 환지방식으로 시행하는 경우에 시행자로 지정한다.

15 도시개발법령상 한국토지주택공사가 발행하려는 토지상환채권의 발행계획에 포함되어야 하는 사항이 <u>아닌</u> 것은?

① 보증기관 및 보증의 내용

② 토지가격의 추산방법

③ 상환대상지역 또는 상환대상토지의 용도

④ 토지상환채권의 발행가액 및 발행시기

⑤ 토지상환채권의 발행총액

해설 ① 보증기관 및 보증의 내용은 민간부문 시행자의 경우에만 해당한다.

✿ **토지상환채권의 발행계획**
토지상환채권의 발행계획에는 다음의 사항이 포함되어야 한다.

> 1. 시행자의 명칭
> 2. 토지상환채권의 발행총액
> 3. 토지상환채권의 이율
> 4. 토지상환채권의 발행가액 및 발행시기
> 5. 상환대상지역 또는 상환대상토지의 용도
> 6. 토지가격의 추산방법
> 7. 보증기관 및 보증의 내용(민간부문 시행자가 발행하는 경우에만 해당한다)

16 도시개발법령상 환지 방식에 의한 사업 시행에 관한 설명으로 <u>틀린</u> 것은?

① 행정청이 아닌 시행자가 환지 계획을 작성하여 인가를 신청하려는 경우 토지 소유자와 임차권자등에게 환지 계획의 기준 및 내용 등을 알려야 한다.

② 「집합건물의 소유 및 관리에 관한 법률」에 따른 대지사용권에 해당하는 토지지분은 분할환지할 수 없다.

③ 환지 예정지가 지정되면 종전의 토지의 소유자는 환지 예정지 지정의 효력발생일부터 환지처분이 공고되는 날까지 종전의 토지를 사용할 수 없다.

④ 도시개발사업으로 임차권의 목적인 토지의 이용이 방해를 받아 종전의 임대료가 불합리하게 된 경우라도, 환지처분이 공고된 날의 다음 날부터는 임대료 감액을 청구할 수 없다.

⑤ 도시개발사업의 시행으로 행사할 이익이 없어진 지역권은 환지처분이 공고된 날이 끝나는 때에 소멸한다.

해설 ④ 도시개발사업으로 임차권등의 목적인 토지 또는 지역권에 관한 승역지(承役地)의 이용이 증진되거나 방해를 받아 종전의 임대료·지료, 그 밖의 사용료 등이 불합리하게 되면 당사자는 계약 조건에도 불구하고 장래에 관하여 그 증감을 청구할 수 있다. 다만, 환지처분이 공고된 날부터 60일이 지나면 임대료·지료, 그 밖의 사용료 등의 증감을 청구할 수 없다.

17 도시개발법령상 도시개발사업 조합에 관한 설명으로 옳은 것은?

① 조합을 설립하려면 도시개발구역의 토지 소유자 10명 이상이 정관을 작성하여 지정권자에게 조합 설립의 인가를 받아야 한다.

② 조합이 설립인가를 받은 사항 중 청산에 관한 사항을 변경하려는 경우에는 지정권자에게 신고하여야 한다.

③ 다른 조합원으로부터 해당 도시개발구역에 그가 가지고 있는 토지 소유권 전부를 이전 받은 조합원은 정관으로 정하는 바에 따라 본래의 의결권과는 별도로 그 토지 소유권을 이전한 조합원의 의결권을 승계할 수 있다.

④ 조합은 총회의 권한을 대행하게 하기 위하여 대의원회를 두어야 한다.

⑤ 조합의 임원으로 선임된 자가 금고 이상의 형을 선고받으면 그 날부터 임원의 자격을 상실한다.

해설 ① 조합을 설립하려면 도시개발구역의 토지 소유자 7명 이상이 정관을 작성하여 지정권자에게 조합 설립의 인가를 받아야 한다.
② 조합이 설립인가를 받은 사항 중 청산에 관한 사항을 변경하려는 경우에는 지정권자의 인가를 받아야 한다. 다만, 주된 사무소 소재지의 변경, 공고방법의 변경은 지정권자에게 신고하여야 한다.
④ 조합은 총회의 권한을 대행하게 하기 위하여 대의원회를 둘 수 있다.
⑤ 조합의 임원으로 선임된 자가 금고 이상의 형을 선고받으면 그 다음 날부터 임원의 자격을 상실한다.

18 도시개발법령상 도시개발구역지정 이후 지정권자가 도시개발사업의 시행방식을 변경할 수 있는 경우를 모두 고른 것은? (단, 시행자는 국가이며, 시행방식 변경을 위한 다른 요건은 모두 충족됨)

> ㉠ 수용 또는 사용방식에서 전부 환지 방식으로의 변경
> ㉡ 수용 또는 사용방식에서 혼용방식으로의 변경
> ㉢ 혼용방식에서 전부 환지 방식으로의 변경
> ㉣ 전부 환지 방식에서 혼용방식으로의 변경

① ㉠, ㉢
② ㉠, ㉣
③ ㉡, ㉣
④ ㉠, ㉡, ㉢
⑤ ㉡, ㉢, ㉣

해설 ㉣ 전부 환지 방식에서 혼용방식으로 변경할 수 없다.

19 도시 및 주거환경정비법령상 "토지등소유자"에 해당하지 <u>않는</u> 자는?

① 주거환경개선사업 정비구역에 위치한 건축물의 소유자
② 재개발사업 정비구역에 위치한 토지의 지상권자
③ 재개발사업 정비구역에 위치한 건축물의 소유자
④ 재건축사업 정비구역에 위치한 건축물 및 그 부속토지의 소유자
⑤ 재건축사업 정비구역에 위치한 건축물 부속토지의 지상권자

해설 ⑤ 재건축사업 정비구역에 위치한 건축물 부속토지의 지상권자는 토지등소유자에 해당하지 않는다.

20 도시 및 주거환경정비법령상 임대주택 및 주택규모별 건설비율에 관한 규정의 일부이다. ( )에 들어갈 숫자로 옳은 것은?

> 정비계획의 입안권자는 주택수급의 안정과 저소득주민의 입주기회 확대를 위하여 정비사업으로 건설하는 주택에 대하여 다음 각 호의 구분에 따른 범위에서 국토교통부장관이 정하여 고시하는 임대주택 및 주택규모별 건설비율 등을 정비계획에 반영하여야 한다.
> 1. 「주택법」에 따른 국민주택규모의 주택이 전체 세대수의 100분의 (⊙) 이하에서 대통령령으로 정하는 범위
> 2. 공공임대주택 및 「민간임대주택에 관한 특별법」에 따른 민간임대주택이 전체 세대수 또는 전체 연면적의 100분의 (ⓒ) 이하에서 대통령령으로 정하는 범위

① ⊙: 80, ⓒ: 20   ② ⊙: 80, ⓒ: 30
③ ⊙: 80, ⓒ: 50   ④ ⊙: 90, ⓒ: 30
⑤ ⊙: 90, ⓒ: 50

해설 ④ 정비계획의 입안권자는 주택수급의 안정과 저소득주민의 입주기회 확대를 위하여 정비사업으로 건설하는 주택에 대하여 다음 각 호의 구분에 따른 범위에서 국토교통부장관이 정하여 고시하는 임대주택 및 주택규모별 건설비율 등을 정비계획에 반영하여야 한다.

> 1. 「주택법」에 따른 국민주택규모의 주택이 전체 세대수의 100분의 (⊙: 90) 이하에서 대통령령으로 정하는 범위
> 2. 공공임대주택 및 「민간임대주택에 관한 특별법」에 따른 민간임대주택이 전체 세대수 또는 전체 연면적의 100분의 (ⓒ: 30) 이하에서 대통령령으로 정하는 범위

21 도시 및 주거환경정비법령상 정비사업의 시행방법으로 허용되지 <u>않는</u> 것은?

① 주거환경개선사업 : 환지로 공급하는 방법

② 주거환경개선사업 : 인가받은 관리처분계획에 따라 주택 및 부대시설·복리시설을 건설하여 공급하는 방법

③ 재개발사업 : 인가받은 관리처분계획에 따라 건축물을 건설하여 공급하는 방법

④ 재개발사업 : 환지로 공급하는 방법

⑤ 재건축사업 : 「국토의 계획 및 이용에 관한 법률」에 따른 일반주거지역인 정비구역에서 인가받은 관리처분계획에 따라 「건축법」에 따른 오피스텔을 건설하여 공급하는 방법

> **해설** ⑤ 재건축사업 : 「국토의 계획 및 이용에 관한 법률」에 따른 준주거지역 및 상업지역인 정비구역에서 인가받은 관리처분계획에 따라 「건축법」에 따른 오피스텔을 건설하여 공급하는 방법으로 한다.

22 도시 및 주거환경정비법령상 조합설립 등에 관한 설명으로 옳은 것은?

① 재개발조합이 조합설립인가를 받은 날부터 3년 이내에 사업시행계획인가를 신청하지 아니한 때에는 시장·군수등은 직접 정비사업을 시행할 수 있다.

② 재개발사업의 추진위원회가 조합을 설립하려면 토지등소유자의 3분의 2 이상 및 토지면적의 2분의 1 이상의 토지소유자의 동의를 받아야 한다.

③ 토지등소유자가 30인 미만인 경우 토지등소유자는 조합을 설립하지 아니하고 재개발사업을 시행할 수 있다.

④ 조합은 재개발조합설립인가를 받은 때에도 토지등소유자에게 그 내용을 통지하지 아니한다.

⑤ 추진위원회는 조합설립인가 후 지체 없이 추정분담금에 관한 정보를 토지등소유자에게 제공하여야 한다.

> **해설** ② 재개발사업의 추진위원회가 조합을 설립하려면 토지등소유자의 4분의 3 이상 및 토지면적의 2분의 1 이상의 토지소유자의 동의를 받아야 한다.
> ③ 토지등소유자가 20인 미만인 경우 토지등소유자는 조합을 설립하지 아니하고 재개발사업을 시행할 수 있다.
> ④ 조합은 재개발조합설립인가를 받은 때에도 토지등소유자에게 그 내용을 통지하여야 한다.
> ⑤ 추진위원회는 조합설립에 필요한 동의를 받기 전에 추정분담금에 관한 정보를 토지등소유자에게 제공하여야 한다.

부록

23 도시 및 주거환경정비법령상 사업시행계획의 통합심의에 관한 설명으로 옳은 것은?

① 「경관법」에 따른 경관 심의는 통합심의 대상이 아니다.

② 시장·군수등은 특별한 사유가 없으면 통합심의 결과를 반영하여 사업시행계획을 인가하여야 한다.

③ 통합심의를 거친 경우 해당 사항에 대한 조정 또는 재정을 거친 것으로 보지 아니한다.

④ 통합심의위원회 위원장은 위원 중에서 호선한다.

⑤ 사업시행자는 통합심의를 신청할 수 없다.

해설 ① 「경관법」에 따른 경관 심의는 통합심의 대상이다.
③ 통합심의를 거친 경우 해당 사항에 대한 검토·심의·조사·협의·조정 또는 재정을 거친 것으로 본다.
④ 통합심의위원회 위원장과 부위원장은 통합심의위원회의 위원(이하 "위원"이라 한다) 중에서 정비구역지정권자가 임명하거나 위촉한다.
⑤ 사업시행자는 통합심의를 신청할 수 있다.

24 도시 및 주거환경정비법령상 사업시행자가 관리처분계획이 인가·고시된 다음 날부터 90일 이내에 손실보상 협의를 하여야 하는 토지등소유자를 모두 고른 것은? (단, 분양신청기간 종료일의 다음 날부터 협의를 시작할 수 있음)

> ㉠ 분양신청기간 내에 분양신청을 하지 아니한 자
> ㉡ 인가된 관리처분계획에 따라 분양대상에서 제외된 자
> ㉢ 분양신청기간 종료 후에 분양신청을 철회한 자

① ㉠   ② ㉠, ㉡

③ ㉠, ㉢   ④ ㉡, ㉢

⑤ ㉠, ㉡, ㉢

해설 ㉢ 분양신청기간 종료 이전에 분양신청을 철회한 자이다.
사업시행자는 관리처분계획이 인가·고시된 다음 날부터 90일 이내에 다음에서 정하는 자와 토지, 건축물 또는 그 밖의 권리의 손실보상에 관한 협의를 하여야 한다. 다만, 사업시행자는 분양신청기간 종료일의 다음 날부터 협의를 시작할 수 있다.

> 1. 분양신청을 하지 아니한 자
> 2. 분양신청기간 종료 이전에 분양신청을 철회한 자
> 3. 투기과열지구의 정비사업에서 관리처분계획에 따라 분양대상자 및 그 세대에 속한 자는 분양대상자 선정일부터 5년 이내에는 투기과열지구에서 분양신청을 할 수 없는 자
> 4. 인가된 관리처분계획에 따라 분양대상에서 제외된 자

25 주택법령상 "기간시설"에 해당하지 <u>않는</u> 것은?

① 전기시설　　　　　　　　　② 통신시설

③ 상하수도　　　　　　　　　④ 어린이놀이터

⑤ 지역난방시설

> **해설** ④ 어린이놀이터는 복리시설이다.
> 기간시설이란 도로·전기시설·가스시설·상하수도·지역난방시설 및 통신시설 등을 말한다.
> 간선시설이란 도로·전기시설·가스시설·상하수도·지역난방시설 및 통신시설 등 주택단지(2
> 이상의 주택단지를 동시에 개발하는 경우에는 각각의 주택단지) 안의 기간시설을 그 주택단지
> 밖에 있는 같은 종류의 기간시설에 연결시키는 시설을 말한다. 다만, 가스시설·통신시설 및 지
> 역난방시설의 경우에는 주택단지 안의 기간시설을 포함한다.

26 주택법령상 사업계획의 승인 등에 관한 설명으로 틀린 것은?

① 승인받은 사업계획 중 공공시설 설치계획의 변경이 필요한 경우에는 사업계획승인
권자로부터 변경승인을 받지 않아도 된다.

② 주택건설사업계획에는 부대시설 및 복리시설의 설치에 관한 계획 등이 포함되어야
한다.

③ 주택건설사업을 시행하려는 자는 전체 세대수가 600세대 이상인 주택단지를 공구
별로 분할하여 주택을 건설·공급할 수 있다.

④ 주택건설사업계획의 승인을 받으려는 한국토지주택공사는 해당 주택건설대지의
소유권을 확보하지 않아도 된다.

⑤ 사업주체는 입주자 모집공고를 한 후 사업계획변경승인을 받은 경우에는 14일 이
내에 문서로 입주예정자에게 그 내용을 통보하여야 한다.

> **해설** ① 승인받은 사업계획 중 공공시설 설치계획의 변경이 필요한 경우에는 사업계획승인권자로부
> 터 변경승인을 받아야 한다.

27 주택법령상 수직증축형 리모델링의 허용 요건에 관한 규정의 일부이다. ( )에 들어갈 숫자로 옳은 것은?

> 시행령 제13조 ① 법 제2조제25호다목1)에서 "대통령령으로 정하는 범위"란 다음 각 호의 구분에 따른 범위를 말한다.
> 1. 수직으로 증축하는 행위(이하 "수직증축형 리모델링"이라 한다)의 대상이 되는 기존 건축물의 층수가 (㉠)층 이상인 경우: (㉡)개층
> 2. 수직증축형 리모델링의 대상이 되는 기존 건축물의 층수가 (㉢)층 이하인 경우: (㉣)개층

① ㉠: 10, ㉡: 3, ㉢: 9, ㉣: 2
② ㉠: 10, ㉡: 4, ㉢: 9, ㉣: 3
③ ㉠: 15, ㉡: 3, ㉢: 14, ㉣: 2
④ ㉠: 15, ㉡: 4, ㉢: 14, ㉣: 3
⑤ ㉠: 20, ㉡: 5, ㉢: 19, ㉣: 4

해설 ③ 시행령 제13조 ① 법 제2조제25호다목1)에서 "대통령령으로 정하는 범위"란 다음 각 호의 구분에 따른 범위를 말한다.
1. 수직으로 증축하는 행위(이하 "수직증축형 리모델링"이라 한다)의 대상이 되는 기존 건축물의 층수가 (㉠ = 15)층 이상인 경우: (㉡ = 3)개층
2. 수직증축형 리모델링의 대상이 되는 기존 건축물의 층수가 (㉢ = 14)층 이하인 경우: (㉣ = 2)개층

28 주택법령상 주택의 건설에 관한 설명으로 옳은 것은? (단, 조례는 고려하지 않음)
① 하나의 건축물에는 단지형 연립주택 또는 단지형 다세대주택과 소형 주택을 함께 건축할 수 없다.
② 국토교통부장관이 적정한 주택수급을 위하여 필요하다고 인정하는 경우, 고용자가 건설하는 주택에 대하여 국민주택규모로 건설하게 할 수 있는 비율은 주택의 75퍼센트 이하이다.
③ 「주택법」에 따라 건설사업자로 간주하는 등록사업자는 주택건설사업계획승인을 받은 주택의 건설공사를 시공할 수 없다.
④ 장수명 주택의 인증기준·인증절차 및 수수료 등은 「주택공급에 관한 규칙」으로 정한다.
⑤ 국토교통부장관은 바닥충격음 성능등급을 인정받은 제품이 인정받은 내용과 다르게 판매·시공한 경우에 해당하면 그 인정을 취소하여야 한다.

해설 ② 국토교통부장관이 적정한 주택수급을 위하여 필요하다고 인정하는 경우, 고용자가 건설하는 주택에 대하여 국민주택규모로 건설하게 할 수 있는 비율은 주택의 100퍼센트 이하이다.
③ 「주택법」에 따라 건설사업자로 간주하는 등록사업자는 주택건설사업계획승인을 받은 주택의 건설공사를 시공할 수 있다.
④ 장수명 주택의 인증기준·인증절차 및 수수료 등은 국토교통부령으로 정한다.
⑤ 국토교통부장관은 바닥충격음 성능등급을 인정받은 제품이 인정받은 내용과 다르게 판매·시공한 경우에 해당하면 그 인정을 취소할 수 있다.

29 주택법령상 사전방문 등에 관한 설명으로 틀린 것은?

① 사전방문한 입주예정자가 보수공사 등 적절한 조치를 요청한 사항이 하자가 아니라고 판단하는 사업주체는 사용검사권자에게 하자 여부를 확인해줄 것을 요청할 수 있다.

② 사업주체는 사전방문을 주택공급계약에 따라 정한 입주지정기간 시작일 60일 전까지 1일 이상 실시해야 한다.

③ 사업주체가 사전방문을 실시하려는 경우, 사용검사권자에 대한 사전방문계획의 제출은 사전방문기간 시작일 1개월 전까지 해야 한다.

④ 사용검사권자는 사업주체로부터 하자 여부의 확인 요청을 받은 날부터 7일 이내에 하자 여부를 확인하여 해당 사업주체에게 통보해야 한다.

⑤ 보수공사 등의 조치계획을 수립한 사업주체는 사전방문기간의 종료일부터 7일 이내에 사용검사권자에게 해당 조치계획을 제출해야 한다.

해설 ② 사업주체는 사전방문을 주택공급계약에 따라 정한 입주지정기간 시작일 45일 전까지 2일 이상 실시해야 한다.

30 주택법령상 입주자저축에 관한 설명으로 틀린 것은?

① 입주자저축정보를 제공하는 입주자저축취급기관의 장은 입주자저축정보의 명의인이 요구하더라도 입주자저축정보의 제공사실을 통보하지 아니할 수 있다.

② 국토교통부장관으로부터 「주택법」에 따라 입주자저축정보의 제공 요청을 받은 입주자저축취급기간의 장은 「금융실명거래 및 비밀보장에 관한 법률」에도 불구하고 입주자저축정보를 제공하여야 한다.

③ "입주자저축"이란 국민주택과 민영주택을 공급받기 위하여 가입하는 주택청약종합저축을 말한다.

④ 국토교통부장관은 입주자저축의 납입방식·금액 및 조건 등에 필요한 사항에 관한 국토교통부령을 제정하거나 개정할 때에는 기획재정부장관과 미리 협의해야 한다.

⑤ 입주자저축은 한 사람이 한 계좌만 가입할 수 있다.

해설 ① 입주자저축정보를 제공하는 입주자저축취급기관의 장은 입주자저축정보의 명의인이 요구하면 입주자저축정보의 제공사실을 통보하여야 한다.

31 주택법령상 「주택공급에 관한 규칙」으로 정하는 사항을 모두 고른 것은?

> ㉠ 법 제54조에 따른 주택의 공급
> ㉡ 법 제57조에 따른 분양가격 산정방식
> ㉢ 법 제60조에 따른 견본주택의 건축기준
> ㉣ 법 제65조 제5항에 따른 입주자자격 제한

① ㉠, ㉡, ㉢   ② ㉠, ㉡, ㉣

③ ㉠, ㉢, ㉣   ④ ㉡, ㉢, ㉣

⑤ ㉠, ㉡, ㉢, ㉣

해설 ㉡ 법 제57조에 따른 분양가격 산정방식이 아니라 법 제56조에 따른 입주자저축이다.
다음 각 호의 사항은 「주택공급에 관한 규칙」으로 정한다.

> 1. 법 제54조에 따른 주택의 공급
> 2. 법 제56조에 따른 입주자저축
> 3. 법 제60조에 따른 견본주택의 건축기준
> 4. 법 제65조제5항에 따른 입주자자격 제한

32 건축법령상 건축물의 "대수선"에 해당하지 <u>않는</u> 것은? (단, 건축물의 증축·개축 또는 재축에 해당하지 않음)

① 보를 두 개 변경하는 것
② 기둥을 세 개 수선하는 것
③ 내력벽의 벽면적을 30제곱미터 수선하는 것
④ 특별피난계단을 변경하는 것
⑤ 다세대주택의 세대 간 경계벽을 증설하는 것

해설 ① 보를 세 개 이상 변경하는 것이 대수선에 해당한다.

33 건축법령상 대지의 조경 등의 조치를 하지 아니할 수 있는 건축물이 <u>아닌</u> 것은? (단, 가설 건축물은 제외하고, 건축법령상 특례, 기타 강화·완화조건 및 조례는 고려하지 않음)

① 녹지지역에 건축하는 건축물
② 면적 4천 제곱미터인 대지에 건축하는 공장
③ 연면적의 합계가 1천 제곱미터인 공장
④ 「국토의 계획 및 이용에 관한 법률」에 따라 지정된 관리 지역(지구단위계획구역으로 지정된 지역이 아님)의 건축물
⑤ 주거지역에 건축하는 연면적의 합계가 1천500제곱미터인 물류시설

> **해설** ⑤ 주거지역 또는 상업지역에 건축하는 연면적의 합계가 1천500제곱미터인 물류시설은 조경 등의 조치를 하여야 한다.

34 건축법령상 공개공지등에 관한 설명으로 옳은 것은? (단, 건축법령상 특례, 기타 강화·완화조건은 고려하지 않음)

① 노후 산업단지의 정비가 필요하다고 인정되어 지정·공고된 지역에는 공개공지등을 설치할 수 없다.
② 공개 공지는 필로티의 구조로 설치할 수 없다.
③ 공개공지등을 설치할 때에는 모든 사람들이 환경친화적으로 편리하게 이용할 수 있도록 긴 의자 또는 조경시설 등 건축조례로 정하는 시설을 설치해야 한다.
④ 공개공지등에는 건축조례로 정하는 바에 따라 연간 최장 90일의 기간 동안 주민들을 위한 문화행사를 열거나 판촉활동을 할 수 있다.
⑤ 울타리나 담장 등 시설의 설치 또는 출입구의 폐쇄 등을 통하여 공개공지등의 출입을 제한한 경우 지체 없이 관할 시장·군수·구청장에게 신고하여야 한다.

> **해설** ① 노후 산업단지의 정비가 필요하다고 인정되어 지정·공고된 지역에는 공개공지등을 설치할 수 있다.
> ② 공개 공지는 필로티의 구조로 설치할 수 있다.
> ④ 공개공지등에는 건축조례로 정하는 바에 따라 연간 최장 60일의 기간 동안 주민들을 위한 문화행사를 열거나 판촉활동을 할 수 있다.
> ⑤ 울타리나 담장 등의 시설을 설치하거나 출입구를 폐쇄하는 등 공개공지등의 출입을 차단하는 행위 등 공개공지 등의 활용을 저해하는 행위를 하여서는 아니 된다.

부록

35 건축법령상 건축물 안전영향평가에 관한 설명으로 옳은 것은?

① 초고층 건축물에 대하여는 건축허가 이후 지체 없이 건축물 안전영향평가를 실시하여야 한다.

② 안전영향평가기관은 안전영향평가를 의뢰받은 날부터 30일 이내에 안전영향평가 결과를 허가권자에게 제출하여야 하며, 이 기간은 연장될 수 없다.

③ 건축물 안전영향평가 결과는 도시계획위원회의 심의를 거쳐 확정된다.

④ 허가권자는 안전영향평가에 대한 심의 결과 및 안전영향평가 내용을 일간신문에 게재하는 방법으로 공개하여야 한다.

⑤ 안전영향평가를 실시하여야 하는 건축물이 다른 법률에 따라 구조안전과 인접 대지의 안전에 미치는 영향 등을 평가 받은 경우에는 안전영향평가의 해당 항목을 평가 받은 것으로 본다.

> **해설** ① 초고층 건축물에 대하여는 건축허가를 하기 전에 건축물 안전영향평가를 실시하여야 한다.
> ② 안전영향평가기관은 안전영향평가를 의뢰받은 날부터 30일 이내에 안전영향평가 결과를 허가권자에게 제출하여야 한다. 다만, 부득이한 경우에는 20일의 범위에서 그 기간을 한 차례만 연장할 수 있다.
> ③ 건축물 안전영향평가 결과는 건축위원회의 심의를 거쳐 확정된다.
> ④ 허가권자는 안전영향평가에 대한 심의 결과 및 안전영향평가 내용을 해당 지방자치단체의 공보에 게시하는 방법으로 공개하여야 한다.

36 건축법령상 건축허가 제한 등에 관한 설명으로 옳은 것은?

① 도지사는 지역계획에 특히 필요하다고 인정하더라도 허가 받은 건축물의 착공을 제한할 수 없다.

② 시장·군수·구청장이 건축허가를 제한하려는 경우에는 주민의견을 청취한 후 도시계획위원회의 심의를 거쳐야 한다.

③ 건축허가를 제한하는 경우 제한기간은 2년 이내로 하며, 1회에 한하여 1년 이내의 범위에서 제한기간을 연장할 수 있다.

④ 건축허가를 제한하는 경우 국토교통부장관은 제한 목적·기간 등을 상세하게 정하여 지체 없이 공고하여야 한다.

⑤ 건축허가를 제한한 경우 허가권자는 즉시 국토교통부장관에게 보고하여야 하며, 보고를 받은 국토교통부장관은 제한 내용이 지나치다고 인정하면 직권으로 이를 해제하여야 한다.

해설 ① 도지사는 지역계획에 특히 필요하다고 인정하더라도 허가 받은 건축물의 착공을 제한할 수 있다.
② 국토교통부장관이나 시·도지사는 건축허가나 건축허가를 받은 건축물의 착공을 제한하려는 경우에는 주민의견을 청취한 후 건축위원회의 심의를 거쳐야 한다.
④ 국토교통부장관이나 특별시장·광역시장·도지사는 건축허가나 건축물의 착공을 제한하는 경우 제한 목적·기간, 대상 건축물의 용도와 대상 구역의 위치·면적·경계 등을 상세하게 정하여 허가권자에게 통보하여야 하며, 통보를 받은 허가권자는 지체 없이 이를 공고하여야 한다.
⑤ 건축허가를 제한한 경우 허가권자는 즉시 국토교통부장관에게 보고하여야 하며, 보고를 받은 국토교통부장관은 제한 내용이 지나치다고 인정하면 그 해제를 명할 수 있다.

37 건축법령상 건축물의 마감재료 등에 관한 규정의 일부이다. (   )에 들어갈 내용으로 옳은 것은?

> 대통령령으로 정하는 용도 및 규모의 건축물의 벽, 반자, 지붕(반자가 없는 경우에 한정한다) 등 내부의 (㉠)는 (㉡)에 지장이 없는 재료로 하되, 「실내공기질 관리법」제5조 및 제6조에 따른 (㉢) 유지기준 및 권고기준을 고려하고 관계 중앙행정기관의 장과 협의하여 국토교통부령으로 정하는 기준에 따른 것이어야 한다.

① ㉠: 난연재료, ㉡: 방화, ㉢: 공기청정
② ㉠: 완충재료, ㉡: 내진, ㉢: 실내공기질
③ ㉠: 완충재료, ㉡: 내진, ㉢: 공기청정
④ ㉠: 마감재료, ㉡: 방화, ㉢: 실내공기질
⑤ ㉠: 마감재료, ㉡: 내진, ㉢: 실내공기질

해설 ④ ㉠: 마감재료, ㉡: 방화, ㉢: 실내공기질이다.

38 건축법령상 건축허가 대상 건축물로서 내진능력을 공개하여야 하는 건축물에 해당하지 **않는** 것은? (단, 소규모건축구조기준을 적용한 건축물이 아님)

① 높이가 13미터인 건축물
② 처마높이가 9미터인 건축물
③ 기둥과 기둥 사이의 거리가 10미터인 건축물
④ 건축물의 용도 및 규모를 고려한 중요도가 높은 건축물로서 국토교통부령으로 정하는 건축물
⑤ 국가적 문화유산으로 보존할 가치가 있는 것으로 문화체육관광부령으로 정하는 건축물

해설 ⑤ 국가적 문화유산으로 보존할 가치가 있는 것으로 국토교통부령으로 정하는 건축물이 대상이다. 다음 각 호의 어느 하나에 해당하는 건축물을 건축하고자 하는 자는 사용승인을 받는 즉시 건축물이 지진 발생 시에 견딜 수 있는 능력(이하 "내진능력"이라 한다)을 공개하여야 한다.

> 1. 층수가 2층[주요구조부인 기둥과 보를 설치하는 건축물로서 그 기둥과 보가 목재인 목구조 건축물(이하 "목구조 건축물"이라 한다)의 경우에는 3층] 이상인 건축물
> 2. 연면적이 200제곱미터(목구조 건축물의 경우에는 500제곱미터) 이상인 건축물
> 3. 높이가 13미터 이상인 건축물
> 4. 처마높이가 9미터 이상인 건축물
> 5. 기둥과 기둥 사이의 거리가 10미터 이상인 건축물
> 6. 건축물의 용도 및 규모를 고려한 중요도가 높은 건축물로서 국토교통부령으로 정하는 건축물
> 7. 국가적 문화유산으로 보존할 가치가 있는 건축물로서 <u>국토교통부령</u>으로 정하는 것
> 8. 한쪽 끝은 고정되고 다른 끝은 지지(支持)되지 아니한 구조로 된 보·차양 등이 외벽(외벽이 없는 경우에는 외곽 기둥을 말한다)의 중심선으로부터 3미터 이상 돌출된 건축물
> 9. 특수한 설계·시공·공법 등이 필요한 건축물로서 국토교통부장관이 정하여 고시하는 구조로 된 건축물
> 10. 별표 1 제1호의 단독주택 및 같은 표 제2호의 공동주택
> 11. 제32조 제1항에 따른 구조기준 중 국토교통부령으로 정하는 소규모건축구조기준을 적용한 건축물

39 농지법령상 농지의 타용도 일시사용신고를 할 수 있는 용도에 해당하지 **않는** 것은? (단, 일시사용기간은 6개월 이내이며, 신고의 다른 요건은 충족한 것으로 봄)

① 썰매장으로 사용하는 경우
② 지역축제장으로 사용하는 경우
③ 해당 농지에서 허용되는 주목적사업을 위하여 물건을 매설하는 경우
④ 해당 농지에서 허용되는 주목적사업을 위하여 현장 사무소를 설치하는 경우
⑤ 「전기사업법」상 전기사업을 영위하기 위한 목적으로 「신에너지 및 재생에너지 개발·이용·보급 촉진법」에 따른 태양에너지 발전설비를 설치하는 경우

해설 ⑤ 「전기사업법」상 전기사업을 영위하기 위한 목적으로 「신에너지 및 재생에너지 개발·이용·보급 촉진법」에 따른 태양에너지 발전설비를 설치하는 경우는 농지의 타용도 일시사용허가 대상이다.

농지의 타용도 일시사용신고 등 : 농지를 다음의 어느 하나에 해당하는 용도로 일시사용하려는 자는 지력을 훼손하지 아니하는 범위에서 일정 기간 사용한 후 농지로 원상복구한다는 조건으로 시장·군수 또는 자치구구청장에게 신고하여야 한다.

> 1. 썰매장, 지역축제장 등으로 일시적으로 사용하는 경우
> 2. 건축허가 또는 건축신고 대상시설이 아닌 간이 농수축산업용 시설(개량시설과 농축산물 생산시설은 제외한다)과 농수산물의 간이 처리 시설을 일시적으로 설치하는 경우
> 3. 주(主)목적사업(해당 농지에서 허용되는 사업만 해당한다)을 위하여 현장 사무소나 부대시설, 그 밖에 이에 준하는 시설을 설치하거나 물건을 적치(積置)하거나 매설(埋設)하는 경우

40 농지법령상 농지를 농축산물 생산시설의 부지로 사용할 경우 "농지의 전용"으로 보지 않는 것을 모두 고른 것은?

> ㉠ 연면적 33제곱미터인 농막
> ㉡ 연면적 33제곱미터인 간이저온저장고
> ㉢ 저장 용량이 200톤인 간이액비저장조

① ㉠   ② ㉡   ③ ㉠, ㉢
④ ㉡, ㉢   ⑤ ㉠, ㉡, ㉢

해설 ④ 다음의 용도로 사용하는 경우에는 전용(轉用)으로 보지 아니한다. 즉, 농지전용없이 설치할 수 있다.

> 1. **농막** : 농작업에 직접 필요한 농자재 및 농기계 보관, 수확 농산물 간이 처리 또는 농작업 중 일시 휴식을 위하여 설치하는 시설(연면적 20제곱미터 이하이고, 주거 목적이 아닌 경우로 한정한다)
> 2. **간이저온저장고** : 연면적 33제곱미터 이하일 것
> 3. **간이액비저장조** : 저장 용량이 200톤 이하일 것

찾아보기

INDEX

INDEX

INDEX

INDEX

INDEX

INDEX

INDEX

INDEX

기타

INDEX

방송
시간표

방송대학TV

▶ 기본이론 방송
▶ 문제풀이 방송
▶ 모의고사 방송

※ 본 방송기간 및 방송시간은 사정에
　의해 변동될 수 있습니다.

TV방송 편성표

기본이론 방송 [1강 30분, 총 75강]

순서	날짜	요일	과목	순서	날짜	요일	과목
1	1. 13	월	부동산학개론 1강	39	4. 9	수	부동산공시법령 7강
2	1. 14	화	민법·민사특별법 1강	40	4. 14	월	부동산세법 5강
3	1. 15	수	공인중개사법·중개실무 1강	41	4. 15	화	부동산학개론 8강
4	1. 20	월	부동산공법 1강	42	4. 16	수	민법·민사특별법 8강
5	1. 21	화	부동산공시법령 1강	43	4. 21	월	공인중개사법·중개실무 8강
6	1. 22	수	부동산학개론 2강	44	4. 22	화	부동산공법 8강
7	1. 27	월	민법·민사특별법 2강	45	4. 23	수	부동산공시법령 8강
8	1. 28	화	공인중개사법·중개실무 2강	46	4. 28	월	부동산세법 6강
9	1. 29	수	부동산공법 2강	47	4. 29	화	부동산학개론 9강
10	2. 3	월	부동산공시법령 2강	48	4. 30	수	민법·민사특별법 9강
11	2. 4	화	부동산학개론 3강	49	5. 5	월	공인중개사법·중개실무 9강
12	2. 5	수	민법·민사특별법 3강	50	5. 6	화	부동산공법 9강
13	2. 10	월	공인중개사법·중개실무 3강	51	5. 7	수	부동산공시법령 9강
14	2. 11	화	부동산공법 3강	52	5. 12	월	부동산세법 7강
15	2. 12	수	부동산공시법령 3강	53	5. 13	화	부동산학개론 10강
16	2. 17	월	부동산세법 1강	54	5. 14	수	민법·민사특별법 10강
17	2. 18	화	부동산학개론 4강	55	5. 19	월	공인중개사법·중개실무 10강
18	2. 19	수	민법·민사특별법 4강	56	5. 20	화	부동산공법 10강
19	2. 24	월	공인중개사법·중개실무 4강	57	5. 21	수	부동산공시법령 10강
20	2. 25	화	부동산공법 4강	58	5. 26	월	부동산세법 8강
21	2. 26	수	부동산공시법령 4강	59	5. 27	화	부동산학개론 11강
22	3. 3	월	부동산세법 2강	60	5. 28	수	민법·민사특별법 11강
23	3. 4	화	부동산학개론 5강	61	6. 2	월	부동산공법 11강
24	3. 5	수	민법·민사특별법 5강	62	6. 3	화	부동산세법 9강
25	3. 10	월	공인중개사법·중개실무 5강	63	6. 4	수	부동산학개론 12강
26	3. 11	화	부동산공법 5강	64	6. 9	월	민법·민사특별법 12강
27	3. 12	수	부동산공시법령 5강	65	6. 10	화	부동산공법 12강
28	3. 17	월	부동산세법 3강	66	6. 11	수	부동산세법 10강
29	3. 18	화	부동산학개론 6강	67	6. 16	월	부동산학개론 13강
30	3. 19	수	민법·민사특별법 6강	68	6. 17	화	민법·민사특별법 13강
31	3. 24	월	공인중개사법·중개실무 6강	69	6. 18	수	부동산공법 13강
32	3. 25	화	부동산공법 6강	70	6. 23	월	부동산학개론 14강
33	3. 26	수	부동산공시법령 6강	71	6. 24	화	민법·민사특별법 14강
34	3. 31	월	부동산세법 4강	72	6. 25	수	부동산공법 14강
35	4. 1	화	부동산학개론 7강	73	6. 30	월	부동산학개론 15강
36	4. 2	수	민법·민사특별법 7강	74	7. 1	화	민법·민사특별법 15강
37	4. 7	월	공인중개사법·중개실무 7강	75	7. 2	수	부동산공법 15강
38	4. 8	화	부동산공법 7강				

과목별 강의 수
부동산학개론: 15강 / 민법·민사특별법: 15강
공인중개사법·중개실무: 10강 / 부동산공법: 15강 / 부동산공시법령: 10강 / 부동산세법: 10강

TV방송 편성표

문제풀이 방송(1강 30분, 총 21강)

순서	날짜	요일	과목	순서	날짜	요일	과목
1	7. 7	월	부동산학개론 1강	12	7. 30	수	부동산세법 2강
2	7. 8	화	민법·민사특별법 1강	13	8. 4	월	부동산학개론 3강
3	7. 9	수	공인중개사법·중개실무 1강	14	8. 5	화	민법·민사특별법 3강
4	7. 14	월	부동산공법 1강	15	8. 6	수	공인중개사법·중개실무 3강
5	7. 15	화	부동산공시법령 1강	16	8. 11	월	부동산공법 3강
6	7. 16	수	부동산세법 1강	17	8. 12	화	부동산공시법령 3강
7	7. 21	월	부동산학개론 2강	18	8. 13	수	부동산세법 3강
8	7. 22	화	민법·민사특별법 2강	19	8. 18	월	부동산학개론 4강
9	7. 23	수	공인중개사법·중개실무 2강	20	8. 19	화	민법·민사특별법 4강
10	7. 28	월	부동산공법 2강	21	8. 20	수	부동산공법 4강
11	7. 29	화	부동산공시법령 2강				

과목별 강의 수 부동산학개론: 4강 / 민법·민사특별법: 4강
공인중개사법·중개실무: 3강 / 부동산공법: 4강 / 부동산공시법령: 3강 / 부동산세법: 3강

모의고사 방송(1강 30분, 총 18강)

순서	날짜	요일	과목	순서	날짜	요일	과목
1	8. 25	월	부동산학개론 1강	10	9. 15	월	부동산공법 2강
2	8. 26	화	민법·민사특별법 1강	11	9. 16	화	부동산공시법령 2강
3	8. 27	수	공인중개사법·중개실무 1강	12	9. 17	수	부동산세법 2강
4	9. 1	월	부동산공법 1강	13	9. 22	월	부동산학개론 3강
5	9. 2	화	부동산공시법령 1강	14	9. 23	화	민법·민사특별법 3강
6	9. 3	수	부동산세법 1강	15	9. 24	수	공인중개사법·중개실무 3강
7	9. 8	월	부동산학개론 2강	16	9. 29	월	부동산공법 3강
8	9. 9	화	민법·민사특별법 2강	17	9. 30	화	부동산공시법령 3강
9	9. 10	수	공인중개사법·중개실무 2강	18	10. 1	수	부동산세법 3강

과목별 강의 수 부동산학개론: 3강 / 민법·민사특별법: 3강
공인중개사법·중개실무: 3강 / 부동산공법: 3강 / 부동산공시법령: 3강 / 부동산세법: 3강

연구 집필위원

최성진	이석규	박희용	김희상	이경철
박종철	이재현	이영표	이유종	이재원
어상일	김광석	신세명	어준선	

제36회 공인중개사 시험대비 **전면개정판**

2025 박문각 공인중개사

기본서 2차 부동산공법

초판발행 | 2024. 11. 5. **2쇄발행** | 2024. 11. 10. **편저** | 최성진 외 박문각 부동산교육연구소
발행인 | 박 용 **발행처** | (주)박문각출판 **등록** | 2015년 4월 29일 제2019-000137호
주소 | 06654 서울시 서초구 효령로 283 서경빌딩 4층
팩스 | (02)584-2927 **전화** | 교재주문·학습문의 (02)6466-7202

판 권
본 사
소 유

정가 39,000원   ISBN 979-11-7262-288-6 / ISBN 979-11-7262-286-2(2차 세트)

박문각 출판 홈페이지에서
공인중개사 정오표를 활용하세요!

보다 빠르고, 편리하게 법령의 제·개정 내용을 확인하실 수 있습니다.

2025
박문각 공인중개사
합격예상문제

합격으로 가는 실전 문제 풀이!

박문각 신간 도서 새로운 박문각 도서를 가장 빠르게 만나 보세요.

공무원　공인중개사　임용　감정평가사　자격증

2024 박문각 공인중개사 정지웅 중개사법 영끌특강

2024 박문각 공인중개사 최성진 부동산공법 찍기특강

2024 박문각 공인중개사 이영섭 부동산학개론 시그니처 특강[뿌셔뿌셔]

CBT 모의고사 박문각 출판이 제공한 CBT 모의고사로 실전과 동일한 시험 문제를 미리 풀어 보세요.

PC로 모의고사 풀기

모바일으로 모의고사 풀기
QR코드 찍고 이동

학습 자료실 도서 및 시험에 관련된 자료를 받아 가세요.

도서 정오표　　학습 자료실　　수험뉴스

홈페이지 하단

[클릭]

박문각 공인중개사 정오표의 장점

✓ 공인중개사 1회부터 함께한 박문각 공인중개사 전문 교수진의 철저한 제·개정 법령 감수

✓ 과목별 정오표 업데이트 서비스 실시! (해당 연도 시험 전까지)

✓ 박문각 공인중개사 온라인 "교수학습 Q&A"에서 박문각 공인중개사 교수진에게 직접 문의·답변

성공을 위한 가장 확실한 선택

박문각은 1972년부터의 노하우와 교육에 대한 끊임없는 열정으로 공인중개사 합격의 기준을 제시하며
경매 및 중개실무 연계교육과 합격자 네트워크를 통해 공인중개사 합격자들의 성공을 보장합니다.

01

공인중개사의 시작 박문각

공인중개사 시험이 도입된 제1회부터
제35회 시험까지 수험생들의 합격을
이끌어 온 대한민국 유일의 교육기업입니다.

02

오랜시간 축적된 데이터

1회부터 지금까지 축적된 방대한 데이터로
박문각 공인중개사는 빠른 합격 & 최다
합격률을 자랑합니다.

03

업계 최고&최다 교수진 보유

공인중개사 업계 최다 교수진이
최고의 강의로 수험생 여러분의
합격을 위해 끊임없이 연구하고 있습니다.

04

전국 학원 수 규모 1위

전국 20여 개 학원을 보유하고 있는
박문각 공인중개사는 업계 최대 규모로서
전국 학원 수 규모 1위 입니다.

박문각 공인중개사

2025 합격 로드맵

합격을 향한 가장 확실한 선택

박문각 공인중개사 수험서 시리즈는 공인중개사 합격을 위한 가장 확실한 선택입니다.

---

01 기초입문

합격을 향해
기초부터 차근차근!

—
기초입문서 총 2권

합격 자신감 UP! 합격지원 플러스 교재

합격설명서 | 민법판례 | 핵심용어집 | 기출문제해설

---

02 기본이론

기본 개념을
체계적으로 탄탄하게!

—
기본서 총 6권

---

03 필수이론

합격을 향해
저자직강 필수 이론 과정!

—
저자필수서

04 기출문제풀이

기출문제 풀이로
출제경향 체크!

—
핵심기출문제 총 2권
회차별 기출문제집 총 2권
저자기출문제

| 핵심기출문제 |

| 회차별 기출문제집 |

| 저자기출문제 |

---

05 예상문제풀이

시험에 나오는
모든 문제유형 체크!

—
합격예상문제 총 6권

---

06 핵심마무리

단기간 합격을 위한
핵심만을 정리!

—
핵심요약집 총 2권
파이널 패스 100선

| 핵심요약집 |

| 파이널 패스 100선 |

---

07 실전모의고사

합격을 위한
마지막 실전 완벽 대비!

—
실전모의고사 총 2권
THE LAST 모의고사

| 실전모의고사 |

| THE LAST 모의고사 |

1위 박문각

Since 1972

박문각의 유일한 목표는 여러분의 합격입니다.
1위 기업으로서의 자부심과 노력으로 수험생 여러분의 합격을 이끌어 가겠습니다.

2024
고객선호브랜드지수 1위
교육서비스 부문

2023
고객선호브랜드지수 1위
교육서비스 부문

2022
한국 브랜드 만족지수 1위
교육(교육서비스)부문 1위

2021
조선일보 국가브랜드 대상
에듀테크 부문 수상

2021
대한민국 소비자 선호도 1위
교육부문 1위

2020
한국 산업의 1등
브랜드 대상 수상

2019
한국 우수브랜드
평가대상 수상

2018
대한민국 교육산업 대상
교육서비스 부문 수상

2017
대한민국 고객만족
브랜드 대상 수상

랭키닷컴 부동산/주택
교육부문 1위 선정

브랜드스탁 BSTI
브랜드 가치평가 1위

박문각 www.pmg.co.kr

전면개정판 제36회 공인중개사 시험대비

방송대학TV 무료강의 | 첫방송 2025.1.13(월) 오전 7시

박문각 공인중개사

기본서 2차

부동산세법

정석진 외 박문각 부동산교육연구소 편

브랜드만족
1위
박문각

근거자료
후면표기

2025

동영상강의
www.pmg.co.kr

합격까지 박문각
세대교체 혁신 기본서!

박문각

이 책의 머리말

부동산세법의 체계를 잡은 명품기본서

공인중개사 시험에서 부동산세법은 쉽게 출제되어 합격의 1등 공신이었던 과거에 비하여 최근에는 합격의 걸림돌이 될 만큼 어렵게 출제되고 있습니다.

한정된 범위 안에서 여러 차례의 시험이 시행되다보니 핵심 내용을 묻기 보다는 지엽적인 부분을 묻고 있으며, 전체적인 이해를 통해 풀어내는 문제와 더불어 세세한 지식을 알고 있어야만 풀어낼 수 있는 문제를 출제하고 있는 추세입니다. 이러한 추세는 시험을 준비하는 수험생 입장에서 당혹스러울 수밖에 없습니다.

이를 대비하기 위하여 본 교재는 다음과 같은 점을 염두에 두고 발간하였습니다.

01 개정 세법의 반영 및 완벽 정리

매년 세법이 개정됨에 따라, 중요 신설 및 개정사항은 문제 출제로 이어지고 있습니다. 따라서 개정 법률을 습득하는 것은 매우 중요하므로 법률과 시행령 및 관련법들을 모두 반영하였습니다.

02 핵심다지기와 넓혀보기 수록

본문 중간 중간에 중요 사항을 다시 한 번 점검할 수 있도록 핵심다지기를 수록하였고, 조금 더 깊이 있는 학습을 위하여 넓혀보기를 수록하였습니다.

03 법조문 수록 및 법령집

본문 내용에서 설명한 법조문을 바로 확인할 수 있도록 각 내용의 아래 부분에 법조문을 붙여두었습니다. 더불어 지방세법과 소득세법을 수록한 법령집을 박문각출판 홈페이지에 게시하여 학습의 편의를 도모하였습니다.

04 예제문제를 통한 점검

최신 개정 법령을 반영하여 기출문제를 변형한 예제를 수록하였습니다. 이를 통해 학습한 이론을 어떻게 문제 풀이에 적용해야 하는지 알 수 있고 틀린 문제는 해설을 통하여 바로잡을 수 있도록 하였습니다. 또한 본문 내용의 학습이 잘 이루어졌는지 확인할 수 있게 하였습니다.

수험생은 늘 시간이 부족하고 마음이 초조합니다.
본서는 시험과 관련된 기본 개념을 확실하게 구성하여 최소의 시간을 투자하여 최대의 효과가 나오도록 집필하였습니다.

이러한 집필 의도가 수험생에게 부담을 줄여 합격의 길로 인도하기를 진심으로 기원합니다.
본서가 출간되기까지 많은 격려와 도움을 주신 도서출판 박문각 박용 회장님과 편집과정에서 함께 고생해 준 출판사 임직원 여러분께 감사드립니다. 또한 힘들고 지칠 때 함께해 준 가족에게도 특별한 고마움을 전합니다.

본서를 사랑해 주시는 모든 분들께 이 책을 바칩니다.

편저자 일동

제35회 공인중개사 시험총평

2024년 제35회 공인중개사 시험
"전년도에 비해 난이도가 상승하였다."

제35회 공인중개사 시험에서 1차 과목인 부동산학개론은 지엽적이고 어려운 문제가 앞부분에 집중 배치되었고 계산문제와 2차 과목의 문제도 다수 출제되어 전년도에 비해 어려웠고, 민법은 예년보다 다소 쉽게 출제되었지만, 최근 판례들을 응용한 문제들이 출제되어 체감 난이도는 전년도와 비슷하였다.

2차 과목은 전반적으로 어려웠으나 부동산세법은 기본개념, 논점 위주로 출제되어 기본서를 바탕으로 꾸준히 학습을 했다면 충분히 합격할 수 있을 난이도였다. 반면 공인중개사법·중개실무, 부동산공법, 부동산공시법령은 고난도 문제와 생소한 유형의 문제가 대거 출제되어 수험생들의 체감 난이도는 예년에 비해 훨씬 높아졌다고 할 수 있다.

제35회 시험의 과목별 출제 경향은 다음과 같다.

1차

부동산학개론은 계산문제, 2차 과목 문제 등 지엽적이고 어려운 문제가 다수 출제되어 작년보다 어려운 시험이었다.

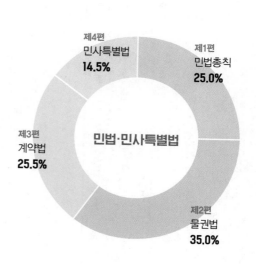

민법·민사특별법은 최근 판례들을 응용한 문제들이 다수 출제되어 체감 난이도가 다소 높았던 시험이었다.

2차

제3편
중개실무
21.0%

제2편
부동산 거래신고
등에 관한 법령
18.0%

공인중개사법·
중개실무

제1편
공인중개사법령
61.0%

공인중개사법·중개실무는 전반적으로 전년도와 비슷한 난이도로 출제되었으나, 시험범위를 벗어난 문제가 다소 출제되어 체감 난이도가 높아졌다.

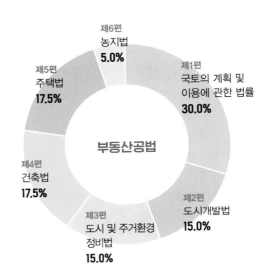

제6편
농지법
5.0%

제5편
주택법
17.5%

제1편
국토의 계획 및
이용에 관한 법률
30.0%

제4편
건축법
17.5%

부동산공법

제2편
도시개발법
15.0%

제3편
도시 및 주거환경
정비법
15.0%

부동산공법은 일부 법률에서 최근 출제된 적 없는 계산문제와 매우 지엽적인 문제가 출제되어 전체적인 난이도가 많이 상승했다.

제1편
공간정보의 구축 및
관리에 관한 법률
50.0%

제2편
부동산등기법
50.0%

부동산공시법령

'공간정보관리법'은 몇 문제 외에는 비교적 평이한 난이도를 유지했고, '부동산등기법'은 지금까지 출제된 적 없던 유형의 문제들이 절반 가까이 출제되어 어려웠다.

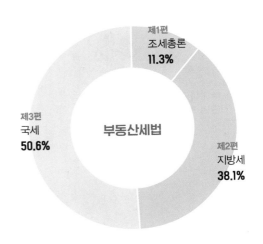

제1편
조세총론
11.3%

제3편
국세
50.6%

부동산세법

제2편
지방세
38.1%

부동산세법은 기본개념을 이해하였는지를 중점적으로 물어보았고 단순 법조문을 묻는 문제, 사례형 문제, 계산문제를 혼합하여 출제하였다.

공인중개사 개요 및 전망

"자격증만 따면 소자본만으로 개업할 수 있고
'나'의 사업을 능력껏 추진할 수 있다."

공인중개사는 자격증만 따면 개업하고, 적당히 돌아다니기만 해도 적지 않은 수입을 올릴 수 있는 자유직업. 이는 뜬구름 잡듯 공인중개사가 되려는 사람들의 생각인데 천만의 말씀이다. 예전에도 그랬고 지금은 더하지만 공인중개사는 '부동산 전문중개인다워야' 제대로 사업을 유지할 수 있고 괜찮은 소득도 올릴 수 있는 최고의 자유직업이 될 수 있다.

고소득 전문직업으로 정착

노후대책 마련으로
최고의 자격증

공인중개사

여성의 장점을 십분
발휘할 수 있는 평생직업

부동산 시장 변화에 따른
역할 확대

공인중개사의 업무범위 확장
(법원 경매 및 공매 대행)

"자격증 취득하면 무슨 일 할까?"

공인중개사 자격증에 대해 사람들이 가장 많이 궁금해하는 점이 바로 '취득 후 무슨 일을 하나'이다. 하지만 공인중개사 자격증 취득 후 선택할 수 있는 직업군은 생각보다 다양하다.

개업공인중개사로서의 공인중개사 업무는 알선·중개 외에도 중개부동산의 이용이나 개발에 관한 지도 및 상담(부동산컨설팅)업무도 포함된다. 부동산중개 체인점, 주택 및 상가의 분양대행, 부동산의 관리대행, 경매 및 공매대상 부동산 취득의 알선 등 부동산의 전문적 컨설턴트로서 부동산의 구입에서 이용, 개발, 관리까지 폭넓은 업무를 다룰 수 있다.

1
취업
- 온라인 부동산 포털회사 취업
- 개인사무소, 합동사무소 취업
- 정부재투자기관 취업
- 부동산 관련기업 취업
- 은행 등 부동산 금융파트 취업 등

2
컨설팅
- 부동산투자분석 컨설팅
- 부동산 관련법규 및 세제 자문 등
- 부동산 자산관리 및 매매대행

3
창업
- 개인사무소 창업
- 합동사무소 창업

공인중개사 시험정보

시험일정 및 시험시간

1. 시험일정 및 장소

구 분	인터넷 / 모바일(App) 원서 접수기간	시험시행일	합격자발표
일 정	매년 8월 2번째 월요일부터 금요일까지(2025. 8. 4 ~ 8. 8 예정)	매년 10월 마지막 주 토요일 시행(2025. 10. 25 예정)	11월 중
장 소	원서 접수시 수험자가 시험지역 및 시험장소를 직접 선택		

TIP 1. 제1·2차 시험이 동시접수·시행됩니다.
　 2. 정기 원서접수 기간(5일간) 종료 후 환불자 범위 내에서만 선착순으로 추가 원서접수 실시(2일간)하므로, 조기마감될 수 있습니다.

2. 시험시간

구 분	교 시	시험과목 (과목당 40문제)	시험시간	
			입실시간	시험시간
제1차 시험	1교시	2과목	09:00까지	09:30 ~ 11:10(100분)
제2차 시험	1교시	2과목	12:30까지	13:00 ~ 14:40(100분)
	2교시	1과목	15:10까지	15:30 ~ 16:20(50분)

* 수험자는 반드시 입실시간까지 입실하여야 함(시험 시작 이후 입실 불가)
* 개인별 좌석배치도는 입실시간 20분 전에 해당 교실 칠판에 별도 부착함
* 위 시험시간은 일반응시자 기준이며, 장애인 등 장애유형별에 따라 편의제공 및 시험시간 연장가능(장애 유형별 편의제공 및 시험시간 연장 등 세부내용은 큐넷 공인중개사 홈페이지 공지사항 참조)
* 2차만 응시하는 시간연장 수험자는 1·2차 동시응시 시간연장자의 2차 시작시간과 동일 시작

TIP 시험일시, 시험장소, 시험방법, 합격자 결정방법 및 응시수수료의 환불에 관한 사항 등은 '제36회 공인중개사 자격시험 시행공고'시 고지

응시자격 및 합격자 결정방법

1. 응시자격: 제한 없음

다만, 다음의 각 호에 해당하는 경우에는 공인중개사 시험에 응시할 수 없음

① 공인중개사시험 부정행위자로 처분 받은 날로부터 시험시행일 전일까지 5년이 지나지 않은 자(공인중개사법 제4조의3)

② 공인중개사 자격이 취소된 후 시험시행일 전일까지 3년이 지나지 않은 자(공인중개사법 제6조)

③ 이미 공인중개사 자격을 취득한 자

2. 합격자 결정방법

제1·2차 시험 공통. 매 과목 100점 만점으로 하여 매 과목 40점 이상, 전 과목 평균 60점 이상 득점한 자

TIP 제1·2차 시험 응시자 중 제1차 시험에 불합격한 자의 제2차 시험에 대하여는 「공인중개사법 시행령」 제5조 제3항에 따라 이를 무효로 합니다.

* 제1차 시험 면제대상자: 2024년 제35회 제1차 시험에 합격한 자

시험과목 및 출제비율

구 분	시험과목	시험범위	출제비율
제1차 시험 (2과목)	부동산학개론 (부동산 감정평가론 포함)	부동산학개론 • 부동산학 총론[부동산의 개념과 분류, 부동산의 특성(속성)] • 부동산학 각론(부동산 경제론, 부동산 시장론, 부동산 정책론, 부동산 투자론, 부동산 금융론, 부동산 개발 및 관리론)	85% 내외
		부동산 감정평가론(감정평가의 기초이론, 감정평가방식, 부동산가격공시제도)	15% 내외
	민법 및 민사특별법 중 부동산중개에 관련되는 규정	민 법 • 총칙 중 법률행위 • 질권을 제외한 물권법 • 계약법 중 총칙·매매·교환·임대차	85% 내외
		민사특별법 • 주택임대차보호법 • 집합건물의 소유 및 관리에 관한 법률 • 가등기담보 등에 관한 법률 • 부동산 실권리자명의 등기에 관한 법률 • 상가건물 임대차보호법	15% 내외
제2차 시험 1교시 (2과목)	공인중개사의 업무 및 부동산 거래신고 등에 관한 법령 및 중개실무	공인중개사법	70% 내외
		부동산 거래신고 등에 관한 법률	
		중개실무	30% 내외
	부동산공법 중 부동산중개에 관련되는 규정	국토의 계획 및 이용에 관한 법률	30% 내외
		도시개발법	30% 내외
		도시 및 주거환경정비법	
		주택법	40% 내외
		건축법	
		농지법	
제2차 시험 2교시 (1과목)	부동산공시에 관한 법령 및 부동산 관련 세법	부동산등기법	30% 내외
		공간정보의 구축 및 관리 등에 관한 법률 제2장 제4절 및 제3장	30% 내외
		부동산 관련 세법(상속세, 증여세, 법인세, 부가가치세 제외)	40% 내외

TIP 답안은 시험시행일에 시행되고 있는 법령을 기준으로 작성

출제경향 분석 및 수험대책

🖥 어떻게 출제되었나?

▶ 출제경향 분석

구 분		제31회	제32회	제33회	제34회	제35회	총 계	비율(%)
조세총론		1	2	2	2	2	9	11.25
지방세	취득세	1.5	2	2	2	3	10.5	13.125
	등록면허세	2.5	1	1	2	0	6.5	8.125
	재산세	3	2.5	2	2	3	12.5	15.625
	지방소득세	0	0	0	0	0	0	0.0
	지역자원시설세	1	0	0	0	0	1	1.25
국 세	종합부동산세	1	2.5	2	2	2	9.5	11.875
	양도소득세	5	6	5	5	5	26	32.5
	종합소득세	1	0	2	1	1	5	6.25
총 계		16	16	16	16	16	80	100.0

제35회 공인중개사 시험에서 부동산세법은 난이도를 극상급 3문제, 상급 2문제, 중급 7문제, 하급 4문제로 구분하여 출제하였다. 난이도 극상급 문제는 시험장에서 풀기 어려운 문제였으며 기본개념을 정확하게 이해한 수험생에게 합격 점수가 안정적으로 나올 수 있는 문제를 중급과 하급으로 출제하였다. 실제 시험장에서 난이도 극상급과 상급 문제를 통과한 후 난이도 중급과 하급에 해당하는 문제를 푸는 능력이 필요한 시험이었다.

세목별 출제 문항은 조세총론 2문제, 취득세 3문제, 재산세 3문제, 종합부동산세 2문제, 양도소득세 5문제, 종합소득세 1문제로 총 16문제를 출제하였다.
문제 유형은 틀린 것을 찾는 문제(4문제), 옳은 것을 찾는 문제(7문제), 박스형 문제(4문제), 계산 문제(1문제)로 다양하게 출제하였다. 그리고 세목별 구체적인 문제(14문제), 종합 문제(2문제)로 출제하였다.

단순 법조문을 묻는 문제, 사례형 문제, 계산문제를 혼합하여 출제하였다. 최근의 출제경향은 세법에 대한 기본적인 내용을 정확하게 이해하고 있는 지를 확인하는 쪽으로 바뀌고 있다. 물론 문제 지문을 구성할 때 구색을 맞추기 위해 지엽적인 내용을 출제하는 경우도 있지만 세법의 기본 개념을 정확히 이해하였다면 합격 점수를 확보하는 것에는 별 어려움이 없도록 출제하고 있다.
앞으로의 수험전략은 정확한 이해를 바탕으로 주어진 시간 내에 다양한 문제를 풀어 가는 능력을 키우는 것이다. 만점보다는 합격점수를 확보하는 전략이 절대적으로 필요하다.

🏛 이렇게 준비하자!

▶ 조세총론

조세총론은 국세와 지방세를 총괄하는 것으로 매년 2문제 정도 출제되고 있다. 조세에 관한 기본적이고 공통적인 내용으로 최근 시험에서는 이의신청·심판청구, 서류의 송달, 납세의무 성립·확정·소멸, 조세와 다른 채권의 관계, 거래단계별 조세, 연대납세의무 등의 전반적인 내용을 골고루 출제하고 있다. 이 부분을 정확하게 이해하고 정리하기 위해서는 개별적인 세목을 먼저 공부한 후 연결하여 학습하는 것이 좋다.

▶ 취득세

취득세는 기초 개념을 확실하게 파악해야 상호 연결이 쉽게 이루어진다. 자주 출제되는 부분은 납세의무자, 과세표준, 세율 신고·납부부분으로서 전체적인 흐름 파악을 종합적으로 묻고 있다. 추가로 과점주주, 토지의 지목변경 등 취득의제 부분을 기본적으로 파악해 두어야 한다.

▶ 등록면허세

등록면허세는 등록에 대한 등록면허세와 면허에 대한 등록면허세로 구분한다. 공인중개사 시험에서는 등록에 대한 등록면허세가 출제되고 있다. 종합문제 형태로 출제되고 있으므로 세부적인 사항을 깊게 공부하는 것보다 전체적인 흐름을 파악하는 것이 바람직하다.

▶ 재산세

재산세는 부동산 보유단계에서 과세하는 지방세로, 매년 2~3문제 정도 출제되고 있다. 자주 출제되는 부분은 토지의 과세대상 구분, 과세표준, 세율, 납세의무자, 부과·징수이므로 이 부분을 중점적으로 학습하는 것이 좋다. 재산세를 철저하게 공부해야만 종합부동산세도 자연스럽게 정리할 수 있다.

▶ 종합부동산세

종합부동산세를 이해하기 위해서는 재산세 학습이 밑받침되어야 한다. 특히 종합부동산세의 과세대상, 납세의무자, 신고·납부 등을 재산세와 연결하여 학습하는 것이 중요하다.

▶ 양도소득세

양도소득세는 매년 5~6문제가 출제되는 중요 부분이다. 양도소득세를 효율적으로 학습하려면 양도소득세의 전체 흐름을 바탕으로 세부적인 내용을 연결하여 학습해야 한다. 구체적으로 중요한 부분은 양도의 정의, 과세대상, 양도·취득시기, 양도소득세 계산구조, 신고·납부, 비과세이다. 최근에는 계산문제가 1문제씩 출제되고 있는데 실제 시험장에서 풀기에는 시간상 어려움이 있을 수 있다. 하지만 양도소득세 전체를 파악하기 위해서는 계산문제 푸는 연습을 꼭 해야 한다.

▶ 종합소득세

종합소득세에서는 부동산임대업의 사업소득을 주로 출제하고 있다. 부동산임대업의 범위와 비과세 및 총수입금액 계산을 중점적으로 출제하고 있다.

이 책의 구성 및 특징

핵심개념 학습

① 단원열기: 각 단원의 학습 방향을 제시하고, 중점 학습 내용을 강조하여 수험생들의 자율적 학습 강약 조절을 도움

② 본문: 출제가능성이 높은 핵심개념을 모아 이해하기 쉽도록 체계적으로 정리·구성하여 학습효율 UP!

다양한 학습 tip

① 핵심다지기: 반드시 암기해야 하는 사항을 놓치지 않도록 체계적으로 정리

② 넓혀보기: 본문과 관련하여 더 알아두어야 할 내용들을 정리하여 제시함으로써 보다 폭넓은 학습 가능

③ 예제: 이론학습이 끝난 뒤에 문제풀이를 통해서 완벽 마스터

④ 일러스트: 이해하기 어려운 이론을 그림으로 알기 쉽고 재미있게 학습

⑤ 법조문: 이론과 관련된 조문을 수록하여 학습의 편의를 도모

부록_기출문제

03

제35회 공인중개사 기출문제와 명쾌한 해설을 수록하여 기출 유형을 파악하고 실전에 대비할 수 있도록 하였다.

INDEX_찾아보기

04

찾아보기(색인)를 통해 공인중개사 시험을 공부하면서 접하는 생소한 용어들을 기본서 내에서 쉽고 빠르게 찾을 수 있다.

CONTENTS

이 책의 차례

PART
01

조세총론

PART
02

지방세

CONTENTS

이 책의 차례

PART
03

국 세

부 록

PART

01

조세총론

조세의 개념

단원 열기 조세란 국세와 지방세를 총괄하는 것으로 시험에서는 2문제 정도 출제되고 있다. 조세에 관한 기본적이고 공통적인 내용으로 최근 시험에서는 납세의무 성립·확정·소멸, 조세와 다른 채권의 관계, 조세의 분류 등의 전반적인 내용을 골고루 출제하고 있다. 효율적인 학습방법은 개별적인 세목을 연결하는 것이다.

01 조세의 정의와 구체적 분석

1 조세의 정의

'조세(租稅)'란 '국가 또는 지방자치단체가 그에 필요한 경비충당을 위한 재정수입 등을 조달할 목적으로 법률에 규정된 과세요건을 충족한 모든 자에게 직접적인 반대급부 없이 부과·징수하는 금전급부'를 말한다.

2 조세 정의의 구체적 분석

(1) 국가 또는 지방자치단체

① '과세주체(과세권자)'란 법률에 의하여 조세를 부과할 수 있는 권한을 가진 자를 말한다.

② 조세를 부과하는 과세주체(과세권자)는 국가 또는 지방자치단체이다.

③ 따라서 공공단체 등이 공공사업에 필요한 경비에 충당하기 위하여 부과하는 공과금은 조세가 아니다.

(2) 필요경비충당

① 조세는 국가 또는 지방자치단체의 경비충당을 위한 재정수입을 조달할 목적으로 부과된다.

② **조세부과의 1차적 목적**: 국가 또는 지방자치단체의 경비충당을 위한 재정수입확보(국고적 목적)

③ **조세부과의 2차적 목적**: 경기조절, 소득재분배 등 사회정책적 및 경제정책적 성격

(3) 법률 규정

① '조세법률주의'란 과세요건이 충족되면 당사자의 의사에 관계없이 조세가 부과되는 것을 말한다. 즉, 법률의 근거 없이 국가 또는 지방자치단체는 조세를 부과·징수할 수 없고 국민은 조세의 납부를 요구받지 아니한다는 것이다.

> 헌법 제38조 모든 국민은 법률이 정하는 바에 의하여 납세의 의무를 진다.
> 헌법 제59조 조세의 종목과 세율은 법률로 정한다.

② '과세요건'이란 세금을 과세하기 위한 요건으로 납세의무자·과세대상·과세표준·세율로 구분한다.

③ 이러한 과세요건이 법률에 규정된 경우에만 조세를 부과할 수 있다.

(4) 조세는 직접적 반대급부(개별적 보상)는 아니다. 납세자가 납부한 금액에 비례하는 보상이 주어지지 않기 때문이다. 납세의무자는 국방·치안·행정 등의 혜택을 받지만, 납세의무자가 납부한 조세와 비례하지 않을 뿐만 아니라 조세를 납부하지 않은 자에게도 동일하게 제공된다.

(5) 금전급부

① 조세는 금전으로 일시 납부하는 것이 원칙이다.

② 조세의 실질성과 납세의 편의를 위해 법률이 정한 경우 물납 또는 분할납부(분납)를 인정하고 있다.

02 조세 관련 용어

1 국세·지방세

(1) 구분 기준

① '과세주체(과세권자)'란 법률에 의하여 조세를 부과할 수 있는 권한을 가진 자를 말한다.

② 조세를 부과하는 과세주체(과세권자)는 국가 또는 지방자치단체이다.

③ 과세주체가 국가인 것을 '국세'라 하며 과세주체가 지방자치단체인 것을 '지방세'라 한다.

(2) 구 분

① **국가**: 국세

② **지방자치단체**: 지방세

  ㉠ 특별시 · 광역시 · 도

  ㉡ 도 · 구

  ㉢ 시 · 군 · 구

  ㉣ 특별자치시 · 특별자치도

2 '무엇에 대해 과세하느냐'에 따른 구분(과세대상, 과세물건, 과세객체)

(1) 개 념

조세부과의 대상이 되는 소득 · 재산 · 행위 · 수익 등을 말하며, 과세물건 또는 과세객체라고도 한다.

(2) 분 류

① **행위**: 취득세(소유권 관련 취득 및 등기행위), 등록면허세(소유권 이외 권리와 재산의 등록 및 면허행위), 부가가치세(소비행위) 등

② **재산**: 재산세, 지역자원시설세, 종합부동산세, 상속세, 증여세 등

③ **소득**: 소득세, 법인세 등

3 '얼마에 대해 과세하느냐'에 따른 구분(과세표준)

(1) 개 념

① 국세에서 "과세표준(課稅標準)"이란 세법에 따라 직접적으로 세액산출의 기초가 되는 과세대상의 수량 또는 가액(價額)을 말한다(국세기본법 제2조 제14호).

② 지방세에서 "과세표준"이란 「지방세법」에 따라 직접적으로 세액산출의 기초가 되는 과세물건의 수량 · 면적 또는 가액(價額) 등을 말한다(지방세기본법 제2조 제1항 제5호).

(2) 구 분

① **종가세**: 과세물건의 가액이나 금액에 의하여 과세표준을 산출하는 조세

② **종량세**: 과세물건의 수량 · 면적에 의하여 과세표준을 산출하는 조세

과세표준	금액 · 가액	수량 · 면적 · 건수
구 분	종가세	종량세

4 세 율

(1) 개 념

세액을 산출하기 위하여 과세표준에 곱하여지는 비율(%) 또는 금액을 말한다.

(2) 적 용

과세표준이 가액이나 금액으로 표시되는 종가세는 비율(%)을 적용하며, 과세표준이 수량·면적 등으로 표시되는 종량세는 금액을 적용한다.

세 율	비율(%)	금 액
구 분	정률세	정액세

☪ 건수에 의한 과세표준은 등록면허세에서 말소등기, 지목변경등기 등의 경우 매 등기 1건에 대하여 과세된다.

5 세액의 계산방법

> 과세표준 × 세율 = 산출세액
> 산출세액 − 감면세액 − 세액공제 = 결정세액
> 결정세액 + 가산세 − 기납부세액 = 납부할 세액

과세표준	금액·가액(종가세)	수량·면적·건수(종량세)
× 세율	비율(%)(정률세)	금액(정액세)
산출세액	금액	금액

6 징수방법(국세기본법 제2조, 지방세기본법 제2조 제1항) 제31회

'세금계산을 원칙적으로 누가 하느냐'에 따라 다음과 같이 구분한다.

🔹 **징수방법** : 누가 세금계산을 하는 것일까?

(1) **신고납세제도**(지방세 : 신고납부)

① "납세의무자"가 그 납부할 조세의 과세표준과 세액을 신고하고 그 신고한 세금을 납부하는 것을 말한다.

② "신고납부"란 납세의무자가 그 납부할 지방세의 과세표준과 세액을 신고하고, 신고한 세금을 납부하는 것을 말한다(지방세기본법 제2조 제1항 제16호).

③ 기한 내 신고납부를 이행하지 않은 경우에는 가산세를 부과한다.

④ **적용세목** : 취득세, 등록면허세, 양도소득세, 종합부동산세(예외) 등

(2) **정부부과제도**(지방세 : 보통징수)

① "과세권자"가 세액을 산출하여 납세고지서를 납세의무자에게 교부하여 징수하는 방법을 말한다.

② "보통징수"란 세무공무원이 납세고지서를 납세자에게 발급하여 지방세를 징수하는 것을 말한다(지방세기본법 제2조 제1항 제19호).

③ **적용세목**: 종합부동산세(원칙), 상속세, 증여세, 재산세 등

> **지방세기본법 제2조 【정 의】** ① 이 법에서 사용하는 용어의 뜻은 다음과 같다.
> 17. "부과"란 지방자치단체의 장이 「지방세기본법」 또는 지방세관계법에 따라 납세의무자에게 지방세를 부담하게 하는 것을 말한다.
> 18. "징수"란 지방자치단체의 장이 「지방세기본법」 또는 지방세관계법에 따라 납세자로부터 지방자치단체의 징수금을 거두어들이는 것을 말한다.

(3) **원천징수**(지방세: 특별징수)

① "원천징수(源泉徵收)"란 세법에 따라 원천징수의무자가 국세(이와 관계되는 가산세는 제외한다)를 징수하는 것을 말한다(국세기본법 제2조 제3호).

② "특별징수"란 지방세를 징수할 때 편의상 징수할 여건이 좋은 자로 하여금 징수하게 하고 그 징수한 세금을 납부하게 하는 것을 말한다(지방세기본법 제2조 제1항 제20호).

③ **적용세목**: 근로소득세, 지방소득세 등

예 제

원칙적으로 과세관청의 결정에 의하여 납세의무가 확정되는 지방세를 모두 고른 것은? 제24회

⊙ 취득세	ⓒ 종합부동산세
ⓒ 재산세	ⓔ 양도소득세

① ⊙ ② ⓒ ③ ⓒ
④ ⓒ, ⓒ ⑤ ⓒ, ⓔ

해설 ⓒ 재산세: 보통징수, 지방세
⊙ 취득세: 신고납부, 지방세
ⓒ 종합부동산세: 정부부과제도(원칙), 국세
ⓔ 양도소득세: 신고납세제도, 국세

◆ **정답** ③

7 가산세

(1) 가산세

① 국세기본법

㉠ "가산세(加算稅)"란 「국세기본법」 및 세법에서 규정하는 의무의 성실한 이행을 확보하기 위하여 세법에 따라 산출한 세액에 가산하여 징수하는 금액을 말한다(국세기본법 제2조 제4호).

㉡ 정부는 세법에서 규정한 의무를 위반한 자에게 「국세기본법」 또는 세법에서 정하는 바에 따라 가산세를 부과할 수 있다(국세기본법 제47조 제1항).

㉢ 가산세는 해당 의무가 규정된 세법의 해당 국세의 세목(稅目)으로 한다. 다만, 해당 국세를 감면하는 경우에는 가산세는 그 감면대상에 포함시키지 아니하는 것으로 한다(국세기본법 제47조 제2항).

㉣ 가산세는 납부할 세액에 가산하거나 환급받을 세액에서 공제한다(국세기본법 제47조 제3항).

② 지방세기본법

㉠ "가산세"란 「지방세기본법」 또는 지방세관계법에서 규정하는 의무를 성실하게 이행하도록 하기 위하여 의무를 이행하지 아니할 경우에 「지방세기본법」 또는 지방세관계법에 따라 산출한 세액에 가산하여 징수하는 금액을 말한다(지방세기본법 제2조 제1항 제23호).

㉡ 지방자치단체의 장은 「지방세기본법」 또는 지방세관계법에 따른 의무를 위반한 자에게 「지방세기본법」 또는 지방세관계법에서 정하는 바에 따라 가산세를 부과할 수 있다(지방세기본법 제52조 제1항).

㉢ 가산세는 해당 의무가 규정된 지방세관계법의 해당 지방세의 세목으로 한다(지방세기본법 제52조 제2항).

㉣ ㉢에도 불구하고 지방세를 감면하는 경우에 가산세는 감면대상에 포함시키지 아니한다(지방세기본법 제52조 제3항).

(2) 가산금

① **국세기본법** : 삭제(2020. 01. 01 이후)

② **지방세** : 삭제(2024. 01. 01 이후)

⑧ 용어의 정의

(1) 국세기본법

① "원천징수(源泉徵收)"란 세법에 따라 원천징수의무자가 국세(이와 관계되는 가산세는 제외한다)를 징수하는 것을 말한다(국세기본법 제2조 제3호).

② "강제징수비(强制徵收費)"란 「국세징수법」 중 강제징수에 관한 규정에 따른 재산의 압류, 보관, 운반과 매각에 든 비용(매각을 대행시키는 경우 그 수수료를 포함한다)을 말한다(국세기본법 제2조 제6호).

③ "납세의무자"란 세법에 따라 국세를 납부할 의무(국세를 징수하여 납부할 의무는 제외한다)가 있는 자를 말한다(국세기본법 제2조 제9호).

④ "납세자"란 납세의무자(연대납세의무자와 납세자를 갈음하여 납부할 의무가 생긴 경우의 제2차 납세의무자 및 보증인을 포함한다)와 세법에 따라 국세를 징수하여 납부할 의무를 지는 자를 말한다(국세기본법 제2조 제10호).

⑤ "세무공무원"이란 다음 각 목의 사람을 말한다(국세기본법 제2조 제17호).
  ㉠ 국세청장, 지방국세청장, 세무서장 또는 그 소속 공무원
  ㉡ 세법에 따라 국세에 관한 사무를 세관장(稅關長)이 관장하는 경우의 그 세관장 또는 그 소속 공무원

(2) 지방세기본법

① "세무공무원"이란 지방자치단체의 장 또는 지방세의 부과·징수 등에 관한 사무를 위임받은 공무원을 말한다(지방세기본법 제2조 제1항 제10호).

② "납세의무자"란 「지방세법」에 따라 지방세를 납부할 의무(지방세를 특별징수하여 납부할 의무는 제외한다)가 있는 자를 말한다(지방세기본법 제2조 제1항 제11호).

③ "납세자"란 납세의무자(연대납세의무자와 제2차 납세의무자 및 보증인을 포함한다)와 특별징수의무자를 말한다(지방세기본법 제2조 제1항 제12호).

④ "신고납부"란 납세의무자가 그 납부할 지방세의 과세표준과 세액을 신고하고, 신고한 세금을 납부하는 것을 말한다(지방세기본법 제2조 제1항 제16호).

⑤ "보통징수"란 세무공무원이 납세고지서를 납세자에게 발급하여 지방세를 징수하는 것을 말한다(지방세기본법 제2조 제1항 제19호).

⑥ "특별징수"란 지방세를 징수할 때 편의상 징수할 여건이 좋은 자로 하여금 징수하게 하고 그 징수한 세금을 납부하게 하는 것을 말한다(지방세기본법 제2조 제1항 제20호).

⑦ "지방자치단체의 징수금"이란 지방세 및 체납처분비를 말한다(지방세기본법 제2조 제1항 제22호).

⑧ "체납처분비"란 「지방세징수법」 제3장의 체납처분에 관한 규정에 따른 재산의 압류·보관·운반과 매각에 드는 비용(매각을 대행시키는 경우 그 수수료를 포함한다)을 말한다(지방세기본법 제2조 제1항 제25호).

⑨ "체납자"란 지방세를 납부기한까지 납부하지 아니한 납세자를 말한다(지방세기본법 제2조 제1항 제32호).

⑩ "체납액"이란 체납된 지방세와 체납처분비를 말한다(지방세기본법 제2조 제1항 제33호).

예제

지방세기본법 및 지방세법상 용어의 정의에 관한 설명으로 틀린 것은?   제31회

① "보통징수"란 지방세를 징수할 때 편의상 징수할 여건이 좋은 자로 하여금 징수하게 하고 그 징수한 세금을 납부하게 하는 것을 말한다.

② 취득세에서 사용하는 용어 중 "부동산"이란 토지 및 건축물을 말한다.

③ "세무공무원"이란 지방자치단체의 장 또는 지방세의 부과·징수 등에 관한 사무를 위임받은 공무원을 말한다.

④ "납세자"란 납세의무자(연대납세의무자와 제2차 납세의무자 및 보증인 포함)와 특별징수의무자를 말한다.

⑤ "지방자치단체의 징수금"이란 지방세와 체납처분비를 말한다.

해설 ① "특별징수"란 지방세를 징수할 때 편의상 징수할 여건이 좋은 자로 하여금 징수하게 하고 그 징수한 세금을 납부하게 하는 것을 말한다(지방세기본법 제2조 제1항 제20호).
✿ "보통징수"란 세무공무원이 납세고지서를 납세자에게 발급하여 지방세를 징수하는 것을 말한다(지방세기본법 제2조 제1항 제19호).   ◑ 정답 ①

03 납세의무의 성립 · 확정 · 소멸

1 납세의무의 성립시기

납세의무는 각 세법이 정하는 과세요건의 충족, 즉 특정의 시기에 특정사실 또는 상태가 존재함으로써 과세대상(물건 또는 행위)이 납세의무자에게 귀속됨으로써 세법이 정하는 바에 따라 과세표준의 산정 및 세율의 적용이 가능하게 되는 때에 성립하며, 그 구체적인 성립시기는 다음과 같다(국세기본법 기본통칙 21－0…1).

(1) 국세의 납세의무 성립시기(국세기본법 제21조)

1) 원 칙

① **소득세 · 법인세**: 과세기간이 끝나는 때. 다만, 청산소득에 대한 법인세는 그 법인이 해산을 하는 때를 말한다.

② **상속세**: 상속이 개시되는 때

③ **증여세**: 증여에 의하여 재산을 취득하는 때

④ **부가가치세**: 과세기간이 끝나는 때. 다만, 수입재화의 경우에는 세관장에게 수입신고를 하는 때를 말한다.

⑤ **개별소비세 · 주세 및 교통 · 에너지 · 환경세**: 과세물품을 제조장으로부터 반출하거나 판매장에서 판매하는 때, 과세장소에 입장하거나 과세유흥장소에서 유흥음식행위를 하는 때 또는 과세영업장소에서 영업행위를 하는 때. 다만, 수입물품의 경우에는 세관장에게 수입신고를 하는 때를 말한다.

⑥ **인지세**: 과세문서를 작성한 때

⑦ **증권거래세**: 해당 매매거래가 확정되는 때

⑧ **교육세**: 다음 각 목의 구분에 따른 시기
  ㉠ 국세에 부과되는 교육세: 해당 국세의 납세의무가 성립하는 때
  ㉡ 금융 · 보험업자의 수익금액에 부과되는 교육세: 과세기간이 끝나는 때

⑨ **농어촌특별세**: 「농어촌특별세법」 제2조 제2항에 따른 본세의 납세의무가 성립하는 때

⑩ **종합부동산세**: 과세기준일

⑪ **가산세**: 다음의 구분에 따른 시기. 다만, ㉡과 ㉢의 경우 제39조를 적용할 때에는 이 법 및 세법에 따른 납부기한("법정납부기한"이라 한다)이 경과하는 때로 한다.
  ㉠ 제47조의2에 따른 무신고가산세 및 제47조의3에 따른 과소신고 · 초과환급신고가 산세: 법정신고기한이 경과하는 때

ⓛ 제47조의4 제1항 제1호・제2호에 따른 납부지연가산세 및 제47조의5 제1항 제2호에 따른 원천징수 등 납부지연가산세: 법정납부기한 경과 후 1일마다 그 날이 경과하는 때

ⓒ 제47조의4 제1항 제3호에 따른 납부지연가산세: 납부고지서에 따른 납부기한이 경과하는 때

ⓔ 제47조의5 제1항 제1호에 따른 원천징수 등 납부지연가산세: 법정납부기한이 경과하는 때

ⓜ 그 밖의 가산세: 가산할 국세의 납세의무가 성립하는 때

2) 예 외

① **원천징수하는 소득세・법인세**: 소득금액 또는 수입금액을 지급하는 때

② **납세조합이 징수하는 소득세 또는 예정신고납부하는 소득세**: 과세표준이 되는 금액이 발생한 달의 말일

③ **중간예납하는 소득세・법인세 또는 예정신고기간・예정부과기간에 대한 부가가치세**: 중간예납기간 또는 예정신고기간・예정부과기간이 끝나는 때

④ **수시부과(隨時賦課)하여 징수하는 국세**: 수시부과할 사유가 발생한 때

⑵ 지방세의 납세의무 성립시기(지방세기본법 제34조)

① **취득세**: 과세물건을 취득하는 때

② **등록면허세**
   ㉠ 등록에 대한 등록면허세: 재산권과 그 밖의 권리를 등기하거나 등록하는 때
   ㉡ 면허에 대한 등록면허세: 각종의 면허를 받는 때와 납기가 있는 달의 1일

③ **재산세**: 과세기준일(매년 6월 1일)

④ **지방교육세**: 과세표준이 되는 세목의 납세의무가 성립하는 때

⑤ **지방소득세**: 과세표준이 되는 소득에 대하여 소득세・법인세의 납세의무가 성립하는 때

⑥ **주민세**
   ㉠ 개인분 및 사업소분: 과세기준일(개인분은 매년 7월 1일, 사업소분은 매년 7월 1일)
   ㉡ 종업원분: 종업원에게 급여를 지급하는 때

⑦ **지방소비세**: 「국세기본법」에 따른 부가가치세의 납세의무가 성립하는 때

⑧ **자동차세**
   ㉠ 자동차 소유에 대한 자동차세: 납기가 있는 달의 1일
   ㉡ 자동차 주행에 대한 자동차세: 과세표준이 되는 교통・에너지・환경세의 납세의무가 성립하는 때

⑨ **가산세**: 다음의 구분에 따른 시기. 다만, ⓒ부터 ⓜ까지의 규정에 따른 경우 제46조를 적용할 때에는 이 법 및 지방세관계법에 따른 납부기한이 경과하는 때로 한다.

　　㉠ 제53조에 따른 무신고가산세 및 제54조에 따른 과소신고·초과환급신고가산세: 법정신고기한이 경과하는 때

　　㉡ 제55조 제1항 제1호에 따른 납부지연가산세 및 제56조 제1항 제2호에 따른 특별징수 납부지연가산세: 법정납부기한 경과 후 1일마다 그 날이 경과하는 때

　　㉢ 제55조 제1항 제2호에 따른 납부지연가산세: 환급받은 날 경과 후 1일마다 그 날이 경과하는 때

　　㉣ 제55조 제1항 제3호에 따른 납부지연가산세: 납세고지서에 따른 납부기한이 경과하는 때

　　㉤ 제55조 제1항 제4호에 따른 납부지연가산세 및 제56조 제1항 제3호에 따른 특별징수 납부지연가산세: 납세고지서에 따른 납부기한 경과 후 1개월마다 그 날이 경과하는 때

　　㉥ 제56조 제1항 제1호에 따른 특별징수 납부지연가산세: 법정납부기한이 경과하는 때

　　㉦ 그 밖의 가산세: 가산세를 가산할 사유가 발생하는 때. 다만, 가산세를 가산할 사유가 발생하는 때를 특정할 수 없거나 가산할 지방세의 납세의무가 성립하기 전에 가산세를 가산할 사유가 발생하는 경우에는 가산할 지방세의 납세의무가 성립하는 때로 한다.

⑩ **수시로 부과하여 징수하는 지방세**: 수시부과할 사유가 발생하는 때

예제

국세 및 지방세의 납세의무 성립시기에 관한 내용으로 옳은 것은? (단, 특별징수 및 수시부과와 무관함)　　　　　　　　제29회

① 개인분 주민세: 매년 7월 1일
② 거주자의 양도소득에 대한 지방소득세: 매년 3월 31일
③ 재산세에 부가되는 지방교육세: 매년 8월 1일
④ 중간예납하는 소득세: 매년 12월 31일
⑤ 자동차 소유에 대한 자동차세: 납기가 있는 달의 10일

해설 ① 개인분 주민세: 과세기준일(매년 7월 1일)(지방세기본법 제34조 제1항 제6호 가목)
② 거주자의 양도소득에 대한 지방소득세: 과세표준이 되는 소득에 대하여 소득세의 납세의무가 성립하는 때(매년 12월 31일)(지방세기본법 제34조 제1항 제7호)
③ 재산세에 부가되는 지방교육세: 과세표준이 되는 세목의 납세의무가 성립하는 때(재산세의 성립시기 = 매년 6월 1일)(지방세기본법 제34조 제1항 제11호)
④ 중간예납하는 소득세: 중간예납기간(1월 1일부터 6월 30일까지)이 끝나는 때(매년 6월 30일)(국세기본법 제21조 제3항 제3호)
⑤ 자동차 소유에 대한 자동차세: 납기가 있는 달의 1일(매년 6월 1일, 매년 12월 1일)(지방세기본법 제34조 제1항 제9호 가목)　　　　　　　　◆ 정답 ①

2 납세의무의 확정 제32회

(1) 국세의 납세의무의 확정이라 함은 조세의 납부 또는 징수를 위하여 세법이 정하는 바에 따라 납부할 세액을 납세의무자 또는 세무관청의 일정한 행위나 절차를 거쳐서 구체적으로 확정하는 것을 말하며, 납세의무의 성립과 동시에 법률상 당연히 확정되는 것(例 인지세), 납세의무 성립 후 특별한 절차가 요구되는 것으로서 납세자의 신고에 의하여 확정되는 것(例 소득세·부가가치세·법인세), 정부의 결정에 의하여 확정되는 것(例 상속세·증여세)이 있다 (국세기본법 기본통칙 22−0···1).

(2) 지방세의 납세의무의 확정이라 함은 지방세의 납부 또는 징수를 위하여 법이 정하는 바에 따라 납부할 지방세액을 납세의무자 또는 지방자치단체의 일정한 행위나 절차를 거쳐서 구체적으로 확정하는 것을 말하며, 납세의무의 성립과 동시에 법률상 당연히 확정되는 것(例 특별징수하는 지방소득세)과 납세의무 성립 후 특별한 절차가 요구되는 것으로서 납세자의 신고에 의하여 확정되는 것(例 취득세 등) 및 지방자치단체의 결정에 의하여 확정되는 것(例 자동차세 등)이 있다[(구)지방세기본법 기본통칙 35−1].

(3) **국세 납세의무의 확정**(국세기본법 제22조)

① **소득세, 법인세, 부가가치세, 개별소비세, 주세, 증권거래세, 교육세, 교통·에너지·환경세, 종합부동산세**(납세의무자가 「종합부동산세법」 제16조 제3항에 따라 과세표준과 세액을 정부에 신고하는 경우에 한정한다) : 납세의무자가 과세표준과 세액을 정부에 신고했을 때에 확정된다. 다만, 납세의무자가 과세표준과 세액의 신고를 하지 아니하거나 신고한 과세표준과 세액이 세법에서 정하는 바와 맞지 아니한 경우에는 정부가 과세표준과 세액을 결정하거나 경정하는 때에 그 결정 또는 경정에 따라 확정된다(국세기본법 제22조 제2항).

② ① 외의 국세는 해당 국세의 과세표준과 세액을 정부가 결정하는 때에 확정된다(국세기본법 제22조 제3항).

(4) **지방세의 납세의무 확정**(지방세기본법 제35조)

지방세는 다음의 구분에 따른 시기에 세액이 확정된다.

① **납세의무자가 과세표준과 세액을 지방자치단체에 신고납부하는 지방세** : 신고하는 때. 다만, 납세의무자가 과세표준과 세액의 신고를 하지 아니하거나 신고한 과세표준과 세액이 지방세관계법에 어긋나는 경우에는 지방자치단체가 과세표준과 세액을 결정하거나 경정하는 때로 한다.

② ① 외의 **지방세** : 해당 지방세의 과세표준과 세액을 해당 지방자치단체가 결정하는 때

③ 납부의무의 소멸

납부의무의 소멸이란 과세요건이 충족되어 성립·확정된 조세채무가 없어지는 것을 말한다. 구체적인 소멸사유는 다음과 같다.

(1) 납 부

① 국세의 "납부"라 함은 당해 납세의무자는 물론 연대납세의무자, 제2차 납세의무자, 납세보증인, 물적납세의무자 및 기타 이해관계가 있는 제3자 등에 의한 납부를 말한다(국세기본법 기본통칙 26-0…1).

② 「지방세기본법」에서 "납부"라 함은 당해 지방세의 납세자는 물론 납세보증인 및 기타 이해관계가 있는 제3자 등에 의한 납부를 모두 포함한다[(구)지방세기본법 기본통칙 37-1].

(2) 충 당

① 국세의 "충당"이라 함은 국세환급금을 당해 납세의무자가 납부할 국세 및 체납처분비 상당액과 상계시키는 것을 말한다(국세기본법 기본통칙 26-0…2).

② 지방세의 "충당"이라 함은 납세의무자에게 환급할 지방세환급금과 당해 납세의무자가 납부할 지방세·가산금 및 체납처분비 상당액을 서로 상계시켜 지방세 세입으로 하는 것을 말한다[(구)지방세기본법 기본통칙 37-2].

(3) 부과의 취소

과세관청이 부당하게 부과한 조세를 취소함으로써 확정된 조세채무가 없어지는 것을 말한다. 이 경우 처음부터 부과처분이 없었던 것으로 한다.

(4) 제척기간의 만료 제34회

① 제척기간이란 권리를 행사할 수 있는 기간을 말한다.

② 조세채권을 부과할 수 있는 기간에 해당 조세가 부과되지 아니하고 그 기간이 끝난 때에는 납세의무가 소멸한다.

③ 제척기간은 법률관계를 조속히 종결짓는 데 그 의의가 있으며 제척기간의 진행 중에 정지나 중단이 적용되지 않는다.

④ **국세를 부과할 수 있는 기간**(부과제척기간)

구 분		제척기간
일반적인 세목	1. 역외거래에서 발생한 부정행위로 국세를 포탈하거나 환급·공제 받은 경우	15년
	2. 납세자가 사기나 그 밖의 부정한 행위(부정행위)로 국세를 포탈하거나 환급·공제받은 경우	10년
	3. 납세자가 법정신고기한까지 과세표준신고서를 제출하지 아니한 경우	7년
	4. 기타의 경우	5년
상속세· 증여세	1. 납세자가 부정행위로 상속세·증여세를 포탈하거나 환급·공제받은 경우 2. 신고서를 제출하지 아니한 경우 3. 신고서를 제출한 자가 거짓신고 또는 누락신고를 한 경우(그 거짓신고 또는 누락신고를 한 부분만 해당한다)	15년
	4. 기타의 경우	10년

♤ **부담부증여에 따라 증여세와 함께 소득세가 과세되는 경우**: 증여세에 대하여 정한 기간

> **넓혀 보기**
>
> **부정행위의 유형 등**(국세기본법시행령 제12조의2, 조세범 처벌법 제3조 제6항)
> 1. 이중장부의 작성 등 장부의 거짓 기장
> 2. 거짓 증빙 또는 거짓 문서의 작성 및 수취
> 3. 장부와 기록의 파기
> 4. 재산의 은닉, 소득·수익·행위·거래의 조작 또는 은폐
> 5. 고의적으로 장부를 작성하지 아니하거나 비치하지 아니하는 행위 또는 계산서, 세금계산서 또는 계산서합계표, 세금계산서합계표의 조작
> 6. 「조세특례제한법」 제5조의2 제1호에 따른 전사적 기업자원 관리설비의 조작 또는 전자세금계산서의 조작
> 7. 그 밖에 위계(僞計)에 의한 행위 또는 부정한 행위

국세부과제척기간의 기산일(국세기본법시행령 제12조의3 제1항)

1. **과세표준과 세액을 신고하는 국세**(신고하는 종합부동산세는 제외) : 신고기한 또는 신고서 제출 기한의 다음 날
2. **종합부동산세** : 납세의무가 성립한 날(과세기준일)

⑤ **지방세 부과의 제척기간**(지방세기본법 제38조)

구 분		제척기간
지방세	1. 납세자가 사기나 그 밖의 부정한 행위로 지방세를 포탈하거나 환급·공제 또는 경감받은 경우 2. 다음에 따른 취득으로서 법정신고기한까지 과세표준 신고서를 제출하지 아니한 경우 　① 상속 또는 증여[부담부(負擔附) 증여를 포함한다]를 원인으로 취득하는 경우 　② 「부동산 실권리자명의 등기에 관한 법률」에 따른 명의신탁약정으로 실권리자가 사실상 취득하는 경우 　③ 타인의 명의로 법인의 주식 또는 지분을 취득하였지만 해당 주식 또는 지분의 실권리자인 자가 과점주주가 되어 해당 법인의 부동산 등을 취득한 것으로 보는 경우	10년
	3. 납세자가 법정신고기한까지 과세표준 신고서를 제출하지 아니한 경우	7년
	4. 그 밖의 경우	5년

'사기나 그 밖의 부정한 행위'란 다음의 어느 하나에 해당하는 행위로서 지방세의 부과와 징수를 불가능하게 하거나 현저히 곤란하게 하는 적극적 행위를 말한다(지방세기본법 제38조 제5항).

1. 이중장부의 작성 등 장부에 거짓으로 기록하는 행위
2. 거짓 증빙 또는 거짓으로 문서를 작성하거나 받는 행위
3. 장부 또는 기록의 파기
4. 재산의 은닉, 소득·수익·행위·거래의 조작 또는 은폐
5. 고의적으로 장부를 작성하지 아니하거나 갖추어 두지 아니하는 행위
6. 그 밖에 위계(僞計)에 의한 행위

지방세 부과제척기간의 기산일(지방세기본법시행령 제19조 제1항)

1. **신고납부하도록 규정된 지방세** : 신고기한의 다음 날
2. **1. 외의 지방세** : 납세의무성립일

(5) **소멸시효의 완성** 제35회

① 소멸시효란 조세채권자가 권리행사를 할 수 있음에도 불구하고 일정기간 동안 권리를 행사하지 않는 경우 그 조세채권의 권리가 없어지는 것을 말한다.

② 소멸시효는 일정기간 권리를 행사하지 않으면 그 권리가 소멸된다는 점에서 제척기간과 같지만 제척기간과는 달리 중단·정지가 있다.

③ **국세징수권의 소멸시효**(국세기본법 제27조)

    ㉠ 국세의 징수를 목적으로 하는 국가의 권리("국세징수권"이라 한다)는 이를 행사할 수 있는 때부터 다음의 구분에 따른 기간 동안 행사하지 아니하면 소멸시효가 완성된다. 이 경우 다음의 국세의 금액은 가산세를 제외한 금액으로 한다(국세기본법 제27조 제1항).

        ⓐ 5억원 이상의 국세: 10년

        ⓑ ⓐ 외의 국세: 5년

    ㉡ 국세징수권 소멸시효의 기산일(국세기본법 제27조 제3항)

        국세징수권을 행사할 수 있는 때는 다음의 날을 말한다.

        ⓐ 과세표준과 세액의 신고에 의하여 납세의무가 확정되는 국세의 경우 신고한 세액에 대해서는 그 법정 신고납부기한의 다음 날

        ⓑ 과세표준과 세액을 정부가 결정, 경정 또는 수시부과결정하는 경우 납부고지한 세액에 대해서는 그 고지에 따른 납부기한의 다음 날

넓혀 보기

국세징수권의 소멸시효

1. **소멸시효완성의 효과**(국세기본법 기본통칙 27-0…1)

    "소멸시효가 완성한다"함은 소멸시효기간이 완성하면 국세징수권이 당연히 소멸하는 것을 말한다.

2. **종속된 권리의 소멸시효**(국세기본법 기본통칙 27-0…2)

    ① 국세의 소멸시효가 완성한 때에는 그 국세의 체납처분비 및 이자상당세액에도 그 효력이 미친다.

    ② 주된 납세자의 국세가 소멸시효의 완성에 의하여 소멸한 때에는 제2차 납세의무자, 납세보증인과 물적납세의무자에도 그 효력이 미친다.

---

④ **지방세징수권의 소멸시효**(지방세기본법 제39조)

    ㉠ 지방자치단체의 징수금의 징수를 목적으로 하는 지방자치단체의 권리("지방세징수권"이라 한다)는 이를 행사할 수 있는 때부터 다음의 구분에 따른 기간 동안 행사하지 아니하면 소멸시효가 완성된다(지방세기본법 제39조 제1항).

        ⓐ 가산세를 제외한 지방세의 금액이 5천만원 이상인 경우: 10년

        ⓑ 가산세를 제외한 지방세의 금액이 5천만원 미만인 경우: 5년

    ㉡ ㉠의 소멸시효에 관하여는 이 법 또는 지방세관계법에 규정되어 있는 것을 제외하고는 「민법」에 따른다(지방세기본법 제39조 제2항).

ⓒ 지방세징수권을 행사할 수 있는 때는 다음의 날로 한다(지방세기본법 제39조 제3항).
  ⓐ 과세표준과 세액의 신고로 납세의무가 확정되는 지방세의 경우 신고한 세액에 대해서는 그 법정납부기한의 다음 날
  ⓑ 과세표준과 세액을 지방자치단체의 장이 결정 또는 경정하는 경우 납세고지한 세액에 대해서는 그 납세고지서에 따른 납부기한의 다음 날

넓혀 보기

지방세징수권의 소멸시효

1. **소멸시효 완성의 효과[(구)지방세기본법 기본통칙 39-1]**
「지방세기본법」에서 "시효로 인하여 소멸한다"라 함은 시효기간의 경과로 소멸시효가 완성하면 지방세징수권이 당연히 소멸하는 것을 말한다.

2. **종속된 권리의 소멸시효[(구)지방세기본법 기본통칙 39-2]**
  ① 지방세의 소멸시효가 완성한 때에는 그 지방세의 가산금, 체납처분비 및 이자상당액에도 그 효력이 미친다.
  ② 주된 납세의무자의 지방세가 소멸시효의 완성으로 인하여 소멸한 때에는 제2차 납세의무자, 납세보증인에도 그 효력이 미친다.

⑤ **시효의 중단과 정지**(국세기본법 제28조, 지방세기본법 제40조)
  ㉠ 시효의 중단
    ⓐ 납부고지
    ⓑ 독 촉
    ⓒ 교부청구
    ⓓ 압류(「국세징수법」 제57조 제1항 제5호 및 제6호의 사유로 압류를 즉시 해제하는 경우는 제외한다)
  ㉡ 시효의 정지
    ⓐ 세법에 따른 분납기간(국세기본법 제28조 제3항 제1호)
    ⓑ 세법에 따른 납부고지의 유예, 지정납부기한·독촉장에서 정하는 기한의 연장, 징수 유예기간(국세기본법 제28조 제3항 제2호)
    ⓒ 세법에 따른 압류·매각의 유예기간(국세기본법 제28조 제3항 제3호)
    ⓓ 세법에 따른 연부연납(年賦延納)기간(국세기본법 제28조 제3항 제4호)
    ⓔ 세무공무원이 「국세징수법」 제25조에 따른 사해행위(詐害行爲) 취소소송이나 「민법」 제404조에 따른 채권자대위 소송을 제기하여 그 소송이 진행 중인 기간(국세기본법 제28조 제3항 제5호)
    ⓕ 체납자가 국외에 6개월 이상 계속 체류하는 경우 해당 국외 체류 기간(국세기본법 제28조 제3항 제6호)

넓혀 보기

시효의 중단과 정지

1. **시효의 중단**(국세기본법 기본통칙 28-0···1)
   "시효의 중단"이라 함은 법에 정한 사유의 발생으로 인하여 이미 경과한 시효기간의 효력이 상실되는 것을 말한다.

2. **시효중단 후의 시효진행**(국세기본법 기본통칙 28-0···2)
   시효가 중단된 때에는 중단까지에 경과한 시효기간은 효력을 상실하고 중단사유가 종료한 때로부터 새로이 시효가 진행한다.

3. **시효의 정지**(국세기본법 기본통칙 28-0···3)
   "시효의 정지"란 일정한 기간동안 시효의 완성을 유예하는 것을 말하며, 이 경우에는 그 정지사유가 종료한 후 잔여기간이 경과하면 시효가 완성한다.

🔖 국세부과의 제척기간과 국세징수권의 소멸시효(국세기본법 집행기준 28-0-1)

예제

지방세기본법상 지방자치단체의 징수금을 납부할 의무가 소멸되는 것은 모두 몇 개인가? 제28회

> ㉠ 납부·충당되었을 때
> ㉡ 지방세징수권의 소멸시효가 완성되었을 때
> ㉢ 법인이 합병한 때
> ㉣ 지방세부과의 제척기간이 만료되었을 때
> ㉤ 납세의무자의 사망으로 상속이 개시된 때

① 1개   ② 2개   ③ 3개
④ 4개   ⑤ 5개

해설 ③ 해당하는 것은 ㉠㉡㉣ 3개이다.
㉠ 납부·충당되었을 때: 소멸 ○
㉡ 지방세징수권의 소멸시효가 완성되었을 때: 소멸 ○
㉣ 지방세부과의 제척기간이 만료되었을 때: 소멸 ○
㉢ 법인이 합병한 때: 소멸 ✕
㉤ 납세의무자의 사망으로 상속이 개시된 때: 소멸 ✕

● 정답 ③

04 국세 · 지방세 부과의 원칙

1 국세 부과의 원칙

"국세 부과의 원칙"이란 이미 성립한 납세의무를 확정하는 과정에서 지켜야 할 원칙을 말한다.

(1) 실질과세의 원칙

"실질과세의 원칙"이란 과세를 함에 있어서 실질과 형식이 다를 경우에는 그 실질에 따라 과세하여야 한다는 원칙을 말한다(국세기본법 제14조).

① 과세의 대상이 되는 소득, 수익, 재산, 행위 또는 거래의 귀속이 명의(名義)일 뿐이고 사실상 귀속되는 자가 따로 있을 때에는 사실상 귀속되는 자를 납세의무자로 하여 세법을 적용한다(국세기본법 제14조 제1항).

② 세법 중 과세표준의 계산에 관한 규정은 소득, 수익, 재산, 행위 또는 거래의 명칭이나 형식과 관계없이 그 실질 내용에 따라 적용한다(국세기본법 제14조 제2항).

(2) 신의성실의 원칙

납세자가 그 의무를 이행할 때에는 신의에 따라 성실하게 하여야 한다. 세무공무원이 직무를 수행할 때에도 또한 같다(국세기본법 제15조).

(3) 근거과세의 원칙

"근거과세의 원칙"이란 장부 등 직접적인 자료에 입각하여 납세의무를 확정하여야 한다는 원칙이다(국세기본법 제16조).

(4) 조세감면의 사후관리

① 정부는 국세를 감면한 경우에 그 감면의 취지를 성취하거나 국가정책을 수행하기 위하여 필요하다고 인정하면 세법에서 정하는 바에 따라 감면한 세액에 상당하는 자금 또는 자산의 운용 범위를 정할 수 있다(국세기본법 제17조 제1항).

② ①에 따른 운용 범위를 벗어난 자금 또는 자산에 상당하는 감면세액은 세법에서 정하는 바에 따라 감면을 취소하고 징수할 수 있다(국세기본법 제17조 제2항).

2 지방세 부과 등의 원칙

"지방세 부과 등의 원칙"이란 이미 성립한 납세의무를 확정하는 과정에서 지켜야 할 원칙과 세법의 해석과 적용을 할 때 따라야 할 기본적 지침을 말한다.

(1) 실질과세의 원칙

① 과세의 대상이 되는 소득·수익·재산·행위 거래가 서류상 귀속되는 자는 명의(名義)만 있을 뿐 사실상 귀속되는 자가 따로 있을 때에는 사실상 귀속되는 자를 납세의무자로 하여「지방세기본법」또는 지방세관계법을 적용한다(지방세기본법 제17조 제1항).

② 「지방세기본법」또는 지방세관계법 중 과세표준 또는 세액의 계산에 관한 규정은 소득·수익·재산·행위 또는 거래의 명칭이나 형식에 관계없이 그 실질내용에 따라 적용한다(지방세기본법 제17조 제2항).

(2) 신의·성실의 원칙

납세자와 세무공무원은 신의에 따라 성실하게 그 의무를 이행하거나 직무를 수행하여야 한다(지방세기본법 제18조).

(3) 근거과세의 원칙

① 납세의무자가 지방세관계법에 따라 장부를 갖추어 기록하고 있을 때에는 해당 지방세의 과세표준 조사 및 결정은 기록한 장부와 이에 관계되는 증거자료에 따라야 한다(지방세기본법 제19조 제1항).

② ①에 따라 지방세를 조사·결정할 때 기록 내용이 사실과 다르거나 누락된 것이 있을 때에는 그 부분에 대해서만 지방자치단체가 조사한 사실에 따라 결정할 수 있다(지방세기본법 제19조 제2항).

(4) 해석의 기준 등

① 「지방세기본법」또는 지방세관계법을 해석·적용할 때에는 과세의 형평과 해당 조항의 목적에 비추어 납세자의 재산권이 부당하게 침해되지 아니하도록 하여야 한다(지방세기본법 제20조 제1항).

② 지방세를 납부할 의무(「지방세기본법」또는 지방세관계법에 징수의무자가 따로 규정되어 있는 지방세의 경우에는 이를 징수하여 납부할 의무를 말한다)가 성립된 소득·수익·재산·행위 또는 거래에 대해서는 의무 성립 후의 새로운 법에 따라 소급하여 과세하지 아니한다(지방세기본법 제20조 제2항).

③ 「지방세기본법」 및 지방세관계법의 해석 또는 지방세 행정의 관행이 일반적으로 납세자에게 받아들여진 후에는 그 해석 또는 관행에 따른 행위나 계산은 정당한 것으로 보며 새로운 해석 또는 관행에 따라 소급하여 과세되지 아니한다(지방세기본법 제20조 제3항).

(5) 세무공무원의 재량의 한계

세무공무원은 「지방세기본법」 또는 지방세관계법의 목적에 따른 한계를 준수하여야 한다(지방세기본법 제21조).

(6) 기업회계의 존중

세무공무원이 지방세의 과세표준과 세액을 조사·결정할 때에는 해당 납세의무자가 계속하여 적용하고 있는 기업회계의 기준 또는 관행이 일반적으로 공정하고 타당하다고 인정되는 것이면 존중하여야 한다. 다만, 지방세관계법에서 다른 규정을 두고 있는 경우에는 그 법에서 정하는 바에 따른다(지방세기본법 제22조).

05 조세와 다른 채권의 관계 제35회

① 국세우선권과 예외

(1) 국세우선권

① 국세 및 강제징수비는 다른 공과금이나 그 밖의 채권에 우선하여 징수한다(국세기본법 제35조 제1항)(국세기본법부칙 법률 제16097호 제1조).

② 강제징수비·공과금 및 그 밖의 채권

ㄱ 강제징수비(强制徵收費): 「국세징수법」 중 강제징수에 관한 규정에 따른 재산의 압류, 보관, 운반과 매각에 든 비용(매각을 대행시키는 경우 그 수수료를 포함한다)을 말한다(국세기본법 제2조 제6호).

ㄴ 공과금(公課金): 「국세징수법」에서 규정하는 강제징수의 예에 따라 징수할 수 있는 채권 중 국세·관세·임시수입부가세·지방세와 이와 관계되는 강제징수비를 제외한 것을 말한다(국세기본법 제2조 제8호)(국세기본법부칙 법률 제16097호 제1조).

ㄷ 그 밖의 채권: 자력집행권이 부여되지 않은 일반채권을 말한다.

(2) 국세우선권의 예외

국세 및 강제징수비는 다른 공과금이나 그 밖의 채권에 우선하여 징수한다. 다만, 다음의 어느 하나에 해당하는 공과금이나 그 밖의 채권에 대해서는 그러하지 아니하다(국세기본법 제35조 제1항 제1호~제5호)(국세기본법부칙 법률 제16097호 제1조).

① **선집행 지방세 · 공과금의 체납처분비 또는 강제징수비** : 지방세나 공과금의 체납처분 또는 강제징수를 할 때 그 체납처분 또는 강제징수 금액 중에서 국세 및 강제징수비를 징수하는 경우의 그 지방세나 공과금의 체납처분비 또는 강제징수비(국세기본법 제35조 제1항 제1호)

② **강제집행, 경매 또는 파산절차에 든 비용** : 강제집행 · 경매 또는 파산 절차에 따라 재산을 매각할 때 그 매각금액 중에서 국세 및 강제징수비를 징수하는 경우의 그 강제집행, 경매 또는 파산 절차에 든 비용(국세기본법 제35조 제1항 제2호)

③ **담보채권** : 법정기일 전에 다음의 어느 하나에 해당하는 권리가 설정된 재산이 국세의 강제징수 또는 경매 절차 등을 통하여 매각(제3호의2에 해당하는 재산의 매각은 제외한다)되어 그 매각금액에서 국세를 징수하는 경우 그 권리에 의하여 담보된 채권 또는 임대차보증금반환채권. 이 경우 다음에 해당하는 권리가 설정된 사실은 대통령령으로 정하는 방법으로 증명한다(국세기본법 제35조 제1항 제3호).

   ㉠ 전세권, 질권 또는 저당권

   ㉡ 「주택임대차보호법」 제3조의2 제2항 또는 「상가건물 임대차보호법」 제5조 제2항에 따라 대항요건과 확정일자를 갖춘 임차권

   ㉢ 납세의무자를 등기의무자로 하고 채무불이행을 정지조건으로 하는 대물변제(代物辨濟)의 예약에 따라 채권 담보의 목적으로 가등기(가등록을 포함한다)를 마친 가등기 담보권

④ **임대차계약증서상의 보증금** : 「주택임대차보호법」 제8조 또는 「상가건물 임대차보호법」 제14조가 적용되는 임대차관계에 있는 주택 또는 건물을 매각할 때 그 매각금액 중에서 국세를 징수하는 경우 임대차에 관한 보증금 중 일정 금액으로서 「주택임대차보호법」 제8조 또는 「상가건물 임대차보호법」 제14조에 따라 임차인이 우선하여 변제받을 수 있는 금액에 관한 채권(국세기본법 제35조 제1항 제4호)

⑤ **임금 · 퇴직금 · 재해보상금** : 사용자의 재산을 매각하거나 추심(推尋)할 때 그 매각금액 또는 추심금액 중에서 국세를 징수하는 경우에 「근로기준법」 제38조 또는 「근로자퇴직급여 보장법」 제12조에 따라 국세에 우선하여 변제되는 임금, 퇴직금, 재해보상금, 그 밖에 근로관계로 인한 채권(국세기본법 제35조 제1항 제5호)

(3) 법정기일

"법정기일"이란 다음의 어느 하나에 해당하는 기일을 말한다(국세기본법 제35조 제2항).

① **과세표준과 세액의 신고에 따라 납세의무가 확정되는 국세**[중간예납하는 법인세와 예정신고납부하는 부가가치세 및 소득세(「소득세법」 제105조에 따라 신고하는 경우로 한정한다)를 포함한다]**의 경우 신고한 해당 세액** : 그 신고일(국세기본법 제35조 제2항 제1호)

② 과세표준과 세액을 정부가 결정·경정 또는 수시부과 결정을 하는 경우 고지한 해당 세액(제47조의4에 따른 납부지연가산세 중 납부고지서에 따른 납부기한 후의 납부지연가산세와 제47조의5에 따른 원천징수 등 납부지연가산세 중 납부고지서에 따른 납부기한 후의 원천징수 등 납부지연가산세를 포함한다) : 그 납부고지서의 발송일(국세기본법 제35조 제2항 제2호)

(4) 해당 재산에 대하여 부과된 상속세, 증여세 및 종합부동산세

제1항 제3호에도 불구하고 해당 재산에 대하여 부과된 상속세, 증여세 및 종합부동산세는 같은 호에 따른 채권 또는 임대차보증금반환채권보다 우선하며, 제1항 제3호의2에도 불구하고 해당 재산에 대하여 부과된 종합부동산세는 같은 호에 따른 채권 또는 임대차보증금 반환채권보다 우선한다(국세기본법 제35조 제3항).

(5) 압류에 의한 우선(국세기본법 제36조)

① 국세 강제징수에 따라 납세자의 재산을 압류한 경우에 다른 국세 및 강제징수비 또는 지방세의 교부청구(「국세징수법」 제61조 또는 「지방세징수법」 제67조에 따라 참가압류를 한 경우를 포함한다)가 있으면 압류와 관계되는 국세 및 강제징수비는 교부청구된 다른 국세 및 강제징수비 또는 지방세보다 우선하여 징수한다(국세기본법 제36조 제1항).

② 지방세 체납처분에 의하여 납세자의 재산을 압류한 경우에 국세 및 강제징수비의 교부청구가 있으면 교부청구된 국세 및 강제징수비는 압류에 관계되는 지방세의 다음 순위로 징수한다(국세기본법 제36조 제2항).

(6) 담보있는 국세의 우선(국세기본법 제37조)(국세기본법부칙 법률 제16097호 제1조)

납세담보물을 매각하였을 때에는 제36조(압류에 의한 우선)에도 불구하고 그 국세 및 강제징수비는 매각대금 중에서 다른 국세 및 강제징수비와 지방세에 우선하여 징수한다.

2 지방세 우선징수와 예외

(1) 지방세의 우선징수

지방자치단체의 징수금은 다른 공과금과 그 밖의 채권에 우선하여 징수한다(지방세기본법 제71조 제1항).

> **넓혀 보기**
>
> **지방자치단체의 징수금 징수의 순위**(지방세징수법 제4조)
> 1. 지방자치단체의 징수금의 징수 순위는 다음의 순서에 따른다.
>   ① 체납처분비
>   ② 지방세(가산세는 제외한다)
>   ③ 가산세
> 2. 1.의 ②의 경우에 징수가 위임된 도세는 시·군세에 우선하여 징수한다.

> **넓혀 보기**
>
> 1. **지방자치단체의 징수금**
>   "지방자치단체의 징수금"이란 지방세 및 체납처분비를 말한다(지방세기본법 제2조 제1항 제22호).
> 2. **체납처분비**
>   「지방세징수법」 제3장의 체납처분에 관한 규정에 따른 재산의 압류·보관·운반과 매각에 드는 비용(매각을 대행시키는 경우 그 수수료를 포함한다)을 말한다(지방세기본법 제2조 제1항 제25호).
> 3. **공과금**
>   「지방세징수법」 또는 「국세징수법」에서 규정하는 체납처분의 예에 따라 징수할 수 있는 채권 중 국세·관세·임시수입부가세 및 지방세와 이에 관계되는 체납처분비를 제외한 것을 말한다(지방세기본법 제2조 제1항 제26호).

(2) 지방세 우선징수의 예외

다음의 어느 하나에 해당하는 공과금과 그 밖의 채권에 대해서는 지방자치단체의 징수금은 우선 징수하지 아니한다(지방세기본법 제71조 제1항 단서).

① **선집행 국세·공과금의 체납처분비**: 국세 또는 공과금의 체납처분을 하여 그 체납처분 금액에서 지방자치단체의 징수금을 징수하는 경우의 그 국세 또는 공과금의 체납처분비(지방세기본법 제71조 제1항 제1호)

② **강제집행·경매 또는 파산절차에 든 비용**: 강제집행·경매 또는 파산절차에 따라 재산을 매각하여 그 매각금액에서 지방자치단체의 징수금을 징수하는 경우의 해당 강제집행·경매 또는 파산절차에 든 비용(지방세기본법 제71조 제1항 제2호)

③ **담보채권 및 임대차계약증서상의 보증금**: 법정기일 전에 전세권·질권·저당권의 설정을 등기·등록한 사실 또는 「주택임대차보호법」 및 「상가건물 임대차보호법」에 따른 대항요건과 임대차계약증서상의 확정일자(確定日字)를 갖춘 사실이 대통령령으로 정하는 바에 따라 증명되는 재산을 매각하여 그 매각금액에서 지방세(그 재산에 대하여 부과된 지방세는 제외한다)를 징수하는 경우의 그 전세권·질권·저당권에 따라 담보된 채권, 등기 또는 확정일자를 갖춘 임대차계약증서상의 보증금(지방세기본법 제71조 제1항 제3호)

법정기일(지방세기본법 제71조 제1항 제3호 가목, 나목)
1. 과세표준과 세액의 신고에 의하여 납세의무가 확정되는 지방세의 경우 신고한 해당 세액에 대해서는 그 신고일
2. 과세표준과 세액을 지방자치단체가 결정 또는 경정하는 경우에 고지한 해당 세액(제55조 제1항 제3호·제4호에 따른 납부지연가산세 및 제56조 제1항 제3호에 따른 특별징수 납부지연가산세를 포함한다)에 대해서는 납세고지서의 발송일

④ **주택 또는 상가의 우선변제액**: 「주택임대차보호법」 또는 「상가건물 임대차보호법」이 적용되는 임대차관계에 있는 주택 또는 건물을 매각하여 그 매각금액에서 지방세를 징수하는 경우에는 임대차에 관한 보증금 중 일정액으로서 각 규정에 따라 임차인이 우선하여 변제받을 수 있는 금액에 관한 채권(지방세기본법 제71조 제1항 제4호)

⑤ **임금·퇴직금·재해보상금**: 사용자의 재산을 매각하거나 추심하여 그 매각금액 또는 추심금액에서 지방세를 징수하는 경우에는 「근로기준법」 및 「근로자퇴직급여 보장법」에 따라 지방세에 우선하여 변제되는 임금, 퇴직금, 재해보상금(지방세기본법 제71조 제1항 제5호)

⑥ **그 재산에 대하여 부과된 지방세**
제1항 제3호 각 목 외의 부분 및 제2항 단서에 따른 그 재산에 대하여 부과된 지방세는 다음 각 호와 같다(지방세기본법 제71조 제5항).
㉠ 재산세
㉡ 자동차세(자동차 소유에 대한 자동차세만 해당한다)
㉢ 지역자원시설세(소방분에 대한 지역자원시설세만 해당한다)
㉣ 지방교육세(재산세와 자동차세에 부가되는 지방교육세만 해당한다)

(3) **압류에 의한 우선**(지방세기본법 제73조)
① 지방자치단체의 징수금의 체납처분에 의하여 납세자의 재산을 압류한 후 다른 지방자치단체의 징수금 또는 국세의 교부청구가 있으면 압류에 관계되는 지방자치단체의 징수금은 교부청구한 다른 지방자치단체의 징수금 또는 국세에 우선하여 징수한다(지방세기본법 제73조 제1항).
② 다른 지방자치단체의 징수금 또는 국세의 체납처분에 의하여 납세자의 재산을 압류한 후 지방자치단체의 징수금 교부청구가 있으면 교부청구한 지방자치단체의 징수금은 압류에 관계되는 지방자치단체의 징수금 또는 국세의 다음으로 징수한다(지방세기본법 제73조 제2항).

(4) **담보가 있는 지방세의 우선**(지방세기본법 제74조)
납세담보가 되어 있는 재산을 매각하였을 때에는 제73조(압류에 의한 우선)에도 불구하고 해당 지방자치단체에서 다른 지방자치단체의 징수금과 국세에 우선하여 징수한다.

예제

1. 법정기일 전에 저당권의 설정을 등기한 사실이 등기사항증명서(부동산등기부 등본)에 따라 증명되는 재산을 매각하여 그 매각금액에서 국세 또는 지방세를 징수하는 경우, 그 재산에 대하여 부과되는 다음의 국세 또는 지방세 중 저당권에 따라 담보된 채권에 우선하여 징수하는 것은 모두 몇 개인가?   제30회

• 종합부동산세	• 취득세에 부가되는 지방교육세
• 등록면허세	• 부동산임대에 따른 종합소득세
• 소방분에 대한 지역자원시설세	

① 1개   ② 2개   ③ 3개
④ 4개   ⑤ 5개

해설 국세 또는 지방세 중 법정기일 전에 저당권에 따라 담보된 채권에 우선하여 징수하는 것을 '당해세'라하며 다음과 같다.

1. **국세**: 상속세, 증여세, 종합부동산세
2. **지방세**: 재산세, 자동차세(자동차 소유에 대한 자동차세만 해당한다), 지역자원시설세(소방분에 대한 지역자원시설세만 해당한다), 지방교육세(재산세와 자동차세에 부가되는 지방교육세만 해당한다)

• **종합부동산세**: 당해세 ○
• **취득세에 부가되는 지방교육세**: 당해세 ×
• **등록면허세**: 당해세 ×
• **부동산임대에 따른 종합소득세**: 당해세 ×
• **소방분에 대한 지역자원시설세**: 당해세 ○   ◆ 정답 ②

2. **국세기본법 및 지방세기본법상 조세채권과 일반채권의 관계에 관한 설명으로 틀린 것은?** (단, 임대차보증금반환채권 등은 없다고 가정함)   제29회
① 납세담보물 매각시 압류에 관계되는 조세채권은 담보 있는 조세채권보다 우선한다.
② 재산의 매각대금 배분시 당해 재산에 부과된 종합부동산세는 당해 재산에 설정된 전세권에 따라 담보된 채권보다 우선한다.
③ 취득세 신고서를 납세지 관할 지방자치단체장에게 제출한 날 전에 저당권 설정 등기 사실이 증명되는 재산을 매각하여 그 매각대금에서 취득세를 징수하는 경우, 저당권에 따라 담보된 채권은 취득세에 우선한다.
④ 강제집행으로 부동산을 매각할 때 그 매각금액 중에 국세를 징수하는 경우, 강제집행 비용은 국세에 우선한다.
⑤ 재산의 매각대금 배분시 당해 재산에 부과된 재산세는 당해 재산에 설정된 저당권에 따라 담보된 채권보다 우선한다.

해설 ① 납세담보물을 매각하였을 때에는 압류우선주의에도 불구하고 그 조세 및 강제징수비는 매각대금 중에서 다른 조세 및 강제징수비에 우선하여 징수한다(국세기본법 제37조, 지방세기본법 제74조). 따라서 담보에 관계된 조세 등은 압류에 관계된 조세 등보다도 우선하여 징수된다.   ◆ 정답 ①

06 불복절차

1 불복절차 기본개념

(1) 행정심판전치주의

① 재판의 전심절차로서 행정심판을 할 수 있다. 행정심판의 절차는 법률로 정하되, 사법 절차가 준용되어야 한다(헌법 제107조 제3항).

② 국세에 관한 불복에 대해서는 「행정심판법」의 규정을 적용하지 아니한다(국세기본법 제56조 제1항).

③ 국세에 관한 불복에 대한 행정소송은 「행정소송법」에도 불구하고 「국세기본법」에 따른 심사청구 또는 심판청구와 그에 대한 결정을 거치지 아니하면 제기할 수 없다. 다만, 심사청구 또는 심판청구에 대한 제65조 제1항 제3호 단서(제80조의2에서 준용하는 경우를 포함한다)의 재조사 결정에 따른 처분청의 처분에 대한 행정소송은 그러하지 아니하다(국세기본법 제56조 제2항).

④ ③ 본문에 따른 행정소송은 「행정소송법」에도 불구하고 심사청구 또는 심판청구에 대한 결정의 통지를 받은 날부터 90일 이내에 제기하여야 한다. 다만, 결정기간에 결정의 통지를 받지 못한 경우에는 결정의 통지를 받기 전이라도 그 결정기간이 지난 날부터 행정소송을 제기할 수 있다. 이 기간은 불변기간(不變期間)으로 한다(국세기본법 제56조 제3항·제6항).

⑤ ③ 단서에 따른 행정소송은 「행정소송법」에도 불구하고 다음의 기간 내에 제기하여야 한다(국세기본법 제56조 제4항).

㉠ 「국세기본법」에 따른 심사청구 또는 심판청구를 거치지 아니하고 제기하는 경우: 재조사 후 행한 처분청의 처분의 결과 통지를 받은 날부터 90일 이내. 다만, 처분기간(조사를 연기하거나 조사기간을 연장하거나 조사를 중지한 경우에는 해당 기간을 포함한다)에 처분청의 처분 결과 통지를 받지 못하는 경우에는 그 처분기간이 지난 날부터 행정소송을 제기할 수 있다.

㉡ 「국세기본법」에 따른 심사청구 또는 심판청구를 거쳐 제기하는 경우: 재조사 후 행한 처분청의 처분에 대하여 제기한 심사청구 또는 심판청구에 대한 결정의 통지를 받은 날부터 90일 이내. 다만, 결정기간에 결정의 통지를 받지 못하는 경우에는 그 결정기간이 지난 날부터 행정소송을 제기할 수 있다.

⑥ 감사원 심사청구를 거친 경우에는 「국세기본법」에 따른 심사청구 또는 심판청구를 거친 것으로 보고 ③을 준용한다(국세기본법 제56조 제5항).

(2) 집행부정지의 원칙

① 이의신청, 심사청구 또는 심판청구는 세법에 특별한 규정이 있는 것을 제외하고는 해당 처분의 집행에 효력을 미치지 아니한다. 다만, 해당 재결청(裁決廳)이 처분의 집행 또는 절차의 속행 때문에 이의신청인, 심사청구인 또는 심판청구인에게 중대한 손해가 생기는 것을 예방할 필요성이 긴급하다고 인정할 때에는 처분의 집행 또는 절차 속행의 전부 또는 일부의 정지(이하 "집행정지"라 한다)를 결정할 수 있다(국세기본법 제57조 제1항, 국세기본법 집행기준 57-0-1 ①, ②).

② 재결청은 집행정지 또는 집행정지의 취소에 관하여 심리·결정하면 지체 없이 당사자에게 통지하여야 한다(국세기본법 제57조 제2항).

② 국세의 불복절차

🔺 **국세 불복절차의 개요**

핵심 다지기

1. **원칙**: 1심급[동일한 처분에 대해서는 심사청구와 심판청구를 중복하여 제기할 수 없다(국세기본법 제55조 제9항)].
2. **예외**: 선택적 2심급[이의신청을 거치는 경우(국세기본법 제55조 제3항)]. 이의신청은 반드시 하여야 하는 필수적 절차가 아닌 선택적 절차이다.

1. 국세의 불복청구

(1) 「국세기본법」 또는 세법에 따른 처분으로서 위법 또는 부당한 처분을 받거나 필요한 처분을 받지 못함으로 인하여 권리나 이익을 침해당한 자는 불복절차의 규정에 따라 그 처분의 취소 또는 변경을 청구하거나 필요한 처분을 청구할 수 있다. 다만, 다음의 처분에 대해서는 그러하지 아니하다(국세기본법 제55조 제1항).

① 「조세범 처벌절차법」에 따른 통고처분

② 「감사원법」에 따라 심사청구를 한 처분이나 그 심사청구에 대한 처분

③ 「국세기본법」 및 세법에 따른 과태료 부과처분

(2) 「국세기본법」 또는 세법에 따른 처분에 의하여 권리나 이익을 침해당하게 될 이해관계인으로서 다음의 어느 하나에 해당하는 자는 위법 또는 부당한 처분을 받은 자의 처분에 대하여 불복절차의 규정에 따라 그 처분의 취소 또는 변경을 청구하거나 그 밖에 필요한 처분을 청구할 수 있다(국세기본법 제55조 제2항).

① 제2차 납세의무자로서 납부고지서를 받은 자

② 제42조에 따라 물적납세 의무를 지는 자로서 납부고지서를 받은 자

②의2. 「부가가치세법」 제3조의2에 따라 물적납세의무를 지는 자로서 같은 법 제52조의2 제1항에 따른 납부고지서를 받은 자

②의3. 「종합부동산세법」 제7조의2 및 제12조의2에 따라 물적납세의무를 지는 자로서 같은 법 제16조의2 제1항에 따른 납부고지서를 받은 자

③ 보증인

④ 그 밖에 대통령령으로 정하는 자

(3) 위 (1)과 (2)에 따른 처분이 국세청장이 조사·결정 또는 처리하거나 하였어야 할 것인 경우를 제외하고는 그 처분에 대하여 심사청구 또는 심판청구에 앞서 이의신청을 할 수 있다(국세기본법 제55조 제3항).

2. 이의신청

(1) 이의신청은 대통령령으로 정하는 바에 따라 불복의 사유를 갖추어 해당 처분을 하였거나 하였어야 할 세무서장에게 하거나 세무서장을 거쳐 관할 지방국세청장에게 하여야 한다. 다만, 다음의 경우에는 관할 지방국세청장에게 하여야 하며, 세무서장에게 한 이의신청은 관할 지방국세청장에게 한 것으로 본다(국세기본법 제66조 제1항).

① 지방국세청장의 조사에 따라 과세처분을 한 경우

② 세무서장에게 제81조의15에 따른 과세전적부심사를 청구한 경우

> **넓혀 보기**
>
> **이의신청 청구기간**(심사청구와 동일)
> 심사청구는 해당 처분이 있음을 안 날(처분의 통지를 받은 때에는 그 받은 날)부터 90일 이내에 제기하여야 한다(국세기본법 제66조 제6항, 제61조 제1항 준용).

(2) 세무서장은 이의신청의 대상이 된 처분이 지방국세청장이 조사·결정 또는 처리하였거나 하였어야 할 것인 경우에는 이의신청을 받은 날부터 7일 이내에 해당 신청서에 의견서를 첨부하여 해당 지방국세청장에게 송부하고 그 사실을 이의신청인에게 통지하여야 한다(국세기본법 제66조 제2항).

(3) (1)에 따라 지방국세청장에게 하는 이의신청을 받은 세무서장은 이의신청을 받은 날부터 7일 이내에 해당 신청서에 의견서를 첨부하여 지방국세청장에게 송부하여야 한다(국세기본법 제66조 제3항).

(4) (1) 및 (2)에 따라 이의신청을 받은 세무서장과 지방국세청장은 각각 국세심사위원회의 심의를 거쳐 결정하여야 한다(국세기본법 제66조 제4항).

(5) 결정은 이의신청을 받은 날부터 30일 이내에 하여야 한다. 다만, 이의신청인이 송부받은 의견서에 대하여 결정기간 내에 항변하는 경우에는 이의신청을 받은 날부터 60일 이내에 하여야 한다(국세기본법 제66조 제7항).

> **넓혀 보기**
>
> **이의신청 결정**
> 결정은 이의신청을 받은 날부터 30일 이내에 하여야 한다. 다만, 이의신청인이 송부받은 의견서에 대하여 결정기간 내에 항변하는 경우에는 이의신청을 받은 날부터 60일 이내에 하여야 한다(국세기본법 제66조 제6항·제7항, 제65조 제2항 준용).

3. 심사청구

(1) 청구기간(국세기본법 제61조)

① 심사청구는 해당 처분이 있음을 안 날(처분의 통지를 받은 때에는 그 받은 날)부터 90일 이내에 제기하여야 한다(국세기본법 제61조 제1항).

② 이의신청을 거친 후 심사청구를 하려면 이의신청에 대한 결정의 통지를 받은 날부터 90일 이내에 제기하여야 한다. 다만, 다음 각 호의 어느 하나에 해당하는 경우에는 해당 호에서 정하는 날부터 90일 이내에 심사청구를 할 수 있다(국세기본법 제61조 제2항).

　　㉠ 제66조 제7항에 따른 결정기간 내에 결정의 통지를 받지 못한 경우 : 그 결정기간이 지난 날

　　㉡ 이의신청에 대한 재조사 결정이 있은 후 제66조 제6항에 따라 준용되는 제65조 제5항 전단에 따른 처분기간 내에 처분 결과의 통지를 받지 못한 경우 : 그 처분기간이 지난 날

③ ①과 ②의 심사청구 기한까지 우편으로 제출한 심사청구서가 청구기간을 지나서 도달한 경우에는 그 기간의 만료일에 적법한 청구를 한 것으로 본다(국세기본법 제61조 제3항).

④ 심사청구인이 제6조에 따른 사유로 ①에서 정한 기간에 심사청구를 할 수 없을 때에는 그 사유가 소멸한 날부터 14일 이내에 심사청구를 할 수 있다. 이 경우 심사청구인은 그 기간에 심사청구를 할 수 없었던 사유, 그 사유가 발생한 날과 소멸한 날, 그 밖에 필요한 사항을 기재한 문서를 함께 제출하여야 한다(국세기본법 제61조 제4항).

(2) 청구절차(국세기본법 제62조)

① 심사청구는 대통령령으로 정하는 바에 따라 불복의 사유를 갖추어 해당 처분을 하였거나 하였어야 할 세무서장을 거쳐 국세청장에게 하여야 한다(국세기본법 제62조 제1항).

② 심사청구기간을 계산할 때에는 ①에 따라 세무서장에게 해당 청구서가 제출된 때에 심사청구를 한 것으로 한다. 해당 청구서가 ①의 세무서장 외의 세무서장, 지방국세청장 또는 국세청장에게 제출된 때에도 또한 같다(국세기본법 제62조 제2항).

③ ①에 따라 해당 청구서를 받은 세무서장은 이를 받은 날부터 7일 이내에 그 청구서에 처분의 근거·이유, 처분의 이유가 된 사실 등이 구체적으로 기재된 의견서를 첨부하여 국세청장에게 송부하여야 한다(국세기본법 제62조 제3항 전단).

(3) 결정절차(국세기본법 제64조)

① 국세청장은 심사청구를 받으면 국세심사위원회의 의결에 따라 결정을 하여야 한다. 다만, 심사청구기간이 지난 후에 제기된 심사청구 등 대통령령으로 정하는 사유에 해당하는 경우에는 그러하지 아니하다(국세기본법 제64조 제1항).

② 국세청장은 ①에 따른 국세심사위원회 의결이 법령에 명백히 위반된다고 판단하는 경우 구체적인 사유를 적어 서면으로 국세심사위원회로 하여금 한 차례에 한정하여 다시 심의할 것을 요청할 수 있다(국세기본법 제64조 제2항).

③ 국세심사위원회의 회의는 공개하지 아니한다. 다만, 국세심사위원회 위원장이 필요하다고 인정할 때에는 공개할 수 있다(국세기본법 제64조 제3항).

⑷ **결정**(국세기본법 제65조)

① 심사청구에 대한 결정은 다음의 규정에 따라 하여야 한다(국세기본법 제65조 제1항).
  ㉠ 심사청구가 다음의 어느 하나에 해당하는 경우에는 그 청구를 각하하는 결정을 한다.
    ⓐ 심판청구를 제기한 후 심사청구를 제기(같은 날 제기한 경우도 포함한다)한 경우
    ⓑ 청구기간이 지난 후에 청구된 경우
    ⓒ 심사청구 후 보정기간에 필요한 보정을 하지 아니한 경우
    ⓓ 심사청구가 적법하지 아니한 경우
    ⓔ ⓐ부터 ⓓ까지의 규정에 따른 경우와 유사한 경우로서 대통령령으로 정하는 경우
  ㉡ 심사청구가 이유 없다고 인정될 때에는 그 청구를 기각하는 결정을 한다.
  ㉢ 심사청구가 이유 있다고 인정될 때에는 그 청구의 대상이 된 처분의 취소·경정 결정을 하거나 필요한 처분의 결정을 한다. 다만, 취소·경정 또는 필요한 처분을 하기 위하여 사실관계 확인 등 추가적으로 조사가 필요한 경우에는 처분청으로 하여금 이를 재조사하여 그 결과에 따라 취소·경정하거나 필요한 처분을 하도록 하는 재조사 결정을 할 수 있다.

② ①의 결정은 심사청구를 받은 날부터 90일 이내에 하여야 한다(국세기본법 제65조 제2항).

③ ①의 결정을 하였을 때에는 ②의 결정기간 내에 그 이유를 기재한 결정서로 심사청구인에게 통지하여야 한다(국세기본법 제65조 제3항).

④ 보정기간은 ②의 결정기간에 산입하지 아니한다(국세기본법 제65조 제4항).

⑤ 재조사 결정이 있는 경우 처분청은 재조사 결정일로부터 60일 이내에 결정서 주문에 기재된 범위에 한정하여 조사하고, 그 결과에 따라 취소·경정하거나 필요한 처분을 하여야 한다. 이 경우 처분청은 조사를 연기하거나 조사기간을 연장하거나 조사를 중지할 수 있다(국세기본법 제65조 제5항).

⑸ **불고불리·불이익변경 금지**(국세기본법 제65조의3)

① 국세청장은 제65조에 따른 결정을 할 때 심사청구를 한 처분 외의 처분에 대해서는 그 처분의 전부 또는 일부를 취소 또는 변경하거나 새로운 처분의 결정을 하지 못한다(국세기본법 제65조의3 제1항).

② 국세청장은 제65조에 따른 결정을 할 때 심사청구를 한 처분보다 청구인에게 불리한 결정을 하지 못한다(국세기본법 제65조의3 제2항).

4. 심판청구

(1) **청구기간**(국세기본법 제68조)

① 심판청구는 해당 처분이 있음을 안 날(처분의 통지를 받은 때에는 그 받은 날)부터 90일 이내에 제기하여야 한다(국세기본법 제68조 제1항).

② 이의신청을 거친 후 심판청구를 하려면 이의신청에 대한 결정의 통지를 받은 날부터 90일 이내에 제기하여야 한다. 다만, 결정기간 내에 결정의 통지를 받지 못한 경우에는 결정의 통지를 받기 전이라도 그 결정기간이 지난 날부터 심판청구를 할 수 있다(국세기본법 제68조 제2항, 동법 제61조 제2항 준용).

(2) **청구절차**(국세기본법 제69조)

① 심판청구를 하려는 자는 대통령령으로 정하는 바에 따라 불복의 사유 등이 기재된 심판청구서를 그 처분을 하였거나 하였어야 할 세무서장이나 조세심판원장에게 제출하여야 한다. 이 경우 심판청구서를 받은 세무서장은 이를 지체 없이 조세심판원장에게 송부하여야 한다(국세기본법 제69조 제1항).

② 제68조에 따른 심판청구기간을 계산할 때에는 심판청구서가 제1항 전단에 따른 세무서장 외의 세무서장, 지방국세청장 또는 국세청장에게 제출된 경우에도 심판청구를 한 것으로 본다. 이 경우 심판청구서를 받은 세무서장, 지방국세청장 또는 국세청장은 이를 지체 없이 조세심판원장에게 송부하여야 한다(국세기본법 제69조 제2항).

③ 조세심판원장은 제1항 전단 또는 제2항 후단에 따라 심판청구서를 받은 경우에는 지체 없이 그 부본을 그 처분을 하였거나 하였어야 할 세무서장에게 송부하여야 한다(국세기본법 제69조 제3항).

(3) **결정절차**(국세기본법 제78조)

① 조세심판원장이 심판청구를 받았을 때에는 조세심판관회의가 심리를 거쳐 결정한다. 다만, 심판청구의 대상이 대통령령으로 정하는 금액에 미치지 못하는 소액이거나 경미한 것인 경우나 청구기간이 지난 후에 심판청구를 받은 경우에는 조세심판관회의의 심리를 거치지 아니하고 주심조세심판관이 심리하여 결정할 수 있다(국세기본법 제78조 제1항).

② 조세심판원장과 상임조세심판관 모두로 구성된 회의가 대통령령으로 정하는 방법에 따라 ①에 따른 조세심판관회의의 의결이 다음의 어느 하나에 해당한다고 의결하는 경우에는 조세심판관합동회의가 심리를 거쳐 결정한다(국세기본법 제78조 제2항).

    ㉠ 해당 심판청구사건에 관하여 세법의 해석이 쟁점이 되는 경우로서 이에 관하여 종전의 조세심판원 결정이 없는 경우

    ㉡ 종전에 조세심판원에서 한 세법의 해석·적용을 변경하는 경우

       ⓒ 조세심판관회의 간에 결정의 일관성을 유지하기 위한 경우

       ⓔ 그 밖에 국세행정이나 납세자의 권리·의무에 중대한 영향을 미칠 것으로 예상되는 등 대통령령으로 정하는 경우

(4) 결정(국세기본법 제80조의2)

    결정은 심판청구를 받은 날부터 90일 이내에 하여야 한다(국세기본법 제65조의 2 준용).

(5) 불고불리, 불이익변경금지(국세기본법 제79조)

    ① 조세심판관회의 또는 조세심판관합동회의는 결정을 할 때 심판청구를 한 처분 외의 처분에 대해서는 그 처분의 전부 또는 일부를 취소 또는 변경하거나 새로운 처분의 결정을 하지 못한다(국세기본법 제79조 제1항).

    ② 조세심판관회의 또는 조세심판관합동회의는 결정을 할 때 심판청구를 한 처분보다 청구인에게 불리한 결정을 하지 못한다(국세기본법 제79조 제2항).

③ 지방세의 불복절차 제33회

🔹 지방세 불복절차의 개요

1. 청구대상(지방세기본법 제89조)

(1) 「지방세기본법」 또는 지방세관계법에 따른 처분으로서 위법·부당한 처분을 받았거나 필요한 처분을 받지 못하여 권리 또는 이익을 침해당한 자는 이의신청 또는 심판청구를 할 수 있다(지방세기본법 제89조 제1항).

> **넓혀 보기**
>
> **다른 법률과의 관계**(지방세기본법 제98조)
>
> 1. 「지방세기본법」 또는 지방세관계법에 따른 이의신청의 대상이 되는 처분에 관한 사항에 관하여는 「행정심판법」을 적용하지 아니한다(지방세기본법 제98조 제1항).
> 2. 심판청구의 대상이 되는 처분에 관한 사항에 관하여는 「국세기본법」 제56조 제1항을 준용한다(지방세기본법 제98조 제2항).
> 3. 제89조에 규정된 위법한 처분에 대한 행정소송은 「행정소송법」 제18조 제1항 본문, 같은 조 제2항 및 제3항에도 불구하고 이 법에 따른 심판청구와 그에 대한 결정을 거치지 아니하면 제기할 수 없다. 다만, 심판청구에 대한 재조사 결정(제100조에 따라 심판청구에 관하여 준용하는 「국세기본법」 제65조 제1항 제3호 단서에 따른 재조사 결정을 말한다)에 따른 처분청의 처분에 대한 행정소송은 그러하지 아니하다(지방세기본법 제98조 제3항).

☑ 지방세기본법에 따른 불복

구 분	이의신청	심판청구
특별시세·광역시세·도세	시·도지사	조세심판원장
특별자치시세·특별자치도세	특별자치시장·특별자치도지사	조세심판원장
시·군·구세	시장·군수·구청장	조세심판원장

(2) 다음의 처분은 (1)의 처분에 포함되지 아니한다(지방세기본법 제89조 제2항).

① 이 장에 따른 이의신청 또는 심판청구에 대한 처분. 다만, 이의신청에 대한 처분에 대하여 심판청구를 하는 경우는 제외한다.

② 제121조 제1항에 따른 통고처분

③ 「감사원법」에 따라 심사청구를 한 처분이나 그 심사청구에 대한 처분

④ 과세전적부심사의 청구에 대한 처분

⑤ 이 법에 따른 과태료의 부과

2. 이의신청(지방세기본법 제90조)

이의신청을 하려면 그 처분이 있은 것을 안 날(처분의 통지를 받았을 때에는 그 통지를 받은 날)부터 90일 이내에 대통령령으로 정하는 바에 따라 불복의 사유를 적어 특별시세·광역 시세·도세[도세 중 소방분 지역자원시설세 및 시·군세에 부가하여 징수하는 지방교육세와 특 별시세·광역시세 중 특별시분 재산세, 소방분 지역자원시설세 및 구세(군세 및 특별시분 재산세 를 포함한다)에 부가하여 징수하는 지방교육세는 제외한다]의 경우에는 시·도지사에게, 특별 자치시세·특별자치도세의 경우에는 특별자치시장·특별자치도지사에게, 시·군·구세 [도세 중 소방분 지역자원시설세 및 시·군세에 부가하여 징수하는 지방교육세와 특별시세·광역 시세 중 특별시분 재산세, 소방분 지역자원시설세 및 구세(군세 및 특별시분 재산세를 포함한다) 에 부가하여 징수하는 지방교육세를 포함한다]의 경우에는 시장·군수·구청장에게 이의신 청을 하여야 한다.

3. 심판청구(지방세기본법 제91조)

(1) 이의신청을 거친 후에 심판청구를 할 때에는 이의신청에 대한 결정 통지를 받은 날부터 90일 이내에 조세심판원장에게 심판청구를 하여야 한다(지방세기본법 제91조 제1항).

(2) 제1항에도 불구하고 다음 각 호의 어느 하나에 해당하는 경우에는 해당 호에서 정하는 날부터 90일 이내에 심판청구를 할 수 있다(지방세기본법 제91조 제2항).

① 제96조 제1항 본문에 따른 결정기간 내에 결정의 통지를 받지 못한 경우 : 그 결정기 간이 지난 날

② 이의신청에 대한 재조사 결정이 있은 후 제96조 제4항 전단에 따른 처분기간 내에 처분 결과의 통지를 받지 못한 경우 : 그 처분기간이 지난 날

(3) 이의신청을 거치지 아니하고 바로 심판청구를 할 때에는 그 처분이 있은 것을 안 날(처분 의 통지를 받았을 때에는 통지받은 날)부터 90일 이내에 조세심판원장에게 심판청구를 하여 야 한다(지방세기본법 제91조 제3항).

4. 이의신청 등의 대리인(지방세기본법 제93조)

(1) 이의신청인과 처분청은 변호사, 세무사 또는 「세무사법」에 따른 세무사등록부 또는 공인 회계사 세무대리업무등록부에 등록한 공인회계사를 대리인으로 선임할 수 있다(지방세기 본법 제93조 제1항).

(2) 이의신청인은 신청 금액이 1천만원 미만인 경우에는 그의 배우자, 4촌 이내의 혈족 또는 그의 배우자의 4촌 이내 혈족을 대리인으로 선임할 수 있다(지방세기본법 제93조 제2항).

(3) 대리인의 권한은 서면으로 증명하여야 하며, 대리인을 해임하였을 때에는 그 사실을 서면으로 신고하여야 한다(지방세기본법 제93조 제3항).

(4) 대리인은 본인을 위하여 그 신청에 관한 모든 행위를 할 수 있다. 다만, 그 신청의 취하는 특별한 위임을 받은 경우에만 할 수 있다(지방세기본법 제93조 제4항).

5. 청구기한의 연장 등(지방세기본법 제94조)

(1) 이의신청인 또는 심판청구인이 제26조 제1항에서 규정하는 사유(신고·신청·청구 및 그 밖의 서류의 제출·통지에 관한 기한연장사유로 한정한다)로 인하여 이의신청 또는 심판청구 기간에 이의신청 또는 심판청구를 할 수 없을 때에는 그 사유가 소멸한 날부터 14일 이내에 이의신청 또는 심판청구를 할 수 있다. 이 경우 신청인 또는 청구인은 그 기간 내에 이의신청 또는 심판청구를 할 수 없었던 사유, 그 사유가 발생한 날 및 소멸한 날, 그 밖에 필요한 사항을 기재한 문서를 함께 제출하여야 한다(지방세기본법 제94조 제1항).

(2) 제90조 및 제91조에 따른 기한까지 우편으로 제출(제25조 제1항에서 정한 날을 기준으로 한다)한 이의신청서 또는 심판청구서가 신청기간 또는 청구기간이 지나서 도달한 경우에는 그 기간만료일에 적법한 신청 또는 청구를 한 것으로 본다(지방세기본법 제94조 제2항).

6. 결정 등(지방세기본법 제96조)

(1) 이의신청을 받은 지방자치단체의 장은 신청을 받은 날부터 90일 이내에 제147조 제1항에 따른 지방세심의위원회의 의결에 따라 다음 각 호의 구분에 따른 결정을 하고 신청인에게 이유를 함께 기재한 결정서를 송달하여야 한다. 다만, 이의신청 기간이 지난 후에 제기된 이의신청 등 대통령령으로 정하는 사유에 해당하는 경우에는 제147조 제1항에 따른 지방세심의위원회의 의결을 거치지 아니하고 결정할 수 있다(지방세기본법 제96조 제1항).

① **이의신청이 적법하지 아니한 때**(행정소송, 심판청구 또는 「감사원법」에 따른 심사청구를 제기하고 이의신청을 제기한 경우를 포함한다) **또는 이의신청 기간이 지났거나 보정기간에 필요한 보정을 하지 아니할 때**: 신청을 각하하는 결정

② **이의신청이 이유 없다고 인정될 때**: 신청을 기각하는 결정

③ **이의신청이 이유 있다고 인정될 때**: 신청의 대상이 된 처분의 취소, 경정 또는 필요한 처분의 결정. 다만, 처분의 취소·경정 또는 필요한 처분의 결정을 하기 위하여 사실관계 확인 등 추가적으로 조사가 필요한 경우에는 처분청으로 하여금 이를 재조사하여 그 결과에 따라 취소·경정하거나 필요한 처분을 하도록 하는 재조사 결정을 할 수 있다.

(2) (1)에 따른 결정은 해당 처분청을 기속(羈束)한다(지방세기본법 제96조 제2항).

7. 청구의 효력 등(지방세기본법 제99조)

(1) 이의신청 또는 심판청구는 그 처분의 집행에 효력이 미치지 아니한다. 다만, 압류한 재산에 대해서는 대통령령으로 정하는 바에 따라 그 공매처분을 보류할 수 있다(지방세기본법 제99조 제1항).

(2) **이의신청 등에 따른 공매처분의 보류기한**(지방세기본법시행령 제66조)

위 (1)에 따라 공매처분을 보류할 수 있는 기한은 이의신청 또는 심판청구의 결정처분이 있는 날부터 30일까지로 한다.

07 납세자 제34회

1 구 분

납세자	납세의무자	• 본래의 납세의무자 • 연대납세의무자 • 제2차 납세의무자 • 납세보증인
	징수납부의무자	원천징수의무자

(1) **국세기본법의 납세자**

"납세자"란 납세의무자(연대납세의무자와 납세자를 갈음하여 납부할 의무가 생긴 경우의 제2차 납세의무자 및 보증인을 포함한다)와 세법에 따라 국세를 징수하여 납부할 의무를 지는 자를 말한다(국세기본법 제2조 제10호). 즉, 납세자는 납세의무자와 징수의무자를 포함하는 광의의 개념이다.

(2) **지방세기본법의 납세자**

"납세자"란 납세의무자(연대납세의무자와 제2차 납세의무자 및 보증인을 포함한다)와 특별징수의무자를 말한다(지방세기본법 제2조 제1항 제12호).

2 형 태

(1) **본래의 납세의무자**

① 국세의 "납세의무자"란 세법에 따라 국세를 납부할 의무(국세를 징수하여 납부할 의무는 제외한다)가 있는 자를 말한다(국세기본법 제2조 제9호).

② 지방세의 "납세의무자"란 「지방세법」에 따라 지방세를 납부할 의무(지방세를 특별징수하여 납부할 의무는 제외한다)가 있는 자를 말한다(지방세기본법 제2조 제1항 제11호).

(2) **연대납세의무자**(수평적 관계, 동등관계)

본래 납세의무자가 납세에 관한 의무를 이행할 수 없는 경우에 당해 납세의무와 관계있는 자가 상호 연대하여 납세의무를 지는 것을 말한다.

① **국세기본법** : 공유물(共有物), 공동사업 또는 그 공동사업에 속하는 재산과 관계되는 국세 및 강제징수비는 공유자 또는 공동사업자가 연대하여 납부할 의무를 진다(국세기본법 제25조 제1항).

② **지방세기본법** : 공유물(공동주택은 제외한다), 공동사업 또는 그 공동사업에 속하는 재산에 관계되는 지방자치단체의 징수금은 공유자 또는 공동사업자가 연대하여 납부할 의무를 진다(지방세기본법 제44조 제1항).

> 1. 공유재산에 대한 공유자 간의 연대납세의무
> 2. 양도소득세 부당행위계산부인 규정에 의한 증여자와 수증자의 연대납세의무
> 3. 공동상속에 따른 취득세의 연대납세의무
> 4. 과점주주의 취득세의 연대납세의무

(3) **제2차 납세의무자**

① **국세기본법**

"제2차 납세의무자"란 납세자가 납세의무를 이행할 수 없는 경우에 납세자를 갈음하여 납세의무를 지는 자를 말한다(국세기본법 제2조 제11호).

② **지방세기본법**

"제2차 납세의무자"란 납세자가 납세의무를 이행할 수 없는 경우에 납세자를 갈음하여 납세의무를 지는 자를 말한다(지방세기본법 제2조 제1항 제13호).

☑ **주된 납세자와 제2차 납세의무자**

분 류	주된 납세자	제2차 납세의무자	납부책임의 한도
청산인 등	해산법인	① 청산인 ② 남은 재산을 분배·인도받은 자	① 청산인 : 분배 또는 인도한 재산의 가액 ② 남은 재산을 분배·인도받은 자 : 분배 또는 인도받은 재산의 가액
출자자	법인	납세의무성립일 현재 ① 무한책임사원 ② 과점주주	① 무한책임사원 : 한도 없음 ② 과점주주 : 부족액 × 지분비율
법 인	국세의 납부기간 만료일 현재 ① 무한책임사원 ② 과점주주	법인	(자산−부채)×지분비율
사업양수인	사업양도인	사업양수인	양수한 재산의 가액을 한도로 함(양도일 이전에 양도인의 납세의무가 확정된 그 사업에 관한)

㉠ 청산인 등의 제2차 납세의무(국세기본법 제38조, 지방세기본법 제45조)

　　ⓐ 법인이 해산하여 청산하는 경우에 그 법인에 부과되거나 그 법인이 납부할 국세 및 강제징수비(지방자치단체의 징수금)를 납부하지 아니하고 해산에 의한 잔여재산을 분배하거나 인도하였을 때에 그 법인에 대하여 강제징수를 하여도 징수할 금액에 미치지 못하는 경우에는 청산인 또는 잔여재산을 분배받거나 인도받은 자는 그 부족한 금액에 대하여 제2차 납세의무를 진다.

　　ⓑ 위 ⓐ에 따른 제2차 납세의무의 한도는 다음의 구분에 따른다.

　　　㉮ 청산인 : 분배하거나 인도한 재산의 가액

　　　㉯ 잔여재산을 분배받거나 인도받은 자 : 각자가 받은 재산의 가액

㉡ 출자자의 제2차 납세의무(국세기본법 제39조, 지방세기본법 제46조)

　　법인(대통령령으로 정하는 증권시장에 주권이 상장된 법인은 제외한다)의 재산으로 그 법인에 부과되거나 그 법인이 납부할 국세 및 강제징수비에 충당하여도 부족한 경우에는 그 국세의 납세의무 성립일 현재 다음의 어느 하나에 해당하는 자는 그 부족한 금액에 대하여 제2차 납세의무를 진다. 다만, ⓑ에 따른 과점주주의 경우에는 그 부족한 금액을 그 법인의 발행주식 총수(의결권이 없는 주식은 제외한다) 또는 출자총액으로 나눈 금액에 해당 과점주주가 실질적으로 권리를 행사하는 주식 수(의결권이 없는 주식은 제외한다) 또는 출자액을 곱하여 산출한 금액을 한도로 한다.

　　ⓐ 무한책임사원으로서 다음의 어느 하나에 해당하는 사원

　　　㉮ 합명회사의 사원

　　　㉯ 합자회사의 무한책임사원

　　ⓑ 주주 또는 다음의 어느 하나에 해당하는 사원 1명과 그의 특수관계인 중 대통령령으로 정하는 자로서 그들의 소유주식 합계 또는 출자액 합계가 해당 법인의 발행 주식 총수 또는 출자총액의 100분의 50을 초과하면서 그 법인의 경영에 대하여 지배적인 영향력을 행사하는 자들("과점주주"라 한다)

　　　㉮ 합자회사의 유한책임사원

　　　㉯ 유한책임회사의 사원

　　　㉰ 유한회사의 사원

ⓒ 법인의 제2차 납세의무(국세기본법 제40조, 지방세기본법 제47조)

ⓐ 국세·지방세(둘 이상의 국세·지방세의 경우에는 납부기한이 뒤에 오는 국세·지방세)의 납부기간 만료일 현재 법인의 무한책임사원 또는 과점주주("출자자"라 한다)의 재산(그 법인의 발행주식 또는 출자지분은 제외한다)으로 그 출자자가 납부할 국세 및 강제징수비(지방자치단체의 징수금)에 충당하여도 부족한 경우에는 그 법인은 다음의 어느 하나에 해당하는 경우에만 그 부족한 금액(그 출자자의 소유주식 또는 출자지분의 가액을 한도로 그 부족액)에 대하여 제2차 납세의무를 진다.

1. 정부(지방자치단체의 장)가 출자자의 소유주식 또는 출자지분을 재공매(再公賣)하거나 수의계약으로 매각하려 하여도 매수희망자가 없는 경우
2. 그 법인이 외국법인인 경우로서 출자자의 소유주식 또는 출자지분이 외국에 있는 재산에 해당하여 「국세징수법」에 따른 압류 등 강제징수가 제한되는 경우
3. 법률 또는 그 법인의 정관에 의하여 출자자의 소유주식 또는 출자지분의 양도가 제한된 경우(「국세징수법」 제66조 제5항에 따라 공매할 수 없는 경우는 제외한다)

ⓑ 위 ⓐ에 따른 법인의 제2차 납세의무는 다음 계산식에 따라 계산한 금액을 한도로 한다.

$$한도액 = (A - B) \times \frac{C}{D}$$

A: 법인의 자산총액
B: 법인의 부채총액
C: 출자자의 소유주식 금액 또는 출자액
D: 발행주식 총액 또는 출자총액

ⓔ 사업양수인의 제2차 납세의무(국세기본법 제41조, 지방세기본법 제48조)
사업이 양도·양수된 경우에 양도일 이전에 양도인의 납세의무가 확정된 그 사업에 관한 국세 및 강제징수비(지방자치단체의 징수금)를 양도인의 재산으로 충당하여도 부족할 때에는 대통령령으로 정하는 사업의 양수인은 그 부족한 금액에 대하여 양수한 재산의 가액을 한도로 제2차 납세의무를 진다.

(4) 납세보증인

① **국세기본법**: "보증인"이란 납세자의 국세 또는 강제징수비의 납부를 보증한 자를 말한다(국세기본법 제2조 제12호)(국세기본법부칙 법률 제16097호 제1조).

② **지방세기본법**: "보증인"이란 납세자의 지방세 또는 체납처분비의 납부를 보증한 자를 말한다(지방세기본법 제2조 제1항 제14호).

08 서류의 송달 제33회

"서류의 송달"이란 과세관청이 조세처분이 담긴 내용을 납세의무자에게 서류로 보내어 도달하게 하는 것을 말한다.

1 송달장소

(1) 원 칙

「지방세기본법」또는 지방세관계법에서 규정하는 서류는 그 명의인(서류에 수신인으로 지정되어 있는 자)의 주소, 거소, 영업소 또는 사무소(이하 "주소 또는 영업소"라 한다)에 송달한다. 다만, 전자송달인 경우에는 지방세정보통신망에 가입된 명의인의 전자우편주소나 지방세정보통신망의 전자사서함[「전자서명법」제2조에 따른 인증서(서명자의 실지명의를 확인할 수 있는 것을 말한다) 또는 행정안전부장관이 고시하는 본인임을 확인할 수 있는 인증수단으로 접근하여 지방세 고지내역 등을 확인할 수 있는 곳을 말한다] 또는 연계정보통신망의 전자고지함(연계정보통신망의 이용자가 접속하여 본인의 지방세 고지내역을 확인할 수 있는 곳을 말한다)에 송달한다(지방세기본법 제28조 제1항).

> **넓혀 보기**
>
> **주소와 거소**
> 1. **주소**[(구)지방세기본법 기본통칙 28−1]
>   ① 「지방세기본법」에서 "주소"라 함은 생활의 근거가 되는 곳을 말하며, 이는 생계를 같이 하는 가족 및 자산의 유무 등 생활관계의 객관적 사실에 따라 판정한다. 이 경우 주소가 2 이상인 때에는 주민등록법상 등록된 곳을 말한다.
>   ② 법인의 주소는 본점 또는 주사무소의 소재지에 있는 것으로 한다.
> 2. **거소**[(구)지방세기본법 기본통칙 28−2]
>   ① "거소"라 함은 다소의 기간 계속하여 거주하는 장소로서 주소와 같이 밀접한 일반적 생활관계가 발생하지 아니하는 장소를 말한다.
>   ② 주소를 알 수 없는 때와 국내에 주소가 없는 경우에는 거소를 주소로 한다.

(2) 예 외

① 연대납세의무자에게 서류를 송달하는 경우

연대납세의무자에게 서류를 송달할 때에는 그 대표자를 명의인으로 하며, 대표자가 없으면 연대납세의무자 중 지방세를 징수하기 유리한 자를 명의인으로 한다. 다만, 납세의 고지와 독촉에 관한 서류는 연대납세의무자 모두에게 각각 송달하여야 한다(지방세기본법 제28조 제2항).

② **상속이 개시된 경우**

상속이 개시된 경우에 상속재산관리인이 있을 때에는 그 상속재산관리인의 주소 또는 영업소에 송달한다(지방세기본법 제28조 제3항).

③ **납세관리인이 있는 경우**

납세관리인이 있을 때에는 납세의 고지와 독촉에 관한 서류는 그 납세관리인의 주소 또는 영업소에 송달한다(지방세기본법 제28조 제4항).

④ **송달받을 장소를 신고한 경우**

서류를 송달받을 자가 주소 또는 영업소 중에서 송달받을 장소를 대통령령으로 정하는 바에 따라 지방자치단체에 신고하였을 때에는 그 신고된 장소에 송달하여야 한다. 이를 변경하였을 때에도 또한 같다(지방세기본법 제29조).

2 서류송달의 방법

서류의 송달은 교부·우편 또는 전자송달로 하되, 해당 지방자치단체의 조례로 정하는 방법에 따른다(지방세기본법 제30조 제1항).

(1) 원 칙

① **교부송달**

㉠ 교부에 의한 서류송달은 송달할 장소에서 그 송달을 받아야 할 자에게 서류를 건네줌으로써 이루어진다. 다만, 송달을 받아야 할 자가 송달받기를 거부하지 아니하면 다른 장소에서 교부할 수 있다(지방세기본법 제30조 제2항).

㉡ ㉠의 경우에 송달할 장소에서 서류를 송달받아야 할 자를 만나지 못하였을 때에는 그의 사용인, 그 밖의 종업원 또는 동거인으로서 사리를 분별할 수 있는 사람에게 서류를 송달할 수 있으며, 서류의 송달을 받아야 할 자 또는 그의 사용인, 그 밖의 종업원 또는 동거인으로서 사리를 분별할 수 있는 사람이 정당한 사유 없이 서류의 수령을 거부하면 송달할 장소에 서류를 둘 수 있다(유치송달)(지방세기본법 제30조 제3항).

㉢ 서류를 송달하는 경우에 송달받을 자가 주소 또는 영업소를 이전하였을 때에는 주민등록표 등으로 확인하고 그 이전한 장소에 송달하여야 한다(지방세기본법 제30조 제4항).

㉣ 서류를 교부하였을 때에는 송달서에 수령인의 서명 또는 날인을 받아야 한다. 이 경우 수령인이 서명 또는 날인을 거부하면 그 사실을 송달서에 적어야 한다(지방세기본법 제30조 제5항).

② **우편송달**

일반우편, 등기우편에 의하되 납부의 고지·독촉·장제징수 또는 세법에 따른 정부의 명령과 관계되는 서류의 송달을 우편으로 할 때에는 등기우편으로 하여야 한다(국세기본법 제10조 제2항).

③ **전자송달**

　㉠ "전자송달"이란 이 법이나 지방세관계법에 따라 지방세통합정보통신망 또는 연계 정보통신망을 이용하여 송달을 하는 것을 말한다(지방세기본법 제2조 제1항 제31호).

　㉡ 전자송달은 서류의 송달을 받아야 할 자가 신청하는 경우에만 한다(지방세기본법 제30조 제7항).

　㉢ ㉡에도 불구하고 지방세정보통신망 또는 연계정보통신망의 장애로 인하여 전자송달 을 할 수 없는 경우와 그 밖에 대통령령으로 정하는 사유가 있는 경우에는 교부 또는 우편의 방법으로 송달할 수 있다(지방세기본법 제30조 제8항).

(2) **예외**: 공시송달

① 서류의 송달을 받아야 할 자가 다음의 어느 하나에 해당하는 경우에는 서류의 주요내용을 공고한 날부터 14일이 지나면 서류의 송달이 된 것으로 본다(지방세기본법 제33조 제1항).

　㉠ 주소 또는 영업소가 국외에 있고 송달하기 곤란한 경우

　㉡ 주소 또는 영업소가 분명하지 아니한 경우

　㉢ 제30조 제1항에 따른 방법으로 송달하였으나 받을 사람이 없는 것으로 확인되어 반송되는 경우 등 대통령령으로 정하는 경우

　　ⓐ 서류를 우편으로 송달하였으나 받을 사람이 없는 것으로 확인되어 반송됨으로써 납 부기한 내에 송달하기 곤란하다고 인정되는 경우(지방세기본법시행령 제18조 제1호)

　　ⓑ 세무공무원이 2회 이상 납세자를 방문[처음 방문한 날과 마지막 방문한 날 사이의 기간이 3일(기간을 계산할 때 공휴일 및 토요일은 산입하지 않는다) 이상이어야 한다] 하여 서류를 교부하려고 하였으나 받을 사람(법 제30조 제3항에 규정된 사람을 포 함한다)이 없는 것으로 확인되어 납부기한 내에 송달하기 곤란하다고 인정되는 경우(지방세기본법시행령 제18조 제2호)

② ①에 따른 공고는 지방세정보통신망, 지방자치단체의 정보통신망이나 게시판에 게시하 거나 관보·공보 또는 일간신문에 게재하는 방법으로 한다. 이 경우 지방세정보통신망이 나 지방자치단체의 정보통신망을 이용하여 공시송달을 할 때에는 다른 공시송달방법을 함께 활용하여야 한다(지방세기본법 제33조 제2항).

③ 송달의 효력발생

송달하는 서류는 그 송달을 받아야 할 자에게 도달한 때부터 효력이 발생한다. 다만, 전자 송달의 경우에는 송달받을 자가 지정한 전자우편주소, 지방세정보통신망의 전자사서함 또는 연계정보통신망의 전자고지함에 저장된 때에 그 송달을 받아야 할 자에게 도달된 것으로 본다(지방세기본법 제32조).

> **넓혀 보기**
>
> **송달서류의 효력발생**[(구)지방세기본법 기본통칙 32-1]
> 「지방세기본법」에서 "도달"이라 함은 송달을 받아야 할 자에게 직접 교부하지 않더라도, 상대방의 지배권 내에 들어가 사회통념상 일반적으로 그 사실을 알 수 있는 상태에 있는 때(예컨대, 우편이 수신함에 투입된 때 또는 사리를 판별할 수 있는 자로서 동거하는 가족, 사용인이나 종업원이 수령한 때)를 말하며, 일단 이러한 상태에 들어간 후에 교부된 서류가 반송되더라도 송달의 효력에는 영향이 없다.

조세의 분류

> **단원 열기** 조세는 구분기준에 따라 여러 형태로 분류된다. 출제 비중이 높은 것은 본세와 부가세, 부동산의 취득 · 보유 · 양도와 관련된 조세이다. 개별 세목을 이해한 후 정리하는 것이 효율적이다.

1 과세주체(과세권자)에 따른 분류

국가가 과세주체인 것을 '국세', 지방자치단체가 과세주체인 것을 '지방세'라 한다.

(1) 국 세

국세(國稅)란 국가가 부과하는 조세 중 다음의 것을 말한다(국세기본법 제2조 제1호).

① 소득세
② 법인세
③ 상속세와 증여세
④ 종합부동산세
⑤ 부가가치세
⑥ 개별소비세
⑦ 교통 · 에너지 · 환경세
⑧ 주세(酒稅)
⑨ 인지세(印紙稅)
⑩ 증권거래세
⑪ 교육세
⑫ 농어촌특별세

(2) 지방세

① "지방세"란 특별시세, 광역시세, 특별자치시세, 도세, 특별자치도세 또는 시 · 군세, 구세(자치구의 구세를 말한다)를 말한다(지방세기본법 제2조 제1항 제3호).

② 지방자치단체의 세목은 다음과 같다(지방세기본법 제8조).

> **넓혀 보기**
>
> 지방세관계법의 정의
> "지방세관계법"이란 「지방세징수법」, 「지방세법」, 「지방세특례제한법」, 「조세특례제한법」 및 「제주특별자치도 설치 및 국제자유도시 조성을 위한 특별법」을 말한다(지방세기본법 제2조 제1항 제4호).

구 분	특별시 · 광역시		도	
	특별시세 · 광역시세	구 세	도 세	시 · 군세
보통세	취득세	–	취득세	–
	–	등록면허세	등록면허세	–
	레저세	–	레저세	–
	담배소비세	–	–	담배소비세
	지방소비세	–	지방소비세	–
	주민세	–	–	주민세
	지방소득세	–	–	지방소득세
	자동차세	–	–	자동차세
	–	재산세	–	재산세
목적세	지역자원시설세	–	지역자원시설세	–
	지방교육세	–	지방교육세	–

예 제

지방세기본법상 특별시세 세목이 아닌 것은?   제26회

① 주민세   ② 취득세   ③ 지방소비세

④ 지방교육세   ⑤ 등록면허세

해설 ⑤ 등록면허세: 도세, 구세
① 주민세: 특별시세 · 광역시세, 시 · 군세
② 취득세: 특별시세 · 광역시세, 도세
③ 지방소비세: 특별시세 · 광역시세, 도세
④ 지방교육세: 특별시세 · 광역시세, 도세

1. **특별시세와 광역시세**

보통세	취득세, 레저세, 담배소비세, 지방소비세, 주민세, 지방소득세, 자동차세
목적세	지역자원시설세, 지방교육세

2. **도 세**

보통세	취득세, 등록면허세, 레저세, 지방소비세
목적세	지역자원시설세, 지방교육세

3. **구세**: 등록면허세, 재산세   ❶ 정답 ⑤
4. **시 · 군세**: 담배소비세, 주민세, 지방소득세, 재산세, 자동차세

2 과세목적에 따른 분류

(1) 보통세

조세수입이 일반적 재정수요를 위하여 과세되는 조세를 말하며, 목적세 이외의 조세는 모두 보통세이다.

(2) 목적세

조세수입의 용도를 특정한 조세로서, 특정목적(경제·사회 등)에 사용할 목적으로 징수하는 조세를 말한다. 목적세는 반드시 징수한 목적에만 사용하여야 하며 다른 용도로 사용할 수 없다.

국 세	교육세, 교통·에너지·환경세, 농어촌특별세
지방세	지방교육세, 지역자원시설세

3 조세의 독립성에 따른 분류

1. 독립세(= 본세)

다른 조세(세목)와 관계없이 독자적인 과세대상이 존재하는 조세를 말하며, 부가세 이외의 조세는 독립세(=본세)에 해당한다.

2. 부가세

(1) 별도의 과세대상이 존재하지 않고 다른 조세(독립세 또는 본세)를 부과할 때 부가적으로 징수하는 조세를 말한다.

(2) 부가세에는 농어촌특별세, 지방교육세 등이 있다.

3. 부가세와 부가세의 세율(농어촌특별세법 제5조, 지방세법 제151조 제1항)

(1) 취득세

1) 부가세 및 세율

① **농어촌특별세**: 표준세율을 2%로 적용하여 산출한 취득세액의 10%

② **지방교육세**

　㉠ 취득세의 표준세율에서 2%를 뺀 세율을 적용하여 산출한 금액의 20%

　㉡ 유상거래를 원인으로 주택을 취득하는 경우에는 해당 세율에 100분의 50을 곱한 세율을 적용하여 산출한 금액의 20%

　㉢ 다음의 어느 하나에 해당하는 경우에는 해당 항목에서 정하는 금액으로 한다.

　　ⓐ 대도시 내 법인의 설립 등의 부동산 취득 및 공장 신·증설
　　　위 ㉠의 계산방법으로 산출한 지방교육세액의 100분의 300

　　ⓑ 지방세감면법령에서 취득세의 감면율을 정하는 경우
　　　위 ㉠의 지방교육세액을 해당 취득세 감면율로 감면하고 남은 금액

　　ⓒ 지방세감면법령에서 취득세의 감면율을 정하면서 해당 중과세율을 적용하지 아니하도록 정하는 경우
　　　위 ㉠의 지방교육세액을 해당 취득세 감면율로 감면하고 남은 금액

　　ⓓ ⓑ와 ⓒ 외에 지방세감면법령에서 이 법과 다른 취득세율을 정하는 경우
　　　위 ㉠의 계산방법으로 산출한 지방교육세액. 다만, 세율을 1천분의 20으로 정하는 경우에는 과세대상에서 제외한다.

2) 본세의 감면시: 농어촌특별세(감면세액의 20%)

(2) 등록면허세

① **부가세 및 세율**: 지방교육세 20%(납부세액의 20%)

② **본세의 감면시**: 농어촌특별세(감면세액의 20%)

(3) 재산세: 지방교육세 20%(납부세액의 20%)

(4) 종합부동산세: 농어촌특별세 20%(납부세액의 20%)

(5) 양도소득세(본세 감면시): 농어촌특별세(감면세액의 20%)

심화·학습

지방소득세는 2013년까지는 소득세액·법인세액의 10%로 과세하는 부가세(附加稅)로 과세하였으나, 2014년부터 독립세로 전환하였다.

1. **지방소득세 과세표준**: 법인세법과 소득세법에 따라 계산한 과세표준
2. **지방소득세 세율**: 지방세법 제92조
3. **지방소득세의 납세의무자와 지방소득의 구분**

구 분	납세의무자	지방소득의 구분
개인지방소득세	소득세의 납세의무자	종합소득, 퇴직소득, 양도소득
법인지방소득세	법인세의 납세의무자	각 사업연도 소득, 청산소득

4. **지방소득세의 과세표준과 산출세액**

과세표준	산출세액
개인지방소득세의 과세표준 (소득세법에 따라 계산)	• 종합소득 과세표준 × 표준세율 • 퇴직소득 과세표준 × 표준세율 • 양도소득 과세표준 × 표준세율
법인지방소득세의 과세표준 (법인세법에 따라 계산)	• 각 사업연도 소득 과세표준 × 1%, 2%, 2.5% • 청산소득 과세표준 × 1%, 2%, 2.5%

④ 조세부담 전가 여부에 따른 분류

(1) 직접세(납세자 = 담세자)

조세가 납세의무자에게 직접 부과되고 또 납세의무자가 담세자가 되거나 소득의 원천에 기준을 두고 부과되는 조세를 직접세라 한다.

예 소득세(양도소득세), 법인세, 종합부동산세, 상속(증여)세, 취득세, 등록면허세 등

(2) 간접세(납세자 ≠ 담세자)

조세의 부담이 타인에게 전가되어 담세자와 납세의무자가 일치하지 않거나 소비에 기준을 두고 부과되는 조세를 간접세라 한다.

예 부가가치세, 개별소비세, 주세, 인지세, 증권거래세 등

⑤ 과세표준의 표시방법에 따른 분류

(1) 종가세

① 과세표준을 금액 또는 가액으로 표시하여 과세하는 조세를 말한다.

② 취득세, 등록면허세, 재산세, 종합부동산세, 양도소득세, 상속세 등 대부분의 조세가 이에 속한다.

(2) 종량세

① 과세표준을 수량·면적·건수 등으로 표시하여 과세하는 조세를 말한다.

② 등록면허세 중 일부, 지역자원시설세 중 일부, 인지세, 주민세(재산분) 중 일부가 이에 속한다.

⑥ 세율에 따른 분류

(1) 세율이 비율(%)로 표시되는 경우

① **정률세**(비례세율) : 과세표준이 되는 금액 또는 가액의 크기와 관계없이 비율이 일정한 세율을 말한다. 백분(천분)비율(%)로 표시된다.

    ㉠ 단순비례세율 : 과세표준금액과 물건의 종류 등에 관계없이 항상 동일한 세율을 말한다.

        예 부가가치세(10%)

    ㉡ 차등비례세율 : 가액과는 관계없지만 물건의 종류 등에 따라 세율이 달라지는 것을 말한다.

        예 취득세, 등록면허세 일부, 재산세 일부, 양도소득세 일부, 종합부동산세 일부

② **초과누진세율** : 과세표준의 금액이 커짐에 따라 세율도 점차 증가되는 세율을 말한다.

    ㉠ 주택에 대한 재산세(0.1~0.4%)와 토지에 대한 재산세(종합합산과세대상 : 0.2~0.5%, 별도합산과세대상 : 0.2~0.4%)

    ㉡ 종합부동산세 일부

    ㉢ 양도소득세 일부

(2) 세율이 금액으로 표시되는 경우(정액세)

과세표준 금액의 크기와 관계없이 일정한 금액을 적용하는 세율을 말한다.

    예 등록면허세(건수) 일부, 인지세 일부 등

⑦ 과세대상의 인적 귀속에 따른 분류

(1) 인 세

납세의무자의 인적 사항(조세부담의 능력)을 고려하여 과세하는 것을 말하며, 소득세, 법인세, 상속세, 증여세, 종합부동산세, 재산세 등이 이에 속한다.

(2) 물 세

과세대상 그 자체에 담세력을 인정하여 과세하는 조세를 말하며, 취득세, 등록면허세, 재산세, 부가가치세 등이 이에 속한다.

⑧ 과세대상 분류

(1) 수득세(수익세)

① 수입과 소득을 과세대상으로 하여 과세하는 조세를 말한다.

② 소득세, 법인세 등이 이에 속한다.

(2) 재산세

① 수익 등과 관계없이 당해 재산 그 자체에 부과하는 조세를 말한다.

② 재산세, 종합부동산세, 상속세 및 증여세 등이 이에 속한다.

(3) 유통세

① 권리나 재산권 등의 이전에 관련된 행위를 대상으로 과세하는 조세를 말한다.

② 취득세, 등록면허세, 인지세, 증권거래세 등이 이에 속한다.

(4) 소비세

① 상품이나 용역의 소비행위에 착안하여 과세하는 조세를 말한다.

② 부가가치세, 특별소비세, 주세 등이 이에 속한다.

9 부동산 거래단계에 따른 분류

구 분		취 득	보 유	양 도
국 세	양도소득세	—	—	○
	상속세	○	—	—
	증여세	○	—	—
	종합소득세	—	○ (사업소득 : 부동산임대업)	○ (사업소득 : 부동산매매업)
	법인세	—	○	○
	종합부동산세	—	○	—
	농어촌특별세	○	○	○
	부가가치세	○	○	○
	인지세	○	—	○
지 방 세	취득세	○	—	—
	등록면허세	○	—	—
	재산세	—	○	—
	지역자원시설세	—	○	—
	지방교육세	○ (취득세, 등록면허세)	○ (재산세)	—
	지방소득세	—	○	○

예제

국내 소재 부동산의 보유단계에서 부담할 수 있는 세목은 모두 몇 개인가? 제30회

- 농어촌특별세
- 개인지방소득세
- 지방교육세
- 소방분에 대한 지역자원시설세

① 0개   ② 1개   ③ 2개
④ 3개   ⑤ 4개

해설 ⑤ 보유단계 : 농어촌특별세, 지방교육세, 개인지방소득세, 소방분에 대한 지역자원시설세(4개)
- 농어촌특별세 : 취득단계, 보유단계, 양도단계
- 지방교육세 : 취득단계, 보유단계
- 개인지방소득세 : 보유단계, 양도단계
- 소방분에 대한 지역자원시설세 : 보유단계

◆ 정답 ⑤

지방세

취득세

단원 열기　취득세는 매년 3문제 정도 출제된다. 자주 출제되는 부분은 납세의무자, 과세표준, 세율, 신고·납부 부분으로서 전체적인 흐름 파악을 종합적으로 묻고 있다. 추가적으로 과점주주, 토지의 지목변경 등 취득의제 부분을 기본적으로 파악하고 있어야 한다. 기초 개념을 확실하게 파악해야 상호 연결이 되어 쉽게 정리할 수 있다.

01　취득세 특징

(1) 취득세는 취득세 과세물건을 취득하는 때에 납부할 의무가 성립한다. 납세의무자가 과세표준과 세액을 지방자치단체에 신고·납부하는 지방세로서 특별시·광역시·도가 과세주체이다.

(2) 부동산 등의 소유권이 이전되는 유통과정에서 담세력이 노출되는 취득자에게 조세를 부담시키려는데 있다. 2011년부터 종전의 등록세 중 소유권 취득과 관련된 등기·등록에 대한 과세대상을 취득세로 통합하였다.

(3) 지방세, 도세(특별시·광역시·도)
　　🔔 **시·군·구**: 위임징수

(4) 유통세, 행위세

(5) 종가세, 보통세, 직접세

(6) 사실주의 과세(실질과세의 원칙)

(7) 신고·납부(취득한 날부터 60일 이내)

(8) 면세점(취득가액이 50만원 이하)

02 취득의 개념

1 취득의 정의

(1) "취득"이란 매매, 교환, 상속, 증여, 기부, 법인에 대한 현물출자, 건축, 개수(改修), 공유수면의 매립, 간척에 의한 토지의 조성 등과 그 밖에 이와 유사한 취득으로서 원시취득(수용재결로 취득한 경우 등 과세대상이 이미 존재하는 상태에서 취득하는 경우는 제외한다), 승계취득 또는 유상·무상의 모든 취득을 말한다(지방세법 제6조 제1호).

(2) 취득으로 보는 경우

과세대상 물건을 사실상 취득하는 것이 아니라 하더라도 선박, 차량과 기계장비의 종류를 변경하거나 토지의 지목을 사실상 변경함으로써 그 가액이 증가한 경우와 건축물의 개수, 과점주주의 주식취득 등도 취득으로 의제하여 취득세의 과세대상이 된다(지방세법 제7조 제4항·제5항).

(3) 실질과세

부동산 등의 취득은 관계 법령에 따른 등기·등록 등을 하지 아니한 경우라도 사실상 취득하면 각각 취득한 것으로 보고 해당 취득물건의 소유자 또는 양수인을 각각 취득자로 한다(지방세법 제7조 제2항).

2 취득의 구분

(1) 취득의 형태는 과세대상의 소유권을 취득하는 "사실상 취득"과 사실상 소유권 취득이 아니라 하더라도 취득으로 인정하는 "의제취득"으로 구분할 수 있다. 사실상 취득은 원시취득과 승계취득(유상취득과 무상취득)으로 구분할 수 있다.

(2) 원시취득

① **공유수면매립과 간척**: 하천·바다·호소 기타 공공용으로 사용되는 수면 또는 수류로서 국가의 소유에 속하는 공유수면은 매립의 면허를 받은 자가 공사준공의 검사를 받은 날에 그 매립지의 소유권을 취득한 것으로 보아 취득세가 과세된다.

② **건축**: 건축이란 건축물을 신축·증축·재축·개축 또는 이전하는 것을 말한다. 이 중 신축과 재축은 원시취득에 해당한다.

㉠ 신축: 건축물이 없는 대지(기존 건축물이 해체되거나 멸실된 대지를 포함한다)에 새로 건축물을 축조(築造)하는 것[부속건축물만 있는 대지에 새로 주된 건축물을 축조하는 것을 포함하되, 개축(改築) 또는 재축(再築)하는 것은 제외한다]을 말한다(건축법시행령 제2조 제1호).

㉡ 증축: 기존 건축물이 있는 대지에서 건축물의 건축면적, 연면적, 층수 또는 높이를 늘리는 것을 말한다(건축법시행령 제2조 제2호).

㉢ 재축: 건축물이 천재지변이나 그 밖의 재해(災害)로 멸실된 경우 그 대지에 다음의 요건을 모두 갖추어 다시 축조하는 것을 말한다(건축법시행령 제2조 제4호).

ⓐ 연면적 합계는 종전 규모 이하로 할 것

ⓑ 동(棟)수, 층수 및 높이는 다음의 어느 하나에 해당할 것

> 1. 동수, 층수 및 높이가 모두 종전 규모 이하일 것
> 2. 동수, 층수 또는 높이의 어느 하나가 종전 규모를 초과하는 경우에는 해당 동수, 층수 및 높이가 「건축법」, 「건축법시행령」 또는 건축조례에 모두 적합할 것

㉣ 개축: 기존 건축물의 전부 또는 일부[내력벽·기둥·보·지붕틀(한옥의 경우에는 지붕틀의 범위에서 서까래는 제외한다) 중 셋 이상이 포함되는 경우를 말한다]를 해체하고 그 대지에 종전과 같은 규모의 범위에서 건축물을 다시 축조하는 것을 말한다(건축법시행령 제2조 제3호).

㉤ 이전: 건축물의 주요구조부를 해체하지 아니하고 같은 대지의 다른 위치로 옮기는 것을 말한다(건축법시행령 제2조 제5호).

③ **민법상 시효취득**: 민법상 20년간 소유의 의사로 평온·공연하게 부동산을 점유하는 자가 그 소유권을 취득하는 것으로서 원시취득으로 보아 취득세를 과세한다.

(3) 승계취득

① **매매**: "매매"란 물건을 팔고 사는 일을 말하는데 "매도"란 값을 받고 물건의 소유권을 다른 사람에게 넘기는 것을 의미한다. 민법상 매매란 당사자의 일방(매도인)이 어떤 재산권을 상대방에게 이전할 것을 약정하고 상대방(매수인)은 이에 대하여 그 대금을 지급할 것을 약정함으로써 성립하는 낙성·쌍무(雙務)·불요식의 유상계약(有償契約)이다(민법 제533조). 이 경우 매도인은 양도에 해당하여 양도소득세에 대한 납세의무가 있고 매수인은 취득에 해당하여 취득세 납세의무가 있다.

② **교환** : "교환"이란 당사자 양쪽이 금전의 소유권 이외의 재산권을 상호 이전할 것을 약정함으로써 성립하는 계약이다(민법 제596조). 매매와의 차이점은 대가가 금전이 아닌 물건(재산)이라는 점이다. 이 경우 당사자 쌍방에게 양도소득세와 취득세가 과세된다.

③ **현물출자** : "현물출자(現物出資)"란 금전 이외의 재산을 목적으로 하는 출자를 말하며, 회사가 사업을 경영하기 위하여 특정한 재산을 필요로 하는 경우에 금전출자에 대한 예외로서 인정된다. 현물출자는 자산이 유상으로 사실상 이전되는 것이므로 양도에 해당한다.

④ **상속** : 사람이 사망한 경우 그가 살아있을 때의 재산상의 지위가 법률의 규정에 따라 특정한 사람에게 포괄적으로 승계되는 것을 말한다. 상속은 피상속인의 사망으로 개시되고 상속인은 피상속인의 재산에 관한 권리의무를 포괄적으로 승계하므로 상속인이 상속을 포기하지 않는 이상 채무도 승계된다.

⑤ **증여** : 당사자의 일방(증여자)이 무상으로 재산을 상대방에게 준다는 의사표시를 하고, 상대방(수증자)이 그것을 승낙함으로써 성립하는 계약이다(민법 제554조).

(4) 의제취득

① **개수(改修)** : 다음의 어느 하나에 해당하는 것을 말한다(지방세법 제6조 제6호, 지방세법 시행령 제6조).

　㉠ 「건축법」에 따른 대수선(건축물의 기둥, 보, 내력벽, 주계단 등의 구조나 외부 형태를 수선·변경하거나 증설하는 것으로서 대통령령으로 정하는 것을 말함)

　㉡ 건축물 중 레저시설, 저장시설, 도크(dock)시설, 접안시설, 도관시설, 급수·배수시설, 에너지 공급시설 및 그 밖에 이와 유사한 시설(이에 딸린 시설을 포함)로서 대통령령으로 정하는 것을 수선하는 것

　㉢ 건축물에 딸린 시설물 중 대통령령으로 정하는 시설물을 한 종류 이상 설치하거나 수선하는 것

시설물의 종류와 범위(지방세법시행령 제6조)
1. 승강기(엘리베이터, 에스컬레이터, 그 밖의 승강시설)
2. 시간당 20킬로와트 이상의 발전시설
3. 난방용·욕탕용 온수 및 열 공급시설
4. 시간당 7천 560킬로칼로리급 이상의 에어컨(중앙조절식만 해당)
5. 부착된 금고
6. 교환시설
7. 건물의 냉난방, 급수·배수, 방화, 방범 등의 자동관리를 위하여 설치하는 인텔리전트 빌딩시스템 시설
8. 구내의 변전·배전시설

---

② **토지의 지목변경** : 토지의 지목을 사실상 변경함으로써 그 가액이 증가한 경우에는 취득으로 본다(지방세법 제7조 제4항).

③ **차량·기계장비·선박의 종류변경** : 선박, 차량과 기계장비의 종류를 변경하거나 토지의 지목을 사실상 변경함으로써 그 가액이 증가한 경우에는 취득으로 본다. 이 경우 「도시개발법」에 따른 도시개발사업(환지방식만 해당한다)의 시행으로 토지의 지목이 사실상 변경된 때에는 그 환지계획에 따라 공급되는 환지는 조합원이, 체비지 또는 보류지는 사업시행자가 각각 취득한 것으로 본다(지방세법 제7조 제4항).

④ **과점주주의 주식취득**

ㄱ **과점주주** : 비상장법인의 주식을 주주 또는 유한책임사원 1명과 그의 특수관계인 중 대통령령으로 정하는 자로서 그들의 소유주식의 합계 또는 출자액의 합계가 해당 법인의 발행주식 총수 또는 출자총액의 100분의 50을 초과하면서 그에 관한 권리를 실질적으로 행사하는 자들을 과점주주라 한다(지방세기본법 제46조 제2호).

ㄴ **과세범위** : 법인의 주식 또는 지분을 취득함으로써 「지방세기본법」 제46조 제2호에 따른 과점주주 중 대통령령으로 정하는 과점주주가 되었을 때에는 그 과점주주가 해당 법인의 부동산 등(법인이 「신탁법」에 따라 신탁한 재산으로서 수탁자 명의로 등기·등록이 되어 있는 부동산 등을 포함한다)을 취득(법인설립시에 발행하는 주식 또는 지분을 취득함으로써 과점주주가 된 경우에는 취득으로 보지 아니한다)한 것으로 본다. 이 경우 과점주주는 취득세에 대하여 연대납세의무가 있다(지방세법 제7조 제5항).

ㄷ 과점주주의 납세의무

ⓐ 법인의 과점주주(제10조의2에 따른 과점주주를 말한다)가 아닌 주주 또는 유한책임사원이 다른 주주 또는 유한책임사원의 주식 또는 지분("주식 등"이라 한다)을 취득하거나 증자 등으로 최초로 과점주주가 된 경우에는 최초로 과점주주가 된 날 현재 해당 과점주주가 소유하고 있는 법인의 주식 등을 모두 취득한 것으로 보아 취득세를 부과한다(지방세법시행령 제11조 제1항).

ⓑ 이미 과점주주가 된 주주 또는 유한책임사원이 해당 법인의 주식 등을 취득하여 해당 법인의 주식 등의 총액에 대한 과점주주가 가진 주식 등의 비율이 증가된 경우에는 그 증가분을 취득으로 보아 취득세를 부과한다. 다만, 증가된 후의 주식 등의 비율이 해당 과점주주가 이전에 가지고 있던 주식 등의 최고비율보다 증가되지 아니한 경우에는 취득세를 부과하지 아니한다(지방세법시행령 제11조 제2항).

ⓒ 과점주주였으나 주식 등의 양도, 해당 법인의 증자 등으로 과점주주에 해당하지 아니하는 주주 또는 유한책임사원이 된 자가 해당 법인의 주식 등을 취득하여 다시 과점주주가 된 경우에는 다시 과점주주가 된 당시의 주식 등의 비율이 그 이전에 과점주주가 된 당시의 주식 등의 비율보다 증가된 경우에만 그 증가분만을 취득으로 보아 위 ⓑ의 예에 따라 취득세를 부과한다(지방세법시행령 제11조 제3항).

넓혀 보기

과점주주의 납세의무(지방세법운영예규 법7-3)

1. 과점주주에 대한 취득세를 과세함에 있어 대도시 내 법인 본점 또는 주사무소의 사업용부동산 등에 대하여는 중과세를 하지 아니한다.

2. 과점주주의 납세의무성립 당시 당해 법인의 취득시기가 도래되지 아니한 물건에 대하여는 과점 주주에게 납세의무가 없으며, 연부취득 중인 물건에 대하여는 연부 취득시기가 도래된 부분에 한하여 납세의무가 있다.

3. 과점주주 집단내부 및 특수관계자간의 주식거래가 발생하여 과점주주가 소유한 총주식의 비율에 변동이 없다면 과점주주 간주취득세의 납세의무는 없다.
   ① 예시1. 과점주주 집단 내부에서 주식이 이전되는 경우
   ② 예시2. 당해 법인의 주주가 아니었던 자가 기존의 과점주주와 친족 기타 특수관계에 있거나 그러한 특수관계를 형성하면서 기존의 과점주주로부터 그 주식의 일부 또는 전부를 이전받아 새로이 과점주주가 되는 경우

예 제

지방세법상 과점주주의 간주취득세가 과세되는 경우가 아닌 것은 모두 몇 개인가? (단, 주식발행 법인은 「자본시장과 금융투자업에 관한 법률 시행령」 제176조의9 제1항에 따른 유가증권시장에 상장한 법인이 아니며, 「지방세특례제한법」은 고려하지 않음) 제29회

> ㉠ 법인설립시에 발행하는 주식을 취득함으로써 과점주주가 된 경우
> ㉡ 과점주주가 아닌 주주가 다른 주주로부터 주식을 취득함으로써 최초로 과점주주가 된 경우
> ㉢ 이미 과점주주가 된 주주가 해당 법인의 주식을 취득하여 해당 법인의 주식의 총액에 대한 과점주주가 가진 주식의 비율이 증가된 경우
> ㉣ 과점주주 집단 내부에서 주식이 이전되었으나 과점주주 집단이 소유한 총주식의 비율에 변동이 없는 경우

① 0개 ② 1개 ③ 2개
④ 3개 ⑤ 4개

해설 1. 과점주주의 간주취득세가 과세되는 경우가 아닌 것 : ㉠㉣(2개)
㉠ 법인설립시에 발행하는 주식을 취득함으로써 과점주주가 된 경우 : 취득으로 보지 아니한다.
㉣ 과점주주 집단 내부에서 주식이 이전되었으나 과점주주 집단이 소유한 총주식의 비율에 변동이 없는 경우 : 과점주주 간주취득세의 납세의무는 없다.
2. 과점주주의 간주취득세가 과세되는 경우인 것 : ㉡㉢(2개)
㉡ 과점주주가 아닌 주주가 다른 주주로부터 주식을 취득함으로써 최초로 과점주주가 된 경우 : 최초로 과점주주가 된 날 현재 해당 과점주주가 소유하고 있는 법인의 주식 등을 모두 취득한 것으로 보아 취득세를 부과한다.
㉢ 이미 과점주주가 된 주주가 해당 법인의 주식을 취득하여 해당 법인의 주식의 총액에 대한 과점주주가 가진 주식의 비율이 증가된 경우 : 그 증가분을 취득으로 보아 취득세를 부과한다. ◆ 정답 ③

03 취득세의 과세대상

구 분	내 용
부동산	• 토지 • 건축물: 건축물, 시설물
차량, 기계장비, 선박, 항공기	—
광업권, 어업권, 양식업권	—
입 목	—
회원권	회원제 골프 회원권, 콘도미니엄 회원권, 종합체육시설이용 회원권, 승마 회원권, 요트 회원권

취득세는 「지방세법」에 열거하고 있는 과세대상 물건을 과세대상으로 하며 등기·등록, 허가 여부에 관계없이 과세된다. 그러므로 법에서 열거되지 아니한 물건은 과세대상에 해당하지 아니하며, 취득세에서 열거된 과세대상은 다음과 같다(지방세법 제6조).

✿ 취득세 과세대상은 열거된 자산에 대하여만 과세한다(열거주의).

넓혀 보기

취득 당시의 현황에 따른 부과(지방세법시행령 제13조)
부동산, 차량, 기계장비 또는 항공기는 특별한 규정이 있는 경우를 제외하고는 해당 물건을 취득하였을 때의 사실상의 현황에 따라 부과한다. 다만, 취득하였을 때의 사실상 현황이 분명하지 아니한 경우에는 공부(公簿)상의 등재 현황에 따라 부과한다.

(1) **부동산**: 취득세에서 "부동산"이란 토지 및 건축물을 말한다.

① **토 지**

㉠ 토지란 「공간정보의 구축 및 관리 등에 관한 법률」에 따라 지적공부(地籍公簿)의 등록대상이 되는 토지와 그 밖에 사용되고 있는 사실상의 토지를 말한다(지방세법 제6조 제3호).

㉡ 등록 또는 등재 여부에 관계없이 전·답·대·임야 등 28개 지목으로 구분한다.

㉢ 공부상 등재 현황과 사실상 내용이 다를 경우 사실상 현황에 의하여 과세하며, 공부상에 등재되지 아니한 토지에 대하여도 사실상의 취득인 경우에는 취득세가 과세된다.

㉣ 토지의 지목이 사실상 변경되어 토지의 가액이 증가된 경우 그 증가된 부분을 취득으로 의제하여 증가액에 대하여 취득세를 과세한다.

② **건축물**

「건축법」에 따른 건축물(이와 유사한 형태의 건축물을 포함)과 토지에 정착하거나 지하 또는 다른 구조물에 설치하는 레저시설, 저장시설, 도크(dock)시설, 접안시설, 도관시설, 급수·배수시설, 에너지 공급시설 및 그 밖에 이와 유사한 시설(이에 딸린 시설을 포함)로서 대통령령으로 정하는 것을 말한다. 공부상의 용도와 관계없이 사실상의 용도에 따라 과세하며, 공부상에 등재되지 아니한 건축물이나 불법 또는 무허가 건축물에 대하여도 과세한다(지방세법 제6조 제4호).

⊙ 건축물이란 토지에 정착(定着)하는 공작물 중 지붕과 기둥 또는 벽이 있는 것과 이에 딸린 시설물, 지하나 고가(高架)의 공작물에 설치하는 사무소·공연장·점포·차고·창고, 그 밖에 대통령령으로 정하는 것을 말한다(건축법 제2조 제1항 제2호).

⊙ 토지에 정착하거나 지하 또는 다른 구조물에 설치하는 시설물(지방세법시행령 제5조)

1. 레저시설: 수영장, 스케이트장, 골프연습장(체육시설의 설치·이용에 관한 법률에 따라 골프연습장업으로 신고된 20타석 이상의 골프연습장만 해당), 전망대, 옥외스탠드, 유원지의 옥외오락시설(유원지의 옥외오락시설과 비슷한 오락시설로서 건물 안 또는 옥상에 설치하여 사용하는 것을 포함)

2. 저장시설: 수조, 저유조, 저장창고, 저장조(저장용량이 1톤 이하인 액화석유가스 저장조는 제외한다) 등의 옥외저장시설(다른 시설과 유기적으로 관련되어 있고 일시적으로 저장기능을 하는 시설을 포함)

3. 독시설 및 접안시설: 독, 조선대(造船臺)

4. 도관시설(연결시설을 포함): 송유관, 가스관, 열수송관

5. 급수·배수시설: 송수관(연결시설을 포함), 급수·배수시설, 복개설비

6. 에너지 공급시설: 주유시설, 가스충전시설, 환경친화적 자동차 충전시설, 송전철탑(전압 20만 볼트 미만을 송전하는 것과 주민들의 요구로 전기사업법에 따라 이전·설치하는 것은 제외)

7. 기타 시설: 잔교(棧橋)(이와 유사한 구조물을 포함), 기계식 또는 철골조립식 주차장, 차량 또는 기계장비 등을 자동으로 세차 또는 세척하는 시설, 방송중계탑(방송법에 따라 국가가 필요로 하는 대외방송 및 사회교육방송 중계탑은 제외) 및 무선통신기지국용 철탑

ⓒ 건축물에 딸린 시설물(지방세법시행령 제6조)

> 1. 승강기(엘리베이터, 에스컬레이터, 그 밖의 승강시설)
> 2. 시간당 20킬로와트 이상의 발전시설
> 3. 난방용 · 욕탕용 온수 및 열 공급시설
> 4. 시간당 7천 560킬로칼로리급 이상의 에어컨(중앙조절식만 해당)
> 5. 부착된 금고
> 6. 교환시설
> 7. 건물의 냉난방, 급수 · 배수, 방화, 방범 등의 자동관리를 위하여 설치하는 인텔리전트 빌딩시스템 시설
> 8. 구내의 변전 · 배전시설

(2) **차량** : 원동기를 장치한 모든 차량과 피견인차 및 궤도로 승객 또는 화물을 운반하는 모든 기구를 말한다(지방세법 제6조 제7호).

(3) **기계장비** : 건설공사용, 화물하역용 및 광업용으로 사용되는 기계장비로서 「건설기계관리법」에서 규정한 건설기계 및 이와 유사한 기계장비 중 행정안전부령으로 정하는 것을 말한다(지방세법 제6조 제8호).

(4) **항공기** : 사람이 탑승 · 조종하여 항공에 사용하는 비행기, 비행선, 활공기(滑空機), 회전익(回轉翼)항공기 및 그 밖에 이와 유사한 비행기구로서 대통령령으로 정하는 것을 말한다(지방세법 제6조 제9호).

(5) **선박** : 기선, 범선, 부선(艀船) 및 그 밖에 명칭에 관계없이 모든 배를 말한다(지방세법 제6조 제10호).

(6) **입목** : 지상의 과수, 임목과 죽목(竹木)을 말한다(지방세법 제6조 제11호).

(7) **광업권** : 「광업법」에 따른 광업권을 말한다(지방세법 제6조 제12호). 이 경우 출원에 의하여 취득하는 광업권의 원시취득은 취득세를 면제한다.

(8) **어업권** : 「수산업법」 또는 「내수면어업법」에 따른 어업권을 말한다(지방세법 제6조 제13호). 이 경우 출원에 의하여 취득하는 어업권의 원시취득은 취득세를 면제한다.

(8)의2 **양식업권** : 「양식산업발전법」에 따른 양식업권을 말한다(지방세법 제6조 제13의2호). 이 경우 출원에 의하여 취득하는 양식업권의 원시취득은 취득세를 면제한다.

(9) **골프 회원권** : 「체육시설의 설치 · 이용에 관한 법률」에 따른 회원제 골프장의 회원으로서 골프장을 이용할 수 있는 권리를 말한다(지방세법 제6조 제14호).

(10) **승마 회원권**: 「체육시설의 설치·이용에 관한 법률」에 따른 회원제 승마장의 회원으로서 승마장을 이용할 수 있는 권리를 말한다(지방세법 제6조 제15호).

(11) **콘도미니엄 회원권**: 「관광진흥법」에 따른 콘도미니엄과 이와 유사한 휴양시설로서 대통령령으로 정하는 시설을 이용할 수 있는 권리를 말한다(지방세법 제6조 제16호).

(12) **종합체육시설 이용 회원권**: 「체육시설의 설치·이용에 관한 법률」에 따른 회원제 종합체육시설업에서 그 시설을 이용할 수 있는 회원의 권리를 말한다(지방세법 제6조 제17호).

(13) **요트 회원권**: 「체육시설의 설치·이용에 관한 법률」에 따른 회원제 요트장의 회원으로서 요트장을 이용할 수 있는 권리를 말한다(지방세법 제6조 제18호).

04 납세의무자 제32회, 제33회, 제34회

취득세는 부동산, 차량, 기계장비, 항공기, 선박, 입목, 광업권, 어업권, 양식업권, 골프 회원권, 승마 회원권, 콘도미니엄 회원권, 종합체육시설 이용 회원권 또는 요트 회원권(이하 이 장에서 "부동산 등"이라 한다)을 취득한 자에게 부과한다(지방세법 제7조 제1항).

(1) **사실상 취득자**: 부동산 등의 취득은 관계 법령에 따른 등기·등록 등을 하지 아니한 경우라도 사실상 취득하면 각각 취득한 것으로 보고 해당 취득물건의 소유자 또는 양수인을 각각 취득자로 한다. 다만, 차량, 기계장비, 항공기 및 주문을 받아 건조하는 선박은 승계취득인 경우에만 해당한다(지방세법 제7조 제2항).

(2) **주체구조부의 취득자**: 건축물 중 조작(造作)설비, 그 밖의 부대설비에 속하는 부분으로서 그 주체구조부(主體構造部)와 하나가 되어 건축물로서의 효용가치를 이루고 있는 것에 대하여는 주체구조부 취득자 외의 자가 가설(加設)한 경우에도 주체구조부의 취득자가 함께 취득한 것으로 본다(지방세법 제7조 제3항).

(3) **변경시점의 소유자**: 선박, 차량과 기계장비의 종류를 변경하거나 토지의 지목을 사실상 변경함으로써 그 가액이 증가한 경우에는 취득으로 보아 변경시점의 소유자가 납세의무자가 된다. 이 경우 「도시개발법」에 따른 도시개발사업(환지방식만 해당한다)의 시행으로 토지의 지목이 사실상 변경된 때에는 그 환지계획에 따라 공급되는 환지는 조합원이, 체비지 또는 보류지는 사업시행자가 각각 취득한 것으로 본다(지방세법 제7조 제4항).

(4) **과점주주**: 법인의 주식 또는 지분을 취득함으로써 「지방세기본법」 제46조 제2호에 따른 과점주주 중 대통령령으로 정하는 과점주주가 되었을 때에는 그 과점주주가 해당 법인의 부동산 등(법인이 「신탁법」에 따라 신탁한 재산으로서 수탁자 명의로 등기·등록이 되어 있는 부동산 등을 포함한다)을 취득(법인설립시에 발행하는 주식 또는 지분을 취득함으로써 과점주주 가 된 경우에는 취득으로 보지 아니한다)한 것으로 본다. 이 경우 과점주주의 연대납세의무에 관하여는 「지방세기본법」을 준용한다(지방세법 제7조 제5항).

(5) **수입하는 자**: 외국인 소유의 취득세 과세대상 물건(차량, 기계장비, 항공기 및 선박만 해당)을 직접 사용하거나 국내의 대여시설 이용자에게 대여하기 위하여 소유권을 이전 받는 조건으로 임차하여 수입하는 경우에는 수입하는 자가 취득한 것으로 본다(지방세법 제7조 제6항).

(6) **상속인**: 상속(피상속인이 상속인에게 한 유증 및 포괄유증과 신탁재산의 상속을 포함)으로 인 하여 취득하는 경우에는 상속인 각자가 상속받는 취득물건(지분을 취득하는 경우에는 그 지 분에 해당하는 취득물건)을 취득한 것으로 본다. 이 경우 상속인들은 취득세에 대하여 연대 납세의무가 있다(지방세법 제7조 제7항).

(7) **조합원**: 「주택법」 제11조에 따른 주택조합과 「도시 및 주거환경정비법」 제35조 제3항 및 「빈집 및 소규모주택 정비에 관한 특례법」 제23조에 따른 재건축조합 및 소규모재건축조합 ("주택조합 등"이라 한다)이 해당 조합원용으로 취득하는 조합주택용 부동산(공동주택과 부대시 설·복리시설 및 그 부속토지를 말한다)은 그 조합원이 취득한 것으로 본다. 다만, 조합원에게 귀속되지 아니하는 부동산("비조합원용 부동산"이라 한다)은 제외한다(지방세법 제7조 제8항).

(8) **시설대여업자**: 「여신전문금융업법」에 따른 시설대여업자가 건설기계나 차량의 시설대 여를 하는 경우로서 대여시설이용자의 명의로 등록하는 경우라도 그 건설기계나 차량은 시설대여업자가 취득한 것으로 본다(지방세법 제7조 제9항).

(9) **취득대금을 지급한 자**: 기계장비나 차량을 기계장비대여업체 또는 운수업체의 명의로 등록하는 경우(영업용으로 등록하는 경우로 한정한다)라도 해당 기계장비나 차량의 구매계 약서, 세금계산서, 차주대장(車主臺帳) 등에 비추어 기계장비나 차량의 취득대금을 지급한 자가 따로 있음이 입증되는 경우 그 기계장비나 차량은 취득대금을 지급한 자가 취득한 것으로 본다(지방세법 제7조 제10항).

(10) 배우자 또는 직계존비속의 부동산 등을 취득하는 경우에는 증여로 취득한 것으로 본다. 다만, 다음의 어느 하나에 해당하는 경우에는 유상으로 취득한 것으로 본다(지방세법 제7조 제11항).

> 1. 공매(경매를 포함)를 통하여 부동산 등을 취득한 경우
> 2. 파산선고로 인하여 처분되는 부동산 등을 취득한 경우
> 3. 권리의 이전이나 행사에 등기 또는 등록이 필요한 부동산 등을 서로 교환한 경우
> 4. 해당 부동산 등의 취득을 위하여 그 대가를 지급한 사실이 다음의 어느 하나에 의하여 증명되는 경우
>   ① 그 대가를 지급하기 위한 취득자의 소득이 증명되는 경우
>   ② 소유재산을 처분 또는 담보한 금액으로 해당 부동산을 취득한 경우
>   ③ 이미 상속세 또는 증여세를 과세(비과세 또는 감면받은 경우를 포함한다)받았거나 신고한 경우로서 그 상속 또는 수증 재산의 가액으로 그 대가를 지급한 경우
>   ④ ①부터 ③까지에 준하는 것으로서 취득자의 재산으로 그 대가를 지급한 사실이 입증되는 경우

(11) 증여자의 채무를 인수하는 부담부(負擔附)증여의 경우에는 그 채무액에 상당하는 부분은 부동산 등을 유상으로 취득하는 것으로 본다. 다만, 배우자 또는 직계존비속으로부터의 부동산 등의 부담부증여의 경우에는 (10)을 적용한다(지방세법 제7조 제12항).

(12) 상속개시 후 상속재산에 대하여 등기·등록·명의개서(名義改書) 등에 의하여 각 상속인의 상속분이 확정되어 등기 등이 된 후, 그 상속재산에 대하여 공동상속인이 협의하여 재분할한 결과 특정상속인이 당초 상속분을 초과하여 취득하게 되는 재산가액은 그 재분할에 의하여 상속분이 감소한 상속인으로부터 증여받아 취득한 것으로 본다. 다만, 다음의 어느 하나에 해당하는 경우에는 그러하지 아니하다(지방세법 제7조 제13항).

> 1. 신고·납부기한 내에 재분할에 의한 취득과 등기 등을 모두 마친 경우
> 2. 상속회복청구의 소에 의한 법원의 확정판결에 의하여 상속인 및 상속재산에 변동이 있는 경우
> 3. 「민법」에 따른 채권자대위권의 행사에 의하여 공동상속인들의 법정상속분대로 등기 등이 된 상속재산을 상속인 사이의 협의분할에 의하여 재분할하는 경우

(13) 「공간정보의 구축 및 관리 등에 관한 법률」 제67조에 따른 대(垈) 중 「국토의 계획 및 이용에 관한 법률」 등 관계 법령에 따른 택지공사가 준공된 토지에 정원 또는 부속시설물 등을 조성·설치하는 경우에는 그 정원 또는 부속시설물 등은 토지에 포함되는 것으로서 토지의 지목을 사실상 변경하는 것으로 보아 토지의 소유자가 취득한 것으로 본다. 다만, 건축물을 건축하면서 그 건축물에 부수되는 정원 또는 부속시설물 등을 조성·설치하는 경우에는 그 정원 또는 부속시설물 등은 건축물에 포함되는 것으로 보아 건축물을 취득하는 자가 취득한 것으로 본다(지방세법 제7조 제14항).

(14) 「신탁법」에 따라 신탁재산의 위탁자 지위의 이전이 있는 경우에는 새로운 위탁자가 해당 신탁재산을 취득한 것으로 본다. 다만, 위탁자 지위의 이전에도 불구하고 신탁재산에 대한 실질적인 소유권 변동이 있다고 보기 어려운 경우로서 대통령령으로 정하는 경우에는 그러하지 아니하다(지방세법 제7조 제15항).

예제

1. 지방세법상 취득세 납세의무에 관한 설명으로 옳은 것은?   제32회

① 토지의 지목을 사실상 변경함으로써 그 가액이 증가한 경우에는 취득으로 보지 아니한다.

② 상속회복청구의 소에 의한 법원의 확정판결에 의하여 특정 상속인이 당초 상속분을 초과하여 취득하게 되는 재산가액은 상속분이 감소한 상속인으로부터 증여받아 취득한 것으로 본다.

③ 권리의 이전이나 행사에 등기 또는 등록이 필요한 부동산을 직계존속과 서로 교환한 경우에는 무상으로 취득한 것으로 본다.

④ 증여로 인한 승계취득의 경우 해당 취득물건을 등기·등록하더라도 취득일부터 취득일이 속하는 달의 말일부터 3개월 이내에 공증받은 공정증서에 의하여 계약이 해제된 사실이 입증되는 경우에는 취득한 것으로 보지 아니한다.

⑤ 증여자가 배우자 또는 직계존비속이 아닌 경우 증여자의 채무를 인수하는 부담부 증여의 경우에는 그 채무액에 상당하는 부분은 부동산등을 유상으로 취득하는 것으로 본다.

해설 ① 토지의 지목을 사실상 변경함으로써 그 가액이 증가한 경우에는 취득으로 본다.
② 상속회복청구의 소에 의한 법원의 확정판결에 의하여 특정 상속인이 당초 상속분을 초과하여 취득하게 되는 재산가액은 상속분이 감소한 상속인으로부터 증여받아 취득한 것으로 보지 아니한다(지방세법 제7조 제13항 제2호).
③ 권리의 이전이나 행사에 등기 또는 등록이 필요한 부동산을 직계존속과 서로 교환한 경우에는 유상으로 취득한 것으로 본다.
④ 증여로 인한 승계취득의 경우 해당 취득물건을 등기·등록하지 않고 취득일부터 취득일이 속하는 달의 말일부터 3개월 이내에 공증받은 공정증서에 의하여 계약이 해제된 사실이 입증되는 경우에는 취득한 것으로 보지 않는다(지방세법시행령 제20조 제1항 제2호).
◆ 정답 ⑤

PART

02

2. 「지방세법」상 취득세의 납세의무에 관한 설명으로 틀린 것은? 제27회

① 부동산의 취득은 「민법」 등 관계 법령에 따른 등기를 하지 아니한 경우라도 사실상 취득하면 취득한 것으로 본다.

② 「주택법」에 따른 주택조합이 해당 조합원용으로 취득하는 조합주택용 부동산(조합원에게 귀속되지 아니하는 부동산은 제외)은 그 조합원이 취득한 것으로 본다.

③ 직계비속이 직계존속의 부동산을 매매로 취득하는 때에 해당 직계비속의 다른 재산으로 그 대가를 지급한 사실이 입증되는 경우 유상으로 취득한 것으로 본다.

④ 직계비속이 권리의 이전에 등기가 필요한 직계존속의 부동산을 서로 교환한 경우 무상으로 취득한 것으로 본다.

⑤ 직계비속이 공매를 통하여 직계존속의 부동산을 취득하는 경우 유상으로 취득한 것으로 본다.

해설 ④ 직계비속이 권리의 이전에 등기가 필요한 직계존속의 부동산을 서로 교환한 경우 유상으로 취득한 것으로 본다.

❶ **정답** ④

---

05 **취득의 시기** 제31회, 제34회

취득세는 과세물건을 취득하는 때(취득시기)에 납세의무가 성립한다. 지방세법에서 규정하고 있는 취득시기는 다음과 같다(지방세법시행령 제20조).

(1) **무상취득**(상속 · 증여)

① **원 칙**

무상취득의 경우에는 그 계약일(상속 또는 유증으로 인한 취득의 경우에는 상속 또는 유증 개시일을 말한다)에 취득한 것으로 본다. 다만, 해당 취득물건을 등기 · 등록하지 않고 다음 각 호의 어느 하나에 해당하는 서류로 계약이 해제된 사실이 입증되는 경우에는 취득한 것으로 보지 않는다(지방세법시행령 제20조 제1항).

1. 화해조서 · 인낙조서(해당 조서에서 취득일부터 취득일이 속하는 달의 말일부터 3개월 이내에 계약이 해제된 사실이 입증되는 경우만 해당한다)
2. 공정증서(공증인이 인증한 사서증서를 포함하되, 취득일부터 취득일이 속하는 달의 말일부터 3개월 이내에 공증받은 것만 해당한다)
3. 행정안전부령으로 정하는 계약해제신고서(취득일부터 취득일이 속하는 달의 말일부터 3개월 이내에 제출된 것만 해당한다)

② 예 외

증여의 경우 계약일 전에 등기 또는 등록을 한 경우에는 그 등기일 또는 등록일에 취득한 것으로 본다(지방세법시행령 제20조 제14항).

상속의 절차

증여의 절차(계약일 = 소유권이전등기일)

증여의 절차(계약일 ≠ 소유권이전등기일)

(2) 유상승계취득

🏠 유상승계절차

1) 유상승계취득의 경우에는 사실상의 잔금지급일(신고인이 제출한 자료로 사실상의 잔금지급일을 확인할 수 없는 경우에는 계약상의 잔금지급일을 말하고, 계약상 잔금 지급일이 명시되지 않은 경우에는 계약일부터 60일이 경과한 날을 말한다)에 취득한 것으로 본다. 다만, 해당 취득물건을 등기·등록하지 않고 다음 각 호의 어느 하나에 해당하는 서류로 계약이 해제된 사실이 입증되는 경우에는 취득한 것으로 보지 않는다(지방세법시행령 제20조 제2항).

① 화해조서·인낙조서(해당 조서에서 취득일부터 60일 이내에 계약이 해제된 사실이 입증되는 경우만 해당한다)(지방세법시행령 제20조 제2항 제1호)

② 공정증서(공증인이 인증한 사서증서를 포함하되, 취득일부터 60일 이내에 공증받은 것만 해당한다)(지방세법시행령 제20조 제2항 제2호)

③ 행정안전부령으로 정하는 계약해제신고서(취득일부터 60일 이내에 제출된 것만 해당한다)(지방세법시행령 제20조 제2항 제3호)

④ 부동산 거래신고 관련 법령에 따른 부동산거래계약 해제 등 신고서(취득일부터 60일 이내에 등록관청에 제출한 경우만 해당한다)(지방세법시행령 제20조 제2항 제4호)

2) 다만, 취득일 전에 등기 또는 등록을 한 경우에는 그 등기일 또는 등록일에 취득한 것으로 본다(지방세법시행령 제20조 제14항).

(3) 차량 · 기계장비 · 항공기 및 선박

차량 · 기계장비 · 항공기 및 선박(이하 이 조에서 "차량 등"이라 한다)의 경우에는 다음 각 호에 따른 날을 최초의 취득일로 본다(지방세법시행령 제20조 제3항).

① **주문을 받거나 판매하기 위하여 차량 등을 제조 · 조립 · 건조하는 경우** : 실수요자가 차량 등을 인도받는 날과 계약서 상의 잔금지급일 중 빠른 날

② **차량 등을 제조 · 조립 · 건조하는 자가 그 차량 등을 직접 사용하는 경우** : 차량 등의 등기 또는 등록일과 사실상의 사용일 중 빠른 날

(4) 수입의 경우

수입에 따른 취득은 해당 물건을 우리나라에 반입하는 날(보세구역을 경유하는 것은 수입신고필증 교부일을 말한다)을 취득일로 본다. 다만, 차량 등의 실수요자가 따로 있는 경우에는 실수요자가 차량 등을 인도받는 날과 계약상의 잔금지급일 중 빠른 날을 승계취득일로 보며, 취득자의 편의에 따라 수입물건을 우리나라에 반입하지 않거나 보세구역을 경유하지 않고 외국에서 직접 사용하는 경우에는 그 수입물건의 등기 또는 등록일을 취득일로 본다(지방세법시행령 제20조 제4항).

(5) 연부취득

> **지방세법 제6조【정 의】** 20. 매매계약서상 연부계약형식을 갖추고 일시에 완납할 수 없는 대금을 2년 이상에 걸쳐 일정액씩 분할하여 지급하는 것을 말한다.

① **원칙** : 연부로 취득하는 것(취득가액의 총액이 50만원 이하는 제외)은 그 사실상의 연부금지급일을 취득일로 본다(지방세법시행령 제20조 제5항).

② **예외** : 사실상 연부금지급일 전에 등기 또는 등록을 한 경우에는 그 등기일 또는 등록일에 취득한 것으로 본다(지방세법시행령 제20조 제14항).

(6) 건축물의 건축

건축물을 건축 또는 개수하여 취득하는 경우에는 사용승인서(「도시개발법」 제51조 제1항에 따른 준공검사 증명서, 「도시 및 주거환경정비법 시행령」 제74조에 따른 준공인가증 및 그 밖에 건축 관계 법령에 따른 사용승인서에 준하는 서류를 포함한다)를 내주는 날(사용승인서를 내주기 전에 임시사용승인을 받은 경우에는 그 임시사용승인일을 말하고, 사용승인서 또는 임시사용승인서를 받을 수 없는 건축물의 경우에는 사실상 사용이 가능한 날을 말한다)과 사실상의 사용일 중 빠른 날을 취득일로 본다(지방세법시행령 제20조 제6항).

⑺ **주택조합·재건축조합·소규모재건축조합이 조합원에게 귀속되지 아니하는 토지를 취득하는 경우**

「주택법」 제11조에 따른 주택조합이 주택건설사업을 하면서 조합원으로부터 취득하는 토지 중 조합원에게 귀속되지 아니하는 토지를 취득하는 경우에는 「주택법」 제49조에 따른 사용검사를 받은 날에 그 토지를 취득한 것으로 보고, 「도시 및 주거환경정비법」 제35조 제3항에 따른 재건축조합이 재건축사업을 하거나 「빈집 및 소규모주택 정비에 관한 특례법」 제23조 제2항에 따른 소규모재건축조합이 소규모재건축사업을 하면서 조합원으로부터 취득하는 토지 중 조합원에게 귀속되지 아니하는 토지를 취득하는 경우에는 「도시 및 주거환경정비법」 제86조 제2항 또는 「빈집 및 소규모주택 정비에 관한 특례법」 제40조 제2항에 따른 소유권이전 고시일의 다음 날에 그 토지를 취득한 것으로 본다(지방세법시행령 제20조 제7항).

⑻ **매립·간척 등에 따른 토지의 원시취득**

① **원칙** : 관계 법령에 따라 매립·간척 등으로 토지를 원시취득하는 경우에는 공사준공인가일을 취득일로 본다(지방세법시행령 제20조 제8항 전단).

② **예외** : 공사준공인가일 전에 사용승낙·허가를 받거나 사실상 사용하는 경우에는 사용승낙일·허가일 또는 사실상 사용일 중 빠른 날을 취득일로 본다(지방세법시행령 제20조 제8항 후단).

⑼ **차량·기계장비 또는 선박의 종류변경**

차량·기계장비 또는 선박의 종류변경에 따른 취득은 사실상 변경한 날과 공부상 변경한 날 중 빠른 날을 취득일로 본다(지방세법시행령 제20조 제9항).

⑽ **토지의 지목변경**

토지의 지목변경에 따른 취득은 토지의 지목이 사실상 변경된 날과 공부상 변경된 날 중 빠른 날을 취득일로 본다. 다만, 토지의 지목변경일 이전에 사용하는 부분에 대해서는 그 사실상의 사용일을 취득일로 본다(지방세법시행령 제20조 제10항).

⑾ **삭 제**

⑿ **시효취득**

「민법」 제245조 및 제247조에 따른 점유로 인한 취득의 경우에는 취득물건의 등기일 또는 등록일을 취득일로 본다(지방세법시행령 제20조 제12항).

⒀ **재산분할로 인한 취득**

「민법」 제839조의2(이혼한 자의 재산분할청구권) 및 제843조에 따른 재산분할로 인한 취득의 경우에는 취득물건의 등기일 또는 등록일을 취득일로 본다(지방세법시행령 제20조 제13항).

⒁ 등기일 또는 등록일

제1항, 제2항 및 제5항에 따른 취득일 전에 등기 또는 등록을 한 경우에는 그 등기일 또는 등록일에 취득한 것으로 본다(지방세법시행령 제20조 제14항).

예제

1. 지방세법상 취득의 시기에 관한 설명으로 틀린 것은? 제30회

① 상속으로 인한 취득의 경우: 상속개시일

② 공매방법에 의한 취득의 경우: 그 사실상의 잔금지급일과 등기일 또는 등록일 중 빠른 날

③ 건축물(주택 아님)을 건축하여 취득하는 경우로서 사용승인서를 내주기 전에 임시사용승인을 받은 경우: 그 임시사용승인일과 사실상의 사용일 중 빠른 날

④ 「민법」 제839조의2에 따른 재산분할로 인한 취득의 경우: 취득물건의 등기일 또는 등록일

⑤ 관계 법령에 따라 매립으로 토지를 원시취득하는 경우: 취득물건의 등기일

해설 ⑤ 관계 법령에 따라 매립·간척 등으로 토지를 원시취득하는 경우에는 공사준공인가일을 취득일로 본다. 다만, 공사준공인가일 전에 사용승낙·허가를 받거나 사실상 사용하는 경우에는 사용승낙일·허가일 또는 사실상 사용일 중 빠른 날을 취득일로 본다.
❶ 정답 ⑤

2. 지방세법상 취득의 시기 등에 관한 설명으로 틀린 것은? 제28회 수정

① 연부로 취득하는 것(취득가액의 총액이 50만원 이하인 것은 제외)은 그 사실상의 연부금 지급일을 취득일로 본다. 단, 취득일 전에 등기 또는 등록한 경우에는 그 등기일 또는 등록일에 취득한 것으로 본다.

② 관계법령에 따라 매립·간척 등으로 토지를 원시취득하는 경우로서 공사준공인가일 전에 사실상 사용하는 경우에는 그 사실상 사용일을 취득일로 본다.

③ 「주택법」 제11조에 따른 주택조합이 주택건설사업을 하면서 조합원으로부터 취득하는 토지 중 조합원에게 귀속되지 아니하는 토지를 취득하는 경우에는 「주택법」 제49조에 따른 사용검사를 받은 날에 그 토지를 취득한 것으로 본다.

④ 「도시 및 주거환경정비법」 제35조 제3항에 따른 재건축조합이 재건축사업을 하면서 조합원으로부터 취득하는 토지 중 조합원에게 귀속되지 아니하는 토지를 취득하는 경우에는 「도시 및 주거환경정비법」 제86조 제2항에 따른 소유권이전 고시일에 그 토지를 취득한 것으로 본다.

⑤ 토지의 지목변경에 따른 취득은 토지의 지목이 사실상 변경된 날과 공부상 변경된 날 중 빠른 날을 취득일로 본다. 다만, 토지의 지목변경일 이전에 사용하는 부분에 대해서는 그 사실상의 사용일을 취득일로 본다.

해설 ④ 「도시 및 주거환경정비법」 제35조 제3항에 따른 재건축조합이 재건축사업을 하면서 조합원으로부터 취득하는 토지 중 조합원에게 귀속되지 아니하는 토지를 취득하는 경우에는 「도시 및 주거환경정비법」 제86조 제2항에 따른 소유권이전 고시일의 다음 날에 그 토지를 취득한 것으로 본다.
❶ 정답 ④

06 취득세의 과세표준 제35회

1 과세표준의 기준

취득세의 과세표준은 취득 당시의 가액으로 한다. 다만, 연부로 취득하는 경우 취득세의 과세표준은 연부금액(매회 사실상 지급되는 금액을 말하며, 취득금액에 포함되는 계약보증금을 포함한다. 이하 이 장에서 같다)으로 한다(지방세법 제10조).

2 무상취득의 경우 과세표준

(1) 부동산 등을 무상취득하는 경우 제10조에 따른 취득 당시의 가액(이하 "취득당시가액"이라 한다)은 취득시기 현재 불특정 다수인 사이에 자유롭게 거래가 이루어지는 경우 통상적으로 성립된다고 인정되는 가액(매매사례가액, 감정가액, 공매가액 등 대통령령으로 정하는 바에 따라 시가로 인정되는 가액을 말하며, 이하 "시가인정액"이라 한다)으로 한다(지방세법 제10조의2 제1항).

(2) 제1항에도 불구하고 다음 각 호의 경우에는 해당 호에서 정하는 가액을 취득당시가액으로 한다(지방세법 제10조의2 제2항).

① **상속에 따른 무상취득의 경우** : 제4조에 따른 시가표준액

② **대통령령으로 정하는 가액 이하의 부동산 등을 무상취득**(제1호의 경우는 제외한다)하는 경우 : 시가인정액과 제4조에 따른 시가표준액 중에서 납세자가 정하는 가액

③ **제1호 및 제2호에 해당하지 아니하는 경우** : 시가인정액으로 하되, 시가인정액을 산정하기 어려운 경우에는 제4조에 따른 시가표준액

지방세법시행령 제14조【시가인정액의 산정 및 평가기간의 판단 등】 ① 법 제10조의2 제1항에서 "매매사례가액, 감정가액, 공매가액 등 대통령령으로 정하는 바에 따라 시가로 인정되는 가액" (이하 "시가인정액"이라 한다)이란 취득일 전 6개월부터 취득일 후 3개월 이내의 기간(이하 이 절에서 "평가기간"이라 한다)에 취득 대상이 된 법 제7조 제1항에 따른 부동산 등(이하 이 장에서 "부동산 등"이라 한다)에 대하여 매매, 감정, 경매(「민사집행법」에 따른 경매를 말한다. 이하 이 장에서 같다) 또는 공매(이하 이 장에서 "매매 등"이라 한다)한 사실이 있는 경우의 가액으로 서 다음 각 호의 구분에 따라 해당 호에서 정하는 가액을 말한다.

1. 취득한 부동산 등의 매매사실이 있는 경우: 그 거래가액. 다만, 「소득세법」 제101조 제1항 또는 「법인세법」에 따른 특수관계인(이하 "특수관계인"이라 한다)과의 거래 등으로 그 거래가액이 객관적으로 부당하다고 인정되는 경우는 제외한다.
2. 취득한 부동산 등에 대하여 둘 이상의 감정기관(행정안전부령으로 정하는 공신력 있는 감정 기관을 말한다. 이하 같다)이 평가한 감정가액이 있는 경우: 그 감정가액의 평균액. 다만, 다 음 각 목의 가액은 제외하며, 해당 감정가액이 법 제4조에 따른 시가표준액에 미달하는 경우 나 시가표준액 이상인 경우에도 「지방세기본법」 제147조 제1항에 따른 지방세심의위원회(이 하 "지방세심의위원회"라 한다)의 심의를 거쳐 감정평가 목적 등을 고려하여 해당 감정가액 이 부적정하다고 인정되는 경우에는 지방자치단체의 장이 다른 감정기관에 의뢰하여 감정한 가액으로 하며, 그 가액이 납세자가 제시한 감정가액보다 낮은 경우에는 납세자가 제시한 감 정가액으로 한다.
   가. 일정한 조건이 충족될 것을 전제로 해당 부동산 등을 평가하는 등 취득세의 납부 목적에 적합하지 않은 감정가액
   나. 취득일 현재 해당 부동산 등의 원형대로 감정하지 않은 경우 그 감정가액
3. 취득한 부동산 등의 경매 또는 공매 사실이 있는 경우: 그 경매가액 또는 공매가액
② 제1항 각 호의 가액이 평가기간 이내의 가액인지에 대한 판단은 다음 각 호의 구분에 따른 날을 기준으로 하며, 시가인정액이 둘 이상인 경우에는 취득일 전후로 가장 가까운 날의 가액(그 가액이 둘 이상인 경우에는 평균액을 말한다)을 적용한다.
1. 제1항 제1호의 경우: 매매계약일
2. 제1항 제2호의 경우: 가격산정기준일과 감정가액평가서 작성일
3. 제1항 제3호의 경우: 경매가액 또는 공매가액이 결정된 날
③ 제1항에도 불구하고 납세자 또는 지방자치단체의 장은 취득일 전 2년 이내의 기간 중 평가기 간에 해당하지 않는 기간에 매매 등이 있거나 평가기간이 지난 후에도 법 제20조 제1항에 따른 신고·납부기한의 만료일부터 6개월 이내의 기간 중에 매매 등이 있는 경우에는 행정안전부령 으로 정하는 바에 따라 지방세심의위원회에 해당 매매 등의 가액을 제1항 각 호의 가액으로 인 정하여 줄 것을 심의요청 할 수 있다.

③ 유상승계취득의 경우 과세표준

(1) 부동산 등을 유상거래(매매 또는 교환 등 취득에 대한 대가를 지급하는 거래를 말한다. 이하 이 장에서 같다)로 승계취득하는 경우 취득당시가액은 취득시기 이전에 해당 물건을 취득하 기 위하여 다음 각 호의 자가 거래 상대방이나 제3자에게 지급하였거나 지급하여야 할 일체의 비용으로서 대통령령으로 정하는 사실상의 취득가격(이하 "사실상취득가격"이라 한다) 으로 한다(지방세법 제10조의3 제1항).

① 납세의무자

② 「신탁법」에 따른 신탁의 방식으로 해당 물건을 취득하는 경우에는 같은 법에 따른 위탁자

③ 그 밖에 해당 물건을 취득하기 위하여 비용을 지급하였거나 지급하여야 할 자로서 대통령령으로 정하는 자

(2) 지방자치단체의 장은 특수관계인 간의 거래로 그 취득에 대한 조세부담을 부당하게 감소시키는 행위 또는 계산을 한 것으로 인정되는 경우(이하 이 장에서 "부당행위계산"이라 한다)에는 제1항에도 불구하고 시가인정액을 취득당시가액으로 결정할 수 있다(지방세법 제10조의3 제2항).

> **지방세법시행령 제18조 【사실상취득가격의 범위 등】** ① 법 제10조의3 제1항 각 호 외의 부분에서 "대통령령으로 정하는 사실상의 취득가격"(이하 "사실상취득가격"이라 한다)이란 해당 물건을 취득하기 위하여 거래 상대방 또는 제3자에게 지급했거나 지급해야 할 직접비용과 다음 각 호의 어느 하나에 해당하는 간접비용의 합계액을 말한다. 다만, 취득대금을 일시급 등으로 지급하여 일정액을 할인받은 경우에는 그 할인된 금액으로 하고, 법인이 아닌 자가 취득한 경우에는 제1호, 제2호 또는 제7호의 금액을 제외한 금액으로 한다.
> 1. 건설자금에 충당한 차입금의 이자 또는 이와 유사한 금융비용
> 2. 할부 또는 연부(年賦) 계약에 따른 이자 상당액 및 연체료
> 3. 「농지법」에 따른 농지보전부담금, 「문화예술진흥법」 제9조 제3항에 따른 미술작품의 설치 또는 문화예술진흥기금에 출연하는 금액, 「산지관리법」에 따른 대체산림자원조성비 등 관계 법령에 따라 의무적으로 부담하는 비용
> 4. 취득에 필요한 용역을 제공받은 대가로 지급하는 용역비·수수료(건축 및 토지조성공사로 수탁자가 취득하는 경우 위탁자가 수탁자에게 지급하는 신탁수수료를 포함한다)
> 5. 취득대금 외에 당사자의 약정에 따른 취득자 조건 부담액과 채무인수액
> 6. 부동산을 취득하는 경우 「주택도시기금법」 제8조에 따라 매입한 국민주택채권을 해당 부동산의 취득 이전에 양도함으로써 발생하는 매각차손. 이 경우 행정안전부령으로 정하는 금융회사 등(이하 이 조에서 "금융회사 등"이라 한다) 외의 자에게 양도한 경우에는 동일한 날에 금융회사등에 양도하였을 경우 발생하는 매각차손을 한도로 한다.
> 7. 「공인중개사법」에 따른 공인중개사에게 지급한 중개보수
> 8. 붙박이 가구·가전제품 등 건축물에 부착되거나 일체를 이루면서 건축물의 효용을 유지 또는 증대시키기 위한 설비·시설 등의 설치비용
> 9. 정원 또는 부속시설물 등을 조성·설치하는 비용
> 10. 제1호부터 제9호까지의 비용에 준하는 비용
> ② 제1항에도 불구하고 다음 각 호의 어느 하나에 해당하는 비용은 사실상취득가격에 포함하지 않는다.
> 1. 취득하는 물건의 판매를 위한 광고선전비 등의 판매비용과 그와 관련한 부대비용
> 2. 「전기사업법」, 「도시가스사업법」, 「집단에너지사업법」, 그 밖의 법률에 따라 전기·가스·열 등을 이용하는 자가 분담하는 비용
> 3. 이주비, 지장물 보상금 등 취득물건과는 별개의 권리에 관한 보상 성격으로 지급되는 비용
> 4. 부가가치세
> 5. 제1호부터 제4호까지의 비용에 준하는 비용

4 원시취득의 경우 과세표준

(1) 부동산 등을 원시취득하는 경우 취득당시가액은 사실상취득가격으로 한다(지방세법 제10조의4 제1항).

(2) 제1항에도 불구하고 법인이 아닌 자가 건축물을 건축하여 취득하는 경우로서 사실상취득 가격을 확인할 수 없는 경우의 취득당시가액은 제4조에 따른 시가표준액으로 한다(지방세법 제10조의3 제2항).

5 무상취득 · 유상승계취득 · 원시취득의 경우 과세표준에 대한 특례

(1) 제10조의2 및 제10조의3에도 불구하고 차량 또는 기계장비를 취득하는 경우 취득당시가 액은 다음 각 호의 구분에 따른 가격 또는 가액으로 한다(지방세법 제10조의5 제1항).

① **차량 또는 기계장비를 무상취득하는 경우**: 제4조 제2항에 따른 시가표준액

② **차량 또는 기계장비를 유상승계취득하는 경우**: 사실상취득가격. 다만, 사실상취득가 격에 대한 신고 또는 신고가액의 표시가 없거나 그 신고가액이 제4조 제2항에 따른 시 가표준액보다 적은 경우 취득당시가액은 같은 항에 따른 시가표준액으로 한다.

③ **차량 제조회사가 생산한 차량을 직접 사용하는 경우**: 사실상취득가격

(2) 제1항에도 불구하고 천재지변으로 피해를 입은 차량 또는 기계장비를 취득하여 그 사실 상취득가격이 제4조 제2항에 따른 시가표준액보다 낮은 경우 등 대통령령으로 정하는 경 우 그 차량 또는 기계장비의 취득당시가액은 대통령령으로 정하는 바에 따라 달리 산정 할 수 있다(지방세법 제10조의5 제2항).

(3) 제10조의2부터 제10조의4까지의 규정에도 불구하고 다음 각 호의 경우 취득당시가액의 산정 및 적용 등은 대통령령으로 정한다(지방세법 제10조의5 제3항).

① 대물변제, 교환, 양도담보 등 유상거래를 원인으로 취득하는 경우

② 법인의 합병 · 분할 및 조직변경을 원인으로 취득하는 경우

③ 「도시 및 주거환경정비법」 제2조 제8호의 사업시행자, 「빈집 및 소규모주택 정비에 관한 특례법」 제2조 제1항 제5호의 사업시행자 및 「주택법」 제2조 제11호의 주택조합 이 취득하는 경우

④ 그 밖에 제1호부터 제3호까지의 규정에 준하는 경우로서 대통령령으로 정하는 취득에 해당하는 경우

6 취득으로 보는 경우의 과세표준

(1) 다음 각 호의 경우 취득당시가액은 그 변경으로 증가한 가액에 해당하는 사실상취득가액으로 한다(지방세법 제10조의6 제1항).

① 토지의 지목을 사실상 변경한 경우

② 선박, 차량 또는 기계장비의 용도 등 대통령령으로 정하는 사항을 변경한 경우

> **지방세법시행령 제18조의6 【취득으로 보는 경우의 과세표준】** 법 제10조의6 제1항 각 호의 어느 하나에 해당하는 경우로서 사실상취득가액을 확인할 수 없는 경우의 취득당시가액은 다음 각 호의 구분에 따른 가액으로 한다.
> 1. 법 제10조의6 제1항 제1호의 경우: 토지의 지목이 사실상 변경된 때를 기준으로 가목의 가액에서 나목의 가액을 뺀 가액
>   가. 지목변경 이후의 토지에 대한 시가표준액(해당 토지에 대한 개별공시지가의 공시기준일이 지목변경으로 인한 취득일 전인 경우에는 인근 유사토지의 가액을 기준으로 「부동산 가격 공시에 관한 법률」에 따라 국토교통부장관이 제공한 토지가격비준표를 사용하여 시장·군수·구청장이 산정한 가액을 말한다)
>   나. 지목변경 전의 토지에 대한 시가표준액(지목변경으로 인한 취득일 현재 해당 토지의 변경 전 지목에 대한 개별공시지가를 말한다. 다만, 변경 전 지목에 대한 개별공시지가가 없는 경우에는 인근 유사토지의 가액을 기준으로 「부동산 가격공시에 관한 법률」에 따라 국토교통부장관이 제공한 토지가격비준표를 사용하여 시장·군수·구청장이 산정한 가액을 말한다)
> 2. 법 제10조의6 제1항 제2호의 경우: 법 제4조 제2항에 따른 시가표준액

(2) 제1항에도 불구하고 법인이 아닌 자가 제1항 각 호의 어느 하나에 해당하는 경우로서 사실상취득가격을 확인할 수 없는 경우 취득당시가액은 제4조에 따른 시가표준액을 대통령령으로 정하는 방법에 따라 계산한 가액으로 한다(지방세법 제10조의6 제1항).

(3) 건축물을 개수하는 경우 취득당시가액은 제10조의4에 따른다(지방세법 제10조의6 제3항).

(4) 제7조 제5항 전단에 따라 과점주주가 취득한 것으로 보는 해당 법인의 부동산등의 취득당시가액은 해당 법인의 결산서와 그 밖의 장부 등에 따른 부동산등의 총가액을 그 법인의 주식 또는 출자의 총수로 나눈 가액에 과점주주가 취득한 주식 또는 출자의 수를 곱한 금액으로 한다. 이 경우 과점주주는 조례로 정하는 바에 따라 취득당시가액과 그 밖에 필요한 사항을 신고하여야 한다(지방세법 제10조의6 제4항).

지방세법 제4조【부동산 등의 시가표준액】 ① 이 법에서 적용하는 토지 및 주택에 대한 시가표준액은 「부동산 가격공시에 관한 법률」에 따라 공시된 가액(價額)으로 한다. 다만, 개별공시지가 또는 개별주택가격이 공시되지 아니한 경우에는 특별자치시장·특별자치도지사·시장·군수 또는 구청장(자치구의 구청장을 말한다. 이하 같다)이 같은 법에 따라 국토교통부장관이 제공한 토지가격비준표 또는 주택가격비준표를 사용하여 산정한 가액으로 하고, 공동주택가격이 공시되지 아니한 경우에는 대통령령으로 정하는 기준에 따라 특별자치시장·특별자치도지사·시장·군수 또는 구청장이 산정한 가액으로 한다.

② 제1항 외의 건축물(새로 건축하여 건축 당시 개별주택가격 또는 공동주택가격이 공시되지 아니한 주택으로서 토지부분을 제외한 건축물을 포함한다), 선박, 항공기 및 그 밖의 과세대상에 대한 시가표준액은 거래가격, 수입가격, 신축·건조·제조가격 등을 고려하여 정한 기준가격에 종류, 구조, 용도, 경과연수 등 과세대상별 특성을 고려하여 대통령령으로 정하는 기준에 따라 지방자치단체의 장이 결정한 가액으로 한다.

지방세법시행령 제2조【토지 및 주택의 시가표준액】 「지방세법」(이하 "법"이라 한다) 제4조 제1항 본문에 따른 토지 및 주택의 시가표준액은 「지방세기본법」 제34조에 따른 세목별 납세의무의 성립시기 당시에 「부동산 가격공시에 관한 법률」에 따라 공시된 개별공시지가, 개별주택가격 또는 공동주택가격으로 한다.

지방세법시행령 제4조【건축물 등의 시가표준액 산정기준】 ① 법 제4조 제2항에서 "대통령령으로 정하는 기준"이란 매년 1월 1일 현재를 기준으로 과세대상별 구체적 특성을 고려하여 다음 각 호의 방식에 따라 행정안전부장관이 정하는 기준을 말한다.

1. 오피스텔: 행정안전부장관이 고시하는 표준가격기준액에 다음 각 목의 사항을 적용한다.
   가. 오피스텔의 용도별·층별 지수
   나. 오피스텔의 규모·형태·특수한 부대설비 등의 유무 및 그 밖의 여건에 따른 가감산율 (加減算率)

1의2. 제1호 외의 건축물: 건설원가 등을 고려하여 행정안전부장관이 산정·고시하는 건물신축가격기준액에 다음 각 목의 사항을 적용한다.
   가. 건물의 구조별·용도별·위치별 지수
   나. 건물의 경과연수별 잔존가치율
   다. 건물의 규모·형태·특수한 부대설비 등의 유무 및 그 밖의 여건에 따른 가감산율

예제

1. 지방세법상 사실상의 취득가격 또는 연부금액을 취득세의 과세표준으로 하는 경우 취득가격 또는 연부금액에 포함되지 않는 것은? (단, 특수관계인과의 거래가 아니며, 비용 등은 취득시기 이전에 지급되었음) 제27회

① 「전기사업법」에 따라 전기를 사용하는 자가 분담하는 비용
② 법인의 건설자금에 충당한 차입금의 이자
③ 법인이 연부로 취득하는 경우 연부 계약에 따른 이자상당액
④ 취득에 필요한 용역을 제공받은 대가로 지급하는 용역비
⑤ 취득대금 외에 당사자의 약정에 따른 취득자 조건 부담액

해설 ① 「전기사업법」에 따라 전기를 사용하는 자가 분담하는 비용은 취득가격에 포함하지 아니한다.

◆ 정답 ①

2. 甲은 특수관계 없는 乙로부터 다음과 같은 내용으로 주택을 취득하였다. 취득세 과세표준 금액으로 옳은 것은? 제29회 수정

• 아래의 계약내용은 「부동산 거래신고 등에 관한 법률」 제3조에 따른 신고서를 제출하여 같은 법 제5조에 따라 검증이 이루어짐
• 계약내용
  – 총매매대금   500,000,000원
    2025년 7월 2일 계약금   50,000,000원
    2025년 8월 2일 중도금   150,000,000원
    2025년 9월 3일 잔금   300,000,000원
• 甲이 주택 취득과 관련하여 지출한 비용
  – 총매매대금 외에 당사자약정에 의하여 乙의 은행채무를 甲이 대신 변제한 금액
                                                        10,000,000원
  – 법령에 따라 매입한 국민주택채권을 해당 주택의 취득 이전에 금융회사에 양도함으로써 발생하는 매각차손   1,000,000원

① 500,000,000원 ② 501,000,000원 ③ 509,000,000원
④ 510,000,000원 ⑤ 511,000,000원

해설 취득세 과세표준

(1) 총매매대금	500,000,000원
(2) 총매매대금 외에 당사자약정에 의하여 乙의 은행채무를 甲이 대신 변제한 금액	10,000,000원
(3) 법령에 따라 매입한 국민주택채권을 해당 주택의 취득 이전에 금융회사에 양도함으로써 발생한 매각차손	1,000,000원
(4) 취득세 과세표준 : (1) + (2) + (3)	511,000,000원

◆ 정답 ⑤

07 | 취득세의 세율 제35회

부동산 취득의 세율은 과세대상에 따라 표준세율과 중과세율을 적용한다. 이러한 표준세율과 중과세율은 차등비례세율로 취득세는 초과누진세율을 적용하지 않는다. 전체적인 내용은 다음과 같다.

구 분		세 율	
표준세율		탄력세율(±50%)	
중과세율	사치성 재산	표준세율 + 8%	(중복) 표준세율 × 3배
	과밀억제권역	표준세율 + 4%	
	대도시	표준세율 × 3배 − 4%	
세율의 특례		표준세율 − 2%	—
		2%	

1 부동산 취득의 표준세율

(1) 부동산에 대한 취득세는 취득 원인별·취득물건별로 구분하여 과세표준에 다음에 해당하는 표준세율을 적용하여 계산한 금액을 그 세액으로 한다(지방세법 제11조 제1항). 표준세율은 취득세 세율의 가장 기본이며 표준세율에서만 탄력세율을 적용할 수 있다.

☼ **조례에 따른 세율 조정**: 지방자치단체의 장은 조례로 정하는 바에 따라 취득세의 세율을 표준세율의 100분의 50의 범위에서 가감할 수 있다(지방세법 제14조).

부동산 취득	표준세율	
① **상속으로 인한 취득**	농 지	1천분의 23(2.3%)
	농지 외의 것	1천분의 28(2.8%)
② **상속 외의 무상취득**(증여)	1천분의 35(3.5%) ☼ 비영리사업자의 취득은 2.8%	
	(조정대상지역 내 + 3억원 이상 주택) : 12% ☼ 단, 1세대 1주택자가 소유주택을 배우자·직계존비속에게 증여한 경우 　3.5% 적용	
③ **원시취득**(신축, 재축)	1천분의 28 (2.8%)	건축(신축, 재축 제외) 또는 개수로 인하여 건축물 면적이 증가할 때 그 증가된 부분 포함
④ **공유물의 분할 또는 법률에 따른 부동산의 공유권 해소를 위한 지분이전으로 인한 취득**(등기부등본상 본인 지분을 초과하는 부분의 경우에는 제외한다)	1천분의 23(2.3%)	
⑤ **합유물 및 총유물의 분할로 인한 취득**	1천분의 23(2.3%)	

⑥ 그 밖의 원인으로 인한 취득(유상승계취득 : 매매, 교환, 현물출자, 기타 유상취득)	농 지			1천분의 30 (3%)
	농지 외의 것			1천분의 40 (4%)
⑦ 유상거래를 원인으로 주택을 취득하는 경우	개 인	1주택 (1~3%)	㉠ 6억원 이하	1%
			㉡ 6억원 초과 9억원 이하	$(취득당시가액 \times \dfrac{2}{3억원} - 3) \times \dfrac{1}{100}$
			㉢ 9억원 초과	3%
		—	조정*	비조정
		2주택	8%	1 ~ 3%
		3주택	12%	8%
		4주택 이상	12%	12%
	법 인			12%

☼ 단, 일시적 2주택은 1주택 세율 적용(1~3%)
* 조정 : 조정대상지역, 非조정 : 그 外 지역

심화 학습

1. 건축(신축과 재축은 제외한다) 또는 개수로 인하여 건축물 면적이 증가할 때에는 그 증가된 부분에 대하여 원시취득으로 보아 1천분의 28의 세율을 적용한다(지방세법 제11조 제3항).

2. 유상거래를 원인으로 주택[「주택법」 제2조 제1호의 주택으로서 「건축법」에 따른 건축물대장·사용승인서·임시사용승인서나 「부동산등기법」에 따른 등기부에 주택으로 기재(「건축법」(법률 제7696호로 개정되기 전의 것을 말한다)에 따라 건축허가 또는 건축신고 없이 건축이 가능하였던 주택(법률 제7696호 「건축법」 일부개정법률 부칙 제3조에 따라 건축허가를 받거나 건축신고가 있는 것으로 보는 경우를 포함한다)으로서 건축물대장에 기재되어 있지 아니한 주택의 경우에도 건축물대장에 주택으로 기재된 것으로 본다]된 주거용 건축물과 그 부속토지를 말한다. 이하 이 조에서 같다]을 취득하는 경우에는 다음 각 목의 구분에 따른 세율을 적용한다. 이 경우 지분으로 취득한 주택의 취득당시가액(제10조의3 및 제10조의5 제3항에서 정하는 취득당시가액으로 한정한다. 이하 이 호에서 같다)은 다음 계산식에 따라 산출한 전체 주택의 취득당시가액으로 한다(지방세법 제11조 제1항 제8호).

$$\dfrac{전체\ 주택의}{취득당시가액} = \dfrac{취득\ 지분의}{취득당시가액} \times \dfrac{전체\ 주택의\ 시가표준액}{취득\ 지분의\ 시가표준액}$$

3. 주택을 신축 또는 증축한 이후 해당 주거용 건축물의 소유자(배우자 및 직계존비속을 포함한다)가 해당 주택의 부속토지를 취득하는 경우에는 제1항 제8호(유상거래를 원인으로 주택을 취득하는 경우의 세율)를 적용하지 아니한다(지방세법 제11조 제4항).

(2) 세율 적용시 유의사항

① **농지의 범위**(지방세법시행령 제21조)

ㄱ 취득 당시 공부상 지목이 논, 밭 또는 과수원인 토지로서 실제 농작물의 경작이나 다년생식물의 재배지로 이용되는 토지. 이 경우 농지 경영에 직접 필요한 농막(農幕)·두엄간·양수장·못·늪·농도(農道)·수로 등이 차지하는 토지 부분을 포함한다.

ㄴ 취득 당시 공부상 지목이 논, 밭, 과수원 또는 목장용지인 토지로서 실제 축산용으로 사용되는 축사와 그 부대시설로 사용되는 토지, 초지 및 사료밭

② **비영리사업자의 범위**(지방세법시행령 제22조)

ㄱ 종교 및 제사를 목적으로 하는 단체

ㄴ 「초·중등교육법」 및 「고등교육법」에 따른 학교, 「경제자유구역 및 제주국제자유도시의 외국교육기관 설립·운영에 관한 특별법」 또는 「기업도시개발 특별법」에 따른 외국교육기관을 경영하는 자 및 「평생교육법」에 따른 교육시설을 운영하는 평생교육단체

ㄷ 「사회복지사업법」에 따라 설립된 사회복지법인

ㄹ 「지방세특례제한법」 제22조 제1항에 따른 사회복지법인 등

ㅁ 「정당법」에 따라 설립된 정당

③ 유상승계취득, 무상취득(상속·증여)으로 취득한 부동산이 공유물일 때에는 그 취득지분의 가액을 과세표준으로 하여 각각의 세율을 적용한다(지방세법 제11조 제2항).

(3) 법인의 주택 취득 등 중과(지방세법 제13조의2)

① 주택(제11조 제1항 제8호에 따른 주택을 말한다. 이 경우 주택의 공유지분이나 부속토지만을 소유하거나 취득하는 경우에도 주택을 소유하거나 취득한 것으로 본다. 이하 이 조 및 제13조의3에서 같다)을 유상거래를 원인으로 취득하는 경우로서 다음 각 호의 어느 하나에 해당하는 경우에는 제11조 제1항 제8호에도 불구하고 다음 각 호에 따른 세율을 적용한다(지방세법 제13조의2 제1항).

ㄱ 법인(「국세기본법」 제13조에 따른 법인으로 보는 단체, 「부동산등기법」 제49조 제1항 제3호에 따른 법인 아닌 사단·재단 등 개인이 아닌 자를 포함한다. 이하 이 조 및 제151조에서 같다)이 주택을 취득하는 경우: 제11조 제1항 제7호 나목의 세율(1천분의 40)을 표준세율로 하여 해당 세율에 중과기준세율의 100분의 400을 합한 세율

ㄴ 1세대 2주택(대통령령으로 정하는 일시적 2주택은 제외한다)에 해당하는 주택으로서 「주택법」 제63조의2 제1항 제1호에 따른 조정대상지역(이하 이 장에서 "조정대상지역"이라 한다)에 있는 주택을 취득하는 경우 또는 1세대 3주택에 해당하는 주택으로서 조정대상지역 외의 지역에 있는 주택을 취득하는 경우: 제11조 제1항 제7호 나목의 세율(1천분의 40)을 표준세율로 하여 해당 세율에 중과기준세율의 100분의 200을 합한 세율

ⓒ 1세대 3주택 이상에 해당하는 주택으로서 조정대상지역에 있는 주택을 취득하는 경우 또는 1세대 4주택 이상에 해당하는 주택으로서 조정대상지역 외의 지역에 있는 주택을 취득하는 경우: 제11조 제1항 제7호 나목의 세율(1천분의 40)을 표준세율로 하여 해당 세율에 중과기준세율의 100분의 400을 합한 세율

② 조정대상지역에 있는 주택으로서 대통령령으로 정하는 일정가액 이상의 주택을 제11조 제1항 제2호에 따른 무상취득(이하 이 조에서 "무상취득"이라 한다)을 원인으로 취득하는 경우에는 제11조 제1항 제2호에도 불구하고 같은 항 제7호 나목의 세율(1천분의 40)을 표준세율로 하여 해당 세율에 중과기준세율의 100분의 400을 합한 세율을 적용한다. 다만, 1세대 1주택자가 소유한 주택을 배우자 또는 직계존비속이 무상취득하는 등 대통령령으로 정하는 경우는 제외한다(지방세법 제13조의2 제2항).

③ ① 또는 ②와 제13조 제5항이 동시에 적용되는 과세물건에 대한 취득세율은 제16조 제5항에도 불구하고 ① 각 호의 세율 및 ②의 세율에 중과기준세율의 100분의 400을 합한 세율을 적용한다(지방세법 제13조의2 제3항).

④ ①부터 ③까지를 적용할 때 조정대상지역 지정고시일 이전에 주택에 대한 매매계약(공동주택 분양계약을 포함한다)을 체결한 경우(다만, 계약금을 지급한 사실 등이 증빙서류에 의하여 확인되는 경우에 한정한다)에는 조정대상지역으로 지정되기 전에 주택을 취득한 것으로 본다(지방세법 제13조의2 제4항).

⑤ ①부터 ④까지 및 제13조의3을 적용할 때 주택의 범위 포함 여부, 세대의 기준, 주택 수의 산정방법 등 필요한 세부 사항은 대통령령으로 정한다(지방세법 제13조의2 제5항).

(4) 주택 수의 판단 범위(지방세법 제13조의3)

제13조의2를 적용할 때 다음의 어느 하나에 해당하는 경우에는 다음에서 정하는 바에 따라 세대별 소유 주택 수에 가산한다.

① 「신탁법」에 따라 신탁된 주택은 위탁자의 주택 수에 가산한다.

② 「도시 및 주거환경정비법」 제74조에 따른 관리처분계획의 인가 및 「빈집 및 소규모주택 정비에 관한 특례법」 제29조에 따른 사업시행계획인가로 인하여 취득한 입주자로 선정된 지위[「도시 및 주거환경정비법」에 따른 재건축사업 또는 재개발사업, 「빈집 및 소규모주택 정비에 관한 특례법」에 따른 소규모재건축사업을 시행하는 정비사업조합의 조합원으로서 취득한 것(그 조합원으로부터 취득한 것을 포함한다)으로 한정하며, 이에 딸린 토지를 포함한다. 이하 이 조에서 "조합원입주권"이라 한다]는 해당 주거용 건축물이 멸실된 경우라도 해당 조합원입주권 소유자의 주택 수에 가산한다.

③ 「부동산 거래신고 등에 관한 법률」 제3조 제1항 제2호에 따른 "부동산에 대한 공급계약"을 통하여 주택을 공급받는 자로 선정된 지위(해당 지위를 매매 또는 증여 등의 방법으로 취득한 것을 포함한다. 이하 이 조에서 "주택분양권"이라 한다)는 해당 주택분양권을 소유한 자의 주택 수에 가산한다.

④ 제105조에 따라 주택으로 과세하는 오피스텔은 해당 오피스텔을 소유한 자의 주택 수에 가산한다.

예제

1. 지방세법상 취득세의 표준세율이 가장 높은 것은? (단, 「지방세특례제한법」은 고려하지 않음)

제30회 수정

① 상속으로 건물(주택 아님)을 취득한 경우
② 「사회복지사업법」에 따라 설립된 사회복지법인이 독지가의 기부에 의하여 건물을 취득한 경우
③ 영리법인이 공유수면을 매립하여 농지를 취득한 경우
④ 유상거래를 원인으로 「지방세법」 제10조에 따른 취득 당시의 가액이 7억5천만원인 주택(「주택법」에 의한 주택으로서 등기부에 주택으로 기재된 주거용 건축물과 그 부속토지)을 취득한 경우(개인의 1세대 1주택에 해당함)
⑤ 유상거래를 원인으로 농지를 취득한 경우

해설 ⑤ 유상거래를 원인으로 농지를 취득한 경우 : 3%
① 상속으로 건물(주택 아님)을 취득한 경우 : 2.8%
② 「사회복지사업법」에 따라 설립된 사회복지법인이 독지가의 기부에 의하여 건물을 취득한 경우 : 2.8%
③ 영리법인이 공유수면을 매립하여 농지를 취득한 경우 : 2.8%
④ 유상거래를 원인으로 「지방세법」 제10조에 따른 취득 당시의 가액이 7억5천만원인 주택(「주택법」에 의한 주택으로서 등기부에 주택으로 기재된 주거용 건축물과 그 부속토지)을 취득한 경우(개인의 1세대 1주택에 해당함) : 2%

◆ 정답 ⑤

2. 지방세법상 부동산 취득시 취득세 과세표준에 적용되는 표준세율로 옳은 것을 모두 고른 것은?

제26회

> ㉠ 상속으로 인한 농지취득 : 1천분의 23
> ㉡ 합유물 및 총유물의 분할로 인한 취득 : 1천분의 23
> ㉢ 원시취득(공유수면의 매립 또는 간척으로 인한 농지취득 제외) : 1천분의 28
> ㉣ 법령으로 정한 비영리사업자의 상속 외의 무상취득 : 1천분의 28

① ㉠, ㉡   ② ㉡, ㉢   ③ ㉠, ㉢
④ ㉡, ㉢, ㉣   ⑤ ㉠, ㉡, ㉢, ㉣

해설 ⑤ 모두 옳은 설명이다.
㉠ 상속으로 인한 농지취득 : 1천분의 23
㉡ 합유물 및 총유물의 분할로 인한 취득 : 1천분의 23
㉢ 원시취득(공유수면의 매립 또는 간척으로 인한 농지취득 제외) : 1천분의 28
㉣ 법령으로 정한 비영리사업자의 상속 외의 무상취득 : 1천분의 28

◆ 정답 ⑤

② 부동산 취득의 중과세율

다음에 해당하는 취득의 경우에는 표준세율을 적용하지 아니하고 중과세율을 적용한다.

☑ **중과세대상 및 세율**

중과세대상	세 율	
사치성 재산(골프장, 고급주택, 고급오락장, 고급선박)	표준세율 + 8% (2%의 4배)	
① 과밀억제권역에서 본점이나 주사무소의 사업용 부동산을 취득하는 경우 ② 과밀억제권역에서 공장을 신설하거나 증설하기 위하여 사업용 과세물건을 취득하는 경우	표준세율 + 4% (2%의 2배)	중복되는 과세대상은 표준세율의 3배를 적용
① 대도시에서 법인을 설립·설치·전입함에 따라 대도시의 부동산을 취득하는 경우 ② 대도시에서 공장을 신설하거나 증설함에 따라 부동산을 취득하는 경우	표준세율의 3배 − 4% (2%의 2배)	

> **지방세법 제6조 【정 의】** 19. "중과기준세율"이란 표준세율에 가감하거나 세율의 특례 적용기준이 되는 세율로서 1천분의 20을 말한다.

1. 사치성 재산

취득세 중과세대상인 사치성 재산에는 골프장·고급주택·고급오락장·고급선박이 있으며, 이러한 사치성 재산을 취득하는 경우(고급주택 등을 구분하여 그 일부를 취득하는 경우를 포함한다)의 취득세는 표준세율과 중과기준세율의 100분의 400을 합한 세율을 적용하여 계산한 금액을 그 세액으로 한다. 이 경우 골프장은 그 시설을 갖추어 「체육시설의 설치·이용에 관한 법률」에 따라 체육시설업의 등록(시설을 증설하여 변경등록하는 경우를 포함한다)을 하는 경우뿐만 아니라 등록을 하지 아니하더라도 사실상 골프장으로 사용하는 경우에도 적용하며, 고급주택·고급오락장에 부속된 토지의 경계가 명확하지 아니할 때에는 그 건축물 바닥면적의 10배에 해당하는 토지를 그 부속토지로 본다(지방세법 제13조 제5항).

> 사치성 재산의 중과세율 = 표준세율 + 8%
> 🔔 8% : 중과기준세율(2%)의 100분의 400(4배)

(1) 골프장용 토지와 건축물 및 그 토지상의 입목

① 「체육시설의 설치·이용에 관한 법률」에 따른 회원제 골프장용 부동산 중 구분등록의 대상이 되는 토지와 건축물 및 그 토지 상(上)의 입목을 말한다(지방세법 제13조 제5항 제2호).

② 골프장은 그 시설을 갖추어 「체육시설의 설치·이용에 관한 법률」에 따라 체육시설업의 등록(시설을 증설하여 변경등록하는 경우를 포함한다)을 하는 경우뿐만 아니라 등록을 하지 아니하더라도 사실상 골프장으로 사용하는 경우에도 적용한다(지방세법 제13조 제5항 전단).

③ 일반골프장, 간이골프장, 골프연습장 및 회원제 골프장을 승계취득하는 경우에는 표준세율을 적용한다.

(2) 고급주택

① 주거용 건축물 또는 그 부속토지의 면적과 가액이 대통령령으로 정하는 기준을 초과하거나 해당 건축물에 67제곱미터 이상의 수영장 등 대통령령으로 정하는 부대시설을 설치한 주거용 건축물과 그 부속토지를 말한다(지방세법 제13조 제5항 제3호).

② 다만, 주거용 건축물을 취득한 날부터 60일[상속으로 인한 경우는 상속개시일이 속하는 달의 말일부터, 실종으로 인한 경우는 실종선고일이 속하는 달의 말일부터 각각 6개월(납세자가 외국에 주소를 둔 경우에는 각각 9개월)] 이내에 주거용이 아닌 용도로 사용하거나 고급주택이 아닌 용도로 사용하기 위하여 용도변경공사를 착공하는 경우는 제외한다(지방세법 제13조 제5항 제3호 단서).

> **지방세법시행령 제28조 【골프장 등의 범위와 적용기준】** ④ 법 제13조 제5항 제3호에 따라 고급주택으로 보는 주거용 건축물과 그 부속토지는 다음 각 호의 어느 하나에 해당하는 것으로 한다. 다만, 제1호·제2호·제2호의2 및 제4호에서 정하는 주거용 건축물과 그 부속토지 또는 공동주택과 그 부속토지는 법 제4조 제1항에 따른 취득 당시의 시가표준액이 9억원을 초과하는 경우만 해당한다.
>
> 1. 1구(1세대가 독립하여 구분 사용할 수 있도록 구획된 부분을 말한다)의 건축물의 연면적(주차장면적은 제외한다)이 331제곱미터를 초과하는 주거용 건축물과 그 부속토지
> 2. 1구의 건축물의 대지면적이 662제곱미터를 초과하는 주거용 건축물과 그 부속토지
> 2의2. 1구의 건축물에 엘리베이터(적재하중 200킬로그램 이하의 소형엘리베이터는 제외한다)가 설치된 주거용 건축물과 그 부속토지(공동주택과 그 부속토지는 제외한다)
> 3. 1구의 건축물에 에스컬레이터 또는 67제곱미터 이상의 수영장 중 1개 이상의 시설이 설치된 주거용 건축물과 그 부속토지(공동주택과 그 부속토지는 제외한다)
> 4. 1구의 공동주택(여러 가구가 한 건축물에 거주할 수 있도록 건축된 다가구용 주택을 포함하되, 이 경우 한 가구가 독립하여 거주할 수 있도록 구획된 부분을 각각 1구의 건축물로 본다)의 건축물 연면적(공용면적은 제외한다)이 245제곱미터(복층형은 274제곱미터로 하되, 한 층의 면적이 245제곱미터를 초과하는 것은 제외한다)를 초과하는 공동주택과 그 부속토지

골프장 등의 범위와 적용기준(지방세법시행령 제28조 제4항)

공동주택의 경우 여러 가구가 한 건축물에 거주할 수 있도록 건축된 다가구용 주택을 포함하되, 이 경우 한 가구가 독립하여 거주할 수 있도록 구획된 부분을 각각 1구의 건축물로 본다.

(3) 고급오락장

① 도박장, 유흥주점영업장, 특수목욕장, 그 밖에 이와 유사한 용도에 사용되는 건축물 중 대통령령으로 정하는 건축물과 그 부속토지를 말한다(지방세법 제13조 제5항 제4호).

② 고급오락장에 부속된 토지의 경계가 명확하지 아니할 때에는 그 건축물 바닥면적의 10배에 해당하는 토지를 그 부속토지로 본다(지방세법 제13조 제5항 후단).

③ 다만, 고급오락장용 건축물을 취득한 날부터 60일[상속으로 인한 경우는 상속개시일이 속하는 달의 말일부터, 실종으로 인한 경우는 실종선고일이 속하는 달의 말일부터 각각 6개월(납세자가 외국에 주소를 둔 경우에는 각각 9개월)] 이내에 고급오락장이 아닌 용도로 사용하거나 고급오락장이 아닌 용도로 사용하기 위하여 용도변경공사를 착공하는 경우는 제외한다(지방세법 제13조 제5항 제4호 단서).

(4) 고급선박

비업무용 자가용 선박으로서 시가표준액이 3억원을 초과하는 선박을 말한다. 다만, 실험·실습 등의 용도에 사용할 목적으로 취득하는 것은 제외한다(지방세법 제13조 제5항 제5호, 지방세법시행령 제28조 제6항).

2. 과밀억제권역 안 취득 등 중과

다음에 해당하는 과밀억제권역 안 취득에 대한 취득세율은 표준세율에 중과기준세율의 100분의 200을 합한 세율을 적용한다(지방세법 제13조 제1항).

> | 과밀억제권역 안 취득에 대한 취득세율 | = | 표준세율 + 4% |
> | --- | --- | --- |
>
> 🔔 4% : 중과기준세율(2%)의 100분의 200(2배)

심화 학습 과밀억제권역(수도권정비계획법 제6조 제1항, 수도권정비계획법시행령 [별표1])

1. **과밀억제권역**
   인구와 산업이 지나치게 집중되었거나 집중될 우려가 있어 이전하거나 정비할 필요가 있는 지역

2. **과밀억제권역의 범위**
   ① 서울특별시
   ② 인천광역시(강화군, 옹진군, 서구 대곡동·불로동·마전동·금곡동·오류동·왕길동·당하동·원당동, 인천경제자유구역 및 남동 국가산업단지는 제외한다)
   ③ 의정부시, 구리시, 남양주시(호평동, 평내동, 금곡동, 일패동, 이패동, 삼패동, 가운동, 수석동, 지금동 및 도농동만 해당한다), 하남시, 고양시, 수원시, 성남시, 안양시, 부천시, 광명시, 과천시, 의왕시, 군포시, 시흥시[반월특수지역(반월특수지역에서 해제된 지역을 포함한다)은 제외한다]

(1) 과밀억제권역에서 법인의 본점이나 주사무소의 사업용 부동산을 취득하는 경우

① 「수도권정비계획법」 제6조에 따른 과밀억제권역에서 법인의 본점이나 주사무소의 사업용으로 신축하거나 증축하는 건축물(「신탁법」에 따른 수탁자가 취득한 신탁재산 중 위탁자가 신탁기간 중 또는 신탁종료 후 위탁자의 본점이나 주사무소의 사업용으로 사용하기 위하여 신축하거나 증축하는 건축물을 포함한다)과 그 부속토지를 취득하는 경우 중과세한다(지방세법 제13조 제1항 전단).

② 영리법인·비영리법인 관계없이 모든 법인이 해당한다(지방세법 제13조 제1항).

🏠 **과밀억제권역 법인 본점·주사무소 사업용 부동산**

(2) 과밀억제권역에서 공장을 신설하거나 증설하기 위하여 사업용 과세물건을 취득하는 경우

① **중과세대상 지역**: 「수도권정비계획법」 제6조의 규정에 의한 과밀억제권역을 말한다. 다만, 「산업집적활성화 및 공장설립에 관한 법률」을 적용받는 산업단지·유치지역 및 「국토의 계획 및 이용에 관한 법률」을 적용받는 공업지역은 제외한다(지방세법 제13조 제1항).

② **중과세대상 공장**

　　㉠ **신설 공장의 범위**: 생산설비를 갖춘 건축물의 연면적(옥외에 기계장치 또는 저장시설이 있는 경우에는 그 시설의 수평투영면적을 포함)이 500제곱미터 이상인 것을 말한다. 다만, 「산업집적활성화 및 공장설립에 관한 법률」에 따른 도시형 공장은 제외한다. 이 경우 건축물의 연면적에는 해당 공장의 제조시설을 지원하기 위하여 공장 경계구역 안에 설치되는 부대시설(식당, 휴게실, 목욕실, 세탁장, 의료실, 옥외 체육시설 및 기숙사 등 종업원의 후생복지증진에 제공되는 시설과 대피소, 무기고, 탄약고 및 교육시설은 제외)의 연면적을 포함한다(지방세법시행규칙 제7조 제1항).

　　㉡ **증설 공장의 범위**: 건축물 연면적의 100분의 20 이상을 증설하거나 건축물 연면적 330제곱미터를 초과하여 증설하는 경우만 해당한다(지방세법시행규칙 제7조 제2항 제1호 나목).

③ **중과세대상 과세물건**(지방세법시행규칙 제7조 제2항 제1호)

　　㉠ 공장을 신설하거나 증설하는 경우: 공장용 건축물과 그 부속토지

　　㉡ 공장을 신설하거나 증설한 날부터 5년 이내에 취득하는 공장용 차량 및 기계장비

☑ **중과세대상 공장의 범위와 적용기준**

구 분	내 용
중과세대상 지역	과밀억제권역(단, 산업단지, 유치지역, 공업지역은 제외)
업 종	비도시형 업종(도시형 공장은 제외)
신설 공장의 범위	생산설비를 갖춘 건축물의 연면적이 500m² 이상
증설 공장의 범위	건축물 연면적의 100분의 20 이상을 증설하거나 건축물 연면적 330m² 초과하여 증설하는 경우
중과세 적용자산	• 공장용 건축물과 그 부속토지 • 공장을 신설하거나 증설한 날부터 5년 이내에 취득하는 공장용 차량 및 기계장비

3. 대도시 안의 부동산 취득에 대한 중과세

다음에 해당하는 부동산(「신탁법」에 따른 수탁자가 취득한 신탁재산을 포함한다)을 취득하는 경우의 취득세는 제11조 제1항의 표준세율의 100분의 300에서 중과기준세율의 100분의 200을 뺀 세율(제11조 제1항 제8호에 해당하는 주택을 취득하는 경우에는 제13조의2 제1항 제1호에 해당하는 세율)을 적용한다(지방세법 제13조 제2항).

대도시 안의 부동산 취득에 대한 중과세	=	표준세율의 3배 − 4%

🔔 4%: 중과기준세율(2%)의 100분의 200(2배)

> **넓혀 보기**
>
> **대도시**(지방세법 제13조 제2항)
> "대도시"란 「수도권정비계획법」 제6조에 따른 과밀억제권역 중에서 「산업집적활성화 및 공장설립에 관한 법률」을 적용받는 산업단지를 제외한 지역을 말한다.

(1) 대도시에서 법인 설립 등의 부동산 취득

① 중과세대상 부동산

㉠ 대도시에서 법인의 설립 등을 하기 이전에 취득하는 부동산 : 대도시에서 법인을 설립[휴면(休眠)법인을 인수하는 경우를 포함한다]하거나 지점 또는 분사무소를 설치하는 경우 및 법인의 본점·주사무소·지점 또는 분사무소를 대도시 밖에서 대도시로 전입(「수도권정비계획법」에 따른 수도권의 경우에는 서울특별시 외의 지역에서 서울특별시로의 전입도 대도시로의 전입으로 본다)함에 따라 대도시의 부동산을 취득(그 설립·설치·전입 이후의 부동산 취득을 포함한다)하는 경우(지방세법 제13조 제2항 제1호)

> **심화 학습** 대도시 부동산 취득의 중과세 범위와 적용기준
>
> 대도시에서의 법인 설립, 지점·분사무소 설치 및 법인의 본점·주사무소·지점·분사무소의 대도시 전입에 따른 부동산 취득은 해당 법인 또는 행정안전부령으로 정하는 사무소 또는 사업장이 그 설립·설치·전입 이전에 법인의 본점·주사무소·지점 또는 분사무소의 용도로 직접 사용하기 위한 부동산 취득(채권을 보전하거나 행사할 목적으로 하는 부동산 취득은 제외한다)으로 한다(지방세법시행령 제27조 제3항 전단).

㉡ 대도시에서 법인의 설립 등을 한 이후에 취득하는 부동산 : 대도시에서 법인 또는 사무소의 설립·설치·전입 이후의 부동산 취득은 법인 또는 사무소 등이 설립·설치·전입 이후 5년 이내에 하는 업무용·비업무용 또는 사업용·비사업용의 모든 부동산 취득으로 한다. 이 경우 부동산 취득에는 공장의 신설·증설, 공장의 승계취득, 해당 대도시에서의 공장 이전 및 공장의 업종변경에 따르는 부동산 취득을 포함한다(지방세법시행령 제27조 제3항 후단).

② 중과세 제외대상

㉠ 「산업집적활성화 및 공장설립에 관한 법률」을 적용받는 산업단지 안의 부동산 취득(지방세법 제13조 제2항)

㉡ 대도시에 설치가 불가피하다고 인정되는 업종으로서 대통령령으로 정하는 업종("대도시 중과 제외 업종"이라 한다)에 직접 사용할 목적으로 부동산을 취득하는 경우의 취득세는 제11조에 따른 해당 세율을 적용한다(지방세법 제13조 제2항 후단).

㉢ 사원에 대한 임대용으로 직접 사용할 목적으로 취득하는 주택으로서 1구의 건축물의 연면적(전용면적을 말한다)이 60제곱미터 이하인 공동주택(「건축법 시행령」 별표 1 제1호 다목에 따른 다가구주택으로서 「건축법」 제38조에 따른 건축물대장에 호수별로 전용면적이 구분되어 기재되어 있는 다가구주택을 포함한다). 다만, 다음 각 목의 어느 하나에 해당하는 주택은 제외한다(지방세법시행령 제28조의2 제12호).

ⓐ 취득하는 자가 개인인 경우로서 「지방세기본법시행령」 제2조 제1항 각 호의 어느 하나에 해당하는 관계인 사람에게 제공하는 주택

ⓑ 취득하는 자가 법인인 경우로서 「지방세기본법」 제46조 제2호에 따른 과점주주에게 제공하는 주택

ⓒ 정당한 사유 없이 그 취득일부터 1년이 경과할 때까지 해당 용도에 직접 사용하지 않거나 해당 용도로 직접 사용한 기간이 3년 미만인 상태에서 매각·증여하거나 다른 용도로 사용하는 주택

⑵ **대도시 내 공장의 신설 또는 증설에 따른 부동산 취득**

대도시(「산업집적활성화 및 공장설립에 관한 법률」을 적용받는 유치지역 및 「국토의 계획 및 이용에 관한 법률」을 적용받는 공업지역은 제외)에서 공장을 신설하거나 증설함에 따라 부동산을 취득하는 경우 중과세한다(지방세법 제13조 제2항 제2호).

4. 중복대상(동시적용 대상)의 세율 적용

⑴ 과밀억제권역 안 법인의 부동산 취득 등과 대도시 안 법인 설립 등에 따른 부동산 취득 등이 동시에 적용되는 과세물건에 대한 취득세율은 해당 중과세율에도 불구하고 표준세율의 100분의 300(3배)으로 한다(지방세법 제13조 제6항).

⑵ 대도시 안 법인 설립 등에 따른 부동산 취득 등과 사치성 재산 취득 등이 동시에 적용되는 과세물건에 대한 취득세율은 해당 중과세율에도 불구하고 표준세율의 100분의 300에 중과기준세율의 100분의 200을 합한 세율을 적용한다. 다만, 유상거래를 원인으로 주택을 취득하는 경우에는 해당 세율에 중과기준세율의 100분의 600을 합한 세율을 적용한다(지방세법 제13조 제7항).

③ 세율의 특례

1. 형식적인 소유권 취득에 대한 세율 적용의 특례

다음의 어느 하나에 해당하는 취득에 대한 취득세는 표준세율에서 중과기준세율을 뺀 세율로 산출한 금액을 그 세액으로 하되, 유상거래를 원인으로 주택의 취득에 대한 취득세는 해당 세율에 100분의 50을 곱한 세율을 적용하여 산출한 금액을 그 세액으로 한다. 다만, 취득물건이 대도시 내 법인 설립 등에 대한 부동산의 취득에 해당하는 경우에는 산출한 세액(표준세율 – 중과기준세율)의 100분의 300을 적용한다(지방세법 제15조 제1항).

원 칙	표준세율 – 2%
예 외	대도시 내 법인 설립 등에 따른 부동산 취득 ⇨ (표준세율 – 2%) × 3배

① 환매등기를 병행하는 부동산의 매매로서 환매기간 내에 매도자가 환매한 경우의 그 매도자와 매수자의 취득

② **상속으로 인한 취득 중 다음의 어느 하나에 해당하는 취득**

　㉠ 대통령령으로 정하는 1가구 1주택(고급주택 제외)의 취득

　㉡ 「지방세특례제한법」에 따라 취득세의 감면대상이 되는 농지의 취득

③ 「법인세법」에 따른 법인의 합병으로 인한 취득. 다만, 법인의 합병으로 인하여 취득한 과세물건이 합병 후에 중과세 과세물건에 해당하게 되는 경우 또는 합병등기일부터 3년 이내에 「법인세법」 제44조의3 제3항 각 호의 어느 하나에 해당하는 사유가 발생하는 경우(같은 항 각 호 외의 부분 단서에 해당하는 경우는 제외한다)에는 그러하지 아니하다.

④ 공유물·합유물의 분할 또는 「부동산 실권리자명의 등기에 관한 법률」에서 규정하고 있는 부동산의 공유권 해소를 위한 지분이전으로 인한 취득(등기부등본상 본인 지분을 초과하는 부분의 경우에는 제외)

⑤ 건축물의 이전으로 인한 취득. 다만, 이전한 건축물의 가액이 종전 건축물의 가액을 초과하는 경우에 그 초과하는 가액에 대하여는 그러하지 아니하다.

⑥ 「민법」에 따른 이혼으로 인한 재산분할로 인한 취득

⑦ **그 밖의 형식적인 취득 등 대통령령으로 정하는 취득** : "그 밖의 형식적인 취득 등 대통령령으로 정하는 취득"이란 벌채하여 원목을 생산하기 위한 입목의 취득을 말한다(지방세법시행령 제30조 제1항).

2. 취득의제 등 기타 세율적용의 특례

다음의 어느 하나에 해당하는 취득에 대한 취득세는 중과기준세율(1천분의 20)을 적용하여 계산한 금액을 그 세액으로 한다. 다만, 취득물건이 과밀억제권역 내 부동산 취득 또는 공장의 신·증설을 위한 부동산 취득의 경우에는 중과기준세율(1천분의 20)의 100분의 300(3배)을, 사치성 재산의 취득에 해당하는 경우에는 중과기준세율(1천분의 20)의 100분의 500(5배)을 각각 적용한다(지방세법 제15조 제2항).

원 칙	중과기준세율(2%)
예 외	• 과밀억제권역에서 법인의 본점 또는 주사무소 사업용 부동산 취득시 중과기준세율(2%)의 100분의 300(3배)인 6% • 사치성 재산 취득시 중과기준세율(2%)의 100분의 500(5배)인 10%

① 개수로 인한 취득(개수로 인하여 건축물 면적이 증가할 때에는 그 증가된 부분에 대하여 원시취득으로 보아 1천분의 28을 적용한다). 이 경우 과세표준은 증가한 가액으로 한다.

② 선박·차량과 기계장비 및 토지의 가액 증가. 이 경우 과세표준은 증가한 가액으로 한다.

③ 과점주주의 취득. 이 경우 과세표준은 그 부동산 등의 총가액을 그 법인의 주식 또는 출자의 총수로 나눈 가액에 과점주주가 취득한 주식 또는 출자의 수를 곱한 금액으로 한다.

④ 외국인 소유의 취득세 과세대상 물건(차량, 기계장비, 항공기 및 선박만 해당한다)의 소유권을 이전 받는 조건으로 임차하여 수입하는 경우의 취득(연부로 취득하는 경우로 한정)

⑤ 시설대여업자의 건설기계 또는 차량 취득

⑥ 취득대금을 지급한 자의 기계장비 또는 차량 취득. 다만, 기계장비 또는 차량을 취득하면서 기계장비대여업체 또는 운수업체의 명의로 등록하는 경우로 한정한다.

⑦ 「지방세법」 제7조 제14항 본문에 따른 토지의 소유자의 취득

⑧ 그 밖에 레저시설의 취득 등 대통령령으로 정하는 취득

> **세율의 특례 대상**(지방세법시행령 제30조 제2항)
> "레저시설의 취득 등 대통령령으로 정하는 취득"이란 다음의 어느 하나에 해당하는 취득을 말한다.
> 1. 레저시설, 저장시설, 독시설, 접안시설, 도관시설, 급수·배수시설 및 에너지 공급시설의 취득
> 2. 무덤과 이에 접속된 부속시설물의 부지로 사용되는 토지로서 지적공부상 지목이 묘지인 토지의 취득
> 3. 존속기간이 1년을 초과하는 임시건축물의 취득
> 4. 「여신전문금융업법」에 따라 건설기계나 차량을 등록한 대여시설이용자가 그 시설대여업자로부터 취득하는 건설기계 또는 차량의 취득
> 5. 건축물을 건축하여 취득하는 경우로서 그 건축물에 대하여 소유권의 보존 등기 또는 소유권의 이전 등기에 대한 등록면허세 납세의무가 성립한 후 취득시기가 도래하는 건축물의 취득

예제

지방세법상 취득세 표준세율에서 중과기준세율을 뺀 세율로 산출한 금액을 그 세액으로 하는 것으로만 모두 묶은 것은? (단, 취득물건은 「지방세법」 제11조 제1항 제8호에 따른 주택 외의 부동산이며 취득세 중과대상이 아님)

제28회

> ㉠ 환매등기를 병행하는 부동산의 매매로서 환매기간 내에 매도자가 환매한 경우의 그 매도자와 매수자의 취득
> ㉡ 존속기간이 1년을 초과하는 임시건축물의 취득
> ㉢ 「민법」 제839조의2에 따라 이혼시 재산분할로 인한 취득
> ㉣ 등기부등본상 본인 지분을 초과하지 않는 공유물의 분할로 인한 취득

① ㉠, ㉡   ② ㉡, ㉣   ③ ㉢, ㉣

④ ㉠, ㉡, ㉢   ⑤ ㉠, ㉢, ㉣

해설 ⑤ 해당하는 것은 ㉠㉢㉣이다.
㉠ 환매등기를 병행하는 부동산의 매매로서 환매기간 내에 매도자가 환매한 경우의 그 매도자와 매수자의 취득: 표준세율에서 중과기준세율을 뺀 세율
㉢ 「민법」 제839조의2에 따라 이혼시 재산분할로 인한 취득: 표준세율에서 중과기준세율을 뺀 세율
㉣ 등기부등본상 본인 지분을 초과하지 않는 공유물의 분할로 인한 취득: 표준세율에서 중과기준세율을 뺀 세율
㉡ 존속기간이 1년을 초과하는 임시건축물의 취득: 중과기준세율

◆ 정답 ⑤

④ 세율 적용

(1) 토지나 건축물을 취득한 후 5년 이내에 해당 토지나 건축물이 다음의 어느 하나에 해당하게 된 경우에는 해당 중과세율을 적용하여 취득세를 추징한다(지방세법 제16조 제1항).

　① 과밀억제권역 안 취득 중과에 따른 본점이나 주사무소의 사업용 부동산(본점 또는 주사무소용 건축물을 신축하거나 증축하는 경우와 그 부속토지만 해당한다)

　② 과밀억제권역 안 취득 중과에 따른 공장의 신설용 또는 증설용 부동산

　③ 골프장, 고급주택 또는 고급오락장

취득 후 5년 이내에 중과세대상이 된 경우	취득 후 5년 이내에 중과세율 적용대상이 된 경우 취득세 중과세율 적용대상 과세표준은 건축물과 부속토지의 전체 가액에 중과세율을 적용하여 추징한다. •골프장·고급오락장·고급주택이 된 경우 •과밀억제권역 내 공장의 신설 또는 증설용 부동산이 된 경우 •과밀억제권역 내 법인의 본점 또는 주사무소의 사업용 부동산이 된 경우
취득 후 5년 경과 후 중과세율 적용대상이 된 경우	취득 후 5년 경과 후 중과세율 적용대상이 된 경우에는 그 증가한 건축물의 가액에만 중과세율을 적용한다. •골프장·고급오락장·고급주택을 증축·개축 또는 개수한 경우 •일반 건축물을 증축·개축 또는 개수하여 고급주택 또는 고급오락장이 된 경우

(2) 고급주택, 골프장 또는 고급오락장용 건축물을 증축·개축 또는 개수한 경우와 일반건축물을 증축·개축 또는 개수하여 고급주택 또는 고급오락장이 된 경우에 그 증가되는 건축물의 가액에 대하여 해당 중과세율을 적용한다(지방세법 제16조 제2항).

취득 후 5년 이내 증축·개수	취득 후 5년 후 증축·개수
토지·건축물 중과세(추징)	증가된 건축물 가액에만 중과세(적용)

(3) 과밀억제권역 안 취득 중과에 따른 공장 신설 또는 증설의 경우에 사업용 과세물건의 소유자와 공장을 신설하거나 증설한 자가 다를 때에는 그 사업용 과세물건의 소유자가 공장을 신설하거나 증설한 것으로 보아 중과세율을 적용한다. 다만, 취득일부터 공장 신설 또는 증설을 시작한 날까지의 기간이 5년이 지난 사업용 과세물건은 제외한다(지방세법 제16조 제3항).

(4) 취득한 부동산이 취득한 날부터 5년 이내에 대도시에서 법인의 설립 등에 따른 부동산이 되거나 대도시에서 공장의 신·증설용 부동산에 해당하게 되는 경우 해당 중과세율을 적용하여 취득세를 추징한다(지방세법 제16조 제4항).

(5) 같은 취득물건에 대하여 둘 이상의 세율이 해당되는 경우에는 그중 높은 세율을 적용한다 (지방세법 제16조 제5항).

(6) 취득한 부동산이 다음 각 호의 어느 하나에 해당하는 경우에는 제5항에도 불구하고 다음 각 호의 세율을 적용하여 취득세를 추징한다(지방세법 제16조 제6항).

① **제1항 제1호 또는 제2호와 제4항이 동시에 적용되는 경우**: 제13조 제6항의 세율

② **제1항 제3호와 제13조의2 제1항 또는 같은 조 제2항이 동시에 적용되는 경우**: 제13조의2 제3항의 세율

예제

지방세법상 취득세의 과세표준 및 세율에 관한 설명으로 틀린 것은? 제26회

① 취득세의 과세표준은 취득 당시의 가액으로 한다. 다만, 연부로 취득하는 경우의 과세표준은 매회 사실상 지급되는 금액을 말하며, 취득금액에 포함되는 계약보증금을 포함한다(단, 신고가액은 시가표준액보다 큼).

② 건축(신축·재축 제외)으로 인하여 건축물 면적이 증가할 때에는 그 증가된 부분에 대하여 원시취득으로 보아 해당 세율을 적용한다.

③ 환매등기를 병행하는 부동산의 매매로서 환매기간 내에 매도자가 환매한 경우의 그 매도자와 매수자의 취득에 대한 취득세는 표준세율에 중과기준세율(1천분의 20)을 합한 세율로 산출한 금액으로 한다.

④ 토지를 취득한 자가 그 취득한 날부터 1년 이내에 그에 인접한 토지를 취득한 경우에는 그 전후의 취득에 관한 토지의 취득을 1건의 토지 취득으로 보아 면세점을 적용한다.

⑤ 지방자치단체장은 조례로 정하는 바에 따라 취득세 표준세율의 100분의 50 범위에서 가감할 수 있다.

해설 ③ 환매등기를 병행하는 부동산의 매매로서 환매기간 내에 매도자가 환매한 경우의 그 매도자와 매수자의 취득에 대한 취득세는 표준세율에서 중과기준세율(1천분의 20)을 뺀 세율로 산출한 금액으로 한다.

◆ **정답 ③**

08 취득세의 부과·징수

1 납세지

(1) 개 요

취득세는 도세로서 취득과세대상 물건의 소재지를 관할하는 특별시·광역시·도에서 그 취득자에게 부과함이 원칙이지만 도세 징수의 위임에 관한 규정에 따라 실제로 취득세 부과·징수는 과세대상 물건의 소재지를 관할하는 시장·군수·구청장이 징수하게 된다 (지방세법 제8조).

(2) 납세지(지방세법 제8조 제1항)

① **부동산**: 부동산 소재지

② **차량**: 「자동차관리법」에 따른 등록지. 다만, 등록지가 사용본거지와 다른 경우에는 사용본거지를 납세지로 하고, 철도차량의 경우에는 해당 철도차량의 청소, 유치(留置), 조성, 검사, 수선 등을 주로 수행하는 철도차량기지의 소재지를 납세지로 한다.

③ **기계장비**: 「건설기계관리법」에 따른 등록지

④ **항공기**: 항공기의 정치장(定置場) 소재지

⑤ **선박**: 선적항 소재지. 다만, 「수상레저기구의 등록 및 검사에 관한 법률」 제3조 각 호에 해당하는 동력수상레저기구의 경우에는 같은 법 제6조 제1항에 따른 등록지로 하고, 그 밖에 선적항이 없는 선박의 경우에는 정계장 소재지(정계장이 일정하지 아니한 경우에는 선박 소유자의 주소지)로 한다.

⑥ **입목**: 입목 소재지

⑦ **광업권**: 광구 소재지

⑧ **어업권·양식업권**: 어장 소재지

⑨ **골프 회원권, 승마 회원권, 콘도미니엄 회원권, 종합체육시설 이용 회원권 또는 요트 회원권**: 골프장·승마장·콘도미니엄·종합체육시설 및 요트 보관소의 소재지

(3) (2)에 따른 납세지가 분명하지 아니한 경우에는 해당 취득물건의 소재지를 그 납세지로 한다(지방세법 제8조 제2항).

(4) 같은 취득물건이 둘 이상의 지방자치단체에 걸쳐 있는 경우에는 대통령령으로 정하는 바에 따라 소재지별로 안분한다(지방세법 제8조 제3항).

> **넓혀 보기**
>
> **취득세 안분 기준**(지방세법시행령 제12조)
> 같은 취득물건이 둘 이상의 시·군·구에 걸쳐 있는 경우 각 시·군·구에 납부할 취득세를 산출할 때 그 과세표준은 취득 당시의 가액을 취득물건의 소재지별 시가표준액 비율로 나누어 계산한다.

2 부과 · 징수 제31회, 제32회, 제33회

(1) **징수방법**(지방세법 제18조)

취득세의 징수는 신고납부의 방법으로 한다.

(2) **통보 등**(지방세법 제19조)

다음 각 호의 자는 취득세 과세물건을 매각(연부로 매각한 것을 포함한다)하면 매각일부터 30일 이내에 대통령령으로 정하는 바에 따라 그 물건 소재지를 관할하는 지방자치단체의 장에게 통보하거나 신고하여야 한다.
① 국가, 지방자치단체 또는 지방자치단체조합
② 국가 또는 지방자치단체의 투자기관(재투자기관을 포함한다)
③ 삭제
④ 그 밖에 제1호 및 제2호에 준하는 기관 및 단체로서 대통령령으로 정하는 자

(3) 신고 및 납부

① 일반적인 신고납부기한

취득세 과세물건을 취득한 자는 그 취득한 날(「부동산 거래신고 등에 관한 법률」에 따른 토지거래계약에 관한 허가구역에 있는 토지를 취득하는 경우로서 토지거래계약에 관한 허가를 받기 전에 거래대금을 완납한 경우에는 그 허가일이나 허가구역의 지정 해제일 또는 축소일을 말함)부터 60일[무상취득(상속은 제외한다) 또는 증여자의 채무를 인수하는 부담부 증여로 인한 취득의 경우는 취득일이 속하는 달의 말일부터 3개월, 상속으로 인한 경우는 상속개시일이 속하는 달의 말일부터, 실종으로 인한 경우는 실종선고일이 속하는 달의 말일부터 각각 6개월 (외국에 주소를 둔 상속인이 있는 경우에는 각각 9개월)] 이내에 그 과세표준에 해당 세율을 적용하여 산출한 세액을 신고하고 납부하여야 한다(지방세법 제20조 제1항).

> **넓혀 보기**
>
> **신고 및 납부**(지방세법시행령 제33조)
> 1. 취득세를 신고하려는 자는 행정안전부령으로 정하는 신고서에 취득물건, 취득일 및 용도 등을 적어 납세지를 관할하는 시장·군수·구청장에게 신고하여야 한다(지방세법시행령 제33조 제1항).
> 2. 지방자치단체의 금고 또는 지방세수납대행기관(「지방회계법시행령」 제49조 제1항 및 제2항에 따라 지방자치단체 금고업무의 일부를 대행하는 금융회사 등을 말한다)은 취득세를 납부받으면 납세자 보관용 영수필 통지서, 취득세 영수필 통지서(등기·등록관서의 시·군·구 통보용) 및 취득세 영수필 확인서 각 1부를 납세자에게 내주고, 지체 없이 취득세 영수필 통지서(시·군·구 보관용) 1부를 해당 시·군·구의 세입징수관에게 송부하여야 한다. 다만, 「전자정부법」 제36조 제1항에 따라 행정기관 간에 취득세 납부사실을 전자적으로 확인할 수 있는 경우에는 납세자에게 납세자 보관용 영수필 통지서를 교부하는 것으로 갈음할 수 있다(지방세법시행령 제33조 제3항).

② 중과세율 적용대상이 된 경우

취득세 과세물건을 취득한 후에 그 과세물건이 제13조 제1항부터 제7항까지의 세율의 적용대상(중과세율의 적용대상)이 되었을 때에는 대통령령으로 정하는 날부터 60일 이내에 제13조 제1항부터 제7항까지의 세율(제16조 제6항 제2호에 해당하는 경우에는 제13조의2 제3항의 세율)을 적용하여 산출한 세액에서 이미 납부한 세액(가산세는 제외한다)을 공제한 금액을 세액으로 하여 대통령령으로 정하는 바에 따라 신고하고 납부하여야 한다(지방세법 제20조 제2항).

추가신고납부세액 = (과세표준 × 중과세율) − 기납부세액(가산세 제외)

♠ 취득세의 신고납부

③ **취득세 부과대상 또는 추징대상이 된 경우**

「지방세법」 또는 다른 법령에 따라 취득세를 비과세, 과세면제 또는 경감받은 후에 해당 과세물건이 취득세 부과대상 또는 추징대상이 되었을 때에는 그 사유 발생일부터 60일 이내에 해당 과세표준에 해당 세율을 적용하여 산출한 세액[경감받은 경우에는 이미 납부한 세액(가산세는 제외한다)을 공제한 세액을 말함]을 신고하고 납부하여야 한다(지방세법 제20조 제3항).

④ **신고 · 납부기한 이내에 등기 · 등록하는 경우**

①부터 ③까지의 신고 · 납부기한 이내에 재산권과 그 밖의 권리의 취득 · 이전에 관한 사항을 공부(公簿)에 등기하거나 등록[등재(登載)를 포함한다]하려는 경우에는 등기 또는 등록 신청서를 등기 · 등록관서에 접수하는 날까지 취득세를 신고 · 납부하여야 한다(지방세법 제20조 제4항).

> **심화 학습 취득세 납부 확인 등**(지방세법시행령 제36조)
>
> 1. 납세자는 취득세 과세물건을 등기 또는 등록하려는 때에는 등기 또는 등록 신청서에 취득세 영수필 통지서(등기 · 등록관서의 시 · 군 · 구 통보용) 1부와 취득세 영수필 확인서 1부를 첨부하여야 한다. 다만, 「전자정부법」에 따라 행정기관 간에 취득세 납부사실을 전자적으로 확인할 수 있는 경우에는 그러하지 아니하다.
> 2. 위 1.에도 불구하고 「부동산등기법」 제24조 제1항 제2호에 따라 전산정보처리조직을 이용하여 등기를 하려는 때에는 취득세 영수필 통지서(등기 · 등록관서의 시 · 군 · 구 통보용)와 취득세 영수필 확인서를 전자적 이미지 정보로 변환한 자료를 첨부하여야 한다. 다만, 「전자정부법」 제36조 제1항에 따라 행정기관 간에 취득세 납부사실을 전자적으로 확인할 수 있는 경우에는 그러하지 아니하다.

⑷ 부족세액의 추징 및 가산세

다음의 어느 하나에 해당하는 경우에는 제10조의2부터 제10조의7까지, 제11조부터 제13조까지, 제13조의2, 제13조의3, 제14조 및 제15조의 규정에 따라 산출한 세액("산출세액"이라 한다) 또는 그 부족세액에「지방세기본법」제53조부터 제55조까지의 규정에 따라 산출한 가산세를 합한 금액을 세액으로 하여 보통징수의 방법으로 징수한다(지방세법 제21조 제1항).

> 1. 취득세 납세의무자가 제20조에 따른 신고 또는 납부의무를 다하지 아니한 경우
> 2. 삭제(2021.12.28.)
> 3. 제13조의2 제1항 제2호에 따라 일시적 2주택으로 신고하였으나 그 취득일로부터 대통령령으로 정하는 기간 내에 대통령령으로 정하는 종전 주택을 처분하지 못하여 1주택으로 되지 아니한 경우

지방세기본법 제53조부터 제55조까지의 가산세는 다음과 같다.

① **신고불성실가산세**

  ㉠ 무신고가산세(지방세기본법 제53조)

   ⓐ 납세의무자가 법정신고기한까지 과세표준 신고를 하지 아니한 경우에는 그 신고로 납부하여야 할 세액(이 법과 지방세관계법에 따른 가산세와 가산하여 납부하여야 할 이자상당액이 있는 경우 그 금액은 제외하며, 이하 "무신고납부세액"이라 한다)의 100분의 20에 상당하는 금액을 가산세로 부과한다(지방세기본법 제53조 제1항).

   ⓑ 위 ⓐ에도 불구하고 사기나 그 밖의 부정한 행위로 법정신고기한까지 과세표준 신고를 하지 아니한 경우에는 무신고납부세액 100분의 40에 상당하는 금액을 가산세로 부과한다(지방세기본법 제53조 제2항).

  ㉡ 과소신고가산세·초과환급신고가산세(지방세기본법 제54조)

   ⓐ 납세의무자가 법정신고기한까지 과세표준 신고를 한 경우로서 신고하여야 할 납부세액보다 적게 신고(이하 "과소신고"라 한다)하거나 지방소득세 과세표준 신고를 하면서 환급받을 세액을 신고하여야 할 금액보다 많이 신고(이하 "초과환급신고"라 한다)한 경우에는 과소신고한 납부세액과 초과환급신고한 환급세액을 합한 금액(이 법과 지방세관계법에 따른 가산세와 가산하여 납부하여야 할 이자상당액이 있는 경우 그 금액은 제외하며, 이하 "과소신고납부세액 등"이라 한다)의 100분의 10에 상당하는 금액을 가산세로 부과한다(지방세기본법 제54조 제1항).

   ⓑ ⓐ에도 불구하고 사기나 그 밖의 부정한 행위로 과소신고하거나 초과환급신고한 경우에는 다음의 금액을 합한 금액을 가산세로 부과한다(지방세기본법 제54조 제2항).

> 1. 사기나 그 밖의 부정한 행위로 인한 과소신고납부세액 등(이하 "부정과소신고납부세액 등"이라 한다) 세액의 100분의 40에 상당하는 금액
> 2. 과소신고납부세액 등에서 부정과소신고납부세액 등을 뺀 금액의 100분의 10에 상당하는 금액

② **납부지연가산세**(지방세기본법 제55조)

　납세의무자(연대납세의무자, 제2차 납세의무자 및 보증인을 포함한다)가 납부기한까지 지방세를 납부하지 아니하거나 납부하여야 할 세액보다 적게 납부("과소납부"라 한다)하거나 환급받아야 할 세액보다 많이 환급("초과환급"이라 한다)받은 경우에는 다음의 계산식에 따라 산출한 금액을 합한 금액을 가산세로 부과한다. 이 경우 ㉠ 및 ㉡의 가산세는 납부하지 아니한 세액, 과소납부분(납부하여야 할 금액에 미달하는 금액을 말한다) 세액 또는 초과환급분(환급받아야 할 세액을 초과하는 금액을 말한다) 세액의 100분의 75에 해당하는 금액을 한도로 하고, ㉣의 가산세를 부과하는 기간은 60개월(1개월 미만은 없는 것으로 본다)을 초과할 수 없다(지방세기본법 제55조 제1항).

㉠ 과세표준과 세액을 지방자치단체에 신고납부하는 지방세의 법정납부기한까지 납부하지 아니한 세액 또는 과소납부분 세액(지방세관계법에 따라 가산하여 납부하여야 할 이자상당액이 있는 경우 그 금액을 더한다) × 법정납부기한의 다음 날부터 자진납부일 또는 납세고지일까지의 일수 × 금융회사 등이 연체대출금에 대하여 적용하는 이자율 등을 고려하여 대통령령으로 정하는 이자율

㉡ 초과환급분 세액(지방세관계법에 따라 가산하여 납부하여야 할 이자상당액이 있는 경우 그 금액을 더한다) × 환급받은 날의 다음 날부터 자진납부일 또는 납세고지일까지의 일수 × 금융회사 등이 연체대출금에 대하여 적용하는 이자율 등을 고려하여 대통령령으로 정하는 이자율

㉢ 납세고지서에 따른 납부기한까지 납부하지 아니한 세액 또는 과소납부분 세액(지방세관계법에 따라 가산하여 납부하여야 할 이자상당액이 있는 경우 그 금액을 더하고, 가산세는 제외한다) × 100분의 3

㉣ 다음 계산식에 따라 납세고지서에 따른 납부기한이 지난 날부터 1개월이 지날 때마다 계산한 금액. 다만, 납세고지서별·세목별 세액이 45만원 미만인 경우에는 적용하지 아니한다(지방세기본법 제55조 제4항).

> 납부하지 아니한 세액 또는 과소납부분 세액(지방세관계법에 따라 가산하여 납부하여야 할 이자상당액이 있는 경우 그 금액을 더하고, 가산세는 제외한다) × 금융회사 등이 연체대출금에 대하여 적용하는 이자율 등을 고려하여 대통령령으로 정하는 이자율

(5) **중가산세**(지방세법 제21조 제2항)

① 납세의무자가 취득세 과세물건을 사실상 취득한 후 신고를 하지 아니하고 매각하는 경우에는 산출세액에 100분의 80을 가산한 금액을 세액으로 하여 보통징수의 방법으로 징수한다(지방세법 제21조 제2항).

② **중가산세에서 제외되는 대상**(지방세법시행령 제37조)

㉠ 취득세 과세물건 중 등기 또는 등록이 필요하지 아니하는 과세물건(골프 회원권, 승마 회원권, 콘도미니엄 회원권 및 종합체육시설 이용 회원권 및 요트 회원권은 제외한다)

㉡ 지목변경, 차량·기계장비 또는 선박의 종류변경, 주식 등의 취득 등 취득으로 보는 과세물건

(6) **장부 등의 작성과 보존**

① 취득세 납세의무가 있는 법인은 대통령령으로 정하는 바에 따라 취득당시가액을 증명할 수 있는 장부와 관련 증거서류를 작성하여 갖춰 두어야 한다. 이 경우 다음 각 호의 장부 및 증거서류를 포함하여야 한다(지방세법 제22조의2 제1항).

㉠ 사업의 재산 상태와 그 거래내용의 변동을 기록한 장부 및 증거서류

㉡ 「신탁법」에 따른 수탁자가 위탁자로부터 취득세 과세대상 물건의 취득과 관련하여 지급받은 신탁수수료와 그 밖의 대가가 있는 경우 이를 종류·목적·용도별로 구분하여 기록한 장부 및 증거서류

② 지방자치단체의 장은 취득세 납세의무가 있는 법인이 ①에 따른 의무를 이행하지 아니하는 경우에는 산출된 세액 또는 부족세액의 100분의 10에 상당하는 금액을 징수하여야 할 세액에 가산한다(지방세법 제22조의2 제2항).

(7) **기한 후 신고**

① 법정신고기한까지 과세표준 신고서를 제출하지 아니한 자는 지방자치단체의 장이 「지방세법」에 따라 그 지방세의 과세표준과 세액(「지방세기본법」 및 「지방세법」에 따른 가산세를 포함)을 결정하여 통지하기 전에는 납기 후의 과세표준 신고서(기한 후 신고서)를 제출할 수 있다(지방세기본법 제51조 제1항).

② 위 ①에 따라 기한 후 신고서를 제출한 자로서 지방세관계법에 따라 납부하여야 할 세액이 있는 자는 그 세액을 납부하여야 한다(지방세기본법 제51조 제2항).

③ 기한 후 신고시 가산세 감면(무신고가산세만 해당하며, 지방자치단체의 장이 과세표준과 세액을 결정할 것을 미리 알고 기한 후 신고서를 제출한 경우는 제외한다)(지방세기본법 제57조 제2항 제2호). 지방자치단체의 장은 다음의 어느 하나에 해당하는 경우에는 지방세기본법 또는 지방세관계법에 따른 해당 가산세액에서 다음의 구분에 따른 금액을 감면한다.

　㉠ 법정신고기한이 지난 후 1개월 이내에 기한 후 신고를 한 경우: 해당 가산세액의 100분의 50에 상당하는 금액

　㉡ 법정신고기한이 지난 후 1개월 초과 3개월 이내에 기한 후 신고를 한 경우: 해당 가산세액의 100분의 30에 상당하는 금액

　㉢ 법정신고기한이 지난 후 3개월 초과 6개월 이내에 기한 후 신고를 한 경우: 해당 가산세액의 100분의 20에 상당하는 금액

(8) 수정신고

① 「지방세법」 또는 지방세관계법에 따른 법정신고기한까지 과세표준 신고서를 제출한 자 및 납기 후의 과세는 다음의 어느 하나에 해당할 때에는 지방자치단체의 장이 지방세관계법에 따라 그 지방세의 과세표준과 세액을 결정하거나 경정하여 통지하기 전으로서 제38조 제1항부터 제3항까지의 규정에 따른 기간이 끝나기 전까지는 과세표준 수정신고서를 제출할 수 있다(지방세기본법 제49조 제1항).

　㉠ 과세표준 신고서 또는 납기 후의 과세표준 신고서에 기재된 과세표준 및 세액이 지방세관계법에 따라 신고하여야 할 과세표준 및 세액보다 적을 때

　㉡ 과세표준 신고서 또는 납기 후의 과세표준 신고서에 기재된 환급세액이 지방세관계법에 따라 신고하여야 할 환급세액을 초과할 때

　㉢ 그 밖에 특별징수의무자의 정산과정에서 누락 등이 발생하여 그 과세표준 및 세액이 지방세관계법에 따라 신고하여야 할 과세표준 및 세액 등보다 적을 때

② 위 ①에 따른 수정신고로 인하여 추가납부세액이 발생한 경우에는 그 수정신고를 한 자는 추가납부세액을 납부하여야 한다(지방세기본법 제49조 제2항).

③ **수정신고에 따른 가산세 감면**

　　㉠ 지방자치단체의 장은 다음의 어느 하나에 해당하는 경우에는 지방세기본법 또는 지방세관계법에 따른 해당 가산세액에서 다음의 구분에 따른 금액을 감면한다[과소신고가산세만 해당하며, 지방자치단체의 장이 과세표준과 세액을 경정할 것을 미리 알고 과세표준수정신고서를 제출한 경우는 제외한다(지방세기본법 제57조 제2항 제1호)].

　　㉡ 수정신고에 따른 과소신고 가산세 감면(지방세기본법 제57조 제2항 제1호)

　　　ⓐ 법정신고기한이 지난 후 1개월 이내에 수정신고한 경우 : 해당 가산세액의 100분의 90에 상당하는 금액

　　　ⓑ 법정신고기한이 지난 후 1개월 초과 3개월 이내에 수정신고한 경우 : 해당 가산세액의 100분의 75에 상당하는 금액

　　　ⓒ 법정신고기한이 지난 후 3개월 초과 6개월 이내에 수정신고한 경우 : 해당 가산세액의 100분의 50에 상당하는 금액

　　　ⓓ 법정신고기한이 지난 후 6개월 초과 1년 이내에 수정신고한 경우 : 해당 가산세액의 100분의 30에 상당하는 금액

　　　ⓔ 법정신고기한이 지난 후 1년 초과 1년 6개월 이내에 수정신고한 경우 : 해당 가산세액의 100분의 20에 상당하는 금액

　　　ⓕ 법정신고기한이 지난 후 1년 6개월 초과 2년 이내에 수정신고한 경우 : 해당 가산세액의 100분의 10에 상당하는 금액

(9) 경정 등의 청구

「지방세법」 또는 지방세관계법에 따른 과세표준신고서를 법정신고기한까지 제출한 자 및 납기 후의 과세표준 신고서를 제출한 자는 다음의 어느 하나에 해당할 때에는 법정신고기한이 지난 후 5년 이내[「지방세법」에 따른 결정 또는 경정이 있는 경우에는 그 결정 또는 경정이 있음을 안 날(결정 또는 경정의 통지를 받았을 때에는 통지받은 날)부터 90일 이내(법정신고기한이 지난 후 5년 이내로 한정한다)를 말한다]에 최초 신고와 수정신고를 한 지방세의 과세표준 및 세액(「지방세법」에 따른 결정 또는 경정이 있는 경우에는 그 결정 또는 경정 후의 과세표준 및 세액 등을 말한다)의 결정 또는 경정을 지방자치단체의 장에게 청구할 수 있다(지방세기본법 제50조 제1항).

① 과세표준 신고서 또는 납기 후의 과세표준 신고서에 기재된 과세표준 및 세액(「지방세법」에 따른 결정 또는 경정이 있는 경우에는 그 결정 또는 경정 후의 과세표준 및 세액을 말한다)이 「지방세법」에 따라 신고하여야 할 과세표준 및 세액을 초과할 때

② 과세표준 신고서 또는 납기 후의 과세표준 신고서에 기재된 환급세액(「지방세법」에 따른 결정 또는 경정이 있는 경우에는 그 결정 또는 경정 후의 환급세액을 말한다)이 「지방세법」에 따라 신고하여야 할 환급세액보다 적을 때

3 면세점

면세점 제도는 납세의무자의 영세부담의 배제와 과세업무의 번잡을 피하기 위하여 과세 표준이 일정금액·수량 이하인 과세대상에 대하여는 과세를 제외하는 제도이다(지방세법 제17조).

(1) 취득가액이 50만원 이하일 때에는 취득세를 부과하지 아니한다(지방세법 제17조 제1항).

(2) 토지나 건축물을 취득한 자가 그 취득한 날부터 1년 이내에 그에 인접한 토지나 건축물을 취득한 경우에는 각각 그 전후의 취득에 관한 토지나 건축물의 취득을 1건의 토지 취득 또는 1구의 건축물 취득으로 보아 면세점을 적용한다(지방세법 제17조 제2항).

4 부가세

(1) **농어촌특별세**(농어촌특별세법 제5조 제1항)

① **원칙** : 취득세의 표준세율을 100분의 2(2%)로 적용하여 산출한 취득세액의 100분의 10(10%)에 해당하는 농어촌특별세를 부과한다(농어촌특별세법 제5조 제1항 제6호).

② **예외** : 취득세를 감면받는 경우에는 취득세 감면세액의 100분의 20(20%)에 해당하는 농어촌특별세를 부과한다(농어촌특별세법 제5조 제1항 제1호).

③ **비과세**

㉠ 대통령령으로 정하는 서민주택에 대한 취득세 또는 등록에 대한 등록면허세의 감면 (농어촌특별세법 제4조 제9호)

㉡ 대통령령으로 정한 서민주택 및 농가주택에 대한 취득세(농어촌특별세법 제4조 제11호)

(2) **지방교육세**(지방세법 제151조 제1항 제1호)

① **(주택＋유상)이 아닌 경우** : 취득물건(세율의 특례 중 중과기준세율 적용 대상은 제외)에 대하여 과세표준에 표준세율에서 1천분의 20(2%)을 **뺀** 세율을 적용하여 산출한 금액 의 100분의 20(20%)에 해당하는 지방교육세를 부과한다.

② **(주택＋유상)인 경우** : 유상거래를 원인으로 주택을 취득하는 경우에는 해당 세율에 100분의 50을 곱한 세율을 적용하여 산출한 금액의 100분의 20(20%)에 해당하는 지방 교육세를 부과한다.

예제

지방세법상 취득세의 부과·징수에 관한 설명으로 틀린 것은? 제25회

① 납세의무자가 취득세 과세물건을 사실상 취득한 후 취득세 신고를 하지 아니하고 매각하는 경우에는 산출세액에 100분의 50을 가산한 금액을 세액으로 하여 보통징수의 방법으로 징수한다.

② 재산권을 공부에 등기하려는 경우에는 등기하기 전까지 취득세를 신고납부하여야 한다.

③ 등기·등록관서의 장은 취득세가 납부되지 아니하였거나 납부부족액을 발견하였을 때에는 다음 달 10일까지 납세지를 관할하는 시장·군수에게 통보하여야 한다.

④ 취득세 납세의무자가 신고 또는 납부의무를 다하지 아니하면 산출세액 또는 그 부족세액에 「지방세기본법」의 규정에 따라 산출한 가산세를 합한 금액을 세액으로 하여 보통징수의 방법으로 징수한다.

⑤ 지방자치단체의 장은 취득세 납세의무가 있는 법인이 장부 등의 작성과 보존의무를 이행하지 아니한 경우에는 산출된 세액 또는 부족세액의 100분의 10에 상당하는 금액을 징수하여야 할 세액에 가산한다.

해설 ① 납세의무자가 취득세 과세물건을 사실상 취득한 후 신고를 하지 아니하고 매각하는 경우에는 산출세액에 100분의 80을 가산한 금액을 세액으로 하여 보통징수의 방법으로 징수한다. 다만, 등기·등록이 필요하지 아니한 과세물건 등 대통령령으로 정하는 과세물건에 대하여는 그러하지 아니하다[지방세법 제21조(부족세액의 추징 및 가산세)]. ◆ 정답 ①

---

09 **취득세의 비과세** 제31회, 제35회

1 국가 등에 대한 비과세

(1) 국가 또는 지방자치단체(다른 법률에서 국가 또는 지방자치단체로 의제되는 법인은 제외한다), 「지방자치법」 제176조 제1항에 따른 지방자치단체조합(이하 "지방자치단체조합"이라 한다), 외국정부 및 주한국제기구의 취득에 대해서는 취득세를 부과하지 아니한다. 다만, 대한민국 정부기관의 취득에 대하여 과세하는 외국정부의 취득에 대해서는 취득세를 부과한다(지방세법 제9조 제1항).

(2) 국가, 지방자치단체 또는 지방자치단체조합("국가 등"이라 한다)에 귀속 또는 기부채납(「사회기반시설에 대한 민간투자법」에 따른 방식으로 귀속되는 경우를 포함한다. 이하 "귀속 등"이라 한다)을 조건으로 취득하는 부동산 및 「사회기반시설에 대한 민간투자법」에 해당하는 사회기반시설에 대해서는 취득세를 부과하지 아니한다. 다만, 다음의 어느 하나에 해당하는 경우에는 그 해당 부분에 대해서는 취득세를 부과한다(지방세법 제9조 제2항).

① 국가 등에 귀속 등의 조건을 이행하지 아니하고 타인에게 매각·증여하거나 귀속 등을 이행하지 아니하는 것으로 조건이 변경된 경우

② 국가 등에 귀속 등의 반대급부로 국가 등이 소유하고 있는 부동산 및 사회기반시설을 무상으로 양여받거나 기부채납 대상물의 무상사용권을 제공받는 경우

② 기타 소유권 취득에 대한 비과세

(1) 신탁(「신탁법」에 따른 신탁으로서 신탁등기가 병행되는 것만 해당)으로 인한 신탁재산의 취득으로서 다음의 어느 하나에 해당하는 경우에는 취득세를 부과하지 아니한다. 다만, 신탁재산의 취득 중 주택조합 등과 조합원 간의 부동산 취득 및 주택조합 등의 비조합원용 부동산 취득은 제외한다(지방세법 제9조 제3항).

① 위탁자로부터 수탁자에게 신탁재산을 이전하는 경우

② 신탁의 종료로 인하여 수탁자로부터 위탁자에게 신탁재산을 이전하는 경우

③ 수탁자가 변경되어 신수탁자에게 신탁재산을 이전하는 경우

(2) 「징발재산정리에 관한 특별조치법」 또는 「국가보위에 관한 특별조치법 폐지법률」 부칙 제2항에 따른 동원대상지역 내의 토지의 수용·사용에 관한 환매권의 행사로 매수하는 부동산의 취득에 대하여는 취득세를 부과하지 아니한다(지방세법 제9조 제4항).

(3) 임시흥행장, 공사현장사무소 등(사치성 재산은 제외) 임시건축물의 취득에 대하여는 취득세를 부과하지 아니한다. 다만, 존속기간이 1년을 초과하는 경우에는 취득세를 부과한다(지방세법 제9조 제5항).

(4) 「주택법」에 따른 공동주택의 개수(「건축법」 제2조 제1항 제9호에 따른 대수선은 제외)로 인한 취득 중 대통령령으로 정하는 가액 이하의 주택과 관련된 개수로 인한 취득에 대해서는 취득세를 부과하지 아니한다(지방세법 제9조 제6항).

🔖 공동주택 개수에 대한 취득세의 비과세 범위

"대통령령으로 정하는 가액 이하의 주택"이란 개수로 인한 취득 당시 주택의 시가표준액이 9억원 이하인 주택을 말한다(지방세법시행령 제12조의2).

(5) 다음 각 호의 어느 하나에 해당하는 차량에 대해서는 상속에 따른 취득세를 부과하지 아니한다(지방세법 제9조 제7항).

① 상속개시 이전에 천재지변·화재·교통사고·폐차·차령초과(車齡超過) 등으로 사용할 수 없게 된 차량으로서 대통령령으로 정하는 차량

② 차령초과로 사실상 차량을 사용할 수 없는 경우 등 대통령령으로 정하는 사유로 상속으로 인한 이전등록을 하지 아니한 상태에서 폐차함에 따라 상속개시일부터 3개월 이내에 말소등록된 차량

예제

1. 지방세법상 취득세가 부과되지 않는 것은? 제30회

① 「주택법」에 따른 공동주택의 개수(「건축법」에 따른 대수선 제외)로 인한 취득 중 개수로 인한 취득 당시 주택의 시가표준액이 9억원 이하인 경우
② 형제간에 부동산을 상호교환한 경우
③ 직계존속으로부터 거주하는 주택을 증여받은 경우
④ 파산선고로 인하여 처분되는 부동산을 취득한 경우
⑤ 「주택법」에 따른 주택조합이 해당 조합원용으로 조합주택용 부동산을 취득한 경우

해설 ① 「주택법」에 따른 공동주택의 개수(「건축법」에 따른 대수선 제외)로 인한 취득 중 개수로 인한 취득 당시 주택의 시가표준액이 9억원 이하인 경우에 대해서는 취득세를 부과하지 아니한다. **◆ 정답 ①**

2. 지방세법상 신탁(「신탁법」에 따른 신탁으로서 신탁등기가 병행되는 것임)으로 인한 신탁재산의 취득으로서 취득세를 부과하는 경우는 모두 몇 개인가? 제29회

> ㉠ 위탁자로부터 수탁자에게 신탁재산을 이전하는 경우
> ㉡ 신탁의 종료로 인하여 수탁자로부터 위탁자에게 신탁재산을 이전하는 경우
> ㉢ 수탁자가 변경되어 신수탁자에게 신탁재산을 이전하는 경우
> ㉣ 「주택법」에 따른 주택조합이 비조합원용 부동산을 취득하는 경우

① 0개   ② 1개   ③ 2개
④ 3개   ⑤ 4개

해설 1. 취득세를 부과하는 경우: ㉣(1개)
㉣ 「주택법」에 따른 주택조합이 비조합원용 부동산을 취득하는 경우: 취득세 과세
2. 취득세를 부과하지 않는 경우(= 비과세): ㉠㉡㉢(3개)
㉠ 위탁자로부터 수탁자에게 신탁재산을 이전하는 경우: 취득세 비과세
㉡ 신탁의 종료로 인하여 수탁자로부터 위탁자에게 신탁재산을 이전하는 경우: 취득세 비과세
㉢ 수탁자가 변경되어 신수탁자에게 신탁재산을 이전하는 경우: 취득세 비과세 **◆ 정답 ②**

3. 지방세법상 취득세에 관한 설명으로 틀린 것은?

① 「도시 및 주거환경정비법」에 따른 재건축조합이 재건축 사업을 하면서 조합원으로부터 취득하는 토지 중 조합원에게 귀속되지 아니하는 토지를 취득하는 경우에는 같은 법에 따른 소유권이전 고시일의 다음 날에 그 토지를 취득한 것으로 본다.

② 취득세 과세물건을 취득한 후에 그 과세물건이 중과세율의 적용대상이 되었을 때에는 취득한 날부터 60일 이내에 중과세율을 적용하여 산출한 세액에서 이미 납부한 세액(가산세 포함)을 공제한 금액을 신고하고 납부하여야 한다.

③ 대한민국 정부기관의 취득에 대하여 과세하는 외국정부의 취득에 대해서는 취득세를 부과한다.

④ 상속으로 인한 취득의 경우에는 상속개시일에 취득한 것으로 본다.

⑤ 부동산의 취득은 「민법」 등 관계 법령에 따른 등기·등록 등을 하지 아니한 경우라도 사실상 취득하면 취득한 것으로 본다.

해설 ② 취득세 과세물건을 취득한 후에 그 과세물건이 중과세율의 적용대상이 되었을 때에는 취득한 날부터 60일 이내에 중과세율을 적용하여 산출한 세액에서 이미 납부한 세액(가산세 제외)을 공제한 금액을 신고하고 납부하여야 한다. ◆ 정답 ②

등록면허세

등록면허세는 등록에 대한 등록면허세와 면허에 대한 등록면허세로 구분한다. 이 중 공인중개사시험
에는 등록에 대한 등록면허세가 출제되고 있고, 출제비중은 1문제 정도로 종합문제 형태로 출제되고
있다. 따라서 학습방법은 전체적인 흐름을 파악하고 각 부분의 키포인트 위주로 정리해야 한다.

01 총 칙

1 등록면허세의 정의

(1) 등록면허세는 등록에 대한 등록면허세와 면허에 대한 등록면허세로 구분한다. 등록에 대한 등록면허세란 재산권과 그 밖의 권리의 설정·변경 또는 소멸에 관한 사항을 공부에 등기하거나 등록하는 경우 과세된다. 면허에 대한 등록면허세는 각종 법령에 규정된 면허·허가·인가·등록·지정·검사·검열·심사 등 특정한 영업설비 또는 행위에 대한 권리의 설정, 금지의 해제 또는 신고의 수리(受理) 등 행정청의 행위(법률의 규정에 따라 의제되는 행위를 포함한다)에 대하여 과세된다. 수험 목적상 등록에 대한 등록면허세에 중점을 두어 학습하여야 한다.

(2) "등록"이란 재산권과 그 밖의 권리의 설정·변경 또는 소멸에 관한 사항을 공부에 등기하거나 등록하는 것을 말한다. 다만, 취득을 원인으로 이루어지는 등기 또는 등록은 제외하되, 다음의 어느 하나에 해당하는 등기나 등록은 포함한다(지방세법 제23조 제1호).

① 광업권·어업권 및 양식업권의 취득에 따른 등록

② 외국인 소유의 취득세 과세대상 물건(차량, 기계장비, 항공기 및 선박만 해당한다)의 연부 취득에 따른 등기 또는 등록

③ 「지방세기본법」 제38조에 따른 취득세 부과제척기간이 경과한 물건의 등기 또는 등록

④ 제17조(면세점)에 해당하는 물건의 등기 또는 등록

> **지방세법 기본통칙 23-1 【재산권 등의 정의】** 「재산권」이라 함은 금전적 가치가 있는 물권·채권·무체재산권 등을 지칭하는 것이며, 「그 밖의 권리」라 함은 재산 이외의 권리로서 「부동산등기법」 등 기타 관계법령의 규정에 의하여 등기·등록하는 것을 말한다.
>
> **지방세법 기본통칙 23-2 【납세의무가 있는 경우】** 1. 등기·등록이 된 이후 법원의 판결 등에 의해 그 등기 또는 등록이 무효 또는 취소가 되어 등기·등록이 말소된다 하더라도 이미 납부한 등록면허세는 과오납으로 환급할 수 없다.
> 2. 지방세 체납처분으로 그 소유권을 국가 또는 지방자치단체명의로 이전하는 경우에 이미 그 물건에 전세권, 가등기, 압류등기 등으로 되어 있는 것을 말소하는 대위적 등기와 성명의 복구나 소유권의 보존 등 일체의 채권자 대위적 등기에 대하여는 그 소유자가 등록면허세를 납부하여야 한다.

예제

지방세법상 등록면허세가 과세되는 등록 또는 등기가 아닌 것은? (단, 2025년 1월 1일 이후 등록 또는 등기한 것으로 가정함)   제29회 수정

① 광업권의 취득에 따른 등록
② 외국인 소유의 선박을 직접 사용하기 위하여 연부취득 조건으로 수입하는 선박의 등록
③ 취득세 부과제척기간이 경과한 주택의 등기
④ 취득가액이 50만원 이하인 차량의 등록
⑤ 계약상의 잔금지급일을 2025년 12월 1일로 하는 부동산(취득가액 1억원)의 소유권이전등기

해설 ⑤ 계약상의 잔금지급일을 2025년 12월 1일로 하는 부동산(취득가액 1억원)의 소유권이전등기: 취득세 과세
① 광업권의 취득에 따른 등록: 등록면허세 과세
② 외국인 소유의 선박을 직접 사용하기 위하여 연부취득 조건으로 수입하는 선박의 등록: 등록면허세 과세
③ 취득세 부과제척기간이 경과한 주택의 등기: 등록면허세 과세
④ 취득가액이 50만원 이하인 차량의 등록: 등록면허세 과세   ▶정답 ⑤

② 등록에 대한 등록면허세의 특징

(1) 등록에 대한 등록면허세의 납세의무 성립시기는 재산권과 그 밖의 권리를 등기하거나 등록하는 때이다(지방세기본법 제34조 제1항 제2호).

(2) 등록에 대한 등록면허세는 납세의무자가 과세표준과 세액을 지방자치단체에 신고하는 때에 확정된다(지방세기본법 제35조 제1항 제1호).

(3) 등록에 대한 등록면허세는 지방세로서 도·구세에 해당한다.

(4) 등록을 하려는 자는 과세표준에 세율을 적용하여 산출한 세액을 등록을 하기 전까지 납세지를 관할하는 지방자치단체의 장에게 신고하고 납부하여야 한다.

(5) 신고납부 불이행시 신고불성실 가산세(40%, 20%, 10%)와 납부불성실 가산세(1일 1십만분의 22)가 부과된다.

(6) 과세표준은 등록 당시의 가액으로 하는 종가세와 건수에 의한 종량세로 구분된다.

(7) 세율은 정률세율(차등비례세율)과 정액세율로 구분되며, 표준세율(±50%), 중과세율을 적용한다.

(8) 세액이 6천원 미만일 때에는 6천원으로 한다(최저세액).

(9) 보통세, 유통과세, 행위세(등록행위), 응능과세, 물세(개별과세)에 해당한다.

(10) 외형적으로 정당한 절차에 의하여 등기·등록을 한 형식적 요건만 갖추면 등록면허세가 부과되는 형식주의 조세이며 수수료적 성격을 지닌 조세이다.

3 납세의무자 제32회

1. 등록에 대한 등록면허세의 납세의무자

(1) 재산권 등 권리의 설정·변경·소멸에 관한 사항을 공부에 등록하는 경우에는 등록을 하는 자(등기권리자)는 등록면허세를 납부할 의무를 진다(지방세법 제24조 제1호).

핵심 다지기

등기권리자와 등기의무자

1. **등기권리자**
   등기를 함으로써 등기부상 권리를 취득하거나 또는 그 권리가 증대되는 자를 말한다.

2. **등기의무자**
   등기를 함으로써 등기부상 권리를 상실하거나 또는 그 권리가 감축되는 자를 말한다.

지방세법 기본통칙 24-1【납세의무자】「등록을 하는 자」란 재산권 기타 권리의 설정·변경 또는 소멸에 관한 사항을 공부에 등기 또는 등록을 받는 등기·등록부상에 기재된 명의자(등기권리자)를 말한다.

① **저당권설정**: 저당권자

② **지역권설정**: 지역권자

③ **전세권설정**: 전세권자

④ **지상권설정**: 지상권자

(2) 수인이 공동으로 받은 경우에는 공동수인이 연대납세의무자가 된다.

넓혀 보기

명의자 과세원칙

등록면허세는 실질과세원칙의 예외로서 명의자 과세원칙이 적용된다. 따라서 등기 또는 등록의 원인행위가 무효 또는 취소되어 그 등기 또는 등록이 말소되었다 하더라도 당초에 성립된 등록면허세의 납세의무는 소멸되지 않으며, 그 등기 또는 등록을 받은 자는 등록면허세를 납부하여야 한다(대판 1983.2.22, 82누509).

부동산등기 특별조치법 제2조【소유권이전등기 등 신청의무】 ① 부동산의 소유권이전을 내용으로 하는 계약을 체결한 자는 다음 각 호의 1에 정하여진 날부터 60일 이내에 소유권이전등기를 신청하여야 한다. 다만, 그 계약이 취소·해제되거나 무효인 경우에는 그러하지 아니하다.
1. 계약의 당사자가 서로 대가적인 채무를 부담하는 경우에는 반대급부의 이행이 완료된 날
2. 계약당사자의 일방만이 채무를 부담하는 경우에는 그 계약의 효력이 발생한 날

부동산등기 특별조치법 제11조【과태료】 ① 등기권리자가 상당한 사유 없이 제2조 각 항의 규정에 의한 등기신청을 해태한 때에는 그 해태한 날 당시의 부동산에 대하여「지방세법」제10조의 과세표준에 같은 법 제11조 제1항의 표준세율(같은 법 제14조에 따라 조례로 세율을 달리 정하는 경우에는 그 세율을 말한다)에서 1천분의 20을 뺀 세율(같은 법 제11조 제1항 제8호의 경우에는 1천분의 20의 세율)을 적용하여 산출한 금액(같은 법 제13조 제2항·제3항·제6항 또는 제7항에 해당하는 경우에는 그 금액의 100분의 300)의 5배 이하에 상당하는 금액의 과태료에 처한다. 다만, 부동산 실권리자명의 등기에 관한 법률 제10조 제1항의 규정에 의하여 과징금을 부과한 경우에는 그러하지 아니하다.
② 제1항의 규정에 의한 과태료의 금액을 정함에 있어서 해태기간, 해태사유, 목적부동산의 가액 등을 참작하여야 한다.

2. 면허에 대한 등록면허세의 납세의무자

면허를 받는 자(변경면허를 받는 자를 포함)에게 납세의무가 있다. 이 경우 납세의무자는 그 면허의 종류마다 등록면허세를 납부하여야 한다(지방세법 제24조 제2호).

02 등록에 대한 등록면허세의 과세표준 제31회, 제34회

등록에 대한 등록면허세의 과세표준은 등록 당시의 가액으로 하는 '종가세'와 건수에 의한 '종량세'로 구분한다.

1 부동산가액에 따른 과세표준

(1) 부동산, 선박, 항공기, 자동차 및 건설기계의 등록에 대한 등록면허세(이하 이 절에서 "등록면허세"라 한다)의 과세표준은 등록 당시의 가액으로 한다(지방세법 제27조 제1항).

(2) 제1항에 따른 과세표준은 조례로 정하는 바에 따라 등록자의 신고에 따른다. 다만, 신고가 없거나 신고가액이 제4조에 따른 시가표준액보다 적은 경우에는 시가표준액을 과세표준으로 한다(지방세법 제27조 제2항).

(3) 제2항에도 불구하고 제23조 제1호 각 목에 따른 취득을 원인으로 하는 등록의 경우 다음 각 호의 구분에 따른 가액을 과세표준으로 한다. 다만, 등록 당시에 자산재평가 또는 감가상각 등의 사유로 그 가액이 달라진 경우에는 변경된 가액을 과세표준으로 한다(지방세법 제27조 제3항).

① **제23조 제1호 가목 · 나목 및 라목에 따른 취득을 원인으로 하는 등록의 경우**: 제10조의2부터 제10조의6까지에서 정하는 취득당시가액

② **제23조 제1호 다목에 따른 취득을 원인으로 하는 등록의 경우**: 제1항에 따른 등록 당시의 가액과 제10조의2부터 제10조의6까지에서 정하는 취득당시가액 중 높은 가액

넓혀 보기

과세표준의 적용(지방세법시행령 제42조)
1. 자산재평가 또는 감가상각 등의 사유로 변경된 가액을 과세표준으로 할 경우에는 등기일 또는 등록일 현재의 법인장부 또는 결산서 등으로 증명되는 가액을 과세표준으로 한다.
2. 주택의 토지와 건축물을 한꺼번에 평가하여 토지나 건축물에 대한 과세표준이 구분되지 아니하는 경우에는 한꺼번에 평가한 개별주택가격을 토지나 건축물의 가액 비율로 나눈 금액을 각각 토지와 건축물의 과세표준으로 한다.

지방세법 기본통칙 27-1【과세표준의 범위】 등록면허세 신고서상의 금액과 공부상의 금액이 다를 경우에는 공부상의 금액을 과세표준으로 한다.

② 채권금액에 따른 과세표준

(1) 일정한 채권금액이 있을 경우에는 채권금액을 과세표준으로 한다.

(2) 일정한 채권금액이 없을 때에는 채권의 목적이 된 것의 가액 또는 처분의 제한의 목적이 된 금액(채권최고액)을 그 채권금액으로 본다(지방세법 제27조 제4항).

③ 건수에 따른 과세표준

(1) 말소등기, 지목변경등기, 표시변경등기, 건축물 구조변경등기 등은 매 1건을 과세표준으로 하여 등록면허세를 부과하며 이에 대하여 일정액의 금액을 부과하는 정액세율을 적용한다(지방세법 제28조 제1항).

(2) 같은 채권을 위하여 담보물을 추가하는 등기 또는 등록에 대해서는 건수에 대한 등록면허세를 각각 부과한다(지방세법시행령 제47조).

지방세법시행령 제41조【정 의】 3. "한 건"이란 등기 또는 등록대상 건수마다를 말한다.「부동산등기법」등 관계 법령에 따라 여러 개의 등기·등록대상을 한꺼번에 신청하여 등기·등록하는 경우에도 또한 같다.

④ 기타 금액에 따른 과세표준

전세권은 전세금액, 부동산 임차권은 월 임대차금액, 지역권은 요역지가액에 따른다.

03 등록에 대한 등록면허세의 세율 제31회

등록면허세의 세율은 표준세율과 법령이 정한 중과세대상의 등록에 대하여 적용하는 중과세율로 구분할 수 있으며, 세율의 구조는 과세대상의 종류와 권리의 유형에 따라 차등적용하는 차등비례세율과 과세대상의 금액과 관계없이 일정한 금액으로 징수하는 정액세율로 되어있다.

① 등록에 대한 등록면허세의 표준세율

(1) 등록면허세는 등록에 대하여 과세표준에 다음에서 정하는 세율을 적용하여 계산한 금액을 그 세액으로 한다. 다만, 산출한 세액이 그 밖의 등기 또는 등록 세율보다 적을 때에는 그 밖의 등기 또는 등록 세율을 적용한다(지방세법 제28조 제1항 제1호).

구 분	등기원인		과세표준	세 율
소유권	소유권의 보존등기		부동산가액	1천분의 8
	소유권의 이전등기	유상이전	부동산가액	1천분의 20(주1)
		무상이전		1천분의 15 (상속 : 1천분의 8)
지상권	설정 및 이전		부동산가액	1천분의 2
저당권	설정 및 이전		채권금액	1천분의 2
지역권	설정 및 이전		요역지가액	1천분의 2
전세권	설정 및 이전		전세금액	1천분의 2
임차권	설정 및 이전		월 임대차금액	1천분의 2
경매신청	설정 및 이전		채권금액	1천분의 2
가압류 · 가처분	설정 및 이전		채권금액	1천분의 2
가등기	설정 및 이전		부동산가액 또는 채권금액	1천분의 2
그 밖의 등기	—		매 1건당	6천원

🔔 **주1** : 다만, 제11조 제1항 제8호(유상거래를 원인으로 주택을 취득하는 경우)에 따른 세율을 적용받는 주택의 경우에는 해당 주택의 취득세율에 100분의 50을 곱한 세율을 적용하여 산출한 금액을 그 세액으로 한다(지방세법 제28조 제1항 제1호 나목 단서).

🔔 **저당권** : 지상권 · 전세권을 목적으로 등기하는 경우를 포함한다(지방세법 제28조 제1항 제1호 다목 2).

🔔 **가압류 · 가처분** : 부동산에 관한 권리를 목적으로 등기하는 경우를 포함한다(지방세법 제28조 제1항 제1호 라목 2, 3).

🔔 **가등기** : 부동산에 관한 권리를 목적으로 등기하는 경우를 포함한다(지방세법 제28조 제1항 제1호 라목 4).

> **넓혀 보기**
>
> **탄력세율**
> 지방자치단체의 장은 조례로 정하는 바에 따라 등록면허세의 세율을 표준세율의 100분의 50의 범위에서 가감할 수 있다(지방세법 제28조 제6항).

> **넓혀 보기**
>
> **소유권보존 및 소유권이전 등기**
> 등록면허세는 소유권 이외 권리의 등록에 대하여 과세하는 조세로서 원칙적으로 소유권보존 및 소유권이전등기는 등록면허세의 대상이 될 수 없다. 이 규정은 2010년 12월 31일 이전에 취득하여 취득세는 납부하였지만 소유권보존 및 이전등기를 하지 아니한 토지, 건축물 등을 2011년 1월 1일 이후 소유권보존 및 이전등기하는 경우에 적용한다.

(2) 세율 적용시 유의사항

① 부동산 등기의 산출한 세액이 해당 각 호의 그 밖의 등기 또는 등록 세율보다 적을 때에는 그 밖의 등기 또는 등록 세율을 적용한다(지방세법 제28조 제1항 단서).

② 등록에 대한 등록면허세에서 소유권등기는 취득세가 과세되는 취득을 원인으로 이루어지는 등기 또는 등록을 제외한 등기만이 그 대상이 된다.

2 등록에 대한 등록면허세의 중과세율

다음에 해당하는 등기를 할 때에는 그 세율을 법에서 규정한 해당 세율(법에서 규정한 세율을 적용하여 산정된 세액이 6천원 미만일 때에는 6천원을, 산정된 세액이 11만2천500원 미만일 때에는 11만2천500원으로 한다)의 100분의 300으로 한다(지방세법 제28조 제2항).

(1) 대도시지역 내 법인 등기 등의 중과세

① 대도시에서 법인을 설립(설립 후 또는 휴면법인을 인수한 후 5년 이내에 자본 또는 출자액을 증가하는 경우를 포함)하거나 지점이나 분사무소를 설치함에 따른 등기

② 대도시 밖에 있는 법인의 본점이나 주사무소를 대도시로 전입(전입 후 5년 이내에 자본 또는 출자액이 증가하는 경우를 포함)함에 따른 등기. 이 경우 전입은 법인의 설립으로 보아 세율을 적용한다.

　　✿ 대도시: 「수도권정비계획법」 제6조에 따른 과밀억제권역 중에서 「산업집적활성화 및 공장설립에 관한 법률」을 적용받는 산업단지를 제외한 지역을 말한다(지방세법 제13조 제2항).

③ **법인 등기 세율**(지방세법 제28조 제1항 제6호)

　　㉠ 상사회사, 그 밖의 영리법인의 설립 또는 합병으로 인한 존속법인

　　　　ⓐ 설립과 납입: 납입한 주식금액이나 출자금액 또는 현금 외의 출자가액의 1천분의 4(세액이 11만2천5백원 미만인 때에는 11만2천5백원으로 함)

ⓑ 자본증가 또는 출자증가 : 납입한 금액 또는 현금 외의 출자가액의 1천분의 4

ⓒ 비영리법인의 설립 또는 합병으로 인한 존속법인

ⓐ 설립과 납입 : 납입한 출자총액 또는 재산가액의 1천분의 2

ⓑ 출자총액 또는 재산총액의 증가 : 납입한 출자 또는 재산가액의 1천분의 2

ⓒ 자산재평가적립금에 의한 자본 또는 출자금액의 증가 및 출자총액 또는 자산총액의 증가(「자산재평가법」에 따른 자본전입의 경우는 제외) : 증가한 금액의 1천분의 1

ⓓ 본점 또는 주사무소의 이전 : 건당 11만2천5백원

ⓔ 지점 또는 분사무소의 설치 : 건당 4만2백원

ⓕ 그 밖의 등기 : 건당 4만2백원

(2) 중과세대상에서 제외되는 경우

① 대도시 중과 제외 업종

대도시에 설치가 불가피하다고 인정되는 업종으로서 대통령령으로 정하는 업종(이하 "대도시 중과 제외 업종"이라 한다)에 대해서는 그러하지 아니하다(지방세법 제28조 제2항 단서). 다만, 대도시 중과 제외 업종으로 법인 등기를 한 법인이 정당한 사유 없이 그 등기일부터 2년 이내에 대도시 중과 제외 업종 외의 업종으로 변경하거나 대도시 중과 제외 업종 외의 업종을 추가하는 경우 그 해당 부분에 대하여는 중과세를 적용한다 (지방세법 제28조 제3항).

> **심화·학습** 대도시 법인 중과세의 예외(지방세법시행령 제26조 제1항, 제44조)
>
> 1. 「사회기반시설에 대한 민간투자법」 제2조 제3호에 따른 사회기반시설사업(같은 조 제9호에 따른 부대사업을 포함한다)
> 2. 「한국은행법」 및 「한국수출입은행법」에 따른 은행업
> 3. 「해외건설촉진법」에 따라 신고된 해외건설업(해당 연도에 해외건설 실적이 있는 경우로서 해외건설에 직접 사용하는 사무실용 부동산만 해당한다) 및 「주택법」 제4조에 따라 국토교통부에 등록된 주택건설사업(주택건설용으로 취득한 후 3년 이내에 주택건설에 착공하는 부동산만 해당한다)
> 4. 「전기통신사업법」 제5조에 따른 전기통신사업
> 5. 「산업발전법」에 따라 산업통상자원부장관이 고시하는 첨단기술산업과 「산업집적활성화 및 공장설립에 관한 법률 시행령」 별표 1 제2호 마목에 따른 첨단업종
> 6. 「유통산업발전법」에 따른 유통산업, 「농수산물유통 및 가격안정에 관한 법률」에 따른 농수산물도매시장·농수산물공판장·농수산물종합유통센터·유통자회사 및 「축산법」에 따른 가축시장
> 7. 「여객자동차 운수사업법」에 따른 여객자동차운송사업 및 「화물자동차 운수사업법」에 따른 화물자동차운송사업과 「물류시설의 개발 및 운영에 관한 법률」 제2조 제3호에 따른 물류터미널사업 및 「물류정책기본법시행령」 제3조 및 별표 1에 따른 창고업
> 8. 정부출자법인 또는 정부출연법인(국가나 지방자치단체가 납입자본금 또는 기본재산의 100분의 20 이상을 직접 출자 또는 출연한 법인만 해당한다)이 경영하는 사업
> 9. 「의료법」 제3조에 따른 의료업

10. 개인이 경영하던 제조업(「소득세법」 제19조 제1항 제3호에 따른 제조업을 말한다). 다만, 행정안전부령으로 정하는 바에 따라 법인으로 전환하는 기업만 해당하며, 법인전환에 따라 취득한 부동산의 가액(법 제4조에 따른 시가표준액을 말한다)이 법인 전환 전의 부동산 가액을 초과하는 경우에 그 초과부분과 법인으로 전환한 날 이후에 취득한 부동산은 법 제13조 제2항 각 호 외의 부분 본문을 적용한다.

11. 「산업집적활성화 및 공장설립에 관한 법률 시행령」 별표 1 제3호 가목에 따른 자원재활용업종

12. 「소프트웨어 진흥법」 제2조 제3호에 따른 소프트웨어사업 및 같은 법 제61조에 따라 설립된 소프트웨어공제조합이 소프트웨어산업을 위하여 수행하는 사업

13. 「공연법」에 따른 공연장 등 문화예술시설운영사업

14. 「방송법」 제2조 제2호·제5호·제8호·제11호 및 제13호에 따른 방송사업·중계유선방송사업·음악유선방송사업·전광판방송사업 및 전송망사업

15. 「과학관의 설립·운영 및 육성에 관한 법률」에 따른 과학관시설운영사업

16. 「산업집적활성화 및 공장설립에 관한 법률」 제28조에 따른 도시형 공장을 경영하는 사업

17. 「벤처투자 촉진에 관한 법률」 제37조에 따라 등록한 벤처투자회사가 중소기업창업 지원을 위하여 수행하는 사업. 다만, 법인설립 후 1개월 이내에 같은 법에 따라 등록하는 경우만 해당한다.

18. 「한국광해광업공단법」에 따른 한국광해광업공단이 석탄산업합리화를 위하여 수행하는 사업

19. 「소비자기본법」 제33조에 따라 설립된 한국소비자원이 소비자 보호를 위하여 수행하는 사업

20. 「건설산업기본법」 제54조에 따라 설립된 공제조합이 건설업을 위하여 수행하는 사업

21. 「엔지니어링산업 진흥법」 제34조에 따라 설립된 공제조합이 그 설립 목적을 위하여 수행하는 사업

22. 「주택도시기금법」 제8조에 따라 설립된 대한주택보증주식회사가 주택건설업을 위하여 수행하는 사업

23. 「여신전문금융업법」 제2조 제12호에 따른 할부금융업

24. 「통계법」 제22조에 따라 통계청장이 고시하는 한국표준산업분류(이하 "한국표준산업분류"라 한다)에 따른 실내경기장·운동장 및 야구장 운영업

25. 「산업발전법」(법률 제9584호 산업발전법 전부개정법률로 개정되기 전의 것을 말한다) 제14조에 따라 등록된 기업구조조정전문회사가 그 설립 목적을 위하여 수행하는 사업. 다만, 법인 설립 후 1개월 이내에 같은 법에 따라 등록하는 경우만 해당한다.

26. 「지방세특례제한법」 제21조 제1항에 따른 청소년단체, 같은 법 제45조에 따른 학술단체·장학법인 및 같은 법 제52조에 따른 문화예술단체·체육단체가 그 설립 목적을 위하여 수행하는 사업

27. 「중소기업진흥에 관한 법률」 제69조에 따라 설립된 회사가 경영하는 사업

28. 「도시 및 주거환경정비법」 제35조 또는 「빈집 및 소규모주택 정비에 관한 특례법」 제23조에 따라 설립된 조합이 시행하는 「도시 및 주거환경정비법」 제2조 제2호의 정비사업 또는 「빈집 및 소규모주택 정비에 관한 특례법」 제2조 제1항 제3호의 소규모주택정비사업

29. 「방문판매 등에 관한 법률」 제38조에 따라 설립된 공제조합이 경영하는 보상금지급책임의 보험사업 등 같은 법 제37조 제1항 제3호에 따른 공제사업

30. 「한국주택금융공사법」에 따라 설립된 한국주택금융공사가 같은 법 제22조에 따라 경영하는 사업

31. 「민간임대주택에 관한 특별법」 제5조에 따라 등록을 한 임대사업자 또는 「공공주택 특별법」 제4조에 따라 지정된 공공주택사업자가 경영하는 주택임대사업

32. 「전기공사공제조합법」에 따라 설립된 전기공사공제조합이 전기공사업을 위하여 수행하는 사업

33. 「소방산업의 진흥에 관한 법률」 제23조에 따른 소방산업공제조합이 소방산업을 위하여 수행하는 사업

34. 「중소기업 기술혁신 촉진법」 제15조 및 같은 법 시행령 제13조에 따라 기술혁신형 중소기업으로 선정된 기업이 경영하는 사업. 다만, 법인의 본점·주사무소·지점·분사무소를 대도시 밖에서 대도시로 전입하는 경우는 제외한다.

35. 「주택법」에 따른 리모델링주택조합이 시행하는 같은 법 제66조 제1항 및 제2항에 따른 리모델링사업

36. 「공공주택 특별법」에 따른 공공매입임대주택(같은 법 제4조 제1항 제2호 및 제3호에 따른 공공주택사업자와 공공매입임대주택을 건설하는 사업자가 공공매입임대주택을 건설하여 양도하기로 2022년 12월 31일까지 약정을 체결하고 약정일부터 3년 이내에 건설에 착공하는 주거용 오피스텔로 한정한다)을 건설하는 사업

37. 「공공주택 특별법」 제4조 제1항에 따라 지정된 공공주택사업자가 같은 법에 따른 지분적립형 분양주택이나 이익공유형 분양주택을 공급·관리하는 사업

② 산업단지

「산업집적활성화 및 공장설립에 관한 법률」을 적용받는 산업단지 안에서 법인의 설립 등을 한 경우에는 중과세를 적용하지 아니한다(지방세법 제13조 제2항).

╭─ 예제 ─────────────────────────────────────

1. 지방세법상 부동산등기에 대한 등록면허세의 표준세율로 틀린 것은? (단, 표준세율을 적용하여 산출한 세액이 부동산등기에 대한 그 밖의 등기 또는 등록세율보다 크다고 가정함) 제28회

① 전세권 설정등기 : 전세금액의 1천분의 2
② 상속으로 인한 소유권이전등기 : 부동산가액의 1천분의 8
③ 지역권 설정 및 이전등기 : 요역지 가액의 1천분의 2
④ 임차권 설정 및 이전등기 : 임차보증금의 1천분의 2
⑤ 저당권 설정 및 이전등기 : 채권금액의 1천분의 2

해설 ④ 임차권 설정 및 이전등기 : 월 임대차금액의 1천분의 2   ◈ 정답 ④

2. 지방세법상 부동산 등기에 대한 등록면허세의 표준세율로서 틀린 것은? (단, 부동산 등기에 대한 표준세율을 적용하여 산출한 세액이 그 밖의 등기 또는 등록세율보다 크다고 가정하며, 중과세 및 비과세와 지방세특례제한법은 고려하지 않음) 제31회

① 소유권 보존 : 부동산가액의 1천분의 8
② 가처분 : 부동산가액의 1천분의 2
③ 지역권 설정 : 요역지가액의 1천분의 2
④ 전세권 이전 : 전세금액의 1천분의 2
⑤ 상속으로 인한 소유권 이전 : 부동산가액의 1천분의 8

해설 ② 가처분 : 채권금액의 1천분의 2(지방세법 제28조 제1항)   ◈ 정답 ②

04 등록에 대한 등록면허세의 부과 · 징수 제33회

1 납세지

(1) 등기 또는 등록에 대한 등록면허세의 납세지

등록면허세는 등기 또는 등록일 현재 등기 또는 등록할 재산의 소재지나 등기 또는 등록권자의 주소지 · 해당 사무소 또는 영업소 등의 소재지를 관할하는 도 · 구에서 부과한다 (지방세법 제25조 제1항).

(2) 등기 · 등록의 종류와 그에 따른 납세지

① **부동산등기**: 부동산 소재지

② **선박 등기 또는 등록**: 선적항 소재지

③ **자동차 등록**: 「자동차관리법」에 따른 등록지. 다만, 등록지가 사용본거지와 다른 경우에는 사용본거지를 납세지로 한다.

④ **건설기계 등록**: 「건설기계관리법」에 따른 등록지

⑤ **항공기 등록**: 정치장 소재지

⑥ **법인 등기**: 등기에 관련되는 본점 · 지점 또는 주사무소 · 분사무소 등의 소재지

⑦ **상호 등기**: 영업소 소재지

⑧ **광업권 및 조광권 등록**: 광구 소재지

⑨ **어업권, 양식업권 등록**: 어장 소재지

⑩ **저작권, 출판권, 저작인접권, 컴퓨터프로그램 저작권, 데이터베이스 제작자의 권리 등록**: 저작권자, 출판권자, 저작인접권자, 컴퓨터프로그램 저작권자, 데이터베이스 제작권자 주소지

⑪ **특허권, 실용신안권, 디자인권 등록**: 등록권자 주소지

⑫ **상표 · 서비스표 등록**: 주사무소 소재지

⑬ **영업의 허가등록**: 영업소 소재지

⑭ **지식재산권담보권 등록**: 지식재산권자 주소지

⑮ **그 밖의 등록**: 등록관청 소재지

⑯ 같은 등록에 관계되는 재산이 둘 이상의 지방자치단체에 걸쳐 있어 등록면허세를 지방자치단체별로 부과할 수 없을 때에는 등록관청 소재지를 납세지로 한다.

⑰ 같은 채권의 담보를 위하여 설정하는 둘 이상의 저당권을 등록하는 경우에는 이를 하나의 등록으로 보아 그 등록에 관계되는 재산을 처음 등록하는 등록관청 소재지를 납세지로 한다.

⑱ 위 ①부터 ⑭까지의 납세지가 분명하지 아니한 경우에는 등록관청 소재지를 납세지
로 한다.

> **지방세법 기본통칙 25-1 【동일채권등기 담보물 추가시 징수방법】**
> 1. 동일한 채권담보를 위하여 "갑"지역에 있는 부동산과 "을"지역에 있는 부동산에 대하여 저당권
>   을 설정하는 경우 먼저 설정한 지역에서 채권금액 전체에 대하여 과세하고 "을"지역에 있는 담보
>   물을 나중에 등기할 때에는 "을"지역에서 등록면허세를 과세할 수 없다.
> 2. 동일채권에 대한 담보물을 추가하는 경우에는 추가로 담보하는 매 담보물건별로 과세하여야
>   한다.

2 등록에 대한 등록면허세의 부과·징수 제31회

(1) 원칙 : 신고 및 납부

등록을 하려는 자는 과세표준에 해당 세율을 적용하여 산출한 세액을 등록을 하기 전까
지 납세지를 관할하는 지방자치단체의 장에게 신고하고 납부하여야 한다(지방세법 제30조
제1항).

> **넓혀 보기**
>
> **신고 및 납부기한 등**(지방세법시행령 제48조 제1항)
> "등록을 하기 전까지"란 등기 또는 등록 신청서를 등기·등록관서에 접수하는 날까지를 말한다. 다
> 만, 특허권·실용신안권·디자인권 및 상표권의 등록에 대한 등록면허세의 경우에는 「특허법」,
> 「실용신안법」, 「디자인보호법」 및 「상표법」에 따른 특허료·등록료 및 수수료의 납부기한까지를
> 말한다.

(2) 중과세율 대상이 되었을 경우

등록면허세 과세물건을 등록한 후에 해당 과세물건이 중과세 세율의 적용대상이 되었을
때에는 대통령령으로 정하는 날부터 60일 이내에 중과세율을 적용하여 산출한 세액에서
이미 납부한 세액(가산세는 제외)을 공제한 금액을 세액으로 하여 납세지를 관할하는 지방
자치단체의 장에게 신고하고 납부하여야 한다(지방세법 제30조 제2항).

(3) 비과세·과세면제 또는 경감받은 후 과세대상으로 변경된 경우

「지방세법」 또는 다른 법령에 따라 등록면허세를 비과세, 과세면제 또는 경감받은 후에
해당 과세물건이 등록면허세 부과대상 또는 추징대상이 되었을 때에는 그 사유 발생일부
터 60일 이내에 해당 과세표준에 해당 세율을 적용하여 산출한 세액[경감받은 경우에는 이
미 납부한 세액(가산세는 제외)을 공제한 세액]을 납세지를 관할하는 지방자치단체의 장에게
신고하고 납부하여야 한다(지방세법 제30조 제3항).

(4) (1)부터 (3)까지의 규정에 따른 신고의무를 다하지 아니한 경우에도 등록면허세 산출세액을 등록을 하기 전까지[(2) 또는 (3)의 경우에는 해당 기준에 따른 신고기한까지] 납부하였을 때에는 (1)부터 (3)까지의 규정에 따라 신고를 하고 납부한 것으로 본다. 이 경우 무신고가산세 및 과소신고가산세를 부과하지 아니한다(지방세법 제30조 제4항).

원칙	• 취득세 : 취득한 날부터 60일 이내 신고 · 납부 • 등록면허세 : 등록을 하기 전까지 신고 · 납부
특례	• 신고 · 납부 이후 중과세대상이 된 경우 • 비과세 또는 면제받은 후 추징대상이 된 경우 사유발생일부터 60일 이내 신고 및 납부

(5) **예외** : 보통징수(부족세액의 추징 및 가산세)

등록면허세 납세의무자가 신고 또는 납부의무를 다하지 아니하면 산출한 세액 또는 그 부족세액에 다음의 가산세를 합한 금액을 세액으로 하여 보통징수의 방법으로 징수한다(지방세법 제32조, 지방세기본법 제53조).

① **신고불성실가산세**

㉠ 무신고가산세(지방세기본법 제53조)

ⓐ 납세의무자가 법정신고기한까지 과세표준 신고를 하지 아니한 경우에는 그 신고로 납부하여야 할 세액(이 법 및 지방세관계법에 따른 가산세와 가산하여 납부하여야 할 이자상당액이 있는 경우 그 금액은 제외하며, 이하 "무신고납부세액"이라 한다)의 100분의 20에 상당하는 금액을 가산세로 부과한다(지방세기본법 제53조 제1항).

ⓑ 위 ⓐ에도 불구하고 사기나 그 밖의 부정한 행위로 법정신고기한까지 과세표준 신고를 하지 아니한 경우에는 무신고납부세액의 100분의 40에 상당하는 금액을 가산세로 부과한다(지방세기본법 제53조 제2항).

㉡ 과소신고가산세 · 초과환급신고가산세(지방세기본법 제54조)

ⓐ 납세의무자가 법정신고기한까지 과세표준 신고를 한 경우로서 신고하여야 할 납부세액보다 적게 신고("과소신고"라 한다)하거나 지방소득세 과세표준 신고를 하면서 환급받을 세액을 신고하여야 할 금액보다 많이 신고("초과환급신고"라 한다)한 경우에는 과소신고한 납부세액과 초과환급신고한 환급세액을 합한 금액(이 법과 지방세관계법에 따른 가산세와 가산하여 납부하여야 할 이자상당액이 있는 경우 그 금액은 제외하며, 이하 "과소신고납부세액 등"이라 한다)의 100분의 10에 상당하는 금액을 가산세로 부과한다(지방세기본법 제54조 제1항).

ⓑ 위 ⓐ에도 불구하고 사기나 그 밖의 부정한 행위로 과소신고하거나 초과환급신고한 경우에는 다음의 금액을 합한 금액을 가산세로 부과한다(지방세기본법 제54조 제2항).

1. 사기나 그 밖의 부정한 행위로 인한 과소신고납부세액 등("부정과소신고납부세액 등"
   이라 한다)의 100분의 40에 상당하는 금액
2. 과소신고분세액 등에서 부정과소신고분세액 등을 뺀 금액의 100분의 10에 상당하
   는 금액

② **납부지연가산세**(지방세기본법 제55조)

납세의무자(연대납세의무자, 제2차 납세의무자 및 보증인을 포함한다)가 납부기한까지 지
방세를 납부하지 아니하거나 납부하여야 할 세액보다 적게 납부("과소납부"라 한다)하
거나 환급받아야 할 세액보다 많이 환급("초과환급"이라 한다)받은 경우에는 다음의 계
산식에 따라 산출한 금액을 합한 금액을 가산세로 부과한다. 이 경우 ㉠ 및 ㉡의 가산
세는 납부하지 아니한 세액, 과소납부분(납부하여야 할 금액에 미달하는 금액을 말한다)
세액 또는 초과환급분(환급받아야 할 세액을 초과하는 금액을 말한다) 세액의 100분의 75에
해당하는 금액을 한도로 하고, ㉣의 가산세를 부과하는 기간은 60개월(1개월 미만은 없
는 것으로 본다)을 초과할 수 없다(지방세기본법 제55조 제1항).

㉠ 과세표준과 세액을 지방자치단체에 신고납부하는 지방세의 법정납부기한까지 납
  부하지 아니한 세액 또는 과소납부분 세액(지방세관계법에 따라 가산하여 납부하여야
  할 이자상당액이 있는 경우 그 금액을 더한다) × 법정납부기한의 다음 날부터 자진납
  부일 또는 납세고지일까지의 일수 × 금융회사 등이 연체대출금에 대하여 적용하
  는 이자율 등을 고려하여 대통령령으로 정하는 이자율

㉡ 초과환급분 세액(지방세관계법에 따라 가산하여 납부하여야 할 이자상당액이 있는 경우
  그 금액을 더한다) × 환급받은 날의 다음 날부터 자진납부일 또는 납세고지일까지
  의 일수 × 금융회사 등이 연체대출금에 대하여 적용하는 이자율 등을 고려하여 대
  통령령으로 정하는 이자율

㉢ 납세고지서에 따른 납부기한까지 납부하지 아니한 세액 또는 과소납부분 세액(지
  방세관계법에 따라 가산하여 납부하여야 할 이자상당액이 있는 경우 그 금액을 더하고, 가
  산세는 제외한다) × 100분의 3

㉣ 다음 계산식에 따라 납세고지서에 따른 납부기한이 지난 날부터 1개월이 지날 때
  마다 계산한 금액. 다만, 납세고지서별·세목별 세액이 45만원 미만인 경우에는 적
  용하지 아니한다(지방세기본법 제55조 제4항).

> 납부하지 아니한 세액 또는 과소납부분 세액(지방세관계법에 따라 가산하여 납부하여야 할 이
> 자상당액이 있는 경우 그 금액을 더하고, 가산세는 제외한다) × 금융회사 등이 연체대출금에
> 대하여 적용하는 이자율 등을 고려하여 대통령령으로 정하는 이자율

(6) 등록에 대한 등록면허세의 납부절차와 방법

① 등록면허세를 신고하려는 자는 행정안전부령으로 정하는 신고서로 납세지를 관할하
  는 시장·군수·구청장에게 신고하여야 한다(지방세법시행령 제48조 제3항).

② 지방자치단체의 금고 또는 지방세수납대행기관은 등록면허세를 납부받으면 납세자 보관용 영수증, 등록면허세 영수필 통지서(등기·등록관서의 시·군·구 통보용) 및 등록면허세 영수필 확인서 각 1부를 납세자에게 내주고, 지체 없이 등록면허세 영수필 통지서(시·군·구 보관용) 1부를 해당 시·군·구의 세입징수관에게 송부하여야 한다. 다만, 「전자정부법」에 따라 행정기관 간에 등록면허세 납부사실을 전자적으로 확인할 수 있는 경우에는 납세자에게 납세자 보관용 영수증을 교부하는 것으로 갈음할 수 있다 (지방세법시행령 제48조 제5항).

│ 넓혀 보기 │

등록면허세의 납부절차와 방법

1. 등록면허세 납부 확인 등(지방세법시행령 제49조)
① 납세자는 등기 또는 등록하려는 때에는 등기 또는 등록 신청서에 등록면허세 영수필 통지서(등기·등록관서의 시·군·구 통보용) 1부와 등록면허세 영수필 확인서 1부를 첨부하여야 한다. 다만, 「전자정부법」 제36조 제1항에 따라 행정기관 간에 등록면허세 납부사실을 전자적으로 확인할 수 있는 경우에는 그러하지 아니하다(지방세법시행령 제49조 제1항).
② 위 ①에도 불구하고 「부동산등기법」 제24조 제1항 제2호에 따른 전산정보처리조직을 이용하여 등기를 하려는 때에는 등록면허세 영수필 통지서(등기·등록관서의 시·군·구 통보용)와 등록면허세 영수필 확인서를 전자적 이미지 정보로 변환한 자료를 첨부하여야 한다. 다만, 「전자정부법」 제36조 제1항에 따라 행정기관 간에 등록면허세 납부사실을 전자적으로 확인할 수 있는 경우에는 그러하지 아니하다(지방세법시행령 제49조 제2항).
③ 등기·등록관서는 등기·등록을 마친 때에는 제1항부터 제3항까지의 규정에 따른 등록면허세 영수필 확인서 금액란에 반드시 확인도장을 찍어야 하며, 첨부된 등록면허세 영수필 통지서(등기·등록관서의 시·군·구 통보용)를 등기 또는 등록에 관한 서류와 대조하여 기재내용을 확인하고 접수인을 날인하여 접수번호를 붙인 다음 납세지를 관할하는 시·군·구의 세입징수관에게 7일 이내에 송부해야 한다. 다만, 광업권·조광권 등록의 경우에는 등록면허세 영수필 통지서(등기·등록관서의 시·군·구 통보용)의 송부를 생략하고, 광업권·조광권 등록현황을 분기별로 그 분기말의 다음 달 10일까지 관할 시장·군수·구청장에게 송부할 수 있다(지방세법시행령 제49조 제4항).
④ 등기·등록관서는 위 ③에도 불구하고 등록면허세 영수필 통지서(등기·등록관서의 시·군·구 통보용)를 시·군·구의 세입징수관에게 송부하려는 경우 시·군·구의 세입징수관이 「전자정부법」에 따른 행정정보의 공동이용을 통하여 등록면허세 영수필 통지서(등기·등록관서의 시·군·구 통보용)에 해당하는 정보를 확인할 수 있는 때에는 전자적 방법으로 그 정보를 송부할 수 있다(지방세법시행령 제49조 제5항).
⑤ 시장·군수·구청장은 위 ③ 및 ④에 따라 등기·등록관서로부터 등록면허세 영수필 통지서(등기·등록관서의 시·군·구 통보용) 또는 그에 해당하는 정보를 송부받은 때에는 등록면허세 신고 및 수납사항 처리부를 작성하고, 등록면허세의 과오납 및 누락 여부를 확인하여야 한다(지방세법시행령 제49조 제6항).

2. 등록면허세의 미납부 및 납부부족액에 대한 통보 등(지방세법시행령 제50조)
등기·등록관서의 장은 등기 또는 등록 후에 등록면허세가 납부되지 아니하였거나 납부부족액을 발견한 경우에는 다음 달 10일까지 납세지를 관할하는 시장·군수·구청장에게 통보하여야 한다(지방세법시행령 제50조 제1항).

③ 등록에 대한 등록면허세의 부가세

(1) 지방교육세

납부하여야 할 등록에 대한 등록면허세액의 100분의 20(지방세법 제151조 제1항 제2호)

(2) 농어촌특별세

「지방세법」 및 「지방세특례제한법」에 따라 감면을 받는 등록에 대한 등록면허세의 감면 세액에 100분의 20(농어촌특별세법 제5조 제1항 제1호)

> **예제**
>
> 1. **지방세법상 취득세 또는 등록면허세의 신고·납부에 관한 설명으로 옳은 것은?** (단, 비과세 및 지방세특례제한법은 고려하지 않음)   제31회
> ① 상속으로 취득세 과세물건을 취득한 자는 상속개시일로부터 6개월 이내에 과세표준과 세액을 신고·납부하여야 한다.
> ② 취득세 과세물건을 취득한 후 중과세 대상이 되었을 때에는 표준세율을 적용하여 산출한 세액에서 이미 납부한 세액(가산세 포함)을 공제한 금액을 세액으로 하여 신고·납부하여야 한다.
> ③ 지목변경으로 인한 취득세 납세의무자가 신고를 하지 아니하고 매각하는 경우 산출세액에 100분의 80을 가산한 금액을 세액으로 하여 징수한다.
> ④ 등록을 하려는 자가 등록면허세 신고의무를 다하지 않고 산출세액을 등록 전까지 납부한 경우 지방세기본법에 따른 무신고가산세를 부과한다.
> ⑤ 등기·등록관서의 장은 등기 또는 등록 후에 등록면허세가 납부되지 아니하였거나 납부부족액을 발견한 경우에는 다음 달 10일까지 납세지를 관할하는 시장·군수·구청장에게 통보하여야 한다.
>
> **해설** ⑤ 등기·등록관서의 장은 등기 또는 등록 후에 등록면허세가 납부되지 아니하였거나 납부부족액을 발견한 경우에는 다음 달 10일까지 납세지를 관할하는 시장·군수·구청장에게 통보하여야 한다(지방세법 시행령 제50조).
> ① 상속으로 취득세 과세물건을 취득한 자는 상속개시일이 속하는 달의 말일부터 6개월(외국에 주소를 둔 상속인이 있는 경우에는 9개월) 이내에 과세표준과 세액을 신고·납부하여야 한다(지방세법 제20조 제1항).
> ② 취득세 과세물건을 취득한 후 중과세 대상이 되었을 때에는 중과세율을 적용하여 산출한 세액에서 이미 납부한 세액(가산세는 제외한다)을 공제한 금액을 세액으로 하여 신고·납부하여야 한다(지방세법 제20조 제2항).
> ③ 지목변경으로 인한 취득세 납세의무자가 신고를 하지 아니하고 매각하는 경우 산출세액에 100분의 80을 가산한 금액을 세액으로 하여 징수하는 중가산세를 적용하지 아니한다(지방세법시행령 제37조).
> ④ 등록을 하려는 자가 등록면허세 신고의무를 다하지 않고 산출세액을 등록 전까지 납부한 경우 지방세기본법에 따른 무신고가산세를 부과하지 아니한다(지방세법 제30조 제4항).   ◆ 정답 ⑤

2. 지방세법상 등록면허세에 관한 설명으로 옳은 것은? 　　　　　　제26회

① 부동산등기에 대한 등록면허세 납세지는 부동산 소유자의 주소지이다.

② 등록을 하려는 자가 신고의무를 다하지 않은 경우 등록면허세 산출세액을 등록하기 전까지 납부하였을 때에는 신고·납부한 것으로 보지만 무신고 가산세가 부과된다.

③ 상속으로 인한 소유권이전등기의 세율은 부동산가액의 1천분의 15로 한다.

④ 부동산을 등기하려는 자는 과세표준에 세율을 적용하여 산출한 세액을 등기를 하기 전까지 납세지를 관할하는 지방자치단체의 장에게 신고·납부하여야 한다.

⑤ 대도시 밖에 있는 법인의 본점이나 주사무소를 대도시로 전입함에 따른 등기는 법인등기에 대한 세율의 100분의 200을 적용한다.

해설 ① 부동산등기에 대한 등록면허세 납세지는 부동산 소유자의 주소지가 아니라 부동산 소재지이다.

② 등록을 하려는 자가 신고의무를 다하지 않은 경우 등록면허세 산출세액을 등록하기 전까지 납부하였을 때에는 신고·납부한 것으로 보며, 이 경우 무신고 가산세를 부과하지 아니한다.

③ 상속으로 인한 소유권이전등기의 세율은 부동산가액의 1천분의 8로 한다.

⑤ 대도시 밖에 있는 법인의 본점이나 주사무소를 대도시로 전입함에 따른 등기는 법인 등기에 대한 세율의 100분의 300을 적용한다.

◆ **정답** ④

---

05 **등록에 대한 등록면허세의 비과세** 제31회, 제34회

(1) 국가 등에 대한 비과세

국가, 지방자치단체, 지방자치단체조합, 외국정부 및 주한국제기구가 자기를 위하여 받는 등록 또는 면허에 대하여는 등록면허세를 부과하지 아니한다. 다만, 대한민국 정부기관의 등록 또는 면허에 대하여 과세하는 외국정부의 등록 또는 면허의 경우에는 등록면허세를 부과한다(지방세법 제26조 제1항).

> **지방세법 기본통칙 26-1【국가 등에 관한 비과세】** 1. 지방세의 체납으로 인하여 압류의 등기 또는 등록을 한 재산에 대하여 압류해제의 등기 또는 등록 등을 할 경우에는 등록면허세가 비과세 되는 것이다.
> 2. 국가와 지방자치단체가 「공익사업을 위한 토지 등의 취득 및 보상에 관한 법률」에 따라 공공사업(도로신설 및 도로확장 등)에 필요한 토지를 수용하여 공공용지에 편입하기 위해 행하는 분필등기, 공유물분할등기는 국가와 지방자치단체가 자기를 위하여 하는 등기에 해당하므로 등록면허세가 비과세되는 것이다.

(2) 기타 등록 또는 면허에 대한 비과세

다음의 어느 하나에 해당하는 등기·등록 또는 면허에 대하여는 등록면허세를 부과하지 아니한다(지방세법 제26조 제2항).

① 「채무자 회생 및 파산에 관한 법률」 제6조 제3항, 제25조 제1항부터 제3항까지, 제26조 제1항, 같은 조 제3항, 제27조, 제76조 제4항, 제362조 제3항, 제578조의5 제3항, 제578조의8 제3항 및 제578조의9 제3항에 따른 등기 또는 등록

② 행정구역의 변경, 주민등록번호의 변경, 지적(地籍) 소관청의 지번 변경, 계량단위의 변경, 등기 또는 등록 담당 공무원의 착오 및 이와 유사한 사유로 인한 등기 또는 등록으로서 주소, 성명, 주민등록번호, 지번, 계량단위 등의 단순한 표시변경·회복 또는 경정 등기 또는 등록

③ 그 밖에 지목이 묘지인 토지 등 대통령령으로 정하는 등록

넓혀 보기

지목이 묘지인 토지 등 대통령령으로 정하는 등록(지방세법시행령 제40조 제1항)
"지목이 묘지인 토지 등 대통령령으로 정하는 등록"이란 무덤과 이에 접속된 부속시설물의 부지로 사용되는 토지로서 지적공부상 지목이 묘지인 토지에 관한 등기를 말한다.

④ 면허의 단순한 표시변경 등 등록면허세의 과세가 적합하지 아니한 것으로서 대통령령으로 정하는 면허

예제

1. 거주자인 개인 乙은 甲이 소유한 부동산(시가 6억원)에 전세기간 2년, 전세보증금 3억원으로 하는 전세계약을 체결하고, 전세권 설정등기를 하였다. 지방세법상 등록면허세에 관한 설명으로 옳은 것은? 제32회

① 과세표준은 6억원이다.
② 표준세율은 전세보증금의 1천분의 8이다.
③ 납부세액은 6천원이다.
④ 납세의무자는 乙이다.
⑤ 납세지는 甲의 주소지이다.

해설 ① 과세표준은 3억원이다.
② 표준세율은 전세보증금의 1천분의 2이다.
③ 납부세액은 600,000원이다.
⑤ 납세지는 부동산 소재지이다. **◆ 정답 ④**

2. 지방세법상 등록면허세에 관한 설명으로 옳은 것은? 제31회

① 지방자치단체의 장은 등록면허세의 세율을 표준세율의 100분의 60의 범위에서 가감할 수 있다.
② 등록 당시에 감가상각의 사유로 가액이 달라진 경우 그 가액에 대한 증명여부에 관계없이 변경 전 가액을 과세표준으로 한다.
③ 부동산 등록에 대한 신고가 없는 경우 취득 당시 시가표준액의 100분의 110을 과세표준으로 한다.
④ 지목이 묘지인 토지의 등록에 대하여 등록면허세를 부과한다.
⑤ 부동산 등기에 대한 등록면허세의 납세지는 부동산 소재지로 하며, 납세지가 분명하지 아니한 경우에는 등록관청 소재지로 한다.

해설 ① 지방자치단체의 장은 등록면허세의 세율을 표준세율의 100분의 50의 범위에서 가감할 수 있다(지방세법 제28조 제6항).

② 등록 당시에 감가상각의 사유로 가액이 달라진 경우에는 변경된 가액을 과세표준으로 한다(지방세법 제27조 제3항).

③ 부동산 등록에 대한 신고가 없는 경우 등록 당시 시가표준액을 과세표준으로 한다(지방세법 제27조 제2항).

④ 지목이 묘지인 토지의 등록에 대하여 등록면허세를 부과하지 아니한다(지방세법 제26조 제2항 제3호).

◆ 정답 ⑤

3. 지방세법상 등록면허세에 관한 설명으로 틀린 것은? 제30회

① 부동산등기에 대한 등록면허세의 납세지는 부동산 소재지이다.

② 등록을 하려는 자가 법정신고기한까지 등록면허세 산출세액을 신고하지 않은 경우로서 등록 전까지 그 산출세액을 납부한 때에도 「지방세기본법」에 따른 무신고가산세가 부과된다.

③ 등기 담당 공무원의 착오로 인한 지번의 오기에 대한 경정 등기에 대해서는 등록면허세를 부과하지 아니한다.

④ 채권금액으로 과세액을 정하는 경우에 일정한 채권금액이 없을 때에는 채권의 목적이 된 것의 가액 또는 처분의 제한의 목적이 된 금액을 그 채권금액으로 본다.

⑤ 「한국은행법」 및 「한국수출입은행법」에 따른 은행업을 영위하기 위하여 대도시에서 법인을 설립함에 따른 등기를 한 법인이 그 등기일부터 2년 이내에 업종 변경이나 업종 추가가 없는 때에는 등록면허세의 세율을 중과하지 아니한다.

해설 ② 등록을 하려는 자가 법정신고기한까지 등록면허세 산출세액을 신고하지 않은 경우로서 등록 전까지 그 산출세액을 납부하였을 때에는 신고를 하고 납부한 것으로 보며 「지방세기본법」에 따른 무신고가산세를 부과하지 아니한다.

◆ 정답 ②

4. 甲이 乙 소유 부동산에 관해 전세권설정등기를 하는 경우 지방세법상 등록에 대한 등록면허세에 관한 설명으로 틀린 것은? 제29회

① 등록면허세의 납세의무자는 전세권자인 甲이다.

② 부동산소재지와 乙의 주소지가 다른 경우 등록면허세의 납세지는 乙의 주소지이다.

③ 전세권설정등기에 대한 등록면허세의 표준세율은 전세금액의 1,000분의 2이다.

④ 전세권설정등기에 대한 등록면허세의 산출세액이 건당 6천원보다 적을 때에는 등록면허세의 세액은 6천원으로 한다.

⑤ 만약 丙이 甲으로부터 전세권을 이전받아 등기하는 경우라면 등록면허세의 납세의무자는 丙이다.

해설 ② 부동산소재지와 乙의 주소지가 다른 경우 등록면허세의 납세지는 부동산소재지이다. ◆ 정답 ②

MEMO

재산세

재산세는 부동산 보유단계에서 과세하는 지방세이다. 매년 3문제 정도 출제되고 있다. 자주 출제되는 부분은 토지의 과세대상 구분, 과세표준, 세율, 납세의무자, 부과·징수이다. 재산세를 철저하게 공부 해야만 종합부동산세도 자연스럽게 정리할 수 있다.

01 재산세의 개요 제31회

1 재산세의 의의와 특징

(1) 재산세는 보유단계에서 과세하는 지방세로서 시·군·구세이다(지방세기본법 제8조 제3항, 제4항).

(2) 재산세의 납세의무 성립시기는 과세기준일(매년 6월 1일)이다(지방세기본법 제34조 제1항 제8호).

(3) 재산세는 과세표준과 세액을 해당 지방자치단체가 결정하는 때에 확정된다(지방세기본법 제35조 제1항 제3호).

(4) 재산세는 보통세이다(지방세기본법 제7조 제2항 제8호).

(5) 재산세는 과세대상에 따라 개별과세하는 경우와 합산과세하는 경우가 있다.

(6) 재산세는 인적사정을 고려하지 않는 물세의 성격과 인적사정을 고려하는 인세의 성격을 가지고 있다.

(7) 재산세의 과세표준은 금액으로 종가세에 해당한다.

(8) 재산세의 세율은 차등비례세율·초과누진세율을 적용한다.

(9) 재산세에서는 소액 징수면제(고지서 1장당 재산세액이 2천원 미만) 규정을 적용한다.

(10) 재산세에는 분할납부(2개월 이내), 물납(관할구역에 있는 부동산) 규정을 적용한다.

② 과세주체

(1) 원 칙

과세대상 재산의 소재지를 관할하는 시·군·구(특별시·광역시의 자치구)가 재산세의 과세주체이다(지방세기본법 제8조 제3항, 제4항).

(2) 예 외

특별시 관할구역에 있는 구의 경우에 재산세(선박 및 항공기에 대한 재산세와 도시지역분 과세대상 부동산 재산세는 제외)는 특별시세 및 구세인 재산세로 한다.

(3) 특별시의 관할구역 재산세의 공동과세(지방세기본법 제9조)

① 특별시 관할구역에 있는 구의 경우에 재산세(선박 및 항공기에 대한 재산세와 재산세 도시지역분은 제외)는 특별시세 및 구세인 재산세로 한다.

② ①에 따른 특별시세 및 구세인 재산세 중 특별시분 재산세와 구(區)분 재산세는 각각 「지방세법」 제111조 제1항 또는 제111조의2에 따라 산출된 재산세액의 100분의 50을 그 세액으로 한다. 이 경우 특별시분 재산세는 보통세인 특별시세로 보고 구(區)분 재산세는 보통세인 구세로 본다.

③ 재산세 도시지역분은 특별시세로 한다.

☑ **주요 지방세의 과세주체별 비교**

구 분	특별시 · 광역시		도	
	특별시세 · 광역시세	구 세	도 세	시 · 군세
보통세	취득세	−	취득세	−
	−	등록면허세	등록면허세	−
	특별시분 재산세	구분 재산세	−	재산세
목적세	지역자원시설세	−	지역자원시설세	−
	지방교육세	−	지방교육세	−

③ 과세대상

재산세는 토지, 건축물, 주택, 항공기 및 선박(이하 "재산"이라 한다)을 과세대상으로 한다 (지방세법 제105조).

구 분	과세대상	과세방법
토 지	분리과세대상	개별과세
	합산과세대상	합산과세
	✿ 주택의 부속토지는 제외	
건축물	건축물	개별과세
	시설물	
	✿ 주택용 건물은 제외	
주 택	주택용 건물과 부수토지를 통합하여 과세	개별과세
선 박	선박	개별과세
항공기	항공기	개별과세

(1) 토 지

① "토지"란 「공간정보의 구축 및 관리 등에 관한 법률」에 따라 지적공부의 등록대상이 되는 토지와 그 밖에 사용되고 있는 사실상의 토지를 말한다(지방세법 제104조 제1호).

② 사실상 토지라 함은 매립·간척 등으로 준공인가 전에 사실상으로 사용하는 토지 등 토지 대장에 등재되어 있지 않은 토지를 포함한다(지방세법 기본통칙 104-1).

(2) 건축물(지방세법 제104조 제2호, 지방세법 제6조 제4호)

「건축법」에 따른 건축물(이와 유사한 형태의 건축물을 포함)과 토지에 정착하거나 지하 또는 다른 구조물에 설치하는 레저시설, 저장시설, 도크(dock)시설, 접안시설, 도관시설, 급수· 배수시설, 에너지 공급시설 및 그 밖에 이와 유사한 시설(이에 딸린 시설을 포함)로서 대통령령으로 정하는 것을 말한다(지방세법 제6조 제4호). 또한 공부상의 용도와 관계없이 사실상의 용도에 따라 과세하며, 공부상에 등재되지 아니한 건축물이나 불법 또는 무허가 건축물에 대하여도 과세한다.

① 건축물이란 토지에 정착(定着)하는 공작물 중 지붕과 기둥 또는 벽이 있는 것과 이에 딸린 시설물, 지하나 고가(高架)의 공작물에 설치하는 사무소·공연장·점포·차고· 창고, 그 밖에 대통령령으로 정하는 것을 말한다(건축법 제2조 제1항 제2호).

② **토지에 정착하거나 지하 또는 다른 구조물에 설치하는 시설물**(지방세법시행령 제5조)

> 1. 레저시설: 수영장, 스케이트장, 골프연습장(체육시설의 설치·이용에 관한 법률에 따라 골프연습장업으로 신고된 20타석 이상의 골프연습장만 해당), 전망대, 옥외스탠드, 유원지의 옥외오락시설(유원지의 옥외오락시설과 비슷한 오락시설로서 건물 안 또는 옥상에 설치하여 사용하는 것을 포함)
> 2. 저장시설: 수조, 저유조, 저장창고, 저장조(저장용량이 1톤 이하인 액화석유가스 저장조는 제외한다) 등의 옥외저장시설(다른 시설과 유기적으로 관련되어 있고 일시적으로 저장기능을 하는 시설을 포함)
> 3. 독시설 및 접안시설: 독, 조선대(造船臺)
> 4. 도관시설(연결시설을 포함): 송유관, 가스관, 열수송관
> 5. 급수·배수시설: 송수관(연결시설을 포함), 급수·배수시설, 복개설비
> 6. 에너지 공급시설: 주유시설, 가스충전시설, 환경친화적 자동차 충전시설, 송전철탑(전압 20만 볼트 미만을 송전하는 것과 주민들의 요구로 전기사업법에 따라 이전·설치하는 것은 제외)
> 7. 기타 시설: 잔교(棧橋)(이와 유사한 구조물을 포함), 기계식 또는 철골조립식 주차장, 차량 또는 기계장비 등을 자동으로 세차 또는 세척하는 시설, 방송중계탑(방송법에 따라 국가가 필요로 하는 대외방송 및 사회교육방송 중계탑은 제외) 및 무선통신기지국용 철탑을 말한다.

③ **건축물에 딸린 시설물**(지방세법시행령 제6조)

> 1. 승강기(엘리베이터, 에스컬레이터, 그 밖의 승강시설)
> 2. 시간당 20킬로와트 이상의 발전시설
> 3. 난방용·욕탕용 온수 및 열 공급시설
> 4. 시간당 7천 560킬로칼로리급 이상의 에어컨(중앙조절식만 해당)
> 5. 부착된 금고
> 6. 교환시설
> 7. 건물의 냉난방, 급수·배수, 방화, 방범 등의 자동관리를 위하여 설치하는 인텔리전트 빌딩시스템 시설
> 8. 구내의 변전·배전시설

(3) 주 택 제33회

① "주택"이란 「주택법」에 따른 주택을 말한다. 이 경우 토지와 건축물의 범위에서 주택은 제외한다(지방세법 제104조 제3호).

> **넓혀 보기**
>
> **주택의 정의**(주택법 제2조 제1호)
> "주택"이란 세대(世帶)의 구성원이 장기간 독립된 주거생활을 할 수 있는 구조로 된 건축물의 전부 또는 일부 및 그 부속토지를 말하며, 단독주택과 공동주택으로 구분한다.

② 주택의 부속토지의 경계가 명백하지 아니한 경우에는 그 주택의 바닥면적의 10배에 해당하는 토지를 주택의 부속토지로 한다(지방세법시행령 제105조).

③ 주거용과 주거 외의 용도를 겸하는 건물 등에서 주택의 범위를 구분하는 방법, 주택 부속토지의 범위 산정은 다음 각 호에서 정하는 바에 따른다(지방세법 제106조 제2항).

> 1. 1동(棟)의 건물이 주거와 주거 외의 용도로 사용되고 있는 경우에는 주거용으로 사용되는 부분만을 주택으로 본다. 이 경우 건물의 부속토지는 주거와 주거 외의 용도로 사용되는 건물의 면적비율에 따라 각각 안분하여 주택의 부속토지와 건축물의 부속토지로 구분한다.
> 2. 1구(構)의 건물이 주거와 주거 외의 용도로 사용되고 있는 경우에는 주거용으로 사용되는 면적이 전체의 100분의 50 이상인 경우에는 주택으로 본다.
> 2의2. 건축물에서 허가 등이나 사용승인(임시사용승인을 포함한다. 이하 이 항에서 같다)을 받지 아니하고 주거용으로 사용하는 면적이 전체 건축물 면적(허가 등이나 사용승인을 받은 면적을 포함한다)의 100분의 50 이상인 경우에는 그 건축물 전체를 주택으로 보지 아니하고, 그 부속토지는 제1항 제1호에 해당하는 토지로 본다.

(4) 선 박

재산세 과세대상이 되는 선박이란 기선, 범선, 부선(艀船) 및 그 밖에 명칭에 관계없이 모든 배를 말한다(지방세법 제104조 제5호, 지방세법 제6조 제10호).

(5) 항공기

재산세 과세대상이 되는 항공기란 사람이 탑승·조종하여 항공에 사용하는 비행기, 비행선, 활공기, 회전익항공기 그 밖에 이와 유사한 비행기구로서 대통령령으로 정하는 것을 말한다(지방세법 제104조 제4호, 지방세법 제6조 제9호).

02 토지에 대한 과세대상 구분 ^{제31회}

토지에 대한 재산세 과세대상은 다음에 따라 종합합산과세대상, 별도합산과세대상 및 분리과세(저율분리·고율분리)대상으로 구분한다(지방세법 제106조 제1항).

구 분	과세대상	세 율
고율분리과세	사치성 재산(골프장용 토지, 고급오락장용 건축물의 부속토지)	4%
종합합산과세	나대지, 임야	0.2~0.5% (3단계 초과누진세율)
별도합산과세	일반 영업용 건축물의 부속토지	0.2~0.4% (3단계 초과누진세율)
저율분리과세	공장용지	0.2%
	농지, 목장용지, 공익목적 임야	0.07%

┌ 농지 : 분리과세(0.07%)
├ 나대지 : 종합합산과세(0.2~0.5% 3단계 초과누진세율)
└ 빌딩용 토지 : 별도합산과세(0.2~0.4% 3단계 초과누진세율)

1 분리과세대상 토지(지방세법시행령 제102조)

분리과세대상 토지는 농지와 목장용지·공장용지처럼 토지의 이용이 사회적으로 효용가치 및 기여도가 높은 경우(저율분리과세)와 골프장용 토지·고급오락장의 부속토지처럼 사치성의 용도로 사용하는 것은 높은 세율(고율분리과세)로 과세한다. 이러한 분리과세대상 토지는 다른 토지와 합산하지 않고 비례세율을 적용한다.

분리과세대상 토지는 과세기준일 현재 납세의무자가 소유하고 있는 토지 중 국가의 보호·지원 또는 중과가 필요한 토지로서 다음의 어느 하나에 해당하는 토지를 말한다(지방세법 제106조 제1항 제3호).

(1) 공장용지·전·답·과수원 및 목장용지로서 대통령령으로 정하는 토지

(2) 산림의 보호육성을 위하여 필요한 임야 및 종중 소유 임야로서 대통령령으로 정하는 임야

(3) 골프장용 토지와 고급오락장용 토지로서 대통령령으로 정하는 토지

(4) 「산업집적활성화 및 공장설립에 관한 법률」 제2조 제1호에 따른 공장의 부속토지로서 개발제한구역의 지정이 있기 이전에 그 부지취득이 완료된 곳으로서 대통령령으로 정하는 토지

(5) 국가 및 지방자치단체 지원을 위한 특정목적 사업용 토지로서 대통령령으로 정하는 토지

(6) 에너지·자원의 공급 및 방송·통신·교통 등의 기반시설용 토지로서 대통령령으로 정하는 토지

(7) 국토의 효율적 이용을 위한 개발사업용 토지로서 대통령령으로 정하는 토지

(8) 그 밖에 지역경제의 발전, 공익성의 정도 등을 고려하여 분리과세하여야 할 타당한 이유가 있는 토지로서 대통령령으로 정하는 토지

분리과세대상토지는 구체적으로 다음과 같이 구분한다.

1. 0.07% 저율분리과세대상

(1) **농지**(지방세법 제106조 제1항 제3호, 지방세법시행령 제102조 제1항 제2호)

① **개인 소유의 농지**: 전·답·과수원("농지"라 한다)으로서 과세기준일 현재 실제 영농에 사용되고 있는 개인이 소유하는 농지. 다만, 특별시·광역시(군지역은 제외한다)·특별자치시·특별자치도 및 시지역(읍·면 지역은 제외한다)의 도시지역의 농지는 개발제한구역과 녹지지역(「국토의 계획 및 이용에 관한 법률」에 따른 도시지역 중 세부 용도지역이 지정되지 아니한 지역을 포함한다)에 있는 것으로 한정한다(지방세법시행령 제102조 제1항 제2호 가목).

구 분			과세대상
군지역 (광역시의 군지역, 시지역의 읍·면 지역 포함)			분리과세 (면적제한 없음)
특별시·광역시· 시지역	도시지역 밖		
	도시지역 안	개발제한구역·녹지지역	
		주거·상업·공업지역	종합합산과세

심화·학습 농 지

1. 개인 소유 농지란 소유자의 재촌·자경 여부와 관계없이 과세기준일 현재 사실상 전·답·과수원으로 이용되는 토지를 말한다.

2. 공부상 지목과 관계없이 실제로 영농에 이용되는 토지를 말한다.

3. 영농에 실제 사용하지 않고 있는 전·답·과수원은 종합합산과세대상에 해당한다.

② **법인 및 단체 소유의 농지**

　㉠ 원칙: 종합합산과세대상

　㉡ 예외: 분리과세대상(지방세법시행령 제102조 제1항 제2호 나목부터 바목)

　　ⓐ 「농지법」에 따른 농업법인이 소유하는 농지로서 과세기준일 현재 실제 영농에 사용되고 있는 농지. 다만, 특별시·광역시(군지역은 제외한다)·특별자치시·특별자치도 및 시지역(읍·면 지역은 제외한다)의 도시지역의 농지는 개발제한구역과 녹지지역에 있는 것으로 한정한다.

　　ⓑ 「한국농어촌공사 및 농지관리기금법」에 따라 설립된 한국농어촌공사가 같은 법에 따라 농가에 공급하기 위하여 소유하는 농지

　　ⓒ 관계 법령에 따른 사회복지사업자가 복지시설이 소비목적으로 사용할 수 있도록 하기 위하여 소유하는 농지

　　ⓓ 법인이 매립·간척으로 취득한 농지로서, 과세기준일 현재 실제 영농에 사용되고 있는 해당 법인 소유농지. 다만, 특별시·광역시(군지역은 제외한다)·특별자치시·특별자치도 및 시지역(읍·면 지역은 제외한다)의 도시지역의 농지는 개발제한구역과 녹지지역에 있는 것으로 한정한다.

　　ⓔ 종중(宗中)이 소유하는 농지

⑵ **목장용지**

　① 개인이나 법인이 축산용으로 사용하는 도시지역 안의 개발제한구역·녹지지역과 도시지역 밖의 목장용지로서 과세기준일이 속하는 해의 직전 연도를 기준으로 법에서 정하는 축산용 토지 및 건축물의 기준을 적용하여 계산한 토지면적의 범위에서 소유하는 토지는 분리과세대상에 해당하며 구체적인 구분은 다음과 같다(지방세법시행령 제102조 제1항 제3호).

구 분		과세대상	
군지역 · 도시지역 밖	모든 지역	기준면적 이내	분리과세
		기준면적 초과분	종합합산과세
도시지역 안	개발제한구역 · 녹지지역	기준면적 이내	분리과세
		기준면적 초과분	종합합산과세
	주거 · 상업 · 공업지역	전부	종합합산과세

② 도시지역의 목장용지는 1989년 12월 31일 이전부터 소유(1990년 1월 1일 이후에 해당 목장용지를 상속받아 소유하는 경우와 법인합병으로 인하여 취득하여 소유하는 경우를 포함)하는 것으로 한정한다(지방세법시행령 제102조 제9항).

(3) 임야

산림의 보호 · 육성을 위하여 필요한 임야 및 종중소유 임야로서 다음에 해당하는 임야는 분리과세대상이 된다. 다만, 그 밖의 임야는 종합합산과세대상이 된다(지방세법시행령 제102조 제2항).

① 「산림자원의 조성 및 관리에 관한 법률」에 따라 특수산림사업지구로 지정된 임야와 「산지관리법」에 따른 보전산지에 있는 임야로서 「산림자원의 조성 및 관리에 관한 법률」에 따른 산림경영계획의 인가를 받아 실행 중인 임야. 다만, 도시지역의 임야는 제외하되, 도시지역으로 편입된 날부터 2년이 지나지 아니한 임야와 「국토의 계획 및 이용에 관한 법률 시행령」에 따른 보전녹지지역(「국토의 계획 및 이용에 관한 법률」에 따른 도시지역 중 같은 법 제36조 제1항 제1호 각 목의 구분에 따른 세부 용도지역이 지정되지 아니한 지역을 포함한다)의 임야로서 「산림자원의 조성 및 관리에 관한 법률」에 따른 산림경영계획의 인가를 받아 실행 중인 임야를 포함한다.

② 다음 각 목의 어느 하나에 해당하는 임야
    ㉠ 「문화유산의 보존 및 활용에 관한 법률」에 따른 지정문화유산 안의 임야
    ㉡ 「문화유산의 보존 및 활용에 관한 법률」에 따른 보호구역 안의 임야
    ㉢ 「자연유산의 보존 및 활용에 관한 법률」에 따른 천연기념물 등 안의 임야
    ㉣ 「자연유산의 보존 및 활용에 관한 법률」에 따른 보호구역 안의 임야

③ 「자연공원법」에 따라 지정된 공원자연환경지구의 임야

④ 종중이 소유하고 있는 임야

⑤ 다음의 어느 하나에 해당하는 임야
  ㉠ 「개발제한구역의 지정 및 관리에 관한 특별조치법」에 따른 개발제한구역의 임야
  ㉡ 「군사기지 및 군사시설 보호법」에 따른 군사기지 및 군사시설 보호구역 중 제한보호구역의 임야 및 그 제한보호구역에서 해제된 날부터 2년이 지나지 아니한 임야
  ㉢ 「도로법」에 따라 지정된 접도구역의 임야
  ㉣ 「철도안전법」에 따른 철도보호지구의 임야
  ㉤ 「도시공원 및 녹지 등에 관한 법률」에 따른 도시공원의 임야
  ㉥ 「국토의 계획 및 이용에 관한 법률」에 따른 도시자연공원구역의 임야
  ㉦ 「하천법」에 따라 홍수관리구역으로 고시된 지역의 임야
⑥ 「수도법」에 따른 상수원보호구역의 임야

2. 0.2% 저율분리과세대상

(1) 공장용지

특별시 · 광역시(군지역은 제외한다) · 특별자치시 · 특별자치도(읍 · 면지역, 산업단지, 공업지역은 제외한다)에 있는 공장용 건축물의 부속토지로서 행정안전부령으로 정하는 공장입지기준면적 범위의 토지는 분리과세한다. 다만, 「건축법」 등 관계 법령에 따라 허가 등을 받아야 하는 건축물로서 허가 등을 받지 않은 공장용 건축물이나 사용승인을 받아야 하는 건축물로서 사용승인(임시사용승인을 포함한다)을 받지 않고 사용 중인 공장용 건축물의 부속토지는 제외한다(지방세법시행령 제102조 제1항 제1호).

구 분			과세대상
군지역 (모든 지역)	기준면적 이내		분리과세대상
	기준면적 초과		종합합산과세대상
특별시 · 광역시 · 시지역	산업단지 · 공업지역	기준면적 이내	분리과세대상
		기준면적 초과	종합합산과세대상
	주거 · 상업 · 녹지지역	기준면적 이내 (용도지역별 적용배율을 적용)	별도합산과세대상
		기준면적 초과	종합합산과세대상

☼ 시지역의 공장으로서 산업단지 및 공업지역 내에 소재하지 않고 주거지역이나 상업지역 내에 소재한 경우에는 공장이 아닌 일반건축물로 본다.
☼ 건축 중인 경우를 포함하되, 과세기준일 현재 정당한 사유 없이 6개월 이상 공사가 중단된 경우는 제외하여 종합합산과세대상이 된다.
☼ 공장은 업종에 따른 입지기준면적이 다르다.

(2) **주택 · 산업공급용 토지**(지방세법시행령 제102조 제5항부터 제8항까지)

1) **국가 및 지방자치단체 지원을 위한 특정목적 사업용 토지로서 대통령령으로 정하는 토지**(골프장용 토지와 고급오락장용 토지는 제외한다)(지방세법시행령 제102조 제5항)

① 국가나 지방자치단체가 국방상의 목적 외에는 그 사용 및 처분 등을 제한하는 공장 구내의 토지

② 「국토의 계획 및 이용에 관한 법률」, 「도시개발법」, 「도시 및 주거환경정비법」, 「주택법」 등("개발사업 관계법령"이라 한다)에 따른 개발사업의 시행자가 개발사업의 실시계획승 인을 받은 토지로서 개발사업에 제공하는 토지 중 다음의 어느 하나에 해당하는 토지
  ㉠ 개발사업 관계법령에 따라 국가나 지방자치단체에 무상귀속되는 공공시설용 토지
  ㉡ 개발사업의 시행자가 국가나 지방자치단체에 기부채납하기로 한 기반시설(「국토의 계획 및 이용에 관한 법률」 제2조 제6호의 기반시설을 말한다)용 토지

③ 「방위사업법」 제53조에 따라 허가받은 군용화약류시험장용 토지(허가받은 용도 외의 다 른 용도로 사용하는 부분은 제외한다)와 그 허가가 취소된 날부터 1년이 지나지 아니한 토지

④ 「한국농어촌공사 및 농지관리기금법」에 따라 설립된 한국농어촌공사가 「혁신도시 조 성 및 발전에 관한 특별법」 제43조 제3항에 따라 국토교통부장관이 매입하게 함에 따 라 타인에게 매각할 목적으로 일시적으로 취득하여 소유하는 같은 법 제2조 제6호에 따른 종전부동산

⑤ 「한국수자원공사법」에 따라 설립된 한국수자원공사가 「한국수자원공사법」 및 「댐건 설 · 관리 및 주변지역지원 등에 관한 법률」에 따라 환경부장관이 수립하거나 승인한 실시계획에 따라 취득한 토지로서 「댐건설 · 관리 및 주변지역지원 등에 관한 법률」 제2조 제1호에 따른 특정용도 중 발전 · 수도 · 공업 및 농업 용수의 공급 또는 홍수조 절용으로 직접 사용하고 있는 토지

2) **에너지 · 자원의 공급 및 방송 · 통신 · 교통 등의 기반시설용 토지로서 대통령령으로 정하는 토지**(골프장용 토지와 고급오락장용 토지는 제외)(이 경우 ⑤ 및 ⑦부터 ⑨까 지의 토지는 같은 호에 따른 시설 및 설비공사를 진행 중인 토지를 포함한다)(지방세 법시행령 제102조 제6항)

① 과세기준일 현재 계속 염전으로 실제 사용하고 있거나 계속 염전으로 사용하다가 사용을 폐지한 토지. 다만, 염전 사용을 폐지한 후 다른 용도로 사용하는 토지는 제외한다.

② 「광업법」에 따라 광업권이 설정된 광구의 토지로서 산업통상자원부장관으로부터 채 굴계획 인가를 받은 토지(채굴 외의 용도로 사용되는 부분이 있는 경우 그 부분은 제외한다)

③ 「방송법」에 따라 설립된 한국방송공사의 소유 토지로서 같은 법 제54조 제1항 제5호에 따른 업무에 사용되는 중계시설의 부속토지

④ 「여객자동차 운수사업법」 및 「물류시설의 개발 및 운영에 관한 법률」에 따라 면허 또는 인가를 받은 자가 계속하여 사용하는 여객자동차터미널 및 물류터미널용 토지

⑤ 「전기사업법」에 따른 전기사업자가 「전원개발촉진법」 제5조 제1항에 따른 전원개발 사업 실시계획에 따라 취득한 토지 중 발전시설 또는 송전·변전시설에 직접 사용하고 있는 토지(「전원개발촉진법」 시행 전에 취득한 토지로서 담장·철조망 등으로 구획된 경계구역 안의 발전시설 또는 송전·변전시설에 직접 사용하고 있는 토지를 포함한다)

⑥ 「전기통신사업법」 제5조에 따른 기간통신사업자가 기간통신역무에 제공하는 전기통신설비(「전기통신사업 회계정리 및 보고에 관한 규정」 제8조에 따른 전기통신설비를 말한다)를 설치·보전하기 위하여 직접 사용하는 토지(대통령령 제10492호 한국전기통신공사법 시행령 부칙 제5조에 따라 한국전기통신공사가 1983년 12월 31일 이전에 등기 또는 등록을 마친 것만 해당한다)

⑦ 「집단에너지사업법」에 따라 설립된 한국지역난방공사가 열생산설비에 직접 사용하고 있는 토지

⑦의2. 「집단에너지사업법」에 따른 사업자 중 한국지역난방공사를 제외한 사업자가 직접 사용하기 위하여 소유하고 있는 공급시설용 토지로서 2022년부터 2025년까지 재산세 납부의무가 성립하는 토지

⑧ 「한국가스공사법」에 따라 설립된 한국가스공사가 제조한 가스의 공급을 위한 공급설비에 직접 사용하고 있는 토지

⑨ 「한국석유공사법」에 따라 설립된 한국석유공사가 정부의 석유류비축계획에 따라 석유를 비축하기 위한 석유비축시설용 토지와 「석유 및 석유대체연료 사업법」 제17조에 따른 비축의무자의 석유비축시설용 토지, 「송유관 안전관리법」 제2조 제3호에 따른 송유관설치자의 석유저장 및 석유수송을 위한 송유설비에 직접 사용하고 있는 토지 및 「액화석유가스의 안전관리 및 사업법」 제20조에 따른 비축의무자의 액화석유가스 비축시설용 토지

⑩ 「한국철도공사법」에 따라 설립된 한국철도공사가 같은 법 제9조 제1항 제1호부터 제3호까지 및 제6호의 사업(같은 항 제6호의 경우에는 철도역사 개발사업만 해당한다)에 직접 사용하기 위하여 소유하는 철도용지

⑪ 「항만공사법」에 따라 설립된 항만공사가 소유하고 있는 항만시설(「항만법」 제2조 제5호에 따른 항만시설을 말한다)용 토지 중 「항만공사법」 제8조 제1항에 따른 사업에 사용하거나 사용하기 위한 토지. 다만, 「항만법」 제2조 제5호 다목부터 마목까지의 규정에 따른 시설용 토지로서 제107조에 따른 수익사업(이하 "수익사업"이라 한다)에 사용되는 부분은 제외한다.

⑫ 「한국공항공사법」에 따른 한국공항공사가 소유하고 있는 「공항시설법 시행령」 제3조 제1호 및 제2호의 공항시설용 토지로서 같은 조 제1호 바목 중 공항 이용객을 위한 주차시설(유료주차장으로 한정한다)용 토지와 같은 조 제2호의 지원시설용 토지 중 수익 사업에 사용되는 부분을 제외한 토지로서 2022년부터 2025년까지 재산세 납부의무가 성립하는 토지

3) 국토의 효율적 이용을 위한 개발사업용 토지로서 대통령령으로 정하는 토지(골프장용 토지와 고급오락장용 토지는 제외)(다만 ⑨ 및 ⑪에 따른 토지 중 취득일로부터 5년이 지난 토지로서 용지조성사업 또는 건축을 착공하지 않은 토지는 제외한다)(지방세법 시행령 제102조 제7항)

① 「공유수면 관리 및 매립에 관한 법률」에 따라 매립하거나 간척한 토지로서 공사준공 인가일(공사준공인가일 전에 사용승낙이나 허가를 받은 경우에는 사용승낙일 또는 허가일을 말한다)부터 4년이 지나지 아니한 토지

② 「한국자산관리공사 설립 등에 관한 법률」에 따른 한국자산관리공사 또는 「농업협동 조합의 구조개선에 관한 법률」 제29조에 따라 설립된 농업협동조합자산관리회사가 타인에게 매각할 목적으로 일시적으로 취득하여 소유하고 있는 토지

③ 「농어촌정비법」에 따른 농어촌정비사업 시행자가 같은 법에 따라 다른 사람에게 공급 할 목적으로 소유하고 있는 토지

④ 「도시개발법」 제11조에 따른 도시개발사업의 시행자가 그 도시개발사업에 제공하는 토지(주택건설용 토지와 산업단지용 토지로 한정한다)와 종전의 「토지구획정리사업법」(법 률 제6252호 토지구획정리사업법 폐지법률에 의하여 폐지되기 전의 것을 말한다. 이하에서 같 다)에 따른 토지구획정리사업의 시행자가 그 토지구획정리사업에 제공하는 토지(주택 건설용 토지와 산업단지용 토지로 한정한다) 및 「경제자유구역의 지정 및 운영에 관한 특 별법」 제8조의3에 따른 경제자유구역 또는 해당 단위개발사업지구에 대한 개발사업 시행자가 그 경제자유구역개발사업에 제공하는 토지(주택건설용 토지와 산업단지용 토지 로 한정한다). 다만, 다음의 기간 동안만 해당한다.

㉠ 도시개발사업 실시계획을 고시한 날부터 「도시개발법」에 따른 도시개발사업으로 조성된 토지가 공급 완료(매수자의 취득일을 말한다)되거나 같은 법 제51조에 따른 공사 완료 공고가 날 때까지

㉡ 토지구획정리사업의 시행인가를 받은 날 또는 사업계획의 공고일(토지구획정리사 업의 시행자가 국가인 경우로 한정한다)부터 종전의 「토지구획정리사업법」에 따른 토 지구획정리사업으로 조성된 토지가 공급 완료(매수자의 취득일을 말한다)되거나 같 은 법 제61조에 따른 공사 완료 공고가 날 때까지

© 경제자유구역개발사업 실시계획 승인을 고시한 날부터 「경제자유구역의 지정 및 운영에 관한 특별법」에 따른 경제자유구역개발사업으로 조성된 토지가 공급 완료 (매수자의 취득일을 말한다)되거나 같은 법 제14조에 따른 준공검사를 받을 때까지

⑤ 「산업입지 및 개발에 관한 법률」 제16조에 따른 산업단지개발사업의 시행자가 같은 법에 따른 산업단지개발실시계획의 승인을 받아 산업단지조성공사에 제공하는 토지. 다만, 다음 각 목의 기간으로 한정한다.

㉠ 사업시행자가 직접 사용하거나 산업단지조성공사 준공인가 전에 분양·임대 계약이 체결된 경우: 산업단지조성공사 착공일부터 다음의 날 중 빠른 날까지

    ⓐ 준공인가일

    ⓑ 토지 공급 완료일(매수자의 취득일, 임대차 개시일 또는 건축공사 착공일 등 해당 용지를 사실상 사용하는 날을 말한다. 이하 ⓑ와 같다)

㉡ 산업단지조성공사 준공인가 후에도 분양·임대 계약이 체결되지 않은 경우: 산업단지조성공사 착공일부터 다음의 날 중 빠른 날까지

    ⓐ 준공인가일 후 5년이 경과한 날

    ⓑ 토지 공급 완료일

⑥ 「산업집적활성화 및 공장설립에 관한 법률」 제45조의17에 따라 설립된 한국산업단지공단이 타인에게 공급할 목적으로 소유하고 있는 토지(임대한 토지를 포함한다)

⑦ 「주택법」에 따라 주택건설사업자 등록을 한 주택건설사업자(같은 법 제11조에 따른 주택조합 및 고용자인 사업주체와 「도시 및 주거환경정비법」 제24조부터 제28조까지 또는 「빈집 및 소규모주택 정비에 관한 특례법」 제17조부터 제19조까지의 규정에 따른 사업시행자를 포함한다)가 주택을 건설하기 위하여 같은 법에 따른 사업계획의 승인을 받은 토지로서 주택건설사업에 제공되고 있는 토지(「주택법」 제2조 제11호에 따른 지역주택조합·직장주택조합이 조합원이 납부한 금전으로 매수하여 소유하고 있는 「신탁법」에 따른 신탁재산의 경우에는 사업계획의 승인을 받기 전의 토지를 포함한다)

⑧ 「중소기업진흥에 관한 법률」에 따라 설립된 중소벤처기업진흥공단이 같은 법에 따라 중소기업자에게 분양하거나 임대할 목적으로 소유하고 있는 토지

⑨ 「지방공기업법」 제49조에 따라 설립된 지방공사가 같은 법 제2조 제1항 제7호 및 제8호에 따른 사업용 토지로서 타인에게 주택이나 토지를 분양하거나 임대할 목적으로 소유하고 있는 토지(임대한 토지를 포함한다)

⑩ 「한국수자원공사법」에 따라 설립된 한국수자원공사가 소유하고 있는 토지 중 다음의 어느 하나에 해당하는 토지(임대한 토지는 제외한다)

㉠ 「한국수자원공사법」 제9조 제1항 제5호에 따른 개발 토지 중 타인에게 공급할 목적으로 소유하고 있는 토지

ⓛ 「친수구역 활용에 관한 특별법」 제2조 제2호에 따른 친수구역 내의 토지로서 친수구역조성사업 실시계획에 따라 주택건설에 제공되는 토지 또는 친수구역조성사업 실시계획에 따라 공업지역(「국토의 계획 및 이용에 관한 법률」 제36조 제1항 제1호 다목의 공업지역을 말한다)으로 결정된 토지

⑪ 「한국토지주택공사법」에 따라 설립된 한국토지주택공사가 같은 법에 따라 타인에게 토지나 주택을 분양하거나 임대할 목적으로 소유하고 있는 토지(임대한 토지를 포함한다) 및 「자산유동화에 관한 법률」에 따라 설립된 유동화전문회사가 한국토지주택공사가 소유하던 토지를 자산유동화 목적으로 소유하고 있는 토지

⑫ 「한국토지주택공사법」에 따라 설립된 한국토지주택공사가 소유하고 있는 비축용 토지 중 다음의 어느 하나에 해당하는 토지

ⓐ 「공공토지의 비축에 관한 법률」 제14조 및 제15조에 따라 공공개발용으로 비축하는 토지

ⓑ 「한국토지주택공사법」 제12조 제4항에 따라 국토교통부장관이 우선 매입하게 함에 따라 매입한 토지(「자산유동화에 관한 법률」 제3조에 따른 유동화전문회사 등에 양도한 후 재매입한 비축용 토지를 포함한다)

ⓒ 「혁신도시 조성 및 발전에 관한 특별법」 제43조 제3항에 따라 국토교통부장관이 매입하게 함에 따라 매입한 같은 법 제2조 제6호에 따른 종전부동산

ⓓ 「부동산 거래신고 등에 관한 법률」 제15조 및 제16조에 따라 매수한 토지

ⓔ 「공익사업을 위한 토지 등의 취득 및 보상에 관한 법률」 제4조에 따른 공익사업(이하 ⓔ 및 ⓕ에서 "공익사업"이라 한다)을 위하여 취득하였으나 해당 공익사업의 변경 또는 폐지로 인하여 비축용으로 전환된 토지

ⓕ 비축용 토지로 매입한 후 공익사업에 편입된 토지 및 해당 공익사업의 변경 또는 폐지로 인하여 비축용으로 다시 전환된 토지

ⓖ 국가 · 지방자치단체 또는 「지방자치분권 및 지역균형발전에 관한 특별법」 제2조 제14호에 따른 공공기관으로부터 매입한 토지

ⓗ 2005년 8월 31일 정부가 발표한 부동산제도 개혁방안 중 토지시장 안정정책을 수행하기 위하여 매입한 비축용 토지

ⓘ 1997년 12월 31일 이전에 매입한 토지

4) 그 밖에 지역경제의 발전, 공익성의 정도 등을 고려하여 분리과세하여야 할 타당한 이유가 있는 토지로서 대통령령으로 정하는 토지(골프장용 토지와 고급오락장용 토지는 제외)(지방세법시행령 제102조 제8항)

① 제22조 제2호에 해당하는 비영리사업자가 소유하고 있는 토지로서 교육사업에 직접 사용하고 있는 토지. 다만, 수익사업에 사용하는 토지는 제외한다.

② 「농업협동조합법」에 따라 설립된 조합, 농협경제지주회사 및 그 자회사, 「수산업협동
조합법」에 따라 설립된 조합, 「산림조합법」에 따라 설립된 조합 및 「엽연초생산협동
조합법」에 따라 설립된 조합(조합의 경우 해당 조합의 중앙회를 포함한다)이 과세기준일
현재 구판사업에 직접 사용하는 토지와 「농수산물 유통 및 가격안정에 관한 법률」 제
70조에 따른 유통자회사에 농수산물 유통시설로 사용하게 하는 토지 및 「한국농수산
식품유통공사법」에 따라 설립된 한국농수산식품유통공사가 농수산물 유통시설로 직
접 사용하는 토지. 다만, 「유통산업발전법」 제2조 제3호에 따른 대규모점포(「농수산물
유통 및 가격안정에 관한 법률」 제2조 제12호에 따른 농수산물종합유통센터 중 대규모점포의
요건을 충족하는 것을 포함한다)로 사용하는 토지는 제외한다.

③ 「부동산투자회사법」 제49조의3 제1항에 따른 공모부동산투자회사(같은 법 시행령 제12조
의3 제27호, 제29호 또는 제30호에 해당하는 자가 발행주식 총수의 100분의 100을 소유하고
있는 같은 법 제2조 제1호에 따른 부동산투자회사를 포함한다)가 목적사업에 사용하기 위
하여 소유하고 있는 토지

④ 「산업입지 및 개발에 관한 법률」에 따라 지정된 산업단지와 「산업집적활성화 및 공장
설립에 관한 법률」에 따른 유치지역 및 「산업기술단지 지원에 관한 특례법」에 따라
조성된 산업기술단지에서 다음의 어느 하나에 해당하는 용도에 직접 사용되고 있는
토지
   ㉠ 「산업입지 및 개발에 관한 법률」 제2조에 따른 지식산업·문화산업·정보통신산
      업·자원비축시설용 토지 및 이와 직접 관련된 교육·연구·정보처리·유통시설
      용 토지
   ㉡ 「산업집적활성화 및 공장설립에 관한 법률 시행령」 제6조 제5항에 따른 폐기물 수
      집운반·처리 및 원료재생업, 폐수처리업, 창고업, 화물터미널이나 그 밖의 물류시
      설을 설치·운영하는 사업, 운송업(여객운송업은 제외한다), 산업용기계장비임대업,
      전기업, 농공단지에 입주하는 지역특화산업용 토지, 「도시가스사업법」 제2조 제5호
      에 따른 가스공급시설용 토지 및 「집단에너지사업법」 제2조 제6호에 따른 집단에
      너지공급시설용 토지
   ㉢ 「산업기술단지 지원에 관한 특례법」에 따른 연구개발시설 및 시험생산시설용 토지
   ㉣ 「산업집적활성화 및 공장설립에 관한 법률」 제30조 제2항에 따른 관리기관이 산업
      단지의 관리, 입주기업체 지원 및 근로자의 후생복지를 위하여 설치하는 건축물의
      부속토지(수익사업에 사용되는 부분은 제외한다)

⑤ 「산업집적활성화 및 공장설립에 관한 법률」 제28조의2에 따라 지식산업센터의 설립승인
을 받은 자의 토지로서 다음의 어느 하나에 해당하는 토지. 다만, 지식산업센터의 설립승
인을 받은 후 최초로 재산세 납세의무가 성립한 날부터 5년 이내로 한정하고, 증축의 경
우에는 증축에 상당하는 토지 부분으로 한정한다.

　　　㉠ 같은 법 제28조의5 제1항 제1호 및 제2호에 따른 시설용("지식산업센터 입주시설용"
　　　　이라 한다)으로 직접 사용하거나 분양 또는 임대하기 위해 지식산업센터를 신축 또
　　　　는 증축 중인 토지

　　　㉡ 지식산업센터를 신축하거나 증축한 토지로서 지식산업센터 입주시설용으로 직접
　　　　사용(재산세 과세기준일 현재 60일 이상 휴업 중인 경우는 제외한다)하거나 분양 또는
　　　　임대할 목적으로 소유하고 있는 토지(임대한 토지를 포함한다)

　⑥ 「산업집적활성화 및 공장설립에 관한 법률」 제28조의4에 따라 지식산업센터를 신
　　축하거나 증축하여 설립한 자로부터 최초로 해당 지식산업센터를 분양받은 입주
　　자(「중소기업기본법」 제2조에 따른 중소기업을 영위하는 자로 한정한다)로서 같은 법 제28조
　　의5 제1항 제1호 및 제2호에 규정된 사업에 직접 사용(재산세 과세기준일 현재 60일 이상
　　휴업 중인 경우와 타인에게 임대한 부분은 제외한다)하는 토지(지식산업센터를 분양받은 후
　　최초로 재산세 납세의무가 성립한 날부터 5년 이내로 한정한다)

　⑦ 「연구개발특구의 육성에 관한 특별법」 제34조에 따른 특구관리계획에 따라 원형지로
　　지정된 토지

　⑧ 「인천국제공항공사법」에 따라 설립된 인천국제공항공사가 소유하고 있는 공항시설
　　(「공항시설법」 제2조 제7호에 따른 공항시설을 말한다)용 토지 중 「인천국제공항공사법」
　　제10조 제1항의 사업에 사용하거나 사용하기 위한 토지. 다만, 다음 각 목의 어느 하나
　　에 해당하는 토지는 제외한다.

　　　㉠ 「공항시설법」 제4조에 따른 기본계획에 포함된 지역 중 국제업무지역, 공항신
　　　　도시, 유수지(수익사업에 사용되는 부분으로 한정한다), 물류단지(수익사업에 사용되
　　　　는 부분으로 한정한다) 및 유보지[같은 법 시행령 제5조 제1항 제3호 및 제4호에 따른
　　　　진입표면, 내부진입표면, 전이(轉移)표면 또는 내부전이표면에 해당하지 않는 토지로 한
　　　　정한다]

　　　㉡ 「공항시설법시행령」 제3조 제2호에 따른 지원시설용 토지(수익사업에 사용되는 부
　　　　분으로 한정한다)

　⑨ 「자본시장과 금융투자업에 관한 법률」 제229조 제2호에 따른 부동산집합투자기구[집
　　합투자재산의 100분의 80을 초과하여 같은 호에서 정한 부동산에 투자하는 같은 법 제9조 제19항
　　제2호에 따른 일반 사모집합투자기구(투자자가 「부동산투자회사법시행령」 제12조의3 제27호,
　　제29호 또는 제30호에 해당하는 자로만 이루어진 사모집합투자기구로 한정한다)를 포함한다]
　　또는 종전의 「간접투자자산 운용업법」에 따라 설정·설립된 부동산간접투자기구가
　　목적사업에 사용하기 위하여 소유하고 있는 토지 중 법 제106조 제1항 제2호에 해당하
　　는 토지

　⑩ 「전시산업발전법시행령」 제3조 제1호 및 제2호에 따른 토지

⑪ 「전통사찰의 보존 및 지원에 관한 법률」 제2조 제3호에 따른 전통사찰보존지 및 「향교재산법」 제2조에 따른 향교재산 중 토지. 다만, 수익사업에 사용되는 부분은 제외한다.

3. 4% 고율분리과세대상(지방세법 제111조)

(1) 골프장용 토지

취득세 중과세대상이 되는 「체육시설의 설치·이용에 관한 법률」에 따른 회원제 골프장용 부동산 중 구분등록의 대상이 되는 토지를 말한다(지방세법 제13조 제5항 제2호).
✿ 일반골프장, 간이골프장, 골프연습장은 종합합산과세한다.

(2) 고급오락장용 건축물의 부속토지

취득세 중과세대상이 되는 고급오락장으로 사용되는 건축물의 부속토지를 말한다.

② 별도합산과세대상 토지(지방세법 제106조 제1항 제2호, 지방세법시행령 제101조)

(1) 일반영업용 건축물의 부속토지

① 별도합산과세대상은 상가, 사무실처럼 일반영업용·상업용으로 이용되는 건축물의 부속토지로서 기준면적 이내인 토지를 말하며, 기준면적을 초과하는 부분에 대해서는 종합합산과세대상 토지가 된다.

> 건축물의 기준면적 = 건축물 바닥면적 × 용도지역별 배율

☑ **용도지역별 적용배율**(지방세법시행령 제101조 제2항)

용도지역별		적용배율
도시지역	1. 전용주거지역	5배
	2. 준주거지역·상업지역	3배
	3. 일반주거지역·공업지역	4배
	4. 녹지지역	7배
	5. 미계획지역	4배
도시지역 외의 용도지역		7배

② **건축물의 범위**(지방세법시행령 제103조 제1항)

　　㉠ 건축허가를 받았으나 「건축법」에 따라 착공이 제한된 건축물

　　㉡ 「건축법」에 따른 건축허가를 받거나 건축신고를 한 건축물로서 같은 법에 따른 공사계획을 신고하고 공사에 착수한 건축 중인 건축물[개발사업 관계법령에 따른 개발사업의 시행자가 소유하고 있는 토지로서 같은 법령에 따른 개발사업 실시계획의 승인을 받아 그 개발사업에 제공하는 토지(법 제106조 제1항 제3호에 따른 분리과세대상이 되는 토지는 제외한다)로서 건축물의 부속토지로 사용하기 위하여 토지조성공사에 착수하여 준공검사 또는 사용허가를 받기 전까지의 토지에 건축이 예정된 건축물(관계 행정기관이 허가 등으로 그 건축물의 용도 및 바닥면적을 확인한 건축물을 말한다)을 포함한다]. 다만, 과세기준일 현재 정당한 사유 없이 6개월 이상 공사가 중단된 경우는 제외한다.

　　㉢ 가스배관시설 등 행정안전부령으로 정하는 지상정착물

(2) 일반영업용 건축물의 부속토지로 보는 토지

　다음에 해당하는 토지는 관계 법령에 의하여 면허·등록 등을 받은 사업자가 해당 사업에 사용하는 토지로서 건축물이 없는 토지임에도 불구하고 일정면적까지는 별도합산과세대상의 토지로 본다(지방세법시행령 제101조 제3항).

① 「여객자동차 운수사업법」 또는 「화물자동차 운수사업법」에 따라 여객자동차운송사업 또는 화물자동차 운송사업의 면허·등록 또는 자동차대여사업의 등록을 받은 자가 그 면허·등록조건에 따라 사용하는 차고용 토지로서 자동차운송 또는 대여사업의 최저보유차고면적기준의 1.5배에 해당하는 면적 이내의 토지

② 「건설기계관리법」에 따라 건설기계사업의 등록을 한 자가 그 등록조건에 따라 사용하는 건설기계대여업, 건설기계정비업, 건설기계매매업 또는 건설기계해체재활용업의 등록기준에 맞는 주기장 또는 옥외작업장용 토지로서 그 시설의 최저면적기준의 1.5배에 해당하는 면적 이내의 토지

③ 「도로교통법」에 따라 등록된 자동차운전학원의 자동차운전학원용 토지로서 같은 법에서 정하는 시설을 갖춘 구역 안의 토지

④ 「항만법」에 따라 해양수산부장관 또는 시·도지사가 지정하거나 고시한 야적장 및 컨테이너 장치장용 토지와 「관세법」에 따라 세관장의 특허를 받는 특허보세구역 중 보세창고용 토지로서 해당 사업연도 및 직전 2개 사업연도 중 물품 등의 보관·관리에 사용된 최대면적의 1.2배 이내의 토지

⑤ 「자동차관리법」에 따라 자동차관리사업의 등록을 한 자가 그 시설기준에 따라 사용하는 자동차관리사업용 토지(자동차정비사업장용, 자동차해체재활용사업장용, 자동차매매사업장용 또는 자동차경매장용 토지만 해당한다)로서 그 시설의 최저면적기준의 1.5배에 해당하는 면적 이내의 토지

⑥ 「한국교통안전공단법」에 따른 한국교통안전공단이 같은 법 제6조 제6호에 따른 자동차의 성능 및 안전도에 관한 시험·연구의 용도로 사용하는 토지 및 「자동차관리법」 제44조에 따라 자동차검사대행자로 지정된 자, 같은 법 제44조의2에 따라 자동차 종합검사대행자로 지정된 자, 같은 법 제45조에 따라 지정정비사업자로 지정된 자 및 제45조의2에 따라 종합검사 지정정비사업자로 지정된 자, 「건설기계관리법」 제14조에 따라 건설기계 검사대행 업무의 지정을 받은 자 및 「대기환경보전법」 제64조에 따라 운행차 배출가스 정밀검사 업무의 지정을 받은 자가 자동차 또는 건설기계 검사용 및 운행차 배출가스 정밀검사용으로 사용하는 토지

⑦ 「물류시설의 개발 및 운영에 관한 법률」에 따른 물류단지 안의 토지로서 물류단지시설용 토지 및 「유통산업발전법」에 따른 공동집배송센터로서 행정안전부장관이 산업통상자원부장관과 협의하여 정하는 토지

⑧ 특별시·광역시(군지역은 제외한다)·특별자치시·특별자치도 및 시지역(읍·면 지역은 제외한다)에 위치한 「산업집적활성화 및 공장설립에 관한 법률」의 적용을 받는 레미콘 제조업용 토지(「산업입지 및 개발에 관한 법률」에 따라 지정된 산업단지 및 「국토의 계획 및 이용에 관한 법률」에 따라 지정된 공업지역에 있는 토지는 제외한다)로서 공장입지기준면적 이내의 토지

⑨ 경기 및 스포츠업을 경영하기 위하여 「부가가치세법」에 따라 사업자등록을 한 자의 사업에 이용되고 있는 「체육시설의 설치·이용에 관한 법률 시행령」에 따른 체육시설용 토지(골프장의 경우에는 「체육시설의 설치·이용에 관한 법률」 제10조의2 제2항에 따른 대중형 골프장용 토지로 한정한다)로서 사실상 운동시설에 이용되고 있는 토지

⑩ 「관광진흥법」에 따른 관광사업자가 「박물관 및 미술관 진흥법」에 따른 시설기준을 갖추어 설치한 박물관·미술관·동물원·식물원의 야외전시장용 토지

⑪ 「주차장법시행령」에 따른 부설주차장 설치기준면적 이내의 토지(고율분리과세대상인 골프장용 토지·고급오락장용 건축물의 부속토지 안의 부설주차장은 제외한다). 다만, 「관광진흥법시행령」에 따른 전문휴양업·종합휴양업 및 유원시설업에 해당하는 시설의 부설주차장으로서 「도시교통정비 촉진법」에 따른 교통영향평가서의 심의 결과에 따라 설치된 주차장의 경우에는 해당 검토 결과에 규정된 범위 이내의 주차장용 토지를 말한다.

⑫ 「장사 등에 관한 법률」에 따른 설치·관리허가를 받은 법인묘지용 토지로서 지적공부상 지목이 묘지인 토지

⑬ **다음에 규정된 임야**
   ㉠ 「체육시설의 설치·이용에 관한 법률 시행령」에 따른 스키장 및 골프장용 토지 중 원형이 보전되는 임야

        ⓛ 「관광진흥법」에 따른 관광단지 안의 토지와 「관광진흥법시행령」에 따른 전문휴양업 · 종합휴양업 및 유원시설업용 토지 중 「환경영향평가법」에 따른 환경영향평가의 협의 결과에 따라 원형이 보전되는 임야

        ⓒ 「산지관리법」에 따른 준보전산지에 있는 토지 중 「산림자원의 조성 및 관리에 관한 법률」에 따른 산림경영계획의 인가를 받아 실행 중인 임야. 다만, 도시지역의 임야는 제외한다.

  ⑭ 「종자산업법」에 따라 종자업 등록을 한 종자업자가 소유하는 농지로서 종자연구 및 생산에 직접 이용되고 있는 시험 · 연구 · 실습지 또는 종자생산용 토지

  ⑮ 「양식산업발전법」에 따라 면허 · 허가를 받은 자 또는 「수산종자산업육성법」에 따라 수산종자생산업의 허가를 받은 자가 소유하는 토지로서 양식어업 또는 수산종자생산업에 직접 이용되고 있는 토지

  ⑯ 「도로교통법」에 따라 견인된 차를 보관하는 토지로서 같은 법에서 정하는 시설을 갖춘 토지

  ⑰ 「폐기물관리법」에 따라 폐기물 최종처리업 또는 폐기물 종합처리업의 허가를 받은 자가 소유하는 토지 중 폐기물 매립용에 직접 사용되고 있는 토지

(3) 건축물의 부속토지 중 별도합산과세대상에서 제외되는 토지

다음에 해당하는 건축물의 부속토지는 별도합산과세대상에서 제외하여 각각의 규정에 따른 토지로 한다.

① 시지역의 읍 · 면지역, 산업단지, 공업지역의 공장용 건축물의 부속토지는 기준면적 이내의 경우에는 분리과세대상이 되고, 기준면적을 초과하는 부분은 종합합산과세대상이 된다(지방세법시행령 제101조 제1항 제1호).

② 사치성 건축물의 부속토지

고급오락장 · 골프장 내의 건축물의 부속토지는 고율의 분리과세대상이다(지방세법시행령 제101조 제1항 제2호 가목).

③ 일정가액 기준 미달 건축물의 부속토지

건축물의 시가표준액이 해당 부속토지의 시가표준액의 100분의 2에 미달하는 건축물의 부속토지 중 그 건축물의 바닥면적을 제외한 부속토지는 종합합산과세대상이 된다(지방세법시행령 제101조 제1항 제2호 나목).

> 일정가액 기준 미달 건축물의 부속토지
> 건축물의 시가표준액 < 부속토지의 시가표준액 × 2%

④ 무허가 · 위법적 건축물의 부속토지

「건축법」 등 관계 법령에 따라 허가 등을 받아야 할 건축물로서 허가 등을 받지 아니한 건축물 또는 사용승인을 받아야 할 건축물로서 사용승인(임시사용승인을 포함한다)을 받지 아니하고 사용 중인 건축물의 부속토지는 종합합산과세대상이다(지방세법시행령 제101조 제1항 단서).

③ 종합합산과세대상 토지

종합합산과세대상 토지는 과세기준일 현재 납세의무자가 소유하고 있는 토지 중 별도합산과세대상 또는 분리과세대상이 되는 토지를 제외한 토지를 말한다(지방세법 제106조 제1항 제1호).

핵심 다지기

주요 종합합산과세대상 토지

1. 실제 영농에 사용하지 않는 농지, 법인 및 단체소유 농지
2. 도시지역 내의 상업 · 공업 · 주거지역 등에 소재한 농지 · 목장용지
3. 목장용지 · 공장용지 · 일반건축물의 부속토지 중 기준면적 초과토지
4. 건축물이 없는 나대지 등
5. 건축물의 시가표준액이 해당 부속토지의 시가표준액의 100분의 2에 미달하는 건축물의 부속토지 중 그 건축물의 바닥면적을 제외한 부속토지
6. 무허가 · 위법적 건축물의 부속토지

예제

1. 지방세법상 재산세 종합합산과세대상 토지는?   제29회

① 「문화유산의 보존 및 활용에 관한 법률」에 따른 지정문화유산 안의 임야
② 국가가 국방상의 목적 외에는 그 사용 및 처분 등을 제한하는 공장 구내의 토지
③ 「건축법」 등 관계 법령에 따라 허가 등을 받아야 할 건축물로서 허가 등을 받지 아니한 공장용 건축물의 부속토지
④ 「자연공원법」에 따라 지정된 공원자연환경지구의 임야
⑤ 「개발제한구역의 지정 및 관리에 관한 특별조치법」에 따른 개발제한구역의 임야(1989년 12월 31일 이전부터 소유)

해설 ③ 「건축법」 등 관계 법령에 따라 허가 등을 받아야 할 건축물로서 허가 등을 받지 아니한 공장용 건축물의 부속토지: 0.2~0.5% 종합합산과세대상
① 「문화유산의 보존 및 활용에 관한 법률」에 따른 지정문화유산 안의 임야: 0.07% 저율분리과세대상
② 국가가 국방상의 목적 외에는 그 사용 및 처분 등을 제한하는 공장 구내의 토지: 0.2% 저율분리과세대상
④ 「자연공원법」에 따라 지정된 공원자연환경지구의 임야: 0.07% 저율분리과세대상
⑤ 「개발제한구역의 지정 및 관리에 관한 특별조치법」에 따른 개발제한구역의 임야: 0.07% 저율분리과세대상
❶ 정답 ③

2. 지방세법상 토지에 대한 재산세를 부과함에 있어서 과세대상의 구분(종합합산과세대상, 별도합산과세대상, 분리과세대상)이 같은 것으로만 묶인 것은? 제25회

> ㉠ 1990년 5월 31일 이전부터 종중이 소유하고 있는 임야
> ㉡ 「체육시설의 설치·이용에 관한 법률 시행령」에 따른 회원제 골프장이 아닌 골프장용 토지 중 원형이 보전되는 임야
> ㉢ 과세기준일 현재 계속 염전으로 실제 사용하고 있는 토지
> ㉣ 「도로교통법」에 따라 등록된 자동차운전학원의 자동차운전학원용 토지로서 같은 법에서 정하는 시설을 갖춘 구역 안의 토지

① ㉠, ㉡   ② ㉡, ㉢   ③ ㉡, ㉣
④ ㉠, ㉡, ㉢   ⑤ ㉠, ㉢, ㉣

해설 ㉡ 「체육시설의 설치·이용에 관한 법률 시행령」에 따른 회원제 골프장이 아닌 골프장용 토지 중 원형이 보전되는 임야 : 별도합산(0.2~0.4%) [다만, 「체육시설의 설치·이용에 관한 법률」에 따른 회원제 골프장용 토지의 임야는 제외한다(영 제101조 제3항 제13호). ⇨ 고율분리(4%)]
㉣ 「도로교통법」에 따라 등록된 자동차운전학원의 자동차운전학원용 토지로서 같은 법에서 정하는 시설을 갖춘 구역 안의 토지 : 별도합산(0.2~0.4%)(지방세법시행령 제101조 제3항 제3호)
㉠ 1990년 5월 31일 이전부터 종중이 소유하고 있는 임야 : 저율분리(0.07%)
㉢ 과세기준일 현재 계속 염전으로 실제 사용하고 있는 토지 : 저율분리(0.2%)   ◆ 정답 ③

---

03   재산세의 납세의무자 제31회, 제35회

재산세는 보유단계에서 과세하지만 현실적으로 보유기간에 따라 안분(按分)하거나 평분(平分)하여 과세하는 것이 아닌 특정시점의 소유자에게 과세한다.

1 원칙 : 사실상 소유하고 있는 자

재산세 과세기준일(매년 6월 1일) 현재 재산을 사실상 소유하고 있는 자는 재산세를 납부할 의무가 있다. 다만, 다음의 어느 하나에 해당하는 경우에는 해당의 자를 납세의무자로 본다(지방세법 제107조 제1항).

> **지방세법 기본통칙 107-1 【사실상의 소유자】** 「지방세법」 제107조 제1항의 「사실상 소유하고 있는 자」라 함은 같은 법 시행령 제20조에 규정된 취득의 시기가 도래되어 당해 토지를 취득한 자를 말하며, 법 제120조 제1항의 규정에 의하여 신고하는 경우에는 같은 법 제107조 제2항 제1호의 규정에 우선하여 적용된다.

(1) 공유재산인 경우

그 지분에 해당하는 부분(지분의 표시가 없는 경우에는 지분이 균등한 것으로 본다)에 대해서는 그 지분권자를 납세의무자로 본다(지방세법 제107조 제1항 제1호).

(2) 주택의 건물과 부속토지의 소유자가 다를 경우

그 주택에 대한 산출세액을 건축물과 그 부속토지의 시가표준액 비율로 안분계산(按分計算)한 부분에 대해서는 그 소유자를 납세의무자로 본다(지방세법 제107조 제1항 제2호).

> **지방세법운영예규 법106-1【과세기준일 현재 소유자】**「지방세법」제106조 및 제114조에 따른 과세기준일 현재 과세대상물건의 소유권이 양도·양수된 때에는 양수인을 당해연도의 납세의무자로 본다.

2 예 외

1에도 불구하고 재산세 과세기준일 현재 다음의 어느 하나에 해당하는 자는 재산세를 납부할 의무가 있다.

(1) 공부상 소유자 : 공부상의 소유자가 매매 등의 사유로 소유권이 변동되었는데도 신고하지 아니하여 사실상의 소유자를 알 수 없을 때에는 공부상 소유자를 납세의무자로 본다(지방세법 제107조 제2항 제1호).

> **지방세법 기본통칙 107-3【공부상 소유자】**등기된 경우에는 등기부등본상의 소유자를, 미등기인 경우에는 토지대장 또는 임야대장상의 소유자를 말한다.

(2) 주된 상속자 : 상속이 개시된 재산으로서 상속등기가 이행되지 아니하고 사실상의 소유자를 신고하지 아니하였을 때에는 행정안전부령으로 정하는 주된 상속자를 납세의무자로 본다(지방세법 제107조 제2항 제2호).

> **지방세법시행규칙 제53조【주된 상속자의 기준】**법 제107조 제2항 제2호에서 "행정안전부령으로 정하는 주된 상속자"란 「민법」상 상속지분이 가장 높은 사람으로 하되, 상속지분이 가장 높은 사람이 두 명 이상이면 그중 나이가 가장 많은 사람으로 한다.
>
> **지방세법운영예규 법107-7【상속재산에 대한 납세의무자】**상속은 「민법」 제997조의 규정에 의하여 피상속자의 사망으로 인하여 개시되며, 상속등기가 되지 아니한 때에는 상속자가 지분에 따라 신고하면 신고된 지분에 따른 납세의무가 성립하고 신고가 없으면 「지방세법시행규칙」 제53조에 따른 주된 상속자에게 납세의무가 있다.

(3) 종중재산의 공부상 소유자

공부상에 개인 등의 명의로 등재되어 있는 사실상의 종중재산으로서 종중소유임을 신고하지 아니하였을 때에는 공부상 소유자를 납세의무자로 본다(지방세법 제107조 제2항 제3호).

(4) 매수계약자

국가, 지방자치단체, 지방자치단체조합과 재산세 과세대상 재산을 연부(年賦)로 매매계약을 체결하고 그 재산의 사용권을 무상으로 받은 경우에는 그 매수계약자를 납세의무자로 본다(지방세법 제107조 제2항 제4호).

> **지방세법시행령 제106조 【납세의무자의 범위 등】** ② 국가, 지방자치단체 및 지방자치단체조합이 선수금을 받아 조성하는 매매용 토지로서 사실상 조성이 완료된 토지의 사용권을 무상으로 받은 자가 있는 경우에는 그 자를 매수계약자로 본다.
>
> **지방세법 기본통칙 107-2 【연부취득시 납세의무자】** 연부취득에 의하여 무상사용권을 부여받은 토지는 국가·지방자치단체·지방자치단체조합('국가 등'이라 한다) 등으로 부터 연부취득한 것에 한하므로 국가 등 이외의 자로부터 연부취득 중인 때에는 매수인이 무상사용권을 부여 받았다 하더라도 국가 등 이외의 자가 납세의무자가 된다.

(5) 위탁자

「신탁법」 제2조에 따른 수탁자의 명의로 등기 또는 등록된 신탁재산의 경우에는 제1항에도 불구하고 같은 조에 따른 위탁자(「주택법」 제2조 제11호 가목에 따른 지역주택조합 및 같은 호 나목에 따른 직장주택조합이 조합원이 납부한 금전으로 매수하여 소유하고 있는 신탁재산의 경우에는 해당 지역주택조합 및 직장주택조합을 말하며, 이하 "위탁자"라 한다). 이 경우 위탁자가 신탁재산을 소유한 것으로 본다(지방세법 제107조 제2항 제5호).

(6) 사업시행자

「도시개발법」에 따라 시행하는 환지(換地) 방식에 의한 도시개발사업 및 「도시 및 주거환경정비법」에 따른 정비사업(재개발사업만 해당한다)의 시행에 따른 환지계획에서 일정한 토지를 환지로 정하지 아니하고 체비지 또는 보류지로 정한 경우에는 사업시행자를 납세의무자로 본다(지방세법 제107조 제2항 제6호).

(7) 수입하는 자

외국인 소유의 항공기 또는 선박을 임차하여 수입하는 경우에는 수입하는 자(지방세법 제107조 제2항 제7호)

(8) 공부상 소유자

「채무자 회생 및 파산에 관한 법률」에 따른 파산선고 이후 파산종결의 결정까지 파산재단에 속하는 재산의 경우 공부상 소유자(지방세법 제107조 제2항 제8호)

(9) 사용자

재산세 과세기준일 현재 소유권의 귀속이 분명하지 아니하여 사실상의 소유자를 확인할 수 없는 경우에는 그 사용자가 재산세를 납부할 의무가 있다(지방세법 제107조 제3항).

지방세법시행령 제106조【납세의무자의 범위 등】 ③ 소유권의 귀속이 분명하지 아니한 재산에 대하여 사용자를 납세의무자로 보아 재산세를 부과하려는 경우에는 그 사실을 사용자에게 미리 통지하여야 한다.

지방세법 기본통칙 107-6【사실상의 소유자를 알 수 없는 때】「소유권의 귀속이 분명하지 아니하여 사실상의 소유자를 확인할 수 없는 경우」라 함은 소유권의 귀속 자체에 분쟁이 생겨 소송 중에 있거나 공부상 소유자의 행방불명 또는 생사불명으로 장기간 그 소유자가 관리하고 있지 않는 경우 등을 의미한다.

예제

1. 지방세법상 재산세의 과세기준일 현재 납세의무자에 관한 설명으로 틀린 것은? 제28회

① 공유재산인 경우 그 지분에 해당하는 부분(지분의 표시가 없는 경우에는 지분이 균등한 것으로 봄)에 대해서는 그 지분권자를 납세의무자로 본다.
② 소유권의 귀속이 분명하지 아니하여 사실상의 소유자를 확인할 수 없는 경우에는 그 사용자가 납부할 의무가 있다.
③ 지방자치단체와 재산세 과세대상 재산을 연부로 매매계약을 체결하고 그 재산의 사용권을 무상으로 받은 경우에는 그 매수계약자를 납세의무자로 본다.
④ 공부상에 개인 등의 명의로 등재되어 있는 사실상의 종중재산으로서 종중소유임을 신고하지 아니하였을 때에는 공부상 소유자를 납세의무자로 본다.
⑤ 상속이 개시된 재산으로서 상속등기가 이행되지 아니하고 사실상의 소유자를 신고하지 아니하였을 때에는 공동상속인 각자가 받았거나 받을 재산에 따라 납부할 의무를 진다.

해설 ⑤ 상속이 개시된 재산으로서 상속등기가 이행되지 아니하고 사실상의 소유자를 신고하지 아니하였을 때에는 행정안전부령으로 정하는 주된 상속자는 재산세를 납부할 의무가 있다. ◆ 정답 ⑤

2. 지방세법상 재산세의 과세대상 및 납세의무자에 관한 설명으로 옳은 것은? (단, 비과세는 고려하지 않음) 제31회 수정

①「신탁법」제2조에 따른 수탁자의 명의로 등기 또는 등록된 신탁재산의 경우에는 위탁자는 재산세를 납부할 의무가 있다.
② 토지와 주택에 대한 재산세 과세대상은 종합합산과세대상, 별도합산과세대상 및 분리과세대상으로 구분한다.
③ 국가가 선수금을 받아 조성하는 매매용 토지로서 사실상 조성이 완료된 토지의 사용권을 무상으로 받은 자는 재산세를 납부할 의무가 없다.
④ 주택 부속토지의 경계가 명백하지 아니한 경우 그 주택의 바닥면적의 20배에 해당하는 토지를 주택의 부속토지로 한다.
⑤ 재산세 과세대상인 건축물의 범위에는 주택을 포함한다.

해설 ② 토지에 대한 재산세 과세대상은 종합합산과세대상, 별도합산과세대상 및 분리과세대상으로 구분한다. 주택의 별도의 재산세 과세대상이다(지방세법 제106조 제1항).
③ 국가가 선수금을 받아 조성하는 매매용 토지로서 사실상 조성이 완료된 토지의 사용권을 무상으로 받은 자는 재산세를 납부할 의무가 있다(지방세법시행령 제106조 제2항).
④ 주택 부속토지의 경계가 명백하지 아니한 경우 그 주택의 바닥면적의 10배에 해당하는 토지를 주택의 부속토지로 한다(지방세법시행령 제105조).
⑤ 재산세 과세대상인 건축물의 범위에는 주택을 포함하지 아니한다(지방세법 제105조). ◆ 정답 ①

04 **재산세의 과세표준** 제31회

(1) 토지·건축물·주택에 대한 재산세의 과세표준은 제4조 제1항 및 제2항에 따른 시가표준 액에 부동산 시장의 동향과 지방재정 여건 등을 고려하여 다음 각 호의 어느 하나에서 정한 범위에서 대통령령으로 정하는 공정시장가액비율을 곱하여 산정한 가액으로 한다 (지방세법 제110조 제1항).

① **토지 및 건축물**: 시가표준액의 100분의 50부터 100분의 90까지

② **주택**: 시가표준액의 100분의 40부터 100분의 80까지. 다만, 제111조의2에 따른 1세대 1주택은 100분의 30부터 100분의 70까지

(2) 선박 및 항공기에 대한 재산세의 과세표준은 제4조 제2항에 따른 시가표준액으로 한다(지 방세법 제110조 제2항).

(3) 제1항에 따라 산정한 주택의 과세표준이 다음 계산식에 따른 과세표준상한액보다 큰 경 우에는 제1항에도 불구하고 해당 주택의 과세표준은 과세표준상한액으로 한다(지방세법 제110조 제3항).

> 과세표준상한액 = 대통령령으로 정하는 직전 연도 해당 주택의 과세표준 상당액
> + (과세기준일 당시 시가표준액으로 산정한 과세표준 × 과세표준상한율)

> 과세표준상한율 = 소비자물가지수, 주택가격변동률, 지방재정 여건 등을 고려하여
> 0에서 100분의 5 범위 이내로 대통령령으로 정하는 비율

[심화·학습] **시가표준액의 결정**(지방세법 제4조, 지방세법시행령 제4조)

1. 토지 및 주택에 대한 시가표준액은 「부동산 가격공시에 관한 법률」에 따라 공시된 가액 (價額)으로 한다.
   ① 토지: 개별공시지가
   ② 단독주택: 토지·건축물을 통합하여 공시하는 개별주택가격
   ③ 공동주택: 토지·건축물을 통합하여 공시하는 공동주택가격
   다만, 개별공시지가 또는 개별주택가격이 공시되지 아니한 경우에는 특별자치시장·특 별자치도지사·시장·군수 또는 구청장(자치구의 구청장을 말한다)이 같은 법에 따라 국토교통부장관이 제공한 토지가격비준표 또는 주택가격비준표를 사용하여 산정한 가 액으로 하고, 공동주택가격이 공시되지 아니한 경우에는 대통령령으로 정하는 기준에 따라 특별자치시장·특별자치도지사·시장·군수 또는 구청장이 산정한 가액으로 한다.

2. **오피스텔**: 행정안전부장관이 고시하는 표준가격기준액에 다음 각 목의 사항을 적용한다.
   ① 오피스텔의 용도별·층별 지수
   ② 오피스텔의 규모·형태·특수한 부대설비 등의 유무 및 그 밖의 여건에 따른 가감산율 (加減算率)
3. **2 외의 건축물**: 건설원가 등을 고려하여 행정안전부장관이 산정·고시하는 건물신축가격기준액에 다음 각 목의 사항을 적용한다.
   ① 건물의 구조별·용도별·위치별 지수
   ② 건물의 경과연수별 잔존가치율
   ③ 건물의 규모·형태·특수한 부대설비 등의 유무 및 그 밖의 여건에 따른 가감산율

넓혀 보기

토지 및 주택의 시가표준액(지방세법시행령 제2조)
「지방세법」에 따른 토지 및 주택의 시가표준액은 「지방세기본법」에 따른 세목별 납세의무의 성립시기 당시에 「부동산 가격공시에 관한 법률」에 따라 공시된 개별공시지가, 개별주택가격 또는 공동주택가격으로 한다.

---

05 **재산세의 세율** 제31회, 제32회, 제34회

재산세의 세율은 표준세율과 중과세율로 구성되어 있다. 또한 표준세율의 100분의 50 범위에서 가감할 수 있는 탄력세율도 있다. 세율의 구조는 재산에 따라 비례세율을 차등적으로 적용하는 차등비례세율과 초과누진세율로 구성되어 있다(지방세법 제111조).

1 표준세율

(1) 토 지

토지에 대한 재산세는 다음에서 정하는 바에 따라 세율을 적용한다. 다만, 지방세법 또는 관계 법령에 따라 재산세를 경감할 때에는 다음의 과세표준에서 경감대상 토지의 과세표준액에 경감비율(비과세 또는 면제의 경우에는 이를 100분의 100으로 본다)을 곱한 금액을 공제하여 세율을 적용한다(지방세법 제113조 제1항).

① **종합합산과세대상**

납세의무자가 소유하고 있는 해당 지방자치단체 관할구역에 있는 종합합산과세대상이 되는 토지의 가액을 모두 합한 금액을 과세표준으로 하여 다음의 세율을 적용한다(지방세법 제113조 제1항 제1호, 지방세법 제111조 제1항 제1호 가목).

과세표준	세 율
5,000만원 이하	1,000분의 2
5,000만원 초과 1억원 이하	10만원 + 5,000만원 초과금액의 1,000분의 3
1억원 초과	25만원 + 1억원 초과금액의 1,000분의 5

② **별도합산과세대상**

납세의무자가 소유하고 있는 해당 지방자치단체 관할구역에 있는 별도합산과세대상이 되는 토지의 가액을 모두 합한 금액을 과세표준으로 하여 다음의 세율을 적용한다(지방세법 제113조 제1항 제2호, 지방세법 제111조 제1항 제1호 나목).

과세표준	세 율
2억원 이하	1,000분의 2
2억원 초과 10억원 이하	40만원 + 2억원 초과금액의 1,000분의 3
10억원 초과	280만원 + 10억원 초과금액의 1,000분의 4

③ **분리과세대상**

분리과세대상이 되는 해당 토지의 가액을 과세표준으로 하여 다음의 세율을 적용한다(지방세법 제113조 제1항 제3호, 지방세법 제111조 제1항 제1호 다목).

과세표준	세 율
㉠ 제106조 제1항 제3호 가목에 해당하는 전·답·과수원·목장용지 및 같은 호 나목에 해당하는 임야	과세표준의 1천분의 0.7
㉡ 제106조 제1항 제3호 다목에 해당하는 골프장용 토지 및 고급오락장용 토지	과세표준의 1천분의 40
㉢ 그 밖의 토지(공장용지와 주택용·산업용 공급토지)	과세표준의 1천분의 2

(2) **건축물**(지방세법 제111조 제1항 제2호)

① **골프장, 고급오락장용 건축물**: 과세표준의 1천분의 40

> **지방세법 기본통칙 111−1 【회원제골프장에 대중골프장이 병설된 경우 재산세 부과방법】** 재산세가 중과되는 회원제골프장에 대중골프장을 병설 운영하는 경우의 골프장용 건축물에 대한 재산세 부과는 회원제골프장과 대중골프장으로 사업승인된 각각의 토지의 면적에 따라 안분하여 중과세율과 일반세율을 적용한다.

② **특별시 · 광역시**(군 지역은 제외한다) **· 특별자치시**(읍 · 면지역은 제외한다) **· 특별자치도**(읍 · 면지역은 제외한다) **또는 시**(읍 · 면지역은 제외한다) **지역에서 「국토의 계획 및 이용에 관한 법률」과 그 밖의 관계 법령에 따라 지정된 주거지역 및 해당 지방자치단체의 조례로 정하는 지역의 대통령령으로 정하는 공장용 건축물**: 과세표준의 1천분의 5

> **넓혀 보기**
>
> **공장용 건축물**(지방세법시행령 제110조)
> "대통령령으로 정하는 공장용 건축물"이란 제조 · 가공 · 수선이나 인쇄 등의 목적에 사용하도록 생산설비를 갖춘 것으로서 행정안전부령으로 정하는 공장용 건축물을 말한다.

③ **그 밖의 건축물**: 과세표준의 1천분의 2.5

(3) **주택**(지방세법 제111조 제1항 제3호)

① **그 밖의 주택**
일반적인 주택(고급주택 포함)에 대한 재산세의 세율은 주택의 토지와 건축물의 가액을 합한 과세표준에 다음의 초과누진세율을 적용한다(지방세법 제111조 제1항 제3호 나목).

과세표준	세 율
6천만원 이하	1,000분의 1
6천만원 초과 1억5천만원 이하	60,000원 + 6천만원 초과금액의 1,000분의 1.5
1억5천만원 초과 3억원 이하	195,000원 + 1억5천만원 초과금액의 1,000분의 2.5
3억원 초과	570,000원 + 3억원 초과금액의 1,000분의 4

② **주택 부속토지의 범위 산정**
주택의 부속토지의 경계가 명백하지 아니한 경우에는 그 주택의 바닥면적의 10배에 해당하는 토지를 주택의 부속토지로 한다(지방세법시행령 제105조).

③ **여러 개의 주택을 보유한 경우**

  ㉠ 1인이 여러 개의 주택을 보유한 경우에는 그 가액을 합산하여 초과누진세율을 적용하지 않고 독립된 매 1구의 주택마다 산출된 세액을 단순합계하여 총세액으로 한다.

  ㉡ 1가구가 여러 개의 주택을 보유한 경우에는 가구별로 합산하지 않고 소유자 개인별로 각각 재산세를 과세한다.

④ 주택을 2명 이상이 공동으로 소유하거나 토지와 건물의 소유자가 다를 경우 해당 주택에 대한 세율을 적용할 때 해당 주택의 토지와 건물의 가액을 합산한 과세표준에 초과누진세율을 적용한다(지방세법 제113조 제3항).

⑤ **다가구주택** : 「건축법시행령」에 따른 다가구주택은 1가구가 독립하여 구분사용할 수 있도록 분리된 부분을 1구의 주택으로 본다. 이 경우 그 부속토지는 건물면적의 비율에 따라 각각 나눈 면적을 1구의 부속토지로 본다(지방세법시행령 제112조).

⑥ **고급주택** : 주택에 대한 재산세는 초과누진세율을 적용하고 있으므로 고급주택에 대해 별도로 중과세하지 않는다. 즉, 일반주택과 동일한 세율을 적용한다.

⑦ **1세대 1주택에 대한 세율 특례**(지방세법 제111조의2)

  ㉠ 제111조 제1항 제3호 나목에도 불구하고 대통령령으로 정하는 1세대 1주택(제4조 제1항에 따른 시가표준액이 9억원 이하인 주택에 한정한다)에 대해서는 다음의 세율을 적용한다(지방세법 제111조의2 제1항).

과세표준	세 율
6천만원 이하	1,000분의 0.5
6천만원 초과 1억5천만원 이하	30,000원 + 6천만원 초과금액의 1,000분의 1
1억5천만원 초과 3억원 이하	120,000원 + 1억5천만원 초과금액의 1,000분의 2
3억원 초과	420,000원 + 3억원 초과금액의 1,000분의 3.5

  ㉡ 제1항에 따른 1세대 1주택의 해당여부를 판단할 때 「신탁법」에 따라 신탁된 주택은 위탁자의 주택 수에 가산한다(지방세법 제111조의2 제2항).

(4) **선박**(지방세법 제111조 제1항 제4호)

 ① **고급선박** : 과세표준의 1천분의 50

 ② **그 밖의 선박** : 과세표준의 1천분의 3

(5) **항공기**(지방세법 제111조 제1항 제5호)

 과세표준의 1천분의 3

2 중과세율 : 과밀억제권역 내 공장 신설·증설에 대한 중과세(5배 중과세)

「수도권정비계획법」에 따른 과밀억제권역(「산업집적활성화 및 공장설립에 관한 법률」을 적용받는 산업단지 및 유치지역과 「국토의 계획 및 이용에 관한 법률」을 적용받는 공업지역은 제외한다)에서 행정안전부령으로 정하는 공장 신설·증설에 해당하는 경우 그 건축물에 대한 재산세의 세율은 최초의 과세기준일부터 5년간 건축물의 표준세율(1천분의 2.5)의 100분의 500에 해당하는 세율로 한다(지방세법 제111조 제2항).

> **넓혀 보기**
>
> **공장의 범위와 적용기준**(지방세법시행규칙 제56조)
> 1. 공장의 범위와 적용기준에 대해서는 취득세를 준용한다.
> 2. '최초의 과세기준일'은 공장용 건축물로 건축허가를 받아 건축하였거나 기존의 공장용 건축물을 공장용으로 사용하기 위하여 양수한 경우에는 취득세의 규정에 따른 취득일, 그 밖의 경우에는 공장시설의 설치를 시작한 날 이후에 최초로 도래하는 재산세 과세기준일로 한다.

✿ 과밀억제권역 안에서 공장 신설·증설의 경우 취득세는 표준세율 + 4%를 적용하지만, 재산세는 최초의 과세기준일부터 5년간 표준세율의 5배 중과세를 적용한다.

✿ 중과세대상이 되는 신설·증설된 공장을 5년간의 과세기간 전에 승계취득한 경우에는 납세의무도 승계취득한 것이므로 승계취득자가 나머지 기간에 대하여 납세의무를 부담하여야 한다.

3 탄력세율

지방자치단체의 장은 특별한 재정수요나 재해 등의 발생으로 재산세의 세율 조정이 불가피하다고 인정되는 경우 조례로 정하는 바에 따라 표준세율의 100분의 50의 범위에서 가감할 수 있다. 다만, 가감한 세율은 해당 연도에만 적용한다(지방세법 제111조 제3항).

4 세율 적용

「지방자치법」에 따라 둘 이상의 지방자치단체가 통합된 경우에는 통합 지방자치단체의 조례로 정하는 바에 따라 5년의 범위에서 통합 이전 지방자치단체 관할구역별로 적용할 수 있다(지방세법 제113조 제5항).

☑ **재산세의 과세대상별 세율**

구 분			과세대상	세 율
표준세율	토지	고율분리과세	골프장용토지, 고급오락장용 건축물의 부속토지(사치성 재산)	1천분의 40(4%)
		종합합산과세	나대지, 임야 ⇨ 시·군별 합산과세	0.2~0.5% (3단계 초과누진세율)
		별도합산과세	일반 영업용 건축물의 부속토지 ⇨ 시·군별 합산과세	0.2~0.4% (3단계 초과누진세율)
		저율분리과세 [물건별 과세 (개별과세)]	① 공장용지	1천분의 2(0.2%)
			② 농지(전·답·과수원), 목장용지, 공익목적 임야	1천분의 0.7(0.07%)
	건축물		주택 이외 건축물(상업용, 공장용) : 물건별 과세	1천분의 2.5(0.25%)
			① 시지역의 주거지역 내 공장용 건축물	1천분의 5(0.5%)
			② 회원제골프장·고급오락장용 건축물	1천분의 40(4%)
	주 택		[주택 및 부수토지(주택가액+토지가액)] ⇨ 주택별 과세(개별과세), 고급주택 포함(중과세 ×)	0.1~0.4%(4단계 초과누진세율)
	선 박		일반선박	1천분의 3(0.3%)
			고급선박	1천분의 50(5%)
	항공기		항공기	1천분의 3(0.3%)
중과세율	건축물		과밀억제권역(산업단지 및 유치지역과 공업지역은 제외)에서 공장 신설·증설에 해당하는 경우 그 건축물	최초의 과세기준일부터 5년간 표준세율(0.25%)의 100분의 500에 해당하는 세율

5 재산세 도시지역분

1. 재산세 도시지역분 적용대상

(1) 지방자치단체의 장은 「국토의 계획 및 이용에 관한 법률」에 따른 도시지역 중 해당 지방 의회의 의결을 거쳐 고시한 지역("재산세 도시지역분 적용대상 지역"이라 한다) 안에 있는 대통령령으로 정하는 토지, 건축물 또는 주택에 대하여는 조례로 정하는 바에 따라 아래의 ①에 따른 세액에 ②에 따른 세액을 합산하여 산출한 세액을 재산세액으로 부과할 수 있다 (지방세법 제112조 제1항).

① 재산세의 과세표준에 재산세의 세율을 적용하여 산출한 세액

② 재산세의 과세표준에 1천분의 1.4를 적용하여 산출한 세액

(2) 지방자치단체의 장은 해당 연도분의 위 ②의 세율을 조례로 정하는 바에 따라 1천분의 2.3을 초과하지 아니하는 범위에서 다르게 정할 수 있다(지방세법 제112조 제2항).

2. 재산세 도시지역분 적용대상의 구분(지방세법 제112조 제3항, 지방세법시행령 제111조)

(1) 토 지

① 과세대상 토지

㉠ 재산세 과세대상 토지 중 전·답·과수원·목장용지·임야를 제외한 토지
  ✿ 단, 전·답·과수원·목장용지·임야는 과세 제외

㉡ 「도시개발법」에 따라 환지 방식으로 시행하는 도시개발구역의 토지로서 환지처분의 공고가 된 모든 토지(혼용방식으로 시행하는 도시개발구역 중 환지 방식이 적용되는 토지를 포함한다)
  ✿ 이 경우 전·답·과수원·목장용지·임야를 포함한 모든 토지는 과세

② 과세 제외대상 토지

㉠ 재산세 도시지역분 적용대상 지역 안에 있는 토지 중 「국토의 계획 및 이용에 관한 법률」에 따라 지형도면이 고시된 공공시설용지

㉡ 개발제한구역으로 지정된 토지 중 지상건축물, 골프장, 유원지, 그 밖의 이용시설이 없는 토지

(2) 건축물

재산세 과세대상 건축물을 말한다.

(3) 주 택

① 과세대상 주택

ㄱ 재산세 과세대상 주택

ㄴ 다만, 「국토의 계획 및 이용에 관한 법률」에 따른 개발제한구역에서는 고급주택(과세기준일 현재의 시가표준액을 기준으로 판단한다)만 해당한다.

② 과세 제외대상 주택: 개발제한구역 내의 일반주택

> 지방세법 기본통칙 112-1【개발제한구역 내 과세대상】「지방세법」제112조 제1항의 재산세 특례대상 중 개발제한구역 내의 주택에 대해서는 별장으로 사용하거나 고급주택에 해당될 때만 과세한다.

예제

1. 지방세법상 다음에 적용되는 재산세의 표준세율이 가장 높은 것은? (단, 재산세 도시지역분은 제외하고, 지방세관계법에 의한 특례는 고려하지 않음)   제32회

① 과세표준이 5천만원인 종합합산과세대상 토지

② 과세표준이 2억원인 별도합산과세대상 토지

③ 과세표준이 1억원인 광역시의 군지역에서 「농지법」에 따른 농업법인이 소유하는 농지로서 과세기준일 현재 실제 영농에 사용되고 있는 농지

④ 과세표준이 5억원인 「수도권정비계획법」에 따른 과밀억제권역 외의 읍·면 지역의 공장용 건축물

⑤ 과세표준이 1억 5천만원인 주택(1세대 1주택에 해당되지 않음)

해설 ④ 과세표준이 5억원인 「수도권정비계획법」에 따른 과밀억제권역 외의 읍·면 지역의 공장용 건축물: 1천분의 2.5

① 과세표준이 5천만원인 종합합산과세대상 토지: 1,000분의 2

② 과세표준이 2억원인 별도합산과세대상 토지: 1,000분의 2

③ 과세표준이 1억원인 광역시의 군지역에서 「농지법」에 따른 농업법인이 소유하는 농지로서 과세기준일 현재 실제 영농에 사용되고 있는 농지: 1천분의 0.7

⑤ 과세표준이 1억 5천만원인 주택(1세대 1주택에 해당되지 않음): 60,000원 + 6천만원 초과금액의 1,000분의 1.5

◆ 정답 ④

2. 지방세법상 재산세 표준세율이 초과누진세율로 되어있는 재산세 과세대상을 모두 고른 것은?

제30회

> ⊙ 별도합산과세대상 토지
> ⓒ 분리과세대상 토지
> ⓒ 광역시(군 지역은 제외) 지역에서 「국토의 계획 및 이용에 관한 법률」과 그 밖의 관계 법령
>   에 따라 지정된 주거지역의 대통령령으로 정하는 공장용 건축물
> ⓔ 주택

① ⊙, ⓒ   ② ⊙, ⓒ   ③ ⊙, ⓔ
④ ⓒ, ⓒ   ⑤ ⓒ, ⓔ

해설 ⊙ 별도합산과세대상 토지 : 0.2 ~ 0.4% 3단계 초과누진세율
ⓔ 주택 : 0.1 ~ 0.4% 4단계 초과누진세율
ⓒ 분리과세대상 토지 : 0.07%, 0.2%, 4% 비례세율
ⓒ 광역시(군 지역은 제외) 지역에서 「국토의 계획 및 이용에 관한 법률」과 그 밖의 관계 법령에 따라 지정된 주거지역의 대통령령으로 정하는 공장용 건축물 : 0.5% 비례세율
◆ 정답 ③

3. 지방세법상 재산세 과세대상에 대한 표준세율 적용에 관한 설명으로 틀린 것은?   제27회
① 납세의무자가 해당 지방자치단체 관할구역에 소유하고 있는 종합합산과세대상 토지의 가액을 모두 합한 금액을 과세표준으로 하여 종합합산과세대상의 세율을 적용한다.
② 납세의무자가 해당 지방자치단체 관할구역에 소유하고 있는 별도합산과세대상 토지의 가액을 모두 합한 금액을 과세표준으로 하여 별도합산과세대상의 세율을 적용한다.
③ 분리과세대상이 되는 해당 토지의 가액을 과세표준으로 하여 분리과세대상의 세율을 적용한다.
④ 납세의무자가 해당 지방자치단체 관할구역에 2개 이상의 주택을 소유하고 있는 경우 그 주택의 가액을 모두 합한 금액을 과세표준으로 하여 주택의 세율을 적용한다.
⑤ 주택에 대한 토지와 건물의 소유자가 다를 경우 해당 주택의 토지와 건물의 가액을 합산한 과세표준에 주택의 세율을 적용한다.

해설 ④ 납세의무자가 해당 지방자치단체 관할구역에 2개 이상의 주택을 소유하고 있는 경우 그 주택의 가액을 모두 합한 금액을 과세표준으로 하지 않고 독립된 매 1구의 주택 가액을 각각의 과세표준으로 하여 주택의 세율을 적용한다.
◆ 정답 ④

4. 지방세법상 재산세의 과세표준과 세율에 관한 설명으로 옳은 것을 모두 고른 것은? (단, 법령에 따른 재산세의 경감은 고려하지 않음)

> ㉠ 지방자치단체의 장은 조례로 정하는 바에 따라 표준세율의 100분의 50의 범위에서 가감할 수 있으며, 가감한 세율은 해당 연도부터 3년간 적용한다.
> ㉡ 법령이 정한 고급오락장용 토지의 표준세율은 1천분의 40이다.
> ㉢ 주택의 과세표준은 법령에 따른 시가표준액에 공정시장가액비율(시가표준액의 100분의 60)을 곱하여 산정한 가액으로 한다.

① ㉠   ② ㉢   ③ ㉠, ㉡
④ ㉡, ㉢   ⑤ ㉠, ㉡, ㉢

해설 1. 옳은 것: ㉡㉢
2. 틀린 것: ㉠
㉠ 지방자치단체의 장은 조례로 정하는 바에 따라 표준세율의 100분의 50의 범위에서 가감할 수 있으며, 가감한 세율은 해당 연도에만 적용한다(지방세법 제111조 제3항).   ❶ 정답 ④

---

06   재산세의 부과 · 징수 제31회, 제34회

1 과세기준일

재산세의 과세기준일은 매년 6월 1일로 한다(지방세법 제114조).
☆ 재산세 납세의무 성립시기: 과세기준일

2 납 기

(1) 재산세의 납기(지방세법 제115조 제1항)

① **토지**: 매년 9월 16일부터 9월 30일까지

② **건축물**: 매년 7월 16일부터 7월 31일까지

③ **주택**: 해당 연도에 부과 · 징수할 세액의 2분의 1은 매년 7월 16일부터 7월 31일까지, 나머지 2분의 1은 9월 16일부터 9월 30일까지. 다만, 해당 연도에 부과할 세액이 20만원 이하인 경우에는 조례로 정하는 바에 따라 납기를 7월 16일부터 7월 31일까지로 하여 한꺼번에 부과 · 징수할 수 있다.

④ **선박**: 매년 7월 16일부터 7월 31일까지

⑤ **항공기**: 매년 7월 16일부터 7월 31일까지

(2) 수시 부과 · 징수

(1)에도 불구하고 지방자치단체의 장은 과세대상 누락, 위법 또는 착오 등으로 인하여 이미 부과한 세액을 변경하거나 수시부과하여야 할 사유가 발생하면 수시로 부과 · 징수할 수 있다(지방세법 제115조 제2항).

③ 납세지

재산세는 다음의 납세지를 관할하는 지방자치단체에서 부과한다(지방세법 제108조).

(1) **토지**: 토지의 소재지

(2) **건축물**: 건축물의 소재지

(3) **주택**: 주택의 소재지

(4) **선박**: 「선박법」에 따른 선적항의 소재지. 다만, 선적항이 없는 경우에는 정계장(定繫場) 소재지(정계장이 일정하지 아니한 경우에는 선박 소유자의 주소지)로 한다.

(5) **항공기**: 「항공안전법」에 따른 등록원부에 기재된 정치장의 소재지(「항공안전법」에 따라 등록을 하지 아니한 경우에는 소유자의 주소지)

④ 징수방법 등

(1) 보통징수

재산세는 관할 지방자치단체의 장이 세액을 산정하여 보통징수의 방법으로 부과 · 징수한다(지방세법 제116조 제1항).

(2) 고지서 발부

재산세를 징수하려면 토지, 건축물, 주택, 선박 및 항공기로 구분한 납세고지서에 과세표준과 세액을 적어 늦어도 납기개시 5일 전까지 발급하여야 한다(지방세법 제116조 제2항).

(3) 재산세의 고지서에 병기되는 조세

소방분 지역자원시설세의 납기와 재산세의 납기가 같을 때에는 재산세의 납세고지서에 나란히 적어 고지할 수 있다(지방세법시행령 제139조).

넓혀 보기

재산세의 합산 및 세액산정 등(지방세법시행규칙 제58조)

법 제116조 제3항에 따른 재산세의 과세대상 조사, 과세대상별 합산방법, 세액산정, 그 밖의 부과절차와 징수방법 등은 다음 각 호에 따른다.

1. 시장·군수·구청장은 법 제120조 제1항 각 호의 어느 하나에 해당하는 자의 신고, 영 제102조 제11항에 따른 분리과세대상 토지 적용의 신청이나 직권으로 매년 과세기준일 현재 모든 재산을 조사하고, 과세대상 또는 비과세·감면대상으로 구분하여 재산세 과세대장에 등재해야 한다.

2. 시장·군수·구청장은 1.에 따라 조사한 재산 중 토지는 종합합산과세대상 토지, 별도합산과세대상 토지와 분리과세대상 토지로 구분하고 납세의무자별로 합산하여 세액을 산출하여야 한다.

3. 시장·군수·구청장은 납기개시 5일 전까지 토지, 건축물 및 주택에 대한 재산세 납세의무자에게 다음 각 목에서 정하는 서식의 납세고지서를 발급하여 재산세를 징수해야 한다.
   ① 토지: 별지 제59호 서식
   ② 건축물: 별지 제59호의2 서식
   ③ 주택: 별지 제59호의3 서식

4. 3.에 따라 납세고지서를 발급하는 경우 토지에 대한 재산세는 한 장의 납세고지서로 발급하며, 토지 외의 재산에 대한 재산세는 건축물·주택·선박 및 항공기로 구분하여 과세대상 물건마다 각각 한 장의 납세고지서로 발급하거나, 물건의 종류별로 한 장의 고지서로 발급할 수 있다.

5. 시장·군수·구청장은 별지 제58호의2 서식의 신청서를 받은 경우 사실 확인과 재산세 과세대장 등재 등 필요한 조치를 해야 한다.

5 물 납 제32회, 제35회

(1) 물납의 요건과 물납대상

지방자치단체의 장은 재산세 납부세액이 1천만원을 초과하는 경우에는 납세의무자의 신청을 받아 해당 지방자치단체의 관할구역에 있는 부동산에 대해서만 물납을 허가할 수 있다(지방세법 제117조).

(2) 물납의 신청 및 허가(지방세법시행령 제113조)

① 재산세를 물납(物納)하려는 자는 행정안전부령으로 정하는 서류를 갖추어 그 납부기한 10일 전까지 납세지를 관할하는 시장·군수·구청장에게 신청하여야 한다.

② 위 ①에 따라 물납신청을 받은 시장·군수·구청장은 신청을 받은 날부터 5일 이내에 납세의무자에게 그 허가 여부를 서면으로 통지하여야 한다.

③ 위 ②에 따라 물납허가를 받은 부동산을 행정안전부령으로 정하는 바에 따라 물납하였을 때에는 납부기한 내에 납부한 것으로 본다.

  ⓥ "행정안전부령으로 정하는 바에 따라 물납하였을 때"란 해당 시장·군수·구청장이 물납대상 부동산의 소유권이전등기필증을 발급받은 때를 말한다(지방세법시행규칙 제59조 제3항).

넓혀 보기

관리·처분이 부적당한 부동산의 처리(지방세법시행령 제114조)
1. 시장·군수·구청장은 물납신청을 받은 부동산이 관리·처분하기가 부적당하다고 인정되는 경우에는 허가하지 아니할 수 있다.
2. 시장·군수·구청장은 불허가 통지를 받은 납세의무자가 그 통지를 받은 날부터 10일 이내에 해당 시·군·구의 관할구역에 있는 부동산으로서 관리·처분이 가능한 다른 부동산으로 변경 신청하는 경우에는 변경하여 허가할 수 있다.
3. 위 2.에 따라 허가한 부동산을 행정안전부령으로 정하는 바에 따라 물납하였을 때에는 납부기한 내에 납부한 것으로 본다.

(3) **물납허가 부동산의 평가**(지방세법시행령 제115조)
① 물납을 허가하는 부동산의 가액은 재산세 과세기준일 현재의 시가로 한다.
② 위 ①에 따른 시가는 다음의 어느 하나에서 정하는 가액에 따른다. 다만, 수용·공매가액 및 감정가액 등으로서 행정안전부령으로 정하는 바에 따라 시가로 인정되는 것은 시가로 본다.
  ㉠ 토지 및 주택: 법 제4조 제1항에 따른 시가표준액
  ㉡ ㉠ 외의 건축물: 법 제4조 제2항에 따른 시가표준액
③ 위 ②를 적용할 때 「상속세 및 증여세법」에 따른 부동산의 평가방법이 따로 있어 국세청장이 고시한 가액이 증명되는 경우에는 그 고시가액을 시가로 본다.

핵심 다지기

재산세의 물납 절차 등(지방세법시행규칙 제59조)
1. 물납 허가 신청, 물납부동산 변경허가 신청 및 그 허가 통지는 다음의 구분에 따른다.
  ① 물납 허가 신청 또는 물납부동산 변경허가 신청: 별지 제61호 서식
  ② 물납 허가 또는 물납부동산 변경허가 통지: 별지 제62호 서식
2. 물납 허가 또는 물납부동산 변경허가를 받은 납세의무자는 그 통지를 받은 날부터 10일 이내에 「부동산등기법」에 따른 부동산 소유권이전등기에 필요한 서류를 시장·군수·구청장에게 제출하여야 하며, 해당 시장·군수·구청장은 그 서류를 제출받은 날부터 5일 이내에 관할 등기소에 부동산소유권이전등기를 신청하여야 한다.
3. "행정안전부령으로 정하는 바에 따라 물납하였을 때"란 각각 2.에서 정하는 절차에 따라 해당 시장·군수·구청장이 물납대상 부동산의 소유권이전등기필증을 발급받은 때를 말한다.

핵심 다지기

시가로 인정되는 부동산가액(지방세법시행규칙 제60조)

1. "행정안전부령으로 정하는 바에 따라 시가로 인정되는 것"이란 재산세의 과세기준일 전 6개월부터 과세기준일 현재까지의 기간 중에 확정된 가액으로서 다음의 어느 하나에 해당하는 것을 말한다.
   ① 해당 부동산에 대하여 수용 또는 공매사실이 있는 경우 : 그 보상가액 또는 공매가액
   ② 해당 부동산에 대하여 둘 이상의 감정평가법인 등(「감정평가 및 감정평가사에 관한 법률」 제2조 제4호에 따른 감정평가법인 등을 말한다)이 평가한 감정가액이 있는 경우 : 그 감정가액의 평균액
   ③ 국가, 지방자치단체 또는 지방자치단체조합으로부터의 취득 및 판결문·법인장부 중 대통령령으로 정하는 것에 따라 취득가격이 증명되는 취득 으로서 그 사실상의 취득가격이 있는 경우 : 그 취득가격
2. 1.에 따라 시가로 인정되는 가액이 둘 이상인 경우에는 재산세의 과세기준일부터 가장 가까운 날에 해당하는 가액에 의한다.

지방세법 기본통칙 117-1【지방세 물납범위와 방법】

1. 지방세물납대상이 되는 납부세액이 1천만원 초과 범위 판단은 다음과 같다.
   ① 동일 시·군·구 안에서 재산세의 납부세액을 합산하여 1천만원 초과 여부를 판단한다. 이 경우 동일 시·군·구의 범위는 지방자치법 제2조의 규정에 의한다.
   ② 1천만원 초과 여부는 재산세액(「지방세법」 제112조에 따른 도시지역분을 포함한 금액을 말한다)에 병기 고지되는 지역자원시설세·지방교육세를 제외한다.
2. 물납허가시 관리·처분에 부적당한 부동산의 범위를 예시하면 다음과 같다.
   ① 당해 부동산에 저당권 등의 우선순위 물권이 설정되어 처분하여도 배당의 실익이 없는 경우
   ② 당해 부동산에 임차인이 거주하고 있어 부동산 인도 등에 어려움이 있는 경우
   ③ 물납에 제공된 부동산이 소송 등 다툼의 소지가 있는 경우 등

예제

지방세법상 재산세의 물납에 관한 설명으로 틀린 것은?   제28회

① 「지방세법」상 물납의 신청 및 허가 요건을 충족하고 재산세(재산세 도시지역분 포함)의 납부세액이 1천만원을 초과하는 경우 물납이 가능하다.
② 서울특별시 강남구와 경기도 성남시에 부동산을 소유하고 있는 자의 성남시 소재 부동산에 대하여 부과된 재산세의 물납은 성남시 내에 소재하는 부동산만 가능하다.
③ 물납허가를 받는 부동산을 행정안전부령으로 정하는 바에 따라 물납하였을 때에는 납부기한 내에 납부한 것으로 본다.
④ 물납하려는 자는 행정안전부령으로 정하는 서류를 갖추어 그 납부기한 10일 전까지 납세지를 관할하는 시장·군수·구청장에게 신청하여야 한다.
⑤ 물납 신청 후 불허가 통지를 받은 경우에 해당 시·군·구의 다른 부동산으로의 변경신청은 허용되지 않으며 금전으로만 납부하여야 한다.

해설 ⑤ 물납 신청 후 불허가 통지를 받은 경우에 해당 시·군·구의 다른 부동산으로의 변경신청은 허용된다.

⊕ 정답 ⑤

6 분할납부

(1) 지방자치단체의 장은 재산세의 납부세액이 250만원을 초과하는 경우에는 대통령령으로
정하는 바에 따라 납부할 세액의 일부를 납부기한이 지난 날부터 3개월 이내에 분할납부
하게 할 수 있다(지방세법 제118조).

(2) **분할납부세액의 기준 및 분할납부신청**(지방세법시행령 제116조)

① 분할납부하게 하는 경우의 분할납부세액은 다음의 기준에 따른다.

㉠ 납부할 세액이 500만원 이하인 경우 : 250만원을 초과하는 금액

㉡ 납부할 세액이 500만원을 초과하는 경우 : 그 세액의 100분의 50 이하의 금액

② 분할납부하려는 자는 재산세의 납부기한까지 행정안전부령으로 정하는 신청서를 시
장·군수·구청장에게 제출하여야 한다.

③ 시장·군수·구청장은 ②에 따라 분할납부신청을 받았을 때에는 이미 고지한 납세고
지서를 납부기한 내에 납부하여야 할 납세고지서와 분할납부기간 내에 납부하여야 할
납세고지서로 구분하여 수정고지하여야 한다.

지방세법 운영예규 법118-1【지방세 분납범위와 방법】

1. 지방세 분납대상이 되는 납부세액이 250만원을 초과하는 범위는 다음과 같다.

① "동일 시·군·구"별로 납세자가 납부할 재산세의 세액이 250만원 초과 여부로 판단하되,
초과 여부는 재산세액(「지방세법」 제112조에 따른 도시지역분을 포함한 금액을 말한다)만
을 기준으로 하고, 병기 고지되는 지역자원시설세·지방교육세는 제외한다.

② 재산세가 분납대상에 해당할 경우 지방교육세도 함께 분납 처리한다.

2. 분납신청에 의거 지방세를 분납 처리할 경우에는 다음과 같이 한다.

① 납부할 세액이 500만원 이하인 경우에는 250만원은 납기 내 납부, 250만원 초과금액은
분납기한 내 납부하도록 한다.

② 납부할 세액이 500만원을 초과하는 때에는 분납세액 이외의 세액에 해당하는 금액은 납
기 내에, 나머지 금액은 분납기한 내에 각각 납부하도록 한다.

③ 지방세를 분납 처리함에 있어서 이미 고지한 납세고지서는 "납기 내 납부할 납세고지서"
와 "분납기간 내 납부할 납세고지서"를 구분하여 수정고지하되, 이 경우 이미 고지한 납세
고지서를 회수하며, 기고지한 부과결정을 조정 결정하여야 한다. 따라서, 분납기한 내 납부
할 세액을 그 기간 내에 납부할 경우에는 가산금이 가산되지 아니한다.

7 소액 징수면제

고지서 1장당 재산세로 징수할 세액이 2천원 미만인 경우에는 해당 재산세를 징수하지
아니한다(지방세법 제119조).

8 신탁재산 수탁자의 물적납세의무

신탁재산의 위탁자가 법정 사유에 해당하는 재산세·가산금 또는 체납처분비(이하 "재산세 등"이라 한다)를 체납한 경우로서 그 위탁자의 다른 재산에 대하여 체납처분을 하여도 징수할 금액에 미치지 못할 때에는 해당 신탁재산의 수탁자는 그 신탁재산으로써 위탁자의 재산세 등을 납부할 의무가 있다(지방세법 제119조의2 제1항).

9 신고의무 제35회

(1) 신고의무

다음의 어느 하나에 해당하는 자는 과세기준일부터 15일 이내에 그 소재지를 관할하는 지방자치단체의 장에게 그 사실을 알 수 있는 증거자료를 갖추어 신고하여야 한다(지방세법 제120조 제1항).

① 재산의 소유권 변동 또는 과세대상 재산의 변동 사유가 발생하였으나 과세기준일까지 그 등기·등록이 되지 아니한 재산의 공부상 소유자
② 상속이 개시된 재산으로서 상속등기가 되지 아니한 경우에는 주된 상속자
③ 사실상 종중재산으로서 공부상에는 개인 명의로 등재되어 있는 재산의 공부상 소유자
④ 수탁자 명의로 등기·등록된 신탁재산의 수탁자
⑤ 1세대가 둘 이상의 주택을 소유하고 있음에도 불구하고 제111조의2 제1항에 따른 세율을 적용받으려는 경우에는 그 세대원
⑥ 공부상 등재현황과 사실상의 현황이 다르거나 사실상의 현황이 변경된 경우에는 해당 재산의 사실상 소유자

(2) 직권등재

신고가 사실과 일치하지 아니하거나 신고가 없는 경우에는 지방자치단체의 장이 직권으로 조사하여 과세대장에 등재할 수 있다(지방세법 제120조 제3항).

> **핵심 다지기**
>
> **직권등재**
> 1. **과세대장 등재 통지**(지방세법시행령 제117조)
>   시장·군수·구청장은 무신고 재산을 과세대장에 등재한 때에는 그 사실을 관계인에게 통지하여야 한다.
> 2. **과세대장 직권등재**(지방세법시행규칙 제63조)
>   시장·군수·구청장은 법 제120조 제3항에 따라 직권으로 재산세 과세대장에 등재한 때에는 그 재산의 납세의무자에게 별지 제65호 서식에 따라 직권등재 사실을 통지해야 한다.

⑩ 재산세 과세대장의 비치 등

(1) 지방자치단체는 재산세 과세대장을 비치하고 필요한 사항을 기재하여야 한다. 이 경우 해당 사항을 전산처리하는 경우에는 과세대장을 갖춘 것으로 본다(지방세법 제121조 제1항).

(2) 재산세 과세대장은 토지, 건축물, 주택, 선박 및 항공기 과세대장으로 구분하여 작성한다(지방세법 제121조 제2항).

⑪ 세부담의 상한

해당 재산에 대한 재산세의 산출세액(재산세액 및 도시지역분 재산세에 따른 각각의 세액을 말함)이 대통령령으로 정하는 방법에 따라 계산한 직전 연도의 해당 재산에 대한 재산세액 상당액의 100분의 150을 초과하는 경우에는 100분의 150에 해당하는 금액을 해당 연도에 징수할 세액으로 한다. 다만, 주택의 경우에는 적용하지 아니한다(지방세법 제122조).

☼ 적용시기
1. 제122조의 개정규정은 2024년 1월 1일부터 시행함(2023.03.14 법률 제19230호 부칙 제1조 제2호)
2. 제122조의 개정규정 시행 전에 주택 재산세가 과세된 주택에 대해서는 제122조의 개정규정에도 불구하고 2028년 12월 31일까지는 종전의 규정에 따른다(2023. 03. 14 법률 제19230호 부칙 제15조).

⑫ 부가세

「지방세법」 및 지방세감면법령에 따라 납부하여야 할 재산세액(재산세 도시지역분은 제외한다)의 100분의 20을 지방교육세 세액으로 한다(지방세법 제151조 제1항 제6호).

┌─ 예제

지방세법상 재산세의 부과 · 징수에 관한 설명으로 옳은 것은 모두 몇 개인가? (단, 비과세는 고려하지 않음)
제31회

> ㉠ 재산세의 과세기준일은 매년 6월 1일로 한다.
> ㉡ 토지의 재산세 납기는 매년 7월 16일부터 7월 31일까지이다.
> ㉢ 지방자치단체의 장은 재산세의 납부할 세액이 500만원 이하인 경우 250만원을 초과하는 금액은 납부기한이 지난 날부터 3개월 이내 분할납부하게 할 수 있다.
> ㉣ 재산세는 관할지방자치단체의 장이 세액을 산정하여 특별징수의 방법으로 부과 · 징수한다.

① 0개　　　　　　② 1개　　　　　　③ 2개
④ 3개　　　　　　⑤ 4개

해설 1. 옳은 것: ㉠㉢
2. 틀린 것: ㉡㉣
㉡ 토지의 재산세 납기는 매년 9월 16일부터 9월 30일까지이다(지방세법 제115조 제1항 제1호).
㉣ 재산세는 관할지방자치단체의 장이 세액을 산정하여 보통징수의 방법으로 부과 · 징수한다(지방세법 제116조 제1항).
◆ 정답 ③

07 재산세의 비과세 제33회

1 국가 등에 대한 비과세

(1) 국가, 지방자치단체, 지방자치단체조합, 외국정부 및 주한국제기구의 소유에 속하는 재산에 대하여는 재산세를 부과하지 아니한다. 다만, 다음의 어느 하나에 해당하는 재산에 대하여는 재산세를 부과한다(지방세법 제109조 제1항).

① 대한민국 정부기관의 재산에 대하여 과세하는 외국정부의 재산

② 국가, 지방자치단체, 지방자치단체조합과 재산세 과세대상 재산을 연부(年賦)로 매매계약을 체결하고 그 재산의 사용권을 무상으로 받은 경우 그 매수계약자에게 납세의무가 있는 재산

(2) 국가, 지방자치단체 또는 지방자치단체조합이 1년 이상 공용 또는 공공용으로 사용(1년 이상 사용할 것이 계약서 등에 의하여 입증되는 경우를 포함한다)하는 재산에 대하여는 재산세를 부과하지 아니한다. 다만, 다음의 어느 하나에 해당하는 경우에는 재산세를 부과한다(지방세법 제109조 제2항).

① 유료로 사용하는 경우

② 소유권의 유상이전을 약정한 경우로서 그 재산을 취득하기 전에 미리 사용하는 경우

> **지방세법 기본통칙 109-1【1년 이상 공용·공공용에 사용하는 재산】**「1년 이상 공용 또는 공공용에 사용하는 재산」이란 과세기준일 현재 1년 이상 계속하여 공용 또는 공공용으로 실제사용 하였거나 사용할 것이 계약서 등에 의하여 입증되는 때에는 지상권 설정유무 등에 관계없이 비과세 된다.
>
> **지방세법 기본통칙 109-2【유료로 사용하는 경우】**「유료로 사용하는 경우」라 함은 당해 재산사용에 대하여 대가가 지급되는 것을 말하고, 그 사용이 대가적 의미를 갖는다면 사용기간의 장단이나, 대가의 지급이 1회적인지 또는 정기적이거나 반복적인 것인지, 대가의 다과 혹은 대가의 산출방식 여하를 묻지 아니한다.

2 용도구분에 따른 비과세(지방세법 제109조 제3항)

다음에 따른 재산(사치성 재산은 제외한다)에 대하여는 재산세를 부과하지 아니한다. 다만, 대통령령으로 정하는 수익사업에 사용하는 경우와 해당 재산이 유료로 사용되는 경우의 그 재산[다음 (3) 및 (5)의 재산은 제외한다] 및 해당 재산의 일부가 그 목적에 직접 사용되지 아니하는 경우의 그 일부 재산에 대하여는 재산세를 부과한다(지방세법 제109조 제3항).

(1) 대통령령으로 정하는 도로·하천·제방·구거·유지 및 묘지

> **넓혀 보기**
>
> **도로·하천·제방·구거·유지 및 묘지**(지방세법시행령 제108조 제1항)
> 1. **도로**: 「도로법」에 따른 도로(도로법 제2조 제2호에 따른 도로의 부속물 중 도로관리시설, 휴게시설, 주유소, 충전소, 교통·관광안내소 및 도로에 연접하여 설치한 연구시설은 제외한다)와 그 밖에 일반인의 자유로운 통행을 위하여 제공할 목적으로 개설한 사설 도로. 다만, 「건축법시행령」에 따른 대지 안의 공지는 제외한다.
> 2. **하천**: 「하천법」에 따른 하천과 「소하천정비법」에 따른 소하천
> 3. **제방**: 「공간정보의 구축 및 관리 등에 관한 법률」에 따른 제방. 다만, 특정인이 전용하는 제방은 제외한다.
> 4. **구거(溝渠)**: 농업용 구거와 자연유수의 배수처리에 제공하는 구거
> 5. **유지(溜池)**: 농업용 및 발전용에 제공하는 댐·저수지·소류지와 자연적으로 형성된 호수·늪
> 6. **묘지**: 무덤과 이에 접속된 부속시설물의 부지로 사용되는 토지로서 지적공부상 지목이 묘지인 토지

(2) 「산림보호법」에 따른 산림보호구역, 그 밖에 공익상 재산세를 부과하지 아니할 타당한 이유가 있는 것으로서 대통령령으로 정하는 토지

> **넓혀 보기**
>
> **대통령령으로 정하는 토지**(지방세법시행령 제108조 제2항)
> 1. 「군사기지 및 군사시설 보호법」에 따른 군사기지 및 군사시설 보호구역 중 통제보호구역에 있는 토지. 다만, 전·답·과수원 및 대지는 제외한다.
> 2. 「산림보호법」에 따라 지정된 산림보호구역 및 「산림자원의 조성 및 관리에 관한 법률」에 따라 지정된 채종림·시험림
> 3. 「자연공원법」에 따른 공원자연보존지구의 임야
> 4. 「백두대간 보호에 관한 법률」 제6조에 따라 지정된 백두대간보호지역의 임야

(3) 임시로 사용하기 위하여 건축된 건축물로서 재산세 과세기준일 현재 1년 미만의 것

(4) 비상재해구조용, 무료도선용, 선교(船橋) 구성용 및 본선에 속하는 전마용(傳馬用) 등으로 사용하는 선박

(5) 행정기관으로부터 철거명령을 받은 건축물 등 재산세를 부과하는 것이 적절하지 아니한 건축물 또는 주택(「건축법」에 따른 건축물 부분으로 한정한다)으로서 대통령령으로 정하는 것

> **넓혀 보기**
>
> **대통령령으로 정하는 것**(지방세법시행령 제108조 제3항)
> "대통령령으로 정하는 것"이란 재산세를 부과하는 해당 연도에 철거하기로 계획이 확정되어 재산세 과세기준일 현재 행정관청으로부터 철거명령을 받았거나 철거보상계약이 체결된 건축물 또는 주택(「건축법」에 따른 건축물 부분으로 한정한다)을 말한다. 이 경우 건축물 또는 주택의 일부분을 철거하는 때에는 그 철거하는 부분으로 한정한다.

> **넓혀 보기**
>
> **대통령령으로 정하는 수익사업**(지방세법시행령 제107조, 법인세법 제4조 제3항)
>
> 1. 제조업, 건설업, 도매 및 소매업 등 「통계법」 제22조에 따라 통계청장이 작성·고시하는 한국표준산업분류에 따른 사업으로서 대통령령으로 정하는 것
> 2. 「소득세법」 제16조 제1항에 따른 이자소득
> 3. 「소득세법」 제17조 제1항에 따른 배당소득
> 4. 주식·신주인수권(新株引受權) 또는 출자지분(出資持分)의 양도로 인한 수입
> 5. 유형자산 및 무형자산의 처분으로 인한 수입. 다만, 고유목적사업에 직접 사용하는 자산의 처분으로 인한 대통령령으로 정하는 수입은 제외한다.
> 6. 「소득세법」 제94조 제1항 제2호 및 제4호에 따른 자산의 양도로 인하여 생기는 수입
> 7. 그 밖에 대가(對價)를 얻는 계속적 행위로 인한 수입으로서 대통령령으로 정하는 것

예제

1. 지방세법상 재산세 비과세 대상에 해당하는 것은? (단, 주어진 조건 외에는 고려하지 않음)

제30회

① 지방자치단체가 1년 이상 공용으로 사용하는 재산으로서 유료로 사용하는 재산
② 「한국농어촌공사 및 농지관리기금법」에 따라 설립된 한국농어촌공사가 같은 법에 따라 농가에 공급하기 위하여 소유하는 농지
③ 「공간정보의 구축 및 관리 등에 관한 법률」에 따른 제방으로서 특정인이 전용하는 제방
④ 「군사기지 및 군사시설 보호법」에 따른 군사기지 및 군사시설 보호구역 중 통제보호구역에 있는 전·답
⑤ 「산림자원의 조성 및 관리에 관한 법률」에 따라 지정된 채종림·시험림

해설 ⑤ 「산림자원의 조성 및 관리에 관한 법률」에 따라 지정된 채종림·시험림은 재산세 비과세 대상에 해당한다.
◆ 정답 ⑤

2. 지방세법상 재산세에 관한 설명으로 틀린 것은? (단, 주어진 조건 외에는 고려하지 않음)

제32회

① 토지에 대한 재산세의 과세표준은 시가표준액에 공정시장가액비율(100분의 70)을 곱하여 산정한 가액으로 한다.
② 지방자치단체가 1년 이상 공용으로 사용하는 재산으로서 유료로 사용하는 경우에는 재산세를 부과한다.
③ 재산세 물납신청을 받은 시장·군수·구청장이 물납을 허가하는 경우 물납을 허가하는 부동산의 가액은 물납허가일 현재의 시가로 한다.
④ 주택의 토지와 건물 소유자가 다를 경우 해당 주택에 대한 세율을 적용할 때 해당 주택의 토지와 건물의 가액을 합산한 과세표준에 주택의 세율을 적용한다.
⑤ 재산세의 납기는 토지의 경우 매년 9월 16일부터 9월 30일까지이며, 건축물의 경우 매년 7월 16일부터 7월 31일까지이다.

해설 ③ 재산세 물납신청을 받은 시장·군수·구청장이 물납을 허가하는 경우 물납을 허가하는 부동산의 가액은 재산세 과세기준일 현재의 시가로 한다.
◆ 정답 ③

MEMO

PART

03

국세

종합부동산세

종합부동산세는 1문제 정도 출제되고 있다. 종합부동산세를 이해하기 위해서는 재산세가 기본이 되어야 한다. 특히 종합부동산세의 과세대상, 납세의무자, 신고 · 납부 등을 재산세와 연결하여 학습하여야 한다.

01 종합부동산세 총칙 제31회

1 목 적

「종합부동산세법」은 고액의 부동산 보유자에 대하여 종합부동산세를 부과하여 부동산 보유에 대한 조세부담의 형평성을 제고하고, 부동산의 가격안정을 도모함으로써 지방 재정의 균형발전과 국민경제의 건전한 발전에 이바지함을 목적으로 한다(종합부동산세법 제1조).

2 특 징

(1) 종합부동산세는 국세이다.

(2) 종합부동산세는 보유단계에서 과세한다.

(3) 종합부동산세는 과세기준일(매년 6월 1일)에 성립한다.

(4) 종합부동산세는 관할 세무서장이 납부하여야 할 종합부동산세의 세액을 결정하여 부과 · 징수하는 것이 원칙이지만 납세의무자의 선택에 의해 종합부동산세의 과세표준과 세액을 신고할 수도 있다. 이 경우 관할 세무서장의 결정은 없었던 것으로 본다.

(5) 종합부동산세는 전국 합산과세한다.

(6) 종합부동산세는 세부담의 상한이 적용된다.

(7) 종합부동산세는 분납을 적용한다.

③ 용어의 정의

「종합부동산세법」에서 사용하는 용어의 정의는 다음과 같다(종합부동산세법 제2조).

(1) "시·군·구"라 함은 「지방자치법」 제2조에 따른 지방자치단체인 시·군 및 자치구("시·군"이라 한다)를 말한다.

(2) "시장·군수·구청장"이라 함은 지방자치단체의 장인 시장·군수 및 자치구의 구청장("시장·군수"라 한다)을 말한다.

(3) "주택"이라 함은 「지방세법」 제104조 제3호에 의한 주택을 말한다.

(4) "토지"라 함은 「지방세법」 제104조 제1호에 따른 토지를 말한다.

(5) "주택분 재산세"라 함은 「지방세법」 제105조 및 제107조에 따라 주택에 대하여 부과하는 재산세를 말한다.

(6) "토지분 재산세"라 함은 「지방세법」 제105조 및 제107조에 따라 토지에 대하여 부과하는 재산세를 말한다.

(7) "세대"라 함은 주택 또는 토지의 소유자 및 그 배우자와 그들과 생계를 같이하는 가족으로서 대통령령으로 정하는 것을 말한다.

(8) "공시가격"이라 함은 「부동산 가격공시에 관한 법률」에 따라 가격이 공시되는 주택 및 토지에 대하여 같은 법에 따라 공시된 가액을 말한다. 다만, 같은 법에 따라 가격이 공시되지 아니한 경우에는 「지방세법」에 따른 시가표준액으로 한다.

넓혀 보기

주택 관련 집행기준

1. 주택의 정의(집행기준 2-0-1)

"주택"은 세대의 세대원이 장기간 독립된 주거생활을 영위할 수 있는 구조로 된 건축물의 전부 또는 일부 및 그 부속토지를 말하며, 단독주택과 공동주택으로 구분하고, 별장은 포함되지 않는다.

2. 1구의 범위(집행기준 2-0-2)

"1구의 주택"은 소유상의 기준이 아니고 점유상의 독립성을 기준으로 판단하되, 합숙소·기숙사 등의 경우에는 방 1개를 1구의 주택으로 보며, 다가구주택은 침실, 부엌, 출입문이 독립되어 있어야 1구의 주택으로 보는 것이다.

3. 1구의 건물이 주거와 주거 외의 용도로 사용되는 경우(집행기준 2-0-3)

1구의 건물이 주거와 주거 외의 용도로 사용되는 경우로서 주거부분이 건물의 50% 이상인 경우에는 1구의 건물 전체를 주택으로 보며, 1동의 건물이 주거와 주거 외의 용도로 사용되는 경우에는 주거용에 사용되는 부분만을 주택으로 본다.

4. 토지의 정의(집행기준 2-0-4)

"토지"는 「측량·수로조사 및 지적에 관한 법률」에 따라 지적공부에 등록대상이 되는 토지와 그 밖에 사용되고 있는 사실상의 토지를 말하며, 종합부동산세 과세대상인 토지에는 주택의 부속토지(주택으로 종합부동산세 과세)를 제외한다.

5. 공시가격(집행기준 2-0-5)

"공시가격"이라 함은 「부동산 가격공시에 관한 법률」에 따라 가격이 공시되는 주택 및 토지에 대하여 동법에 따라 공시된 가액을 말한다.

6. 1세대의 범위(집행기준 2-1의 2-1)

"1세대"는 주택의 소유자 및 그 배우자, 그들과 동일한 주소 또는 거소에서 생계를 같이하는 가족과 함께 구성하는 1세대를 말하며, "가족"은 주택 소유자와 그 배우자의 직계존비속(그 배우자를 포함) 및 형제자매이고, 취학, 질병의 요양, 근무상 또는 사업상의 형편으로 본래의 주소 또는 거소를 일시퇴거한 자를 포함한다.

7. 배우자가 없는 때에도 1세대로 보는 경우(집행기준 2-1의 2-2)

① 30세 이상인 경우

② 배우자가 사망하거나 이혼한 경우

③ 「소득세법」 제4조의 규정에 따른 소득이 「국민기초생활보장법」 제2조 제6호에 따른 최저생계비 수준 이상으로서 소유하고 있는 주택을 관리·유지하면서 독립된 생계를 유지할 수 있는 경우

---

4 과세기준일

종합부동산세의 과세기준일은 「지방세법」에 따른 재산세의 과세기준일로 한다(종합부동산세법 제3조).

⑤ 납세지

(1) 종합부동산세의 납세의무자가 개인 또는 법인으로 보지 아니하는 단체인 경우에는 소득세법의 규정을 준용하여 납세지를 정한다(종합부동산세법 제4조 제1항).

> **넓혀 보기**
>
> **납세지**(소득세법 제6조)
> 1. 거주자의 소득세 납세지는 그 주소지로 한다. 다만, 주소지가 없는 경우에는 그 거소지로 한다.
> 2. 비거주자의 소득세 납세지는 국내사업장의 소재지로 한다. 다만, 국내사업장이 둘 이상 있는 경우에는 주된 국내사업장의 소재지로 하고, 국내사업장이 없는 경우에는 국내원천소득이 발생하는 장소로 한다.
> 3. 납세지가 불분명한 경우에는 대통령령으로 정하는 바에 따라 납세지를 결정한다.

(2) 종합부동산세의 납세의무자가 법인 또는 법인으로 보는 단체인 경우에는 「법인세법」 제9조 제1항부터 제3항까지의 규정을 준용하여 납세지를 정한다(종합부동산세법 제4조 제2항).

> **넓혀 보기**
>
> **납세지**(법인세법 제9조)
> 1. 내국법인의 법인세 납세지는 그 법인의 등기부에 따른 본점이나 주사무소의 소재지(국내에 본점 또는 주사무소가 있지 아니하는 경우에는 사업을 실질적으로 관리하는 장소의 소재지)로 한다. 다만, 법인으로 보는 단체의 경우에는 대통령령으로 정하는 장소로 한다.
> 2. 외국법인의 법인세 납세지는 국내사업장의 소재지로 한다. 다만, 국내사업장이 없는 외국법인으로서 제93조 제3호 또는 제7호에 따른 소득이 있는 외국법인의 경우에는 각각 그 자산의 소재지로 한다.
> 3. 2.의 경우 둘 이상의 국내사업장이 있는 외국법인에 대하여는 대통령령으로 정하는 주된 사업장의 소재지를 납세지로 하고, 둘 이상의 자산이 있는 법인에 대하여는 대통령령으로 정하는 장소를 납세지로 한다.

(3) 종합부동산세의 납세의무자가 비거주자인 개인 또는 외국법인으로서 국내사업장이 없고 국내원천소득이 발생하지 아니하는 주택 및 토지를 소유한 경우에는 그 주택 또는 토지의 소재지(주택 또는 토지가 둘 이상인 경우에는 공시가격이 가장 높은 주택 또는 토지의 소재지를 말한다)를 납세지로 정한다(종합부동산세법 제4조 제3항).

⑥ 과세구분 및 세액

(1) 종합부동산세는 주택에 대한 종합부동산세와 토지에 대한 종합부동산세의 세액을 합한 금액을 그 세액으로 한다(종합부동산세법 제5조 제1항).

(2) 토지에 대한 종합부동산세의 세액은 제14조 제1항 및 제3항에 따른 토지분 종합합산세액과 같은 조 제4항 및 제6항에 따른 토지분 별도합산세액을 합한 금액으로 한다(종합부동산세법 제5조 제2항).

☑ **재산세와 종합부동산세 과세대상 비교**

부동산		재산세	종합부동산세
주 택	주 택	○	○
토 지	분리과세대상 토지	○	×
	종합합산과세대상 토지	○	○
	별도합산과세대상 토지	○	○
주택 이외의 건축물		○	×

넓혀 보기

종합부동산세 구분

1. **종합부동산세 과세 구분**(집행기준 5-0-1)
   종합부동산세 과세대상은 납세의무자별로 주택(그에 딸린 토지 포함)과 토지(종합합산과세대상과 별도합산과세대상으로 구분)로 구분하여 과세한다.
   ✿ 분리과세대상 토지는 종합부동산세가 과세되지 아니함

2. **종합부동산세액**(집행기준 5-0-2)
   종합부동산세는 주택에 대한 종합부동산세와 토지에 대한 종합부동산세의 세액을 합한 금액을 그 세액으로 한다.

   > 종합부동산세액＝주택에 대한 종합부동산세액＋토지에 대한 종합부동산세액
   > 토지에 대한 종합부동산세액＝토지분 종합합산세액＋토지분 별도합산세액

예제

1. 종합부동산세법상 종합부동산세의 과세대상이 아닌 것을 모두 고른 것은?　　　제24회

> ㉠ 종중이 1990년 1월부터 소유하는 농지
> ㉡ 1990년 1월부터 소유하는 「수도법」에 따른 상수원보호구역의 임야
> ㉢ 「지방세법」에 따라 재산세가 비과세되는 토지
> ㉣ 취득세 중과대상인 고급오락장용 건축물

① ㉠, ㉡　　　　　　　　　　　　　　② ㉡, ㉢
③ ㉢, ㉣　　　　　　　　　　　　　　④ ㉠, ㉡, ㉣
⑤ ㉠, ㉡, ㉢, ㉣

해설 ㉠ 종중이 1990년 1월부터 소유하는 농지 : 저율분리
㉡ 1990년 1월부터 소유하는 「수도법」에 따른 상수원보호구역의 임야 : 저율분리
㉢ 「지방세법」에 따라 재산세가 비과세되는 토지 : 종합부동산세 비과세
㉣ 취득세 중과대상인 고급오락장용 건축물 : 건축물은 종합부동산세 과세대상이 아니다.　　❶ 정답 ⑤

2. 종합부동산세법상 종합부동산세의 과세대상인 것은?　　　제23회

① 취득세 중과세대상인 골프장
② 관계법령에 따른 사회복지사업자가 복지시설이 소비목적으로 사용할 수 있도록 하기 위하여 1990년 5월 1일부터 소유하는 농지
③ 상업용 건축물(오피스텔 제외)
④ 공장용 건축물
⑤ 「건축법」 등 관계법령에 따라 허가 등을 받아야 할 건축물로서 허가 등을 받지 아니한 건축물의 부속토지

해설 ⑤ 「건축법」 등 관계법령에 따라 허가 등을 받아야 할 건축물로서 허가 등을 받지 아니한 건축물의 부속토지 : 재산세에서 종합합산과세대상으로 종합부동산세 과세대상에 해당한다.
① 취득세 중과세대상인 골프장 : 종합부동산세 과세대상이 아니다.
② 관계법령에 따른 사회복지사업자가 복지시설이 소비목적으로 사용할 수 있도록 하기 위하여 1990년 5월 1일부터 소유하는 농지 : 재산세에서 저율분리과세대상으로 종합부동산세 과세대상이 아니다.
③ 상업용 건축물(오피스텔 제외) : 건축물은 종합부동산세 과세대상이 아니다.
④ 공장용 건축물 : 건축물은 종합부동산세 과세대상이 아니다.　　❶ 정답 ⑤

02 주택에 대한 과세 제32회, 제33회, 제34회, 제35회

> (공시가격 합산액 − 9억원) × 공정시장가액비율(60%) ⇨ 과세표준
> 과세표준 × 세율 ⇨ 산출세액
> 산출세액 − 재산세 ⇨ 납부세액

1 납세의무자

과세기준일 현재 주택분 재산세의 납세의무자는 종합부동산세를 납부할 의무가 있다(종합부동산세법 제7조 제1항).

2 과세표준

1. 원 칙

주택에 대한 종합부동산세의 과세표준은 납세의무자별로 주택의 공시가격을 합산한 금액에서 다음 각 호의 금액을 공제한 금액에 부동산 시장의 동향과 재정 여건 등을 고려하여 100분의 60부터 100분의 100까지의 범위에서 대통령령으로 정하는 공정시장가액비율을 곱한 금액으로 한다. 다만, 그 금액이 영보다 작은 경우에는 영으로 본다(종합부동산세법 제8조 제1항).

① **대통령령으로 정하는 1세대 1주택자**(이하 "1세대 1주택자"라 한다) : 12억원

② **제9조 제2항 제3호 각 목의 세율이 적용되는 법인 또는 법인으로 보는 단체** : 0원

③ **① 및 ②에 해당하지 아니하는 자** : 9억원

> **종합부동산세법시행령 제2조의3 【1세대 1주택의 범위】** ① 법 제8조 제1항 제1호에서 "대통령령으로 정하는 1세대 1주택자"란 세대원 중 1명만이 주택분 재산세 과세대상인 1주택만을 소유한 경우로서 그 주택을 소유한 「소득세법」 제1조의2 제1항 제1호에 따른 거주자를 말한다. 이 경우 「건축법 시행령」 별표 1 제1호 다목에 따른 다가구주택은 1주택으로 보되, 제3조에 따른 합산배제 임대주택으로 같은 조 제9항에 따라 신고한 경우에는 1세대가 독립하여 구분 사용할 수 있도록 구획된 부분을 각각 1주택으로 본다.
> ② 제1항에 따른 1세대 1주택자 여부를 판단할 때 다음 각 호의 주택은 1세대가 소유한 주택 수에서 제외한다. 다만, 제1호는 각 호 외의 주택을 소유하는 자가 과세기준일 현재 그 주택에 주민등록이 되어 있고 실제로 거주하고 있는 경우에 한정하여 적용한다.
> 1. 제3조 제1항 각 호(제5호는 제외한다)의 어느 하나에 해당하는 주택으로서 같은 조 제9항에 따른 합산배제 신고를 한 주택
> 2. 삭제
> 3. 제4조 제1항 각 호에 해당하는 주택으로서 같은 조 제4항에 따라 합산배제 신고를 한 주택

> **종합부동산세법시행령 제2조의4 【공정시장가액비율】** ① 법 제8조 제1항 각 호 외의 부분 본문에서 "대통령령으로 정하는 공정시장가액비율"이란 100분의 60을 말하되, 2019년부터 2021년까지 납세의무가 성립하는 종합부동산세에 대해서는 다음 각 호의 연도별 비율을 말한다.
> 1. 2019년 : 100분의 85
> 2. 2020년 : 100분의 90
> 3. 2021년 : 100분의 95

2. 합산배제

다음 각 호의 어느 하나에 해당하는 주택은 제1항에 따른 과세표준 합산의 대상이 되는 주택의 범위에 포함되지 아니하는 것으로 본다(종합부동산세법 제8조 제2항).

(1) 「민간임대주택에 관한 특별법」에 따른 민간임대주택, 「공공주택 특별법」에 따른 공공임대주택 또는 대통령령으로 정하는 다가구 임대주택으로서 임대기간, 주택의 수, 가격, 규모 등을 고려하여 대통령령으로 정하는 주택(종합부동산세법 제8조 제2항 제1호).

(2) 제1호의 주택 외에 종업원의 주거에 제공하기 위한 기숙사 및 사원용 주택, 주택건설사업자가 건축하여 소유하고 있는 미분양주택, 가정어린이집용 주택, 「수도권정비계획법」제2조 제1호에 따른 수도권 외 지역에 소재하는 1주택 등 종합부동산세를 부과하는 목적에 적합하지 아니한 것으로서 대통령령으로 정하는 주택. 이 경우 수도권 외 지역에 소재하는 1주택의 경우에는 2009년 1월 1일부터 2011년 12월 31일까지의 기간 중 납세의무가 성립하는 분에 한정한다(종합부동산세법 제8조 제2항 제2호).

(3) 제2항의 규정에 따른 주택을 보유한 납세의무자는 해당연도 9월 16일부터 9월 30일까지 대통령령으로 정하는 바에 따라 납세지관할세무서장(이하 "관할세무서장"이라 한다)에게 해당 주택의 보유현황을 신고하여야 한다(종합부동산세법 제8조 제3항).

③ 세율 및 세액 제32회

1. 주택분 종합부동산세액

(1) 주택에 대한 종합부동산세는 다음과 같이 납세의무자가 소유한 주택 수에 따라 과세표준에 해당 세율을 적용하여 계산한 금액을 그 세액(이하 "주택분 종합부동산세액"이라 한다)으로 한다(종합부동산세법 제9조 제1항).

① 납세의무자가 2주택 이하를 소유한 경우(종합부동산세법 제9조 제1항 제1호)

과세표준	세 율
3억원 이하	1천분의 5
3억원 초과 6억원 이하	150만원＋(3억원을 초과하는 금액의 1천분의 7)
6억원 초과 12억원 이하	360만원＋(6억원을 초과하는 금액의 1천분의 10)
12억원 초과 25억원 이하	960만원＋(12억원을 초과하는 금액의 1천분의 13)
25억원 초과 50억원 이하	2천650만원＋(25억원을 초과하는 금액의 1천분의 15)
50억원 초과 94억원 이하	6천400만원＋(50억원을 초과하는 금액의 1천분의 20)
94억원 초과	1억5천200만원＋(94억원을 초과하는 금액의 1천분의 27)

② 납세의무자가 3주택 이상을 소유한 경우(종합부동산세법 제9조 제1항 제2호)

과세표준	세 율
3억원 이하	1천분의 5
3억원 초과 6억원 이하	150만원＋(3억원을 초과하는 금액의 1천분의 7))
6억원 초과 12억원 이하	360만원＋(6억원을 초과하는 금액의 1천분의 10)
12억원 초과 25억원 이하	960만원＋(12억원을 초과하는 금액의 1천분의 20)
25억원 초과 50억원 이하	3천560만원＋(25억원을 초과하는 금액의 1천분의 30)
50억원 초과 94억원 이하	1억1천60만원＋(50억원을 초과하는 금액의 1천분의 40)
94억원 초과	2억8천660만원＋(94억원을 초과하는 금액의 1천분의 50)

(2) 납세의무자가 법인 또는 법인으로 보는 단체인 경우 제1항에도 불구하고 과세표준에 다음 각 호에 따른 세율을 적용하여 계산한 금액을 주택분 종합부동산세액으로 한다(종합부동산세법 제9조 제2항).

① 2주택 이하를 소유한 경우: 1천분의 27

② 3주택 이상을 소유한 경우: 1천분의 50

2. 재산세액 공제

(1) 주택분 과세표준 금액에 대하여 해당 과세대상 주택의 주택분 재산세로 부과된 세액(지방세법에 따라 가감조정된 세율이 적용된 경우에는 그 세율이 적용된 세액, 지방세법에 따라 세부담상한을 적용받은 경우에는 그 상한을 적용받은 세액을 말함)은 주택분 종합부동산세액에서 이를 공제한다(종합부동산세법 제9조 제3항).

(2) 주택분 종합부동산세액을 계산할 때 주택 수 계산 및 주택분 재산세로 부과된 세액의 공제 등에 관하여 필요한 사항은 대통령령으로 정한다(종합부동산세법 제9조 제4항, 종합부동산세법시행령 제4조의3).

$$\text{「지방세법」에 따라 주택분 재산세로 부과된 세액의 합계액} \times \frac{(\text{법 제8조 제1항에 따른 주택분 종합부동산세의 과세표준} \times \text{「지방세법시행령」 제109조 제1항 제2호에 따른 공정시장가액비율}) \times \text{「지방세법」 제111조 제1항 제3호에 따른 표준세율}}{\text{주택을 합산하여 주택분 재산세 표준세율로 계산한 재산세 상당액}}$$

(3) 주택분 종합부동산세액을 계산할 때 적용해야 하는 주택 수는 다음에 따라 계산한다(종합부동산세법시행령 제4조의3 제3항).

① 1주택을 여러 사람이 공동으로 소유한 경우 공동 소유자 각자가 그 주택을 소유한 것으로 본다.

② 「건축법시행령」 별표 1 제1호 다목에 따른 다가구주택은 1주택으로 본다.

③ 다음 각 목의 주택은 주택 수에 포함하지 않는다.

㉠ 제3조 제1항 각 호 및 제4조 제1항 각 호에 해당하는 주택

㉡ 상속을 원인으로 취득한 주택(「소득세법」 제88조 제9호에 따른 조합원입주권 또는 같은 조 제10호에 따른 분양권을 상속받아 사업시행 완료 후 취득한 신축주택을 포함한다)으로서 다음의 어느 하나에 해당하는 주택

ⓐ 과세기준일 현재 상속개시일부터 5년이 경과하지 않은 주택

ⓑ 지분율이 100분의 40 이하인 주택

ⓒ 지분율에 상당하는 공시가격이 6억원(수도권 밖의 지역에 소재한 주택의 경우에는 3억원) 이하인 주택

© 토지의 소유권 또는 지상권 등 토지를 사용할 수 있는 권원이 없는 자가 「건축법」 등 관계 법령에 따른 허가 등을 받지 않거나 신고를 하지 않고 건축하여 사용 중인 주택(주택을 건축한 자와 사용 중인 자가 다른 주택을 포함한다)의 부속토지

② 법 제8조 제4항 제2호에 따라 1세대 1주택자로 보는 자가 소유한 제4조의2 제1항에 따른 신규주택

◎ 법 제8조 제4항 제4호에 따라 1세대 1주택자로 보는 자가 소유한 제4조의2 제3항에 따른 지방 저가주택

ⓑ 2024년 1월 10일부터 2025년 12월 31일까지 취득하는 주택으로서 다음의 어느 하나에 해당하는 주택

    ⓐ 다음의 요건을 모두 갖춘 소형 신축주택

        ㉮ 전용면적이 60제곱미터 이하일 것

        ㉯ 취득가액이 6억원(수도권 밖의 지역에 소재하는 주택의 경우에는 3억원) 이하일 것

        ㉰ 2024년 1월 10일부터 2025년 12월 31일까지의 기간 중에 준공된 것일 것

        ㉱ 아파트(「주택법」에 따른 도시형 생활주택인 아파트는 제외한다)에 해당하지 않을 것

        ㉲ 그 밖에 기획재정부령으로 정하는 요건을 갖출 것

    ⓑ 다음의 요건을 모두 갖춘 준공 후 미분양주택

        ㉮ 전용면적이 85제곱미터 이하일 것

        ㉯ 취득가액이 6억원 이하일 것

        ㉰ 수도권 밖의 지역에 소재할 것

        ㉱ 그 밖에 기획재정부령으로 정하는 요건을 갖출 것

3. 1세대 1주택자에 해당하는 경우의 주택분 종합부동산세액

주택분 종합부동산세 납세의무자가 1세대 1주택자에 해당하는 경우의 주택분 종합부동산세액은 제1항·제3항 및 제4항에 따라 산출된 세액에서 제6항부터 제9항까지의 규정에 따른 1세대 1주택자에 대한 공제액을 공제한 금액으로 한다. 이 경우 제6항부터 제9항까지는 공제율 합계 100분의 80의 범위에서 중복하여 적용할 수 있다(종합부동산세법 제9조 제5항).

> 1세대 1주택자에 해당하는 경우의 주택분 종합부동산세액
> = [산출된 세액(과세표준 × 세율) − 재산세액 공제]
> − 연령 세액공제 − 장기보유 세액공제

(1) 연령 세액공제

과세기준일 현재 만 60세 이상인 1세대 1주택자의 공제액은 제1항·제3항 및 제4항에 따라 산출된 세액에 다음 표에 따른 연령별 공제율을 곱한 금액으로 한다(종합부동산세법 제9조 제6항).

연 령	공제율
만 60세 이상 만 65세 미만	100분의 20
만 65세 이상 만 70세 미만	100분의 30
만 70세 이상	100분의 40

(2) 장기보유 세액공제

1세대 1주택자로서 해당 주택을 과세기준일 현재 5년 이상 보유한 자의 공제액은 제1항·제3항 및 제4항에 따라 산출된 세액에 다음 표에 따른 보유기간별 공제율을 곱한 금액으로 한다(종합부동산세법 제9조 제8항).

보유기간	공제율
5년 이상 10년 미만	100분의 20
10년 이상 15년 미만	100분의 40
15년 이상	100분의 50

④ 세부담의 상한

종합부동산세의 납세의무자가 해당 연도에 납부하여야 할 주택분 재산세액상당액(신탁주택의 경우 재산세의 납세의무자가 납부하여야 할 주택분 재산세액상당액을 말한다)과 주택분 종합부동산세액상당액의 합계액("주택에 대한 총세액상당액"이라 한다)으로서 대통령령으로 정하는 바에 따라 계산한 세액이 해당 납세의무자에게 직전년도에 해당 주택에 부과된 주택에 대한 총세액상당액으로서 대통령령으로 정하는 바에 따라 계산한 세액의 100분의 150을 초과하는 경우에는 그 초과하는 세액에 대해서는 이를 없는 것으로 본다. 다만, 납세의무자가 법인 또는 법인으로 보는 단체로서 제9조 제2항 제3호 각 목의 세율이 적용되는 경우는 그러하지 아니하다(종합부동산세법 제10조).

종합부동산세법시행령 제5조 【주택에 대한 세부담의 상한】 ① 법 제10조에서 해당 연도에 납부하여야 할 주택에 대한 총세액상당액으로서 "대통령령으로 정하는 바에 따라 계산한 세액"이란 해당 연도의 종합부동산세 과세표준 합산의 대상이 되는 주택(이하 "과세표준합산주택"이라 한다)에 대한 제1호에 따른 재산세액과 제2호에 따른 종합부동산세액의 합계액을 말한다.

1. 「지방세법」에 따라 부과된 재산세액(같은 법 제112조 제1항 제1호에 따른 재산세액을 말하며, 같은 법 제122조에 따라 세부담의 상한이 적용되는 경우에는 그 상한을 적용한 후의 세액을 말한다)

2. 법 제9조에 따라 계산한 종합부동산세액

② 법 제10조에서 직전 연도에 해당 주택에 부과된 주택에 대한 총세액상당액으로서 "대통령령으로 정하는 바에 따라 계산한 세액"이란 납세의무자가 해당 연도의 과세표준합산주택을 직전 연도 과세기준일에 실제로 소유하였는지의 여부를 불문하고 직전 연도 과세기준일 현재 소유한 것으로 보아 해당 연도의 과세표준합산주택에 대한 제1호에 따른 재산세액상당액과 제2호에 따른 종합부동산세액상당액의 합계액을 말한다.

1. 재산세액상당액

해당 연도의 과세표준합산주택에 대하여 직전연도의 「지방세법」(같은 법 제111조 제3항, 제112조 제1항 제2호 및 제122조는 제외한다)을 적용하여 산출한 금액의 합계액

2. 종합부동산세액상당액

해당 연도의 과세표준합산주택에 대하여 직전 연도의 법(법 제10조는 제외한다)을 적용하여 산출한 금액(1세대1주택자의 경우에는 직전 연도 과세기준일 현재 연령 및 주택 보유기간을 적용하여 산출한 금액). 이 경우 법 제9조 제3항 중 "세액(「지방세법」 제111조 제3항에 따라 가감조정된 세율이 적용된 경우에는 그 세율이 적용된 세액, 같은 법 제122조에 따라 세부담 상한을 적용받는 경우에는 그 상한을 적용받는 세액을 말한다)"을 "세액[「지방세법」(같은 법 제111조 제3항, 제112조 제1항 제2호 및 제122조는 제외한다)을 적용하여 산출한 세액을 말한다]"으로 하여 해당 규정을 적용한다.

5 공동명의 1주택자의 납세의무 등에 관한 특례

① 제7조 제1항에도 불구하고 과세기준일 현재 세대원 중 1인이 그 배우자와 공동으로 1주택을 소유하고 해당 세대원 및 다른 세대원이 다른 주택(제8조 제2항 각 호의 어느 하나에 해당하는 주택 중 대통령령으로 정하는 주택을 제외한다)을 소유하지 아니한 경우로서 대통령령으로 정하는 경우에는 배우자와 공동으로 1주택을 소유한 자 또는 그 배우자 중 대통령령으로 정하는 자(이하 "공동명의 1주택자"라 한다)를 해당 1주택에 대한 납세의무자로 할 수 있다(종합부동산세법 제10조의2 제1항).

② 제1항을 적용받으려는 납세의무자는 당해 연도 9월 16일부터 9월 30일까지 대통령령으로 정하는 바에 따라 관할세무서장에게 신청하여야 한다(종합부동산세법 제10조의2 제2항).

③ 제1항을 적용하는 경우에는 공동명의 1주택자를 1세대 1주택자로 보아 제8조에 따른 과세표준과 제9조에 따른 세율 및 세액을 계산한다(종합부동산세법 제10조의2 제3항).

03 **토지에 대한 과세** 제31회, 제35회

미리보기 **광역도시계획의 수립·승인절차도**

토지에 대한 종합부동산세액 ─┬─ 토지분 종합합산세액
                                    └─ 토지분 별도합산세액
                                    ☼ 분리과세대상 ×

☼ 종합합산세액

(공시가격 합산액 − 5억원) × 공정시장가액비율(100%) ⇨ 과세표준 × 세율
⇨ 산출세액 − 재산세 ⇨ 납부세액

☼ 별도합산세액

(공시가격 합산액 − 80억원) × 공정시장가액비율(100%) ⇨ 과세표준 × 세율
⇨ 산출세액 − 재산세 ⇨ 납부세액

① 과세방법

토지에 대한 종합부동산세는 국내에 소재하는 토지에 대하여 「지방세법」에 따른 "종합합산과세대상"과 같은 법에 따른 "별도합산과세대상"으로 구분하여 과세한다(종합부동산세법 제11조).

② 납세의무자

과세기준일(6월 1일) 현재 토지분 재산세의 납세의무자로서 다음의 어느 하나에 해당하는 자는 해당 토지에 대한 종합부동산세를 납부할 의무가 있다(종합부동산세법 제12조 제1항).

(1) 종합합산과세대상인 경우에는 국내에 소재하는 해당 과세대상 토지의 공시가격을 합한 금액이 5억원을 초과하는 자

(2) 별도합산과세대상인 경우에는 국내에 소재하는 해당 과세대상 토지의 공시가격을 합한 금액이 80억원을 초과하는 자

☑ **납세의무자**(집행기준 12-0-1)

구 분	납세의무자
종합합산과세대상 토지	공시가격을 합산한 금액이 5억원을 초과하는 자
별도합산과세대상 토지	공시가격을 합산한 금액이 80억원을 초과하는 자
분리과세대상 토지	종합부동산세 과세 제외

③ 과세표준

(1) 종합합산과세대상 과세표준

① 종합합산과세대상인 토지에 대한 종합부동산세의 과세표준은 납세의무자별로 해당 과세대상 토지의 공시가격을 합산한 금액에서 5억원을 공제한 금액에 부동산 시장의 동향과 재정 여건 등을 고려하여 100분의 60부터 100분의 100까지의 범위에서 대통령령으로 정하는 공정시장가액비율을 곱한 금액으로 한다(종합부동산세법 제13조 제1항).

② ①의 금액이 '영'보다 작은 경우에는 '영'으로 본다(종합부동산세법 제13조 제3항).

> **종합부동산세법시행령 제2조의4【공정시장가액비율】** ① 법 제8조 제1항 각 호 외의 부분 본문에서 "대통령령으로 정하는 공정시장가액비율"이란 100분의 60을 말하되, 2019년부터 2021년까지 납세의무가 성립하는 종합부동산세에 대해서는 다음 각 호의 연도별 비율을 말한다.
> 1. 2019년 : 100분의 85
> 2. 2020년 : 100분의 90
> 3. 2021년 : 100분의 95

(2) 별도합산과세대상 과세표준

① 별도합산과세대상인 토지에 대한 종합부동산세의 과세표준은 납세의무자별로 해당 과세대상 토지의 공시가격을 합산한 금액에서 80억원을 공제한 금액에 부동산 시장의 동향과 재정 여건 등을 고려하여 100분의 60부터 100분의 100까지의 범위에서 대통령령으로 정하는 공정시장가액비율을 곱한 금액으로 한다(종합부동산세법 제13조 제2항).

② ①의 금액이 '영'보다 작은 경우에는 '영'으로 본다(종합부동산세법 제13조 제3항).

> **종합부동산세법시행령 제2조의4【공정시장가액비율】** ① 법 제8조 제1항 각 호 외의 부분 본문에서 "대통령령으로 정하는 공정시장가액비율"이란 100분의 60을 말하되, 2019년부터 2021년까지 납세의무가 성립하는 종합부동산세에 대해서는 다음 각 호의 연도별 비율을 말한다.
> 1. 2019년 : 100분의 85
> 2. 2020년 : 100분의 90
> 3. 2021년 : 100분의 95

박문각 공인중개사

4 세율 및 세액

(1) 토지분 종합합산세액

① 종합합산과세대상인 토지에 대한 종합부동산세의 세액은 과세표준에 다음의 세율을 적용하여 계산한 금액("토지분 종합합산세액"이라 한다)으로 한다(종합부동산세법 제14조 제1항).

과세표준	세 율
15억원 이하	1천분의 10
15억원 초과 45억원 이하	1천500만원 + (15억원을 초과하는 금액의 1천분의 20)
45억원 초과	7천500만원 + (45억원을 초과하는 금액의 1천분의 30)

② 재산세액 공제

종합합산과세대상인 토지의 과세표준 금액에 대하여 해당 과세대상 토지의 토지분 재산세로 부과된 세액(「지방세법」에 따라 가감조정된 세율이 적용된 경우에는 그 세율이 적용된 세액, 세부담 상한을 적용받은 경우에는 그 상한을 적용받은 세액을 말함)은 토지분 종합합산세액에서 이를 공제한다(종합부동산세법 제14조 제3항).

(2) 토지분 별도합산세액

① 별도합산과세대상인 토지에 대한 종합부동산세의 세액은 과세표준에 다음의 세율을 적용하여 계산한 금액("토지분 별도합산세액"이라 한다)으로 한다(종합부동산세법 제14조 제4항).

과세표준	세 율
200억원 이하	1천분의 5
200억원 초과 400억원 이하	1억원 + (200억원을 초과하는 금액의 1천분의 6)
400억원 초과	2억2천만원 + (400억원을 초과하는 금액의 1천분의 7)

② 재산세액 공제

별도합산과세대상인 토지의 과세표준 금액에 대하여 해당 과세대상 토지의 토지분 재산세로 부과된 세액(「지방세법」에 따라 가감조정된 세율이 적용된 경우에는 그 세율이 적용된 세액, 세부담 상한을 적용받은 경우에는 그 상한을 적용받은 세액을 말함)은 토지분 별도합산세액에서 이를 공제한다(종합부동산세법 제14조 제6항).

(3) 토지분 종합부동산세액을 계산할 때 토지분 재산세로 부과된 세액의 공제 등에 관하여 필요한 사항은 대통령령으로 정한다(종합부동산세법 제14조 제7항).

5 세부담의 상한

(1) 종합합산과세대상

종합부동산세의 납세의무자가 종합합산과세대상인 토지에 대하여 해당 연도에 납부하여야 할 재산세액상당액(신탁토지의 경우 재산세의 납세의무자가 종합합산과세대상인 해당 토지에 대하여 납부하여야 할 재산세액상당액을 말한다)과 토지분 종합합산세액상당액의 합계액("종합합산과세대상인 토지에 대한 총세액상당액"이라 한다)으로서 대통령령으로 정하는 바에 따라 계산한 세액이 해당 납세의무자에게 직전년도에 해당 토지에 부과된 종합합산과세대상인 토지에 대한 총세액상당액으로서 대통령령으로 정하는 바에 따라 계산한 세액의 100분의 150을 초과하는 경우에는 그 초과하는 세액에 대해서는 이를 없는 것으로 본다(종합부동산세법 제15조 제1항).

> 종합합산: (전년 재산세 + 종부세) × 150%

(2) 별도합산과세대상

종합부동산세의 납세의무자가 별도합산과세대상인 토지에 대하여 해당 연도에 납부하여야 할 재산세액상당액(신탁토지의 경우 재산세의 납세의무자가 별도합산과세대상인 해당 토지에 대하여 납부하여야 할 재산세액상당액을 말한다)과 토지분 별도합산세액상당액의 합계액("별도합산과세대상인 토지에 대한 총세액상당액"이라 한다)으로서 대통령령으로 정하는 바에 따라 계산한 세액이 해당 납세의무자에게 직전년도에 해당 토지에 부과된 별도합산과세대상인 토지에 대한 총세액상당액으로서 대통령령으로 정하는 바에 따라 계산한 세액의 100분의 150을 초과하는 경우에는 그 초과하는 세액에 대해서는 이를 없는 것으로 본다(종합부동산세법 제15조 제2항).

> 별도합산: (전년 재산세 + 종부세) × 150%

04 신고·납부 등 제33회, 제34회

1 부과·징수 등

(1) 원칙: 정부부과제도

① 관할 세무서장은 납부하여야 할 종합부동산세의 세액을 결정하여 해당 연도 12월 1일부터 12월 15일("납부기간"이라 한다)까지 부과·징수한다(종합부동산세법 제16조 제1항).

② 관할 세무서장은 종합부동산세를 징수하려면 납부고지서에 주택 및 토지로 구분한 과세표준과 세액을 기재하여 납부기간 개시 5일 전까지 발급하여야 한다(종합부동산세법 제16조 제2항).

(2) **예외** : 신고납세제도

① 정부부과제도에 불구하고 종합부동산세를 신고납부방식으로 납부하고자 하는 납세의 무자는 종합부동산세의 과세표준과 세액을 해당 연도 12월 1일부터 12월 15일까지 대통령령으로 정하는 바에 따라 관할 세무서장에게 신고하여야 한다. 이 경우 (1)에 따른 결정은 없었던 것으로 본다(종합부동산세법 제16조 제3항).

② ①에 따라 신고한 납세의무자는 신고기한까지 대통령령으로 정하는 바에 따라 관할 세무서장·한국은행 또는 체신관서에 종합부동산세를 납부하여야 한다(종합부동산세법 제16조 제4항).

✿ 법 제16조 제4항에 따라 종합부동산세를 납부하는 때에는 관할세무서에 납부하거나 「국세징수법」에 의한 납부서에 의하여 한국은행(그 대리점을 포함한다) 또는 체신관서에 납부하여야 한다(종합부동산세법시행령 제8조 제3항).

2 결정과 경정

(1) 관할세무서장 또는 납세지관할지방국세청장("관할지방국세청장"이라 한다)은 과세대상 누락, 위법 또는 착오 등으로 인하여 종합부동산세를 새로 부과할 필요가 있거나 이미 부과한 세액을 경정할 경우에는 다시 부과·징수할 수 있다(종합부동산세법 제17조 제1항).

(2) 관할세무서장 또는 관할지방국세청장은 종합부동산세 신고를 한 자의 신고내용에 탈루 또는 오류가 있는 때에는 해당연도의 과세표준과 세액을 경정한다(종합부동산세법 제17조 제2항).

(3) 관할세무서장 또는 관할지방국세청장은 과세표준과 세액을 결정 또는 경정한 후 그 결정 또는 경정에 탈루 또는 오류가 있는 것이 발견된 때에는 이를 경정 또는 재경정하여야 한다(종합부동산세법 제17조 제3항).

(4) 관할세무서장 또는 관할지방국세청장은 (2) 및 (3)에 따른 경정 및 재경정 사유가 「지방세법」에 따른 재산세의 세액변경 또는 수시부과사유에 해당되는 때에는 대통령령으로 정하는 바에 따라 종합부동산세의 과세표준과 세액을 경정 또는 재경정하여야 한다(종합부동산세법 제17조 제4항).

3 분 납 제32회

관할세무서장은 종합부동산세로 납부하여야 할 세액이 250만원을 초과하는 경우에는 대통령령으로 정하는 바에 따라 그 세액의 일부를 납부기한이 지난 날부터 6개월 이내에 분납하게 할 수 있다(종합부동산세법 제20조).

(1) 분납신청

① 법 제16조 제2항에 따른 납부고지서를 받은 자가 법 제20조에 따라 분납하려는 때에는 종합부동산세의 납부기한까지 기획재정부령으로 정하는 신청서를 관할세무서장에게 제출해야 한다(종합부동산세법시행령 제16조 제2항).

② 관할세무서장은 ①에 따라 분납신청을 받은 때에는 이미 고지한 납부고지서를 납부기한까지 납부해야 할 세액에 대한 납부고지서와 분납기간 내에 납부해야 할 세액에 대한 납부고지서로 구분하여 수정 고지해야 한다(종합부동산세법시행령 제16조 제3항).

(2) 분납할 수 있는 세액(종합부동산세법시행령 제16조 제1항)

① 납부하여야 할 세액이 250만원 초과 5백만원 이하인 때에는 해당 세액에서 250만원을 차감한 금액

② 납부하여야 할 세액이 5백만원을 초과하는 때에는 해당 세액의 100분의 50 이하의 금액

☑ **종합부동산세의 분납**(집행기준 20-16-1)

구 분	분납대상 세액
납부할 세액이 250만원 초과 500만원 이하	250만원 초과분
납부할 세액이 500만원 초과	납부할 세액의 50% 이하

🕮 납부기한이 경과한 날부터 6개월 이내 분납

> **넓혀 보기**
>
> **농어촌특별세의 분납**(집행기준 20-16-2)
> 농어촌특별세는 집행기준 20-16-1의 종합부동산세 분납금액의 비율에 의하여 종합부동산세의 분납에 따라 분납할 수 있다.

🕮 종합부동산세 물납 : 삭제(2016. 3. 2.)

4 부가세

종합부동산세에는 납부세액의 100분의 20에 해당하는 농어촌특별세가 부과된다(농어촌특별세법 제5조 제1항 제8호).

5 비과세 등

(1) 「지방세특례제한법」 또는 「조세특례제한법」에 의한 재산세의 비과세·과세면제 또는 경감에 관한 규정("재산세의 감면규정"이라 한다)은 종합부동산세를 부과하는 경우에 준용한다(종합부동산세법 제6조 제1항).

(2) 「지방세특례제한법」 제4조에 따른 시·군의 감면조례에 의한 재산세의 감면규정은 종합부동산세를 부과하는 경우에 준용한다(종합부동산세법 제6조 제2항).

(3) (1) 및 (2)에 따라 재산세의 감면규정을 준용하는 경우 그 감면대상인 주택 또는 토지의 공시가격에서 그 공시가격에 재산세 감면비율(비과세 또는 과세면제의 경우에는 이를 100분의 100으로 본다)을 곱한 금액을 공제한 금액을 공시가격으로 본다(종합부동산세법 제6조 제3항).

(4) (1) 및 (2)의 재산세의 감면규정 또는 분리과세규정에 따라 종합부동산세를 경감하는 것이 종합부동산세를 부과하는 취지에 비추어 적합하지 않은 것으로 인정되는 경우 등 대통령령으로 정하는 경우에는 종합부동산세를 부과할 때 (1) 및 (2) 또는 그 분리과세규정을 적용하지 아니한다(종합부동산세법 제6조 제4항).

> **심화 학습** **재산세가 감면되는 경우 공시가격 산정**(집행기준 6-0 -1)
>
> 「지방세특례제한법」 또는 「조세특례제한법」에 의하여 재산세가 비과세·과세면제 또는 경감되는 경우, 시·군의 감면조례에 의하여 재산세가 감면되는 경우 그 감면대상인 주택 또는 토지의 공시가격에서 그 공시가격에 재산세 감면비율(비과세 또는 과세면제는 100분의 100)을 곱한 금액을 공제한 금액을 공시가격으로 본다.
>
> 감면 후 공시가격 = 감면 전 공시가격 − (감면 전 공시가격 × 감면비율)

6 납부유예

(1) 관할세무서장은 다음 각 호의 요건을 모두 충족하는 납세의무자가 주택분 종합부동산세액의 납부유예를 그 납부기한 만료 3일 전까지 신청하는 경우 이를 허가할 수 있다. 이경우 납부유예를 신청한 납세의무자는 그 유예할 주택분 종합부동산세액에 상당하는 담보를 제공하여야 한다(종합부동산세법 제20조의 2 제1항).

① 과세기준일 현재 1세대 1주택자일 것

② 과세기준일 현재 만 60세 이상이거나 해당 주택을 5년 이상 보유하고 있을 것

③ **다음 각 목의 어느 하나에 해당하는 소득 기준을 충족할 것**

  ㉠ 직전 과세기간의 총급여액이 7천만원 이하일 것(직전 과세기간에 근로소득만 있거나 근로소득 및 종합소득과세표준에 합산되지 아니하는 종합소득이 있는 자로 한정한다)

  ㉡ 직전 과세기간의 종합소득과세표준에 합산되는 종합소득금액이 6천만원 이하일 것(직전 과세기간의 총급여액이 7천만원을 초과하지 아니하는 자로 한정한다)

④ 해당 연도의 주택분 종합부동산세액이 100만원을 초과할 것

(2) 관할세무서장은 제1항에 따른 신청을 받은 경우 납부기한 만료일까지 대통령령으로 정하는 바에 따라 납세의무자에게 납부유예 허가 여부를 통지하여야 한다(종합부동산세법 제20조의2 제2항).

(3) 관할세무서장은 제1항에 따라 주택분 종합부동산세액의 납부가 유예된 납세의무자가 다음 각 호의 어느 하나에 해당하는 경우에는 그 납부유예 허가를 취소하여야 한다(종합부동산세법 제20조의 2 제3항).

① 해당 주택을 타인에게 양도하거나 증여하는 경우

② 사망하여 상속이 개시되는 경우

③ 제1항 제1호의 요건을 충족하지 아니하게 된 경우

④ 담보의 변경 또는 그 밖에 담보 보전에 필요한 관할세무서장의 명령에 따르지 아니한 경우

⑤ 「국세징수법」 제9조 제1항 각 호의 어느 하나에 해당되어 그 납부유예와 관계되는 세액의 전액을 징수할 수 없다고 인정되는 경우

⑥ 납부유예된 세액을 납부하려는 경우

예제

2025년 귀속 토지분 종합부동산세에 관한 설명으로 옳은 것은? (단, 감면과 비과세와 지방세특례제한법 또는 조세특례제한법은 고려하지 않음)   제32회

① 재산세 과세대상 중 분리과세대상 토지는 종합부동산세 과세대상이다.

② 종합부동산세의 분납은 허용되지 않는다.

③ 종합부동산세의 물납은 허용되지 않는다.

④ 납세자에게 부정행위가 없으며 특례제척기간에 해당하지 않는 경우 원칙적으로 납세의무 성립일부터 3년이 지나면 종합부동산세를 부과할 수 없다.

⑤ 별도합산과세대상인 토지의 재산세로 부과된 세액이 세부담 상한을 적용받는 경우 그 상한을 적용받기 전의 세액을 별도합산과세대상 토지분 종합부동산세액에서 공제한다.

해설 ③ 종합부동산세의 물납은 허용되지 않는다.

① 재산세 과세대상 중 분리과세대상 토지는 종합부동산세 과세대상이 아니다.

② 종합부동산세의 분납은 허용되고 있다.

④ 납세자에게 부정행위가 없으며 특례제척기간에 해당하지 않는 경우 원칙적으로 납세의무 성립일부터 5년이 지나면 종합부동산세를 부과할 수 없다.

⑤ 별도합산과세대상인 토지의 재산세로 부과된 세액이 세부담 상한을 적용받는 경우 그 상한을 적용받은 세액을 별도합산과세대상 토지분 종합부동산세액에서 공제한다.   ◆ 정답 ③

PART

03

소득세 총론

> **단원 열기** 소득세 총론은 부동산 임대업에 따른 사업소득과 양도소득을 학습할 때 기본이 되는 부분이다. 소득의 구분을 반드시 숙지해야 한다. 그리고 납세의무자, 납세지를 순차로 연결하며 학습하여야 한다.

① 소득세의 의의와 특징

(1) 소득세는 자연인(개인)이 얻은 소득에 대하여 부과하는 국세이다.

(2) 현행 「소득세법」은 기본적으로 소득원천설이며 순자산증가설의 입장도 일부 고려하고 있다.

> **넓혀 보기**
>
> **과세소득의 대상**
> 1. **소득원천설**
>   법률에서 규정하는 소득의 발생원천으로부터 계속적이며 반복적으로 발생하는 소득만을 과세소득으로 하여야 한다는 학설이다.
> 2. **순자산증가설**
>   소득의 발생원천과는 무관하게 일정기간 발생된 경상적이며 계속적인 소득은 물론 일시적이고 우발적인 소득도 과세소득에 포함하자는 학설이다.

(3) 개인단위 과세

원칙적으로 개인을 단위로 하여 소득세를 과세하며, 예외적으로 공동사업합산과세를 하고 있다.

(4) 징수방법 : 신고납세제도

소득세는 과세기간(매년 1월 1일부터 12월 31일까지)이 끝나는 때에 납세의무가 성립하며, 납세의무자가 다음 연도 5월 1일부터 5월 31일까지 과세표준 확정신고를 함으로써 납세의무가 확정된다.

(5) 과세방법

현행 「소득세법」은 종합과세를 기본원칙으로 퇴직소득·양도소득은 분류과세한다.

> **핵심 다지기**
>
> **과세방법**
> 1. **종합과세** : 종합소득인 이자소득, 배당소득, 사업소득, 근로소득, 연금소득, 기타소득을 1년 단위로 합산하여 과세하는 방법이다.
> 2. **분류과세** : 종합소득에 합산하지 않고 그 종류별로 구분하여 별도로 과세하는 방식으로 퇴직소득, 양도소득이 이에 속한다.

2 납세의무자

소득세의 납세의무자는 개인으로서 국내소득과 국외소득에 대한 과세범위에 따라 다음과 같이 거주자와 비거주자로 구분한다(소득세법 제1조의2, 제2조).

(1) 거주자와 비거주자

① **거주자**(무제한 납세의무자) : "거주자"란 국내에 주소를 두거나 183일 이상의 거소(居所)를 둔 개인을 말한다(소득세법 제1조의2 제1항 제1호). 국내소득과 국외소득 모두에 대하여 소득세를 납부할 의무를 진다(무제한 납세의무).

② **비거주자**(제한 납세의무자) : "비거주자"란 거주자가 아닌 개인을 말한다(소득세법 제1조의2 제1항 제2호). 국내원천소득에 대하여만 소득세를 납부할 의무를 진다(제한 납세의무).

> **넓혀 보기**
>
> **주소와 거소**(소득세법시행령 제2조 제1항·제2항)
> 1. 주소는 국내에서 생계를 같이 하는 가족 및 국내에 소재하는 자산의 유무 등 생활관계의 객관적 사실에 따라 판정한다.
> 2. 거소는 주소지 외의 장소 중 상당기간에 걸쳐 거주하는 장소로서 주소와 같이 밀접한 일반적 생활관계가 형성되지 아니한 장소로 한다.

(2) 법인 아닌 단체

「국세기본법」에 따른 법인 아닌 단체 중 "법인으로 보는 단체" 외의 법인 아닌 단체는 국내에 주사무소 또는 사업의 실질적 관리장소를 둔 경우에는 1거주자로, 그 밖의 경우에는 1비거주자로 보아 「소득세법」을 적용한다(소득세법 제2조 제3항).

(3) 납세의무의 범위

공동으로 소유한 자산에 대한 양도소득금액을 계산하는 경우에는 해당 자산을 공동으로 소유하는 각 거주자가 납세의무를 진다(소득세법 제2조의2 제5항).

③ 과세기간

"과세기간"이란 세법에 따라 국세의 과세표준 계산의 기초가 되는 기간을 말한다(국세기본법 제2조 제13호). 소득세의 과세기간은 다음과 같다(소득세법 제5조).

(1) 원칙: 1월 1일~12월 31일

(2) 예 외

① **거주자가 사망한 경우**: 1월 1일~사망한 날

② **거주자가 출국한 경우**: 1월 1일~출국한 날

　☼ 출국: 거주자가 주소 또는 거소를 국외로 이전하여 비거주자가 되는 경우

④ 납세지

"납세지"란 소득세의 과세표준 신고 및 과세표준과 세액의 결정 또는 경정을 관할하는 세무서를 결정하는 기준이 되는 장소로 소득세의 납세지는 다음과 같다(소득세법 제6조).

(1) 거주자의 소득세 납세지는 그 주소지로 한다. 다만, 주소지가 없는 경우에는 그 거소지로 한다(소득세법 제6조 제1항).

(2) 비거주자의 소득세 납세지는 국내사업장의 소재지로 한다. 다만, 국내사업장이 둘 이상 있는 경우에는 주된 국내사업장의 소재지로 하고, 국내사업장이 없는 경우에는 국내원천 소득이 발생하는 장소로 한다(소득세법 제6조 제2항).

(3) 납세지가 불분명한 경우에는 대통령령으로 정하는 바에 따라 납세지를 결정한다(소득세법 제6조 제3항).

① **거주자**
   ㉠ 원칙 : 주소지 관할 세무서
   ㉡ 예외 : 주소지가 없는 경우 거소지 관할 세무서

② **비거주자**
   ㉠ 원칙 : 국내사업장의 소재지 관할 세무서(국내사업장이 둘 이상인 경우 주된 국내사업장)
   ㉡ 예외 : 국내사업장이 없는 경우 국내원천소득 발생하는 장소 관할 세무서

⑤ 과세관할

소득세는 납세지를 관할하는 세무서장 또는 지방국세청장이 과세한다(소득세법 제11조).

양도소득세

**단원
열기**

양도소득세는 매년 5~6문제 출제되고 있다. 양도소득세를 효율적으로 학습하는 방법은 양도소득세의 전체흐름도를 바탕으로 세부적인 사항을 연결하는 것이다. 구체적으로 중요한 부분은 양도의 정의, 과세대상, 양도·취득시기, 양도소득세 계산구조, 신고·납부, 비과세이다. 최근에는 계산문제가 1문제 정도 출제되고 있는데 이 부분도 양도소득세의 전체흐름을 바탕으로 정리해야 한다.

01 양도소득세의 정의 및 특징

1 양도소득세의 의의

양도소득은 오랜 기간에 걸쳐 누적적으로 조성된 소득으로 일시에 실현되는 특징을 가지고 있으므로 소득이 실현되는 시점에서 종합과세를 하게 되면 높은 누진세율의 적용으로 인하여 일시에 과중한 세부담을 지게 된다. 따라서 이러한 결집효과를 완화하기 위하여 종합소득에 합산하여 과세하지 아니하고 소득의 원천에 따라 각 소득별로 분류하여 과세하는 방식을 '분류과세' 방식이라 한다.

2 양도소득세의 특징

(1) 양도소득세는 국세이다.

(2) 양도에 의하여 발생한 소득에 대하여 과세하는 조세이며, 종합소득에 합산하지 않는 분류과세를 적용한다.

(3) 양도소득세는 열거된 자산을 양도한 경우에만 과세하는 열거주의를 적용한다.

(4) 양도소득세는 납세자의 신고에 의하여 확정된다.

(5) 양도소득세는 등기·등록 및 허가에 관계없이 과세하는 실질과세를 적용한다.

> **넓혀 보기**
>
> 실질과세 기본통칙
> 1. **거래의 실질내용 판단기준**(국세기본법 기본통칙 14-0…5)
>   거래의 실질내용은 형식상의 기록내용이나 거래명의에 불구하고 상거래관례, 구체적인 증빙, 거래당시의 정황 및 사회통념 등을 고려하여 판단한다.
> 2. **공부상 명의자와 실질소유자가 다른 경우**(국세기본법 기본통칙 14-0…4)
>   공부상 등기·등록 등이 타인의 명의로 되어 있더라도 사실상 당해 사업자가 취득하여 사업에 공하였음이 확인되는 경우에는 이를 그 사실상 사업자의 사업용자산으로 본다.

(6) **정의**(소득세법 제88조)

이 장에서 사용하는 용어의 뜻은 다음과 같다.

① "양도"란 자산에 대한 등기 또는 등록과 관계없이 매도, 교환, 법인에 대한 현물출자 등을 통하여 그 자산을 유상으로 사실상 이전하는 것을 말한다. 이 경우 대통령령으로 정하는 부담부증여시 수증자가 부담하는 채무액에 해당하는 부분은 양도로 보며, 다음 각 목의 어느 하나에 해당하는 경우에는 양도로 보지 아니한다(소득세법 제88조 제1호).

　　㉠ 「도시개발법」이나 그 밖의 법률에 따른 환지처분으로 지목 또는 지번이 변경되거나 보류지(保留地)로 충당되는 경우

　　㉡ 토지의 경계를 변경하기 위하여 「공간정보의 구축 및 관리 등에 관한 법률」 제79조에 따른 토지의 분할 등 대통령령으로 정하는 방법과 절차로 하는 토지 교환의 경우

　　㉢ 위탁자와 수탁자 간 신임관계에 기하여 위탁자의 자산에 신탁이 설정되고 그 신탁 재산의 소유권이 수탁자에게 이전된 경우로서 위탁자가 신탁 설정을 해지하거나 신탁의 수익자를 변경할 수 있는 등 신탁재산을 실질적으로 지배하고 소유하는 것으로 볼 수 있는 경우

② "주식 등"이란 「자본시장과 금융투자업에 관한 법률」 제4조 제4항에 따른 지분증권(같은 법 제4조 제1항 단서는 적용하지 아니하며, 같은 법 제9조 제21항의 집합투자증권 등 대통령령으로 정하는 것은 제외한다), 같은 법 제4조 제8항의 증권예탁증권 중 지분증권과 관련된 권리가 표시된 것 및 출자지분을 말한다(소득세법 제88조 제2호).

③ "실지거래가액"이란 자산의 양도 또는 취득 당시에 양도자와 양수자가 실제로 거래한 가액으로서 해당 자산의 양도 또는 취득과 대가관계에 있는 금전과 그 밖의 재산가액을 말한다(소득세법 제88조 제5호).

④ "1세대"란 거주자 및 그 배우자(법률상 이혼을 하였으나 생계를 같이 하는 등 사실상 이혼한 것으로 보기 어려운 관계에 있는 사람을 포함한다)가 그들과 같은 주소 또는 거소에서 생계를 같이 하는 자[거주자 및 그 배우자의 직계존비속(그 배우자를 포함한다) 및 형제자매를 말하며, 취학, 질병의 요양, 근무상 또는 사업상의 형편으로 본래의 주소 또는 거소에서 일시 퇴거한 사람을 포함한다]와 함께 구성하는 가족단위를 말한다. 다만, 대통령령으로 정하는 경우에는 배우자가 없어도 1세대로 본다(소득세법 제88조 제6호).

⑤ "주택"이란 허가 여부나 공부(公簿)상의 용도구분과 관계없이 세대의 구성원이 독립된 주거생활을 할 수 있는 구조로서 대통령령으로 정하는 구조를 갖추어 사실상 주거용으로 사용하는 건물을 말한다. 이 경우 그 용도가 분명하지 아니하면 공부상의 용도에 따른다(소득세법 제88조 제7호).

⑥ "농지"란 논밭이나 과수원으로서 지적공부(地籍公簿)의 지목과 관계없이 실제로 경작에 사용되는 토지를 말한다. 이 경우 농지의 경영에 직접 필요한 농막, 퇴비사, 양수장, 지소(池沼), 농도(農道) 및 수로(水路) 등에 사용되는 토지를 포함한다(소득세법 제88조 제8호).

⑦ "조합원입주권"이란 「도시 및 주거환경정비법」 제74조에 따른 관리처분계획의 인가 및 「빈집 및 소규모주택 정비에 관한 특례법」 제29조에 따른 사업시행계획인가로 인하여 취득한 입주자로 선정된 지위를 말한다. 이 경우 「도시 및 주거환경정비법」에 따른 재건축사업 또는 재개발사업, 「빈집 및 소규모주택 정비에 관한 특례법」에 따른 자율주택정비사업, 가로주택정비사업, 소규모재건축사업 또는 소규모재개발사업을 시행하는 정비사업조합의 조합원(같은 법 제22조에 따라 주민합의체를 구성하는 경우에는 같은 법 제2조 제6호의 토지 등 소유자를 말한다)으로서 취득한 것(그 조합원으로부터 취득한 것을 포함한다)으로 한정하며, 이에 딸린 토지를 포함한다(소득세법 제88조 제9호).

⑧ "분양권"이란 「주택법」 등 대통령령으로 정하는 법률에 따른 주택에 대한 공급계약을 통하여 주택을 공급받는 자로 선정된 지위(해당 지위를 매매 또는 증여 등의 방법으로 취득한 것을 포함한다)를 말한다(소득세법 제88조 제10호).

02 양도의 정의와 형태

1 양도의 정의

"양도"란 자산에 대한 등기 또는 등록과 관계없이 매도, 교환, 법인에 대한 현물출자 등을 통하여 그 자산을 유상(有償)으로 사실상 이전하는 것을 말한다(소득세법 제88조 제1호).

2 양도의 형태(양도로 보는 경우)

(1) 매도(매매)

① 매매란 물건을 팔고 사는 일을 말하는데 "매도"란 값을 받고 물건의 소유권을 다른 사람에게 넘기는 것을 의미한다.

② 민법상 매매란 당사자의 일방(매도인)이 어떤 재산권을 상대방에게 이전할 것을 약정하고 상대방(매수인)은 이에 대하여 그 대금을 지급할 것을 약정함으로써 성립하는 낙성·쌍무(雙務)·불요식의 유상계약(有償契約)이다(민법 제533조). 이러한 매도(매매)에는 공매, 경매, 대금분할지급부매매 등도 포함된다. 이 경우 매도인은 양도에 해당하여 양도소득세에 대한 납세의무가 있고 매수인은 취득에 해당하여 취득세 납세의무가 있다.

③ 위 사례의 경우 甲과 乙 간에 매매대금 5억원을 3월 31일에 지급하였으나 乙이 이전등 기를 하지 않았어도 실질관계가 끝난 것으로 보아 甲은 양도에 해당하여 양도소득세 납세의무가 있으며 乙은 취득에 해당하여 취득세 납세의무가 있다.

(2) 교 환

① "교환"이란 당사자 양쪽이 금전의 소유권 이외의 재산권을 상호 이전할 것을 약정함 으로써 성립하는 계약이다(민법 제596조). 매매와의 차이점은 대가가 금전이 아닌 물건 (재산)이라는 점이다. 교환은 사실상 유상이전으로 양도에 해당한다. 교환의 경우 교환 차익에 대하여 양도소득세를 과세하는 것이 아니라 교환자산 전체에 대해 양도소득세 를 과세한다.

② (2) 사례의 경우 甲의 토지와 乙의 건물을 교환한 경우, 甲은 토지에 대한 양도소득세와 건물에 대한 취득세 납세의무가 있다. 乙은 건물에 대한 양도소득세와 토지에 대한 취득세 납세의무가 있다.

③ 토지의 합필을 목적으로 한 교환의 경우에도 양도에 해당한다.

(3) 현물출자

① "현물출자(現物出資)"란 금전 이외의 재산을 목적으로 하는 출자를 말하며, 회사가 사업을 경영하기 위하여 특정한 재산을 필요로 하는 경우에 금전출자에 대한 예외로서 인정된다. 현물출자는 자산이 유상으로 사실상 이전되는 것이므로 양도에 해당한다.

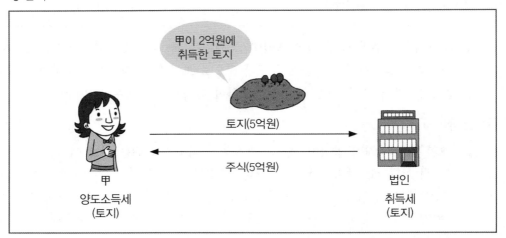

② 위 사례의 경우 甲은 현물출자한 토지에 대한 양도소득세 납세의무가 있고, 현물출자받은 법인은 취득세 납세의무가 있다.

③ 법인이 아닌 조합에의 현물출자도 자산의 유상양도에 해당하지만, 법인이 아닌 자기 개인사업체에 출자하는 경우에는 양도로 보지 아니한다.

(4) 대물변제

① "대물변제"란 채무자가 부담하고 있던 본래의 채무이행에 대체하여 다른 급여를 함으로써 채권을 소멸시키는 채권자와 변제자 사이의 계약을 말한다. 대물변제는 변제와 같은 효력을 지닌다(민법 제466조). 이 경우 변제에 충당하는 자산이 양도소득세의 과세대상인 때에는 채무변제에 대한 유상이전에 해당하므로 양도에 해당한다.

② 위 사례의 경우 채무자 乙이 부담하고 있던 본래의 채무 5억원을 건물로 하는 것을 대물변제라 한다. 이 경우 채무자 乙은 건물에 대해 대가를 받고 소유권을 이전하는 것으로 양도에 해당하여 양도소득세 납세의무가 있다. 채권자 甲은 건물에 대해 취득세 납세의무가 있다.

> **넓혀 보기**
>
> **부동산으로 위자료를 대물변제하는 경우 양도여부**(소득세법 기본통칙 88-0…3)
> 손해배상에 있어서 당사자 간의 합의에 의하거나 법원의 확정판결에 의하여 일정액의 위자료를 지급하기로 하고, 동 위자료 지급에 갈음하여 당사자 일방이 소유하고 있던 부동산으로 대물변제한 때에는 그 자산을 양도한 것으로 본다.

③ 당사자 간 이혼에 따른 위자료에 갈음하여 과세대상 자산의 소유권을 이전한 경우는 양도에 해당한다.

> **넓혀 보기**
>
> **자산의 양도로 보지 아니하는 경우**(소득세법 기본통칙 88-0…1 제4항)
> 이혼으로 인하여 혼인 중에 형성된 부부공동재산을 「민법」 제839조의2에 따라 재산분할하는 경우에는 양도로 보지 아니한다.

④ 공사비에 갈음하여 조성한 토지의 일부를 이전하는 경우 양도에 해당한다.

(5) 부담부증여

① "부담부증여(負擔附贈與)"란 증여자의 채무를 수증자가 인수하는 것으로서 증여가액 중 그 채무액에 상당하는 부분은 그 자산이 유상으로 사실상 이전되는 것으로 본다(소득세법 제88조 제1호).

넓혀 보기

부담부증여에 대한 양도차익의 계산(소득세법시행령 제159조)

1. 부담부증여의 경우 양도로 보는 부분에 대한 양도차익을 계산할 때 그 취득가액 및 양도가액은
   다음 각각에 따른다.
   ① 취득가액 : 다음 계산식에 따른 금액

$$취득가액 = A \times \frac{B}{C}$$

   A : 법 제97조 제1항 제1호에 따른 가액(제2호에 따른 양도가액을 「상속세 및 증여세법」
   　　제61조 제1항·제2항·제5항 및 제66조에 따라 기준시가로 산정한 경우에는 취득가액도
   　　기준시가로 산정한다)
   B : 채무액
   C : 증여가액

   ② 양도가액 : 다음 계산식에 따른 금액

$$양도가액 = A \times \frac{B}{C}$$

   A : 「상속세 및 증여세법」 제60조부터 제66조까지의 규정에 따라 평가한 가액
   B : 채무액
   C : 증여가액

2. 위 1.을 적용할 때 양도소득세 과세대상에 해당하는 자산과 해당하지 아니하는 자산을 함께 부담
   부증여하는 경우로서 증여자의 채무를 수증자가 인수하는 경우 채무액은 다음 계산식에 따라
   계산한다.

$$채무액 = A \times \frac{B}{C}$$

   A : 총채무액
   B : 양도소득세 과세대상 자산가액
   C : 총 증여 자산가액

② 다만, 배우자 간 또는 직계존비속 간의 부담부증여(負擔附贈與)에 대해서는 수증자가
증여자의 채무를 인수한 경우에도 그 채무액은 수증자에게 인수되지 아니한 것으로
추정한다. 다만, 그 채무액이 국가 및 지방자치단체에 대한 채무 등 대통령령으로 정
하는 바에 따라 객관적으로 인정되는 것인 경우에는 그러하지 아니하다(상속세 및 증여
세법 제47조 제3항).

증여세 과세가액에서 공제되는 채무(상속세 및 증여세법 시행령 제36조), **채무의 입증방법 등**(상속세 및 증여세법 시행령 제10조 제1항)

"국가 및 지방자치단체에 대한 채무 등 대통령령으로 정하는 바에 따라 객관적으로 인정되는 것인 경우"란 다음의 어느 하나에 따라 증명되는 경우를 말한다.

1. 국가·지방자치단체 및 금융회사 등에 대한 채무는 해당 기관에 대한 채무임을 확인할 수 있는 서류
2. 1. 외의 자에 대한 채무는 채무부담계약서, 채권자확인서, 담보설정 및 이자지급에 관한 증빙 등에 의하여 그 사실을 확인할 수 있는 서류

(6) 공용수용

"공용수용"이란 특정한 공익사업을 위하여 개인의 재산권을 법률에 의하여 강제적으로 취득하는 것을 말한다. "수용"이란 국가가 개인의 사유재산을 공공의 목적을 위해 강제적으로 몰수하는 것을 말한다. 수용의 경우 사실상 유상이전이므로 양도에 해당한다.

(7) 배우자 등에게 양도한 재산의 증여 추정

① 배우자 또는 직계존비속에게 양도한 재산은 양도자가 그 재산을 양도한 때에 그 재산의 가액을 배우자 등이 증여받은 것으로 추정하여 이를 배우자 등의 증여재산가액으로 한다(상속세 및 증여세법 제44조 제1항).

② 해당 재산이 다음의 어느 하나에 해당하는 경우에는 ①을 적용하지 아니한다(상속세 및 증여세법 제44조 제3항, 상속세 및 증여세법 시행령 제33조 제3항).

> 1. 법원의 결정으로 경매절차에 따라 처분된 경우
> 2. 파산선고로 인하여 처분된 경우
> 3. 「국세징수법」에 따라 공매(公賣)된 경우
> 4. 「자본시장과 금융투자업에 관한 법률」에 따른 증권시장을 통하여 유가증권이 처분된 경우. 다만, 불특정 다수인 간의 거래에 의하여 처분된 것으로 볼 수 없는 경우로서 대통령령으로 정하는 경우는 제외한다.
> 5. 배우자 등에게 대가를 받고 양도한 사실이 명백히 인정되는 경우로서 대통령령으로 정하는 경우
>   ① 권리의 이전이나 행사에 등기 또는 등록을 요하는 재산을 서로 교환한 경우
>   ② 당해 재산의 취득을 위하여 이미 과세(비과세 또는 감면받은 경우를 포함한다)받았거나 신고한 소득금액 또는 상속 및 수증재산의 가액으로 그 대가를 지급한 사실이 입증되는 경우
>   ③ 당해 재산의 취득을 위하여 소유재산을 처분한 금액으로 그 대가를 지급한 사실이 입증되는 경우

⑻ 기타 양도로 보는 경우

① 자산이 유상으로 사실상 이전되는 때에는 모두 유상양도에 해당한다(양도소득세 집행기준 88-0-1).

② 자산의 유상이전은 어떤 행위에 보상이 있는 것을 말하므로, 현금으로 대가를 받는 것은 물론 조합원의 지위를 취득하거나, 채무의 면제 등 자산을 이전하고 보상을 받은 것은 자산이 유상으로 이전되는 경우에 해당된다(양도소득세 집행기준 88-0-2).

③ 양도담보계약을 체결한 후 그 계약을 위배하거나 채무불이행으로 인하여 해당 자산을 변제에 충당한 때에는 이를 양도한 것으로 본다(양도소득세 집행기준 88-0-3).

④ 연접하지 않은 2필지 이상의 공유 토지를 단독소유 목적으로 서로의 지분을 정리하는 것은 각 필지별 자기 지분 감소분과 다른 필지의 자기 지분 증가분이 교환되는 자산의 양도에 해당된다(양도소득세 집행기준 88-0-4).

> **넓혀 보기**
>
> **매매계약 체결 후 상속이 개시된 경우(양도소득세 집행기준 88-0-5)**
> 피상속인이 매매계약을 체결한 후 잔금을 청산하기 전에 상속이 개시되어 상속인이 잔금을 수령한 경우의 납세의무자는 상속인이 되는 것이며, 상속으로 취득한 자산을 상속받은 후 양도한 것에 해당된다.

③ 양도로 보지 아니하는 경우

(1) 환지처분 또는 보류지 충당

① 「도시개발법」이나 그 밖의 법률에 따른 환지처분으로 지목 또는 지번이 변경되거나 보류지(保留地)로 충당되는 경우 양도로 보지 아니한다(소득세법 제88조 제1호 가목).

② 토지소유자가 도시개발사업 등으로 환지받은 토지를 양도하거나 도시개발사업 시행 자가 공사대금으로 취득한 보류지를 양도하는 경우에는 과세대상 양도에 해당한다.

③ 환지면적이 권리면적보다 감소되어 환지청산금을 교부받는 부분은 양도에 해당된다 (재산 46014 - 978,2000.8.9.). 따라서 환지면적이 권리면적에 미달하여 환지청산금을 교 부받는 부분은 토지가 유상으로 이전되는 것이므로 양도에 해당하며, 환지면적이 권 리면적을 초과하여 환지청산금을 납부하는 과도면적(증환지 면적)부분은 환지시에 새 로이 취득한 것으로 본다.

④ **환지처분**: 「도시개발법」에 따른 도시개발사업, 「농어촌정비법」에 따른 농업생산기반 정비사업, 그 밖의 법률에 따라 사업시행자가 사업완료 후에 사업구역 내의 토지 소유 자 또는 관계인에게 종전의 토지 또는 건축물 대신 그 구역 내의 다른 토지 또는 사업 시행자에게 처분할 권한이 있는 건축물의 일부와 그 건축물이 있는 토지의 공유지분 으로 바꾸어 주는 것(사업시행에 따라 분할·합병 또는 교환하는 것을 포함한다)을 말한다 (소득세법시행령 제152조 제1항).

⑤ **보류지**: 위 ④에 따른 사업시행자가 해당 법률에 따라 일정한 토지를 환지로 정하지 아니하고 다음의 토지로 사용하기 위하여 보류한 토지를 말한다(소득세법시행령 제152조 제2항).

ㄱ 해당 법률에 따른 공공용지

ㄴ 해당 법률에 따라 사업구역 내의 토지소유자 또는 관계인에게 그 구역 내의 토지 로 사업비용을 부담하게 하는 경우의 해당 토지인 체비지

🔑 **환지처분 또는 보류지 충당**(양도소득세 집행기준 88-151-1)

「도시개발법」 또는 기타 법률에 의한 환지처분으로 지목 또는 지번이 변경되거나 보류지로 충당되는 경우 유상양도에 해당함에도 환지사업의 원활한 시행 등을 위하여 양도로 보지 않는다.

(2) 지경계선 변경을 위한 토지의 교환

토지의 경계를 변경하기 위하여 「공간정보의 구축 및 관리 등에 관한 법률」제79조에 따른 토지의 분할 등 대통령령으로 정하는 방법과 절차로 하는 토지 교환의 경우 양도로 보지 아니한다(소득세법 제88조 제1호 나목).

> **넓혀 보기**
>
> **양도로 보지 않는 토지의 교환**
> "「공간정보의 구축 및 관리 등에 관한 법률」제79조에 따른 토지의 분할 등 대통령령으로 정하는 방법과 절차로 하는 토지 교환"이란 다음의 요건을 모두 충족하는 토지 교환을 말한다(소득세법시행령 제152조 제3항).
> 1. 토지 이용상 불합리한 지상(地上) 경계(境界)를 합리적으로 바꾸기 위하여 「공간정보의 구축 및 관리 등에 관한 법률」이나 그 밖의 법률에 따라 토지를 분할하여 교환할 것
> 2. 1.에 따라 분할된 토지의 전체 면적이 분할 전 토지의 전체 면적의 100분의 20을 초과하지 아니할 것

(3) 양도담보

① "양도담보"는 채무자가 채무담보 제공을 목적으로 부동산에 대하여 채권자명의로 소유권을 이전한 후 채무를 이행하면 등기를 원소유자인 채무자 앞으로 환원하고, 이행하지 못하면 채권자가 처분하여 우선적으로 채무를 변제받는 것을 말한다.

> **넓혀 보기**
>
> **양도담보등기**
> 「부동산실권리자 명의등기에 관한 법률」(부동산실명법)이 시행(1995.7.1.)됨에 따라 채무자가 양도담보 목적으로 채권자명의로 소유권을 이전하는 경우에는 채권자, 채권금액 및 채무변제를 위한 양도담보라는 뜻이 기재된 서면을 제출토록 의무화되었기 때문에 부동산등기부상에 등기원인이 양도담보라는 사실이 등재된다. 「소득세법」에서는 양도담보등기에 관계없이 양도담보계약서에 의해 양도담보사실이 확인되면 양도로 보지 아니하나, 부동산실명법의 시행으로 양도담보등기의무를 위반하게 되면 과징금 등의 처벌을 받게 된다.

② 양도담보 계약시에는 양도담보사실을 등기하고, 채무자가 채무의 변제를 담보하기 위하여 자산을 양도하는 계약을 체결한 경우에 다음의 요건을 모두 갖춘 계약서의 사본을 양도소득 과세표준 확정신고서에 첨부하여 신고하는 때에는 이를 양도로 보지 아니한다(소득세법시행령 제151조 제1항).
   ㉠ 당사자 간에 채무의 변제를 담보하기 위하여 양도한다는 의사표시가 있을 것
   ㉡ 당해 자산을 채무자가 원래대로 사용·수익한다는 의사표시가 있을 것
   ㉢ 원금·이율·변제기한·변제방법 등에 관한 약정이 있을 것

③ ②의 규정에 의한 계약을 체결한 후 양도담보의 요건에 위배하거나 채무불이행으로 인하여 당해 자산을 변제에 충당한 때에는 그때에 양도한 것으로 본다(소득세법시행령 제151조 제2항).

> **넓혀 보기**
>
> **양도담보자산으로 소유권이 이전되는 경우**(양도소득세 집행기준 88-0-3)
> 양도담보계약을 체결한 후 그 계약을 위배하거나 채무불이행으로 인하여 해당 자산을 변제에 충당한 때에는 이를 양도한 것으로 본다.

(4) 공유물의 단순분할

공동소유의 토지를 소유지분별로 단순히 분할하거나 공유자지분 변경없이 2개 이상의 공유토지로 분할하였다가 그 공유토지를 소유지분별로 단순히 재분할하는 경우에는 양도로 보지 아니한다. 이 경우 공동지분이 변경되는 경우에는 변경되는 부분은 양도로 본다(소득세법 기본통칙 88-0…1 제3항).

(5) 신탁으로 인한 소유권이전

① 신탁(명의신탁 포함)이란 내부적 관계에서는 신탁자가 소유권을 가지고 공부상 소유명의를 수탁자로 하여 두는 것을 말한다. 이는 형식상 권리이전일 뿐 사실상 이전이 아니므로 양도에 해당하지 아니한다.

② 신탁의 해지로 인하여 신탁자 명의로 그 소유권이 환원된 경우에도 양도에 해당하지 아니한다.

(6) 신탁의 해지

법원의 확정판결에 의하여 신탁해지를 원인으로 소유권이전등기를 하는 경우에는 양도로 보지 아니한다(소득세법 기본통칙 88-0…1 제1항).

⑺ 소유권 환원

① 매매원인 무효의 소에 의하여 그 매매사실이 원인무효로 판시되어 환원될 경우에는 양도로 보지 아니한다(소득세법 기본통칙 88-0…1 제2항).

② 다만, 원인무효 등의 사유가 아닌 적법하게 성립된 계약이 당사자 간의 합의에 따라 해제됨으로써 당초 소유자에게 환원된 경우에는 이를 또 다른 양도로 본다.

⑻ 기타 양도로 보지 않는 경우

① 소유자산을 경매·공매로 인하여 자기가 재취득하는 경우에는 양도로 보지 아니한다(소득세법 기본통칙 88-0…1 제5항).

② 합자회사에 토지를 현물출자하였다가 퇴사와 함께 이를 회수해 간 경우에는 양도에 해당하지 아니한다(대판 1986.6.24, 86누111).

③ 조합에 토지를 현물출자한 경우 그 출자자의 조합지분비율에 해당하는 부분은 양도로 보지 아니한다(대판 1987.4.28, 86누771).

④ 매매계약체결 후 잔금청산 전에 매매계약의 해제로 원소유자에게 소유권을 환원한 경우에는 양도에 해당하지 아니한다.

예제

소득세법상 양도에 해당하는 것은? (단, 거주자의 국내 자산으로 가정함)   제28회
① 「도시개발법」이나 그 밖의 법률에 따른 환지처분으로 지목이 변경되는 경우
② 부담부증여시 그 증여가액 중 채무액에 해당하는 부분을 제외한 부분
③ 「소득세법시행령」 제151조 제1항에 따른 양도담보계약을 체결한 후 채무불이행으로 인하여 당해 자산을 변제에 충당한 때
④ 매매원인 무효의 소에 의하여 그 매매사실이 원인무효로 판시되어 소유권이 환원되는 경우
⑤ 본인 소유 자산을 경매로 인하여 본인이 재취득한 경우

해설 ③ 「소득세법시행령」 제151조 제1항에 따른 양도담보계약을 체결한 후 채무불이행으로 인하여 당해 자산을 변제에 충당한 때에는 양도로 본다.
◆ 정답 ③

03 양도소득세 과세대상(양도소득의 범위) 제34회, 제35회

양도소득세 과세대상(양도소득의 범위)은 열거 규정이다. 따라서 「소득세법」에 열거된 자산(등기·등록·허가에 관계없음)을 양도한 경우에만 과세하는 열거주의 과세방법을 취하고 있으며, 그 열거된 항목은 다음과 같다(소득세법 제94조, 소득세법시행령 제157조).

토지 또는 건물	등기·등록 여부와 관계없이 과세
부동산에 관한 권리	• 부동산을 취득할 수 있는 권리 　− 건물이 완성되는 때에 그 건물과 이에 딸린 토지를 취득할 수 있는 권리(아파트 당첨권·분양권·입주권 등) 　− 지방자치단체·한국토지공사가 발행하는 토지상환채권 및 주택상환채권(토지개발채권 ×, 국민주택채권 ×) 　− 부동산매매계약을 체결한 자가 계약금만 지급한 상태에서 양도하는 권리 • 지상권 • 전세권과 등기된 부동산임차권
주식 또는 출자지분 (주식 등)	• 특정 주권상장법인의 주식: 대주주가 양도하는 것, 장외 양도분 • 주권비상장법인의 주식 등(비상장주식) • 외국법인이 발행하였거나 외국에 있는 시장에 상장된 주식 등
기타자산	• 사업에 사용하는 토지·건물 및 부동산에 관한 권리와 함께 양도하는 영업권 　✿ 영업권(점포임차권 포함)의 단독양도: 기타소득(종합소득) • 특정시설물의 이용권·회원권(이용·회원권의 성격이 내포된 주식 포함) • 과점주주가 소유한 부동산 과다보유법인의 주식(50% − 50% − 50%) • 특수업종을 영위하는 부동산 과다보유법인의 주식(80% − 1주 − 1주) • 토지·건물과 함께 양도하는 이축을 할 수 있는 권리(이축권)
파생상품 등	파생상품 등의 거래 또는 행위로 발생하는 소득(일정한 파생상품)
신탁 수익권	신탁의 이익을 받을 권리(「자본시장과 금융투자업에 관한 법률」 제110조에 따른 수익증권 및 같은 법 제189조에 따른 투자신탁의 수익권 등 대통령령으로 정하는 수익권은 제외하며, 이하 "신탁 수익권"이라 한다)의 양도로 발생하는 소득. 다만, 신탁 수익권의 양도를 통하여 신탁재산에 대한 지배·통제권이 사실상 이전되는 경우는 신탁재산 자체의 양도로 본다.

1 부동산

(1) 토 지

① "토지"란 「공간정보의 구축 및 관리 등에 관한 법률」에 따라 지적공부(地籍公簿)에 등록하여야 할 지목에 해당하는 것을 말한다(소득세법 제94조 제1항 제1호).

② 등기·등록 및 허가 여부를 불문한 모든 토지가 과세대상이며, 이 경우 등록하여야 할 지목이란 지적공부상의 지목에 관계없이 사실상의 지목을 말하며, 사실상 지목이 불분명한 경우에는 지적공부상 지목에 의한다.

(2) 건 물

① 건물이란 토지에 정착하는 공작물 중 주택·점포·사무소·공장·창고·수상건물 등 지붕과 벽 또는 기둥이 있는 것(건축법 제2조 제1항 제2호)과 이에 부속된 시설물과 구축물을 포함한다(소득세법 제94조 제1항 제1호).

② 건물이 무허가로 건축되었거나 건축법 위반 또는 그 밖의 사유로 공부상 등재되어 있지 않더라도 실질과세원칙에 따라 「소득세법」상 건물로 보아 양도소득세 과세대상에 포함된다.

③ 건물의 용도구분은 「국세기본법」에서 정한 실질과세의 원칙에 따라 공부상의 용도와 관계없이 사실상의 용도에 따라 과세한다.

> **넓혀 보기**
>
> **주택의 판정방법**(오피스텔의 구분)
> 「소득세법」 제89조 제3호 및 같은 법 시행령 제154조의 규정에 의하여 양도소득세가 비과세되는 1세대 1주택을 판정함에 있어 '주택'이라 함은 공부상 용도구분에 관계없이 사실상 주거용으로 사용하는 건물을 말하는 것이며, 오피스텔이 이에 해당하는지 여부는 사실 판단할 사항임(재경부 재산 46014 – 40, 2003.2.18.).

② 부동산에 관한 권리

(1) 부동산을 취득할 수 있는 권리

부동산을 취득할 수 있는 권리라 함은 「소득세법」상 부동산의 취득시기가 도래하기 전에 당해 부동산을 취득할 수 있는 권리를 말하는 것으로 그 예시는 다음과 같다(소득세법 기본통칙 94-0…1).

① 건물이 완성되는 때에 그 건물과 이에 부수되는 토지를 취득할 수 있는 권리 (아파트 당첨권 등)

② 지방자치단체·한국토지공사가 발행하는 토지상환채권 및 주택상환사채

③ 부동산매매계약을 체결한 자가 계약금만 지급한 상태에서 양도하는 권리

넓혀 보기

부동산을 취득할 수 있는 권리

1. 매매계약 또는 법률상 효력에 의하여 그 취득원인 행위는 발생하였으나 잔금청산 등에 의해 소유권 변동에는 이르지 못한 상태에서 부동산을 취득할 수 있는 권리를 양도하는 것을 말한다. 이는 매수인이 중도금과 잔금을 지급하고 부동산을 취득할 수 있도록 하는 권리를 양도한 것(대판 1983.6.14, 83누48)으로 보고 있다.

2. 부동산을 취득할 수 있는 권리의 양도는 미등기자산의 양도와 유사하나 미등기양도는 매매대금의 거의 전부를 지급(사실상 소유권 취득)하여 소유권이전등기가 가능한 상태임에도 소유권이전등기를 하지 아니하고 양도하는 것을 말한다. 여기서 사실상 소유권이란 등기를 마친 소유권뿐만 아니라 토지를 유상으로 취득할 경우에는 그 대가적 급부가 사회통념상 거의 전부를 이행되었다고 볼 만한 정도에 이른 사실상의 소유권을 말한다(대판 1993.4.27, 92누8934).

(2) 지상권

① 지상권은 「민법」상 용익물권의 하나로서 개인의 토지에 건물 및 기타 공작물이나 수목을 소유하기 위하여 그 토지를 사용하는 권리를 말한다(민법 제279조).

② 「소득세법」에서는 실질과세원칙에 의하여 등기에 관계없이 지상권이 사실상 양도되는 경우 과세대상이 된다(소득세법 제94조 제1항 제2호 나목).

(3) 전세권과 등기된 부동산임차권

① 전세권

㉠ 전세권은 「민법」상 용익물권의 하나로서 전세금을 지급하고 타인의 부동산을 점유하여 그 부동산의 용도에 좇아 사용·수익하며 그 부동산 전부에 대하여 후순위 권리자 및 기타 채권자보다 전세금의 우선변제를 받을 수 있는 권리를 말하며, 농경지는 전세권의 목적으로 하지 못한다(민법 제303조). 전세권은 전세권 설정의 합의와 전세금의 지급으로서 성립하며 이를 등기함으로써 효력이 생기고 그 권리를 타인에게 양도 또는 담보로 제공하거나 그 권리의 존속기간 내에 타인에게 전전세 또는 임대할 수 있다(민법 제186조, 제306조).

ⓒ 「소득세법」에서는 실질과세원칙에 의하여 등기에 관계없이 전세권이 사실상 양도되는 경우에는 과세대상이 된다(소득세법 제94조 제1항 제2호 다목).

② 등기된 부동산임차권

ⓐ 부동산임차권은 당사자 일방이 상대방에게 목적물을 사용·수익하게 할 것을 약정하고 상대방이 이에 대하여 차임을 지급할 것을 약정함으로써 그 효력이 성립하는 권리를 말한다(민법 제618조).

ⓑ 부동산임차권은 물권이 아닌 채권에 해당되므로 당사자 간에만 효력이 있는 것이 원칙이나 등기를 할 때에는 그때부터 제3자에 대하여 효력이 생긴다. 또한 임차인은 임대인의 동의 없이 그 권리를 양도하거나 임차물을 전대하지 못한다(민법 제621조, 제629조).

ⓒ 「소득세법」에는 지상권 및 전세권과는 달리 부동산임차권에 대하여는 등기된 것만 과세대상이 되므로 이러한 등기된 부동산임차권이 사실상 양도되는 경우에는 양도소득세가 과세된다(소득세법 제94조 제1항 제2호 다목).

③ 주식 또는 출자지분(주식 등)

법정 요건에 해당하는 주식 등의 양도로 발생하는 소득은 과세대상이 된다(소득세법 제94조 제1항 제3호). 다만, 이 가운데 기타 자산에도 모두 해당되는 경우에는 기타 자산으로 본다(소득세법 제94조 제2항).

④ 기타자산

(1) 사업에 사용하는 토지·건물 및 부동산에 관한 권리와 함께 양도하는 영업권

사업에 사용하는 토지·건물 및 부동산에 관한 권리와 함께 양도하는 영업권(영업권을 별도로 평가하지 아니하였으나 사회통념상 자산에 포함되어 함께 양도된 것으로 인정되는 영업권과 행정관청으로부터 인가·허가·면허 등을 받음으로써 얻는 경제적 이익을 포함)은 양도소득세 과세대상이 된다(소득세법 제94조 제1항 제4호 가목).

① **사업에 사용하는 토지·건물 및 부동산에 관한 권리와 함께 양도하는 영업권**: 양도소득세

② **영업권의 단독양도**: 기타소득(종합소득)

(2) 특정시설물 이용권·회원권·주식

① 이용권·회원권 및 그 밖에 그 명칭과 관계없이 시설물을 배타적으로 이용하거나 일반이용자보다 유리한 조건으로 이용할 수 있도록 약정한 단체의 구성원이 된 자에게 부여되는 시설물 이용권을 말한다(소득세법 제94조 제1항 제4호 나목).

x

(5) 토지·건물과 함께 양도하는 이축권

토지·건물과 함께 양도하는 「개발제한구역의 지정 및 관리에 관한 특별조치법」 제12조 제1항 제2호 및 제3호의2에 따른 이축을 할 수 있는 권리("이축권"이라 한다). 다만, 해당 이축권 가액을 대통령령으로 정하는 방법에 따라 별도로 평가하여 신고하는 경우는 제외한다(소득세법 제94조 제1항 제4호 마목).

⑤ 파생상품 등

대통령령으로 정하는 파생상품 등의 거래 또는 행위로 발생하는 소득(이자소득 및 배당소득으로 과세되는 파생상품의 거래 또는 행위로부터의 이익은 제외한다)은 2016. 1. 1. 이후 최초로 거래·행위가 발생하는 분부터 양도소득세를 과세한다(소득세법 제94조 제1항 제5호).

⑥ 신탁 수익권

신탁의 이익을 받을 권리(「자본시장과 금융투자업에 관한 법률」 제110조에 따른 수익증권 및 같은 법 제189조에 따른 투자신탁의 수익권 등 대통령령으로 정하는 수익권은 제외하며, 이하 "신탁 수익권"이라 한다)의 양도로 발생하는 소득. 다만, 신탁 수익권의 양도를 통하여 신탁재산에 대한 지배·통제권이 사실상 이전되는 경우는 신탁재산 자체의 양도로 본다(소득세법 제94조 제1항 제6호).

예제

1. 소득세법상 거주자의 양도소득세 과세대상이 아닌 것은? (단, 국내자산을 가정함)   제26회
① 지상권의 양도
② 전세권의 양도
③ 골프 회원권의 양도
④ 등기되지 않은 부동산임차권의 양도
⑤ 사업용 건물과 함께 양도하는 영업권

해설 ④ 국내에서 등기되지 않은 부동산임차권의 양도는 양도소득세 과세대상이 아니다. 국내 자산 중 등기된 부동산임차권을 양도한 경우 양도소득세 과세대상이다. 국외 자산은 등기여부와 관계없이 부동산임차권은 양도소득세 과세대상이다.   ◆ 정답 ④

2. 소득세법상 거주자의 양도소득세 과세대상에 관한 설명으로 틀린 것은? (단, 양도자산은 국내 자산임)

① 무상이전에 따라 자산의 소유권이 변경된 경우에는 과세대상이 되지 아니한다.
② 부동산에 관한 권리 중 지상권의 양도는 과세대상이다.
③ 사업용 건물과 함께 양도하는 영업권은 과세대상이다.
④ 법인의 주식을 소유하는 것만으로 시설물을 배타적으로 이용하게 되는 경우 그 주식의 양도는 과세대상이다.
⑤ 등기되지 않은 부동산임차권의 양도는 과세대상이다.

해설 ⑤ 등기된 부동산임차권의 양도는 양도소득세 과세대상이다. 등기되지 않은 부동산임차권의 양도는 양도소득세 과세대상이 아니다.

◑ 정답 ⑤

---

04 양도 또는 취득의 시기(소득세법시행령 제162조) ^{제32회}

부동산 등의 거래는 매매계약의 체결, 중도금의 지급, 잔금의 지급, 소유권이전등기 등의 과정을 거친다. 이러한 거래과정 중 어느 시점을 양도 또는 취득의 시기로 보는가에 따라 양도소득의 귀속연도, 장기보유특별공제, 세율 적용에 필요한 보유기간의 계산, 비과세 및 감면요건 등의 내용에 상당한 영향을 주기 때문에 그 시기를 구분하는 것은 매우 중요하다.

넓혀 보기

자산의 양도 및 취득시기 적용 범위(양도소득세 집행기준 98-162-2)
자산의 양도 및 취득시기 규정은 자산의 양도차익의 계산을 위한 기준시기가 됨은 물론 과세요건 내지 면세요건에 해당하는지 여부를 가리는데 기준시기도 되고 법령적용의 기준시기도 된다.

1 매매 등 일반적인 경우

(1) **원칙** : 대금청산일

① 자산의 양도차익을 계산할 때 그 취득시기 또는 양도시기는 해당 자산의 대금을 청산한 날로 한다(소득세법 제98조 전단).

양도소득세 집행기준 98-162-3 【대금청산일의 의미】 대금청산일은 원칙적으로 거래대금의 전부를 지급한 날을 의미하지만 그 전부를 이행하지 않았어도 사회통념상 거의 지급되었다고 볼만한 정도의 대금지급이 이행된 날을 포함한다.

> **넓혀 보기**
>
> **잔금청산일과 잔금지급약정일이 다른 경우**(양도소득세 집행기준 98-162-4)
> 매매계약서 등에 기재된 잔금지급약정일보다 앞당겨 잔금을 받거나 늦게 받는 경우에는 실지로 받은 날이 잔금청산일이 된다.

② 이 경우 자산의 대금에는 해당 자산의 양도에 대한 양도소득세 및 양도소득세의 부가세액을 양수자가 부담하기로 약정한 경우에는 해당 양도소득세 및 양도소득세의 부가세액은 제외한다(소득세법 제98조 후단).

> **넓혀 보기**
>
> **매수자가 부담한 전소유자의 양도소득세 등**(양도소득세 집행기준 97-163-21)
> 전소유자에게 토지대금 이외에 양도소득세 등을 매수자가 부담하기로 약정하고 이를 실지로 지급하였을 경우 양도소득세 등은 매입원가로서 필요경비에 산입된다.

(2) 예외 : 등기 · 등록접수일 또는 명의개서일

① 대금을 청산한 날이 분명하지 아니한 경우에는 등기부 · 등록부 또는 명부 등에 기재된 등기 · 등록접수일 또는 명의개서일로 한다(소득세법시행령 제162조 제1항 제1호).

② 대금을 청산하기 전에 소유권이전등기(등록 및 명의의 개서를 포함)를 한 경우에는 등기부 · 등록부 또는 명부 등에 기재된 등기접수일로 한다(소득세법시행령 제162조 제1항 제2호).

2 특수한 거래의 경우 제34회

(1) 장기할부조건 매매

① 소유권이전등기(등록 및 명의개서를 포함) 접수일 · 인도일 또는 사용수익일 중 빠른 날로 한다(소득세법시행령 제162조 제1항 제3호).

② **장기할부조건의 범위**(소득세법시행규칙 제78조 제3항)

 ㉠ 계약금을 제외한 해당 자산의 양도대금을 2회 이상으로 분할하여 수입하는 것

 ㉡ 양도하는 자산의 소유권이전등기(등록 및 명의개서를 포함) 접수일 · 인도일 또는 사용수익일 중 빠른 날의 다음 날부터 최종 할부금의 지급기일까지의 기간이 1년 이상인 것

(2) 자기가 건설한 건축물

① 건축허가를 받아 자기가 건설한 건축물의 취득시기는 「건축법」에 따른 사용승인서 교부일로 한다. 다만, 사용승인서 교부일 전에 사실상 사용하거나 임시사용승인을 받은 경우에는 그 사실상의 사용일 또는 임시사용승인을 받은 날 중 빠른 날로 한다(소득세법시행령 제162조 제1항 제4호).

② 건축 허가를 받지 아니하고 건축하는 건축물에 있어서는 그 사실상의 사용일을 취득시기로 본다(소득세법시행령 제162조 제1항 제4호).

(3) 상속과 증여

상속 또는 증여에 의하여 취득한 자산에 대하여는 상속은 그 상속이 개시된 날, 증여는 증여를 받은 날을 취득시기로 본다(소득세법시행령 제162조 제1항 제5호).

(4) 시효취득 부동산

20년간 소유의 의사로 평온·공연하게 부동산을 점유한 후 등기함으로 인하여 소유권을 취득하는 경우(민법 제245조)에는 당해 부동산의 점유를 개시한 날을 취득의 시기로 한다 (소득세법시행령 제162조 제1항 제6호).

(5) 수용되는 부동산

「공익사업을 위한 토지 등의 취득 및 보상에 관한 법률」이나 그 밖의 법률에 따라 공익사업을 위하여 수용되는 경우에는 대금을 청산한 날, 수용의 개시일 또는 소유권이전등기 접수일 중 빠른 날을 양도시기로 한다. 다만, 소유권에 관한 소송으로 보상금이 공탁된 경우에는 소유권 관련 소송 판결 확정일로 한다(소득세법시행령 제162조 제1항 제7호).

(6) 완성 또는 확정되지 아니한 자산

완성 또는 확정되지 아니한 자산을 양도 또는 취득한 경우로서 해당 자산의 대금을 청산한 날까지 그 목적물이 완성 또는 확정되지 아니한 경우에는 그 목적물이 완성 또는 확정된 날을 그 양도일 또는 취득일로 본다. 이 경우 건설 중인 건물의 완성된 날에 관하여는 자기가 건설한 건축물의 취득시기를 준용한다(소득세법시행령 제162조 제1항 제8호).

(7) 환지처분으로 취득한 경우

① 「도시개발법」 또는 그 밖의 법률에 따른 환지처분으로 인하여 취득한 토지의 취득시기는 환지 전의 토지의 취득일로 한다(소득세법시행령 제162조 제1항 제9호).

② 다만, 교부받은 토지의 면적이 환지처분에 의한 권리면적보다 증가 또는 감소된 경우에는 그 증가 또는 감소된 면적의 토지에 대한 취득시기 또는 양도시기는 환지처분의 공고가 있은 날의 다음 날(익일)로 한다(소득세법시행령 제162조 제1항 제9호 단서).

심화·학습 환지처분에 따른 토지의 양도 및 취득시기(양도소득세 집행기준 98-162-17)

종전면적	권리면적	환지면적	양도 및 취득시기
100m²	50m²	50m²	• 권리면적에 해당하는 환지면적의 취득시기: 환지 전 토지의 취득일
100m²	50m²	60m² (10m² 증가)	
100m²	50m²	40m² (10m² 감소)	• 증가또는감소면적의 취득 및 양도시기: 환지처분공고일의 다음 날

⑻ **주 식**

기타 자산 중 특정법인 주식의 경우 자산의 양도시기는 주주 1인과 주권상장법인기타주주 또는 주권비상장법인기타주주가 주식 등을 양도함으로써 해당 법인의 주식 등의 합계액의 100분의 50 이상이 양도 되는 날로 한다. 이 경우 양도가액은 그들이 사실상 주식 등을 양도한 날의 양도가액에 의한다(소득세법시행령 제162조 제1항 제10호).

⑼ 양도한 자산의 취득시기가 분명하지 아니한 경우에는 먼저 취득한 자산을 먼저 양도한 것으로 본다(소득세법시행령 제162조 제5항).

⑽ **취득시기 의제**(소득세법시행령 제162조 제6항, 제7항)

① **토지 · 건물 및 부동산에 관한 권리와 기타 자산**

1984년 12월 31일 이전에 취득한 것은 1985년 1월 1일에 취득한 것으로 본다.

② **주식 및 출자지분**(상장주식 · 비상장주식)

1985년 12월 31일 이전에 취득한 것은 1986년 1월 1일에 취득한 것으로 본다.

⑾ **기본통칙에 따른 양도 또는 취득의 시기**

① **부동산에 관한 권리의 취득시기**

부동산의 분양계약을 체결한 자가 해당 계약에 관한 모든 권리를 양도한 경우에는 그 권리에 대한 취득시기는 해당 부동산을 분양받을 수 있는 권리가 확정되는 날(아파트 당첨권은 당첨일)이고 타인으로부터 그 권리를 인수받은 때에는 잔금청산일이 취득시기가 된다(소득세법 기본통칙 98-162…2).

② **경락에 의하여 자산을 취득하는 경우의 취득시기**

경매에 의하여 자산을 취득하는 경우에는 경락인이 매각조건에 의하여 경 매대금을 완납한 날이 취득의 시기가 된다(소득세법 기본통칙 98-162…3).

③ **잔금을 어음이나 기타 이에 준하는 증서로 받은 경우의 양도 · 취득시기**

잔금을 어음이나 기타 이에 준하는 증서로 받은 경우 어음 등의 결제일이 그 자산의 잔금청산일이 된다(소득세법 기본통칙 98-162…4).

④ **부동산 소유권이전 등기 등에 관한 특별조치법에 따라 소유권이 이전된 경우**(양도소득세 집행기준 98-162-19)

「부동산 소유권이전등기 등에 관한 특별조치법」에 따라 소유권이 이전된 경우 대금청산일이 확인되면 매매대금을 청산한 날이 취득 및 양도시기가 되며, 대금청산일이 불분명한 경우에는 소유권이전등기 접수일이 취득 및 양도시기이며, 사실상 취득 원인에 따라 증여는 소유권이전등기 접수일, 상속은 상속개시일을 취득시기로 본다.

⑤ **교환하는 자산**(양도소득세 집행기준 98-162-22)

  ㉠ 교환가액에 차이가 없는 경우 : 교환성립일

  ㉡ 차액의 정산이 필요한 경우 : 차액을 정산한 날

  ㉢ 불분명한 경우 : 교환등기접수일

⑥ **법원의 무효판결로 소유권이 환원된 자산**(양도소득세 집행기준 98-162-22)
  해당 자산의 당초 취득일

⑦ **이혼으로 자산 취득**(양도소득세 집행기준 98-162-22)

  ㉠ 재산분할 청구권 행사 : 당초 배우자의 해당 자산 취득일

  ㉡ 이혼 위자료 : 소유권이전등기 접수일

예제

소득세법상 양도소득세 과세대상 자산의 양도 또는 취득의 시기로 틀린 것은?　　　제32회

① 「도시개발법」에 따라 교부받은 토지의 면적이 환지처분에 의한 권리면적보다 증가 또는 감소된 경우 : 환지처분의 공고가 있은 날

② 기획재정부령이 정하는 장기할부조건의 경우 : 소유권이전등기(등록 및 명의개서를 포함) 접수일 · 인도일 또는 사용수익일 중 빠른 날

③ 건축허가를 받지 않고 자기가 건설한 건축물의 경우 : 그 사실상의 사용일

④ 「민법」 제245조 제1항의 규정에 의하여 부동산의 소유권을 취득하는 경우 : 당해 부동산의 점유를 개시한 날

⑤ 대금을 청산한 날이 분명하지 아니한 경우 : 등기부 · 등록부 또는 명부 등에 기재된 등기 · 등록접수일 또는 명의개서일

해설 ① 「도시개발법」에 따라 교부받은 토지의 면적이 환지처분에 의한 권리면적보다 증가 또는 감소된 경우 : 환지처분의 공고가 있은 날의 다음 날　　　◆ 정답 ①

---

05 **양도소득세 과세표준과 세액의 계산** 제31회, 제33회, 제34회, 제35회

① **양도소득세 과세표준 및 세액의 계산**

구 분	원칙(실지거래가액)	예 외
양도가액	실지양도가액	추계(매・감・기)
− 취득가액	실지취득가액 ① 매입가액 + 취득세 + 기타부대비용 ② 소송비용・화해비용 ③ 당사자 약정 이자상당액 ✿ 지연이자 ✕	추계(매・감・환・기)
− 기타필요경비	자본적 지출액 + 양도비용 ① 자본적 지출액: 내용연수 연장, 가치증가 ✿ 수익적 지출액: 원상회복, 능률유지 ✕ ② 양도비용: 중개보수, 매각차손	필요경비개산공제 ① 취득가액이 추계인 경우 ② 취득 당시 기준시가 × 공제율
= 양도차익	−	
− 장기보유 특별공제	① 양도차익 × 공제율 ② 적용대상: 토지・건물・조합원입주권 ③ 보유기간: 3년 이상 보유 ④ 적용배제: 미등기양도자산	
= 양도소득금액	−	

**− 양도소득
기본공제**
	① 소득별로 각각 연(1/1~12/31) 250만원
	    ㉠ 토지・건물, 부동산에 관한 권리, 기타자산
	    ㉡ 주식 또는 출자지분(주식 등)
	    ㉢ 파생상품 등
	    ㉣ 신탁 수익권
	② 적용배제: 미등기양도자산	

= 과세표준	−	
× 세 율	−	
= 산출세액	−	

(1) **양도소득금액의 계산**(소득세법 제95조)

양도소득금액은 양도소득의 총수입금액(양도가액)에서 필요경비를 공제하고, 그 금액(양도차익)에서 장기보유특별공제액을 공제한 금액으로 한다(소득세법 제95조 제1항).

(2) **양도소득과세표준의 계산**(소득세법 제92조)

① 거주자의 양도소득에 대한 과세표준(이하 "양도소득과세표준"이라 한다)은 종합소득 및 퇴직소득에 대한 과세표준과 구분하여 계산한다(소득세법 제92조 제1항).

② 양도소득과세표준은 다음 각 호의 순서에 따라 계산한다(소득세법 제92조 제2항).

ㄱ 양도차익 : 제94조에 따른 양도소득의 총수입금액(이하 "양도가액"이라 한다)에서 제97조에 따른 필요경비를 공제하여 계산

ㄴ 양도소득금액 : 제1호의 양도차익(이하 "양도차익"이라 한다)에서 제95조에 따른 장기보유 특별공제액을 공제하여 계산

ㄷ 양도소득과세표준 : 제2호의 양도소득금액에서 제103조에 따른 양도소득 기본공제액을 공제하여 계산

(3) **양도소득세액계산의 순서**(소득세법 제92조)

양도소득세액은 이 법에 특별한 규정이 있는 경우를 제외하고는 다음 각 호의 순서에 따라 계산한다(소득세법 제92조 제3항).

① **양도소득 산출세액** : 제2항에 따라 계산한 양도소득과세표준에 제104조에 따른 세율을 적용하여 계산

② **양도소득 결정세액** : 제1호의 양도소득 산출세액에서 제90조에 따라 감면되는 세액이 있을 때에는 이를 공제하여 계산

③ **양도소득 총결정세액** : 제2호의 양도소득 결정세액에 제114조의2, 제115조 및 「국세기본법」 제47조의2부터 제47조의4까지에 따른 가산세를 더하여 계산

2 양도차익의 산정 제32회

1. 양도가액과 취득가액의 구분

(1) 원 칙

양도차익을 계산할 때 양도가액을 실지거래가액(매매사례가액·감정가액이 적용되는 경우 그 매매사례가액·감정가액 등을 포함한다)에 따를 때에는 취득가액도 실지거래가액(매매사례가액·감정가액·환산취득가액이 적용되는 경우 그 매매사례가액·감정가액·환산취득가액 등을 포함한다)에 따르고, 양도가액을 기준시가에 따를 때에는 취득가액도 기준시가에 따른다(소득세법 제100조 제1항).

> 소득세법 제88조 【정 의】 5. "실지거래가액"이란 자산의 양도 또는 취득 당시에 양도자와 양수자가 실제로 거래한 가액으로서 해당 자산의 양도 또는 취득과 대가관계에 있는 금전과 그 밖의 재산가액을 말한다.

넓혀 보기

토지와 건물 등을 함께 취득하거나 양도한 경우

1. 소득세법 제100조 제1항을 적용할 때 양도가액 또는 취득가액을 실지거래가액에 따라 산정하는 경우로서 토지와 건물 등을 함께 취득하거나 양도한 경우에는 이를 각각 구분하여 기장하되 토지와 건물 등의 가액 구분이 불분명할 때에는 취득 또는 양도 당시의 기준시가 등을 고려하여 대통령령으로 정하는 바에 따라 안분계산(按分計算)한다. 이 경우 공통되는 취득가액과 양도비용은 해당 자산의 가액에 비례하여 안분계산한다(소득세법 제100조 제2항).
2. 소득세법 제100조 제2항을 적용할 때 토지와 건물 등을 함께 취득하거나 양도한 경우로서 그 토지와 건물 등을 구분 기장한 가액이 1.에 따라 안분계산한 가액과 100분의 30 이상 차이가 있는 경우에는 토지와 건물 등의 가액 구분이 불분명한 때로 본다(소득세법 제100조 제3항).

(2) 예외(추계조사 결정·경정 : 양도소득과세표준과 세액의 결정·경정 및 통지)

양도가액 또는 취득가액을 실지거래가액에 따라 정하는 경우로서 대통령령으로 정하는 사유로 장부나 그 밖의 증명서류에 의하여 해당 자산의 양도 당시 또는 취득 당시의 실지거래가액을 인정 또는 확인할 수 없는 경우에는 대통령령으로 정하는 바에 따라 양도가액 또는 취득가액을 매매사례가액, 감정가액, 환산취득가액 또는 기준시가 등에 따라 추계조사하여 결정 또는 경정할 수 있다(소득세법 제114조 제7항).

2. 실지거래가액에 의한 양도차익

☑ **실지거래가액에 의한 필요경비**

1. 취득가액	실지취득가액
2. 기타 필요경비	자본적 지출액＋양도비

(1) 양도가액

① 양도가액은 그 자산의 양도당시의 양도자와 양수자 간에 실지거래가액에 따른다(소득세법 제96조 제1항).

② 다만, 특수관계인과의 거래에 있어서 토지 등을 시가를 초과하여 취득하거나 시가에 미달하게 양도함으로써 조세의 부담을 부당히 감소시킨 것으로 인정되는 때에는 그 취득가액 또는 양도가액을 시가에 의하여 계산한다(소득세법시행령 제167조 제4항).

(2) 취득가액

실지취득가액은 자산의 취득에 든 실지거래가액을 말하며 다음의 금액을 합한 것을 말한다(소득세법 제97조 제1항 제1호, 소득세법시행령 제163조 제1항).

① **타인으로부터 매입한 자산**(소득세법시행령 제163조 제1항 제1호)

  ㉠ 타인으로부터 매입한 자산은 매입가액에 취득세·등록면허세 기타 부대비용을 가산한 금액(소득세법시행령 제89조 제1항 제1호)

  ㉡ 현재가치할인차금과「부가가치세법」에 따라 폐업시 잔존재화의 자기공급에 따라 납부하였거나 납부할 부가가치세는 포함

  ㉢ 부당행위계산에 의한 시가초과액은 제외

> **넓혀 보기**
>
> **양도차익계산시 취득가액에 산입하는 필요경비의 범위**
> 취득세는 납부영수증이 없는 경우에도 양도소득금액계산시 필요경비로 공제한다. 다만,「지방세법」등에 의하여 취득세가 감면된 경우의 당해 세액은 공제하지 아니한다(기본통칙 97-0…3 제1항).

> **넓혀 보기**
>
> **취득가액 관련 집행기준**
> 1. **자기가 행한 제조·생산 또는 건설 등에 의하여 취득한 자산**(소득세법시행령 제89조 제1항 제2호)
>   자기가 행한 제조·생산 또는 건설 등에 의하여 취득한 자산은 원재료비·노무비·운임·하역비·보험료·수수료·공과금(취득세와 등록면허세를 포함한다)·설치비 기타 부대비용의 합계액
> 2. **매수자가 부담한 전소유자의 양도소득세 등**(집행기준 97-163-21)
>   전소유자에게 토지대금 이외에 양도소득세 등을 매수자가 부담하기로 약정하고 이를 실지로 지급하였을 경우 양도소득세 등은 매입원가로서 필요경비에 산입된다.

② 취득에 관한 쟁송이 있는 자산에 대하여 그 소유권 등을 확보하기 위하여 직접 소요된 소송비용·화해비용 등의 금액으로서 그 지출한 연도의 각 소득금액의 계산에 있어서 필요경비에 산입된 것을 제외한 금액(소득세법시행령 제163조 제1항 제2호).

> **넓혀 보기**
>
> **필요경비 포함 여부**
> **양도차익계산시 취득가액에 산입하는 필요경비의 범위**(소득세법 기본통칙 97-0 ···3 제2항)
> 양도차익계산시 산입되는 취득가액에는 취득시 쟁송으로 인한 명도비용, 소송비용, 인지대 등 취득에 소요된 모든 비용을 포함한다. 이 경우 소송비용은 「민사소송법」이 정하는 소송비용과 변호사의 보수 등 자산의 소유권을 확보하기 위하여 직접 소요된 일체의 경비를 말한다.

③ ①을 적용할 때 당사자 약정에 의한 대금지급방법에 따라 취득원가에 이자상당액을 가산하여 거래가액을 확정하는 경우 당해 이자상당액은 취득원가에 포함한다. 다만, 당초 약정에 의한 거래가액의 지급기일의 지연으로 인하여 추가로 발생하는 이자상당액은 취득원가에 포함하지 아니한다(소득세법시행령 제163조 제1항 제3호).

> **넓혀 보기**
>
> **필요경비에 산입되지 아니하는 금융비용**(양도소득세 집행기준 97-163-19)
> 당초 약정에 의한 거래가액의 지급 지연으로 인하여 추가로 발생하는 이자상당액은 취득가액에 포함되지 아니하며, 자산의 취득자금으로 활용된 금융기관 차입금에 대한 지급이자는 필요경비에 산입되지 아니한다.

④ ①을 적용할 때 현재가치할인차금을 취득원가에 포함하는 경우에 있어서 양도자산의 보유기간 중에 그 현재가치할인차금의 상각액을 각 연도의 사업소득금액 계산시 필요경비로 산입하였거나 산입할 금액이 있는 때에는 이를 취득가액에서 공제한다(소득세법시행령 제163조 제2항).

⑤ 양도자산 보유기간에 그 자산에 대한 감가상각비로서 각 과세기간의 사업소득금액을 계산하는 경우 필요경비에 산입하였거나 산입할 금액이 있을 때에는 이를 취득가액에서 공제한 금액을 그 취득가액으로 한다(소득세법 제97조 제3항).

> **넓혀 보기**
>
> **1. 상속 또는 증여받은 자산의 취득가액**
> ① 상속 또는 증여(법 제88조 제1호 각 목 외의 부분 후단에 따른 부담부증여의 채무액에 해당하는 부분도 포함하되, 「상속세 및 증여세법」 제34조부터 제39조까지, 제39조의2, 제39조의3, 제40조, 제41조의2부터 제41조의5까지, 제42조, 제42조의2 및 제42조의3에 따른 증여는 제외한다)받은 자산에 대하여 법 제97조 제1항 제1호 가목을 적용할 때에는 상속개시일 또는 증여일 현재 「상속세 및 증여세법」 제60조부터 제66조까지의 규정에 따라 평가한 가액(같은 법 제76조에 따라 세무서장 등이 결정·경정한 가액이 있는 경우 그 결정·경정한 가액으로 한다)을 취득당시의 실지거래가액으로 본다(소득세법시행령 제163조 제9항).

② 「상속세 및 증여세법」에 의하여 평가한 가액(상속세 및 증여세법 제60조부터 제66조)
　　㉠ 원칙 : 시가
　　㉡ 예외 : 보충적 평가방법(기준시가)

2. **자산취득시 징수된 부가가치세 등의 필요경비 산입 여부**(소득세법 기본통칙 97-0…5)
취득등기시 납부한 취득세에 대한 교육세와 아파트 분양시 그 분양사업자가 거래징수한 부가가치세는 양도차익계산시 필요경비로 계산한다. 이 경우 아파트를 분양받은 자가 부가가치세법상 일반과세사업자로서 사업용으로 분양받은 경우에는 그 부가가치세는 필요경비로 산입할 수 없다.

(3) **기타 필요경비**(자본적 지출 + 양도비)

> **넓혀 보기**
>
> "자본적 지출액 등으로서 대통령으로 정하는 것"이란 자본적 지출액에 해당하는 것으로서 그 지출에 관한 법 제160조의2 제2항에 따른 증명서류를 수취·보관하거나 실제 지출사실이 금융거래 증명서류에 의하여 확인되는 경우를 말한다(소득세법시행령 제163조 제3항).
>
> 1. **소득세법 제160조의2 제2항**
>   ① 계산서
>   ② 세금계산서
>   ③ 신용카드매출전표
>   ④ 현금영수증
> 2. **금융거래 증명서류**

① **자본적 지출**
　　㉠ 자본적 지출이라 함은 감가상각자산의 내용연수를 연장시키거나 해당 자산의 가치를 현실적으로 증가시키기 위해 지출한 수선비를 말하며, 다음에 해당하는 것에 대한 지출을 포함하는 것으로 한다(소득세법시행령 제67조 제2항).

> 1. 본래의 용도를 변경하기 위한 개조
> 2. 엘리베이터 또는 냉난방장치의 설치
> 3. 빌딩 등의 피난시설 등의 설치
> 4. 재해 등으로 인하여 건물·기계·설비 등이 멸실 또는 훼손되어 당해 자산의 본래 용도로의 이용가치가 없는 것의 복구
> 5. 기타 개량·확장·증설 등 1. 내지 4.와 유사한 성질의 것

심화·학습 **자본적 지출과 수익적 지출의 구분**(소득세 집행기준 33-67-2)

구 분	자본적 지출	수익적 지출
구분기준	감가상각자산의 내용연수를 연장시키거나 해당 자산의 가치를 현실적으로 증가시키기 위해 지출한 수선비	감가상각자산의 원상을 회복시키거나 능률 유지를 위해 지출한 수선비
예 시	1. 본래의 용도를 변경하기 위한 개조 2. 엘리베이터 또는 냉난방장치의 설치 3. 빌딩 등의 피난시설 등의 설치 4. 재해 등으로 인하여 건물·기계·설비 등이 멸실 또는 훼손되어 해당 자산의 본래 용도로의 이용가치가 없는 것의 복구 5. 기타 개량·확장·증설 등 1.부터 4.까지와 유사한 성질의 것	1. 건물 또는 벽의 도장 2. 파손된 유리나 기와의 대체 3. 기계의 소모된 부속품 또는 벨트의 대체 4. 자동차 타이어의 대체 5. 재해를 입은 자산에 대한 외장의 복구·도장 및 유리의 삽입 6. 기타 조업가능한 상태의 유지 등 1.부터 5.까지와 유사한 성질의 것

  ⓛ 양도자산을 취득한 후 쟁송이 있는 경우에 그 소유권을 확보하기 위하여 직접 소요된 소송비용·화해비용 등의 금액으로서 그 지출한 연도의 각 소득금액의 계산에 있어서 필요경비에 산입된 것을 제외한 금액(소득세법시행령 제163조 제3항 제2호)

  ⓒ 「공익사업을 위한 토지 등의 취득 및 보상에 관한 법률」이나 그 밖의 법률에 따라 토지 등이 협의 매수 또는 수용되는 경우로서 그 보상금의 증액과 관련하여 직접 소요된 소송비용·화해비용 등의 금액으로서 그 지출한 연도의 각 소득금액의 계산에 있어서 필요경비에 산입된 것을 제외한 금액. 이 경우 증액보상금을 한도로 한다(소득세법시행령 제163조 제3항 제2호의2).

  ⓔ 양도자산의 용도변경·개량 또는 이용편의를 위하여 지출한 비용(재해·노후화 등 부득이한 사유로 인하여 건물을 재건축한 경우 그 철거비용을 포함한다)(소득세법시행령 제163조 제3항 제3호)

  ⓜ 「개발이익환수에 관한 법률」에 따른 개발부담금(개발부담금의 납부의무자와 양도자가 서로 다른 경우에는 양도자에게 사실상 배분될 개발부담금상당액을 말한다)(소득세법시행령 제163조 제3항 제3호의2)

  ⓗ 「재건축초과이익 환수에 관한 법률」에 따른 재건축부담금(재건축부담금의 납부의무자와 양도자가 서로 다른 경우에는 양도자에게 사실상 배분될 재건축부담금상당액)(소득세법시행령 제163조 제3항 제3호의3)

넓혀 보기

자본적 지출과 수익적 지출

1. **기타 자본적 지출액**(소득세법시행규칙 제79조 제1항)
   ① 「하천법」·댐건설 및 주변지역지원 등에 관한 법률」 그 밖의 법률에 따라 시행하는 사업으로 인하여 해당 사업구역 내의 토지소유자가 부담한 수익자부담금 등의 사업비용
   ② 토지이용의 편의를 위하여 지출한 장애철거비용
   ③ 토지이용의 편의를 위하여 해당 토지 또는 해당 토지에 인접한 타인 소유의 토지에 도로를 신설한 경우의 그 시설비
   ④ 토지이용의 편의를 위하여 해당 토지에 도로를 신설하여 국가 또는 지방자치단체에 이를 무상으로 공여한 경우의 그 도로로 된 토지의 취득당시 가액
   ⑤ 사방사업에 소요된 비용
   ⑥ ① 내지 ⑤의 비용과 유사한 비용

2. **베란다 샤시, 거실 확장공사비 등**(양도소득세 집행기준 97-163-29)
   주택의 이용편의를 위한 베란다 샤시, 거실 및 방 확장공사비, 난방시설 교체비 등의 내부시설의 개량을 위한 공사비는 자본적 지출액에 해당된다.

3. **벽지·장판 또는 싱크대 교체비용 등**(양도소득세 집행기준 97-163-30)
   정상적인 수선 또는 부동산 본래의 기능을 유지하기 위한 경미한 개량인 벽지·장판의 교체, 싱크대 및 주방기구 교체비용, 옥상 방수공사비, 타일 및 변기공사비 등은 수익적지출에 해당되므로 필요경비에 산입되지 아니한다.

② **양도비**: 양도비란 다음에 해당하는 것을 말한다(소득세법시행령 제163조 제5항 제1호).
   ㉠ 자산을 양도하기 위하여 직접 지출한 비용으로서 다음의 비용

   > 1. 「증권거래세법」에 따라 납부한 증권거래세
   > 2. 양도소득세과세표준 신고서 작성비용 및 계약서 작성비용
   > 3. 공증비용, 인지대 및 소개비
   > 4. 매매계약에 따른 인도의무를 이행하기 위하여 양도자가 지출하는 명도비용
   > 5. 위의 비용과 유사한 비용으로서 기획재정부령으로 정하는 비용

   ㉡ 자산을 취득함에 있어서 법령 등의 규정에 따라 매입한 국민주택채권 및 토지개발채권을 만기 전에 양도함으로써 발생하는 매각차손. 이 경우 금융기관 외의 자에게 양도한 경우에는 동일한 날에 금융기관에 양도하였을 경우 발생하는 매각차손을 한도로 한다(소득세법시행령 제163조 제5항 제2호).

넓혀 보기

양도비용의 범위(소득세법 기본통칙 97-0…10)
자산을 양도하기 위하여 직접 지출하는 비용에는 자산을 양도하기 위한 계약서작성비용·공증비용·인지대·소개비 등을 포함한다.

예제

소득세법상 사업소득이 있는 거주자가 실지거래가액에 의해 부동산의 양도차익을 계산하는 경우 양도가액에서 공제할 자본적지출액 또는 양도비에 포함되지 않는 것은? (단, 자본적지출액에 대해서는 법령에 따른 증명서류가 수취·보관되어 있음)

제27회

① 자산을 양도하기 위하여 직접 지출한 양도소득세과세표준 신고서 작성비용

② 납부의무자와 양도자가 동일한 경우 「재건축초과이익환수에 관한 법률」에 따른 재건축부담금

③ 양도자산의 이용편의를 위하여 지출한 비용

④ 양도자산의 취득 후 쟁송이 있는 경우 그 소유권을 확보하기 위하여 직접 소요된 소송비용으로서 그 지출한 연도의 각 사업소득금액 계산시 필요경비에 산입된 금액

⑤ 자산을 양도하기 위하여 직접 지출한 공증비용

해설 ④ 양도자산의 취득 후 쟁송이 있는 경우 그 소유권을 확보하기 위하여 직접 소요된 소송비용으로서 그 지출한 연도의 각 사업소득금액 계산시 필요경비에 산입된 금액은 자본적지출액으로 인정하지 않는다.

❶ 정답 ④

---

3. 추계결정에 의하는 경우의 양도·취득가액과 기타의 필요경비

양도가액 또는 취득가액을 실지거래가액에 따라 정하는 경우로서 대통령령으로 정하는 사유로 장부나 그 밖의 증명서류에 의하여 해당 자산의 양도 당시 또는 취득 당시의 실지거래가액을 인정 또는 확인할 수 없는 경우에는 대통령령으로 정하는 바에 따라 양도가액 또는 취득가액을 매매사례가액, 감정가액, 환산취득가액 또는 기준시가 등에 따라 추계조사하여 결정 또는 경정할 수 있다.

넓혀 보기

추계결정 및 경정 사유(소득세법시행령 제176조의2 제1항)
1. 양도 또는 취득당시의 실지거래가액의 확인을 위하여 필요한 장부·매매계약서·영수증 기타 증빙서류가 없거나 그 중요한 부분이 미비된 경우
2. 장부·매매계약서·영수증 기타 증빙서류의 내용이 매매사례가액, 「감정평가 및 감정평가사에 관한 법률」에 따른 감정평가법인 등이 평가한 감정가액 등에 비추어 거짓임이 명백한 경우

(1) 매매사례가액

양도일 또는 취득일 전후 각 3개월 이내에 해당 자산(주권상장법인의 주식 등은 제외한다)과 동일성 또는 유사성이 있는 자산의 매매사례가 있는 경우 그 가액(소득세법시행령 제176조의2 제3항 제1호)

(2) 감정가액

양도일 또는 취득일 전후 각 3개월 이내에 해당 자산(주식 등을 제외한다)에 대하여 둘 이상의 감정평가법인 등이 평가한 것으로서 신빙성이 있는 것으로 인정되는 감정가액(감정평가기준일이 양도일 또는 취득일 전후 각 3개월 이내인 것에 한정한다)이 있는 경우에는 그 감정가액의 평균액. 다만, 기준시가가 10억원 이하인 자산(주식 등은 제외한다)의 경우에는 양도일 또는 취득일 전후 각 3개월 이내에 하나의 감정평가법인 등이 평가한 것으로서 신빙성이 있는 것으로 인정되는 경우 그 감정가액(감정평가기준일이 양도일 또는 취득일 전후 각 3개월 이내인 것에 한정한다)으로 한다(소득세법시행령 제176조의2 제3항 제2호).

(3) 환산취득가액

토지·건물 및 부동산을 취득할 수 있는 권리의 경우에는 다음 계산식에 따른 금액을 말한다(소득세법시행령 제176조의2 제3항 제3호).

$$\text{양도 당시의 실지거래가액(또는 매매사례가액, 감정가액)} \times \frac{\text{취득 당시의 기준시가}}{\text{양도 당시의 기준시가}}$$

(4) 기준시가

기준시가란 「소득세법」의 규정에 따라 산정한 가액으로서 양도 당시 또는 취득 당시의 기준이 되는 가액을 말한다. 이러한 기준시가는 양도소득세 계산시 양도가액과 취득가액의 산정, 상속세 및 증여세 계산에 있어서 상속재산가액 또는 증여재산가액의 산정시 기준이 되는 정부가 결정한 기준금액을 말한다(소득세법시행령 제176조의2 제3항 제4호).

> **심화 학습** 기준시가의 산정(소득세법 제99조, 소득세법시행령 제164조)
>
> **1. 토 지**
>   (1) 원 칙
>   ① 「부동산 가격공시에 관한 법률」에 따른 개별공시지가(소득세법 제99조 제1항 제1호 가목)
>   ② 개별공시지가가 없는 토지의 평가(소득세법시행령 제164조 제1항)
>   ㉠ 개별공시지가가 없는 토지와 지목·이용상황 등 지가형성요인이 유사한 인근 토지를 표준지로 보고 「부동산 가격공시에 관한 법률」에 따른 비교표에 따라 납세지 관할 세무서장(납세지 관할 세무서장과 해당 토지의 소재지를 관할하는 세무서장이 서로 다른 경우로서 납세지 관할세무서장의 요청이 있는 경우에는 그 토지의 소재지를 관할하는 세무서장)이 평가한 가액을 말한다.
>   ㉡ 이 경우 납세지 관할세무서장은 「지방세법」에 따라 시장·군수가 산정한 가액을 평가한 가액으로 하거나 둘 이상의 감정평가법인등에 의뢰하여 그 토지에 대한 감정평가법인등의 감정가액을 고려하여 평가할 수 있다.
>   (2) 예외 : 국세청장이 지정하는 지역의 토지
>   ① 기준시가 : 개별공시지가 × 배율(소득세법 제99조 제1항 제1호 가목 단서)

② 지정지역과 배율방법: '지정지역'이란 각종 개발사업 등으로 지가가 급등하거나 급등우려가 있는 지역으로서 국세청장이 지정한 지역을 말하며, '배율'이란 국세청장이 양도·취득 당시의 개별공시지가에 지역마다 그 지역에 있는 가격사정이 유사한 토지의 매매사례가액을 참작하여 고시하는 배율을 말한다(소득세법시행령 제164조 제2항·제12항).

2. 주 택

「부동산 가격공시에 관한 법률」에 따른 개별주택가격 및 공동주택가격. 다만, 공동주택가격의 경우에 같은 법 제18조 제1항 단서에 따라 국세청장이 결정·고시한 공동주택가격이 있을 때에는 그 가격에 따르고, 개별주택가격 및 공동주택가격이 없는 주택의 가격은 납세지 관할 세무서장이 인근 유사주택의 개별주택가격 및 공동주택가격을 고려하여 평가한 금액으로 한다(소득세법 제99조 제1항 제1호 라목).

3. 건 물

(1) 원칙(일반적인 건물): 건물의 신축연도·구조·용도·위치 등을 참작하여 매년 1회 이상 국세청장이 산정·고시하는 가액(소득세법 제99조 제1항 제1호 나목)

(2) 예외[국세청장이 지정하는 지역 내에 있는 오피스텔(이에 딸린 토지 포함) 및 상업용 건물(이에 딸린 토지 포함)]: 건물에 딸린 토지를 공유로 하고 건물을 구분소유하는 것으로서 건물의 용도·면적 및 구분소유하는 건물의 수(數) 등을 고려하여 국세청장이 지정하는 지역 내에 소재하는 오피스텔(이에 딸린 토지 포함) 및 상업용 건물(이에 딸린 토지를 포함)에 대해서는 건물의 종류·규모·거래상황·위치 등을 참작하여 매년 1회 이상 국세청장이 토지와 건물에 대하여 일괄하여 산정·고시하는 가액(소득세법 제99조 제1항 제1호 다목, 소득세법시행령 제164조 제10항)

4. 부동산을 취득할 수 있는 권리

양도자산의 종류, 규모, 거래상황 등을 고려하여 취득일 또는 양도일까지 납입한 금액과 취득일 또는 양도일 현재의 프리미엄에 상당하는 금액을 합한 금액을 말한다(소득세법 제99조 제1항 제2호 가목, 소득세법시행령 제165조 제1항).

5. 지상권·전세권 및 등기된 부동산임차권

권리의 남은 기간·성질·내용·거래상황 등을 고려하여 「상속세 및 증여세법 시행령」의 규정을 준용하여 평가한 가액을 말한다(소득세법 제99조 제1항 제2호 나목, 소득세법시행령 제165조 제2항).

핵심 다지기

수용 등의 경우의 양도 당시 기준시가

다음의 어느 하나에 해당하는 가액이 토지 또는 건물의 기준시가보다 낮은 경우에는 그 차액을 기준시가에서 차감하여 양도 당시 기준시가를 계산한다(소득세법시행령 제164조 제9항).

1. 「공익사업을 위한 토지 등의 취득 및 보상에 관한 법률」에 따른 협의매수·수용 및 그 밖의 법률에 따라 수용되는 경우의 그 보상액과 보상액 산정의 기초가 되는 기준시가 중 적은 금액

2. 「국세징수법」에 의한 공매와 「민사집행법」에 의한 강제경매 또는 저당권실행을 위하여 경매되는 경우의 그 공매 또는 경락가액

넓혀 보기

토지·건물 등기부기재가액 추정결정

토지 또는 건물의 양도로 양도가액 및 취득가액을 실지거래가액에 따라 양도소득과세표준 예정신고 또는 확정신고를 하여야 할 자("신고의무자"라 한다)가 그 신고를 하지 아니한 경우로서 다음의 어느 하나에 해당하는 경우에는 납세지 관할 세무서장 또는 지방국세청장은 「부동산등기법」에 따라 등기부에 기재된 거래가액("등기부 기재가액"이라 한다)을 실지거래가액으로 추정하여 양도소득과세표준과 세액을 결정할 수 있다. 다만, 납세지 관할 세무서장 또는 지방국세청장이 등기부 기재가액이 실지거래가액과 차이가 있음을 확인한 경우에는 그러하지 아니하다(소득세법 제114조 제5항, 소득세법시행령 제176조 제5항).

1. 등기부기재가액을 실지거래가액으로 추정하여 계산한 납부할 양도소득세액이 300만원 미만인 경우

2. 등기부기재가액을 실지거래가액으로 추정하여 계산한 납부할 양도소득세액이 300만원 이상인 경우로서 다음의 요건을 모두 충족하는 경우
   ① 납세지 관할세무서장 또는 지방국세청장이 「국세기본법」에 따른 기한 후 신고를 하지 아니할 경우 등기부기재가액을 실지거래가액으로 추정하여 양도소득과세표준과 세액을 결정할 것임을 신고의무자에게 통보하였을 것
   ② 신고의무자가 ①에 따른 통보를 받은 날부터 30일 이내에 기한 후 신고를 하지 아니하였을 것

4. 추계결정에 의하는 경우의 필요경비개산공제

☑ **추계방법에 의한 필요경비**

취득가액	매매사례가액, 감정가액, 환산취득가액, 기준시가
기타 필요경비	필요경비개산공제

(1) 필요경비개산공제액은 취득가액을 추계결정(매매사례가액, 감정가액, 환산취득가액) 또는 기준시가로 하는 경우 인정되는 필요경비로서 다음과 같이 계산한다(소득세법 제97조 제2항 제2호, 소득세법시행령 제163조 제6항).

☑ **필요경비개산공제액**

구 분		필요경비개산공제액
토지와 건물 (일반건물, 오피스텔 및 상업용 건물, 주택)		취득당시의 기준시가 × 3% (미등기양도자산은 0.3%)
부동산에 관한 권리	지상권·전세권·등기된 부동산임차권	취득당시의 기준시가 × 7% (미등기양도자산은 제외)
	부동산을 취득할 수 있는 권리	취득당시의 기준시가 × 1%
주식·출자지분		
기타자산		

(2) 취득가액이 환산취득가액인 경우 세부담의 최소화

양도차익 계산시 추계방법에 의한 취득가액을 환산취득가액으로 하는 경우로서 ① (환산취득가액＋필요경비개산공제액)이 ② (자본적 지출액＋양도비)의 금액보다 적은 경우에는 ② (자본적 지출액＋양도비)의 금액을 필요경비로 할 수 있다(소득세법 제97조 제2항 제2호 단서). 따라서 세부담의 최소화를 위하여 다음의 금액을 필요경비로 할 수 있다.

> 필요경비 = MAX(①, ②)
> ① (환산취득가액＋필요경비개산공제액)
> ② (자본적 지출액＋양도비)

예제

소득세법상 거주자의 양도소득과세표준 계산에 관한 설명으로 옳은 것은? 제29회

① 양도소득금액을 계산할 때 부동산을 취득할 수 있는 권리에서 발생한 양도차손은 토지에서 발생한 양도소득금액에서 공제할 수 없다.

② 양도차익을 실지거래가액에 의하는 경우 양도가액에서 공제할 취득가액은 그 자산에 대한 감가상각비로서 각 과세기간의 사업소득금액을 계산하는 경우 필요경비에 산입한 금액이 있을 때에는 이를 공제하지 않은 금액으로 한다.

③ 양도소득에 대한 과세표준은 종합소득 및 퇴직소득에 대한 과세표준과 구분하여 계산한다.

④ 1세대 1주택 비과세 요건을 충족하는 고가주택의 양도가액이 15억원이고 양도차익이 5억원인 경우 양도소득세가 과세되는 양도차익은 3억원이다.

⑤ 2018년 4월 1일 이후 지출한 자본적지출액은 그 지출에 관한 증명서류를 수취·보관하지 않고 실제 지출사실이 금융거래 증명서류에 의하여 확인되지 않는 경우에도 양도차익 계산시 양도가액에서 공제할 수 있다.

해설 ① 양도소득금액을 계산할 때 부동산을 취득할 수 있는 권리에서 발생한 양도차손은 토지에서 발생한 양도소득금액에서 공제할 수 있다.
② 양도차익을 실지거래가액에 의하는 경우 양도가액에서 공제할 취득가액은 그 자산에 대한 감가상각비로서 각 과세기간의 사업소득금액을 계산하는 경우 필요경비에 산입한 금액이 있을 때에는 이를 공제한 금액으로 한다.
④ 1세대 1주택 비과세 요건을 충족하는 고가주택의 양도가액이 15억원이고 양도차익이 5억원인 경우 양도소득세가 과세되는 양도차익은 1억원이다.
⑤ 2018년 4월 1일 이후 지출한 자본적지출액은 그 지출에 관한 증명서류를 수취·보관하지 않고 실제 지출사실이 금융거래 증명서류에 의하여 확인되지 않는 경우 양도차익 계산시 양도가액에서 공제할 수 없다.

◆ 정답 ③

③ 양도소득금액의 계산(소득세법 제95조) : 장기보유특별공제

> 총수입금액(= 양도가액)
> − 필요경비(= 취득가액 + 기타 필요경비)
> = 양도차익(양도자산별로 계산)
> − 장기보유특공제(양도차익 × 공제율)
> = 양도소득금액

양도소득금액은 양도차익에서 장기보유특별공제액을 공제한 금액으로 한다(소득세법 제95조 제1항).

(1) 취 지

① 장기보유특별공제는 보유기간 동안의 명목소득에 대한 세부담 경감과 과중한 세부담으로 인한 부동산시장의 동결효과를 방지하기 위함이다.

② 누진세율구조하에서 장기간 축적된 보유이익이 양도시점에 한꺼번에 실현됨으로 인해 과도하게 높은 세율을 적용받는 현상(결집효과)를 완화하기 위함이다.

(2) 적용대상

등기된 토지 · 건물(주택 포함)로서 보유기간이 3년 이상인 것 및 조합원입주권(조합원으로부터 취득한 것은 제외)에 대하여 적용한다(소득세법 제95조 제2항).

(3) 적용배제 (소득세법 제95조 제2항)

다만, ②, ③, ④, ⑤의 경우 보유기간이 2년 이상인 주택을 2025년 5월 9일까지 양도하는 경우 그 해당 주택은 주택의 수를 계산할 때 산입하지 아니한다(소득세법시행령 제167조의3 제1항 제12호의2, 소득세법시행령 제167조의4 제3항 제6호의2, 소득세법시행령 제167조의10 제1항 제12호의2, 소득세법시행령 제167조의11 제1항 제12호).

① 미등기양도자산(소득세법 제104조 제3항)

② 「주택법」 제63조의2 제1항 제1호에 따른 조정대상지역에 있는 주택으로서 대통령령으로 정하는 1세대 2주택에 해당하는 주택(소득세법 제104조 제7항 제1호)

③ 조정대상지역에 있는 주택으로서 1세대가 1주택과 조합원입주권 또는 분양권을 1개 보유한 경우의 해당 주택. 다만, 대통령령으로 정하는 장기임대주택 등은 제외한다(소득세법 제104조 제7항 제2호).

④ 조정대상지역에 있는 주택으로서 대통령령으로 정하는 1세대 3주택 이상에 해당하는 주택(소득세법 제104조 제7항 제3호)

⑤ 조정대상지역에 있는 주택으로서 1세대가 주택과 조합원입주권 또는 분양권을 보유한 경우로서 그 수의 합이 3 이상인 경우 해당 주택. 다만, 대통령령으로 정하는 장기임대주택 등은 제외한다(소득세법 제104조 제7항 제4호).

(4) 장기보유특별공제시 보유기간의 적용(소득세법 제95조 제4항)

① 보유기간은 그 자산의 취득일(초일 산입)부터 양도일까지로 한다.

② 배우자·직계존비속 간 증여재산에 대한 이월과세를 적용받는 경우에는 증여한 배우자 또는 직계존비속이 해당 자산을 취득한 날부터 기산(起算)하고, 가업상속공제가 적용된 비율에 해당하는 자산의 경우에는 피상속인이 해당 자산을 취득한 날부터 기산한다.

③ 상속받은 자산을 양도하는 경우에는 상속개시일부터 기산한다.

(5) 장기보유특별공제액

장기보유특별공제액 = 양도차익 × 공제율

① "장기보유특별공제액"이란 그 자산의 양도차익(조합원입주권을 양도하는 경우에는 「도시 및 주거환경정비법」 제74조에 따른 관리처분계획 인가 및 「빈집 및 소규모주택 정비에 관한 특례법」 제29조에 따른 사업시행계획인가 전 토지분 또는 건물분의 양도차익으로 한정한다)에 다음 표1에 따른 보유기간별 공제율을 곱하여 계산한 금액을 말한다. 다만, 대통령령으로 정하는 1세대 1주택(이에 딸린 토지를 포함한다)에 해당하는 자산의 경우에는 그 자산의 양도차익에 다음 표 2에 따른 보유기간별 공제율을 곱하여 계산한 금액과 같은 표에 따른 거주기간별 공제율을 곱하여 계산한 금액을 합산한 것을 말한다(소득세법 제95조 제2항).

☑ 표1

보유기간	공제율
3년 이상 4년 미만	100분의 6
4년 이상 5년 미만	100분의 8
5년 이상 6년 미만	100분의 10
6년 이상 7년 미만	100분의 12
7년 이상 8년 미만	100분의 14
8년 이상 9년 미만	100분의 16
9년 이상 10년 미만	100분의 18
10년 이상 11년 미만	100분의 20
11년 이상 12년 미만	100분의 22
12년 이상 13년 미만	100분의 24
13년 이상 14년 미만	100분의 26
14년 이상 15년 미만	100분의 28
15년 이상	100분의 30

표2

보유기간	공제율	거주기간	공제율
3년 이상 4년 미만	100분의 12	2년 이상 3년 미만 (보유기간 3년 이상에 한정함)	100분의 8
		3년 이상 4년 미만	100분의 12
4년 이상 5년 미만	100분의 16	4년 이상 5년 미만	100분의 16
5년 이상 6년 미만	100분의 20	5년 이상 6년 미만	100분의 20
6년 이상 7년 미만	100분의 24	6년 이상 7년 미만	100분의 24
7년 이상 8년 미만	100분의 28	7년 이상 8년 미만	100분의 28
8년 이상 9년 미만	100분의 32	8년 이상 9년 미만	100분의 32
9년 이상 10년 미만	100분의 36	9년 이상 10년 미만	100분의 36
10년 이상	100분의 40	10년 이상	100분의 40

② ①에서 "대통령령으로 정하는 1세대 1주택"이란 1세대가 양도일 현재 국내에 1주택[제155조(1세대 1주택의 특례)·제155조의2(장기저당담보주택에 대한 1세대 1주택의 특례)·제156조의2(주택과 조합원입주권을 소유한 경우 1세대 1주택의 특례)·제156조의3(주택과 분양권을 소유한 경우 1세대 1주택의 특례) 및 그 밖의 규정에 따라 1세대 1주택으로 보는 주택을 포함한다]을 보유하고 보유기간 중 거주기간이 2년 이상인 것을 말한다. 이 경우 해당 1주택이 제155조 제3항 각 호 외의 부분 본문에 따른 공동상속주택인 경우 거주기간은 해당 주택에 거주한 공동상속인 중 그 거주기간이 가장 긴 사람이 거주한 기간으로 판단한다(소득세법시행령 제159조의4).

③ 제89조 제1항 제3호에 따라 양도소득의 비과세대상에서 제외되는 고가주택(이에 딸린 토지를 포함한다) 및 같은 항 제4호 각 목 외의 부분 단서에 따라 양도소득의 비과세대상에서 제외되는 조합원입주권에 해당하는 자산의 양도차익 및 장기보유특별공제액은 위 규정에도 불구하고 대통령령으로 정하는 바에 따라 계산한 금액으로 한다(소득세법 제95조 제3항, 소득세법시행령 제160조 제1항).

(6) 동일 연도에 수회 양도한 경우의 장기보유특별공제액

동일 연도에 장기보유특별공제의 대상이 되는 자산을 수회 양도한 경우에도 공제요건에 해당하면 자산별로 각각 공제한다.

심화 학습 장기보유특별공제를 위한 보유기간 계산 기준일(양도소득세 집행기준 95 − 159의3 − 5)

취득유형		기준일
상속받은 부동산		상속개시일
증여받은 부동산		증여등기일
재산분할 부동산		이혼 전 배우자의 취득한 날
이월과세대상 부동산		당초 증여자가 취득한 날
부당행위계산 대상 부동산		당초 증여자가 취득한 날
도시 및 주거환경정비법에 따른 재개발·재건축	원조합원	종전 주택을 취득한 날
	승계조합원	신축완성주택의 취득시기(사용승인서교부일 등)

넓혀 보기

비거주자의 장기보유특별공제 적용률(양도소득세 집행기준 95-159의3-9)

비거주자가 국내에 소유하는 1주택을 양도하는 경우 보유기간별 24~80%의 장기보유공제율을 적용하지 아니한다.

4 양도소득과세표준의 계산 : 양도소득기본공제 제35회

총수입금액(=양도가액)
− 필요경비(=취득가액+기타 필요경비)
= 양도차익(양도자산별로 계산)
− 장기보유특별공제(양도차익 × 공제율)
= 양도소득금액
− 양도소득기본공제(소득별, 연간 250만원)
= 양도소득과세표준

양도소득과세표준 : 제2호의 양도소득금액에서 제103조에 따른 양도소득 기본공제액을 공제하여 계산한다(소득세법 제92조 제2항 제3호).

(1) 적용대상

양도소득기본공제는 보유기간의 장단이나 과세대상별에 관계없이 모든 양도자산에 대하여 적용을 한다. 다만, 미등기양도자산의 양도소득금액에 대해서는 그러하지 아니하다(소득세법 제103조 제1항 제1호).

(2) 양도소득기본공제액

양도소득이 있는 거주자에 대해서는 다음의 소득별로 해당 과세기간의 양도소득금액에서 각각 연 250만원을 공제한다(소득세법 제103조 제1항).

① 토지·건물, 부동산에 관한 권리 및 기타자산 소득. 다만, 제104조 제3항에 따른 미등기양도자산의 양도소득금액에 대해서는 그러하지 아니하다.

② 주식 또는 출자지분(주식 등) 소득

③ 파생상품 등 소득

④ 신탁 수익권 소득

(3) 양도소득금액에 감면 소득금액이 있는 경우

위 (2)를 적용할 때 양도소득금액에 「소득세법」 또는 「조세특례제한법」이나 그 밖의 법률에 따른 감면소득금액이 있는 경우에는 그 감면소득금액 외의 양도소득금액에서 먼저 공제하고, 감면소득금액 외의 양도소득금액 중에서는 해당 과세기간에 먼저 양도한 자산의 양도소득금액에서부터 순서대로 공제한다(소득세법 제103조 제2항).

(4) 양도소득세의 감면 제31회

제95조에 따른 양도소득금액에 이 법 또는 다른 조세에 관한 법률에 따른 감면대상 양도소득금액이 있을 때에는 다음 계산식에 따라 계산한 양도소득세 감면액을 양도소득 산출세액에서 감면한다(소득세법 제90조 제1항).

$$양도소득세\ 감면액 = A \times \frac{(B - C)}{D} \times E$$

A: 제104조에 따른 양도소득 산출세액
B: 감면대상 양도소득금액
C: 제103조 제2항에 따른 양도소득 기본공제
D: 제92조에 따른 양도소득 과세표준
E: 이 법 또는 다른 조세에 관한 법률에서 정한 감면율

넓혀 보기

양도소득금액의 구분계산 등(결손금의 통산)(소득세법 제102조)

1. **양도소득금액은 다음의 소득별로 구분하여 계산한다. 이 경우 소득금액을 계산할 때 발생하는 결손금은 다른 호의 소득금액과 합산하지 아니한다(소득세법 제102조 제1항).**
   ① 토지·건물 및 부동산에 관한 권리 및 기타자산의 소득
   ② 주식 또는 출자지분의 소득
   ③ 파생상품 등의 거래·행위로 발생하는 소득
   ④ 신탁 수익권의 소득
2. **1.에 따라 양도소득금액을 계산할 때 양도차손이 발생한 자산이 있는 경우에는 1.의 각 항목별로 해당 자산 외의 다른 자산에서 발생한 양도소득금액에서 그 양도차손을 공제한다. 이 경우 공제방법은 양도소득금액의 세율 등을 고려하여 대통령령으로 정한다(소득세법 제102조 제2항).**

⑤ 양도소득에 대한 세액의 계산 제34회

```
        총수입금액(=양도가액)
      - 필요경비(=취득가액+기타 필요경비)
      = 양도차익(양도자산별로 계산)
      - 장기보유특별공제(양도차익×공제율)
      = 양도소득금액
      - 양도소득기본공제(소득별, 연간 250만원)
      = 양도소득과세표준
      × 세  율
      = 양도소득 산출세액
```

거주자의 양도소득세는 해당 과세기간의 양도소득과세표준에 다음 각 호의 세율을 적용하여 계산한 금액("양도소득 산출세액"이라 한다)을 그 세액으로 한다. 이 경우 하나의 자산이 다음 각 호에 따른 세율 중 둘 이상에 해당할 때에는 해당 세율을 적용하여 계산한 양도소득 산출세액 중 큰 것을 그 세액으로 한다(소득세법 제104조 제1항).

(1) **제94조 제1항 제1호**(토지 또는 건물)·**제2호**(부동산에 관한 권리) **및 제4호**(기타자산)**에 따른 자산**(소득세법 제104조 제1항 제1호)(소득세법 제55조 제1항)

☑ **제55조 제1항에 따른 세율**(분양권의 경우에는 양도소득 과세표준의 100분의 60)

종합소득 과세표준	세 율
1,400만원 이하	과세표준의 6퍼센트
1,400만원 초과 5,000만원 이하	84만원 + (1,400만원을 초과하는 금액의 15퍼센트)
5,000만원 초과 8,800만원 이하	624만원 + (5,000만원을 초과하는 금액의 24퍼센트)
8,800만원 초과 1억5천만원 이하	1,536만원 + (8,800만원을 초과하는 금액의 35퍼센트)
1억5천만원 초과 3억원 이하	3,706만원 + (1억5천만원을 초과하는 금액의 38퍼센트)
3억원 초과 5억원 이하	9,406만원 + (3억원을 초과하는 금액의 40퍼센트)
5억원 초과 10억원 이하	1억7,406만원 + (5억원을 초과하는 금액의 42퍼센트)
10억원 초과	3억8,406만원 + (10억원을 초과하는 금액의 45퍼센트)

(2) **제94조 제1항 제1호**(토지 또는 건물) **및 제2호**(부동산에 관한 권리)**에서 규정하는 자산으로서 그 보유기간이 1년 이상 2년 미만인 것**(소득세법 제104조 제1항 제2호)

양도소득과세표준의 100분의 40[주택(이에 딸린 토지로서 대통령령으로 정하는 토지를 포함한다), 조합원입주권 및 분양권의 경우에는 100분의 60]

(3) **제94조 제1항 제1호**(토지 또는 건물) **및 제2호**(부동산에 관한 권리)**에 따른 자산으로서 그 보유기간이 1년 미만인 것**(소득세법 제104조 제1항 제3호)

양도소득 과세표준의 100분의 50(주택, 조합원입주권 및 분양권의 경우에는 100분의 70)

(4) **제104조의3에 따른 비사업용 토지**(소득세법 제104조 제1항 제8호)

양도소득 과세표준	세 율
1,400만원 이하	16퍼센트
1,400만원 초과 5,000만원 이하	224만원 + (1,400만원 초과액 × 25퍼센트)
5,000만원 초과 8,800만원 이하	1,124만원 + (5,000만원 초과액 × 34퍼센트)
8,800만원 초과 1억5천만원 이하	2,416만원 + (8,800만원 초과액 × 45퍼센트)
1억5천만원 초과 3억원 이하	5,206만원 + (1억5천만원 초과액 × 48퍼센트)
3억원 초과 5억원 이하	1억2,406만원 + (3억원 초과액 × 50퍼센트)
5억원 초과 10억원 이하	2억2,406만원 + (5억원 초과액 × 52퍼센트)
10억원 초과	4억8,406만원 + (10억원 초과액 × 55퍼센트)

(5) **미등기양도자산**(소득세법 제104조 제1항 제10호)

양도소득 과세표준의 100분의 70

(6) **제94조 제1항 제3호 가목**(주권상장법인의 주식 등으로서 일정한 주식) **및 나목**(주권비
상장법인의 주식 등)**에 따른 자산**(소득세법 제104조 제1항 제11호)

① 소유주식의 비율·시가총액 등을 고려하여 대통령령으로 정하는 대주주(이하 "대주주"
라 한다)가 양도하는 주식 등

㉠ 1년 미만 보유한 주식 등으로서 중소기업 외의 법인의 주식 등 : 양도소득 과세표
준의 100분의 30

㉡ ㉠에 해당하지 아니하는 주식 등

양도소득 과세표준	세 율
3억원 이하	20퍼센트
3억원 초과	6천만원+(3억원 초과액 × 25퍼센트)

② 대주주가 아닌 자가 양도하는 주식 등

㉠ 중소기업의 주식 등 : 양도소득 과세표준의 100분의 10

㉡ ㉠에 해당하지 아니하는 주식 등 : 양도소득 과세표준의 100분의 20

(7) **제94조 제1항 제3호 다목**(외국법인이 발행하였거나 외국에 있는 시장에 상장된 주식
등으로서 대통령령으로 정하는 것)**에 따른 자산**(소득세법 제104조 제1항 제12호)

① **중소기업의 주식 등**

양도소득 과세표준의 100분의 10

② **그 밖의 주식 등**

양도소득 과세표준의 100분의 20

(8) **제94조 제1항 제5호에 따른 파생상품 등**(소득세법 제104조 제1항 제13호)

양도소득 과세표준의 100분의 20

(9) 다음 각 호의 어느 하나에 해당하는 주택(이에 딸린 토지를 포함한다)을 양도하는 경우 제55조 제1항에 따른 세율에 100분의 20(제3호 및 제4호의 경우 100분의 30)을 더한 세율을 적용한다. 이 경우 해당 주택 보유기간이 2년 미만인 경우에는 제55조 제1항에 따른 세율에 100분의 20(제3호 및 제4호의 경우 100분의 30)을 더한 세율을 적용하여 계산한 양도소득 산출세액과 제1항 제2호 또는 제3호의 세율을 적용하여 계산한 양도소득 산출세액 중 큰 세액을 양도소득 산출세액으로 한다(소득세법 제104조 제7항). 다만, ①, ②, ③, ④의 경우 보유기간이 2년 이상인 주택을 2025년 5월 9일까지 양도하는 경우 그 해당 주택은 주택의 수를 계산할 때 산입하지 아니한다(소득세법시행령 제167조의3 제1항 제12호의2, 소득세법시행령 제167조의4 제3항 제6호의2, 소득세법시행령 제167조의10 제1항 제12호의2, 소득세법시행령 제167조의11 제1항 제12호).

① 「주택법」 제63조의2 제1항 제1호에 따른 조정대상지역(이하 이 조에서 "조정대상지역"이라 한다)에 있는 주택으로서 대통령령으로 정하는 1세대 2주택에 해당하는 주택(소득세법 제104조 제7항 제1호)

② 조정대상지역에 있는 주택으로서 1세대가 1주택과 조합원입주권 또는 분양권을 1개 보유한 경우의 해당 주택. 다만, 대통령령으로 정하는 장기임대주택 등은 제외한다(소득세법 제104조 제7항 제2호).

③ 조정대상지역에 있는 주택으로서 대통령령으로 정하는 1세대 3주택 이상에 해당하는 주택(소득세법 제104조 제7항 제3호)

④ 조정대상지역에 있는 주택으로서 1세대가 주택과 조합원입주권 또는 분양권을 보유한 경우로서 그 수의 합이 3 이상인 경우 해당 주택. 다만, 대통령령으로 정하는 장기임대주택 등은 제외한다(소득세법 제104조 제7항 제4호).

핵심 다지기

양도소득세의 세율(소득세법 제104조 제2항)
양도소득세의 세율 적용시 보유기간은 해당 자산의 취득일부터 양도일까지로 한다. 다만, 다음 각 호의 어느 하나에 해당하는 경우에는 각각 그 정한 날을 그 자산의 취득일로 본다.
1. 상속받은 자산은 피상속인이 그 자산을 취득한 날
2. 배우자·직계존비속간 증여재산에 대한 이월과세의 규정을 적용받은 자산은 증여자가 그 자산을 취득한 날
3. 법인의 합병·분할(물적 분할은 제외)로 인하여 합병법인·분할신설법인 또는 분할합병의 상대방 법인으로부터 새로 주식 등을 취득한 경우에는 피합병법인·분할법인 또는 소멸한 분할합병의 상대방 법인의 주식 등을 취득한 날

> **넓혀 보기**
>
> **지정지역에 있는 부동산에 대한 추가과세**(소득세법 제104조 제4항)
>
> 다음 각 호의 어느 하나에 해당하는 부동산을 양도하는 경우 제55조 제1항[제3호(같은 호 단서에 해당하는 경우를 포함한다)의 경우에는 제1항 제8호]에 따른 세율에 100분의 10을 더한 세율을 적용한다. 이 경우 해당 부동산 보유기간이 2년 미만인 경우에는 제55조 제1항[제3호(같은 호 단서에 해당하는 경우를 포함한다)의 경우에는 제1항 제8호]에 따른 세율에 100분의 10을 더한 세율을 적용하여 계산한 양도소득 산출세액과 제1항 제2호 또는 제3호의 세율을 적용하여 계산한 양도소득 산출세액 중 큰 세액을 양도소득 산출세액으로 한다.
>
> 1. 삭제
>
> 2. 삭제
>
> 3. 제104조의2 제2항에 따른 지정지역에 있는 부동산으로서 제104조의3에 따른 비사업용 토지. 다만, 지정지역의 공고가 있는 날 이전에 토지를 양도하기 위하여 매매계약을 체결하고 계약금을 지급받은 사실이 증빙서류에 의하여 확인되는 경우는 제외한다.
>
> 4. 그 밖에 부동산 가격이 급등하였거나 급등할 우려가 있어 부동산가격의 안정을 위하여 필요한 경우에 대통령령으로 정하는 부동산

> **넓혀 보기**
>
> **양도소득 산출세액 계산 특례**(비교과세)(소득세법 제104조 제5항)
>
> 해당 과세기간에 제94조 제1항 제1호(토지 또는 건물)·제2호(부동산에 관한 권리) 및 제4호(기타자산)에서 규정한 자산을 둘 이상 양도하는 경우 양도소득 산출세액은 다음 각 호의 금액 중 큰 것(이 법 또는 다른 조세에 관한 법률에 따른 양도소득세 감면액이 있는 경우에는 해당 감면세액을 차감한 세액이 더 큰 경우의 산출세액을 말한다)으로 한다. 이 경우 제2호의 금액을 계산할 때 제1항 제8호(비사업용토지) 및 제9호(비사업용 토지 과다소유법인의 주식)의 자산은 동일한 자산으로 보고, 한 필지의 토지가 제104조의3에 따른 비사업용 토지와 그 외의 토지로 구분되는 경우에는 각각을 별개의 자산으로 보아 양도소득 산출세액을 계산한다.
>
> 1. 해당 과세기간의 양도소득과세표준 합계액에 대하여 제55조 제1항에 따른 세율(6~45%)을 적용하여 계산한 양도소득 산출세액
>
> 2. 제1항부터 제4항까지 및 제7항의 규정에 따라 계산한 자산별 양도소득 산출세액 합계액. 다만, 둘 이상의 자산에 대하여 제1항 각 호, 제4항 각 호 및 제7항 각 호에 따른 세율 중 동일한 호의 세율이 적용되고, 그 적용세율이 둘 이상인 경우 해당 자산에 대해서는 각 자산의 양도소득과세표준을 합산한 것에 대하여 제1항·제4항 또는 제7항의 각 해당 호별 세율을 적용하여 산출한 세액 중에서 큰 산출세액의 합계액으로 한다.

6 양도소득의 필요경비 계산 특례 제32회, 제35회

1. 배우자 · 직계존비속 간 증여재산에 대한 이월과세

거주자가 양도일부터 소급하여 10년 이내에 그 배우자(양도 당시 혼인관계가 소멸된 경우를 포함하되, 사망으로 혼인관계가 소멸된 경우는 제외한다. 이하 이 항에서 같다) 또는 직계존비속으로부터 증여받은 제94조 제1항 제1호에 따른 자산이나 그 밖에 대통령령으로 정하는 자산의 양도차익을 계산할 때 양도가액에서 공제할 필요경비는 제97조 제2항에 따르되, 다음 각 호의 기준을 적용한다(소득세법 제97조의2 제1항).

① 취득가액은 거주자의 배우자 또는 직계존비속이 해당 자산을 취득할 당시의 제97조 제1항 제1호에 따른 금액으로 한다.

② 제97조 제1항 제2호에 따른 필요경비에는 거주자의 배우자 또는 직계존비속이 해당 자산에 대하여 지출한 같은 호에 따른 금액을 포함한다.

③ 거주자가 해당 자산에 대하여 납부하였거나 납부할 증여세 상당액이 있는 경우 필요경비에 산입한다.

(1) 납세의무자

세액의 계산은 당초 증여자의 취득일을 기준으로 계산하지만, 납세의무는 증여받은 배우자 및 직계존비속이 양도한 것이므로 수증자가 양도소득세의 납세의무자가 된다. 다만, 수증자와 증여자 사이에 증여세에 대한 연대납세의무는 있지만, 양도소득세에 대하여는 연대납세의무가 없다.

(2) 납부한 증여세의 필요경비 산입

거주자가 증여받은 자산에 대하여 납부하였거나 납부할 증여세 상당액이 있는 경우에는 필요경비에 산입한다(소득세법 제97조의2 제1항 후단).

(3) 보유기간 계산

이월과세를 적용받은 자산의 보유기간은 증여한 배우자 또는 직계존비속이 해당 자산을 취득한 날부터 기산(起算)한다(소득세법 제95조 제4항 단서). 따라서 증여한 배우자 또는 직계존비속이 그 자산을 취득한 날을 취득일로 보고, 장기보유특별공제 · 양도소득세율 및 1세대 1주택 비과세규정을 적용한다(소득세법 제104조 제2항 제2호, 소득세법시행령 제154조 제5항).

(4) 이월과세 적용배제

다음의 어느 하나에 해당하는 경우에는 이월과세를 적용하지 아니한다(소득세법 제97조의2 제2항).

① 사업인정고시일부터 소급하여 2년 이전에 증여받은 경우로서 「공익사업을 위한 토지 등의 취득 및 보상에 관한 법률」이나 그 밖의 법률에 따라 협의매수 또는 수용된 경우

② 이월과세를 적용할 경우 1세대 1주택[양도소득의 비과세대상에서 제외되는 고가주택(이에 딸린 토지를 포함한다)을 포함한다]의 양도에 해당하게 되는 경우

③ 이월과세를 적용하여 계산한 양도소득 결정세액이 이월과세를 적용하지 아니하고 계산한 양도소득 결정세액보다 적은 경우

> **넓혀 보기**
>
> **이월과세 적용으로 수증자가 1세대 1주택 비과세를 적용받은 경우 부당행위계산부인 적용**(양도소득세 집행기준 97의2-0-2)
>
> 이월과세 적용에 따른 조세회피를 방지하기 위해, 양도소득세 이월과세가 적용되어 수증자가 1세대 1주택자로 비과세가 되는 경우 부당행위계산부인 규정이 적용된다. 단, 동일세대원으로부터 수증받는 경우에는 이월과세를 적용한다.

> **예제**
>
> **소득세법상 배우자 간 증여재산의 이월과세에 관한 설명으로 옳은 것은?** 제32회
>
> ① 이월과세를 적용하는 경우 거주자가 배우자로부터 증여받은 자산에 대하여 납부한 증여세를 필요경비에 산입하지 아니한다.
> ② 이월과세를 적용받은 자산의 보유기간은 증여한 배우자가 그 자산을 증여한 날을 취득일로 본다.
> ③ 거주자가 양도일부터 소급하여 10년 이내에 그 배우자(양도 당시 사망으로 혼인관계가 소멸된 경우 포함)로부터 증여받은 토지를 양도할 경우에 이월과세를 적용한다.
> ④ 거주자가 사업인정고시일부터 소급하여 2년 이전에 배우자로부터 증여받은 경우로서 「공익사업을 위한 토지 등의 취득 및 보상에 관한 법률」에 따라 수용된 경우에는 이월과세를 적용하지 아니한다.
> ⑤ 이월과세를 적용하여 계산한 양도소득결정세액이 이월과세를 적용하지 않고 계산한 양도소득결정세액보다 적은 경우에 이월과세를 적용한다.
>
> **해설** ① 이월과세를 적용하는 경우 거주자가 배우자로부터 증여받은 자산에 대하여 납부한 증여세를 필요경비에 산입한다.
> ② 이월과세를 적용받은 자산의 보유기간은 증여한 배우자가 그 자산을 취득한 날을 취득일로 본다.
> ③ 거주자가 양도일부터 소급하여 10년 이내에 그 배우자(양도 당시 사망으로 혼인관계가 소멸된 경우 제외)로부터 증여받은 토지를 양도할 경우에 이월과세를 적용한다.
> ⑤ 이월과세를 적용하여 계산한 양도소득결정세액이 이월과세를 적용하지 않고 계산한 양도소득결정세액보다 적은 경우에 이월과세를 적용하지 아니한다. ◆ 정답 ④

2. 양도소득의 부당행위계산부인

거주자가 그와 특수관계인과의 부동산 등의 거래에 있어서 시가보다 현저히 높은 가격 또는 낮은 가격으로 거래하거나, 특수관계인을 통해 우회양도를 함으로서 조세의 부담을 부당하게 감소시킨 경우에 부당행위계산의 부인을 적용한다.

(1) 저가양도·고가양수의 부당행위계산부인

① 납세지 관할 세무서장 또는 지방국세청장은 양도소득이 있는 거주자의 행위 또는 계산이 그 거주자의 특수관계인과의 거래로 인하여 그 소득에 대한 조세 부담을 부당하게 감소시킨 것으로 인정되는 경우에는 그 거주자의 행위 또는 계산과 관계없이 해당 과세기간의 소득금액을 계산할 수 있다(소득세법 제101조 제1항).

② **조세의 부담을 부당하게 감소시킨 것으로 인정되는 경우**: "조세의 부담을 부당하게 감소시킨 것으로 인정되는 경우"란 다음의 어느 하나에 해당하는 때를 말한다. 다만, 시가와 거래가액의 차액이 3억원 이상이거나 시가의 100분의 5에 상당하는 금액 이상인 경우로 한정한다(소득세법시행령 제167조 제3항).

  ㉠ 특수관계인으로부터 시가보다 높은 가격으로 자산을 매입하거나 특수관계인에게 시가보다 낮은 가격으로 자산을 양도한 때

  ㉡ 그 밖에 특수관계인과의 거래로 해당 연도의 양도가액 또는 필요경비의 계산시 조세의 부담을 부당하게 감소시킨 것으로 인정되는 때

③ **시가**: 「상속세 및 증여세법」 제60조부터 제66조까지와 같은 법 시행령 제49조, 제50조부터 제52조까지, 제52조의2, 제53조부터 제58조까지, 제58조의2부터 제58조의4까지, 제59조부터 제63조까지의 규정을 준용하여 평가한 가액에 따른다. 이 경우 「상속세 및 증여세법 시행령」 제49조 제1항 각 호 외의 부분 본문 중 "평가기준일 전후 6개월(증여재산의 경우에는 평가기준일 전 6개월부터 평가기준일 후 3개월까지로 한다) 이내의 기간"은 "양도일 또는 취득일 전후 각 3개월의 기간"으로 본다(소득세법시행령 제167조 제5항).

④ **적용배제**: 개인과 법인 간에 재산을 양수 또는 양도하는 경우로서 그 대가가 「법인세법시행령」 규정에 의한 가액(시가)에 해당되어 당해 법인의 거래에 대하여 「법인세법」의 부당행위계산부인규정이 적용되지 아니하는 경우에는 적용하지 아니한다. 다만, 거짓 그 밖의 부정한 방법으로 양도소득세를 감소시킨 것으로 인정되는 경우에는 그러하지 아니하다(소득세법시행령 제167조 제6항).

심화·학습 **부당행위계산 적용시 취득가액으로 보는 시가**(양도소득세 집행기준 101-167-3)

특수관계자로부터 토지를 고가로 취득한 경우 부당행위계산 적용시 취득가액은 시가에 의하여 계산하며 이 경우 시가는 상증법상 평가액을 적용한다.

🔔 B의 취득가액은 상증법상 평가액인 7억원

넓혀 보기

특수관계인의 범위(국세기본법시행령 제1조의2)

1. 혈족·인척 등 대통령령으로 정하는 친족관계
　① 4촌 이내의 혈족
　② 3촌 이내의 인척
　③ 배우자(사실상의 혼인관계에 있는 자를 포함)
　④ 친생자로서 다른 사람에게 친양자 입양된 자 및 그 배우자·직계비속
　⑤ 본인이 「민법」에 따라 인지한 혼인 외 출생자의 생부나 생모(본인의 금전이나 그 밖의 재산으로 생계를 유지하는 사람 또는 생계를 함께하는 사람으로 한정한다)

2. 임원·사용인 등 대통령령으로 정하는 경제적 연관관계
　① 임원과 그 밖의 사용인
　② 본인의 금전이나 그 밖의 재산으로 생계를 유지하는 자
　③ ① 및 ②의 자와 생계를 함께하는 친족

3. 주주·출자자 등 대통령령으로 정하는 경영지배관계
　① 본인이 개인인 경우
　　㉠ 본인이 직접 또는 그와 친족관계 또는 경제적 연관관계에 있는 자를 통하여 법인의 경영에 대하여 지배적인 영향력을 행사하고 있는 경우 그 법인
　　㉡ 본인이 직접 또는 그와 친족관계, 경제적 연관관계 또는 ㉠의 관계에 있는 자를 통하여 법인의 경영에 대하여 지배적인 영향력을 행사하고 있는 경우 그 법인
　② 본인이 법인인 경우
　　㉠ 개인 또는 법인이 직접 또는 그와 친족관계 또는 경제적 연관관계에 있는 자를 통하여 본인인 법인의 경영에 대하여 지배적인 영향력을 행사하고 있는 경우 그 개인 또는 법인
　　㉡ 본인이 직접 또는 그와 경제적 연관관계 또는 ㉠의 관계에 있는 자를 통하여 어느 법인의 경영에 대하여 지배적인 영향력을 행사하고 있는 경우 그 법인
　　㉢ 본인이 직접 또는 그와 경제적 연관관계, ㉠ 또는 ㉡의 관계에 있는 자를 통하여 어느 법인의 경영에 대하여 지배적인 영향력을 행사하고 있는 그 법인
　　㉣ 본인이 「독점규제 및 공정거래에 관한 법률」에 따른 기업집단에 속하는 경우 그 기업집단에 속하는 다른 계열회사 및 그 임원

(2) 증여 후 양도 행위의 부인(우회양도 부인) 제33회

① 적용대상

거주자가 특수관계인(이월과세를 적용받는 배우자 및 직계존비속의 경우는 제외)에게 자산을 증여한 후 그 자산을 증여받은 자가 그 증여일부터 10년(등기부에 기재된 소유기간에 따름) 이내에 다시 타인에게 양도한 경우로서 ㉠에 따른 세액이 ㉡에 따른 세액보다 적은 경우에는 증여자가 그 자산을 직접 양도한 것으로 본다(소득세법 제101조 제2항).

㉠ 증여받은 자의 증여세와 양도소득세를 합한 세액

㉡ 증여자가 직접 양도하는 경우로 보아 계산한 양도소득세

② 납세의무자

㉠ 부인 요건에 해당하는 경우 당초 증여자가 그 자산을 직접 양도한 것으로 보아 증여자에게 양도소득세의 납세의무가 있다(소득세법 제101조 제2항).

㉡ 증여자가 자산을 직접 양도한 것으로 보는 경우 그 양도소득에 대해서는 증여자와 증여받은 자가 연대하여 납세의무를 진다(소득세법 제2조의2 제3항).

③ 양도소득세의 계산

당초 증여자(특수관계인)의 취득일을 기준으로 양도차익, 장기보유특별공제, 세율을 적용하여 세액을 계산한다.

④ 납부한 증여세의 환급

증여자에게 양도소득세가 과세되는 경우에는 당초 증여받은 자산에 대해서는 「상속세 및 증여세법」의 규정에도 불구하고 증여세를 부과하지 아니한다(소득세법 제101조 제3항). 따라서 이미 수증자에게 증여세가 부과된 경우에는 부과를 취소하고 수증자에게 환급하여야 한다.

⑤ 적용 배제

㉠ 양도소득이 해당 수증자에게 실질적으로 귀속된 경우에는 부인 규정을 적용하지 아니한다(소득세법 제101조 제2항 단서).

㉡ 양도소득이 해당 수증자에게 귀속되는 경우에는 실질과세원칙에 따라 그 수증자에게 양도소득세가 과세되므로 증여자가 타인에게 직접 양도한 것으로 보지 않는다.

예제

소득세법상 거주자의 국내자산 양도소득세 계산에 관한 설명으로 옳은 것은?　제31회

① 부동산에 관한 권리의 양도로 발생한 양도차손은 토지의 양도에서 발생한 양도소득금액에서 공제할 수 없다.

② 양도일부터 소급하여 10년 이내에 그 배우자로부터 증여받은 토지의 양도차익을 계산할 때 그 증여받은 토지에 대하여 납부한 증여세는 양도가액에서 공제할 필요경비에 산입하지 아니한다.

③ 취득원가에 현재가치할인차금이 포함된 양도자산의 보유기간 중 사업소득금액 계산시 필요경비로 산입한 현재가치할인차금상각액은 양도차익을 계산할 때 양도가액에서 공제할 필요경비로 본다.

④ 특수관계인에게 증여한 자산에 대해 증여자인 거주자에게 양도소득세가 과세되는 경우 수증자가 부담한 증여세 상당액은 양도가액에서 공제할 필요경비에 산입한다.

⑤ 거주자가 특수관계인과의 거래(시가와 거래가액의 차액이 5억원임)에 있어서 토지를 시가에 미달하게 양도함으로써 조세의 부담을 부당히 감소시킨 것으로 인정되는 때에는 그 양도가액을 시가에 의하여 계산한다.

해설 ① 부동산에 관한 권리의 양도로 발생한 양도차손은 토지의 양도에서 발생한 양도소득금액에서 공제할 수 있다(소득세법 제102조 제1항).

② 양도일부터 소급하여 10년 이내에 그 배우자로부터 증여받은 토지의 양도차익을 계산할 때 그 증여받은 토지에 대하여 납부한 증여세는 양도가액에서 공제할 필요경비에 산입한다(소득세법 제97조의2 제1항).

③ 취득원가에 현재가치할인차금이 포함된 양도자산의 보유기간 중 사업소득금액 계산시 필요경비로 산입한 현재가치할인차금상각액은 양도차익을 계산할 때 취득가액에서 공제한다(소득세법시행령 제163조 제2항).

④ 특수관계인에게 증여한 자산에 대해 증여자인 거주자에게 양도소득세가 과세되는 경우 수증자가 부담한 증여세 상당액은 부과를 취소하고 환급한다(소득세법 제101조 제3항).　◆정답 ⑤

06 양도소득세의 신고와 납부 ^{제31회}

1 양도소득과세표준의 예정신고와 납부

(1) 양도소득과세표준 예정신고

양도소득세 과세대상 자산(외국법인이 발행하였거나 외국에 있는 시장에 상장된 주식 등과 파생상품은 제외)을 양도한 거주자는 양도소득과세표준을 다음의 구분에 따른 기간에 대통령령으로 정하는 바에 따라 납세지 관할 세무서장에게 신고하여야 한다(소득세법 제105조 제1항).

☼ 외국법인이 발행하였거나 외국에 있는 시장에 상장된 주식과 파생상품은 예정신고하지 않는다.

① **토지 · 건물 및 부동산에 관한 권리 · 기타 자산 및 신탁 수익권**: 양도일이 속하는 달의 말일부터 2개월. 다만, 「부동산 거래신고 등에 관한 법률」 제10조 제1항에 따른 토지거래계약에 관한 허가구역에 있는 토지를 양도할 때 토지거래계약허가를 받기 전에 대금을 청산한 경우에는 그 허가일(토지거래계약허가를 받기 전에 허가구역의 지정이 해제된 경우에는 그 해제일을 말한다)이 속하는 달의 말일부터 2개월로 한다.

② **주식 또는 출자지분**: 양도일이 속하는 반기(半期)의 말일부터 2개월로 한다.

③ 부담부증여의 채무액에 해당하는 부분으로서 양도로 보는 경우에는 그 양도일이 속하는 달의 말일부터 3개월

(2) 양도소득과세표준 예정신고는 양도차익이 없거나 양도차손이 발생한 경우에도 적용한다 (소득세법 제105조 제3항).

(3) 예정신고를 할 때에는 예정신고납부세액을 납부하여야 한다(소득세법 제106조 제1항).

(4) 예정신고납부를 할 때에는 확정신고납부의 경우와 마찬가지로 분할납부도 할 수 있다(소득세법 제112조).

(5) 예정신고납부의무를 위반한 경우에는 「국세기본법」에 따른 무신고가산세 · 과소신고가산세 및 납부지연가산세가 부과된다.

(6) 예정신고납부

거주자가 예정신고를 할 때에는 산출세액에서 「조세특례제한법」이나 그 밖의 법률에 따른 감면세액을 뺀 세액을 대통령령으로 정하는 바에 따라 납세지 관할 세무서, 한국은행 또는 체신관서에 납부하여야 한다(소득세법 제106조 제1항). 다만, 예정신고납부를 하는 경우 수시부과세액이 있을 때에는 이를 공제하여 납부한다(소득세법 제106조 제3항).

> 예정신고납부세액 = 예정신고산출세액 - 감면세액 - 수시부과세액

(7) 예정신고 산출세액의 계산

① 거주자가 예정신고를 할 때 예정신고 산출세액은 다음 계산식에 따라 계산한다(소득세법 제107조 제1항).

> 예정신고 산출세액 = (A − B − C) × D
>
> A: 양도차익   B: 장기보유 특별공제
> C: 양도소득 기본공제   D: 양도소득세의 세율

② 해당 과세기간에 누진세율 적용대상 자산에 대한 예정신고를 2회 이상 하는 경우로서 거주자가 이미 신고한 양도소득금액과 합산하여 신고하려는 경우에는 다음의 구분에 따른 금액을 제2회 이후 신고하는 예정신고 산출세액으로 한다(소득세법 제107조 제2항).

⊙ (6~45%) 8단계 초과누진세율 적용대상 자산의 경우: 다음의 계산식에 따른 금액

> 예정신고 산출세액 = [(A + B − C) × D] − E
>
> A: 이미 신고한 자산의 양도소득금액
> B: 2회 이후 신고하는 자산의 양도소득금액
> C: 양도소득 기본공제
> D: (6~45%) 8단계 초과누진세율
> E: 이미 신고한 예정신고 산출세액

ⓛ (16~55%) 8단계 초과누진세율 적용대상 자산의 경우: 다음의 계산식에 따른 금액

> 예정신고 산출세액 = [(A + B − C) × D] − E
>
> A: 이미 신고한 자산의 양도소득금액
> B: 2회 이후 신고하는 자산의 양도소득금액
> C: 양도소득 기본공제
> D: (16~55%) 8단계 초과누진세율
> E: 이미 신고한 예정신고 산출세액

ⓒ (20~25%) 2단계 초과누진세율 적용대상 자산의 경우: 다음의 계산식에 따른 금액

> 예정신고 산출세액 = [(A + B − C) × D] − E
>
> A: 이미 신고한 자산의 양도소득금액
> B: 2회 이후 신고하는 자산의 양도소득금액
> C: 양도소득 기본공제
> D: (20~25%) 2단계 초과누진세율
> E: 이미 신고한 예정신고 산출세액

② 제104조 제1항 제14호에 따른 세율 적용대상 자산의 경우 : 다음의 계산식에 따른 금액

> 예정신고 산출세액 = [(A + B − C) × D] − E
>
> A : 이미 신고한 자산의 양도소득금액
> B : 2회 이후 신고하는 자산의 양도소득금액
> C : 양도소득 기본공제
> D : 제104조 제1항 제14호에 따른 세율
> E : 이미 신고한 예정신고 산출세액

② 양도소득과세표준의 확정신고와 납부

(1) 양도소득과세표준 확정신고

① 해당 과세기간의 양도소득금액이 있는 거주자는 그 양도소득과세표준을 그 과세기간의 다음 연도 5월 1일부터 5월 31일까지[토지거래계약허가를 받기 전에 대금을 청산한 경우에는 토지거래계약에 관한 허가일(토지거래계약허가를 받기 전에 허가구역의 지정이 해제된 경우에는 그 해제일을 말한다)이 속하는 과세기간의 다음 연도 5월 1일부터 5월 31일까지] 납세지 관할 세무서장에게 신고하여야 한다(소득세법 제110조 제1항).

② ①은 해당 과세기간의 과세표준이 없거나 결손금액이 있는 경우에도 적용한다(소득세법 제110조 제2항).

③ 예정신고를 한 자는 해당 소득에 대한 확정신고를 하지 아니할 수 있다. 다만, 해당 과세기간에 누진세율 적용대상 자산에 대한 예정신고를 2회 이상 하는 경우 등으로서 다음에 해당하는 경우에는 그러하지 아니하다(소득세법 제110조 제4항, 소득세법시행령 제173조 제5항).

ㄱ 당해 연도에 누진세율의 적용대상 자산에 대한 예정신고를 2회 이상 한 자가 이미 신고한 양도소득금액과 합산하여 신고하지 아니한 경우

ㄴ 법 제94조 제1항 제1호·제2호·제4호 및 제6호의 토지, 건물, 부동산에 관한 권리, 기타자산 및 신탁 수익권을 2회 이상 양도한 경우로서 법 제103조 제2항을 적용할 경우 당초 신고한 양도소득산출세액이 달라지는 경우

ㄷ 주식 또는 출자지분(주식 등)을 2회 이상 양도한 경우로서 양도소득기본공제의 적용순위로 인하여 당초 신고한 양도소득 산출세액이 달라지는 경우

(2) 확정신고를 할 때에는 확정신고납부세액을 납부하여야 한다(소득세법 제111조 제1항).

(3) 확정신고납부를 할 때에는 분할납부도 할 수 있다(소득세법 제112조).

(4) 확정신고납부의무를 위반한 경우에는 「국세기본법」에 따른 무신고 가산세·과소신고 가산세 및 납부지연가산세가 부과된다.

(5) 확정신고납부

① 거주자는 해당 과세기간의 과세표준에 대한 양도소득 산출세액에서 감면세액과 세액 공제액을 공제한 금액을 확정신고기한까지 납세지 관할 세무서, 한국은행 또는 체신관서에 납부하여야 한다(소득세법 제111조 제1항).

② 확정신고납부를 하는 경우 제107조에 따른 예정신고 산출세액, 제114조에 따라 결정·경정한 세액 또는 제82조·제118조에 따른 수시부과세액이 있을 때에는 이를 공제하여 납부한다(소득세법 제111조 제3항).

③ 양도소득세의 분할납부

(1) 거주자로서 예정신고납부 또는 확정신고납부에 따라 납부할 세액이 각각 1천만원을 초과하는 자는 그 납부할 세액의 일부를 납부기한이 지난 후 2개월 이내에 분할납부할 수 있다(소득세법 제112조).

(2) 분납할 수 있는 세액(소득세법시행령 제175조)

① 납부할 세액이 2천만원 이하인 때에는 1천만원을 초과하는 금액

② 납부할 세액이 2천만원을 초과하는 때에는 그 세액의 100분의 50 이하의 금액

(3) 분납의 신청(소득세법시행규칙 제85조)

납부할 세액의 일부를 분납하고자 하는 자는 다음의 구분에 따라 납세지 관할세무서장에게 신청하여야 한다.

① 확정신고를 하는 경우에는 양도소득과세표준 확정신고 및 납부계산서에 분납할 세액을 기재하여 확정신고기한까지 신청하여야 한다.

② 예정신고를 하는 경우에는 양도소득과세표준 예정신고 및 납부계산서에 분납할 세액을 기재하여 예정신고기한까지 신청하여야 한다.

④ 양도소득세의 가산세 제33회

(1) 무신고가산세(국세기본법 제47조의2)

납세의무자가 법정신고기한까지 세법에 따른 국세의 과세표준 신고(예정신고 및 중간신고를 포함하며, 「교육세법」 제9조에 따른 신고 중 금융·보험업자가 아닌 자의 신고와 「농어촌특별세법」 및 「종합부동산세법」에 따른 신고는 제외한다)를 하지 아니한 경우에는 그 신고로 납부하여야 할 세액(「국세기본법」 및 세법에 따른 가산세와 세법에 따라 가산하여 납부하여야 할 이자 상당 가산액이 있는 경우 그 금액은 제외하며, 이하 "무신고납부세액"이라 한다)에 다음의 구분에 따른 비율을 곱한 금액을 가산세로 한다(국세기본법 제47조의2 제1항).

① **부정행위로 법정신고기한까지 세법에 따른 국세의 과세표준 신고를 하지 아니한 경우**: 100분의 40(역외거래에서 발생한 부정행위인 경우에는 100분의 60)

② **① 외의 경우**: 100분의 20

핵심 다지기

부정행위(국세기본법 집행기준 47의2-0-2)
부정무신고 가산세를 적용하는 경우 부정행위란 조세범처벌법 제3조 제6항 각 호의 어느 하나에 해당하는 행위로서 조세의 부과와 징수를 불가능하게 하거나 현저히 곤란하게 하는 적극적인 행위를 말한다.
1. 이중장부의 작성 등 장부의 거짓 기록
2. 거짓 증명 또는 거짓 문서의 작성 및 수취
3. 장부와 기록의 파기
4. 재산의 은닉이나 소득·수익·행위·거래의 조작 또는 은폐
5. 고의적으로 장부를 작성하지 아니하거나 비치하지 아니하는 행위 또는 계산서, 세금계산서 또는 계산서합계표, 세금계산서합계표의 조작
6. 「조세특례제한법」 제24조 제1항 제4호에 따른 전사적 기업자원관리설비의 조작 또는 전자세금계산서의 조작
7. 그 밖에 위계에 의한 행위 또는 부정한 행위

(2) 과소신고·초과환급신고가산세(국세기본법 제47조의3)

납세의무자가 법정신고기한까지 세법에 따른 국세의 과세표준 신고(예정신고 및 중간신고를 포함하며, 「교육세법」 제9조에 따른 신고 중 금융·보험업자가 아닌 자의 신고와 「농어촌특별세법」에 따른 신고는 제외한다)를 한 경우로서 납부할 세액을 신고하여야 할 세액보다 적게 신고(이하 "과소신고"라 한다)하거나 환급받을 세액을 신고하여야 할 금액보다 많이 신고(이하 "초과신고"라 한다)한 경우에는 과소신고한 납부세액과 초과신고한 환급세액을 합한 금액(「국세기본법」 및 세법에 따른 가산세와 세법에 따라 가산하여 납부하여야 할 이자 상당 가산액이 있는 경우 그 금액은 제외하며, 이하 "과소신고납부세액 등"이라 한다)에 다음의 구분에 따른 산출방법을 적용한 금액을 가산세로 한다(국세기본법 제47조의3 제1항).

① **부정행위로 과소신고하거나 초과신고한 경우**: 다음의 금액을 합한 금액
  ㉠ 부정행위로 인한 과소신고납부세액 등의 100분의 40(역외거래에서 발생한 부정행위로 인한 경우에는 100분의 60)에 상당하는 금액
  ㉡ 과소신고납부세액 등에서 부정행위로 인한 과소신고납부세액 등을 뺀 금액의 100분의 10에 상당하는 금액

② **① 외의 경우**: 과소신고납부세액 등의 100분의 10에 상당하는 금액

(3) 납부지연가산세(국세기본법 제47조의4)

납세의무자(연대납세의무자, 납세자를 갈음하여 납부할 의무가 생긴 제2차 납세의무자 및 보증인을 포함한다)가 법정납부기한까지 국세(인지세법 제8조 제1항에 따른 인지세는 제외한다)의 납부(중간예납·예정신고납부·중간신고납부를 포함한다)를 하지 아니하거나 납부하여야 할 세액보다 적게 납부("과소납부"라 한다)하거나 환급받아야 할 세액보다 많이 환급("초과환급"이라 한다)받은 경우에는 다음의 금액을 합한 금액을 가산세로 한다.

① 납부하지 아니한 세액 또는 과소납부분 세액(세법에 따라 가산하여 납부하여야 할 이자상당 가산액이 있는 경우에는 그 금액을 더한다) × 법정납부기한의 다음 날부터 납부일까지의 기간(납부고지일부터 납부고지서에 따른 납부기한까지의 기간은 제외한다) × 금융회사 등이 연체대출금에 대하여 적용하는 이자율 등을 고려하여 대통령령으로 정하는 이자율

② 초과환급받은 세액(세법에 따라 가산하여 납부하여야 할 이자상당가산액이 있는 경우에는 그 금액을 더한다) × 환급받은 날의 다음 날부터 납부일까지의 기간(납부고지일부터 납부고지서에 따른 납부기한까지의 기간은 제외한다) × 금융회사 등이 연체대출금에 대하여 적용하는 이자율 등을 고려하여 대통령령으로 정하는 이자율

③ 법정납부기한까지 납부하여야 할 세액(세법에 따라 가산하여 납부하여야 할 이자 상당 가산액이 있는 경우에는 그 금액을 더한다) 중 납부고지서에 따른 납부기한까지 납부하지 아니한 세액 또는 과소납부분 세액 × 100분의 3(국세를 납부고지서에 따른 납부기한까지 완납하지 아니한 경우에 한정한다)

④ 체납된 국세의 납부고지서별·세목별 세액이 150만원 미만인 경우에는 위 ① 및 ②의 가산세를 적용하지 아니한다(국세기본법 제47조의4 제8항).

(4) 감정가액 또는 환산취득가액 적용에 따른 가산세(소득세법 제114조의2)

① 거주자가 건물을 신축 또는 증축(증축의 경우 바닥면적 합계가 85제곱미터를 초과하는 경우에 한정한다)하고 그 건물의 취득일 또는 증축일부터 5년 이내에 해당 건물을 양도하는 경우로서 제97조 제1항 제1호 나목에 따른 감정가액 또는 환산취득가액을 그 취득가액으로 하는 경우에는 해당 건물의 감정가액(증축의 경우 증축한 부분에 한정한다) 또는 환산취득가액(증축의 경우 증축한 부분에 한정한다)의 100분의 5에 해당하는 금액을 제92조 제3항 제2호에 따른 양도소득 결정세액에 더한다(소득세법 제114조의2 제1항).

② ①은 양도소득 산출세액이 없는 경우에도 적용한다(소득세법 제114조의2 제2항).

5 수정신고

(1) 수정신고(국세기본법 제45조)

과세표준신고서를 법정신고기한까지 제출한 자(「소득세법」 제73조 제1항 제1호부터 제7호까지의 어느 하나에 해당하는 자를 포함한다) 및 제45조의3 제1항에 따른 기한 후 과세표준신고서를 제출한 자는 다음의 어느 하나에 해당할 때에는 관할 세무서장이 각 세법에 따라 해당 국세의 과세표준과 세액을 결정 또는 경정하여 통지하기 전으로서 제26조의2 제1항부터 제4항까지의 규정에 따른 기간이 끝나기 전까지 과세표준수정신고서를 제출할 수 있다(국세기본법 제45조 제1항).

① 과세표준신고서 또는 기한 후 과세표준신고서에 기재된 과세표준 및 세액이 세법에 따라 신고하여야 할 과세표준 및 세액에 미치지 못할 때

② 과세표준신고서 또는 기한 후 과세표준신고서에 기재된 결손금액 또는 환급세액이 세법에 따라 신고하여야 할 결손금액이나 환급세액을 초과할 때

③ ① 및 ② 외에 원천징수의무자의 정산 과정에서의 누락, 세무조정 과정에서의 누락 등 대통령령으로 정하는 사유로 불완전한 신고를 하였을 때

(2) 수정신고한 경우 가산세 감면

① 정부는 과세표준신고서를 법정신고기한까지 제출한 자가 법정신고기한이 지난 후 제45조에 따라 수정신고한 경우(제47조의3에 따른 가산세만 해당하며, 과세표준과 세액을 경정할 것을 미리 알고 과세표준수정신고서를 제출한 경우는 제외한다)에는 다음의 구분에 따른 금액을 감면한다(국세기본법 제48조 제2항 제1호).

가산세 감면금액 = 과소신고가산세 × 감면율

구 분	감면율
㉠ 법정신고기한이 지난 후 1개월 이내에 수정신고한 경우	90%
㉡ 법정신고기한이 지난 후 1개월 초과 3개월 이내에 수정신고한 경우	75%
㉢ 법정신고기한이 지난 후 3개월 초과 6개월 이내에 수정신고한 경우	50%
㉣ 법정신고기한이 지난 후 6개월 초과 1년 이내에 수정신고한 경우	30%
㉤ 법정신고기한이 지난 후 1년 초과 1년 6개월 이내에 수정신고한 경우	20%
㉥ 법정신고기한이 지난 후 1년 6개월 초과 2년 이내에 수정신고한 경우	10%

② 다만, 과세표준과 세액을 경정할 것을 미리 알고 과세표준수정신고서를 제출한 경우에는 감면대상에서 제외한다(국세기본법 제48조 제2항 제1호).

③ ①에도 불구하고 세법에 따른 예정신고기한 및 중간신고기한까지 예정신고 및 중간신고를 하였으나 과소신고하거나 초과신고한 경우로서 확정신고기한까지 과세표준을 수정하여 신고한 경우[해당 기간에 부과되는 제47조의3에 따른 가산세(과소신고가산세)만 해당하며, 과세표준과 세액을 경정할 것을 미리 알고 과세표준신고를 하는 경우는 제외한다] : 과소신고가산세액의 100분의 50에 상당하는 금액을 감면한다(국세기본법 제48조 제2항 제3호 다목).

6 기한 후 신고

(1) 기한 후 신고(국세기본법 제45조의3)

① 법정신고기한까지 과세표준신고서를 제출하지 아니한 자는 관할 세무서장이 세법에 따라 해당 국세의 과세표준과 세액(「국세기본법」 및 세법에 따른 가산세를 포함한다)을 결정하여 통지하기 전까지 기한 후 과세표준신고서를 제출할 수 있다(국세기본법 제45조의3 제1항).

② ①에 따라 기한 후 과세표준신고서를 제출한 자로서 세법에 따라 납부하여야 할 세액이 있는 자는 그 세액을 납부하여야 한다(국세기본법 제45조의3 제2항).

③ ①에 따라 기한 후 과세표준신고서를 제출하거나 제45조 제1항에 따라 기한 후 과세표준신고서를 제출한 자가 과세표준수정신고서를 제출한 경우 관할 세무서장은 세법에 따라 신고일부터 3개월 이내에 해당 국세의 과세표준과 세액을 결정 또는 경정하여 신고인에게 통지하여야 한다. 다만, 그 과세표준과 세액을 조사할 때 조사 등에 장기간이 걸리는 등 부득이한 사유로 신고일부터 3개월 이내에 결정 또는 경정할 수 없는 경우에는 그 사유를 신고인에게 통지하여야 한다(국세기본법 제45조의3 제3항).

(2) 기한 후 신고한 경우 가산세 감면

① 정부는 과세표준신고서를 법정신고기한까지 제출하지 아니한 자가 법정신고기한이 지난 후 제45조의3에 따라 기한 후 신고를 한 경우(제47조의2에 따른 가산세만 해당하며, 과세표준과 세액을 결정할 것을 미리 알고 기한후과세표준신고서를 제출한 경우는 제외한다)에는 다음의 구분에 따른 금액을 감면한다(국세기본법 제48조 제2항 제2호).

구 분	가산세 감면금액
㉠ 법정신고기한이 지난 후 1개월 이내에 기한 후 신고를 한 경우	무신고가산세 × 50%
㉡ 법정신고기한이 지난 후 1개월 초과 3개월 이내에 기한 후 신고를 한 경우	무신고가산세 × 30%
㉢ 법정신고기한이 지난 후 3개월 초과 6개월 이내에 기한 후 신고를 한 경우	무신고가산세 × 20%

② 다만, 과세표준과 세액을 결정할 것을 미리 알고 기한 후 과세표준신고서를 제출한 경우는 감면대상에서 제외한다(국세기본법 제48조 제2항 제2호).

③ ①에도 불구하고 세법에 따른 예정신고기한 및 중간신고기한까지 예정신고 및 중간신고를 하지 아니하였으나 확정신고기한까지 과세표준신고를 한 경우[해당 기간에 부과되는 제47조의2에 따른 가산세(무신고가산세)만 해당하며, 과세표준과 세액을 경정할 것을 미리 알고 과세표준신고를 하는 경우는 제외한다]: 무신고가산세액의 100분의 50에 상당하는 금액을 감면한다(국세기본법 제48조 제2항 제3호 라목).

7 경정 등의 청구(국세기본법 제45조의2)

(1) 과세표준신고서를 법정신고기한까지 제출한 자 및 제45조의3 제1항에 따른 기한 후 과세표준신고서를 제출한 자는 다음의 어느 하나에 해당할 때에는 최초신고 및 수정신고한 국세의 과세표준 및 세액의 결정 또는 경정을 법정신고기한이 지난 후 5년 이내에 관할 세무서장에게 청구할 수 있다. 다만, 결정 또는 경정으로 인하여 증가된 과세표준 및 세액에 대하여는 해당 처분이 있음을 안 날(처분의 통지를 받은 때에는 그 받은 날)부터 90일 이내(법정신고기한이 지난 후 5년 이내로 한정한다)에 경정을 청구할 수 있다(국세기본법 제45조의2 제1항).

> 1. 과세표준신고서 또는 기한 후 과세표준신고서에 기재된 과세표준 및 세액(각 세법에 따라 결정 또는 경정이 있는 경우에는 해당 결정 또는 경정 후의 과세표준 및 세액을 말한다)이 세법에 따라 신고하여야 할 과세표준 및 세액을 초과할 때
> 2. 과세표준신고서 또는 기한 후 과세표준신고서에 기재된 결손금액 또는 환급세액(각 세법에 따라 결정 또는 경정이 있는 경우에는 해당 결정 또는 경정 후의 결손금액 또는 환급세액을 말한다)이 세법에 따라 신고하여야 할 결손금액 또는 환급세액에 미치지 못할 때

(2) 과세표준신고서를 법정신고기한까지 제출한 자 또는 국세의 과세표준 및 세액의 결정을 받은 자는 다음의 어느 하나에 해당하는 사유가 발생하였을 때에는 (1)에서 규정하는 기간에도 불구하고 그 사유가 발생한 것을 안 날부터 3개월 이내에 결정 또는 경정을 청구할 수 있다(국세기본법 제45조의2 제2항).

> 1. 최초의 신고·결정 또는 경정에서 과세표준 및 세액의 계산 근거가 된 거래 또는 행위 등이 그에 관한 제7장에 따른 심사청구, 심판청구, 「감사원법」에 따른 심사청구에 대한 결정이나 소송에 대한 판결(판결과 같은 효력을 가지는 화해나 그 밖의 행위를 포함한다)에 의하여 다른 것으로 확정되었을 때
> 2. 소득이나 그 밖의 과세물건의 귀속을 제3자에게로 변경시키는 결정 또는 경정이 있을 때
> 3. 조세조약에 따른 상호합의가 최초의 신고·결정 또는 경정의 내용과 다르게 이루어졌을 때

4. 결정 또는 경정으로 인하여 그 결정 또는 경정의 대상이 된 과세표준 및 세액과 연동된 다른 세목(같은 과세기간으로 한정한다)이나 연동된 다른 과세기간(같은 세목으로 한정한다)의 과세표준 또는 세액이 세법에 따라 신고하여야 할 과세표준 또는 세액을 초과할 때

5. 1.부터 4.까지와 유사한 사유로서 대통령령으로 정하는 사유가 해당 국세의 법정신고기한이 지난 후에 발생하였을 때

(3) (1)과 (2)에 따라 결정 또는 경정의 청구를 받은 세무서장은 그 청구를 받은 날부터 2개월 이내에 과세표준 및 세액을 결정 또는 경정하거나 결정 또는 경정하여야 할 이유가 없다는 뜻을 그 청구를 한 자에게 통지하여야 한다. 다만, 청구를 한 자가 2개월 이내에 아무런 통지(제4항에 따른 통지를 제외한다)를 받지 못한 경우에는 통지를 받기 전이라도 그 2개월이 되는 날의 다음 날부터 이의신청, 심사청구, 심판청구 또는 「감사원법」에 따른 심사청구를 할 수 있다(국세기본법 제45조의2 제3항).

⑧ 양도소득과세표준과 세액의 결정·경정 및 통지

(1) 양도소득과세표준과 세액의 결정·경정 및 통지(소득세법 제114조)

① **결정**(무신고시) : 납세지 관할 세무서장 또는 지방국세청장은 예정신고를 하여야 할 자 또는 확정신고를 하여야 할 자가 그 신고를 하지 아니한 경우에는 해당 거주자의 양도소득과세표준과 세액을 결정한다(소득세법 제114조 제1항).

② **경정**(신고 내용에 탈루 또는 오류가 있는 경우) : 납세지 관할 세무서장 또는 지방국세청장은 예정신고를 한 자 또는 확정신고를 한 자의 신고 내용에 탈루 또는 오류가 있는 경우에는 양도소득과세표준과 세액을 경정한다(소득세법 제114조 제2항).

③ 납세지 관할 세무서장 또는 지방국세청장은 양도소득과세표준과 세액을 결정 또는 경정한 후 그 결정 또는 경정에 탈루 또는 오류가 있는 것이 발견된 경우에는 즉시 다시 경정한다(소득세법 제114조 제3항).

④ 토지 및 건물의 양도로 양도가액 및 취득가액을 실지거래가액에 따라 양도소득과세표준 예정신고 또는 확정신고를 하여야 할 자(이하 "신고의무자"라 한다)가 그 신고를 하지 아니한 경우로서 양도소득과세표준과 세액 또는 신고의무자의 실지거래가액 소명(疏明) 여부 등을 고려하여 대통령령으로 정하는 경우에 해당할 때에는 납세지 관할 세무서장 또는 지방국세청장은 「부동산등기법」에 따라 등기부에 기재된 거래가액(이하 "등기부 기재가액"이라 한다)을 실지거래가액으로 추정하여 양도소득과세표준과 세액을 결정할 수 있다. 다만, 납세지 관할 세무서장 또는 지방국세청장이 등기부 기재가액이 실지거래가액과 차이가 있음을 확인한 경우에는 그러하지 아니하다(소득세법 제114조 제5항).

⑤ 양도가액 및 취득가액을 실지거래가액에 따라 양도소득과세표준 예정신고 또는 확정신고를 한 경우로서 그 신고가액이 사실과 달라 납세지 관할 세무서장 또는 지방국세청장이 실지거래가액을 확인한 경우에는 그 확인된 가액을 양도가액 또는 취득가액으로 하여 양도소득과세표준과 세액을 경정한다(소득세법 제114조 제6항).

⑥ 양도소득과세표준을 결정 또는 경정함에 있어 양도가액 또는 취득가액을 실지거래가액에 따라 정하는 경우로서 대통령령으로 정하는 사유로 장부나 그 밖의 증빙서류에 의하여 해당 자산의 양도 당시 또는 취득 당시의 실지거래가액을 인정 또는 확인할 수 없는 경우에는 양도가액 또는 취득가액을 매매사례가액, 감정가액, 환산취득가액 또는 기준시가 등에 따라 추계조사하여 결정 또는 경정할 수 있다(소득세법 제114조 제7항).

> **핵심 다지기**
>
> **추계결정 및 경정 사유**(소득세법시행령 제176조의2 제1항)
> 1. 양도 또는 취득당시의 실지거래가액의 확인을 위하여 필요한 장부 · 매매계약서 · 영수증 기타 증빙서류가 없거나 그 중요한 부분이 미비된 경우
> 2. 장부 · 매매계약서 · 영수증 기타 증빙서류의 내용이 매매사례가액, 「감정평가 및 감정평가사에 관한 법률」에 따른 감정평가법인 등(이하 이 조에서 "감정평가법인 등"이라 한다)이 평가한 감정가액 등에 비추어 거짓임이 명백한 경우

⑦ 납세지 관할 세무서장 또는 지방국세청장은 거주자의 양도소득과세표준과 세액을 결정 또는 경정하였을 때에는 이를 그 거주자에게 서면으로 알려야 한다(소득세법 제114조 제8항).

9 양도소득세의 징수(소득세법 제116조) 제33회

(1) 결정에 의한 세액의 징수

납세지 관할 세무서장은 거주자가 확정신고납부에 따라 해당 과세기간의 양도소득세로 납부하여야 할 세액의 전부 또는 일부를 납부하지 아니한 경우에는 그 미납된 부분의 양도소득세액을 「국세징수법」에 따라 징수한다. 예정신고납부에 따른 예정신고납부세액의 경우에도 또한 같다(소득세법 제116조 제1항).

(2) 추가납부세액의 징수

납세지 관할 세무서장은 양도소득과세표준과 세액을 결정 또는 경정한 경우 양도소득 총결정세액이 다음의 금액의 합계액을 초과할 때에는 그 초과하는 세액("추가납부세액"이라 한다)을 해당 거주자에게 알린 날부터 30일 이내에 징수한다(소득세법 제116조 제2항).

① 예정신고납부세액과 확정신고납부세액

② 위 (1)에 따라 징수하는 세액

③ 수시부과세액

④ 원천징수한 세액

10 양도소득세의 환급(소득세법 제117조)

납세지 관할 세무서장은 과세기간별로 "예정신고납부세액·확정신고납부세액·수시부과세액·원천징수한 세액"의 합계액이 양도소득 총결정세액을 초과할 때에는 그 초과하는 세액을 환급하거나 다른 국세 및 강제징수비에 충당하여야 한다(소득세법 제117조).

11 준용규정(소득세법 제118조)

양도소득세에 관하여는 제24조·제27조·제33조·제39조·제43조·제44조·제46조·제74조·제75조 및 제82조를 준용한다.

12 양도소득세의 부가세

(1) 양도소득세에는 납부하여야 할 세액에 대하여는 부가세가 과세되지 아니하고, 독립세인 지방소득세가 별도로 과세된다.

(2) 다만, 감면세액의 100분의 20에 해당하는 농어촌특별세가 부과된다(농어촌특별세법 제5조 제1항 제1호).

예제

1. 소득세법상 거주자의 양도소득세 신고 및 납부에 관한 설명으로 옳은 것은? 　제29회

① 토지 또는 건물을 양도한 경우에는 그 양도일이 속하는 분기의 말일부터 2개월 이내에 양도소득과세표준을 신고해야 한다.

② 양도차익이 없거나 양도차손이 발생한 경우에는 양도소득과세표준 예정신고 의무가 없다.

③ 건물을 신축하고 그 신축한 건물의 취득일부터 5년 이내에 해당 건물을 양도하는 경우로서 취득 당시의 실지거래가액을 확인할 수 없어 환산가액을 그 취득가액으로 하는 경우에는 양도소득세 산출세액의 100분의 5에 해당하는 금액을 양도소득 결정세액에 더한다.

④ 양도소득과세표준 예정신고시에는 납부할 세액이 1천만원을 초과하더라도 그 납부할 세액의 일부를 분할납부할 수 없다.

⑤ 당해 연도에 누진세율의 적용대상 자산에 대한 예정신고를 2회 이상 한 자가 법령에 따라 이미 신고한 양도소득금액과 합산하여 신고하지 아니한 경우 양도소득세 확정신고를 해야 한다.

해설 ① 토지 또는 건물을 양도한 경우에는 그 양도일이 속하는 달의 말일부터 2개월 이내에 양도소득과세표준을 신고해야 한다.

② 양도차익이 없거나 양도차손이 발생한 경우에도 양도소득과세표준 예정신고 의무가 있다.

③ 건물을 신축하고 그 신축한 건물의 취득일부터 5년 이내에 해당 건물을 양도하는 경우로서 취득 당시의 실지거래가액을 확인할 수 없어 환산가액을 그 취득가액으로 하는 경우에는 해당 건물 환산가액의 100분의 5에 해당하는 금액을 양도소득 결정세액에 더한다.

④ 양도소득과세표준 예정신고시에도 납부할 세액이 1천만원을 초과하는 경우 그 납부할 세액의 일부를 분할납부할 수 있다.

◆ 정답 ⑤

2. 소득세법상 거주자의 국내 토지에 대한 양도소득과세표준 및 세액의 신고·납부에 관한 설명으로 틀린 것은? 제31회

① 법령에 따른 부담부증여의 채무액에 해당하는 부분으로서 양도로 보는 경우 그 양도일이 속하는 달의 말일부터 3개월 이내에 양도소득과세표준을 납세지 관할 세무서장에게 신고하여야 한다.

② 예정신고납부를 하는 경우 예정신고 산출세액에서 감면세액을 빼고 수시부과세액이 있을 때에는 이를 공제하지 아니한 세액을 납부한다.

③ 예정신고납부할 세액이 2천만원을 초과하는 때에는 그 세액의 100분의 50 이하의 금액을 납부기한이 지난 후 2개월 이내에 분할납부할 수 있다.

④ 당해연도에 누진세율의 적용대상 자산에 대한 예정신고를 2회 이상 한 자가 법령에 따라 이미 신고한 양도소득금액과 합산하여 신고하지 아니한 경우에는 양도소득과세표준의 확정신고를 하여야 한다.

⑤ 양도차익이 없거나 양도차손이 발생한 경우에도 양도소득 과세표준의 예정신고를 하여야 한다.

해설 ② 예정신고납부를 하는 경우 예정신고 산출세액에서 감면세액을 빼고 수시부과세액이 있을 때에는 이를 공제하여 납부한다(소득세법 제106조 제3항). **◆ 정답 ②**

07 　양도소득세의 비과세 제31회

"비과세"란 법률이 정하는 과세요건이 충족되지만 과세권자(정부 또는 세무관서)가 사회·경제적 목적을 위해 법이 정하는 요건을 갖춘 경우 과세권을 포기하는 것이다. 납세의무가 성립하지 아니하므로 납세의무자의 신청이 없어도 당연히 과세되지 아니한다(당연 비과세).

> **소득세법 제89조【비과세 양도소득】** ① 다음 각 호의 소득에 대해서는 양도소득에 대한 소득세(이하 "양도소득세"라 한다)를 과세하지 아니한다.
> 1. 파산선고에 의한 처분으로 발생하는 소득
> 2. 대통령령으로 정하는 경우에 해당하는 농지의 교환 또는 분합(分合)으로 발생하는 소득
> 3. 다음 각 목의 어느 하나에 해당하는 주택(주택 및 이에 딸린 토지의 양도 당시 실지거래가액의 합계액이 12억원을 초과하는 고가주택은 제외한다)과 이에 딸린 토지로서 건물이 정착된 면적에 지역별로 대통령령으로 정하는 배율을 곱하여 산정한 면적 이내의 토지(이하 이 조에서 "주택부수토지"라 한다)의 양도로 발생하는 소득
>   가. 1세대가 1주택을 보유하는 경우로서 대통령령으로 정하는 요건을 충족하는 주택
>   나. 1세대가 1주택을 양도하기 전에 다른 주택을 대체취득하거나 상속, 동거봉양, 혼인 등으로 인하여 2주택 이상을 보유하는 경우로서 대통령령으로 정하는 주택

4. 조합원입주권을 1개 보유한 1세대[「도시 및 주거환경정비법」 제74조에 따른 관리처분계획의 인가일 및 「빈집 및 소규모주택 정비에 관한 특례법」 제29조에 따른 사업시행계획인가일(인가일 전에 기존주택이 철거되는 때에는 기존주택의 철거일) 현재 제3호 가목에 해당하는 기존주택을 소유하는 세대]가 다음 각 목의 어느 하나의 요건을 충족하여 양도하는 경우 해당 조합원입주권을 양도하여 발생하는 소득. 다만, 해당 조합원입주권의 양도 당시 실지거래가액이 12억원을 초과하는 경우에는 양도소득세를 과세한다.
   가. 양도일 현재 다른 주택 또는 분양권을 보유하지 아니할 것
   나. 양도일 현재 1조합원입주권 외에 1주택을 보유한 경우(분양권을 보유하지 아니하는 경우로 한정한다)로서 해당 1주택을 취득한 날부터 3년 이내에 해당 조합원입주권을 양도할 것(3년 이내에 양도하지 못하는 경우로서 대통령령으로 정하는 사유에 해당하는 경우를 포함한다)
5. 「지적재조사에 관한 특별법」 제18조에 따른 경계의 확정으로 지적공부상의 면적이 감소되어 같은 법 제20조에 따라 지급받는 조정금

1 파산선고에 의한 처분으로 발생하는 소득

파산선고에 의한 처분으로 발생하는 소득은 「채무자 회생 및 파산에 관한 법률」에 따라 파산에 관련된 채권단의 소유로 되어 총채권자에게 신고한 채권의 비율에 따라 분배되므로, 현행법에서는 그 파산자가 개인일 경우에는 양도소득세, 법인인 경우에는 법인세를 부과하지 아니한다(소득세법 제89조 제1항 제1호).

2 농지의 교환 또는 분합(分合) 제34회

(1) 비과세대상

다음의 어느 하나에 해당하는 농지를 교환 또는 분합하는 경우로서 교환 또는 분합하는 쌍방 토지가액의 차액이 가액이 큰 편의 4분의 1 이하인 경우에는 양도소득세를 비과세한다(소득세법시행령 제153조 제1항).

① 국가 또는 지방자치단체가 시행하는 사업으로 인하여 교환 또는 분합하는 농지

② 국가 또는 지방자치단체가 소유하는 토지와 교환 또는 분합하는 농지

③ 경작상 필요에 의하여 교환하는 농지. 다만, 교환에 의하여 새로이 취득하는 농지를 3년 이상 농지 소재지에 거주하면서 경작하는 경우에 한한다.
   ㉠ 새로운 농지의 취득 후 3년 이내에 「공익사업을 위한 토지 등의 취득 및 보상에 관한 법률」에 의한 협의매수·수용 및 그 밖의 법률에 의하여 수용되는 경우에는 3년 이상 농지 소재지에 거주하면서 경작한 것으로 본다(소득세법시행령 제153조 제5항).
   ㉡ 새로운 농지 취득 후 3년 이내에 농지 소유자가 사망한 경우로서 상속인이 농지 소재지에 거주하면서 계속 경작한 때에는 피상속인의 경작기간과 상속인의 경작기간을 통산한다(소득세법시행령 제153조 제6항).

④ 「농어촌정비법」, 「농지법」, 「한국농어촌공사 및 농지관리기금법」, 「농업협동조합법」에 의하여 교환 또는 분합하는 농지

용어 학습+ 비과세되는 농지

"농지"라 함은 논밭이나 과수원으로서 지적공부(地籍公簿)의 지목과 관계없이 실제로 경작에 사용되는 토지를 말한다. 이 경우 농지의 경영에 직접 필요한 농막·퇴비사·양수장·지소(池沼)·농도(農道) 및 수로(水路) 등에 사용되는 토지를 포함한다(소득세법 제88조 제8호).

넓혀 보기

농지소재지(소득세법시행령 제153조 제3항)
"농지소재지"라 함은 다음의 어느 하나에 해당하는 지역(경작개시 당시에는 당해 지역에 해당하였으나 행정구역의 개편 등으로 이에 해당하지 아니하게 된 지역을 포함한다)을 말한다.
1. 농지가 소재하는 시(특별자치시와 「제주특별자치도 설치 및 국제자유도시 조성을 위한 특별법」에 따라 설치된 행정시를 포함한다)·군·구(자치구인 구를 말한다) 안의 지역
2. 1.의 지역과 연접한 시·군·구안의 지역
3. 농지로부터 직선거리 30킬로미터 이내에 있는 지역

(2) 비과세 배제대상(소득세법시행령 제153조 제4항)

① 양도일 현재 특별시·광역시(광역시에 있는 군을 제외한다)·특별자치시(특별자치시에 있는 읍·면지역은 제외한다)·특별자치도(「제주특별자치도 설치 및 국제자유도시 조성을 위한 특별법」에 따라 설치된 행정시의 읍·면지역은 제외한다) 또는 시지역(「지방자치법」 규정에 의한 도·농복합형태의 시의 읍·면지역을 제외한다)에 있는 농지 중 「국토의 계획 및 이용에 관한 법률」에 의한 주거지역·상업지역 또는 공업지역 안의 농지로서 이들 지역에 편입된 날부터 3년이 지난 농지

② 당해 농지에 대하여 환지처분 이전에 농지 외의 토지로 환지예정지의 지정이 있는 경우로서 그 환지예정지 지정일부터 3년이 지난 농지

심화 학습

1. **농지의 범위**(소득세법시행령 제168조의8 제2항)
   법 제104조의3 제1항 제1호 가목 본문에서 "소유자가 농지소재지에 거주하지 아니하거나 자기가 경작하지 아니하는 농지"란 제153조 제3항에 따른 농지소재지에 사실상 거주("재촌"이라 한다)하는 자가 「조세특례제한법시행령」 제66조 제13항에 따른 직접 경작("자경"이라 한다)을 하는 농지를 제외한 농지를 말한다. 이 경우 자경한 기간의 판정에 관하여는 「조세특례제한법시행령」 제66조 제14항을 준용한다.

2. **자경**(조세특례제한법시행령 제66조 제13항)

"대통령령으로 정하는 방법으로 직접 경작"이란 다음의 어느 하나에 해당하는 것을 말한다.

① 거주자가 그 소유농지에서 농작물의 경작 또는 다년생식물의 재배에 상시 종사하는 것

② 거주자가 그 소유농지에서 농작업의 2분의 1 이상을 자기의 노동력에 의하여 경작 또는 재배하는 것

3. **토지지목의 판정**(소득세법시행령 제168조의7)

법 제104조의3의 규정을 적용함에 있어서 농지·임야·목장용지 및 그 밖의 토지의 판정은 소득세법시행령에 특별한 규정이 있는 경우를 제외하고는 사실상의 현황에 의한다. 다만, 사실상의 현황이 분명하지 아니한 경우에는 공부상의 등재현황에 의한다.

4. **비사업용 토지의 범위**(소득세법 제104조의3, 소득세법시행령 제168조의8)

「국토의 계획 및 이용에 관한 법률」에 따른 녹지지역 및 개발제한구역에 있는 농지는 비사업용토지에 해당하지 않는다.

예제

소득세법상 농지에 관한 설명으로 틀린 것은?   제30회

① 농지란 논밭이나 과수원으로서 지적공부의 지목과 관계없이 실제로 경작에 사용되는 토지를 말하며, 농지의 경영에 직접 필요한 농막, 퇴비사, 양수장, 지소(池沼), 농도(農道) 및 수로(水路) 등에 사용되는 토지를 포함한다.

② 「국토의 계획 및 이용에 관한 법률」에 따른 주거지역·상업지역·공업지역 외에 있는 농지(환지예정지 아님)를 경작상 필요에 의하여 교환함으로써 발생한 소득은 쌍방 토지가액의 차액이 가액이 큰 편의 4분의 1 이하이고 새로이 취득한 농지를 3년 이상 농지소재지에 거주하면서 경작하는 경우 비과세한다.

③ 농지로부터 직선거리 30킬로미터 이내에 있는 지역에 사실상 거주하는 자가 그 소유농지에서 농작업의 2분의 1 이상을 자기의 노동력에 의하여 경작하는 경우 비사업용 토지에서 제외한다(단, 농지는 도시지역 외에 있으며, 소유기간 중 재촌과 자경에 변동이 없고 농업에서 발생한 소득 이외에 다른 소득은 없음).

④ 「국토의 계획 및 이용에 관한 법률」에 따른 개발제한구역에 있는 농지는 비사업용 토지에 해당한다(단, 소유기간 중 개발제한구역 지정·변경은 없음).

⑤ 비사업용 토지에 해당하는지 여부를 판단함에 있어 농지의 판정은 소득세법령상 규정이 있는 경우를 제외하고 사실상의 현황에 의하며 사실상의 현황이 분명하지 아니한 경우에는 공부상의 등재현황에 의한다.

해설 ④ 「국토의 계획 및 이용에 관한 법률」에 따른 개발제한구역에 있는 농지는 비사업용 토지에 해당하지 않는다(단, 소유기간 중 개발제한구역 지정·변경은 없음).   ❶ 정답 ④

3 1세대 1주택과 이에 딸린 토지의 양도소득

양도소득세의 비과세대상인 1세대 1주택이란 1세대가 양도일 현재 국내에 1주택을 보유하고 있는 경우로서 해당 주택의 보유기간이 2년(비거주자가 해당 주택을 3년 이상 계속 보유하고 그 주택에서 거주한 상태로 거주자로 전환된 거주자의 주택인 경우는 3년) 이상인 것[취득 당시에 조정지역에 있는 주택의 경우에는 해당 주택의 보유기간이 2년(비거주자가 해당 주택을 3년 이상 계속 보유하고 그 주택에서 거주한 상태로 거주자로 전환된 거주자의 주택인 경우는 3년) 이상이고 그 보유기간 중 거주기간이 2년 이상인 것]을 말한다(소득세법시행령 제154조 제1항 전단).

> **소득세법 제121조 【비거주자에 대한 과세방법】** ② 1세대 1주택 비과세 규정은 거주자의 주거안정을 목적으로 지원하는 제도이므로 비거주자의 양도에 대해서는 1세대 1주택의 비과세를 적용하지 아니한다.

(1) 1세대의 요건

① **원칙** : "1세대"란 거주자 및 그 배우자(법률상 이혼을 하였으나 생계를 같이 하는 등 사실상 이혼한 것으로 보기 어려운 관계에 있는 사람을 포함한다)가 그들과 같은 주소 또는 거소에서 생계를 같이 하는 자[거주자 및 그 배우자의 직계존비속(그 배우자를 포함한다) 및 형제자매를 말하며, 취학, 질병의 요양, 근무상 또는 사업상의 형편으로 본래의 주소 또는 거소에서 일시 퇴거한 사람을 포함한다]와 함께 구성하는 가족단위를 말한다. 다만, 대통령령으로 정하는 경우에는 배우자가 없어도 1세대로 본다(소득세법 제88조 제6호).

> **넓혀 보기**
>
> **가 족**
> "가족"이라 함은 거주자와 그 배우자의 직계존비속(그 배우자를 포함한다) 및 형제자매를 말하며, 취학·질병의 요양, 근무상 또는 사업상의 형편으로 본래의 주소 또는 거소를 일시퇴거한 자를 포함한다.

② **예 외**

다음의 어느 하나에 해당하는 경우에는 배우자가 없는 때에도 1세대로 본다(소득세법시행령 제152조의3).

㉠ 해당 거주자의 나이가 30세 이상인 경우

㉡ 배우자가 사망하거나 이혼한 경우

㉢ 법 제4조에 따른 소득 중 기획재정부령으로 정하는 소득이 「국민기초생활 보장법」 제2조 제11호에 따른 기준 중위소득을 12개월로 환산한 금액의 100분의 40 수준 이상으로서 소유하고 있는 주택 또는 토지를 관리·유지하면서 독립된 생계를 유지할 수 있는 경우. 다만, 미성년자의 경우를 제외하되, 미성년자의 결혼, 가족의 사망 그 밖에 기획재정부령이 정하는 사유로 1세대의 구성이 불가피한 경우에는 그러하지 아니하다.

넓혀 보기

1세대의 범위와 판정 기준

1. **1세대의 범위**(소득세법 기본통칙 89-154…1)
   ① 동일한 장소에서 생계를 같이하는 가족의 주민등록상 현황과 사실상 현황이 다른 경우에는 사실상 현황에 따른다.
   ② 1세대 1주택 비과세 규정을 적용하는 경우 부부가 각각 세대를 달리 구성하는 경우에도 동일한 세대로 본다.
   ③ 부부가 이혼한 경우에는 각각 다른 세대를 구성한다. 다만 법률상 이혼을 하였으나 생계를 같이하는 등 사실상 이혼한 것으로 보기 어려운 경우에는 동일한 세대로 본다.

2. **1세대의 판정 기준**(양도소득세 집행기준 89-154-2)
   1세대 1주택 비과세의 1세대에 해당하는지 여부는 주택 양도일 현재를 기준으로 판정하는 것이며, 같은 장소에서 생계를 같이하는 가족의 주민등록상 현황과 사실상 현황이 다른 경우에는 사실상 현황에 의한다.

⑵ 양도일 현재 국내에 1주택을 보유할 것

① 원 칙

1세대가 양도일 현재 국내에 1주택만을 보유하여야 한다(소득세법시행령 제154조 제1항). 다만, 2개 이상의 주택을 같은 날에 양도하는 경우에는 당해 거주자가 선택하는 순서에 따라 주택을 양도한 것으로 본다(소득세법시행령 제154조 제9항).

소득세법 제88조【정 의】 7. "주택"이란 허가 여부나 공부(公簿)상의 용도구분과 관계없이 세대의 구성원이 독립된 주거생활을 할 수 있는 구조로서 대통령령으로 정하는 구조를 갖추어 사실상 주거용으로 사용하는 건물을 말한다. 이 경우 그 용도가 분명하지 아니하면 공부상의 용도에 따른다.

소득세법시행령 154조의2【공동소유주택의 주택 수 계산】 1주택을 여러 사람이 공동으로 소유한 경우 특별한 규정이 있는 것 외에는 주택 수를 계산할 때 공동소유자 각자가 그 주택을 소유한 것으로 본다.

넓혀 보기

1주택의 판정

1. **주택의 범위**(소득세법 기본통칙 89-154…3)
   주택이란 공부상 용도구분에 관계없이 사실상 주거용으로 사용하는 건물을 말한다. 그 용도가 불분명한 경우에는 공부상의 용도에 의한다.

2. **공부상 주택이나 사실상 영업용 건물인 경우 비과세 여부**(소득세법 기본통칙 89-154…4)
   소유하고 있던 공부상 주택인 1세대 1주택을 거주용이 아닌 영업용 건물(점포·사무소 등)로 사용하다가 양도하는 때에는 1세대 1주택으로 보지 아니한다.

3. **매수자의 등기지연으로 1세대 2주택이 된 경우 비과세 여부**(소득세법 기본통칙 89-154…5)
1세대 1주택을 양도하였으나 동 주택을 매수한 자가 소유권이전등기를 하지 아니하여 부득이 공부상 1세대 2주택이 된 경우에는 매매계약서 등에 의하여 1세대 1주택임이 사실상 확인되는 때에는 비과세로 한다.

4. **대지와 건물을 세대원이 각각 소유하고 있는 경우 1세대 1주택 여부**(소득세법 기본통칙 89-154…6)
1세대 1주택의 비과세요건을 갖춘 대지와 건물을 동일한 세대의 구성원이 각각 소유하고 있는 경우에도 이를 1세대 1주택으로 본다.

5. **2필지로 된 주택에 부수되는 토지의 범위**(소득세법 기본통칙 89-154…7)
지적공부상 지번이 상이한 2필지의 토지 위에 주택이 있는 경우에도 한 울타리 안에 있고 1세대가 거주용으로 사용하는 때에는 주택과 이에 부수되는 토지로 본다.

6. **주택일부의 무허가 정착면적에 부수되는 토지면적 계산**(소득세법 기본통칙 89-154…8)
주택에 부수되는 토지면적은 주택정착면적의 10배(도시지역 내의 토지는 5배)를 초과하지 아니하는 것으로 주택일부의 무허가 정착면적도 포함하여 계산한다.

7. **공장 내 합숙소의 주택 여부**(소득세법 기본통칙 89-154…9)
사용인의 기거를 위하여 공장에 부수된 건물을 합숙소로 사용하고 있는 경우에 당해 합숙소는 주택으로 보지 아니한다.

8. **매매특약이 있는 주택의 1세대 1주택 비과세 판정**(소득세법 기본통칙 89-154…12)
1세대 1주택 비과세의 판정은 양도일 현재를 기준으로 한다. 다만, 매매계약 후 양도일 이전에 매매특약에 의하여 1세대 1주택에 해당되는 주택을 멸실한 경우에는 매매계약일 현재를 기준으로 한다.

9. **미등기 건물의 1세대 1주택 비과세여부**(소득세법 기본통칙 91-0…1)
영 제154조 제1항의 1세대 1주택 비과세요건을 충족하였을 경우에도 미등기상태로 양도한 경우에는 양도소득에 대한 소득세가 과세되며, 이 경우 영 제168조에 규정하는 미등기양도제외자산에 해당하는 무허가건물 등은 1세대 1주택으로 비과세된다.

10. **무허가주택의 비과세 가능 여부**(양도소득세 집행기준 89-154-15)
건축허가를 받지 않거나, 불법으로 건축된 주택이라 하더라도 주택으로 사용할 목적으로 건축된 건축물인 경우에는 건축에 관한 신고 여부, 건축완성에 대한 사용검사나 사용승인에 불구하고 주택에 해당되며, 1주택만 소유한 경우에는 1세대 1주택 비과세 규정을 적용받을 수 있다.

11. **비과세가 적용되는 주택에 딸린 토지의 범위**(양도소득세 집행기준 89-154-23)
비과세가 적용되는 주택에 딸린 토지는 거주자가 소유하는 주택과 주거생활의 일체를 이루는 토지로 거주자 또는 거주자와 같은 세대가 소유하는 토지를 말하고, 주택정착면적의 5배(도시지역 밖은 10배) 이내의 토지 면적은 비과세가 적용된다.

12. **주택정착면적의 기준**(양도소득세 집행기준 89-154-24)
주택정착면적은 건물의 수평투영면적(건물의 위에서 내려다보았을 경우 전체 건물의 그림자면적)을 기준으로 한다.

② **예외**(1세대 1주택의 특례) 제33회
양도일 현재 1세대가 1주택을 양도한 경우에만 비과세대상이 됨이 원칙이나, 다음과 같은 경우에는 양도일 현재 1주택의 양도가 아님에도 불구하고 이를 1세대 1주택으로 보아 제154조 제1항을 적용한다(소득세법시행령 제155조).

㉠ 거주 이전을 위한 일시적 1세대 2주택

국내에 1주택을 소유한 1세대가 그 주택(이하 "종전의 주택"이라 한다)을 양도하기 전에 다른 주택(이하 "신규 주택"이라 한다)을 취득(자기가 건설하여 취득한 경우를 포함한다)함으로써 일시적으로 2주택이 된 경우 종전의 주택을 취득한 날부터 1년 이상이 지난 후 신규 주택을 취득하고 신규 주택을 취득한 날부터 3년 이내에 종전의 주택을 양도하는 경우(제18항에 따른 사유에 해당하는 경우를 포함한다)에는 이를 1세대1주택으로 보아 제154조 제1항을 적용한다. 이 경우 제154조 제1항 제1호, 같은 항 제2호 가목 및 같은 항 제3호의 어느 하나에 해당하는 경우에는 종전의 주택을 취득한 날부터 1년 이상이 지난 후 다른 주택을 취득하는 요건을 적용하지 않으며, 종전의 주택 및 그 부수토지의 일부가 제154조 제1항 제2호 가목에 따라 협의매수되거나 수용되는 경우로서 해당 잔존하는 주택 및 그 부수 토지를 그 양도일 또는 수용일부터 5년 이내에 양도하는 때에는 해당 잔존하는 주택 및 그 부수토지의 양도는 종전의 주택 및 그 부수토지의 양도 또는 수용에 포함되는 것으로 본다.

㉡ 상속으로 인한 1세대 2주택의 경우

ⓐ 상속받은 주택[조합원입주권 또는 분양권을 상속받아 사업시행 완료 후 취득한 신축주택을 포함하며, 피상속인이 상속개시 당시 2 이상의 주택{상속받은 1주택이 「도시 및 주거환경정비법」에 따른 재개발사업(이하 "재개발사업"이라 한다), 재건축사업(이하 "재건축사업"이라 한다) 또는 「빈집 및 소규모주택 정비에 관한 특례법」에 따른 소규모재건축사업, 소규모재개발사업, 가로주택정비사업, 자율주택정비사업(이하 "소규모재건축사업 등"이라 한다)의 시행으로 2 이상의 주택이 된 경우를 포함한다}을 소유한 경우에는 다음의 각 호의 순위에 따른 1주택을 말한다]과 그 밖의 주택(상속개시 당시 보유한 주택 또는 상속개시 당시 보유한 조합원입주권이나 분양권에 의하여 사업시행 완료 후 취득한 신축주택만 해당하며, 상속개시일부터 소급하여 2년 이내에 피상속인으로부터 증여받은 주택 또는 증여받은 조합원입주권이나 분양권에 의하여 사업시행 완료 후 취득한 신축주택은 제외한다. 이하 "일반주택"이라 한다)을 국내에 각각 1개씩 소유하고 있는 1세대가 일반주택을 양도하는 경우에는 국내에 1개의 주택을 소유하고 있는 것으로 보아 제154조 제1항을 적용한다(소득세법시행령 제155조 제2항 전단).

ⓑ 상속개시 당시 2 이상의 주택을 소유한 경우 1주택의 순위

1. 피상속인이 소유한 기간이 가장 긴 1주택
2. 피상속인이 소유한 기간이 같은 주택이 2 이상일 경우에는 피상속인이 거주한 기간이 가장 긴 1주택
3. 피상속인이 소유한 기간 및 거주한 기간이 모두 같은 주택이 2 이상일 경우에는 피상속인이 상속개시 당시 거주한 1주택

4. 피상속인이 거주한 사실이 없는 주택으로서 소유한 기간이 같은 주택이 2 이상
   일 경우에는 기준시가가 가장 높은 1주택(기준시가가 같은 경우에는 상속인이 선
   택하는 1주택)

ⓒ 다만, 상속인과 피상속인이 상속개시 당시 1세대인 경우에는 1주택을 보유하고
   1세대를 구성하는 자가 직계존속(배우자의 직계존속을 포함하며, 세대를 합친 날
   현재 직계존속 중 어느 한 사람 또는 모두가 60세 이상으로서 1주택을 보유하고 있는
   경우만 해당한다)을 동거봉양하기 위하여 세대를 합침에 따라 2주택을 보유하게
   되는 경우로서 합치기 이전부터 보유하고 있었던 주택만 상속받은 주택으로 본다
   (소득세법시행령 제155조 제2항 단서).

ⓓ **공동상속주택** : 공동상속주택[상속으로 여러 사람이 공동으로 소유하는 1주택을 말
   하며, 피상속인이 상속개시 당시 2 이상의 주택(상속받은 1주택이 재개발사업, 재건축
   사업 또는 소규모재건축사업 등의 시행으로 2 이상의 주택이 된 경우를 포함한다)을
   소유한 경우에는 제2항 각 호의 순위에 따른 1주택을 말한다] 외의 다른 주택을 양도
   하는 때에는 해당 공동상속주택은 해당 거주자의 주택으로 보지 아니한다. 다
   만, 상속지분이 가장 큰 상속인의 경우에는 그러하지 아니하며, 상속지분이 가
   장 큰 상속인이 2명 이상인 경우에는 그 2명 이상의 사람 중 다음의 순서에 따라
   다음에 해당하는 사람이 그 공동상속주택을 소유한 것으로 본다(소득세법시행령
   제155조 제3항).

   1. 당해 주택에 거주하는 자
   2. 최연장자

ⓒ **직계존속의 동거봉양을 위한 1세대 2주택** : 1주택을 보유하고 1세대를 구성하는
   자가 1주택을 보유하고 있는 60세 이상의 직계존속(다음 각 호의 사람을 포함한다)을
   동거봉양하기 위하여 세대를 합침으로써 1세대가 2주택을 보유하게 되는 경우 합
   친 날부터 10년 이내에 먼저 양도하는 주택은 이를 1세대 1주택으로 보아 제154조
   제1항을 적용한다(소득세법시행령 제155조 제4항).

   ⓐ 배우자의 직계존속으로서 60세 이상인 사람
   ⓑ 직계존속(배우자의 직계존속을 포함한다) 중 어느 한 사람이 60세 미만인 경우
   ⓒ 「국민건강보험법시행령」 별표 2 제3호 가목 3), 같은 호 나목 2) 또는 같은 호
      마목에 따른 요양급여를 받는 60세 미만의 직계존속(배우자의 직계존속을 포함한다)
      으로서 기획재정부령으로 정하는 사람

② 혼인으로 인한 1세대 2주택 : 1주택을 보유하는 자가 1주택을 보유하는 자와 혼인함으로써 1세대가 2주택을 보유하게 되는 경우 또는 1주택을 보유하고 있는 60세 이상의 직계존속을 동거봉양하는 무주택자가 1주택을 보유하는 자와 혼인함으로써 1세대가 2주택을 보유하게 되는 경우 각각 혼인한 날부터 5년 이내에 먼저 양도하는 주택은 이를 1세대 1주택으로 보아 제154조 제1항을 적용한다(소득세법시행령 제155조 제5항).

⑤ 지정문화재 및 등록문화재 등의 주택 : 「문화유산의 보존 및 활용에 관한 법률」에 따른 지정문화유산, 「근현대문화유산의 보존 및 활용에 관한 법률」에 따른 국가등록문화유산 및 「자연유산의 보존 및 활용에 관한 법률」에 따른 천연기념물 등과 그밖의 주택("일반주택"이라 한다)을 국내에 각각 1개씩 소유하고 있는 1세대가 일반주택을 양도하는 경우에는 국내에 1개의 주택을 소유하고 있는 것으로 보아 제154조 제1항을 적용한다(소득세법시행령 제155조 제6항).

⑥ 농어촌주택에 대한 특례 : 다음의 어느 하나에 해당하는 주택으로서 수도권 밖의 지역 중 읍지역(도시지역 안의 지역을 제외한다) 또는 면지역에 소재하는 주택("농어촌주택"이라 한다)과 그 외의 주택("일반주택"이라 한다)을 국내에 각각 1개씩 소유하고 있는 1세대가 일반주택을 양도하는 경우에는 국내에 1개의 주택을 소유하고 있는 것으로 보아 제154조 제1항을 적용한다. 다만, 제3호의 주택에 대해서는 그 주택을 취득한 날부터 5년 이내에 일반주택을 양도하는 경우에 한정하여 적용한다(소득세법시행령 제155조 제7항).

> 1. 상속받은 주택(피상속인이 취득 후 5년 이상 거주한 사실이 있는 경우에 한한다)
> 2. 이농인(어업에서 떠난 자를 포함한다)이 취득일 후 5년 이상 거주한 사실이 있는 이농주택
> 3. 영농 또는 영어의 목적으로 취득하는 귀농주택

⑦ 실수요 목적으로 취득한 지방주택에 대한 특례 : 기획재정부령으로 정하는 취학, 근무상의 형편, 질병의 요양, 그 밖에 부득이한 사유로 취득한 수도권 밖에 소재하는 주택과 그 밖의 주택("일반주택"이라 한다)을 국내에 각각 1개씩 소유하고 있는 1세대가 부득이한 사유가 해소된 날부터 3년 이내에 일반주택을 양도하는 경우에는 국내에 1개의 주택을 소유하고 있는 것으로 보아 제154조 제1항을 적용한다(소득세법시행령 제155조 제8항).

예제

다음은 소득세법시행령 제155조 '1세대 1주택의 특례'에 관한 조문의 내용이다. 괄호 안에 들어갈 법령상의 숫자를 순서대로 옳게 나열한 것은?   제29회

> • 1주택을 보유하는 자가 1주택을 보유하는 자와 혼인함으로써 1세대가 2주택을 보유하게 되는 경우 혼인한 날부터 (　　)년 이내에 먼저 양도하는 주택은 이를 1세대 1주택으로 보아 제154조 제1항을 적용한다.
> • 1주택을 보유하고 1세대를 구성하는 자가 1주택을 보유하고 있는 (　　)세 이상의 직계존속 (배우자의 직계존속을 포함하며, 직계존속 중 어느 한 사람이 (　　)세 미만인 경우를 포함)을 동거봉양하기 위하여 세대를 합침으로써 1세대가 2주택을 보유하게 되는 경우 합친 날부터 (　　)년 이내에 먼저 양도하는 주택은 이를 1세대 1주택으로 보아 제154조 제1항을 적용한다.

① 3, 55, 55, 5　　　　　② 3, 60, 60, 5　　　　　③ 3, 60, 55, 10
④ 5, 55, 55, 10　　　　　⑤ 5, 60, 60, 10

해설

> • 주택을 보유하는 자가 1주택을 보유하는 자와 혼인함으로써 1세대가 2주택을 보유하게 되는 경우 혼인한 날부터 (5)년 이내에 먼저 양도하는 주택은 이를 1세대 1주택으로 보아 제154조 제1항을 적용한다.
> • 주택을 보유하고 1세대를 구성하는 자가 1주택을 보유하고 있는 (60)세 이상의 직계존속(배우자의 직계존속을 포함하며, 직계존속 중 어느 한 사람이 (60)세 미만인 경우를 포함)을 동거봉양하기 위하여 세대를 합침으로써 1세대가 2주택을 보유하게 되는 경우 합친 날부터 (10)년 이내에 먼저 양도하는 주택은 이를 1세대 1주택으로 보아 제154조 제1항을 적용한다.

◆ 정답 ⑤

(3) 2년 이상 보유할 것

① 원 칙

  ㉠ 1세대가 양도일 현재 국내에 1주택을 보유하고 있는 경우로서 해당 주택의 보유기간이 2년(다음 ㉣ ⓑ에 해당하는 거주자의 주택인 경우는 3년) 이상인 것[취득 당시에 「주택법」 제63조의2 제1항 제1호에 따른 조정대상지역에 있는 주택의 경우에는 해당 주택의 보유기간이 2년(다음 ㉣ ⓑ에 해당하는 거주자의 주택인 경우에는 3년) 이상이고 그 보유기간 중 거주기간이 2년 이상인 것]을 말한다. 다만, 1세대가 양도일 현재 국내에 1주택을 보유하고 있는 경우로서 다음 ② ㉠ ⓐ부터 ⓒ까지의 어느 하나에 해당하는 경우에는 그 보유기간 및 거주기간의 제한을 받지 않으며 ㉡에 해당하는 경우에는 거주기간의 제한을 받지 않는다(소득세법시행령 제154조 제1항).

  ㉡ ㉠에 따른 보유기간의 계산은 법 제95조 제4항에 따른다. 다만, 주택이 아닌 건물을 사실상 주거용으로 사용하거나 공부상의 용도를 주택으로 변경하는 경우 그 보유기간은 해당 자산을 사실상 주거용으로 사용한 날(사실상 주거용으로 사용한 날이 분명하지 않은 경우에는 그 자산의 공부상 용도를 주택으로 변경한 날)부터 양도한 날까지로 한다(소득세법시행령 제154조 제5항).

ⓒ ㉠에 따른 거주기간은 주민등록표 등본에 따른 전입일부터 전출일까지의 기간으로 한다(소득세법시행령 제154조 제6항).

ⓔ 위 ㉠에 따른 거주기간 또는 보유기간을 계산할 때 다음의 기간을 통산한다(소득세법시행령 제154조 제8항).

ⓐ 거주하거나 보유하는 중에 소실·무너짐·노후 등으로 인하여 멸실되어 재건축한 주택인 경우에는 그 멸실된 주택과 재건축한 주택에 대한 거주기간 및 보유기간

ⓑ 비거주자가 해당 주택을 3년 이상 계속 보유하고 그 주택에서 거주한 상태로 거주자로 전환된 경우에는 해당 주택에 대한 거주기간 및 보유기간

ⓒ 상속받은 주택으로서 상속인과 피상속인이 상속개시 당시 동일세대인 경우에는 상속개시 전에 상속인과 피상속인이 동일세대로서 보유한 기간

② **예외**: 1세대가 양도일 현재 국내에 1주택을 보유하고 있는 경우로서 다음의 어느 하나에 해당하는 경우에는 그 보유기간의 제한을 받지 아니한다(소득세법시행령 제154조 제1항).

㉠ 보유기간 및 거주기간의 제한을 받지 아니하는 경우

ⓐ 「민간임대주택에 관한 특별법」에 따른 민간건설임대주택이나 「공공주택 특별법」에 따른 공공건설임대주택 또는 공공매입임대주택을 취득하여 양도하는 경우로서 해당 임대주택의 임차일부터 양도일까지의 기간 중 세대전원이 거주(기획재정부령으로 정하는 취학, 근무상의 형편, 질병의 요양, 그 밖에 부득이한 사유로 세대의 구성원 중 일부가 거주하지 못하는 경우를 포함한다)한 기간이 5년 이상인 경우(소득세법시행령 제154조 제1항 제1호)

ⓑ 다음의 어느 하나에 해당하는 경우(소득세법시행령 제154조 제1항 제2호)

㉮ 주택 및 그 부수토지(사업인정 고시일 전에 취득한 주택 및 그 부수토지에 한한다)의 전부 또는 일부가 「공익사업을 위한 토지 등의 취득 및 보상에 관한 법률」에 의한 협의매수·수용 및 그 밖의 법률에 의하여 수용되는 경우(이 경우 양도일 또는 수용일부터 5년 이내에 양도하는 그 잔존주택 및 그 부수토지를 포함한다)

㉯ 「해외이주법」에 따른 해외이주로 세대전원이 출국하는 경우. 다만, 출국일 현재 1주택을 보유하고 있는 경우로서 출국일부터 2년 이내에 양도하는 경우에 한한다.

㉰ 1년 이상 계속하여 국외거주를 필요로 하는 취학 또는 근무상의 형편으로 세대전원이 출국하는 경우. 다만, 출국일 현재 1주택을 보유하고 있는 경우로서 출국일부터 2년 이내에 양도하는 경우에 한한다.

ⓒ 1년 이상 거주한 주택을 기획재정부령으로 정하는 취학, 근무상의 형편, 질병의 요양, 그 밖에 부득이한 사유로 양도하는 경우(소득세법시행령 제154조 제1항 제3호)

ⓛ 거주기간의 제한을 받지 아니하는 경우

거주자가 조정대상지역의 공고가 있는 날 이전에 매매계약을 체결하고 계약금을 지급한 사실이 증빙서류에 의하여 확인되는 경우로서 해당 거주자가 속한 1세대가 계약금 지급일 현재 주택을 보유하지 아니하는 경우(소득세법시행령 제154조 제1항 제5호)

넓혀 보기

2년 이상 보유

1. **기획재정부령으로 정하는 취학, 근무상의 형편, 질병의 요양, 그 밖에 부득이한 사유**(소득세법시행규칙 제71조 제3항)

세대전원이 다음의 어느 하나에 해당하는 사유로 다른 시(특별시, 광역시, 특별자치시 및 「제주특별자치도 설치 및 국제자유도시 조성을 위한 특별법」에 따라 설치된 행정시를 포함한다)·군으로 주거를 이전하는 경우(광역시지역 안에서 구지역과 읍·면지역 간에 주거를 이전하는 경우와 특별자치시, 「지방자치법」에 따라 설치된 도농복합형태의 시지역 및 「제주특별자치도 설치 및 국제자유도시 조성을 위한 특별법」에 따라 설치된 행정시 안에서 동지역과 읍·면지역 간에 주거를 이전하는 경우를 포함한다)를 말한다.

① 「초·중등교육법」에 따른 학교(초등학교 및 중학교를 제외한다) 및 「고등교육법」에 따른 학교에의 취학

② 직장의 변경이나 전근 등 근무상의 형편

③ 1년 이상의 치료나 요양을 필요로 하는 질병의 치료 또는 요양

④ 「학교폭력예방 및 대책에 관한 법률」에 따른 학교폭력으로 인한 전학(같은 법에 따른 학교폭력대책자치위원회가 피해학생에게 전학이 필요하다고 인정하는 경우에 한한다)

2. **보유 및 거주기간 계산**(양도소득세 집행기준 89-154-29)

2년 이상 보유는 주택 및 그에 딸린 토지를 각각 2년 이상 보유한 것을 말하는 것이며, 보유기간은 해당 자산을 취득한 날의 초일을 산입하여 양도한 날까지로 계산하고, 거주기간 계산은 해당 주택의 취득일 이후 실제 거주한 기간에 따르며 불분명한 경우에는 주민등록상 전입일부터 전출일까지의 기간으로 한다.

---

(4) 주택과 이에 딸린 토지

1세대 1주택(주택 및 이에 딸린 토지의 양도 당시 실지거래가액의 합계액이 12억원을 초과하는 고가주택은 제외한다)과 주택부수토지의 양도로 발생하는 소득은 비과세한다(소득세법 제89조 제1항 제3호).

① 주택부수토지

건물이 정착된 면적에 지역별로 대통령령으로 정하는 배율을 곱하여 산정한 면적 이내의 토지

② 지역별로 대통령령으로 정하는 배율(소득세법시행령 제154조 제7항)

ⓐ 「국토의 계획 및 이용에 관한 법률」 제6조 제1호에 따른 도시지역 내의 토지: 다음 각 목에 따른 배율

ⓐ 「수도권정비계획법」 제2조 제1호에 따른 수도권 내의 토지 중 주거지역·상업지역 및 공업지역 내의 토지: 3배

ⓑ 수도권 내의 토지 중 녹지지역 내의 토지 : 5배

ⓒ 수도권 밖의 토지 : 5배

ⓛ 그 밖의 토지 : 10배

(5) 미등기양도자산이 아닐 것

① 비과세의 해당 요건들을 모두 구비하였다 하더라도 해당 주택이 미등기상태로 양도되는 경우에는 비과세 규정을 적용하지 아니한다.

② 다만, 1세대 1주택으로서 「건축법」에 따른 건축허가를 받지 아니하여 등기가 불가능한 자산은 그러하지 아니하다(소득세법시행령 제168조 제1항 제4호).

(6) 겸용주택의 판정

하나의 건물이 주택과 주택 외의 부분으로 복합되어 있는 경우와 주택에 딸린 토지에 주택 외의 건물이 있는 경우에는 그 전부를 주택으로 본다. 다만, 주택의 연면적이 주택 외의 부분의 연면적보다 적거나 같을 때에는 주택 외의 부분은 주택으로 보지 아니한다(소득세법시행령 제154조 제3항). 법 95조 제3항에 따른 고가주택으로 하나의 건물이 주택과 주택 외의 부분으로 복합되어 있는 경우와 주택에 딸린 토지에 주택 외의 건물이 있는 경우에는 주택 외의 부분은 주택으로 보지 않는다(소득세법시행령 제160조 제1항).

① 건 물

㉠ 주택 연면적 > 주택 외 부분의 면적 ⇨ 전부를 주택으로 본다.

㉡ 주택 연면적 ≤ 주택 외 부분의 면적 ⇨ 주거부분만 주택으로 본다.

② 부수토지 : 주택 장착면적의 5배(밖 10배) 이내

㉠ 주택의 부수토지 = 총 토지면적 × 주택면적 / 건물면적

㉡ 비과세되는 주택의 부수토지 = 주택정착면적 × 「국토의 계획 및 이용에 관한 법률」에 따른 도시지역 내의 토지는 5배, 그 밖의 토지(도시지역 밖)는 10배

㉢ ㉠과 ㉡ 중 작은 면적이 비과세된다.

넓혀 보기

겸용주택

1. **상가와 아파트를 동시 소유시 겸용주택 해당여부**(소득세법 기본통칙 89–154…10)
하층은 상가로 되어 있고 상층은 거주용으로 된 아파트 건물을 함께 소유하는 경우에 이들을 겸용주택으로 보지 아니한다.

2. **겸용주택의 지하실에 대한 주택면적의 계산**(소득세법 기본통칙 89–154…11)
겸용주택의 지하실은 실지 사용하는 용도에 따라 판단하는 것이며, 그 사용 용도가 명확하지 아니할 경우에는 주택의 면적과 주택 이외의 면적의 비율로 안분하여 계산한다.

예 제

1세대 1주택 요건을 충족하는 거주자 甲이 다음과 같은 단층 겸용주택(주택은 국내 상시주거용이며, 도시지역 내 수도권 내의 토지 중 녹지지역 내의 토지임)을 7억원에 양도하였을 경우 양도소득세가 과세되는 건물면적과 토지면적으로 옳은 것은? (단, 주어진 조건 외에는 고려하지 않음)

제26회

> • 건물: 주택 80m², 상가 120m²
> • 토지: 건물 부수토지 800m²

① 건물 120m², 토지 320m² 　　② 건물 120m², 토지 400m²
③ 건물 120m², 토지 480m² 　　④ 건물 200m², 토지 400m²
⑤ 건물 200m², 토지 480m²

해설 1. 주택(80m²) ≦ 상가(120m²)
주택의 연면적이 주택 외의 부분의 연면적보다 작거나 같을 때에는 주택 외의 부분은 주택으로 보지 아니한다. 즉, 주택부분만 주택으로 본다. 따라서 양도소득세가 과세되는 건물면적은 120m²이다.

2. 건물부수토지 안분

㉠ 주택부수토지: 건물부수토지(800m²) × $\dfrac{주택(80m^2)}{주택(80m^2) + 상가(120m^2)}$ = 320m²

　도시지역 내이므로 주택정착면적(80m²)의 5배인 400m² 이내이므로 320m²를 주택의 부수토지로 보아 비과세한다.

㉡ 상가부수토지: 건물부수토지(800m²) − 주택부수토지(320m²) = 480m²는 과세한다.　　　**◆ 정답 ③**

(7) **고가주택**

1세대 1주택 비과세 요건을 갖추고 있는 주택이라 하더라도 실지양도가액이 12억원을 초과하는 고가주택인 경우에는 양도가액 중 12억원을 초과하는 금액에 상당하는 양도소득에 대하여는 비과세되지 아니하고 양도소득세가 과세된다.

① **고가주택의 범위**(소득세법시행령 제156조 제1항)
고가주택이란 주택 및 이에 딸린 토지의 양도 당시 실지거래가액의 합계액[1주택 및 이에 딸린 토지의 일부를 양도하거나 일부가 타인 소유인 경우에는 실지거래가액 합계액에 양도하는 부분(타인 소유부분을 포함)의 면적이 전체주택면적에서 차지하는 비율을 나누어 계산한 금액을 말한다]이 12억원을 초과하는 것을 말한다.

② **고가주택에 대한 양도차익의 계산**(소득세법시행령 제160조 제1항 제1호, 제2호)
법 제95조 제3항에 따른 고가주택(하나의 건물이 주택과 주택 외의 부분으로 복합되어 있는 경우와 주택에 딸린 토지에 주택 외의 건물이 있는 경우에는 주택 외의 부분은 주택으로 보지 않는다)에 해당하는 자산의 양도차익 및 장기보유특별공제액은 다음 각 호의 산식으로 계산한 금액으로 한다. 이 경우 해당 주택 또는 이에 부수되는 토지가 그 보유기간이 다르거나 미등기양도자산에 해당하거나 일부만 양도하는 때에는 12억원에 해당 주택 또는 이에 부수되는 토지의 양도가액이 그 주택과 이에 부수되는 토지의 양도가액의 합계액에서 차지하는 비율을 곱하여 안분계산한다.

1. 고가주택에 해당하는 자산에 적용할 양도차익

    법 제95조 제1항에 따른 양도차익 $\times \dfrac{\text{양도가액} - 12억원}{\text{양도가액}}$

2. 고가주택에 해당하는 자산에 적용할 장기보유특별공제액

    법 제95조 제2항에 따른 장기보유특별공제액 $\times \dfrac{\text{양도가액} - 12억원}{\text{양도가액}}$

넓혀 보기

고가주택 판단

1. **겸용주택**

    겸용주택의 경우에는 주택으로 보는 부분(이에 부수되는 토지를 포함한다)에 해당하는 실지거래가액을 포함하여 고가주택을 판정한다(소득세법시행령 제156조 제2항).

2. **다가구주택**

    단독주택으로 보는 다가구 주택의 경우에는 그 전체를 하나의 주택으로 보아 고가주택에 해당하는지의 여부를 판정한다(소득세법시행령 제156조 제3항).

예제

소득세법상 거주자의 국내 소재 1세대 1주택인 고가주택과 그 양도소득세에 관한 설명으로 틀린 것은?　제31회

① 거주자가 2024년 취득 후 계속 거주한 법령에 따른 고가주택을 2025년 5월에 양도하는 경우 장기보유특별공제의 대상이 되지 않는다.

② "고가주택"이란 기준시가 12억원을 초과하는 주택을 말한다.

③ 법령에 따른 고가주택에 해당하는 자산의 장기보유특별공제액은 「소득세법」 제95조 제2항에 따른 장기보유특별공제액에 "양도가액에서 12억원을 차감한 금액이 양도가액에서 차지하는 비율"을 곱하여 산출한다.

④ 법령에 따른 고가주택에 해당하는 자산의 양도차익은 「소득세법」 제95조 제1항에 따른 양도차익에 "양도가액에서 12억원을 차감한 금액이 양도가액에서 차지하는 비율"을 곱하여 산출한다.

⑤ 「건축법시행령」[별표1]에 의한 다가구주택을 구획된 부분별로 양도하지 아니하고 하나의 매매단위로 양도하여 단독주택으로 보는 다가구주택의 경우에는 그 전체를 하나의 주택으로 보아 법령에 따른 고가주택 여부를 판단한다.

해설 ② "고가주택"이란 양도 당시의 실지거래가액의 합계액이 12억원을 초과하는 주택을 말한다(소득세법시행령 제156조 제1항).

◆ 정답 ②

(8) 다가구주택(소득세법시행령 제155조 제15항)

다가구주택이란 여러 가구가 한 건물에 거주할 수 있도록 다가구용 단독주택의 건축기준에 의하여 건축허가를 받아 건축된 주택을 말하며, 「소득세법」에서는 이를 다음과 같이 구분한다.

① 제154조 제1항을 적용할 때 「건축법시행령」 별표 1 제1호 다목에 해당하는 다가구주택은 한 가구가 독립하여 거주할 수 있도록 구획된 부분을 각각 하나의 주택으로 본다.

② 다만, 해당 다가구주택을 구획된 부분별로 양도하지 아니하고 하나의 매매단위로 하여 양도하는 경우에는 그 전체를 하나의 주택으로 본다.

핵심 다지기

다가구주택의 주택 구분(양도소득세 집행기준 89-155-6)

「소득세법」상 다가구주택은 원칙적으로 공동주택으로 보는 것이며, 1세대 1주택 비과세 규정을 적용할 때 다가구주택을 가구별로 분양하지 아니하고 하나의 매매단위로 하여 양도하는 경우에는 이를 단독주택으로 본다.

예제

1. 소득세법상 거주자의 양도소득세 비과세에 관한 설명으로 옳은 것은? 제27회

① 국내에 1주택만을 보유하고 있는 1세대가 해외이주로 세대전원이 출국하는 경우 출국일부터 3년이 되는 날 해당 주택을 양도하면 비과세된다.

② 법원의 결정에 의하여 양도 당시 취득에 관한 등기가 불가능한 미등기주택은 양도소득세 비과세가 배제되는 미등기양도자산에 해당하지 않는다.

③ 직장의 변경으로 세대전원이 다른 시로 주거를 이전하는 경우 6개월간 거주한 1주택을 양도하면 비과세된다.

④ 양도 당시 실지거래가액이 15억원인 1세대 1주택의 양도로 발생하는 양도차익 전부가 비과세된다.

⑤ 농지를 교환할 때 쌍방 토지가액의 차액이 가액이 큰 편의 3분의 1인 경우 발생하는 소득은 비과세된다.

해설 ① 국내에 1주택만을 보유하고 있는 1세대가 해외이주로 세대전원이 출국하는 경우 출국일부터 2년 이내에 해당 주택을 양도하면 비과세된다.
③ 직장의 변경으로 세대전원이 다른 시로 주거를 이전하는 경우 1년 이상 거주한 1주택을 양도하면 비과세된다.
④ 양도 당시 실지거래가액이 15억원인 1세대 1주택의 양도로 발생하는 양도차익 중 12억원에 해당하는 부분만 비과세되고 12억원 초과부분에 대해서는 과세된다.
⑤ 농지를 교환할 때 쌍방 토지가액의 차액이 가액이 큰 편의 4분의 1인 경우 발생하는 소득은 비과세된다.
◆ 정답 ②

2. **소득세법상 1세대 1주택**(고가주택 제외) **비과세규정에 관한 설명으로 틀린 것은?** (단, 거주자의 국내주택을 가정)　　　　제24회

① 1세대 1주택 비과세규정을 적용하는 경우 부부가 각각 세대를 달리 구성하는 경우에도 동일한 세대로 본다.

② 「해외이주법」에 따른 해외이주로 세대전원이 출국하는 경우 출국일 현재 1주택을 보유하고 있고 출국일로부터 2년 이내에 당해 주택을 양도하는 경우 보유기간 요건을 충족하지 않더라도 비과세한다.

③ 1주택을 보유하는 자가 1주택을 보유하는 자와 혼인함으로써 1세대가 2주택을 보유하게 되는 경우 혼인한 날부터 5년 이내에 먼저 양도하는 주택(보유기간 4년)은 비과세한다.

④ 「건축법시행령」 별표 1 제1호 다목에 해당하는 다가구주택은 해당 다가구주택을 구획된 부분별로 분양하지 아니하고 하나의 매매단위로 하여 양도하는 경우 그 구획된 부분을 각각 하나의 주택으로 본다.

⑤ 양도일 현재 「민간임대주택에 관한 특별법」에 따른 민간건설임대주택 1주택만을 보유하는 1세대는 해당 건설임대주택의 임차일부터 해당 주택의 양도일까지의 기간 중 세대전원이 거주(기획재정부령으로 정하는 취학, 근무상의 형편, 질병의 요양, 그 밖에 부득이한 사유로 세대의 구성원 중 일부가 거주하지 못하는 경우를 포함한다)한 기간이 5년 이상인 경우 보유기간 요건을 충족하지 않더라도 비과세한다.

해설 ④ 다가구주택의 주택 구분(집행기준 89-155-6)
소득세법상 다가구주택은 원칙적으로 공동주택으로 보는 것이며, 1세대 1주택 비과세 규정을 적용할 때 다가구주택을 가구별로 분양하지 아니하고 하나의 매매단위로 하여 양도하는 경우에는 이를 단독주택으로 본다.
◆ 정답 ④

08　양도소득세의 면제와 경감

양도소득세의 면제와 경감이란 일단 발생한 납세의무를 일정한 사유와 목적에 따라 과세권자가 자신의 과세권을 일시적으로 유보하는 것으로서, 감면은 납세의무자의 신청(신청 감면)과 사후관리를 필요로 한다는 점에서 비과세와 구분이 된다. 「조세특례제한법」에 규정하고 있다.

09　비과세 및 감면의 적용 배제 제32회

1 미등기양도자산에 대한 불이익

"미등기양도자산"이란 양도소득세 과세대상인 토지·건물 및 부동산에 관한 권리를 취득한 자가 그 자산 취득에 관한 등기를 하지 아니하고 양도하는 것을 말한다(소득세법 제104조 제3항). 미등기양도자산은 다음과 같은 불이익의 처분을 받는다.

(1) 필요경비개산공제 불이익

토지·건물·주택에 대하여는 1,000분의 3을 적용하고, 지상권·전세권은 100분의 1을 적용한다.

(2) 장기보유특별공제, 양도소득기본공제의 적용배제

미등기로 자산을 양도한 때에는 법률 규정에 따른 장기보유특별공제, 양도소득기본공제의 적용을 하지 않는다.

(3) 최고세율의 적용

미등기로 자산을 양도한 때에는 법률 규정에 따른 70%의 최고세율을 적용한다.

(4) 비과세 및 감면의 적용배제

미등기로 자산을 양도한 때에는 소득세법 등에 따른 비과세 및 감면의 적용을 배제한다.

② 미등기양도제외자산의 범위 제32회

다음에 해당하는 자산에 대해서는 미등기임에도 불구하고 미등기로 보지 아니하므로 미등기양도자산의 불이익을 적용하지 아니한다(소득세법시행령 제168조).

(1) 장기할부조건으로 취득한 자산으로서 그 계약조건에 의하여 양도당시 그 자산의 취득에 관한 등기가 불가능한 자산

(2) 법률의 규정 또는 법원의 결정에 의하여 양도당시 그 자산의 취득에 대한 등기가 불가능한 자산

(3) 법 제89조 제1항 제2호(비과세 양도소득인 농지의 교환 또는 분합), 「조세특례제한법」 제69조 제1항(8년 이상 자경농지에 대한 양도소득세의 감면) 및 제70조 제1항(농지대토에 대한 양도소득세 감면)에 규정하는 토지

(4) 법 제89조 제1항 제3호(비과세대상인 1세대 1주택)에 해당하는 주택으로서 「건축법」에 따른 건축허가를 받지 아니하여 등기가 불가능한 자산

(5) 「도시개발법」에 따른 도시개발사업이 종료되지 아니하여 토지 취득등기를 하지 아니하고 양도하는 토지

(6) 건설사업자가 「도시개발법」에 따라 공사용역 대가로 취득한 체비지를 토지구획환지처분 공고 전에 양도하는 토지

예제

소득세법상 미등기양도자산(미등기양도제외자산 아님)인 상가건물의 양도에 관한 내용으로 옳은 것을 모두 고른 것은?

제32회

> ㉠ 양도소득세율은 양도소득 과세표준의 100분의 70
> ㉡ 장기보유특별공제 적용 배제
> ㉢ 필요경비개산공제 적용 배제
> ㉣ 양도소득기본공제 적용 배제

① ㉠, ㉡, ㉢   ② ㉠, ㉡, ㉣   ③ ㉠, ㉢, ㉣

④ ㉡, ㉢, ㉣   ⑤ ㉠, ㉡, ㉢, ㉣

해설 ② 소득세법상 미등기양도자산(미등기양도제외 자산 아님)인 상가건물을 양도한 경우 다음과 같은 불이익의 처분을 받는다.

㉠ 양도소득세율은 양도소득 과세표준의 100분의 70
㉡ 장기보유특별공제 적용 배제
㉣ 양도소득기본공제 적용 배제
㉢ 필요경비개산공제 적용 : 취득당시 기준시가 × 0.3%

◆ 정답 ②

---

③ 양도소득세 비과세 또는 감면의 배제 등(거래가액 불성실신고에 대한 불이익)

토지·건물·부동산에 관한 권리의 자산을 매매하는 거래당사자가 매매계약서의 거래가액을 실지거래가액과 다르게 적은 경우에는 해당 자산에 대하여 「소득세법」 또는 「소득세법」 외의 법률에 따른 양도소득세의 비과세 또는 감면에 관한 규정을 적용할 때 비과세 또는 감면받았거나 받을 세액에서 다음의 구분에 따른 금액을 뺀다(소득세법 제91조 제2항).

(1) 「소득세법」 또는 「소득세법」 외의 법률에 따라 양도소득세의 비과세에 관한 규정을 적용받을 경우

비과세에 관한 규정을 적용하지 아니하였을 경우의 양도소득 산출세액과 매매계약서의 거래가액과 실지거래가액과의 차액 중 적은 금액

> 비과세 받았거나 받을 세액 − (비과세에 관한 규정을 적용하지 아니하였을 경우의 양도소득 산출세액과 매매계약서의 거래가액과 실지거래가액과의 차액 중 적은 금액)

(2) 「소득세법」 또는 「소득세법」 외의 법률에 따라 양도소득세의 감면에 관한 규정을 적용받았거나 받을 경우

감면에 관한 규정을 적용받았거나 받을 경우의 해당 감면세액과 매매계약서의 거래가액과 실지거래가액과의 차액 중 적은 금액

10　국외자산 양도에 대한 양도소득세 제31회, 제32회, 제35회

자본자유화가 시행됨에 따라 국내 소재 자산의 양도와 국외 소재 자산의 양도 간에 조세부담의 형평을 유지하기 위하여 거주자가 양도하는 국외 소재 부동산 등의 양도소득에 대하여도 양도소득세를 과세한다.

1　국외자산 양도소득의 범위(소득세법 제118조의2)

(1) 납세의무자인 거주자의 요건

납세의무가 있는 거주자란 해당 자산의 양도일까지 계속 5년 이상 국내에 주소 또는 거소를 둔 자를 말한다.

(2) 과세대상

국외에 있는 자산의 양도에 대한 양도소득은 해당 과세기간에 국외에 있는 다음의 자산을 양도함으로써 발생하는 소득으로 한다. 다만, 다음에 따른 소득이 국외에서 외화를 차입하여 취득한 자산을 양도하여 발생하는 소득으로서 환율변동으로 인하여 외화차입금으로부터 발생하는 환차익을 포함하고 있는 경우에는 해당 환차익을 양도소득의 범위에서 제외한다.

① **토지 또는 건물**: 국외소재 토지 또는 건물은 공부상의 등기·등록 여부와 관계없이 모두 양도소득세의 과세대상이 된다.

② **부동산에 관한 권리**
　㉠ 지상권·전세권과 부동산임차권
　㉡ 부동산을 취득할 수 있는 권리(건물이 완성되는 때에 그 건물과 이에 딸린 토지를 취득할 수 있는 권리를 포함)

③ **국외자산 중 기타 자산**
　㉠ 사업용 고정자산과 함께 양도하는 영업권
　㉡ 특정시설물 이용·회원권
　㉢ 특정법인의 주식
　㉣ 특수업종을 영위하는 부동산 과다보유 법인의 주식

② 국외자산의 양도가액

(1) 원 칙

국외자산의 양도가액은 그 자산의 양도 당시의 실지거래가액으로 한다(소득세법 제118조의3 제1항 전단).

(2) 예 외

양도 당시의 실지거래가액을 확인할 수 없는 경우에는 양도자산이 소재하는 국가의 양도 당시 현황을 반영한 시가에 따르되, 시가를 산정하기 어려울 때에는 그 자산의 종류, 규모, 거래상황 등을 고려하여 대통령령으로 정하는 방법에 따른다(소득세법 제118조의3 제1항 단서).

③ 국외자산 양도소득의 필요경비계산

(1) 국외자산의 양도에 대한 양도차익을 계산할 때 양도가액에서 공제하는 필요경비는 다음의 금액을 합한 것으로 한다(소득세법 제118조의4 제1항).

> 필요경비 = 취득가액 + 자본적 지출액 + 양도비

① **취득가액**(소득세법 제118조의4 제1항 제1호)
  ㉠ 원칙 : 해당자산의 취득에 든 실지거래가액
  ㉡ 예외 : 취득 당시의 실지거래가액을 확인할 수 없는 경우에는 양도자산이 소재하는 국가의 취득 당시의 현황을 반영한 시가에 따르되, 시가를 산정하기 어려울 때에는 그 자산의 종류, 규모, 거래상황 등을 고려하여 대통령령으로 정하는 방법에 따라 취득가액을 산정한다.

② 자본적지출액(소득세법 제118조의4 제1항 제2호)

③ 양도비(소득세법 제118조의4 제1항 제3호)

(2) 위 (1)에 따른 양도차익의 외화 환산, 취득에 드는 실지거래가액, 시가의 산정 등 필요경비의 계산에 필요한 사항은 대통령령으로 정한다(소득세법 제118조의4 제2항).

(3) 법 제118조의4 제2항의 규정에 의하여 양도차익을 계산함에 있어서는 양도가액 및 필요경비를 수령하거나 지출한 날 현재 「외국환거래법」에 의한 기준환율 또는 재정환율에 의하여 계산한다(소득세법시행령 제178조의5 제1항).

④ 장기보유특별공제

국외자산 양도시 장기보유특별공제는 적용하지 아니한다(소득세법 제118조의8 단서).

⑤ 국외자산 양도소득기본공제

(1) 국외자산의 양도에 대한 양도소득이 있는 거주자에 대해서는 해당 과세기간의 양도소득 금액에서 연 250만원을 공제한다(소득세법 제118조의7 제1항).

(2) (1)을 적용할 때 해당 과세기간의 양도소득금액에 「소득세법」 또는 「조세특례제한법」이 나 그 밖의 법률에 따른 감면소득금액이 있는 경우에는 감면소득금액 외의 양도소득금액 에서 먼저 공제하고, 감면소득금액 외의 양도소득금액 중에서는 해당 과세기간에 먼저 양 도하는 자산의 양도소득금액에서부터 순서대로 공제한다(소득세법 제118조의7 제2항).

⑥ 국외자산 양도소득세의 세율

(1) 국외자산의 양도소득에 대한 소득세는 해당 과세기간의 양도소득과세표준에 제55조 제 1항에 따른 세율(6~45%)을 적용하여 계산한 금액을 그 세액으로 한다(소득세법 제118조의5 제1항).

(2) 위 (1)에 따른 세율의 조정에 관하여는 제104조 제4항(국내자산 양도소득세 세율)을 준용한다 (소득세법 제118조의5 제2항).

⑦ 국외자산 양도소득에 대한 외국납부세액의 공제

(1) 국외자산의 양도소득에 대하여 해당 외국에서 과세를 하는 경우로서 그 양도소득에 대하 여 국외자산 양도에 대한 세액("국외자산 양도소득세액"이라 한다)을 납부하였거나 납부할 것이 있을 때에는 다음의 방법 중 하나를 선택하여 적용할 수 있다(소득세법 제118조의6 제1항).

　① **외국납부세액의 세액공제방법**: 법정 계산식에 따라 계산한 금액을 한도로 국외자산 양도소득세액을 해당 과세기간의 양도소득 산출세액에서 공제하는 방법

　② **외국납부세액의 필요경비 산입방법**: 국외자산 양도소득에 대하여 납부하였거나 납부 할 국외자산 양도소득세액을 해당 과세기간의 필요경비에 산입하는 방법

(2) 국외자산 양도소득세액을 공제받고자 하거나 필요경비에 산입하고자 하는 자는 국외자 산 양도소득세액공제(필요경비 산입) 신청서를 확정신고(예정신고를 포함한다) 기한 내에 납 세지 관할 세무서장에게 제출하여야 한다(소득세법시행령 제178조의7 제2항).

8 준용규정

국외자산의 양도에 대한 양도소득세의 과세에 관하여는 다음의 규정을 준용한다. 다만, 제95조에 따른 장기보유 특별공제액은 공제하지 아니한다(소득세법 제118조의 8).

① 제89조(비과세 양도소득)

② 제90조(양도소득세의 감면)

③ 제92조(양도소득 과세표준의 계산)

④ 제93조(양도소득세액계산의 순서)

⑤ 제95조(양도소득금액)

⑥ 제97조 제3항(감가상각비로서 각 과세기간의 사업소득금액을 계산하는 경우 필요경비에 산입하였거나 산입할 금액이 있을 때에는 이를 취득가액에서 공제한 금액을 그 취득가액으로 한다)

⑦ 제98조(양도 또는 취득의 시기)

⑧ 제99조(소득세법상 국외자산의 양도에 대한 양도소득세 과세에 있어서 국내자산의 양도에 대한 양도소득세 규정 중 기준시가의 산정은 준용하지 아니한다)

⑨ 제100조(양도차익의 산정)

⑩ 제101조(양도소득의 부당행위계산)

⑪ 제105조부터 제107조까지(국외자산 중 제118조의2 제3호에 따른 주식 등은 제외한다)

    ㉠ 제105조(양도소득과세표준 예정신고)

    ㉡ 제106조(예정신고납부)

    ㉢ 제107조(예정신고 산출세액의 계산)

⑫ 제110조부터 제112조까지

    ㉠ 제110조(양도소득과세표준 확정신고)

    ㉡ 제111조(확정신고납부)

    ㉢ 제112조(양도소득세의 분할납부)

⑬ 제114조(양도소득과세표준과 세액의 결정·경정 및 통지)

⑭ 제114조의2(환산취득가액 적용에 따른 가산세)

⑮ 제115조부터 제118조까지

    ㉠ 제115조(주식 등에 대한 장부의 비치·기록의무 및 기장 불성실가산세)

    ㉡ 제116조(양도소득세의 징수)

    ㉢ 제117조(양도소득세의 환급)

    ㉣ 제118조(준용규정)

예제

거주자 甲은 2019년에 국외에 1채의 주택을 미화 1십만 달러(취득자금 중 일부 외화 차입)에 취득하였고, 2025년에 동 주택을 미화 2십만 달러에 양도하였다. 이 경우 소득세법상 설명으로 틀린 것은? (단, 甲은 해당자산의 양도일까지 계속 5년 이상 국내에 주소를 둠)   제32회

① 甲의 국외주택에 대한 양도차익은 양도가액에서 취득가액과 필요경비개산공제를 차감하여 계산한다.
② 甲의 국외주택 양도로 발생하는 소득이 환율변동으로 인하여 외화차입금으로부터 발생하는 환차익을 포함하고 있는 경우에는 해당 환차익을 양도소득의 범위에서 제외한다.
③ 甲의 국외주택 양도에 대해서는 해당 과세기간의 양도소득금액에서 연 250만원을 공제한다.
④ 甲은 국외주택을 3년 이상 보유하였음에도 불구하고 장기보유특별공제액은 공제하지 아니한다.
⑤ 甲은 국외주택의 양도에 대하여 양도소득세의 납세의무가 있다.

해설 ① 甲의 국외주택에 대한 양도차익은 양도가액에서 취득가액, 자본적지출액, 양도비를 차감하여 계산한다. 국외주택에 대한 양도차익 계산시 필요경비개산공제는 적용하지 아니한다.   ◆ 정답 ①

사업소득[종합소득]

단원열기 종합소득 중 사업소득에 속하는 부동산매매업과 부동산임대업을 정리해야 한다. 특히 부동산임대업 부분은 1문제 정도 출제되고 있다. 부동산임대업의 소득 구분과 비과세 부분을 집중적으로 정리해야 한다.

① 부동산매매업

(1) 부동산매매업의 정의

① **소득세법**

부동산매매업이란 한국표준산업분류에 따른 비주거용 건물건설업(건물을 자영건설하여 판매하는 경우만 해당한다)과 부동산 개발 및 공급업을 말한다. 다만, 한국표준산업분류에 따른 주거용 건물 개발 및 공급업(구입한 주거용 건물을 재판매하는 경우는 제외한다. 이하 "주거용 건물 개발 및 공급업"이라 한다)은 제외한다(소득세법시행령 제122조 제1항).

② **부가가치세법**

부동산의 매매(주거용 또는 비주거용 및 그 밖의 건축물을 자영건설하여 분양·판매하는 경우를 포함한다) 또는 그 중개를 사업목적으로 나타내어 부동산을 판매하거나, 사업상 목적으로 1과세기간 중에 1회 이상 부동산을 취득하고 2회 이상 판매하는 경우에는 부동산매매업을 영위하는 것으로 본다(부가가치세법시행규칙 제2조 제2항).

(2) 부동산매매업 등의 업종구분(소득세법 기본통칙 64-122…1)

① 자기의 토지 위에 상가 등을 신축하여 판매할 목적으로 건축 중인 「건축법」에 의한 건물과 토지를 제3자에게 양도한 경우

② 토지를 개발하여 주택지·공업단지·상가·묘지 등으로 분할판매하는 경우

(3) 양도 및 취득시기

① **원칙**: 부동산의 대금을 청산한 날을 양도 및 취득의 시기로 본다.

② **예외**: 대금을 청산하기 전에 소유권의 이전에 관한 등기 또는 등록이 되거나 해당 자산을 사용·수익하는 경우에는 등기·등록일 또는 사실상의 사용·수익일로 한다.

(4) 토지 등 매매차익의 계산(소득세법시행령 제129조 제2항)

① 원 칙

부동산매매업자가 토지 등 매매차익예정신고시에 제출한 증빙서류 또는 비치·기장한 장부와 증빙서류에 의하여 계산한다(소득세법시행령 제129조 제1항 제1호). 즉, 매도한 토지 등의 실지거래가액을 확인할 수 있는 경우에는 실지거래가액을 매매가액으로 한다(소득세법시행령 제129조 제1항 제2호).

② 예 외

다음의 경우처럼 실지거래가액을 확인할 수 없는 경우에는 추계방법을 순차적으로 적용하여 산정한 가액을 매매가액으로 한다. 이 경우 매매사례가액 또는 감정가액이 특수관계인과의 거래에 따른 가액 등으로서 객관적으로 부당하다고 인정되는 경우에는 해당 가액은 적용하지 아니한다(소득세법시행령 제129조 제1항 제2호).

 ㉠ 과세표준을 계산함에 있어서 필요한 장부와 증빙서류가 없거나 중요한 부분이 미비 또는 허위인 경우

 ㉡ 기장의 내용이 시설규모·종업원수·원자재·상품 또는 제품의 시가·각종 요금 등에 비추어 허위임이 명백한 경우

 ㉢ 기장의 내용이 원자재사용량·전력사용량 기타 조업상황에 비추어 허위임이 명백한 경우

(5) 부동산매매업의 산출세액

① 토지 등 매매차익의 계산(소득세법 제69조 제3항, 소득세법시행령 제128조)

토지 등의 매매차익은 그 매매가액에서 다음의 금액을 공제한 것으로 한다.

 ㉠ 양도자산의 필요경비에 상당하는 금액

 ㉡ 당해 토지 등의 건설자금에 충당한 금액의 이자

 ㉢ 토지 등의 매도로 인하여 법률에 의하여 지급하는 공과금

 ㉣ 장기보유특별공제액

② 산출세액의 계산

산출세액은 과세표준에 양도소득세율을 곱하여 계산한 금액으로 한다.

$$\text{산출세액} = \text{과세표준} \times \text{양도소득세율}$$

③ 대통령령으로 정하는 부동산매매업을 경영하는 거주자("부동산매매업자"라 한다)로서 종합소득금액에 제104조 제1항 제1호(분양권에 한정한다)·제8호·제10호 또는 같은 조 제7항 각 호의 어느 하나에 해당하는 자산의 매매차익("주택 등 매매차익"이라 한다)이 있는 자의 종합소득 산출세액은 다음의 세액 중 많은 것으로 한다(소득세법 제64조 제1항).

㉠ 종합소득 산출세액

㉡ 다음에 따른 세액의 합계액

ⓐ 주택 등 매매차익에 제104조에 따른 세율을 적용하여 산출한 세액의 합계액

ⓑ 종합소득 과세표준에서 주택 등 매매차익의 해당 과세기간 합계액을 공제한 금액을 과세표준으로 하고 이에 제55조에 따른 세율을 적용하여 산출한 세액

넓혀 보기

부동산매매업자에 대한 주택 등 매매차익(소득세법시행령 제122조 제2항)

주택 등 매매차익은 해당 자산의 매매가액에서 다음의 금액을 차감한 것으로 한다.

1. 양도자산의 필요경비
2. 양도소득기본공제금액
3. 장기보유 특별공제액

주택 등 매매차익 = 해당 주택 또는 토지의 매매가액 – 필요경비
– 양도소득기본공제금액 – 장기보유특별공제

---

(6) 매매차익 예정신고와 납부(소득세법 제69조 제2항)

부동산매매업자는 토지 또는 건물("토지 등"이라 한다)의 매매차익과 그 세액을 매매일이 속하는 달의 말일부터 2개월이 되는 날까지 납세지 관할 세무서장에게 신고하여야 한다. 토지 등의 매매차익이 없거나 매매차손이 발생하였을 때에도 또한 같다.

(7) 매매차익과 세액의 결정 · 경정 및 통지(소득세법시행령 제129조)

납세지 관할 세무서장은 토지 등 매매차익 예정신고 또는 토지 등 매매차익 예정신고납부를 한 자에 대해서는 그 신고 또는 신고납부를 한 날부터 1개월 내에, 매매차익 예정신고를 하지 아니한 자에 대해서는 즉시 그 매매차익과 세액을 결정하고 해당 부동산매매업자에게 이를 통지하여야 한다.

② 주택신축판매업(건설업)

주택신축판매업은 부동산매매업과는 달리 건설업에 해당이 되어 예정신고납부 의무도 없으며 사업소득에 대한 기본세율을 적용하여 세액을 산출한다. 이러한 주택신축판매업과 부동산매매업의 구분기준은 사업상의 목적으로 양도한 건물이 주택이냐의 여부에 있다. 또한 주거와 주거 외의 용도에 함께 사용되는 겸용주택의 경우에는 주택 여부를 판정하여 주택에 해당하는 부분은 주택신축판매업, 다른 용도로 사용되는 부분은 부동산매매업으로 과세한다.

(1) 주택신축판매업의 범위

① 1동의 주택을 신축하여 판매하여도 건설업으로 본다.

② 건설업자에게 도급을 주어서 주택을 신축하여 판매하여도 건설업으로 본다.

③ 종전부터 소유하던 자기의 토지 위에 주택을 신축하여 주택과 함께 토지를 판매하는 경우 그 토지의 양도로 인한 소득은 건설업의 소득으로 본다.

④ 시공 중인 주택을 양도하는 경우에는 그 주택의 시공 정도가 「건축법」에 의한 건축물에 해당되는 때에는 건설업으로 본다.

⑤ 신축한 주택이 판매되지 아니하여 판매될 때까지 일시적으로 일부 또는 전부를 임대한 후 판매하는 경우에도 당해 주택의 판매사업은 건설업으로 본다.

(2) 과세표준

과세표준의 계산시 적용되는 양도 또는 취득의 가액은 실지거래가액에 의함을 원칙으로 한다.

(3) 예정신고의무는 없고 중간예납제도가 있으며, 다음 연도 5월 1일부터 5월 31일까지 확정신고납부하면 된다.

③ 부동산임대업 제31회, 제35회

부동산임대업에서 발생하는 소득은 종합소득 중 사업소득에 해당한다. 부동산임대업의 구체적인 범위는 다음과 같다.

(1) 대 상

① 부동산(미등기 부동산을 포함) 또는 부동산상의 권리(전세권·임차권)의 대여로 인하여 발생하는 소득으로 한다. 다만, 「공익사업을 위한 토지 등의 취득 및 보상에 관한 법률」 제4조에 따른 공익사업과 관련하여 지역권·지상권(지하 또는 공중에 설정된 권리를 포함한다)을 설정하거나 대여함으로써 발생하는 소득은 제외한다(소득세법 제19조 제1항 제12호, 제21조 제1항 제9호, 제45조 제2항 제1호).

② 공장재단 또는 광업재단의 대여로 인하여 발생하는 소득으로 한다(소득세법 제45조 제2항 제2호).

③ 광업권자·조광권자 또는 덕대("광업권자 등"이라 한다)가 채굴에 관한 권리를 대여함으로 인하여 발생하는 소득을 말한다. 다만, 광업권자 등이 자본적 지출이나 수익적 지출의 일부 또는 전부를 제공하는 것을 조건으로 광업권·조광권 또는 채굴에 관한 권리를 대여하고 덕대 또는 분덕대로부터 분철료를 받는 것은 제외한다(소득세법 제45조 제2항 제3호, 소득세법시행령 제101조 제2항).

④ 자기 소유의 부동산을 타인의 담보물로 사용하게 하고 그 사용대가를 받는 것은 부동산상의 권리를 대여하는 사업에서 발생하는 소득으로 부동산임대업에서 발생하는 소득으로 본다(소득세법 기본통칙 19-0…8).

⑤ 광고용으로 토지·가옥의 옥상 또는 측면 등을 사용하게 하고 받는 대가는 부동산임대업에서 발생하는 소득으로 본다(소득세법 기본통칙 19-0…9).

> **넓혀 보기**
>
> **부동산매매의 목적으로 취득한 부동산의 일시적 대여의 소득구분**(소득세법 기본통칙 19-122…1)
> 1. 부동산매매업 또는 건설업자가 판매를 목적으로 취득한 토지 등의 부동산을 일시적으로 대여하고 얻는 소득은 부동산임대업에서 발생하는 소득으로 본다.
> 2. 1.의 경우에 부동산임대업의 소득금액계산상 필요경비에 산입된 감가상각비 등은 부동산매매업자의 필요경비 계산시 취득가액에서 공제한다.

(2) **비과세 사업소득**(소득세법 제12조 제2호)

① 논·밭을 작물 생산에 이용하게 함으로써 발생하는 소득은 비과세한다(소득세법 제12조 제2호 가목).

② 1개의 주택을 소유하는 자의 주택임대소득(기준시가가 12억원을 초과하는 주택 및 국외에 소재하는 주택의 임대소득은 제외한다) 또는 해당 과세기간에 대통령령으로 정하는 총수입금액의 합계액이 2천만원 이하인 자의 주택임대소득(2018년 12월 31일 이전에 끝나는 과세기간까지 발생하는 소득으로 한정한다)은 비과세한다. 이 경우 주택 수의 계산 및 주택임대소득의 산정 등 필요한 사항은 대통령령으로 정한다(소득세법 제12조 제2호 나목).

> **넓혀 보기**

주택임대 관련 용어

1. **비과세 주택임대소득의 범위**
   ① 1개의 주택을 소유하는 자가 해당 주택(부수토지 포함)을 임대하고 지급받는 임대소득
   ② 예 외
   　　㉠ 기준시가가 12억원을 초과하는 고가주택의 임대소득은 1주택을 소유하더라도 과세
   　　㉡ 국외에 소재하는 주택의 임대소득은 주택 수에 관계없이 과세

2. **대통령령으로 정하는 총수입금액의 합계액**
   주거용 건물 임대업에서 발생한 수입금액의 합계액을 말한다. 이 경우 사업자가 공동사업인
   경우에는 공동사업장에서 발생한 주택임대수입금액의 합계액을 손익분배비율에 의해 공동사업
   자에게 분배한 금액을 각 사업자의 주택임대수입금액에 합산한다(소득세법시행령 제8조의2 제
   6항).

> **심화 학습 소규모 임대소득자의 주택임대소득**

소규모 임대소득자(총수입금액의 합계액이 2천만원 이하인 자)**의 주택임대소득 비과세 · 분리과세**
✿ 총수입금액 2천만원 이하 소규모 주택임대소득에 대한 세부담 완화
　• 2014. 1. 1.~2018. 12. 31.(3년간) : 비과세
　• 2019년 이후 : 분리과세(14%)
✿ 분리과세 산출세액 계산 방법
　• (분리과세 주택임대소득 − 400만원) × 14%
　• 주택임대소득을 제외한 종합소득금액이 2천만원 이하인 경우에만 적용
　• 다만, 종합소득 과세시 산출세액이 더 작은 경우에는 종합소득 과세 선택가능

1. **주택임대소득에 대한 세액 계산의 특례**(소득세법 제64조의2)
   분리과세 주택임대소득이 있는 거주자의 종합소득 결정세액은 다음의 세액 중 하나를
   선택하여 적용한다.
   ① 소득세법 제14조 제3항 제7호[해당 과세기간에 대통령령으로 정하는 총수입금액의
   　　합계액이 2천만원 이하인 자의 주택임대소득("분리과세 주택임대소득"이라 한다)]를
   　　적용하기 전의 종합소득 결정세액
   ② 다음의 세액을 더한 금액
   　　㉠ 분리과세 주택임대소득에 대한 사업소득금액에 100분의 14를 곱하여 산출한 금
   　　　 액. 다만, 「조세특례제한법」 제96조 제1항에 해당하는 거주자가 같은 항에 따른
   　　　 임대주택을 임대하는 경우에는 해당 임대사업에서 발생한 분리과세 주택임대소
   　　　 득에 대한 사업소득금액에 100분의 14를 곱하여 산출한 금액에서 같은 항에 따라
   　　　 감면받는 세액을 차감한 금액으로 한다.
   　　㉡ ㉠ 외의 종합소득 결정세액

2. 해당 과세기간에 분리과세 주택임대소득, 제21조 제1항 제27호 및 제127조 제1항 제6호
   나목의 소득이 있는 경우에도 제1항을 적용한다(소득세법 제70조 제1항 · 제2항).

소득세법시행령 제8조의2 【비과세 주택임대소득】 ③ 법 제12조 제2호 나목을 적용할 때 주택 수는 다음 각 호에 따라 계산한다.

1. 다가구주택은 1개의 주택으로 보되, 구분 등기된 경우에는 각각을 1개의 주택으로 계산
2. 공동소유하는 주택은 지분이 가장 큰 사람의 소유로 계산(지분이 가장 큰 사람이 2명 이상인 경우로서 그들이 합의하여 그들 중 1명을 해당 주택 임대수입의 귀속자로 정한 경우에는 그의 소유로 계산한다). 다만, 다음 각 목의 어느 하나에 해당하는 사람은 본문에 따라 공동소유의 주택을 소유하는 것으로 계산되지 않는 경우라도 그의 소유로 계산한다.
   가. 해당 공동소유하는 주택을 임대해 얻은 수입금액을 기획재정부령으로 정하는 방법에 따라 계산한 금액이 연간 6백만원 이상인 사람
   나. 해당 공동소유하는 주택의 기준시가가 12억원을 초과하는 경우로서 그 주택의 지분을 100분의 30 초과 보유하는 사람
3. 임차 또는 전세 받은 주택을 전대하거나 전전세하는 경우에는 당해 임차 또는 전세 받은 주택을 임차인 또는 전세 받은 자의 주택으로 계산
4. 본인과 배우자가 각각 주택을 소유하는 경우에는 이를 합산. 다만, 제2호에 따라 공동소유의 주택 하나에 대해 본인과 배우자가 각각 소유하는 주택으로 계산되는 경우에는 다음 각 목에 따라 본인과 배우자 중 1명이 소유하는 주택으로 보아 합산한다.
   가. 본인과 배우자 중 지분이 더 큰 사람의 소유로 계산
   나. 본인과 배우자의 지분이 같은 경우로서 그들 중 1명을 해당 주택 임대수입의 귀속자로 합의해 정하는 경우에는 그의 소유로 계산

(3) **수입시기**(소득세법시행령 제48조 제10의4호)

① **계약 또는 관습에 따라 지급일이 정해진 것** : 그 정해진 날

② **계약 또는 관습에 따라 지급일이 정해지지 아니한 것** : 그 지급을 받은 날

③ **임대차계약 및 지역권·지상권 설정에 관한 쟁송**(미지급임대료 및 미지급 지역권·지상권의 설정대가의 청구에 관한 쟁송은 제외한다)**에 대한 판결·화해 등으로 소유자 등이 받게 되어 있는 이미 지난 기간에 대응하는 임대료상당액**(지연이자와 그 밖의 손해배상금을 포함) : 판결·화해 등이 있는 날. 다만, 임대료에 관한 쟁송의 경우에 그 임대료를 변제하기 위하여 공탁된 금액에 대해서는 그 정해진 날로 한다.

(4) **부동산임대업의 소득금액 계산** 제33회, 제34회

부동산임대업의 소득금액은 해당연도의 총수입금액(비과세 소득 제외)에서 필요경비를 차감한 금액으로 한다.

부동산임대업의 소득금액 = 총수입금액(비과세 소득 제외) − 필요경비

① **총수입금액**

부동산임대소득의 총수입금액은 부동산 또는 부동산상의 권리 등을 대여하고 그 대가로 해당 과세기간에 수입하였거나 수입할 금액의 합계액으로 한다(소득세법 제24조 제1항).

> 부동산임대소득의 총수입금액 = 임대료 + 간주임대료 + 관리비수입 + 보험차익

㉠ 임대료

ⓐ 부동산을 임대하고 수입하는 임대료는 부동산임대소득의 총수입금액에 산입한다.

ⓑ 선세금
부동산을 임대하거나 지역권·지상권을 설정 또는 대여하고 받은 선세금(先貰金)에 대한 총수입금액은 그 선세금을 계약기간의 월수로 나눈 금액의 각 과세기간의 합계액으로 한다(소득세법시행령 제51조 제3항 제1호).

> 선세금의 해당연도의 총수입금액 = 선세금 × 해당 과세기간의 임대기간의 월수
> / 계약기간의 임대월수

㉡ 간주임대료

ⓐ 임대보증금에 대한 총수입금액 계산의 특례
거주자가 부동산 또는 그 부동산상의 권리 등을 대여하고 보증금·전세금 또는 이와 유사한 성질의 금액(이하 "보증금 등"이라 한다)을 받은 경우에는 대통령령으로 정하는 바에 따라 계산한 금액을 사업소득금액을 계산할 때에 총수입금액에 산입(算入)한다(소득세법 제25조 제1항, 소득세법시행령 제53조 제3항·제4항).

> 1. 일반적인 경우
>   총수입금액에 산입할 금액 = (해당 과세기간의 보증금 등의 적수 − 임대용부동산의 건설비 상당액의 적수) × 1/365(윤년의 경우에는 366) × 정기예금이자율 − 해당 과세기간의 해당 임대사업부분에서 발생한 수입이자와 할인료 및 배당금의 합계액
> 2. 추계신고하거나 추계조사결정하는 경우
>   총수입금액에 산입할 금액 = 해당 과세기간의 보증금 등의 적수 × 1/365(윤년의 경우에는 366) × 정기예금이자율

ⓑ 주택의 임대보증금 등에 대한 총수입금액 계산의 특례 제33회
다만, 주택[주거의 용도로만 쓰이는 면적이 1호(戶) 또는 1세대당 40제곱미터 이하인 주택으로서 해당 과세기간의 기준시가가 2억원 이하인 주택은 2026년 12월 31일까지는 주택 수에 포함하지 아니한다]을 대여하고 보증금등을 받은 경우에는 다음 각 호의 어느 하나에 해당하는 경우를 말하며, 주택 수의 계산 그밖에 필요한 사항은 대통령령으로 정한다(소득세법 제25조 제1항 단서, 소득세법시행령 제53조 제3항·제4항).

㉮ 3주택 이상을 소유하고 해당 주택의 보증금 등의 합계액이 3억원을 초과하는 경우

㉯ 2주택(해당 과세기간의 기준시가가 12억원 이하인 주택은 주택 수에 포함하지 아니한다)을 소유하고 해당 주택의 보증금등의 합계액이 3억원 이상의 금액으로서 대통령령으로 정하는 금액을 초과하는 경우

> 1. 일반적인 경우
> 총수입금액에 산입할 금액 = [해당 과세기간의 보증금 등 - 3억원(보증금 등을 받은 주택이 2주택 이상인 경우에는 보증금 등의 적수가 가장 큰 주택의 보증금 등부터 순서대로 뺀다)]의 적수 × 60/100 × 1/365(윤년의 경우에는 366) × 금융회사 등의 정기예금이자율을 고려하여 기획재정부령으로 정하는 이자율("정기예금이자율"이라 한다) - 해당 과세기간의 해당 임대사업부분에서 발생한 수입이자와 할인료 및 배당금의 합계액
> 2. 추계신고의 경우
> 총수입금액에 산입할 금액 = [해당 과세기간의 보증금 등 - 3억원(보증금 등을 받은 주택이 2주택 이상인 경우에는 보증금 등의 적수가 가장 큰 주택의 보증금 등부터 순서대로 뺀다)]의 적수 × 60/100 × 1/365(윤년의 경우에는 366) × 정기예금이자율

© 관리비 수입(소득세법 기본통칙 24-51…1)

ⓐ 사업자가 부동산을 임대하고 임대료 외에 유지비와 관리비 등의 명목으로 지급받는 금액이 있는 경우에는 전기료·수도료 등의 공공요금을 제외한 청소비·난방비 등은 부동산임대업에서 발생하는 소득의 총수입금액에 산입한다. 이 경우 청소·난방 등의 사업이 부동산임대업과 객관적으로 구분되는 경우에는 청소 관련 수입금액은 사업시설관리 및 사업지원 서비스업 중 건물·산업설비 청소업, 난방 관련 수입금액은 전기, 가스, 증기 및 수도사업 중 증기, 냉온수 및 공기조절공급업의 총수입금액에 산입한다.

ⓑ ⓐ의 경우 전기료·수도료 등의 공공요금의 명목으로 지급받은 금액이 공공요금의 납부액을 초과할 때 그 초과하는 금액은 부동산임대소득의 총수입금액에 산입한다.

② 보험차익

부동산임대업의 소득이 있는 거주자가 당해 사업용 자산의 손실로 인하여 취득하는 보험차익은 총수입금액에 산입한다.

② **필요경비**

필요경비에 산입할 금액은 해당 과세기간의 총수입금액에 대응하는 비용으로서 일반적으로 용인되는 통상적인 것의 합계액으로 한다(소득세법 제27조 제1항).

예제

소득세법상 거주자의 부동산과 관련된 사업소득에 관한 설명으로 옳은 것은?　　　제31회

① 국외에 소재하는 주택의 임대소득은 주택 수에 관계없이 과세하지 아니한다.

② 공익사업을 위한 토지 등의 취득 및 보상에 관한 법률에 따른 공익사업과 관련하여 지역권을 대여함으로써 발생하는 소득은 부동산업에서 발생하는 소득으로 한다.

③ 부동산임대업에서 발생하는 사업소득의 납세지는 부동산 소재지로 한다.

④ 국내에 소재하는 논·밭을 작물 생산에 이용하게 함으로써 발생하는 사업소득은 소득세를 과세하지 아니한다.

⑤ 주거용 건물 임대업에서 발생한 결손금은 종합소득 과세표준을 계산할 때 공제하지 아니한다.

해설 ① 국외에 소재하는 주택의 임대소득은 주택 수에 관계없이 과세한다(소득세법 제12조 제2호 나목).
② 공익사업을 위한 토지 등의 취득 및 보상에 관한 법률에 따른 공익사업과 관련하여 지역권을 대여함으로써 발생하는 소득은 부동산업에서 발생하는 소득에서 제외한다(소득세법 제19조 제1항 제12호).
③ 부동산임대업에서 발생하는 사업소득의 납세지는 그 주소지로 한다. 다만, 주소지가 없는 경우에는 그 거소지로 한다(소득세법 제6조 제1항).
⑤ 주거용 건물 임대업에서 발생한 결손금은 종합소득 과세표준을 계산할 때 공제한다(소득세법 제45조 제2항).　　　◆ 정답 ④

부 록

제35회 기출문제

01 국세기본법령 및 지방세기본법령상 조세채권과 일반채권의 우선관계에 관한 설명으로 **틀린** 것은? (단, 납세의무자의 신고는 적법한 것으로 가정함)

① 취득세의 법정기일은 과세표준과 세액을 신고한 경우 그 신고일이다.

② 토지를 양도한 거주자가 양도소득세 과세표준과 세액을 예정신고한 경우 양도소득세의 법정기일은 그 예정신고일이다.

③ 법정기일 전에 전세권이 설정된 사실은 양도소득세의 경우 부동산등기부 등본 또는 공증인의 증명으로 증명한다.

④ 주택의 직전 소유자가 국세의 체납 없이 전세권이 설정된 주택을 양도하였으나, 양도 후 현재 소유자의 소득세가 체납되어 해당 주택의 매각으로 그 매각금액에서 소득세를 강제징수하는 경우 그 소득세는 해당 주택의 전세권담보채권에 우선한다.

⑤ 「주택임대차보호법」 제8조가 적용되는 임대차관계에 있는 주택을 매각하여 그 매각금액에서 지방세를 강제징수하는 경우에는 임대차에 관한 보증금 중 일정액으로서 같은 법에 따라 임차인이 우선하여 변제받을 수 있는 금액에 관한 채권이 지방세에 우선한다.

해설 ④ 주택의 직전 소유자가 국세의 체납 없이 전세권이 설정된 주택을 양도하였으나, 양도 후 현재 소유자의 소득세가 체납되어 해당 주택의 매각으로 그 매각금액에서 소득세를 강제징수하는 경우 그 소득세는 해당 주택의 전세권담보채권에 우선하지 못한다(국세기본법 제35조 제1항 제3의2호).

02 국세기본법령 및 지방세기본법령상 국세 또는 지방세 징수권의 소멸시효에 관한 설명으로 옳은 것은?

① 가산세를 제외한 국세가 10억원인 경우 국세징수권은 5년 동안 행사하지 아니하면 소멸시효가 완성된다.

② 가산세를 제외한 지방세가 1억원인 경우 지방세징수권은 7년 동안 행사하지 아니하면 소멸시효가 완성된다.

③ 가산세를 제외한 지방세가 5천만원인 경우 지방세징수권은 5년 동안 행사하지 아니하면 소멸시효가 완성된다.

④ 납세의무자가 양도소득세를 확정신고하였으나 정부가 경정하는 경우, 국세징수권을 행사할 수 있는 때는 납세의무자가 확정신고한 법정 신고납부기한의 다음 날이다.

⑤ 납세의무자가 취득세를 신고하였으나 지방자치단체의 장이 경정하는 경우, 납세고지한 세액에 대한 지방세징수권을 행사할 수 있는 때는 그 납세고지서에 따른 납부기한의 다음 날이다.

> **해설** ① 가산세를 제외한 국세가 10억원인 경우 국세징수권은 10년 동안 행사하지 아니하면 소멸시효가 완성된다(국세기본법 제27조 제1항 제1호).
> ② 가산세를 제외한 지방세가 1억원인 경우 지방세징수권은 10년 동안 행사하지 아니하면 소멸시효가 완성된다(지방세기본법 제39조 제1항 제1호).
> ③ 가산세를 제외한 지방세가 5천만원인 경우 지방세징수권은 10년 동안 행사하지 아니하면 소멸시효가 완성된다(지방세기본법 제39조 제1항 제1호).
> ④ 납세의무자가 양도소득세를 확정신고하였으나 정부가 경정하는 경우, 국세징수권을 행사할 수 있는 때는 그 고지에 따른 납부기한의 다음 날이다(국세기본법 제27조 제3항 제2호).

03 종합부동산세법령상 주택에 대한 과세에 관한 설명으로 옳은 것은?

① 「신탁법」 제2조에 따른 수탁자의 명의로 등기된 신탁주택의 경우에는 수탁자가 종합부동산세를 납부할 의무가 있으며, 이 경우 수탁자가 신탁주택을 소유한 것으로 본다.

② 법인이 2주택을 소유한 경우 종합부동산세의 세율은 1천분의 50을 적용한다.

③ 거주자 甲이 2023년부터 보유한 3주택(주택 수 계산에서 제외되는 주택은 없음) 중 2주택을 2024.6.17.에 양도하고 동시에 소유권이전등기를 한 경우, 甲의 2024년도 주택분 종합부동산세액은 3주택 이상을 소유한 경우의 세율을 적용하여 계산한다.

④ 신탁주택의 수탁자가 종합부동산세를 체납한 경우 그 수탁자의 다른 재산에 대하여 강제징수하여도 징수할 금액에 미치지 못할 때에는 해당 주택의 위탁자가 종합부동산세를 납부할 의무가 있다.

⑤ 공동명의 1주택자인 경우 주택에 대한 종합부동산세의 과세표준은 주택의 시가를 합산한 금액에서 11억원을 공제한 금액에 100분의 50을 한도로 공정시장가액비율을 곱한 금액으로 한다.

Answer 1. ④ 2. ⑤ 3. ③

해설 ① 「신탁법」 제2조에 따른 수탁자의 명의로 등기된 신탁주택의 경우에는 위탁자가 종합부동산세를 납부할 의무가 있으며, 이 경우 위탁자가 신탁주택을 소유한 것으로 본다(종합부동산세법 제7조 제2항).
② 법인이 2주택을 소유한 경우 종합부동산세의 세율은 1천분의 27을 적용한다(종합부동산세법 제9조 제2항 제3호 가목).
④ 신탁주택의 위탁자가 종합부동산세를 체납한 경우 그 위탁자의 다른 재산에 대하여 강제징수하여도 징수할 금액에 미치지 못할 때에는 해당 주택의 수탁자가 종합부동산세를 납부할 의무가 있다(종합부동산세법 제7조의2).
⑤ 공동명의 1주택자인 경우 주택에 대한 종합부동산세의 과세표준은 주택의 공시가격을 합산한 금액에서 9억원을 공제한 금액에 100분의 60을 한도로 공정시장가액비율을 곱한 금액으로 한다(종합부동산세법 제8조 제1항 제3호).

04 종합부동산세법령상 토지에 대한 과세에 관한 설명으로 옳은 것은?

① 토지분 재산세의 납세의무자로서 종합합산과세대상 토지의 공시가격을 합한 금액이 5억원인 자는 종합부동산세를 납부할 의무가 있다.

② 토지분 재산세의 납세의무자로서 별도합산과세대상 토지의 공시가격을 합한 금액이 80억원인 자는 종합부동산세를 납부할 의무가 있다.

③ 토지에 대한 종합부동산세는 종합합산과세대상, 별도합산과세대상 그리고 분리과세대상으로 구분하여 과세한다.

④ 종합합산과세대상인 토지에 대한 종합부동산세의 과세표준은 해당 토지의 공시가격을 합산한 금액에서 5억원을 공제한 금액에 100분의 50을 한도로 공정시장가액비율을 곱한 금액으로 한다.

⑤ 별도합산과세대상인 토지의 과세표준 금액에 대하여 해당 과세대상 토지의 토지분 재산세로 부과된 세액(「지방세법」에 따라 가감조정된 세율이 적용된 경우에는 그 세율이 적용된 세액, 같은 법에 따라 세부담 상한을 적용받은 경우에는 그 상한을 적용받은 세액을 말한다)은 토지분 별도합산세액에서 이를 공제한다.

해설 ① 토지분 재산세의 납세의무자로서 종합합산과세대상 토지의 공시가격을 합한 금액이 5억원을 초과하는 자는 종합부동산세를 납부할 의무가 있다(종합부동산세법 제12조 제1항 제1호).
② 토지분 재산세의 납세의무자로서 별도합산과세대상 토지의 공시가격을 합한 금액이 80억원을 초과하는 자는 종합부동산세를 납부할 의무가 있다(종합부동산세법 제12조 제1항 제2호).
③ 토지에 대한 종합부동산세는 종합합산과세대상, 별도합산과세대상으로 구분하여 과세한다(종합부동산세법 제11조).
④ 종합합산과세대상인 토지에 대한 종합부동산세의 과세표준은 해당 토지의 공시가격을 합산한 금액에서 5억원을 공제한 금액에 100분의 100을 한도로 공정시장가액비율을 곱한 금액으로 한다(종합부동산세법 제13조 제1항).

05 지방세법령상 취득세의 취득당시가액에 관한 설명으로 옳은 것은? (단, 주어진 조건 외에는 고려하지 않음)

① 건축물을 교환으로 취득하는 경우에는 교환으로 이전받는 건축물의 시가표준액과 이전하는 건축물의 시가표준액 중 낮은 가액을 취득당시가액으로 한다.

② 상속에 따른 건축물 무상취득의 경우에는 「지방세법」 제4조에 따른 시가표준액을 취득당시가액으로 한다.

③ 대물변제에 따른 건축물 취득의 경우에는 대물변제액(대물변제액 외에 추가로 지급한 금액이 있는 경우에는 그 금액을 제외한다)을 취득당시가액으로 한다.

④ 법인이 아닌 자가 건축물을 건축하여 취득하는 경우로서 사실상취득가격을 확인할 수 없는 경우에는 시가인정액을 취득당시가액으로 한다.

⑤ 법인이 아닌 자가 건축물을 매매로 승계취득하는 경우에는 그 건축물을 취득하기 위하여 「공인중개사법」에 따른 공인중개사에게 지급한 중개보수를 취득당시가액에 포함한다.

해설 ① 건축물을 교환으로 취득하는 경우에는 교환으로 이전받는 건축물의 시가인정액과 이전하는 건축물의 시가인정액 중 높은 가액을 취득당시가액으로 한다(지방세법시행령 제18조의4 제1항 제1호 나목).

③ 대물변제에 따른 건축물 취득의 경우에는 대물변제액(대물변제액 외에 추가로 지급한 금액이 있는 경우에는 그 금액을 포함한다)을 취득당시가액으로 한다(지방세법시행령 제18조의4 제1항 제1호 가목).

④ 법인이 아닌 자가 건축물을 건축하여 취득하는 경우로서 사실상취득가격을 확인할 수 없는 경우에는 시가표준액을 취득당시가액으로 한다(지방세법 제10조의4 제2항).

⑤ 법인이 아닌 자가 건축물을 매매로 승계취득하는 경우에는 그 건축물을 취득하기 위하여 「공인중개사법」에 따른 공인중개사에게 지급한 중개보수를 취득당시가액에 포함하지 아니한다(지방세법시행령 제18조 제1항 제7호).

Answer　　4. ⑤　5. ②

06 지방세법령상 취득세에 관한 설명으로 **틀린** 것은? (단, 지방세특례제한법령은 고려하지 않음)

① 대한민국 정부기관의 취득에 대하여 과세하는 외국정부의 취득에 대해서는 취득세를 부과한다.

② 토지의 지목을 사실상 변경함으로써 그 가액이 증가한 경우에는 취득으로 본다.

③ 국가에 귀속의 반대급부로 영리법인이 국가 소유의 부동산을 무상으로 양여받는 경우에는 취득세를 부과하지 아니한다.

④ 영리법인이 취득한 임시흥행장의 존속기간이 1년을 초과하는 경우에는 취득세를 부과한다.

⑤ 신탁(「신탁법」에 따른 신탁으로서 신탁등기가 병행되는 것만 해당한다)으로 인한 신탁재산의 취득 중 주택조합등과 조합원 간의 부동산 취득에 대해서는 취득세를 부과한다.

해설 ③ 국가에 귀속의 반대급부로 영리법인이 국가 소유의 부동산을 무상으로 양여받는 경우에는 취득세를 부과한다(지방세법 제9조 제2항 제2호).

07 지방세법령상 부동산 취득에 대한 취득세의 표준세율로 옳은 것을 모두 고른 것은? (단, 조례에 의한 세율조정, 지방세관계법령상 특례 및 감면은 고려하지 않음)

> ㉠ 상속으로 인한 농지의 취득: 1천분의 23
> ㉡ 법인의 합병으로 인한 농지 외의 토지 취득: 1천분의 40
> ㉢ 공유물의 분할로 인한 취득: 1천분의 17
> ㉣ 매매로 인한 농지 외의 토지 취득: 1천분의 19

① ㉠, ㉡   ② ㉡, ㉢   ③ ㉢, ㉣
④ ㉠, ㉡, ㉢   ⑤ ㉡, ㉢, ㉣

해설 (1) 옳은 것: ㉠, ㉡
   ㉠ 상속으로 인한 농지의 취득: 1천분의 23(지방세법 제11조 제1항 제1호 가목)
   ㉡ 법인의 합병으로 인한 농지 외의 토지 취득: 1천분의 40(지방세법 제11조 5항)
(2) 틀린 것: ㉢, ㉣
   ㉢ 공유물의 분할로 인한 취득: 1천분의 17 ⇨ 1천분의 23(지방세법 제11조 제1항 제5호)
   ㉣ 매매로 인한 농지 외의 토지 취득: 1천분의 19 ⇨ 1천분의 40(지방세법 제11조 제1항 제7호 나목)

08 소득세법령상 거주자의 부동산과 관련된 사업소득에 관한 설명으로 옳은 것은?

① 해당 과세기간의 종합소득금액이 있는 거주자(종합소득과세표준이 없거나 결손금이 있는 거주자를 포함한다)는 그 종합소득 과세표준을 그 과세기간의 다음 연도 5월 1일부터 5월 31일까지 대통령령으로 정하는 바에 따라 납세지 관할 세무서장에게 신고하여야 하며, 해당 과세기간에 분리과세 주택임대소득이 있는 경우에도 이를 적용한다.

② 공장재단을 대여하는 사업은 부동산임대업에 해당되지 않는다.

③ 해당 과세기간의 주거용 건물 임대업을 제외한 부동산임대업에서 발생한 결손금은 그 과세기간의 종합소득과세표준을 계산할 때 공제한다.

④ 「공익사업을 위한 토지 등의 취득 및 보상에 관한 법률」 제4조에 따른 공익사업과 관련하여 지역권을 설정함으로써 발생하는 소득은 부동산업에서 발생하는 소득에 해당한다.

⑤ 사업소득에 부동산임대업에서 발생한 소득이 포함되어 있는 사업자는 그 소득별로 구분하지 않고 회계처리하여야 한다.

해설 ② 공장재단을 대여하는 사업은 부동산임대업에 해당된다(소득세법 제45조 제2항 제2호).
③ 해당 과세기간의 주거용 건물 임대업을 제외한 부동산임대업에서 발생한 결손금은 그 과세기간의 종합소득과세표준을 계산할 때 공제하지 아니한다(소득세법 제45조 제2항).
④ 「공익사업을 위한 토지 등의 취득 및 보상에 관한 법률」 제4조에 따른 공익사업과 관련하여 지역권을 설정함으로써 발생하는 소득은 부동산업에서 발생하는 소득에 해당하지 아니하고 기타소득에 해당한다(소득세법 제21조 제1항 제9호).
⑤ 사업소득에 부동산임대업에서 발생한 소득이 포함되어 있는 사업자는 그 소득별로 구분하여 회계처리하여야 한다(소득세법 제160조 제4항).

09 지방세법령상 재산세 과세기준일 현재 납세의무자로 틀린 것은?

① 공부상에 개인 등의 명의로 등재되어 있는 사실상의 종중재산으로서 종중소유임을 신고하지 아니하였을 경우: 종중

② 상속이 개시된 재산으로서 상속등기가 이행되지 아니하고 사실상의 소유자를 신고하지 아니하였을 경우: 행정안전부령으로 정하는 주된 상속자

③ 「도시 및 주거환경정비법」에 따른 정비사업(재개발사업만 해당한다)의 시행에 따른 환지계획에서 일정한 토지를 환지로 정하지 아니하고 체비지로 정한 경우: 사업시행자

④ 「채무자 회생 및 파산에 관한 법률」에 따른 파산선고 이후 파산종결의 결정까지 파산재단에 속하는 재산의 경우: 공부상 소유자

⑤ 지방자치단체와 재산세 과세대상 재산을 연부(年賦)로 매매계약을 체결하고 그 재산의 사용권을 무상으로 받은 경우: 그 매수계약자

해설 ① 공부상에 개인 등의 명의로 등재되어 있는 사실상의 종중재산으로서 종중소유임을 신고하지 아니하였을 경우 : 공부상 소유자(지방세법 제107조 제2항 제3호)

10 지방세법령상 재산세의 물납에 관한 설명으로 옳은 것을 모두 고른 것은?

> ㉠ 지방자치단체의 장은 재산세의 납부세액이 1천만원을 초과하는 경우에는 납세의무자의 신청을 받아 해당 지방자치단체의 관할구역에 있는 부동산에 대하여만 대통령령으로 정하는 바에 따라 물납을 허가할 수 있다.
> ㉡ 시장·군수·구청장은 법령에 따라 불허가 통지를 받은 납세의무자가 그 통지를 받은 날부터 10일 이내에 해당 시·군·구의 관할구역에 있는 부동산으로서 관리·처분이 가능한 다른 부동산으로 변경 신청하는 경우에는 변경하여 허가할 수 있다.
> ㉢ 물납을 허가하는 부동산의 가액은 물납 허가일 현재의 시가로 한다.

① ㉠ 　　　　② ㉢ 　　　　③ ㉠, ㉡
④ ㉡, ㉢ 　　　　⑤ ㉠, ㉡, ㉢

해설 (1) 옳은 것 : ㉠, ㉡
(2) 틀린 것 : ㉢
　　㉢ 물납을 허가하는 부동산의 가액은 재산세 과세기준일 현재의 시가로 한다(지방세법시행령 제115조 제1항).

11 지방세법령상 재산세에 관한 설명으로 옳은 것은? (단, 주어진 조건 외에는 고려하지 않음)
① 특별시 지역에서 「국토의 계획 및 이용에 관한 법률」에 따라 지정된 주거지역의 대통령령으로 정하는 공장용 건축물의 표준세율은 초과누진세율이다.
② 수탁자 명의로 등기·등록된 신탁재산의 수탁자는 과세기준일부터 15일 이내에 그 소재지를 관할하는 지방자치단체의 장에게 그 사실을 알 수 있는 증거자료를 갖추어 신고하여야 한다.
③ 주택의 토지와 건물 소유자가 다를 경우 해당 주택에 대한 세율을 적용할 때 해당 주택의 토지와 건물의 가액을 소유자별로 구분계산한 과세표준에 세율을 적용한다.
④ 주택의 재산세로서 해당 연도에 부과할 세액이 20만원 이하인 경우에는 납기를 9월 16일부터 9월 30일까지로 하여 한꺼번에 부과·징수할 수 있다.
⑤ 지방자치단체의 장은 과세대상의 누락으로 이미 부과한 재산세액을 변경하여야 할 사유가 발생하여도 수시로 부과·징수할 수 없다.

해설 ① 특별시 지역에서 「국토의 계획 및 이용에 관한 법률」에 따라 지정된 주거지역의 대통령령으로 정하는 공장용 건축물의 표준세율은 비례세율(1천분의 5)이다(지방세법 제111조 제1항 제2호 나목).

③ 주택의 토지와 건물 소유자가 다를 경우 해당 주택에 대한 세율을 적용할 때 해당 주택의 토지와 건물의 가액을 합산한 과세표준에 세율을 적용한다(지방세법 제113조 제3항).

④ 주택의 재산세로서 해당 연도에 부과할 세액이 20만원 이하인 경우에는 납기를 7월 16일부터 7월 31일까지로 하여 한꺼번에 부과·징수할 수 있다(지방세법 제115조 제1항 제3호).

⑤ 지방자치단체의 장은 과세대상의 누락으로 이미 부과한 재산세액을 변경하여야 할 사유가 발생하여도 수시로 부과·징수할 수 있다(지방세법 제115조 제2항).

12 다음 자료를 기초로 할 때 소득세법령상 국내 토지A에 대한 양도소득세에 관한 설명으로 옳은 것은? (단, 甲, 乙, 丙은 모두 거주자임)

> • 甲은 2018.6.20. 토지A를 3억원에 취득하였으며, 2020.5.15. 토지A에 대한 자본적 지출로 5천만원을 지출하였다.
> • 乙은 2022.7.1. 직계존속인 甲으로부터 토지A를 증여받아 2022.7.25. 소유권이전등기를 마쳤다(토지A의 증여 당시 시가는 6억원임).
> • 乙은 2024.10.20. 토지A를 甲 또는 乙과 특수 관계가 없는 丙에게 10억원에 양도하였다.
> • 토지A는 법령상 협의매수 또는 수용된 적이 없으며, 소득세법 제97조의2 양도소득의 필요 경비 계산 특례(이월과세)를 적용하여 계산한 양도소득 결정세액이 이를 적용하지 않고 계산한 양도소득 결정세액보다 크다고 가정한다.

① 양도차익 계산시 양도가액에서 공제할 취득가액은 6억원이다.

② 양도차익 계산시 甲이 지출한 자본적 지출액 5천만원은 양도가액에서 공제할 수 없다.

③ 양도차익 계산시 乙이 납부하였거나 납부할 증여세 상당액이 있는 경우 양도차익을 한도로 필요경비에 산입한다.

④ 장기보유 특별공제액 계산 및 세율 적용시 보유기간은 乙의 취득일부터 양도일까지의 기간으로 한다.

⑤ 甲과 乙은 양도소득세에 대하여 연대납세의무를 진다.

해설 ① 양도차익 계산시 양도가액에서 공제할 취득가액은 3억원이다(소득세법 제97조의2 제1항 제1호).

② 양도차익 계산시 甲이 지출한 자본적 지출액 5천만원은 양도가액에서 공제할 수 있다(소득세법 제95조 제4항 제2호).

④ 장기보유 특별공제액 계산 및 세율 적용시 보유기간은 甲의 취득일부터 양도일까지의 기간으로 한다(소득세법 제95조 제4항 단서).

⑤ 甲과 乙은 양도소득세에 대하여 연대납세의무가 없다.

13 소득세법령상 다음의 국내자산 중 양도소득세 과세대상에 해당하는 것을 모두 고른 것은?
(단, 비과세와 감면은 고려하지 않음)

> ㉠ 토지 및 건물과 함께 양도하는 「개발제한구역의 지정 및 관리에 관한 특별조치법」
> 에 따른 이축권(해당 이축권 가액을 대통령령으로 정하는 방법에 따라 별도로 평
> 가하여 신고하지 않음)
> ㉡ 조합원입주권
> ㉢ 지역권
> ㉣ 부동산매매계약을 체결한 자가 계약금만 지급한 상태에서 양도하는 권리

① ㉠, ㉢   ② ㉡, ㉣   ③ ㉠, ㉡, ㉣
④ ㉡, ㉢, ㉣   ⑤ ㉠, ㉡, ㉢, ㉣

해설 ㉠ 토지 및 건물과 함께 양도하는 「개발제한구역의 지정 및 관리에 관한 특별조치법」에 따른
이축권(해당 이축권 가액을 대통령령으로 정하는 방법에 따라 별도로 평가하여 신고하지 않음) : 양
도소득세 과세대상 ○(소득세법 제94조 제1항 제4호 마목)
㉡ 조합원입주권 : 양도소득세 과세대상 ○(소득세법 제94조 제1항 제2호 가목)
㉢ 지역권 : 양도소득세 과세대상 ×
㉣ 부동산매매계약을 체결한 자가 계약금만 지급한 상태에서 양도하는 권리 : 양도소득세 과세
대상 ○(소득세법 제94조 제1항 제2호 가목)
✿ 관련 기본통칙 : 94-0…1 제3호

14 소득세법령상 거주자의 국내자산 양도에 대한 양도소득세에 관한 설명으로 옳은 것은?

① 부담부증여의 채무액에 해당하는 부분으로서 양도로 보는 경우에는 그 양도일이
속하는 달의 말일부터 2개월 이내에 양도소득세를 신고하여야 한다.

② 토지를 매매하는 거래당사자가 매매계약서의 거래가액을 실지거래가액과 다르게
적은 경우에는 해당 자산에 대하여 「소득세법」에 따른 양도소득세의 비과세에 관
한 규정을 적용할 때, 비과세 받을 세액에서 '비과세에 관한 규정을 적용하지 아니
하였을 경우의 양도소득 산출세액'과 '매매계약서의 거래가액과 실지거래가액과의
차액' 중 큰 금액을 뺀다.

③ 사업상의 형편으로 인하여 세대전원이 다른 시·군으로 주거를 이전하게 되어 6개
월 거주한 주택을 양도하는 경우 보유기간 및 거주기간의 제한을 받지 아니하고
양도소득세가 비과세된다.

④ 토지의 양도로 발생한 양도차손은 동일한 과세기간에 전세권의 양도로 발생한 양
도소득금액에서 공제할 수 있다.

⑤ 상속받은 주택과 상속개시 당시 보유한 일반주택을 국내에 각각 1개씩 소유한 1세
대가 상속받은 주택을 양도하는 경우에는 국내에 1개의 주택을 소유하고 있는 것
으로 보아 1세대 1주택 비과세 규정을 적용한다.

해설 ① 부담부증여의 채무액에 해당하는 부분으로서 양도로 보는 경우에는 그 양도일이 속하는 달의 말일부터 3개월 이내에 양도소득세를 신고하여야 한다(소득세법 제105조 제1항 제3호).

② 토지를 매매하는 거래당사자가 매매계약서의 거래가액을 실지거래가액과 다르게 적은 경우에는 해당 자산에 대하여 「소득세법」에 따른 양도소득세의 비과세에 관한 규정을 적용할 때, 비과세 받을 세액에서 '비과세에 관한 규정을 적용하지 아니하였을 경우의 양도소득 산출세액'과 '매매계약서의 거래가액과 실지거래가액과의 차액' 중 적은 금액을 뺀다(소득세법 제91조 제2항).

③ 사업상의 형편으로 인하여 세대전원이 다른 시·군으로 주거를 이전하게 되어 6개월 거주한 주택을 양도하는 경우 보유기간 및 거주기간의 제한을 받지 아니하고 양도소득세가 과세된다(소득세법시행령 제154조 제1항 제3호).

⑤ 상속받은 주택과 상속개시 당시 보유한 일반주택을 국내에 각각 1개씩 소유한 1세대가 상속받은 주택을 양도하는 경우에는 국내에 1개의 주택을 소유하고 있는 것으로 보아 1세대 1주택 비과세 규정을 적용하지 아니한다(소득세법시행령 제155조 제2항).

15 소득세법령상 거주자가 2024년에 양도한 국외자산의 양도소득세에 관한 설명으로 **틀린 것은?** (단, 거주자는 해당 국외자산 양도일까지 계속 5년 이상 국내에 주소를 두고 있으며, 국외 외화차입에 의한 취득은 없음)

① 국외자산의 양도에 대한 양도소득이 있는 거주자는 양도소득 기본공제는 적용받을 수 있으나 장기보유 특별공제는 적용받을 수 없다.

② 국외 부동산을 양도하여 발생한 양도차손은 동일한 과세기간에 국내 부동산을 양도하여 발생한 양도소득금액에서 통산할 수 있다.

③ 국외 양도자산이 부동산임차권인 경우 등기여부와 관계없이 양도소득세가 과세된다.

④ 국외자산의 양도가액은 그 자산의 양도 당시의 실지거래가액으로 한다. 다만, 양도 당시의 실지거래가액을 확인할 수 없는 경우에는 양도자산이 소재하는 국가의 양도 당시 현황을 반영한 시가에 따르되, 시가를 산정하기 어려울 때에는 그 자산의 종류, 규모, 거래상황 등을 고려하여 대통령령으로 정하는 방법에 따른다.

⑤ 국외 양도자산이 양도 당시 거주자가 소유한 유일한 주택으로서 보유기간이 2년 이상인 경우에도 1세대 1주택 비과세 규정을 적용받을 수 없다.

해설 ② 국외 부동산을 양도하여 발생한 양도차손은 동일한 과세기간에 국내 부동산을 양도하여 발생한 양도소득금액에서 통산할 수 없다(소득세법 제118조의 8)(소득세법 제102조).

Answer | 13. ③ 14. ④ 15. ②

부록

16 다음 자료를 기초로 할 때 소득세법령상 거주자 甲이 확정신고시 신고할 건물과 토지B의 양도소득과세표준을 각각 계산하면? (단, 아래 자산 외의 양도자산은 없고, 양도소득과세표준 예정신고는 모두 하지 않았으며, 감면소득금액은 없다고 가정함)

구 분	건물 (주택아님)	토지A	토지B
양도차익 (차손)	15,000,000원	(20,000,000원)	25,000,000원
양도일자	2024.3.10.	2024.5.20.	2024.6.25.
보유기간	1년 8개월	4년 3개월	3년 5개월

• 위 자산은 모두 국내에 있으며 등기됨
• 토지A, 토지B는 비사업용 토지 아님
• 장기보유 특별공제율은 6%로 가정함

	건 물	토지B
①	0원	16,000,000원
②	0원	18,500,000원
③	11,600,000원	5,000,000원
④	12,500,000원	3,500,000원
⑤	12,500,000원	1,000,000원

해설 1. 양도차손의 공제
「소득세법」제102조 제1항에 따라 "양도소득금액"을 계산할 때 양도차손이 발생한 자산이 있는 경우에는 「소득세법」제102조 제1항 각 호별로 해당 자산 외의 다른 자산에서 발생한 양도소득금액에서 그 양도차손을 공제한다. 이 경우 공제방법은 양도소득금액의 세율 등을 고려하여 대통령령으로 정한다(소득세법 제102조 제2항).

2. 양도차손의 공제순서
「소득세법」제102조 제2항의 규정에 의한 양도차손은 다음 각 호[(1), (2)]의 자산의 양도소득금액에서 순차로 공제한다(소득세법시행령 제167조의2 제1항).

(1) 양도차손이 발생한 자산과 같은 세율을 적용받는 자산의 양도소득금액(소득세법시행령 제167조의2 제1항 제1호)

(2) 양도차손이 발생한 자산과 다른 세율을 적용받는 자산의 양도소득금액. 이 경우 다른 세율을 적용받는 자산의 양도소득금액이 2 이상인 경우에는 각 세율별 양도소득금액의 합계액에서 당해 양도소득금액이 차지하는 비율로 안분하여 공제한다(소득세법시행령 제167조의2 제1항 제2호).

구 분	건 물	토지A	토지B
양도가액			
− 취득가액			
− 기타필요경비			
= 양도차익	15,000,000원	(20,000,000원)	25,000,000원
− 장기보유특별공제	−	−	1,500,000원
= 양도소득금액	15,000,000원	(20,000,000원)	23,500,000원
세율 구분	40%	6~45%	6~45%
양도차손의 통산	−	−	(20,000,000원)
통산 후 양도소득금액	−	−	3,500,000원
− 양도소득기본공제	2,500,000원	−	0원
= 과세표준	12,500,000원		3,500,000원

☼ 양도차손의 통산 사례(양도집행 102−167의2−3)

구 분	양도차익 ①	결손금 ②	1차 통산 (① − ②)	2차 통산 (세율별 배분)	소득금액
누진세율	100	−	100	△200 × (100/800) = △25	100 − 25 = 75
40% 세율	200	△400	△200	−	−
50% 세율	500	△100	400	△200 × (400/800) = △100	400 − 100 = 300
70% 세율	300	−	300	△200 × (300/800) = △75	300 − 75 = 225
합 계	−	△500	△200	△200	−
	1,100	−	800	−	600

Answer 16. ④

박문각 공인중개사

INDEX

찾아보기

ㅊ

ㅋ

ㅌ

ㅍ

ㅎ

INDEX

MEMO

방송
시간표

방송대학 TV

▶ 기본이론 방송
▶ 문제풀이 방송
▶ 모의고사 방송

※ 본 방송기간 및 방송시간은 사정에
의해 변동될 수 있습니다.

TV방송 편성표

기본이론 방송 [1강 30분, 총 75강]

순서	날짜	요일	과목
1	1. 13	월	부동산학개론 1강
2	1. 14	화	민법·민사특별법 1강
3	1. 15	수	공인중개사법·중개실무 1강
4	1. 20	월	부동산공법 1강
5	1. 21	화	부동산공시법령 1강
6	1. 22	수	부동산학개론 2강
7	1. 27	월	민법·민사특별법 2강
8	1. 28	화	공인중개사법·중개실무 2강
9	1. 29	수	부동산공법 2강
10	2. 3	월	부동산공시법령 2강
11	2. 4	화	부동산학개론 3강
12	2. 5	수	민법·민사특별법 3강
13	2. 10	월	공인중개사법·중개실무 3강
14	2. 11	화	부동산공법 3강
15	2. 12	수	부동산공시법령 3강
16	2. 17	월	부동산세법 1강
17	2. 18	화	부동산학개론 4강
18	2. 19	수	민법·민사특별법 4강
19	2. 24	월	공인중개사법·중개실무 4강
20	2. 25	화	부동산공법 4강
21	2. 26	수	부동산공시법령 4강
22	3. 3	월	부동산세법 2강
23	3. 4	화	부동산학개론 5강
24	3. 5	수	민법·민사특별법 5강
25	3. 10	월	공인중개사법·중개실무 5강
26	3. 11	화	부동산공법 5강
27	3. 12	수	부동산공시법령 5강
28	3. 17	월	부동산세법 3강
29	3. 18	화	부동산학개론 6강
30	3. 19	수	민법·민사특별법 6강
31	3. 24	월	공인중개사법·중개실무 6강
32	3. 25	화	부동산공법 6강
33	3. 26	수	부동산공시법령 6강
34	3. 31	월	부동산세법 4강
35	4. 1	화	부동산학개론 7강
36	4. 2	수	민법·민사특별법 7강
37	4. 7	월	공인중개사법·중개실무 7강
38	4. 8	화	부동산공법 7강

순서	날짜	요일	과목
39	4. 9	수	부동산공시법령 7강
40	4. 14	월	부동산세법 5강
41	4. 15	화	부동산학개론 8강
42	4. 16	수	민법·민사특별법 8강
43	4. 21	월	공인중개사법·중개실무 8강
44	4. 22	화	부동산공법 8강
45	4. 23	수	부동산공시법령 8강
46	4. 28	월	부동산세법 6강
47	4. 29	화	부동산학개론 9강
48	4. 30	수	민법·민사특별법 9강
49	5. 5	월	공인중개사법·중개실무 9강
50	5. 6	화	부동산공법 9강
51	5. 7	수	부동산공시법령 9강
52	5. 12	월	부동산세법 7강
53	5. 13	화	부동산학개론 10강
54	5. 14	수	민법·민사특별법 10강
55	5. 19	월	공인중개사법·중개실무 10강
56	5. 20	화	부동산공법 10강
57	5. 21	수	부동산공시법령 10강
58	5. 26	월	부동산세법 8강
59	5. 27	화	부동산학개론 11강
60	5. 28	수	민법·민사특별법 11강
61	6. 2	월	부동산공법 11강
62	6. 3	화	부동산세법 9강
63	6. 4	수	부동산학개론 12강
64	6. 9	월	민법·민사특별법 12강
65	6. 10	화	부동산공법 12강
66	6. 11	수	부동산세법 10강
67	6. 16	월	부동산학개론 13강
68	6. 17	화	민법·민사특별법 13강
69	6. 18	수	부동산공법 13강
70	6. 23	월	부동산학개론 14강
71	6. 24	화	민법·민사특별법 14강
72	6. 25	수	부동산공법 14강
73	6. 30	월	부동산학개론 15강
74	7. 1	화	민법·민사특별법 15강
75	7. 2	수	부동산공법 15강

과목별 강의 수
부동산학개론: 15강 / 민법·민사특별법: 15강
공인중개사법·중개실무: 10강 / 부동산공법: 15강 / 부동산공시법령: 10강 / 부동산세법: 10강

TV방송 편성표

문제풀이 방송[1강 30분, 총 21강]

순서	날짜	요일	과목	순서	날짜	요일	과목
1	7. 7	월	부동산학개론 1강	12	7. 30	수	부동산세법 2강
2	7. 8	화	민법·민사특별법 1강	13	8. 4	월	부동산학개론 3강
3	7. 9	수	공인중개사법·중개실무 1강	14	8. 5	화	민법·민사특별법 3강
4	7. 14	월	부동산공법 1강	15	8. 6	수	공인중개사법·중개실무 3강
5	7. 15	화	부동산공시법령 1강	16	8. 11	월	부동산공법 3강
6	7. 16	수	부동산세법 1강	17	8. 12	화	부동산공시법령 3강
7	7. 21	월	부동산학개론 2강	18	8. 13	수	부동산세법 3강
8	7. 22	화	민법·민사특별법 2강	19	8. 18	월	부동산학개론 4강
9	7. 23	수	공인중개사법·중개실무 2강	20	8. 19	화	민법·민사특별법 4강
10	7. 28	월	부동산공법 2강	21	8. 20	수	부동산공법 4강
11	7. 29	화	부동산공시법령 2강				

과목별 강의 수 부동산학개론: 4강 / 민법·민사특별법: 4강
공인중개사법·중개실무: 3강 / 부동산공법: 4강 / 부동산공시법령: 3강 / 부동산세법: 3강

모의고사 방송[1강 30분, 총 18강]

순서	날짜	요일	과목	순서	날짜	요일	과목
1	8. 25	월	부동산학개론 1강	10	9. 15	월	부동산공법 2강
2	8. 26	화	민법·민사특별법 1강	11	9. 16	화	부동산공시법령 2강
3	8. 27	수	공인중개사법·중개실무 1강	12	9. 17	수	부동산세법 2강
4	9. 1	월	부동산공법 1강	13	9. 22	월	부동산학개론 3강
5	9. 2	화	부동산공시법령 1강	14	9. 23	화	민법·민사특별법 3강
6	9. 3	수	부동산세법 1강	15	9. 24	수	공인중개사법·중개실무 3강
7	9. 8	월	부동산학개론 2강	16	9. 29	월	부동산공법 3강
8	9. 9	화	민법·민사특별법 2강	17	9. 30	화	부동산공시법령 3강
9	9. 10	수	공인중개사법·중개실무 2강	18	10. 1	수	부동산세법 3강

과목별 강의 수 부동산학개론: 3강 / 민법·민사특별법: 3강
공인중개사법·중개실무: 3강 / 부동산공법: 3강 / 부동산공시법령: 3강 / 부동산세법: 3강

연구 집필위원

정석진	하헌진	이태호	이 혁	임기원
이기명	유상순	김성래	김인삼	이준호
김형섭				

제36회 공인중개사 시험대비 **전면개정판**

2025 박문각 공인중개사

기본서 2차 부동산세법

초판발행 | 2024. 11. 5.   **2쇄발행** | 2024. 11. 10.   **편저** | 정석진 외 박문각 부동산교육연구소

발행인 | 박 용   **발행처** | (주)박문각출판   **등록** | 2015년 4월 29일 제2019-000137호

주소 | 06654 서울시 서초구 효령로 283 서경빌딩 4층

팩스 | (02)584-2927   **전화** | 교재주문·학습문의 (02)6466-7202

판 권
본 사
소 유

정가 37,000원   ISBN 979-11-7262-290-9 / ISBN 979-11-7262-286-2(2차 세트)

박문각 출판 홈페이지에서
공인중개사 정오표를 활용하세요!

보다 빠르고, 편리하게 법령의 제·개정 내용을 확인하실 수 있습니다.